中国科普场馆年鉴

（2018卷）

Yearbook of China's Science Popularization Venues

(2018)

中国自然科学博物馆协会　编

社会科学文献出版社
SOCIAL SCIENCES ACADEMIC PRESS (CHINA)

年鉴编委会

主　编　程东红

副主编　（以姓氏笔画为序）

王小明　李春冀　欧阳辉　欧建成　单　敏　贾跃明

黄克力

年鉴编辑部

主　任　欧建成

编　辑　（以姓氏笔画为序）

任　杰　花国红　李柯岩　张彩霞　陈　春　陈静瑛

姜冬青　姜伟俊　桂诗章　徐翠香　郭　霞　靳　鹏

编写说明

1. 《中国科普场馆年鉴 2018 卷》是由中国自然科学博物馆协会①编辑的汇集我国自然科学类博物馆的现状、发展情况等重要信息的年鉴类出版物。中国自然科学博物馆协会作为在民政部正式注册的国家一级学会,自 1980 年成立以来,致力于促进我国自然科学类博物馆相互之间的业务交流,为推动行业发展做出了重要贡献。协会现有正式注册单位会员 600 余家,下设 9 个专业委员会和 7 个工作委员会,单位会员绝大部分为自然科学类博物馆。

2. 《中国科普场馆年鉴 2018 卷》汇集了中国自然科学博物馆协会单位会员 2017 年整体情况。本卷年鉴的问世将继续为我国科普基础设施整体服务能力的提高提供可分析研究的信息和数据基础,对博物馆及相关组织的发展具有重要的参考和指导意义。

3. 《中国科普场馆年鉴 2018 卷》共收录 117 家科普场馆及相关组织的信息,所列场馆全部为中国自然科学博物馆协会注册会员。"场馆信息篇"中所列场馆按照协会专业委员会隶属关系进行分类,每个专业委员会的会员场馆按照理事单位、行政区划顺序排序。

4. 年鉴中出现的场馆数据系由各会员场馆依据协会下发统一资料模版提供并经法定代表人认可,因此在编辑过程中不做大幅修改;为保证文字风格统一,对资料中的项目顺序、文字叙述进行适当调整和删减。

---

① 经中国科学技术协会同意、中华人民共和国民政部批准,"中国自然科学博物馆协会"更名为"中国自然科学博物馆学会"(简称"科博学会"),2019 年 1 月 1 日起正式启用学会名称。

中国自然科学博物馆协会 2017 年年会开幕式现场 ————

青海省政协副主席鲍义志同志致辞 ————

中国科协科普部部长白希同志致辞 ————

海西州州委常委、常务副州长王林虎同志致辞 ————

程东红理事长作开幕致辞 ————

2017 年 11 月 27 日首届"一带一路"科普场馆发展国际研讨会开幕式现场

2017 年 11 月 27 日首届"一带一路"科普场馆发展国际研讨会开幕式现场

2017 年 11 月 27 日怀进鹏书记在中国科学技术馆接见来华参加首届"一带一路"科普场馆发展国际研讨会的国外参会代表

2017 年 11 月 27 日怀进鹏书记在首届"一带一路"科普场馆发展国际研讨会开幕式上致辞

2017 年 11 月 27 日程东红理事长在首届"一带一路"科普场馆发展国际研讨会开幕式上致辞

2017 年 11 月 27 日中国自然科学博物馆协会理事长程东红与俄罗斯自然历史博物馆协会理事长安娜·克鲁基纳（Dr. Anna Kliukina）签署合作协议

2017 年 11 月 27 日科协领导与国外参会代表在中国科学技术馆合影

2017 年 11 月 28 日参会代表赴中国地质博物馆参观

2017 年 11 月 30 日国外参会代表参观上海科技馆

第二届世界水母大会暨中国水族馆年会
在津召开

世界水母大会创始人 Jurgen 先生
致辞

展项研发及环境设计工作委员会工作会
议在厦门顺利召开

专业科技博物馆委员会主任扩大会议
召开 ————

自然科学类博物馆的发展策略与管理
运营暨科普展览策划专题培训班成功
举办 ————

中国自然科学博物馆协会 2017 年联络
员工作会议在杭州召开 ————

中国自然科学博物馆协会六届四次理事长办公（扩大）会议在京召开

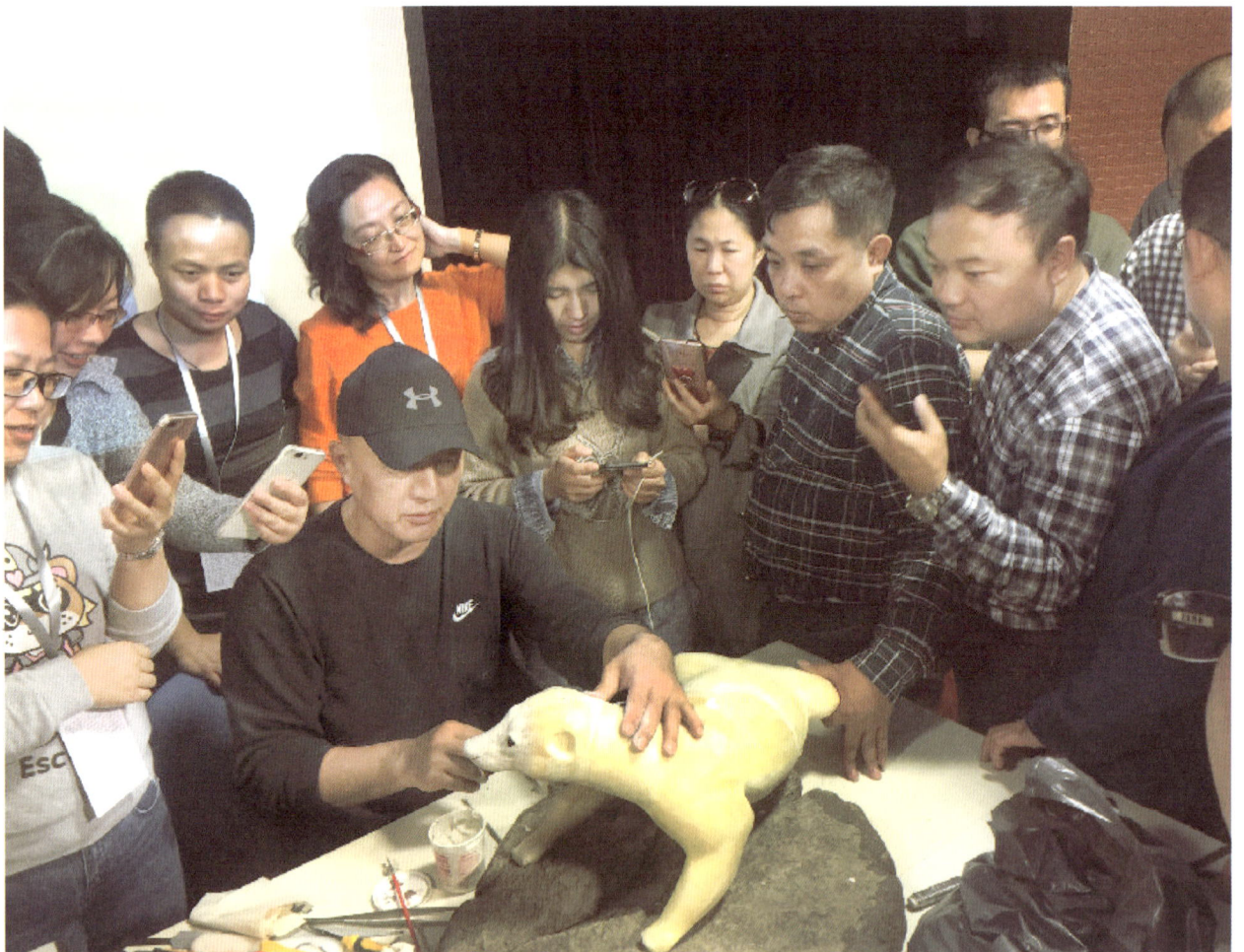

专家现场演示兽类标本的制作与修复

序

　　2017 年，中国自然科学博物馆协会认真学习贯彻落实党的十九大精神，按照中国科学技术协会（以下简称"中国科协"）对学会改革发展的总体要求，在理事会领导下，以紧跟国家"一带一路"倡议为主线，以创新精神和基础建设为核心，着力推动科普场馆科普资源创新与开发、场馆建设、人才建设和科普相关产业发展，广泛联系科普场馆领域的科技工作者和高校、科研机构、企业及社会力量，大力开展学术工作和科普工作，不断扩大影响力和凝聚力。

　　2017 年，为积极响应并落实国家提出的"一带一路"倡议，实现沿线国家科普场馆互通互联、繁荣发展，中国自然科学博物馆协会作为促进和推动我国自然科学类博物馆事业繁荣和发展的重要社会力量，深感责任重大、使命光荣。经中国自然科学博物馆协会六届六次常务理事会研究决定，举办首届"一带一路"科普场馆发展国际研讨会，借以推动国内优秀科普资源"走出去"，搭建合作与交流的平台，更好地为各会员单位服务，并将科学文化的传播和科学素质的培养与"一带一路"沿线各国经济社会发展更紧密地结合起来，以实现"一带一路"科普场馆资源互惠共享，互利共赢，达成长远合作愿景。2017 年 11 月 27~28 日，由中国自然科学博物馆协会主办、中国科技馆和上海科技馆联合承办的首届"一带一路"科普场馆发展国际研讨会在中国科技馆隆重召开。此次大会共有来自"一带一路"沿线 22 个国家 24 个科普场馆和机构的 44 位馆长及负责人，以及中国国内包括自然历史博物馆、科学技术馆、天文馆、国土资源博物馆等在内的 8 大类 74 家科普场馆和机构、15 家科普企业的 130 余位馆长和负责人参加，大家围绕"协同共享、场馆互惠、共建科学传播丝绸之路"大会主题，共话沿线国家科普场馆间长远合作愿景，共商构建沿线国家科普场馆命运共同体大计。会议共签署 16 个国际双边合作协议和合作意向书，并发布了《北京宣言》。

2017 年，中国自然科学博物馆协会积极贯彻落实中国科协关于学会改革的总体要求，努力搭建高水平学术平台，积极组织开展多项专业培训，有效促进会员单位间的交流合作，进一步提升了服务会员的能力与水平。《中国科普场馆年鉴》是协会及会员单位各项工作成果的具体结晶、集中展示和记忆留存。继《中国科普场馆年鉴》前四卷取得良好社会反响后，《中国科普场馆年鉴 2018 卷》又与读者见面了。《中国科普场馆年鉴》是镌刻中国自然科学类博物馆历史年轮的丰茂大树，是展示我国科普场馆和中国自然科学博物馆协会发展轨迹、工作脉络的史料性参考书，是社会各界了解协会、达成共识的权威性工具书，是促进交流与合作的平台和窗口。

2017 年，中国自然科学博物馆协会各项工作均取得了长足发展。为更加全面地展现 2017 年我国自然科学博物馆行业发展取得的丰硕成绩，协会年鉴工作委员会和编辑部对《中国科普场馆年鉴 2018 卷》不断探索改进，一是力求完整反映行业概貌。收录内容除各科普场馆外，还新增了科普企业（基于其特殊性，编撰项目与其他场馆略有不同），尽可能全面展现我国自然科学博物馆行业各个领域开展的富有特色的工作。二是力求增加研究与分析的内容。在学术层面加强对协会的发展研究，对已取得的成绩进行科学分析，对未来发展进行细致的研判，逐步提供用于把握行业状况和辅助决策的参考依据。三是积极扩展国际视野，抓住"一带一路"高质量发展的历史机遇，为我国科普资源"走出去"搭建平台。

《中国科普场馆年鉴 2018 卷》编辑工作得到了中国科协的指导和关心，得到了协会各专委会、各会员单位的支持和配合，正因如此，本版年鉴在资料采集、内容编排和文章质量等方面得以持续改进和提高。但由于受人力、时间、掌握素材等方面的局限性以及编辑水平和能力所限，在把握行业重点、采集数据、提高文字质量等方面仍留有很多遗憾和不足。我们热切希望广大读者对本书给予批评指正，以便在《中国科普场馆年鉴》后续的编辑工作中改进和提高。在本版年鉴出版之际，谨向关心支持中国自然科学博物馆年鉴编辑工作的各界人士表示衷心感谢。让我们全体自然科学博物馆人携手共同创造属于科普场馆的美好未来，为我国科普事业的进步，为实现中华民族伟大复兴的中国梦做出不懈努力！

目　录

年 度 发 展 篇

场 馆 信 息 篇

435　水族馆

附　　　录

年度发展篇

中国自然科学博物馆协会
2017 年年会

中国自然科学博物馆协会 2017 年年会开幕词

程东红　中国自然科学博物馆协会理事长

2017 年 8 月 30 日

尊敬的青海省政协鲍义志副主席，李象益名誉理事长，徐善衍名誉理事长，尊敬的中国科协科普部部长白希同志，青海省科协尤伟利书记，海西州人民政府王林虎常务副州长，各位代表、各位专家、同志们、朋友们：

上午好！

今天，中国自然科学博物馆协会 2017 年年会隆重开幕了。在接下来的两天里，来自全国各地 500 余名自然科学博物馆领域的科技工作者、科普工作者相聚青海德令哈，以"人、自然和宇宙——自然科学博物馆面临的机遇和挑战"为主题，探讨在"宇宙之无穷、天地之高渺"的宏观世界里，在共商共享、合作共赢的全球化道路上，在国家深化改革、全面发展的大背景下，自然科学类博物馆如何加强自身作为、以己之力促进国民科学素质提升、建设创新型国家等理论和实践问题。在此，我谨代表中国自然科学博物馆协会，向参加此次年会的新老朋友表示热烈的欢迎和诚挚的问候！向大会承办单位天文馆专业委员会、德令哈天文科普馆，向支持本次大会的青海省政协，青海省科协，海西州委、州人民政府表示衷心感谢！

2015 年，我会第一届学术年会在浙江杭州举办，为搭建高水平综合交叉学术交流平台、推动青年专业人才成长、促进领域发展进步起到了重要作用。2016 年的第二届学术年会在安徽芜湖与中国科普产品展览交易博览会同步举行。两年来，在我国自然科学类博物馆繁荣发展的大环境下，年会论文的学术水平稳步提升，跨专业委员会的交流研讨活跃开展。三次年会参会人数都超出预期，从第二届开始，由于参会报名踊跃，迅速到达最大接待能力，为保证服务质量，年会秘书处都不得不在会期前一个多月即关闭注册网站。这个小花絮从一个侧面反映了我会会员对举办年会这一举措的支持，也使得承办年会的自然史馆专委会、科技馆专委会、天文馆专委会以及所有参与具体工作的同志们感到欣慰和鼓舞。

在东部连续举办两届年会后，本届年会在大美青海的德令哈举行。大家可能会问：为什么是德令哈？

2011 年 5 月，海西州人民政府与中科院紫金山天文台签署了共建德令哈天文科普馆的协议，将充分利用当地优良的天文天气资源，以及紫金山天文台科技、人才资源，将德令哈天文科普馆建设成为现代、一流的具有鲜明创新特色的天文科普馆，为海西州、德令哈市及周边西部城市的青少年、学生、市民、游客提供一个揭示宇宙奥妙、探索天地自然之谜、感受科学魅力的科普活动场所。建成后，2015 年 8 月，北京天文馆与海西州人民政府就德令哈天文科普馆建设发展事宜签署框架协议，确定了双方战略合作伙伴关系。协议签署以来，北京天文馆对德令哈天文科普馆在场馆管理、人员专业培训、科普活动组织、相关业务指导等方面给予了帮助，并提供多部球幕剧场天文科普影片，为德令哈天文科普馆的顺利开馆、平稳运营和发展进步奠定了坚实的基础，海西州人民政府也为北京天文馆组织的天象观测活动提供了便利。

如今，在中国天文界科技和科普工作者支持援助下，由海西州人民政府全资投入，州属国有企业管理运营，一座独具特色的天文科普馆矗立在青藏高原。它的最大受益者是寄托着祖国未来的孩子们。从2014年起，德令哈面向全市城区初一（七年级）学生开设天文课（现在改为在小学六年级），是中国实现天文课在义务教育阶段全覆盖的第一座城市，是"博物馆活动进校园"的最佳案例。

被这一饱含着理想和情怀的故事深深打动，六届六次常务理事会决定将年度最大的学术盛事交由支撑单位设在北京天文馆的天文馆专委会和德令哈天文科普馆联合承办，希望借此次盛会，在北京天文馆帮助下，德令哈天文科普馆能够不断发展进步，同时也给来自全国各地的参会者一次难得的学习机会。我会理事长办公会还决定，在青海省科协的统筹安排下对所有青海省参会代表免注册费，为青海的科普场馆人才队伍建设尽一点绵薄之力。同时，号召全体会员单位向北京天文馆学习，东西互助"牵手"，为实现科普公共服务均等化贡献力量。

科普立"身"，学术立会。作为中国科协领导下兼具学术性科普性的科技社团，中国自然科学博物馆协会将继续发挥团体优势，找准服务国家战略和服务会员的结合点，通过提供高水平精准化服务，不断"刷新"会员的存在感和获得感。为深入贯彻落实习近平总书记提出的"一带一路"重大倡议，将于2017年11月主办"首届'一带一路'科普场馆发展国际研讨会"，这是我会立足中国国情、聚焦世界目光、凝聚广泛共识，为国内外科普场馆搭建沟通平台的重要举措。目前已有来自"一带一路"沿线24个国家的37位自然科学类博物馆馆长或相关政府机构、社团负责人确认参会，联合国教科文组织自然科学部的官员和国际博协副主席将应邀做主旨报告。大会主会场设在中国科技馆，同时将在中国地质博物馆、北京自然博物馆、北京天文馆设置平行会议，会后将安排国外代表赴上海考察科普场馆。除会议程序外，大会将搭建国内外科普场馆"科普资源互惠共享"平台，以此加强沿线国家科普场馆沟通合作，推动发展进步。国内代表的参会和论文征集通知已经发出。在此，我诚挚邀请国内科普场馆和科普企业的代表共赴盛会。

各位同仁，在"学术、交流、旗帜、平台"这一总体定位下，本次年会继续保持鼓励学科融合、促进各界合作的一贯原则，从人、自然和宇宙的关系出发，聚焦科普场馆可持续发展与人类生存空间和宇宙间的相互影响。我们有幸邀请到中国科学院刘嘉麒和武向平二位院士进行大会主旨报告，设置13个分会场81个学术交流报告，更为可喜的是，为凸显"天地人和"的状态，本届年会还特别设置了"宇宙篇"和"自然篇"的野外科考活动。我相信，各位有幸参与如此之丰富的学术活动，一定会印象深刻、收获颇多。

各位同仁，自然科学博物馆是促进全民科学素质提高的重要阵地，也渐渐成为全社会科学文化的重要发展引擎和人才孵化器。青海雄踞世界屋脊，从这里可以走向世界最高峰，巨人远行，需要持久、强劲的动力。中国自然科学博物馆协会在中国科协领导下，愿与各位一道，紧紧抓住新一轮科技和工业革命的机遇，共同打造国内外科普场馆发展的"命运共同体"。在这个充满业界最高端、最广泛智慧的学术舞台上，我相信各种立足于科普场馆工作实际、满足改革发展需要、融汇国际先进理念、经得起实践推敲的学术理念、发展思路一定会交相辉映、大放异彩。

预祝协会2017年年会圆满成功！

祝各位代表参会愉快！

谢谢！

中国自然科学博物馆协会 2017 年年会
青年学者优秀论文奖获奖名单 *

▨ 一等奖

序号	论文题目	作者	性别	单位
1	对内陆地区海洋科普方式的探索——以青岛海产博物馆为例	韩 涵	男	青岛海洋科技馆
2	从科学史出发构建"以事为中心"的展览设计思想——以"科学的历程"展览为例	黄雁翔	男	湖北省科学技术馆
3	"互联网"背景下科普场馆数字文化创意产品的设计思路探讨 ——以英国科普类游戏《纸境》为例	刘 晴	女	华中科技大学
4	数据可视化在天文展览视觉传达中的应用	马 劲	男	北京天文馆
5	聚焦"众、微"经济载体建立以面向公众服务的自然类博物馆生态经济圈 ——以大连自然博物馆为例	王 欣	女	大连自然博物馆
6	移动直播在博物馆科普工作中的应用和可行性分析	徐立国	男	中国地质博物馆
7	全新思维视角下的探究式教学设计	徐天姣	女	南京科技馆
8	探析自然博物馆从跨界融合走向博物馆时代	徐昳昀	女	浙江自然博物馆
9	天津科技馆天文科普活动中的探索与实践——以"天文与大气"活动为例	许 文	女	天津科学技术馆
10	浅析微信公众号在科技馆的应用推广现状与展望	薛 春	女	湖州市科技馆

▨ 二等奖

序号	论文题目	作者	性别	单位
1	"变魔术的宝石"——基于光学效应展陈品的教育活动研发与实施	范陆薇	女	中国地质大学（武汉）

---

* 名单按作者姓名拼音排序。

序号	论文题目	作者	性别	单位
2	北京市中小学生天文馆课程现状调查与分析	郭 敏	女	北京市第八十中学
3	藏品文化的开发与传播——以自贡恐龙博物馆为例	郝宝鞘	男	自贡恐龙博物馆
4	议流动科技馆科普教育活动的开发与设计	何丽娜	女	青海省科学技术馆
5	在 STEM 理论指导下麋鹿苑自然故事大讲堂科普活动的实践探索	胡冀宁	女	北京麋鹿生态实验中心
6	浅谈文创产品的大众参与模式——从管理学角度出发	胡 静	女	宁波科学探索中心
7	基于艺术融合视角下的科技馆展示设计	李靖著	女	张家港市文化中心科技馆
8	基于"儿童本位"的自然博物馆儿童区规划策略研究——以美国自然历史博物馆"探索屋"为例	李晓丹	女	大连自然博物馆
9	全新公众科学讲座组织形式的探究	李 昕	男	北京天文馆
10	"聪明的饮水鸟"之科学探秘教育活动的设计及实践	李 燕	女	山西省科学技术馆
11	自然科学博物馆探究式教育活动思考——以山西地质博物馆为例	李 瑜	女	山西地质博物馆
12	如何建好具有全球影响力的科技创新中心的北京科学中心	刘伟帅	男	北京科学中心筹建办公室
13	科技馆教育与学校教育结合的具体形式及简要分析	马晓健	男	吉林省科技馆
14	科普影视的审美转向与叙事策略	潘希鸣	男	中国科技馆
15	信息技术助推场馆学习——中国农业博物馆场馆学习的开发研究	徐 囡	女	中国农业博物馆
16	试论大数据下的现代科技馆科普服务创新	杨 凌	男	四川科技馆
17	博物馆里的"她经济"——基于女性设计元素浅谈博物馆文创产品开发策略	叶 鸣	女	大连自然博物馆
18	建立多渠道综合性的观众参观体验感受	赵开羿	男	北京天文馆
19	构建四维——体参观模式，探索建设全程 AR 博物馆	赵 轲	男	电子科技博物馆

中国自然科学博物馆协会 2017 年年会
在青海德令哈成功举办

　　2017 年 8 月 30~31 日，中国自然科学博物馆协会 2017 年年会在青海省海西蒙古族藏族自治州德令哈市成功举办。本届年会由中国自然科学博物馆协会天文馆专业委员会和德令哈天文科普馆共同承办，围绕"人、自然和宇宙——自然科学博物馆面临的机遇与挑战"主题开展相关学术活动。中国自然科学博物馆协会理事长程东红，中国人民政治协商会议青海省委员会副主席鲍义志，中国自然科学博物馆协会名誉理事长徐善衍、李象益，中国科学技术协会科学技术普及部部长白希，中国科学技术馆馆长殷皓，青海省科学技术协会党组书记尤伟利，海西州州委常委、常务副州长王林虎等有关同志出席开幕式。中国科协有关部门、直属事业单位、青海省科协、海西州人民政府等有关方面领导同志，中国自然科学博物馆协会各位副理事长，各级科协负责同志以及全国自然科学博物馆领域的馆长、专家、学者等共 500 余人参加了大会。

　　大会开幕式由中国自然科学博物馆协会执行副理事长赵有利主持。青海省政协副主席鲍义志，中国科协科普部部长白希，海西州州委常委、常务副州长王林虎同志分别致辞。中国自然科学博物馆协会理事长程东红做开幕致辞。她指出，中国自然科学博物馆协会年会自 2015 年首次举办以来，在搭建高水平综合交叉学术交流平台、推动青年专业人才成长、促进领域发展进步等方面起到了重要作用。2017 年年会从人、自然和宇宙的关系出发，聚焦

开幕式现场

青海省政协副主席鲍义志同志致辞

中国科协科普部部长白希同志致辞 ————

程东红理事长做开幕致辞 ————

颁奖仪式及捐赠仪式 ————

刘嘉麒院士及武向平院士分别作大会报告 ————

科普场馆可持续发展与人类生存空间和宇宙间的相互影响。希望借由此次盛会，在北京天文馆帮助下，德令哈天文科普馆能够不断发展进步，推动东西部互助"牵手"，为实现科普公共服务均等化贡献力量。

程东红理事长强调，自然科学博物馆是促进全民科学素质提高的重要阵地，也渐渐成为全社会科学文化的重要发展引擎和人才孵化器。青海雄踞世界屋脊，从这里可以走向世界最高峰，巨人远行，需要持久、强劲的动力。中国自然科学博物馆协会在中国科协领导下，愿与各位一道，紧紧抓住新一轮科技和工业革命的机遇，共同打造国内外科普场馆发展的"命运共同体"。

为鼓励全国自然科学博物馆领域青年工作者提升科研学术水平，开幕式上颁发了本届年会"青年学者优秀论文奖"，共有29名来自全国各地自然科学类博物馆的青年学者获奖并受到表彰。中国自然科学博物馆协会副理事长、大会学术委员会主任、北京天文馆馆长朱进同志宣读了表彰奖励决定。

开幕式上，还举行了"中国科技馆馆藏展品捐赠仪式"，中国科学技术馆殷皓馆长向德令哈天文科普馆赠送了中国科技馆珍藏多年的天文学展品——元代科学家郭守敬设计的、当时世界最先进的天文观测仪器简仪（简仪）。

开幕式结束后，举行了年会主旨报告会，由协会副理事长、上海科技馆馆长王小明主持。本届年会邀请到中国科学院院士、中国科学院地质与地球物理研究所研究员刘嘉麒，中国科学院院士、全国政协委员、中国天文学会理事长武向平分别作题为《极地与人类未来》和《宇宙的命运》的大会报告。大会设置13个分会场近90个学术报告，为与会代表提供优良的学术氛围与交流平台，让大家在更广泛的范围内开展学术交流。切合大会主题及德令哈市独特的科普环境，本届年会组织所有代表开展两场野外科考活动，分别为湖区观星和湿地保护区科考。部分代表还参观了德令哈天文科普馆，有效实现了跨界融合和充分交流。

本届年会在"学术、交流、旗帜、平台"这一总体定位下，保持协会鼓励学科融合、促进各界合作的一贯原则，聚焦科普场馆未来发展，推动专委会跨界共赢，旨在为我国自然科学类博物馆领域搭建广阔的学术交流平台，提升整个行业的教育创新水平和能力，为推动自然科学类博物馆的可持续健康发展，为提高全民科学素质、实施国家创新驱动发展战略、共同作出新的更大的贡献。

主旨报告人及报告摘要

报告人：刘嘉麒

刘嘉麒，地质学家，中国科学院院士。曾任中国科学院地质研究所所长、中国第四纪研究委员会主任，中国科普作家协会理事长；现任中国科学院地质与地球物理研究所研究员，中国科学院大学、吉林大学、中国地质大学、南开大学等院校兼职教授，国际单成因火山作用委员会领导成员，国际第四纪研究联合会（INQUA）地层委员会表决委员等职。承担和主持多项国家级和国际合作项目，对中国广大地区和南极、北极及多个国家进行广泛地质环境调查，系统研究了中国火山，开拓了玛珥湖高分辨率古气候研究和在火山岩中寻找油气藏的新领域，参与了国家关于振兴东北，新疆跨越式发展，浙江沿海新区开发和淮河流域环境与发展等方面的战略研究，积极引导和推动玄武岩纤维材料在中国的开发应用，在火山学、第四纪地质环境等方面做了大量系统性创新工作。获得国家自然科学和科技进步二等奖各一项，中国科学院自然科学和科技进步一等奖各一项，国家海洋局科技进步特等奖以及首届侯德封奖等奖项，2001 年被中国科协授予"全国优秀科技工作者"。

报告题目：极地与人类未来

南极和北极对绝大多数人来说是遥不可及的神秘仙境，那里有奇光异彩的自然景象和别具特色的生态环境，整个白色世界充满着科学奥秘，蕴藏着丰富资源，是人类最后一块净土，从理论上讲它属于全人类，包括占人类 1/5 的中国人。中国应该在极地事业中发挥重要作用。博物馆汇聚了人类文明最精彩最杰出的成就，是科学艺术的殿堂，知识智慧的海洋，让人感到神圣，敬仰。

报告人：武向平

武向平，中国科学院院士，天体物理学博士，中国科学院国家天文台研究员，中国天文学会理事长，全国政协委员，中国科协常委。主要从事宇宙学的研究，包括宇宙中的引力透镜效应、星系团的动力学特性以及宇宙再电离探测，主持了在天山地区开展的"宇宙第一缕曙光探测"科学实验。现任中国科学院先导专项"多波段引力波宇宙研究"项目首席科学家和科技部"中国 SKA"项目首席科学家。曾获中国青年科学家奖、中国科学院自然科学一等奖、国家自然科学二等奖、科技部野外科技工作者先进个人、何梁何利科技进步奖等奖励。

报告题目：宇宙的命运

人类对于宇宙及自身起源及命运的不懈探索不断推动着现代宇宙学的发展。从近代科学诞生以来，一代代科学家都在前人的基础上进一步深化了对宇宙是如何形成与发展的认识。当今的现代宇宙学认为宇宙诞生于130多亿年前的一次大爆炸中，并且还在以加速的方式不断膨胀，并且根据现有科学的推演，宇宙最终的命运将归于沉寂。通过哈勃对宇宙膨胀的观测、宇宙背景辐射的发现以及暗物质和暗能量模型的构建，科学家们为我们描绘出了一幅惊人的宇宙诞生与消亡的图景，并且这一宏伟的过程与地球上生命的出现密切相关。在每一次新的科学发现面前，大自然总会让人们感到无比惊奇与神秘。

中国自然科学博物馆协会 2017 年年会 分会场报告

S1 自然科学博物馆建设面临的机遇与挑战				召集人：贾跃明
时 间：8 月 30 日下午			地 点：海西州会议中心·瀚海厅	

序号	时间	报告人	报告题目	单位
1	14:00—14:15	何 洁	新型城镇化背景下的科技馆选址再思考	广西科技馆
2	14:15—14:30	徐映昀	探析自然博物馆从跨界融合走向博物馆时代	浙江自然博物馆
3	14:30—14:45	张 凯	野生动物标本科普价值实现模式的创新研究	河南省科学技术馆
4	14:45—15:00	王 欣	聚焦"众、微"经济载体建立以面向公众服务的自然类博物馆生态经济圈——以大连自然博物馆为例	大连自然博物馆
5	15:00—15:15	刘伟帅	如何建好具有全球影响力的科技创新中心的北京科学中心	北京科学中心筹建办公室
15:15—15:35			茶 歇	
6	15:35—15:50	吕霁航	我国专题科技馆面临的机遇及挑战	长春中国光学科学技术馆
7	15:50—16:05	郭子若	浅论地域特色对自然科学博物馆发展方向的影响	广西壮族自治区科学技术馆
8	16:05—16:20	刘 怡	以人为本，应对科技馆建设发展的机遇与挑战 ——以宁波科学探索中心科普辅导员群体为例	宁波科学探索中心
9	16:20—16:35	陈 俊	试述科技馆服务对象多元化的思路——以中青年群体为例	合肥市科技馆

S2-1 教育活动的设计与实践				召集人：李春冀
时 间：8 月 30 日下午			地 点：海西州会议中心·大会堂	

序号	时间	报告人	报告题目	单位
1	14:00—14:15	赵 洋	"中国科学技术馆的传统科技遗产教育"——以中国古代天文仪器教育活动为例	中国科学技术馆

S2-1　教育活动的设计与实践			召集人：李春冀	
时　间：8月30日下午			地　点：海西州会议中心·大会堂	
序号	时　间	报告人	报告题目	单位
2	14:15—14:30	李文军	强化科普大篷车巡展　彰显科技馆辐射功能——以陕西科技馆为例	陕西科技馆
3	14:30—14:45	韩　涵	对内陆地区海洋科普方式的探索——以青岛海产博物馆为例	青岛海产博物馆
4	14:45—15:00	何丽娜	议流动科技馆科普教育活动的开发与设计	青海省科学技术馆
5	15:00—15:15	李　昕	全新公众科学讲座组织形式的探究	北京天文馆
15:15—15:35			茶　歇	
6	15:35—15:50	陈　艳	浅议博物馆公共教育活动——南通博物苑公共教育项目的探索与实践	南通博物苑
7	15:50—16:05	任方舟	"授人以鱼不如授人以渔"——初探球幕影院天文科普创新之路	合肥科技馆
8	16:05—16:20	邢　琳	科普活动的品牌打造——基于芜湖科技馆"科学小氧吧"活动实践	芜湖科技馆
9	16:20—16:35	杨玉娟	信息化时代科技馆讲解服务能力建设探讨	广东科学中心
10	16:35—16:50	周辉军	浅议科技馆应如何结合STEAM教育理念因素设计和开展科普教育活动	湖南省科学技术馆

S2-2　教育活动的设计与实践			召集人：朱幼文	
时　间：8月31日上午			地　点：海西州会议中心·大会堂	
序号	时　间	报告人	报告题目	单位
1	09:00—09:15	王雪颖	体验式学习在科技馆教育活动里的实践与应用——以重庆科技馆"逗趣科学课"系列主题活动为例	重庆科技馆
2	09:15—09:30	徐天姣	全新思维视角下的探究式教学设计	南京科技馆
3	09:30—09:45	张　辉	科普场馆教育活动如何促进儿童科学概念的形成——基于"遇见·光"和"力的作用与运动"活动案例的研究	南京科技馆
4	09:45—10:00	张晚秋	浅析光学专业科技馆基于STEM教育理念开展科普活动的途径和方法	长春中国光学科学技术馆
5	10:00—10:15	胡冀宁	在STEM理论指导下"麋鹿苑自然故事大讲堂"科普活动的实践探索	北京麋鹿生态实验中心
10:15—10:35			茶　歇	
6	10:35—10:50	王媛媛	论"科普进校园"模式的可持续发展——以"北京阳光少年科普进校园"活动为例	北京天文馆
7	10:50—11:05	王子楠	浅析山西科技馆基于展览展品开发的《科学有日》特色教育活动——探索展览教育新形式，树立科技馆活动品牌活动	山西省科学技术馆
8	11:05—11:20	马晓健	科技馆教育与学校教育结合的具体形式及简要分析	吉林省科技馆
9	11:20—11:35	葛宇春	如何将发现式教学法融入科技馆教育活动设计	合肥市科技馆

S3　展览、影片的创新与趋势			召集人：梁兆正	
时　间：8月30日下午			地　点：海西州会议中心·柴旦厅	
序号	时　间	报告人	报告题目	单位
1	14:00—14:15	黄雁翔	从科学史出发构建"以事为中心"的展览设计思想——以"科学的历程"展览为例	湖北省科学技术馆
2	14:15—14:30	马　劲	数据可视化在天文展览视觉传达中的应用	北京天文馆
3	14:30—14:45	赵开羿	建立多渠道综合性的观众参观体验感受	北京天文馆

S3 展览、影片的创新与趋势				召集人：梁兆正
时 间：8 月 30 日下午				地 点：海西州会议中心·柴旦厅
序号	时间	报告人	报告题目	单位
4	14:45—15:00	杜芝茂	天文观测在科普场馆中的展示探索——以脉冲星射电观测为例	上海科技馆
15:00—15:20			茶 歇	
5	15:20—15:35	吴君畅	基于环境心理学的科技馆展示空间设计研究初探	华中科技大学
6	15:35—15:50	姜 昊	自然博物馆展陈内容特色化设计的思考与实践	华中农业大学博物馆
7	15:50—16:05	苗 军	自然科学博物馆互动展项的创新设计与研发——以北京天文馆"宇宙灯塔"展项为例	北京天文馆
8	16:05—16:20	李 毅	博物馆影片：从展陈手段到博物馆 IP 塑造——以自贡恐龙博物馆为例	自贡恐龙博物馆

S4-1 新技术应用与场馆的可持续发展				召集人：严洪明
时 间：8 月 30 日下午				地 点：海西州会议中心·柴达木厅
序号	时间	报告人	报告题目	单位
1	14:00—14:15	徐立国	移动直播在博物馆科普工作中的应用和可行性分析	中国地质博物馆
2	14:15—14:30	薛 春	浅析微信公众号在科技馆的应用推广现状与展望	湖州市科技馆
3	14:30—14:45	赵 轲	构建四维一体参观模式，探索建设全程 AR 博物馆	电子科技博物馆
4	14:45—15:00	刘 娟	科技馆展项与科学技术发展之间的联系	青海省科学技术馆
15:00—15:20			茶 歇	
5	15:20—15:35	周志强	浅析科技馆内自助辅导系统规划实践与游客体验	天津科学技术馆
6	15:35—15:50	喻小华	新技术应用与科普场馆的可持续发展	浙江科信文化发展有限公司
7	15:50—16:05	王 宇	VR 技术在科普展品研发中的探索实践——以 VR 技术在内蒙古科技馆展品研发中的应用为例	内蒙古科技馆

S4-2 新技术应用与场馆的可持续发展				召集人：刘井权
时 间：8 月 31 日上午				地 点：海西州会议中心·柴达木厅
序号	时间	报告人	报告题目	单位
1	09:00—09:15	杨 凌	试论大数据下的现代科技馆科普服务创新	四川科技馆
2	09:15—09:30	徐 囡	信息技术助推场馆学习——中国农业博物馆场馆学习的开发研究	中国农业博物馆
3	09:30—09:45	张 楠	VR 技术在中美两国自然科学类博物馆中的应用方式对比研究	北京麋鹿生态实验中心
4	09:45—10:00	任天宇	VR 全景中图像处理组合和变换技术	长春中国光学科学技术馆
10:00—10:20			茶 歇	
5	10:20—10:35	王科超	浅谈新媒体环境下博物馆的科普融和创作与传播	紫金山天文台
6	10:35—10:50	方泽相	新媒体在科普场馆运营中的运用及探索	合肥市科技馆
7	10:50—11:05	李靖著	基于艺术融合视角下的科技馆展示设计	张家港市文化中心科技馆

S5	文化创意产品研发的理想与现实			召集人：齐继光
时 间：8月30日下午			地 点：海西州会议中心·德令哈厅	

序号	时间	报告人	报告题目	单位
1	14:00—14:15	刘 晴	"互联网"背景下科普场馆数字文化创意产品的设计思路探讨——以英国科普类游戏《纸境》为例	华中科技大学
2	14:15—14:30	胡 静	浅谈文创产品的大众参与模式——从管理学角度出发	宁波科学探索中心
3	14:30—14:45	叶 鸣	博物馆里的"她经济"——基于女性设计元素浅谈博物馆文创产品开发策略	大连自然博物馆
4	14:45—15:00	郝宝鞘	藏品文化的开发与传播——以自贡恐龙博物馆为例	自贡恐龙博物馆
5	15:00—15:15	秦广明	论专业科技馆文创产品的跨界延展策略——以长春中国光学科学技术馆为例	长春中国光学科学技术馆
	15:15—15:35		茶 歇	
6	15:35—15:50	赵 笛	运用经济学模型分析方法解决重庆自然博物馆在文创产品研发中所面临的问题	重庆自然博物馆
7	15:50—16:05	王亚军	浅议博物馆文化创意产品研发——以山西地质博物馆为例	山西地质博物馆
8	16:05—16:20	黄文腾	论科技馆虚拟形象品牌文化价值建设的思考	厦门科技馆
9	16:20—16:35	蔡云舒	浅析自然科学博物馆文创产品的设计	南京科技馆

S6	新时期自然博物馆建设（自然历史博物馆专业委员会）			召集人：赵博
时 间：8月31日上午			地 点：海西州会议中心·天峻厅	

序号	时间	报告人	报告题目	单位
1	09:00—09:30	欧阳辉	现代自然博物馆建设的创新实践	重庆自然博物馆
2	09:30—10:00	姚 强	新时期上海自然博物馆教育的探索与思考	上海科技馆分馆
3	10:00—10:30	严洪明	众包众筹众创——博物馆策展新模式探析	浙江自然博物馆

S7	2017全国科技馆发展论坛（科技馆专业委员会）			召集人：廖红
时 间：8月31日上午			地 点：海西州会议中心·乌兰厅	

序号	时间	汇报人	会议内容	单位
1	09:00—10:00	韩永志	全国科技馆展览展品大赛方案征求意见	中国科技馆展览设计中心
2	10:00—12:00	邱仓虎	《科学技术馆建设标准》（修订稿）初审会	中国建筑科学研究院建筑设计院

S8	全国天文馆高峰论坛（天文馆专业委员会）			召集人：顾庆生
时 间：8月31日上午			地 点：海西州会议中心·德令哈厅	

序号	时间	报告人	报告题目	单位
1	09:00—09:15	郭 霞	从天象厅到太空剧场——中国天文馆事业60年	北京天文馆
2	09:15—09:30	顾庆生	成长中的上海天文馆——理念、规划和当前发展	上海科技馆
3	09:30—09:45	姚 嵩	上海天文馆主力望远镜项目分析与运营方案讨论	上海科技馆
4	09:45—10:00	陈 颖	媒介融合语境下天文馆科学传播策略探析	上海科技馆
	10:00—10:20		茶 歇	
5	10:20—10:35	谢咏殷	如何在天文科普活动中开展光谱知识科普	东莞科学馆
6	10:35—10:50	卢 瑜	社区天文科普活动的组织实施与思考	北京天文馆
7	10:50—11:05	王 晨	天文馆绘本带读教育活动设计与实践——以绘本故事《星空动物园》为例	上海科技馆

S9 行业博物馆的运行管理（专业科技博物馆委员会） 召集人：苑荣

时　间：8 月 31 日上午　　　　　　　　　　　　　地　点：海西州会议中心·柴旦厅

序号	时间	报告人	报告题目	单位
1	09:00—09:20	宋青山	发挥社会教育功能，让博物馆真正活起来	自贡市文化旅游投资开发有限公司
2	09:20—09:40	胡高伟	博物馆管理中的经济学分析	中国煤炭博物馆
3	09:40—10:00	孙雪冰	依标准治馆 全面提升现代博物馆运行管理水平	北京汽车博物馆
4	10:00—10:20	龚建玲	行业博物馆专业技术职务评聘相关问题及对策探讨——以中国铁道博物馆为例	中国铁道博物馆
10:20—10:35			茶　歇	
5	10:35—10:55	荆大伟	新媒体助力行业博物馆发展——以中国农业博物馆为例	中国农业博物馆
6	10:55—11:15	孙　健	新形势下的博物馆安检	同方威视技术股份有限公司
7	11:15—11:35	张建新	携手安全，共赢共荣——博物馆与企业合作发展的实践探索	中国铁道博物馆
8	11:35—11:55	唐志强	中美博物馆的定级与运行评估对比分析	中国农业博物馆

S10 地学类博物馆创新与发展（国土资源博物馆专业委员会） 召集人：刘树臣

时　间：8 月 31 日上午　　　　　　　　　　　　　地　点：海西州会议中心·瀚海厅

序号	时间	报告人	报告题目	单位
1	09:00—09:20	刘树臣	地学科普的创新与发展	中国地质博物馆
2	09:20—09:40	毛翔南	国土资源—地学科普的社会功能——以甘肃为例	甘肃地质博物馆
3	09:40—10:00	徐　莉	创新驱动地学科普发展	河南省地质博物馆
4	10:00—10:20	金利勇	科普作品创新的几点体会——中科协地史学科学传播专家团队的建设和科普工作	吉林大学博物馆
10:20—10:40			茶　歇	
5	10:40—11:00	范陆薇	"变魔术的宝石"——基于光学效应展陈品的教育活动研发与实施	中国地质大学（武汉）
6	11:00—11:20	李　瑜	自然科学博物馆探究式教育活动思考——以山西地质博物馆为例	山西地质博物馆
7	11:20—11:40	王　璐	地学科普教育活动的选材及设计思路——以新疆地质矿产博物馆《以"虫"命名的石头》科普讲座为例	新疆地质矿产博物馆

S11 自然保护区规范化管理（自然保护区专业委员会） 召集人：张希武

时　间：8 月 31 日上午　　　　　　　　　　　　　地　点：海西州会议中心·格尔木厅

序号	时间	报告人	报告题目	单位
1	09:00—09:30	张希武	自然保护区规范化建设与管理	原国家林业局保护司司长
2	09:30—10:00	张志翔	生态系统可持续性与保护区管理	北京林业大学教授、自然保护区评审专家

首届"一带一路"科普场馆
发展国际研讨会

在首届"一带一路"科普场馆发展国际研讨会开幕式上的致辞

怀进鹏 *

2017 年 11 月 27 日

尊敬的来宾们、女士们、先生们:大家上午好!

我今天非常荣幸能够参加首届"一带一路"科普场馆发展国际研讨会。在中国我们有这样一句古话,2000 多年前孔子曾经说过,有朋自远方来,不亦乐乎,我想说谢谢大家远道而来,参加本次研讨会并跟我们一起进行科学方面的交流,同时我们也将在一起研讨如何造福全世界的人民。

尊敬的联合国教科文组织代表约斯兰·努尔博士,国际博协副主席安来顺博士:大家上午好!

今天,首届"一带一路"科普场馆发展国际研讨会隆重召开。来自"一带一路"沿线国家科普场馆和相关机构的代表和专家学者济济一堂,共谋科学传播丝绸之路建设大计。在此,我谨代表中国科学技术协会向远道而来的各国科普场馆和机构代表,驻华使馆代表,以及自然科学博物馆领域的专家、学者、企业界代表表示热烈欢迎和衷心感谢!

2000 多年前,亚欧大陆上勤劳勇敢智慧的人民,探索出连接亚、欧、非几大文明的人文交流通路"丝绸之路",孕育和传承了独一无二的"丝路文明"宝藏。从古到今,"一带一路"上演绎着一幕又一幕相遇相知、互利合作、科技交流、文化交融的动人故事。伴随着人类历史长河,科学文化生生不息,滋养着瑰丽的丝绸之路文明。科普场馆是科学传播与文化传承的重要载体,也是促进公众理解科学的重要阵地。它以精心设计的独特物理空间,让公众身临其境感受人类社会进步的历程,共享人类文明成果,感悟科技引领可持续发展的不竭动力。当不同国家的科普场馆彼此相遇,又将激发多少绚烂奇妙的灵感与喜悦!在会议开始之前,我和徐延豪同志一起看了一下各国的展览和中国科技馆近年来的一些重要的成果,拿出来与大家分享,看到这一件件充满智慧的、创造性的科普作品,也让我想起在丝绸之路当中经济、文化、科技与文明的传播,这是一种创造的力量,也是人类共有的特别的文明,我们需要珍惜它、传播它、并创造它!

中国国家主席习近平于 2013 年提出"一带一路"的宏伟倡议,为世界打开了"筑梦"空间,得到全球 120 多个国家和国际组织的积极响应和大力支持。在"一带一路"倡议下,科普场馆与科技交流已经拉开帷幕,中国科技馆正在展出的柏拉图闹钟、希罗自动神殿门等展品,展示了古希腊人民的探索精神以及在科技和艺术方

---

* 怀进鹏:中国科协党组书记、常务副主席书记处第一书记。

面的辉煌成就。我欣喜地看到，在本次研讨会上，中国科协所属的中国自然科学博物馆协会及其会员单位，将与9个"一带一路"沿线国家的科普组织和场馆分别签署合作协议，协议的内容十分丰富，既有战略合作，也有科普资源互惠共享；既有中国展览"走出去"，也有外国展览"请进来"；既有展览教育资源合作，也有人员培训和信息技术应用交流。这是各国科普场馆深度合作的良好开端，必将为推动"一带一路"沿线国家科普场馆建设和科学文化发展注入强劲动力，为构建人类命运共同体增添亮丽元素。

中国科协作为中国广大科技工作者的群众组织，始终致力于促进科学技术和科学文化繁荣发展，为推动构建人类命运共同体贡献智慧力量。我们积极支持所属的全国学会参与"一带一路"倡议下的科技合作与交流，为各国相关机构开展科技交流搭建平台、做好服务。中国科协也一直在探索推动科普资源互惠共享、促进"一带一路"沿线国家科普场馆互利共赢，推动科学文化可持续发展，促进人类文明进步的实施路径。我特别高兴的是也愿借此机会宣布，中国科协将通过"科普中国"和"中国数字科技馆"平台，整合中国科普场馆的展览作品、教育活动、科普影视片等资源，建设科普资源库，无偿向"一带一路"沿线国家科普场馆开放。同时，也借助平台为拓展所有签约国家科普资源、科学文化交流合作提供服务。我们期待这一战略举措早日结出硕果，惠及沿线国家的人民，共同创造丝绸之路新的文化和辉煌。

最后，我预祝首届"一带一路"科普场馆发展国际研讨会取得圆满成功！祝愿各位来宾在北京度过愉快时光！

谢谢大家！

共商合作愿景　共建交流平台　共享科普硕果

——中国自然科学博物馆协会成功举办首届 "一带一路" 科普场馆发展国际研讨会

"志合者，不以山海为远"，为积极响应并落实习近平总书记提出的"一带一路"倡议，实现沿线国家科普场馆互通互联、繁荣发展，2017年11月27~28日，由中国自然科学博物馆协会主办、中国科技馆和上海科技馆联合承办的首届"一带一路"科普场馆发展国际研讨会在中国科技馆隆重召开。此次大会共有来自"一带一路"沿线22个国家24个科普场馆和机构的44位馆长及负责人，以及中国国内包括自然历史博物馆、科学技术馆、天文馆、国土资源博物馆等在内的8大类74家科普场馆和机构、15家科普企业的130余位馆长和负责人参加，大家围绕"协同共享、场馆互惠、共建科学传播丝绸之路"大会主题，共话沿线国家科普场馆间长远合作愿景，共商构建沿线国家科普场馆命运共同体大计。

研讨会开幕式于27日上午9点在中国科技馆报告厅隆重举行。中国科协党组书记、常务副主席、书记处第一书记怀进鹏，中国科协党组副书记、副主席、书记处书记徐延豪，联合国教科文组织自然科学部科技政策与能力建设处代表约斯兰·努尔博士，国际博物馆协会副主席安来顺博士，国土资源部国际科技合作司司长高平，北京市科学技术研究院院长郭广生等领导，部分

怀进鹏书记致辞

程东红理事长致辞

2017 年 11 月 27 日中国自然科学博物馆协会理事长程东红与俄罗斯自然历史博物馆协会理事长安娜·克鲁基纳（Dr. Anna Kliukina）签署合作协议

签约仪式

"一带一路"沿线国家驻华大使馆官员，中国科协相关部门和事业单位，大会指导单位，相关学会等单位负责同志，大会合作及赞助单位，在京媒体，部分科普企业界代表出席了开幕式。开幕式由大会主席、中国自然科学博物馆协会理事长程东红主持。

开幕式上，程东红对各位领导、嘉宾的到来表示真挚感谢和热烈欢迎。她说，为公众提供科学文化的体验和服务，使用科学文化这一共同语言促进不同文化文明之间的对话和理解，帮助全体公民和整个社会实现其潜能的最大化，是全世界科普场馆的共同目标和使命。秉持这一使命，首届"一带一路"科普场馆发展国际研讨会将为与会科普场馆提供科技交互、文化交流、人员相通、资源互惠等深度合作的最佳契机。

怀进鹏代表中国科协向此次会议的召开表示热烈的祝贺。他说，中国科协也一直在探索推动科普资源互惠共享、促进"一带一路"沿线国家科普场馆互利共赢，推动科学文化可持续发展，促进人类文明进步的实施路径……我欣喜地看到，在本次研讨会上，中国自然科学博物馆协会及其会员单位，将与 11 个"一带一路"沿线国家的科普组织和场馆分别签署合作协议，并认为这是各国科普场馆深度合作的良好开端。怀书记还借开幕式的机会宣布，中国科协将通过"科普中国"和"中国数字科技馆"平台，整合中国科普场馆的展览展品、教育活动、科普影视片等资源，建设科普资源库，无偿向"一带一路"沿线国家科普场馆开放。

集众智、聚合力，作为本届研讨会重要会议成果之一，27 日上午举行的"科普资源互惠共享"签约仪式，是中国自然科学博物馆协会深入学习贯彻落实党的十九大精神，探索我国科普场馆服务、引领、构建"人类命运共同体"实施路径的重要举措。在此前长达一年充分沟通的基础上，中国自然科学博物馆协会及其会员单位——中国科技馆、中国地质博物馆、上海科技馆、北京自然博物馆、北京天文馆分别与俄罗斯、缅甸、澳大利亚、加拿大、乌兹别克斯坦、希腊、塞尔维亚、泰国、墨西哥、马来西亚等国的重要科普场馆或机构签署 11 个全面合作框架协议或"科普资源互惠共享计划"协议。怀进鹏书记、徐延豪书记、程东红理事长、约斯兰·努尔博士、安来顺副主席，签约科普场馆所在国驻华使馆官员等共同在主席台上见签。11 项协议的签署，是中国科普场馆向世界传递出共同致力于"一带一路"建设、携手构建科学传播大平台的积极信号，蕴含着与会各方对科学传播互惠共享建设前景的坚定信心和合作共赢的殷切期待。

开幕式结束后，进行大会主旨报告会。由大会程序委员会主席、中国自然科学博物馆协会副理事长、上海科技馆馆长王小明主持。约斯兰·努尔博士、安来顺副主席、程东红理事长分别做题为《"一带一路"背景下自然科学博物馆对"2030 年可持续发展议程"的潜在贡献》《博物馆作为我们共有人文精神的前沿实验室》《顺应大势、勇于担当,共同开辟"一带一路"科普场馆发展的光明未来》三个主旨报告。

27日下午和28日上午,大会组织委员会主席、中国科技馆馆长殷皓和大会秘书长、中国科技馆副馆长欧建成先后主持了全体与会代表参加的"一带一路"科普场馆发展论坛,各国科普场馆和机构代表就自然科学博物馆的发展进行研讨,包括展览展示特色和设计开发现状,教育活动开展情况、特色及与周围社区、学校等的互动情况,所属场馆的管理运营模式,发展的规划愿景及场馆发展遇到的困难、挑战以及对"一带一路"科普场馆交流合作的建议等议题。当晚,与会代表还在过去几个月反复讨论和交换意见的基础上,进一步研究讨论了《北京宣言》,并提出了《北京宣言》必须聚焦'一带一路'倡议的目标,以及必须有具体的跟进措施和项目"等建设性意见和建议。与此同时,还增加了"本着开放包容的精神,《北京宣言》向接纳'一带一路'宗旨的国家开放"的具体条文,为其最终正式发布集思广益,做好充分准备。28日中午,与会各国代表在充分讨论并达成共识的基础上,通过共商合作、共建平台、共享成果的《北京宣言》,成为本次会议最大的成果和亮点。

本次大会除设在中国科技馆的主会场外,还在中国地质博物馆、北京自然博物馆和北京天文馆分设三场不同主题的平行会议,围绕"新时代自然科学博物馆的使命与责任""自然历史博物馆的未来:藏品、展览、教育与科技进步""科技类场馆的教育活动策划和节目创作"三个专题,中外代表从不同侧面与角度,开展了广泛深入细致的专业研讨,以期实现真正的场馆战略对接、人员优势互补、资源融合联动、科普成果共享之势,达到"行稳致远、惠及未来"的"一带一路"科普场馆科学传播愿景。

11月27~30日,大会附设小型展览在中国科技馆展出,共有来自国内外30余家场馆、机构和企业参展。展览期在有效推动国内科普场馆及企业实施"走出去"发展战略,并为沿线各国场馆提供宣传推介机会,促进其在展览资源等相关领域互惠共享与交流合作。展出期间,亚美尼亚驻华大使马纳萨良专程前来参观,并参与了部分研讨会活动。中国科技馆展出了一系列优质科普展品资源,以及全套"中国流动科技馆"和科普大篷车,受到了与会各国代表的广泛关注。在此之前,作为本次大会附设展览的一部分,由中国科技馆、希腊赫拉克莱冬博物馆和希腊古代科技研究会共同举办的"古希腊科技与艺术展"已在中国科技馆短期展厅开展,成为中希两大文明交流借鉴、人民友谊合作的最佳见证。

会议结束后,外方参会代表乘高铁赴上海科技馆、

平行会议现场

大会附设小型展览

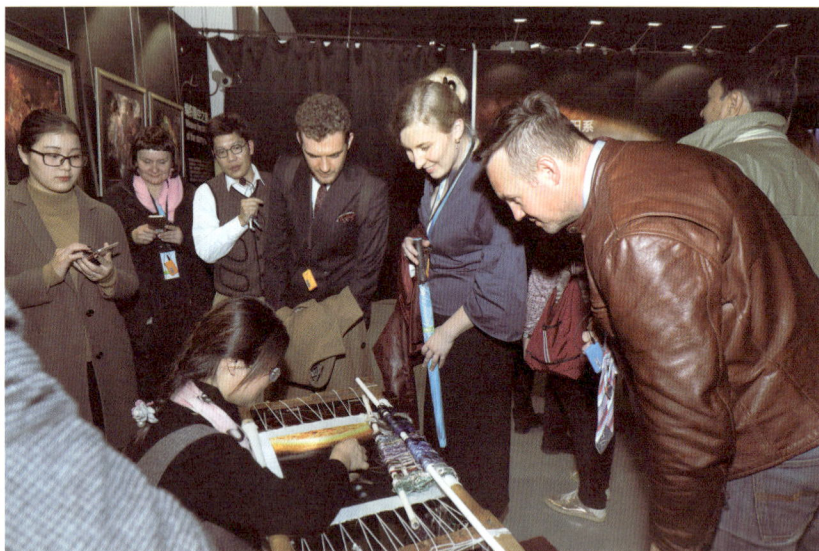

2017 年 11 月 29 日国外参会代表参观上海自然博物馆

上海自然博物馆开展专业考察与参访。

"一带一路"是一条由中国提出、惠及世界的合作发展、互利共赢之路。正如与会外方代表所说，"一带一路"科普场馆发展中每一个场馆都是赢家。中国自然科学博物馆协会作为大会的发起单位，按照习近平总书记在"一带一路"国际合作高峰论坛上所阐释的丝路精神丰富内涵，始终秉持与沿线国家科普场馆、机构、企业及其他社会力量结伴成行、相互借力、携手应对挑战、共同发展进步的理念，始终坚信立正位、行大道，植根历史、面向未来，在共绘沿线国家科学传播、科学普及、场馆建设发展新画卷，共谋科学传播丝绸之路建设大计，共创互惠共享美好未来方面，迈开了坚实的第一步，进行了有益的探索和尝试。今后，这一研讨机制将长期坚持下去，为推动"一带一路"国家科普场馆建设和科学文化发展注入强劲活力。

报告人：约斯兰·努尔博士

努尔博士是供职于联合国教科文组织下属自然科学与能力建设部自然科学司的一名方案专家。他拥有城市与区域发展硕士和博士学位，以及城市规划工程学士学位。他于 1999 年入职联合国教科文组织担任顾问，并于 2002 年成为终身工作人员。他在领导、构思和监督科技创新（STI）政策领域各项目活动方面业绩斐然，主要包括推动创新文化、科学普及、促进南南合作，以及开展科技创新评估和监测，以期在可持续发展中借助科学促进"2030 年可持续发展议程"的实施。

他以教科文组织科学普及协调人的身份，致力于为科学中心和科学博物馆的发展提供技术援助，并组织开展能力建设活动，借此支持涉及提高公众科技意识的各项活动，促进有关科学史的研究与科学辩论，协调教科文组织科学奖，管理教科文组织的"卡林加科学普及奖"，以及组织和支持科技创新展览。他一直非常积极地支持科学中心及科学博物馆区域与国际科学传播网络组织的建设。

报告题目："一带一路"背景下自然科学博物馆对"2030 年可持续发展议程"的潜在贡献

本着丝绸之路的精神，习近平主席于 2013 年提出了建设丝绸之路经济带以及 21 世纪海上丝绸之路的构想，他称之为"一带一路"（BRI）。从概念上说，"一带一路"旨在通过庞大的基础设施建设，以实体、经济、数字和社会等各种方式，将中国与世界各地连接起来。"一带一路"穿越亚洲、欧洲和非洲，覆盖 70 多个国家。尽管"一带一路"和联合国"2030 年可持续发展议程"的性质和范围各不相同，但二者均以可持续发展为总体目标。因此，"一带一路"在被用作联合国"2030 年可持续发展议程"的实施工具方面，有着巨大的潜力。本报告侧重于介绍作为科学基础设施的自然科学博物馆（NSM），其发展如何能够为实现联合国"2030 年可持续发展议程"，特别是在包括政策沟通、设施联通、贸易畅通、资金融通、民心相通在内的"一带一路"五大优先领域中做出贡献。本报告具体讨论了以下四个问题：第一，自然科学博物馆在推动"一带一路"国家之间科技创新合作方面的潜在作用；第二，如何在"一带一路"国家的自然科学博物馆之间实现互联互通；第三，在"一带一路"的背景下，自然科学博物馆在自身发展进程中的海外发展援助潜力；第四，自然科学博物馆在加强民心相通方面（文化理解）的作用。

安来顺博士

博物馆学硕士、历史学博士，研究馆员。现任北京鲁迅博物馆（北京新文化运动纪念馆）副馆长（2012年以来），国际博物馆协会副主席（2016年以来），中国博物馆协会副理事长兼秘书长（2010年以来），复旦大学、浙江大学、中央民族大学兼职教授，《中国博物馆》杂志主编（2017年以来），《国际博物馆（中文全球版）》特邀主编（2015年以来），享受国务院政府特殊津贴专家。

在文化遗产和博物馆领域服务33年，主要从事博物馆和文化遗产理论和应用研究，曾参加国内、国际一系列重要专业文件的起草工作，在国内外权威学术刊物和学术会议上发表论文。多年来致力于推动国际博物馆交流合作和中国博物馆事业走向国际，成功组织了一系列合作项目。曾任国际博协博物馆学委员会理事和副主席（1998~2010年）、国际博协执行委员会委员（2010~2013年）。

报告题目：博物馆作为我们共有人文精神的前沿实验室

在当今的时代，博物馆正面临着众多的挑战需要加以应对：我们的博物馆机构是否对社会很重要，无论是眼下还是长远的未来？在众多不同的领域，博物馆正在经历变革：收藏管理和政策、财政资源、活动规划、与公众以及社区的关系、传播和研究，等等。这些复杂而重要的变化直接导致了博物馆从业者的深刻转型，包括他们的日常行为准则和所扮演的社会角色。其中一个重要的共识是，不同类型的博物馆在与科技和创新相结合，进而服务于建设和平和促进可持续发展中发挥着比以往更加突出的功能。

有鉴于此，国际博物馆协会（ICOM）努力将应对这些变革作为其核心任务之一，积极探索可以回应博物馆专业领域新趋势、新挑战的概念、前景和潜力。在这一进程中，作为国际博物馆协会30个国际委员会之一的"科学与技术委员会"（ICOM-CIMUSET）显现了它巨大的活力和潜力，这个委员会由来自各国科技界的博物馆专业人员构成，它不仅服务于传统意义上的科学和技术博物馆，而且致力于推动那些面向儿童和青年开展科学技术普及和推广工作的当代科学中心等机构的发展。

由国际博物馆协会与联合国教育、科学及文化组织共同起草的《关于保护与促进博物馆与收藏及其多样性、社会作用的建议书》于2015年通过。按照这一新的国际指导文件的精神，当今博物馆的价值将在于"它们共有人文精神的前沿实验室，它保护我们的遗产，激发新的创造力，帮助我们捕捉世界的纷繁复杂"。联合国教科文组织前总干事伊琳娜·博科娃2016年在中国作了以上概括。

程东红博士

教育学博士，中国科协原副主席、党组副书记、书记处书记，现任中国自然科学博物馆协会理事长，第十二届全国人大法律委员会委员，欧美同学会副会长，中国女科技工作者协会常务副会长。

程东红从事科普工作30余年，专注于该领域的非正规科学教育、科学博物馆以及科学传播能力建设等领域的政策推动与实践探索。她主持研制的科普大篷车，已成为向广大农村基层群众提供科普公共服务的重要载体。在担任中国科协领导职务期间，程东红曾分管科普工作10年，曾任《全民科学素质纲要》实施办公室执行主任，领导中国科技馆新馆的内容建设并指导地方科技馆发展。程东红同志现在领导的中国自然科学博物馆协会，是兼具学术性与科普性的中国科协团体会员。

程东红参与了多种国际项目，是国际公众科学技术传播网科学委员会委员，曾作为非正规科学教育方面的专家，多次被联合国教科文组织等国际机构邀请参加区域和国际科学教育会议并作主旨报告。

报告题目：顺应大势、勇于担当，共同开辟"一带一路"科普场馆发展的光明未来

自然科学博物馆是公众科学传播和科普教育的设施和机构。首先，本报告介绍自然科学博物馆的发展历史和参加此次会议的"一带一路"沿线国家场馆。其次，本报告分析社会语境因素中可持续发展、发展不均衡、科技与社会交互对自然科学博物馆发展的重要影响，以及目前国际社会和自然科学博物馆领域应对上述问题所采取的行动和未来发展面临的新挑战。本报告指出："一带一路"倡议的提出为自然科学博物馆应对上述挑战提供了重要的平台和解决方案。由此提出促进"一带一路"沿线国家自然科学博物馆之间互惠共享的对策建议：搭建交流平台、开展合作、建立长效机制、加强能力建设，推动"一带一路"沿线各国科技、教育、文化的交流与合作更加深入，为构建"一带一路"沿线国家自然科学博物馆的命运共同体而努力。

北京宣言

当前，世界发展机遇与挑战并存。各国都在追求和平、发展与合作。中国在 2017 年 5 月 15 日成功举办"一带一路"国际合作高峰论坛圆桌峰会，为构建人类命运共同体注入强劲动力。

我们，出席 2017"一带一路"国家科普场馆发展国际研讨会的全体代表，于 2017 年 11 月 27~28 日汇聚中国北京，秉承"一带一路"高峰论坛的宗旨，围绕"协同共享、场馆互惠、共建科学传播丝绸之路"主题，思考科普场馆如何在促进联合国可持续发展目标的实现方面发挥不可替代的作用，开展深入而细致的讨论，共商合作、共建平台、共享成果，并最终形成以下宣言，成为《北京宣言》：

1. 我们认为，在信息爆炸、跨界融合的时代，"一带一路"（丝绸之路经济带和 21 世纪海上丝绸之路）沿线国家科普场馆之间的合作交流是未来博物馆领域可持续发展不可缺少的要素。"一带一路"沿线国家科普场馆之间不断加强的合作与交流，能够真正实现各国家之间的政策沟通、设施联通、文化互通、民心相通，使"一带一路"沿线各场馆的教育、展示、收藏和研究成果在不同的文化环境中进行相互交流，更好地推进科技发展与创新，进而促进社会经济的可持续发展和人类的共同进步。

2. 我们认为，建立"一带一路"沿线国家科普场馆之间的信任体系，能够发挥值得信赖的纽带和极具价值的传播者的作用，鼓励宽容和批判性思维。共建互信是共享科学的基础，而共享科学是"一带一路"建设的重要内容之一。"科学让生活更美好"的理念，将通过"一带一路"沿线国家科普场馆的多元合作，形成科学传播"新丝路"，打破科学知识传播的壁垒，共同构筑科学、文化与精神传递的命运共同体。

3. 我们认为，"一带一路"建设，不仅需要科学知识和科学文化，还需要科学方法和科学精神。科普场馆则是开展科学传播不可或缺的力量。"一带一路"沿线国家的科普场馆应寻求多种合作与交流方式，将以物为本的传统展示技术与最新科技相结合，促进公众参与科学。

为此：

4. 我们愿意，构建"一带一路"沿线国家更广泛的科学传播联盟，开展展览的巡展与交流，博物馆教育资源合作开发，人员定期互换交流与考察，定期举办科普场馆人员培训班，开展博物馆研究与藏品征集合作，合作举办科技节、青少年科学竞赛等，为推动创新与发展，促进资源的贡献与场馆的互惠共赢，促进彼此的交流，提升科学传播的能力做出积极贡献。

5. 我们应当，利用"一带一路"沿线国家科普场馆的重要资源，构建积极有效的沟通交流平台，搭建机制性合作框架，建立协作网络，促进更广泛而深入的文化与科技交流，共同为建设人类命运共同体贡献力量。

6. 我们建议，依托"一带一路"沿线国家科普场馆交流的机会，积极推动学术性非营利组织"新丝路科普场馆学会"的成立，以此更好地促进各场馆之间互通有无，增进了解，促进创新，谋求共同进步。

7. 我们建议，以此次"一带一路"国家科普场馆发展国际研讨会为契机，积极推动成立"一带一路"科普场馆合作发展基金会，并定期推送科普场馆的最新资讯，以此支持和促进各馆之间合作交流的持续开展和进行。由于本次论坛取得圆满成功，并形成了一系列的研究成果，因此，我们建议，"一带一路"沿线国家的科普场馆论坛每两年举办一次，该活动将秉承"平等、自愿、互惠"的原则，在合作与共商、共享、共赢的基础上举行，以推动"一带一路"沿线国家的深度合作。

8. 本着开放、包容的精神，我们欢迎认同《北京宣言》目标的其他国家的机构参与。

场馆信息篇

自然历史博物馆

北京麋鹿生态实验中心

法 定 代 表 人：白加德
联 系 电 话：010-69280670
传　　　　真：010-69280671
官 方 网 站：www.milupark.org.cn
发 起 单 位：北京市科学技术研究院
成 立 日 期：1985 年
通 信 地 址：北京市大兴区南海子麋鹿苑
业 务 指 导 单 位：中国自然科学博物馆协会自然历史博物馆专业委员会

一、2017 年度大事记

1 月　北京麋鹿生态实验中心（以下简称"麋鹿中心"）被中国科学技术协会办公厅评为 2016 年全国科普日特色活动优秀单位。

1 月 18 日　麋鹿中心喜获 2016 年大兴区中小学社会大课堂先进资源单位称号。

1 月 20 日　麋鹿中心的"人与自然之鸡年说鸡展"在科普楼隆重开幕。

2 月 28 日　北京南海子麋鹿苑博物馆获得了"电动出行·守护蓝天 2016 年度电蓝最佳伙伴"称号并获得奖杯。

3 月 2 日　中共北京市科学技术研究院委员会下发《关于北京麋鹿生态实验中心干部任免职的决定》：任命成海涛同志为中共北京麋鹿生态实验中心总支部委员会书记，免去白加德同志中共北京麋鹿生态实验中心总支部委员会书记职务，任命白加德同志为中共北京麋鹿生态实验中心总支部委员会副书记。

3 月　麋鹿中心"自然故事大讲堂"活动荣获科普基地优秀项目展评二等奖。

4 月 22 日　在第 48 个地球日到来之际，北京南海子麋鹿苑博物馆联合北京市新能源汽车发展促进中心、北京汽车博物馆、京津冀新能源汽车协同创新平台、北京交通台以及北京市众多电动车企业共同举办"绿色出行 守护蓝天"大型公益环保活动。

6 月 19 日　为推进"两学一做"学习教育的常态化，增强党员的责任感、使命感，麋鹿中心党总支组织全体党员、积极分子参观白乙化烈士纪念馆，重温入党誓词活动。

6 月 21~25 日　北京生物多样性保护研究中心组织科研人员赴滦河上游自然保护区开展了植物种类调查活动，拉开了麋鹿中心对京津冀生物多样性调研的序幕。

7 月 1 日　在中国共产党建党 96 周年之际，麋鹿中心举办"美丽中国，多彩鹿苑"——井盖涂鸦系列活动。近 20 幅井盖涂鸦作品在科普楼周边闪亮呈现，为党的生日献礼。

8 月 21~25 日　麋鹿中心 2017 年度小小讲解员培训活动顺利展开，并于 9 月 9 日对参加培训的小讲解员们进行了考核。至此，本年度小小讲解员培训活动圆满结束。

北京麋鹿生态实验中心主入口正面

8月26日　由麋鹿中心主办的"绿色梦想·生态麋鹿苑"摄影展暨麋鹿苑卡通形象发布仪式在麋鹿苑林地科普区举办。本次活动旨在庆祝麋鹿回归祖国32周年。

8月30日　中国自然科学博物馆协会2017年年会在青海省德令哈市隆重召开，麋鹿中心派代表参加了此次会议。2017年年会，麋鹿中心提交论文四篇，其中三篇被收录，胡冀宁的论文《在STEM理论指导下麋鹿苑自然故事大讲堂科普活动的实践探索》获得"2017年年会青年学者优秀论文奖"二等奖，并在开幕式论文奖颁发仪式上获得了奖状。

10月12日　经过近一年的策划准备，由麋鹿中心主办的科普大餐"绿色梦想"科普剧展演活动在东方梅地亚中心M剧场正式开幕。

10月13日　麋鹿中心党总支组织党员赴打工子弟学校绿源学校开展"送温暖、献爱心"主题党日活动。

11月3日　麋鹿中心与南海子郊野公园管理处共同举办以"精神文明，和谐共建，共享运动，逐梦未来"为主题的第四届职工运动会暨健步走活动，助力新时代中国特色社会主义精神文明建设。

11月10~12日　应山东青州弥河国家湿地公园的邀请，麋鹿中心主任白加德、副主任刘艳菊等科研工作人员前往弥河国家湿地公园进行实地考察。调研人员同青州市副市长孟建新、弥河国家湿地公园党工委副书记高长青就建立青州弥河国家湿地麋鹿迁地保护地、生物多样性保护及科普教育等方面进行了深入的探讨，并达成了进一步的合作意向。

11月13~17日　在北京市科学技术研究院研修中心的支持和协助下，受新加坡科学馆的邀请，麋鹿中心科普和科研人员对新加坡科学馆、动物园、Lee Kong Chian自然历史博物馆等地进行了考察访问。

11月15日　北京市科学技术研究院党委副书记、副院长王立到麋鹿中心听取了中心主任白加德、党总支书记成海涛关于"北京麋鹿生态实验中心煤改气燃气工程"进展情况的汇报，并仔细询问各方协调情况，慰问依然坚守在工作岗位上的职工，为职工送去温暖。

11月17日　应英国布里斯托尔动物园（Bristol Zoo Gardens）Gráinne McCabe博士邀请，麋鹿中心科研人员赴该动物园围绕"野生动物保护、生物多样性保护及科普教育"等主要内容进行了为期3天的学术交流。

11月26~27日　麋鹿中心主任白加德及科普工作者参加中国自然科学博物馆协会举办的"首届'一带一路'科普场馆发展国际研讨会"。在大会上，白加德主任以"北京南海子麋鹿苑博物馆建设"为题在大会上发言，与各界同行共商合作愿景，共建交流平台，共享科普成果。

12月8日　由北京市科技传播中心、石景山区科学技术委员会主办的"2017科普北京·达人秀大赛"在石景山区青少年活动中心举行。麋鹿中心带着自编自演的科普剧《小麋鹿回家记》参加了此次比赛,并荣获"2017科普北京·达人秀大赛"一等奖。

12月12日　麋鹿中心与北京巧女公益基金会在北京东方园林环境股份有限公司总部围绕"国家一级保护动物——麋鹿种群保护"签订了战略合作协议。

12月17日　麋鹿中心与北京动物学会共同主办的"学习贯彻习近平生态文明建设思想与北京麋鹿及生物多样性保护"学术研讨会在北京召开。

▨ 二、2017年工作概述

(一)单位现状

麋鹿中心共设立生态研究室、科普部、展览部等9个职能部门,现有在职职工48人,人才结构日趋合理。

(二)发展规划确立新思路

麋鹿中心顺应时代发展趋势,紧跟北京及北京科学技术研究院(以下简称"北科院")发展步伐,制定《北京麋鹿生态实验中心发展方向(2017~2050年)》,明确"物种保护研究让世界更精彩,物种保护教育让公众更自觉"的发展方向以及"塑生态牌,走生态路"的工作思路。

(三)党的建设落实新举措

1. 以"诵读十九大文章,领会十九大精神"为学习主题,通过看直播、讲党课、学原文、做展板等方式,掀起学习热潮。深入推进"两学一做"学习教育常态化、制度化,组织开展学习教育14次。设立"党员学习专栏",为党员提供学习书籍共计44本。

2. 严格落实党的"三会一课"制度,通过开展主题党日活动,使党建工作与社区党建、居民服务、困难扶贫等深度融合;将重大节假日作为"党员奉献日",开展"我为游客服务"志愿活动。科研科普党支部以钟震宇、胡冀宁为模范,树立"科技创新岗",带领支部党员及部门群众一心一意搞科研,励精图治做科普;行政保障党支部以吕志强、段建彬为模范,树立"管理服务岗",加班加点做奉献,服务公众无怨言。

3. 认真落实一岗双责,强化责任担当,层层签订"党风廉政建设责任书"。持续深化党风廉政建设风险防控工作,对《职权目录》《集体决策事项目录》等文件进行梳理完善,深入查找64个风险点并逐项制定防控措施;对6个财政资金项目建立"财政资金项目党风廉政风险防控台账",并由党总支纪检委员定期检查台账记录情况。不断深化基层党务公开,积极贯彻落实《麋鹿中心党务公开制度》,利用会议、网络、公开栏等不同形式对"三公经费"的使用情况、培训、因公出国等35项内容进行公开。组织观看警示教育片《警钟长鸣》《法治中国》,进一步增强了纪律规矩意识和法律意识。

4. 严格执行党的各项规章制度,修改完善《北京麋鹿生态实验中心领导班子"三重一大"决策制度》《北京麋鹿生态实验中心领导班子及主任办公会议事规则》《北京麋鹿生态实验中心党总支委员会议事规则》。

(四)科普服务引领新航向

1. 2017年度,麋鹿中心新增标本总计368件,引入湿地动植物、生肖动物、鹿科动物塑化标本、户外雕塑292件,收藏麋鹿鹿角标本76件,为以"生物多样性、人、城市"为主题的生态系列科普展览提供标本支撑,实现了静态科普设施与动物标本的融合,为麋鹿苑文化游览路径增添亮丽风景线。

2. 策划布展"人与自然之鸡年说鸡展""雾霾科普展""绿色梦想·生态麋鹿苑摄影展""学习十九大——生态文明篇""鹿角探秘展"等专题特色展览8项,使公众感受中国文化之内涵,领略生态风貌之秀美;借助首届"一带一路"科普场馆发展国际研讨会、雁栖湖国际徒步大会、科普日宣传活动等平台,促进科普专题展览走出去,受众达21万人次。

麋鹿中心主任白加德参加"首届'一带一路'科普场馆发展国际研讨会"，并以"北京南海子麋鹿苑博物馆建设"为题在大会发言

3. 麋鹿中心以"树品牌、惠公众"为目标，精心打造"麋鹿苑自然大讲堂""夜探麋鹿苑""麋鹿诗话大闯关""小小讲解员""小小科学家实验室"等系列品牌活动10个；"小小科学家实验室""麋鹿诗话大闯关"更是在北京市科技周及北京市科学嘉年华活动中精彩亮相；"麋鹿苑自然大讲堂"系列活动全年开展25次，受众1500人次，荣获"2017年度第三届北京科普基地优秀教育活动展评二等奖"；"夜探麋鹿苑"全年开展33次，受众1029人次。融入京津冀协同发展中，先后赴北京市房山区、密云区，天津市武清区，河北省邯郸市等地开展"科普京津冀一体化"教育活动；与西周燕都遗址博物馆、北京汽车博物馆等博物馆合作，举办"麋鹿科普走进万科养老院"等各大公益活动7次。以"根植绿色梦想，提升科学素养"为导向，潜心开展科普剧目研究，《夜莺之歌》《小麋鹿回家记》《黑熊王国的取胆风波》科普剧本分别荣获"2017年北京科普新媒体创意大赛剧本类优秀奖"；精心筹划"绿色梦想"科普剧展演活动，为期3天的汇演中，为上千余名公众奉上5部科普剧目，引起热烈反响；自编自演的科普剧《小麋鹿回家记》荣获"2017科普北京·达人秀大赛"一等奖。郭耕副主任在《科普时报》开设"笔耕自然"专栏。

4. 作为全国、北京市科普基地、北京市环境教育基地，全年共接待公众43万人次。依托首都生态文明宣传教育基地，利用"学习十九大——生态文明篇"展板，为原国家林业局党校干部等开展生态文明讲解，受众800余人次；与北京林业大学自然保护区学院博士生开展共建活动，深入学习十九大报告中关于生态文明建设的相关内容。作为全国青少年科技教育基地、北京市爱国主义教育基地，面向中小学生举办讲座，受众4000余人次；作为北京市教委"社会大课堂"资源单位，全年接待中小学生团体近6000人次。积极开展"三进两促"活动，为瀛海一小、东罗园小学等5所学校5000余名学生奉上"玩在大自然"等系列科普课程；走进社区、乡村为1000余名公众普及科普知识；为大兴区党校等政府部门讲解5次。制作、麋鹿沧桑等讲座视频、麋鹿行为科教片《鹿王争霸》及《北京郊野公园植物多样性——麋鹿苑植物识别手册》等科普作品21个。强化宣传平台建设，"北京麋鹿苑举行主题影展 麋鹿卡通形象同时发布"等活动在搜狐网、凤凰网、中国科普网等官方媒体报道6次；北京广播电台体育频道《界内界外徒步行》专题推荐麋鹿苑；在原环保部主管的《环境教育》发表"开展生态教育，根植绿色梦想"文章，介绍麋鹿中心的科普工作；接受北京电视台《北京扬起科普之翼》栏目采访；在院报登载文章11篇，中心网站登载新闻86条，借助微博、微信平台发布信息100余条。

5. 以"路鸣、悠悠、四不像"命名的麋鹿苑卡通形象于8月正式对外发布，同时结合麋鹿卡通形象相继设计推出定制大人偶、马克杯、宣传袋等系列科普文创产品15个，用于对外科普交流与科普活动。

（五）科技创新点燃新引擎

1. 成功申报原国家林业局"野生动物疫病监测及本底调查"及"麋鹿放归自然种群评估"项目，用于开展野生动物疫病监测和麋鹿放归自然评估工作；依托北京市科普专项"2017年青少年京津冀地区湿地动植物考察"，进一步贯彻落实《京津冀协同发展规划纲要》，赴京津冀等湿地保护区开展科普考察。

2.《科技成果奖励办法》的出台充分调动了麋鹿中心全体职工的科研、科普积极性，编写专著1部，在中文核心期刊发表论文13篇，3篇论文被SCI收录，取得实用新型专利1项。

（六）人才建设迎来新时代

1. 为在麋鹿及野生动物保护和生态学研究领域取得实质性突破，根据现有科研人员结构现状，建立"麋鹿及野生动物疫源疫病研究团队""麋鹿及野生动物遗传资源保护研究团队"两支研究团队。"麋鹿及野生动遗传资源保护研究团队"以遗传保护为研究方向，成功入选北科院2018年创新团队计划，使麋鹿中心在人才培养领域迈上新台阶。"麋鹿及野生动物疫源疫病研究团队"坚持"预防为主，防治结合"的原则，从细胞组织学等方面入手，为野生动物疾病预防奠定了基础。

2. 秉承"请进来、走出去"的原则，将外部培训与内部培训相结合，组织职工参加培训50余人次；邀请英国专家做专业学术报告1次。依据《自然科学研究人员职务试行条例》等相关职称文件，推荐2人申报高级职称，4人申报中级职称，使专业技术人员结构进一步优化；现专业技术岗位中级及以上人员比例达64%，人才结构进一步优化。

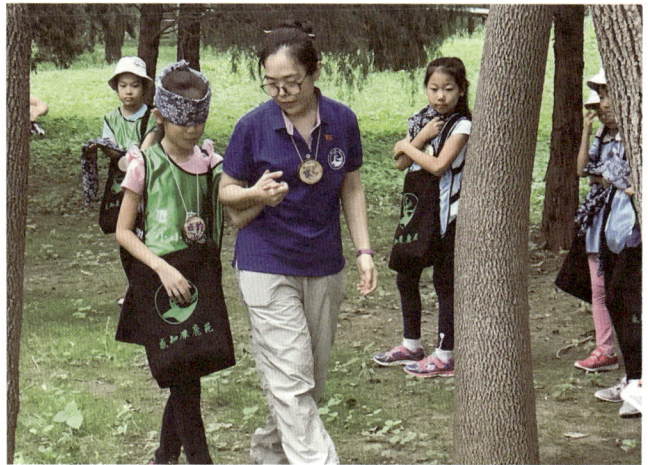

小讲解员培训之体验触觉接触大自然

3. 与中科院动物所蒋志刚研究员共同培养研究生，利用行为生态学理论和分子生物学方法来探究麋鹿个性与遗传多样性的关系，为麋鹿保护和个性行为与进化关系提供理论基础。与北京林业大学合作开展麋鹿迁地保护种群监测工作。

（七）科技合作踏上新征程

1. 以"学习贯彻习近平生态文明建设思想及麋鹿与生物多样性保护"为主题，召开学术会议，与野生动物保护专家、北京动物学会专家等就习近平生态文明建设思想、麋鹿及生物多样性保护研究等方面展开学术交流。为加强麋鹿保护，中心已建立迁地保护种群37个，2017年先后与内蒙古多伦县、山东东营黄河口湿地、山东省青州弥河国家湿地公园和北京昌平鳌山景区等自然保护区进行接洽，探讨麋鹿迁地保护的可能性。与江西林业厅就鄱阳湖野放麋鹿达成共识，于2018年3月3日，世界动植物日期间举行野放仪式，并且组织相关生态保护教育活动。与山东省青州弥河国家湿地公园达成初步意向，在2018年将麋鹿落户弥河。同时，与北京巧女公益基金会就麋鹿种群保护签署战略合作协议，为麋鹿保护事业引入社会力量。与湿地国际–中国办事处合作开展"2017黄渤海湿地水鸟同步调查"工作，完成《2017黄渤海水鸟同步调查报告》。参加首届"一带一路"科普场馆发展国际研讨会，并以"北京南海子麋鹿苑博物馆建设"为题在大会发言，与各界同行共商合作愿景，共建交流平台，共享科普成果。

2. 与澳大利亚塔斯马尼亚洲政府代表及该洲自然资源管理中心，围绕生物多样性保护与可持续发展等既定议题进行了深入探讨，尽快推动和落实以"生物多样性保护和可持续发展"为议题的双边国际会议以及其他工作。与"一带一路"国家探寻合作机遇，为提升科普服务和教育功能，引进马来西亚海上钻井平台VR互动体验项目，丰富苑区科普服务项目。欧洲动物园协会、荒野协会、马来西亚国家石油博物馆等专家14人次来苑洽谈未来合作的可能性。组织科研、科普人员先后赴新加坡及英国，与新加坡科学馆、英国布里斯托动物园相关人员进行学术交流，奠定合作基础。

（八）文化建设站在新起点

1. 麋鹿中心提炼出"不畏艰难、勇担重任、吃苦耐劳、勤奋朴实、甘于奉献、拼搏进取"的"麋鹿苑精神"，汇聚了团结一心、齐心协力、共创伟业的宏大力量。

2. 麋鹿中心始终遵循"以人为本"的管理理念，建立和完善了决策、控制、激励、监督四位一体的管理模式，形成了系统的管理文化体系，通过制度的不断完善，为麋鹿中心文化建设提供了可靠的保障机制。

3. 麋鹿中心充分发挥麋鹿苑内自然生态优势，不断研发交互式科普设施，形成了景观设施与文化传播一体、动植物生活与原生态环境相融合、工作者与参观者和谐协调的环境文化，树立了良好的生态保护社会形象，赢得了社会公众的高度认可。

绿色梦想摄影展

4. 麋鹿中心大力营造积极向上的创新文化氛围，以开放和包容的精神，严谨和求实的态度，推动科研创新再上一个新台阶。

5. 麋鹿中心积极组织开展丰富多彩的群众文化活动，丰富职工的文化生活，陶冶职工的情操，培养激发团队意识和进取精神，营造朝气蓬勃、精神振奋、开拓创新的良好氛围，形成向心力和凝聚力。

（九）综合治理带来新气象

1. 坚持每日收集动物存栏数量、饲料投喂、气象物候、水质、大气、鸟类、游客人数等数据，并进行动态监测及分析，为建立"智慧麋鹿苑"数据库提供科学数据。在河北木兰围场建立生物多样性监测点，为构建和谐绿色的生态系统提供了支撑。

2. 根据麋鹿以及其他野生动物的生活习性科学制订防疫计划和饲喂计划，强化对繁殖期麋鹿种群监测，严格控制动物饲料选用、采购、储藏等环节。全年共完成免疫动物 91 头次，完成免疫记录 8 例，完成检疫报告 4 例，对保护区通道、表流湿地、游客通道等重点区域消毒 100 余次，提高了野生动物免疫力，预防了疾病的发生。2017 年度，麋鹿产仔 45 头，存活 41 头，存活率达 91%，较 2016 年有较大的提升。

3. 8 月，北科院审计处对 2016 年度预算执行和决算情况进行了审计并提出问题，麋鹿中心高度重视，先后召开 2 次专题会议研究部署，深入剖析原因并提出了立整立改方案，做到以审促建、以审促管、以审促治。

4. 协调中心安全保卫工作，定期组织安全检查，更新监控、消防等安防设施，层层签订安全保卫和社会治安综合治理（平安建设）责任书，做到全年安全运行零事故。认真开展保密自查自评工作，对照北京麋鹿生态实验中心 2017 保密工作自查自评项目表逐项检查落实情况。

5. 中心领导坚持春节、中秋节等重大节假日，亲自拜访慰问退休职工；关爱职工健康状况，积极组织在职及退休人员体检；通过开展第七届"巾帼形象论坛"、怀柔国际徒步大会、与南海子郊野公园管理处共同举办第四届职工运动会暨健步走、赴自然馆开展生态文明讲座并参观鹿角探秘展览等活动，增强凝聚力。

6. 作为北京市大兴区燃煤锅炉清洁能源改造计划单位之一，麋鹿中心积极响应号召，加入保卫蓝天的行列中，于 9 月 20 日，麋鹿中心承担的市财政项目"北京麋鹿生态实验中心煤改气燃气工程"任务基本完工。但由于燃气公司供气主管道多处破裂等问题，未能如期供暖。在院领导的关心支持下，领导班子与全体职工团结一心，攻坚克难，解决因无法供暖遇到的麋鹿饮水安全、游客用水、苑内防火等问题。经与大兴区相关单位多次沟通协调，并与南海子公园物业公司、承担修建任务的工程队一块想办法，排除困难，于 12 月 23 日正式通气供暖。

重庆自然博物馆

英 文 全 称：Chongqing Natural History Museum
法 定 代 表 人：欧阳辉
联 系 电 话：023-63521630
传 真：023-63521630
官 方 网 站：www.cmnh.org.en
行 政 主 管 单 位：重庆市文化和旅游发展委员会
成立（开放）日期：1991 年 5 月
通 信 地 址：重庆市北碚区金华路 398 号
已加入专业委员会：中国自然科学博物馆协会自然历史博物馆专业委员会、国土资源博物馆专业委员会

▨ 一、科普活动与展览

1. 临时展览

单位：平方米，人次

序号	展览名称	起止日期	展出地点	面积	观众数量	性质
1	凤鸣山水，福报万家——鸡年迎春鸡展	2017 年 1 月 1 日至 3 月 28 日	重庆自然博物馆大厅	中央大厅：600 环境配套：500	473146	原创
2	"邮票上的恐龙"特别展览	2017 年 5 月 18 日至 9 月 3 日	重庆自然博物馆特展厅	1850	150687	原创
3	PNSO 世界恐龙艺术大展	2015 年 11 月 25 日至 2017 年 9 月 15 日	重庆自然博物馆特展厅	1850	25037	引进
4	如何复活一只恐龙	2017 年 10 月 1 日至 2018 年 1 月 1 日	重庆自然博物馆特展厅	1850	5600	借展
5	"科普班车进区县"大型科普主题活动	2017 年 5 月 22~26 日	重庆市石柱县南宾中学、黄水小学等学校	300	6000	原创
6	参与 2017 中国（黄石）地矿科普展	2017 年 11 月 1~5 日	黄石矿博园	1300	120000	原创
7	2017 中国青岛（国际）文创产品博览周	2017 年 12 月 15~18 日	青岛国际会展中心	36	—	原创
8	2017 第三届广州国际文物博物馆版权博览会	2017 年 12 月 15~18 日	广州体育馆	36	10000	原创
9	大熊猫自然与保护科普展	2017 年 1 月 26 日至 4 月 1 日	成都大熊猫繁育研究基地	200	22000	联合

2. 教育活动

单位：人次

序号	活动名称	活动时间	主要内容	活动形式	主要对象	参与人数
1	2017 年元旦特别活动——金鸡报春	2017 年 1 月 1~15 日	结合贝林厅的新不列颠紫水鸡、火鸡和环境厅的红、白腹锦鸡等展品对中西方不同鸡的种属知识进行讲解	知识讲解	青少年	约 80
2	学雷锋纪念日	2017 年 3 月 5 日	设立"学雷锋服务岗"，为观众提供拐杖、放大镜、老花镜、轮椅等	服务活动	老年人及有需要的观众	约 100
3	"暑假周周乐"青少年博物馆体验活动	2017 年 7~8 月	结合重庆自然博物馆展览特点及藏品特色，让青少年充分参与博物馆互动体验活动，搭建博物馆中小学生暑期社会实践的广阔平台	互动活动	青少年	约 31000
4	小小讲解员	2016 年 4 月至 2017 年 12 月	通过招募并进行系统化的培训，为小朋友提供了一个展示自我的平台，让他们在课余时间锻炼了口才，丰富课余生活	义务讲解	7~12 岁儿童	约 50
5	环球自然日——青少年科普绘画大赛	2017 年 7 月 31 日	通过近距离观察研究相关的自然科学展品，将自然和艺术加以融合，潜移默化地培养认识自然和观察事物的能力，增进对人与自然关系的理解	比赛	4~18 岁青少年及儿童	约 200
6	"小星星的自然之旅"系列活动	2017 年 4 月、6 月、8 月、9 月、11 月、12 月	带领自闭症残障及留守儿童走进博物馆开展丰富多彩的爱心活动	公益活动	自闭症、残障及留守儿童	18000 +
7	第四届重庆科普讲解大赛	2017 年 5 月 3 日	推动全市科普讲解队伍建设，储备科普宣传教育人才，有效促进公众理解和支持科技创新	比赛	讲解员	100 +
8	环球自然日——青少年知识挑战赛	2017 年 4 月 18 日至 7 月 24 日	激发中小学生对于自然科学的兴趣，提高其研究、分析和交往能力	比赛	青少年	2000 +
9	西南大学附属小学三（七）班种子乐园特别活动	2017 年 1 月 15 日	通过对展厅里中西方不同的鸡的种属的知识进行讲解，丰富孩子的知识领域	知识讲解	青少年	40 +
10	2017 年环保网络晚会亲子游	2017 年 5 月 15 日	以"点击六·五，环保@我"为口号、为己任，让孩子通过参观博物馆，了解自然资源和人类的关系	参观	青少年	60 +
11	"如何复活一只恐龙"研学活动	2017 年 10~11 月	学习如何区分鸟臀类恐龙和蜥臀类恐龙，观察恐龙化石，了解恐龙化石形成过程，体验版画创作	互动参与	青少年	5600 +
12	2017 环球自然日及全国志愿者日主题讲座	2017 年 4 月 22 日	让大家更好地理解年度主题，也让有兴趣参加的老师和同学加深对环球自然日的了解	讲座	志愿者	200 +
13	"邮票上的恐龙"专题科普讲座	2017 年 5 月 18 日	展示 18 种恐龙的特征及习性	讲座	观众	200 +
14	揭秘："恐龙那些事儿"科普讲座	2017 年 10 月 3 日	激发观众，特别是小朋友对科学探索的兴趣，培养科学思维和科学精神，并且契合如何复活一只恐龙的特别展览，做好全国科普教育基地的教育职责	讲座	观众	200 +
15	全球背景下的创新型科技馆发展模式——上海科技馆的实践与思考	2017 年 12 月 15 日	从"人类永恒的追问"出发，讲述从博物馆的起源到自然科技类博物馆的发展历程和时代使命	讲座	观众	230 +

3. 流动科普设施

名称	年度巡展次数	类型	经费来源	运行方式
"科普班车进区县"巡展	1 次	巡展	财政拨款	—

二、科研与学术

1. 承担项目

单位：万元

序号	项目名称	项目来源	项目级别	经费	负责人
1	株洲市天元区恐龙化石发掘服务	横向	其他	65.8	欧阳辉
2	"国家科技基础条件平台"子课题"国家岩矿化石标本资源共享平台"	纵向	国家级	10	欧阳辉
3	重庆市第三批"青年文化优才"培养计划：中国眼蝶科系统分类学研究	重庆市文化委	局级	8	郎嵩云
4	植物标本数字化与共享	科技部	省部级	3	陈锋
5	"生物多样性示范观测"中的重庆缙云山样区的科考观测	环境保护部	省部级	5	钟婧
6	西南地区野生花灌木资源收集及花境应用研究	横向	其他	60	陈媛（该馆职工王馨参与）

2. 研究成果

序号	题目	作者	刊名	卷（期）号	期刊级别
1	A new subspecies of Lethegemina Leech from Hainan Island, China (Lepidoptera, Nymphalidae, Satyrinae)	郎嵩云	*Entomologische Zeitschrift*	127（1）	—
2	A new species of Chonala Moore (Lepidoptera, Nymphalidae, Satyrinae) from Chongqing, SW China	郎嵩云	*Entomologische Zeitschrift*	127（1）	—
3	A new subspecies of Aemonalena Atkinson, 1871 from Yunnan, China	郎嵩云	*Atalanta*	48（1-4）	—
4	A new subspecies of Kiriniafentoni (Butler) from Three Gorges, China	郎嵩云	*Atalanta*	48（1-4）	—
5	A new subspecies of Loxerebiamegalops (Alphéraky, 1895) from S. Qinghai, China	郎嵩云	*Atalanta*	48（1-4）	—
6	A new species of Ragadia Westwood from N.W. Yunnan, China	郎嵩云	*Atalanta*	48（1-4）	—
7	Notes on the Genus Solus Watson, 1913 from Yunnan and Tibet, China with description of new taxa	郎嵩云	*Atalanta*	48（1-4）	—
8	《四川花萼山国家级自然保护区蕨类植物区系分析》	陈锋 王馨	《湖北农业科学》	2017 年第 2 期	核心期刊

序号	题目	作者	刊名	卷（期）号	期刊级别
9	《我国南部地区不同年代粉蝶科生物多样性分析——基于重庆自然博物馆藏数据》	马 琦	《河南大学学报》	2017年第4期	核心期刊
10	《重庆自然博物馆植物藏品构成及特色》	杨 天 张 虹	《科学咨询》	2017年第6期	ISSN普通
11	《重庆鳞始蕨科1新纪录种：团叶鳞始蕨》	陈 锋	《重庆师范大学学报》	2017年第4期	核心期刊
12	《重庆自然博物馆凤蝶科藏品生物多样性分析》	马 琦	《西南师范大学学报》	2017年第7期	核心期刊
13	《中国西部科学博物馆时期对古无脊椎动物化石的研究述略》	赵 笛 徐 徐	《科学咨询》	2017年第2期	ISSN普通
14	《白市驿地区二叠纪——三叠纪古无脊椎动物的灭绝》	赵 笛 徐 徐	《科学咨询》	2017年第3期	ISSN普通
15	《重庆自然博物馆文创产品SWOT态势分析》	赵 笛	《科学咨询》	2017年第8期	ISSN普通
16	《重庆自然博物馆文创产品研发的需求指标测定》	赵 笛	《现代商业》	2017年第27期	核心期刊
17	《运用经济学模型分析方法解决重庆自然博物馆在文创产品研发中所面临的问题》	赵 笛	《中国自然科学博物馆协会2017年年会学术论文集》	2017年	—
18	《重庆自然博物馆在"一带一路"建设中的科普理念与实践》	赵 笛	《"一带一路"科普场馆发展国际研讨会论文集》	2017年	—

3. 专著

序号	名称	作者	出版社	出版日期
1	《中国蛱蝶科志 第二卷》英文版 Lang The Nymphalidae of China(Lepidoptera,Rhopalocera)	郎嵩云	Tshikolovets Publications, Pardubice, Czech Republic	2017年11月
2	《四川花萼山国家级自然保护区生物多样性》	陈锋（副主编）	科学出版社	2017年3月
3	《重庆缙云山国家级自然保护区植物多样性研究》	陈锋（副主编）	科学出版社	2017年5月
4	《警惕外来物种入侵》	陈锋（主编）	重庆出版社	2017年6月

▓ 三、信息化建设

1. 官方网站浏览情况

重庆自然博物馆拥有官方网站1个（www.cmnh.org.cn），2017年全年浏览量为110151人次，日均浏览量约301.78人次；访客总数达33634人次，日均访客数约有92.15人次。全年发文84篇，发布科普视频1个。

2. 展品信息化工作

结合第一次全国可移动文物普查的成果，对馆藏94880件藏品初步实现了数字化管理。目前，数字化系统未对公众开放。另外，通过参加"国家科技基础条件平台"建设，进一步将馆藏植物标本、古生物标本、古人类标本、石器标本和岩矿标本纳入国家标本资源共享平台，现已实现5348件岩矿化石标本和8000件植物腊叶标本数字化的信息化查询和共享。

3. 新媒体运用

现有官方微博、官方微信公众号各一个。官方微博2017年全年发文9篇，阅读量达18.1万次，发布内容包括参观指南、通知公告、新闻资讯、活动查询、行业动态等相关消息；官方微信公众号（zrg_cq）全年发文62篇，阅读量53549次，发布内容包括新闻资讯、科普宣传、活动预告、行业动态等。除定期的文章推送以外，微信公众号同时还兼具门票预约、语音导览等其他服务。

▨ 四、志愿者队伍建设

单位：人，小时

服务岗位	人数	来源	服务时间
展厅引导，游客中心，环球自然日，助残活动	1627	西南大学等高校，社会人士	13016

▨ 五、运营情况

票务情况

是否免费开放	未免费开放场馆票种	未免费开放票价	观众人数
是	特展厅	20元	130余万人次/年

▨ 六、2017年度大事记

2017年1月　重庆自然博物馆荣升为国家一级博物馆；被评为国家4A级旅游景区。

2017年1月11日　重庆自然博物馆被重庆市教委授予"重庆市中小学社会实践教育基地"。

2017年1月1~15日　举办"2017年元旦特别活动——金鸡报春"特别展览。

2017年1月26日至4月1日　举办"大熊猫自然与保护科普展"。

2017年3月　恐龙厅内开辟化石修复实验室展区。

2017年3月5日　开展"学雷锋纪念日"及"中国青年志愿者服务日"主题活动。

2017年4月13日　举办"青少年科普绘画大赛"。

2017年4月22日　举办"2017年四直辖市中学生防震减灾知识竞赛"。

2017年5月3日　第四届重庆科普讲解大赛决赛在重庆自然博物馆多功能厅开赛。

2017年5月　邀请啄木鸟科学艺术小组创始人、著名科学艺术家、"中国恐龙"特种邮票设计师赵闯先生进行了"邮票上的中国恐龙"专题科普讲座。

2017年5月18日　"地球·生物·人类——重庆自然博物馆基本陈列"展览项目获十四届"全国博物馆十大陈列展览精品奖"。

2017年5月19日至9月3日　在多功能展厅举办"邮票上的恐龙"特别展览。

2017年5月19日　"中国恐龙"特种邮票全国首发式暨"邮票上的恐龙"特别展览开幕式在重庆自然博物馆前广场举行。

2017年5月20日　CCTV《星光大道》2017重庆北碚赛区首场海选在重庆自然博物馆开赛。

2017年6月1日　开展"牵手星星的孩子"系列活动。

2017年6月3日　赴黔水、石柱等地开展"方寸龙缘——邮票中的恐龙"为主题的科普巡展活动。

2017年7月20~24日　举办"2017环球自然日全球总决赛"（重庆）。

2017年8月25日　组织开展重庆自然博物馆镇馆之宝评选活动。

2017年9月22日　举办"创新驱动发展，科学破除愚昧——2017年重庆市全国科普日活动北碚区分会场

重庆自然博物馆场馆主体建筑全景

活动"。

2017年10月1日至2018年1月1日　在多功能厅举办"如何复活一只恐龙"展览。

2017年10月3日　在多功能厅举办"揭秘：恐龙那些事儿"科普讲座。

2017年10月26日　被国土资源部、科技部评为首批国家国土资源科普基地。

2017年11月　重庆自然博物馆召开专家研讨会，就重庆市"十三五"文化发展公共文化设施项目——重庆自然博物园的规划设计思路进行研讨。

2017年11月　志愿者项目"小星星的自然之旅"被重庆市委宣传部、市文明办、市文委等推选为最佳志愿服务项目。

2017年11月22日　邀请"六进"宣讲队成员、重庆市文化委专职副书记郑文先到本馆进行党的十九大精神宣讲。

2017年12月11日　举办"作孚文化讲坛"第一期，邀请上海科技馆馆长王小明举办题为"全球背景下的创新型科技馆发展模式——上海科技馆的实践与思考"的讲座。

2017年12月28日　重庆市委常委、宣传部部长张鸣同志及副部长马岱良同志到重庆自然博物馆参观调研。

2017年12月　参加中国（黄石）地矿科普大会暨矿物博览会的"恐龙世界"科普展览，展示面积1300平方米，获评"最佳展示奖""优秀设计奖"；欧阳辉等获得中国（黄石）"孔雀石杯"地矿科普大会优秀科普成果二等奖。

2017年12月　参加"第十三届中国（深圳）国际文化产业博览交易会""第五届西旅会展"，展示自主研发的中国恐龙邮票首日封、邮折，以及合作开发的动物马克杯、动物主题雨伞、昆虫标本摆件、恐龙头装饰铅笔等7类文创产品。

2017年12月　启动信息化服务平台建设项目，内容包括网上参观预约、信息发布、观众流量统计、Wi-Fi安全认证、微信微博网站升级、停车场自动收费等。

七、2017 年工作概述

（一）发挥基地作用，带动成效明显

2017 年是重庆自然博物馆新馆建成后的第三个开放年头，新馆效应进一步释放。全馆免费开放 319 天，接待观众约 130 余万人次，接待团队 240 个，提供义务科普讲解 386 场次，定时定点讲解 5361 场次。

2017 年，该馆先后被评为国家 4A 级旅游景区、国家一级博物馆、首批国家国土资源科普基地、重庆市中小学社会实践教育基地。"地球·生物·人类——重庆自然博物馆基本陈列"在第十四届（2016 年度）全国博物馆十大陈列展览精品推介活动中荣获精品奖。成功申报"重庆市巾帼文明岗"；在志愿服务先进典型推选宣传活动中，"小星星的自然之旅"被重庆市委宣传部、市文明办、市文委等推选为最佳志愿服务项目；被中国少年先锋队北碚团工作委员会授予红领巾教育实践基地称号。

何静获得全国十佳优秀志愿者讲解员，王梦圆获得第二届全国国土资源科普讲解大赛一等奖、全国科普讲解大赛三等奖。欧阳辉等获得中国（黄石）"孔雀石杯"地矿科普大会优秀科普成果二等奖。

（二）展教活动丰富，社会影响增强

在展览方面，全年在本馆推出特别展览 4 个，向外输出或联办展览 3 个。分别是："凤鸣山水，福报万家——鸡年迎春鸡展"，展出标本 18 种 28 件；"邮票上的恐龙"特别展览，展出古生物邮票 462 枚，邮票放大图样 92 套（张）；"如何复活一只恐龙"科普展览；"物质世界的真相——2017 年环球自然日全球总决赛优秀展览作品展"，展出获奖优秀作品 47 件。参与重庆市科委"科普班车进区县"大型科普主题活动，在重庆市石柱县南宾中学、黄水小学等学校开展科普巡展活动，6000 余名师生参与。与成都大熊猫繁育研究基地合作，在该基地举办了为期 3 个月的"大熊猫自然与保护"科普展览，组织"恐龙世界"科普展览参加中国（黄石）地矿科普大会暨矿物博览会，展示面积 1300 平方米，并获最佳展示奖和优秀设计奖，参观人数达 12 余万人次。

在活动方面，一是策划以及实施了新春特别活动"金鸡报春"，围绕该馆举办的鸡年特展开了 5 场以"鸡

贝林论坛

重要展览——如何复活一只恐龙

年"为主题的新春教育活动，吸引百余人次的青少年参与其中。二是成功举办环球自然日 2017 年全球总决赛，共接待了 390 组（近 2000 名）来自境内外不同赛区的选手，提高举办大型活动的能力。三是承办第三届重庆科普讲解大赛暨全国选拔赛。四是开展"暑假周周乐"青少年博物馆体验活动，近千名青少年参与了 36 场活动，培训 41 名"小小讲解员"，共开展志愿讲解服务 122 场。五是"创新驱动发展，科学破除愚昧"——2017 年重庆市全国科普日活动北碚分会场启动仪式在该馆前广场举行，300 多名科普志愿者参与。六是与重庆市地震局联合举办了"2017 年四直辖市中学生防震减灾知识竞赛"。七是依托"如何复原一只恐龙"特展，组织开展为期一个月的"如何复活一只恐龙"研学旅游活动，设计特定参观线路＋科普小讲堂＋科普电影＋互动体验，5600 余名中小学生参与此次研学活动。

新华社、重庆电视台、《重庆日报》、《重庆商报》、北碚电视台、华龙网、腾讯新闻、网易新闻等媒体对该馆的各类科普活动进行了报道，报道篇目 60 余篇；在微信平台上进行科普活动及发布科普知识宣传文章共 40 篇。

（三）创新发展模式，馆际交流活跃

进一步完善与社会机构的合作，全年实现文创产品销售额约 790 万元（该馆实际收入 157 万元）。继续开展多渠道招募志愿者，新注册志愿者 652 人，累计志愿者服务时长总计约 11000 小时。积极参加对外交流，选派职工赴市内、外同行博物馆及科研机构参加培训交流活动共计约 100 人次。参加"第十三届中国（深圳）国际文化产业博览交易会"，对外展出销售了由重庆自然博物馆合作研发的十二生肖、星座水晶内雕饰品摆件、矿物类首饰、动物毛绒玩具、文具类等 7 个种类。参加"第五届西旅会展"，对外展示了由该馆自主研发的中国恐龙邮票首日封、邮折，合作开发的动物马克杯、动物主题雨伞、昆虫标本摆件、恐龙头装饰铅笔等 7 类文创产品。参加"第二十四届国际图书博览会文化创意产品展"，共 70 多种文创产品参展，获得"优秀文创奖"。参加 2017 青岛国际文创产品博览周活动，展出 1000 余件文创产品，荣获了"最佳展示奖""参展优秀组织奖""文创产品优秀奖"。参加第三届广州国际文物博物馆版权博览会，荣获"十大优秀展品人气奖""最佳展示奖"。

2017 年，接待中国地质博物馆、北京自然博物馆、上海科技馆、天津自然博物馆、大连自然博物馆、安徽古生物博物馆、湖南地质博物馆、山西地质博物馆、自贡恐龙博物馆，以及台湾专家同行等 33 个单位到该馆参观交流，共计 364 人次。

（四）加强学术研究，提升科研能力

历时 3 年的国家文物局"完善博物馆青少年教育功能试点工作"圆满结题；由该馆负责的"土壤形成与演化机理展教具研制及展教系统示范应用"通过原国土资源部项目验收。科技部项目"植物标本数字化与共享"已提交任务，等待结题验收；原环保部项目"缙云山两栖爬行动物调查"进行中；重庆市第三批"青年

文化优才"培养计划进入第二年度。与中国地质大学签订国家岩矿化石标本资源共享平台任务书；与重庆师范大学签订国家重点研发计划"现代服务业共性关键技术研发及应用示范"专项"民族民间文化资源传承与开发利用技术集成与应用示范"项目联合申报协议。2017年，该馆进行了为期一个月的两栖爬行动物野外调查，赴新疆、青海、甘肃、陕西等省份进行野外昆虫学研究，参与植物学横向合作项目2项。该馆取得由重庆市文物局颁发的可移动文物修复资质，还承接永川宝峰乡蜥脚类恐龙化石修复，完成恐龙化石的清修和科学复原，完成永川博物馆大纲编写；进行了两次野外化石点调查并取得东方剑齿象臼齿化石1件；完成馆藏镇馆之宝的推介。全年出版英文昆虫学专著1部，参编植物学著作3部，全年发表科研论文27篇，其中英文7篇。

重点藏品——巫山人牙齿

（五）加强旧址保护，推动陈列布展

2017年以来完成了惠宇楼修缮工程，并通过重庆市文物局组织的专家组验收，完成旧址基础设施改造工程。"中国西部科学院旧址历史陈列展览"11月完成招标，布展工程进场，12月基本完成展柜修复、展板展示、视频制作、导览导视等工程，进入整改完善阶段。

科学技术馆

天津科学技术馆

英 文 全 称：Tianjin Science and Technology Museum
法 定 代 表 人：姚剑波
联 系 电 话：022-28322425
传 真：022-28322425
官 方 网 站：www.tjstm.org
行 政 主 管 单 位：天津市科学技术协会
成 立（开放）日 期：1995 年 1 月 1 日
通 信 地 址：天津市河西区隆昌路 94 号
已 加 入 专 业 委 员 会：中国自然科学博物馆协会科技馆专业委员会

▨ 一、科普活动与展览

教育活动

单位：人次

序号	活动名称	活动时间	主要内容	活动形式	主要对象	参与人数
1	沉与浮的秘密	1 月 12 日	了解水的浮力	社区宣讲	社区成员	30
2	制作植物标本	1 月 16 日	动手制作标本	社区宣讲	社区成员	15
3	制作日晷	1 月 17 日	利用日晷测时间	社区宣讲	社区成员	15
4	制作太阳演示仪	1 月 17 日	制作太阳演示仪	社区宣讲	社区成员	15
5	制作活动星图	1 月 19 日	仰望津门湖星空制作星图	社区宣讲	社区成员	15
6	神奇的光谱	1 月 20 日	利用彩虹糖、三棱镜看光的颜色	社区宣讲	社区成员	15
7	激光雕刻	2 月 11 日	激光雕刻纸雕灯	科普活动	观众	80
8	塑料的秘密	2 月 23 日	了解塑料制品	科学课堂	学生	120
9	水果发电	3 月 30 日	水果发电	科普活动	观众	50
10	科技周活动	5 月 13 日	3D 打印 3D 笔体验 激光雕刻	科普活动	观众	2000
11	无处不在的空气	5 月 25 日	空气秀	科普课堂	学生	40
12	新能源曙光	6 月 9 日	新能源知识	科普课堂	学生	40

序号	活动名称	活动时间	主要内容	活动形式	主要对象	参与人数
13	开拓、创新、励志成才报告会	6月30日	开拓、创新、励志成才报告	科普讲座	学生	150
14	天文教师培训讲座	8月15~18日	天文基础知识 天文小制作	科普讲座	教师	400
15	全国科普日活动	9月16~17日	3D体验 无人机体验 创意搭建	科普活动	观众	1300
16	十一活动	10月1~7日	3D笔体验 创意手工制作	科普活动	观众	1280
17	第十八届大学生天文节系列活动	10月22日 11月5日 11月19日 12月17日	开幕式 天文夜活动 天文知识竞赛 闭幕式	科普活动	学生	610
18	视错觉	10月24日 11月15日 12月29日	视错觉体验	科普课堂	学生	120
19	电动的世界	10月27日	电动的世界	科普课堂	学生	40
20	积木搭建	12月16日	积木创意搭建	科普活动	观众	80
21	圣诞节主题活动	12月23~24日	圣诞主题3D笔	科普活动	观众	80
22	元旦特别活动	12月30~31日	纸雕灯拼装 3D笔	科普活动	观众	120
23	天文奥赛培训	2月	天文奥赛集训	科普课堂	学生	285
24	创意DIY	全年	模型组装立面化 电动的世界	科普活动	观众	308
25	机器人体验	全年	拼装机器人 操作体验 无人机模拟驾驶	科普活动	观众	1900
26	3D体验	全年	3D打印 3D笔	科普活动	观众	972
27	天文讲座进校园	全年	天文学相关知识	科普课堂	学生	945
28	小学生天文班	全年	天文学相关知识	科普课堂	学生	250
29	天文讲堂	全年	天文学相关知识	科普课堂	学生	1370

二、科研与学术

1. 承担项目

单位：万元

序号	项目名称	项目来源	项目级别	经费	负责人
1	微风飞翔——空气动力学初体验	科普场馆科学教育研究项目	国家级	2	郭晶

2．研究成果

序号	题目	作者	刊名	卷（期）号	期刊级别
1	《小学天文科普教育理念初探》	宋媛媛 虞　阳	《自然科学博物馆研究》	2017 第 S1 期	国家级
2	《科普衍生品开发让科学流行起来》	王　静	《自然科学博物馆研究》	2017 第 S1 期	国家级
3	《如何制作光栅动画展品》	王尊宇 孟爱娟	《天津科协》	2017 年第 2 期	内部刊物
4	《"互联网——展品"融合模式探讨》	王尊宇 扬　韬	《天津科协》	2017 年第 2 期	内部刊物
5	《如何营造科技馆展品的观赏性》	王尊宇 王厚明 孟爱娟	《天津科协》	2017 年第 3 期	内部刊物
6	《谈科学实验的二度创作》	张　峥	《科学与财富》	2017 年 9 月刊	省级
7	《浅谈青少年科技教育存在的问题及对策——以天津市青少年科技教育调查为例》	苗　萌	《中国科普理论与实践探索——第二十三届全国科普理论研讨会论文集》	2016 年	国家级
8	《浅谈科技馆的内部控制》	李　丽	《经济管理（文摘版）》	2017 年 3 月刊	国家级
9	《科学衍生开发让科学流行起来》	王　静	《天津科协》	2017 年第 1 期	内部刊物
10	《新常态下的事业单位工会工作的创新与发展》	关　宁	《政工师论文集》	2017 年 12 月刊	省级
11	《天津科学技术馆小学科学课程的开发与设计》	张文华	《科学教育与博物馆》	2017 年 12 月刊	省级

3．专著

名称	作者	出版社	出版日期
《头顶灿烂星空：我的天文科普人生》	赵之珩	天津教育出版社	2017 年 10 月

三、信息化建设

1．官方网站浏览情况

2017 年度官方网站全年浏览量达 9.5 万人次，关注浏览峰值出现在科技周及节假日期间。

2．展品信息化工作

互联网时代，登陆并浏览官方网站是公众对科技馆快捷和全面了解的有效方式。2017 年，该馆对官方网站进行了全面提升改版。更加重视充分展示科技馆的展品特点、宣传展示内容和热点活动，突出对科学的普及，尤其注重结合公众在实体馆的参观体验并进行信息的延伸和拓展，与实体馆形成良性互动。在网络服务方面，制定活动月历，提前预告活动的内容及适合人群，实现网上预约功能。

3．新媒体运用

天津科技馆官方微博自推广以来，关注人数达 2.2 万人，2017 年发布官方消息 130 条，重点活动及科技知识阅读量达 2.7 万次，新浪微博总阅读量达 10.2 万次，彰显了网络科普强大的服务功能。2017 年天津科技馆微博除固定推送场馆信息、展区信息、服务信息外，更加注重品牌活动、科技知识的推送。热点活动阅读量2000 次。

四、志愿者队伍建设

单位：人

分类	服务岗位	人数	来源	服务时间
馆校合作	展厅服务人员	28	天津城建大学 天津海运职业学院	4月2~4日
馆校合作	展厅服务人员	7	天津海运职业学院	4月29日
馆校合作	展厅服务人员	30	天津中德应用技术大学	4月30日
馆校合作	展厅服务人员	30	天津中德应用技术大学	5月1日
馆校合作	展厅服务人员	29	天津城建大学	5月28日
馆校合作	展厅服务人员	30	天津城建大学	5月29日
馆校合作	展厅服务人员	29	天津理工大学	5月30日
馆校合作	展厅服务人员	246	天津工业大学 天津理工大学　天津城建大学	10月1~8日

五、运营情况

票务情况

是否免费开放	未免费开放场馆票种	未免费开放票价	观众人数
是	宇宙剧场电影票	成人20元，学生10元	47.31万人次/年

六、2017年度大事记

1月21日　举办"雾霾防御"科普活动，邀请天津气候中心副主任郭军讲课。

2月3~8日　举办天文奥赛集训班。

2月11日　举办正月十五特别活动——元宵节纸雕灯。

2月18日至3月11日　举办天文奥赛强化班。

2月19日　举办天文讲堂之一"天文学给我们带来的改变"，天津市天文学会理事于洶讲课。

2月25日　与南开区科技实验小学签订《馆校共建科普基地协议》。

3月15日　在天津聋人学校举行馆校共建签字及启动仪式。

3月19日　举办天文讲堂之二"跟我一起去追星"，北京天文馆副研究员詹想讲课。

3月29日　在天津聋人学校进行科普活动。

4月21日　召开"学习总书记讲话 做合格共青团员"教育实践部署会，天津科技馆团委书记田莹慧主持。

4月16日　举办天文讲堂之三"开普勒太空望远镜与系外行星探测"活动，宗伟凯博士讲课。

5月3日　科技馆团委开展"重温时代记忆，不忘初心跟党走"纪念活动。

5月13日　举办第31届科技周主题活动。

5月21日　举办天文讲座之四"灿烂的夏季星空"，天津市天文学会理事赵之珩讲课。

6月18日　举办天文讲座之五"黑洞、白洞和虫洞"，南开大学教授苏宜讲课。

天津科学技术馆全景

6 月 23 日　协办"第五届天津广电粉丝节"。

7 月 27 日　科普微视频《微风飞翔》在第二届天津科普微视频大赛中获一等奖和最佳编剧奖。

7 月 30 日　举办天文讲堂之六"夜空漫游指南"，天文学专家虞骏讲课。

8 月 2 日　举办"气象防灾减灾"科普活动。

8 月 10 日　小型天象厅正式对外开放。

8 月 20 日　举办天文讲堂之七"中西方古代天文学之影响"，北京师范大学天文系讲师高爽讲课。

9 月 16 日　举办 2017 年科普日主题活动"让科学为梦想插上翅膀"。

9 月 17 日　举办天文讲堂之八"宇宙与我们"，南开大学物理学院教授、博士生导师、天津市科普作家学会副理事长、天津市天文学会理事孟新河教授讲课。

11 月 26 日　举办天文讲座之十"头顶灿烂的星空——我的天文科普人生"，天津市天文学会理事赵之珩讲课。

12 月 6 日　对宇宙剧场放映设备进行全面检修，暂停放映。

12 月 16 日　举办小小天文社总结联欢会。

12 月 17 日　举办第十八届天津市大学生天文节闭幕式暨"星空之美"讲座。

七、2017 年工作概述

在天津市科学技术协会的领导下，2017 年，天津科技馆深入推进"两学一做"学习教育常态化制度化，持续抓好市委巡视反馈意见整改落实，扎实开展不作为不担当专项整治，紧紧围绕安全第一、制度保障、队伍建设和事业发展的工作理念，以迎接和贯彻党的十九大为主线筹划各项工作，以项目建设为抓手补齐事业发展短板，以党建为统领推动各项工作迈上新征程，圆满完成全年目标任务，取得新成绩。

（一）2017年工作总体情况

2017年，天津科技馆共开馆241天，接待各类团体近250个，累计接待公众451773人次，与2016年同期持平。旺季客流量平稳增长，节假日和寒暑期接待公众达306792人次，约占全年客流总量的70%，各节假日日均参观人数在5000人次以上，其中，受国庆、中秋"双节"叠加假期时间长等积极影响，"十一"期间共有36600多人次来馆参观互动，较去年同期有小幅增长。宇宙剧场放映穹幕电影469场；小型天象厅放映233场。科学表演、科普剧等定时演示项目6000余场；开展进校园进社区、科学实验课、天文节等各类科普活动80多次，受众12726人，展教工作继续保持稳中有进的良好势头。

（二）主要成效

1. 狠抓隐患治理，安全工作水平显著提升

2017年以来，天津科技馆把做好全运会和十九大期间的安全维稳工作作为重要政治任务抓实抓细，开展了以"迎接全运会 保场馆安全 喜迎十九大"为主题的专项治理工作。完善应急预案，加强风险管控，排除安全隐患，改善场馆面貌，以规范化服务树立窗口单位良好形象，为该市办好全运会，喜迎党的十九大营造了稳定环境。

一是安全隐患得到治理，管控机制不断健全。按照全市安全生产大检查统一部署，全年共开展了两次安全生产大检查，对常设展厅、宇宙剧场、职工食堂等重点区域进行拉网排查，自查隐患79项并积极进行整改；委托专业公司编制了《天津科学技术馆生产安全事故应急救援预案》，制定修订《干部值班管理制度》等安全管理制度12项，源头治理与管控机制的双管齐下，有效预防了各类安全事故的发生。

二是展厅妆容焕然一新，场馆颜值得到提升。为进一步提高整体形象，2017年天津科技馆清洗了建筑外檐，对馆区地面墙面、监控系统、照明设备进行了更新维修；更换了消防器材，增设展品安全标识。为配合重

天津市全民科学素质电视大赛复赛在天津科学技术馆举行

点展区布展效果，重设展厅出口，并对部分展品位置进行调整，撤换了一些老旧展品。加强院内交通管理，重新施划了交通标线和停车泊位。通过撤改结合、翻新整修，硬件设施更加完善，参观环境规范有序。

三是防范技能有所提升，实战经验有所增强。全年共组织员工开展了两次安全应急消防演练和专业消防培训，2017年的消防演练，贴近实战标准、强化实操技能，突出实效目标，无论是总体策划还是最终效果都比去年有所提高，得到了市科协领导的好评。通过演练和培训，员工进一步提高了安全责任意识和安全防范技能，积累了实战经验，取得了良好实效。

2. 厚植发展基础，人才队伍建设初显成效

为充分发挥人才在老馆升级改造中的引领作用，天津科技馆积极探索人才成长之路，搭建成长阶梯，创新培育机制、培养拔尖人才，努力营造引才聚才用才良好环境，通过两年的努力，人才队伍建设迎来回报期，成效开始显现。

一是新员工快速成长。新员工入职以来，天津科技馆通过岗位练兵、技术比武、学习交流、参加竞赛等方式挖掘人才潜力，激发创新能力，有力地促进了新员工快速成长，新员工们逐渐在工作岗位上崭露头角，业务能力从跟跑向并跑、领跑转变，个别新员工还在科普创作、活动策划、展区改造、展品研发等重要工作中勇挑重任，并在行业竞赛中展现风采和技能，在2017年全国科普讲解大赛和第五届全国科技馆辅导员大赛中，天津科技馆科普辅导员分别在预赛和决赛中取得较好成绩。

二是整体素质稳步提高。近两年来，天津科技馆把抓好项目工作作为检验队伍建设的"试金石"和检验干部执行能力、工作能力的"练兵场"，全面提升干部做深做细做实项目工作能力，以项目引导带动干部队伍素质提高，促进干部在项目工作中用心想事、谋事、干事，磨炼意志，增长才干，提高本领，取得良好成效。经过两年的摸索锻炼，干部队伍的承压能力和适应能力与以往相比有了很大提高，整体工作水平逐渐提升。

3. 坚持改革创新，科普事业发展持续向好

一年来，天津科技馆围绕狠抓重点项目进度，扎实做好常态工作，抓好重点、破解难点、打造亮点，推动各项工作实现多点开花、全面收获。

一是基础设施建设全面推进。2017年以来，按照各项目专项资金使用进度要求，天津科技馆全力以赴抓项目落地、抓项目推进，推动机器人展区、创想空间、小天象厅、影子世界等项目完工并投入使用，新增"手指推大厦"和"龙卷风"两件新展品，促进了展教功能的优化提升。特别是机器人展区，该项目于2015年底启动，是近年来天津科技馆建设规模最大、投入资金最多的一个展区改造工程，也是科技馆"十三五"规划中的一项重点工作。目前，已顺利完成验收，拟于年底试运行。该展区依靠专业力量、委托南开大学机器人研究所进行设计，是天津科技馆借助外脑智慧，助力事业发展的一次有益尝试，无论是外观设计还是内在科技含量，都体现了科技馆全新的展教理念和对高新技术展品的追求，不仅为展厅增添了新亮点，还为展教工作在高新技术成果领域打开了一片新天地，实现了展品从量的增长向质的提升转变，成为新时代天津科技馆逐步迈向高质量发展的良好开端，对于推进中国特色科技馆体系建设，保持对公众的吸引力，增强场馆竞争力和影响力都具有重要意义。

二是科普展教工作亮点迭出。（1）创新科普展教活动方式，采用深度提取精华的方式，选择互动性强、参与度高的展品为公众进行深度讲解，并融合不同展区特色，延伸展品功能，对应开发了"玩具与科学""垃圾分类""视错觉""点亮城市"等不同主题的科教活动，利用科技周、科普日等节日推出，均取得良好实效。2017年科技周期间策划的"智造未来·创享生活"主题活动，吸引4000多名公众踊跃参与。（2）大力开展社会化合作，与南开科技实验小学、市55中学和天津市聋人学校分别签署馆校共建协议，馆校合作范围不断扩大。与天津教育出版社合作出版了科普书《头顶灿烂的星空——我的天文科普人生》；与市天文学会共同编写了天文校本教材《天文》《天文活动手册》；与天津市科协、天津电视台科教频道联合举办《天津科技大讲堂》，助力天津市科普工作创新发展。（3）做实做亮天文科普品牌，全年共举办天文讲堂、天文特长班、天文奥赛培训、天文节等各类天文科普活动60余次，受众1万余人，特别是成功举办了第十八届大学生天文节，其间邀请国家天文台研究员荀利军、南开大学苏宜、孟新河教授作报告，丰富多彩的天文节活动吸引多所高校参与，受众4000多人，掀起一轮天文科普热潮。（4）积极投身精准扶贫工作，主动承担贵州省平塘县中小学天文科学课程培训工作，选派优秀天文教师赴当地进行培训讲座，并联合天津市科技传播发展基金委员会向该

2017 年科技周天津科技馆活动

县教育局无偿资助了 4000 套天文科普资源包，以优质科普资源助力精准扶贫，促进科技扶贫在科普工作方面均衡普惠。

一年来，天津科技馆一心一意搞科普，展教工作硕果累累，在 2017 年第二届天津微视频大赛中，天津科技馆制作的《微风飞翔》科普微视频荣获大赛一等奖，并与科学体验活动"玩具与科学"一同入选中国科协青少年科技中心科学教育项目。在 2016 年度志愿服务工作表彰中，河西区精神文明建设委员会授予该馆"河西区优秀青年志愿服务团队"和"河西区志愿服务品牌项目"荣誉称号，三位同志还获得了"河西区优秀青年志愿者"荣誉称号。

三是信息智能化建设与时俱进。一年来，天津科技馆以实体馆为依托、以数字馆为平台，广泛开展形式多样的线上线下科普活动，使科普资源最大限度地惠及基层群众。加强自媒体和新媒体建设，推广使用天津市科协"科猫"平台；完成官网、官微改版工作，实现活动预告和网上预约功能。实施网络科普活动开发，申报虚拟漫游项目，拟于年底前完成。启动了内网办公系统更新改造工程，该项目完成后将逐步实现办公自动化。

做好信息宣传工作，全年对外报送工作简讯 13 条；通过官网、二级子站、微博微信等发表消息 281 条，十一国庆节期间，中央电视台《新闻联播》栏目、天津电视台、《今晚报》同时对该馆活动进行报道，这是近年来天津科技馆首次受到央视媒体的高度关注，宣传工作实现新突破。

此外，2017 年还完成了其他一些工作：重新办理了职工食堂卫生许可证，解决了这个长期想解决而没有解决的问题，消除了后顾之忧。积极参与帮扶工作，选派 1 名员工跟随天津市科协帮扶工作组赴武清区大白马港村和东柳店村开展帮扶困难村工作。完成了 2014~2016 年度科普基地评估工作，撰写了 3 万余字的爱国主义教育基地巡礼书稿。开展了学历认证、人事档案排查、财务审计、职责清单等工作。组织部分员工到中国科技馆、大火箭制造基地进行观摩，工会还开展了春游活动，丰富的业余生活使员工工作热情明显提高。

河北省科学技术馆

英 文 全 称：Hebei Science and Technology Museum
法 定 代 表 人：张秋立
联 系 电 话：0311-85936766
传 真：0311-85936766
官 方 网 站：www.hbstm.cn
行 政 主 管 单 位：河北省科学技术协会
成立（开放）日期：2006 年 5 月
通 信 地 址：河北省石家庄市长安区东大街 1 号
已加入专业委员会：中国自然科学博物馆协会科技馆专业委员会

▨ 一、科普活动与展览

1. 教育活动

单位：人次

序号	活动名称	活动时间	主要内容	活动形式	主要对象	参与人数
1	天文观测活动	1 月 31 日；3 月 2 日；8 月 17 日；9 月 24 日	月全食观测、正月十五赏月、七夕观测、中秋赏月观测月球表面，现场讲解当天星空，用望远镜观看行星及介绍望远镜知识等天文科普内容	在科技馆广场架设天文望远镜，同当地天文爱好者协会合作共同举办等形式	社会公众	合计约4000
2	科普讲座及《科协燕赵学堂》	3 月 23 日；3 月 17 日；4 月 21 日；5 月 19 日；6 月 24 日；7 月 21 日；8 月 18 日；9 月 19 日；10 月 20 日	气象讲座、"寻梦广寒宫"科普讲座、"载人航天的发展"、"爱因斯坦与引力波"、"从星际穿越到慧眼天文卫星"、"寻觅外星人"、"动手学天文——培养科学素养"、"巡天遥看——千河"、"探索神秘的宇宙——触摸来自宇宙的星星"利用现有的设备资源，充分发挥河北省科技馆天文科普主阵地的优势，从全国邀请科普专家，针对热点话题、消息为公众进行解读，打造属于自己的科普名片	讲座以免费方式进行，讲座结束后有半小时同专家的互动，包括提问、讨论、答疑等环节。最后有兴趣的团体可以和专家合影，留下宝贵的影像资料	社会公众，天文爱好者团体，学校师生等	合计约2000

续表

序号	活动名称	活动时间	主要内容	活动形式	主要对象	参与人数
3	天文科普小讲堂	1月1日、5月1~3日、6月1日、7月、8月、10月1~7日	"你了解雷电吗？""洁白的精灵""星空音乐会""奇遇'超级蓝血月全食'""二十四节气的故事—立春""二十四节气的故事—雨水""二十四节气的故事—小寒""深空探秘—初见外星人""地外之'月'""果壳中的宇宙之王"	小讲堂，看片会	参观观众	合计约20000
4	科学实验走进桥西实验小学	3月1日	表演科学实验"安静的小球""玩转干冰"	科学实验表演	桥西实验小学学生	80
5	全国中学生天文奥赛河北赛区预赛	3月23日	全国中学生天文奥赛河北赛区预赛答题	比赛	初高中生参赛选手	40
6	科学实验走进石家庄市行知小学	4月19日	表演的科学实验"安静的小球""玩转干冰"	科学实验表演	石家庄市行知小学学生	80
7	河北省气象科普小达人PK赛	5月21日	通过比赛评选出13名参赛选手	比赛	参赛选手	200
8	科学实验走进小精灵幼儿园	5月26日	科学实验表演	科学实验表演	小精灵幼儿园小朋友	38
9	科学实验走进石家庄市第一实验幼儿园	6月21日	科学实验表演	科学实验表演	第一实验幼儿园小朋友	80
10	科学实验走进石家庄外国语小学	9月22日	科学实验表演	科学实验表演	石家庄外国语小学学生	80
11	科学实验走进中山路小学	11月10日	科学实验表演	科学实验表演	中山路小学学生	80

2. 流动科普设施

名称	年度巡展次数	类型	经费来源	运行方式
流动科技馆	54	科普巡展	省财政	公众免费参观

二、科研与学术

研究成果

序号	题目	作者	刊名	卷（期）号
1	《考察日本科学未来馆的几点思考》	徐 静	《科技展望》	2017年第27期
2	《科普互惠，协同共享——浅谈河北省科技馆的发展》	徐 静	《"一带一路"科普场馆发展国际研讨会论文集》	2017年

三、信息化建设

1. 官方网站浏览情况

网站的日均点击量在 340 次左右，观众数在 200 人次左右。

2. 新媒体运用

截至 2017 年底，微信公众号关注总人数 5267 人；图文消息月平均阅读量为 205 次 148 人；菜单平均点击次数 15 次、平均点击人数 10 人、人均点击次数 1.5 次，截至 2017 年 11 月微信公众号的关注人数增至 3786 人，发布消息 20 条。2017 年，河北省科技馆微博发布各类消息 22 条，粉丝增至 175 人，平均阅读量为 7500 次 / 条。

四、志愿者队伍建设

单位：人

分类	服务岗位	人数	来源	服务时间
展厅展品维护、讲解、检票	常设展厅	1045	河北科技大学、河北师范大学	全年节假日和平时周六日
天文讲解	宇宙剧场	2	河北师范大学	节假日

五、运营情况

票务情况

是否免费开放	未免费开放场馆票种	未免费开放票价	观众人数
是	4D 影院 穹幕电影	天象节目：成人 15 元，学生 10 元；穹幕电影：成人 20 元，学生 15 元；4D 电影：1.2 米以下 10 元，其他 15 元	46.82 万人次 / 年

六、2017 年度大事记

1~12 月 河北省的 17 套流动科技馆在省内巡展 52 站，维修展品 400 余件次，接待社会观众 120 万余人次，受到广大基层群众的热烈欢迎。

1 月 根据中国自然科学博物馆协会《关于推荐参与〈中国大百科全书·博物馆卷〉第三片编纂工作的通知》要求，编纂完成河北省科技馆的大百科词条。

4 月 在第五届全国科技馆辅导员大赛北部预赛中，河北省科技馆两名选手获得展品辅导赛三等奖，1 名选手获展品辅导赛优秀奖，在其他科学表演赛中《叹为观"纸"》获得二等奖，《你成熟么？》获得优秀奖。

4 月 11 日 河北省科技馆新馆建设工作领导小组办公室召开新馆建设工作专家研讨会。

5 月 23~27 日 协助完成 2017 年"全国科技工作者日"河北主场活动。

5 月 28 日 与河北省广播电台合作，组织 30 余名贫困儿童参观省科技馆，并在河北省广播电台的相关栏目及官方网站给予宣传。

6 月 2017 年全国科普讲解大赛，2 名选手获得河北省科普讲解大赛一等奖，1 名选手获二等奖，1 名选手代表河北省参加全国比赛获得优秀奖。

7 月 科普表演剧《叹为观"纸"》获第五届全国科学表演大赛决赛一等奖及美丽河北·多彩省直——机关文化艺术节二等奖，并参加"盛世欢歌颂党恩 凝心铸魂迎盛会"文艺汇演。

7 月 8 日 与河北科技大学联合举办的"科普在身边"科普剧征集大赛在河北省科技馆多功能厅举行，这次共征集 38 篇科普剧本，最后评选出一等奖 3 名，二等奖 5 名，三等奖 6 名。

河北省科技馆全貌

河北省科技馆荣获中国科技馆发展基金会2017年度科技馆发展奖"展品奖"提名奖。

10月19日　河北省政协调研省科技馆新馆建设工作。

场务管理部被省妇联评为河北省巾帼文明岗。

七、2017年工作概述

在河北省科协党组的正确领导和大力支持下，河北省科技馆深入学习贯彻习近平总书记系列重要讲话精神和党的十八届六中全会以及十九大精神，大力推进党支部的建设，强化内部管理，开展了系列科普活动，不断扩大河北科技馆社会影响力，为提高河北省公众科学素质做出积极贡献。

（一）着力抓好党建工作，稳步提高队伍素质

1. 坚持"两学一做"常态化、制度化，提高四个意识。积极开展"两学一做"学习教育，重点学习了习近平总书记在省部级主要领导干部学习贯彻党的十八届六中全会精神专题研讨班的讲话精神，学习《关于新形势下党内政治生活的若干准则》（以下简称《准则》）《中国共产党党内监督条例》（以下简称《条例》）《习近平关于科技创新论述摘编》，以及学习赵克志同志在河北省第九次党代会上的报告以及省纪委九届二次全委会精神，参加了省科协机关党委组织的"四个意识"专题讲座，召开了增强"四个意识"专题组织生活会。学习了十九大报告和《中国共产党章程》，每名党员都对照《准则》《条例》查找自身不足和问题，分析问题原因。组织全体党员听取了省科协党组书记、常务副主席刘纪雷同志的党课，对十九大精神有了更深的理解。结合学习宣传贯彻十九大精神和《中国共产党党章》，转变工作作风，提高工作效率。通过学习，党员干部的"政治意识、大局意识、核心意识、看齐意识"进一步得到加强。

2. 加强党支部建设，完善各项制度。一是根据党支部开展活动需要，重新划分了党小组，明确了支委分工。制定了党支部的学习制度、三会一课制度和党支部党费收缴办法，将每周四下午定为党员和干部学习时间。学习会上按照要求完成政治理论学习，及时传达省科协工作要求，通报馆日常行政管理和业务活动等相关情况。二是做好党员及党组织基本信息系统采集工作。此次采集内容共26项，对信息采集期间新发展和新转入的党员信息及时进行采集。三是加强组织纪律和工作纪律，党员政治理论学习和教育活动实行签到制，增强学习的监督。同时严格工作考勤制度，规范劳动纪律，实行上下班刷脸（指纹）考勤，每月进行公布。通过完善制度和理论学习，加强了党员干部的教育和监督，党支部战斗堡垒作用和政治核心作用得以更好地发挥。

3. 用好互联网平台，加强党员学习。一是利用好党建云平台，党建云平台是在互联网上为党的各级党组织和广大党员提供基层党建工作管理、监督、学习和交流的平台。党支部派员参加了省科协基层党支部建设培训班，并负责党支部全体党员登陆设置、信息发布、安全运行管理等工作。共发布党员大会、集中学习、支部活动日、党小组会等各类党建信息27条。二是做好省直12371党员教育服务平台。按照河北省委组织部做好省直12371党员教育服务平台运行的相关工作，严格做好平台管理账号密码等保密工作，让河北省科协系统全体党员注册加入平台，做好党员信息审核工作，完善了省科协各支部的换届信息，坚持把平台建设作为推动"两学一做"学习教育常态化制度化的有效举措。

4. 组织各项活动，丰富教育方式。一是组织参加了"中国梦、赶考行，省直当先锋"活动，党支部委员随省科协领导一起到西柏坡重温入党誓词，接受廉洁自律教育。二是积极参加省直机关健步走活动，指导工会为参加活动的职工配备活动设施，集体到石家庄植物园参加健步走活动。三是走访、慰问困难党员和因公殉职干部党员家属。四是组织参观学习活动。组织党员参观了河北博物院省直机关"砥砺奋进的五年"成就展和北京展览馆"砥砺奋进的五年"大型成就展。通过组织文体活动、参观学习和走访、慰问党员，党员与职工间的交流、党支部与党员间的联系得到了增强，提高了党支部的凝聚力。

（二）有序推进管理工作，保证场馆安全运行

1. 加强行政管理，确保政令畅通。完成2017年度中央级科技馆免费开放经费测算和填报工作；完成2016年度内部控制编制报告、年度预算执行和审计工作以及"小金库"自查工作；按照财政厅要求，完成2015年10月至2017年4月政府采购招投标不规范问题专项清理工作；完成公共场所及工作人员年检，包括新馆空气质量卫生监测、办理卫生许可证年检、展厅与餐厅人员健康体检，并建立卫生管理档案，为科技馆正常开放做好基础性工作；邀请公安消防培训中心老师对职工进行消防安全培训，增强了消防意识和"四个能力"建设。

2. 加强对外宣传，提升公益形象。2017年，拍摄制作完成科普视频"钉床"并对外发布；出版发行《感知科学Ⅱ》光盘工；完成中国科协科普中国第5号包"科学大观园"（项目编号KPZG2015-B05）建设工作。筹拍构造地震原理、错觉滚筒、仿生机械手、管道机器人、机械臂表演、搬运机器人AGV等六个经典展品科普视频，丰富河北省科技馆官网、微信、微博及客户端的科普内容；更新"科技馆简讯"41条，公告15条，上传图片165张。起草各类活动宣传稿9篇，累计刊（播）发稿件约100余次，分别在河北日报、河北电视台、河北广播电台、河北新闻网、长城网等省内的各大主流媒体进行刊登，省内各电视台、广播电台、报社等媒体到科技馆活动现场跟踪拍摄并实时报道，扩大宣传的范围和力度。

3. 坚持群众利益无小事，提高干部职工满意度。按照省领导讲话精神和省科协党组要求，河北省科技馆强化职工餐厅的管理，实现了主食全部自己制作，增加菜品数量和水果、酸奶，

机器人展区

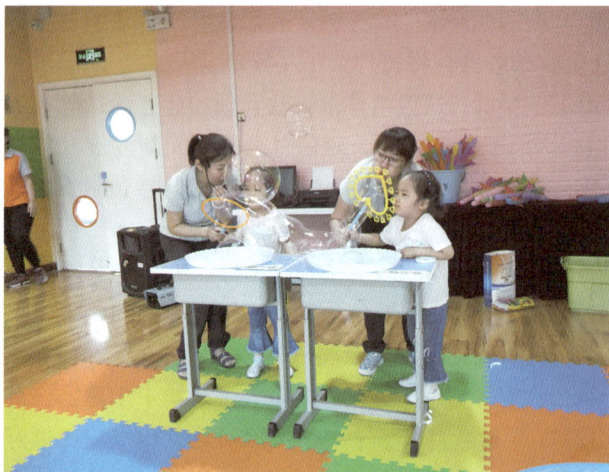
科普活动进校园

科普活动进校园

开设了早餐，满足了省科协机关及直属事业单位的用餐需求；按期为职工调整了薪级工资，发放暖气补、目标绩效奖、平安建设奖等福利；从维护职工利益出发，积极协调河北省科技馆宿舍供暖问题，保证了冬季如期供暖。

4. 发挥科普设施功能，高标准服务观众。2017年加强了辅导员业务培训，高标准完成了常设展览讲解、辅导、接待任务，展品完好率始终在95%以上，实现了常设展览安全正常运行。宇宙剧场和4D影院设备完好率达到95%以上，共接待观众超过46.82万人次，比2016年增长16%。

（三）不断推出科普活动，充分发挥展教功能

1. 丰富展教形式，拓展活动范围。与石家庄市教育局、市科协联合举办3D打印创新工作成果展，丰富科技馆的展示内容；在派员参加全国科普剧创作与表演培训班的基础上，创作编排了《好玩儿的泡泡》《制作小小听诊器》《有趣的平衡》《五彩缤纷》《国王的生日派对》等科学实验、手工制作和科普剧，节假日期间表演50场，开展天文科普小讲堂50余场，受到了孩子和家长的一致好评。积极组织科普活动进校园，分别9次走进桥西实验小学、行知小学等中小学，拓展了科技馆的教育范围。

2. 参加业内赛事，提高业务水平。积极派员参加第五届全国科技馆辅导员大赛，并获得北部赛区个人赛二等奖，团体赛哑剧《叹为观"纸"》获二等奖，科普相声《你成熟么？》获优秀奖；派员参加科技部2017年全国科普讲解大赛，并获得河北省科普讲解大赛一等奖、二等奖，一名选手代表河北省参加全国比赛获得优秀奖；参加了中国青少年科技辅导员协会第四届全国科学表演大赛，哑剧《叹为观"纸"》荣获科学秀一等奖。通过系列大赛提高了科技馆辅导员的专业水平和创新能力，有助于科技馆科普事业的发展。

3. 组织科普比赛，普及科学知识。主办了全国科技馆"百城联动"科学知识"人工智能"的快速有奖问答题活动，普及机器人知识；举办了《科普在身边》科普剧征集比赛，丰富群众文化生活。科普活动的开展将科技馆的科普工作向学校和社区延伸，提升了公众的科学素养。

4. 开展天文科普活动。举办了元宵赏月、中秋赏月等公益天文观测活动；国际天文馆日举办包括太阳观测、科普讲座等内容的天文科普活动；举办了全国中学生天文奥赛河北赛区的预赛；组织了"地球一小时"天文观测活动；中国航天日邀请专家做了中国空间探测公益讲座；举办了河北省气象科普小达人PK赛。天文科普活动增加了公众对宇宙的认识及对我国航天事业的理解，有助于培养公众的社会主义核心价值观。

（四）密切关注社会热点，分步实施展区改造

1. 机器人展区平稳运行。机器人展区项目建成开馆，并通过了专家评委的验收。此后对工业流水线展示内容进行了丰富，创新性地增加了打台球节目，提升了展品的性价比和可观性。对管道机器人进行改造完善，使之运行更加平稳，展示效果更加显著。

2. 儿童展区顺利建设。为确保二层西区项目建设质量和展示效果，多次组织召开项目深化设计讨论和对接会，形成展品和布展设计深化方案，12月底完成了安装调试，元旦期间与观众见面。

3. 展区改造积极推进。按照河北省科技馆常设展览五年更新改造方案，进行了更新内容方案征集，并邀请业内专家评审出三套优秀方案，并进一步修改完善和深化。二层东区水世界展项、拓展内容以及布展招投标工作已经完成，"水世界"主题展区的实施，将实现二层展区完全更新。

（五）做好流动科技馆巡展，逐步完善体系建设

流动科技馆是中国特色科技馆体系建设的重要组成部分，对提升河北省基层公众的科学素质、建设经济强省、美丽河北具有重要作用。17 套流动科技馆 2017 年共巡展 52 站，维修展品 400 余件次，接待社会观众 120 万余人次。为做好流动科技馆工作，成立流动科技馆工作队，有力推动了流动科技馆的巡展工作。流动科技馆有效带动了地方科普活动的开展，促进了市、县科普场馆建设规划的实施，对河北省基层科普事业的发展起到了积极的推动作用。

（六）积极推进新馆建设，谋求事业更大发展

2017 年，新馆建设领导小组及办公室完成了对辽宁科技馆、上海科技馆等国内大型科技馆的考察，认真听取业内专家意见。先后在中国科技馆、清华大学、省科协等地组织了多次专家论证会，就新馆建设征求专家和设计单位意见。在新馆建设内部管理上，为了和新馆建设领导小组和办公室工作衔接，研究成立了河北省科技馆新馆建设办公室。目前新馆建设可研报告、地质灾害评估、环境影响评价、节能专项评估都在组织实施中。

（七）全面启动旧馆修缮，改善馆区整体环境

2017 年组织实施了科技工作者之家项目，完成了旧馆区一条电力主缆的更新，保证了馆区电力供应；改造了自来水主管道，增加了加压设备，解决了办公楼水压不足的问题；对办公楼和北楼一层进行了维修、粉刷，更换了垃圾桶，增加了遮阳伞，改善了环境。春节后启动了旧馆修缮项目，对北楼电力系统、给排水、内外墙及屋面、会议室进行整修，项目已基本完成，科技馆旧馆环境极大改观，与周围环境融为一体。

（八）完善公众服务设施，助力创建全国文明城市

为做好文明城市创建工作，河北省科技馆在省科协领导的重视和指示下，全力以赴做好文明城市创建工作。对照文明城市测评标准，逐条分析、逐条落实，对标达标，保证不丢一分。深入做好宣传和沟通，专门开设道德模范事迹专题展览，设立创建文明墙，制作大幅宣传创城画板，设立学雷锋志愿服务岗和志愿服务站点，营造动员广大市民共同参与创造文明城市的氛围，确保创城迎测工作和省级文明单位创建工作圆满完成，助力省会石家庄市成为全国文明城市。今后河北省科技馆定会在已取得成绩的基础上，再接再厉、开拓创新，努力促进省会文明单位创建工作。

山西省科学技术馆

英 文 全 称：Shanxi Science and Technology Museum
法 定 代 表 人：路建宏
联 系 电 话：0351-6869869
传 真：0351-6869816
官 方 网 站：www.sxstm.cn
行 政 主 管 单 位：山西省科学技术协会
成 立（开放）日 期：1988 年 2 月 2 日
通 信 地 址：山西省太原市长风商务区广经路 17 号
已加入专业委员会：中国自然科学博物馆协会科技馆专业委员会、天
文馆专业委员会、科普场馆特效影院专业委员会

一、科普活动与展览

1. 教育活动

单位：人次

序号	活动名称	活动时间	主要内容	活动形式	主要对象	参与人数
1	科普新征程暨跨年快闪 show	2016 年 12 月 31 日至 2017 年 1 月 2 日	快闪表演	主题系列科普活动	全体观众	18677
2	一唱雄鸡报春晓，科普之翼舞新春	1 月 31 日至 2 月 12 日	亲自制作活动、科学有日、科学表演、科学实验、木偶剧	主题系列科普活动	全体观众	176182
3	科学课程	1 月 1 日至 12 月 31 日	创意工作室、机械师摇篮、3D 打印工作室主题课程	科学课程	学龄前儿童、小学生	1000
4	"五一"特别活动	4 月 29 日至 5 月 1 日	科学表演、吊线木偶剧	主题系列科普活动	—	70014
5	2017 打开科学之门	7 月 1 日至 8 月 31 日	机器人训练营、科学秀、小小辅导员	主题系列科普活动	全体观众	186272
6	金秋十月丹桂香、家国同庆科技强	10 月 1~8 日	科学有日、科学秀、科学实验、亲自科学小制作	主题系列科普活动	全体观众	52060
7	科学讲坛	1 月 1 日至 12 月 31 日	科学普及	固定和流动	社会公众	22000

2. 流动科普设施

序号	名称	年度巡展	类型	经费来源	运行方式
1	流动科技馆	54 站	3.0 版	国家财政 省级财政	利用"体验科学"——中国科技馆 12 套 600 件展品，奔赴山西省吕梁、大同、运城等 11 个县市的岢岚县、左云县、昔阳县等 54 个站点，开展丰富多彩的巡展活动。结合山西省科技馆的现有资源，以科普大篷车、科技馆活动进校园、科学课和科学讲坛等形式分别在临猗县、灵丘县开展了包县科普活动。全年共培训当地志愿者 500 余名，直接受众人数达 66.1 万人，中小学生覆盖率达 98%。组织举办了"2017 年参观科技展览征文暨科技夏令营山西营活动"
2	大篷车	34 次	Ⅱ型	国家财政 省级财政	利用一辆科普大篷车巡展，深入到榆社县、交口县、岚县等偏远乡镇的 34 所学校的巡展；全年受众 6.8 万人次，行程 5000 公里，取得了良好而广泛的社会效应

二、科研与学术

1. 承担项目

单位：万元

序号	项目名称	项目来源	项目级别	经费	负责人
1	科技类博物馆在科学教育体系中的发展策略	中国科协	省部级	6	杨伟民
2	现代教育学理念在科技馆展教活动中的应用	中国自然科学博物馆协会 科技馆专委会	国家级	5	路建宏
3	中国流动科技馆巡展	中国科协	国家级	95	路建宏
4	科普大篷车	中国科协	国家级	5	路建宏

2. 研究成果

序号	题目	作者	刊名	卷（期）号	期刊级别
1	《科技馆展览教育与生态文明建设》	王 苗	《自然科学博物馆研究》	2016 年第 S1 期	国家级
2	《国内省级科技馆微信公众平台现状初探》	张志宏	《科技传播》	2016 年第 24 期	国家级
3	《注重感知与体验，有效开发科技馆教育活动》	王 苗	《科协论坛》	2017 年第 2 期	国家级
4	《聪明的饮水鸟之科学探秘教育活动的设计及实践》	李 燕	《自然科学博物馆研究》	2018 年第 S1 期	国家级

3. 编辑刊物

刊物名称	刊号	发行周期	发行数量	发行范围
《山西省科学技术馆简讯》	无	2~3 期／月	200 册／期	全国科技馆同行单位及本省上级单位

三、信息化建设

1. 官方网站浏览情况

官方网站全年发文 502 篇，全年网站访问量 723547 次，日均网站访问网站访问量 1982 次。

2. 展品信息化工作

触摸屏导览系统、环境参数监测系统、展品智能展示屏为观众提供内容丰富、形式多样的相关数字资源，手机 App 及微平台为观众提供了场馆导览和展品相关内容，提升了观众体验和科普效果。

3. 新媒体运用

通过微信服务号"山西省科学技术馆"、订阅号"山西省掌上科技馆"扩大科普的范围和影响，全年推文148 篇，阅读量 79635 次，累计关注人数 14778 人。开展网络科普征文及投票活动，增加与粉丝的互动。为观众实时推送科普动态的同时，提供预约门票和预约活动等便捷的线上服务。探索使用蓝牙技术结合微信扫一扫（摇一摇）的展品导览新模式。

四、志愿者队伍建设

单位：人

服务岗位	人数	来源	服务时间
展厅辅导	747	高校	2017 年 1 月 1 日至 12 月 31 日

五、运营情况

票务情况

是否免费开放	未免费开放场馆票种	未免费开放票价	观众人数
是	无	无	126.7 万人次 / 年

六、2017 年度大事记

2 月 2 日　山西省科技馆组织了"聆听历法讲座、制作赤道式日晷"的天文科普系列活动，为观众献上了精彩的天文历法知识讲座，让小朋友了解了一种古代计时仪器，提供了一次家长和孩子共同动手的亲子活动机会，使观众们在互动参与中尽享"天文科普大餐"。

2 月 6 日　春节期间，山西省科技馆从初四到初七，短短 4 天接待观众流量达 6.59 万余人次，接待人数是去年同期接待人数的 3 倍，平均每天接待观众 16497 人，大大超过了按国家标准确定的山西省科技馆 3561 人的观众饱和数。

2 月 11~12 日　山西省科技馆组织开展了"猜灯谜，赏圆月"天文科普系列活动。共接待观众 3.77 万余人次。本次活动得到了多家主流媒体的高度关注。活动期间，山西电视台《记者调查》、太原电视台《生活新发现》栏目、太原晚报、黄河新闻网等多家媒体都对元宵天文科普活动进行了深入报道。

2 月 22 日　长治市科协党组书记、主席王海宏，副主席史爱文一行 17 人来山西省科技馆参观学习，在山西省科技馆馆长路建宏、副馆长宋亚萍陪同下，就新馆建设、观众接待量、流动科技馆巡展等内容进行了详细交流。

2 月 24 日　举行了第二届辅导员大赛暨全国辅导员大赛选拔赛。经过前期考核，共有 15 名辅导员被选中参加了比赛。大赛由单件展品辅导、主题式讲解及科技知识问答三个环节组成。经过专家评委在展品操作、讲

山西省科技馆外景

解技巧、现场互动、科学原理及语言体态等方面的严格评审，最终评出一等奖1名，二等奖2名，三等奖3名。

3月6~7日　由山西省科学技术协会、山西省教育厅、山西省科学技术厅、山西省环境保护厅、山西省体育局、共青团山西省委、山西省妇女联合会共同主办的第32届山西省青少年科技创新大赛初评会在山西省科技馆举行。大赛组委会成员单位负责人、大赛评委、监督组和相关工作人员等共计60人参加了本次会议。会议按照大赛工作安排和评审规则，首先现场推选出评委主任，并对评审任务和要求、评审规则等进行了安排和说明。随后，评委们按照大赛中不同竞赛类别和学科，分组对经过各基层赛事、省级大赛资格审查的968项符合参赛条件的作品进行了初评。

3月12日　针对"国际天文馆日"，山西省科技馆开展了科普报告、天文观测、社团活动等一系列的科普活动，全天共接待观众24267人。

3月25日　"2017年全国中小学生天文奥赛"山西赛区预赛在山西省科技馆一层报告厅成功举行，山西省共有18名考生参加了本次预赛。

3月25~26日　由山西省科学技术协会、山西省教育厅、山西省科学技术厅、山西省环境保护厅、山西省体育局、共青团山西省委、山西省妇女联合会7家单位共同主办，以"创新·体验·成长"为主题的第32届山西省青少年科技创新大赛终评展示活动在山西省科技馆隆重举行。本届大赛选出部分获奖优秀作品和选手代表山西省参加2017年8月在浙江省举行的"第32届全国青少年科技创新大赛"。

4月13日，太原市教育局发起成立的社会实践育人共同体联盟专家组组长、太原市教育局德育处处长王平一行7人来山西省科技馆听取2016年度社会实践育人工作汇报，并实地查看山西省科技馆科学活动场所。目前山西省科技馆参与的青少年社会实践活动优势项目共三大类，包括科学工作室课程、各类主题活动及科技馆进校园活动。2016年全年共发布活动70余项，参加社会实践课程学习体验人数8万多人。

4月16日　"山西科学讲坛"第667期讲座在山西省科技馆开讲！此次讲座特邀军事专家，中央电视台、中央人民广播电台军事部特邀空军专家，空军《航空杂志》社副编审，《航空知识》杂志社编委会委员，中国航空史研究会理事傅前哨老师做"航空母舰与舰载机"的专题讲座，近500名学生、教师、家长及社会公众参加并认真聆听了这场科普讲座。

4月18~19日　由中国科学技术协会科学技术普及部、中国科技馆发展基金会、中国自然科学博物馆协会

山西省科技馆承办"2017年科普场馆科学教育项目培育中期评估活动"

科技馆专业委员会联合主办、上海科技馆承办的第5届全国科技馆辅导员大赛东部赛区预赛拉开帷幕。在展品辅导赛中，山西省科技馆辅导员王子楠、张哲侨获得一等奖，南江亭获得二等奖；在科学实验赛中，由山西省科技馆辅导员白思凝、高雅、姚芝芸参赛的作品"聪明的饮水鸟"获得一等奖，由山西省科技馆辅导员刘统达、曹怡、赵雪娇参赛的作品"钟摆波"获得二等奖；在科学表演赛中，由山西省科技馆辅导员白璐、张安琪、乔璐的参赛作品"宝贝，欢迎你"获得二等奖。

4月21~23日 由山西省科协、省教育厅、省科技厅、省环保厅、省体育局、团省委、省妇联7家单位共同主办的第17届山西省青少年机器人竞赛在山西省科技馆举行。来自山西省11个市的232支参赛队，565名队员和113名教练员参加。本次赛事设立六类竞技项目，通过参赛学生现场角逐，评出机器人综合技能比赛9项、机器人创意比赛37项、FLL机器人工程挑战赛31项、WER机器人工程创新赛15项、VEX机器人工程挑战赛2项、超级轨迹赛137项。同时，选出部分优秀获奖选手代表山西省参加2017年7月在广东省中山市举行的"第17届中国青少年机器人竞赛"和相关国际机器人挑战赛。

4月27日 山西省科协主席扩大会议在山西省科技馆召开。会议由省人大常委会副主任、省科协主席周然主持，省科协党组书记、副主席许富昌，省科协副主席王德贵、张秀亲、马进、王建文、张克军、张其光、金智新、黄庆学，省科协副巡视员谢文智出席。省科协各部门、直属各单位主要负责同志列席会议。

4月28日 "体验科学"——中国流动科技馆山西巡展项目走进省体育中心、各级体校活动启动仪式在省体育职业学院举行。山西省人大常委会副主任、省科协主席周然宣布活动启动。省科协党组书记、副主席许富昌，省体育局党组书记、局长苏亚君，省科协党组成员、副主席王德贵，省体育局党组成员、副局长赵晓春，省体院院长朱天燕，省科协办公室主任王继龙，省科协普及部部长刘子良，省体育局科技教育处处长侯冰，山西省科技馆馆长路建宏出席了启动仪式。此外，科普志愿者、省体育职业学院和太原市北辰双语学校近500名师生参加了此次活动。

5月1日 山西省科技馆为观众呈献了一场特别的天文科普活动。本次活动包含三部分内容，一是组织开展了一场"中国神话故事中的天文元素"的科普讲座，通过有趣的神话故事来解说天文；二是通过天文望远镜观赏太阳黑子；三是山西省科技馆天文观测台全天免费开放，通过古星图和星空走廊为观众呈现了宇宙深邃壮观的魅力，展示了人类观测宇宙的悠久历史。本次活动参与人数达1000余人次。山西卫视、太原晚报、山西新闻网等媒体对本次活动进行了现场采访和报道。

5月 山西省科技馆再次被列为科技馆免费开放试点单位。

5月4日 中央第二环境保护督察组一行来山西省科技馆参观调研。在省委常委、省委秘书长、市委书记罗清宇，省发展和改革委员会党组成员、副主任赵友亭，省科协党组书记许富昌，省科协副主席王德贵以及山西省科技馆馆长路建宏的陪同下，他们先后参观了公共空间、常设展厅、"新科技·新生活"低碳专题展览、特效影院，并对山西省科技馆的工作给予了充分肯定和认可。

5月16日 山西省科技馆、青少年科技活动中心科普服务包县工作会议在运城临猗县启动。会上，馆领导与临猗县教育局、县科协及3所学校负责人就科普服务需求及开展事宜进行对接，切实把山西省科技馆、青少年活动中心科普服务包县工作协调到位、落实到位，力争通过包县科普服务活动，有效带动临猗县科普教育工作深入开展。

5月18日　山西省科技馆联合太原市卫计委邀请失独老人前来参观。辅导员热情洋溢地为失独老人讲解展品展项，老人们不时发问，辅导员耐心细致地予以解答。随后，失独老人前往影院观看穹幕电影，并饶有兴致地参观了山西省科技馆天文观测台。半天的参观学习，令他们倍感充实，同时对山西省科技馆的热情接待和细致服务深表感谢。

5月20日　繁峙县农村科普志愿者在繁峙县科协的组织带领下，到山西省科技馆参观学习。60余名志愿者先后参观了山西省科技馆展厅及天文观测台，对山西省科技馆展项表现出浓厚兴趣，不时向辅导老师提问。繁峙县科协安主席表示，希望通过参观山西省科技馆，学习取经，不断提升繁峙县公民特别是农民的科学素质。

5月27日　山西省科技馆辅导员张哲侨受邀参加了中国自然科学博物馆协会科技馆专委会与人民网合作开展的专题访谈，访谈主要围绕"科技辅导员的职业认识和思考"展开，让大众在深入了解科技辅导员这一职业的同时，更好地宣传科技馆科普工作的良好成效。

5月27日　端午节来临之际，为丰富省会市民端午长假的科技文化生活，让广大公众度过一个快乐、有趣、健康的假期，山西省科技馆特别推出了"喜迎端午，游天文观测台"主题科普活动，为公众呈现多道丰盛的科普美餐。

5月31日　由山西省科协、山西省教育厅、山西省发改委、山西省文明办和共青团山西省委主办，山西省青少年科技活动中心承办的"我爱绿色生活"——2017年青少年科学调查体验活动山西省启动仪式在山西省太原市晋源区晋祠镇晋祠中心小学隆重举行。省科协党组成员、副主席王德贵与各主办单位领导参加了此次活动。

6月9日　山西省科技馆"山西科学讲坛"走进太原市聋人学校，特邀太原理工大学智能交通创新实践基地的萧英喆老师带领其团队，为太原市聋人学校的孩子们组织了一场"和机器人做朋友"的专题讲座。

6月11~12日　由中国科学技术协会科学技术普及部、中国科技馆发展基金会、中国自然科学博物馆协会科技馆专业委员会联合主办的第五届全国科技馆辅导员大赛决赛在上海科技馆隆重举行。来自全国21个科技场馆的25名展品辅导赛选手和16个科学表演赛项目展开了激烈的角逐，为观众呈现了一场精彩绝伦的科学盛宴。山西省科技馆最终收获了科技教师特别奖、展品辅导赛二等奖和科学实验赛三等奖的好成绩。

6月18日　来自英国的科普"魔法师"戴伟博士来山西省科技馆开讲，讲座主题为"什么是化学反应"，500余名学生、教师、家长及社会公众参加并聆听了这场科普讲座。

6月25日　由中国自然科学博物馆协会科技馆专业委员会、中国科技馆主办，山西省科技馆承办的"2017年参观科技展览有奖征文暨科技夏令营"征文评选活动在山西省科技馆举行。征文活动自启动以来，得到省内广大观众和各级各类学校、中小学生，尤其是偏远地区、农村中小学生的热切关注和踊跃参与。从2017年3月10日至5月31日，山西省科技馆共征集来自夏县、洪洞县、盂县等30余个县、市，200多所学校征文4109篇，其中纸质版1865篇，电子版2244篇。

6月29日　山西省科技馆举办了以"爱岗敬业，争先创优——第五届全国科技馆辅导员大赛交流汇报"为主题的道德讲堂活动，全馆员工参加了本次活动。

7月9日　由中国自然科学博物馆协会科技馆专业委员会、中国科技馆主办，山西省科技馆承办的"2017参观科技展览有奖征文暨科技夏令营"开营仪式在山西省科技馆举行。山西省科技馆党委书记贾亚千、副馆长宋亚萍及来自山西省11个市、县的征文获奖者及其指导老师70余人参加了此次活动。

7月11日　山西省自然科学博物馆协会（以下简称"山西省自然博协"）理事长工作会议在山西省科技馆召开。山西省自然博协理事长、山西省科协原党组书记杨伟民，山西省自然博协副理事长、山西省图书馆馆长魏存庆，山西省自然博协副理事长、山西博物院副院长李勇，山西省自然博协执行副理事长、山西省科技馆馆长、山西省青少年科技活动中心主任路建宏，山西地质博物馆馆长史建儒，中国煤炭博物馆馆长张继宏等相关发起单位领导参加了本次会议，会议由路建宏执行副理事长主持。

8月16~20日　山西省科技馆成功开展了第三期"小小辅导员"活动。本期"小小辅导员"活动包括前期培训、后期实操讲解两个部分。其中，前期培训涵盖了形体礼仪、普通话训练以及专业的讲解技巧等内容，后期则由小小辅导员自己独立为观众讲解展项。

8月22日　山西省科技馆特邀物联网创新教育研究中心培训师胡顺治为科学辅导老师开展了"比特实验室STEAM创客教育"教师培训活动。

8月27日　（七夕前夕）山西省科技馆组织开展了"趣谈'牛郎'和'织女'，齐聚七夕观天象"天文科普活动，共有200余名学生、家长、天文爱好者参加了本次活动。

8月28日　"第五届全国科学表演大赛"原创微型科普剧本评选工作在北京圆满落幕，经过公众投票、现场决赛和专家评审等多个评选环节，由山西省科技馆张晓肖主编的微剧本《宝贝，欢迎你！》和由常佳主编的《最佳饮品争霸赛》在原创微型科普剧本竞赛单元中，均获二等奖。

8月29日至9月1日　由天文馆专业委员会、德令哈天文科普馆联合承办的中国自然科学博物馆协会2017年年会在青海省德令哈举行，来自全国各地数百家科普场馆、相关单位和企业的500余名代表参会。山西省自然博协理事长杨伟民，省自然博协执行副理事长、山西省科技馆馆长路建宏等一行5人参加了此次会议。山西省科技馆王子楠就"特色教育活动'科学有日'"在会上作口头发言。同时，山西省科技馆李燕的论文荣获年会"青年优秀学者论文奖"二等奖，在开幕式上受到表彰。

9月6日　中国流动科技馆第二轮全国巡展山西启动仪式在岢岚中学举行。省科协副主席张秀亲出席活动并作讲话，山西省科技馆馆长路建宏对相关情况作了简要介绍。省科协普及部部长刘子良、忻州市科协主席邢雨花、岢岚县委副书记银培秀，以及相关单位负责人和岢岚中学500余名师生参加了活动。

9月12日　山西省自然博协党支部成立大会在山西省科技馆顺利召开。省自然博协执行副理事长、山西省科技馆馆长路建宏参加了会议。本次会议由省自然博协秘书长、山西省科技馆党委书记贾亚千主持。选举严格按照《中国共产党章程》及《中国共产党基层组织选举工作条例》有关规定，本着公平、公正、公开的原则，采取无记名投票方式进行选举，经选举张玲、白彩琴、李燕三名同志当选为山西省自然博协党支部委员，张玲同志全票当选为山西省自然博协党支部书记。

9月15日　大型互动科幻童话剧《皮皮的火星梦》在山西省科技馆震撼上演。省科协副主席张秀亲，以及相关单位负责人和公园路小学400余名师生参加了活动。

9月13~15日　山西省科技馆举办了"探知未来"2017年全国青年科普创新实验暨作品大赛教师培训会，展教中心40多名辅导老师参与了培训。

9月26日　由山西省科技馆组织的"探知未来"2017年全国青年科普创新实验暨作品大赛（太原赛区）初赛走进太原市聋人学校。此次赛事依据STEAM教育理念，以任务为导向，主要考查学生解决实际问题的综合素养和创新能力。在辅导老师和手语老师的共同指导下，学生们成功地完成了属于自己小组的"火星探测器"和"逆风小车"。尽管学生们有听力障碍，但他们的眼神里充满了对科技的渴望与追求，他们用心灵的语言在无声的世界创作，同样具有丰富的创新和创意，他们的作品同样丰富多彩。

10月4日　农历八月十五，为给传统节日增添现代科技的元素，山西省科技馆在北广场平台举办了中秋赏月活动。我们为参与观测活动的广大市民提供了两台放大倍率达60倍、物镜有效直径达40厘米道布森式天文望远镜，通过望远镜观测者可以清晰地看到月球的面貌。

10月23~26日　由中国自然科学博物馆协会主办、山西省自然博协承办的中国自然科学博物馆协会第二期教育人员初级培训班在山西省科技馆成功举办，原中国科协副主席、现中国自然科学博物馆协会名誉理事长徐善衍，中国自然科学博物馆协会执行副理事长赵有利，山西省自然科学博物馆协会理事长杨伟民到会并分别作了重要讲话和科普报告，山西省科协副主席张秀亲在开班仪式上做了热情洋溢的致辞，来自全国各地33家科普、文博场馆的200余名教育人员参加了本次培训班。

11月3日　"中国流动科技馆山西第二轮巡展走进省体育中心活动"启动仪式在山西体育中心举行。山西省体育局副局长赵晓春、省科协副巡视员谢文智、省科协普及部部长刘子良、山西省科技馆馆长路建宏出席了启动仪式。各市体育（文化）局分管领导、业务部门负责人，各运动训练中心的教练员及运动员数百人参加了启动仪式。

11月4日　山西省科技馆邀请北京市科学技术研究院副研究员、《天文爱好者》前社长、中国古天文研究专家齐锐博士做了一场极具中国特色的讲座，题为"中国古代天文系列讲座——中国传统星座简介"，300余名学生、教师、家长、天文爱好者、陨石收藏家及民间慈善家参加并聆听了这场天文讲座。

11月7日　山西省科技馆党委组织全体党员赴省科协领导包村帮扶的贫困村方山县麻地会乡庄上村开展精准扶贫结对活动。

11月19日上午　"山西科学讲坛"第700期讲座在山西省科技馆举行。北京师范大学物理系教授、博士生导师刘大禾做了"关于引力波的探测"的专题讲座。本次共有400余名师生、家长及社会公众参加并认真聆听了这场科普讲座。

12月9日　"探知未来"2017年全国青年科普创新实验暨作品大赛（太原赛区）复赛在山西省科技馆成功举行。作为太原赛区承办方，山西省科技馆负责山西、陕西

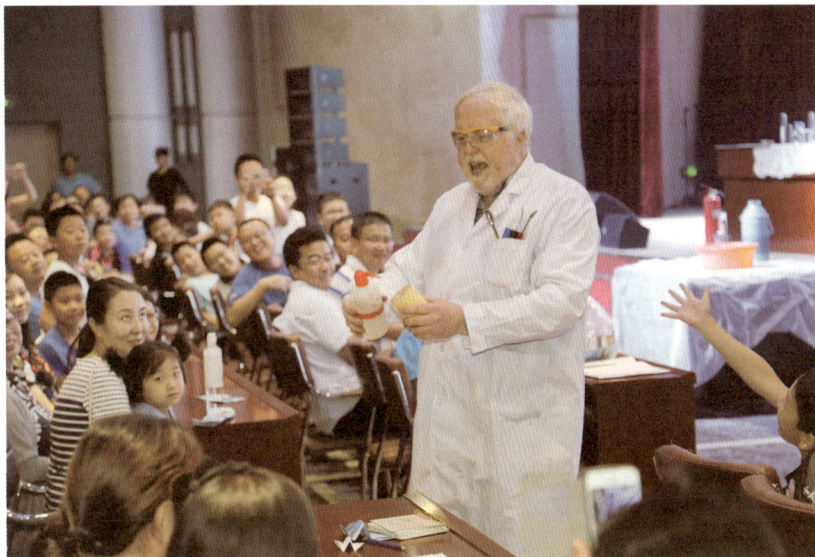
邀请戴维博士为观众演示科学实验

两个省的作品征集和比赛实施工作。通过前期地区推广、校园推广、现场比赛、网上征集等多种方式，该馆共征集到1833支团队的作品。通过科普实验单元有效成绩排序、创意作品单元专家层层严格评审的形式，最终两个单元、五个命题的52支团队入围太原赛区复赛。经过激烈角逐，来自西安交大附中、太原五中、山西交通技师学院、山西建筑职业技术学院、太原科技大学的5支团队分别获得"风能利用""火星探索""未来出行（中学组）""未来出行（大学组）""未来教育"命题的一等奖，晋级全国总决赛。

12月12日　山西省科协党组书记、副主席许富昌到山西省科技馆进行调研。省科协副主席张秀亲及机关党委、财务部负责人参加调研。山西省科技馆馆长路建宏、党委书记贾亚千等馆领导汇报相关情况。山西省科技馆馆长路建宏主要就山西省科技馆以及省青少年科技活动中心的基本情况作了详细汇报，包括历史沿革、机构情况、编制和人员情况、科技馆经费来源，以及主要功能、主要工作、存在问题和今后的打算。

七、2017年工作概述

2017年，山西省科技馆全体员工秉承科普职责、牢记工作宗旨，在努力建设实体科技馆、流动科技馆、科普大篷车以及数字科技馆"四位一体"的中国特色现代科技馆体系的同时，积极依托场馆开展丰富多彩的展教活动。2017年主要开展了以下几方面的业务活动。

（一）开发趣味科学实验、科普互动剧表演、系列科普活动，多形式开展科普活动

2017年，山西省科技馆开展了一系列的趣味科学实验和科普互动剧等活动，丰富了展教形式，开拓了新的工作途径。

1. 趣味科学实验

山西省科技馆自主开发了"肥皂膜与表面张力""钟摆波""阿呆的魔幻Party"等一系列科学实验，受到了观众的广泛欢迎。其中，科学实验"钟摆波"在第五届全国辅导员大赛东部赛区预赛中获得二等奖；科学实验"聪明的饮水鸟"在第五届全国辅导员大赛决赛中，获得科学实验赛三等奖。

2. 科学表演

山西省科技馆组织员工创作科普剧本，全年完成五个剧本的创作。其中，《宝贝，欢迎你》在第五届全国辅导员大赛东部赛区预赛中获得二等奖，并在随后的第五届全国科普表演大赛中荣获一等奖。此外，山西省科技馆还不断创新活动形式，新开发了科学秀《魔法奇缘》和《走西口》以及专为少年儿童制作的音乐情景剧

《绿林探秘》，受到了观众的热捧。《走西口》在第五届全国科普表演大赛中获得三等奖。

3. 科学工作室

山西省科技馆充分利用创意工作室、机械师摇篮、3D 打印室以及趣味科学 4 个科学工作室，分别针对不同年龄段观众的认知特点开发了内容丰富的科学实验课程。2017 年新增了 2 个课程系列："科学探究"和"科学 DIY"。科学课程由辅导员自主研发，同时将探究式的教学理念融入日常教学中，以学生为主导，教师为辅助，鼓励孩子们主动提问和思考，受到了学生和家长的热烈欢迎。全年工作室共开展活动课程 106 节，参与课程学生共计 1060 人。

4. "科学有日"主题教育活动

山西省科技馆深度挖掘科学背后的故事，开发了五个主题板块的"科学有日"主题教育活动，使观众在聆听生动故事的过程中，了解科学家追求真理的科学精神。通过丰富生动的讲述，把科学家个人成长历史与科技发展有机结合，配以大量个性化、可视化的道具，启发了观众对科学精神的感悟。2017 年，在原有的脱口秀系列基础上，山西省科技馆结合社会热点研发出新的内容"点亮雾霾深处"和"直击战狼 2 的科学道理"，全年共开设活动 27 场次。

5. 科技馆进校园活动

为了让更多的青少年体验科学的魅力，山西省科技馆积极开展"科技馆进校园"活动。2017 年，"科技馆进校园"先后走进山西省 6 个地市的 12 个区县共 34 所中小学校，受益学生 2 万余人。山西省科技馆还带去科普剧、科学实验以及科学工作室课程等内容，此外，还引进由中国科技馆编剧，曾在香港演出的大型互动科幻剧《皮皮的火星梦》到吕梁临县、岚县开展活动，当地学生热烈追捧，并受到了师生及家长的称赞。2017 年 12 月，科技馆活动进校园科学教育项目中期评估会在山西省科技馆成功举办，来自全国 48 个科普场馆的 100 余名代表参加了评估。

6. 系列科普活动

2017 年，山西省科技馆一方面依托展厅的展品展项资源；另一方面借助新开放的科学工作室，极大地丰富了科普活动内容。平日，除去常设展厅展览，他们还设有定时讲解和定时演示内容，以不同的形式向观众传播各类科普知识；节假日，他们还根据观众的需求和节日的特点，增添了许多观众喜闻乐见的科普活动：如元旦"快闪 show""一唱雄鸡报春晓，科普之翼舞新春""暑期 2017 打开科学之门""金秋十月丹桂香，家国同庆科技强"等 7 个系列主题教育活动。7 个主题教育活动形式活泼，主题突出，深受观众的喜爱，特别是春节，由于"一唱雄鸡报春晓，科普之翼舞新春"主题教育活动的推出，春节观众人数爆棚，从初四到初七，短短 4 天接待人流量达 6.59 万余人次，接待人数是 2016 年同期的 3 倍。

山西省科技馆的系列科普活动受到科学网、人民网、中国青年网、山西省人民政府网、山西新闻网、山西新浪网、中国新闻网、中国科学报、山西日报、山西青年报、太原晚报、山西卫视、黄河电视台等媒体在内的 439 次报道。

（二）强化展品展项功能，不断提升展示效果

展品展项的功能发挥、展示效果的提升是山西省科技馆特别注重的核心工作。2017 年，山西省科技馆自主研发和与外合作，引入先进的 VR、多媒体等技术，充实了展厅的展品展项，新增了包括万物生长、模仿动物的动作、月球漫游窥视无穷、莫比乌斯带、磁悬浮灯泡、仿生机械鱼、云图、消化道之旅、水滴成字、光影山河、惊天魔雨、小水滴剧场、售货机器人、表情机器人等 7 个标段的 15 件展项，极大地丰富了展示内容，提高了展示效果。

（三）开展天文观测活动，丰富科普活动内容

2017 年，特效影院和天文观测中心利用先进天文观测设备，积极开展了多项天文观测活动：包括"迎接新年的太阳""聆听历法讲座""动手制作赤道式日晷""猜灯谜赏圆月听神话故事赏太阳黑子""喜迎端午，天文观测伴你行"等。全年共成功组织并举办天文活动 14 场次。

（四）积极组织流动科技馆巡展工作，扩大受惠覆盖面

为促进科普服务的公平与普惠，让全省各地区，特别是偏远贫困地区的孩子们一同感受到科学的魅力，山西省科技馆从中国科技馆组织调回12套共600件流动科技馆展项，抽调精兵强将开展流动科技馆活动。2017年，在已经圆满完成了96个县（县级市）的巡展全覆盖的基础上，流动科技馆继续深入阳曲县、翼城县、平鲁县、宁武县、广灵县等多个县开展第二轮巡展。全年共完成了54个站点的巡展任务，受众66.1万人次，受到当地公众尤其是青少年朋友的热烈欢迎。

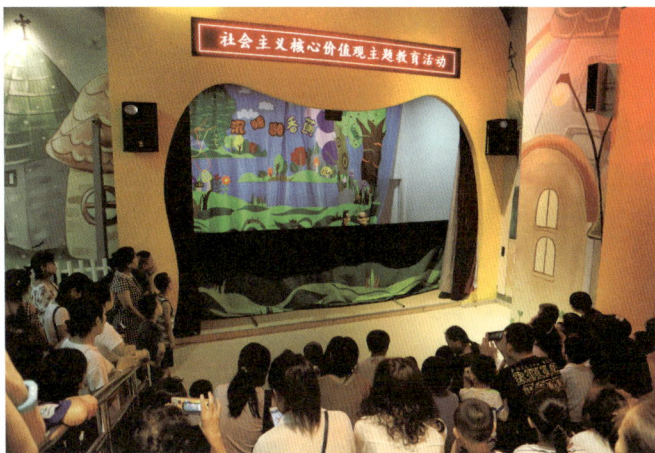
山西省科技馆手偶剧表演现场

（五）充分利用科普大篷车，打造偏远山区"科普轻骑兵"

山西省科技馆利用现有的科普大篷车及车载展品25件（套）面向乡镇、农村、社区开展科普服务。2017年，科普大篷车主要以"科普大篷车进校园"为主题，深入山西省太原市公园路小学、临猗县北景小学、交口县健城镇中小学等34个站点开展了科普大篷车活动，让更多人享受和体验到科普展品带来的快乐。

（六）精心组织"山西科学讲坛"，树立良好科普传播品牌

山西省科技馆长期致力于"山西科学讲坛"系列科普讲座工作，在开展主场报告的同时，坚持到企业、到学校、到机关、到社区进行流动巡回讲座。2017年，山西科学讲坛结合展区展示内容、社会热点，邀请中科院及国内权威机构的知名专家举办了"亲近科学、走近科学"系列科普讲座11场次，包括"航天遥感与现代战争""航空母舰与舰载机""你了解转基因吗？""恒星的一生"等。讲座场场爆满，经常出现一票难求、一座难求的情况，取得了很好的社会效益。其中特别是6月18日，特邀英国科普"魔法师"戴伟博士作了题为"什么是化学反应"的科普讲座。戴伟博士通过大象牙膏等一系列活泼有趣、生动形象的科学实验，形式多样的互动交流，带领观众一起发现化学的乐趣，感受科学的魅力，让在场的科普爱好者大开眼界，享受到一场精彩纷呈的视觉盛宴。年终，山西省科技馆还将一年来的"科学讲坛"专家、学者的精彩演讲编辑整理成科普光盘，增加了宣传载体，拓展了传播方式。2017年，山西省科技馆共举办科普讲座43场次，受众近2.2万余人次。

（七）推进科普服务包县工作，提高科普公共服务水平

为全方位带动科普工作转型升级，提高科普公共服务水平，提升县科协科普服务能力，山西省科技馆深入临猗县、灵丘县开展科普服务包县工作。山西省科技馆立足两县科普服务需求，结合科普服务专长，开展形式多样、内容丰富的科普活动，包括流动科技馆巡展、科技馆活动进校园、天文观测、科学讲坛、科技教师培训、科技夏令营活动，并建立科普志愿者队伍，开展科普志愿者活动等。让两县公民特别是青少年群体，接受优质科普资源，科学素养明显提升。

（八）做好山西省自然博协秘书处的相关工作，积极发挥桥梁纽带作用

2017年，山西省自然博协秘书处主要做了以下工作：一是积极向会员单位征集有关"人，自然和宇宙——自然科学博物馆面临的机遇与挑战"年会论文；二是开展国内科博场馆调研，为制定山西省科博事业发展对策奠定基础；三是开展中国科协课题研究，先后向中国科协申报题为《公民科学素质与生态文明建设关系探析》和《科技类博物馆在科学教育体系中的发展策略》的两项研究，并撰写调研方案，多形式调研并对调研结果进行统计分析；四是成功举办第二期全国科博场馆展教人员初级培训班，强化服务会员能力；五是积极推进网站建设，进行前期调研，拟订网站建设方案，网站板块设计、维护及经费预算等项目。这些工作的开展对山西省自然博协科博场馆事业发展起到了积极的推动作用。

内蒙古自治区科学技术馆

英　文　全　称：Inner Mongolia Science and Technology Museum
联　系　电　话：0471-3941301
传　　　　　真：0471-3941319
官　方　网　站：www.nmgkjg.cn
行 政 主 管 单 位：内蒙古自治区科学技术协会
成立（开放）日期：2016 年 9 月 20 日（新馆开馆）
通　信　地　址：呼和浩特市新城区北垣东街甲 18 号
已加入专业委员会：中国自然科学博物馆协会科技馆专业委员会

▓ 一、科普活动与展览

1．临时展览

单位：平方米，万人次

序号	展览名称	起止日期	展出地点	面积	观众数量	性质
1	新能源生态科技展	2016 年 12 月 10 日至 2017 年 4 月 17 日	专题展厅	2000	35.6	联合
2	中俄蒙少年儿童科学幻想美术作品展	2016 年 12 月 12 日至 2017 年 1 月 22 日	公共大厅	500	5.13	联合
3	"强国海洋梦"海洋权益与军事主题展览	2017 年 6 月 15 日至 9 月 4 日	专题展厅	1500	31.2	联合
4	"优秀科技工作者风采"专题展	2017 年 8 月至 2017 年底	公共大厅	500	8	联合
5	遇见更好的你——心理学专题展	2017 年 12 月 13 日至 2018 年 3 月 15 日	专题展厅	1000	17	联合

内蒙古科技馆全景

第 32 届内蒙古青少年科技创新大赛科技辅导员论坛

2. 教育活动

单位：人次

序号	活动名称	活动时间	主要内容	活动形式	主要对象	参与人数（人次）
1	雏鹰计划体验营	1月18日	夜宿科技馆	主题参观	青少年	200
2	寒假社会实践	2月8日	呼和浩特市二中学生参加社会实践活动	参观	学生	50
3	文明家庭走进科技馆 大爱牵小手	3月5日	与妇联共同举办公益活动	参观	亲子	100
4	"观云识天"科普知识宣传	3月23~25日	以"3.23"世界气象日为背景，突出"观云识天"的主题	展板、调查问卷、宣传彩页	科技馆参观观众	10000
5	欢乐童趣 科技六一	6月1日	活动周	深度讲解	进馆观众	20000
6	少年派的西北漂流记	7月10日	夏令营	深度研学参观	青少年	1000
7	全国青少年科普创新实验暨作品大赛	11月12日	组织承办全区赛事	竞赛	初中生	1300
8	心理学科普讲座	12月15日、22日	中学生心理健康教育讲座、职场心理学讲座	讲座	学生及内蒙古自治区企事业单位人员	600
9	馆校结合教育活动	全年	与中小学合作	讲解参观	学生	30000
10	蒙医整骨术	全年	多场次科普剧表演	科普剧	进馆观众	20000

3. 流动科普设施

单位：次

名称	年度巡展次数	类型	经费来源	运行方式
中国流动科技馆内蒙古巡展	18	科技小型展品	转移支付	流动

二、科研与学术

研究成果

序号	题目	作者	刊名	卷（期）号	期刊级别
1	《浅谈科技馆"科技内蒙"主题展陈方案》	王宇	《内蒙古科技与经济》	2017年第2期	省级
2	《浅谈科技馆"科技内蒙"主题展陈方案》	王宇	《党的建设与思想政治工作优秀成果汇编》	2017年度	国家级
3	《探讨科学家对科技馆科普工作的促进作用》	王宇	《内蒙古科技与经济》	2017年第3期	省级
4	《归乡》	王宇	首届全国青少年优秀原创科幻作品大赛	科幻小说（微型小说组）二等奖	—
5	《山鬼》	王宇	首届全国青少年优秀原创科幻作品大赛	科幻小说（中篇小说组）一等奖	—
6	《VR技术在科普展品研发中的探索实践——以VR技术在内蒙古科技馆展品研发中的应用为例》	王宇	中国自然科学博物馆协会2017年年会	第四分论坛	—
7	《VR技术在科普展品研发中的探索实践——以VR技术在内蒙古科技馆展品研发中的应用为例》	王宇	第七届海峡两岸科学传播论坛	第三分论坛	—

续表

序号	题目	作者	刊名	卷（期）号	期刊级别
8	《挖掘科技场馆潜力 提升"馆校结合"科学教育活动效果》	范 磊 王 宇	《中国科普理论与实践探索——第二十四届全国科普理论研讨会暨第九届"馆校结合科学教育"论坛论文集》	2017 年	国家级
9	《浅谈互动体验对科普展品的重要性——以"神舟飞船对接"为例》	萨其日呼	《内蒙古科技与经济》	2017 年第 2 期	省级
10	《浅析科技馆"主题制"展示模式——以"宇宙与航天"主题为例》	萨其日呼	《内蒙古科技与经济》	2017 年第 3 期	省级
11	《浅谈关于科技馆定位的几点思考》	杜 鹃	《内蒙古科技与经济》	2017 年第 4 期	省级
12	《浅谈科技馆常设展览的设计思路》	杜 鹃	《内蒙古科技与经济》	2017 年第 3 期	省级
13	《基础学科在科普中的重要作用》	张东平	《内蒙古科技与经济》	2017 年第 8 期	省级

三、信息化建设

内蒙古科技馆网站点击量为 48217 人次。官方微博现有粉丝 952 人，发布馆内的一些新闻资讯、活动。官方微信现有粉丝 18711 人，共发布推送馆内新闻、专题展览活动、主题放映活动信息等 76 条，总用户 18711 人。

通过建设立体化的场馆传感定位系统、后台管理监控系统、统计分析系统和数据中心，该馆初步完成了馆内 400 余件馆藏展品管理的数字化与信息化建设工作，包括展品导览系统[1]及客流统计系统[2]两个系统。

四、志愿者队伍建设

单位：人

分类	服务岗位	人数	来源	服务时间
科普志愿者	讲解、展厅服务	41	网上及现场报名	开馆日及节假日

五、运营情况

票务情况

是否免费开放	未免费开放场馆票种	未免费开放票价	观众人数
是	无	无	110.8 万人次 / 年

六、2017 年度大事记

2016 年 12 月 4 日至 2017 年 1 月 22 日　承办中俄蒙少年儿童科学美术作品展，接待观众 51.3 万余人次。

2016 年 12 月 10 日至 2017 年 4 月 17 日　承办中国新能源生态科技展，接待观众 35.6 万余人次。

---

① 通过该系统观众可以通过微信公众号、App 等平台，实时获取馆内所有馆藏展品的文字、图片、视频介绍和中、英、蒙三语语音讲解。

② 该系统能够实时查看场馆内各展厅的人员数量及分布情况，统计观众感兴趣的展品，为展厅的管理运营及展品的更新改造提供有力的数据支持。

2017年1月8日　举办"雏鹰计划体验营"主题活动，200余名青少年参加。

1月15~16日　承办第32届内蒙古自治区青少年科技创新大赛。

2月8日　举办"寒假社会实践"主题活动，50余名中学生参加。

3月5日　与妇联共同举办"公益活动文明家庭走进科技馆 大爱牵小手"主题活动，100余人参加。

3月25日　举办"关爱生命·无偿献血"主题放映活动，300余人参加。

3月23~25日　联合民航内蒙古空管分局气象台共同举办"观云识天"主题活动，共接待观众1万余人次。

中蒙俄夏令营开营仪式

3月27~28日　聘请台湾博物馆规划及运营专家刘宗贤先生做"科技馆整体运营"主题培训，130余人参加。

4月18日　聘请内蒙古博物院副研究馆员赵学东老师做"讲解艺术"主题培训，全体辅导员60余人参加。

5月12日　开展"防震减灾"主题放映活动，350余人参加。

5月27日　举办"草原科学之夜"2017年内蒙古科技活动周暨全区第二十二届科普活动宣传周大型主题科普活动，内蒙古自治区科技厅党组书记白宝玉、自治区科协党组书记斯琴毕力格、自治区政府办公厅副主任孙利剑等领导同志出席。

5月30日　承办"精忠报国、敢为人先、求真诚信、拼搏奉献"为主题的"全国科技工作者日"活动，自治区党委副书记兼政法委书记李佳、自治区政协副主席符太增出席活动并为获奖者颁奖。

6月1日　举办"欢乐童趣 科技六一"主题活动，接待观众2万余人次。

6月5日　举行"友谊·和平·年轻的使者"中俄蒙青少年旅游夏令营开营仪式，200余名青少年参加活动。

6月15日至9月4日　举办"强国海洋梦——海洋权益与军事展"，共接待观众30万余人次。

6月22日　邀请中国安全健康教育中心网内蒙古分中心康建军开展消防安全教育讲座，并进行了消防演练，150余人聆听讲座。

6月24日　各展厅急救人员21人到呼和浩特红十字会接受应急救护培训，通过考核获得急救员资格证。

6月29~30日　特邀李象益教授做"世界科普教育新走向与科技馆创新"专题科普讲座，110余人聆听讲座。

7月10日　举办"少年派的西北漂流记"夏令营活动，1000余名青少年参加。

8月21日至12月31日　举办"优秀科技工作者风采"专题展，共接待观众8万余人次。

9月16日　举办全国科普日内蒙古主场活动，自治区党委副书记兼政法委书记李佳、自治区政协副主席牛广明、内蒙古自治区科协党组书记斯琴毕力格、内蒙古科技厅厅长李秉荣等领导出席，接待观众13027人次。

10月26~30日　联合承办第八届全国青少年影像节，共接待参赛师生近400人。

10月28日至11月10日，举办首届内蒙古科技馆特效电影展映活动，共接待观众1万余人次。

11月8~10日　承办2017年度放映技术培训班，来自全国各地科技馆、博物馆、天文馆的26家科普场馆的41名放映技术人员参加。

11月12日　承办2017年全国青年科普创新实验暨作品大赛内蒙古分赛区比赛，1300余名学生参加。

12月13日至2018年3月13日　承办"遇见更好的你——心理学专题巡展",共接待观众17万余人次。

12月15日　举办中学生心理健康教育讲座,近600人聆听讲座。

▨ 七、2017年工作概述

内蒙古科技馆全面推进场馆党建、展教、流动巡展、人员队伍建设、运行保障等各项工作。

(一)加强理论学习及党风廉政建设,严格落实"一岗双责",提高党建工作水平

全年组织党员干部学习十九大报告精神、习近平讲话等重要讲话精神60余次,制作标准化台账13本,开展党小组专题研讨交流10次,党总支书记讲党课活动3次,组织全体员工观看廉政教育及主旋律影片8次,进行党建知识答卷9次;利用一楼西门大屏和宣传板进行党建宣传教育22次;为促进党组织活动常态化、规范化,内蒙古科技馆建立了党员活动室。

严格落实党风廉政建设责任制。结合科技馆实际,制订内蒙古科技馆党风廉政建设实施方案、内蒙古科技馆内外部权力流程图、报销流程图、内容建设设计审查流程图。坚持馆长履行"第一责任人"责任,班子其他成员履行"一岗双责"责任,及时研究和解决重大问题,认真落实各项工作任务。

严格执行"三重一大"资金管理制度。项目和设备采购严格执行政府采购管理办法,重大问题决策、重大项目投资决策、重大人事问题、大额资金及日常支出使用都有章可循,严格执行集体领导、馆长办公会议议事规则要求。每次会议都有录音、文字记录,会议纪要都有领导班子成员签字,确保对项目的监督和落实公开透明。

(二)抓好常设展览工作,不断创新展教形式

全年常设展厅共接待观众110万余人次。接待团队115个,观众共计20345人次。累计修复受损展品展项近250次,保养近200次,常设展览展品完好率始终保持在90%以上。

借鉴先进场馆经验,利用现有的展品资源结合生动的小实验展示科学原理,开展馆内教育活动课程。设计策划"声音真奇妙""海底运动会""太阳、地球知多少"等9个教育活动,邀请近2000名公众参与。创新性地举办"夜宿科技馆""少年派的西北漂流记"夏令营2项活动。采取"引进来"的方式,开展"馆校结合"教育活动,累计接待47所学校师生达3万人次。自编、自导、自演科普剧《神奇的蒙医正骨术》(荣获"第五届全国科学表演大赛"第三名)、科学秀《纸的力量》等。

科学课筹备工作。依据《义务教育小学科学课程标准》,内蒙古科技馆将学校科学课程与科技馆内知识相衔接,带着展品、课程进校园。项目进程分立项调研、教学设计、编写教案、说课试讲、联络合作学校、进校园6个阶段,现已编写完成6部小学科学课程的说课试讲。

配合第三方审计公司完成内容建设常设展览所有标段的审计工作,并编制完成审核报告。9月完成创设展览室内标志性展项的竣工验收。

配合自治区财政厅财政评审中心,完成2017年科技馆3个建设项目(实验室、室外导览系统、展品导览系统)的事前评审工作。

9月开始进行实验室、展品导览、室外导览招标建设工作。项目分为顶层设计、财政事前评审、标书编制、招标与评标、签订三方合同与执行合同、初步设计、深化设计、进场施工、专家评审、验收等10个阶段,本年度内将全部完成建设。

(三)开展各类专题展览活动,丰富科技馆展览内容

协助科协及相关单位、企业举办第32届内蒙古自治区青少年科技创新大赛、世界气象日"观云识天"主题活动、全国科技工作者日、2017年内蒙古科技活动周暨全区第二十二届科普活动宣传周大型主题科普活动"草原科学之夜""友谊·和平·年轻的使者"中俄蒙青少年交流联谊活动、优秀科技工作者风采主题展、"全

国科普日"、第八届全国青少年影像节展映展评活动等多项全国性主题活动。

承办新能源生态科技展、海洋权益与军事主题展多场专题科普展览。

（四）特效影院积极开展影片放映活动

内蒙古科技馆三座特效影院共免费放映影片236场，接待观众3.4万余人次。其中数字立体巨幕影院放映80场，接待观众1.8万余人次，数字球幕影院放映69场，接待观众1万余人次，4D动感影院放映87场，接待观众5000余人次。联合相关单位开展《关爱生命·无偿献血》《青川之爱》主题放映活动。

10月28日至11月10日，举办首届内蒙古科技馆特效电影展映活动，通过观众投票最终评选出最佳巨幕影片《座头鲸》、最佳球幕影片《万有引力之谜》和最佳4D影片《愤怒的小鸟》。

11月8日至11月10日承办科普场馆特效影院专业委员会2017年度主任工作会及2017年度放映技术培训班，来自全国科技馆、博物馆、天文馆等26家科普场馆的41名放映技术人员参加了本次培训。

（五）发挥流动科技馆在服务基层科普工作中的作用

流动科技馆全年巡展20个旗、县、区。向中国科协申请了3套展品，分别发放到赤峰、兴安盟、巴彦淖尔等地。共接待观众25万人次。

（六）加强人员培训，提供专业人才的保障

内蒙古科技馆人均培训课时超过20个小时，通过各类专业技术培训，工作人员专业能力与服务水平得到提高，为科技馆整体安全运行提供了专业的人员保障。举办新员工岗前培训、科技馆整体运行、辅导员讲解、展品原理知识、急救知识、科普剧、特效影院系统、安全疏散及反恐演练（保障安全，定期举办）等专业培训12次，并在馆内开展消防逃生演练。

3~6月，内蒙古科技馆邀请台湾博物馆规划及运营专家刘宗贤先生、联合国教科文组织"卡林加奖"获得者李象益教授、内蒙古博物院资深讲解员、副研究馆员赵学东老师分别开展了题为"世界科普教育新走向与科技馆创新""科技馆整体运营""讲解艺术"的培训讲座。包头市科技馆、乌海市科技馆、巴彦淖尔市青少年科技馆等盟市科技馆参加2期（李象益、赵学东），发挥了内蒙古科技馆作为省级场馆的指导和带动作用。

首次面向社会招募中学生志愿者及成人志愿者41人，其中成人志愿者学历在大专以上，以自然科学、理工类学科专业为主。志愿者们通过科技馆专业知识的培训，经考核全部能够承担展品辅导工作。制订《内蒙古科技馆志愿者管理办法》《内蒙古"中学生志愿者"活动管理办法》《内蒙古科技馆志愿者服务规范》等规章制度，规定了志愿者服务期限、服务时间、考评服务质量等细则。

完成内蒙古科技馆规章制度及突发事件应急预案的编制，在原有基础上，完善修订21项内容。制度涉及各部门、各岗位，使科技馆各项工作的开展有章可循，有制度可约束。

（七）加大宣传力度，树立科技馆良好社会形象

内蒙古科技馆与报刊、电台、电视台等传统媒体形成合作机制，促成科普教育宣传常态化。同时充分利用新媒体，不断提升内蒙古科技馆的社会形象。一年来，在内蒙古科技馆官方网站、微信平台发布馆内活动宣传文章101篇，其中网站发布39篇，微信发布62篇，上报科协网络办和党委办公室10篇。通过其他媒体平台宣传报道内蒙古科技馆教育活动、展览信息等内容百余次，包括新浪网、新浪内蒙古、手机新浪内蒙古、新浪微博共宣传报道140次，《内蒙古日报》8次，内蒙古电视台8次，内蒙古电台2次，呼和浩特电视台2次，《呼和浩特晚报》4次，《北方新报》4次，《内蒙古晨报》1次，网易内蒙古2次。8月份完成了科技馆官方宣传片的拍摄工作。

（八）提升科技馆服务水平，努力提升观众满意度

科技馆始终以服务观众为宗旨，将服务工作作为馆内工作的重中之重，及时处理观众反映的问题，努力提升观众满意度。共登记遗失物品144件，已找回28件；登记拾遗451件，归还235件；处理应急事件48件；

开储存柜 814 次，清储存柜 60 次，并利用官网、微信等多途径宣传、预告馆内活动，让观众提前获取相关信息。

（九）严格财务制度，提供资金保障

严格遵守各项规章制度，全面真实的记录馆内经费使用情况，保障资金合理、合规、有效使用。细化工作责任，为单位正常运行提供资金保障。完成聘用人员政府购买服务项目、海洋军事展项目、物业管理服务项目、馆内整体网络安全设备升级项目、大楼及公众保险项目、科技馆广告宣传项目等大项支出工作安排、各类维修维保项目。开展固定资产清查、科技馆工会经费审查委员会业务等工作。

（十）强化后勤保障工作，夯实科技馆内在发展基础

内蒙古科技馆建筑面积大，内部结构复杂，重点防火、防盗、防水部位多，建立安全检查与巡查制度，每月进行安全大检查，夜间规定时段物业公司专职人员对不同区域进行安全巡查。与相关厂家签订电梯、直燃机、楼顶亮化、空调机组、蜘蛛车及高压配电柜、清洁设备等设备的《维修保养协议》，与有资质的卫生消杀机构签订合同，对馆内外进行了有害生物的预防、消杀，预防有害生物对馆内电线及展品的破坏。定期对楼内楼控系统、门禁系统、安检系统、广播系统、监控系统、一卡通系统、考勤系统等进行维护。

升级馆内网络，在满足展厅、公共大厅观众的网络访问需求同时，优化办公网络，配合公安部门安装上网行为管理设备，将馆内部分监控点位接入公安监控网络。按照相关部门要求，对官方网站和信息骨干网络进行了等级保护评测工作。升级科技馆内的服务器、办公电脑、安全防护设备、网络防火墙、web 应用防护系统特征库等，在网站服务器上安装政府网站防护系统，保障网站系统的安全防护，保证网络设备的安全运行。

辅导员为内蒙古深度研学五日营营员讲解展项

辽宁省科学技术馆

英 文 全 称：Liaoning Science and Technology Museum
法 定 代 表 人：田雨
联 系 电 话：024-23785082
传　　　　真：024-23785081
官 方 网 站：www.lnkjg.cn
行 政 主 管 单 位：辽宁省科学技术协会
成 立（开放）日 期：2015 年 4 月 29 日
通 信 地 址：辽宁省沈阳市浑南区智慧三街 159 号
已 加 入 专 业 委 员 会：中国自然科学博物馆协会科技馆专业委员会

▨ 一、科普活动与展览

1. 临时展览

单位：平方米，万人次

序号	展览名称	起止日期	展出地点	面积	观众数量	性质（原创、联合、引进）
1	辽宁省国防教育军民融合成果体验展	4 月 9 日至 6 月 30 日	短期展厅	400	6.5	联合
2	病媒生物与人类健康	4 月 29 日至 9 月 18 日	长廊	400	21.7	联合
3	"跨越与成长"科技馆建设及开馆历程主题图片展	4 月 29 日至 6 月 29 日	公共空间	300	12.3	原创
4	纪念中国共产党成立 96 周年图片展	7 月 1 日至 10 月 1 日	共享大厅	100	9.8	引进
5	南海之美——海洋生态与保护主题展	7 月 22 日至 8 月 31 日	短期展厅	2700	11	引进
6	"绿色核能"主题展	9 月 19 日至 11 月 15 日	短期展厅	500	13.5	联合

2. 教育活动

单位：人次

序号	活动名称	活动时间	主要内容	活动形式	主要对象	参与人数
1	科学工作室	1 月 1 日至 12 月 31 日	定期开展主题科学课程	培训教育实验室	中小学生	6789
2	第三届第一期科技馆奇妙营	1 月 19 日	团队拓展训练游戏、展厅主题参观、奇妙观影团、科普活动课、文艺汇演	科普夏令营	中小学学生	30

续表

序号	活动名称	活动时间	主要内容	活动形式	主要对象	参与人数
3	"元气新年 你的活力范儿" 2017寒假活动	1月21日	展厅、影院、科学工作室联合活动	寒假活动	参观观众	1000
4	平衡膳食，有"鸡"健康	1月22日	科学大讲堂	科普讲座	参观观众	140
5	第三届第二期科技馆奇妙营	2月18日	团队拓展训练游戏、展厅主题参观、奇妙观影团、科普活动课、文艺汇演	科普夏令营	中小学学生	30
6	水、水利、水利人	3月22日	科学大讲堂	科普讲座	参观观众	350
7	腐蚀——人类的重要课题	4月24日	科学大讲堂	科普讲座	参观观众	300
8	手牵手关爱生命，心连心构建和谐家园——防灾减灾日	5月11日	科学大讲堂	科普讲座	参观观众	350
9	打破世界纪录的中国造水下滑翔机	5月13日	科学大讲堂	科普讲座	参观观众	120
10	第四届"玩转梦立方 欢乐科学日"六一主题活动	6月1日	VR恐龙主题互动、亲子闯关探险、探厅及科学实验室活动	六一系列活动	参观观众	596
11	"穿越时空 放飞梦想"科技夏令营	7月26日	联合辽宁省博物馆、辽宁省图书馆共同开展科普活动	科普夏令营	中小学学生	60
12	神奇的微生物	8月17日	科学大讲堂	科普讲座	参观观众	70
13	《大自然的恩赐》第一期"向日葵的约定"	9月10日	了解向日葵的生长特点及其中蕴含的自然科学	科普主题活动	中小学生	16
14	合理膳食 健康营养 "吃"出来	9月16日	科学大讲堂	科普讲座	参观观众	130
15	《大自然的恩赐》第二期"城市农夫（一）"	9月17日	采摘植物并亲手切开观察结构	科普主题活动	中小学生	30
16	《大自然的恩赐》第三期"城市农夫（二）"	9月28日	了解树叶的功能及特殊结构	科普主题活动	中小学生	30
17	"欢度国庆"十一系列活动	10月1日	展厅、影院、科学工作室联合活动	十一系列活动	参观观众	1100
18	《大自然的恩赐》第四期"一叶知秋"	10月11日	蔬菜水果的保鲜及储存	科普主题活动	中小学生	42

3. 流动科普设施

单位：次

序号	名称	年度巡展次数	类型	经费来源	运行方式
1	流动科技馆巡展	20	流动科技馆	科普经费	在尚未建设科技馆的市县进行巡展
2	科普大篷车活动	42	科普大篷车	科普经费	进学校、进社区、进厂矿、进乡村、进军营、进公共场所，及围绕"科普日""科普周"等开展科普大篷车巡展活动

二、科研与学术

研究成果

序号	题目	作者	刊名	卷（期）号
1	《对接于课标，区别于课堂——辽宁省科技馆"馆校结合"项目开发思路》	刘晓峰 于 舰	《自然科学博物馆研究》	2017 年第 3 期
2	《以"对接课标"为主旨的馆校结合——以辽宁省科技馆教育活动为例》	于 舰	《辽宁省博物馆馆刊》	2017 年
3	《科技馆与中小学合作关系的探索——以辽宁省科技馆为例》	刘晓峰 于 舰 王诗蕙	《中国科普理论与实践探索——第二十四届全国科普理论研讨会暨第九届馆校结合教育论坛论文集》	2017 年
4	《游戏化思维在教育活动中的应用》	于 舰 姜 琳	《中国科普理论与实践探索——第二十四届全国科普理论研讨会暨第九届馆校结合教育论坛论文集》	2017 年

三、信息化建设

1. 官方网站浏览情况

2017 年度浏览量约 84.64 万人次。

2. 展品信息化工作

展厅智能控制：目前展厅智能控制系统可以控制所有的展厅电器类展品的开关机，以及儿童展厅的强电开关。还需要补充的功能是儿童展厅的强电单独控制，以及所有电器类展品的各厅单独控制。

RFID 互动体验：使用 RFID 门票启动互动展品，通过门票编码的唯一性，判断该展项是否符合启动规则，一旦启动后将观众参与互动的情况返回服务器。

辽宁省科技馆建筑外立面

3. 新媒体运用

辽宁省科技馆微信公众号一直受到观众的广泛关注，通过微信公众号不仅可以预约常设展厅门票，还可以了解辽宁省科技馆最新活动及开闭馆时间等。

四、志愿者队伍建设

单位：人

分类	服务岗位	人数	来源	服务时间
大学生志愿者	科技辅导员	7600	校园招募	周末、节假日、寒暑假
社会志愿者	科技辅导员	2400	社会招募	大部分在寒暑假

五、运营情况

票务情况

是否免费开放	未免费开放场馆票种	未免费开放票价	观众人数
是	儿童科学乐园、影院	儿童科学乐园60元/人次；IMAX、4D、球幕影院40元/人次 梦幻和动感影院30元/人次	110万人次/年
其他票务信息说明	团体票价：IMAX、4D、球幕影院成人30元/人次，学生20元/人次；梦幻和动感影院30元/人次 学生20元/人次 持学生证购票票价：IMAX、4D、球幕影院30元/人次；梦幻和动感影院20元/人次		

六、2017年度大事记

1月11日　辽宁省科技馆联合辽宁省共青团委员会开展"民族一家亲 辽宁、新疆、西藏青少年手拉手冬令营"活动。

1月17日　辽宁省科技馆动感影院已获得沈阳特种设备检测研究院颁发的游乐设施定期检验合格报告，并于1月18~26日对外试运营。

1月19日　由辽宁省科技馆与新华小记者沈阳组委会共同打造的第三届"科技馆奇妙营"在辽宁省科技馆西大厅正式开营。

1月21~22日　辽宁省科技馆开展"迎春纳福 科学有礼"科普大集活动。

2月　辽宁省科技馆开展流动科技馆开原站巡展，当月接待参观群众5000人次，受到了开原市民的热烈欢迎。

3月17日　中共辽宁省科技馆党员大会顺利召开，选举产生中共辽宁省科技馆委员会和纪律检查委员会，辽宁省科技馆实行党委领导下的馆长负责制。

4月14日　辽宁省科技馆"2017年参观科技展览有奖征文暨科技夏令营"地方营活动全面启动，面向全省中小学生进行有奖征文。

4月24~25日　第五届全国科技馆辅导员大赛北部赛区预赛在辽宁省科技馆报告厅隆重举行。

4月29日　辽宁省科技馆开馆两周年纪念活动正式开启，跨越与成长——周年系列图片展，"欢乐科学人"系列科学表演及"小小创客"主题科学工作室周年活动都为来馆的观众献上了精彩的科学盛宴。

5月1日　辽宁省科技馆开馆两周年庆祝及"五一"小长假主题活动胜利收官。

5月24~31日　辽宁省科技馆"2017年参观科技展览有奖征文暨科技夏令营"征文活动顺利收官。

5月　辽宁省科技馆科普大篷车开赴丹东，凤城，宽甸，阜新蒙古族自治县，朝阳喀左等地开展科普大篷车进校园活动，总行程 3000 多公里，服务师生近万人；同时，流动科技馆在大石桥、建平、阜新蒙古族自治县进行巡展，累计接待观众 2.5 万余人次。

6月1~3日 第四届"玩转梦立方 欢乐科学日"暨史前生物大冒险主题活动在辽宁省科技馆里精彩呈现。

6月7日 辽宁省科技馆携手辽宁省图书馆、辽宁省广播电视台教育·青少频道特举办"书影时光·欢乐童年"——"对面朗读"庆六一特别活动。

6月8~11日 辽宁省科技馆代表队赴广东科学中心，参加由科技部办公厅下发、全国科技活动周组委会主办的 2017 年全国科普讲解大赛。

7月22日 "南海之美——海洋生态与保护主题展"在辽宁省科技馆开展，展期至 8 月 30 日。展览在介绍南海概况的同时，更展示出 30 余种珊瑚礁生物、海水鱼类等神奇的海洋生物，生动还原缤纷的海底生态群落。

7月27~30日 由中国自然博物馆协会及中国科技馆主办，辽宁省科技馆承办的"穿越时空放飞梦想"辽宁省科技馆科技夏令营圆满结营。本次夏令营活动，辽宁省科技馆、辽宁省博物馆、辽宁省图书馆、辽宁省档案馆首次以四馆联动的模式共同举办，为期五天四夜。来自省内多个市、县的征文获奖者及其指导老师 60 余人到

辅导员大赛

辅导员大赛个人赛

馆，在营地教练和指导老师的带领下，深度参观辽宁省科技馆，体验、参与四大馆策划的特色主题活动。

7月 流动科技馆朝阳龙城区、阜新彰武县、营口盖县巡展工作全面结束，累计接待参观群众 2 万余人次。

8月16~17日 北京市科协副主席孙晓峰一行 5 人来馆就北京科学中心筹建新馆等问题进行调研。辽宁省科协党组副书记、副主席王元立，辽宁省科技馆党委书记刘晓峰出席调研会议，并就科技馆概况、人事问题及运行情况等进行了交流。

8月 中国科协青少年科技中心公布了 2017 年度国家科普场馆科学教育项目培育名单，辽宁省科技馆组织的科学实践教育活动"大自然的恩赐"入选。

9月6日 中国流动科技馆第二轮全国巡展辽宁省铁岭西丰站启动仪式在铁岭市西丰县东方红小学举行。

9月19日 主题为"绿色发展·遇事问科学"2017 年全国科普日暨辽宁省第六届科普日活动在辽宁省科技馆成功举办。

9月 辽宁省科技馆科普大篷车先后在铁岭县白旗寨九年一贯制学校、鸡冠山九年一贯制学校、抚顺县救兵镇救兵分校等 7 个偏远地区学校开展"科普大篷车偏远地区行"活动，行程 3500 公里，接待师生 11740 人。

10月1~8日 辽宁省科技馆十一期间累计接待观众 10 万余人次，日最高接待 1.8 万人次。

10月 流动科技馆继续在铁岭西丰县、朝阳市、锦州市进行巡展，累计受众 3 万余人次，圆满完成了月度巡展任务。

10月 辽宁省科技馆"科普大篷车偏远地区行"活动继续开展，先后在开原市上肥镇学校、八棵树镇学校、三家子中心小学、威远堡镇中学开展进校园活动，总行程 2400 余公里，累计接待师生 3000 余人次。

11月18日 辽宁省科技馆携手慈恩坊社会工作服务中心、辽宁省博物馆联合主办了"合力监护 相伴成

长"关爱留守儿童感恩节特别活动。

11月28日　辽宁省科技馆携《光语》节目，代表辽宁省参加了由中国科学院科学传播局、科技部政策法规与监督司主办的"科技强国、创新圆梦"为主题的2017年全国科学展演汇演。

12月　辽宁省科技馆流动科技馆依托两套展品继续在锦州市、朝阳市开展省内巡展活动，累计服务受众1万余人次；12月20日、27日，辽宁省科技馆科普大篷车先后在沈阳市英达满族小学和浑南72中学开展科普大篷车进校园活动，受到了师生们的热烈欢迎。

七、2017年工作概述

2017年，辽宁省科技馆认真履行工作职责，不断提升公共科普服务水平，各项工作有序推进。

（一）强化党的领导，夯实党建工作基础

2017年3月起，逐渐强化党建和群团工作，相继成立了党委、纪委、团委、青工委、女工委、第四届工会委员会，组织架构进一步完善。将原有的4个党支部，调整为8个，重新民主选举了支部书记、支委、纪委委员，落实领导干部"一岗双责"，从根本上打牢党建工作基础。

（二）积极拓展创新，发挥科普职能作用

2017年，全馆累计接待观众110万余人次，参观团体430余个；接待业界来访考察60余次；承接各类大型会议50余场；经省、市各类新闻媒体报道40余次；获评中国自然科学博物馆协会2017年度优秀集体称号，社会知名度及行业影响力显著提升。

1. 扎实推进实体科技馆工作，充分发挥阵地科普作用

一是不断拓展常设展览功能。在做好日常展览与讲解的基础上，深入挖掘题材，围绕趣味性、启发性、互动性较强的展品开展科学讲堂、科学实验表演、展项连连看等活动。全新自主研发《生物36计》《你的眼睛欺骗了你》等科学实验表演剧目9部，演出80余场。以展厅为平台，结合科学工作室，举办饮食营养科学公开课、"火星登陆器"公开课、地震讲堂、气象学堂等科普活动，并将活动向馆外延伸，组织"大自然的恩赐"科学实践教育活动，融合馆内资源与馆外实践，活动成功入选中国科协2017年科学教育项目名单，提升了常设展览教育活动的广度和深度。

二是有效发挥短期展览功能。自主引进或与相关公益单位合作，相继举办了"国防教育军民融合成果体验展""病媒生物与人类健康爱国卫生纪念活动科普展""南海之美——海洋生态与保护主题展"等专题热点短期展览6次，有效补充常设展览，增强了吸引力和社会影响力。

三是丰富特效影院演示内容。2017年2月，动感飞行影院正式对外开放。四座影院及一座梦幻剧场全年累

核主题展览参观群众

科普讲堂——海洋

计放映 3700 余场次，共接待观众 12 万余人次，影院设备运行稳定，放映技术和场务服务水平不断提升。新增了主题更加突出、效果更加逼真、科技含量更高的科普教育影片 10 部，丰富观众的观影体验，促进科普知识的生动传播。

四是成功举办大型系列科普活动。2017 年，活动开展实现了从依靠策划公司向自主策划的转变，并积极探索与社会公益性组织合作，节假日期间均有系列科普活动呈现，丰富和拓展了科普教育内容和形式。一年来，已先后面向社会开展"精彩我的馆 你的寒假范儿"寒假系列科普活动、"穿越时空 放飞梦想"科技夏令营活动等大型系列科普活动 10 余次，举办科普大讲堂 7 期，直接受众近万人。此外，承办了第五届全国科技馆辅导员大赛北部赛区预赛，赛事的筹备、组织与服务得到主办方、参赛场馆及观摩单位的一致肯定。

五是科普队伍专业素养不断提升。在第五届全国科技馆辅导员大赛中，辽宁省科技馆选手荣获科学表演赛二等奖、个人辅导赛优秀奖；在 2017 年全国科普讲解大赛中，荣获优秀奖。在中科院 2017"科学三分钟"科普微视频大赛中，辽宁省科技馆作品荣获二等奖及最佳视频表现奖。同时，科普学术建设取得新突破，论文《对接于课标又区别于课堂的科技馆教育课程》发表于《自然科学博物馆研究》，另有 2 篇论文入选"第二十四届全国科普理论研讨会暨第九届馆校结合科学教育论坛"优秀论文并发表。展览教育部获评"2017 年度辽宁省直属机关青年文明号"称号。

（三）精心组织科普大篷车和流动科技馆巡展，充分发挥流动科普作用

一是做好科普大篷车省内巡展。2017 年，科普大篷车以"关注弱势群体、服务特殊人群"作为工作重点，先后在鞍山、铁岭、朝阳等 10 个城市的偏远山区学校、乡镇、厂矿等开展科普活动，总行程近 14000 公里，累计受众 10 万人次。积极参与"情暖童心·科技启蒙"关爱留守儿童项目、"因为爱，孤独不寂寞"关爱孤独症儿童主题活动等一系列社会爱心公益科普活动，收获"爱心助残单位"荣誉称号。

二是做好流动科技馆县区巡展。认真落实中国流动科技馆辽宁省巡展工作方案，有序安排布展、撤展、宣传及观众参观。一年来，3 套"体验科学"主题展示项目，先后在铁岭开原市、朝阳凌源市、阜新蒙古族自治县等 12 个县 / 市巡展，累计受众 25 万余人次，取得了良好的社会效益。

（四）稳步推进自媒体建设，搭建网络科普共享平台

先后完成科技馆微信公众平台和官方网站改版升级，开发设计了科学实验课、科学讲堂、科普教育活动等一系列科普栏目，通过视频、图像、动画等多媒体展现形式，搭建网络科普园地，最大限度分享科技馆科普资源。2017 年推送各类科普信息 180 余份。

（五）抓牢基础保障工作，确保场馆安全平稳运行

一是设备设施安全稳定运行。严格按照国家质量标准要求，做好水、电、暖通、信息化、消防等设备设施的运行管理、维护保养和检修整改工作。完成建筑施工改造、软件系统升级、设备年检等工程项目 40 余个；出台《设备运行管理制度规范清单》，建立《信息化电子设备档案》，完善《安全保卫工作管理办法》，逐项落实安全管理责任，全年无一例安全事故发生。

二是观众接待服务水平进一步提升。推出"关联票"和"亲子票"优惠套餐；开通微信、支付宝等移动支付平台；简化团体预约流程；提供寄存、寻物、答疑、物品租借等多种便民服务，切实为观众解决难题，收获广泛好评。

沈阳科学宫

英 文 全 称: Shenyang Science Centrum
法 定 代 表 人: 丁连福
联 系 电 话: 024-23978029
传　　　　真: 024-23978070
官 方 网 站: www.sykxg.org
行 政 主 管 单 位: 沈阳市公共文化服务中心（沈阳市文化演艺中心）
成立（开放）日期: 2000 年 6 月
通 信 地 址: 沈阳市沈河区青年大街 201 号
已加入专业委员会: 中国自然科学博物馆协会科技馆专业委员会、科普
　　　　　　　　　场馆特效影院专业委员会

■ 一、科普活动与展览

1. 临时展览

单位：平方米，万人次

序号	展览名称	起止日期	展出地点	面积	观众数量	性质
1	BMW 儿童交通安全体验馆	1 月 1 日至 12 月 30 日	天象馆三楼	500	2	联合

2. 教育活动

单位：人次

序号	活动名称	活动时间	主要内容	活动形式	主要对象	参与人数
1	科普嘉年华	1 月 1 日	科普实验互动及培训表演	科普培训	中小学生	500
2	"神奇科技 创意无限" 冬令营活动	1 月 14 日至 2 月 28 日	科普表演、科学实验、科普培训、展览参观	科普活动	中小学生	2 万余
3	"共享春天的科普馆" 清明小长假科普活动	4 月 2~4 日	科普影院、科普表演、展览参观	科普活动	全体市民	3000 余
4	"体验科技 快乐五一" 五一科普活动	4 月 29~30 日、5 月 1 日	科普影院、科普表演、展览参观	科普活动	全体市民	4000 余
5	科技周科普系列活动	5 月 19 日	科普影院、科普表演、展览参观、大篷车进校园	科普活动	全体市民	1000 余
6	科普大本营 快乐同行	5 月 28 日至 6 月 1 日	科普影院、科普表演、展览参观	科普活动	全体市民	2000 余
7	2017 年沈阳市科普讲解员大赛	5 月	科普讲解员竞赛	科普竞赛	科普基地人员	200 余
8	大篷车走进陈相学校	9 月 11~15 日	科普展览、科学课堂	科普活动	中小学生	2000 余

序号	活动名称	活动时间	主要内容	活动形式	主要对象	参与人数
9	大篷车进沙河九年一贯制学校科技展	9月18~20日	科普展览、科学课堂	科普活动	中小学生	1000余
10	科普大篷车走进辽宁省光明学校	9月23~24日	科普展览、科学课堂	科普活动	中小学生	500余
11	科普大讲堂	3月	青少年科学	专家讲座	青少年	500
12	科普大讲堂	4月	青少年科学	专家讲座	青少年	200
13	科普大讲堂	4月	青少年科学	专家讲座	青少年	200
14	科普大讲堂	5月	青少年科学	专家讲座	青少年	300
15	科普大讲堂	5月	青少年科学	专家讲座	青少年	200
16	科普大讲堂	6月	青少年科学	专家讲座	青少年	1200
17	科普大讲堂	6月	青少年科学	专家讲座	青少年	1100
18	科普大讲堂	7月	青少年科学	专家讲座	青少年	200
19	科普大讲堂	7月	青少年科学	专家讲座	青少年	400

3. 流动科普设施

单位：次

序号	名称	年度巡展次数	类型	经费来源	运行方式
1	科普大篷车	20	流动公益科普展览	专项经费	科普下乡
2	流动4D影院	20	流动特效电影放映（公益）	专项经费	科普下乡

二、运营情况

票务情况

是否免费开放	未免费开放场馆票种	未免费开放票价	观众人数
科普展示馆免费开放	球幕影院 4D影院 天象影院	球幕影院：成人30元/人次 学生25元/人次 4D影院：成人25元/人次 学生20元/人次 天象影院：成人20元/人次 学生15元/人次	10万人次/年 （因2017年7月19日起该馆进行闭馆升级改造，所以参观人数少于历年）

三、2017年度大事记

1月18日　完成了沈阳科学宫改造工程项目（二期）及内容建设项目可行性研究报告的审批。

2月6日　沈阳科学宫向沈阳市科技局领导班子汇报了改造工程进展情况。

2月9日　沈阳科学宫各部室负责人签订2017年度安全工作责任状。

2月17~19日　沈阳科学宫邀请了英国皇家化学会北京分会主席、北京化工大学特聘戴伟教授，来到沈阳为小朋友们带来精彩的科学实验表演。

2月27~28日　沈阳科学宫举办了为期两天的以"节能出行、手绘春天"为主题的创意绘画活动。

沈阳科学宫主体建筑

4月13日　沈阳科学宫完成了改造工程内容建设初步设计及相关服务招标工作，与3家中标单位举行了签约仪式。

5月10日　完成了沈阳科学宫改造项目（二期）及内容建设初步设计和概算的审批。

5月15~20日　沈阳科学宫召开了常设展览初步设计中期交流专家论证会。论证会邀请了黑龙江省科技馆德晓龙书记、河北省科技馆付利峰副馆长、宁波科学探索中心副总吴金炎、辽宁省科技馆吴立平部长、合肥市科技馆展览中心刘奕主任5位专家。

5月23日　首届"沈阳市科普辅导员大赛"决赛在沈阳市金融博物馆举办。本次大赛由沈阳市科学技术局、沈阳市科学技术协会主办，由沈阳科学宫承办。沈阳科学宫辅导员吕雪梅荣获第一名。

6月14日　沈阳科学宫党支部召开全体党员大会，选举产生了新一届支部委员会。

6月21~23日　沈阳科学宫召开了南楼展馆内容建设本地专家论证会，旨在对场馆二层、三层的展区划分、主题思想以及展品的展示原理、展览形式等进行详细论证。

由于升级改造项目实施，沈阳科学宫旧馆于7月19日起闭馆。

7月23日　受北京电视台邀请，沈阳科学宫科学秀原创作品《夺宝奇兵》参与北京电视台《科学时间》栏目的录制。

8月12日　辽宁省委常委、市委书记易炼红到市科技局调研工作，沈阳科学宫完成了相关接待准备工作。

8月27日　沈阳科学宫向市科技局领导汇报内容建设初步设计方案。

10月，完成了沈阳科学宫改造工程二期项目中的广场综合改造项目任务，包括管网系统改造、路面改造和绿化改造，沈阳科学宫广场环境焕然一新。

10月17~18日　沈阳科学宫召开了内容建设初步设计方案专家终审会。会议邀请了辽宁省科技馆刘晓峰书记、吉林省科技馆扈先勤馆长、黑龙江省科技馆德晓龙书记作为评审专家。

11月29~30日　2017年全国科学实验展演汇演活动在中国科学院物理研究所举行。沈阳科学宫科普辅导团队创作的全新科学实验作品《风来了》进行了现场表演，取得第三名的好成绩。

11月29日　西安市科学技术协会党组书记、常务副主席陆晓延一行来沈阳科学宫进行考察调研。

12月　完成了沈阳科学宫改造工程内容建设深化设计、制作及相关服务招标工作。12月25日，沈阳科学宫与11家中标公司（共18个标段）举行了签约仪式。

▨ 四、2017 年工作概述

2017 年上半年，沈阳科学宫（以下简称"科学宫"）升级改造项目进行前期审批和初步设计，科普场馆、影院正常对外开放，坚持"科普－改造"两条工作线并行。下半年，由于广场改造及北楼场馆改造项目实施，7 月 19 日起闭馆，实施"改造－培训"两条工作线战略，确保科学宫硬件设施改造和科普服务软实力同步提升。

（一）咬紧目标，狠抓进度，升级改造项目顺利推进

2017 年，沈阳科学宫改造项目进入攻坚克难时期，年初，改造项目工作组制订年度工作计划，全年围绕计划，牢牢咬住各个任务节点，制订详细的进度安排，多次召开协调会，克服各种困难，圆满完成了年度工作任务。

1. 基础设施及设备维修改造项目任务基本完成

5 月，在完成了项目二期初步设计及概算审批工作之后，基础设施及设备维修改造全面铺开，10 个基础设施改造项目陆续启动，预算审批、招标、签订合同、制订实施方案、进度检查、质量检查、验收等，多个项目交叉前行，多个机构轮番协调，多组人员严看死守，完成了科学宫南楼雨搭、北楼台阶、旗杆迁移、广场管网、广场地面、广场绿化 6 个项目施工；完成了科普文化浮雕墙、北楼科普展示馆（三层）改造、球幕影院门厅改造及南楼屋面铝塑板改造 4 个项目的招标工作。另外，还完成了南楼亮化、办公区一楼改造、餐厅改造、科普实践基地建设项目 4 个改造项目。沈阳科学宫广场设施焕然一新，夜间亮化为全市增姿添彩，科技局办公区域配套设施改善提升，沈阳科学宫科普基础设施得到全面维护维修，为科学宫科普新场馆开馆做好充足准备。

2. 场馆内容建设年度任务如期完成

2017 年完成了展馆内容建设初步设计和深化设计以及制作招标工作。这是 2017 年内容建设最重要的两项核心工作任务。为了完成这两项任务，内容建设组对全国 10 余家初步设计单位、数十座国内重点科技馆以及数十家展品制作单位进行了实地调研，收集了众多一线资料；完成了 1200 余件展品资料库的建设，每一件展品都有翔实的记录和图片；邀请了行业内的顶级专家、学术界的顶级专家、沈阳市科普教育基地的专家对科学宫内容建设的展区划分、主题思想、展品展示专业知识等方面进行了多次论证；与市财政局采购办反复沟通，对招标专家抽取方式进行了明确，科学宫可以自行选定相应专业领域的评审专家，这是科学宫两次招标得到完美结果的重要基础；实现了与改造工程各小组、科学宫各部室紧密配合，与监理公司、设计公司、展品公司几百次不分昼夜的沟通对接；招标前，准备了两套共计 300 多页、20 余万字的招标文件，并且经过了多轮校对，基本做到了不缺项和零误差。12 月 15 日，常设展览深化设计、制作及相关服务招标工作圆满完成，与中标单位签订了合同，组织了初设单位、深化设计中标单位及监理公司进行初设交底和展品展项的对接工作。

（二）保持传统，发挥优势，科普工作积极创新

2017 年上半年开馆共接待参观观众 10 万人次，特效影院实现无事故放映 297 场，其中球幕电影 99 场，4D 电影 128 场，天象电影 70 场；开展了各类科普活动 15 项，2 月，基础科学周活动中，邀请了极具盛名的英国皇家化学会北京分会主席戴维教授为沈阳青少年讲授神奇的化学课，活动受到了现场观众的热烈响应；承办了首届沈阳市科普讲解员大赛的预赛和决赛，经过赛前认真准备，赛中的细致安排，比赛取得了圆满成功，得到了主办方沈阳市科技局的肯定；合作举办了沈阳市青少年机器人竞赛、沈阳市青少年七巧板竞赛、沈阳市青少年创新大赛、沈阳市青少年动力航模竞赛、沈阳市青少年纸飞机大赛。下半年，科普场馆关闭，科学宫科普工作阵地转移，集中开展科普大篷车巡展和科普报告团活动，科普大篷车、流动 4D 影院巡展（演）22 场，开展活动 45 天，涉及新民、法库、苏家屯等 10 所学校，直接受益人数近 3 万余人；组织科普大讲堂专家报告会 20 场，内容涉及天文、科技创新、防震减灾等领域，受益人数达 2000 人次。

全年科普宣传 10 余次，沈阳科学宫科学秀原创作品《夺宝奇兵》参与了北京电视台《科学时间》栏目的录制；与湖南卫视合作拍摄《新闻大求真》节目，取得了较高收视率，增加了科学宫的社会影响力。

文体馆

（三）参加大赛，内部练兵，员工培训绸缪先行

在"首届沈阳市科普讲解员大赛"竞赛中，科学宫讲解员吕雪梅荣获冠军；4月，第五届全国辅导员大赛东北区预赛在辽宁省科技馆举行，科学宫三位辅导员参加比赛，取得了优秀奖，比赛锻炼了队伍，收获了经验；11月，科学宫科普辅导团队全新创作、精心筹备的科学实验作品《风来了》在全国科学实验展演汇演中取得第三名的好成绩。通过参加大赛，全员练兵，集中学习，多方交流，不断提高讲解水平。

下半年科学宫闭馆后，业务培训成为科学宫讲解员的主要工作内容。下半年累计开展辅导员业务培训7次，培训内容包括服务礼仪培训、普通话培训以及新馆展品基础学习、原理学习等，为新馆开馆后的科普讲解工作作全面准备。

（四）两学一做，三会一课，党建任务严格落实执行

以深入学习贯彻党的十九大精神为主线，以开展"两学一做"教育为重点，组织全体党员重点学习十九大报告和新修改的党章，并组织全体党员参加了市直机关工委开展的微信平台"党的十九大精神"答题活动，检验学习效果；组织开展了4次"两学一做"专题研讨学习活动；坚持"三会一课"制度，举办了3场专题党课；继续号召科学宫党员干部向毛丰美、郭明义等优秀党员学习，立足岗位，做合格党员；注重加强意识形态领域教育，大力开展以弘扬爱国主义和集体主义为重点的社会主义核心价值观教育活动，组织全体员工到抗美援朝烈士陵园祭奠。

（五）完善制度，明确责任，内部管理逐步规范提升

1. 落实责任，加强监督，实现安全零事故

安全责任，重于泰山。2017年，科学宫在做好日常场馆安全管理的同时，增加了项目施工安全管理，与各部室和各项目施工单位签订安全协议，明确安全责任；及时维护更新消防设施设备，确保有效可用；坚持每月一次消防安全大检查和不定期抽查，全年共组织安全检查14次，下发消防隐患整改通知单7次，消除了安全隐患；注重员工消防安全培训，组织消防培训3次；加大安保人员投入，实施项目施工现场管理人员轮班制。2017年，在全方位纵横管理模式下，科学宫实现了安全事故为零。

2. 完善制度，严格执行，实现制度化科学管理

科学宫广场改造完成后，制定了《停车场管理办法》并实施，规范了院内停车场管理，打造了井然有序的广场环境；修改了《科学宫员工加班管理办法》《科学宫公务接待管理办法》《职工餐厅管理办法》和《易耗品采购管理办法》四项管理制度。通过重新修订《易耗品采购管理办法》，进一步规范了采购流程，该办法提出采购联席会议制度，确保科学宫易耗品采购更加透明、科学、合规、合理；同时更加细化了易耗品库房管理细则，规范了易耗品的入库、出库、领用等管理，做到物尽其用，节约环保。2017年完成物品采购达340余次，采购商品种类多达115种。

3. 正风肃纪，争创一流，营造风清气正的工作环境

上半年，按照全市及科技局建设良好创新生态，打造国际化营商环境的要求部署，结合科学宫窗口单位

沈阳科学宫科普专家报告会

文明服务规范的要求，开展了"打造文明、高效、优质办公服务环境，提高服务水平"活动，从办公环境、纪律规范、个人形象、服务态度、服务水平、工作氛围等多方面提出了具体要求，并形成了检查整改机制。通过半年多的努力，科学宫服务意识、整体环境和工作氛围均得到了很大的改善和提升，达到了"文明服务、规范服务、高效服务"的要求，形成了风清气正，积极向上的良好工作氛围。10月，按照科技局要求，积极开展了建设"三个一流"活动。12月，根据《沈阳市科技局开展正风肃纪监督工作实施方案》要求，制订了《沈阳科学宫开展正风肃纪监督工作实施方案》，开展了正风肃纪监督工作，通过查找问题，堵塞漏洞，确保科学宫升级改造项目和各类科技项目（资金）管理更加科学规范，确保资金使用更加安全高效。

（六）指挥有方，行动有力，临时任务圆满完成

8月12日，辽宁省委常委、市委书记易炼红到市科技局调研工作。科学宫在配合科技局做好接待工作中，紧急部署，合理安排，上下联动，团结协作，在不到48小时的时间内，理清了千头万绪的工作任务，对接了工作细节，圆满完成了展板制作、会议室布置、广场清理、后勤保障等各项任务，体现了科学宫领导班子较强的指挥能力和实干能力，体现了科学宫员工超强的工作执行力，也体现了科学宫这支队伍团结一心、风清气正、吃苦耐劳、意志坚定的优良传统和工作作风。接待工作获得了赵日刚局长的高度赞扬和肯定，他说，科学宫是一支具有超强战斗力的优秀队伍！

葫芦岛市科技馆

英 文 全 称：Huludao Science and Technology Museum
法 定 代 表 人：孙威
联 系 电 话：0429-3112895
　　　　　　　0429-2662233
传　　　　真：0429-3110168
官 方 网 站：www.hldkjg.org
行 政 主 管 单 位：葫芦岛市科学技术协会
成 立（开 放）日 期：2002 年 1 月
通 信 地 址：辽宁省葫芦岛市龙港区海星路 3 号
已 加 入 专 业 委 员 会：中国自然科学博物馆协会科技馆专业委员会

一、科普活动与展览

1. 临时展览

单位：平方米，人次

展览名称	起止日期	展出地点	面积	观众数量	性质
"中国梦·劳动美·家乡情"书画摄影展	5 月 1~7 日	一楼 三楼	2000	1300	引进
葫芦岛与内蒙古乌海市书法交流展	5 月 31 日至 6 月 9 日	三楼	1000	800	引进
喜迎十九大 艺彩耀滨城第三届艺术博览会	9 月 16~24 日	一楼 三楼	2000	1100	引进

2. 教育活动

单位：人次

序号	活动名称	活动时间	主要内容	活动形式	主要对象	参与人数
1	机器人活动	1~12 月	培训机器人活动设计、创意与比赛	培训与竞赛	中小学生	150
2	青少年科技教育节	11~12 月	开展多项青少年科技活动	主题活动	科技老师 小学生	3500
3	青少年科技创新大赛	3~4 月	组织科技项目创新与评选	主题活动	科技老师 中小学生	1000
4	科学调查体验活动	6~10 月	主题为：走近创客、体验创新	社会实践	小学生	8000
5	无人机放飞体验活动	9~12 月	普及无人机工作原理	社会实践	学生 居民	1000
6	科学实验课	1~12 月	10 余个科学主题，普及科学知识	科学课堂	小学生	1500

续表

序号	活动名称	活动时间	主要内容	活动形式	主要对象	参与人数
7	科学表演秀	5~6月	以科学表演的方式普及科学知识	科学课堂	公众	800
8	滨城博物随手拍活动	10~11月	博物摄影作品征集与展示	主题活动	公众	100

3. 流动科普设施

单位：次

序号	名称	年度巡展次数	类型	经费来源	运行方式
1	科普大篷车	6	巡回展览	中国科协资助	葫芦岛市科协给予经费支撑
2	移动天象厅	4	巡回展览	福利彩票校外未成年能力提升项目	葫芦岛市科协给予经费支撑

二、信息化建设

1. 官方网站浏览情况

葫芦岛市数字科技馆成立于2012年，依托于中国数字科技馆，由葫芦岛市科技馆内工作人员自主建设和维护，连续5年荣获"中国数字科技馆优秀二级子站"称号。网站设有"快乐科普""滨城风采""科学实验秀""军事纵横""走进渤海""挂图资源""核出此言"等栏目，与"青稞沙龙""科技大辩论""科学影像节"等线下活动相结合，以科普动画、视频等生动活泼的形式面向青少年进行科普宣传，网站平均日浏览量为50人次。

2. 新媒体运用

微信平台于2014年5月开通，公众号为公众领略科技馆基本情况和活动风采，学习相关科普知识的一个新窗口。公众号设有"场馆信息""滨城博物"等栏目，其中"滨城博物"栏目更新18期共76种花草、昆虫的介绍，并同步更新到头条号，受到关注者的广泛好评。发布科普类推文30余条，内容涵盖博物、健康、破除流言、生活常识等各个方面。

三、志愿者队伍建设

单位：人，小时

分类	服务岗位	人数	来源	服务时间
科普大篷车志愿者	讲解	60	小学生	180

四、运营情况

票务情况

是否免费开放	未免费开放场馆票种	未免费开放票价（元）	观众人数
是	—	—	2.1万人次/年

五、2017年度大事记

1月11~14日　组织参加2017年度辽宁省青少年科技竞赛组织工作者暨科技辅导员培训班。

葫芦岛市科技馆外观

机器人训练营

1~2月　开展"寒假机器人训练营"活动。

4月6日　举办2016~2017年度葫芦岛市青少年机器人联赛第四场比赛。

4月14~16日　组织参加第32届辽宁省青少年科技创新大赛决赛。

4月24~25日　观摩"第五届科技辅导员大赛北部赛区预赛"。

5月26~28日　参加第14届辽宁省青少年机器人竞赛。

5月1~7日　承办"中国梦·劳动美·家乡情"书画摄影展。

6月7~9日　参加2017年辽宁省青少年科技教育工作研讨会。

6月25日　举办第14届辽宁省青少年机器人竞赛RIC联赛（葫芦岛赛区）比赛。

6月　承办葫芦岛与内蒙古乌海市书法交流展。

7月11~14日　参加中国互联网协会网络科普工作委员会三届三次会议暨中国数字科技馆共建共享会议。

7月16~22日　组织参加全国高校科学营活动；

7月　葫芦岛市数字科技馆获得"中国数字科技馆优秀二级子站"称号。

7月　开展青少年机器人暑假训练营活动。

8月　组织开展2017年青少年高校科学营征文活动。

8月7~9日　组织参加辽宁省科普器材发放与管理工作会议。

8月14~19日　观摩学习2017年全国青少年科技创新大赛。

8月15日　市科协主席张海珊、科技馆副馆长孙威及展教部主任王博一行3人到辽宁省科技馆观摩学习。

9月16~24日　承办葫芦岛市"喜迎十九大，艺彩耀滨城第三届艺术博览会"。

9月28日　举办2017~2018年度青少年机器人联赛第二场比赛。

10月　开展"滨城博物随手拍"摄影作品征集活动。

6~10月　开展主题为"走近创客、体验创新"科学调查体验活动。

11月　启动葫芦岛市第六届青少年科技教育节活动。

11月　完成第五届科学表演大赛（剧本赛）的评比工作。

六、2017年工作概述

2017年，葫芦岛市科技馆全面贯彻落实党的十九大会议精神，努力研究新形势下科技馆工作的新方法，坚持全面开放和注重实效原则，完善基础设施，充实展品展具，丰富活动内容与形式，提升科普服务能力。特别注重对未成年人科学素养和创新能力的培养，较好地发挥了科技馆作为科普教育和活动基地的作用，为提高公众的科学文化素质，促进科普事业的发展做出新贡献。

（一）以场馆为依托，实施免费开放

展览教育是科技馆的主要功能之一，根据科技馆免费开放工作的要求，克服了硬件和软件均较差的现状，

调动全馆人员工作热情，群策群力，保证了每周5天不间断向社会公众开放，取得较好的社会反响，被电视台、广播电台和日报等媒体宣传报道。据不完全统计，2017年共接待观众近万人次。仅六一儿童节一天就接待观众1100余人次；开展科学实验课52场，科学表演秀4场，受益观众近1000人；移动球幕影院播放影片15场次，接待观众800人次；发放科普图书3000余册；收到反馈意见信100余封。承办"中国梦·劳动美·家乡情"书画摄影展、葫芦岛与内蒙古乌海市书法交流展、"喜迎十九大，艺彩耀滨城第三届艺术博览会"活动，共接待观众3000余人次。

（二）科普资源服务基层，深得人心

利用科普资源服务基层，特别是偏远地区学校的师生，已成为葫芦岛市科技馆的一项品牌活动，使那里的孩子们也有亲近科学的机会，深得人心。在2017年的工作中，依然提供菜单式服务，内容包括互动科学实验课（科学表演秀）、科普大篷车科普展、移动球幕影院。

1. 科学实验课。全年共走进14所中小学校和社区，为近700名学生送去了不同内容的科学实验课。生动有趣的实验过程，极大地开发了学生智力，开阔了学生的眼界，提高了学生动手能力。特别是两个新开发的实验课——"摇摇发电"和"地震报警仪"，格外受学生们喜爱。

2. 科普大篷车。先后驶进兴城市沙后所中心小学、实验小学、兴城市望海镇中心小学、兴达九年一贯制学校、绥中西平小学、葫芦岛市进修学院附属小学开展"科普校园行"活动，受益师生达6000余人。

3. 移动球幕影院。全年走进兴城市南一小学、实验小学、兴达九年一贯制学校、连山区老官卜中学，近3000名师生在球幕科普影院中，具有震撼力的3D画面和音响效果让学生们亲身体验了"恐龙灭绝"的全过程，充分感受了现代科技的巨大魅力。

（三）科技活动蓬勃开展，成绩显著

1. 青少年科技创新大赛达到新高度

青少年科技创新大赛是一项老品牌活动，在2017年的活动中，以加强对参赛选手的培训和日常指导为重点，严把质量关，使参加省赛的作品整体质量达到了新的高度，取得了喜人成绩。该馆入围第32届辽宁省青少年科技创新大赛决赛学生项目25项，教师项目3项。其中，学生项目8项荣获一等奖，17项荣获二等奖，3项教师作品均荣获一等奖。兴城市高家岭满族乡初级中学杜英楠、站前小学施雯、辽宁省实验中学东戴河分校王家浩、李欣泽、张津维荣获"新松机器人科技创新奖"，其中杜英楠还荣获"东软集团科技创新奖"。实验小学荣获"辽宁省青少年科技教育创新学校"荣誉称号，辽宁省实验中学东戴河分校韦闯老师被授予"辽宁省十佳优秀科技辅导员"荣誉称号，葫芦岛市科技馆被评为"优秀组织单位"。另有6项作品入围全国青少年科技创新大赛。

2. 青少年机器人系列教育活动有新进展

该活动是适应新形势下开展的教育活动，极具吸引力。2017年重点探索了新的活动机制和竞赛规则等，与有关教育机构合作，达到资源共建共享，相互促进。开展寒、暑假青少年机器人训练营活动；举办青少年机器人竞赛4场；举办辽宁省RIC联赛（葫芦岛赛区）的比赛。参与面不断扩大，参与人数逐渐增

葫芦岛市科技馆展厅内景

科普大篷车

多。组织 8 所中小学校 23 名学生组成 9 支队伍分别参加了 VEX、FLL 工程挑战赛、创意比赛的三个项目的角逐。其中，东戴河实验中学荣获创意比赛一等奖；曙光小学、实验二小、东戴河实验中学、实验中学和附属中学联队荣获 FLL 工程挑战赛二等奖；站前小学、实验三小、东戴河实验中学荣获创意比赛三等奖；实验小学荣获 VEX 工程挑战赛三等奖；东戴河实验中学荣获"优秀基层组织单位"。

3. 青少年科学表演大赛持续升温

青少年科学表演大赛是市未成年人科普活动的新形式，通过几年的不懈探索，积累了科普剧的创作表演和培训经验，走在辽宁省前列。2017 年，实验二小的科普剧——《宇宙监督员》经过该馆指导和推荐，在全国第五届科学表演赛中获得第二名的好成绩。葫芦岛市第五届青少年科学表演赛（剧本赛），参与学校的数量和作品质量都达到新高。

4. 科技教育活动满足多样需求

（1）全国高校科学营活动。组织兴城市第三高中 11 名师生参加"中国梦，吉大行"2017 年青少年科学营吉林大学分营暨汽车科技专题营活动。（2）全国科学调查体验活动。组织实验小学等 5 所学校千余名师生参加"'我爱绿色生活'全国科学调查体验活动"。（3）全国科学影像节活动。推荐 7 个作品分别参加了"第八届全国青少年科学影像节活动"中科学探究和微电影的评选活动。（4）无人机放飞科普活动。分别在学校、社区、公园开展无人机放飞科普活动 15 场次，制作视频近 80 分钟，受益人数达千人次。（5）青少年科技教育节。与教育局共同举办第六届青少年科技教育节活动。旨在提高青少年动手操作与实践结合的能力，培养青少年科学探究的精神。

5. 组织参加科技培训，提升素质

举办市级培训 3 次。组织参加省、国家培训 4 次。参与培训的科技辅导员近 50 人次。通过培训，辅导员们了解了全国青少年科技教育工作发展水平，学习其他省、市开展青少年科技活动的先进理念和活动经验，为提高该市青少年科技教育事业水平提供思路。

（四）数字馆建设稳步推进，再获殊荣

葫芦岛数字科技馆依托中国数字科技馆后台运行，网站面对青少年采用科普动画、视频等生动活泼的形式进行科普宣传，浏览量达百余万人次，已连续四年获得"中国数字科技馆优秀二级子站"称号。

1. 做好网站日常建设。更新数字科技馆网站内容，上传科技资讯 50 条，工作动态 9 条（该网站于 7 月共建共享会议后根据新的工作要求停止更新）。发布微信资讯 7 次 23 条、闭馆通知 2 条，整理"科普专栏""科普图文"文章 5 篇，共 7000 余字、44 幅图片。

2. 开展多种线下活动。双节期间开展"滨城博物随手拍"摄影作品征集活动，共收集作品 40 余幅，筛选出 10 幅优秀作品进行奖励。利用微信公众平台打造地方特色科普资源。立足葫芦岛本地自然资源，设计和开展博物学活动，微信公众平台在 6 月份新增"滨城物种"栏目，共更新 18 期 76 种花草、昆虫并同步更新到头条号。设计制作两期移动科普资源——《偶遇"大先生"》《葫芦岛的螃蟹们》。

3. 积极申报数字科技馆。根据在哈尔滨召开的共建共享会议要求，明确本年度的工作方向后提出工作计划变更申请。向中国数字科技馆提交"数字科技馆矩阵"入驻申请表、"移动资源建设"申请表，申请头条号账号。

吉林省科学技术馆

英文全称：Jilin Science and Technology Museum
法定代表人：扈先勤
联系电话：0431-81959601
传真：0431-81959696
官方网站：www.jlstm.cn
行政主管单位：吉林省科学技术协会
成立（开放）日期：2016 年 5 月 4 日
通信地址：吉林省长春市净月经济开发区永顺路 1666 号
已加入专业委员会：中国自然科学博物馆协会科技馆专业委员会

▦ 一、科普活动与展览

1. 临时展览

单位：平方米，万人次

序号	展览名称	起止日期	展出地点	面积	观众数量	性质
1	虚拟现实——梦想与创新的故事	4 月 25 日至 5 月 25 日	吉林省科技馆	800	7	引进
2	生命奥秘，海洋精灵	9 月 25 日至 10 月 25 日	吉林省科技馆	800	4	引进

2. 教育活动

单位：万人次

序号	活动名称	活动时间	主要内容	活动形式	主要对象	参与人数
1	"欢乐迎新年 科技庆元旦"主题活动	1 月 1~2 日	科普知识达人、3D 打印、多彩的泡泡、大力士纸桥、冲破天际的纸飞机、趣味纸牌塔、神奇的摩擦力	有奖知识问答、互动体验、动手小制作	中小学生	0.2
2	"我们在行动"寒假社会实践活动	1 月 18~23 日	科普餐车、《曹冲称象后传》科普剧表演	互动体验、动手小制作、科普剧表演	中小学生	0.1
3	"欢乐迎新年 玩转科技馆"新春系列活动	1 月 30 日至 2 月 12 日	"新春一起动手做"、科技知识问答快闪、猜灯谜	有奖知识问答快闪、互动游戏、动手小实验	中小学生	2
4	"劳动节日我争先 共庆乐园一周年"主题活动	4 月 30 日至 5 月 1 日	泡泡秀表演，唱生日歌、切巨型蛋糕共庆生日，互动快车，寻人答题，智慧闯关，"我的科学梦"主题绘画，科学实验表演	互动表演、互动游戏、动手制作、互动性展厅答题卡、科学表演、绘画	中小学生	1.5

序号	活动名称	活动时间	主要内容	活动形式	主要对象	参与人数
5	"畅游科技馆 智慧过端午"端午特别活动	5月28~30日	寻人答题、智慧闯关，科学实验表演、小球王国等大型互动性展品参观体验	互动体验、有奖答题、实验表演	中小学生	1.1
6	"科学过童年世界新体验"六一儿童节主题活动	6月1日	"畅游世界六大洲"——画脸谱、DIY风车、3D打印金字塔6项互动体验制作、《纸坚强》科学实验表演、知识问答快闪	小制作、互动实验、实验表演、有奖知识问答	学龄前儿童和小学生	0.5
7	"智动金秋，绚丽科学"十一主题活动	10月1~4日	科学秀表演、叶脉书签、趣味手工、拉书大实验、实验疑惑、"你知道吗"科普展板	科学秀表演、手工制作、大型互动实验、科普展板	学龄前儿童和中小学生	2
8	吉林省科技馆"暗物质日"特别活动	11月5日	吉林省科技馆作为分会场与北京同步开展"暗物质日"活动	讲座形式播放球幕电影	社会公众和学生	0.036
9	科技嘉年华——元旦活动	12月30~31日	科学实验表演、科普剧表演、互动游戏	互动参与、实验表演	中小学生	0.5

3. 流动科普设施

单位：次

序号	名称	年度巡展次数	类型	经费来源	运行方式
1	流动科技馆	12	巡回展览	财政拨款	科技馆自运行
2	科普大篷车	41	流动巡展	财政拨款	科技馆自运行

二、科研与学术

研究成果

序号	题目	作者	刊名	卷（期）号	期刊级别
1	《浅谈科技馆展品展项中计算机的管理和维护》	史 晓	《科学中国人》	2017年第9期	国家级
2	《浅谈结合小学科学课新课标的科普教育活动开发——以吉林省科技馆为例》	马晓健	第十届"馆校结合科学教育"论坛入选论文	—	—
3	《VR虚拟现实技术对现代化科技馆的作用》	杨治国	《科技视界》	2017年第2期	省级

三、信息化建设

1. 官方网站浏览情况

2017年，网站浏览量为66814人次，日均点击量在150人次左右，历史最高纪录发生在2017年4月3日，浏览量为940人次。

2. 展品信息化工作

2017年，完成了吉林省科技馆展馆智能导览系统和120件基础科学展项的智能语音讲解。至此，吉林省数字科技馆建设已经完成五期建设内容，包括：实体馆整体漫游、与展品的虚拟交互、360件展品的原理动画和

吉林省科技馆全景

11 个板块 300 个科普动画等内容。

3. 新媒体运用

吉林省科技馆现有新媒体包括微信公众号和头条号。截至 2017 年底，微信公众号关注人数为 4205 人，头条号关注人数为 180 人，推送原创科普文章 41 篇，活动报道 8 篇。

四、志愿者队伍建设

单位：人

分类	服务岗位	人数	来源	服务时间
大学生志愿者	展厅	300	大专院校	节假日、休息日

五、运营情况

票务情况

是否免费开放	未免费开放场馆票种	未免费开放票价	观众人数
是	无	无	38 万人次 / 年

六、2017 年度大事记

1 月 1~2 日　举办"欢乐迎新年 科技庆元旦"主题活动。

4 月 30 日至 5 月 1 日　举办"劳动节日我争先　共庆乐园一周年"主题活动。

9月1日　吉林省科技馆出台《吉林省科技馆展教部员额管理辅导员等级管理评定办法（试行）》，员额职工实行绩效管理。

10月1~4日　举办"智动金秋 绚丽科学"主题系列活动。

12月7日　举办吉林省科技馆首届科技邀请赛　暨朝阳区中小学生第七届"阳光杯"科技大赛。

12月25日　组织召开支部党员大会，进行支部支委换届选举。

2017年　由吉林省科技馆捐赠（30万元）的"吉林省科协援疆项目"——吉木乃县青少年科普馆2017年正式投入使用。

七、2017年工作概述

1. 实体馆展教功能全部释放

2017年，全馆18个常设展厅和临时展厅都运行良好。依托馆内展教资源，在六一儿童节、端午节、全国科普日、学会会员日、十一黄金周、元旦等节日为全省人民精心打造各类大型科普主题活动。还将"海之精灵——水母展览""中国梦·科技梦——核科学技术展"作为短期展览引入全省观众的视野之中。与此同时，馆内全部科普教育项目均对公众开放，球幕影院、4D影院深深吸引了观众的眼球，反响很好。动手实践活动区更是开办了丰富多彩的科普课堂活动。通过微信公共平台实现网络预约报名，深受广大青少年的喜爱。在保障全馆安全、稳定运行的过程中，共计维修展品展项508次，维修改造展品共计85项，由于维修、维护及管理措施到位，展品展项损坏率始终没有超过10%，各种服务设施和设备运行良好。与此同时，吉林省科技馆还积极进行新展品研发工作，制作了"科学餐桌"及"趣味魔方"两件多媒体互动类展品。2017年度将原有"生命与健康"展厅改造为"人与健康"展厅，展厅面积568平方米，原展厅共有展品28件，新改造展厅共有展品32件，该馆展品总数也增加到461件（套）。主题教育活动、科普剧创作与表演、科普资源研发能力迅速提高。吉林省科技馆员工自编自导自演的科普剧《曹冲称象后传》、科普实验"动力"先后获得全国科技馆辅导员大赛大奖。同时，选拔建立了一支300人

2017年吉林省科技馆"智动金秋 绚丽科学"主题活动 科学实验表演——《极冷实验室》表演现场

中国流动科技馆吉林省巡展梨树站启动仪式

的志愿者队伍，形成了一条有机衔接的、完整的工作链条。

2017年以来，共接待中国科协、广西、辽宁、浙江、山西等省份科协、科技馆领导和工作人员参观10批次，接待省直单位、教育部门、各级学校以及旅游部门有组织的参观活动120批次，热情周到的服务受到各界领导和宾朋的好评和欢迎。一年来，吉林省科技馆共计接待观众60万人次，重大节日期间日均接待观众达1万余人次，全年日均接待观众达1700余人次。

2017年吉林省科技馆"欢乐迎新年 玩转科技馆"主题活动 互动游戏——科技常识问题快闪 获胜者合影

2. 流动馆辐射力进一步加大

2017年，吉林省科技馆完成了12个县（市、区）的巡展活动，接待公众达62万人次，中小学生覆盖率达90%以上，展品完好率达95%，制作视频影像资料13套，媒体宣传34次，"中国流动科技馆"有奖征文活动共评选优秀作品451篇。三套流动科普资源相互配合，受到青少年和社会各界的普遍欢迎和好评，取得了明显的社会效益。

3. 科技培训活动系统化、常态化

截至2016年底，"动手实践课堂"共开课160余次，每周定期排课，内容形式丰富，参与体验的观众为4000人次。观众通过参与体验式的学习，动手实践能力得到了显著提升，通过阶段性的培训了解了很多科学原理，科普效果明显。"动手实践课堂"已经被塑造为一个品牌，得到了众多观众的认可，取得了良好的社会效益。

4. 数字馆步入正常运行轨道

2017年，数字科技馆平台有效平稳运行的同时，吉林省科技馆还完成了网站的改版、内容更新和手机App管理系统。在数字科技馆网站和官网上分别设计并开通了网上参观预约和各类票务管理系统。目前已登记完成108个团体和3万余人的预约参观工作。

5. 社会影响力进一步彰显

2017年，吉林省科技馆坚持把公益性、服务性、开放性作为工作宗旨，先后开展了"青少年科技文化节"——寒暑假系列活动、大型公益活动——关注儿童血液病"相亲相爱一家人"走进吉林省科技馆、"畅谈十八大以来变化，展望十九大胜利召开"省政府办公厅离退休老干部参观团走进科技馆、"世界机关王大赛"吉林省选拔赛、智动金秋 绚丽科学——"双节"主题科普活动、国际"暗物质日"主题活动、"生命奥秘，海洋精灵"展览活动，举办吉林省科技馆首届科技邀请赛暨朝阳区中小学生第七届"阳光杯"科技大赛等大型活动17次。

在全馆共同努力下，2017年，吉林省科技馆各项工作秩序井然，展教功能全部释放，设备设施运行平稳，实现接待服务零投诉，成为全省科普宣传的重要阵地、精神文明建设的重要窗口和青少年校外活动的重要场所。2017年，各级媒体对科技馆的工作予以充分肯定，省市媒体报道科技馆活动20余次。《吉林日报》分别以《科普之花色正浓》和《点燃白山松水的科技之火》为题，用两个专版进行了报道。

长春中国光学科学技术馆

英 文 全 称：Changchun China Optical Science and Technology Museum
法 定 代 表 人：杨华民
联 系 电 话：0431-81959800
传 真：0431-81907888
官 方 网 站：www.ccostm.com
行 政 主 管 单 位：吉林省人民政府
成立（开放）日期：2011 年 3 月 11 日成立（2016 年 11 月开放）
通 信 地 址：长春市净月区永顺路 1666 号
已加入专业委员会：中国自然科学博物馆协会科技馆专业委员会、特效影院
专业委员会

一、科普活动与展览

1. 临时展览

单位：平方米，万人次

展览名称	起止日期	展出地点	面积	观众数量	性质
光与计量	5 月 20 日至 6 月 26 日	展馆中庭	1471	2	联合

2. 教育活动

单位：人次

序号	活动名称	活动时间	主要内容	活动形式	主要对象	参与人数
1	2017 年吉林省科技活动启动仪式	5 月 17 日	配合"2017 年吉林省科技活动周"工作，开展"科普大篷车"活动	互动、展示	四平市市民	1000
2	缤纷六一·光彩来袭	6 月 1 日	光学馆探秘、欢乐光工坊等	节日现场活动	参观者 / 儿童	300
3	望远镜的奥秘	7 月 23 日	制作望远镜	科学课堂	儿童 / 亲子家庭	20
4	多彩花世界	8 月 26 日	万花筒创意 DIY	科学课堂	儿童 / 亲子家庭	24
5	小孔大不同	9 月 10 日	自制小孔成像仪	科学课堂	儿童 / 亲子家庭	26
6	虚拟的真实	9 月 23 日	自制 VR 眼镜	科学课堂	儿童 / 亲子家庭	25
7	盛世双节·七彩光世界	10 月 1~3 日	光学知识抢答赛、光之密语游戏等	节日现场活动	参观者 / 儿童	1500
8	潜望镜 DIY	11 月 4 日	制作潜望镜	科学课堂	儿童 / 亲子家庭	30
9	光学小魔方	11 月 19 日	制作彩色变换纸魔方	科学课堂	儿童 / 亲子家庭	26
10	神奇金字塔	12 月 3 日	自制手机全息投影仪	科学课堂	儿童 / 亲子家庭	23

续表

序号	活动名称	活动时间	主要内容	活动形式	主要对象	参与人数
11	透明胶的秘密	12月17日	透明胶的显色偏振现象探究	科学课堂	儿童/亲子家庭	26
12	光瑞新年	12月30日	互动游戏、3D科技体验、节日卡片制作	节日现场活动	参观者/儿童	1500

3. 流动科普设施

单位：次

名称	年度巡展次数	类型	经费来源	运行方式
2017年吉林省科技活动周	1	大篷车	项目经费	免费

二、科研与学术

1. 承担项目

单位：万元

项目名称	项目来源	项目级别	经费	负责人
基于云的虚拟互动科技馆及应用示范	吉林省科技发展计划	省部级	180	才 华

2. 研究成果

序号	题目	作者	刊名	卷（期）号	备注
1	Research on Face Detection Based on Fast Haar Feature	王 爽	*IEEE*	2017 10th (CISP-BMEI) 2017.10.14	EI检索
2	Feature Extraction and Face Recognition Algorithm	王 爽	*IEEE*	2017 13th (ICNC-FSKD) 2017.7.29	EI检索
3	Objective Lens Design of Polarization Imaging in Haze Environment	王 爽	*SPIE*	AOPC2017 (2017.6.4)	EI检索
4	《英国电影的艺术先驱及影响》	秦广明	《电影文学》	2017年第10期	北大版中文核心
5	《可口可乐互动式广告的表现形式》	姚 爽	《新闻传播》	2017年第24期	CNKI
6	《跨文化交际翻译的归化与异化》	王 磊	《现代交际》	2017年第19期	CNKI
7	《论科技馆在中小学生科普教育活动中的重要性》	王 磊	《学园》	2017年第28期	CNKI
8	《中外交流对科技馆的国际化促进作用探究》	王 磊	《中国文艺家》	2017年第11期	CNKI
9	《基于激光测距和图像处理的尺寸检测系统设计》	邢 冲	《科技资讯》	2017年第26期	CNKI
10	《对于影响PSD激光测距系统精度的因素分析》	邢 冲	《现代工业经济和信息化》	2017年第15期	CNKI
11	《基于3D打印技术的课程设计与开发》	邢 冲	《知识文库》	2017年第15期	CNKI
12	《EDXRF法测定土壤中重金属的土壤样品待测条件优化选择》	陈霄龙	《技术与市场》	2017年第12期	CNKI
13	《如何成为一名合格的项目经理》	张 影	《居舍》	2017年第19期	CNKI
14	《成功的项目经理如何在项目收尾工作中站好最后一班岗》	张 影	《居舍》	2017年第27期	CNKI

序号	题目	作者	刊名	卷（期）号	期刊级别
15	《刍议科技馆展品展项中计算机的管理和维护》	李 爽	《科技创新导报》	2017 年第 17 期	CNKI
16	《探析科技馆中计算机技术的应用》	李 爽	《黑龙江科学》	2017 年第 6 期	CNKI
17	《试析计算机在新型科技馆中的应用》	李 爽	《科学中国人》	2017 年第 18 期	CNKI
18	《多点同时空间激光通信系统高效偏振分光技术研究》	王春萌	《长春理工大学学报》（自然科学版）	2017 年第 6 期	CNKI
19	《探讨光学加工技术的发展趋势》	张晚秋	《山东工业技术》	2017 年第 21 期	CNKI
20	《系统介绍智能光学的发展》	张晚秋	《科技风》	2017 年第 20 期	CNKI
21	《浅析胡锦涛文化建设思想的实践价值》	安俊禹	《才智》	2017 年第 4 期	CNKI

3. 专利

序号	名称	作者	专利类型	专利申请日期
1	自适应投影演示装置	王英鸿	实用新型专利	2017 年 11 月 24 日
2	激光通信演示装置	刘 航	实用新型专利	2017 年 9 月 5 日
3	眼睛成像原理模拟装置	邢 冲	实用新型专利	2017 年 12 月 15 日

三、信息化建设

1. 官方网站浏览情况

长春中国光学科学技术馆门户网站日均点击量约 310 人次。

2. 展品信息化工作

中国光学科学技术馆外观

继 2016 年之后，2017 年在门户网站上不断增加数字化展品展示数量，利用 3D 建模技术展示光纤通信、光纤传递、CT 诊断、干涉衍射 – 干涉（2 个）、光电小赛车、光影雕塑、魔棒成像、魔镜的秘密、七色光盘、人与光环境（2 个）、视觉清晰度、双光成像、无影灯、小小潜望员、眼不见为实以及自适应投影等共计 20 个数字化展品。至此完成该馆数字科技馆二期共计 30 个展品信息化的所有项目，高效地完成了该馆展品信息化工作。

3. 新媒体运用

长春中国光学科学技术馆目前有两个正在运行的微信公众平台，分别为官方微信公众平台"长春中国光学科学技术馆"和党建微信公众平台"中国光科馆先锋号"。2017年官方微信公众平台共更新220余篇稿件；党建专题微信公众平台"中国光科馆先锋号"更新稿件30余篇。

继续发挥微信公众平台线上宣传的作用，发布展馆最新资讯，普及光学知识，发布活动预告，利用微信公众平台推介、宣传长春中国光学科学技术馆的光学主题特色。

在固定推送光学科普文章之余，配合展馆展览教育处发布主题科普活动系列预告短片及馆内相关社会活动、临时展览活动预告。

制作微信公众平台线上报名系统，观众可在线上轻松实现科普活动报名，提高工作效率，服务广大观众。

新增智能导览系统，观众可通过关注公众号进入导览系统，自主完成馆内导航、展厅导览、展品讲解等操作，掌上漫游光学科技馆。

四、志愿者队伍建设

单位：人，小时

分类	服务岗位	人数	来源	服务时间
教育辅导	科学课助教岗	50	高校	300
秩序维持	展厅巡视岗	100	高校	600

五、运营情况

票务情况

是否免费开放	未免费开放场馆票种	未免费开放票价	观众人数
是	无	无	—

六、2017 年度大事记

2月26日　长春中国光学科学技术馆召开项目验收会，会议由吉林省发改委高新技术处王晓明副处长主持。项目验收委员会由中科院长春应化所汪尔康院士、中科院长春光机所陈星旦院士、中科院长春光机所王立军院士、中国科学技术馆王京春主任、吉林省机电研究设计院张绍军研究员、吉林省轻工业设计研究所冯岩研究员、吉林省工程咨询服务中心赵义江研究员组成，吉林省发改委现场指定汪尔康院士担任项目验收专家组组长。

3月6日　举办第五届书香"三八"读书征文活动。

4月20日　吉林省直属机关工会工作委员会下发了《关于表彰省直机关五一劳动奖状五一劳动奖章和工人先锋号的决定》，长春中国光学科学技术馆喜获"省直机关五一劳动奖状"。

4月22日　该馆三名科技辅导员参加了"第五届全国科技馆辅导员大赛"北部赛区的比赛，取得了优秀奖。

4月29日　由吉林省科技教育学会、长春中国光学科学技术馆联合举办的2017年"科技创新挑战赛"在该馆举行。

2017 年 5 月 20 日 "光与计量" 主题展览

5 月 18 日　该馆举办 "长春中国光学科学技术馆首届科技辅导员大赛"，全体科技辅导员参加比赛。

5 月 18 日　签署吉林省科技发展计划项目重大科技招标专项《基于云的虚拟互动科技馆及应用示范》任务书。

5 月 20 日至 6 月 26 日　举办了 "光与计量" 主题展。展览以图文展示、展项陈列的方式，介绍了计量发展史、计量对国民经济发展的作用、世界计量日的由来以及光学对计量发展的影响，吸引了两万多名观众前来参观。

5 月 20 日　赴四平市英雄广场参加 "2017 年吉林省科技活动周启动仪式"，并展示该馆光学展品。

5 月 23 日　该馆四名科技辅导员参加了由国家科技部发起，吉林省科技厅主办的 "2017 年吉林省'爱科学，秀科普'讲解大赛"，分别取得了二等奖、三等奖。

6 月 1 日　该馆开展 "缤纷六一·光彩来袭" 系列科普教育活动。

6 月 23 日　长春中国光学科学技术馆直属党支部决定开展以 "迎七一·颂党恩，争做合格党员" 为主题的纪念建党 96 周年有奖征文活动。

6 月 28 日　为庆祝中国共产党成立 96 周年，全面展示我党 96 年走过的光辉历程，该馆举办 "党的光辉历程" 系列图片展。

7 月 13 日　举办 "沐墨林之风·展书家风采" 硬笔书法比赛活动。

7 月 23 日　由中国科学院长春分院与长春中国光学科学技术馆联合举办的亲子科普教育活动 "望远镜的奥秘" 在该馆举行。

7 月 25 日　来自榆树实验高级中学、松原实验高级中学、白城第一中学、舒兰第一中学四所学校的 80 余名师生组成的首届 "长理之光" 夏令营的师生们到馆参观学习。

8 月 26 日　开展 "多彩花世界——万花筒创意 DIY" 科学课。

9 月 10 日　开展 "小孔大不同" 科学课。

9 月 21 日　长春市机器人学会净月人才发展基地授牌仪式暨亚太学院全国启动仪式在长春中国光学科学技术馆一楼中厅举行。长春中国光学科学技术馆常务副馆长张正瑞、副馆长石晓光，长春市机器人学会秘书长刘振泽，寰亚太（北京）教育投资有限公司总裁岳鹏等领导及嘉宾出席了仪式。仪式上，长春市机器人学会、寰亚太（北京）教育投资有限公司与长春中国光学科学技术馆达成战略合作，共同建设创新人才、师资培养基地。

9 月 23 日　开展 "虚拟的真实" 科学课。

10 月 1~3 日　开展 "盛世双节，七彩光世界" 大型主题活动。

10 月 1 日　吉林电视台都市频道守望都市栏目报道该馆十一期间 "盛世双节·七彩光世界" 科普活动，该馆展览教育处副处长赵璐接受记者采访。

11 月　该馆参与的 "全天候大气信道激光自适应通信装置研究" 项目荣获吉林省科技厅颁发的吉林省科技进步二等奖。

11 月 2 日　开展 "潜望镜 DIY" 科学课。

11 月 12 日　2017~2018 年度 DI 创新思维吉林省总决赛在该馆举办。该馆常务副馆长张正瑞、业务拓展处处长才华，长春市机器人学会秘书长刘振泽、吉林省科技教育学会秘书长苗琦，DI 吉林省技术负责人王玉莹，DI 国际挑战题专家顾嘉颀等领导及嘉宾出席了开幕式。

11 月 19 日　开展 "光学小魔方" 科学课。

12月 《科技馆建设标准》解读工作顺利完成，为该馆后期基础数据解读和理论研究工作的开展奠定理论基础。

12月3日 开展"神奇金字塔"科学课。

12月17日 开展"透明胶的秘密"科学课。

12月30日 开展"光瑞新年"大型主题科普活动。

12月31日 该馆作为主办单位和长春乐高机器人活动中心一同举办了"小手拼出大世界"创意赛。

七、2017年工作概述

2017年2月，长春中国光学科学技术馆顺利通过了吉林省发展改革委员会的竣工验收，标志着该馆从建设阶段进入全面运行发展阶段。长春中国光学科学技术馆展项、科普大篷车等政府采购招标工作按计划顺利完成。依据最新的展项验收流程及文件要求，严格控制展品质量与工程进度，确保新增展项符合设计规范、展示内容正确、展现形式合理、无安全技术缺陷。截至2017年11月底，共新增展项8项。2017年重点建设4D特效影院，现已完成建设、验收并投入使用。

2017~2018年度DI创新思维吉林省总决赛

创新科普展示技术开发合作模式，尝试借助长春理工大学在光学、机械、电子、计算机等领域的技术优势，寻求技术合作解决展品研发中所遇到的技术难点，该馆研发中心提炼并向长春理工大学定向发出了18个项目。通过初期筛选、方案陈述、需求对接等环节，该馆确定四个课题组承担4项展品技术开发工作，并与长春理工大学签订了技术研发合同。

对光学实验室进行升级。截至2017年底，光学实验室拥有的光学实验仪器包括：光栅光谱仪、傅里叶变换红外光谱仪、分光光度计、照度计、激光功率计、色温表等共计14台；电子测试设备包括：示波器、可编程控制器、单片机开发器、数字万用表等共计11台。光学方面，光学实验室已具备开展从紫外到中红外全谱段能量及波谱测试能力。电子方面，光学实验室初步具备电路开发能力。经过几年的持续建设，光学实验室不仅为展品研发提供了充足的条件保障，还能提供高级光学测试服务。

为了提高展品研发能力和维修能力，该馆对负一层仓库进行了改造，建立了具有一定加工制造能力的工作室。采购了激光切割机、数控雕刻机、寻边刻字机、喷绘机等6台加工设备，以及2台劳保设备，现已全面投入使用。

随着长春中国光学科学技术馆正式开馆，博物馆在展品的管理、保护、维修以及日常维修维护等方面的工作压力明显增大。该馆认真落实技术保障责任制，扎实推进各项工作。发挥专业技术人员的作用，推进投影系统维护项目招标文件技术参数需求部分的编写工作，参与了投影系统灯泡的更换，分两批更换灯泡112个，并对其进行了调整融合等维护保养工作。为丰富该馆智能化场馆建设，在各展厅安装音响广播共计9个。信号增强器2个。对展览教育处的报修以及在巡检过程中发现的问题及时解决，共计维修400余处，小修不计其数，同时加强运行维护资料的撰写，归纳总结维修维护记录，编写展项展品维修维护手册。

全年累计接待散客及团队游客 25 万人次，其中，团体接待任务 98 次，累计 7600 余人次。平峰时期（即 3~6 月的非大型节假日时间），周三至周五的单日参观量为 500 人次左右，周末单日参观量为 1200 人次左右；暑假期间单日参观量可达 2200 人次。截至 2017 年底，参观总量超过 30 万人次，创下单日最高参观量 7000 人次的历史新纪录。运行期间，零投诉、零事故。

科学课程以两星期为一周期，活动内容安排寓教于乐，不仅让孩子们了解光学原理，体验探索光学科技奥秘的乐趣，同时通过动手实践活动，培养孩子们思考与动手的能力。专题活动为营造节日氛围，普及光学知识，弘扬光学文化，活动形式多样，内容丰富，为前来参观的观众带来了无限的科学体验。此外，配合"2017 年吉林省科技活动周"工作，该馆开展"科普大篷车"活动，于 2017 年 5 月 17 日上午赴四平市英雄广场参加"2017 年吉林省科技活动启动仪式"，并在启动仪式上展示该馆 10 余件光学展品，受到市民的关注和喜爱。全年举办 3 次大型节日现场科普活动"缤纷六一·光彩来袭"、盛世双节·七彩光世界及"光瑞新年"等。

2017 年长春中国光学科学技术馆围绕第 19 届中国科协年会期间的活动，该馆"光耀吉林"的系列科普活动圆满完成，实现了"科普中国服务吉林行动专项"的任务目标。

探索多方合作，合力推动大科普教育。长春中国光学科学技术馆积极寻求与各种优秀的社会组织团体合作，引进优质的科普教育资源，协同创新、互利共赢，尽最大可能为公众提供更多更好的科普教育服务。2017 年 4 月，与吉林省科技教育学会联合举办"2017 年科技创新挑战赛"。8 月，同长春市机器人学会联合成立人才发展基地；9 月，同寰亚太（北京）教育投资有限公司合作，成立亚太青少年机器人科技教育基地；11 月，承办 2017~2018 年度 DI 创新思维吉林省总决赛；12 月，与长春乐高机器人活动中心一同举办"小手拼出大世界"创意赛。

该馆于 5 月 20 日至 6 月 26 日成功举办了"光与计量"短期主题展览。展览以图文展示、展项陈列的方式，介绍了计量发展史、计量对国民经济发展的作用、世界计量日的由来以及光学对计量发展的影响，吸引了近两万名观众前来参观。

该馆科技辅导员于 4 月 23 日和 5 月 23 日分别参加"第五届全国科技馆辅导员大赛"北部赛区和"2017 年吉林省'爱科学、秀科普'讲解大赛"的比赛，并取得二、三等奖，优秀奖以及优秀组织奖等奖项。

该馆于 2017 年 6 月成立了科普理论研究中心，经过半年的运行，在理论研究方面取得了良好的开局。

为促进科研深入发展，该馆根据现有条件，积极组织人员进行项目申报工作。在积极调研科技馆行业发展现状的基础上，结合该馆实际情况，先后申报了吉林省哲学社会科学规划基金办公室重大指南项目和吉林省科技发展计划软科学研究项目。

随着全国各地科技馆对馆校合作的重视，该馆启动对馆校合作的研究工作，总结馆校合作的发展现状，为以后开展馆校合作奠定前提和基础。该馆在馆校合作的发展历史、意义、相关政策、发展现状、存在的问题等方面做了大量研究工作。

黑龙江省科学技术馆

英 文 全 称：Heilongjiang Science and Technology Museum
法 定 代 表 人：张成贵
联 系 电 话：0451-88191528
传 真：0451-88191178
官 方 网 站：www.hljstm.org.cn
行 政 主 管 单 位：黑龙江省科学技术协会
成 立（开 放）日 期：2003 年 8 月
通 信 地 址：黑龙江省哈尔滨市松北区太阳大道 1458 号
已 加 入 专 业 委 员 会：中国自然科学博物馆协会科技馆专业委员会

一、科普活动与展览

1. 临时展览

单位：平方米，万人次

序号	展览名称	起止日期	展出地点	面积	观众数量	性质
1	南海之美——海洋生态与保护主题展览	6 月 30 日至 7 月 10 日	黑龙江省科技馆临时展厅	300	20	引进
2	"烹调的科学"主题科普展览	8 月 30 日至 10 月 15 日	黑龙江省科技馆临时展厅	300	15	引进
3	"力学大师——阿基米德"主题科普展览	10 月 15 日至 12 月 15 日	黑龙江省科技馆临时展厅	300	15	引进
4	"初人异料"主题科普展览	2017 年 12 月 25 日 至 2018 年 2 月 25 日	黑龙江省科技馆临时展厅	300	20	引进

2. 教育活动

单位：人次

序号	活动名称	活动时间	主要内容	活动形式	主要对象	参与人数
1	2017 年有奖征文暨科技冬令营	1 月 11~14 日	组织全省各地部分师生参观科技馆，体验科技活动	冬令营	省内各地区部分师生	300
2	科技馆活动进校园	4 月 10 日	省科技馆青少年科学工作室的 6 名科技辅导教师走进哈尔滨市师范附属小学校，为同学们带去了集科学性、趣味性、互动性于一体的科学课——水瓶萨克斯	科学课堂	小学生	100

序号	活动名称	活动时间	主要内容	活动形式	主要对象	参与人数
3	科普旅游助力"冰城夏都"	5月19日	黑龙江省科技馆工作人员向市民和游客发放科技馆宣传彩页、参观攻略、免费参观门票为科技馆科普活动和资源宣传推介，吸引了众多市民的关注	社区宣讲	市民	2000
4	科技强国 创新圆梦——省科技馆开启科学小记者科学探索体验活动	5月20日	百余名小记者在科技周期间亲自走进科技馆，聆听讲座、体验展品、探究实践，感受科技魅力，放飞科技梦想	科普活动	小学生	140
5	第十三届黑龙江省青少年机器人竞赛活动	5月21日	来自黑龙江省9个地市的50支参赛队，共206名中小学生入围省赛	科普活动	小学生	206
6	"同心筑梦 走向科技"——黑龙江省少年儿童百米长卷绘画暨文艺演出活动	5月27日	百米长卷绘画及文艺汇演	科普活动	少年儿童	200
7	科技伴我行，欢乐庆六一	6月1日	主题科普活动及特色科学探究活动	科普活动	少年儿童	3000
8	中国互联网协会网络科普工作委员会三届三次会议	7月12~13日	召开中国互联网协会网络科普工作委员会第三届委员会第三次全体会议，进行数字科技馆联盟今日头条科普矩阵建设工作研讨、虚拟现实科技馆落地推广工作以及漫游科技馆建设及推广工作	学术会议	科普工作者	120
9	黑龙江省科技馆"有奖征文暨科技夏令营"	7月18~22日	组织小学生们在夏令营中聆听科普讲座、参加体验探究活动和馆外科学实践考察	科普活动	小学师生	300
10	大眼睛科学营	7月18~25日	开展"谁动了我的奶酪——小小侦探家活动""蚯蚓的世界""无线鱼钩""少年趣味编程""机器人的科学"五项活动，活动涵盖了生物科学、电子艺术、科学探究等多种深受孩子们喜爱的科学课程	科普活动	青少年	10000
11	2017年全国流动科技馆工作交流暨培训会	7月26日	会议旨在为贯彻落实《中国科协科普发展规划（2016~2020年）》的有关要求，深入推进中国特色现代科技馆体系创新提升，完成中国流动科技馆项目第二轮覆盖的任务，进一步提升项目的管理实施水平	学术会议	科普工作者	95
12	黑龙江省首届科普达人秀（科学实验展演）大赛	8月18日	来自全省各相关单位、各地市的23家单位的98名选手参赛，选手们来自科技馆、医院、消防、公安、气象等多个行业，他们带来的主题突出、艺术形式多样的33组科学实验在大赛中竞技比拼，交流实验技能、展示创新特色	专业比赛	科普工作者	98
13	"走向科学博物馆发展的新阶段"讲座	10月21日	邀请原中国科协副主席、党组副书记，中国自然科学博物馆协会名誉主席，清华大学科技传播与普及研究中心理事长徐善衍，为省科博类场馆人员做了题为"走向科学博物馆发展的新阶段"的讲座	专业讲座	科普工作者	50
14	"探知未来"2017年全国青年科普创新实验暨作品大赛	11月26日	哈尔滨赛区黑、吉、辽三省的150名中学生、大学生组成的50支队伍，在1162支队伍中脱颖而出，在复赛的科普实验单元、创意作品单元中展开激烈角逐，展示了当代青年学子的实验动手及科技创新能力	专业比赛	青少年	150

序号	活动名称	活动时间	主要内容	活动形式	主要对象	参与人数
15	2017年度中国流动科技馆黑龙江巡展暨"省科协科普大篷车队边疆百地千场万里行活动"总结表彰会	11月30日	对呼玛、拜泉、克山等10个获得"2017年中国流动科技馆黑龙江省巡展"优秀站点和获得"省科协科普大篷车队边疆百地千场万里行活动"优秀组织单位、创新实施单位、先进个人的单位和个人进行了颁奖	会议	科普工作者	150
16	"莱特兄弟杯"2017年全国青少年模拟飞行锦标赛	12月2日	来自全国12个省、市的35支代表队选出的逾300名选手参加竞逐。本次比赛将首次决出中国航空运动协会金牌飞行少年	专业比赛	青少年	300

3. 流动科普设施

序号	名称	年度巡展	类型	经费来源	运行方式
1	流动科技馆	25个县市	流动馆	省财政	合作
2	科普大篷车	50个站点	大篷车	省财政	合作

二、科研与学术

研究成果

序号	题目	作者	刊名	卷（期）号	期刊级别
1	《科技馆如何在STEM教育活动中整合工程与科学》	冯子娇	《中国民族博览》	2017年第7期	国家级
2	《STEM教育理念下科技馆展品教育活动的思考与实践——以"小球旅程知多少"展品教育活动为例》	冯子娇	《自然科学博物馆研究》	2017年第3期	国家级
3	《以科技馆展品为依托打造科技馆教育活动新理念——以"妙趣光影"项目活动为案例》	魏宏艳	《魅力中国》	2017年第3期	省级
4	《发挥科技馆资源优势 开展科普教育路径探析》	魏宏艳	《新西部》	2017年第8期	省级
5	《"探究式学习"——科技馆教育模式的核心》	魏宏艳	《神州》	2017年第6期	国家级
6	《浅谈科技馆展品与科技馆教育活动之间的关系》	魏宏艳	《科学技术创新》	2017年第4期	省级
7	《科技馆在"互联网+"时代的创新教育探索》	王翠	《自然科学博物馆研究》	2017年第3期	国家级
8	《"食物秘语"科学教育项目》	艾俊	《中国科技教育》	2017年第12期	国家级
9	《科技馆青少年教育活动研究——基于黑龙江省科技场馆教育活动开展情况的调研与实践》	李宏	《中国科普理论与实践探索——第二十四届全国科普理论研讨会暨第九届馆校结合科学教育论坛论文集》	2017年第10期	国家级
10	《国际视野中科学场馆教育模式的启示与构建》	李宏	《中国科普理论与实践探索——第二十四届全国科普理论研讨会暨第九届馆校结合科学教育论坛论文集》	2017年第10期	国家级

三、信息化建设

1. 官方网站浏览情况
网站点击量672万人次。

2. 展品信息化工作

对新网站、微信公众号及科技馆 App 上的宣传展示内容进行及时更新，使新内容能够完全体现信息化科普服务方式。聚焦公众多方位的科普需求，丰富科普内容，创新科普表达和传播形式，拓宽了科学传播渠道。利用新媒体手段，结合馆内重大科普活动、科普资源，制作手机端 H5 格式的科普资源，进行科普宣传 20 余次，进一步增强和巩固了新媒体宣传工作，提高了宣传工作水平。

3. 新媒体运用

（1）结合无线通信定位系统完成了黑龙江省科技馆官方网站、微网站、微信平台、微博平台、智能手机 App 及后台综合管理系统的系统框架建设，通过项目建设，大大提高了科技馆信息化、智慧化建设水平。

（2）完成中国数字科技馆二级子站建设。同步开展 10 项原创 H5 移动资源建设工作。

（3）完成科技馆信息化运营的托管工作。

四、志愿者队伍建设

单位：人

分类	服务岗位	人数	来源	服务时间
展厅服务	辅导员	100	省内高校	寒暑假
安保服务	安保员	30	省内高校	寒暑假
餐厅服务	餐饮员	20	省内高校	寒暑假
前台服务	接待人员	20	省内高校	寒暑假

五、运营情况

票务情况

是否免费开放	未免费开放场馆票种	未免费开放票价	观众人数
是	—	—	120 万人次／年
其他票务信息说明	1. 展厅门票实行免票 2. 球幕影院 　普通票：25 元 　优惠票：13 元［指现役军人（含武警）、宗教人士、在校大学生、未成年人、60~70 岁的老年人，凭有效证件实行优惠］ 3. 4D 影院 　普通票：25 元 　优惠票：13 元［指现役军人（含武警）、宗教人士、在校大学生、未成年人、60~70 岁的老年人，凭有效证件实行优惠］		

六、2017 年度大事记

1 月 14 日　在黑龙江省各市县科协、教育局、学校的支持信任下，黑龙江省科技馆 2017 年有奖征文暨科技冬令营活动圆满落幕。本次活动，黑龙江省科技馆不仅带领营员们参观科技馆感受科技魅力，还为大家感受黑龙江历史博物、自然地域特色和冰雪文化开辟了活动平台。营员们顶风冒雪，带着对未知世界的好奇，在轻松愉快中参与形式生动活泼、内容丰富有趣的活动项目，把求知的目光投向广阔的科学世界，尽情探索科技的奥秘。

1月30日　金鸡报晓，辞旧迎新。大年初三，开馆迎接四方来客，与公众共庆新年。"欢乐科普中国年"春节特别活动为公众欢度新春"搭台子"，为春节的科技馆增添了浓浓的年味。

3月8日　该馆荣获国家科技部、中宣部、中国科协联合授予的"2016年全国科普工作先进集体"称号。

3月17日　中国流动科技馆明水站启动仪式在明水县隆重举行。黑龙江省科协党组书记、副主席毕卫星，党组成员、副主席陶福胜，科普部部长刘洪辉，调宣部部长贾鑫莹，省科普事业中心主任胡国庆，省科技馆党委书记德晓龙，《黑龙江科技报》社长韩燕，绥化市委、市政府及明水县委、县政府的相关领导，以及部分学生代表参加了启动仪式。中国流动科技馆明水站巡展将在明水县进行为期近2个月的展出。

3月19日　由黑龙江省科协、黑龙江省水利科学研究院、黑龙江省水利学会主办，黑龙江省科技馆、哈尔滨市师范附属小学校协办的"践行绿色发展、节约保护水资源"为主题的节水宣传活动启动仪式在该馆举行。为配合此次宣传活动，省科技馆紧紧围绕"践行绿色发展，节约保护水资源"的宣传主题，结合科技馆"人与健康""能源与材料"展区的相关水资源和环境保护主题的展品设计了宣讲活动，通过操作展品，聆听水资源保护等科普知识讲解，提高人们的节约环保意识。

4月2日　清明节假期，该馆特别推出了科学实验表演、科学探究、展览教育、特效科普观影等活动，多形式、多层次地为广大观众呈现了丰富多彩的科技大餐。3天来，共计3万余名社会公众近距离感受了科技魅力。

4月5日　黑龙江省科技馆与哈尔滨市师范附属小学校2017年"科技馆进校园"活动正式启动。省科技馆青少年科学工作室的6名科技辅导教师走进哈尔滨市师范附属小学校，为同学们带去了集科学性、趣味性、互动性于一体的科学课——水瓶萨克斯，科技兴趣小组50余名师生参与其中，课程受到了学校师生的热烈欢迎。"科技馆活动进校园"是深入贯彻落实《全民科学素质行动计划纲要的通知》精神，扩大科技馆科普教育功能的覆盖面，更好地发挥青少年科普阵地作用的重要举措，老师和学生们纷纷表示，活动开拓了孩子们的视野，锻炼了他们的动手能力，同时也培养了他们学科学、爱科学的学习热情。

4月13日　为进一步贯彻落实《全民科学素质行动计划纲要》有关要求，加强校内外科普教育的有效结合，促进科技、教育资源共建共享，黑龙江省科技馆与哈尔滨市师范附属小学校签订馆校合作协议。经过前期充分协商，双方就科普活动的开发、共享、互助等方面合作达成一致共识，共同探索校外教育与学校科学教育衔接的有效模式，促进黑龙江省未成年人科学文化素质的进一步提高。"科技馆活动进校园"是按照中国科协、教育部、文明办的部署，以科学课程作为连接学校和科技馆的主线，将科技馆活动引进校园参与科学课程的教学，同时组织学生到科技馆学习实践，延伸学校科学课程，开展综合实践活动和研究性学习，通过科技馆活动的"走出去"和"请进来"，形成"双向互动"，实现"科普共赢"。馆校合作的达成，将推动科学教育课程的改革与发展，丰富完善科普活动的形式和内容，使学生实现与科普器材、科技展品的近距离接触，在实践中感受科技的奥妙，增强创新意识和实践能力，实现科技、教育资源共享，从而有效提高科学素质教育的效果。

4月24日　由中国科协科学技术普及部、中国科技馆发展基金会、中国自然科学博物馆协会科技馆专业委员会联合主办的第五届全国科技馆辅导员大赛北部赛区预赛在辽宁省科技馆举行，来自中国科技馆、辽宁省科技馆、吉林省科技馆、黑龙江省科技馆等7个地区、17个场馆的百余名选手参加了本次比赛。黑龙江省科技馆选手刘晓蕾、梁志超、杨琳琳获个人赛三等奖。"实验vs'食'验""了不起的大气压"获科学实验二等奖。《新冰雪奇缘》获其他科学表演类二等奖！

4月28日　由黑龙江省科技厅、黑龙江省科协主办，黑龙江省自然科学博物馆协会、黑龙江省科学技术馆承办的第三届黑龙江省科普讲解大赛在省科技馆学术报告厅隆重举行。黑龙江省科技厅副厅长郭大春、省科协党组成员、副主席陶福胜出席大赛开幕式，共有来自哈尔滨、大庆、齐齐哈尔等地的54家科普场馆、高校、科研院所以及消防、公安、医疗行业的80名选手参赛，黑龙江省社科联、省科学院、省广播电视台、大专院校等单位的7名领导、专家担任比赛的评审人。大赛以"科技强国 创新圆梦"为主题，分为自主命题讲解和随机命题讲解两轮。黑龙江省科技馆选手吴杨、陈曦分获大赛一、二等奖，并成功晋级全国总决赛。

4月28日　黑龙江省科技馆荣获人力资源社会保障部、中国科协联合授予的"全国科协系统先进集体标兵"。

5月1日　五一劳动节期间，黑龙江省科技馆里人声鼎沸，欢声笑语。3天时间接待公众总量共3万余人次。

第三届黑龙江省科普讲解大赛

5月15日 以"体验科学"为主题的中国流动科技馆黑龙江省拜泉县巡展在拜泉县第四中学正式启动。黑龙江省科协党组书记、副主席毕卫星，中共拜泉县委书记刘雁冬，黑龙江省科协学会部部长吕强，黑龙江省科技馆党委书记德晓龙，拜泉县委常委、宣传部部长崔亚辉及齐齐哈尔市科协、拜泉县委、县政府有关领导、各乡镇党委副书记、学生代表共计1000余人参加了启动仪式。启动仪式由拜泉县委常委、宣传部部长崔亚辉主持，中共拜泉县委书记刘雁冬致辞，黑龙江省科协党组书记、副主席毕卫星宣布拜泉县巡展正式启动，科技馆党委书记德晓龙介绍中国流动科技馆黑龙江省巡展情况及展览内容。此次中国流动科技馆拜泉站巡展工作在拜泉县委、县政府的高度重视和周密安排下，进行了为期两个多月的展出。巡展还陆续安排县内各中小学学生、教师、拜泉县委、县政府直属部门干部、各乡镇农民、社区百姓等公众参观，切实发挥了中国流动科技馆巡展的辐射和带动作用。

5月19日 由哈尔滨市旅游发展改革委员会举办的以"旅游让生活更幸福"为主题的"5.19中国旅游日"活动，在百年老街中央大街隆重开幕，黑龙江省科技馆应邀参加了此次活动。作为黑龙江最大的科普教育基地，黑龙江省科技馆一直以来在科普展览、科普旅游等方面发挥着重要的作用，成为冰城夏都旅游中一道独特的亮丽风景线。

5月20日 由黑龙江省科技馆和北京科技报联合主办的科学小记者科学探索体验活动在省科技馆启动。百余名小记者在科技周期间亲自走进科技馆，聆听讲座、体验展品、探究实践，感受科技魅力，放飞科技梦想。在以"科技创造 超越梦想"为主题的展品体验活动中，科技馆为小记者们量身制作了培训讲座课程，提升小记者们科技新闻的撰写能力及采访技能。在现场采访互动环节，小记者们热情饱满、踊跃参与，积极主动将培训中学到的知识转化为科学实践。科技馆灵活轻松的教学环境、引导启发的教学方法，激发了孩子们的想象力和创造力，使他们不断发现科学之奇、科学之美、科学之趣、科学之用。

5月21日 由黑龙江省科学技术协会主办，黑龙江省科普事业中心、黑龙江省科技馆联合承办的第十三届黑龙江省青少年机器人竞赛活动在省科技馆举行。省科协党组成员、副主席陶福胜，省科普事业中心主任胡国庆，省科技馆党委书记德晓龙亲临比赛现场监督指导。经各基层科协选拔推荐，来自我省9个地市的50支参赛队，共206名中小学生入围省赛。此次比赛设置了"国赛选拔项目"和"自设项目"两项主题，包含FLL机器人挑战赛、机器人创意赛、机器人超级轨迹赛、机器人接力赛等10个赛项。参赛选手根据参加项目的主题及规则，自主完成机器人的拼装、编程、创意、设计、运行、调试、操作、竞技等内容。竞赛按照赛事项目、赛事组别，分别设一、二、三等奖。经过激烈角逐，最终来自哈尔滨三中等14支代表队胜出，优胜队伍将代表黑龙江省参加2017年7月在广东省中山市举行的"第17届中国青少年机器人竞赛"。

5月25日 "全国科技工作者日"黑龙江科技工作者创新争先徒步活动启动仪式在黑龙江省科技馆举行，本次活动由黑龙江省科协、黑龙江省科技厅、哈尔滨市科协、哈尔滨市科技局主办，松北区人民政府、人民网黑龙江、凤凰网黑龙江、太阳岛风景区管理局承办，相关高校、中国地震工程力学研究所、黑龙江省科学院、农科院、林科院、省科技馆及省青年志愿者协会联合协办，来自该省相关大学、科研院所、有关协会、学会、研究会及企业的近3000名科技工作者代表齐聚一堂，以此庆祝以"精忠报国、敢为人先、求真诚信、拼搏奉献"为主题的首个"全国科技工作者日"。启动仪式由黑龙江省科协党组成员、副主席陶福胜主持，省科协党组成员、副主席刘福致辞，黑龙江省机器人学会秘书长蔺绍勇代表科技工作者发言，省科协主席马淑洁宣布活动开始并鸣枪启动。中国工程院院士秦裕琨、沈世钊，省科技厅、省农科院、省科学院、省水科院、省林科院、省科技创新协会、哈尔滨市科协、哈尔滨市科技局、人民网黑龙江、凤凰网黑龙江等有关领导出席了启动仪式。

5月27日　由黑龙江省美术家协会幼儿专业委员会、黑龙江省科学技术馆联合举办的"同心筑梦 走向科技"庆祝六一国际儿童节黑龙江省少年儿童百米长卷绘画暨文艺演出活动在省科技馆隆重举行。来自哈尔滨各幼儿园的200名小朋友参加了现场百米长卷绘画活动。开幕式由省科学技术馆副馆长许黎辉主持，省科技馆党委书记德晓龙致辞，省政府参事、省幼儿美术专业委员会副会长、国家著名画家王纯信，省美术家协会副主席等领导嘉宾出席活动开幕式。

该活动举办以来，吸引了近万名少年儿童和家长的参与，产生了良好的社会反响和持续关注，对于黑龙江省少年儿童的健康成长具有积极的促进作用。

5月30日　端午节假期，黑龙江省科技馆人声鼎沸，参观秩序井然有序，3天时间里，近两万公众体验着精心准备的展览教育活动、趣味科学实验表演、端午特效电影秀等科普版块。科技馆全体员工一如既往地坚守在工作岗位，以饱满的精神状态坚持工作，为公众答疑解惑、热情服务，用优质、真诚、热情、周到的服务，让广大公众在科技馆里度过一个快乐、平安的端午假期。

6月1日　六一国际儿童节到来之际，"南海之美——海洋生态与保护主题展览"正式与广大公众见面，展览生动地展出南海的30余种珊瑚礁生物，还配有多套互动展品和图文展板，全面介绍南海海洋生态环境，为参观者带来了一场海底世界的视觉盛宴，也倡导人们爱护海洋环境、积极参与海洋环保公益活动，为未来留下一片湛蓝的家园。六一儿童节当天共有万余人走进科技馆共度儿童节！

7月12日　由中国互联网协会网络科普工作委员会、中国科技馆主办、黑龙江省科学技术馆承办的中国互联网协会网络科普工作委员会三届三次会议暨中国数字科技馆共建共享会议在哈尔滨友谊宫举行。开幕式由中国科技馆副馆长庞晓东主持。中国科技馆馆长殷皓，黑龙江省科协党组书记、副主席陶福胜，中国科协科普部副部长钱岩出席会议并讲话。中国科技馆副馆长庞晓东作网络科普工作委员会工作报告。中国科技馆网络科普部主任王京春宣读了网络科普工作委员会成员调整的建议。中国互联网协会网络科普工作委员会成员，人民网、新华网等多家新闻媒体及各省（市）、市、县（市）科协，科技馆共78家单位的150人参加了会议。本次会议对于网络科普资源共建共享，搭建数字科技馆科普矩阵平台，加强网络科普工作委员会的沟通联系和协同合作起到了积极的推动作用。

7月19日　由黑龙江省科协主办，黑龙江省财政厅支持，黑龙江省科技馆承办的以"体验科技展览、感受科技魅力"为主题的黑龙江省科技馆2017年"有奖征文暨科技夏令营"在省科技馆学术报告厅举行开营仪式。黑龙江省科技馆馆长张成贵宣布夏令营开营。省科技馆党委书记德晓龙、副馆长许黎辉及新闻媒体的嘉宾出席开营仪式。来自该省伊春、抚远、大兴安岭等边远地区的120名一、二等奖获奖学生及其指导老师参加了此次夏令营。"有奖征文暨科技（冬）夏令营"活动已在黑龙江省举办四届，活动目的旨在引导青少年参观科技展览，促进其理解科学、热爱科学，提高科学素质，同步开展随营教师的培训活动，提高其科学教育能力和水平，提升中国流动科技馆、科普大篷车、农村中学科技馆展教效果。

7月26日　2017年全国流动科技馆工作交流暨培训会在黑河市召开。中国科协党组副书记、副主席、书记处书记徐延豪，中国科技馆馆长、党委副书记殷皓，中国科协科普部副部长周世文，黑龙江省科协党组书记、副主席陶福胜，黑河市委常委、副市长赵起超出席会议。各省（自治区、直辖市）流动科技馆项目执行单位负责人、

5月25日上午，黑龙江省科技馆隆重举行"全国科技工作者日"黑龙江科技工作者创新争先徒步活动启动仪式，以此庆祝首个"全国科技工作者日"————

技术人员共95人参加会议。本次会议由中国科协科普部、中国科技馆主办，黑龙江省科协、黑龙江省科技馆承办，黑龙江省黑河市科协协办。会议旨在为贯彻落实《中国科协科普发展规划（2016~2020年）》有关要求，深入推进中国特色现代科技馆体系创新提升，完成中国流动科技馆项目第二轮覆盖的任务，进一步提升项目的管理实施水平。中国科协党组副书记、副主席、书记处书记徐延豪代表中国科协对流动科技馆第一轮覆盖工作中取得的成绩给予充分肯定，并对流动科技馆全国第二轮覆盖工作提出意见，以优异的成绩迎接党的十九大的召开。黑龙江省科协党组书记、副主席陶福胜在致辞中向会议的召开表示祝贺，向中国科协、中国科技馆对黑龙江省科普工作的关怀与指导表示感谢。会议为期3天，中国科技馆馆长殷皓作"中国流动科技馆项目工作报告"，全面总结项目第一轮覆盖主要是2016年中国流动科技馆的工作，部署第二轮覆盖特别是2017~2018年中国流动科技馆的工作。黑龙江省科技馆、四川省科技馆、河南省科技馆、江西省科技活动中心、二连浩特科协、慈溪科技馆6家单位作流动科技馆经验交流。会议还就项目的运行管理模式、考核办法等进行了专题研讨，对各单位技术人员进行了技术培训。作为会议的一部分，由中国科协主办，中国科技馆、黑龙江省科协、黑龙江省科学技术馆等单位承办的"体验科学——中国流动科技馆全国巡展"黑河站再度启动。中国科协党组副书记、副主席、书记处书记徐延豪宣布开幕。黑龙江省科技馆馆长张成贵讲话，黑河市学生代表在开幕式上发言。该活动为黑河市公众近距离感受科学魅力提供了平台，受到社会公众的一致好评。

7月30日　黑龙江省科技馆荣获"省级文明单位标兵"荣誉称号。

8月18日　由黑龙江省科技厅、省科协主办，省自然科学博物馆协会、省科技馆承办的黑龙江省首届科普达人秀（科学实验展演）在黑龙江省科技馆圆满落幕。该活动以"科技强国 创新圆梦"为主题，是黑龙江省最具规模水平、最具代表性的科学实验大汇演。来自全省科技馆、医院、消防、公安、气象等各相关单位、各地市的23家单位的98名选手参赛。大赛以"把科学普及放在与科技创新同等重要位置"为宗旨，深入实施《中华人民共和国科学技术普及法》，大力"普及科学知识，弘扬科学精神，提高全民科学素养"，推动科普活动以群众喜闻乐见的形式展现，丰富活跃公众的科技文化生活。对于培养黑龙江省优秀科普讲解队伍，提升各地科普传播水平和能力，推动黑龙江省科普事业发展具有重要的意义。

8月25日　黑龙江省科技馆向公众推出感知科学、激发创造力的儿童科学展区——"智趣乐园"，为孩子们献上一份开学大礼。"智趣乐园"展区设置在省科技馆三层，规划450平方米，设置了37件互动展品。展区主要面向12岁以下儿童，根据该年龄段儿童的特点和相关教育理论，从儿童的生活经验、观察视角以及认知发展的规律出发，在感知、体验、创造的过程中了解力、热、声、光等方面的知识，使儿童了解与日常生活和周围世界有关的科学现象，丰富小朋友的童年生活感受和经历，使其保持好奇心，激发想象力和创造力，拓展思维，为将来深入学习科学知识奠定基础。

9月1日　以"体验科学"为主题的中国流动科技馆黑龙江省孙吴县巡展在孙吴县民族中学正式启动。黑龙江省科协党组成员、副主席臧晓敏出席启动仪式并宣布巡展启动。《黑龙江科技报》社社长韩燕、黑河市科协副主席胡建芳、孙吴县委副书记张明、孙吴县副县长郭春玲等出席启动活动。孙吴县政府副县长徐永新主持启动仪式。此次中国流动科技馆是第二次来到孙吴县进行巡展，旨在丰富孙吴县群众的科普活动，改善科普资源短缺、科普阵地相对薄弱的现状，提高公众的科学文化素质，引导广大青少年树立科学思想、掌握科学方法、增强创新精神和实践能力。

9月3日　以"体验科学"为主题的中国流动科技馆黑龙江省宝清县巡展正式启动。

9月6日　为推动中国流动科技馆项目第二轮全国巡展工作的顺利开展，扩大流动科技馆项目的社会影响力和关注度，以"公平·普惠·创新·提升"为主题的中国流动科技馆第二轮全国巡展仪式于上午在全国各地同步举行。作为分会场之一的黑龙江省克山站也于当日在克山县青少年活动中心举行了隆重而热烈的启动仪式。启动仪式上，中国科协科普部传播处副处长黄晓春出席启动仪式并宣布巡展启动，中国科技馆资源管理处副处长陈健出席启动仪式，黑龙江省科协科普部部长刘洪辉出席并讲话，齐齐哈尔市科协党组书记、副主席石国辉出席，黑龙江省科技馆副馆长许黎辉讲话，克山县委副书记、县长陈宝柱致辞。克山县副县长张绪东主持。克山县科协、教育局等相关部门及教师、学生、科普志愿者共500人参加了启动仪式。在为期两个月的巡展活动中，克山县各界群众将在声光实践、电磁探秘、运动旋律等8大主题的展览中，亲身操作50件经典互动展品，学习涉及天文、生物、化学、声学、光学、电磁学等10多个学科的科学知识，直观体会相关科学现象和原理，在互动体验中感受到科学魅力，激发科学兴趣，共享国家科普事业发展成果。

9月15日　黑龙江省直机关工委与黑龙江省科协共同举办的"科技党课进机关"活动在黑龙江省科学技术馆拉开帷幕。省直机关工委、省科协及工、青、妇等单位200余名机关干部参加了活动，省直机关工委副书记李宏，省科协党组书记、副主席陶福胜，党组成员、副主席臧晓敏，省妇联党组副书记、常务副主席董濮，党组成员、副主席郭砾，副巡视员朱丕丽等领导一同出席。黑龙江省科技馆党委组织科技馆党员干部参加了活动。在省科技馆学

中国互联网协会网络科普工作委员会三届三次会议暨中国数字科技馆共建共享会议

术报告厅，哈尔滨工程大学水声工程学院副院长、二级教授、博士生导师乔钢为与会人员做了题为"海洋信息技术的前沿进展与应用"的科技报告，就海洋信息技术知识进行了讲授，使大家了解了国家在海洋领域的战略需求和黑龙江省在水声技术取得的突出进步，使人深受振奋和鼓舞，对我国进入创新型国家行列，成为世界科技强国进一步坚定了信心，凝聚了力量。此次活动是省直机关工委、省科协创新、活化党课教育形式，实现科普资源共享的有益尝试，对今后省直机关不断丰富党建工作内容，增强学习教育的针对性和实效性，通过活动使与会人员感受到了黑龙江省科普事业发展的日新月异，加深了机关干部对科普重要性的进一步认识，对增强机关干部的科学意识、提高机关干部的科学素质起到了积极的促进作用。

9月16日　由黑龙江省科协联合黑龙江省教育厅、省科技厅、省环保厅、省农委、省科学院、哈尔滨市科协等单位共同主办，中共哈尔滨市香坊区委、哈尔滨市香坊区人民政府等单位承办的"2017年黑龙江·哈尔滨全国科普日暨龙江金秋科普月"活动启动仪式在哈尔滨市香坊区香坊公园举行，正式拉开为期一个月的全国科普日活动序幕。

9月19日　中国流动科技馆全国巡展泰来站暨"大众创业 万众创新"主题科普活动启动仪式在泰来县举行。黑龙江省科协党组成员、副主席臧晓敏，齐齐哈尔市科协党组书记、副主席石国辉，黑龙江省科技馆馆长张成贵，泰来县委、县政府、县人大、县政协以及各科局领导、机关干部、中小学校长、社区居民代表、科普志愿者学生代表共300人参加启动仪式。为配合此次活动，黑龙江省科技馆为泰来县公众带来了互动性和趣味性十足的科学实验表演，为"大众创业 万众创新"主题科普活动营造了浓厚的活动氛围。在"流动馆常态化"运行管理机制中，流动科技馆已越来越多地走进基层，让更多的基层群众受益，享受到流动科技馆的科普成果，逐步在黑龙江省形成"讲科学、爱科学、学科学、用科学"的良好风尚，不断提高基层群众的科学素质。

9月24日　在科技部、中科院、香港创新及科技局、香港教育局、香港民政事务局、中联办教科部支持下，由团结香港基金主办的"创科博览2017"——中华文明与科技创新展在香港隆重开幕。全国政协副主席、科技部部长万钢，全国政协副主席董建华，香港特首林郑月娥，著名物理学家、诺贝尔奖得主杨振宁等出席了开幕仪式并参观展会。受团结香港基金的邀请，黑龙江省科技馆获得多项全国大赛奖项的科学实验表演——《科学好声音》，与9队科学表演队伍参加"创科表演"剧场的36场科学表演，把各具特色的科学新体验带到香港，与香港同胞共同感受科技馆科学表演的魅力。

10月6日　十一假期，"探知未来"2017年全国青年科普创新实验暨作品大赛（哈尔滨赛区）科普实验单元火星探索和风能利用命题初赛环节在黑龙江省科技馆进行。黑龙江省科技馆通过多种宣传方式，积极向来馆公众宣传推介大赛，现场招募学生，鼓励引导学生们积极参与了解。来自黑龙江省各市县、吉林、辽宁等地的中学生们组团参赛，对比赛产生了浓厚兴趣。

10月4日　黑龙江省科协党组书记、副主席陶福胜莅临黑龙江省科技馆，看望慰问节日期间坚守工作岗位的全体干部职工。黑龙江省科技馆馆长张成贵、党委书记德晓龙、副馆长许黎辉陪同。馆领导就节日期间场馆

7月19日，黑龙江省科学技术馆2017年有奖征文暨科技夏令营在省科技馆学术报告厅举行开营仪式

开放的各项活动内容和场馆运行情况向陶书记做了汇报。

10月17日　为进一步提高科技馆消防安全意识，积极推动消防安全"四个能力"建设，黑龙江省科技馆邀请黑龙江省安全知识宣传中心陈万鹏主任为全体员工进行冬季消防安全知识培训。

10月18日　由黑龙江省科技馆引进的"力学大师——阿基米德科学展＆达·芬奇机械与发明展"在该馆临时展厅进行为期两个月的展出。

10月21日　黑龙江省科技馆邀请原中国科协副主席、党组副书记、中国自然科学博物馆协会名誉主席、清华大学科技传播与普及研究中心理事长徐善衍为黑龙江省科博类场馆人员做了题为"走向科学博物馆发展的新阶段"的讲座。讲座由黑龙江省科技馆馆长、黑龙江省自然科学博物馆协会理事长张成贵主持。黑龙江省科技馆、黑龙江省地质博物馆、大庆市博物馆、大庆市科技馆、大庆市石油科技馆、伊春市博物馆、绥化市科技馆等8家黑龙江省自然科学博物馆协会成员单位的50名代表参加了讲座。

10月24日　中国科技馆发展基金会2016~2017年度"科技馆发展奖"的评选结果揭晓。黑龙江省科技馆巡展项目"影子世界"获得2016年度科技馆发展奖"展览奖"，辅导员马顺兴获得2017年度科技馆发展奖"辅导奖"，展品"科技互动墙"获得年度科技馆发展奖"展品奖"提名奖。

10月28日　在举国共庆党的十九大胜利闭幕之际，恰逢重阳节、全国老科技工作者日来临，在省科协的支持下，由黑龙江省老科协举办、省科技馆协办的首届全省老科技工作者书画摄影作品展在黑龙江省科技馆开幕。中国老科协副会长、黑龙江省老科协会长申立国，黑龙江省科协党组书记、副主席陶福胜，省科协党组成员、副主席刘福，省老科协副会长、哈尔滨市老科协会长王莉，省老科协副会长潘忠、李福恩、肖志敏、王亚军、秘书长赵蕾观看了展览并举行了座谈交流。此次书画摄影作品展展出了选自全省各级老科协和广大老科技工作者的134件书法、绘画、摄影作品。

11月4日　中国"流动科技馆"孙吴站巡展活动圆满结束。两个月时间里，共计有近5万人到流动科技馆进行参观。

11月22日　由中国科协科普部、共青团中央学校部主办，中国科学技术馆、中国科协青少年科技中心承办，中国三星独家赞助的"探知未来"2017年全国青年科普创新实验暨作品大赛（哈尔滨赛区）初赛，在黑龙江省科技馆落下帷幕，创意作品单元和科普实验单元共50支队伍晋级哈尔滨赛区复赛。

11月26日　"探知未来"2017年全国青年科普创新实验暨作品大赛（哈尔滨赛区）复赛在黑龙江省科技馆举办。哈尔滨赛区黑、吉、辽三省的150名中学生、大学生组成的50支队伍在复赛科普实验单元、创意作品单元中展开激烈角逐，最终5支参赛队伍代表哈尔滨赛区，与全国其他14个赛区的晋级选手参加12月23日在北京举行的全国总决赛及颁奖盛典。

11月30日　2017年度中国流动科技馆黑龙江巡展暨"省科协科普大篷车队边疆百地千场万里行活动"总结表彰会在黑龙江省科技馆召开。黑龙江省科协党组书记、副主席陶福胜，省科协党组成员、副主席刘福，省科协党组成员、副主席臧晓敏，省科协副主席夏永刚出席会议。会议由张成贵馆长主持。省科协机关各部门、事业单位主要负责同志及来自黑龙江省13个市（地）科协、抚远市、绥芬河市、75个县（市）、区科协的负责人共150余人参加了表彰会。会上，对呼玛、拜泉、克山等10个获得"2017年中国流动科技馆黑龙江省巡展"优秀站点和获得"省科协科普大篷车队边疆百地千场万里行活动"优秀组织单位、创新实施单位、先进个人的单位和个人进行了颁奖。省科协党组成员、副主席臧晓敏在会上作了2017年中国流动科技馆黑龙江巡展暨"省科协科普大篷车队边疆百地千场万里行活动"总结讲话。

12月2日　由国家体育总局航空无线电模型运动管理中心、中国航空运动协会主办，黑龙江省科技馆、哈尔滨莱特兄弟科技开发有限公司承办的"莱特兄弟杯"2017年全国青少年模拟飞行锦标赛在该馆举办。黑龙江省科学技术协会党组成员、副主席臧晓敏，国家体育总局航管中心飞行部主任韩兆方，黑龙江省科技馆馆长张成贵，黑龙江省科技馆党委书记德晓龙，黑龙江省科技馆副馆长许黎辉，哈尔滨市体育局产业处督察专员王东升等领导嘉宾出席比赛开幕式。来自全国12个省、市的35支代表队选出的逾300名选手参加竞逐。本次比赛将首次决出中国航空运动协会金牌飞行少年。

七、2017年工作概述

2017年，在黑龙江省科协党组的正确领导下，围绕省科协"八大"确立的未来五年发展规划，积极顺应科协系统深化改革新要求，牢牢把握科技馆发展新趋势，以建设"四位一体"科技馆为目标，攻坚克难，善谋善为，努力开创科技馆工作新局面。

2017年，科技馆累计开放305天，共接待公众277.7万人次，其中实体馆112.7万人次，流动科技馆150万人次，科普大篷车近10万人次，数字科技馆5万人次；球幕影院共放映774场次，4D影院共放映1186场次，观影人数5.6万余人次；开展大型科普活动30余次，开展日常科普活动近500次，科普剧表演260场次，参与公众近10万人次；完成25个市县的中国流动科技馆巡展任务，科普大篷车行程12000多公里。科技馆的各项工作得到了社会各界的认可和赞誉，先后被中国科技部、中共中央宣传部、中国科协评为"全国科普工作先进集体"，被人力资源和社会保障部、中国科协联合授予"全国科协系统先进集体标兵"；荣获"省级文明单位标兵"，中国自然科学博物馆协会"优秀集体"，省科协直属机关工作"先进单位"，公共文化场馆开展学雷锋志愿服务"首批示范单位"等多项荣誉称号。

（一）夯实基础、优化服务，常规工作扎实推进

1. 教育活动持续推陈出新。一是利用场馆资源优势，创新活动内容和形式，在节假日期间面向公众开展主题科普报告会、生活报小记者团科学探访、科普特效电影展映等活动，持续面向公众开展体验类、竞技类、认知类、表演类的常规展品体验活动和青少年体验探究系列活动300余场次，树立了黑龙江省科技馆科普教育活动的知名品牌；二是举办庆六一百米长卷绘画大赛、"2017年黑龙江省青少年机器人竞赛"、"2017年参观科技展览有奖征文暨科技冬、夏令营"、首届黑龙江青少年科学素质论坛等全省乃至全国范围内有影响力的大型活动近30次，受益人数近万人；三是以青少年科学工作室为依托，借助VR手段创新开展"北极探秘""探索太阳系"等系列科普活动，开展"大眼睛科学营"第四季活动、"乐高皮筋发射器"等大型主题系列活动200余场次，活动受众人数近2万人；四是组织科普资源进校园、进社区、进农村、进大集和科技周活动近百场次。定期组织学校团体开展探究活动，累计120余场次。

2. 专题展览百花齐放。2017年引进"南海之美——海洋生态与保护"、"烹调的科学"、"力学大师——阿基米德"、"初人异料"等专题展览，受到公众喜爱。其中"南海之美"展览展出45天，观众量12万人次。由黑龙江省科技馆自主研发设计的专题展览"镜子世界"受到中国科技馆的认可和支持，目前已通过中国科技馆和专家项目联合组的审核，制作施工结束后将于2018年进行全国巡展。

3. 信息化建设稳中求胜。以基础服务能力建设为支撑，加强具备"互联网+"特性的科普知识文化传播与服务能力，提供无线通信定位系统、实现官方网站、微信公众号、微官网、微博"两网两平台"及VR展馆服务，为观众提供特色参观游览功能。同时为提升工作管理能力，设立"一云多屏"的综合管理系统。目前，微信公众号、App、微官网等信息化平台已正式上线运行。

4. 馆校结合融通新渠道。通过加强与哈尔滨市教育局沟通协调，该馆与哈尔滨市师范附属小学校、哈尔滨市风华小学签订馆校合作协议，以"开发、共享、互助"为原则，共同探索校外教育与学校科学教育衔接的有效模式；以科学课程作为连接学校和科技馆的主线，将科技馆活动引进校园参与科学课程的教学，同时组织学生到科技馆学习实践，延伸学校科学课程，开展综合实践活动和研究性学习，通过科技馆活动的"走出去"

和"请进来"，形成"双向互动"，实现"科普共赢"。

5. 科普宣传多策并举。积极拓展与新闻媒体的合作渠道，与省市电视台、省报、《哈尔滨日报》、《新晚报》、新华网、人民网等新闻媒体进行合作，报道各项科普活动130余次；与《哈尔滨日报》长期合作，设立《咱龙江人自己的科技馆》专栏，每周一期进行宣传；加强新媒体宣传能力，及时快速地对各项活动进行编辑制作，宣传100余次，阅读点击量累计达5万次以上，有效扩大了科普传播范围。

（二）主动作为、突出成效，亮点工作再上水平

1. 展区改造常展常新。完成三层智趣乐园展区的更新改造工作，改造面积450平方米，设置展品34件（套）。在儿童展区、数学展区、力学展区增加光线游戏、音乐篱笆、汽车变速器等56件展品，极大地丰富了展览内容。结合国内外先进理念和展览展示形式，对公共空间展品进行创新设计，增加了多彩浮云和矩阵2件展项。

2. 流动科技馆全覆盖。2017年，流动科技馆巡展黑龙江省25个县市，辐射周边乡镇近80个，行程达15000多公里，受益公众150多万人次，中、小学生覆盖比例达到98%以上，实现可巡展地区的全覆盖。各类新闻媒体对巡展的启动仪式和巡展情况报道150余次，开展知识问答、参观有奖征文及科普活动百余场，在各地引起了极大的反响和好评。

为贯彻落实黑龙江省科协系统改革工作，流动科技馆拿出4套展品交付运行管理，其中天文学会1套，科技报社2套、科学会堂1套，2017年共运行10站。

3. "科普轻骑兵"走边疆。2017年，科普大篷车走进黑龙江省讷河第七小学、讷河第五小学、嫩江的双山中学、双山小学等中小学校，累计行程12000多公里。科普资源惠及市、县周边乡镇中、小学校50余所，参观公众近10万人次，中、小学生覆盖比例基本达到95%。征集科技文章百余篇。

4. 资源开发创佳绩。积极参加全国科技场馆科学教育项目培育工作。"让运动无所不能，碰撞中的科学"和"动物狂欢节——解开乐器的声音密码"两个项目参与中国科协青少中心教育项目展评评选。其中，"让运动无所不能，碰撞中的科学"入选展评培育项目。原创科普剧《新冰雪奇缘》、科学实验"实验 vs '食'验""了不起的大气压"等多次参加全国性比赛并多次荣获二等奖、优秀奖的好成绩。《科学好声音》科学实验表演参与北京电视台的节目录制同时受邀参加"创科博览2017——中华文明与科技创新展"暨庆祝香港回归20周年活动展演。

积极参加专业学术论坛和学术交流会议，在国家级和省级10余家学术期刊和论坛上发表学术论文近20篇，并多次受邀参加全国性论坛和会议。

5. 办会办赛促交流。黑龙江省科技馆多次承办高水平、专业级的会议和讲解赛事活动，加强科技馆行业学习交流。

（1）承办中国互联网协会网络科普工作委员会三届三次会议。中国互联网协会网络科普工作委员会成员、人民网、新华网等多家新闻媒体及各省（市）、市、县（市）科协、科技馆共78家单位的150余人参加了会议。

（2）承办第三届黑龙江省科普讲解大赛。以"科技强国 创新圆梦"为主题，来自全省54家科普场馆、高校、科研院所、科技园区的80名选手参赛。黑龙江省科技馆两名选手在比赛中荣获一等奖和二等奖及"2017年黑龙江省十佳科普使者"称号的喜人成绩，并在全国决赛中荣获优秀奖。

（3）承办2017年全国流动科技馆工作交流暨培训会。全国各省（自治区、直辖市）流动科技馆项目执行单位负责人、技术人员共95人参加会议。促进提升中国流动科技馆项目的管理实施水平，完成中国流动科技馆项目第二轮覆盖的任务。

（4）承办黑龙江省首届科普达人秀（科学实验展演）大赛。来自全省23家单位的98名选手参赛，33组科学实验作品呈现出科普剧、科学秀、科学实验、科普小品、相声等多种表演形式。黑龙江省科技馆的两组参赛作品分别荣获一等奖、二等奖。

（5）承办2017年全国青年科普创新实验暨作品大赛哈尔滨赛区比赛。2017年大赛的组织机构和赛事命题有所调整，黑龙江省科技馆积极与辽宁省科技馆、吉林省科技馆的相关领导进行沟通，相关人员赴长春、沈阳进行大赛招募说明；与哈尔滨市多家教育局沟通，并积极协调馆内各部门，妥善完成赛事变化下的新比赛，为东北三省挑选出优秀队伍参加全国总决赛。

（三）加强管理、强化落实，构筑创新发展新优势

1. 依规守制促进发展。修订完善《展品完好率奖惩管理办法》，建立"科技馆展品报修"微信群，配合表单维修体系，细化展品维修要求，第一时间上传损坏展品的名称和图片，缩短报修流程、提高维修效率，展品出现损坏，3小时内修好，加强维修人员巡检力度，完善维修人员绩效考核，提高展品完好率。严格考勤管理，全员打卡，实施各岗位工作量化办法，实行月考勤公示制度。通过建立规范科学的管理机制调动员工工作热情和积极性，加强监管，增强队伍的凝聚力和战斗力。

2. 队伍建设常抓不懈。对展教辅导员实行星级化管理、绩效挂钩，以此提高展教水平和工作积极性。积极参加第五届全国科技馆辅导员大赛，在北部赛区预赛中，黑龙江省科技馆三名选手获得个人辅导赛三等奖。大力开展岗前培训、业务知识培训、专业技术培训等工作，不断提高团队成员的综合素质和专业技能，变被动式服务为主动式服务，进一步树立科技馆的文明窗口形象。

3. 场馆安全警钟长鸣。加强"五大安全"管理力度，制订实施科技馆安全工作方案。成立科技馆展品安全检查小组，发现安全问题及时跟踪、限时解决，消除各种隐患。强化各类基础设施设施的维护管理，完成基础设施设施的改造，确保基础设施设施运行正常，为公众参观营造了安全稳定、清洁卫生、和谐温馨的场馆环境，积极打造"平安"场馆。

（四）增强意识、服务社会，营造风清气正良好氛围

1. "两学一做"常态化。按照科协党组工作部署和省科协直属机关《关于推进"两学一做"学习教育常态化制度化的实施方案》的要求扎实开展专题党课辅导、政治理论学习，落实"三会一课"制度。为给广大党员干部提供学习、交流、探讨的环境和场地，科技馆建立了党员活动室，开展每周五党员学习日、专题研讨活动，营造浓厚的学习氛围。坚持"两学一做"学习教育，坚持"学到位、做到位、改到位"。

2. 加强党员作风建设。积极开展作风整顿工作，梳理问题清单，撰写检查对照材料，各支部开展了专题组织生活会，班子开展专题民主生活会，加强党风廉政建设，营造风清气正的科技馆氛围。开展"亮身份、树形象"活动，党员佩戴党徽，展厅设立"党员示范岗"，把身份亮出来，把形象树起来。开展迎七一系列活动，组织党员干部参观"侵华日军第七三一部队遗址"，开展2017年度"先进党务工作者"及"优秀共产党员"的评选、迎七一徒步健身活动以及预备党员转正活动，2名预备党员转为正式党员。

3. 科技助力精准扶贫。按照《黑龙江省科协精准扶贫专家服务行动实施方案》总体部署，根据黑龙江省科协提出的"配合、协同、助力"的工作思路，黑龙江省科技馆3名精准扶贫工作联络员分别深入抚远、克东、同江进行实地考察、摸底调研，确定开展由扶贫工作首席专家主讲的新技术、新理念等相关培训和讲座，制作系列科普展览和海报画册，投放到社区广场和田间地头。充分发挥省科技馆科普设施和资源优势，策划安排当地科技馆开展中国流动科技馆黑龙江省巡展工作，按照"地方提想法，省馆出办法"的原则在展览规划设计、运营管理等方面支援对接市县科技馆建设。根据抚远市实际情况和需求，支持抚远市科技馆加入中国科协、中宣部、财政部的科技馆免费开放名单，协助场馆展览设计、内部装修改造，支援流动科技馆展品，年底前实现对公众免费开放。

大庆市科学技术馆

英 文 全 称：Daqing Science and Technology Museum
法 定 代 表 人：谢海川
联 系 电 话：0459-6676155
官 方 网 站：kjg.dqedu.net
行 政 主 管 单 位：大庆市科学技术协会
成 立（开放）日 期：2008 年 1 月 1 日
通 信 地 址：黑龙江省大庆市萨尔图区中宝路 66 号
已 加 入 专 业 委 员 会：中国自然科学博物馆协会科技馆专业委员会

一、科普活动与展览

1. 教育活动

单位：人次

序号	活动名称	活动时间	主要内容	活动形式	主要对象	参与人数
1	校园食品安全知识讲座	3 月 10 日	食品安全知识	讲座	青少年	400
2	全国科技工作者日活动	5 月 21 日	—	展品展示、座谈会	青少年、科技工作者	1500
3	小小志愿讲解员	8 月 16 日	讲解知识	授课	青少年	20
4	全国科普日暨金秋科普月	9 月 15 日	—	表演、展品展示	青少年	3500
5	大庆科普月暨大众创业万众创新	9 月 16 日	—	表演展示	青少年	4000

2. 流动科普设施

名称	年度巡展次数	类型	经费来源	运行方式
科普大篷车	32	展览、表演	免费科技馆补助资金	—

二、信息化建设

1. 官方网站浏览情况

日均浏览量 830 人次。

2. 新媒体运用

2017 年 12 月开通大庆科技馆微信公众号。

三、志愿者队伍建设

分类	服务岗位	人数	来源	服务时间
科普志愿者	场馆	45 人	大学生	节假日

四、运营情况

票务情况

是否免费开放	未免费开放场馆票种	未免费开放票价	观众人数
是	—	—	45.6 万人次 / 年

五、2017 年度大事记

3 月 10 日　大庆市科技馆携手龙凤区市场监督管理局，为大庆市三永学校初一全体师生开展了一次校园食品安全知识讲座。宣讲老师以实物展示和互动交流的方式，讲解了什么是"三无产品"以及食用后的危害，劝诫孩子们远离路边摊和垃圾食品。

3 月 2~17 日　大庆市科技馆精心组织了一场礼仪讲解团体友谊赛。此次比赛打磨了队伍，增进了彼此友谊，进一步提升了讲解员的职业素养和服务水平。

4 月 28 日　大庆市科技馆在第三届黑龙江省科普讲解大赛中喜获佳绩。科技馆讲解员刘嫣然和赵墨

大庆市科技活动周

华分别获得大赛二等奖和三等奖。刘嫣然继上届大赛之后再次获得"黑龙江省十佳科普使者"称号。

4 月 29 日至 5 月 1 日　3 天的五一小长假，大庆市科技馆游客数量激增，日平均接待量突破 3000 人次。在科技馆里游客不仅可以体验包罗万象的科普展项、4D 动感电影、IMAX 球幕电影，还可以参加精彩的科普实验、科普秀、DIY 手工制作等科普活动。

5 月 20 日　由大庆市科协、大庆市科技局、大庆市体育局、大庆市教育局主办的"2017 年大庆市科技活动周暨'三圈霸道杯'大庆模型运动锦标赛"在大庆市科技馆成功举行，300 余名师生和家长参加了活动。大庆市科技馆的机器人炫舞表演和大庆市模型运动协会 30 余项海、陆、空模型比赛吸引众人围观。此次活动激发了广大市民爱科学、学科学、用科学的热情，推动了大庆市科技活动的蓬勃发展。

5 月 20 日　在大庆市科协的组织下，来自大庆市五区四县的科技工作者在大庆科技馆开展首届全国科技

校园食品安全知识讲座

工作者日庆祝活动，座谈会上，广大科技工作者积极为大庆市科技工作进言献策，推动了大庆市科学普及、科技创新工作再上新台阶。大庆市科技馆邀请辛勤的科技工作者们观看了球幕电影，祝贺大家节日快乐。

5月20日下午　大庆市科技馆选送的作品《爱我中华，春颂大庆》（作者：大庆市科技馆 郝若文，朗诵者：大庆市科技馆 赵墨华）登上了大型诗歌朗诵会"五月放歌"的舞台。尽情抒发了当代年轻人对伟大祖国和美丽大庆的热爱之情，并取得作品二等奖，朗诵三等奖的优异成绩。

5月20日　大庆市科技馆受邀参加"2017年黑龙江省科技活动周闭幕式暨国家科普大赛获奖作品展播"，讲解员刘嫣然和马瑞表演的科普相声"给我一张纸"受到黑龙江省科协和省科学技术厅领导的一致好评，展示了大庆市科技馆员工较强的业务素质和能力。

6月1日　六一国际儿童节期间，大庆市科技馆积极筹备、精心策划，以较高的展品完好率和形式新颖、内容丰富的科普活动，让少年儿童度过了一个愉快、充实的节日，实现了智慧与年龄的共同成长。

6月28日至7月14日　大庆市科技馆对儿童乐园展区进行全面更新改造，新引进32套趣味性强、新颖独特的科普展项，并于7月15日全面对外开放。开放初期就吸引了众多游客前来参观、学习。

7月21日　大庆市科技馆邀请黑龙江省卫民安消防安全咨询中心宋教官为全体馆员开展一场别开生面的消防安全知识培训，进一步增强了全馆员工的消防安全意识，提高了每一位科技馆员工对预防、处置公共场所火灾事故的能力。

8月16~20日　大庆市科技馆免费"小小志愿讲解员"培训班面向全市青少年招生，课程包括：普通话培训、礼仪培训、讲解基本功培训等。最终，有7名学员光荣成为市科技馆的小小志愿讲解员，利用假期时间为游客提供义务讲解服务。该培训班不仅为孩子们提供了一个锻炼、展示自己的平台，同时培养了他们的志愿服务意识。

8月20日　暑假期间，大庆市科技馆依托DIY创意工作室，成功开展了一次"DIY成果展"，活动吸引了众多游客热情参与。孩子们亲手完成并展示了"火山喷发""肥皂快艇""水果电池""火箭发射器"等手工制作，学习到了丰富的科学知识，对科学产生了浓厚的兴趣。

9月15日　大庆市科技馆开展"助力龙凤区2017年全国科普日暨金秋科普月"活动，近千名师生观看了劲爆的机器人炫舞表演、大庆市科技馆DIY工作室的科学实验、机器人插件作品、机器人足球、航空模型、无人机驾驶技术的展示，近距离感受科技创新的无穷魅力。

9月16日　大庆市科技馆成功举行了"2017大庆'科普月'暨'大众创业 万众创新'"活动，活动现场内容丰富，科技氛围浓厚，活动包括了花式魔方表演、科学实验、环保创意时装秀、机器人舞蹈表演、DIY实验小课堂、创客小达人课堂、机器人和航模模型展示等多种元素，舞台两侧还为游客发放免费科普资料。活动现场气氛热烈，许多人都对这种形式的科技创新兴趣浓厚，纷纷参与其中。此次活动展示了科普特色、分享了科普成果，有力推动了科技创新的向前发展。

9月23~24日　在大庆市科技馆及相关单位的组织和配合下，第四届黑龙江省机器人运动大赛暨大庆市第二届青少年智力运动会在大庆师范学院成功举行。经过两天的激烈角逐，9个项目类别的17个竞赛项目分别产生冠、亚、季军。本次大赛有效推动黑龙江省教育事业、体育事业、科技事业的蓬勃发展。

10月1~8日　国庆、中秋双节来袭，大庆市科技馆共接待游客约2万人次，迎来了新一轮接待高峰。大庆市科技馆通过一系列丰富多彩的科普活动，吸引了不同年龄、不同爱好的游客积极参与。趣味实验、科普秀、DIY创意工作室、我是小小建筑师、3D打印机、VR蛋壳等琳琅满目的新奇展品和科普活动点燃了众多游客无限的求知欲望。大庆市科技馆成为广大市民的度假胜地。

10月26~27日　为了进一步提升一线员工的业务能力和服务水平，增强全馆员工的消防安全意识，大庆市科技馆开展了礼仪讲解

大庆市科技馆礼仪培训课走进四十二中

培训和消防知识培训。礼仪讲解培训要求"简单的事情重复做，重复的事情用心做"。消防知识培训要求大家熟记"四懂""四会""五个第一时间"的相关内容的同时，通过实际演练，教会大家防毒面具、灭火毯、逃生绳的使用方法，让大家受益匪浅。

11月17日　大庆市科技馆诚邀东北石油大学物理专业讲师开展了一次针对性较强的展品知识专题培训。老师利用科学、实用的培训方案，从理论知识讲座到场馆答疑，对辅导员平时自学中积存的难点和困惑进行了全面的指导，提高了科技馆辅导员的业务水平，强化了大庆市科技馆科普服务功能。

11月22日　大庆市科技馆走进大庆市第四十二中学开展讲解、礼仪知识专题培训。该校20名优秀的小小讲解员以及相关老师参加了此次培训。大庆市科技馆两位优秀的培训老师紧密配合，将理论知识和实际操练有机结合，分模块对标准普通话、口腔形态、展品讲解礼仪等展开训练。此次培训取得了良好效果，大庆市科技馆将不断深化礼仪培训课程，勇当文明使者，弘扬礼仪文化，传播民族美德。

12月1日　在由大庆市旅游局指导，网易新闻大庆频道承办的"大庆旅游十佳评选"活动中，大庆市科技馆光荣获评"大庆旅游十佳景区"。同时，该馆外联部副部长赵亮拟写的"天青水蓝，碧野千里。北国水乡，桃源生态"标语，以第三名的成绩获评"大庆旅游十佳宣传语"。

12月7日　"大庆市科协界政协委员贯彻十九大精神暨参政议政座谈会"在大庆市科学技术馆成功举办。大庆市科协界别第九届市政协委员鹿珍旺、张志军、王超群、贾厚东、全香兰、韦春波参加会议。

12月9日　大庆市科技馆团支部举办"树立正确导向，放飞青春梦想"主题团日活动，馆长谢海川参加活动。

12月13日　大庆市科技馆邀请大庆市公安消防萨尔图大队范警官，开展消防安全培训。

12月28日　大庆市科技馆被列为黑龙江省首批志愿服务示范单位。

六、2017年工作概述

大庆市科技馆于2016年3月划归市科协管理，3年累计争取国家专项补贴资金1086万元。科技馆集中进行了影院设备、展品展项更新和展厅改造，不断拓展青少年培训项目，丰富特色科普活动，加大员工培训力度，提升服务质量，树立窗口形象，倾力为市民打造了全新的参观、体验和学习的环境。

1. 基本概况

大庆市科技馆建筑面积1.05万平方米，总投资1.2亿元，是黑龙江省第二大馆，在全国地市级城市中居于

领先位置。科技馆由科普展厅和特效影院两大部分组成，科普展厅由儿童乐园、知识探秘、国防与科技等八大展区组成，有200套集声、光、电、磁、机械多学科、多门类展品；特效影院拥有国内最先进的4D动感影院设备、美国益世公司数字天象仪和加拿大IMAX世界顶级胶片球幕影院播放系统。

大庆市科技馆是大庆市未成年人思想道德教育基地，黑龙江省学雷锋志愿服务"首批示范单位"，全国中小学消防安全教育实践基地，大庆市级青年文明号，黑龙江省级青年文明号，大庆市"十佳"旅游景区，国家3A级旅游景区，省级科普教育示范场馆，中国少年科学院科普教育示范基地，国家级科普教育基地，中国自然科学博物馆协会会员单位，黑龙江省自然科学博物馆协会常务理事单位，第32届全国青少年科技创新大赛基层赛事优秀组织单位，中国自然科学博物馆协会"2017年度优秀集体"。

2. 健全完善管理制度，确保场馆高效运行

（1）健全管理制度，理顺完善管理体系。大庆市科技馆划归科协后建立健全了《科技馆制度汇编》《部门工作职责》《管理岗位职责》《员工考核办法》《员工培训方案》《应急消防预案》等各项管理规章制度。制度的建立使科技馆的工作有了理论指导和制度规范，各项工作依据流程规范操作，开展十分顺畅。

（2）强化安全管理，增强员工安全意识。大庆市科协高度重视科技馆安全工作，专门邀请市安监、消防专业人员进行安全隐患排查，多次协调市发改委、机关事务局对安全问题及时解决，消除了安全隐患，保证了科技馆安全有序运行。大庆市科技馆重视游客和场馆安全，强化内部安全管理工作，抓培训重演练防患于未然，侧重员工消防培训和游客应急疏散演练，让员工学习了解基本的消防知识，熟悉掌握消防器材和消防设施的使用方法，学会游客疏散演练的组织实施，一旦发生突发事件能够快速反应妥善应对，协调联动高效处置。

（3）加大宣传力度，扩大场馆社会影响。大庆市科技馆新建立了大庆科技馆官方网站和微信公众号，适时发布场馆时政动态、培训项目、活动内容，借助广播、报纸、电视等新闻媒体及时宣传展厅和影院最新科普资讯，让市民及时了解科技馆情况，吸引更多的市民参加科技馆的展览教育、培训和科普活动。通过多种渠道和灵活多样的形式推介、宣传科技馆，扩大科技馆的社会影响力，让政府投巨资打造的科普资源惠及更多的公众。

3. 树立品牌服务意识，营造良好的参观环境

（1）进行员工礼仪培训。强化员工牢固树立主动服务、热情服务、周到服务、规范服务的意识，提升了服务水平。把员工的礼仪培训和晨训常态化，要求员工使用标准文明用语，规范了员工站姿、坐姿、走姿和标准手势。按照新的接待标准和流程服务，员工的各项服务更加细致、精准、规范，游客的满意度大幅度提升。

（2）邀请专家专题讲座。邀请黑龙江省科技馆、省天文学会、东北石油大学专家教授为员工进行展品拓展和综合科普知识讲座，让员工了解国内外科技馆情况，掌握与工作相关的科普知识。与此同时还专门汇编了科技馆应知应会知识，要求全员学习掌握。通过一系列的培训，丰富了员工的知识储备。

（3）选派骨干赴外地学习，参加相关比赛。利用接待淡季选派业务骨干赴省内、外科技馆培训学习，通过深入岗位亲身体验的方式学接待、学服务、学管理，学习借鉴先进地区的好经验、好做法。在全市大型诗歌朗诵会"五月放歌"中，参赛员工作品和朗诵分获市级二、三等奖。员工撰写的标语，获评"大庆旅游十佳宣传语"。员工自编、自演的科普表演秀《给我一张纸》在全国大赛中排第12名，获得全国优秀奖。2016、2017年选派员工参加全省第二、三届科普讲解大赛，科技馆员工连续两届荣获"黑龙江省十佳科普使者"称号。通过参与一系列活动，员工的综合素质大大提升。

4. 科普活动丰富多彩，引领、惠及更多公众

（1）拓展新的培训项目。大庆市科技馆新开设了天文爱好者培训班，双休日由省天文学会讲师定时培训，开阔了青少年的视野，培养了探求知识的兴趣。开设了DIY工作室，由辅导员组织孩子亲自动手搭建制作，利用成果激发孩子的科学兴趣和创造精神。辅导员自编、自演15部科普剧和科学小实验，定时在小舞台展演，使科普培训内容更丰富、形式更灵活、趣味性更强，深受游客喜爱。同时还聘请科普、天文、海洋、医学、法学等知名专家定期为游客开展讲座和培训，让游客学到了多学科、多门类的知识，获得了意想不到的收获。

（2）丰富特色科普活动。大庆市科技馆定期举办航模、船模、车模表演赛，智能机器人、陆地足球机器人、智能"小胖"机器人表演赛，空中多旋翼无人机、3D打印表演等。定期组织天文观测活动，开展科普趣味知识竞赛、展品互动比赛、读书比赛等，为科技爱好者搭建相互切磋、交流学习的平台。异彩纷呈的科普活动与固定的展项互促互进，让孩子学习的内容更鲜活，拓展了学习的途径和渠道，让青少年获得了更加丰富的科普知识，激发他们从小爱科学、学科学、用科学的信念。

（3）开展流动科技馆活动。大庆市科技馆在接待旺季把游客和社会团体请进来、服好务，利用接待淡季走出去，借助科普大篷车将易搬运的移动展品、机器人表演、科普剧表演和3D电影送进校园、乡村、社区，扩大受众人群。

5. 利用好社会资源，搞好场馆改造升级

（1）规划实施好展项更新。按照科技馆的运行规律，一般运行5年左右需要开始进行逐步的更新改造。

大庆科普月暨大众创业万众创新活动

大庆市科技馆运行10年才开始更新，加之原来体制不顺，历史欠账较多，因而规划论证好更新改造更为重要。如何使有限的资金发挥更大的作用，每年更新改造都要节能挖潜充分论证，力求让新增展项更新颖独特，参与性、互动性、趣味性更强，展厅设计和环境布展更和谐美观。

（2）更新4D影院设备。原4D影院已满负荷运行11年，画面模糊、音响失真，特效不够，整个影院播放系统科技含量明显不足，需要更新改造。在市领导的支持帮助下，不需要市财政额外负担，拓宽渠道，新引进了一套国内先进的4D影院播放系统，为市财政节约资金143万元。另外经过多次沟通，实现了与省馆影片互换，租2部影片让市民看4部电影，每年为市财政节约资金100万元。

（3）充分利用社会资源。经过不懈努力，开展了多方合作。与市图书馆合作，开设MINI图书馆，为游客提供了多元化的服务。由市图书馆免费提供2000册价值10万元图书，并定期更新适合公众的图书，实现与市图书馆通借功能，让游客免费阅读、免费借阅。与石油科技馆合作，由石油科技馆出资35万元制作石油科普展项，免费在科技馆巡展。与市地震局合作，由市地震局出资120万元为科技馆创建了地震展区，命名为大庆市地震科普基地，市地震局每年还出资制作临时展项在科技馆展出。

按照2015年6月发布的中国科技馆建设标准，大庆市科技馆应设置工作人员58名，现有人员34名，其中在编4名、聘用30名。聘用人员占88.2%，工作人员缺口41.4%，人员不足流动性很大。科技馆克服了许多运行、安全和管理上的困难，强化运行岗工作人员责任意识，认真搞好服务和管理工作。节假日和接待旺季，采取抽调行政管理人员和聘请大学生志愿者的方式，协助做好接待服务和管理工作，每年为市财政节余资金85万元。

大庆市科技馆划归市科协以来，在市科协的正确领导和鼎力支持下，大庆市科技馆以更高的标准、更严的要求、更务实的作风推进各项工作迈向了新高度。场馆硬件设施明显改善，软件服务与管理显著提升，科技馆的展览教育功能得到了充分发挥，整体面貌呈现了新变化、新起色，市民认可度明显提高，游客参观量大幅度攀升。2016年以来，展厅年均游客接待量为40万人次，是2015年的10倍，影院年均观众量为10万人次，是2015年的20倍。

大庆科技馆在运行管理中，需要进一步提升服务意识，强化场馆安全管理，创新开发好新展项，积累运行管理经验，抓好班子带好队伍。在各级领导的关心指导下，在科技馆全体员工的不懈努力下，科技馆将会在完善城市功能，提升市民文化素质上做出更大的贡献。

江苏省科学技术馆

英 文 全 称：Jiangsu Science and Technology Museum
法 定 代 表 人：朱德祥
联 系 电 话：025-83759015
传　　　　真：025-83759015
官 方 网 站：www.jsstm.org.cn
行 政 主 管 单 位：江苏省广播电视总台（集团）
成立（开放）日期：2000 年 5 月
通 信 地 址：南京市鼓楼区石头城 118 号
已加入专业委员会：中国自然科学博物馆协会科技馆专业委
　　　　　　　　　员会、科普场馆特效影院专业委员会

一、科普活动与展览

1. 临时展览

单位：平方米，万人次

展览名称	起止日期	展出地点	面积	观众数量	性质
"遇见更好的你"心理展巡展	9 月 20 日至 11 月 26 日	江苏省科学技术馆	350	2.64	引进

2. 教育活动

单位：人次

序号	活动名称	活动时间	主要内容	活动形式	主要对象	参与人数
1	元旦"玩转科技馆迎新"活动	1 月 1~3 日	以"旋转的力量"为主题开展的系列活动	主题讲解、趣味实验、动手体验	青少年及亲子家庭	2500
2	迎新春精彩大放送："闻鸡起舞闹新春 击鼓以歌玩科学"	1 月 14 日至 2 月 12 日	"飞檐走壁追锦鸡"动手系列、"闻鸡起舞闹新春"互动游戏系列；欢乐"科学大放送"科学表演系列；新春"科学你我他"主题讲解系列等	动手体验、互动游戏、科学表演、主题讲解、特种电影等	公众	10000
3	清明假期活动："走进春天、放飞梦想"	4 月 2~4 日	"身边的科学小奥秘""当大人好还是当孩子好""飞行器的分类""科学达人"	动手体验、专题讲解、儿童辩论赛、科普小讲堂、趣味实验等	亲子家庭	2500
4	飞扬的五一假期	4 月 29 日至 5 月 1 日	飞扬的五一、演示讲解天天有、科学电影放不停	动手体验、科学实验、主题讲解、4D 电影	公众	2500

续表

序号	活动名称	活动时间	主要内容	活动形式	主要对象	参与人数
5	科普志愿者风采展示月暨2017年科普周活动	5月6~30日	馆内：在宁高校主题周 馆外：科普进校园、进社区	动手对对碰、趣味小实验、实验嘉年华、科普讲座、主题讲解	公众	10000
6	"科学面对面"中科院南京分院公益科学体验日	5月13日	"神奇的南极大陆""陨石的前世今生""恐龙王朝""修复化石""书签花中来""4D绘本自己做""VR体验""科学谜题""太阳观测"	科学共赏讲座 互动体验 天象观测	公众	1000
7	暑假活动：夏日科技绿茵	7月1日至8月30日	"绿茵上的科学大放送"系列、"绿茵上的科学体验营"系列、"绿茵上的科普志愿者"系列	题式辅导讲解 科学实验 科学表演 小小讲解员大赛 科学探究课 科普志愿者活动 4D电影	公众	20000
8	科普日活动：传递科学、分享快乐	9月16~22日	江苏省科学表演及实验巡演：科学面面观、交通安全你我他、科学小制作、科普进校园	科学表演及实验展示分享 参与体验活动 主题辅导讲解 动手实验	公众	15000
9	"国庆去江苏馆、遇见更好的你"	10月1~8日	四个系列：心理学主题活动、志愿者特别活动、科学你我他、4D电影大放送	心理学互动活动 主题讲解 动手体验活动 4D电影	公众	8000
10	"珠海生物探秘"研学活动	1月18~22日	以"生物探秘"为主题开展多种活动	户外考察、专题讲座、主题实验课程等	3~6年级学生	50余
11	"合肥文化历史探秘"研学活动	1月18~20日	以"文化历史探秘"为主题开展多种活动	户外考察、主题参观等	3~6年级学生	90余
12	"走进草原·亲近首都"研学活动	7月10~15日	以北京为根据地开展多种活动	户外考察、主题讲座、动手制作等	3~6年级学生	120余
13	"传承文化·快乐拓展"研学活动	7月3~6日、7月17~20日	以拓展探索为主题开展多种活动	户外考察、动手制作、拓展合作等	3~6年级学生	200余
14	"绅士淑女·GOLF成长"研学活动	7月31日至8月4日	以高尔夫为主题开展多种活动	体验活动、动手制作、成果展示等	3~6年级学生	100余
15	"寻根溯源——逐梦青春"台湾青少年科技文化研习营活动	—	台湾青少年来宁开展科技文化研习活动	参观考察、主题讲解、实验课程	台湾青少年学生及家长	200余
16	泰兴科普剧巡演	10月9~11日	结合环保局活动开展科普剧巡演进校园	科普剧表演	泰兴部分小学师生	近20000
17	科技馆活动进校园	10~11月	结合学校科技节开展相关活动	科普剧表演、科学动手课程	江浦实小、新世纪小学、行知小学、三牌楼小学等	近1000
18	学校兴趣班课程	2017年2~6月、2017年9月至2018年1月	结合学校要求开设课程	动手制作、兴趣班课程	紫竹苑小学、孝陵卫中心小学	200余

▨ 二、科研与学术

1. 承担项目

单位：万元

序号	项目名称	项目来源	项目级别	经费	负责人
1	"基于展品教育活动开发"培训课程研究	中国自然科学博物馆协会科技馆专委会	国家级	5	曾川宁
2	"学物理不难"教育课程项目	中国科协青少年科技活动中心	国家级	2	许 艳
3	2017年科普人员培训项目：科普科幻创作专题培训班	中国科协科普部	国家级	5	汪立祥
4	科普教育活动开发骨干培训班	江苏省科普场馆协会	省部级	3	曾川宁
5	优秀科学实验表演全省巡演	江苏省科普场馆协会	省部级	4.5	曾川宁
6	江苏省第五届科普剧汇演	江苏省文明办、教育厅等7家单位	省部级	36	曾川宁

2. 研究成果

序号	题目	作者	刊名	卷（期）号	期刊级别
1	《探索科技馆科普功能新的增长点》	王乐乐	《教育科学》	2017年第11期	国家级
2	《从互联网大会看科技馆发展的新契机》	王乐乐	《科研》	2017年第11期	国家级
3	《新媒体环境下科普人力资源管理的创新思考》	许 艳	《科协论坛》	2017年第5期	国家级
4	《基于新媒体环境下的科学传播浅析》	许 艳	《科协论坛》	2017年第11期	国家级
5	《探讨科技馆在青少年学生科学教育活动中的实践》	邱 腾	《科学大众》	2017年第3期	省级
6	《紧抓机遇 寻求发展——对"十三五"科技馆发展问题的一些思考》	邱 腾	《科学大众》	2017年第8期	省级
7	《社区开展青少年科普活动的必要性》	李 冉	《教育科学》	2017年第3期	国家级
8	《整合社区公共资源 培养青少年科学文化素质》	李 冉	《科协论坛》	2017年第7期	国家级
9	《关于科技馆科学教育活动中的创新理念和创新设计实践》	唐 颖	《报刊荟萃》	2017年第5期	省级
10	《科普场馆开展"馆校结合"活动浅析》	唐 颖	《科协论坛》	2017年第9期	国家级
11	《科普场馆之科学传播创新浅析》	钟 青	《科协论坛》	2017年第10期	国家级
12	《浅谈科普场馆之科学传播》	钟 青	《中国科技纵横》	2017年第21期	省级
13	《浅谈科普剧创作的主题选择》	钟 青	《科学大众》	2017年第12期	省级
14	《基于情境学习理论的静态展品活动设计——以"火山浮石探秘之旅"为例》	李云海	《自然科学博物馆研究》	2017年第2期	国家级

▨ 三、信息化建设

1. 官方网站浏览情况

日均点击量135人次。

2. 新媒体运用

官方新浪微博发布活动预告及场馆动态27条。

四、志愿者队伍建设

单位：人

分类	服务岗位	人数	来源	服务时间
科普讲解、科普活动	场馆主题展区、科学小玩家俱乐部、科学教室	400	在宁高校团队	2017 年 3~12 月

五、运营情况

票务情况

是否免费开放	未免费开放场馆票种	未免费开放票价	观众人数
是	—	—	15.5 万人次／年
其他票务信息说明	2008 年开始针对全国观众免门票开放		

六、2017 年度大事记

4 月 18~19 日　江苏科技馆与上海、安徽、福建、山东、山西、浙江六省一市的 30 家科普场馆 200 余名科技辅导员和科学表演者齐聚上海科技馆，参加由中国科学技术协会科学技术普及部、中国科技馆发展基金会、中国自然科学博物馆协会科技馆专业委员会联合主办的第五届全国科技馆辅导员大赛东部赛区预赛。

5 月科普周期间，江苏科技馆承办了江苏省科普场馆协会组织的全省"优秀科学实验、科学表演全省巡演"工作，巡演在省内 6 个城市进行。

特效电影展映开幕式

5 月 11 日　在第九个全国防灾减灾日来临之际，由江苏科技馆开发部设计并承建的南京地震科学馆正式对外开放。南京地震科学馆位于中山陵景区水榭以南，展陈面积 400 平方米，展馆以"科学防震"为主题，设置了序言、探究地震、解读地震、应对地震 4 个展区，是江苏省地震局 2016~2017 年度重点建设项目。南京地震科学馆是江苏科技馆开发部设计并承建的第六个地震科学馆，其整体设计与制作能力得到了业界的广泛认可。

5 月 13 日下午　穿戴南极科考装备、修复 4.7 亿年前的化石、动手制作压花书签……中科院南京分院第二届科学互动体验主题活动——"中科院南京分院科学面对面"活动在江苏科技馆举办，500 多名孩子和家长到场开启科普之旅。

7 月 17 日上午　由江苏省台湾事务办公室、江苏省广播电视总台、江苏中华文化学院主办，江苏省科技馆承办的"寻根溯源——逐梦青春"台湾青少年科技文化研习营活动在南京中山陵孙中山纪念馆正式开营。江苏省台办副主任张为、省广播电视总台副台长顾建国、江苏中华文化学院党组副书记（副院长）唐旭明、台湾中华交流协会副理事长陈威丞、南京市台湾事务办公室主任曹劲松、中山陵园管理局局长李真等出席开营仪式。

江苏科技馆全貌

江苏省广播电视总台副台长顾建国主持了开营仪式。新北江翠小学等四所台湾小学以及南京理工实验小学共计300人参加了开营仪式。

7月21日下午　江苏科技馆工会组织员工进行了亲子烘焙活动——制作比萨。这次烘焙系列活动受到了员工的热烈欢迎。

9月22日　"儿童道路安全体验中心——南京馆"在江苏科技馆建成运行。"大众汽车儿童道路安全体验中心——南京馆"是江苏科技馆和南京同心未成年人保护与服务中心合作承建运行的儿童公益项目。该项目由中国妇女发展基金会和大众汽车集团（中国）主办，旨在"宣教儿童乘车和出行安全知识，倡导公众对儿童交通安全的观念与行为的正向改变，促进地方和国家层面的立法与政策保护"，通过和当地妇联、公安、教育、民政、团市委等部门的通力合作，对社区、幼儿园、小学、医院、媒体等单位进行宣传推广，家长和适龄儿童积极参与中心开展的课堂和体验活动，快速提升道路安全意识，增进城市道路交通安全文明，为从根本上消除儿童出行中存在的安全隐患发挥积极作用。

10月16~20日　由中国科协主办，江苏科技馆承办的"中国科协2017年科普人员培训科普科幻创作专题班"顺利开班。江苏科技馆馆长汪立祥主持开班仪式，并邀请中国科技出版社党委书记辛兵和江苏省科协副主席冯少东出席。本次培训班重点围绕满足科普事业和科普产业发展的需要，旨在帮助学员更好地解读国际国内科普创作的新形式和发展的新动态，协助学员拓宽视野、更新创作理念、创新形式和提升业务素质，引导学员充分运用互联网与新媒体手段更好地开展科普科幻创作工作。培训班为期5天，来自全国各地科协、省级学会及高校科协推荐学员等共计43人参加了本次培训。

11月22日　中国科技馆发展基金会第四届科技馆发展奖颁奖活动暨2017年农村中学科技馆交流培训会在中国科技馆举行。江苏科技馆许艳荣获2017年度科技馆"辅导奖"，该馆推荐的来自南京东山外国学校的小小讲解员袁野同学荣获2016年度科技馆"创意奖·提名奖"。

12月11日　江苏省广播电视总台副台长顾建国一行来江苏科技馆调研，江苏科技馆馆长汪立祥，科技馆班子成员袁亚平、曾川宁、张芳以及部门负责人参加调研会议。会上，汪馆长详细介绍了2017年度该馆工作业绩和增长点，以及目前面临的问题。面对新的经济增长点，顾台长表示肯定，并指出发展的新方向。会上，针对科技馆存在的困难顾台长作了重要指示。

12月27日　由江苏省文明办、教育厅、文化厅、科协、科技厅、团省委、省广电总台主办，江苏科技馆承办的江苏省第五届科普剧汇演活动优秀科普剧汇演颁奖典礼在江苏广电总台800演播厅举行，孩子们表演的充满知识性和趣味性的科普剧让人耳目一新。

2017年　江苏科技馆荣获中国自然博物馆协会科普场馆特效影院专业委员会先进集体称号；江苏省科普场馆协会"科普志愿者风采展示月"十佳品牌活动；"寻根溯源——逐梦青春"台湾青少年科技文化研习营活动被评为总台优秀项目。

七、2017年工作概述

2017年，江苏科技馆在总台党委的领导下，深入学习贯彻党的十九大报告和习近平总书记系列重要讲话精神，认真贯彻落实中央书记处和国务院对公民科学素质建设和科普工作的指示要求，按照《全民科学素质行动计划纲要实施方案（2016~2020年）》《中国科协科普发展规划（2016~2020年）》《中国科协2017年科普工作要点》和江苏省广播电视总台下达的《江苏科技馆2017年度目标责任书》和《江苏科技馆2017年度党风廉政建设和领导干部廉洁从业目标责任书》的工作布置和要求，自觉融入全省科普工作大局，以服务全民科学素质提升、服务创新驱动发展战略为工作目标，进一步提升科普教育能力、提高科普产业效益、提升管理

江苏科技馆主入口正面图

工作效能、提高技术保障服务水平和增强组织文化力量，促进自身良性生存和可持续发展，为该省全民科学素质的提升贡献了一份力量。

（一）创新形式、打造品牌，科普教育能力进一步提升

2017年科技馆免费对公众开放270天，实现全年"安全无事故、服务零投诉"，充分发挥自身优势，不断开发科普资源，组织开展了各类特色科普活动。迄今为止，全年免费接待观众达15.5万人次以上，组织大型品牌活动8次，公益科普专题讲座8次，开展科学实验课和科学表演100余场，"科技馆活动进校园"走进南京市多所学校，还开展送科普进社区活动，在各类新闻媒体宣传和传播科普，报道50余次。该馆坚持以活动创品牌，为促进社会公众科学素质的提高发挥了应有的作用并取得了显著成效。

1. 科普教育品牌，扩大科普教育受众规模

（1）5月"科普志愿者风采展"品牌活动，为期28天的2017年科普志愿者风采展示月以及与中科院南京分院联合推出的第二届"科学面对面"活动顺利完成。参与高校7所、参与大学生志愿者274人，专家志愿者20余人，广播电视报纸报道及微信推送累计41次；参与活动的各媒体小记者团队28批次。科技馆、紫金山天文台、中山植物园、古生物博物馆等专家、老师为大家带来了各类科学观测与互动实验，现场有500余人参与该馆科学讲座、探索科学等科普活动，增强科普互动效果，受到公众的一致好评。

（2）江苏省科普周专题活动。该馆承办了省科普场馆协会组织的"优秀科学实验、科学表演全省巡演"工作，科普活动巡演在江苏省6个城市进行。参加全国科普日南京市文艺汇演工作，科普周期间，该馆讲解员受邀参加南京地震馆开馆讲解、南通市通州区科普周启动仪式讲解引导工作。

（3）暑假开展了"夏日科技绿茵"系列品牌活动，组织策划三项活动：绿茵上科学大放送、绿茵上科学体验营、绿茵上科普志愿者。每周末开展公益科普项目"科学实验室""科学小舞台"；组织开展特色科学探究课"课本中的科学世界""学物理不难""说诗词玩科学"，以及"玩转科技馆""语文课里的精彩""天文零距离"三期探究体验课。志愿者南京信息工程大学物电院专场暑期社会实践活动走进科技馆，中国药科大学理学院专场"走进植物的世界"参观药学博物馆等活动。

（4）成功举办第八届"小小讲解员"活动，组织海选、初级培训、预赛、决赛培训和决赛，共有50余名选手参与此活动，评选出"十佳小小讲解员"，他们在节假日期间为广大观众提供科普讲解。

（5）全国科普日期间举办临时展览"遇见更好的你——心理学专题展"，该馆成为"崇尚科学、抵制迷信"中国科学探索中心江苏分中心，就专题临展与中科院心理研究所、中国心理学会科普工作委员会合作，提供相关课程、活动材料及专家团队支持。国庆假期结合临展主题后续推出8个科普活动。

"寻根溯源——逐梦青春"台湾青少年科技文化研习营

（6）7月17日上午，由江苏省台办、江苏省广播电视总台、江苏中华文化学院主办，江苏省科学技术馆承办的"寻根溯源 逐梦青春"——2017台湾青少年科技文化研习营活动在南京中山陵孙中山纪念馆正式开营。江苏省台湾事务办公室副主任张为，江苏省广播电视总台副台长顾建国，江苏中华文化学院（江苏省社会主义学院）党组副书记，副院长唐旭明，台湾中华交流协会副理事长陈威丞、南京市台湾事务办公室主任曹劲松、中山陵园管理局局长李真等出席开营仪式。江苏省广播电视总台副台长顾建国主持了开营仪式。来自新北江翠小学等四所台湾小学以及南京理工实验小学共计300人共同参加开营仪式。此次文化研习营活动从7月15日起至7月20日闭营，通过一周的亲身感受，以及在南京市理工大学实验小学共同举办两岸师生"同上一堂文化课"文化交流等活动。台湾学生对江苏产生感性而深刻的认识。来自台湾的师生也表示，希望此行，能让孩子们领略大陆美景、了解南京文化，并且通过与大陆朋友的沟通交流开阔眼界，收获友谊，拉近彼此的距离。

（7）"大众汽车儿童道路安全体验中心——南京馆"在江苏科技馆开馆，该馆是江苏科技馆和南京同心未成年人保护与服务中心精诚合作、协力承建运行的儿童公益项目。建在该馆三楼的"南京馆"是"大众汽车儿童道路安全体验中心"项目计划在全国建设的13个城市馆中的第九个。南京同心未成年人保护与服务中心通过竞争性谈判，取得了南京馆的承办资格，江苏科技馆本着服务公益事业和积极吸纳社会力量加强场馆教育资源建设，更好地服务公众的宗旨，同南京同心未成年人保护和服务中心友好合作，为"南京馆"无偿提供场地、负责设计和建设、负责活动课程的开发和开放运行。在主办方、承办方和南京市相关部门的支持下，"南京馆"已于9月1日建成和试运行，并于国庆节前正式开馆。该馆建成和运行，为江苏科技馆新增了儿童交通安全科普教育的阵地，为南京的儿童们提供了具有宣传教育和互动体验功能的公益性道路安全体验场所。

（8）由江苏省文明办、教育厅、文化厅、科协、科技厅、团省委、省广电总台主办，该馆承办的第五届江苏省优秀科普剧汇演活动在4月启动，年底在总台演播厅进行颁奖汇演活动。

2. 依托场馆资源，开展特色馆校教育活动

以"节假日有重点活动、寒暑假有系列活动、全年活动常态化"为指导，策划实施科普教育活动。紧跟社会热点，深挖科学内涵，创新表现形式，增强活动吸引力。

（1）开展馆内各类科普活动。春节期间策划"闻鸡起舞闹新春——科普大联欢"，其中动物模仿秀"闻鸡起舞"；新春故事会"鸡的前世今生"；自然探究营"鸡眼看世界"；金鸡闹科学"小鸡不好惹"；"科学你我他"和特色科学动手做"天文零距离"等活动顺利展开；3~6月，科普志愿者发挥阵地作用连续来馆开展各项活动40余次，其中3月12日国际天文馆日，江苏科技馆联合紫金山天文台、《金陵晚报》推出"我们的太阳"专场活动；新推出"诗词里的科学"两场樱花、风筝主题活动、科学动手实验"点水成冰"等特别活动。圆满完成2017年科普日及中秋节活动，做好国庆"遇见更好的你"各项主题科学活动。

（2）科普活动进校园。其中策划实施瑞金路小学科技节：为3至6年级803名学生开展科学动手制作，为全校1200名师生表演科普剧和科学实验；走进南京市锁金村二小、力学小学、树人小学、行知实验学校、浦口幼儿园表演科普剧；完成中央二套委托卫视拍摄的"青少年暑期活动"，并在中央二套分两次播出，还与"直播大蓝鲸"合作，亮相在线直播。媒体合作方面，与《扬子晚报》社区行版块开展"爱心售报志愿者关爱新市民子女活动"；联合紫金山天文台、南京市巡星会开展"南京天文科普历史研讨会"活动；与《南京日报》《扬子晚报》《金陵晚报》合作暑期"科学体验营"；5月25日联合江苏健康频道开展"防蚊香囊"制作进汇林绿洲社区活动。

（3）暑期对外合作及科普工作。继续做好大学生科普志愿者工作，丰富暑期场馆活动。来自中国药科大学、南京信息工程大学、南京航空航天大学等高校科普志愿者，连续4周在馆内开展了丰富多彩的暑期社会实践活动。此外，还对南京信息工程大学科学传播专业研究生"扎染"和"纺织机"两个专题动手项目进行实施前指导和改进，并在暑期向公众推出。南京信息工程大学物电院专场暑期社会实践活动内容包括裸眼3D、尖端放电、饮水鸟、磁生电、水中花园、制作彩虹、水果电池、水火箭等。中国药科大学理学院活动内容包括铁铜置换、水中花园、测维生素C、茶水–墨水–茶水、牛奶变色、蛋白留痕、大象牙膏等科学实验。

（4）开展各类"科技馆活动进校园"活动以及单位的社会实践活动，搭建并维护资源网络。为南京市紫竹苑小学开展快乐兴趣班系列教学活动。从周一到周五，共有皮影、衍纸、京剧脸谱等7个科目100余名学生乐在其中；在展教部的配合下为江浦地区3所学校4000余名师生带去了精彩的"魔法系列实验"科学表演，反响热烈。针对成人活动特点，为相关单位专门设计开展学习交流活动。2016年该馆为中意保险公司江苏省公司赴北京学习交流提供全程服务。2017年为他们赴成都学习交流再次编排设计，为47人全程活动提供服务，得到该公司的肯定。牵头组织，为相关单位的职工工会活动提供精彩内容，先后开展了面向合作单位职工的烹饪、太极拳活动，结合廉政教育设计彩绘活动等，吸引了200余名职工踊跃参与体验。与市电力公司合作，承办其高压电工上岗证的培训项目，提供相关教学组织协调等配套服务。暑期开展草原北京6天夏令营活动、宜兴苏州4天夏令营活动及泰州高尔夫5天夏令营活动；策划、组织、实施南京理工实验小学赴台湾修学交流等活动。

（二）开拓市场、创建品牌，提升科普产业规模和效益

为确保全年产业经营目标任务的顺利完成，该馆积极开拓经营市场，全年截至目前创收1160.52万元。

1. 在科普展品经营市场方面，科普开发部以场馆设计与建设为主要工作方向。新增并完成如东气象科普馆项目，完成南京地震科学馆的整体承建项目、丰县经济开发区展示馆项目，完成镇江地震科普馆的升级改造项目，完成科技馆儿童道路安全体验中心板桥二期项目审计，中标南湖二中项目和徐州工程学院项目，清理回收了山小、凤小、石小、汤泉气象项目的质保金，并分别为江苏省地震局、徐州市地震局、徐州气象局完成了办公文化的设计，完成张家港梁丰中学科学长廊的版式设计，完成宿迁气象局科普馆第一轮概念设计。完成徐州工程学院抗震展馆设计，南湖二中"科学工坊"开工，做好以往承建场馆的例行维护工作。

2. 精心策划、有效宣传、拓展江苏科技馆科普文化交流和科普冬、夏令营品牌活动。对外联络与培训部策划、组织、实施2017年暑假草原北京6天夏令营活动、宜兴苏州4天夏令营活动及泰州高尔夫5天夏令营活动；策划、组织、实施南京理工实验小学赴台湾修学交流活动；实施2017"寻根溯源——逐梦青春"台湾青少年科技文化研习营活动，5项活动共计700余人参加。配合素质教育的开展，科学教育及培训结合学校需求，开展特色"科技馆活动进校园"活动，发挥场馆职能，搭建与学校、合作单位的良好沟通桥梁。继续向学校推广，开展武术、书法、软陶、围棋、机关王等兴趣班课程。面向公司工会开展茶艺、运动指导、花艺、化妆等课程。

3. 规范、安全地做好房产经营和台内理财业务，取得房产经营收入实现了资产的经营增值，补充了人员、经费的缺口。

4. 积极主动地争取政府、行业相关活动和项目工作任务，既为重大项目工作的开展提供了经济基础，又为馆里缓解了事业经费不足的压力。

（三）科普工作取得新成效

1. 江苏科技馆强化公益、坚持服务社会，在《科学素质纲要》实施工作中做出了积极贡献和显著成绩。积极备战行业大赛及各行业务评比，并荣获佳绩。上半年研发获批中国科协2017年科普人员培训项目"科普科幻创作专题培训"、全国科技馆专业委员会教育项目"基于展品的教育活动开发"；《回梦游仙》荣获第五届全国科技馆辅导员大赛东部赛区科学表演一等奖、全国决赛三等奖;"隐形力量"荣获东部赛区科学实验三等奖;"气压总动员"荣获东部赛区科学实验优秀奖;"学物理不难"入围"2017年科普场馆科学教育项目培育项目";"认识我们的身体"项目参加2017年津苏校外教育系统活动案例交流论坛江苏地区现场交流评比活动,获特等奖,入围10月的展示评审环节。

2. 加强对外合作,搭建展示平台,逐渐增强科普凝聚力。江苏省科技馆志愿者讲解队中来自南航6院冯赵鹏同学代表江苏省科技馆参加了南京市科普讲解大赛,在52名选手中位列第14名,获得三等奖。

3. 2017年5月11日,在第九个全国防灾减灾日来临之际,由江苏省科技馆开发设计并承建的南京地震科学馆正式对外开放。南京地震科学馆位于中山陵景区水榭以南,展陈面积400平方米,展馆采用"主题展开式"设计模式,以"科学防震"为主题,设置了序言、探究地震、解读地震、应对地震4个展区,是江苏省地震局2016~2017年度重点建设项目。整体设计与制作能力得到了业界的广泛认可。

4. 为全面推动科普人才队伍建设,江苏科技馆承办中国科协"2017年科普人员培训科普科幻创作专题班",参与江苏省科普场馆协会"省科普场馆教育活动开发骨干培训班"的课程设计和培训前后学员的业务交流等工作。

5. 11月8~10日,由天津市少年儿童校外教育研究会、天津市教育学会校外教育专业委员会、江苏省教育学会校外教育专业委员会共同主办的"2017第九届津苏校外教育教学活动交流论坛"在江苏省常州市青少年活动中心顺利举行。江苏科技馆原创科学教育活动"认识我们的身体"荣获"最佳交流成果奖"。

6. 11月22日,中国科技馆发展基金会第四届科技馆发展奖颁奖活动暨2017年农村中学科技馆交流培训会在中国科技馆举行。本次科技馆发展奖颁奖活动含2017年"辅导奖""展品奖"、2016年"展览奖""创意奖""贡献奖"共5个子奖项及其提名奖。江苏科技馆辅导员许艳荣获2017年度科技馆"辅导奖",该馆推荐的来自南京东山外国语学校的小小讲解员袁野同学荣获2016年度科技馆"创意奖·提名奖"。

7. 11月29~30日,"2017年全国科学实验展演汇演"在北京举行,江苏科技馆选送"小火柴大力士""离心不离力"两个项目,代表江苏队出征汇演。"小火柴大力士"项目以大家熟悉的身边物品为实验材料,现场用2根火柴和2根红绳吊起9瓶矿泉水,巧妙地展示出三角形这一稳定结构的科学原理。经过激烈地角逐,该项目在20多个省份及澳门的69组科学实验秀队伍中脱颖而出,荣获"2017年全国科学实验展演汇演"三等奖;"离心不离力"项目荣获本次比赛优秀奖。

8. 2017年江苏科技馆荣获中国自然科学博物馆协会影视专业委员会先进集体称号;江苏省科普场馆协会"科普志愿者风采展示月"十佳品牌活动;2017年"寻根溯源——逐梦青春"台湾青少年科技文化研习营活动被评为总台优秀项目。

南京科技馆

英　文　全　称：Nanjing Science and Technology Museum
法 定 代 表 人：张天宝
联　系　电　话：025-58076118
传　　　　　真：025-58076184
官　方　网　站：www.njstm.org.cn
行 政 主 管 单 位：南京市科学技术协会
成 立（开放）日 期：2005 年 10 月
通　信　地　址：江苏省南京市雨花台区紫荆花路 9 号
已加入专业委员会：中国自然科学博物馆协会科技馆专业委员会

▓ 一、科普活动与展览

1. 临时展览

单位：平方米、万人次

序号	展览名称	起止日期	展出地点	面积	观众数量	性质
1	"遇见更好的你"心理学主题展览	4~6 月	主体馆一楼	800	21	引进
2	儿童印象——幼儿主题创意作品展	6 月 21~23 日	序厅	600	0.5	联合
3	南京市民新能源汽车科普展	7 月 22~26 日	序厅	600	2	引进
4	虚拟现实技术科普展	8~11 月	主体馆一楼	800	23	引进
5	智混动环保科技科普展	8 月 19 日	序厅	600	0.5	引进
6	2017 百度人工智能巡展南京站	9 月 9~10 日	礼仪广场	1500	1	引进
7	"i 宝"儿童机器人展览	9 月至今	二楼机器人展区	100	20	引进

2. 教育活动

单位：人次

序号	活动名称	活动时间	主要内容	活动形式	主要对象	参与人数
1	定时讲解	周三至周日 每天 2 次	展项展项 讲解、演示	科普活动	一般观众	约 30000
2	科学实验秀	周六、周日 每天 1 场 春、秋游加演	科学表演	科普活动	一般观众	约 20000

序号	活动名称	活动时间	主要内容	活动形式	主要对象	参与人数
3	玩转科学课	周六、周日每天1场	科学原理诠释	科学课堂	一般观众	约20000
4	科学实验进校园	全年平均每月1次	科学实验课程走进中小学校园	科学课堂	中小学生	5000
5	"跟我玩科学"科学探究课	周末及法定节假日	基于展品,以STEAM教学理念为指导开发的培训课程	科学课堂	儿童	102
6	小学生科学素养课程	每学期6次	馆校合作定制科学课程	科学课堂	小学生	2500
7	"保护穿山甲"公益活动	2月18日	环保主题活动	科普活动	一般观众	3400
8	安全家科普公益活动	3月18日	安全科普活动	科普活动	一般观众	400
9	"世界气象日"科普公益活动	3月23日	以观云识天为主题普及气象知识	科普活动	一般观众	500
10	自闭症儿童参观科技馆	4月2日	关爱自闭症儿童	科普活动	自闭症儿童	15
11	溧水高级中学科技节开幕	4月8日	科学表演	科普活动	中学生	500
12	2017菠萝科学节百城联动人工智能大挑战	4月16日	浙江科技馆发起的百城联动线上线下活动	科普活动	一般观众	5000
13	小天鹅幼儿园科技节	4月27日	科学表演	科普活动	幼儿	400
14	母亲节主题活动	5月17日	"同游科技馆 感受新生活"社区邻里节暨母亲节主题活动	科普活动	母亲	50
15	携手爱心妈妈关注儿童成长	5月20日	参观游览、观看科普影片	科普活动	儿童	40
16	科普周活动	5月20~27日	以"科技强国 创新圆梦"为主题,有展品、展览、展教等科普内容	科普活动	一般观众	32500
17	科技馆奇妙夜	5月27日	科学探秘生活体验	科普活动	亲子家庭	400
18	全国科技工作者日活动	6月2日	观看科普展览和科普影片	科普活动	科技工作者	340
19	南京市中小学生社会实践活动	4~6月	学生社会实践	科普活动	中小学生	50000
20	科技创新之旅夏令营活动	7月12日	参观场馆、观看科普影片、科学实验、动手制作等	科普活动	儿童	150
21	"七彩梦"公益科技夏令营活动	7月5日	参观场馆、观看科普影片、科学实验	科普活动	儿童	70
22	2017海峡两岸青少年夏令营活动	7月15日	参观场馆、观看科普影片、科学实验	科普活动	台湾青少年	100
23	VR虚拟现实技术讲座	8月11日	介绍VR技术前沿技术趋势、产业培育与发展	科普讲座	一般观众	200
24	第二届全国青少年陆地机器人大赛	8月18日	以"运动炫科技,智慧赢未来"为主题,分科学主题创意赛、障碍接力赛、竞速赛3项	科技竞赛	青少年	600

序号	活动名称	活动时间	主要内容	活动形式	主要对象	参与人数
25	博物馆与学校合作的有效模式讲座	9月16日	馆校结合工作专题讲座	科普讲座	科普工作者	150
26	宝镇教育十周年庆典活动	9月23日	音乐和游戏活动	科普活动	儿童	1000
27	首届江苏省优秀科学实验、科学表演项目巡演	9月27日	全省各家科技馆优秀科普剧目展演活动	科学表演	小学生	800
29	2017年全国科普日活动	9月16日	科普文艺汇演	科普活动	一般观众	500
30	2017江苏省凤凰EQ教育机器人大赛	10月14日	比赛分为遥控竞速、挑战迷宫、垃圾分类、快递包裹、送迷路者回家、机器人创意设计等项目	科技竞赛	青少年	700
31	创新创业、富民强国科普讲座	10月19日	创新创业、富民强国科普讲座	科普讲座	一般观众	300
32	人工智能讲座	10月19日	介绍人工智能的发展现状和未来	科普讲座	一般观众	300
33	"悦读彩虹"疯狂万圣节活动	10月28日	"鬼脸变变变""手作DIY""南瓜在哪里""神秘小黑屋""魔法巫婆汤"等游戏	科普活动	亲子家庭	1000
34	第二十九届"金钥匙"科技竞赛（南京地区）团体赛	4~10月	承办市级、省级比赛	科技竞赛	中小学生	1500
35	智能制造之实践	11月3日	智能制造的理论和实践	科普讲座	科技工作者	300
36	智能金属知识讲座	11月3日	智能金属增材制造装备的发展现状及未来	科普讲座	科技工作者	300
37	未来智能工厂讲座	11月3日	介绍智能工厂总体规划及实施指南	科普讲座	科技工作者	300
38	南京市第二十三届中小学师生科技创新大赛	4~11月	组织市级比赛，带领南京市代表队选送优秀作品参加省科创赛	科技竞赛	中小学生	500

3. 流动科普设施

名称	年度巡展次数	类型	经费来源	运行方式
科普大篷车	30次	Ⅱ型	国家财政地方自筹	科普大篷车"进校园、进社区、进乡村"

4. 研究成果

序号	题目	作者	刊名	卷（期）号	期刊级别
1	《科普场馆教育活动如何促进儿童科学概念的形成》	张辉	《中国科普理论与实践探索——第二十四届全国科普研讨会暨第九届"馆校结合科学教育"论坛论文集》	2017年	国家级
2	《全新思维视角下的探究式教学设计》	徐天姣	《自然科学博物馆研究》	—	国家级

二、信息化建设

1. 官方网站浏览情况

2017 年南京科技馆官方网站日均浏览量为 3056 人次，全年点击次数共 111.53 万次。

2. 展品信息化工作

（1）展品信息化方面

半数以上的展品实现了信息化，以液晶屏、数字投影设备等方式进行呈现；大部分展品都可以通过传感器等装置借助数字技术实现人机互动，一些展品采用 AR、VR 技术，全息投影技术等，增强人们对展品的切身体验，帮助理解科学原理，激发青少年对科学的探索精神。各展区监控全覆盖，并有专人值班，24 小时监控视频影像。

2017 年初建成开放的"机器人世界"新展区包括迎宾机器人、"钢琴王子"、机器人书画家、"劲舞天团"、"机器人武士"、工业机械臂生产线、机器鱼、"买卖提"售卖机器人、无人机家族、古代机器人等 10 多件机器人展品，这批新展品 90% 均为信息化展品。

（2）网络科普信息化

南京科技馆拥有自己的官方网站，并与金陵科技学院合作开发了线上虚拟科技馆，目前已完成了三楼动漫体验馆的 3D 全景展示。南京科技馆还积极利用新媒体，开通了官方微博、微信公众号，并尝试在举办科普活动时开展网络直播。新增多媒体科普互动阅览大屏，通过触摸屏建设和互联网的接入，方便游客查询科普信息，同时保证信息的及时更新，传递最新的科普讯息。

3. 新媒体运用

2017 年对南京科技馆官网实施了改版，优化网站结构、增加平台功能，将科技馆官网打造成一个科普信息齐全、用户体验优良、贴近群众需求的综合性平台。全年官网共发布信息 391 条，图片 1200 多幅，用户访问量超过 111 万人次。官网官微无缝对接，在微信上可以直接点击进入官网主页。2017 年微博和微信全年共发信息 326 条，还尝试网络直播，与上千名粉丝交流互动，三大平台常规用户近 2 万人。同时利用馆内 12 块多媒体科普互动阅览屏发布通知讯息。

三、志愿者队伍建设

单位：人

分类	服务岗位	人数	来源	服务时间
学生志愿者	展区辅导员	100	院校	双休日、节假日寒暑假、重大活动期间
学生志愿者和社会志愿者	游客疏导	150	院校、社会	
	后勤	50		

四、运营情况

票务情况

是否免费开放	未免费开放场馆票种	未免费开放票价	观众人数
是	—	—	79.4 万人次 / 年
其他票务信息说明	免费开放仅免门票，科普电影、游乐设施仍要收费（收费标准与以往一样）		

五、2017 年度大事记

1 月　每周末 科学实验秀《魔镜魔镜》和玩转科学课《浮与沉》。

1 月 11 日　举办南京科技馆展教风采大赛。

1 月 22 日至 2 月 2 日　开展新春特别活动《"年"的传说》。

1 月 25 日　召开 2016 年总结大会暨优秀员工经验交流大会。

1 月 31 日　机器人新展区向游客开放。

2 月每周末　科学实验秀《水魔法学院》。

2 月 18 日　举行"保护穿山甲行动"科普公益活动启动仪式。

2 月 23 日　科学实验秀《水魔法学院》走进南京市小行小学。

3 月每周末　科学实验秀《纸坚强》和玩转科学课《奇妙的旋转》。

3 月 9 日　南京科技馆"S&S"科学教育活动走进岱山实验小学。

3 月 10 日　召开南京市第 29 届金钥匙科技竞赛工作协调会。

3 月 15 日　"指尖上的科学·流动科技馆"科普大篷车走进南京市十三中红山分校。

3 月 18~19 日　"世界气象日"大学生志愿者公益活动。

3 月 24 日　南京市委副秘书长邵建光调研南京科技馆。

3 月 29 日　"指尖上的科学·流动科技馆"科普大篷车走进南京市瑞金路小学。

4 月　组建南京科技馆志愿者服务队伍。

4 月 1 日　自闭症儿童游南京科技馆公益活动。

4 月 2 日至 6 月 15 日　举办《遇见更好的你》心理学专题展览。

4 月 8 日　《现代快报》小记者参观科技馆。

4 月 8 日　为江苏省溧水高级中学第六届校科技节举办专场活动。

4 月 16 日　参加浙江省科技馆 2017 菠萝科学节百城联动人工智能大挑战网络直播答题活动。

4 月 14~16 日　带领南京市代表队参加江苏省科技创新大赛。

4 月 17~19 日　参加第五届全国科技馆辅导员大赛东部赛区预赛。

4 月 27 日　参加南京小天鹅幼儿园第二届科技节并举办科技教育签约挂牌仪式。

4 月 29 日　机器人展区新增两套机器人。

5 月 6~7 日　南京科技馆组队参加南京市中小学机器人竞赛并获奖。

5 月 17 日　开展母亲节主题活动。

5 月 17 日　科普大篷车走进南京市六合区冶山小学。

5 月 20 日　开展"携手爱心妈妈，关注儿童成长"主题活动。

5 月 24 日　接待淮安市清江浦区科协来馆参观。

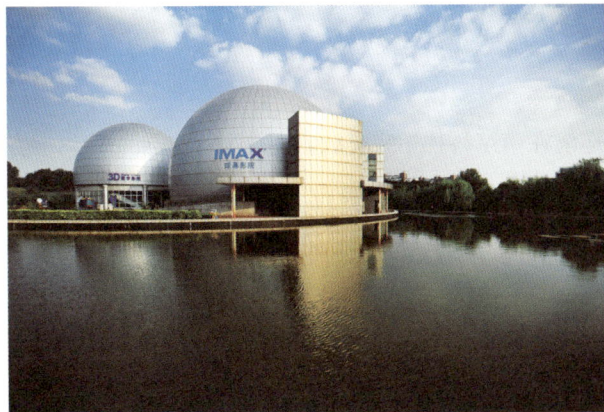

南京科技馆科技影院　———　　———　南京科技馆主体馆

5月24日　接待福建龙岩市科协来馆参观。

5月25日　参加2017年全国科技工作者日、全国科技活动周暨江苏省第二十九届科普宣传周主场活动。

5月25日　"指尖上的科学流动科技馆"科普大篷车走进南湖社区。

5月30日　举办首个"全国科技工作者日"专场科普活动。

6月1日　"指尖上的科学流动科技馆"科普大篷车走进南京市小天使幼稚园。

6月1日　科学实验秀登上南京市光华东街小学六一晚会舞台。

6月21日　召开馆长离任交接工作会议，原馆长诸培强卸任，新馆长张天宝到任。

7月每周末　上演科学实验秀《-196℃的诱惑》。

7月每周末　玩转科学课推出《谣言粉碎机》。

7月2日　开展科技创新之旅夏令营活动。

7月4~5日　召开南京市科协第十次代表大会。

7月4日　南京市市长缪瑞林考察南京科技馆。

7月4日　中科协党组成员书记处书记王春法考察南京科技馆。

7月5日　开展"七彩梦"公益科技夏令营活动。

7月15日　承办2017海峡两岸青少年夏令营活动。

7月15日　探究系列课程暑期新课《DNA项链》。

7月19日　举办市民新能源汽车科普展。

7月26日　迎接西藏各中学科技辅导老师交流学习。

7月31日至8月2日　承办江苏省少儿书画大赛。

8月　上演科学实验秀《小科学大智慧》。

8月　玩转科学课推出"粉碎《非你不"可"》的谣言"。

8月11日　引进胶片IMAX球幕新片《国家公园探险》。

8月11日　举办虚拟现实技术科普展开幕式。

8月16日　参加市级机关"传诵红色经典、喜迎盛会召开"汇报演出并获二等奖。

8月18~19日　举办第二届全国青少年陆地机器人大赛。

8月29~31日　该馆论文获中国自然科学博物馆协会2017年年会青年学者优秀论文一等奖并参加大会交流。

8月30~9月1日　赴青海省科技馆、德令哈天文科普馆考察学习。

9月　玩转科学课推出《环保小卫士》。

9月9~10日　承办百度2017年人工智能科普中国行南京站活动。

9月13日　接待台中自然博物馆孙维新馆长来访。

9月14日　接待泰州市科协来馆交流。

9月16日　举办科普日开幕式暨科普文艺汇演。

9月16日　举办第三届南京科普教育基地发展论坛。

9月22日　参加"谁是王牌诠释者"总决赛。

9月23日　携手宝镇教育举办少儿教育园游会活动。

9月24日　承办航天之旅公益活动。

9月27日　首届江苏省优秀科学实验、科学表演项目巡演在南京科技馆完美收官。

10月1日至今　举办人工智能"i宝"儿童机器人展览。

10月1~8日　开展"跟我玩科学"国庆中秋特别活动。

10月2日　开展"礼国旗 颂祖国 聚力量"国庆主题教育活动。

10月6日　开展虚拟现实技术展配套活动无人机竞技。

10月14日　赴合肥科技馆考察学习。

10月14日　举办江苏省凤凰EQ教育机器人大赛。

10月18日　在南京市岱山实验小学开设"小学生科学素养课程"。

10 月 19 日　举办南京市科协年会。

10 月 19 日　召开基础科学展区建设深化设计专家评审会。

10 月 21 日　承办"第二十九届国际科学与和平周全国中小学生金钥匙科技竞赛南京地区团体赛"。

10 月 28 日　承办快乐星猫"悦读彩虹"疯狂万圣节活动。

10 月 29 日　开展河海大学红十字会科普活动。

11 月　玩转科学课推出《脑力大挑战 3》。

11 月　上演科学实验秀《雪之物语》。

11 月 1 日　接待台湾高雄国立科学工艺博物馆来访。

11 月 2 日　接待淄博市科协、南京理工大学来访。

11 月 2 日　举办 2017 南京市中小学师生科技创新大赛。

11 月 3 日　召开南京智能制造学会联合体成立大会暨智能制造产学研学术交流会。

11 月 4 日　举办江苏省暨南京市老科技工作者庆祝十九大大家唱汇演。

11 月 16 日　科普大篷车开进乡村"袖珍"小学。

11 月 17 日　科学课《圆"方"，你怎么看？》进校园。

11 月 25 日　举办南京科技馆首届发展论坛暨 2018 年工作务虚会。

11 月 27 日　受邀参加首届"一带一路"科普场馆发展国际研讨会。

11 月 28 日　参加"瑞华公益轮椅助你行"捐赠仪式，接受公益捐助。

11 月 30 日　上演科学实验秀《勇敢者游戏》。

12 月 1 日　召开机器人展区验收会。

12 月 1~2 日　带领南京市代表队荣获江苏省金钥匙科技竞赛团体总决赛特等奖。

12 月 5~7 日　科普大篷车走进高淳校园。

12 月 8 日　举办科学教育活动，参加海英小学"海防科技节"。

12 月　推出 2017 科学实验秀年度集锦《"纸"为你归来》。

12 月 12 日　举办南京市第一届科普定向赛。

12 月 8~12 日　赴武汉科学技术馆、广西科技馆和广东科学中心考察学习。

12 月 19~20 日　举办首场科技馆"校园定制之旅"。

12 月 21 日　召开南京天文馆建设专家座谈会。

12 月 21~23 日　接待苏州青少年科技馆来馆培训。

12 月 23 日　"我们生活在南京"野生动物摄影科普展开幕。

12 月 24~31 日　开展"我眼中的大自然"青少年自然笔记活动。

12 月 30 日　承办"中国 COSPLAY 超级盛典"江苏赛区赛事。

12 月 30~31 日　上演科学实验秀《诗词里的科学》。

12 月 30~31 日　举办"蛋趣乐园"科普主题活动。

六、2017 年工作概述

　　2017 年，南京科技馆紧密围绕南京市科协"全面深化改革，聚心强基、聚源争先、聚力创新、聚能科普、聚智建言"发展主线，以改革创新为内驱动力，以提档升级科普设施为基石，以加强科普内容建设为突破口，认真完成了党风廉政建设、展区改造和展品更新、公益科普活动等重点工作。

（一）做好免费开放，增强公益性质

1. 继续做好免费开放，游客量稳定增长

全年共接待游客 79.4 万余人次，其中未成年人占总人数的 47.72%。根据科技馆免费开放工作要求，做好

人员配置、观众服务等工作，加大免费开放宣传力度，加强在窗口接待、导引标识系统、资料提供以及内容讲解等方面的服务，制定免费开放后应对突发事件的应急预案，完善应急处置机制，确保免费开放后的公众安全、资源安全及设施设备安全。

2. 公益性科普临展贯穿全年，形成特色

为丰富展厅展览内容，南京科技馆引进了临时展览，全年策划并举办"遇见更好的你——心理学专题展"（4~6月）和"虚拟现实技术主题科普展览"（8~11月）两项公益性临时展览，两次展览累计参观人数超过25万人次。

3. 科普讲解保质保量，科普表演亮点突出

全年共完成讲解任务1090场，展厅定时讲解712场次，个性化定制讲解服务287批次，免费团组接待91批次，受众4万多人次。全年共完成"科学实验秀"的创作12幕；"玩转科学课"的研发与剧目创作6幕，共演出238场次，受众3.4万人次，公益性科普表演成为该馆一大亮点。

4. 科普教育活动进校园反响良好、成绩显著

科普教育活动进校园工作取得新进展，继与岱山实验小学长期合作之后，逐步扩大进校园范围，全年开展进校园活动21次，并与《东方卫报》《科学大众》等机构携手开展进校园活动，获得良好的社会反响。在进校园活动的内容开发上，与岱山实验小学共同开发了以"安全"为主题的研究报告，真正意义上实现了馆校结合。

5. 大篷车送科普下乡，送关怀下乡

"指尖上的科学"科普大篷车共计出行近30次，其中进校园21次，进街道、社区7次，受益人群达5.73万人次。特别是将大篷车开到边远地区"袖珍小学"，真正实现科普惠民工作，并且与公益组织合作开启"流动科技馆进校园"活动，送科普的同时真正做到送关怀下乡。

（二）硬件设施提档升级

1. 展区自主改造紧锣密鼓

春节期间全新的"机器人世界"展区正式向游客开放。全面启动一楼800平方米的基础科学展区改造项目，经项目小组多方调研、多次讨论，顺利完成展陈大纲编写、展区深化设计、项目招投标等工作，预计2018年年初进入项目实施阶段。同时改造更新负一楼610展区、红十字展区，充实了公共安全教育馆的展览内容，增强了展区的互动性和科普性。

2. 基础设施工程建设有序开展

改进馆内长期存在的设施设备落后老旧、部分存在安全隐患的问题。完成了中心应急避难场所建设的收尾、验收、绿化整改工作，并申报示范基地，完成了学术报告厅LED大屏幕改造工程、负一楼受水维修工程、场馆多处防水工程，着手实施主体馆玻璃幕墙加固改造工程。

3. 场馆、园区环境布置优化升级

对馆内外环境设施进行优化升级，上半年在园区打造的二月兰花海长势喜人，多家媒体争相报道，吸引了大批慕名而来的游客参观拍照，成为了科技馆一张新名片。完成了南北门停车场道闸更换，园区道旗、指示牌更换，馆内展品说明牌、活动背景墙、水牌、活动海报等图文设施升级。

（三）举办承办大型活动

全年先后举办承办各类综合型活动、会议20余场，南京市委副书记、市长缪瑞林，南京市委副书记龙翔、南京市委副秘书长邵建光等领导来馆调研指导工作。全年承办了南京市科协第十次代表大会、2017年南京全国科普日暨科普文艺汇演、全国首个科技工作日专场科普活动、百度2017年人工智能科普中国行南京站、"保护穿山甲行动"科普公益活动、2017菠萝科学节百城联动人工智能大挑战等大型活动，承办的2017海峡两岸青少年夏令营活动促进了两岸青少年的科技交流，参与首届江苏省优秀科学实验、科学表演项目巡演南京站，将科技馆优秀科学表演带到省内其他城市，举办的"礼国旗 颂祖国 聚力量"国庆主题教育活动充分发挥了该馆的爱国主义教育功能。

（四）打造科普品牌活动

依托常设展厅、明星展项、特效影院等科普资源，重点打造品牌科普活动，活动类型多样，内容丰富，受众群

体包含青少年、科技工作者和普通市民，活动效果和反响很好。全年开展"跟我玩科学"探究课程的教案研发共9个，开课19次。开展节假日主题科普活动，如母亲节主题活动、"悦读彩虹"疯狂万圣节活动、"当假期遇上科技"系列活动，深受观众喜爱。开展专题科普活动，如面向青少年的科技创新之旅夏令营活动、面向科技工作者的"全国科技工作者日"专场科普活动等。在馆校结合、馆企结合活动方面又有新突破，合作举办南京小天鹅幼儿园第二届科技节、江苏省溧水高级中学第六届科技节活动、雨花台区实验幼儿园"儿童印象——幼儿主题创意作品展"。馆企结合类的有围绕新能源开展的"南京市民新能源汽车科普周"和"智混动环保科技科普日"活动。

（五）开展青少年科技竞赛

成功举办第九届"奥妙的地球与奇特的生命科普研讨会暨绘画征文大赛"；开展第29届金钥匙南京市团体决赛活动，组成五支队伍代表南京市参加第29届江苏省金钥匙科技竞赛，最终南京市代表队在省赛中荣获"团体赛特等奖"的殊荣，南京师范大学附属中学的王楠翔荣获团体赛最佳选手奖；举办青少年科技创新大赛，评出获奖作品511件。在省科创决赛中，南京市共有116件作品获奖，在第32届全国青少年科技创新大赛中，最终有10个项目获奖。

（六）加大对外宣传力度

运用"两微一端"平台有效搭建社会各界关注了解科技馆工作的桥梁，对科技馆官网实施改版，优化网站结构、增加平台功能，将科技馆官网打造成一个科普信息齐全、用户体验优良的贴近群众需求的综合性平台。截至11月底，官网共发布信息339条，用户访问量超过110万人次。同时微博微信平台综合运用文字报道、图片展示、视频播报等多种形式，及时发布科技馆的工作动态、科普活动发布、展品信息、影院排片等信息。2017年全年共发推文和信息142条，三大平台常规用户近20000人。馆内大型活动和重点活动，积极邀请当地主流媒体，扩大活动的知名度和影响力，今年传统媒体报道达60余次。

（七）着力加强基础管理

1. 建立健全各项管理制度

梳理馆内各项制度、流程，进一步强调按章办事。整理修订了人事管理、行政管理等基础管理制度。完成《馆长办公会议事决策办法（试行）》《馆领导班子工作规则（试行）》《南京科技馆主要职责、内设机构和岗位设置规定（暂行）》《南京科技馆经费管理规定（暂行）》等重要指导性制度文件。先后完成《南京科技馆部门职责》《南京科技馆安全生产责任制》《南京科技馆公文管理规定》《南京科技馆财务管理规定》《南京科技馆公务接待规定》等一批管理制度的修订。

2. 建立健全科学用人机制

梳理工作职责，明确各部门岗位职责，形成员工岗位说明书，在《南京科技馆主要职责、内设机构和岗位设置规定（暂行）》的基础上，进一步定任务、定编制、定职责、定职权、定考核。在展教人才的培养上，全年共完成《双月之星》考评5次，为将双月之星的考核更贴近展教工作实际，在展教部人员配置达到30人之后，于年中调整星级讲解员的工作内容和展厅工作时间，确保工作成效，同时调整了讲解员、管理员的考核内容和比重，提升适岗度。

3. 加大国有资产管理力度

为了加强内部管理，防止国有资产流失，2017年南京科技馆重点梳理现有固定资产和公共物资，规范管理流程，加强各部门固定资产管理员的培训，重新现场盘点入账，目前已基本完成全馆固定资产和公共物资盘点工作。

第三届南京科普教育基地发展论坛

4.推动工作流程规范化标准化建设

完成了馆领导班子的整体更新，完成法定代表人变更，并形成"一正一副两助理"的领导格局。完成了馆领导班子议事决策规范的制定，并在全馆各项工作流程上进一步推动规范化建设。进一步规范馆内大小工程实施程序，符合政府采购程序的按程序办事，达不到政府采购限定要求的在科技馆官网公开采购，确保程序透明、操作规范。配合市科协审计工作，并针对审计情况及时整改落实。

5.配合推进科技馆法人治理结构建设

按照市编办的统一要求，该馆作为事业单位法人治理结构建设的试点单位，今年按照市科协的具体要求，调研了南京市博物总馆，明确工作思路，讨论制定了科技馆法人治理工作方案，草拟科技馆章程，并向市科协和市编办及时汇报工作进度，在年底前配合市科协成立理事会、召开第一届理事会。

6.加强员工队伍建设和志愿者队伍建设

全年共计组织开展 22 场培训，累计 51.5 课时，771 人次，顺利完成培训任务。今年仍采用了分块培训的办法，将专业知识技能培训分散到各部门内部开展，针对性更强效果要比大范围好。而集中培训则侧重于员工之间的凝聚力培养，安全及加强团队意识。

在志愿者队伍建设方面，今年探索出一条新路。目前已与南京工程学院、河海大学签订了志愿者协议，与晓庄学院、第二师范大学长期合作。目前形成了由校园、社会和职工三大部分组成的志愿者队伍，目前共计注册志愿者 300 人，参与活动志愿者 3000 人次，初步形成了较为稳定的志愿者队伍。

（八）坚持不懈抓安全

通过多年平安景区创建工作，该馆安全工作网络健全、制度完善，今年继续抓好安全工作不松懈，提高安全意识，防患于未然。年初各部门提交安全承诺书，落实安全责任，全年召开各类安全会议 12 场次，组织安全培训演习 15 场次，组织安全检查 15 次，重点加强馆内施工区域监管工作。

（九）落实党建、工会工作

深入推进党风廉政建设和作风建设工作，举行"2017 年责任书签订仪式"，与各部门签订《党风廉政目标管理责任书》，每一位员工在责任书上签字，强化责任意识。上半年协助完成黄敏主席离任审计，下半年完成诸培强馆长离任审计工作，完成科普基地应用协会 2016 年度审计，重点完成行政事业单位资产清查工作。针对审计情况及时落实整改。

党支部继续做好"两学一做"学习教育活动，坚持定期开展党小组学习讨论，积极开展"大走访""双创双争""迎接十九大诗歌朗诵比赛""书香科技馆""第一届南京科普定向赛"等活动，进行团支部换届改选和青年文明号创建工作。

工会继续发扬团结、关怀职工的优良作风，同时充分展现科技馆活力。积极改善办公条件、主动解决员工困难，做好各项节日、慰问工作，积极组织开展各项文体活动，积极组织员工参与市级机关乒乓球比赛、游泳比赛、朗诵比赛，组织开展员工广播操活动，提振员工精神风貌。

（十）屡创佳绩为馆争光

全年先后获得 2016 年度单位内部安全保卫工作先进集体，2016 年度南京市"平安景区"示范单位，江苏省公共文化设施学雷锋志愿服务示范单位。展览教育部星级讲解员在南京市导游员大赛、全国科普讲解员大赛南京地区选拔赛和全国科技馆辅导员大赛华东地区选拔赛中均获得优秀奖。科学实验秀作品《挑战不可能》在第五届全国科技馆辅导员大赛东部赛区预赛中荣获科学实验赛二等奖并荣获上海市科协和东方网联合举办的 2017"谁是王牌诠释者"赛事"最具潜力奖"。该馆选送的朗诵作品《没有共产党就没有新中国》在南京市市级机关"喜迎十九大"朗诵比赛中荣获二等奖。该馆论文《全新思维视角下的探究式教学设计》荣获 2017 年全国科技馆论坛青年学者奖一等奖。论文《科普场馆教育活动如何促进儿童科学概念的形成——基于"遇见 光"活动案例的研究》荣获第二十四届全国科普理论研讨会暨第九届馆校结合科学教育论坛优秀论文并参加现场交流。

无锡博物院（科技馆）

英　文　全　称：Wuxi Museum (Science Museum)
法　定　代　表　人：肖炜
联　系　电　话：0510-85727608
传　　　　　真：0510-85727608
官　方　网　站：www.wxmuseum.com
行　政　主　管　单　位：无锡市文化广电新闻出版局
成立（开放）日期：2009 年 10 月 1 日
通　信　地　址：江苏省无锡市钟书路 100 号
已加入专业委员会：科技馆专业委员会

一、科普活动与展览

1. 临时展览

单位：平方米，万人次

序号	展览名称	起止日期	展出地点	面积	观众数量	性质
1	生命奥秘·人体奥秘科普展	1 月 13 日至 2 月 12 日	无锡博物院	1100	5	引进
2	中国梦·科技梦——核科学技术展	5 月 9~30 日	无锡博物院	1100	2	承办

2. 教育活动

单位：人次

序号	活动名称	活动时间	主要内容	活动形式	主要对象	参与人数
1	科学梦工厂"七彩泡泡秀"	1 月 29 日	活动旨在增强观众的互动体验，在观看科学秀表演的同时了解一定的科学常识，增强对于科学的兴趣	科普活动	群众	96
2	科普互动剧《苹果的奇妙旅行》	1 月 31 日、3 月每周六、5 月 20 日、5 月 24 日、12 月每周六	通过观看一个苹果进入人体消化系统的过程，了解牙齿、食道、胃和肠道在消化系统中起到的作用，让小朋友认识人体消化系统的整个过程，学会日常生活保健	科学课堂	青少年学生	769
3	科普互动剧《消防总动员》	1 月、6 月、11 月每周六、2 月 4 日、11 月 4 日、11 日、18 日、25 日	通过佳佳与消防超人的互动，了解家用电器的使用年限，学习油锅着火的灭火过程，认识消防标识和逃生知识，增强小朋友的逃生技能，提高他们的消防意识	科学课堂	青少年学生	438
4	科普互动剧《小鱼找新家》	2 月 2 日、5 月 26 日、7 月及 8 月每周六	从小鱼找新家的过程中，了解水土流失的概念，学习环境保护的知识，了解节约用水的重要性，希望小朋友能从自身做起，成为一个环保小卫士	科学课堂	青少年学生	894

序号	活动名称	活动时间	主要内容	活动形式	主要对象	参与人数
5	科普互动剧《纸张实验室》	2月3日、2月11日、2月18日、2月25日、5月13日、5月23日、10月每周六	通过纸张承重、穿纸而过、古法造纸、无字天书等实验，了解物体承重的概念，熟悉古法造纸的流程，增强小朋友对于科学知识的兴趣，激发他们对于科学探索的渴望	科学课堂	青少年学生	521
6	"快乐科普行，畅想科技梦"	3月21日、4月24日、5月23~24日、6月5日、8月14日	将科学知识以流动展板的形式送到各基层，活动延伸了服务距离，提高了公众文化素养	科普活动	中小学生	2381
7	"百花风起，踏青寻春"亲子活动	4月3日	通过踏青认植物的形式，让青少年能够在春意盎然的大自然中开阔心胸，陶冶情操，丰富青少年的课余生活之余还增加了对常见植物的认知	科学课堂	亲子家庭	40
8	科普互动剧《神奇的量级》	4月每周六	本剧通过佳佳和显微镜的有趣对话，从宏观和微观两个角度探索各个量级之间的区别，让观众更好地认识光年、细胞、DNA等概念，从不同角度出发，认识世界，激发观众探索宇宙的兴趣	科学课堂	青少年学生	145
9	科普互动剧《诗中有科学》	5月6日、20日、27日、9月每周六	将物理上大气压强、密度等简单枯燥的概念，通过有趣的实验现象呈献给观众，启发青少年对于科学的向往，增强青少年主动学习的热情	科学课堂	青少年学生	117
10	迎六一科普剧进福利院	6月1日	将科技流动展品送至无锡市特殊教育学校，将科技的魅力传递给每一个需要关怀的学生。展品包含声、光、电等各个领域的科学内涵，让特殊教育学校的孩子们，在课堂上也能了解更多的科学内容	科普活动	福利院儿童	150
11	"皂"化弄人科普夏令营	7月27日	从日常生活中最常见的肥皂说起，让参加的青少年通过使用肥皂液pH酸碱度测试、肥皂小船、肥皂牛奶色素实验、手工皂及泡泡秀等一系列科技活动，学习了解表面张力、物体pH酸碱度等科学概念，在实验的过程中提高动手能力，增强思维能力，提升青少年的综合素质	科学课堂	青少年学生	18
12	小小梦想秀——科普互动剧场小演员培训及演出	7月1~4日、7月8日	以科学表演秀的形式展示丰富多元的科普主题，旨在激发广大青少年的科学思维能力和探究科学的兴趣。活动主要是通过对学生们的舞台表现、台词等方面的培训，让他们能在较短时间内掌握一定的科学知识和技能，丰富他们的舞台经验，增强学生们的心理素质	科学课堂	青少年学生	100
13	"激扬童心，放飞梦想"模拟动力飞机夏令营	8月10日	通过本次活动，培养学生爱科学爱技术的热情、科技制作的动手能力以及科学探究能力和创新能力	科学课堂	青少年学生	20
14	科技流动展"科技无锡"	8月10~31日、9月18日	流动展生动形象地展示了无锡的科技人才，以及科技产业	科普活动	群众	950
15	科技流动展"身边的水"	8月10~31日、9月18日至11月3日	活动旨在唤起公众对水资源的责任感和使命感，明确每个公民对水资源的职责，增强公众保护水资源的意识	科普活动	群众	960
16	童心共绘"绿色未来"青少年环保科普绘画征集	9月20日	活动鼓励大家拿起手中的画笔绘出心中未来的绿色环保生活，呼吁大家行动起来，从身边的小事做起，保护我们的生态环境，表达出自己对生态环境的一份思考和感悟，展现出当下青少年所具备的环保意识和能力	科普活动	青少年学生	6

3. 流动科普设施

单位：次

序号	名称	年度巡展次数	类型	经费来源	运行方式
1	科技馆"快乐科普行，畅想科技梦"	5	巡展	—	展品送展
2	迎六一科普剧进福利院	1	巡展	—	科普剧巡演

二、科研与学术

1. 研究成果

题目	作者	刊名	卷（期）号	期刊级别
《试论新媒体在科普服务中的应用》	王 莹 吴明锋	《江苏省第二届科普场馆论坛》	—	—

2. 专著

名称	作者	出版社	出版日期
《身体的秘密》系列丛书	盛诗澜	浙江人民美术出版社	2017 年

3. 编辑刊物

单位：册

刊物名称	刊号	发行周期	发行数量	发行范围
《无锡文博论丛》第二辑	ISBN 978-703-055554-0	年刊	1000	公开

三、信息化建设

1. 官方网站浏览情况

2017 年，"网上博物馆"项目对原官网作了重新构建和功能升级。新网站展现无锡独特的人文和科普资源，更便捷有效地向公众传播科学文化知识，使无锡博物院的收藏、展示、教育等主要功能得到更好地发挥。新网站支撑了多样化的内容形态，具备丰富多样的互动功能，为公众提供参观服务、专题展示、虚拟展示（全部常设展览及下属专题馆 360 度虚拟全景）、教育服务等服务内容。虚拟展示、AR 等新技术的运用使文博藏品和科技展品更亲民，观众足不出户就能查询到最新的服务信息，了解到详细的活动资讯，享受到互动性体验服务，分享到专业的学术成果，全年访问量约 10 万人次。获评江苏省科普场馆优秀网站。

2. 展品信息化工作

2017 年，进一步推进信息化项目，继官网、微信平台改版升级后，又启动了智能导览 App 项目。观众下载 App 后，可获取展品图文、参观路线、语音讲解等信息，部分展品还可观看 3D 模型，针对特定展品能通过 AR 互动多媒体进行深度及广度的延伸，令观众的体验更丰富有趣。

3. 新媒体运用

目前无锡博物院微信粉丝量 13242 人，粉丝量每日涨幅约 13 人。每月平均推送 18 篇文章，阅读量平均值约为 127 次，目前阅读量最高的为 5243 次，留言数平均 2 条 / 篇，分享转发量 58 次 / 篇。

▦ 四、志愿者队伍建设

单位：人

分类	服务岗位	人数	来源	服务时间
社会科普服务	科技馆	6	科技馆员工	周六、周日

▦ 五、运营情况

票务情况

是否免费开放	未免费开放场馆票种	未免费开放票价	观众人数
是	无	无	50 余万人次 / 年

▦ 六、2017 年工作概述

2017 年，无锡博物院（科技馆）以科学发展观为统领，对照《全民科学素质行动计划纲要》精神，结合年初制定的绩效目标，完善管理制度、创新工作思路，在普及科学知识、开展科普活动、提升公众科学素养方面做了大量工作，在提升开放服务水平、创新科普活动形式、完善科普基地建设、推进智慧化场馆建设等方面取得突破性成效。科技馆实行全年无休，免费开放，接待观众 50 余万人次，得到了社会各界的肯定。

（一）加强制度化管理，完善科普资源，推进场馆发展

1. 加强人才队伍建设。为更好地服务公众，科技馆重视人才队伍建设，完善《讲解员绩效考核办法》等制度，加强监督检查，通过巡检及观众问卷反馈的方式，提高员工的工作责任感。实行科技辅导员季度、年

无锡博物院外景

度考核及星级评定制度，强化服务意识，营造和谐奋进的工作氛围，提高员工的服务水平。全年进行了48学时培训，这些培训考核不仅活跃了工作氛围，而且增强了团队意识，为更好地开展科普工作提供了有力的保障，对提升全体科技辅导员业务水平和服务能力起到了积极的推动作用。

2. 强化基础设施管理。基础设施的维护与更新直接关系到开放服务的实际效果。包括科技展厅、特效影院、馆内公共区域在内的多媒体设备维保管理是科技馆的重点工作。特别是科技馆展区内互动展项近70%，容易发生故障，为此，科技馆克服种种困难，通过实时报修、台账式管理等方式对维保公司严格管理，进一步完善了展厅陈展效果。主要采取问题分类、理清思路、加强对维保单位的管理督促等措施。针对展品展项中部分因型号较老，较难购得维修配件，导致维修周期长的展品，要求维保公司提供备用设备，保证开放服务的正常进行。采取现场网购与维保公司内部统一采购相结合的方式缩短配件采购周期。敦促维保公司加大技术支持力度，加快维修速度，提升维修效果，确保展品完好率达95%以上，观众满意度较高。

2017年4月3日"百花风起，踏青寻春"亲子活动

（二）强化科普教育理念，创新工作思路，追求活动实效

无锡博物院（科技馆）始终以"以人为本，观众至上"为服务宗旨，建设科普教育主阵地，打开"科普惠民"新局面，针对不同观众需求，策划推出多元化的科普展示和教育活动。2017年该馆共开展各类科普活动73次，以青少年观众为重点科普教育对象，以科学性、趣味性、体验性为活动特点的各类科普活动有效扩大了科技馆科普教育主阵地的影响力和受众面。

1. 创新活动形式，提升科普教育实效

科技馆在开展科普教育活动时转变单一的教化式服务理念，从实际出发，紧跟科普教育的发展趋势，连续几年精心打造深受青少年观众喜爱的科普活动品牌之一——科普互动剧场。科普剧将科学知识、实验、戏剧情节等有机融合，并以奇幻的实验效果和幽默风趣的表演形式给观众留下难忘的记忆，让观众跟随人物情节发展过程接受科学知识，感受科学精神，参与科学实验，激发学习科学的热情。

科普互动剧场目前有6部常设剧目在每周六的下午滚动演出。《纸张实验室》通过纸张承重、穿纸而过、古法造纸等实验，了解物体承重的概念，熟悉古法造纸的流程。《诗中有科学》通过小实验向学生展示了大气压强、密度和水的表面张力等物理小知识。《小鱼找新家》用童话故事的手法让学生从小鱼找新家的过程中了解爱护环境、节约用水的重要性。《消防总动员》通过模拟火灾逃生现场，增强大家的逃生技能，提高消防意识。《苹果的奇妙旅行》介绍人体的消化系统。《神奇的量级》以宏观和微观两个角度探索光年、细胞、DNA等概念，激发观众探索宇宙的兴趣。2017年全年表演59场，总观看人数达3000余人次，是目前该馆最受观众喜爱的活动之一。

无锡科技馆还拓展了科普互动剧场的形式，推出"小小梦想秀"，采用小学生志愿者的形式，面向无锡全市遴选科普互动剧小演员志愿者，通过学生们的舞台表现、台词等方面的培训，让学生能在较短时间内掌握一定的科学知识和技能，丰富学生的舞台经验，增强学生的心理素质，提高学生的科学素养。培训结束后，对小

2017年1月29日科学梦工厂"七彩泡泡秀"

2017年11月4日科普互动剧《消防总动员》

演员进行考核，内容涉及剧本的熟练程度、发音准确度、舞台走位、剧本衔接流畅程度，并向考核合格的学生发放"无锡博物院科普互动剧小演员"证书，同时吸纳为无锡博物院"小小志愿者"。2017年暑假短短两个月，这批小演员们共计演出8场，累计到场观众800多名。由小演员进行儿童科普剧表演的形式新颖，让观众眼前一亮，每次表演结束，都赢得了观众热烈的掌声，同时也改变了单一的科普剧表演形式，让学生在获得科学知识的同时，更好地丰富了语言素养，感受到科学的魅力。

2. 深挖场馆资源，提升服务内涵

无锡科技馆充分利用场馆资源，使服务内容和表现形式不断深化、拓展和创新发展，结合场馆实际持续开展假期系列科普活动，以主题实验演示、人物表演、科技制作、原理讲解等方式使观众对科学现象、原理及应用有深度了解和体验。

2017年新推出"七彩泡泡秀""亲子环保手工制作""科普夏令营""环保科普绘画征集"等活动，让观众通过动手体验、聆听课程等形式，在科技馆提供的平台上，探索知识、锻造能力、提升价值。七彩泡泡秀通过现场秀的形式，由工作人员表演利用一些常见的工具就可以吹出大型泡泡。火爆的场面不仅仅有很强的互动性和观赏性，而且青少年能够在轻松的氛围里增强动手操作能力和科学思维能力。在"母亲节"特别推出的亲子环保手工制作活动中将玩乐、创造、成长相融合的亲子理念带入，让孩子们从玩乐中学习到各种有趣的科学知识、生活技能和良好的思想品德，倡导具有启发性、开放性和多元化的家庭陪伴教育。科普亲子活动鼓励孩子们和父母一起在活动中体验科学，将寓学于乐的亲子理念带给更多的家庭。2017年推出了"'皂'化弄人"科普和"模拟动力飞机"两场夏令营活动。在"模拟动力飞机"夏令营活动中，学生在了解了模型飞机的科普常识后，学以致用亲手制作了橡皮筋动力飞机，更好地激发了他们的创新潜能和动手能力，培养了学生自主学习、自主思考、合作探究的能力。环保科普绘画征集活动通过绘画这一传统艺术媒介，传达"关爱地球，共享绿色生活"的理念，培养青少年热爱自然、关怀地球的生活态度，倡导低碳环保、绿色生活的习惯。该馆采用通俗易懂的形式引导观众多角度地来馆观察和体验科学，真正使科普场馆"有用"起来，将提升质量落到实处。

3. 积极开展科普宣传周、全国科普日等重大科普活动

科普周开幕式上，科技辅导员们将倡导健康生活主题的科普剧《苹果的奇妙旅行》和流动科普展品带到了开幕式现场，富于趣味性和互动性的表演和讲解，使观众即刻参与其中，在互动与快乐中感受科学的魅力，激发探索科学的兴趣，现场多家媒体进行了报道。开幕式当天，该馆为现场观众提供科技馆展区定时免费讲解，在院内举办的各类科普活动吸引了众多观众的积极参与。科普周期间，承办了"中国梦·科技梦——核科学

技术展"；将新编科普剧《神奇的量级》和科技流动展品送演至无锡市侨谊实验中心小学，受到师生的一致好评。全国科普日期间，围绕 2017 年"创新驱动发展，科学破除愚昧"活动主题，积极响应、精心策划、广泛开展了多层面的科普活动。活动选取与公众生活密切相关的趣味科学实验、智慧生活、展品互动、健康生活等科普主题内容，以寓教于乐的活动形式开阔了公众的科学视野，馆内外 2 万余人次参加了本届科普日活动。

4. 科普活动进基层，扩大科普教育影响面

无锡科技馆着力提升科普活动实效的新途径、新方法，将科学讲座、科普主题展览等精品科普活动形成资源包，送活动到学校、社区等基层单位。2017 年，围绕"绿色科普行，畅想科技梦"的主题，将科技展品送出科技馆，走进各校园和社区，如梨庄中心小学、芦庄实验小学和阳光社区等。"雅各布天梯"中的神秘电弧，"蛇形摆"的摆动规律，肉眼可及的"声驻波"，从声、光、电等角度出发，将科学原理用极具趣味性的流动展品和展板的形式生动地为广大市民展现。六一儿童节当天，该馆走进无锡市特殊教育学校，将科技的魅力传递给每一个需要关怀的学生。除科技展品之外，还推出"身边的水"和"科技无锡"趣味科技展板的展示活动。这些与生活息息相关的内容以流动展板的形式送到学校和社区后广受好评，在增强公众保护水资源意识的同时，更向社会公众展示了无锡科技人才以及科技产业。全年共走出科技馆 6 次，受众人数达 6000 余人，活动延伸至无锡市周边城区乡镇，全面普及科学知识，提高公众文化素养。

5. 紧扣社会热点，立足公众需求，举办特色科普临展

无锡科技馆与生命奥秘博物馆共同推出"生命奥秘·人体奥秘"科普展，特展主要展出 18 件整体人体标本和约 138 件人体器官及病理标本。观众可以通过观察真实的人体标本了解自身，弥补了解剖模型、图片不直观、不具体的缺陷。同时通过正常与病理标本的对比，使观众提高自身的健康意识，进而提高整个社会的健康水平。展览展出期间吸引了社会各界观众前来观展，多家媒体做了报道。融合了健康与科学的展览主题不再让观众只是获得知识上的提升，而是寓教于乐地将社会教育和休闲游憩相结合，引发公众对健康生活和自身关系的思考，倡导积极健康的科学生活理念。科普周期间，承办了"中国梦·科技梦——核科学技术展"。展出了中科院正式发布的 25 项"十二五"期间中科院重大科技成果及标志性进展，分为物理前沿、生物医药、能源与环境、其他领域四部分。展览创意设计了用诙谐语言解析成果原理的科学漫画墙，用竞赛来吸引参观者参与的电子游戏，也设计了让孩子现场动手的互动实验区。"核科学技术"专题展，现场观众通过展板介绍、互动体验等方式，与展品近距离接触，了解和学习我国主要核电技术、核电战略地位、核电厂与公众的健康等一系列科学知识。

（三）加强信息化建设，提升服务品质，延伸传播领域

全力推进场馆信息化建设。随着物联网、云计算、移动互联网和大数据等技术的日新月异，构建以全面透彻的感知、宽带泛在的互联、智能融合的应用、以人为本的可持续创新为特征的新型场馆形态已成为发展趋势。2017 年无锡科技馆继完成了"网上博物馆""电视博物馆"项目后又启动了"智能导览"项目建设，为观众提供更人性化、更便捷的导览、智能语音讲解、信息推送等服务。同时建设的客流和票务系统能为观众带来参观便利的同时也使该馆决策层了解到不同观众群对各类陈展内容的关注度等数据分析，并基于此作出有利于观众服务的举措。重点增加多媒体内容，丰富展示手段，突出场馆特色，通过加强与公众线上线下的资源分享与互动，为公众提供更人性化、更便捷有效的服务，极大地发挥场馆的社会教育职能，扩大场馆的影响力。

2017 年，无锡博物院（科技馆）受到了公众的关注和好评，全体员工将不懈努力，进一步提升科技馆的人气和活力，带动科普工作新发展。

盐城市科技馆

英　文　全　称：Yancheng Science and Technology Museum
法　定　代　表　人：徐春凝
联　系　电　话：0515-89901313
传　　　　　真：0515-89901313
官　方　网　站：www.yckjg.org
行　政　主　管　单　位：盐城市科学技术协会
成立（开放）日期：2009 年 5 月 18 日
通　信　地　址：盐城市人民南路 7 号
已加入专业委员会：中国自然科学博物馆协会科技馆专业委员会
　　　　　　　　　江苏省科普场馆协会科技馆专业委员会

▨ 一、科普活动与展览

1. 临时展览

单位：平方米，万人次

序号	展览名称	起止日期	展出地点	面积	观众数量	性质
1	"虚拟现实——梦想与创新的故事" VR 专题展览	5 月 14 日至 8 月 30 日	临展厅	800	6.5	引进
2	奇妙的昆虫之旅	2017 年 9 月 16 日至 2018 年 2 月 16 日	临展厅	800	14.1	原创

2. 教育活动

单位：人次

序号	活动名称	活动时间	主要内容	活动形式	主要对象	参与人数
1	欢欢喜喜过元宵——手工灯笼 DIY	2 月 11~12 日	手工灯笼 DIY	科学课堂	亲子家庭	50
2	"小小卡片，浓浓恩情"——妇女节活动	3 月 4 日	手工卡片 DIY	科学课堂	亲子家庭	130
3	天高任鱼飞公益活动	3 月 18~19 日	科普秀＋大型气体鱼展演	科普活动	亲子家庭	40
4	3D 打印会飞的花朵活动	4 月 15~16 日	3D 打印笔谱绘 "会飞的花朵"	科普活动	科技馆公众号粉丝	70
5	水果电池 DIY 活动	4 月 22~23 日	了解水果酸碱性，制作水果电池	科学课堂	亲子家庭	90
6	劳动节的另一种打开方式	4 月 29 日 至 5 月 1 日	制作亲子吉祥轮	科学课堂	亲子家庭	100

续表

序号	活动名称	活动时间	主要内容	活动形式	主要对象	参与人数
7	3D打印母亲节主题活动	5月13~14日	打印笔打印出各式花朵送给妈妈	科普活动	科技馆公众号粉丝	65
8	参观防震减灾馆，科普知识要知道	5月21日	参观防震减灾专题馆，观看4D动感专题影片，操作急救相关器材	科普活动	学生	70
9	等待最"粽"要的你	5月28~30日	陀螺仪DIY VR眼镜DIY 万花筒DIY	科学课堂	亲子家庭	65
10	机器人实验室，暑期的另一种乐趣	7月12日	乐高EV3机器人体验课	科普活动	盐城晚报小记者	90
11	走进科学"掼蛋"大赛	7月23日	小小鸡蛋，科学摔蛋	科普活动	盐中教师亲子家庭	90
12	走进惊奇带着智慧来"掼蛋"	8月5日	科学摔鸡蛋，保证不破碎	科普活动	科技馆微信公众号粉丝	90
13	小小科普讲解员之旅	8月6日	小小科普讲解员讲解特色展品展项	科普活动	科技馆微信公众号报名人员、"荧星科普讲解员"培训机构学员	20
14	"食品安全"公益科普讲座	1月15日	食品安全问题	公益科普讲座	全市市民	300
15	"全市中小学生航模知识普及"科普讲座	2月11日	航模知识大型公益讲座	公益科普讲座	全市中小学生	280
16	"花卉与生活"公益科普讲座	3月15日	介绍花卉在日常生活中相关的细节	公益科普讲座	老年大学师生	106
17	"生命只有一次"公益科普讲座	3月18日	掌握消防安全工作的基本理论知识	公益科普讲座	四、五年级师生	650
18	"脑科学的记忆"公益科普讲座	4月22日	怎样提高记忆力和思维能力	公益科普讲座	全市中小学科普教师	100
19	"四色文化"科普讲座——东台发绣	7月16日	了解东台发绣文化背景	公益科普讲座	发绣爱好者	80
20	"麋鹿回归与保护成就"公益科普讲座	8月19日	了解麋鹿的生活习性以及对麋鹿保护的成果	公益科普讲座	全市中小学生	300
21	"四色文化"科普讲座，蓝色文化	10月5日	贝壳对人类日常生活和商业发展的影响	公益科普讲座	盐城晚报小记者	80
22	"绿色盐城，沿海滩涂文化"科普讲座	10月31日	了解盐城四色文化底蕴	公益科普讲座	一年级学生	256
23	"交通安全，从我做起"公益科普讲座	11月15日	了解基本交通法律法规	公益科普讲座	盐城晚报小记者	150
24	"交通安全，从我做起"公益科普讲座	12月2日	了解基本交通法律法规	公益科普讲座	二、三年级学生	500
25	"生活无处不科普，人人都是发明家"科普讲座	12月2日	通过简单的科学实验来理解复杂的科学原理	公益科普讲座	三年级、五年级师生	450

3. 流动科普设施

单位：次

名称	年度巡展次数	类型	经费来源	运行方式
科技馆活动进校园	4	流动科技馆	财政	——

二、信息化建设

1. 官方网站浏览情况

盐城市科技馆网站由专人负责，日常更新，每日浏览量120人次左右。

2. 展品信息化工作

展品信息化比例为10%，以展品的图文介绍为主。

3. 新媒体运用

该馆开通了盐城市科技馆微信公众号，实时发布盐城市科技馆最新资讯和科普活动预告。

三、志愿者队伍建设

单位：人

分类	服务岗位	人数	来源	服务时间
学生志愿者	展厅讲解	200	大学生	节假日
专家志愿者	展品研发	10	高校教师	节假日

四、运营情况

票务情况

是否免费开放	未免费开放场馆票种	未免费开放票价	观众人数
是	特种影院	20元	23.8万人次/年

盐城市科技馆外景

▨ 五、2017 年度大事记

5月19日 承办2017年全国科技活动周暨盐城市第二十九届科普宣传周主场日活动。盐城市政府副市长葛启发、市政府副秘书长郝瑞耀、市科协主席徐瀚文、市全民科学素质工作领导小组成员单位相关负责人出席。

9月18日 承办盐城市2017年全国科普日主场活动暨全省科普场馆科学实验、科学表演巡演。省青少年科技中心主任龚一钦、市人大常委会教科文卫委员会主任蔡浩然、省科普场馆协会秘书长肖明德出席。市科协党组书记、主席徐瀚文主持。

自主创新 奇妙的昆虫临展 —

▨ 六、2017 年工作概述

2017年，盐城市科技馆努力探索创建特色科普工作新模式，不断更新科普活动新内容，完善阵地科普服务功能，发挥服务窗口优势，全面履行科普阵地职责，全年共实现馆内受众23.8万人次，馆外受众近5万人次，科学传播效能显著提升。

（一）抓队伍，促管理，健全场馆服务体系

1. 健全机制，提升服务接待水平。一是认真学习兄弟场馆优秀的管理经验，并结合盐城市科技馆的实际情况，逐步完善场馆各项管理制度以及激励体制，提高员工的

轮胎创意广场 —

工作自觉性和服务积极性。二是组织员工参加国家级和省级各类培训40多次，并在学习结束后及时组织员工分享学习心得，提升员工科普素养，增强工作热情以及责任心。三是组织员工开展普通话、消防、接待礼仪培训以及手脑运动会、拓展等科普主题活动，增强全馆的团队意识，并逐步形成积极向上、团结友善的工作氛围，从而提升场馆服务接待水平。四是加强员工日常政治理论学习，提高员工政治理论素养。

2. 明确责任，保证场馆安全运行。按照消防"四个能力"建设要求，明确安全管理区域责任制，认真开展安全检查、消防培训演练工作，升级改造消防系统，恢复消防总控室职能，加大物业以及空调、消防、电梯等维保单位管理力度，全面提升安全工作管控能力，保障场馆安全运行。

科普盛宴 小小科学讲解员

3. 多措并举，健全场馆服务体系。2017年，通过改造一楼旅游服务中心，设立志愿者服务站，增设南广场主出口，实现场馆 Wi-Fi 全覆盖等一系列措施，该馆逐步完善场馆基础设施建设，健全场馆服务体系。

4. 不断更新，保证场馆吸引力。2017年，该馆着力进行展品更新与改造，经过充分调研，组织采购了平衡球、下棋机器人等展项，实施完成了机器人实验室项目，修复了水枪灭火、虚拟射击等多年停运展品。年底根据资金状况，组织招标采购近100万元的展品展项。

（二）求发展，科普资源建设与理论体系建设并重

1. 社会借力，加速推进科普资源整合。2017年初，盐城市科技馆与盐南中等专业学校签订馆校合作协议，专业的师资团队为本馆展品展项维修维护、研发改造提供了强有力的技术支持。2017年共计研发创新展项6件（彩色的影子、光学转盘、拓扑、六面镜、轮胎创意广场以及认识国旗等），修复展项30余件（模拟驾驶、小小设计师、正确选择灭火器、水世界水车、虚拟足球、数字实验室等），确保展品完好率达90%以上。除此之外，盐城市科技馆利用国投公司搬离的有利契机，充分整合四楼的办公场所，有选择地引进社会影响力大，运行良好的科普活动品牌，通过灵活与社会机构的合作模式，不断提升科技馆的社会影响力。并以此为基础，逐步形成科技馆自己的科普培训项目。同时利用场馆创建机器人实验室的有利条件，通过与当地知名机器人中心合作，开设机器人教育培训班，组织开展机器人创意大赛，实现社会资源和科技馆资源优势的共享，以达到"双赢"局面。

2. 广泛交流，加强行业理论体系建设。2017年，该馆先后组织员工参加第五届全国科技馆辅导员大赛华东预赛以及全国总决赛、首届全国防震减灾科普讲解大赛等业内赛事。该馆参赛节目取得优异成绩，并受邀参加全国总决赛展演，报送参赛的节目还参加9月份全省科普场馆联办科学实验、科学表演巡演，走进盐城、东海、新沂、扬州、宜兴、南京等6地，受众近万人。在首届全国防震减灾科普讲解大赛中，该馆参赛选手分别获得全国决赛二等奖和优秀奖。除此之外，盐城市科技馆鼓励员工在工作实践中不断总结研究，在江苏省科普场馆协会组织的第二届科普场馆论文征集活动中，全馆员工共计撰写论文13篇，其中7篇入选。

（三）创品牌、搞特色，丰富科教活动内容

开馆以来，盐城市科技馆一直坚持创建品牌科普活动，在科技馆界有着一定的影响。为保护知识产权，2017年该馆原创并注册科普活动品牌"科学碰碰乐"，确保科普活动的有效延续。依托品牌，立足于科技馆常设展区和现有展品展项、防震减灾专题馆等现有资源，将时事热点与科普知识相结合，以家庭亲子为主要参与对象，积极策划开展周末、假期亲子类科普活动。2017年策划举办馆内主题科普活动70余场，品牌主题活动进校园21次，累计受众近3万人。

承办2017年全国科普日暨盐城市第29届科普周以及2017年全国科普日活动，其间引进"虚拟现实——梦想与创新的故事"VR专题展览，自主研发"奇妙的昆虫之旅"临展，对阵地科普形成促进和补充，同时配套主题科普活动以及"科学碰碰乐"科普实验，丰富了科普周、科普日活动内容。盐城市科技馆科普周期间组织工作获上级部门认可，获省科普协会颁发的"优秀组织奖"。

张家港市文化中心管委办

（张家港科技馆）

英 文 全 称：Zhangjiagang City Culture Management Committee Office
法 定 代 表 人：谭德宝
联 系 电 话：0512-55396915
传　　　　真：0512-55396912
官 方 网 站：www.zjgwhw.com/zjg
行 政 主 管 单 位：张家港市委宣传部
成立（开放）日期：2009 年 9 月
通 信 地 址：张家港市人民东路 5-3 号
已加入专业委员会：中国自然科学博物馆协会、江苏省科普场馆协会

一、科普活动与展览

1. 临时展览

单位：人次

序号	展览名称	起止日期	展出地点	观众数量
1	鸡年吉祥	1 月 1 日至 2 月 16 日	科技馆	1232
2	科技强国·创新圆梦	5 月 17~27 日	各中小学	2305
3	哈佛创新思维游戏解谜	6 月 1~2 日	红蕾学校	786
4	科学生活·预防疾病	8 月 18~19 日	向群村	300
5	创新驱动发展，科学破除愚昧	9 月 16~22 日	江苏科技大学	1500

2. 教育活动

单位：人次

序号	活动名称	活动时间	主要内容	活动形式	主要对象	参与人数
1	"深度看展品之鸡蛋的超能力"元旦特别活动	1 月 1 日	水中沉浮、软骨神功、鸡蛋壳消失了	科学实验	青少年	60
2	"鸡年酉福，科普贺岁"春节科普活动	1 月 29 日至 2 月 2 日	开门纳福、机器人秀场、科普闯关	科普活动	普通观众 青少年	356

序号	活动名称	活动时间	主要内容	活动形式	主要对象	参与人数
3	"科普闹元宵"猜灯谜活动	2月11日	猜灯谜	科普活动	普通观众、青少年	60
4	"万人科普游"活动	3~11月	走进全市部分科普场馆、参观体验	科普活动	青少年、亲子家庭、社区居民、企业	500
5	"科学大爆炸"之洪荒之力	4月29日	神奇的大气压	科学实验	青少年	50
6	张家港市第二十九届科普宣传周活动	5月20日	科技创意嘉年华活动、科普游、科普临展、科普课堂	科普活动	普通观众、社区居民、青少年	5000
7	"从墨子到量子通信"科普讲座	6月15日	讲述从古至今的通信发展历程	科普讲座	青少年	50
8	"欢度暑假·科学一夏"暑期活动	7~8月	科学表演秀、万人科普游、科普课堂	科普活动	普通观众、青少年	158
9	张家港市全国科普日活动	9月16日	万人科普游、科普临展、科普课堂	科普活动	亲子团队、青少年、社区居民	300
10	"喜迎国庆 认识祖国"十一特别活动	10月1日	认识祖国地图、手工制作地图	科普活动	青少年	30
11	"悠悠中秋风·融融亲子情"中秋特别活动	10月4日	科普临展、制作灯笼	科普活动	亲子团队	60
12	张家港市第七届科普剧汇演	10月26~27日	科普剧表演	比赛	青少年	600

3. 流动科普设施

单位：次

名称	年度巡展次数	类型	经费来源	运行方式
科技馆活动进校园	16	巡展	财政	利用科协"科普新干线"的展品资源，把展品推进学校展示的同时对学生进行科普知识传播，让学生与科学互动。展览期间由科技辅导员进行展品讲解并开展科普讲堂，主要环节有："科普新干线"展品、科普临展、科普讲堂

二、信息化建设

1. 官方网站浏览情况

官方网站建立于2010年5月，栏目包括走进科技馆、新闻中心、展品天地、科普天地、游客服务、联系我们等，并定时进行更新，2017年浏览量为103452人次。

2. 新媒体运用

张家港科技馆设有张家港文化中心官方微信，定时定量向游客发布科技馆各类信息。

三、志愿者队伍建设

单位：人

分类	服务岗位	人数	来源	服务时间
讲解、引导	讲解、引导	50	在校大学生	双休日、节假日、寒暑假
讲解、引导	引导	10	社会人员	双休日、节假日、寒暑假

四、运营情况

票务情况

是否免费开放	未免费开放场馆票种	未免费开放票价	观众人数
是	登记进馆参观	—	游客：29600人次/年，团队：3632人次/年；共计：33232人次/年

张家港科技馆主入口

五、2017 年度大事记

2017 年 11 月 18 日 "万人科普游" 活动

1月1日　张家港科技馆举办了"深度看展品之鸡蛋的超能力"元旦特别活动。

1月1~31日　该馆举办了"鸡年吉祥"迎新年科普图展。

1月23~24日　由该馆指导的机关幼儿园科普剧《虫虫的微电影》赴南京参加江苏教育频道《春晚》节目录制，并在春节期间播出。

1月29日至2月2日　该馆举办了"鸡年西福，科普贺岁"春节科普活动，内容有机器人秀场、开门纳福、科普寻宝、集福兑礼、写给未来的祝福、砸金蛋等内容丰富、形式新颖的活动，掀起了节日参观热潮。张家港市电视台、电台记者也对此次活动进行了采访和报道。

1月　文化中心团支部"'知我家乡、传承经典、共创未来'系列志愿活动"项目获 2016 年度张家港市共青团工作"创新创优成果奖"二等奖。

2月11日　该馆举办了"科普闹元宵"猜灯谜活动。

2月19日　邀请合肥市科技馆邓宇老师来馆为科技辅导员进行"第五届全国科技馆辅导员大赛"华东赛区预赛的赛前培训。

2月28日　该馆召开数字科技馆改造专题研讨会。

3月7日　组织市级机关工委妇女干部开展"万人科普游"首站活动。

3月13、15日　先后考察张家港市 9 家高新技术企业，为科技馆改造做准备。

3月17日　召开数字科技馆改造现场说明会。

3月21日　组织科技辅导员开展"第五届全国科技馆辅导员大赛"东部赛区预赛的讲解试讲，为参加东部赛区预赛做准备。

3月23~24日　何官明参加江苏省科普场馆协会一届四次常务理事会（扩大）会议。

4月11日　2017 年"科技馆活动进校园"正式启动，首站走进梁丰初级中学，2017 年相继走进全市 18 所学校。

4月11日　组织乘航幼儿园师生开展"万人科普游"活动。

4月17~20日　科技辅导员王海燕、杨甜赴上海市科技馆参加"第五届全国科技馆辅导员大赛"东部赛区预赛，均获优秀奖。

4月21日　组织崇真小学学生开展"万人科普游"活动。

4月26日　举办"科学生活 预防疾病"科普图展。

4月26日　该馆走进大新实验学校开展"科技馆活动进校园"活动。

4月29日　举办"科学大爆炸"之洪荒之力五一特别活动。

4月　启动张家港市第七届科普剧汇演活动。

4月　为推进数字科技馆改造进程，该馆收集 6 家公司的概念化设计方案。

5月8日　召开数字科技馆改造概念化设计方案评审会。

5月9~18日　该馆先后走进兆丰学校、锦丰中心小学、张家港市三中等学校开展"科技馆活动进校园"活动。

5月20日　承办了"张家港市第29届科普宣传周开幕式暨第二届青少年科技创意嘉年华"活动。

5月22~26日　走进青龙小学开展"科技强国　创新圆梦"全国科技主题展。

5月23日　组织边检站战士开展"万人科普游"活动。

5月23日　科技辅导员走进东莱社区开展"神秘空纸箱 炫彩牛奶画"科普课堂。

5月27日　走进张家港市第八中学开展"科技强国　创新圆梦"全国科技主题展。

6月1日　走进红蕾学校开展"科技馆活动进校园"活动。

2017年"鸡年酉福，科普贺岁"春节科普活动

6月1~2日　走进红蕾学校开展"哈佛解谜创新思维游戏"科普图展。

6月15日　邀请张家港开放大学原副校长、市关心下一代工作委员会指导员谢步时老师走进梁丰小学开展"从墨子到量子通信"科普讲座。

6月15日　科技辅导员走进绿丰学校开展"神奇的化学世界"科普课堂。

6月　该馆指导申报的机关幼儿园科普剧《沙漠新城》获"全国科学表演大赛"少儿组一等奖；云盘小学科普剧《人体系统行动队》获"全国科学表演大赛"现场决赛资格。

7月5日　科技辅导员走进金润社区开展"空气炮"科普课堂。

7月8日　举办"欢度暑假·科学一夏"暑期活动之大气压科学表演秀活动。

7月　李靖著、宋岩所撰写的两篇论文均被"江苏省第二届场馆论坛"采用。

8月18~19日　走进向群村开展"科学生活 预防疾病"科普图展。

8月19日　组织微信粉丝团开展"万人科普游"活动。

8月26日　组织澳洋医院医务工作者亲子家庭开展"万人科普游"活动。

8月30~31日　何官明、李靖著前往德令哈参加中国自然科学博物馆协会2017年年会，李靖著所撰写的论文获评本届年会"青年学者优秀论文奖"二等奖，并在S4-2分会场做口头报告。

9月16日　科技馆开展了"2017年全国科普日"活动。

9月16~22日　走进江苏科技大学开展"创新驱动发展，科学破除愚昧"科普图展。

9月16日　组织微信粉丝团开展"万人科普游"活动。

9月28日　召开数字科技馆改造拟展品报废专家评审会。

10月1日　举办"喜迎国庆 认识祖国"十一特别活动，内容有认识祖国的地图、手工制作天安门纽扣画等活动。

10月4日　举办了"悠悠中秋风·融融亲子情"中秋特别活动，内容有中秋节科普临展、现场制作灯笼等活动。

10月22日　走进机关幼儿园开展"科技馆活动进校园"活动。

10月26~27日　举办张家港市第七届科普剧汇演活动，市委宣传部副部长、文明办主任何俊，市科协副主席孙丽婵，市教育局基教科科长丁新忠，市文化中心副主任蓬元出席活动并颁奖。省文明办未成年人处顾越、省少工委副主任徐美华、江苏科技馆副馆长曾川宁、市教育局基教科殷青、张家港科技馆副馆长李靖著受邀担任本次活动的评委。共有23所学校的优秀科普剧目参加了此次汇演，经过两天的激烈角逐，云盘小学、实验

2017年6月15日，"从量子到墨子"科普讲座走进梁丰小学————

小学两所学校编排的剧目获一等奖。

11月4日 科技辅导员走进大南社区开展"趣味牛奶画"科普课堂。

11月14~21日 先后走进旭东学校、崇真小学开展"科技馆活动进校园"活动。

11月18日 组织勤丰社区居民开展"万人科普游"活动。

12月5~6日 走进景巷幼儿园开展"科技馆活动进校园"活动。

12月13~14日 李靖著参加苏州市科学技术协会第十三次代表大会。

12月27日 参加江苏省第五届科普剧汇演颁奖典礼，来自全省各地的73部科普剧参与了此次汇演，由文化中心科技馆选送的17部剧目全部获奖。其中，实验幼儿园《爱丽丝奇游记》获得幼儿组一等奖，实验小学《谁是真正的太阳FANS》获得少儿组一等奖，同时，4部获二等奖，7部获三等奖，4部获优秀奖。同时该馆还荣获本届科普剧汇演活动优秀组织奖。

六、2017年工作概述

2017年，张家港科技馆深入学习贯彻十八届六中全会、十九大会议精神，根据中心各项工作部署，充分利用现有资源条件，深入开展各项科普活动，加快推进科技馆升级改造，不断提升员工业务能力，各方面工作取得了不俗的成绩。

（一）突出服务惠民，提升公共服务新高度

2017年是张家港科技馆升级改造工程的过渡年，前期工作正在积极推进，尚未进入施工阶段，面对展品大量损坏又要保持人气的现状，该馆以节假日科普活动和临展为抓手带动参观人气，全年策划开展了"深度看展品之鸡蛋的超能力"元旦科普活动、"鸡年西福，科普贺岁"春节科普活动、"欢度暑假·科学一夏"暑期活动等8次节假日科普主题活动。全力支持配合"张家港市第29届科普宣传周开幕式暨第二届青少年科技创意嘉年华"活动以及2017年"全国科普日"张家港市主场活动顺利开展，得到了市领导的高度肯定。走进塘市小学组织开展了"科技强国·创新圆梦"科普周系列活动，为该校师生送去了一场精彩纷呈的科学盛宴。策划开展了"鸡年吉祥""科学生活，预防疾病""科技强国，创新圆梦"等科普临展5次。截至目前，共接待游客29600人次，团队90批次3632人次，参观人数稳中有升。

（二）突出品牌影响，彰显科学普及新作为

"科技馆活动进校园"活动全年走进16所学校，服务学生近3万人，科普展品展示的同时，还开展了"从墨子到量子通信"科普讲座和"科学大爆炸""神奇的化学世界"两场科学实验课。走进东莱、金润等社区开

展了科普知识讲座 7 场。组织机关工委、乘航幼儿园、勤丰社区等单位赴国家检验检疫局、消防大队、文明交通体验馆开展了 8 次科普游活动。"爱·迪·生——新市民子女流动科学实验室"活动，共开展了科学实验 8 场、知识讲座 3 场、环保创意活动 2 场和 1 场科学公益活动。年初，机关幼儿园《虫虫的微电影》受邀参加江苏教育频道《春晚》的录制，科普剧的品牌效应日益凸显。5 月，该馆组织 7 所学校参加"第五届全国科学表演大赛"科普剧本创作和科普剧比赛，机关幼儿园《沙漠新城》获幼儿组一等奖，云盘小学《人体系统行动队》获青少年组入围奖。同时，继续组织开展了张家港市第七届科普剧汇演活动，全市共有 22 所学校、23 个剧本参加比赛，并选送了 17 部优秀科普剧剧目参加江苏省第五届科普剧汇演活动，实验幼儿园《爱丽丝奇游记》获幼儿组一等奖，实验小学《谁是真正的太阳 FANS》获少儿组一等奖，还获得二等奖 4 部，三等奖 7 部，优秀奖 4 部，17 部剧目全部获奖。

（三）突出展馆改造，打造科普阵地新样板

2017 年，该馆以数字科技馆改造为契机，积极推进科普阵地建设。2017 年初，全面启动数字科技馆改造工作，先后组织市科协、市科技局、省内外相关专家、科普展品公司等召开研讨会 3 次，多次考察张家港 9 家高新技术企业、参观学习宜兴科技馆、扬州科技馆等兄弟场馆，召开现场说明会、概念性方案评审会、展品报废专家评审会等。报相关部门和市领导批准后，初步确定了改造方案。根据改造方案和专家评审意见，对 37 件展品进行报废申请，待上级部门批复后进行下一步工作。与此同时，根据 13 件原有展品的升级改造方案和 39 件新展品拟订经费概算，下一步将报市财政局进行资金申请。

（四）突出理论提升，开辟科普辅导新境界

鼓励讲解员积极参加各类培训活动，拓宽视野，钻研理论，提升业务能力，以提高科普辅导水平。2017 年内，王海燕、杨甜参加"全省科普场馆教育活动开发骨干培训班"，并完成一篇科学教育活动教案。李靖著撰写的论文《基于艺术融合视角下的科技馆展示设计》在中国自然科学博物馆协会 2017 年年会上获得"青年学者优秀论文奖"二等奖，并在分会场作交流发言及答辩。

2017 年，张家港科技馆虽然在科普活动、接待讲解、展馆改造上付出了不少努力，也取得了一些成绩，但还存在活动不够创新、科普辅导不够到位等问题。下一步，将努力在提升软件和硬件上做到举措更实、成色更足。

一是扎实推进数字科技馆升级改造工作。加快推进数字科技馆改造的步伐，2017 年年底完成展品报废工作，并将改造资金申请、布展和展品概算报到财政局；2018 年初准备改造项目的招投标工作，保证过程的公开、公正、公平；4 月份完成招投标工作，要求中标单位在 6 月份进场施工，10 月份对展品进行安装、调试，元旦与市民见面。

二是做强做大科普品牌活动。继续发挥科技馆进校园活动、万人科普游、科普剧等品牌科普活动的引领作用，将原有的展教活动做深、做强，同时通过视频学习、外出培训等方式研发新的展教活动，提升该馆的科学普及能力和科普活动的吸引力。

三是内强素质做好展馆开门纳客准备。科普专业人才队伍建设是关系到科技馆事业发展得以持续的动力和基础，利用闭馆的时间集中充电，邀请省内外专家做专题辅导，学习国内先进的科普工作经验，给科普专业人才队伍建设提供智力支持，争取组织员工到大型科普场馆参观学习，交流思想。同时，提早熟悉新展品的展示形式、展示内容，挖掘展品背后的科学原理、科学故事，策划相关联的展教活动，为改造后的科技馆开门纳客做好充分的准备。

新的一年，张家港科技馆将立足科普工作，以点带面全面推动科普教育活动的有效实施，开拓创新，打造品牌，树立品牌效应，加强优质、惠民科普教育活动的建设。

浙江省科技馆

英 文 全 称：Zhejiang Science and Technology Museum
法 定 代 表 人：汪光年
联 系 电 话：0571-85177792
传　　　　真：0571-85177792
官 方 网 站：www.zjstm.org
行 政 主 管 单 位：浙江省科学技术协会
成立（开放）日期：2009 年 7 月
通 信 地 址：浙江省杭州市下城区西湖文化广场 2 号
已加入专业委员会：中国自然科学博物馆协会科技馆专业委员会

▨ 一、科普活动与展览

1. 临时展览

单位：平方米，万人次

序号	展览名称	起止日期	展出地点	面积	观众数量	性质
1	"海洋精灵"——水母主题科普展	1 月 18 日至 2 月 28 日	浙江省科技馆	500	12	引进
2	第二届中医药文化节	7 月 1 日	浙江省科技馆	650	0.2	联合
3	阿基米德的科学	7 月 18 日至 9 月 18 日	浙江省科技馆	850	11.8	引进
4	科学人生·百年——院士风采展	9 月 29 日至 10 月 29 日	浙江省科技馆	350	0.8	引进

2. 教育活动

序号	活动名称	活动时间	主要内容	活动形式	主要对象	参与人数
1	"科学 +" 系列活动	全年 20 期	科学热点解读	学术 / 科普讲座	社会公众	现场 5000 人次，网络观众难以统计
2	科普手偶剧	每周末、节假日	环保知识讲解	现场表演	少年儿童	活动辐射面广，难以统计
3	科学实验秀进校园	全年不定期	科学实验表演	现场展示	中小学生	活动辐射面广，难以统计
4	科学表演台	每周末、节假日	科学实验表演	现场展示	现场观众	活动辐射面广，难以统计
5	创客体验活动	1 月 1 日	3D 打印	授课 + 互动体验	青少年	20 人次

序号	活动名称	活动时间	主要内容	活动形式	主要对象	参与人数
6	冬令营、夏令营	1月、7月	科学课程	3天在馆，1天外出参观	小学生	60
7	生物课"春华秋实"	3月	植树节主题	授课	—	20
8	Science Talk	4月	与诺贝尔化学奖得主交流	现场互动交流	—	20
9	菠萝科学节	4月14~16日	好玩有趣地解读科学研究结果	颁奖晚会、科学集市、科学论坛	社会公众	活动辐射面广，难以统计
10	城市探险系列课程	5月	体验8级地震、10级台风、火灾和地铁逃生	授课+互动体验	—	20
11	科学院STEAM课程	10月	丛林探险	授课+互动体验	—	20
12	科学院科学课程	11月	学习智能细胞机器人	智能细胞机器人	—	20

3. 流动科普设施

单位：次

序号	名称	年度巡展次数	类型	经费来源	运行方式
1	流动科技馆	28	体验科学	财政拨款	自行组织
2	科普大篷车	11	科普大篷车Ⅱ型	财政拨款	自行组织

▨ 二、科研与学术

1. 承担项目

单位：万元

序号	项目名称	项目来源	项目级别	经费	负责人
1	科技博物馆理事会制度研究	省科协	省部级	—	项 泉
2	浙江省科技馆人才队伍建设问题研究	省科协	省部级	5	黄荣根
3	我国科技馆全面改造与升级换代的研究——以浙江省科技馆的改造升级为例	省科协	省部级	—	赵 新

2. 专著

序号	名称	作者	出版社	出版日期
1	《探秘世界系列》系列丛书	浙江省科技馆	浙江教育出版社	2017年4月
2	《听科学家讲故事》系列丛书	浙江省科技馆	浙江教育出版社	2014年10月

3. 编辑刊物

单位：册

刊物名称	刊号	发行周期	发行数量	发行范围
《浙江省科技馆信息》	内部发行	每月	200	兄弟场馆和相关单位

▨ 三、信息化建设

1. 官方网站浏览情况

日均网络浏览量为 800 人次，年度点击量 29200 人次。

2. 新媒体运用

2017 年度浙江省科技馆加强自媒体网络建设，维护好浙江省科技馆及浙江科普的微博平台，并努力建设和更新网络内容。全年微博微信总共发布 755 条，阅读量 3453433 次，粉丝 60 余万人；开通"浙江省科技馆"微信公众号，发文 100 余篇，固定观众 5100 多人，总阅读量 11 万次；开通头条号，将浙江省科技馆动态和活动信息同步发送。

▨ 四、志愿者队伍建设

单位：人次

服务岗位	人数	来源	服务时间
科技馆展厅、菠萝科学奖科学集市	2586	志愿者协会、志愿汇 App、各高校团委签约	周末、节假日、寒暑假的 8:45~16:00

▨ 五、运营情况

票务情况

是否免费开放	未免费开放场馆票种	未免费开放票价	观众人数
是	无	无	—
其他票务信息说明	4D 电影 20 元，球幕影院 50 元		

浙江省科技馆全景

六、2017 年度大事记

1．场馆重大人事变动和组织机构变动

5 月，浙江省科协科普部部长汪光年被任命为浙江省科技馆党总支书记、馆长。

2．主要制度的颁布和修订

9 月，在原 ISO 制度的基础上进行修订和颁布，全馆执行。

3．重要业务活动、外事活动、来访接待、重要会议、学术交流等

1 月 9~10 日　举办浙江省首届科技馆科普辅导员培训班。

1 月 16~19 日　科技馆科学院冬令营活动。

1 月 18 日至 2 月 28 日　举办"海洋精灵"——水母主题科普展。

1 月 18 日至 2 月 19 日　启动公众调查。

3 月 2 日　"科学+"系列活动之"地震——大地之怒"。

3 月 20 日　召开浙江省科技馆协会二届二次理事会议。

4 月 14~16 日　举办菠萝科学节。

5 月 2 日　"科学+"系列活动之"爱伊之旅"。

5 月 8~12 日　流动科技馆、科普大篷车参与"走进基层，走进群众"活动月送科技下乡活动。

5 月 15 日　"科学+"系列活动之"精准医学"。

6 月 10 日　"科学+"系列活动之"心理疗愈，如何让孩子与世界对话"。

6 月 17 日　长兴县科协组织全县 32 名乡镇科协秘书长前来考察培训。

6 月 25 日　"科学+"系列活动之"食品安全"。

7 月 1 日　举办"2017《中医药法》施行日宣传活动暨浙江省第二届中医药文化节"展示。

7 月 1 日　浙江大学 2016 届科普研究生 10 人来馆开展两个月的社会实践。

7 月 1 日至 9 月 10 日　与省青少年校外教育中心合作举办 2017"网聚少年"暑期网络夏令营活动。

7 月 5 日　舟山市科协主席叶亚君一行来馆考察调研。

7 月 5~27 日　6 名香港大学生来馆开展暑期实习活动。

7 月 6~29 日　第五届"科技馆小达人"活动。

7 月 7 日　举办 2017 浙江省科技馆协会第二期科普场馆人员培训班。

7 月 18 日至 9 月 18 日　《阿基米德的科学》临展。

8 月 25 日　"科学+"系列活动之"EFTlink 直播——达芬奇机器人前列腺根治性切除手术"。

9 月 8 日　"科学+"系列活动之"感知未来农业"。

9 月 16 日　"科学+"系列活动之"一起循环：固废治理如何破局"。

9 月 29 日　中国科技馆网络科普部副主任张炯一行到馆，就虚拟现实科技馆项目落地浙江开展工作。

9 月 29 日至 10 月 29 日　临展"科学人生·百年——院士风采展"举行。

10 月 12 日　"科学+"系列活动之"保护关节 关爱身体"。

10 月 21 日　"科学+"系列活动之"生命关怀，感受同理心的力量"。

10 月 22 日　"科学+"系列活动之"中医养生"。

11 月 9~10 日　举办 2017 年浙江省初中科学实验教师技能大赛决赛。

11 月 1~2 日　通过 ISO 质量管理体系转版认证外审。

11 月 12 日　"科学+"系列活动之"地外生命的终极探索"。

11 月 14 日　台湾自然科学博物馆馆长孙维新来馆交流座谈。

11 月 18 日　举行浙江省少儿科技创意搭建大赛。

11 月 22 日　浙江省盲人学校师生来馆参观体验。

12 月 3 日　"科学+"系列活动之"物理学教授的神奇手提箱"。

12 月 21 日　浙江省科协与省气象局签署战略合作协议，"气象主题馆"落地浙江省科技馆。

植物拓印活动

12月26日　召开"科学+"系列活动总结会。

4. 基础设施建设和改造项目

2017年度浙江省科技馆按照"整体规划，分步实施，确保实效"的总体要求，结合2016年度展品展区改造得失总结经验，继续进行展厅展品改造。积极推进科普设施建设进度，分批次完成了常设展厅的大面积改造。包括"脑电意念"、"化学屋"、"量子论"、"机器人"、"戏水池"、"VR体验"、"量子论剧场"、"能源剧场"、青少年禁毒宣教基地、浙江院士厅等项目。并完成展厅标识导视系统改造。

七、2017年工作概述

一年来，浙江省科技馆在省科协的高度重视和正确领导下，在相关部门和社会各界的关心支持下，在全馆员工的共同努力下，扎实履行展览教育职责，着力推进全民科学素养的提升。作为目前浙江省内最大的综合性科普场馆，浙江省科技馆通过多种途径和方式，不断创新科学传播活动模式，着力培养创新人才，大力加强对外交流合作，科普服务向多元化发展。展厅环境得到优化，服务能力得到提升，对外交流有效推进，龙头效应初现成效，全面建设再上台阶。全年包括常设展厅、流动科技馆、科普大篷车、科学教育活动等受众达150万余人次，观众满意度达98%以上，取得了良好的社会反响，获得了全国优秀科普教育基地、2016年度科技馆发展奖"展览奖"等荣誉称号。

（一）突出重点，大力实施展厅改造提升工程

浙江省科技馆于2016年启动展品更新工程，计划每年更新8~9个展项，并对馆内整体环境做大的改善。

1. 推进展品更新改造项目

2017年度浙江省科技馆分批次完成了常设展厅的大面积改造，包括"脑电意念"、"化学屋"、浙江院士厅等项目，改造后展厅面貌焕然一新，环境有了较大改观。2017年更新改造将主要对宇宙展区、海洋展区、心理健康体验区以及与省气象局合作的气象体验区进行改造提升。下一步将邀请监理公司对中标单位实施全方位的监督管理，确保展区更新改造项目按期保质完成。

2. 完成展厅标识导视系统改造

实施免费开放以来，浙江省科技馆参观人流量呈明显上升趋势。为了更好地服务广大游客和市民，更清晰和通俗易懂地指明参观路线、内容、位置、方向等信息，该馆认真整理每个区域的内容设计和标牌位置、数量，更新了原先标识系统中标识不到位、应用不规范等不完善之处，力求所有走线方便参观。

（二）创新发展，充分发挥科普场馆的教育作用

1. 展厅活动丰富多彩

浙江省科技馆充分依托展厅丰富的科普教育资源，积极策划创新科普教育活动。科普辅导员结合常设展厅的展品展项，全年开发更新资源包达到 140 件。除了日常的展教活动，展厅还不定期开发各类贴近生活、简单有趣的专题活动。特别是 2017 年暑假期间，推出"科技馆里过暑假——科学主题周"系列活动，开发设计了"指尖上的匠心""厉害了，我的 VR"等 9 个主题活动，场场爆满。丰富的科普活动激发了民众对科学探索的热情，极大地带动了科技馆的人气。整个暑期 44 天，来馆观众达到了创开馆记录的 18.4 万人次，8 月 26 日单日最高人流量达到了 9120 人次。

VR 体验馆

2. 临展项目新颖独特

2017 年浙江省科技馆分别引进"海洋精灵"——水母主题科普展，"阿基米德的科学""科学百年·人生——院士风采展""2017《中医药法》施行日宣传活动暨浙江省第二届中医药文化节"。内容精彩加上前期媒体宣传到位，前来参观的群众人数大大超过预期。

3. 4D 影片推陈出新

2017 年省科技馆新引进 3 部 4D 影片《勇闯天涯》《细菌大作战》《剑齿王朝》，影视科普效能得到进一步提升。并在节假日期间每日增映 3 场，全年放映场次增加到 1100 场，实现了场次流量和收入的双翻番。

（三）打造品牌，有效实现科学传播最大化

科普教育虽然是公益性的，但要把活动办好还必须借鉴商业活动的品牌建设理念，要有规划、有特色、有亮点、有包装。通过几年的探索和积累，省科技馆已成功培育出独具特色的"三科"品牌科学传播活动。

1. 菠萝科学节

2017 年菠萝科学奖升级为持续三天的菠萝科学节，无论从规模上还是影响力上，都有了质的提升。本届活动以"人工智能"为主题，通过线上、线下及现场活动相结合的分享方式，令更多人一起体会科学的有趣一面。线上，开设专门网页进行奖项征集并通过网上互动扩大影响；线下，与网易新闻合作在全国近百个城市举办百城联动"全民人工智能知识竞答"活动，24 个城市的省、市科技馆参与了线下联动；现场，颁奖典礼当天在省科技馆集中开展科学集市、科学论坛、颁奖典礼等系列活动。除浙江本地各大主要媒体外，包括央视、新华社、中国之声在内的上百家媒体每年都对活动进行全方位报道，哔哩哔哩、优酷、网易等八大平台全程直播颁奖典礼，数十万观众通过视频直播平台观看了颁奖典礼。

2. "科学 +"活动

2017 年"科学 +"活动共举办了 20 期，接待现场观众约 5000 人，通过网络平台参与活动、进行互动的观众超过 380 万人次，网络平台新闻稿和直播累计阅读量达到 1000 万次以上，如"核你在一起""EFTlink——达芬奇机器人前列腺根治性切除术直播"活动等。

3. 科技馆科学院

科学院项目经过多年的探索实施，目前已经涵盖了多方面的内容，既有与多家前沿机构合作开展的开放实验室、创客空间等形式，也有自主开发的创新科学课程、主题夏令营、科技辅导员培训等内容。该馆科学教育老师和科普辅导员自主开发了10多个科学课程，涉及机械、基因等多个领域。还合作举办了针对科技辅导员的主题培训，既有最前沿的科学理论知识，也结合了学生的科学课程，理论结合实践，受到科技辅导员的一致好评。

（四）借力平台，合作构建国民科学教育体系

浙江省科技馆按照大联合、大协作、大科普的工作思路，依托自身展教资源，打造合作平台，积极寻求跨部门协作，联合有关单位开拓创新科普特色活动。

1. 馆校结合

浙江省科技馆一直致力于馆校结合方式的探索，依托科技馆展教资源，积极与教育部门合作。科普辅导员多次应星州小学、濮家小学、景宁县民族小学等学校之邀开展"科普实验秀进校园"活动；联合举办"网聚少年"暑期网络夏令营活动、"全省科学教师技能大赛初中组比赛"，为学校科学教育和以素质教育为方向的课程改革做了有益补充。

2. 人才培养

2017年是浙江省科技馆作为全国高层次科普专门人才培养实践基地与浙江大学合作开展科普研究生实习活动的第四年。在两个月的实习过程中，10名科普研究生分别承担了展厅引导讲解、科学实验展示、创客空间授课、课程开发设计等多项任务，获得科技馆工作人员和参观游客的一致好评。

3. 志愿者服务

2017年科技馆志愿者招募拓展了新的招募平台，通过与学校、院团委签订合作协议，志愿汇App、浙江省科技馆官网、志愿杭州网站等平台及渠道，全年共招募及安排志愿服务2586人次。同时，继续合作香港人才交流项目，引进6名香港大学生进行暑期志愿服务活动，与该馆员工一起承担了参观接待、展项讲解、科学表演等多项活动，给该馆带来了青年的活力和开放的思想。

4. 馆际交流

2017年以来该馆不断加强馆际交流，除了接待团队和兄弟馆来访100多场次外，还迎来了住建部、中国科协、中国科技馆等上级部门的多次调研指导，以及香港、台湾同胞的参观交流，如台湾自然科学博物馆馆长孙维新一行、台湾科学工艺博物馆馆长陈训祥一行、香港中青年骨干教师团等。馆领导也鼓励大家有机会多加强馆际之间的交流与合作，汪光年馆长亲自带队赴黑龙江、辽宁科技馆学习调研，就有关科技馆的展区改造、信息化建设、人才培养、运行管理进行了深入交流。

5. 媒体宣传

2017年浙江省科技馆一方面，加强自网络媒体建设，维护好"浙江省科技馆"及"浙江科普"的微博平台，全年微博微信总共发布755条，阅读量3453433次，粉丝60余万人；开通"浙江省科技馆"微信公众号，发文100余篇，固定观众5100多人，总阅读量11万次；开通头条号，将该馆动态和活动信息同步发送。另一方面，深化媒体合作机制，多媒体搭建活动宣传，效果显著，合作对象包括《都市快报》、腾讯大浙网、网易浙江等知名媒体。据统计，全年相关活动报道共计180余篇，网络直播4次，涵盖了菠萝科学奖、"科学+"、寒暑假等相关科普活动。

（五）服务基层，助力现代科技馆体系建设

经过探索与实践，浙江省已基本确立以实体科技馆为主体，统筹流动科技馆、科普大篷车、数字科技馆的建设与发展，辐射带动其他基层公共科普服务设施和社会机构科普工作发展的现代化科技馆体系，既有实体场馆、展品展项的"硬件"建设，也包含有科普人才、服务质量等"软"实力的锻造。浙江省科技馆充分发挥省级馆的辐射带动作用，为各地市科普场馆建设提供展览内容建设、展品展项及规划设计、运营管理等多方面的支持和帮助，满足各地市科技馆科普活动协助要求，服务于基层科普场馆建设。

1. 流动科技馆和科普大篷车

浙江省流动科技馆2017年共计完成27个站点的巡展，接待观众约77.6万人次。自启动以来，全省累计完成56个站点的巡展工作，基本实现浙江省流动科技馆巡展服务的第一轮全覆盖。与此同时，科普大篷车也充分发挥解决科普服务"最后一公里"的特殊优势，2017年行驶里程近4200公里，为近万余师生顺利开展了科普知识普及宣传活动。

2. 科技馆协会

浙江省科技馆协会凭借自身人才优势，为全省科技馆建设与管理提供优质服务，引荐专家为全省各地、各级在建与筹建的科技馆提供

意念赛车

咨询与指导。为了提高省内科技馆人才队伍专业素养与综合能力，科技馆协会分别在1月和7月举办了两期科普教育人才培训班，覆盖会员单位70家，参加培训人员300人次。

3. 援建乡村校园科技馆

浙江省科技馆积极响应省科协关于援藏工作和支援省内西部山区科普资源建设的工作指示精神。完成西藏那曲嘉黎县中学第二套校园科技馆建设；完成援建景宁畲族自治县民族小学校园科技馆建设。受到了当地教育局领导、校方领导和地方各地师生的好评。

在看到这一年取得成绩的同时，该馆也清醒地认识到工作中存在的问题和不足，主要表现在：一是在工作指导思想、制度机制、队伍素质等方面与国内一流科技馆的标准还有差距；二是硬件设施建设还满足不了公众对科普的需求。由于科技馆更新提升工程的实施，正在维修和改造的展区展项较多，一定程度上影响了观众的参观质量和体验感；三是全省现代科技馆体系建设工作推进力度不够，从全省范围看，科技馆总体数量偏少、规模偏小，覆盖面不足，达不到时代的进步和规划的要求，也落后于兄弟省份的发展步伐。这些问题和不足有待在今后的工作中进一步加以改进。

温州科技馆

英 文 全 称：Wenzhou Science and Technology Museum
法 定 代 表 人：夏立明
联 系 电 话：0577-88962108
传　　　真：0577-88962110
官 方 网 站：www.wzstm.com
行 政 主 管 单 位：温州市科学技术协会
成 立（开 放）日 期：2003 年 10 月
通 信 地 址：浙江省温州市市府路 481 号
已 加 入 专 业 委 员 会：中国自然科学博物馆协会

一、科普活动与展览

1. 临时展览

单位：平方米，万人次

序号	展览名称	起止日期	展出地点	面积	观众数量	性质
1	遇见更好的你——心理健康展	2016 年 12 月 25 日 至 2017 年 3 月 26 日	温州科技馆大厅	1000	10.2	联合
2	神奇的动物"老师"——仿生学与军事装备科普展览	4 月 29 日至 6 月 11 日	温州科技馆大厅	1000	6.5	引进
3	漾舟信归风——中国古代船模展	7 月 7 日至 8 月 27 日	温州科技馆大厅	1000	14.4	联合
4	创想乐园主题临展	9 月 16 日至 11 月 5 日	温州科技馆大厅	1000	10.0	联合
5	科学人生·百年——院士风采展	11 月 18 日至 12 月 28 日	温州科技馆大厅	1000	5.7	联合

2. 教育活动

单位：人次

序号	活动名称	活动时间	主要内容	活动形式	主要对象	参与人数
1	趣味科普秀	全年	科学实验表演	舞台演出	未成年人	22173
2	周末科学派	3~12 月	科学课程培训	培训	小学亲子	648
3	探探实验台	10~12 月	深度讲解展品	展区讲解	未成年人	3000
4	展区主题讲解	全年	展品介绍	展区讲解	未成年人	5000

续表

序号	活动名称	活动时间	主要内容	活动形式	主要对象	参与人数
5	"我创想·我快乐"温州科技馆第十三届有奖科普游园	10月1~3日	科普活动	科普游园	青少年	21621
6	青少年科技培训	7~12月	科学实验	培训	中小学	2000
7	暑期科学小创客夏令营活动	7~8月	科普活动	培训	中小学	8250

3. 流动科普设施

单位：次

名称	年度巡展次数	类型	经费来源	运行方式
科技馆进校园	11	科普活动	财政	流动科普秀演出

二、信息化建设

1. 官方网站浏览情况

温州科技馆网站创建于2010年，2017年3月完成改版，内设：首页、科技馆攻略、展品赏析、科普培训、科普活动、最新资讯、认识我们、联系我们等栏目。及时推送最新消息，保持信息与现状同步。日均网站浏览量90人次。

2. 新媒体运用

根据馆内活动安排及时推送活动信息和报名渠道，发布活动简讯和科普信息，有效利用新媒体扩大该馆科普活动的宣传影响面。全年合计发送各类信息73条，增加"粉丝"5159人。

三、志愿者队伍建设

单位：人

分类	服务岗位	人数	来源	服务时间
临展志愿者	临展维护	697	温州大学 温州职业技术学院	8小时/人
展区志愿者	展区秩序	935	温州职业技术学院	8小时/人

四、运营情况

票务情况

是否免费开放	未免费开放场馆票种	未免费开放票价	观众人数
是	4D动感影院	15元	609人次/年
其他票务信息说明	4D动感影院于3月关闭改造		

五、2017年度大事记

1~3月　举办"遇见更好的你——心理健康展"主题临展。

温州科技馆全景

3月10日　出台《温州科技馆财务管理制度（试行稿）》。

3月19日　启动温州科技馆动感4D影院改造项目工作。

3月　首次推出"周末科学派"科学课程。

4~6月　举办"神奇的动物'老师'——仿生学与军事装备科普展览"主题临展。

5月2日　实施儿童区水世界项目改造工程；6月，水世界展项正式对外开放。

5月21日　召开温州科技馆展区发展规划研讨会。上海市科技馆原副馆长、教授胡学增，中国自然科学博物馆协会理论专业委员会副主任闫光亚，浙江省科技馆馆长李瑞宏，北京科学中心原总工张承光等专家出席了此次会议。

6~9月　先后赴福建省科技馆、上海市科技馆、上海市自然博物馆、重庆科技馆、辽宁省科学技术馆、合肥市科技馆、绍兴科技馆等场馆考察调研展区建设经验。

7~8月　举办"漾舟信归风——中国古代船模展"主题临展。

7~8月　暑期举办三期科学小创客夏令营活动。

8月4日　召开了温州科技馆展教工程改造提升概念方案评审会议，中国科学技术馆副馆长邵杰等专家出席了此次评审会。

9月25日　温州科技馆改造提升项目获得市委周江勇书记批示支持。11月9日，温州市政府召开专题会议讨论温州科技馆改造提升项目；11月17日，温州科技馆改造提升项目被列入"2018年市级政府投资项目计划"。

9~11月　举办"创想乐园"主题临展。

10月　首次推出"探探实验台"展区科普活动。

10月31日　出台《温州科技馆专业技术岗位聘用管理办法》。

11月14日　科技馆党支部赴昆阳镇炼川小学开展"科技馆活动进校园"活动。

11~12月　举办"科学人生·百年——院士风采展"主题临展。

六、2017年工作概述

（一）场馆运营稳中有增

2017年，共计接待游客54.23万人次，同比上年增加11%；接待团队102个，接待人数33019人次。

（二）展区活动与时俱进

1."趣味"科普秀

全年合计演出112场次，参观人数达18000人次。引进了《洪荒之力》实验秀，获得2017年第五届全国科技馆讲解员大赛东部赛区二等奖；着手自主创作科普秀剧本，完成新剧《动物们的冷知识》，排演完善剧本内容，并于2018年开放演出。

2. 科技馆进校园

2017年新科普秀的引进和研发丰富了演出剧目，"流动科普秀"逐渐成为"科技馆进校园"活动的主力军，使该项活动更富趣味和热情。全年合计流动演出11次。

3. 周末科学派

推出"周末科学派"科普品牌活动，全年自主开发19项课程，并通过与温州"袋鼠科学+"亲子实验室、"龙翔湖公益科普团队"等单位合作，共组织开展各类科普活动100余场。

4. 探探实验台

在周末科学派的基础上，创新推出

改造后的水世界

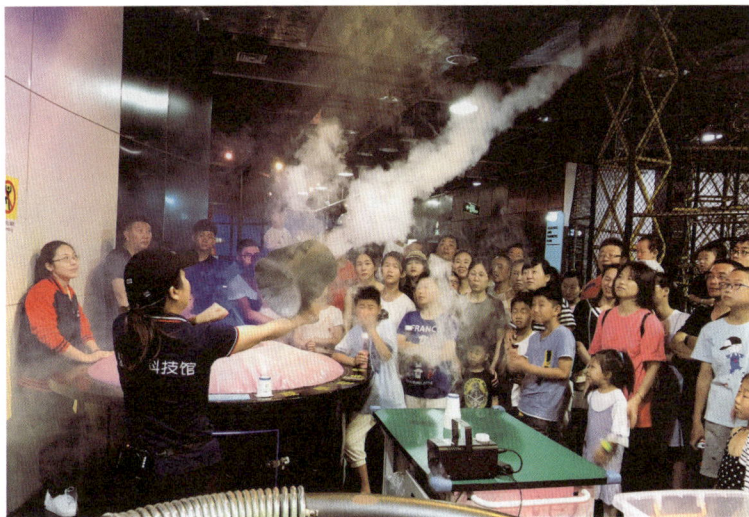
探探实验台——环环相扣

展区科普活动——"探探实验台"。此项活动以一天两场的活动频率走进游客视野，广受好评。截至2017年底，共开展活动50余场，取得了良好的社会反响。

5. 特色主题临展

先后举办了"遇到更好的你"心理学专题展览、神奇的动物"老师"——仿生学与军事装备科普展、漾舟信归风——中国古代船模展、"创想乐园"主题临展、"科学人生·百年"——院士风采展等特色主题临展活动，从军事、文化等多个角度展现无处不在的科学魅力，深受欢迎，全年共接待游客46.83万人次。国庆期间，结合"创想乐园"主题临展举办"我创想·我快乐"温州科技馆第十三届有奖科普游园，收到了良好的社会效益。

6. 青少年科普工作

组织参加第31届浙江省青少年科技创新大赛，共60个项目获省级奖项，其中9个项目被推荐参加全国比赛，取得一等奖1项、二等奖4项、优秀创意奖4项的优异成绩；积极开展公益性青少年科技培训工作，自7月下旬正式开班以来对累计近70个班次2000余人次进行了"科学小创客"的培养。

科学小创客夏令营

（三）场馆改造工程有序推进

1. 顺利实施儿童区水世界项目改造工程和局部翻新工程

顺利报废拆除儿童区原水世界展项，按时完成儿童区水世界项目改造工程和儿童区局部翻新工程施工，六一儿童节正式对外开放。改造后的水世界项目面积约200平方米，含24套展项，强调参与性、趣味性和知识性的结合，让广大少年儿童在互动中获得科学启迪。

实施水世界项目配套的儿童区局部翻新改造工程，工程投资约43万元，工程包括环境翻新、地毯铺设、水电管路配套、展品制作、展品安装调试等项目。该工程的顺利实施为水世界展项的开放提供了保障。

2. 积极推进动感4D影院项目改造建设进程

经过前期的调研对接，于10月份完成项目招投标，新影院选用目前行业较前沿的影院设备，并以银幕最大化为原则优化调整了新影院总体布局方案，截至2017年底，该项目仍在不断优化深化设计方案，争取2018年完成影院装修和设备进场安装调试，并对外开放。

3. 切实保障展区展品稳定运行

自2015年温州科技馆免费开放以来，展品运行压力剧增，展品损坏率一直是一个严峻挑战的课题。

积极与展品维修单位和展品维保厂家对接，从发现到维修做到及时高效，大大缩短维修周期。2017年展品维修量达到了579件，平均每月当天修复率为95%，展品平均月完好率达到了99.22%。

淘汰展品及时报废入库处理。对"信息驿站"进行报废并清理完留下的垃圾品；对儿童区水世界和4D动感影院两个大型展项完成各项报废程序，并清理报废垃圾，保障水世界和4D影院两个改造项目的顺利实施。

（四）后勤保障提供有力支持

1. 根据科技馆日常运营需要，对使用10余年的场馆进行改善性维修

完成科技馆中庭采光顶实施安全遮阳贴膜项目；针对儿童区西侧屋顶漏水现象对西侧锈蚀严重的排水槽进行更换改造；对科技馆展区6个卫生间进行全面设计与改造；启动科技馆观光电梯改造项目，解决原液压电梯的高故障率问题，增强设备运营安全；完成科技馆消防排烟工程，解决了科技馆多年存在的消防排烟问题；完成展区电气线路改造项目，对全馆机房线路进行梳理摸排，消除用电安全隐患，进一步保障展区场馆的用电安全。

2. 结合科技馆日常运营情况，进一步提升场馆管理硬件水平

对科技馆中心机房和的UPS主机、核心交换机和各分计算机房内的接入交换机进行了更新；对全馆安装门禁系统管理，对南门停车场增加停车系统进行管理，同时增设安监系统32路监控，全方位全角度的增强科技馆安保力量建设，保障十九大期间和场馆日常运营的安全稳定。

（五）全面展开温州科技馆改造提升计划

温州科技馆自2003年建成开馆以来，展品老化严重，维修率高，为更好地服务市民，提升科技馆的社会价值，进一步发挥科普教育的阵地作用，2017年全面启动了温州科技馆的改造提升工程。

1. 广泛调研行业场馆建设和展区改造情况

调研北京、上海、山西、重庆等科技馆展区发展状况、场馆建设工作、馆校结合综合实践活动等情况，并交流探讨展馆设计理念优化、展馆创新、展览教育提升、展区教育活动开展和展区改造工作。11月中旬组织市发改委、财政局、科技局、经济规划院等多部门联合调研四川、辽宁科技馆的展区改造、场馆建设情况，为下一步改造提升工程的顺利推进获得了宝贵的经验指导。

2. 成功启动、推进改造提升工程

在温州市领导的关心帮助和市科协的大力支持下，温州科技馆改造提升工程于9月25日获得温州市委周江勇书记批示支持，市政府殷志军副市长先后四次召开专题会议，研讨科技馆改造提升工程相关事宜，并于11月17日批准列入"2018年市级政府投资项目计划"。温州科技馆改造提升工程正式提上日程，并将作为下阶段最重要的工作任务，全馆上下一心，通力协作，力争将温州科技馆打造成为"国际接轨、国内一流、省际领先、温州特色"的公益性科普场馆。

3. 不断完善改造提升工程方案

先后多次邀请国内科技馆行业知名专家召开温州科技馆改造提升工程研讨会，为温州科技馆改造出谋划策；发布《温州科技馆展教工程全面改造提升概念方案设计征集公告》，向社会广泛征集改造方案，集思广益，并组织专家对应征方案进行评审，借鉴优秀方案内容，沟通知名设计单位，结合专家意见，编制优化温州科技馆改造提升工程概念方案；邀请和走访本地文化行业专家交流讨论科技馆与温州文化的有机融合，使温州科技馆不仅能启迪科学思想，还能传承温州文化精神。

湖州市科学技术馆

英　文　全　称：Huzhou Science and Technology Museum
法　定　代　表　人：徐勇
联　系　电　话：0572-2367812
传　　　　　真：0572-2367812
官　方　网　站：www.hzstm.org
行　政　主　管　单　位：湖州市科学技术协会
成立（开放）日期：2012 年 7 月 11 日
通　信　地　址：湖州市仁皇山路 999 号
已加入专业委员会　中国自然科学博物馆协会科技馆专业委员会

一、科普活动与展览

1. 临时展览

单位：平方米，人次

展览名称	起止日期	展出地点	面积	观众数量	性质
海洋精灵——梦幻水母	5 月 10 日至 6 月 11 日	科技馆	600	24500	引进

2. 教育活动

单位：人次

序号	活动名称	活动时间	主要内容	活动形式	主要对象	参与人数
1	爱护牙齿　健康生活	3 月 18 日 3 月 26 日	让青少年了解口腔牙齿的基本结构与知识，学习正确的口腔健康维护技巧，提高对口腔健康的重视	讲座、互动、口腔检查	青少年	120
2	闻香识中药　动手做香包	4 月 15 日 4 月 22 日	由中医药老师现场带领大家认识各种中药材及其功效，并指导大家动手制作香包	讲座、互动、手工制作	青少年	180
3	科普闯关我最棒	5 月 1 日	参加科普大闯关，通过闯过关卡的数量领取一定的奖品	互动	青少年	1300
4	学会自我保护，我与安全同行	5 月 12 日	环节一：4D 影厅观看《灾难警示录》 环节二："防震自救"赛道体验，为生命奔跑 环节三：参与救援志愿队紧急自救培训	学习、互动、交流	青少年及家长	1700

续表

序号	活动名称	活动时间	主要内容	活动形式	主要对象	参与人数
5	百名学子体验科技	5月14日	特邀三县两区偏远地区20余所学校品学兼优且家境贫困的学生免费参观科技馆,体验科学的魅力	学习、互动、交流	青少年	135
6	我与水母有场约会	5月29日	参观水母展、答题互动、亲子绘画、领取水母宝宝	参观、竞答、比赛	青少年	160
7	放飞梦想起航人生	7~8月	五水共治科普展、"奔跑吧,护水小卫士"亲子活动、"小爱迪生"积章卡领取活动、"动手动脑齐欢乐"创客主题课程活动、"智勇大闯关"趣味活动、"魔法伴你行"科学实验秀	学习、参观、互动、交流、评比	青少年	41000
8	折染团扇制作月光	10月2日 10月4日	辅导员老师授课,家长和孩子一起合作制作相应的内容	手工互动、评比	青少年	120
9	牛奶香皂DIY	11月11日	辅导员老师授课,带领孩子一起制作相应的内容	手工互动、评比	青少年	30
10	感恩节活动	11月18日	讲故事、玩游戏、做感恩卡,带领孩子一起体味"爱"	学习、交流、游戏	青少年	60

3. 流动科普设施

单位:次

名称	年度巡展次数	类型	经费来源	运行方式
科普大篷车下基层	60	大篷车	科普专项经费	联合湖州师范学院志愿者共同开展,统筹安排各县区活动

二、科研与学术

研究成果

题目	作者	刊名	卷(期)号	期刊级别
《浅析微信公众号在科技馆的应用推广现状与展望》	薛 春	《自然科学博物馆研究》	2018年增刊	国家级

三、信息化建设

1. 官方网站浏览情况

湖州市科技馆官网自建成以来,每天浏览量较为平稳,日均网站浏览量为118人次。

2. 新媒体运用

湖州市科技馆官方新浪微博(微博号:浙江省湖州市科学技术馆),每月更新微博20条以上,共计1597条,涵盖科普知识,科普新闻,场馆动态等内容,截至目前拥有粉丝数639人。

湖州市科技馆微信公众号2015年3月份正式认证开通,目前拥有粉丝5574人,2017年共推送微信208次,消息共计 308 条，累计预览 43406 人次，内容涉及高新科技、生活常识、养生知识、传统科普等多个领域，湖州市科技馆在网络平台关注度大幅提升。

四、志愿者队伍建设

服务岗位	人数	来源	服务时间
科技馆展厅	1124	各学校学生	2017 年 1~12 月

五、运营情况

票务情况

是否免费开放	未免费开放场馆票种	未免费开放票价	观众人数
是	4D 影院、太空之旅、未来驾驶、模拟航行、虚拟驾驶、机器人画像	4D 影院 10 元，其余收费项目各 5 元	110658 人次 / 年

六、2017 年度大事记

湖州市科学技术馆

1 月　湖州市科技馆被授予湖州市文明单位荣誉称号。

2 月 8 日　科技场馆公共 Wi-Fi 硬件设施投入使用。

2 月　开展机器人展区改造。

2 月　开展寒假主题活动：锦绣江南、桥梁大师。

2 月　完成湖州市第 31 届青少年科技创新大赛工作。

3 月　组建湖州市科技馆义务消防员队伍。

4 月　举办科技辅导员应急救护技能培训。

4 月 17~19 日　组织部分科技辅导员赴上海参加第五届全国科技辅导员大赛。

5 月 10 日至 6 月 11 日　举办"海洋精灵——梦幻水母"大型科普临展。

5 月 13 日　举办湖州市科技活动周、第十四届科普节暨"5·12"防灾减灾宣传周"学会自我保护，我与安全同行"系列主题科普活动。

5 月 14 日　举办"百名学子体验科技"主题活动。

7 月 1 日　组织党员干部开展"三走三服务"活动。

7~8 月　开展暑期科普主题教育活动：创客系列活动之猎鹰能手空模活动、幻影随行车模活动、仿生机器人创意活动、"小爱迪生"积章卡活动等。

9月　党支部深入推进"两学一做"常态化学习教育。

10月　开展迎国庆、中秋双节主题科普活动：亲子创客教育、趣味科学实验课、科普大篷车进校园活动等。

11月　二楼基础科学展区改造完成并对外开放。

12月　召开2017年度志愿者表彰大会。

七、2017年工作概述

2017年，湖州市科技馆以党的十九大精神为指引，认真学习贯彻习近平总书记系列重要讲话精神，扎实推进"两学一做"学习教育常态化制度化，紧密结合"四新"主题实践，立足科技馆本职工作，在市科协的正确领导下，本着科普为民的服务理念，发挥服务窗口优势，以争创科普工作新业绩为目标，以全国文明城市创建为契机，有序开展各类科普教育活动，加速推动科普场馆建设，致力于服务大局，服务公众，在文明创建、科普展教、科学普及、促进科技

2017年7月8日，湖州市科技馆举行"猎鹰能手争霸赛"

创新，提高全民素质方面做了大量工作，取得了良好的社会效益，扩大了社会收益面和实效性，获得了社会各界的一致肯定。

（一）2017年度工作总结

2017年以来，科技馆严格按照年初工作思路，全馆上下群策群力，认真履职，累计接待游客约11.1万人次，各类团队56个，团队游客7597人次，单日最大人流量高达2381人次，创建馆以来新高。纵观全年，人流量较往年有明显增长，周末、节假日人数同比2016年增长约12%。游客的稳定增加、人气的聚集是源于湖州市科技馆年初以来，紧紧围绕市委陈伟俊书记"要使科技文化场馆成为弘扬文化的窗口、成为教化人心的基地、成为记录历史的资源宝库、成为推动发展的特色平台、成为整合资源的标杆典范"的讲话精神，并以"全国文明城市创建"为契机，以等不起、坐不住的使命感和紧迫感，发扬干在实处、走在前列的作风，深入贯彻落实市第八次党代会和市"两会"精神。在做好资源整合文章，奏好科普教育乐章上狠下功夫，凝心聚力，扎实推进"四新"主题实践，精准发力，谱写了科普事业新篇章。

1. 发挥党组织核心堡垒作用，党风廉政建设细致扎实

（1）抓实学习教育，有效推进学习型支部建设

围绕"创新思维、提高能力、提升素质、促进发展"的总体目标，进一步强化党员干部的"四个一"意

湖州市科技馆志愿者培训掠影

识：理解一个概念（学习型组织的概念），树立一个观念（终身学习的观念），钻研一本好书，掌握一项技能。在学习原则上要求做到集中学习、集中精力，学习内容上要做到区别对待、因人而异。党员干部以学理论、学政策、学业务"三学"为重点，以提高广大干部的政策理论水平、职业道德规范、工作业务能力，增强服务意识，进一步提高专业能力和工作效率。

（2）严肃纪律教育，进一步增强党性观念和宗旨意识

通过学习教育，不断增强党员的政治意识、大局意识、核心意识、看齐意识，使党员素质进一步提高，干部职工作风进一步转变，党组织建设进一步加强。

一是抓好支部班子的学习。把支部班子的学习，作为加强支部思想建设的首要任务来抓，坚持"党纪一刻钟"制度，做到带头抓、带头学、带头用，形成良好的学习氛围。以支部班子的学习带动全体党员的思想政治学习，使支部班子努力成为学习型、务实型、创新型、和谐型的战斗集体。

二是积极参与主题党日活动，开展党员走进社区服务群众，走上街头服务城创，走入家庭服务孤寡老人的"三走三服务"活动以及"不忘初心，重新出发"等主题活动，深入学习党的十九大会议精神，旗帜鲜明讲政治，让广大党员干部切实在思想上、政治上、行动上统一到以习近平同志为核心的党中央决策部署上来。

三是坚持谈心谈话制度。深入了解党员职工群众的思想动态，听取广大党员对机关党建工作的意见和建议，及时掌握他们的思想动态，化解矛盾，稳定队伍。

（3）夯实党建基础，进一步提升党组织的战斗力

一是抓好党员民主评议工作。适时开展民主评议党员活动，使广大党员同志在活动中深刻剖析自我，开展批评与自我批评。通过评议活动，深入对照检查，剖析自身不足，落实整改措施。

二是开展创先争优、建功立业活动。要对党建工作目标进行量化分解和落实，以"两优一先"争创活动为载体，积极开展党内的评优、选优、树优工作，真正让党员起到模范带头作用。

三是重视加强党员发展工作。重视对孙青青、包睿、张雅琴 3 位入党积极分子的培养、教育工作，支部制订切实可行的培养发展计划，把好质量关，确保党员质量。

2. 助力全国文明城市创建，树立美丽科普场馆形象

2017 年是湖州市创建全国文明城市决战之年。根据市委、市政府"四新"主题实践活动和深化全国文明城市创建工作的部署要求，湖州市科技馆作为此次城创工作的必检点位之一，充分发挥文明单位的示范引领作用，全馆上下群策群力，统筹安排，真抓实干，做出较大贡献，圆满完成各项工作目标，示范引领作用明显，得到干部群众普遍认可。

（1）充分发挥场馆优势，为文明城市创建营造浓厚氛围

加强单位内部公益广告宣传，营造浓厚创建氛围，充分利用单位橱窗、走廊、电子显示屏、宣传栏等适宜位置设置公益广告和遵德守礼文明提示牌，充分发挥公益广告在培育和践行社会主义核心价值观、传播文明正能量等方面的重要作用，城创期间科技馆在馆内新增各类公益广告 60 余处，达到了抬头可见的宣传效果。同时利用科技馆户外广告牌对外阵地设置社会主义核心价值观、讲文明树新风等大型公益广告，扩大公益宣传的

覆盖面、影响力。

（2）弘扬志愿精神，体现党员干部志愿奉献精神

为充分发挥科技馆党员志愿者示范带头作用，引领全体员工树立志愿奉献精神，科技馆建立了志愿者服务站，明确了服务内容和服务时间，同时全面落实各项志愿服务管理制度、"门前三包"责任制，组织馆内志愿者服务队开展周末、月末清洁大扫除活动，保持办公区、生活区环境整洁卫生、绿化美化，开展交通文明劝导，发放文明创建宣传材料，服务社区等志愿服务40余人次，115小时。

2017年7月14日，湖州市科技馆科普大篷车进社区活动

（3）开展宣传教育实践活动，提升城创工作知晓率和满意度

按照市创建办提供的宣讲通稿组织干部职工进行创建全国文明城市专题学习。对本单位干部职工家属及其亲朋好友进行创建全国文明城市的宣传，并通过馆内发放、走上街头等方式发放宣传材料300余份，使广大市民深入了解创建全国文明城市和做好公共文明指数测评的重要意义、目标要求、重点任务等，提高知晓率、支持率和满意率，同时，主动走进结对单位仁皇山一社区，开展科普活动进社区，关爱空巢老人等活动，增加社区居民幸福感。

3. 做整合资源的标杆典范，建教化人心的育人基地

（1）深化部门联动，形成同台合唱局面

一年来，科技馆充分利用场馆优势，联合相关部门共同开展了一系列内容丰富，形式多样的公益科普活动。与市红十字会合作打造的"救在身边"互动公益平台，累计举办心肺复苏、伤口包扎等救护现场实训20余场次，500多人次学习基本的救护技能；2017年湖州市科技活动周、第14届科普节暨5·12防震减灾宣传周广场宣传活动之际，湖州市科技馆举办"百名学子体验科技"公益科普主题活动，特邀三县两区偏远地区20余所学校品学兼优且家境贫困的学生免费参观科技馆，体验科学的魅力；联合市"五水共治"工作领导小组开展"投身剿劣，护美家园"主题活动；科技馆关心下一代委员会积极联系南浔区等关心下一代委员会，共同开展关心关爱贫困儿童活动。部门联动的进一步深化，拓展了科技馆科普工作的平台，丰富了科普活动的形式，开启了科技馆科普工作的新篇章。

（2）加强馆校合作，搭建教学实践平台

一是完善志愿服务制度体系。科技馆作为全市青少年开展志愿服务活动的主要阵地之一，与湖州师院、湖州中学等8所高校、中学保持密切合作，鼓励学生参与志愿服务，形成了注册、培训、上岗、考核、表彰等完整的志愿服务制度体系，在册志愿者总人数达4458人，其中2017年吸收志愿者1037人，打造了成就自我、服务他人、服务社会的学雷锋志愿服务品牌，成为传承弘扬优秀传统文化的窗口，培育和践行社会主义核心价值观的重要阵地，志愿者热情的服务已然成为科技馆一道亮丽的风景线。

二是构建教学实践服务机制。吸收中小学年轻的骨干科学教师，共同参与"玩转科学 快乐无限"魔法科学实验秀的演示教育活动。半年来，来自爱山小学教育集团、新风实验小学教育集团等15所学校的30余位教师来馆开展科学实验秀活动，在"寓教于乐"中引导孩子们科学探究与思考，为孩子们的科学启蒙播下了种子，也为青年教师的成长、成才提供了舞台。

三是青少年科技活动有序开展。2017年，由科技馆参与组织实施的各类青少年科技创新竞赛活动，各县

区、学校参与热情高涨，比赛成绩喜人，发展形势良好。第31届浙江省青少年科技创新大赛中，湖州市57件作品送省参赛，28件作品进入了最终的答辩和展示环节，并最终取得优异成绩，44件作品分获一、二、三等奖。2017年10月举行的第23届全国青少年信息学奥林匹克联赛上，湖州市共有681名选手分别参加普及组和提高组各类语种的竞赛。参赛人数较2016年又有大幅增长，信息学奥赛越来越受到重视。初赛试卷经过浙江省青少年信息学奥林匹克联赛组委会复核，最终湖州市在此次初赛中有26人入围省级复赛。同时，青少年航模竞赛、科学嘉年华、全国高校科学营、头脑奥林匹克等各级别赛事组织有序，参与度高，成绩优秀。

（3）推动特色发展，做精做细品牌活动

各类主题活动掀起科普高潮。科技馆是湖州市科普教育的主阵地，为了满足广大市民对科普知识的渴望，激发他们"学科学、爱科学、用科学"的热情以及对新兴科技的探究欲，展教部以提供一流科普教育活动为己任，积极探索不断创新，开展和引进了一系列内容丰富，形式多样的主题活动。"海洋精灵——梦幻水母"科普展、"我是小小建筑师"亲子创客主题活动、"正月十五闹元宵，科普灯谜猜不停"活动、"闻香识中药 动手做香包"、"我与水母有场约会"主题活动、"学会自我保护 我与安全同行"的防震减灾亲子体验活动等公众参与热情异常高涨，好评如潮。各类主题活动的开展使得科技馆周末、节假日都保持较高的人气，充分发挥了科技馆作为科普教育的主战场功能。

（4）常规品牌活动，参与热情异常高涨

常规品牌活动"趣味小实验"开展情况形势喜人，活动以其新颖的形式，活泼的氛围，吸引了大批市民前来参与，往往出现一票难求的局面，更是拥有了一批铁杆粉丝。为了更好地做好这块工作，年初特别召开了小实验志愿老师工作会议，制订工作计划，力求在小实验的趣味性、互动性、准确性方面做得更好。另外2017年开始每个周四准时推出这个周末的小实验活动预告，让公众更好地了解活动，打响品牌活动的口碑。全年共开展小实验87场，5200名孩子和家长参与到小实验活动中，在收获快乐的同时学到了科普知识。

（5）大篷车下基层，足迹遍布三县两区

"科普大篷车进百校"是实施《湖州市未成年人科学素质行动实施方案》的一项重要活动。2017年度湖州市科技馆科普大篷车下基层活动于3月31日正式开启科普服务下基层的新征程，目前已走进三县两区偏远学校、社区、广场开展活动55场次，62400余名师生、市民从中受益。湖州市科技馆将与湖州师范学院理学院及中小学校进行资源的有机整合，为青少年搭建科学教育和科技活动的平台与载体，使科技馆的展品展项成为科学课、综合实践课的第二课堂，成为学校教育的有效延伸和补充。同时，以寓教于乐的方式，在开阔学生的视野，激发求知欲望，培养科学兴趣，拓展思维空间，提高动手能力方面发挥科技馆的积极作用。

4. 坚持可持续发展战略，加大场馆更新改造力度

（1）提供数字化监控手段，提高安全保障系数

为维持馆内工作的顺利进行，保障游客的人身财产安全，同时配合市科协"雪亮工程"，2017年完善了该馆内外部的监控系统。目前，馆内外共有64台高清数字品牌监控仪，覆盖全馆内外，24小时工作，该项改造工作已经完成验收并投入使用。

（2）完善基础设施建设，增强便民服务力度

为方便市民参观，完善公共资源设施，2017年，科技馆实现了场馆公共Wi-Fi全覆盖、增设具有净水功能的冷热饮水机、开设了便民服务部，同时完善了科技馆学雷锋志愿服务站等各类便民设施，为游客提供优质的服务。

（3）精心组织展区改造，力争场馆常展常新

2017年，湖州市科技馆立足"整体改造为主，局部更新为辅"，合理利用科技馆免费开放中央财政补助资金，对机器人展区进行展品更新以及环境改造；完成科技馆基础科学展区改造项目的专家论证及招标工作，以及展品更新深化设计，力求达到常展常新，不断丰富科技馆的科普内容，满足广大民众的科普需求，提升科技馆的社会影响，在科普事业中树立新标杆，争创新业绩。

5. 以人为本，人才专业队伍素质稳步提升

（1）强化队伍建设，优化队伍结构

一是调整岗位设置，调整方案经市科协和人社部门批准，调整后的岗位设置达到了相对合理的程度，有利

于人员队伍发展。二是通过公开招聘方式，录用了若干科技馆一线科技辅导员，补充了一线辅导员队伍。三是通过事业单位公开招考的方式，聘用两名工程技术人员。

（2）立足岗位练兵，提升专业素质

通过"新老员工规章制度学习"，广大辅导员制度意识更强，职业素养更高，各区域每周自发组织大扫除、排查安全隐患，发现问题及时上报；通过"展品规范化操作学习"，新老辅导员娴熟掌握各展品展项操作，避免不必要的损坏，确保展品安全运行；通过"全程讲解过关"活动，大家齐站一线、共同磨词，使得新进辅导员快速成长、顺利带团。

陈冰、薛春在第五届全国科技辅导员大赛中荣获东部赛区优胜奖、2017年该馆展教培训部干事薛春在中国自然科学博物馆协会2017年年会学术论文及青年优秀论文评选中荣获一等奖。据"中国自然科学博物馆协会2017年年会学术论文及青年优秀论文奖获奖名单的通知"信息，协会2017年年会共收到摘要入选作者提交的论文123篇，入围论文87篇，青年学者优秀论文29篇，其中一等奖10篇，二等奖29篇。其中该馆薛春结合场馆数字化多维媒介科普信息传播手段运用而写的《浅析微信公众号在科技馆的应用推广现状与展望》一文荣获一等奖。

2017年，湖州市科技馆以开展"两学一做"学习教育为契机，倡导广大员工学习党章党规、学习系列讲话，引导大家率先垂范，勇于争先，在立足场馆建设，开展科普活动，营造单位文化，文明城市创建等诸多方面取得了一定的成绩。同时该馆也清醒地看到了工作中存在的问题与不足：服务游客服务社会的方法方式还比较单一；场馆科普教育作用发挥的途径和载体有待进一步拓展；实效性、影响力有待进一步提高。对于这些问题和不足，都需在今后的工作中采取有效措施，切实加以解决。

安徽省科学技术馆

英　文　全　称：Anhui Science and Technology Museum
法　定　代　表　人：姚穗
联　系　电　话：0551-65323511
传　　　　真：0551-65316819
行　政　主　管　单　位：安徽省科学技术协会
成立（开放）日期：1999 年 9 月 28 日
通　信　地　址：合肥市高新区天乐路 8 号
已加入专业委员会：中国自然科学博物馆协会科技馆专业委员会（常务理事单位）

▨ 一、科普活动与展览

1. 临时展览

单位：平方米，万人次

展览名称	起止日期	展出形式	面积	观众数量	性质
"国防教育与军事科普"主题科普展览	6 月 1 日至 12 月 31 日	主题展板、科普讲座、展品展览	—	3	—

2. 教育活动

单位：人次

序号	活动名称	活动时间	主要内容	活动形式	主要对象	参与人数
1	"一探究竟"科学课	节假日	结合小学科学课标开展的校外拓展科学课	动手探究相关科学知识	来馆参观小学生	8000
2	小小创客俱乐部——探秘机器人	每周日	教育机器人课程	向社会招募小学员，固定时间来馆参加教育机器人课程	小学高年级学生	8000
3	小小创客俱乐部——厨房里的科学	节假日	通过动手体验，了解与饮食相关的科学知识	动手体验，亲自参与制作食品并收获知识	来馆参观公众	4000
4	小小创客俱乐部——动手做	节假日	结合小学课标，通过动手做活动，了解相关科学课知识	动手探究相关科学知识	来馆参观小学生	5000

3. 流动科普设施

序号	名称	年度巡展次数	类型	经费来源	运行方式
1	ZGLD-2013-35	4 次	中国流动科技馆展览	财政专项支出	全省巡展
2	ZGLD-2014-42	3 次	中国流动科技馆展览	财政专项支出	全省巡展
3	ZGLD-2017-52	2 次	中国流动科技馆展览	财政专项支出	全省巡展
4	ZGLD-2017-53	2 次	中国流动科技馆展览	财政专项支出	全省巡展

二、科研与学术

承担项目

单位：万元

项目名称	项目来源	项目级别	经费	负责人
拖挂式主题科普大篷车研发	中国科学技术馆	国家级	47.8	姚 穗

三、信息化建设

1. 展品信息化工作

馆内部分展品设置了二维码信息，通过扫描展品二维码，拓展展品信息。

2. 新媒体运用

安徽省科技馆微信公众号（ahskjg）主要用于推送馆内开展的活动公告、预告、活动新闻、科技知识等，是该馆对外宣传的一个重要渠道和窗口。

四、志愿者队伍建设

单位：人

分类	服务岗位	人数	来源	服务时间
科普志愿者	展厅一线	140	高校招募	一年

五、运营情况

票务情况

是否免费开放	未免费开放场馆票种	未免费开放票价	观众人数
是	无	无	21 万人次 / 年

六、2017 年度大事记

2~6 月　筹建新馆建设专家库，积极推进安徽科技馆新馆建设。

5 月　承担全国科技周科普宣传、科普大篷车展览活动。

6~12月 举办"国防教育与军事科普"主题科普展览。

7~11月 承担中国科协新型科普大篷车研发课题。

11月2~5日 组织举办全省科技馆业务培训班。

8~12月 承担"探知未来"2017年全国青年科普创新实验暨作品大赛（合肥赛区）活动。

10~12月 承担第八届"科博会"招商招展等工作。

七、2017年工作概述

安徽省科技馆建筑全景

1. 创新各类科学教育活动

2017年，安徽省科技馆通过实施展厅主题科学教育、科学课进校园、科普活动走进唐畈村、为省特殊教育学校孩子量身定制科普活动、参与"科普惠民乡村行"及流动科技馆巡展等一系列主题突出、内容丰富、形式新颖的特色科普活动，以科普报告、科学表演秀、趣味科学实验、展览展示、动手小制作、科普剧等形式，在全省范围内对各类公众人群进行科普教育，深受社会各界的欢迎。活动还受到了新华社、人民网以及省、市多家主流媒体的关注和报道，取得了良好的社会反响。

2. 承办"探知未来"2017年全国青年科普创新实验暨作品大赛（合肥赛区）活动

该项赛事由中国科协、团中央主办，在全国15个分赛区同时开展，其中合肥赛区由安徽省科技馆承担。主要面向安徽省和江西省的中学生和大学生开展。大赛活动旨在通过赛事开展，提升大学生和中学生动手设计能力和创新创造能力。

经过安徽省科技馆大赛组织人员3个多月的努力，合肥赛区圆满完成了初赛和复赛。12月23日，该项赛事的总决赛在中国科技馆隆重举行。经过激烈角逐，合肥赛区选派的五支参赛队伍获得两个二等奖、一个三等奖和两个优胜奖的优异成绩，同时安徽省科技馆获得"优秀组织奖"荣誉称号。

3. 承担新馆建设专家联络组相关工作

安徽省科技馆在省科协统一领导下组建了新馆建设专家联络组，对全国部分新建科技馆开展考察调研工作，并对调研结果进行梳理汇总，初步形成了《安徽省科技馆新馆建设专家联络组工作方案》《专家联络组调研情况汇总》《安徽省科技馆新馆建设专家库名单》《第三次专家论证会专家产生细则》等材料，并承担第三次专家论证会的专家组联络和接待任务。

4. 组织开展"菠萝科学奖之百城联动"活动

4月16日，由浙江省科技馆、果壳网和网易新闻联合主办的菠萝科学奖之百城联动活动在全国近百个地市科技馆同时开展，该馆作为参与科技馆之一，在馆内组织了丰富多彩的活动。馆内组织开展了三个环节，分别是快问快答环节、快意畅想环节和快乐寻宝环节。

5. 积极推进科技馆新馆建设

安徽省科技馆在省科协的统一领导下，把新馆建设作为工作的重中之重，积极推进新馆建设。特别是2017年在新馆建设的重要节点，及时组织编撰了两套科技馆内容建设大纲提供给领导作为决策参考，保证了科技馆建设的延续。

6. 组织举办全省科技馆业务培训班

为提高全省科技馆馆长及业务骨干管理能力，增强全省科普展教工作人员、全省流动科技馆科普志愿者的业务水平，同时为增进全省科普工作者之间的沟通和了解，安徽省科技馆与全省地市共18家科技馆百余名工作人员，举办全省科技馆业务培训班，邀请科普专家就科普工作及科技馆工作进行培训。

7. 举办"国防教育与军事科普"主题科普展览

为大力弘扬航天精神，普及航天知识，激发全民族探索创新热情，凝聚实现中国梦航天梦的强大力量，广泛宣传航天精神，安徽省科技馆与航天科普协会合作，开展军事科普主题科普活动，组织展板、模型及科普讲座到华府骏苑、合肥一中、合肥市特殊教育学校开展军事科普主题活动，下半年集中开展了8场巡展活动，为公众带来"国防教育与军事科普"相关科普活动，通过展览、展板和科普讲座的形式，宣传国防教育，让公众了解国防就在我们身边。

8. 承担第八届"科博会"招商招展等工作

第八届"科博会"于2018年4月在安徽省芜湖市举行。安徽省科技馆承担了本届科博会招商招展工作，通过大力推进招商招展工作，共落实展位面积4300余平方米，为科博会的成功举办打下坚实的基础。

9. 承担中国科协新型科普大篷车研发课题

2017年安徽省科技馆承接了由中国科协下达的研制新一代科普大篷车课题。该科普大篷车项目在11月召开的"首届'一带一路'科普场馆发展国际研讨会"上受到中国科协领导和与会的"一带一路"国家代表高度重视，并有望作为中国科普大篷车研发的样板，在装备国内用户的同时，走出国门，参与"一带一路"沿线科普建设事业。

百城联动活动

读书月游园活动

科技周科学表演

合肥市科技馆

英 文 全 称：Hefei Science and Tecnology Museum
法 定 代 表 人：柏劲松
联 系 电 话：0551-65197292
传 真：0551-65171375
官 方 网 站：www.hfstm.com
行 政 主 管 单 位：合肥市科学技术协会
成立（开放）日期：2002 年 5 月
通 信 地 址：安徽省合肥市蜀山区黄山路 446 号
已加入专业委员会：中国自然科学博物馆协会科技馆专业
　　　　　　　　　委员会、天文馆专业委员会

一、科普活动与展览

1. 临时展览

单位：平方米，万人次

序号	展览名称	起止日期	展出地点	面积	观众数量	性质
1	电梯安全展	1 月 18 日至 2 月 26 日	一楼临时展厅	1000	6.6	原创
2	遇见更好的你	7 月 8 日至 9 月 8 日	一楼临时展厅	1000	15.8	引进
3	"海洋精灵" ——水母展	9 月 27 日至 11 月 17 日	一楼临时展厅	1000	9.4	联合
4	我是未来创客学习营	10 月 14~15 日	一楼临时展厅	1000	0.7	联合

2. 教育活动

单位：人次

序号	活动名称	活动时间 / 场次	主要内容	活动形式	主要对象	参与人数
1	科普微讲堂	全年 26 场	科学脱口秀	讲解与互动相结合	展厅观众	1118
2	科迷加工厂	全年 564 场	科学动手做	讲解与实践	展厅观众	5640
3	展无止境	全年 1092 场	以展品为依托，开展主题讲解	讲解、实验、游戏与互动相结合	展厅观众	21847
4	科普演出	全年 321 场	科学表演、趣味实验	讲解与实践	展厅观众	56175
5	馆外科普活动	全年 19 次	科普演出、科普临展	科技馆进社区、进校园	社区居民、在校师生	3450

续表

序号	活动名称	活动时间/场次	主要内容	活动形式	主要对象	参与人数
6	太空科技发展史	9月17日	科普讲座	讲座	市民公众	267
7	趣味物理游戏科学	9月17日	科普讲座	讲座	市民公众	285
8	创客训练营	7~12月	科学课堂	课堂探究课程	市民公众	152
9	科普小达人活动	全年31场	科学表演、趣味实验	讲解与实践	展厅观众	4966
10	球幕影院玩天文	全年6场	天文科普	讲解与互动结合	市民公众	720
11	国际天文馆日活动	3月12日	主题天文活动	讲解互动和免费观影	市民公众	600
12	"月满中秋"观测活动	10月4~5日	主题天文活动	观测与讲解	市民公众	300
13	"星座和Ta背后的故事"天文讲座	11月25日	星座为主题的主题天文活动	讲座	市民公众	200

3. 流动科普设施

单位：次

名称	年度巡展次数	类型	经费来源	运行方式
中国流动科技馆巡展	8	流动馆	财政配套	按计划巡展

二、科研与学术

1. 研究成果

题目	作者	刊名	卷（期）号	期刊级别
《通过"二次开发"加强展品教育功能的有效性》	葛宇春	《自然科学博物馆研究》	2017年第2期	国家级

2. 专利

名称	作者	机构	获得专利
一种互动式科普学习设备	刘奕、罗季峰	中华人民共和国知识产权局	2017年8月25日

3. 编辑刊物

单位：册

序号	刊物名称	刊号	发行周期	发行数量	发行范围
1	《生物学杂志》	国内CN：34-1081/Q 国际ISSN：2095-1736	双月刊	12600	全国
2	《合肥市科技馆通讯》	—	季刊	500	内部刊物，馆内及全国部分科协、科技馆

三、信息化建设

1. 官方网站浏览情况

2017年合肥科技馆官网全年浏览量234323人次，日均网络浏览量为642人次。

2. 展品信息化工作

2017 年合肥科技馆开展了全馆范围内展品信息化相关工作的征集活动，并根据展区改造，及时调整和更新展品信息化视频的内容，共计完成了 93 件展品信息化视频拍摄工作。

3. 新媒体运用

2017 年合肥科技馆微信公众号全年推送内容 214 次，合计 387 篇，截至 2017 年底公众号粉丝数量达 1.9 万人。创建合肥科技馆头条号，推送原创科普内容 20 余篇，累计阅读量 20 余万次。

四、志愿者队伍建设

单位：人次

分类	服务岗位	人数	来源	服务时间
1	展品看护与讲解	400	高校	寒暑假、周末、节假日
2	科普小达人	23	中小学	寒暑假、周末、节假日

五、运营情况

1. 票务情况

是否免费开放	未免费开放场馆票种	未免费开放票价	观众人数
部分	A 券（4D 动感影片） B 券（球幕影片）	4D 动感电影票价 5 元 球幕影片票价 15 元	4D 动感电影人数：17288 人次／年 球幕影片人数：16633 人次／年

合肥科技馆全景

▨ 六、2017 年度大事记

1月1日　合肥科技馆荣获中国自然博物馆协会"优秀集体"荣誉称号。

1月1日　合肥全象教育科技有限公司驻合肥市科技馆展教服务项目部（合肥市科技馆教育活动部）10位员工正式进驻，开启展教工作社会化服务的新模式。

1月7日　生物学杂志社召开2016年度编委会，来自在肥高校、科研院所，以及中国科学院过程工程研究所、华东师范大学生命科学学院、南昌大学资源环境与化工学院、大连海洋大学水产与生命学院的编委专家学者共30余人参加会议。

2017 年完成更新改造的合肥科技馆数学与力学展区

1月17日　合肥科技馆召开2016年工作总结表彰大会暨2017年迎新春联欢会。

1月18日　由合肥市科技馆、合肥市质监局、合肥市电梯行业协会联合策划组织的电梯安全科普展在合肥科技馆开展。

2月6日　合肥科技馆获"爱心会长单位"荣誉称号。

2月11日　《生物学杂志》被RCCSE中国学术期刊收录，并获得"准核心学术期刊"评价。

3月31日　合肥科技馆"创·行者"创客空间学员在合肥市青少年科技创新大赛中获得佳绩。

5月24日　合肥市科协副主席、科技馆馆长柏劲松做客人民网。

5月26日　合肥科技馆举办开馆15周年系列馆庆活动，合肥市委副书记汪卫东为科技馆《我们的十五年》文影合集揭刊。

6月12日　合肥科技馆在第五届全国科技馆辅导员大赛决赛上，荣获展品辅导赛二等奖和优秀奖。

6月20日　出台《合肥市科技馆科技成果转化实施办法》。

7月8日　由中国科学院心理研究所与中国科学技术馆联袂打造的临展"遇见更好的你——心理学专题展"在合肥科技馆展出。

7月13日　合肥科技馆荣获"第五届全国科学表演大赛"成人组科普剧表演赛三等奖。

9月30日　合肥科技馆荣获中国科技馆发展基金会第四届"科技馆发展奖"三项提名奖。

10月1日　"海洋精灵"——水母展在合肥科技馆展出。

10月10日　中国虚拟现实科技馆集群项目落户合肥科技馆。

10月17日　合肥科技馆新馆（自然博物馆）项目经市政府同意，由市发改委正式批准立项。

11月1日　合肥科技馆微信预约参观绿色通道将正式进入试运行阶段。

11月9日　合肥科技馆签约中国科技馆"生物医学未来人才培养计划"。

11月22日　合肥科技馆参加"八七〇穹幕影院协作组"第十三次年度会议。

11月23日　合肥科技馆顺利完成2017年度数学、力学与机械展厅的整建制改造。

▨ 七、2017 年工作概述

2017年，在合肥市委市政府的亲切关心下，在市科协的坚强领导下，合肥科技馆认真贯彻落实党的十九大

2017年11月，科普课堂"导电专家成长营"走进金湖小学

和省市党代会精神，深入学习习近平新时代中国特色社会主义思想，坚定文化自信，牢牢把握科技馆行业发展趋势，始终保持创新活力与改革韧劲，主动作为、勇于担当、共同努力，顺利完成了全年主要目标任务。

（一）持续深化改革，多元创新成果显著

1. 坚持创新驱动，场馆发展释放新动能。2017年，体制机制改革向纵深推进，各项配套制度落地完善，改革举措初显成效，场馆发展呈现新面貌。一是探索建立展教业务服务外包新路径，与第三方展教服务项目部正式"结盟"，逐步构建"协同互助、联合作战"的融合发展模式，打通了社会资源参与科技传播的新渠道，破解了困扰科技馆发展的首要难题，极大地丰富了展教活动内容与服务形式。全年馆内教育活动呈井喷式增长，共计实施各类教育活动2003场，活动频次同比上涨58%。二是探索构建以展品研发和展教活动策划为主的创新类业务运行管理新机制，深入贯彻国家创新驱动发展战略，围绕《促进科技成果转化法》和省市相关文件精神，构建符合科技馆属性和创新规律的科技成果转化机制，落实《合肥市科协支持和鼓励所属事业单位专业技术人员创新创业实施办法》，出台《合肥市科技馆科技成果转化实施办法》，形成了从科研项目研发到科技成果转化，再到鼓励专技人才创新创业的良性发展模式，为科技馆改革创新增添新动力。2017年，由该馆主创研发的展品骨传导、铁钉桥入选中国科技馆流动大篷车项目，实现了科研成果的首次转化。

2. 坚持以我为主，展区改造续写新篇章。2017年是该馆采用科研经费模式实施常设展览创新项目的第一年，各项工作在探索中前行。合肥科技馆秉持"大联合、大协作"的工作理念，发挥既有优势，借助社会资源，自我加压、凝聚合力，在充分调研策划和研讨论证的基础上，系统推进展区更新改造。2017年，数学与力学展区更新改造展品45件套，其中原始创新展品13件、改进和集成创新18件，展品的自主创新继续保持较高水平，且展品的原创性、科学性和互动性得到业内专家的高度认可，创新实力再次得到验证。

3. 坚持自主创新，展品创新取得新突破。我们创新思维方式，在推进展区整建制改造的同时，也注重经典展项的全新升级，在保证展项品质和节约财政经费的基础上，让老展品焕发新青春。2017年，继续在"新"字上做文章，继续研发新展项，如"全息音响""语音合成""波""墨子号卫星科普""勇闯高原"等多个展品。从拿出创意到提出方案，从编写脚本到运行逻辑，该馆展品研发人员始终走在前面，解决了多项技术难题。凭借在展品改造方面多年的潜心努力，信息技术展区和"雪绒花"展项分获年度中国科技馆发展基金会科技馆发展奖展览提名奖和展品提名奖。全年共申报发明专利17项、实用新型专利17项、软件著作权7项。在体制机制改革创新后，展品研发活力进一步增强。

4. 坚持多措并举，培训教育取得新成效。不断改进创客教育教学模式，调整工作思路，引入社会力量参与培训工作，创客教育的培养目标与课程体系日臻完善。开设"创意电子""小小工程师""环保与科学"等多个领域的课程，共计完成基础班与提高班138课时的培训，参与学员人数达152人次。2017年，创客空间有4个创意项目开始着手申请国家专利保护。模型科普工作依然有声有色，合肥市航空航海车辆模型运动协会教育基地正式在巢湖南岸昆虫王国揭牌，为全市模型教学与竞赛、展示与交流搭建了公共平台。

5. 坚持内引外联，科普资源实现新融合。继续坚持"引进来、走出去"的工作思路，与中国科技馆、湖南卫视以及合肥市相关部门和学校建立合作关系，自主引进和承办了"遇见更好的你"心理学展、"海洋精灵"——水母展、"我是未来创客学习营""电梯安全展"等临展。切实巩固赴台考察成果，经过多方沟通和协调，与台湾的"科学小天才"团队达成合作协议，共引进10个主题教育活动，并在全国科普日期间，邀请台

湾自然科学博物馆馆长孙维新及其团队带来两场科普讲座。两岸科普理念和科普方法的碰撞与融合，为展教活动的开发提供了新思路与新模式。加强与国内各兄弟场馆的交流互访，接待各地科协科技馆考察交流共 60 批次。合肥科技馆领导和相关专业技术人员作为专家，应邀参与国家级课题的研究论证和全国多地科技馆新建或改造的方案研讨，以及展教人员的培训授课等。全力支持合肥市各区县科普场馆的建设，为多家社区科普馆捐助展品。2017 年，科技馆的科普"朋友圈"越来越大。

2017 年合肥科技馆二楼展厅改造专家验收

6. 坚持转变思路，志愿服务拓展新疆界。继续在转变科普志愿工作思路和提升志愿服务层次上下功夫，切实加强与高校志愿者团队的合作联动，细化专家志愿者管理办法，努力营造"公众参与、社会认可"的志愿服务模式。2017 年，该馆分别与中国科学技术大学、合肥工业大学、安徽大学、安徽农业大学等高校的多所志愿者服务队建立服务合作关系，组织各高校志愿服务队开展专题培训，拓展服务领域，实现志愿活动在内容与形式上的创新。全年共 400 人次的大学生志愿者为科技馆提供志愿服务。首批专家志愿者走出单位，走进科技馆，在他们各自擅长的领域为公众带来"百家讲坛"式的科普服务，深入浅出的辅导讲解让公众甚至自己也都受益匪浅。通过"科普小达人"的培训与选拔，该馆建立起一支相对稳定的小志愿者服务队伍，志愿活动步入常态化。全年开展小志愿者培训 23 场，培养了近 20 名"科普小达人"，参与全馆科普剧演出 31 场。公众参与志愿科普服务的热情持续升温。

（二）聚焦核心业务，公共服务能力和场馆综合实力明显提升

1. 坚持稳抓基础，展教服务凸显新亮点。辅导员的讲解功底是衡量科技馆基础服务的重要指标。2017 年，我们以梯队建设和等级考核为重点，注重展教业务水平整体提升，形成"以老带新、以新促老、新老互鉴"的共进局面。全面落实辅导员分级管理制度，通过量化考核与激励机制，充分调动一线员工积极性。全年展厅辅导员有效沟通次数达 2.4 万次，讲解时长总计 2508 小时，比上年增长 78%。得益于良好的业务氛围与部门间的通力协作，该馆两名选手冲出精英云集的东部赛区，站上了 2017 年第五届全国科技馆辅导员大赛总决赛的舞台，最终获得展品辅导赛二等奖和优秀奖。

2. 坚持增量提质，展教活动焕发新生机。继续以活动教育为发力点，整合多方力量，构建起维度广、层次高、内容新的展教活动体系。2017 年，共实施基于展品的教育活动"展无止境"1092 场，科普剧、科学实验秀等剧场演出 321 场，"探索角"科学活动 564 场，"科普微讲堂"26 场，拍摄展品信息化视频 93 部。除常规教育活动外，还结合节庆元素和重要纪念日，重新整合各类活动资源，升华传播主题，推出"奇幻化学、端午相约""速度与激情""致敬大家"等多元化的科普活动共 425 场。高频优质的展教活动，依赖于大存量的资源积累。经过多轮次的优化完善，全年共创作出新的高质量的科普活动资源包 124 个，展教活动的策划与实施步入发展的快车道。

3. 坚持夯实基础，影视科普拉开新序幕。以特种影片选购放映与天文活动策划实施为两翼，实现了影院放映片源的全新提档和天文活动的跨越发展。2017 年，通过政府采购引进《小王子》《消失的土星光环》《国家公园探险》《小海豚找妈妈》共 4 部优质动感影片，全馆影片存量进一步扩容。持续强化对科普影片的宣传力度，自主拍摄影院宣传片，多渠道的推介影片信息。全年该馆共放映动感影片 1142 场，放映球幕影片 502 场，观影人数达 16633 人次。为保证放映设备始终处于最佳状态，该馆建立起映前映后双排查模式，对易耗品及重

要配件做到"全程关注"，时刻掌握设备运转情况。为提升特效影片放映的技术水平，部门内与馆际间的业务学习与交流从未间断。凭借日常学习与积累，突破了设备供应商的技术垄断，自主选购并自行调试影院专用投影机，掌握了4D影片动作与特效调控的核心技术，有针对性地对6部影片的动作特效进行修改，从设备和技术上摆脱了对供应商的过度依赖，拉开了影视科普新的序幕。

4. 坚持打造品牌，天文科普呈现新气象。继续挖掘现有球幕影院设备及系统自带资源，将原有的天文科普活动与全新数字化影院设备相结合，全力打造"球幕影院玩天文"系列活动的品牌。全年围绕不同主题，开展了6次主题活动，每次活动报名信息一经公布，名额瞬间被"秒抢"，现场气氛热烈，观众踊跃参与。稳抓常规天文活动，充分利用好外部资源，不断扩大天文活动影响，组织开展了"中秋赏月""仰望星空"等多场观测活动，并邀请业内专家讲述"星座和它背后的故事"。通过密切与天文爱好者、志愿者群体的联系交流，实现了天文科普的互联互通。天文活动在公众心中的"存在感"越来越强。

5. 坚持资源共享，馆外科普展现新风采。继续推进科技馆活动进校园、进社区，重新调整活动"菜谱"，结合小学科学课课程，特别策划了"导电专家成长营"系列专题课程，将科学演示设备和新编科普资源带进校园和社区，活动覆盖面进一步深化拓展。全年先后走进61中、曙光小学、锦城小学、海恒社区、包河花园社区等19所学校和社区，共计完成25课时科学课的教学任务。继续高水平执行中国流动科技馆安徽站皖东南片的巡展工作，不断提高综合协调能力，积极搭建巡展企业与巡展地之间的沟通平台，切实保障流动科技馆顺利实施。全年完成霍山、明光、舒城、凤阳、肥西、当涂、南谯区、庐阳区8站的巡展，接待观众16万人次，真正将科普服务送到了基层。

（三）以新馆建设为契机，开启科技馆发展新征程

2017年，对于合肥科技馆而言是意义非凡的一年。合肥科技馆新馆建设项目经市委、市政府批准，市发改委于2017年10月17日在《关于合肥市科技馆新馆（自然博物馆）建设项目立项的复函》中正式同意新馆立项，选址高新区王咀湖畔，占地面积约70亩，建筑面积5万平方米。合肥科技馆新馆建设工作正式启动。

安徽省蚌埠市科学技术馆

英 文 全 称：Bengbu Museum of Science and Technology，Anhui Province
法 定 代 表 人：翁成美
联 系 电 话：0552-2077006
传 真：0552-2046575
行 政 主 管 单 位：蚌埠市科学技术协会
成 立（开 放）日 期：1984 年 8 月
通 信 地 址：蚌埠市胜利中路 51 号
已加入专业委员会：中国自然科学博物馆协会科技馆专业委员会

一、科普活动与展览

1. 临时展览

单位：平方米，万人次

序号	展览名称	起止日期	展出地点	面积	观众数量	性质
1	中国流动科技馆巡展——固镇站	1 月 1 日至 9 月 10 日	固镇县	800	3.18	联合
2	中国流动科技馆巡展——毛集站	6 月 10 日至 8 月 10 日	毛集区	750	2.28	联合
3	中国流动科技馆巡展——田家庵站	8 月 11 日至 11 月 10 日	田家庵区	1200	2.36	联合
4	中国流动科技馆巡展——裕安站	9 月 11 日至 12 月 30 日	裕安区	1000	1.03	联合
5	中国流动科技馆巡展——相山站	11 月 11 日至 12 月 30 日	相山区	850	2.28	联合

2. 教育活动

单位：人次

序号	活动名称	活动时间	主要内容	活动形式	主要对象	参与人数
1	科普大篷车进农村	1 月 20 日	在曹老集镇开展大篷车流动巡展	展览展示	基层群众	2500
2	科普大篷车进农村	2 月 10 日	在马城镇开展大篷车流动巡展	展览展示	基层群众	1200
3	2017 年蚌埠市少年儿童科学幻想绘画作品比赛	2 月 17 日	蚌埠市少年儿童科学幻想绘画作品比赛	比赛	全市中小学生	609
4	科普大篷车进基层	3 月 4 日	在火车站广场开展大篷车流动巡展	展览展示	基层群众	2600
5	蚌埠市第三十二届青少年科技创新大赛	3 月 19 日	青少年科技成果竞赛、青少年创意竞赛、少年儿童科学幻想绘画比赛	比赛	全市中小学生	525

序号	活动名称	活动时间	主要内容	活动形式	主要对象	参与人数
6	消防科普教育活动	3月21日	活动由消防知识培训、公共场所火灾逃生演练、灭火器使用演练等几部分组成	主题活动	消防队员、学校师生	500
7	科普大篷车进农村	3月25日	在梅桥镇开展大篷车流动巡展	展览展示	基层群众	2400
8	科普大篷车进基层	3月30日	在阜南县开展大篷车流动巡展	展览展示	基层群众	400
9	蚌埠市首届中小学创客大赛	4月9日	蚌埠市首届中小学创客大赛现场赛、创新TED展示赛	比赛	全市中小学生	196
10	安徽省第32届青少年科技创新大赛	4月15日	青少年科技成果竞赛、青少年创意竞赛、少年儿童科学幻想绘画比赛、优秀科技实践活动竞赛、辅导员科技教育成果竞赛、基层赛事优秀组织单位评选	比赛	全省中小学生	85
11	科普大篷车进学校	5月4日	在固镇县湖沟中学开展大篷车流动巡展	展览展示	中学生	500
12	第三届国际（中国蚌埠）青少年科技创意大赛	5月6日	举办第三届国际（中国蚌埠）青少年科技创意大赛，主题为：未来健康生活	比赛	全球中小学生	254
13	安徽省第17届机器人竞赛	5月12-14日	机器人创意竞赛、FLL机器人工程挑战赛	比赛	全省中小学生	40
14	科普大篷车进社区	5月18日	在禹会区社区开展大篷车流动巡展	展览展示	社区居民	400
15	科普大篷车进基层	5月23日	在灵璧县开展大篷车进基层活动	展览展示	基层群众	1000
16	科普大篷车进学校	5月27日	在蚌山幼儿园紫荆校区开展大篷车流动巡展	展览展示	幼儿	300
17	六一系列活动	6月1日	科学实验互动	主题活动	中小学生	200
18	2017年全国高校科学营	7~8月	前往211、985高校开展为期7天的科普夏令营	夏令营	全国高中生	33
19	"科普之夏"游园活动	7月9日	活动包括一场主题为"极冷实验室"的大型魔幻开场秀和"淀粉沼泽""粉尘爆炸""脑力赛车"等14个趣味十足的互动体验项目	主题活动	市民	1000
20	暑期"探客营"	7月9日至8月12日	活动以彩虹鸡尾酒、怪坡现象、吹不走的小球等10个有趣现象为主题，探究密度、重心原理以及伯努利定理等相应的科学原理	主题活动	小学生	400
21	科普大篷车进社区	7月14日	在长淮卫东站社区开展大篷车流动巡展	展览展示	社区居民	300
22	全国第32届青少年科技创新大赛	8月14~19日	青少年科技成果竞赛、青少年创意竞赛、少年儿童科学幻想绘画比赛、优秀科技实践活动竞赛、辅导员科技教育成果竞赛、基层赛事优秀组织单位评选	比赛	全国中小学生	8
23	科普大篷车进学校	8月18日	在固镇县湖沟中学开展大篷车流动巡展	展览展示	中学生	300
24	"科学达人说"	8月28日	开展蚌埠市骨干青少年科技馆辅导员专题培训	科技培训	科技辅导员	
25	科普大篷车进农村	8月30日	在固镇县站北村开展大篷车流动巡展	展览展示	基层群众	1000
26	科普大篷车进基层	9月17日	在科学宫广场开展大篷车流动巡展	展览展示	基层群众	3000
27	"全国科普日"	9月17日	活动包括科普展厅正常免费开放、展厅内科学实验表演、科普大篷车广场展示和大篷车进校园活动等	主题活动	市民	1000

续表

序号	活动名称	活动时间	主要内容	活动形式	主要对象	参与人数
28	科普大篷车进学校	9月21日	在前进路第二小学开展大篷车流动巡展	展览展示	小学生	400
29	科普大篷车进学校	9月29日	在固镇县固镇任桥中心小学开展大篷车流动巡展	展览展示	小学生	500
30	科普大篷车进基层	9月29日	在火车站广场开展大篷车流动巡展	展览展示	基层群众	2000
31	2017年蚌埠市青少年科技创新成果交流会	9月29日	青少年科技创新成果评比	比赛	全市中学生	25
32	2017年安徽省青少年科技创新成果交流会	10月20~22日	青少年科技创新成果评比	比赛	全省中学生	3
33	"科普之旅"2017蚌埠亲子城市定向赛	10月29日	活动包括展品体验、VR地震掩埋体验、科学小实验体验等挑战项目	主题活动	市民	400
34	科普大篷车进农村	11月11日	在固镇县七里村开展大篷车流动巡展	展览展示	基层群众	500
35	科普大篷车进学校	12月4日	在蚌埠市第三实验小学开展大篷车流动巡展	展览展示	小学生	300
36	科普大篷车进学校	12月6日	在蚌埠市六中开展大篷车流动巡展	展览展示	中学生	300

3. 流动科普设施

单位：次

序号	名称	年度巡展次数	类型	经费来源	运行方式
1	"中国流动科技馆"皖北地区巡展	5	科普展品演示	自筹与省科协补贴	巡展
2	科普大篷车	19	车载展品演示	自筹与中央财政免费开放资金补贴	巡展

二、科研与学术

承担项目

单位：万元

项目名称	项目来源	项目级别	经费	负责人
科普大篷车车载展品采购项目	中国科技馆	国家级	414	翁成美

三、信息化建设

1. 展品信息化工作

在气象科普展厅新建项目中设置了大气圈层、雨中漫步、实时气象云图、天气播报员、防预警符号连连看、生日与天气、二十四节气等15项以信息化形式为主要表现手段的科普展品，进一步提升了展厅信息化展品的比例。

2. 新媒体运用

升级了蚌埠市科技馆官方微信（微信号：ahbbkjg）平台，利用公众号连续发布社会关注热点、前沿科普信息等。与数字蚌埠共同开展线上线下活动，增加了科技馆微信公众账号的关注量，转载量和阅读量都创历史新高，让观众们足不出户就可以了解科技馆，学到科学知识。

四、志愿者队伍建设

单位：人

分类	服务岗位	人数	来源	服务时间
科普志愿者	科普展教活动	32	科技辅导员	全年

五、运营情况

票务情况

是否免费开放	未免费开放场馆票种	未免费开放票价	观众人数
是	无	无	10.2万人次/年

六、2017年度大事记

蚌埠科技馆主入口正面

2月17日　举办2017年蚌埠市少年儿童科学幻想绘画作品比赛。评选出一等奖30幅、二等奖82幅、三等奖100幅、优秀奖197幅。

3月19日　举办蚌埠市第32届青少年科技创新暨"皖新教育杯"大赛，评选出青少年科技创新成果竞赛一等奖49项、二等奖87项、三等奖84项，青少年科技创意竞赛最佳创意奖16项，优秀创意奖180项。

3月21日　联合蚌埠市蚌山区消防大队开展消防科普教育活动。活动由消防知识培训、公共场所火灾逃生演练、灭火器使用演练等几部分组成，参与活动的学生达500人。

4月9日　举办蚌埠市首届中小学生创客大赛。

4月15日　参加安徽省第32届青少年科技创新大赛，获得青少年科技创新成果竞赛一等奖3项、二等奖7项、三等奖8项；辅导员科技教育成果竞赛一等奖1项、二等奖2项、三等奖3项；少儿科幻画一等奖8项、二等奖11项、三等奖5项；青少年科技创意竞赛一等奖1项、二等奖5项、三等奖6项；青少年科技实践活动一、二、三等奖各1项；蚌埠八中获得基层赛事优秀组织单位称号。

5月6日　举办第三届国际（中国蚌埠）青少年科技创意大赛，获得高中组特等奖2个，一等奖8个，二等奖12个。

5月12~14日　参加第17届安徽省青少年机器人竞赛获得二等奖4项、三等奖11项。

7月9日　在科学宫广场举行"科普之夏"游园活动，活动包括一场主题为"极冷实验室"的大型魔幻开场秀和"淀粉沼泽""粉尘爆炸""脑力赛车"等14个趣味十足的互动体验项目。

7月9日至8月12日　开展暑期"探客营"活动。活动以彩虹鸡尾酒、怪坡现象、吹不走的小球等10个有趣现象为主题，探究密度、重心原理以及伯努利定理等相应的科学原理。

8月14~19日　参加第32届全国青少年科技创新大赛，获得一等奖1项、二等奖5项、三等奖2项、蚌埠市第八中学获得全国基层赛事优秀组织单位称号。

8月28日　开展"科学达人说"——蚌埠市骨干青少年科技馆辅导员专题培训活动。

9月11日　科技馆气象科普展厅建设项目开工，项目投资近83万元，包含17件气象类科普展项，预计2018年建成并投入使用。

9月17日　在科学宫广场举行"全国科普日"蚌埠主场活动，包括科普展厅正常免费开放、展厅内科学实验表演、科普大篷车广场展示和大篷车进校园活动等几项活动内容。

暑期科普嘉年华之"科普之夏"活动

9月29日　举办2017年蚌埠市青少年科技成果交流会，评出一等奖2项，二等奖7项，三等奖3项。

10月20~22日　参加2017年安徽省青少年科技创新成果交流会，获得三等奖1项。

10月29日　开展"科普之旅"2017蚌埠亲子城市定向赛活动，活动包括展品体验、VR地震掩埋体验、科学小实验体验等数个挑战项目。

12月12日　VR地震掩埋体验项目完成并向公众免费开放。项目投资44万元，包含8个VR体验位。

▨ 七、2017年工作概述

2017年，蚌埠市科技馆以"服务基层公众、提升科学素质、投身科技馆体系建设"为中心，有序开展各类科普展教活动，多次被蚌埠电视台、《蚌埠日报》、《淮河晨刊》等媒体宣传报道。2017年被再次认定为"蚌埠市爱国主义教育基地"。

（一）阵地科普

1. 继续做好常设展厅的对外免费开放工作，积极采取措施调配各项资源，为观众的正常参观提供便利。2017年累计接待各界观众10.2万人次。

2. 精心设计了暑期科普嘉年华系列活动。活动自7月1日启动，贯穿暑

蚌埠市科技馆科普大篷车进社区活动

期两个月的时间，涵盖了"科普之夏"游园活动、科技"High"翻天、暑期"探客营"、"科学达人说"等四个主题，受益青少年及社会大众1.5万人次。

3. 围绕"创新驱动发展，科学破除愚昧"主题，在科普日当天进行了一系列科普活动，包括科普展厅正常免费开放、展厅内科学实验表演、科普大篷车广场展示和大篷车进校园活动等。以科技馆微信公众平台为载体，集中向公众展示了新材料、人工智能、集成电路、生物制药、第五代移动通信等高新科技方面的最新成就。

4. 升级了科技馆微信科普平台，利用公众号连续发布社会关注热点、前沿科普信息等。与数字蚌埠共同开展线上线下活动，增加了科技馆微信公众账号的关注量，转载量和阅读量都创历史新高。

（二）流动科普

1. 作为科技馆展教工作的延伸和补充，继续常年开展科普大篷车"五进"活动。一年来，先后19次将科普大篷车开进全市及三县各社区、机关和学校，向社区群众、机关干部和学生免费开展科普展教活动，惠及科普受众2万人次。

2. 受省科协委托，该馆作为流动科技馆皖北地区巡展的执行单位，精心组织人力物力在皖北各地开展布展、撤展、业务培训、展览维护和维修等相关工作，两套展品先后在5个地区开展巡展，累计接待观众10万余人次。

（三）青少年科普教育活动

1. 与中国Falab校际联盟、上海圣陶教育发展与创新研究院、蚌埠市教育局联合举办了第三届国际（中国蚌埠）青少年科技创意大赛，来自全国16个地市及美国2所高中共35所中学参加本届大赛，评出高中组特等奖2个，一等奖8个，二等奖12个。

2. 举办了蚌埠市第32届青少年科技创新暨"皖新教育杯"大赛、蚌埠市少年儿童科学幻想绘画作品比赛、蚌埠市首届中小学创客大赛等多项青少年竞赛，近万名青少年参与活动，共评出各类一等奖74项，二等奖164项，三等奖187项。

3. 组织参加了第32届全国青少年科技创新大赛、2017年安徽省青少年科技创新大赛、第17届安徽省青少年机器人竞赛、第四届"皖新教育杯"安徽青少年科技发明大赛等9项比赛和活动，竞赛类项目共获国家级奖项12项，省级奖项84项。

（四）多渠道争取中央财政补助

积极申请中国科协、中宣部、财政部全国科技馆免费开放专项资金补助，用于该馆的免费开放经费补贴及新馆建设。2017年共获得免费开放资金补助269万元，为该馆的健康发展提供了强有力的保障。

蚌埠市第32届青少年科技创新暨"皖新教育杯"大赛开幕式

（五）稳步推进新展厅建设

完成了科学宫东二楼"探索发现"展厅改造和 VR 地震掩埋体验展项建设，极大地提升了科技馆的科普服务能力和水平。此外，气象科普展厅也已开始建设，建成后将进一步丰富科技馆展教手段，为广大市民提供更优质的服务。

（六）按照展品检查维护机制，多方面加强展厅的运行保障

全年报修展品 70 件次，保证展品完好率在 95% 以上。修缮了《蚌埠市科技馆消防安全管理制度》，通过定期开展安全检查和巡查、组织学习培训和定期开展消防演练等方式，提高职工的安全意识和处置突发事件的能力。与保险公司合作落实公众责任保险，加强了要害区域的安全保卫工作。

（七）加速推动科普资源开发建设

参与了中国科技馆科普大篷车四型车 56 套 1344 件车载展品的研发工作，并提供了相关售后维修服务。

（八）积极响应市委市政府"争创全国文明城市"的号召

参加了"交通文明志愿服务岗"执勤和科普志愿者志愿服务活动，在展厅设立志愿者便民服务岗，通过电子屏媒、宣传展板等形式开展社会主义核心价值观和"讲文明树新风"等内容的宣传。与海军蚌埠士官学校一大队学员四队结成双拥共建单位，开展了科技拥军活动。

今后，蚌埠市科技馆将继续坚持公益性办馆方向，不断创新工作思路，丰富展教手段，进一步增强自身展教功能，为科技馆事业再上新台阶做出新的贡献！

江西省科学技术馆

英 文 全 称：Science and Technology Museum of Jiangxi
法 定 代 表 人：张青松
联 系 电 话：0791-86597141
传 真：0791-86623121
官 方 网 站：www.jxstm.com
行 政 主 管 单 位：江西省科协
成立（开放）日期：2002 年 9 月 22 日
通 信 地 址：南昌市新洲路 18 号
已加入专业委员会：中国自然科学博物馆协会科技馆专业委员会、科普场馆特
效影院专业委员会

一、概述

江西省科学技术馆是以参与式、互动式展示教育为主的大型公益性科普教育机构。场馆发挥馆内资源优势，具有常设展览教育、科普影视教育、科学培训、科普讲座、数字科普传播等多种功能。2017 年接待游客 24 万人次，其中主展厅 18.4 万人次，儿童科学乐园 5.23 万人次，4D 影院 0.48 万人次，穹幕影院 0.55 万人次。

2017 年，江西省科学技术馆荣获场馆及个人荣誉奖励 9 项，获评为江西省直机关第十三届文明单位，获 2017 年全国科技活动周优秀组织证书，科普剧作品获全国科技馆辅导员大赛南部赛区二等奖、第五届全国科学表演大赛三等奖。

二、科普活动

江西省科学技术馆围绕以实体科技馆为主体、以流动科技馆与数字科技馆为依托的发展思路，创新科普活动形式，拓宽科普教育传播领域。

1. 继续做好免费开放工作

落实中国科协、中宣部、财政部关于科技馆免费开放的要求，不断提升科普教育服务水平和质量；高度重视国家免费开放补助资金使用，有效利用补助资金更新改造展品展项 17 件，举办大型免费临展 5 场、立项"创客实验室"二期建设等。同时，扩大免费开放宣传工作，2017 年 2 月，《人民日报》以"去科技馆 ' 做 ' 寒假作业"为题，报道江西省科技馆春节科普教育活动情况。国庆期间，新推出科学教育工坊、VR 虚拟技术等新展区，带动参观人流激增，展厅接待服务质量不打折扣，安全、高效运行。

2. 积极承办和参与科普行业比赛

3 月，成功承办江西省首届科普讲解大赛。大赛由江西省科技厅、省科协联合主办，来自全省的 46 名优秀科普讲解员参赛，共评出 20 名获奖选手，江西省科技馆 3 名选手位列其中，同时江西省科技馆获优秀组织奖。

5月，选派员工参加2017年全国科技馆辅导员大赛华南赛区的比赛；科普剧作品《精灵归途》荣获全国科技馆辅导员大赛南部赛区二等奖。

江西省科技馆组织了省内6所学校9支队伍参加2017全国青年科普实验创新实验暨作品大赛合肥赛区复赛，共获得一等奖1个、二等奖2个、三等奖2个、优胜奖2个。其中，获一等奖选手在全国青年科普创新实验暨作品大赛全国总决赛中荣获科普实验单元二等奖，江西省科技馆辅导员张丽霞获得优秀指导教师奖。

3. 挖掘科普资源，开展形式多样的科普活动

科技活动周举办"新编世界地图——历史与科学的交融"科普大讲堂活动；组织"菠萝科学奖"百城联动江西省科技馆分赛场活动，在网易直播间同步直播，展开城市间PK大战；流动科普队在南昌、吉安、上饶、黎川等多地开展科普进县乡进校园活动；以平均三个月更新一次的频次，举办了"天工开物""南海之美""蜜境寻踪""海洋精灵"等4个科普短期展览；举办"'索尼探梦'科普万里行""达尔文进化论诠释科普报告"活动；"创客实验室"一期基本建成，二期启动；"科学工坊"基本建成；每周末坚持开展科学小实验体验活动；新增展品35件，VR展项广受欢迎，展品更新率16%。

4. 推进"互联网+"科普，"科普江西"运行平稳

运用"互联网+"成为江西省科技馆的重要工作理念和工作方式，官方网站、微信、微博、手机App等平台在技术和内容上不断完善。网站访问量74.8万人次，微信粉丝5408人，微博粉丝12.3万人。同时，2017年3月起，江西省科协官方微科普平台"科普江西"由江西省科技馆运营，3月至12月止，坚持在每个工作日发布4条推文，月点击量超过7万人次；多次承办线上科普活动，尤其是"科普知识竞答活动"吸引众多粉丝积极参与，获得了较好的科普效果。粉丝数量由3月的0.4万人增长为26万人。

山东省科学技术宣传馆

（山东省科技馆）

英 文 全 称：Shandong Science and Technology Museum
法 定 代 表 人：李 伟
联 系 电 话：0531-86064816
传　　　　真：0531-86064805
官 方 网 站：www.sdstm.cn
行 政 主 管 单 位：山东省科学技术协会
成立（开放）日期：1956 年
通 信 地 址：济南市历下区南门大街 1 号
已加入专业委员会：中国自然科学博物馆协会科普场馆特效影院专业委员会、
　　　　　　　　　中国互联网协会网络科普联盟

一、科普活动与展览

1. 临时展览

单位：平方米，万人次

序号	展览名称	起止日期	展出地点	面积	观众数量	性质
1	2017 年 ChinaJoy 超级联赛华东北区晋级赛暨世博动漫嘉年华活动	4 月 29 日至 5 月 1 日	科技馆临展厅	1000	0.4	联合
2	2017 年暑期教育嘉年华活动	6 月 25 日	科技馆临展厅	1000	0.15	联合
3	山东省"世界青年技能日"主题活动	7 月 15 日	科技馆临展厅	1000	0.1	联合
4	山东省全国科普日"人工智能 智慧生活"主题展览活动	9 月 18~24 日	科技馆临展厅	1000	0.5	联合
5	第十九届齐鲁动漫展	10 月 1~6 日	科技馆临展厅	1000	1.7	联合
6	"金鲁班杯"山东省第二届老科技工作者书画摄影展	11 月 11~15 日	科技馆临展厅	1000	0.6	联合

2. 教育活动

单位：人次

序号	活动名称	活动时间	主要内容	活动形式	主要对象	参与人数
1	生命与健康展区"微观城堡"主题活动	周六、周日、法定节假日	结合展项显微镜、细胞模型；通过观察、体验、探究细胞结构，体现"做中学"教育理念	讲解、动手实践	青少年	1140

续表

序号	活动名称	活动时间	主要内容	活动形式	主要对象	参与人数
2	科普活动角	周末、法定节假日	"动手动脑 DIY" "光学奇观"	实践、制作	青少年	400
3	"电与磁"专题讲解	周末、法定节假日	结合展项高压放电、怒发冲冠的互动参与，使观众了解和生活息息相关的电磁学相关知识	讲解、体验	现场观众	30000
4	科普教育交流平台	周末、法定节假日	利用科普剧、科普秀表演及科学实验展示的方式，结合趣味互动的实验效果及剧情，传递身边科学	科普剧秀表演、科普实验展示	现场观众	4000
5	艺术与科学展区创客空间单项体验课程	周末、法定节假日	创客空间活动室结合展区特色及 STEAM 教育、创客教育等先进的教育理念，以体验实践性课程为主，培养公众创造性思维	体验类课程	青少年	12000
6	"体验科学 牵手共享"——部分市农村义务教育学校学生开展科普行活动	7 月 5~7 日	组织部分农村义务教育学校学生参观和体验，启迪他们的创新意识，培养创新思维，进一步开阔眼界，增长知识，树立信心，提高综合素质	参观、体验	青少年	350
7	"环球旅行记"系列课程	7 月 12~16 日	匠心筑梦活动旨在让活动参与者亲身体验匠人创作的过程，通过一系列的制作活动，使参与者既能了解到工匠创作的艰辛和不易，也能感受到科学技术进步循序渐进的漫长过程，从而可以对工匠精神有一个直观而深刻的认识，共计 5 课时	活动、体验	青少年	40
8	"小毕加索的奇幻之旅"系列课程	7 月 26~30 日	本系列活动以"艺术"为主题，让体验者体验古老的造纸技艺，利用各种不同的绘画材料进行创作，给体验者以全新的艺术体验，共包含"造纸术""水拓画""刮画""莫比乌斯带""衍纸画"5 个课时	活动、体验	青少年	45
9	"匠心筑梦"系列课程	8 月 9~13 日	本系列活动通过对五大洲著名建筑的认识，结合自己的想法创意完成特定主题作品：美洲 - 过山车、大洋洲 - 房子、非洲 - 纸牌塔、欧洲 - 纸塔、亚洲 - 纸板桥，共计 5 课时	活动、体验	青少年	44
10	"纸牌塔"通天挑战赛	10 月 1~5 日	"纸牌塔通天挑战赛"是基于创客空间课程"纸牌搭塔"所开发的一项竞技类活动，参与者在活动体验过程中，可充分学习到建筑结构、艺术设计等相关知识信息	挑战、比赛	青少年	100
11	实验天地	10 月 3 日	选取生活中显而易见的材料、便捷的方法让观众通过亲自动手实践，来了解实验原理、感受实验带来的乐趣，培养化学兴趣	实践	青少年	50
12	"口袋科学"主题讲解	周六、周日、法定节假日	依托展品展项、结合简单易行的科普实验，让公众更深刻地理解展品原理	讲解、互动展示	现场公众	12000

山东省科技馆建筑全景

3. 流动科普设施

序号	名称	年度巡展次数	类型	经费来源	运行方式
1	科普大篷车	8 次	大篷车	科技馆运行经费	自主运行
2	校园流动科技馆	建设 24 所	流动馆	专项经费	自主运行

二、科研与学术

1. 承担项目

单位：万元

序号	项目名称	项目来源	项目级别	经费	负责人
1	山东省科技馆新馆内容框架研究课题	科技馆免费开放经费	省部级	25	李 伟
2	科技馆购买服务岗位薪酬激励管理研究	山东省科技馆	馆级	10	李 伟
3	科技馆内设机构改革及岗位竞聘管理研究	山东省科技馆	馆级	10	李 伟

2. 研究成果

题目	作者	刊名	卷（期）号	期刊级别
《快乐中学习科学，探索中启发智慧——山东省科技馆新馆建设理念初步意见》	李 伟	《山东舆情参考》	2017 年 16 期	新华网山东县处以上干部内参

3. 专著

名称	本馆作者	出版社	出版日期
《中国科普理论与实践探索——第 23 届全国科普理论研讨会论文集》	李 伟、李 鹏、张 炬、刘 军	科学普及出版社	2016 年

4. 编辑刊物

单位：册

刊物名称	刊号	发行周期	发行数量	发行范围
《山东省科技馆资讯》	—	每年	400	内部发行，中国科协、中国科技馆、各省市科技馆、省科协、山东省各地市科技馆等

三、信息化建设

1. 官方网站浏览情况

2017 年度，山东省科技馆网站日均访问量 200 人次左右，整年浏览总数 75672 人次。

2. 展品信息化工作

室内定位和智能导览系统开发、人脸识别和数据客流分析系统开发，完成了售票系统一体化整合工作。

3. 新媒体运用

开发了"科普掌中游"手机游戏，微信公众平台关注人数已达 11 万人，共计推送 68 条微信消息。

四、志愿者队伍建设

分类	服务岗位	人数	来源	服务时间
普通科普志愿者	引导、看护、策划	3220 人	各大学院校	25760 小时
勤工助学岗	展品看护、讲解	351 人（903 人次）	在校大学生	国家法定节假日寒暑假

五、运营情况

票务情况

是否免费开放	未免费开放场馆票种	未免费开放票价	观众人数
是	特效影院	球幕影院：15 元（1.3 米以下儿童）、20 元（成人） 4D 影院：10 元	球幕影院：14016 人次／年 4D 影院：21427 人次／年

六、2017 年度大事记

1 月 1 日　山东省科技馆举行 2017 年度建设"平安科技馆"安全责任书签字仪式。

1 月 5 日　山东邮政丁酉年生肖文化季启动仪式活动在山东省科技馆举行。

1 月 22 日　按照省科协年终安全大检查工作的要求，在全馆范围内进行安全检查。

2 月 1~11 日　联合山东省师范大学撰写《基于科技馆的探究式化学实验课程开发研究》，作为 2017 年度科技馆专委会专题研究项目向中国自然科学博物馆协会申报。

2 月 18~28 日　流动科普特效影院走进山东师范大学附属中学幸福柳校区开展科普活动。

3 月 1~3 日　流动科普特效影院受邀赴山东师范大学附属中学幸福柳校区开展科普活动。

3 月 5 日　山东省科技馆团支部组织开展"学习雷锋日记，撰写心得体会"活动。

3 月 21~25 日　"索尼探梦科普万里行"活动在山东省科技馆科普交流平台举行。

教育活动——济南市市中区小科学家实践活动启动仪式

3月22日 山东省校园流动科技馆网上科普服务平台建设完成，该平台可提供全省各地市校园流动科技馆巡展资料的上传、归档等服务。

4月6日、27日 组织开展全馆职工培训活动，分别邀请山东师范大学、山东大学教授来馆作专题讲座。

4月14日 山东省直文明单位第二十协作区工作交流暨秘书长单位换届会议在山东省科技馆召开，山东省科技馆当选2017年秘书长单位。

4月14~16日 派员赴浙江宁波参加2017宁波特色文化产业博览会分会场主题活动暨中国AR、VR产品产业化峰会。

4月15~20日 山东省校园科技馆科普服务平台面向全省现有49个校园科技馆和6个全国农村中学科技馆试运行。

4月16日 山东省科技馆参加由浙江省科技馆、果壳网、网易新闻共同主办的菠萝科学奖"百城联动"科学知识答题活动。

4月17日 第五届全国科技馆辅导员大赛东部赛区预赛在上海科技馆举办，该馆代表队喜获个人二等奖1个、优秀奖2个、团体三等奖1个。

4月17日 山东省航天科技进校园暨"我和太空种子共成长"公益科普活动启动仪式在山东省科技馆举行。

4月25~29日 流动科普特效影院受邀赴东平县明湖中学开展科普活动。

4月29日至5月1日 2017年ChinaJoy超级联赛华东北区晋级赛暨世博动漫嘉年华活动在山东省科技馆举行。

5月3~7日、8~12日 流动科普特效影院受邀分赴东平县鹏集镇中学、枣庄市峄城区匡衡小学、枣庄滕州市善国小学、枣庄市北亭区北庄中心小学、枣庄市市中区实验小学开展科普活动。

5月4日 鲁渝科技扶贫协作对接活动座谈会在山东省科技馆召开。

5月11日 山东省科技馆与济南市中区教育局进行座谈，研讨共同开展2017年科普场馆科学教育项目事宜，进一步加强馆校合作。

5月12日 济南市历下区人民政府趵突泉街道办事处组织召开2017年趵突泉地区安全生产暨消防安全工作会议，山东省科技馆被评为趵突泉地区2016年度安全生产先进单位。

6月9日 山东省科技馆联合济南市市中区教育局开展的"馆校合作优化科学教育暨市中区小科学家实践活动启动式"在常设展厅科普交流平台举行。

6月12日 由中国科协科普部、中国科技馆发展基金会、中国自然科学博物馆协会科技馆专业委员会联合举办的第五届全国科技馆辅导员大赛决赛在上海科技馆举行，山东省科技馆参赛选手荣获展品辅导赛三等奖。

6月13~22日 流动科普特效影院受邀分赴烟台海阳中英文学校、海阳美宝小学开展科普活动。

6月25日 2017年暑期教育嘉年华活动之中考咨询会在山东省科技馆举行。

7月5~8日 山东省科技馆组织开展科普行活动，来自聊城、德州、淄博3个市的约400名农村义务教育学校学生参与活动。

7月8日 山东省科技馆新馆建设座谈会在山东省科技馆小会议室举行。

7月15日 世界青年技能日"技能中国行"主题活动在山东省科技馆举行。

7月19~23日、26~30日　山东省科技馆创客空间分别举办主题为"环球旅行记""小毕加索的奇幻之旅"暑期系列活动，共计百余名学生参与活动。

8月9~13日　山东省科技馆创客空间举办"匠心筑梦"主题系列暑期活动，共计40余名学生参与活动。

8月17日　山东省科技馆新馆内容建设框架方案研究课题开题报告会在山东省科技馆举行。

8月18日　山东省科技馆组织开展党建学习活动，集体学习黄大年同志先进事迹。

8月25日　接待泰安市科技馆组织的92名农村中小学学生参观山东省科技馆常设展厅。

9月1日　山东省青少年科技活动中心并入山东省科学技术宣传馆。

9月12~22日　配合全省科普日活动，山东省科技馆流动科普特效影院分别赴德州庆云、泰安岱岳开展科普活动。

9月14~15日　山东省科技馆组织开展职工培训活动，邀请北京师范大学程黎、陈桃、陈红兵等3位教授分别作"创造力的理论与实践""基于情景感知技术的展品设计与验证研究""建构主义视野下的学与教"专题讲座。

9月15~17日　济南首届现代科技农产品展销会在山东省科技馆举行。

9月16日　山东省科技馆组织开展山东省机器人大赛济南赛区赛前赛事培训活动，来自全省各地市的50多名指导教师参加培训。

9月22日　山东省直文明单位第二十协作区2017年交流活动在山东省科技馆举行。

9月22~24日　2017山东全国科普日"人工智能　智慧生活"主题活动在山东省科技馆举行。

9月23~24日　顺利完成全国计算机等级考试（山东省科技馆考点）考务工作，近千名考生参加考试。

9月24日　"我和太空种子共同成长"山东省中小学公益科普活动颁奖仪式在山东省科技馆举行，全市近500名师生参加活动。

9月25~28日　完成第17届"明天小小科学家"奖励活动全国入围作品上报工作，本次活动山东共有9项作品入围全国终评。

9月25~30日　向中国科协报送全国青少年科学影像节活动材料，本次活动山东共有5项作品及1名优秀科技辅导老师入围全国终评。

10月1~6日　第19届齐鲁动漫展在山东省科技馆举行。

10月1日　儿童科技园改造项目完成，正式对观众开放。

10月1日　"科学巨匠"与"名人名言"展区改造完成。

10月13日　"探知未来"2017年全国青年科普创新实验暨作品大赛（济南赛区）赛前研讨会在山东省科技馆召开。

10月15~21日　山东省青少年科普专家团专家赵历男受邀赴广东省参加中科院老科学家科普演讲团活动，开展科普报告5场，受益师生3000余人次。

10月16~25日　山东省青少年科普报告百校行、希望行分别在淄博、青岛、枣庄3市开展活动共计70场，受益师生达3.5万余人次。

10月30~31日　山东省科技馆在泰安市举办2017年山东省校园流动科技馆运行管理培训班。

11月3~7日　山东省组织9名学生参加由中国科学技术协会、中国科学院等单位共同主办的第17届"明天小小科学家"奖励活动，获得8个奖项，首次获得"明天小小科学家"称号。

11月5日　2017山东省机器人大赛中小学组比赛在山东省科技馆举行，来自济南、青岛、东营、淄博等地多所中小学校和培训机构的220余支代表队700多人参加比赛。

11月6日　山东省校园流动科技馆启动式在滨州市无棣县水湾镇举行。

11月11~15日　配合省老科协在该馆举办"金鲁班杯"山东省第二届老科技工作者书画摄影展。

11月13~24日　山东省青少年科普报告百校行、希望行分别在临沂、莱芜、滨州3市开展活动共计73场，受益师生达3万余人次。

11月17日　山东省科技馆组织开展省直文明单位第二十协作区道德讲堂活动，邀请赵刚男教授作专题讲座"做有教养的人"。

教育活动——"索尼探梦"交流平台

11月17日 山东省科技馆经过各项考评被核准为中国虚拟现实科技馆集群成员单位，成为首批纳入中国科技馆虚拟现实科技馆集群项目落地工作的试点单位之一。

11月18日 2017年WCA济南魔方公开赛在山东省科技馆举行。

11月23日 山东省科技馆与北京星际元会展有限公司合作课题"山东省科技馆新馆内容框架研究"顺利结题。

11月24日 完成2017年度山东省青少年科学工作室评选工作，共评出菏泽市牡丹区大黄集镇中心小学、菏泽市牡丹区大黄集镇毕寨小学、聊城市东昌府区杨庙小学、龙口市诸由观镇诸由学校、枣庄市科技馆5家单位。

11月28~29日 山东省科技馆组织召开山东省科技场馆协会第三次会员代表大会、"山东省科技馆新馆地方特色科技文化内容建设研究"课题结题及研讨会、2017年全省现代科技场馆体系建设交流会议、2017年全省现代科技场馆体系建设专题报告会。

12月8~21日 开展山东省青少年科普专家团试讲系列活动。

12月15日 山东省科技馆两项课题"购买服务人员薪酬激励管理课题""内设机构改革及岗位竞聘管理课题"顺利结题。

12月16~17日 由中国科协科普部、共青团中央学校部共同主办的"探知未来"2017年全国青年科普创新实验暨作品大赛（济南赛区）复赛在山东省科技馆举行，来自山东、河北等地多所学校的67支代表队200余人参加比赛。

12月23日 "探知未来"2017年全国青年科普创新实验暨作品大赛决赛在京举行，山东省选送的作品荣获三等奖。

12月27日 组织召开中学生英才计划省级管理办公室座谈会。

12月28~29日 山东省科技馆在潍坊市组织召开2017全省科普资源共建共享专题研讨会。

▨ 七、2017年工作概述

2017年，山东省科技馆在省科协党组的坚强领导下，努力践行"科学、大众、公益、开放"的办馆宗旨，有序开展各类科普展教活动，加速推动科普资源建设和行业理论体系建设，认真履行职能，强化规范管理，综合服务能力显著提升，取得了一些成绩，被评为省级文明单位，现将2017年工作总结如下。

（一）不忘初心，继续前进，着力提高党建工作水平

山东省科技馆紧抓党建工作不放松，不断加强支部建设、廉政建设、制度建设，扎实学习党的十九大精神，进一步提高党员素质、改进工作作风、促进业务发展，年内发展新党员3名，凝聚力和战斗力不断增强，圆满完成了年初制订的党建计划及省科协党组交办的各项任务。

一是加强支部建设，有效利用支委会、党小组会等形式开展党建教育活动，强化全体党员思想政治学习制

度，充分发挥党支部战斗堡垒作用。二是加强廉政建设，深入开展党风廉政教育，切实把全面从严治党、依规治党要求落实到位，从严落实中央八项规定精神和省委实施办法要求，改进工作作风。三是加强制度建设，细化民主评议党员制度、民主生活会制度、"三会一课"制度等多项工作制度，继续将"两学一做"学习教育抓实、抓细，做到常态化、制度化，大力推进党建工作与业务工作的深度融合。四是扎实学习党的十九大精神，制订了学习计划，组织召开专题学习会议，把学习宣传贯彻党的十九大精神和深入推进"两学一做"学习教育常态化制度化结合起来，坚持原原本本、整体把握、以学促干，学懂、弄通、做实，切实统一思想、指导实践、推动工作。

（二）突出重点，真抓实干，科学传播效能显著提升

2017 年，山东省科技馆在现馆运行、新馆建设并重的形势下，全面推进各项重点业务工作，截至 11 月底，累计接待观众 123 万余人次，其中，常设展厅接待观众近 60 万人次，临时展厅和学术报告厅接待观众 8 万人次，校园科技馆及流动科普特效影院 56 万人次，科学传播效能显著提升。

1．加强软硬件建设，阵地科普多点开花

山东省科技馆免费开放以来，加大了资金投入力度，不断加强硬件建设，在做好展品展项、基础设施维保工作的基础上，先后改造了展厅地面，增设展厅空气净化系统等，优化了整体参观环境。

在做好常设展览的同时，加大教育活动资源开发力度，原创了一批科学表演剧；形式多样地开展各类科普教育活动，其中，围绕传统节日开展主题式教育活动，结合不同团体量身定制参观套餐，利用微信等自媒体平台设置课程预约式服务，针对重点展品展项进行专题、区域讲解等，受到广大观众尤其是中小学师生的欢迎。2017年 6 月，在第五届全国科技馆辅导员大赛全国总决赛期间，该馆代表队成绩优异，获得展品辅导赛三等奖。

临时展览方面，依托临展厅举办、引进各类突出大众教育特色、内容丰富健康的专题展览活动。一年来，成功举办了齐鲁国际动漫展、2017 年山东省机器人大赛中小学组比赛等 12 场活动。

2．流动科普稳步转型，基层科普工作卓有成效

在继续做好流动资源配备的基础上，工作重心逐渐向运行管理转移，重点加强巡展督导，引导深度参观。一是完成 24 套校园流动科技馆展品资源的制作配发，除经典展品外首次引入 3D 打印、AR 展览讲解等新项目。二是加强规范管理，拟定了《山东省校园流动科技馆运行管理协议》，进一步明确领导小组、承接单位、站点学校等各方权利义务；修订完善参观制度、管理办法等；启动"山东省流动科普服务平台"建设并试运行，加强运行监督。三是以科普大篷车、流动科普影院为活动载体，深入开展基层巡展服务。一年来，科普大篷车多次参加各地市科普活动，流动科普特效影院先后赴泰安、枣庄、滕州、烟台等市中小学开展巡展，得到了各地的广泛赞誉。

3．创新工作方式，数字科普紧跟时代步伐

随着移动互联网的高速发展，数字科普工作在科普创新方面发挥着重要作用。一是结合官网升级改版，开发办公系统考勤管理、政府采购流程模块；二是通过科技馆官方微信平台实现预约取票、进行活动推广等；三是积极开发移动端课件，部分已进入运行测试阶段。截至 11 月底，该馆官方微信关注用户已达到 6.7 万人，累计提供票务预约服务 12 万余次；全年 4D 影院接待观众 2.1 万人次，球幕影院接待观众 1.4 万人次。

4．深化科普资源建设，可持续发展能力显著增强

2017 年，该馆继续加大科普资源建设力度，扎实推进展区改造，为新馆建设锻炼队伍、积累经验，满足免费开放新形势下观众需求。一是"艺术与科学"展区改造工作。首次与加拿大安大略科学中心合作，围绕展品基于 STEAM 理念开发了 30 余个课程项目，鼓励自由探索，激发创新思维，运行半年来，深受公众欢迎。二是"儿童乐园"展区改造工作。以"感知世界·探索未来"为主题，借鉴了国际先进的儿童科普教育理念和运作模式，成为科技馆新馆内容建设的又一次有益尝试和探索，该展区于 2017 年国庆期间正式对外开放。

5．落实群团改革方案，青少中心工作实现平稳过渡

按照《山东省科协系统改革实施方案》的要求，山东省科技馆积极做好系统深化改革，与省青少中心完成合并工作，实现职能转化、机构优化、队伍强化的改革目标。年内还完成了以下工作：一是继续推进青少年科技竞赛活动，成功举办第 32 届山东省青少年科技创新大赛、第 17 届山东省青少年机器人竞赛等比赛 4 场；二

教育活动——2017年全国青年科普创新实验暨作品大赛

是广泛开展青少年科普公益活动，组织开展了科普报告百校行、希望行、2017年青少年高校科学营山东分营、第八届全国青少年科学影像节展映展评等活动，全面实现科技馆工作与青少中心工作的无缝对接、深度融合、转型升级和创新发展。

6．积极开展理念研究，新馆建设稳步推进

按照山东省科协党组部署要求，内容建设项目部积极参与、全力推进新馆内容建设。目前，通过开展课题研究、面向社会公开征集等途径，确定了"快乐中学习科学，探索中启发智慧"的新馆建设理念。功能规划设置方面，经过广泛考察调研，多次召开专家研讨会，初步确定新馆设置"科普教育功能区"等五大功能区域及特效影视区，并结合科普展教发展趋势特别设置"双创中心"功能区，用于开展创客类、探究类科教活动。内容建设框架方面，对现馆四层展区进行改造，对新馆引入国外展教理念和运行管理方式，进行了积极探索，同时还开展了多个相关课题研究，进展顺利。

（三）围绕中心，服务大局，切实提升社会影响力

该馆以公益为中心，开展慈善、文明联动等各类公益活动，加强馆校合作，开发与校本课程无缝对接的教育活动；以服务大局为重点，加强与主流媒体等沟通联系，创立宣传期刊，切实提升社会影响力。

1．牢记公益属性，密切馆校合作

山东省科技馆牢记自身公益属性，一方面利用科普资源优势，自行组织或者联合社会各界开展慈善、文明联动等各类公益活动。年内组织开展了体验科学、牵手共享农村青少年科普营活动；接待留守儿童、弱势群体参观，获得各方的好评。另一方面，进一步加强馆校合作，与济南市市中区教育局签订合作协议，共同申报中国科协青少中心科普场馆科学教育培育项目，基于小学科学课程大纲，立足于科技馆展教资源，开发出特色的教育活动项目。

2．多措并举，切实提升社会影响力

一是加强与主流媒体沟通联系，继续与《齐鲁晚报》签订合作协议，重点宣传新馆建设及现馆业务活动，实现合作共赢。二是定期出版宣传期刊《山东省科技馆资讯》，围绕工作实际，挖掘新闻热点，在全国科技馆行业内交流。三是加强自有阵地宣传，充分利用网站、大屏幕、微信公众平台等，不断丰富宣传内容，提升社会形象。

（四）内强管理，外树形象，不断开创事业发展新局面

一年来，该馆不断加强内部建设，扎实开展文明创建工作，修订完善多个规章制度，深化理念研究，内强管理，外树形象，进一步提高核心竞争力，开创事业发展新局面。

1．凝心聚力，扎实开展文明创建工作

继2016年成功获评省级文明单位以来，山东省科技馆2017年继续加大文明创建力度，做到与业务工作同规划、同部署、同落实。围绕2017年文明创建工作要求，组织开展了"全国科技工作者日""粽叶飘香，欢乐端午"等科普活动；以科学道德、科学精神培养助力"四德工程"建设；以倡导展厅文明引导社会文明进步。

同时，作为省直文明单位二十协作区秘书长单位，组织召开秘书长单位换届会议，创建协作区微信群，完成协作区"庆回归·倡文明"书画展作品征集报送等工作。

2．建章立制，实现规范化、流程化管理

年内制定了《山东省科技馆政府采购工作流程》，修订了《山东省科学技术宣传馆考勤管理暂行办法》《山东省科技馆突发事件应急预案》等相关规章制度，做到资金使用、采购验收、考勤管理、突发事件处置等有章可依，有规可循，以制度规范管理，以流程优化管理，不断提升科学管理水平。

3．扎实耕耘，不断提高理论研究水平

一是积极引进国际先进理念，邀请美国、加拿大、英国等业界专家，围绕世界科技馆最新发展趋势、运营及管理模式等做专题报告并做互动交流；二是积极开展课题研究，年内政府购买服务、事业单位改革、新馆建设等承接、自设多个课题，在工作中总结积累经验，在实践中提炼理论成果；三是组织职工赴台湾、北京、上海等地科普场馆考察学习，广泛开展交流，开阔视野，提升职工业务素质。

4．安全为先，构建高效安全防范体系

始终把安全工作放到首位，不断加大安全防范力度。一是认真落实"一岗双责、齐抓共管"的安全逐级责任制，对发现的问题及时处置、整改；二是完善硬件设施建设，做好消防系统和消防器材维护；三是加强安全技能培训，结合该馆实际情况，组织全体消防安全培训2次；工作人员消防培训6次；员工岗前消防培训3次；组织全体工作人员参加灭火和紧急疏散演练2次，提高安全防范意识及应对突发事件的能力。

5．以人为本，重视文化建设

组织开展工青妇各项工作。组织干部职工参加无偿献血、省直机关第三届庆五一低碳环保健步走等活动，举办迎春健身趣味运动会、乒羽比赛等活动，定期开展职工书画培训，节假日定期走访离退休职工和困难职工，完成年度职工健康查体。各类活动的开展充分体现了科技馆的人文关怀，培养了职工集体荣誉感和归属感。

临沂市科技馆

英 文 全 称：Linyi Science and Technology Museum
法 定 代 表 人：杨倩
联 系 电 话：0539-8605667
传 真：0539-8605667
官 方 网 站：www.lystm.org.cn
行 政 主 管 单 位：临沂市科学技术协会
成立（开放）日期：2010 年 6 月 1 日
通 信 地 址：山东省临沂市兰山区柳青街道府右路 8 号
已加入专业委员会：中国自然科学博物馆协会科技馆专业委员会

一、科普活动与展览

1. 临时展览

单位：平方米，人次

序号	展览名称	起止日期	展出地点	面积	观众数量	性质
1	笔墨心象——王友恩中国画作品展	1 月 20 日至 2 月 20 日	特展厅	600	23000	联合
2	象·外——齐鲁名家书画作品展	4 月 22 日至 5 月 23 日	特展厅	600	26000	联合
3	水墨传承 2017·九三学社庆祝香港回归二十周年全国书画名家邀请展	6 月 27 日至 7 月 9 日	特展厅	900	7560	联合
4	身边的水资源主题展	7 月 14 日至 12 月 31 日	特展厅	600	198400	引进
5	美育熟人　自然之教——事外陶园少儿美术作品展	7 月 19 日至 9 月 25 日	特展厅	500	45800	联合
6	水墨清华·中国画高研班刘怀勇工作室（临沂）首届师生结业作品展	9 月 26 日至 10 月 31 日	特展厅	900	34750	联合

2. 教育活动

单位：人次

序号	活动名称	活动时间	主要内容	活动形式	主要对象	参与人数
1	"巡馆·探宝"亲子互动体验活动	1 月 2 日	设计了"猜谜寻宝（展品）""让我们相识""赞美大声说出来""闻歌即舞""你划我猜""记忆大师""骑'马'辩向""大象套圈""两人三足""就不听指挥"等系列活动，锻炼和检验孩子们的身体协调、脑力思维、协作沟通、人际社交、解决问题等方面的能力	将脑科学项目、展品互动与亲子体验活动相融合，亲子协作体验活动	5~12 岁青少年及家长	480

续表

序号	活动名称	活动时间	主要内容	活动形式	主要对象	参与人数
2	科普实验秀——生活中的力	1月1~3日	演示生活中的各种力	趣味科学实验	参观观众	180
3	"快乐随风跑"科学玩家益智闯关活动	1月30日至2月1日	每天推出一期形式多彩各异的活动。项目主要有：橡筋枪制作及射击体验、寻踪觅"鸡"、小小讲解员、我们的节日之元宵节——灯笼制作活动、打着灯笼说好话、保龄球大赛、年年有"鱼"小车制作及竞技、最强大脑、你说我猜、砸金蛋及观影活动	活动内容将科技制作、传统文化、情商培育、体育活动有机结合，智慧动手、竞技竞争、快乐体验、亲子互动	5~12岁青少年儿童及家长	221
4	科普实验秀——奇幻光影	1月31日至2月1日	演示光的传播方式	趣味科学实验	参观观众	200
5	闹元宵赏花灯猜灯谜活动	2月11日	精选了100余条谜语，内容涉及人文、地理、历史、医药、科技、文学等各个方面，考虑参与者各年龄段的知识储量，兼顾了知识性和趣味性；送出临沂市科技馆梦幻剧场和青少年科普剧场门票100张	用传统的方式让市民重温农历新春的热闹喜庆，青少年学生切身体验了一把传统灯谜文化，寓学于活动，寓教于乐趣，用创新的形式赋予传统文化新的乐趣	市民及青少年	570
6	"七巧科技"教师培训	3月1日	七巧板、美化板科技教师培训	讲座	科技教师	400
7	"脑科学+百变空间"融合课程进校园活动	3月9日	本次课程大致分为三个环节。第一环节的主题为"形状认知"的科技创意课堂，孩子们在科技老师的引领下，用百变空间器材——吸管搭建出三角形、正方形、圆形等形状。脑科学训练师则在一旁认真观察，根据孩子们在课堂上的注意力、理解力、反应力、语言组织的逻辑、表达及坐姿、眼神等行为表现从中选出部分小朋友进行了第二环节的脑电反馈和综合素质评测。第三环节的脑科学课堂在游戏互动中为小朋友们进行了视觉记忆的广度训练	打破学科界限，实现科技创意、脑科学训练相互照应、相互联系、穿插进行，多资源共享，多学科融合，为小朋友带来科技创意和脑力训练的全新体验	幼儿园大班孩子	242
8	第32届临沂市青少年科技创新大赛	3月19日	创新成果、科幻画等	评比	青少年	2000
9	"我们的节日"系列活动	4月4日至5月30日	活动包括："清明踏青"、"劳动光荣"、"康乃馨送妈妈"及端午节"包粽子"等活动。组织学员在户外进行数字大搜索、"放风筝"、传统文化接力，手工制作康乃馨，动手包粽子等内容	户外活动，团队协作和传统文化传播，锻炼孩子动手动脑能力	5~12岁青少年及家长	100
10	临沂市第一届机器人大赛	5月12日	机器人	竞赛	青少年	400
11	第14届临沂市青少年"七巧科技"竞赛	5月13日	七巧板、美化板等	竞赛	青少年	3000

续表

序号	活动名称	活动时间	主要内容	活动形式	主要对象	参与人数
12	我们的节日——端午节	5月27日	端午节的由来和禁忌	科学课堂	参观观众	100
13	全国科技活动周活动	5月30日	大篷车展品	科普活动	参观观众	2000
14	Come on, 热血小战士来逆战——八一建军节脑科学体验	7月29~30日	活动内容包括："手枪制作""军帽寄深情""英姿飒爽""快速抓捕""准确阻击""突出重围"等环环相扣的主题活动，让小朋友们了解建军节的历史由来，在活动中训练他们的手眼协调、沟通合作、认知以及解决问题的能力，并引导家长如何有效地在日常生活和学习中培养孩子不怕困难、乐于助人的品质	亲子携手互动	5~12岁青少年及家长	150
15	小小讲解员培训	8月1~31日	讲解的礼仪、播音	科普培训	8~14岁学生	10
16	神舟与天宫	8月12日	中国神舟号系列发展历程	科学课堂	参观观众	100
17	长大后我就成了你——教师节主题活动	9月9~10日	活动内容包括："宁心静气""火眼金睛""我是老师""你的心思我来猜"。本次活动充分考验和锻炼了孩子们同感能力、语言表达能力和应变能力	让同学们体会教学，感受教师工作的辛劳不易	5~12岁青少年	220
18	"编程1+2"公益活动	9月17日至12月24日	课程内容包括：程序的三种基本结构（顺序、选择与循环）、数组、字符串、数组与字符串的应用、函数、函数的应用、结构体、递推与递归、递推与递归的应用、排序算法1（插入、选择）、排序算法2（冒泡、快速）、大数高精度计算等	计算机编程教学	中小学生	40
19	山东省科普报告百校行、专家行	9月22日	科普报告	讲座	青少年及科技教师	15000
20	我和月亮有个约会	10月2日	以"嫦娥奔月"为主题，联结历史和未来，让孩子们在传统文化佳节中，感受到未来科技的魅力。活动内容包括：亲子手工月饼制作，科技展厅参观，航空航天模型参观，观看环幕电影、球幕影院，制作猛虎飞机模型，体验火箭发射，感受"嫦娥奔月计划"等	学生及家长亲子参与传统文化知识竞答、动手制作、参观科技馆及体验航模火箭发射，互动探究	5~12岁青少年及家长	330
21	第四届临沂市航空航天模型竞赛	11月4日	模型制作	竞赛	青少年	600
22	第三届青少年科技创新市长奖	11月15日	—	评比	青少年	100

3. 流动科普设施

单位：次

序号	名称	年度巡展次数	类型	经费来源	运行方式
1	科普大篷车	35	外出赴社区巡展	专项补助	科技馆自行负责运行
2	流动科技馆	4	县区展览	自筹	县区负责

二、科研与学术

1. 承担项目

单位：万元

序号	项目名称	项目来源	项目级别	经费	负责人
1	球形全彩高清 LED 数字显示系统	临沂市科技局	市级科技进步二等奖	10	陈　亮
2	非接触式讲解系统研究及应用	临沂市科技局	市级科技进步二等奖	10	杨　倩

2. 研究成果

序号	题目	作者	刊名	卷（期）号	期刊级别
1	《采取切实措施，助推科技馆免费开放上水平》	李　晓	《科协论坛》	2017 年第 8 期	国家级
2	《在群众中传播科学思想的必要性简析》	胡　波	《传播力研究》	2017 年第 7 期	省级
3	《科普剧在文化传播中的作用》	胡　波	《大众文艺》	2017 年第 10 期	省级
4	《科普剧〈垃圾总动员〉》	陈　亮	《戏剧之家》	2017 年第 17 期	省级

三、信息化建设

1. 官方网站浏览情况

官方网站（域名：lystm.org.cn）主要为全市青少年提供科普资料、科普视频、动画、科普动态，以及科技馆活动及工作动态等。日均网站浏览量 1354 人次，访客人数 150 人。

临沂市科技馆外貌

2. 展品信息化工作

2016 年春节期间，该馆儿童科学乐园提升改造完毕，并在该区域实行展品智能管理。这套智能管理系统以中控系统为软件核心，包括场馆智能管理系统、媒体信息发布系统、场馆智能监控系统等。不仅解决了不同展示设备通信统一管理的无缝转换、设备智能化控制、分布式部署管理、设备运行状态可视化、数据更新网络化、数据分析智能化以及节能管理智能化等主要智能管理技术问题，也秉承人性化设计理念，在提高场馆整体运营效率以及节能控制方面表现其经济价值。据统计，使用此系统后，可节省大约 30% 的技术管理人员，降低约 20% 的损耗，设备的使用年限也得到相应延长。

3. 新媒体运用

建立了临沂市科技馆微信公众号，通过手机扫描发放免费体验卡等方式，对于科技馆微信进行广而告之，同时不断地更新公信平台，及时发布科技馆最新动态及科普动态信息。

四、志愿者队伍建设

单位：人

分类	服务岗位	人数	来源	服务时间
大学生志愿者	展品看护、展厅参观秩序维持	1160	临沂市区各大中专学校	周末、节假日及寒暑假

五、运营情况

票务情况

是否免费开放	未免费开放场馆票种	未免费开放票价	观众人数
是	青少年彩虹乐园门票、梦幻剧场门票、4D影院门票、球幕影院门票、动感环幕影院门票	10 元、20 元、10 元、20 元、20 元	42 万人次 / 年

六、2017 年度大事记

3 月 13 日　在 2017 年全省青少年科学教育工作研讨会上，临沂市科技馆荣获 2016 年度全省青少年科学教育工作先进集体荣誉称号。

7 月 1 日　九三学社临沂市委员会、中国文化名人诗词书画院、中华祖先文化研究会、山东新沂蒙书画院等单位联合主办的"水墨传承 2017·九三学社庆祝香港回归 20 周年全国书画名家邀请展暨吴金满、祝连明、路成亮、王朋泉、王春全国画展"在临沂市科技馆隆重开幕。中宣部新闻局原副局长武家奉，国务院行政司原常务副司长、巡视员王胜利，中华祖先文化研究会创会会长王锋，香港卫视国际传媒集团副总裁李刚，国务院国资委商业发展中心专家，空军大校任智才等出席开幕式。

7 月 11~13 日　在第五届全国科学表演大赛上，临沂市科技馆丁钊、高月、徐群群、刘昌亮四人演出的科学实验节目——《奇幻光影》喜获科学实验秀一等奖。

7 月 19 日　临沂市科技馆荣获"山东省青少年科技辅导员协会优秀单位"称号。

11 月 8 日　由兰山区教体局、兰山区科协和市科技馆共同主办的兰山区中小学生科普研学启动仪式在临沂市科技馆举行。

11 月 23 日　2017 年"山东省青少年科普报告百校行"活动走进临沂，在临沂六中北校区拉开帷幕。

七、2017 年工作概述

2017 年，临沂市科技馆按照市科协党组的部署要求，紧扣"五位一体"现代科技馆体系建设的发展方向，以"发展、服务、管理"为手段，通过"四个提升、四个突破、四个强化"，务实干，创新干，接力干，着力打造人民满意的科技馆。全年累计争取各类补助资金 1529 万元，接待公众约 42 万人次。先后被授予全国科技馆免费开放试点单位、七巧科技全国比赛优秀组织单位、山东省公共机构能效领跑者、第六届山东科普奖、省级文明单位、山东省青少年科学教育工作先进集体等。

科学实验节目《奇幻光影》获得三等奖

（一）坚持"四个提升"，展览教育活动上水平

一是安全运行实现新提升。制订《关于加强市科技馆安全管理的实施方案》，修订《突发事件应急处置预案》，健全并严格执行安全管理制度，加强了对电梯、监控、消防设备等基础设施的安检、维护，每周排查 1 次展品安全隐患，组织 2 次消防演练，确保安全工作有制度可依、有程序可循。加强节假日展厅运行管理，起草节假日运行管理方案，做好各类参观团体的组织、安检等工作，有效防范和遏制安全事故的发生，进一步提高了科技馆运行的专业化、科学化、规范化水平，全年无安全事故发生。

二是科普旅游影响力实现新提升。以国家 4A 级旅游景区为平台，以完善设施、强化管理、规范服务为重点，不断提高景区标准化程度和景区服务质量和水平，极大地提高了临沂市科技馆的美誉度和知名度，全年接待各类考察、旅游参观团体 170 余个。在旅游旺季、重大节日期间，举办了"身边的水资源"、齐鲁名家书画作品展等 7 场临时展览，开展了大型展品集中演示和定时集中讲解活动，累计讲解 207 场，演示展品近 2800 场次，观看、体验人数近 8 万人次。

三是展览教育形式实现新提升。积极打造科普研学品牌，联合下发《临沂市兰山区中小学生科普研学活动实施方案》，通过展览体验、趣味观影、科技大讲堂、科学实验秀、梦幻剧场表演等内容的体验，加强了馆校建设，促进了科普平台向学校延伸。已接待兰山区 40 所学校 244 个班级的 16000 余人。联合团市委等开展了"农村孩子看城市"公益活动，共接待来自临沭、莒南等 10 个县区的 866 个希望工程的孩子们。自编自演了《奇幻光影》科学实验表演 30 场，举办了"天文基础知识"等 6 场知识讲座，让观众在轻松愉快的氛围中学习科学知识。

四是科技影城建设实现新提升。做好球幕、环幕等 6 个影院的升级维护工作，确保设备无安全事故发生。组织开展了"特效电影小影迷会观影"等活动。该馆定做的 4D 影片《智圣诸葛亮》、科普剧场影片《梁祝化蝶》经多次修改完善完成安装调试，2017 年公开放映，深受公众欢迎。采购《树的一生》《火鸟时光历险》《冰河世纪》等 5 部新影片，建立了临沂市科技馆特效影院影片资料库，现存影片 80 余部。

（二）坚持"四个突破"，青少年科普活动上水平

一是科技竞赛项目实现新突破。组织开展了第 32 届青少年科技创新大赛、第 14 届"七巧科技"活动竞

观众参与"生活中的力"实验 ——

赛、第四届航空航天模型竞赛、2017年全市中小学生机器人竞赛等活动，全市近万名青少年参与，参赛选手的数量和水平比往届有了较大的提高，共获国家级奖项186个。临沂市科技馆等10家单位被七巧科技全国组委会评为优秀组织单位。1支队伍代表山东省8月份参加全国机器人竞赛并取得冠军，2支队伍在2017年世界机器人大会中荣获国际公开赛智能大挑战搬运赛亚军、分拣赛季军。成功举办第三届临沂市青少年科技创新市长奖评选活动。

二是校园科学普及传播活动实现新突破。争取4套校园气象站（临沂馆、郯城馆、杏园小学、沂州实验学校）、1套校园流动科技馆（费县）。继续发挥好1个中国流动科技馆（沂水）、2个山东省县域流动科技馆（经济开发区、沂南）、5个校园流动科技馆（沂南、郯城、兰陵、沂水、费县）的作用。科普大篷车全年走进50所中小学校和社区。组织开展了青少年科学调查体验活动、机器人科普活动进校园、青少年科学影像节等青少年校园科学普及活动40场次。在兰山、罗庄、沂南、沂水等县区举办了32场山东省科普报告希望行、百校行活动科普报告，受益学生35000余人。

三是青少年培训工作实现新突破。开展了"脑科学＋感恩"项目课程，将"脑科学＋百变空间"融合课程走进文知星幼儿园。持续进行"脑科学＋健脑操"项目体验，探索实践"学习不仅发生在大脑"的理念。组织学员在户外进行数字大搜索、"放风筝"、传统文化接力等内容，培养和提升孩子空间认知、团队协作能力和传统文化素养。协作开设了幼儿启蒙、科技创新、电脑信息、3D打印、阅读提升等10余个培训班次。

四是辅导员队伍建设实现新突破。不断加强科技辅导员的培训，组织7个县区共千余名科技辅导员参与了2017年七巧技能专项培训、临沂市青少年机器人技术等级考试培训等。在2017年全国七巧科技比赛中，46名指导教师被评为全国优秀科技辅导员，18名教师被评为优秀组织工作者。在2016~2017年度山东省考核中，5名科技辅导教师、3名科技教育学校校长及3个山东青少年科技辅导员协会会员单位被评为优秀。

（三）坚持"四个强化"，自身建设上水平

一是强化党建引领，推进党组织规范化建设。建立健全各项党建制度，严格落实三会一课制度，全年集中学习32次。组织全体党员干部职工赴九间棚党性教育基地开展党性教育活动。在全体党员中开展了"两亮一做一争"活动，实行党员奉献积分制管理，实现了党员日常管理的精细化、科学化、规范化，评选出优秀党员7名。开展了"最美奉献党员"评选及事迹宣讲活动。积极参加全市机关青年朗读比赛、趣味运动会等活动，举办了摄影培训、心理健康、养生知识等3次讲座，丰富干部职工文化生活。组织开展了"党员活动进展厅"工作法。此工作法，被评为市直机关优秀支部工作法。

二是强化科技馆体系建设，推动科技场馆科学发展。制定并实施了《采购委员会工作管理办法》，加强和规范场馆运行与管理。加快推进市科技馆消防验收工作。完成了二期布展工程项目、免费开放补助资金项目等共13个批次的资金申请审批的任务。组织并实施消防整改项目、室外绿化提升、常设展厅虚拟交互水流墙提升改造项目、时光隧道提升改造项目、VR骑乘体验展品项目和航空航天展区提升改造项目等5个项目招投标。积极指导县区科技馆建设，推动社会化科普场馆建设，辐射带动基层各类公共科普设施建设。

三是强化作风建设，提升科技馆队伍建设。组织开展了"富民兴临我有责、我为发展解难题""强化责任

担当、改进工作作风"等活动。全面开展展厅工作人员综合素质提升工作，通过专业知识培训、内部讲解比赛、参加观摩全国大赛等形式，不断提升工作水平，为公众提供更优质的服务。完成了"画像机器人、礼宾机器人等展品研发及应用""球形全彩高清 LED 数字显示系统""非接触式自助讲解系统研究及应用"等 3 个科研项目的结题和科技进步奖的申报准备工作。在第五届全国科学表演大赛和第五届全国科技馆辅导员大赛东部赛区预赛中，代表临沂科技馆参赛的科学实验节目《奇幻光影》荣获科学实验秀一等奖、科学实验表演获团体三等奖。

小小讲解员

四是强化攻坚克难思维，推动工作创新发展。运用市场化手段组织开展了全市青少年机器人和模型科技竞赛，参赛人数、规模、水平、宣传创历史新高。超额完成"三引一促"中"引资"和"引智"的工作任务，2017 年度招商引资 1532 万元，"引智" 2 名 A 类 21 名 B 类创新创业人才。组织开展了国家级节约型公共机构示范单位、全国文明城市、优秀全国科普教育基地、省级文明单位复查等创建工作，把日常工作与创先争优活动紧密结合在一起，圆满完成各项创建任务。2017 年，临沂科技馆作为全市唯一一家机构代表，参评国家级公共机构能效领跑者称号。

在看到成绩的同时，临沂市科技馆还清醒地认识到：该馆经过 7 年多的运行，基础设施仍存在不完善、不合理的地方，展示设施已相对陈旧，馆校结合不紧密，等等。这些都需要在今后的工作中认真加以研究和改进。

河南省科学技术馆

英　文　全　称：Henan Science and Technology Museum
法　定　代　表　人：段春明
联　系　电　话：0371-65707500
传　　　真：0371-65707500
行　政　主　管　单　位：河南省科学技术协会
成立（开放）日期：1982 年
通　信　地　址：河南省郑州市花园路 53 号
已加入专业委员会：中国自然科学博物馆协会科技馆专业委员会

▨ 一、科普活动与展览

1. 教育活动

单位：人次

序号	活动名称	活动时间	主要内容	活动形式	主要对象	参与人数
1	承办环球自然日——青少年自然科学知识挑战活动（河南赛区）	4 月至 6 月	2017 年度活动主题为"物质世界的真相：大小，尺寸和规模"	分为展览和表演两种。展览是对选题研究内容的视觉化表现，表演类似小型科普剧	中小学生	249
2	节能宣传周活动	6 月 11~17 日	配合省科协开展垃圾分类、低碳节能等知识宣传	微信推送节能宣传信息、参与省科协节能工作考核	社区居民、科技馆职工	100
3	建军九十周年国防教育讲座	7 月 28 日	请退伍军人讲述红色历史	专题讲座	科技馆职工、社区居民	80

2. 流动科普设施

名称	年度巡展次数	类型	经费来源	运行方式
流动科技馆	32 次	短期流动展览	中国科协	在尚未建馆的各县流动展出

二、科研与学术

1. 承担项目

单位：万元

序号	项目名称	项目来源	项目级别	经费	负责人
1	中国数字科技馆共建共享工程	中国科技馆	国家级	15	白彦平
2	河南省科技馆新馆展教内容建设创新研究——以展示设计、展览展品研发、教育活动策划为例	河南科技智库	省部级	3	李 莉

2. 研究成果

题目	作者	刊名	卷（期）号	期刊级别
《浅议展品密度理论在我国现代科技馆建设中的应用》	张 凯	《自然科学博物馆研究》	2017 年第 S1 期	国家级

三、信息化建设

新媒体运用

河南省科技馆注册运营官方微博一个，微信公众号一个。公众号以发布馆内工作动态为主。一是有关新馆建设的信息，如建设进程、关键节点、重要学术活动和专家会议等内容；二是馆内重要科普活动，如科普日活动开展情况、环球自然日等赛事组织信息；三是馆内组织的党建学习、专题讲座、道德讲堂等工作开展情况。

四、志愿者队伍建设

分类	服务岗位	人数	来源	服务时间
长期志愿者	社区	35 人	省科技馆内部职工	长期

五、2017 年度大事记

1 月 16 日　河南省政府《政府工作报告》中将"推进省科技馆等重大文化工程建设"列入省政府重点工作。

2 月 6 日　河南省科技馆新馆建设项目可行性研究报告正式取得省发展改革委批复。

2 月 22 日　省科协召开河南省科技馆新馆建设专家研讨会，对河南省科技馆新馆展教工程和功能配置有关建议进行了论证与研讨。

3 月 7~14 日　省科协考察团赴加拿大安大略科学中心、美国自然历史博物馆、芝加哥科学与工业馆、旧金山探索馆、硅谷创新馆等五家科技场馆考察学习。

3 月 24 日　河南省科技馆新馆展教工程组赴上海与贝林先生围绕新馆动物家园展厅（贝林厅）建设进行合作洽谈。

4 月 14 日　省科协召开新馆建筑工程扩初设计专家研讨会，邀请省内建筑专家围绕新馆建筑扩初设计阶段性成果进行研讨，与会专家从专业角度对初步设计提出专业性意见和建议。

4 月 16~17 日　中国科协原党组副书记、副主席，中国自然科学博物馆协会理事长程东红同志调研河南省科技馆新馆建设工作，并召开座谈会听取省科协工作汇报。

5 月 8~11 日　河南省科协领导和省科技馆馆长一行 4 人赴上海与同济大学建筑设计院、美国顾问团队围

河南省科技馆主体

绕河南省科技馆新馆中厅设计进行研究讨论，形成初步概念方案。

5 月 13 日　环球自然日——青少年自然科学知识挑战活动预赛在郑东新区龙湖培训中心综合训练馆举行。

5 月 16 日　美国环球健康与教育基金会全球执行副总裁沈安琪女士一行 4 人访问省科协，就河南省科技馆新馆建设野生动物捐赠事宜进行考察。省科协领导会见来宾并进行座谈。

6 月 3 日　2017"环球自然日——青少年自然科学知识挑战活动"河南赛区决赛在郑州市第四中学举行，来自全省各地中小学校的 100 多名师生参加决赛。

7 月 11 日　中国航天技术国际交流中心概念方案提报会在省科协召开。

7 月 20 日　美国环球健康与教育基金会和河南省科技馆在郑州签署野生动物标本捐赠协议，河南省委领导出席签约仪式。

7 月 21 日　河南省科技馆新馆展教工程总体框架专家座谈会召开。

7 月 27 日　河南省科技馆受邀在全国流动科技馆工作交流及培训会上作典型发言。

8 月 3~5 日　在北京召开专家论证会研究讨论河南省科技馆新馆球体建筑及天文展览内容概念设计方案。

8 月 24 日　省领导主持召开河南省科技馆新馆建设工作协调会，听取省科协关于新馆建设有关情况的工作汇报，省政府办公厅、省发展改革委、省科协、郑东新区管委会等相关单位参加会议。

9 月 6 日　中国流动科技馆第二轮全国巡展河南省启动仪式在栾川县举行，中国科技馆副馆长隗京花出席启动仪式并宣布河南省第二轮巡展活动启动。

9 月 10 日　省科协组织召开河南省科技馆新馆建设项目道路设计专家研讨会，省内外交通设计专家、相关单位、新馆项目设计团队代表和新馆建筑工程组、展教工程组参加研讨。

10 月 18~27 日　科技馆新馆建设交流考察团赴丹麦、芬兰、瑞典 3 国考察访问，调研了当地科技协会及科技研究组织情况，走访了丹麦科技博物馆、芬兰科技博物馆、瑞典国家科技博物馆等场馆。

10 月 30 日　省领导召开河南省科技馆新馆分包重大项目协调推进会议，听取新馆建设项目汇报，对下一步工作提出安排部署。

11 月 3 日　河南省科技馆新馆建筑工程初步设计获得省发展改革委批复，原则同意同济大学建筑设计研究院编制的工程初步设计及修改设计方案，并对主要建设内容、主体结构和总概算等进行了核定。

12 月 22 日　河南省科协召开新馆展教工程汇报会，展教组对新馆常设展览总体框架方案进行了梳理和汇报，省科协领导提出了修订建议和下一步工作思路。

▨ 六、2017 年工作概述

2017 年，河南省科技馆在省科协的领导下，紧抓机遇，团结进取，着力新馆建设中心工作，落实各项工作任务，取得了新成绩，实现了新发展。

（一）扎实推进省科技馆新馆建设项目

一年来，在省科协组织领导下，河南省科技馆坚持把新馆建设放在重中之重的位置，认真贯彻落实省委省政府的建设要求，充分依靠专家力量，以建筑工程、展教工程为两条主线，全力以赴推进项目规划设计等前期工作。

1. 积极推进新馆建筑工程相关工作

一是持续优化建筑工程初步设计方案，完成建筑工程初步设计审批工作。与建筑设计单位多次进行考察工作，先后4次召开专家研讨会进行论证，3次组织人员进行实地勘察，配合省发改委召开初步设计审批会和复审会，督促设计单位吸收专家意见进一步完善方案，于11月6日正式获得省发改委初步设计批复。

二是推进完成新馆建设项目前期各项准备工作。在省科协与各单位的对接协调下，完成了可研报告编制和批复工作；通过了地热、节能、人防、抗震及地质勘查等专项审查并取得有关报告；办理完成控制性详细规划批复和建设用地规划许可证等规划用地手续。

2. 深入研究新展教工程相关工作

一是做好新馆展教工程前期规划工作。根据新馆建筑工程初步设计空间布局，深入研究常设展览、特效影院、科普活动室等主要展教功能，吸收专家意见，梳理完善《常设展览总体框架》，形成《主要功能配置建议方案》，并围绕展教工程规划设计，积极了解相关政策，为相关招标做准备。

二是积极寻求展览资源和合作单位。与美国环球健康与教育基金会正式签署《标本捐赠协议》，将获捐赠300多件珍稀动物标本，价值人民币1亿元左右；推动河南省政府与中国航天科技集团签订战

中国流动科技馆河南第二轮巡展进校园活动开幕仪式

河南省科技馆新馆展览策划工作研讨会召开

略合作协议，将航天科技集团支持河南省科技馆新馆建设作为其中一项重要内容；寻求展览资源和技术支持，与包括腾讯公司在内的10多家公司建立联系。

三是做好部分展览的初步规划工作。围绕新馆球体建筑及天文展览设计组织专家研讨，与美国自然历史博物馆专家团队签订服务合同，多次研讨论证，初步完成新馆球体建筑及天文展览内容概念设计工作。

四是确定河南省科技馆新馆展教工程招标代理机构。依法依规对17家申报参与招标的单位进行公开比选，确定河南招标采购服务有限公司、河南豫信招标有限责任公司、中科高盛咨询集团有限公司3家招标代理机构入选。

（二）真抓实干，各项重点工作持续增效

1. 流动科技馆巡展活动取得新提升

2017年河南省科技馆正式启动中国流动科技馆项目第二轮巡展，全年完成巡展站点32个，累计接待公众150多万人次，培训讲解员280名；巡展工作形式持续创新，与省教育厅联合组织启动流动科技馆进校园活动；巡展成效广受认同，在全国流动科技馆工作交流及培训会上，作为先进代表介绍了巡展活动开展的成绩和经验，得到中国科协、中科馆领导的高度肯定；及时完成考核总结和宣传报道工作，制作编印《中国流动科技馆河南巡展项目展览集萃》，总结宣传了全省111个站点的巡展活动掠影。

2017 年环球自然日决赛颁奖现场

2. 科普展教工作取得新成绩

积极完成中国数字科技馆共享共建工程，获"2016 年中国数字科技馆优秀子站""2016 年中国移动数字科技馆优秀子站"成果；截至目前，完成数字科技馆移动子站专栏建设 6 期，发布科普资讯 357 篇，阅读量182358 次。首次引进"环球自然日——青少年自然科学知识挑战"活动，并在总决赛中取得较好成绩；与河南灵境科技公司进行合作，建设河南省虚拟现实体验中心并向公众开放。

3. 科技馆体系工作打开新局面

以河南省科技馆新馆建设带动基层科普场馆的建设，通过课题研究、实地考察、调查交流等方式，了解基层科技馆动态，建立了全省科技馆信息联络员和微信群。截至 2017 年下半年，郑州市、焦作市、济源市、洛阳市、南阳市、永城市、汝阳县、方城县等 8 市（县）科技馆实现免费开放，运行良好，发挥了良好的科普服务功能。

（三）强化保障，做好馆内主要工作

1. 扎实开展党建工作

河南省科技馆班子成员按照党风廉政责任和任务要求，自觉遵守和维护了党的政治纪律；科技馆党总支部认真落实"三会一课"制度，组织"两学一做"专题教育活动，利用微信客户端，制作推送直观多样的学习资源，促使教育常态化；努力提升骨干队伍精神风貌，获共青团河南省直属机关工作委员会 2017~2022 年度五星"青年文明号"的荣誉称号。

2. 深入落实创文工作

对照省文明委和省直文明委有关文件要求，积极向省科协取经学习，大力开展各项创建活动，干部职工整体素质和单位文明程度进一步提升。开展创文工作一年以来，建立了近 200 万字的创文档案，开展了 6 期道德讲堂，多次组织文明交通、国防教育等创文活动，推动创文工作落到实处。

郑州科学技术馆

英 文 全 称：Zhengzhou Science and Technology Museum
定 代 表 人：崔光伟
联 系 电 话：0371-67970900
传 真：0371-67970900
官 方 网 站：www.zzkjg.com
行 政 主 管 单 位：郑州市科学技术协会
成立（开放）日期：2000 年 4 月 29 日
通 信 地 址：河南省郑州市中原区嵩山南路 32 号
已加入专业委员会：中国自然科学博物馆协会科技馆专业委员会

一、科普活动与展览

1. 临时展览

单位：平方米，万人次

序号	展览名称	起止日期	展出地点	面积	观众数量	性质
1	"强国海洋梦——海洋权益与军事"主题展	1 月 15 日至 5 月 31 日	郑州科技馆临时展厅	600	23	引进
2	"十大科学传播事件""十大'科学'流言终结榜"专题展览	1 月 15 日至 5 月 31 日	郑州科技馆门厅走廊	150	12	原创
3	2017 年中国航天日集邮、像章、图片展览	4 月 20~25 日	郑州科技馆多功能厅	300	1.5	联合
4	爸爸和我的游乐园	7 月 20 日至 9 月 19 日	郑州科技馆临时展厅	600	12	引进
5	南海之美——海洋生态与保护主题展览	2017 年 10 月 1 日至 2018 年 1 月 4 日	郑州科技馆临时展厅	600	13	引进

2. 教育活动

单位：人次

序号	活动名称	活动时间	主要内容	活动形式	主要对象	参与人数
1	郑州市中小学生科学运动会活动	2017 年 5 月 25 日	开展科学运动会活动，包括气球环、钢球爬坡、摆钉子、会唱歌的管子等几个实验项目，活动有利于培养青少年的创新思维、动手能力、运动能力以及竞争意识	科学竞赛	郑州市 3~6 年级小学生	20000

续表

序号	活动名称	活动时间	主要内容	活动形式	主要对象	参与人数
2	魅力科学课堂	全年每周三至周日上、下午各一场。全年开展活动426场	魅力科学课堂以探究式趣味理念开展活动，都是从生活中有趣的现象入手，通过好看好玩的实验现象，引导观众理解科学概念	科学课	郑州科技馆观众	21000
3	"馆校结合"活动	6~12月	给试点学校开展科学教育活动	科学课	试点学校学生	1600
4	科普报告会	2月21日 9月23日 10月28日	科普讲座通过选取与青少年生活贴近的主题，从想象、观察、动手等方面对青少年进行科普教育	科普报告会	郑州市科普爱好者	500
5	创新教育活动系统培训	全年每周六、周日	开展创新教育系统培训是该馆一项重点且长期的工作，围绕"把创意变为现实"主题，开展3D打印、开源硬件、激光加工和陶艺四个区域创新教育系统培训	科学培训课程	郑州市中小学生	626
6	2017年全国青年科普创新实验暨作品大赛河南赛区活动	9~12月	激发学生及社会大众对科普的兴趣，令全民通过发现问题、解决问题的思考模式更加关注科普的实际应用	科学竞赛	河南省中学生及高校学生	6000

3. 流动科普设施

单位：次

名称	年度巡展次数	类型	经费来源	运行方式
科普大篷车巡展工作	19	Ⅱ型大篷车	郑州市财政	巡展

二、科研与学术

研究成果

题目	作者	刊名	卷（期）号	期刊级别
《探索科教发展新模式之科技馆是我的第二学堂》	赵 珂 宋颖格	《中国科普理论与实践探索——第二十四届全国科普理论研讨会暨第九届馆校结合科学教育论坛论文集》	2017年	国家级

三、信息化建设

1. 官方网站浏览情况

2017年，网络浏览量为333793人次，日均网络浏览量为915人次。

2. 展品信息化工作

完成了21件展品的"展品网络展示"工作。"展品网络展示"包括展品动画、展品操作演示视频、有奖竞答等三部分内容。观众可以通过三种方式实现观看：扫描展品二维码、登陆手机官方网站、访问微信公众账号。

2017年该馆实施了"教育活动网络展示"项目，把优秀的科普教育活动制作成视频，通过网络平台展示给广大观众。制作完成11部"教育活动网络展示"视频。其中微电影《消失吧，垃圾怪！》获得了由河南影视集团主办的第二届金童象儿童电影节最佳创意奖。

基于"展品网络展示"内容，与郑州电视台合作，制作并播出 50 期《你好科学》电视节目，与郑州教育电视台合作，制作并播出 50 期《科普小精灵》电视节目。

3. 新媒体运用

据统计，2017 年该馆官方微信推送图文消息 98 条，关注人数 22000 余人。

四、志愿者队伍建设

单位：人

分类	服务岗位	人数	来源	服务时间
学生志愿者	展厅	500	学校招募	法定节假日、寒暑假
专家志愿者	展厅	13	社会招募	开馆日
大学生志愿者	创新教育展区	20	河南农业大学科技创新协会	全年节假日

郑州科技馆外景

▦ 五、运营情况

票务情况

是否免费开放	未免费开放场馆票种	未免费开放票价	观众人数
是	无	无	85 万人次 / 年

▦ 六、2017 年度大事记

"海洋权益与军事"展览

1 月 13 日　临时展"强国海洋梦——海洋权益与军事"主题展开展。

1 月 18 日　郑州科技馆召开"2016 年总结表彰暨 2017 年工作目标签订大会。

2 月 21 日　郑州科技馆邀请中科馆馆长李象益教授在郑州科技馆多功能厅做"世界科普教育走向与创客教育"的科普报告。

4 月 25~26 日　第五届全国科技馆辅导员大赛（南部赛区）中，郑州科技馆《有趣的声音》《爱丽丝梦游记》分别获得科学实验赛一等奖、其他科学表演赛一等奖，双双晋级全国总决赛；郑州科技馆辅导员郑洋、张戈、郑芳媛也取得展品辅导赛三等奖和优秀奖的优异成绩。

5 月 4 日　香港特别行政区政府驻河南联络处主任刘锦泉一行四人在郑州市人民政府外事侨务办公室的陪同下，来郑州科技馆参观交流。

5 月 10 日　郑州科技馆在黄河饭店召开"郑州科技馆新馆内容建设大纲论证会"。

5 月 24 日　郑州市中小学生科学运动会的决赛在郑州科技馆多功能厅举行。此项活动是由郑州市科协、郑州市教育局主办，郑州科技馆承办的一项活动。

6 月 12 日　郑州科技馆在"第五届全国科技馆辅导员大赛决赛"中喜获佳绩，《有趣的声音》荣获二等奖，《爱丽丝梦游记》荣获三等奖。

6 月 14 日　澳门科学馆唐志坚副董事长、李沛霖副董事长、邵汉彬馆长等一行十人来到郑州科技馆参观交流。在郑州科技馆崔光伟馆长、仇民田副馆长、娄健副馆长、白文红副馆长等陪同下，唐志坚副董事长一行参观了磁电、天地自然、机械、创新教育等展区，对郑州科技馆的展品展项给予了好评。

6 月 15 日　郑州科技馆在中国科协、腾讯公司联合主办的"科普中国 – 科普影视厅"优秀科普视频 2016 年优秀科普视频征集活动中，荣获两项一等奖、两项二等奖，趣味科普动漫《翻转的镜像》《细胞探秘》获得一等奖，《自由落体》《了解杠杆》获得二等奖。

6 月 21 日　西安市发改委社会处张国庆处长、西安市财政局科教文处张西瑜副处长、中国自然博物馆协会科技馆专业委员会汪文良委员等一行十四人来郑州科技馆参观交流。

7 月 7 日　潍坊市科技馆李凌云副馆长等一行五人来郑州科技馆参观 3D 打印展品技术及展教业务。

7 月 14 日　科普大篷车走进金水区新鑫花园社区。

7 月 20 日　临时展"爸爸和我的游乐园"开展。

7月31日　吴忠市科协副主席徐建忠、青少年科技馆馆长孟庆顿一行来郑州科技馆考察，郑州科技馆仇民田副馆长、娄健副馆长、杨彤宇主任等陪同参观交流。

9月8日　咸阳市科技局董小宇副调研员、咸阳市科技资源统筹中心成恒国主任等一行四人来郑州科技馆参观交流。

9月20日　吉林省科技馆人力资源部张义婧部长业郑州科技馆参观交流。

9月23日　来自北京的"索尼探梦"科技馆"科普万里行"活动来到郑州科技馆，为郑州的两百多名青少年朋友带来了两场精彩纷呈的大型科普实验表演。

10月1日　临时展"南海之美—海洋生态与保护"开展。

10月7日　郑州科技馆开展"快乐中秋，助力成长"机器人足球赛科普活动。

10月20日　焦作市科技馆宋国正副馆长一行五人来郑州科技馆参观交流。

11月15日　南阳科学技术馆办公室严雷主任一行五人来郑州科技馆参观交流。

11月16日　郑州科技馆组织创新教育展区走进观澜社区，开展青少年创新教育进社区活动。

11月20日　郑州科技馆魅力科学课堂给参加教师培训的老师开展科学课体验活动；郑州科技馆魅力科学课堂给河南商报小记者开展"有趣的瓶子"科学课。

11月28日　郑州科技馆邀请到英国皇家化学学会北京分会主席戴伟教授来到郑州科技馆做科学教育讲座。

12月6日　郑州科技馆召开"生命展区改造专家验收会"和"影院建设技术指标研讨会"。

12月11日　生命展区完成改造并正式对外开放。

观看4D电影

馆校结合活动

焦作市科技馆

英　文　全　称：Jiaozuo Science and Technology Museum
法　定　代　表　人：孟纪周
联　系　电　话：0391-3385761
传　　　　真：0391-3385761
官　方　网　站：www.jzskjg.org.cn
行 政 主 管 单 位：焦作市科协
成立（开放）日期：2012 年 9 月 29 日
通　信　地　址：焦作市丰收路与长恩路交叉口
已加入专业委员会：中国自然科学博物馆协会、中国青少年科技辅导协会

一、科普活动与展览

1．教育活动

单位：人次

序号	活动名称	活动时间	主要内容	活动形式	主要对象	参与人数
1	"畅玩科技馆"寒假特别活动	1 月 15~26 日	航模课程；物理、化学课程；科乐思课程；"探索小达人"寻宝活动；科学实验秀	表演、课程培训、互动、动手实践	以青少年为主	3000
2	"科学加油站"春节特别活动	1 月 31 日至 2 月 5 日	春节主题活动，互动游戏	互动参与	以青少年为主	2000
3	"浓情元宵，科普相伴"	2 月 11 日	元宵节猜灯谜活动	互动参与	全体观众	500
4	五一特别活动	4 月 29 日至 5 月 1 日	科乐思、化学课程；科学实验秀；科普剧；科普电影	表演、课程培训、互动、动手实践	以青少年为主	1500
5	六一特别节目：大型舞蹈科学秀《水调歌头》	6 月 1 日	舞蹈表演、科普知识	表演	全体观众	500
6	"畅玩科技馆"暑假特别活动	6 月 27 日至 8 月 20 日	物理；科乐思课程；"寻宝小达人"活动；科学实验秀；科普电影	表演、课程培训、互动参与	以青少年为主	5000
7	"迎国庆、开馆五周年"活动	10 月 1~7 日	"智慧大闯关"活动；物理、化学实验课；科乐思课程；科普电影、4D 电影、科学实验秀；"天涯共此时，千里共婵娟"中秋特别活动	观看表演、互动游戏、课程培训、动手实践	以青少年为主	2500
8	元旦特别活动	2017 年 12 月 30 日至 2018 年 1 月 1 日	科学实验秀；科普剧；科普电影	观看表演、互动参与	全体观众	1000

2. 流动科普设施

单位：次

名称	年度巡展次数	类型	经费来源	运行方式
科普大篷车	11	依维柯Ⅱ型	—	联合各单位、学校、教育基地、下乡、进校园

二、信息化建设

1. 官方网站浏览情况

截至 2017 年 12 月 31 日网站浏览日均点击量为 576 人次。

2. 展品信息化工作

一是建立语音导览系统。馆内每个展品都有语音讲解，观众只需要扫描二维码就可以免费听展品讲解。二是部分明星展品信息会在网站、微信、博客、微博上进行介绍。

3. 新媒体运用

官方微博：截至 2017 年 12 月 31 日，微博粉丝累计人数为 283 人，共发 153 条微博，每条平均阅读人数为 1127 人。

官方微信：截至 2017 年 12 月 31 日，微信公众号累计关注人数为 23191 人，共发 177 篇文章，每篇平均阅读人数为 413 人。

4. 基础设施建设和改造项目

2017 年，投资 140 余万元新建动感 4D 影厅一座。投资 83 万元对临展科普大舞台灯光音响进行升级改造。

5. 信息化建设情况

各级领导视察、科技馆重要会议、各节假日活动等工作情况，均能及时形成新闻报道，发布到微信公众号、网站、博客、微博等信息平台，并且每周更新一篇科普文章。馆内每个展品都有语音讲解，观众只需要扫描二维码就可以免费听展品讲解。

三、志愿者队伍建设

单位：人

分类	服务岗位	人数	来源	服务时间
学生志愿者	展品讲解、电梯安全、检票	541	学校	2017 年 1 月 1 日至 12 月 31 日
社会服务志愿者	社区、路口	31	科技馆	2017 年 1 月 1 日至 12 月 31 日

四、运营情况

票务情况

是否免费开放	未免费开放场馆票种	未免费开放票价	观众人数
是	—	—	32 万人次 / 年

五、2017 年度大事记

2017 年颁布《焦作市科技馆工装管理制度》《焦作市科技馆 2017 年双百分考核办法》。

3 月 13 日　焦作市科技馆开展创建市级文明单位动员推进会，科协党组书记、主席李孟周出席，焦作市科技馆馆长孟纪周主持。

焦作市科技馆主体建筑全景 ————

3月24日 举办第一期道德讲堂，焦作市科协副主席叶海潮出席活动，焦作市科技馆馆长孟纪周主持。

6月23日 举办科普讲解经验交流会。

10月1日 举办迎国庆开馆五周年活动，焦作市科协副主席王峰出席，焦作市科技馆馆长孟纪周主持。

11月24日 举办以"文化·传承"为主题的道德讲堂活动。

▩ 六、2017年工作概述

2017年，在市科协的正确领导下，焦作市科技馆紧紧围绕市委市政府中心工作，团结带领科技馆全体工作人员，以提高全民科学素质为主线，以精准科普信息化、科普品牌活动创建为重点，突出抓好科普讲解、科学工作室、业务学习、志愿服务、安全保障等工作。全年免费入馆参观游客达32万人次，接待各类参观团队214个，各项工作取得提升和创新。

（一）创新载体，突出重点，开展丰富多彩的科普活动

1. 开展主题科普活动。一是不断丰富原有的节假日活动，提高层次，丰富内容。开展"浓情元宵·科普相伴"元宵节猜灯谜活动、"粽享科普·欢乐童年"端午节活动、"畅玩科技馆"、"智慧大闯关·动手学科学"科技馆五周年庆主题活动、"天涯共此时·千里共婵娟"中秋节活动等节庆活动，参与人数达7500余人，共发放2500余份科普奖品。二是加强科普讲解。辅导员改变被动讲解的方式，主动为游客演示展品现象，讲解原理，提升科普效果。三是开展主题讲解。将原理相近的展品串联起来，编成一套新的主题讲解词，共编成"能量转换""焦作特色"等8个主题，给游客带来了全新的体验。四是科学实验秀在原有10套的基础上又研发了"振动之美""电的大世界"等系列实验，在节假日上演，使科普活动常态化、标准化。全年累计演出200多场，观看游客达3万余人。五是承办了第二届焦作市青少年机器人竞赛，全市共45支队伍、100多名学生参加，为科普爱好者搭建了学习交流的平台，同时进一步提升了全市青少年动手能力。六是暑期承办并参加了中国科学技术馆举办的"2017年参观科技展览有奖征文暨科技夏令营活动"，共征文1200余篇，报送优秀作品100篇，获得一等奖10名，焦作市科技馆获得了中国科学技术馆颁发的"优秀组织奖"。

2. 积极探索，发现创新，深化"馆校结合"。"馆校结合"重在激发兴趣、启迪思维，通过升级科技馆功能实现馆校共赢，让科技馆真正成为大学生的实习基地、中小学生的校外第二课堂。一是与河南理工大学物电学院、化学学院联合组成暑期实践小分队，带着精心准备的科学实验秀、生活小百科、知识问答等活动，在科技馆内为游客奉上了一场场精彩的互动节目。二是与理工大电气学院合作，在高新区大北张村举行了主题为"创新、体验、启蒙"的社会实践活动。三是与焦作师专合作将物理实践课移到科技馆上，与学生们交流互动。该馆与各学校合作开课5期，培训学生100余人。

以上活动，丰富了学生们的校外阅历，达到了寓教于乐的目的。

3. 开展科普大篷车"五进"活动。为解放区鑫源社区、马村工小、孟州河雍小学、修武实验幼儿园、温县西郭作村等地，带去了有趣的科普展品、科学实验秀等节目，约1.7万余人参与活动，受到了观众的一致好评。

4. 开放科学创新工作室，使科普活动常态化。展览教育是基础，科普活动是灵魂，科学工作室是动力。青少年创客之家、乐高机器人、3D打印等工作室自免费对外开放以来，深受学生喜爱，创意工作室初级班、创意工作室中级班、科普剧排练、科学实验工作室已成功完成14期培训，累计培训学生2500余名；乐高机器人、3D打印培训班累计开班36期，培训学生500余名。

（二）认真谋划，积极筹备，科普比赛取得好成绩

该馆积极组织参加全国各级比赛，以赛促训，提高团队业务能力，发挥科普平台的作用。一是参加第五届全国科技辅导员大赛中南赛区比赛，在展品讲解赛中获得三等奖1个、优秀奖2个；在科普表演赛中获得二等奖1个、三等奖2个。二是参加全国环球自然日主题活动，该馆实验秀获得了河南省二等奖的好成绩。三是机器人工作室选拔出8名选手参加河南省机器人大赛，荣获省级一等奖两项。四是作为河南省唯一代表队，参加由中国科学院科学传播局、科技部政策法规与监督司主办的全国科学实验展演汇演活动。五是研发"餐桌玻璃转盘自动旋转器"等4个项目，荣获第32届青少年科技创新大赛一等奖2个，并选送省赛，实现了焦作市科协系统"零"的突破。

（三）内强素质，外树形象，进一步提升科技馆服务水平

1. 积极开展文明单位创建活动。一是根据《文明单位（标兵）测评体系》，制定下发了《市级文明单位创建规划》，调整创建工作领导小组，明确了指导思想、总体目标、建设内容和要求。二是制定了《创建市级文明单位工作台账》，从组织领导、道德建设、法制建设、业务工作等几个方面进行了任务细化，分解落实到责任科室和责任人。三是月月有活动、季季开讲堂。以"我们的节日"主题活动为主线，在春节、清明、端午、中秋等传统节日，组织开展丰富多彩的文体活动；举办六期道德讲堂，每期一个主题，通过唱歌曲、学模范、诵经典、谈感受、送吉祥等方式，深入开展社会公德、职业道德、家庭美德、个人品德教育，激励大家树立明礼诚信、遵纪守法、奉献社会的良好风气。四是完成创文明城市提名城市的分解任务。积极配合市委市政府

五一特别活动

的中心工作，投资17.5万元对科技馆大楼做了整体亮化工程；投资0.9万元在市科技馆对面围墙建成120米的创建文明城市宣传长廊。五是开展结对帮扶活动，履行社会责任，投入1万元对无主社区棉二家属院进行车棚改造、路面硬化。六是布置了文体活动室，增加了户外、室内宣传版面，及时公布焦作市科技馆科普活动和文明单位建设动态。七是充分发挥共产党员先锋模范作用，班子成员带头，全体党员团员加入志愿者队伍。每周五组织党员团员到长恩路、景苑路分包路口协助指挥交通，规范人车秩序；到鑫源社区、光亚社区开展科普志愿活动，举办科普大讲堂，发放《争做文明市民、创建文明城市倡议书》；到新华街街道开展文明志愿服务，清除小广告、清理路面垃圾；到农村开展科普志愿服务，带给孩子们有趣的科普展览和知识。

通过扎实有效地推进各项工作，焦作市科技馆保证了2017年文明单位创建工作的完成。

2. 加强培训，提升素质。一是创新管理工作方式，开展标准化建设活动。邀请焦作市质量技术监督局对该馆标准化建设工作进行了培训，从队伍建设、素质提升、活动开展、机关文化建设、设备维修保养等方向提出标准化建议。在馆领导的带领下，各部室对各自业务工作进行了整体的梳理，多次修改后形成了科技馆工作标准化大纲，明确责任权限，使科室工作内容更加清晰。二是坚持每周三班子会、周管理人员学习会和周业务会制度。通过管理人员讲课，辅导员每周讲展品，观看讲座、比赛视频，会后再交流、再学习，整体业务能力得到提升，团队凝聚力增强。三是制定出了《焦作市科技馆2017年双百分考核办法》，实现量化每个人工作成绩，达到激励先进，鞭策后进，充分调动干部职工的积极性和主动性的目的。

3. 升级硬件，开拓创新。一是改造科普大舞台，提升科学表演的吸引力。投入83万元资金对临展科普大舞台灯光音响进行了升级改造，满足了科学表演的需要。二是引入新鲜血液，提高科普活力。该馆购入乐高机器人EV3共11套，从东莞科学技术博物馆、北京索明科普乐园有限公司引进了创意航模项目、"索尼探梦"实验课，融合到青少年创新工作室现有课程体系当中，增加了趣味性与互动性，让更多的青少年爱上科技馆里的科技课。三是拟定了《焦作市科技馆2018—2020三年发展规划建议》，对科技馆发展进行了全面谋划，明确发展方向。其中该馆已启动展厅改造工程，预计总投入445万元，现已投入230.95万元，仍缺少资金214.05万元，拟向省科协计财部申请增加2018年免费开放补助资金，用于展厅改造和展品购买，以维持、提高该馆展厅布展面积和科普功能，保证科普效果。四是购置新展品12件，并自主研发了展品《肥皂膜与最小表面》。五是完成4D影厅基础建设、建立规范化管理制度的工作。制定了《焦作市科技馆4D影厅管理办法》。9月份4D影厅竣工并组织专家完成验收后对外开放，从十一期间免费开放到年底，已经放映112场，接待游客3155人次。六是增加附属设施，提升服务功能。将馆外水池改造为广场，新增了21个机动车停车位；将停车场大门改造为自动识别车牌的停车场道闸，同时也增加了行人和自行车通道，并做好了安全防护，避免刷蹭；检修了供暖制冷管道，更换了三台三楼南风机房电机及配件，确保夏季制冷和冬季供暖；对残疾人卫生间进行无障碍升级，确保残障人士更好如厕。

4. 多措并举，确保全馆安全运行。安全运行是所有工作的基础，更是常抓不懈的硬任务。一年来，该馆落实并实施了一系列的安全计划，对设备、消防、电梯、监控进行整体规划，实现闭环控制。一是加强馆内消防安全。定期进行消防知识讲座与消防演练，使全体员工提高消防意识，掌握消防技能；新增和整改部分消防设备及用品。二是加强巡查，认真维护，保障运行安全。每天专人安全巡查，及时排查隐患，确保设备、设施、展品的安全性。展教和维修人员一起对全馆每天进行不少于3次的巡查，掌握展品和设备的第一手资料，发现问题及时解决。三是增加了安全提示标识、加固了玻璃、加装了安全护栏等，并做好展品、设备维护和记录工作。四是在施工过程中加强管理和监督，确保馆内游客、展品、设备的安全。全年维修量达2000余次，单月最高维修量达300余次，无安全事故发生。五是增加安防设施，加强安保力量。新增和调整部分监控摄像头，确保覆盖全馆无死角；在节假日期间增加安保力量，加强管控，确保安全。六是从河南理工、焦作师专、焦作大学招募大学生志愿者，辅助科技馆工作。对大学生志愿者进行岗前培训后，在展厅从事展品讲解、维护秩序、引导游客安全乘坐电梯等工作。

成绩的取得，既是市科协党组正确领导的结果，也是全馆干部职工团结奋斗的结果。回顾2017年，焦作市科技馆取得了一定的成绩，但仍存在一些不足之处：比如活动策划能力有待进一步提高、展教内容与形式有待创新、队伍素质还有待提升等等。在今后的工作中，焦作市科技馆将继续保持敢于实践、勇于创新的精神，继续做好科技知识和科学思想的传播者、科学精神的弘扬者和科学方法的倡导者，为打造名牌科技馆努力奋斗，为焦作早日跻身全省"第一方阵"做出积极贡献。

济源市科学技术馆

英 文 全 称：Jiyuan Science and Technology Museum
法 定 代 表 人：陈往河
联 系 电 话：0391-6833091
传　　　　真：0391-6833091
官 方 网 站：www.jykjg.com
行 政 主 管 单 位：济源市科学技术协会
成立（开放）日期：2010 年 5 月 8 日
通 信 地 址：河南省济源市沁园中路 3 号
已加入专业委员会：中国自然科学博物馆协会科技馆专业委员会

一、科普活动与展览

1. 临时展览

单位：平方米，万人次

序号	展览名称	起止日期	展出地点	面积	观众数量	性质
1	科幻画展览	9 月 1 日至 11 月 30 日	临时展厅	50	1.5	联合
2	动物标本展览	3 月 1 日至 12 月 31 日	临时展厅	100	7	联合

2. 教育活动

单位：人次

序号	活动名称	活动时间	主要内容	活动形式	主要对象	参与人数
1	科学课堂	10 月 1 日	物理、化学小实验	实验表演、互动体验	中小学生	10
2	科普实验进课堂	11 月 13 日	物理、化学小实验	实验表演、互动体验	中小学生	15
3	机器人免费培训班	每月一期	机器人免费培训	积木拼装、编程	中小学生	120
4	全国科普日	9 月 28 日	科普知识宣传	展台展示、互动体验	全体市民	5000

3. 流动科普设施

名称	年度巡展次数	类型	经费来源	运行方式
科普大篷车	43	Ⅱ 型依维柯大篷车	财政拨款	到边远乡镇、山区乡镇学校开展科普展览和科普课

▦ 二、信息化建设

济源科技馆外貌

1. 官方网站浏览情况

济源科技馆官方网站建立于2011年，内设科技馆介绍、新闻中心、网上展览、科普信息、教育活动、服务中心等六大板块，定期安排工作人员给予维护、更新内容。

2017年济源科技馆推出"机器人免费培训班"后，对观众进行流量引导，日均网络浏览量达到20人次，观众人数有了明显提升。

2. 展品信息化工作

一是在网站上将馆内展品名称、图片及科学原理进行展示；二是在微信公众号中不定时推送相应展品的科普信息；三是购置4台触屏一体机，将中国数字科技馆设置为主页，让观众可以直接浏览相应科普信息；四是户外安装了一个45平方米左右的LED科普大屏，每天播放从河南省科普播控中心传送的科普视频，让市民朋友在休闲之余可以直接接收到高质量的科普信息。

3. 新媒体运用

随着网络信息的迅猛发展，现在已经到了移动互联网时代，人们获取科普信息的方式也越来越多元化。科技馆不仅是一个面向全社会进行科普教育的场所，还肩负着向公众进行科普宣传的重任。为顺应时代潮流，2016年在原有科技馆网站的基础上开通了科技馆微信公众号。利用公众号可以及时发布科技馆动态，每周也会定期通过图片、文字、视频等方式推送一些科普信息。截至2017年底，共编发了86期247条科普信息，极大地激发人们对科学知识的兴趣，寓教于乐，达到事半功倍的效果。

▦ 三、志愿者队伍建设

单位：人

分类	服务岗位	人数	来源	服务时间
假期志愿者	日常接待、文明劝导	24	大学生假期实习	寒暑假时期
临时志愿者	日常接待、文明劝导	190	社会志愿者	节假日

▦ 四、运营情况

票务情况

是否免费开放	未免费开放场馆票种	未免费开放票价	观众人数
是	—	—	11.2万人次

五、2017 年度大事记

3月2日 协助开展"筑梦你的童年·畅想我的大学"志愿服务活动，济源市委书记张战伟出席本次活动，为留守儿童送去了书包、文具，鼓励孩子们努力学习，成长成才，将来为济源经济建设做出贡献。

5月5日 完成"无线网覆盖项目"，观众可在场馆内免费使用无线网络浏览科普信息。

5月18日 协办"科技强市 创新圆梦"2017年济源市科技活动周启动仪式，市人大副主任胡亚锋、市政协副主席卢远、市科技局局长李军华、市委宣传部副部长薛玉霞、市科协主席韩祥荣等各相关单位的主要领导出席了本次启动仪式。

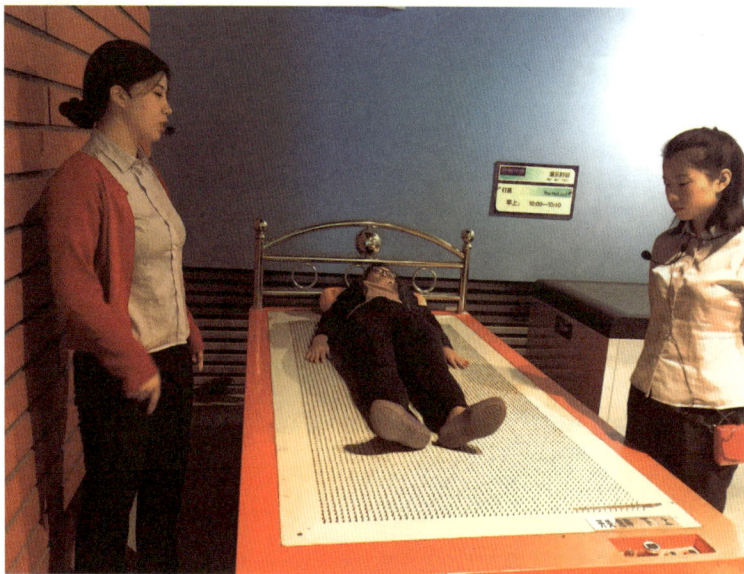
钉床展品体验

5月30日 举办"全国科技工作者日"活动，济源市科学技术协会主席韩祥荣、副主席李昌斌等科协领导，跟随"科普大篷车"走进梨林镇实验小学，实地考察济源科技馆"流动科技馆进校园"活动的具体实施情况。

9月28日 举办2017年济源市全国科普日活动，济源市委常委、组织部部长仝柯峰，市人大副主任冯正道，市政府副市长卫祥玉，市政协副主席李立社等出席启动仪式并参观了主场科普展览及主场活动。

10月28日 河南省科学技术协会主席霍金花同志莅临济源科技馆参观指导工作，济源市科协主席韩向荣率领领导班子陪同参观。

11月15日 完成室外科普广场建设，市民朋友在休闲之余也可以享受到科技带来的便利。

11月24日 完成三楼"生命科学展区"更新改造工作，让观众可以体验高质量的科普展品。

12月8日 举行济源市首个校园科技馆揭牌仪式，市科协副主席李昌斌、科技馆馆长陈往河、教育局杨国顺、玉泉中学校长李小林等参加了揭牌仪式。

六、2017 年工作概述

济源市科技馆是济源市政府投资建设的公益性科普教育场馆，于2008年8月1日开工建设，2010年5月8日建成开馆。其中，科技馆建筑面积6000平方米，展厅面积4000平方米，科普展品投资约1500万元。主体建筑分为三层，馆内设有济源特色、儿童科技乐园、人类智慧、能源与环境、生命科学、宇宙探索六个展区，现有科普展品130余件，涵盖了数学、物理、天文、地理、生物等多项学科。济源科技馆于2012年12月1日实施免费开放，于2015年申请成为免费开放试点单位。

（一）运行情况

自科技馆免费开放以来，产生了因参观人数剧增而带来的展品损坏率增加、展品维修及更新费用不足、讲解人员不足、安保人员不足等一系列的情况。面对这一系列的问题，济源科技馆积极开发新思路，探索新方案，不断寻求解决方案。

面对参观群众剧增的情况，济源科技馆一方面跟当地学校和社会公益组织协商，增加科普志愿者；另一方面，合理规划展品展项互动时间，做到从时间上对参观群众进行分流，避免拥挤。

科普表演

面对展品损坏率加大的情况，济源科技馆积极更新展品展项的介绍说明，在展品醒目的位置加上操作说明，在互动性强的展项上要求科普辅导员对观众给予辅导，并加大维修人员的巡查力度。

面对展品更新费用不足这一情况，济源科技馆多方筹措、协调，一方面，积极向上级部门申请各项资金补助用以更新老旧展品；另一方面利用日常运行保障经费，自己制作短期展览作品供观众参与体验。

针对参观登记慢影响观众参观体验的问题，济源科技馆在学习周边兄弟单位经验后，对入门检票系统进行了升级。观众扫描关注"科普中国"或"济源科技馆"微信公众号即可进门参观，不仅节约了登记时间，且进一步提高了科普公众号的受众面。每日入馆参观人数会在电脑中自动记录，确保了数据的真实性和保存的长期性。

在济源科技馆全体员工的一致努力下，现各项工作能够平稳有效地开展下去。

（二）展品更新采购情况

济源科技馆自申请成为全国免费开放试点单位以来，每年申请到补助资金约220万元，均用于场馆内展品更新、改造及科普活动的开展上。

2017年6月对"生命科学"展区进行更新改造，采购价约226万元；2017年9月采购科普宣传LED屏幕约21.5万元；2017年9月采购4D影片4部，采购价约22万元。

截至2017年底，以上展品均已安装调试完成，新展品吸引了众多观众的参观体验，效果良好。

（三）相关制度及管理办法制定情况

为提高科技馆的科普工作管理水平，强化管理机制，实现科普工作科学化、规范化、常态化，结合单位工作的建设和管理等方面的实际，特制定以下科普工作管理制度。

1. 组织队伍建设

济源科技馆成立了由馆长为负责人，专、兼职教师为成员的科普工作领导小组，领导小组在济源科协的领导下，统筹、协调和组织科技馆的科普工作。

领导小组包括主要领导2人，专职管理与讲解人员35人，兼职管理人员25人，科普志愿者220人。

馆内建有专职管理人员及兼职人员的信息登记表和完善的科普志愿者档案。制定了明确的岗位职责，并将科普工作成效纳入了年度工作目标考核及表彰奖励范围。

为提高工作人员的业务服务水平，每年都要对专兼职工作人员进行有计划的培训。组织志愿者认真学习理解党和国家的路线、方针和政策，学习科普工作业务知识，不断提高自身的科学文化素质、思想道德素质和业务能力，积极开展科普教育志愿者活动。

2. 制度建设

建立健全科技馆各项规章制度，实施科普工作和科普档案管理制度化、规范化。统一规范、完善科技馆各类科普活动台账，完善各类科普档案管理制度。明确职责和任务，每年制订全年工作计划和有关规划方案，月底有小结，年底有总结，在科普活动中形成的重要文件材料及时整理归档，建立科普工作考核机制。

每年向市科协上报工作计划、活动计划和年度科普工作总结。各类科普活动均有文字照片和录像等档案资料。

3. 科普实施

科技馆在领导小组的协调下，定期召开会议，制订科技馆科普教育工作的全年工作计划、有关规划方案及各项规章制度，并监督各项工作和任务的实施，对各科普志愿者活动小组的活动进行业务指导。

加强科普设施的维护和内容更新，利用科技馆的常设展厅和临时展厅，定期更换科普挂图和宣传内容，更新展品（展项）等，充分利用科技馆场馆开展大型科普活动。

全国科普日活动现场

4. 开展科普活动

科技馆将科普作为第一要务，积极开展内容丰富，形式多样的科普活动，从实际出发，因地制宜，加强协调，精心组织，精心设计具体实施方案和活动项目，做到活动有特色、有成效，扩大影响。

（1）充分发挥馆内资源，每年有计划、有针对性地开展各类科普参观、讲座和培训，每年开展以小学、幼儿园等青少年为对象的科普活动达50次以上。

（2）借助"全国科普日"和"全国科技活动周"等重大节日，每年举办5次以上有较大规模和影响的科普活动，定期举行有针对性的科普讲座。

（3）以科普大篷车为载体，每年进行"流动科技馆进校园活动"，向济源市各中小学，尤其是偏远山区的学校送去科技知识。每年济源科技馆会走进40余所学校，让孩子们足不出户就能领略到科技的魅力，利于他们启迪智慧，增长才智。

（4）面向济源市8~12岁青少年开办多期"机器人免费培训班"，以机器人工作室为载体，通过让学生自行设计、搭建、编程，激发学生对科技知识的兴趣，培养动手实践能力，提高学生的综合素质。

（5）积极与同类标本馆、博物馆、城展馆等建立合作关系，学习先进的管理经验与实践，挖掘展品科学知识，增强资源的科普服务价值。

（6）积极争取社会各界支持和参与科普工作，增强文明、健康、向上、科学的生活观念和生活方式，使各种科普资源得到有效利用。

科技馆以"科技、教育、未来"为目标，坚持"树形象、建资源、抓队伍、搞活动"，推动科普工作的创新与发展，在科普组织机构建设、队伍建设、科普设施建设、开展品牌活动等方面不断拓展思路，创新求实，努力开拓科普工作新局面。

湖北省科学技术馆

英　文　全　称：Hubei Science and Technology Museum
法　定　代　表　人：张翼
联　系　电　话：027-87231130
传　　　　　真：027-87710149
官　方　网　站：www.hbstm.org.cn
行　政　主　管　单　位：湖北省科学技术协会
成　立（开放）日期：新馆正在建设中
通　信　地　址：武汉市武昌洪山路 2 号科教大厦 A 座
已加入专业委员会：中国自然科学博物馆协会科技馆专业委员会

▓ 一、科普活动与展览

流动科普设施

名称	年度巡展次数	类型	经费来源	运行方式
承担"中国流动科技馆"湖北地区巡展	2017 年在湖北省内在展"流动科技馆"展品 11 套，全年巡展站点 25 个，参观人数达 45 万人次	中国流动科技馆	中国科协提供展品，经费由湖北省科协和有关市县科协共同承担	湖北省科协统筹和组织，省科技馆负责数据统计、活动协调、专项服务和反馈情况，地方科协形成巡展领导小组，保障巡展顺利进行

▓ 二、科研与学术

1. 承担项目

单位：万元

序号	项目名称	项目来源	项目级别	经费	负责人
1	"现代科技馆体系展品展示关键技术研究及创新平台构建应用示范"：课题一：现代科技馆体系展品展示关键技术研究及创新平台构建应用示范；课题三：科技馆特色创新展品展项的设计和建设	科技部	国家级	课题一：139 课题三：500	黄　凯 聂海林
2	"国家级科技思想库（湖北）研究课题——科技馆建设、运营、创新模式研究"	湖北省科协	省级	100	聂海林

2. 研究成果

序号	题目	作者	刊名	卷（期）号	期刊级别
1	《从局限性分析到针对性实践——关于突破科技博物馆主题展览设计困局的思考》	黄 凯 李文君	《自然科学博物馆研究》	2018 年第 2 期	国家级
2	《公众科学活动融入环境教育项目设计的效果评估及应用——以"春燕调查"项目为例》	蒋怒雪	《科普研究》	2017 年第 6 期	CN
3	《"湿地与候鸟"项目开发与预演》	蒋怒雪	《中国科技教育》	2017 年第 6 期	CN
4	《"好奇玩家"儿童展厅的展示内容设计》	李文君 宁 洋	《科学教育与博物馆》	2018 年第 2 期	CN
5	《我国科技辅导员心理健康状况及其影响因素分析》	黄雁翔 张 妍 聂海林 王雪颖	《科学教育与博物馆》	2017 年第 2 期	CN
6	《从科学史出发构建"以事为中心"的展览设计思想》	黄雁翔	《自然科学博物馆研究》	2017 年增刊	国家级
7	《基于科学课标的科技馆展品设计及配套教育活动策划——以集成性水利工程展品为例》	黄雁翔 蔡 虹	《中国科普理论与实践探索——第二十四届全国科普理论研讨会暨第九届馆校结合论坛论文集》	2017 年	国家级
8	《会"自己喝水"的易拉罐》	黄雁翔	《中学生数理化》	2017 年 Z1 期	CN
9	《STEM 教育理念与科技馆教育的结合策略研究》	黄瑜君	《第二届 STEM+ 创新教育学术交流研讨会论文集》	2017 年	CN

湖北省科技馆新馆工地全景

三、信息化建设

湖北省科技馆官方网站（www.hbstm.org.cn）2017年全年总浏览量为13999人次，访客人数4775人，日均浏览量为39人次，日均访客人数13人。

四、2017年度大事记

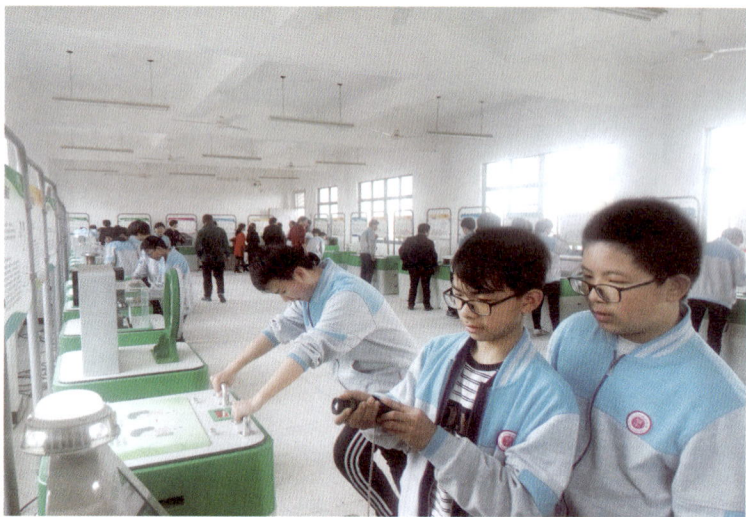

2017年9月湖北省科技馆组织"流动科技馆"在孝感市巡展

2月7日　湖北省科协党组书记、常务副主席叶贤林在湖北省科技馆三楼会议室主持召开新馆工作会议。叶贤林重点对新馆内容建设、调整建设项目、人员编制等问题给出指导性意见。省科协党组成员、副主席马忠星、计财部部长方茁壮等人出席会议。

2月16日　湖北省科技馆"国家级科技思想库（湖北）研究课题——科技馆建设、运营、创新模式研究"课题启动会在湖北省科技馆1701会议室举行，课题工作组全体成员参与会议，会议由课题工作组组长聂海林主持。

2月27日　省科协在武汉召开湖北省科技馆新馆内容建设专家顾问组工作会。省科协党组书记、副主席叶贤林，省科协党组成员、副主席马忠星，省科协办公室主任李小虎，湖北省科技馆馆长王汉祥，副馆长潘斌、黄凯等参加会议，会议由马忠星主持。叶贤林书记为专家顾问组的各位专家颁发聘书并讲话，正式组建了以徐善衍同志为组长的湖北省科技馆新馆内容建设专家顾问组。形成了《湖北省科技馆新馆内容建设专家顾问组工作会专家咨询意见》。清华大学科技传播普及研究中心理事长徐善衍、上海科技馆副馆长梁兆正、中国科学技术馆原馆长助理邵杰、辽宁省科技馆副馆长赵清华、浙江省科技馆副馆长蒋曙光、合肥市科技馆副馆长罗季峰、武汉大学国家文化发展研究院院长傅才武、华中师范大学生命科学研究院教授崔鸿、华中科技大学机械学院教授张华书等专家出席会议。

3月21~22日　湖北省科技馆特邀中国科技馆朱幼文研究员为全省科普展教人员开展了两场专题讲座。3月21日下午，在华中师范大学逸夫会议中心开展了以科普人员能力提升策略为主题的培训讲座，华中师范大学教育信息技术学院院长杨浩、生命科学学院崔鸿教授等参与此次活动。3月22日上午，在武汉科技馆报告厅开展了科技类博物馆教育活动的开发及科技辅导员的定位的专题培训。湖北省科技馆、武汉科技馆、黄石市科技馆、襄阳市科技馆等有关领导与部分展教人员，以及华中师范大学、华中科技大学的部分师生参与了此次培训。

3月22~24日　省科协党组成员、副主席马忠星率湖北省科技馆一行共16人赴上海科技馆、上海自然博物馆等场馆调研，重点考察了科技馆内容建设、运营管理、展品展项研发、教育活动开发与实施等内容。与上海科技馆副馆长缪文婧、办公室副主任李岩松、展教处副处长陈筠、研究设计院鲍其洞等就布展大纲编制、展厅主题策划、组织架构和人员安排、教育活动开发、展区更新改造等问题进行了深入交流。湖北省科技馆王汉祥、黄凯、付鹏、王蔚林、柯安杰等陪同调研。

4月28日　国家级科技思想库（湖北）研究课题——"科技馆建设、运营、创新模式研究"开题评审会在湖北省科技馆新馆展示中心召开。省科协调宣部调研员姚光荣出席会议。湖北省科技馆聂海林主持会议。专家组针对课题组汇报提出了一系列建议。与会专家一致同意"科技馆建设、运营、创新模式研究"开题。

6月13日　省科协党组书记、常委副主席叶贤林，党组成员、副主席马忠星视察湖北省科技馆新馆工地，并在新馆展示中心会议室主持召开了参建各方的工作推进会，就新馆工程进展情况、项目各项手续办理情况和重点项目的深化设计进行了深入研究。出席本次会议的还有：中南建筑设计院邱文航等、中建三局杜永奎等、光谷建设投资有限公司陈松清等、武汉宏宇建设工程咨询有限公司游启国、湖北赛因特建设项目管理有限公司王浩、湖北省科技馆相关工作人员。

8月3日　中国科协党组副书记、副主席、书记处书记徐延豪亲临湖北省科技馆新馆建设工地视察，并就新馆建设工作进行了专题调研。陪同视察调研的有省科协党组成员、副主席马忠星，省科协普及部部长余永东，中建三局副局长李勇，中建三局总承包公司副总经理周鹏华等。

2017 年 2 月湖北省科技馆新馆内容建设专家顾问组会议在武汉召开 ——

8月21日　湖北省科协党组书记、副主席叶贤林，党组成员、副主席马忠星视察新馆工地，并召开现场办公会。

12月14日　国家级科技思想库（湖北）研究课题——"科技馆建设、运营、创新模式研究"结题评审会在汉召开。结题评审专家组由华中师范大学教育信息技术学院教授左明章、中国地质大学（武汉）逸夫博物馆副馆长王革、华中科技大学教育科学研究院副教授黄芳、华中师范大学化学学院副教授李佳和华中科技大学教育科学研究院副教授彭湃共同组成，左明章教授被推选为专家组组长。湖北省科技馆王汉祥馆长、黄凯副馆长出席此次会议，会议由课题组组长聂海林和评审组组长左明章主持，课题组全体成员参加会议。

12月16日　清华大学科技传播普及研究中心理事长徐善衍在省科协三楼小会议室听取湖北省科技馆新馆总体方案招标汇报。

12月25日　省科协党组书记、副主席叶贤林，省科协党组成员、副主席马忠星赴湖北省科技馆新馆工地调研，听取了新馆项目各参建单位就工程进度、钢结构、精装修等事项的详细汇报，并就新馆建设项目的多方协调进行现场办公。出席会议的还有湖北省科技馆馆长王汉祥，光谷建设投资公司地产公司常务副总经理丁烈勇一行，中南建筑设计院科技馆项目总设计负责人邱文航，中建三局科技馆项目经理温杰、钢构经理李友元，武汉宏宇建设工程咨询有限公司总监游启国等项目相关人员。

▦ 五、2017 年工作概述

2017 年度，湖北省科技馆在省科协党组悉心关怀下，在科协机关的指导帮助下，按照全年目标管理责任书要求，全馆员工团结一心围绕新馆建设这一阶段性中心工作，克服人力不足、经验不足带来的困难，积极推动新馆工程建设和展陈内容建设，并通过新馆建设这个抓手，着重强化馆务运营管理和人才队伍建设。同时，全面配合省委巡视工作，主动对接省财政厅、发改委、审计厅等职能部门，配合检查落实整改，确保了新馆建设进度和质量安全，理清了内部工作关系，充分发挥了湖北省科技馆作为科普前沿阵地的职能作用。

（一）从三个方面推动新馆建设步伐

1. 稳步推进新馆工程建设。截至目前，新馆土建工程累计完成投资 4.42 亿元（含征地费 1.19 亿元），已完成土建工程总进度的 50%，桩基础工作全面完成；主体钢结构已完成一、二层构件安装、楼层板浇筑工作；三、四层跨层桁架构件安装完成 85%；核心筒已完成建造安装，正在进行筒体混凝土灌注；巨幕影院结构施工全部完成；球幕影院球壳模板制作完毕，即将组织混凝土浇筑。主体结构已完成标高至 38 米，钢结构安装

湖北省科协党组书记、副主席叶贤林为湖北省科技馆新馆内容建设专家顾问组组长徐善衍颁发聘书

累计完成 2.6 万余吨，完成钢结构总进度 78.8%。幕墙工程及机电设备招标正在同步展开。农历年底完成主体结构封顶，全年完成土建投资约 2 亿元。

2. 内容建设全面启动。组织编制新馆展陈规划设计构想。组织内容建设专班赴中国科技馆、广东科学中心、上海科技馆、重庆科技馆等地考察学习，初步形成了各类展厅设计构想。确定了"科学引领、市场导向、展教结合、滚动发展"的基本原则，提出了"科学风暴、科技瑰宝、经典世界、创造解码、科技生活、绿水青山、好奇玩家"等主题展厅和公共空间、教育专区、球幕影院、天文观测台、科学报告厅等区域的设计构想。8 月份启动内容建设招投标程序。从新馆内容建设费中安排 300 万元面向全球进行国际招标，共有 10 余家设计单位报名参加，12 月底确定常设展区规划设计中标单位。

3. 运营筹备加紧推动。针对湖北省科技馆目前编制少、人员力量严重不足、专业结构不合理的问题，按照中国科技馆建设标准，并参照有关国内大馆建设经验，初步拟订新馆运营机构建设方案。2017 年，按照年度运营筹备工作计划，开展运营筹备调研工作，先后组织赴北京、上海、重庆等地开展专题调研；开展横向联系，与省博、省图、北上广及中部 6 省等多家省内外科博场馆建立沟通，取得 8 个科博场馆支持，获得运营数据等第一手资料；完成了机构编制申报及三定方案起草修订，明确了内设机构各部门职能职责、岗位分工、人员配备，修订完善了新馆运营 9 项制度。

（二）夯实教学科研主阵地，拓展学术交流维度

1. 围绕国家级科技思想库（湖北）研究课题扎实做好研究。按照国家级科技思想库研究课题《科技馆建设、运营、创新模式研究》的任务书要求，经过实地调研、交流研讨，共撰写研究论文 31 篇、分课题调研报告 3 篇、协作研究调研报告 5 篇、活动资源包 2 套，其中已公开发表论文 9 篇，被杂志录用拟发表论文 1 篇，其中《从科学史出发构建"以事为中心"的展览设计思想》获 2017 年中国自然科学博物馆协会年会青年学者优秀论文奖一等奖，课题总报告已形成初稿。在课题研究范围内，与华师大、省野生动植物保护协会达成协作协议，完成了"馆校合作"和"春燕调查"等合作项目。按照国家科技部的批复要求，11 月份完成国家科技支撑计划项目任务执行调整，重新启动本项目研究工作，并于 2018 年底结题验收。

2. 落实科普专门人才培养试点工作。作为教育部和中国科协联合培养高层次科普专门人才试点单位，湖北省科技馆承接华科大、华师大两所高校高层次科普专门人才的教学实训工作。为深入落实教育部《推进培养高层次科普专门人才试点工作方案》文件精神，湖北省科技馆专门为两所试点高校提供了专家讲座、课题指导、实习实训等。邀请中国科技馆朱幼文研究员为"中国科协 2017 年研究生科普能力提升项目"作选题申报指导并做专题讲座，2017 年两所高校在该项目中各中标 4 项，共中标 8 项，名列全国高校前列。接收华科大 3 名培养对象来湖北省科技馆进行专业实习，参与科技思想库课题组。

3. 广泛深入开展学术交流。与华师大联合举办"2017 华中科学教育与科学传播高层论坛"，邀请美国加州大学伯克利分校发展心理学教授 Marcia C.Linn、《学习科学期刊》的主编 Jan Van Aalst 等知名专家做主旨报告。开展馆内人员培训活动，邀请华科大两位老师为课题组成员，组织专业培训和写作辅导；开展"科技馆专业人员培训"活动。赴中国科技馆等数十家国内科技馆考察调研；参加第七届科技博物馆学术研讨会、2017 年中国自然科学博物馆协会年会、第 24 届全国科普理论研讨会、第 7 届海峡两岸科学传播论坛等学术会议，加强业内沟通交流。

（三）强化党支部战斗堡垒作用，扎实推进党建工作

1. 强化党支部职能作用。以"两学一做""四讲四有"为主要载体，每月组织专题学习。深入开展"两学一做"学习教育常态化制度化，坚持做好每月支部主题党日专题学习活动；以争创"红旗党支部"活动为重要内容，积极开展"党员先锋岗"活动；组织党员深入学习贯彻党的十九大精神和习近平总书记系列重要讲话精神。结合精准扶贫、参观调研，先后组织党员和入党积极分子驻村实地走访结对帮扶困户和留守儿童、赴教育基地接受红色革命教育，抓住学习落脚点，凸显学习效果。

2. 配合新馆建设，扎实内部制度。结合新馆建设，开展预防腐败风险防控管理工作，制定湖北省科技馆党风廉政制度、廉政建设准则、新馆建设预防腐败工作方案，不断地完善风险防控措施，构建预防腐败风险体系。

3. 配合机关党委组织好党内活动。省科协"喜迎十九大，不忘初心跟党走"诗歌比赛活动中，湖北省科技馆获得比赛第一名和优秀组织奖；湖北省科技馆提供6幅作品参加省科协举办的第三届廉政书画展；积极响应"慈善一日捐"活动，募集捐款3400元。

（四）激发内生动力，强化制度建设，提高管理水平

1. 办公室综合协调工作规范运营。进一步修改完善《湖北省科技馆制度汇编》，使湖北省科技馆公章、公文、档案、车辆等各项管理工作有章可循，走上制度化、规范化轨道，有力推动了省科技馆各项工作的开展。

2. 人事管理稳步推进。在省编办的大力支持下，湖北省科技馆总编制数达到48名，在职在编人员41人，完成2016年度公开招聘18人事业单位聘用合同签订、工作岗位落实；完成16名录用人员试用期转正资格条件审查，已批准转正；完成在职人员养老保险社保基数核定；完成职称申报人员聘任审核及公示。

3. 财务工作按章实施。加强部门预算项目库建设；组织编制该馆年度部门预算计划和控制标准，定期检查、监督、考核各部门预算的执行情况；启动部门预算台账制度及公务卡管理制度；按时完成会计财务核算工作，负责核算账套的建立、总账及明细账的核算；严格按照风险控制管理的相关办法，对全馆资金及净资产进行动态控制。

4. 资产管理全面推开。全年完成政府采购计划19项，完成采购申报资金的90%，做到了政府采购全覆盖。建立湖北省科技馆国有资产管理办法，对设备、器材按"统一管理、归口负责"的原则进行管理。

5. 湖北省科技馆工会初创，工作运行步入轨道。2017年湖北省科技馆建立工会委员会，党办具体负责日常工作，主要做了以下几方面工作。一是建立机构与健全制度，成立了工会委员会、女工委员会、经审委员会，逐步完善工作制度。二是按工会法要求，加强会费使用管理，坚持厉行节约的原则，实行一事一议、集体决议。三是关爱会员，坚持对生病住院职工慰问探望6人，为职工购买爱国主义电影票。四是积极发展会员、安排职工体检工作。

（五）完成年度巡展任务，科普推广活动效益显著

湖北省科技馆配合省科协普及部，承担"流动科技馆"湖北展区工作，组织11套"流动科技馆"在茅箭区、石首市、东宝区、巴东县、赤壁市、广水市、黄梅县、鄂城区等25个站点展出，累计参观人数达45万人次，受到了各县、市（区）广大干部群众的热烈欢迎。巡展期间，部门工作人员负责管理和调配，集中培训并实地指导，并与各县、市（区）科协相互配合，顺利完成了各地的巡展工作。

（六）配合省科协做好"九大"会议筹备保障

省科协召开全省第九次代表大会期间，湖北省科技馆全员全程参与"九大"会议筹备、宣传和会务保障。会议前期湖北省科技馆成立设计团队，承担了"九大"主会场展览和画册的设计、制作布展工作，围绕5年来省科协系统取得的成绩和涌现的先进人物进行全面展示。会议期间湖北省科技馆会务保障同志不辞辛苦，按要求随团入住及时服务各地代表，会务活动中全员跟团入组，做好信息反馈和会务保障。会议胜利结束后，及时与省科协组人部、财务部对接工作，完善各类信息，做好会议总结。因在省科协"九大"会议期间工作表现突出，湖北省科技馆共有13名同志受到省科协通报表彰。

武汉科学技术馆

英 文 全 称：Wuhan Science and Technology Museum
法 定 代 表 人：刘青
联 系 电 话：027-50750604
传 真：027-50750622
官 方 网 站：www.whstm.org.cn
行 政 主 管 单 位：武汉市科学技术协会
成立（开放）日期：1990 年 3 月 18 日
通 信 地 址：湖北省武汉市江岸区沿江大道 91 号
已加入专业委员会：中国自然科学博物馆协会科技馆专业委员会

一、科普活动与展览

1. 临时展览

单位：平方米，万人次

序号	展览名称	起止日期	展出地点	面积	观众数量	性质
1	南海之美——海洋生态与保护主题展览	7 月 7 日至 9 月 10 日	武汉科技馆临时展厅	1000	40.80	联合
2	罗马帝国——机械与科技展	10 月 20 日至 12 月 10 日	武汉科技馆临时展厅	1000	31.01	联合

2. 教育活动

单位：人次

序号	活动名称	活动时间	主要内容	活动形式	主要对象	参与人数
1	"世界机器人总动员"	1 月 2 日上午	详细介绍了机器人的发展演变及其广泛的运用前景，极具前瞻性。视频展示了蛇形机器人、履带机器人、爬虫机器人等已广泛运用于工业、军事、航空航天、科研等领域，也融入了普通人的生活	科普讲座	亲子	150
2	武汉科技馆辅导员大赛选拔赛初赛	2 月 15 日上午	举办"第五届全国辅导员大赛武汉科技馆选拔赛"	科普活动	成人	30
3	武汉科技馆辅导员大赛选拔赛复赛	2 月 24 日下午	举办"第五届全国辅导员大赛武汉科技馆选拔赛"	科普活动	成人	30
4	武汉科技馆 2017 年春季志愿者培训会	3 月 3 日上午	举办"武汉科技馆 2017 年春季志愿者培训会"。来自各大高校及企事业单位的 200 多名志愿者参加了此次培训活动	科普活动	成人	200

续表

序号	活动名称	活动时间	主要内容	活动形式	主要对象	参与人数
5	武汉江汉区小学语言社会研学课堂 寰宇川行——武汉科技馆教学活动	3月15日上午	该馆与江汉区北湖小学联合举办的"寰宇川行"研学主题科普教育活动在新馆举行，来自北湖小学五年级的40名同学在辅导员的带领下参观了新馆展厅，并分组开展科普发现及拓展实践活动。同时，武汉科技馆成为北湖小学教学教研活动的第二课堂——"科普实践基地"	科普活动	学生	60
6	湖北省科普展教人员培训班及"科技博物馆教育活动的特征定位与开发策略"报告会	3月22日上午	湖北省科技厅、武汉科技馆联合举办2017年湖北省科普展教人员培训班	科普讲座	成人	200
7	"领略科技魅力，携手走向未来"科普报告会	5月1日上午	该馆邀请科学教育专家，带来一场主题为"领略科技魅力，携手走向未来"的科普报告。向市民普及科学知识，倡导科学方法，传播科学思想，弘扬科学精神	科普讲座	亲子	200（亲子）
8	2017年武汉市科普讲解比赛暨全国科普讲解大赛选拔赛	5月20日上午	由武汉市科技局、武汉市科协主办，武汉科技发展促进中心承办的2017年武汉市科普讲解比赛暨全国科普讲解大赛选拔赛在武汉市科技馆顺利举行	科普活动	成人	200
9	武汉科普讲坛"HI！机器人""与机器人亲密接触"系列活动	5月29日上午	亲子游戏、现场制作、现场作品展示	科普讲座＋科普活动	亲子	100+
10	放飞心情"飞机探索及制作"	5月29日下午	亲子游戏、现场制作、现场作品展示	科普活动	亲子	100+
11	欢度"六一"畅玩科学"六一"科普亲子DIY探究活动	6月1日	亲子游戏、现场制作、现场作品展示	科普活动	亲子	300+
12	武汉科技馆2017年暑期志愿者培训会	7月2日下午	举办"武汉科技馆2017年暑期志愿者培训会"	科普活动	成人	200
13	2017年青少年暑期科技体验营活动	7月21日下午	青山区60余名贫困生、农民工子弟来到武汉科技馆新馆参加了2017年青少年暑期科技体验营活动	科普活动	儿童	60
14	安全嗨一夏——溺水救生公益培训	7月22日下午	由长江网、武商网和武汉科技馆联合组织的"安全嗨一夏——溺水救生公益培训"在武汉科技馆开讲，来自30多个家庭的少儿及家长近百人，在武汉科技馆科普报告厅接受了一堂别开生面的水上安全讲座	培训	亲子	150
15	武汉科技馆2017年秋季志愿者培训会	9月1日下午	在新馆科普报告厅举办了"武汉科技馆2017年秋季志愿者培训会"	培训	成人	200
16	天文探索，谈天说地，青少年科技创新	10月1日上午	"科普讲坛"特邀湖北省天文学会会员、中国青少年科技优秀辅导员姜久财老师为大家带来《天文探索，谈天说地，青少年科技创新》报告会	科普讲座	亲子	150
17	"国庆节"系列亲子探究体验课	10月1~4日	创意电动赛车、动力小车、太阳能赛车、电动飞机探究制作课	科普活动	亲子	500
18	人工智能走进生活	10月4日上午	全国教学实践评优赛项一等奖获得者、省市优秀科技辅导员、武汉市科学骨干教师李金老师带来了主题报告《人工智能走进生活》	科普讲座	亲子	150

序号	活动名称	活动时间	主要内容	活动形式	主要对象	参与人数
19	从虚拟天文台到互动式数字天象厅	12月5日上午	该馆邀请中国科学院国家天文台崔辰州研究员在科普报告厅做了题为《从虚拟天文台到互动式数字天象厅》的科普报告会，来自武汉科技馆、湖北省天文学会、武汉市城市职业学院等单位共300余人听取了报告	科普报告	亲子	300
20	武汉科技馆2018年春季志愿者培训会	12月31日下午	在新馆科普报告厅举办了"武汉科技馆2018年春季志愿者培训会"	培训	成人	200

3. 流动科普设施

单位：次

序号	名称	年度巡展次数	类型	经费来源	运行方式
1	科普大篷车巡展	40	依维柯-2型	财政拨款	公益活动
2	中国科技馆携手百度举办的旅行者号AI科普大巴巡展	1	大巴	无	公益活动

二、科研与学术

研究成果

序号	题目	作者	刊名	卷（期）号	期刊级别
1	《基于历史建筑再生性改造的科技馆展示内容规划——以武汉科学技术馆新馆为例》	宋霁	中国自然科学博物馆协会2017年年会入选论文	2017年	—
2	《自己动手做展品——光的反射与立体影像资源包设计》	罗好	中国自然科学博物馆协会2017年年会入选论文	2017年	—
3	《从传播学视野看科技馆科普探究活动模式——以武汉科技馆"寰宇川行"主题科普探究活动为例》	张娅菲	《中国科普理论与实践探索——第二十四届全国科普理论研讨会暨第九届馆校结合科学教育论坛论文集》	2017年	—
4	《武汉科学技术馆的发展》	王锐利	《"一带一路"科普场馆发展国际研讨会论文集》	2017年	—

三、信息化建设

1. 官方网站浏览情况

2017月度网站浏览量均值为7651人次，全年网站点击人数约28万人次。

2. 展品信息化工作

统一管理平台实现展品一键开闭功能，具备对展品电脑设备连接状态实时监控功能。

3. 新媒体运用

微信公众号使用情况：微信公众号2015年12月30日上线至2018年10月24日止，关注人数为50146人。2017年增加关注人数为10514人，发布图文消息239次，文章709篇。

四、志愿者队伍建设

单位：人

分类	服务岗位	人数	来源	服务时间
科普志愿者	展厅	1547	公开招募	全年

武汉科技馆新馆正面全景图

五、运营情况

票务情况

是否免费开放	未免费开放场馆票种	未免费开放票价	观众人数
是	—	—	142.6 万人次 / 年

六、2017 年度大事记

1月1日　武汉科技馆上演全新打造的科普剧《不同物品的物理性质》。一层儿童剧场在元旦期间及以后法定节假日、双休日推出科学表演秀，表演时间为下午1:30，每日一场。合理利用儿童的表现欲和求知欲，让孩子们在互动的过程中探究科学知识的奥妙，在观看表演中接受科学知识，感受科学精神，这就是科普剧的魅力所在。

1月2日　"科普讲坛"2017年首场报告会——机器人系列报告会在武汉科技馆新馆科普报告厅举行，中科院武汉分院、武汉科学家科普团成员鲜麟波为百名家长和小朋友作了名为《机器人总动员》的专题报告。

1月6~7日　由武汉市科协、市教育局、市科技局、市环保局、团市委等共同举办的第32届全国青少年科技创新大赛（武汉市选拔赛）现场评审及答辩在武汉科技馆举行。

1月14日　武汉科技馆召开科普剧《密度》专家指导会。中科院武汉物理与数学研究所杨威博士、武汉科技馆新馆建设内容专班指导专家郭仁有、馆长马华、展教部相关人员及制作单位武汉亦言堂文化传播发展有限公司相关人员参加了会议，会议由展教部部长丁燕主持。

1月21日　武汉科技馆和青青书画社联合在新馆专题展厅举行"文明过春节　公益赠春联"主题活动。活动当天，数十名青少年书法爱好者现场挥毫泼墨，一起创作春联，书写"福"字，免费送给来馆参观的观众。

2月17日　湖北省科协副主席马忠星、湖北省科技馆馆长王汉祥一行4人就科技馆展陈设计、运营筹备、资金运用等相关事宜到武汉科技馆调研。武汉市科协副主席陈光勇、馆长马华陪同。马主席表示，武汉科技馆新馆是集科学性、国际性、主题性于一体的大型综合性科技馆，新馆在展陈设计、运营管理上颇有特色。新馆开馆后，社会反响良好，充分体现了科技馆传播知识、启迪智慧、激发兴趣、服务公众的作用。

2月22日　英国科学博物馆巡回展览部客户经理妮娜·兰利（Nina Langlie）、学习资源项目经理贝丝·霍金丝（Beth Hawkins）、巡回展览部项目协调员萨拉·汉森（Sarah Hanson）一行 3 人来武汉科技馆参观，并就 2018 年在武汉科技馆新馆举办石墨烯展览的具体合作事宜进行了洽谈。武汉市科协国际部部长宋卫华、馆长马华、副馆长张定礼及相关人员陪同。

2 月 24 日　咸宁市科协主席刘红梅一行 6 人来新馆参观，武汉科技馆馆长马华、副馆长张定礼及相关人员陪同。双方就新馆的财政支撑、运营经费、接待人次以及新老馆错位发展等方面的问题进行了交流。刘主席表示，此次考察活动收获颇丰，希望今后能增进互动交流、促进共同发展。

2 月 24 日　安徽省科协科普部调研员、武汉科技馆新馆建设办公室副主任钟玉坤，湖北省科技馆副馆长汪晓东一行 4 人就新馆建设过程中专家库组建及运行管理与武汉科技馆进行交流，武汉科技馆馆长马华，党委书记、副馆长刘青，副馆长张定礼陪同。

2 月 25 日　武汉市委市直机关工委、市体育局联合主办的市直机关第二届"江城美　健康行"的健康跑活动在东湖绿道进行，由武汉科技馆党委书记刘青领队，10 位参赛运动员组成的"武汉科技馆健康跑代表队"参加此次活动，并在参赛的 59 个市直机关单位中脱颖而出，获得第二名的好成绩。

2 月 28 日　武汉科技馆首场科普大篷车外出巡展活动正式启动。科普大篷车满载着科普展品，走进红领巾学校，为这里的 1300 余名师生带来了一道别开生面的科普盛宴。

3 月 3 日　由黄冈市科协牵头组织的黄冈部分市直机关党员干部考察团一行 80 人来武汉科技馆参观，馆党委书记、副馆长刘青，副馆长张定礼及相关人员陪同。

3 月 7 日　武汉科技馆荣获武汉市"学雷锋活动示范点""示范巾帼文明岗"等称号，馆党委书记、副馆长刘青荣获市"三八红旗手"，员工李登峰荣获武汉市岗位学雷锋标兵。

3 月 9 日　春光明媚，武汉科技馆科普大篷车走进青山区钢花小学，为这里的孩子们带来新奇好玩的科技体验。

3 月 14 日　长江干线武汉段单位微型消防站建设经验交流会在该馆召开。长航公安局武汉分局、消防支队相关领导及武汉辖区单位负责人共约 70 余人参加了会议。新馆微型消防站建成之后，实现了"救早、灭小和 3 分钟到场"扑救初期火灾的建站目标。

3 月 15 日　武汉科技馆与江汉区北湖小学联合举办的"寰宇川行"研学主题科普教育活动在新馆举行，来自北湖小学五年级的 40 名同学在辅导员的带领下参观了新馆展厅，并分组开展科普发现及拓展实践活动。同时，武汉科技馆成为北湖小学教学教研活动的第二课堂——"科普实践基地"。

3 月 15 日　武汉科技馆老馆闭馆。

3 月 22 日　为进一步落实《全民科学素质行动计划纲要》精神，推进实施科普人才建设工程，推动科普人员知识更新和能力提升，湖北省科技馆和武汉科技馆联合举办 2017 年湖北省科普展教人员培训活动，共计 120 名人员参加了培训。中国科技馆朱幼文研究员作题为"科技博物馆教育活动特征定位与开发策略"的专题讲座，并对即将参加全国科技馆辅导员大赛的选手作赛前辅导。武汉科技馆馆长马华，党委书记、副馆长刘青，副馆长张定礼出席活动。

3 月 24 日　武汉科技馆科普大篷车走进硚口公园，为公园附近小学的孩子们送上了一份独具特色的礼物——公园科普课。

3 月 24 日　武汉科技馆新馆水展厅开展展品展项竣工验收。由馆长马华、副馆长张定礼、监理单位、项目组等组成的验收小组对第 31 包、第 33 包和第 34 包展品展项进行了评审和验收。

3 月 28 日　科普大篷车来到江汉区邬家墩小学，将科普的春风吹进了这所校园。

3 月 28 日　美国哈格利博物馆馆长大卫·科尔（David Jr.Cole）、美国玫瑰跨文化了解促进会负责人陈南屏一行 2 人来武汉科技馆调研，并与馆方沟通 2018 年在该馆举办巡展的合作事宜。馆长马华，党委书记、副馆长刘青及相关人员陪同。

3 月 29 日　武汉科技馆科普大篷车再次掀起科普小旋风，来到钢城第一小学巡展，给祖国的花朵们送春风送温暖。

3 月 29 日　武汉市全市公共文化设施开展学雷锋志愿服务活动在武汉革命博物馆举行。本次活动由武汉市委宣传部、市文明办、市教育局、市民政局、市科协等 8 家单位联合主办。来自科技馆、图书馆、博物馆的代表和武大、湖大等 10 所高校的大学生志愿者代表共计 200 多人参加了此次活动。武汉科技馆等 10 家单位成为武汉市公共文化设施开展学雷锋志愿服务首批示范单位。馆长马华在大会上接受了授牌。

4月13日至5月5日　武汉科技馆科普大篷车带着集科学性、知识性、趣味性于一体的展品，来到汉口辅仁小学、三角湖小学新华校区、汉兴街常四社区、东西湖区幸福小学、红领巾小学阳光校区为大家奉献了一场场别开生面的科普公开课。

4月16日　"百城大PK：谁才是科学界的奇葩之王"活动，以"百城联动"的形式在全国100个城市进行直播展现。这次活动与被誉为中国版"搞笑诺贝尔奖"的"菠萝科学奖"息息相关，由浙江省科技馆、果壳网、网易新闻一起主办，主题为"人工智能"。武汉站的直播地点为武汉科技馆。此次"百城联动"，武汉科技馆不但提供了先进的投影设备，还准备了十分丰富的小礼品，活动当天更是受到了参观者的热烈欢迎。

4月28日　武汉科技馆新馆因地理位置特殊、科普优势明显，深受观众青睐，预测"五一"假日期间必将迎来参观高峰。为做好假期各项安全工作，给观众提供良好的参观环境，馆长马华、党委书记副馆长刘青、副馆长张定礼及相关部门负责人，会同长航公安局汉口派出所副所长魏春喜，对新馆馆区开展了节前安全大检查。

5月1~3日　五一节日开馆期间，武汉科技馆新馆迎来参观高峰，参观人数每天突破一万余人次。为保障观众安全，武汉市科协副主席陈光勇来新馆进行安全工作指导；馆领导每天组织相关部门负责人对全馆进行安全检查；汉口派出所副所长魏春喜带领派出所民警到新馆协助抓好安全工作。

5月1日上午　武汉科技馆新馆举办"领略科技魅力　携手走向未来"科普报告会，馆长马华出席，200余名听众参与。

5月5日　南京市科协党组书记、主席郑加强一行8人来武汉科技馆考察。5月5日下午　郑州市科协主席吴予红一行3人来武汉科技馆参观考察，馆长马华，党委书记、副馆长刘青，副馆长张定礼及相关人员陪同。

5月11日和6月21日　为认真完成武汉市科协"科协干部下基层"活动任务，也为保证科技馆正常运行，做到活动、业务两不误，武汉科技馆馆长马华、副馆长张定礼、武汉市科协张黎一行三人，在汉阳区科协主席刘志林、副主席赖琼地陪同下，深入汉阳区陶家岭、董家店、五春里、大桥、水仙里、鹦鹉花园、三里民居、琴断口、百灵、洲头、太子观澜等10余个社区，开展对接及服务工作。

5月20日　2017年武汉市科技活动周启动仪式在新馆前广场举行。武汉市人大常委会副主任胡树华出席开幕式并宣布活动周启动，武汉市委副秘书长张捷到会并讲话，武汉市科协副主席杨军出席开幕仪式。

5月20日　由武汉科学技术馆展教部自主创作的科学秀《气球历险记》在儿童剧场正式开演。科学秀以气球泡泡的旅程为故事线，在去外婆家的路上，气球泡泡遇到了荆棘地、火焰山、讨厌的橘子皮等，可气球泡泡凭着自己的聪明才智，轻易地通过了这些难关，顺利抵达外婆家。从即日起，每个周末和节假日，武汉科学技术馆儿童剧场上午十点半都会上演神奇、新颖的科学秀。

5月20~21日　由武汉市委市直机关工委、市体育局主办的"武汉市第八届机关职工羽毛球比赛"在市财政学校体育馆举行，共有来自全市各部、委、办、局机关等单位的60支代表队参赛，武汉科技馆积极组队参加了此次比赛活动，并获得B组第5名的优异成绩。

5月31日　科普大篷车开进红领巾小学，提前给孩子们送上了一份六一大礼包。

6月1日　武汉科技馆迎来开馆之后的第二个六一国际儿童节，单日人流量高达14870人次。虽然馆内人流量持续保持高位，但馆内馆外秩序井然，场馆运行安全有序。

6月1日　由武汉科技馆主办的六一科普亲子DIY探究活动在新馆培训区科学探究室举行，活动吸引了150多个亲子家庭300余人积极参与，场面十分火爆。

6月16日　武汉科技馆科普大篷车开进江汉区红胜幼儿园，掀起一场头脑风暴。

6月21日　应湖北国土资源职业学院的邀请，武汉科技馆科普大篷车来到汉南区邓南镇水洪乡中心小学及幼儿园。在炎炎夏日里，科普大篷车与职业学院的青年志愿者一起为这所学校的留守儿童送来了阵阵科普的清风。

6月22日　根据《关于表彰全省科协系统先进集体和先进工作者的决定》（鄂人社奖〔2017〕35号），武汉科学技术馆荣获省科协系统先进集体称号。展教部副部长丁燕荣获第四届"湖北省科普先进工作者"称号。

6月27日　夏季江城，烈日炎炎，此时是防火的重要时期。武汉科技馆是消防安全重点单位，做好夏季消防安全工作势在必行。长航公安局武汉分局相关领导随同交通部公安局巡查组来武汉科技馆进行了消防安全

"南海之美——海洋生态与保护主题展览"现场图

检查。

7月2日 来自武汉市各大高校及企事业单位的220多名志愿者在武汉科技馆三楼科普报告厅参加了"武汉科技馆2017年暑期志愿者培训会"。志愿者队伍还吸引了退役军官、退休医师等社会人士、以及应届高考毕业生和在加拿大、英国、美国读书的暑期回国留学生的参与。经过严格选拔,325名志愿者加入"武汉科技馆2017年暑期志愿者"队伍。

7月4日 根据《中共武汉市委、武汉市人民政府关于表彰2015~2016年度市级文明单位文明街道文明社区文明村的决定》(武文〔2017〕14号),武汉科技馆荣获"2015~2016年度市级文明单位"称号,这是该馆连续7年第4次获此殊荣。

7月5日 武汉科技馆紧急召开防汛工作部署会议,积极部署防汛巡堤工作,市科协副主席陈光勇出席会议并作重要指示。受上游来水下泄和下游水系顶托双重影响,武汉关2017首次突破警戒水位,武汉市启动防汛Ⅲ级应急响应。7月6日,武汉科技馆"防汛突击队"及时到岗,坚守在抗洪防汛第一线。

7月5日 新华小记者走进武汉科技馆感受科学的魅力。活动以"参与、互动、体验"的参观形式,激发新华小记者们对科学的兴趣。

7月7日 "南海之美——海洋生态与保护主题展览"正式登陆武汉科技馆,为观众呈现气象万千、生机盎然的南海海洋世界。本次展览以"南海生态环境的介绍与保护"为主要内容,通过30余种珊瑚礁生物以及多套互动展品和图文展板,带领参观者走近南海、认识南海,让观众在欣赏南海美丽生态的同时,增强保护南海生态的意识。展览展期两个月。

7月12日 武汉科技馆被推选为上海科技馆《科学教育与博物馆》理事单位(2016~2017年)。

7月19日 为落实武文明办〔2017〕41号《关于做好2017年全国文明城市测评材料迎检工作的通知》的工作任务,全力做好全国文明城市和全国卫生城市复审迎检工作。按照武汉市科协的工作部署,武汉科技馆召开"全国文明城市复审迎检工作部署会"。馆长马华、副馆长张定礼出席会议,党委书记、副馆长刘青主持。会上,副馆长张定礼宣读了武文明办〔2017〕41号《关于做好2017年全国文明城市测评材料迎检工作的通知》和江岸区文明委《关于成立江岸区文明城市建设工作指挥部的通知》;党委书记、副馆长刘青宣讲了《2017年武汉科技馆文明建设工作方案》;最后,馆长马华就武汉科技馆开展全国文明城市复审迎检工作提出具体要求。

7月21日 青山区60余名贫困生、农民工子弟来到新馆参加2017年青少年暑期科技体验营活动。在科技老师的指导下,60余名小朋友根据年龄分成6组,分别组装太阳能赛车,并拿到室外进行现场比赛。

7月21日 武汉科技馆科普大篷车来到三阳金城,为正值暑假的孩子们送去科普大餐。在家长的带领下,孩子们由浅入深,知识原理逐步知晓;在武汉科技馆工作人员的辅导下,亲子课堂,互动互玩,效果非凡。这次寓教于乐的活动得到了在场市民的高度评价。

7月22日 由武汉科技馆和长江网、武商网联合组织的"安全嗨一夏——溺水救生公益培训"在武汉科技馆科普报告厅开讲,来自30多个家庭的少儿及家长近百人聆听了一场别开生面的水上安全讲座。

7月22日 江岸区城管委执法大队一中队队长黄百刚、书记胡颂带领40余名执法人员对武汉科技馆周边环境进项了专项整治。馆长马华向执法人员介绍了新馆周边环境有关情况,并就室外广场的环境治理问题进行了交流。随后,区域城管委执法大队人员对该馆室外广场的小摊小贩、流浪汉进行了劝离,保证了馆区范围内道路通畅,秩序井然。

7月25日 武汉科技馆科普大篷车走进武警守桥部队营地,携手汉阳区科协、建桥街科协和大桥社区开展了第40届"武汉之夏"暨科普大篷车进军营活动。该活动成为丰富"双拥共建"内涵、加强"科普教育基地"建设的重要行动，也为庆"八一"迎建军 90 周年献上一份特别的大礼。

7月26日　2017年"红色电子护照"和"红色主题班会"在江岸区长春街小学举行。武汉科技馆荣获"中小学走进爱国主义教育基地教育实践活动示范基地"称号。

7月29日　江岸区城管委执法大队一中队书记胡颂带队，一行 20 余人再次对武汉科技馆馆区内、外留宿的流浪汉开展了清理行动。

7月31日　为迎接十九大的顺利召开，确保各级网络信息安全，武汉市科协副主席郑华，调宣部部长徐继平、副部长陶虹一行到武汉科技馆检查网络信息安全工作。馆长马华，党委书记、副馆长刘青，数字科技馆部相关人员陪同。

8月3日　湖北省科学技术协会第九次代表大会在武汉召开。湖北省委常委、统战部部长尔肯江·吐拉洪主持大会开幕式。会上对荣获"湖北省科协系统先进集体"称号的武汉科技馆等单位，以及荣获"第四届省科普先进工作者"称号的武汉科技馆展教部副部长丁燕进行了表彰。

8月4日　武汉科技馆联合二七街道上滑社区举行"文明出行、你我同行"——社区畅通行动计划主题宣传活动。为践行"低碳、环保、健康、文明"的生活方式，树立共享理念，倡导文明出行，共建共享绿色、有序、文明的社会环境，由社区工作人员、社会组织、志愿者、居民群众等组成的骑行车队，统一着装，骑着单车，插上彩旗，沿城区主要道路骑行，沿途开展共享单车停放秩序整治、不规范使用共享单车等不文明行为的劝导工作。

8月7日　为迎接全国文明城市、国家卫生城市复检，创建江汉朝宗国家 5A 级旅游景区，营造安全、文明、优美的参观环境，按照市政府相关会议精神，江岸区政府委托区城管委召集相关人员在武汉科技馆召开清除武汉科技馆室外广场区域流浪人员联席会。区城管委、区民政局、一元街办事处、长航公安局武汉分局汉口派出所、武汉港客运站、武汉科技馆等部门及单位负责人参加了会议。各参会单位负责人纷纷结合自身工作特点和职责，对流浪人员的清除问题提出了意见和建议。

8月15日　武汉科技馆新编排科普剧《海绵宝宝的海底音乐会》、首部环保主题类科普剧《"擦亮"天空》上演，科普剧以新奇趣味的形式向观众们科普环保等知识。

8月17日　由全国少工委办、省援疆办、团省委共同主办的 2017 年"红领巾动感假日——鄂博楚星少年手拉手"夏令营走进武汉科技馆。来自新疆博尔塔拉蒙古自治州、建设兵团农五师、塔城地区、乌鲁木齐等地的少先队员、少先队辅导员及随行工作人员共计 324 人齐聚武汉科技馆，共同体验科技魅力。

8月19日　武汉市关爱协会携手武汉科技馆、青鸟艺术团，在武汉科技馆一楼专题展厅内举办"崇尚科学，远离邪教"公益演出。市委防范办、市科协、省反邪教协会、武汉市关爱协会、武汉科技馆、江岸区防范办领导与各界群众近百人观看了本次演出。

8月23日　正值暑期参观高峰，武汉科技馆观众接待量突破百万大关，提前完成年接待观众 80 万人的年度绩效目标。

8月23日　46 名来自荆州市李埠镇网新村的贫困家庭子女及留守儿童到武汉科技馆参观。活动带队老师介绍，这些孩子都是当地的留守儿童，他们家境贫寒，父母常年在外打工，不少孩子甚至从来没到过大城市。孩子们说，科技馆里各式各样的新奇展品令他们目不暇接，这里真是一个好玩、有趣的好地方。

8月27日　由英国驻武汉总领事馆和武汉科技局联合举办的"英国科学季"启动仪式在武汉科技馆举行，应英国驻武汉总领事馆邀请，诺贝尔物理学奖获得者、曼彻斯特大学康斯坦丁·诺沃肖洛夫爵士、教授来汉参加"英国科学季"系列活动。武汉市委常委、副市长李有祥会见了诺沃肖洛夫，并出席了"英国科学季"启动仪式。出席启动仪式的还有市政府副秘书长李涛，市科技局副局长赵峰，市科协副主席陈光勇，市外办副主任李军以及英国驻武汉总领馆总领事卫亭瀚，英国驻武汉总领馆科技专员和新闻界朋友。在启动仪式上，英国驻武汉总领事还向武汉科技馆颁发了"2017 年最佳创意伙伴"奖。

8月31日　武汉科技馆举办学习贯彻武汉市第十三次党代会精神专题党课，党委书记刘青以"聚力改革创新　奋力拼搏赶超"为主题，为全体党员就如何学习贯彻武汉市第十三次党代会精神做了专题党课。通过专题党课，教育引导全体党员观大局、明大势、识大体，全面把握武汉市的发展形势和工作重点，增强干事创业的信心和决心。

9月1日　武汉科技馆召开了 2017 年秋季志愿者培训会，来自武汉市各大高校及企事业单位的 170 多名志愿者参加了培训。培训会主要围绕志愿者的基本常识、角色认识、基本素质和技巧、心理调适、如何加入武汉科技馆志愿服务队、如何获取志愿者证书和证明以及优秀志愿者工作经验分享等方面展开。

9月14日　武汉科技馆新馆办公设备公开招标采购项目验收会在新馆会议室召开。采购项目组邀请了三位业内专家，馆党委书记刘青，中标单位、监理单位及武汉科技馆采购项目组负责人组成验收小组参加验收。经专家小组严格检查、点评、讨论，汇总验收意见，一致评定新馆办公设备公开招标采购项目验收合格。

9月14日　为严格落实安全法律、法规的相关要求，提高科技馆全体职工、物业公司相关人员的安全防范意识和能力，强化安全责任，做好有效防范，武汉科技馆特邀长江航运公安局武汉分局的专家对全馆职工及物业人员开展安全知识培训。馆长马华、党委书记刘青、副馆长张定礼，长江航运公安武汉分局相关领导参加了活动。

9月21日　武汉科技馆组织开展"党中央治国理政关键词你知我知大家知"专题学习及测试活动。武汉市科协党组书记陈光勇，计财部部长刘飞，馆领导班子成员及全体党员、入党积极分子共69人参加。

9月24日　武汉科技馆儿童剧场上演科学实验剧《"气"功》，每周六、日及法定节假日上午上演。

10月1日　武汉科技馆举办的"科普讲坛"特邀湖北省天文学会会员、中国青少年科技优秀辅导员姜久财老师为大家带来《天文探索，谈天说地，青少年科技创新》报告会。

10月1~4日　武汉科技馆一共举办了六场亲子探究体验课。探究课内容以交通为主题，涉及海、陆、空三种交通工具。在探究体验课现场，科普老师先讲原理，后示范指导。

10月2日　江岸区副区长蒋志耕率区文体旅游局主要领导和分管领导，区安监局、区食药监局、区工商局、区国资公司、区消防大队相关单位负责人检查了武汉科技馆安全工作。馆长马华，党委书记、副馆长刘青，副馆长张定礼等领导陪同，蒋区长一行检查了武汉科技馆室外广场、一楼监控室、微型消防站等部位的安全工作。

10月4日　全国教学实践评优赛项一等奖获得者、省市优秀科技辅导员、武汉市科学骨干教师李金老师在武汉科技馆作了"人工智能走进生活"主题报告。

10月13日　福建省龙岩市科协党组书记、主席朱明生一行5人到武汉科技馆考察，市科协党组书记、副主席陈光勇，馆长马华、馆党委书记刘青及办公室相关人员陪同。参观结束后，双方就场馆建设、设计规划、资金概算、运行管理、展厅定位、人员编制等相关问题展开座谈。

10月19日　武汉市政协副主席陈光菊带领科教文卫体委员、部分市政协委员一行10余人就充分发挥科技馆在科普教育中的推动作用来馆调研。武汉市科协巡视员张太玲，馆长马华、馆党委书记刘青、副馆长张定礼陪同。委员们认为科技馆是科普教育的重要阵地，科技馆的建设和运行对提升全民科学素质意义重大、影响深远，尤其是对青少年科普教育发挥了积极作用。

10月20日　武汉科技馆第二党支部与长航公安局武汉分局汉口派出所党支部组织两个支部的党员观看了由长航局党委举办的"廉镜漫笔进长航，喜迎党的十九大——学习习近平总书记党风廉政建设重要论述漫画展"。馆长马华、馆党委书记刘青及党委委员应邀参加了活动。展览共展出了由宁波海事局党组书记赵青云同志利用业余时间精心创作的系列漫画作品100余幅，对广大党员干部学习和贯彻习近平总书记关于党风廉政建设和反腐败斗争系列重要讲话精神，不断自我净化、自我完善、自我革新、自我提高，确实做到心中有党、心中有民、心中有责、心中有戒，具有很好的教育意义。

10月20日　"罗马帝国——机械与科技展"在武汉科技馆正式亮相，展期两个月。展览除了展示60件（套）与罗马帝国相关的雕塑头像、机械构件、建筑模型之外，还将穿插多媒体投影视频，为观众带来一场耳目一新的时空之旅。

10月25日　馆党委书记、副馆长刘青代表武汉科技馆全体员工将一封感谢信送到长航公安局武汉分局，感谢长航公安局武汉分局两年来对武汉科技馆治安维保工作的帮助和支持。长航公安局武汉分局局长张虹收到感谢信后，首先感谢武汉科技馆对他们工作的认可，同时，表示在以后的工作中继续发扬能吃苦、能战斗的作风，树立人民警察为人民、人民警察保平安的良好形象。

10月31日　长航公安局武汉分局组织召开了"长江干线武汉段单位微型消防站建设工作总结表彰会"，武汉科技馆荣获"2017年微型消防站建设工作先进单位"，并作为先进单位代表在会上进行了经验交流。

11月1日　华中师范大学教育信息技术学院、华中师范大学人文社会科学高等研究院、华中科学教育与科学传播研究中心与湖北省科学技术馆联合主办的"2017年华中科学教育与科学传播高层论坛"在华中师范大学图书馆隆重举行。在主办方的邀请下，副馆长张定礼率馆相关部门干部职工代表参与了此次论坛。

11月8日　科普实验剧《挑战大气压》在武汉科技馆儿童剧场开演，该剧每周六、日上午十点半上演。

11月9~10日　武汉科技馆展教部组织全体辅导员举办了一场"万维天文望远镜（WWT）——指尖上的数字宇宙"的培训。WWT是宇宙展厅的重点展项，它把世界上最好的天文观测数据融合成一个无缝的数字宇宙，并通过极富创新性的数据可视化方式呈现给公众。培训旨在帮助展教部的辅导员掌握WWT的使用以及WWT与Kinect的互动技巧，提高日常讲解和科普活动的交互性、参与性和探索性。

11月10日　武汉市科协在武汉科技馆老馆科学会堂举办全市科技工作者学习贯彻党的十九大精神专题辅导报告会。全市科协系统、各战线科技工作者代表以及市科协机关和直属单位党员干部职工近300人参加了学习活动。武汉科技馆高度重视此次活动，共组织60余名党员干部参加了专题辅导报告会。报告会特邀了中共武汉市委党校常务副校长、武汉行政学院常务副院长杨学文同志做专题辅导报告。本次活动旨在通过集中学习动员，在武汉市科技界掀起学习宣传贯彻党的十九大精神的热潮。

11月22日　武汉科技馆"双万双联"对接干部一行9人深入新洲区8家小微企业开展党的十九大精神宣讲工作。

12月5日　武汉科技馆邀请中国科学院国家天文台崔辰州研究员在科普报告厅做了题为"从虚拟天文台到互动式数字天象厅"的科普报告会，来自武汉科技馆、湖北省天文学会、武汉市城市职业学院等单位共300余人听取了报告。副馆长张定礼主持报告会。

12月7~15日　为积极响应政府号召，推动社会治理创新，打造共建、共治、共享新格局，武汉科技馆党委、工会、团支委联合倡议开展"大爱无言'衣'旧情深"暖冬行动，共募集9大箱、261件爱心衣物助力湖北经济学院社区的养老志愿服务活动。12月22日，馆党委书记刘青带领馆党委、工会及团支委的工作人员将爱心衣物送往湖北经济学院社区。

12月10日　科普实验剧《捣蛋实验室》在武汉科技馆儿童剧场开演，该剧每周六、日上午十点半上演。

12月14日　武汉市科协副主席郑华、李兵，科普部调研员王景跃一行来馆调研。馆党委书记刘青、副馆长张定礼及相关人员陪同，科技馆全体中层干部列席座谈会。

12月17日　科普剧《小鳄鱼爱洗澡》在武汉科技馆儿童剧场上演，该剧每周六、日下午一点半上演。

12月28日　武汉科技馆老馆改造工程项目指挥部授牌仪式暨工作部署会在武汉市科协4楼会议室举行。武汉市科协党组书记、副主席陈光勇，副主席郑华、李兵，馆党委书记刘青、副馆长张定礼及老馆改造工程项目组相关人员参加了授牌仪式暨工作部署会。

12月31日　武汉科技馆在新馆3楼科普报告厅举行了2018年寒假志愿者培训会。来自武汉市各大高校及企事业单位的150多名志愿者参加了培训，培训分为理论知识培训和展厅实训两部分。

七、2017年工作概述

2017年，在武汉市委、市政府的高度重视下，在武汉市科协党组的领导和社会各界的关心支持下，武汉科技馆全体干部职工认真学习贯彻党的十九大会议精神，高举习近平新时代中国特色社会主义旗帜，继续开展"两学一做"学习教育活动，推进全面从严治党，不断提升科技馆党建工作科学化水平，为科技馆事业发展提供思想组织保证。坚持一手抓新馆建设运行，一手抓老馆改造建设，齐心协力圆满完成了各项工作任务。先后荣获省科协系统先进集体、省中小学环境教育社会实践基地、市级文明单位、市"学雷锋"活动示范点、示范巾帼文明岗、市中小学走进爱国主义教育基地教育实践活动示范基地、英国驻汉领事馆2017年最佳创意伙伴等荣誉。

（一）基本概况

武汉科技馆于1990年3月18日对外开放，当时建筑面积1.16万平方米，2006年改扩建后重新开放，建筑面积增加至1.5万平方米。2015年12月28日新馆建成开放，老馆继续保留，建筑面积增加至4.5万平方米（其中新馆3万平方米），建筑规模进入全国特大型科技馆行列，在副省级城市中名列前茅。

新馆由原武汉客运港改建而成。5年建设中，历时4年才完成了商户腾退工作。为克服既有建筑空高过低、荷载不足、流线狭长等先天不足，多次邀请相关专家研究解决办法，较好地满足了科技馆功能需求。改建成功后的新馆共有水、宇宙、生命、光、信息、交通、数学和儿童八大展厅。

目前，新、老两馆实行一套班子管理，市编委和市政府分别核定了事业编96人及其他人员75人，合计171人。市编办核定该馆正处级领导职务1名，副处级领导职务3名，内设办公室、研究策划部、财务部、展览教育部、科技培训部、展品研制部、影视部、数字科技馆部、行政保卫部、综合服务部10个部室。实际现有馆领导3人，下设10个部室。该馆现有干部职工130人，其中事业编制79人、政府购买服务39人、工勤辅助岗12人。硕博研究生33人，其中博士2名，硕士31名；本科以上学历占88%；40岁以下工作人员占62.4%，全馆职工平均年龄36.6岁。

（二）发挥全国科普教育基地作用，促进公民科学素质提升

1. 观众人数破百万

截至2017年12月31日，武汉科技馆共接待观众1434678人次。新馆共接待观众1425741人次，其中团体251个，47687人次。老馆截至3月15日闭馆改造前共接待观众8937人次。

2. 举办临时展览

（1）"南海之美——海洋生态与保护主题展"。展览以"南海生态环境的介绍与保护"为主要内容，通过30余种珊瑚礁生物以及多套互动展品和图文展板，带领参观者走近南海、认识南海，让观众在欣赏南海美丽生态的同时，增强保护南海生态的意识。

（2）AI科普大巴巡展活动。由中国科技馆携手百度联合举办的旅行者号AI科普大巴在科技馆（武汉站）举办两天的展示活动，展览中语音识别、图像识别、自然语言处理、用户画像人工智能四大基础功能的应用，观众可以与机器互动，体验机器翻译、AR技术和VR技术等。

（3）罗马帝国——机械与科技展。展览分为"导论·罗马帝王"、"军事机械"、"工程机械"和"罗马人的生活"四个展区，分别展示了气势磅礴的罗马帝王头像、高度还原的军事机械装备、精巧仿制的工程技术展品以及丰富多样的生活娱乐内容，每件互动机械展品均可实际操作。

3. 承办第32届全国青少年科技创新大赛（武汉市选拔赛）

本届大赛全市共有近5万名中小学生参与。经大赛评委会评审，评出第32届全国青少年科技创新大赛（武汉市选拔赛）科技创新成果（发明）一等奖17项、二等奖29项、三等奖40项；科技创新成果（论文）一等奖20篇、二等奖46篇、三等奖68篇；优秀科技实践活动一等奖5项、二等奖11项、三等奖15项；科教创新成果一等奖1项、二等奖2项、三等奖4项；科学DV一等奖2部、二等奖4部、三等奖4部；青少年创意作品一等奖1项、二等奖2项、三等奖4项；优秀科技辅导员14人；优秀组织单位8个。

在全国大赛中，武汉市代表获得科技创新项目二等奖1项、三等奖6项；科技实践活动二等奖2项、三等奖1项；科幻画一等奖4幅、二等奖6幅、三等奖4幅。

4. 开展形式多样的科普表演

（1）科普剧。武汉科技馆在全国行业内，首创引进专业艺术团队合作编演科普剧，全年共演绎《不同物体的物理性质》、《静香的生日宴会》、《逃离火星》和《海底音乐会》等4个剧目，表演121场，观众14520人次。

（2）科学实验。武汉科技馆员工将小朋友喜爱的话题融入科学实验，自主创作和表演了《气球泡泡历险记》《抓住泡泡》《神秘的宝藏》《擦亮天空》《"气"功》等科学实验，表演75场，接待观众8280人次。

5. 大力开展巡展

2017年，武汉科技馆科普大篷车新增机器人等展品，遵循以新城区为主，老城区为辅，以低幼龄和社区居民为主，以成人和初高中、高校为辅的巡展思路。全年巡展共35次，惠及观众6万余人次。

6. 大力开展馆校结合教育实践活动

举办4期"小小科学家"亲子体验课，体验活动分别以"机器人怎样改变世界""与机器人亲密接触""飞机探索及制作"等为主题，300余人参加了活动。

与江汉区北湖小学联合举办"寰宇川行"研学主题科普教育活动，武汉科技馆被列为北湖小学教学教研活动第二课堂——"科普实践基地"。

7. 举办科普报告会、夏（冬）令营

武汉科技馆品牌科普教育活动"科普讲坛"系列科普报告会，以当今社会热点和科技新知为主题，内容涉及共享单车、人工智能机器、北斗卫星导航系统、3D 打印等等。全年举办科普报告会 15 场，听众 3000 余人次。

成功举办公益冬令营 2 期，参与营员 50 余人次，其中还有全免费的农民工和贫困家庭的孩子。

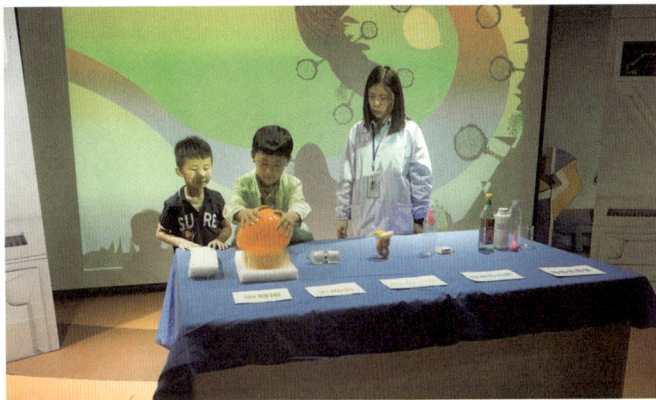
科普剧《气球泡泡历险记》

8. 打造国际科普交流与合作平台

与英国科学博物馆、美国 Hagley 博物馆交流合作。8 月，英国驻汉领事馆在科技馆举办"英国科学季"启动仪式，因发现石墨烯而获得 2010 年诺贝尔物理学奖的康斯坦丁·诺沃肖洛夫爵士、教授现场与观众交流互动。

9. 做好关爱协会工作

协会进行多维度反邪教宣传活动，利用常设展览和流动科技馆展出"识别邪教'全能神'"和"冒用宗教名义的邪教组织"两套科普展板；利用科普大篷车流动科技馆，在学校、社区开展反邪教科普宣传活动；在全国科普日期间，通过启动仪式、印发宣传物品等方式，普及反邪教法制知识；8 月，在武汉科技馆一楼专题展厅内举办了"崇尚科学，远离邪教"公益性文艺演出，社会反响强烈。

2017 年 5 月 29 日科普讲坛——机器人怎样改变世界

（三）加强服务管理，确保运行良好

1. 全力确保展品完好率达 90% 以上

武汉科技馆专业技术人员联合展品制作单位维修人员、专业技术人员做好维保工作，确保展品展项正常运行，发现问题及时维修与维护。

2. 加强新馆室内外综合管理

（1）维持环境卫生及设备正常运行。维持办公区域、展厅、科普报告厅、公共区域及外围广场的环境卫生；对整体建筑玻璃幕墙进行清洗；通过安装遮阳棚、摆放绿色植物等不断美化科技馆环境。定时维修保养，对设备的运行等情况及时记录在案，确保各项设备的完好运行。

（2）加强"人防""物防""技防"，确保场馆平安。明确职责分工，定期开展防恐、消防等安全知识培训和演练，提高全馆工作人员安全防范意识和应急能力。完善防恐、消防等设备设施，在全馆安装近 300 个监控摄像头，实现馆区监控全覆盖；建设微型消防站，增强对初期火灾扑救的能力。联合长航公安局武汉分局汉口派出所，在节假日、举办重要活动时进行值守巡查，为观众提供安全、有序的参观环境。

（3）建立室外广场环境整治长效机制。武汉科技馆联合江岸区城管委、区民政局、一元街办事处、长航公安局武汉分局汉口派出所、武汉港客运站等部门单位，建立科技馆广场及周边环境整治长效机制，有效治理流动摊贩、流动人员等问题。

3. 提供科普配套服务

为进一步拓展、延伸和传播科普文化，向观众提供科普纪念品、科技馆纪念币等科普配套服务。

（四）完善科技馆建设，推进"江汉朝宗"国家 5A 级景区创建工作

1. 完善新馆后期建设

（1）推进各项验收工作。完成水展厅（室内区域）、宇宙展厅展品验收；加快办公设备等各项配套设施验收工作，并加快资金支付；推进新馆规划验收；与代建单位协调推进基建资金并账。

（2）完成新馆智能化建设。完成智能化系统竣工验收；完成智能化系统水展厅展品一键开闭馆接入调试工作，实现全馆一键开闭馆功能正常运行；票务系统已完成闸机二维码识别和网上预约的系统集成改造，待网上预约取票窗口改造完毕即可向观众开放网上预约服务。

（3）启动 VR 科技馆建设工作。完成中国科技馆 VR 项目软件申报，计划采购硬件设备。

2. 推进老馆改造工作

3 月 15 日，老馆闭馆启动改造工作。12 月 28 日，老馆改造工程项目指挥部成立。

3. 推进"江汉朝宗"国家 5A 级景区创建

"江汉朝宗"国家 5A 级景区创建工作进入冲刺阶段，武汉科技馆作为"江汉朝宗"国家 5A 级景区核心景点、重点项目，积极参与、开展创建工作。武汉科技馆对照《旅游设施与服务质量评分细则》及《江汉朝宗文化旅游景区创建国家 5A 级旅游景区任务分工一览表》，详细制订《武汉科技馆 5A 景区创建工作实施方案》，全面提升服务质量、管理水平；积极配合其他单位，做好科技馆广场周边区域环境整治工作；腾出一楼临时展厅区域作为"创建办"临时办公场所等。

（五）加强学习交流，提高服务质量

1. 加强培训提供优质讲解服务

对员工进行职业道德培训、入职培训、相关规章制度、消防演练、展教部业务知识讲解能力培训、语音语调、普通话、礼仪培训等。每周六、周日及节假日安排上午和下午两场定时讲解，已为观众提供免费讲解 1792 场次，贵宾讲解接待服务 125 个团队。

2. 鼓励员工参加各类学习比赛

选派优秀工作人员参加全国科技教师天文知识与技能培训、湖北省科普展教人员培训、科普表演培训等学习活动。

推选馆内优秀辅导员参加第五届全国科技馆辅导员大赛南部赛区比赛、武汉市科普讲解大赛、湖北省科普讲解大赛、全国科普讲解大赛等，并获优秀成绩。

组织员工参加 2017 年华中科学教育与科学传播高层论坛，参加全国性论文征集活动 4 次，推荐论文 6 篇。

3. 扩大志愿者队伍

武汉科技馆联合团市委、武汉青年志愿者协会招募志愿者，极大缓解了节假日馆内工作人员不足，游客较多带来的各种压力。2017 年新增志愿者 1274 人，共有注册志愿者 2899 人，累计参与服务 71753.2 小时。2017 年表彰了上一年度的 48 名优秀志愿者。

4. 开展高层次科普人才培养实训工作

在全国高层次科普专门人才培养指导工作委员的指导下，充分发挥实训基地的作用，做好试点高校培训学员的实训工作。2017 年开展了华中科技大学科学传播专业硕士实训工作。

（六）加强宣传力度，扩大科技馆社会影响

1. 做好媒体宣传工作

加强与省市各报社、电台、电视台、网络等新闻媒体的合作，截至 10 月底，各新闻媒体报道武汉科技馆相关活动 150 篇次。

维护科技馆官网、App、微信公众号。官方网站总浏览量为 52 万人次，App 累计浏览人数为 1100 多人，微信公众号关注人数为 3.7 万余人，共发布图文 1500 余篇。

2. 完成新馆宣传片样片制作，印发新馆观众参观指南百万份

黄石市科学技术馆

英 文 全 称：Huangshi Science and Technology Museum
法 定 代 表 人：李莉
联 系 电 话：0714-6396868
传 真：0714-6396868
官 方 网 站：www.hsskjg.com
行 政 主 管 单 位：黄石市科学技术协会
成立（开放）日期：2013 年 4 月 30 日
通 信 地 址：湖北省黄石市下陆区广会路 13 号
已加入专业委员会：中国自然科学博物馆协会科技馆专业委员会

▨ 一、科普活动与展览

1. 教育活动

单位：人次

序号	活动名称	活动时间	主要内容	活动形式	主要对象	参与人数
1	异想天开"玩转伯努利"	1 月 1 日	乒乓球接力、吹风机吹气球	科普实验秀	青少年	1870
2	馆校共建科普系列活动	4 月 23 日	神奇的摩擦力、喷泉实验	科普课堂	青少年	2913
3	黄石市"七巧科技"竞赛	3 月 18 日	选拔出 110 名选手代表黄石市参加省青少年"七巧科技"竞赛	竞赛	中小学生	500
4	举办 2017 年青少年科技教育辅导员培训班	3 月 21~22 日	黄石市 112 所学校的 120 名中小学教师参加培训	培训	科技教师	120
5	湖北省"七巧科技"竞赛	4 月 9 日	94 名学生分获省一、二、三等奖；2 个团体赛分获二、三等奖	竞赛	中小学生	—
6	湖北省第 32 届青少年科技创新大赛	4 月 15 日	31 项科技创新成果作品分获一、二、三等奖；20 幅科幻绘画分获省一、二、三等奖，1 项科技实践活动获省三等奖	竞赛	中小学生	—
7	异想天开"舞动荧光，绚丽生活"	4 月 29 日至 5 月 1 日	荧光舞蹈、制作荧光鸡蛋	科普实验秀	青少年	11325
8	开展了"太空种子"种植活动	5~8 月	黄石市市府路小学、大冶市金山店镇中学、黄石江北小学 3 所学校成立了太空种子种植小组，并通过网络平台分享了活动成果	科普活动	学生	—

序号	活动名称	活动时间	主要内容	活动形式	主要对象	参与人数
9	开展2017年科学调查体验活动	5~10月	组织黄石市市府路小学、大冶市金山店镇中学、黄石江北小学、大冶实验小学开展2017年科学调查体验活动	科普活动	学生	—
10	湖北省机器人竞赛	5月16日	组织黄石市19名选手参加省机器人竞赛，其中10名学生分获一、二、三等奖	竞赛	学生	19
11	举办2017年黄石市"大手拉小手——科普报告"活动	5月23~25日	邀请了中国科协科普作家协会焦国力等3名专家、教授，分别为近6000名学生作了18场精彩的科普报告	科普活动	中小学生	6000
12	品位端午 传承文明"在秦朝当一个吃货有多难"	5月28日至6月1日	播放端午科普视频：食物中的科学	科普剧	青少年	13151
13	"七彩童年·阅读相伴"	6月24日	科普书籍阅读、科普故事宣讲	科普课堂	青少年	109
14	"畅游暑假 科学一夏"科普实验	7月1日至8月30日	"倒杯不漏""最速转水""砸不动的淀粉溶液"	科普实验秀	青少年	75266
15	爱我中华科普活动	7月14日	爱国主义科普影片	科普活动	青少年	1303
16	举办黄石市青少年科技夏令营活动	7月10~14日	赴大别山天堂寨观察动植物及采集野外动植物标本	夏令营	学生	50
17	组织黄石市学生参加了2017年中国科协、教育部组织的高校科学营	7~8月	聆听名师讲座，共计七天	夏令营	学生	60
18	异想天开会变色的影子	10月1~7日	影子秀：光的三原色原理展示	科普实验秀	青少年	29901
19	组织参加第八届全国青少年科学影像节	10月26~30日	选送黄石市第十五中学三位学生的作品"观音叶变形记"，荣获全国二等奖、科普创新专项奖	竞赛	学生	—
20	承办全省青少年电子制作竞赛	11月26日	全省11个市州397名参赛选手共聚黄石七中参加三个组别的激烈角逐，黄石市47名选手分获一、二、三等奖	竞赛	—	—
21	黄石市首届青少年教育机器人竞赛	12月16日	共有171名优秀选手参加	竞赛	—	171
22	第四届青少年科技创新市长奖	12月19日	评选出10名市长奖推荐人选，第四届评选委员会还评选出10名市长奖优秀人选；10名市长奖优秀辅导教师；10个市长奖优秀组织单位	评比	—	—

2. 流动科普设施

单位：场次

序号	名称	年度巡展次数	类型	经费来源	运行方式
1	"五进"活动	13	科普大篷车	财政拨款	公用
2	"科普下乡助力精准扶贫"活动	37	科普大篷车	财政拨款	公用

黄石科学技术馆正面 ————

二、信息化建设

1. 官方网站浏览情况

官方网站日均访问量 80 人次，2017 年总访问量 35000 人次，总发文 118 篇。

2. 展品信息化工作

展品平面导览图、展厅 360° 全景照片、展厅及展品照片在网站公布；科普大篷车流动展品图片及相关展品体验活动预告在微信公众号中公布。

3. 新媒体运用

微信公众号 2017 年发文总数 80 篇，网易媒体平台 13 次，微博发文总数 105 篇。

三、志愿者队伍建设

单位：人

服务岗位	人数	来源	服务时间
展厅志愿者	347	高校学生	2017 年全年节假日及暑假期间

四、2017 年度大事记

1 月 1 日　黄石科技馆举办"异想天开"科普实验秀活动。

1 月　黄石科技馆职工傅小勇同志被黄石市消防安全委员会、中共黄石市委宣传部评为 2016 年度消防公益宣传工作先进个人。

2 月 4 日　黄石科技馆举办"弘扬传统文化"主题展览活动。

3 月 4 日　黄石科技馆举办"馆校合作"活动启动仪式。

3 月 7 日　黄石科技馆在黄石市阳新县王英镇东山村、倪家村小学开展"科普大篷车进乡村校园"活动。

3 月 18 日　黄石科技馆承办由黄石市科协、市教育局主办的黄石市"七巧科技"竞赛活动，参赛选手 500 名。经过选拔，推荐 110 名选手赴省参赛。

黄石科技馆宇宙区

　　3 月 21~22 日　黄石科技馆与市教育局教师管理科联合在中共黄石市委党校举办 2017 年青少年科技教育辅导员培训班，全市 112 所学校的 120 名中小学教师参加了培训。

　　3 月　黄石科技馆职工王佩佩同志被中共黄石市委宣传部授予黄石市"岗位学雷锋标兵"荣誉称号。

　　4 月 9 日　黄石科技馆组织黄石市中小学生参加省科协举办的湖北省"七巧科技"竞赛，其中 94 名学生分获省一、二、三等奖；2 个团体赛分获二、三等奖。

　　4 月 11 日　黄石科技馆选派职工牛雅琨、湛萍、顾佼龙参加由湖北省科学技术厅、湖北省科学技术协会主办的"2017 年湖北省科普讲解大赛暨全国科普讲解大赛选拔赛"，牛雅琨同志荣获一等奖，湛萍同志荣获优秀奖，牛雅琨同志代表湖北省赴全国参赛。

　　4 月 12 日　黄石科技馆依据黄石市财政局黄财采计备〔2017〕XM0592 号备案要求，委托黄石市华源工程招标代理有限公司，就黄石科技馆展品展项更新改造项目进行公开招标采购。经过专家评标确定中标单位合肥探奥自动化有限公司，中标价为 239.6995 万元。

　　4 月 15 日　黄石科技馆参加由省科协主办的湖北省第 32 届青少年科技创新大赛，黄石市选手的 31 项科技创新成果作品分获一、二、三等奖；20 幅科幻绘画分获省一、二、三等奖，一项科技实践活动获省三等奖；黄石科技馆获省级优秀组织单位，一人获省级优秀组织工作者称号。

　　4 月 25 日　黄石科技馆派职工湛萍、顾佼龙、牛雅琨参加由中国科学技术协会科学技术普及部、中国科技馆发展基金会、中国自然科学博物馆协会科技馆专业委员会共同主办的第五届全国科技馆辅导员大赛南部赛区选拔赛，湛萍、顾佼龙同志获"展品辅导赛"二等奖，牛雅琨同志获"展品辅导赛"三等奖，湛萍、顾佼龙同志进入全国总决赛。

　　4 月　黄石科技馆被中共下陆区委办公室、下陆区人民政府办公室授予"下陆区'六五'普法工作突出单位"称号。

　　5 月 1 日　黄石科技馆举办以"舞动荧光，绚丽生活"为主题的科普活动。

　　5~8 月　黄石科技馆举办"太空种子"种植活动，黄石市市府路小学、大冶市金山店镇中学、黄石江北小学的太空种子种植小组利用中国科协配发的《太空种子活动指导手册》和 6 个品种的太空种子开展种植活动，并通过网络平台分享了活动成果。

5~10月　黄石科技馆组织黄石市市府路小学、大冶市金山店镇中学、黄石江北小学、大冶实验小学开展"我爱绿色生活"——2017年全国青少年科学调查体验活动，大冶实验小学获全省优秀组织单位称号。

5月23~25日　黄石科技馆举办2017年黄石市"大手拉小手——科普报告"活动，邀请了中国科协科普作家协会焦国力等3名专家、教授，分别为城区、大冶、阳新部分小学、初中、高中和大学的近6000名学生作了18场科普报告。

5月　黄石科技馆参加由湖北省科学技术协会、湖北省教育厅、湖北省科学技术厅、湖北省环境保护厅、湖北省体育局、中国共产主义青年团湖北省委员会、湖北省妇女联合会联合主办的第32届湖北省青少年科技创新大赛，荣获优秀组织单位称号，职工王芳同志被评为优秀组织工作者。

6月1日　黄石科技馆举办主题为"品位端午，传承文明"的端午节、六一儿童节欢庆活动。

6月9日　黄石科技馆职工牛雅琨同志代表湖北省参加由全国科技活动周组委会主办，广州市科技创新委员会、广东科学中心承办的2017年全国科普讲解大赛总决赛，荣获三等奖。

6月17日　黄石科技馆举办以"岁月无迹，父爱有痕"为主题的父亲节亲子活动。

6月24日　黄石科技馆举办"七彩童年，阅读相伴"少儿免费阅读活动。

6月　黄石科技馆职工邓曦同志被省科协评为全省科协系统先进工作者。

7月1日至8月30日　黄石科技馆举办以"畅游暑假，科学一夏"为主题的科普活动，内容包含视频播放，科普展览，科普实验秀："倒杯不漏"、"最速转水"和"砸不动的淀粉溶液"。

7~8月　黄石科技馆组织黄石6所高中共66名师生参加由中国科协、教育部组织的2017年高校科学营分营活动，其中13篇营员征文获省高校科学营优秀征文称号，2篇入围全国优秀征文。

7月10~14日　黄石科技馆举办以"畅游植物天堂、放飞科技梦想"为主题的黄石市青少年科技夏令营活动，全市50名中小学生在罗田天堂寨开展动植物的观察及野外动植物标本的采集活动。

8月30日　黄石科技馆展品展项更新改造项目施工进场。

9月　黄石科技馆职工牛雅琨同志参加由市直机关举办的"不忘初心跟党走"主题演讲比赛，获二等奖。

10月1日　黄石科技馆举办国庆"异想天开之会变色的影子"主题活动。

10月1日　黄石科技馆改造后的展区，调试成功，正式开放。

10月26~30日　黄石科技馆组织选送的黄石市第十五中学三位学生作品"观音叶变形记"参加由中国科协青少年科技中心、中国青少年科技辅导员协会和内蒙古自治区科协共同举办的第八届全国青少年科学影像节活动，荣获全国二等奖、科普创新专项奖。

11月3日　黄石科技馆在市府路小学举办2017年黄石市首届青少年教育机器人辅导员培训班活动，全市近50名中小学教师参加了培训。

11月26日　黄石科技馆承办由湖北省科协主办的全省青少年电子制作竞赛，全省11个市州397名参赛选手在黄石七中参加竞赛，黄石市47名选手分获一、二、三等奖。

12月5日　黄石科技馆委托湖北华信工程监理有限公司对改造的展品完成验收。

12月16日　黄石科技馆组织承办由市科协、市教育局共同主办的黄石市首届青少年教育机器人竞赛活动，共有171名选手参加，其中133名学生分获一、二、三等奖。

12月19日　黄石科技馆承办由黄石市政府主办的第四届青少年科技创新市长奖。

12月21日　湖北省枝江市科协主席郑献忠、副主席张举等领导在黄石市科协副调研员、科技馆馆长李莉陪同下来馆考察交流。

12月　黄石科技馆被中共湖北省委、湖北省人民政府授予"2015~2016年度省级文明单位"称号。

12月　黄石科技馆职工张玉环同志在黄石市直机关妇女工作委员会开展的"传承优良好家风"主题征文活动中获得二等奖。

12月　黄石科技馆职工王芳同志荣获由湖北省计算机学会、湖北省青少年计算机竞赛委员会组织的第23届全国青少年信息学奥林匹克竞赛分区联赛湖北赛区最佳组织个人奖。

五、2017年工作概述

2017年，黄石科技馆紧扣"建成在全国有影响、全省有地位的精品科技馆"发展目标，以巡查整改工作为重点，如期完成了既定工作目标，现将相关情况报告如下：

（一）阵地建设和科普宣传齐头并进，成效显著

2017年科技馆展厅全年接待观众共305211人次，比2016年增长11%；规划展示馆全年接待观众共28002人次，团队231个，各项人数同比去年均有所增长。

1. 开发新颖的科普产品，有效服务公众

2017年共策划举办科普活动20余场次，开展科普实验秀73场次，主打演示项目电磁表演77场次，机器人舞蹈表演173场次。

以节假日活动为契机，在元旦、六一、父亲节、暑期、中秋节、国庆节等假期，黄石科技馆开展了"异想天开"系列活动之"会变色的影子""月是故乡月　饼表思亲情"等主题活动，通过开展绘画比赛、现场制作绿豆糕、手工月饼等互动性强、百姓喜爱的活动凝聚人气，传播科学知识。

2. 开辟特色的科普服务，打造优质平台

一是馆校合作共建科普教育基地。与有色中学、黄石七中、黄石二中等10所学校签订合作协议，先后在科技馆展厅开展"神奇的摩擦力"、"喷泉实验"、"火山爆发"、"航空航天"科普实验秀和科普课等活动，搭建青少年学习交流平台，促进科学与教育的有机结合。组织市府路小学、大冶市金山店镇中学、黄石江北小学、大冶实验小学开展2017年科学调查体验活动。成功申办黄石二中、广场路小学为湖北省青少年工作室。

二是积极挖掘社会资源。年初与陆博书架携手开展了"七彩童年·阅读相伴"少儿阅读活动，并联合开发了公益类科普活动，由此与黄石市科技馆达成长期开展科技馆"陆博书架免费阅读"的项目，让市民参观的同时还可以看好书、读好书。

三是在业内突破自我。2017年，组织职工参加全国辅导员大赛，取得成绩显赫。年初该馆开展"黄石科技馆第三届辅导员大赛"，评选出湛萍、牛雅琨、顾佼龙三人代表该馆参加全国比赛。4月份讲解员牛雅琨以湖北省赛第一的成绩代表湖北省参加由全国科技活动周组委会主办，广州市科技创新委员会、广东科学中心承办的2017年全国科普讲解大赛总决赛并荣获三等奖；6月份讲解员湛萍、顾佼龙参加第五届全国科技辅导员大赛南部赛区预赛获二等奖，并双双进入决赛，分别荣获优秀奖。

四是积极参加黄石市各项宣教活动。如"十佳朗读者"大赛、"不忘初心、继续前行"主题演讲比赛、"中国梦，劳动美"为主题的先进人物事迹宣讲活动等；开展各类文体、竞赛、拓展等，培养职工荣誉感、责任感、归属感。

（二）"科普轻骑兵"广泛延伸、有效拓宽社会服务面

全年开展科普大篷车进学校、进乡村、进社区、进企业、进机关各类活动45场次，有效地服务社会各个层面。

1. 服务精准扶贫，建设美丽新农村

科普大篷车服务为该市精准扶贫工作，在阳新37个村开展科普展，将"声光电""3D立体展板"等科普展品送到孩子们的身边，并赠送师生和村民们《公民基本科学素养读本》《饮食与健康》等科普书籍，让贫困地区的孩子们增长见识，开阔视野。

2. 服务矿博大会，擦亮黄石新名片

在黄石市开展地矿科普大会，擦亮"中国科普胜地"和"世界地矿名城"的黄石名片、助推黄石绿色转型之际，科普大篷车也积极投身其中。在全市各城区开展2017年地矿科普"三进"活动，累计6场次。"矿石奇缘　精彩黄石"展板全面介绍了地矿形成的自然因素，各类矿石的特征和价值，以及黄石地区源远流长的地矿文化等。

3．开展业内交流，打造科普场馆品牌

2017 年，中国科协科普部部长白希、中国自然科学博物馆协会名誉理事长徐善衍、中国自然科学博物馆协会常务副理事长赵有利、黄石市委书记马旭明，市委常委、常务副市长叶战平、副市长吴之凌、李丽等各级领导来馆调研后给予该馆充分肯定，共接待 17 个同行场馆的考察交流。此外，2017 年 12 月，在省科协召开全省科技馆工作会议中，该馆作为七家典型代表发言之一，在会上对开馆以来的建设、运营与管理情况进行了汇报交流。

（三）加大科普投入力度，提升公民科学素质

1．展区改造，保持场馆生命力

为保障展览常展常新，满足观众的需求，年初经过调研和讨论，决定改造机器人展区，新设"舞蹈机器人""舞剑陀螺机器人""表情机器人""光影互动机器人"四件展项，改造区面积约为 100 平方米，含建筑物面积 25 平方米。更新儿童科学乐园展品 3 件，新设"针幕""极地世界""拍蘑菇"3 件展品。改造区在 10 月正式对外展出后，深受观众好评。

2018 科普日照片集合

2．有效的技术保障措施，保障场馆动力

2017 年展品完好率在 94% 以上。全年对 21 台风机和所有的亚克力玻璃管道、面板等设施进行拆卸清洗 12 次，对科技馆展厅内 24 台电脑、45 个显示器进行除尘、调试等日常性维护，有效的措施和执行力度为场馆提供了源源不断的动力。

（四）主题科普活动广泛开展，青少年科技教育屡创佳绩

在 2017 年的各项竞赛活动中，全市约 22 万名青少年参加了各项活动。近千人次或项目在全市竞赛中获奖；在全国赛事中夺得 30 个奖项，在全省赛事中夺得 203 个奖项。

组织参加湖北省第 32 届青少年科技创新大赛，由市赛推荐出的 32 项作品中有 31 项获得一、二、三等奖，20 幅科幻画全部获得一、二、三等奖，1 项科技实践活动获省三等奖，黄石市科技馆荣获省级优秀单位称号，职工王芳获省级优秀组织工作者称号；在全国第 33 届创新大赛上，该市选送的科幻绘画作品，有 5 幅作品获全国三等奖。"七巧科技"省赛中，从市赛 500 名小学生里选出来的 110 名选手里有 94 名学生获得一、二、三等奖，2 个团体赛分获二、三等奖。首次组织 19 名选手参加机器人竞赛，10 名学生分获一、二、三等奖。承办了全省青少年电子制作竞赛，全省 11 个市州 397 名参赛选手共聚黄石七中参加 3 个组别的激烈角逐，黄石市 47 名选手分获一、二、三等奖。

组织参加第八届全国青少年科学影像节，该馆推送的黄石市第十五中的 3 位学生的作品"观音叶变形记"荣获全国二等奖、科普创新专项奖。

组织参加全国第 23 届信息学奥林匹克联赛，在第 23 届全国青少年信息学奥林匹克复赛上，该市选手获全国一等奖 7 名，二等奖 13 名，三等奖 4 名，该馆也获优秀组织单位荣誉称号，职工王芳获优秀组织工作者称号。

黄石市"大手拉小手——科普报告"黄石行活动走进黄石第十五中学

（五）从严从实加强自身建设，担负应有社会责任

1. 较真碰硬，重点开展巡查整改工作

2017年成立了黄石市科技馆整改工作领导小组，制订了《黄石市科技馆领导班子落实市委第一巡察组反馈意见整改工作实施方案》和《黄石市科技馆领导班子落实第一巡查组反馈意见整改内容表》，将5个方面16个问题落实到责任领导、责任部署和具体责任人，明确整改时限。

2. 完善机制，提升干部整体素质

开展2016年事业单位工作人员年度考核，评定王磊、邓曦、胡冶平、傅小勇和陈朗5人为优秀等次；选派从文兵到科协挂职锻炼，从科协调回徐文燕暂时安排至办公室，选派陈朗、罗志彤和张梦婷三人协助市地矿科普大会；出台《黄石市科技馆聘用人员薪资改革方案》和《黄石市科技馆聘用人员考核方案》，进一步规范聘用人员薪酬管理；公开招聘6名"以钱养事"人员，再一次注入了新鲜血液；办理孙慧嘉退休事宜，召开欢送会，做好人文关怀；办理闵亚斌人事转移工作。将傅小勇、陈朗、徐文燕三人的编制划拨到市科协新成立事业单位市科技综合服务中心，积极配合市科协改革工作。

3. 同心协力，做好各项创建工作

积极配合黄石市全国卫生城市创建工作，共抽调10名骨干人员，整理出两套创卫资料汇编，圆满完成迎检工作，被市创卫办推荐为迎检重点示范单位。

4. 传统＋新媒体，宣传工作全方位开展

2017年，黄石市科学技术馆微信公众号发布馆动态，志愿者活动等内容40篇，微博发消息92条，市科协、省科协上传报道合计88篇，网易直播大赛2次。传统媒体宣传力度也未减弱，《东楚晚报》宣传报道14篇，黄石广电网2篇，《黄石日报》9篇，新闻直通车2篇；省级媒体中《湖北日报》和网易湖北网各1篇。

（六）坚持"一岗双责"，党建和党风廉政建设工作规范化发展

1. 多措并举，加强党员教育管理

坚持周四下午政治学习制度，重点学习党章、党规、党的路线方针政策、法律、文明、道德模范先进事迹等内容；领导班子讲党课2次；邀请黄石市法学教授、政府采购主任、消防、教育等专家讲座6次；全年组织学习42次；集中交流讨论6次；每名党员撰写心得体会3篇。

2. 转变作风，从严开展纪检工作

成立了黄石市科技馆党支部工作纪律作风明察暗访小组，目前，开展了5次明察暗访工作，2轮廉政谈话，并将明察暗访结果及时向全馆职工通报。

3. 各具特色，工青妇齐头并进

组织全馆28名员工在市海观山皇家花园户外拓展中心开展"奔跑吧，青年——大型竞技比赛"活动；组织3名乒乓球爱好者参加第23届市直机关干部职工乒乓球赛；配齐团支部队伍，因原团支部书记许婷婷、刘红相继辞职，增补了程强和顾佼龙作为团支部委员；组织开展"不忘初心跟党走"主题征文比赛、参加市直机关团工委举办的"不忘初心跟党走"主题演讲比赛并获二等奖；组织工会会员赴铁山参加植树活动，及时发放职工生日蛋糕券；选拔女职工参加市直机关工委开展的"三八"体育活动，荣获"三人四脚""夹气球接力跑"团体二等奖。

荆门市科技馆

法 定 代 表 人: 金克军
联 系 电 话: 0724-2388050
传　　　　真: 0724-2389255
官 方 网 站: www.jmskjg.org.cn
行 政 主 管 单 位: 荆门市科学技术协会
成立（开放）日期: 2000 年 11 月（2005 年 3 月 15 日）
通 信 地 址: 湖北省荆门市东宝区金龙泉大道 42 号
已加入专业委员会: 中国自然科学博物馆协会科技馆专业委员会

一、科普活动与展览

1. 教育活动

单位：人次

序号	活动名称	活动时间	主要内容	活动形式	主要对象	参与人数
1	"科技、文化、卫生"三下乡	1 月 18 日	科普大篷展品、《全民科学素质行动计划纲要》系列科普图展、发放科普资料 5000 份	展品展示、展板宣传	全体公众	5500
2	科普进社区——名泉社区	3 月 6 日	计划生育知识宣传	展板宣传	社区居民	2000
3	科技馆活动进校园进掇刀斗立小学	3 月 7 日	科普大篷车展品展	参观展览	学生	165
4	科技馆活动进校园进掇刀黄岭小学	3 月 9 日	科普大篷车展品展	参观展览	小学生	201
5	科技馆活动进校园进毛李中学	4 月 13 日	科普大篷车展品展	参观展览	中学生	800
6	科技馆活动进校园进永兴中学	4 月 14 日	科普大篷车展品展	参观展览	中学生	750
7	科普进社区——苏畈桥社区	4 月 21 日	科普大篷车展品、和谐计生、社会主义核心价值观展板	展品展示、展板宣传	社区居民	1500
8	科技馆活动进校园进柴湖小学	4 月 26 日	科普大篷车展品展	参观展览	小学生	256
9	科技馆活动进校园进仙居中学	5 月 4 日	科普大篷车展品展	参观展览	中学生	524
10	科技馆活动进校园进沙洋实验中学	5 月 10 日	科普大篷车展品展	参观展览、上科学体验课	中学生	923
11	科技馆活动进校园进荆门实验小学	5 月 9 日	绿色生活微盆景制作课程、科普大篷车展品展	参观展览	小学生	1300
12	科普进学校——荆楚理工学院	5 月 15 日	航天放飞中国梦主题展板、通航展板以及航模飞机	展板宣传、航模演示	大学生	8000

序号	活动名称	活动时间	主要内容	活动形式	主要对象	参与人数
13	科技馆活动进校园进屈家岭第一初级中学	5月17日	科普大篷车展品展	参观展览	中学生	820
14	科技活动周	5月20日	万众创新拥抱智慧生活大型科普图展	参观展览	全体公众	3000
15	科技馆活动进校园进浏河小学	6月2日	绿色生活微盆景制作课程、科普大篷车展品展	参观展览、上科学体验课	小学生	267
16	科普进社区——金龙泉社区	6月14日	发展低碳经济、提倡低碳生活主题展板	参观展览	居民	500
17	科普助力精准扶贫进后港殷集村	6月25日	科普大篷车展品展、无人机喷药	参观展览、农技指导	村民	207
18	科普助力精准扶贫进白庙荆东村	6月29日	科普大篷车展品展、无人机表演、农业专家进田间地头指导	参观展览、观看表演、接受专家指导	村民	210
19	科普助力精准扶贫进马南村	7月5日	科普大篷车展品展、无人机表演	参观展览、观看表演	村民	216
20	科技馆活动进校园进钟祥马南小学	7月20日	科普大篷车展品展、陶艺制作课程、女童保护课程、机器人表演、无人机表演、VR体验	参观展览、上科学体验课、观看表演	小学生	236
21	科普进社区——白云广场	9月18日	创新驱动发展，科学破除愚昧、和谐计生展板	参观展览	全体公众	850
22	科技馆活动进校园进团林李集小学	9月19日	氢气球制作课程、科普大篷车展品展、女童保护课程、机器人表演	参观展览、上科学体验课、观看表演	小学生	206
23	科普进机关——市委大院	10月9日	"创新驱动发展，科学破除愚昧"展板	参观展览	机关人员	300
24	科普进社区——龙泉山庄	10月26日	文明中国社会主义核心价值观展板	参观展览	居民	600
25	科普进乡镇——栗溪镇栗树湾社区	10月30日	砥砺奋进的五年，文明的力量展板	参观展览	居民	400
26	科普进社区——苏畈桥社区	11月2日	聚焦十九大展望新未来图片展	参观展览	居民	500
27	第四届小小爱飞客航空航天模型赛	11月3日	组织学生参加四轴飞行器操作、橡皮筋飞机、纸飞机制作放飞等比赛	比赛	小学生	1650
28	科普进企业——漳河新区国际会展中心	11月25日	聚焦十九大展望新未来宣传图片	参观展览	全体公众	2500
29	科技馆活动进校园进马河小学	12月26日	科普大篷车展品展	参观展览	小学生	367

2. 流动科普设施

单位：次

名称	年度巡展次数	类型	经费来源	运行方式
流动科技馆——体验科学	1	流动馆	财政拨款	科技馆运营

▨ 二、运营情况

票务情况

是否免费开放	未免费开放场馆票种	未免费开放票价	观众人数
是	无	无	24.2 万人次/年

▨ 三、2017 年度大事记

3~8 月　举办"2017 年荆门市参观科技展览有奖征文暨科技夏令营"活动。

4 月 8~9 日　组织参加第 32 届湖北省青少年科技创新大赛"七巧科技"竞赛，获一等奖 9 名、二等奖 3 名、三等奖 6 名。

5 月 13~14 日　组织参加第 32 届湖北省青少年科技创新大赛机器人竞赛，获一等奖 5 名，二等奖 11 名，三等奖 18 名。

9 月 9 日　新疆博州精河县科协主席许镇一行到荆门市科技馆参观交流。

9 月 15 日　承办 2017 年荆门市全国科普日活动启动仪式，荆门市委常委、市委统战部部长郑中华、市人大常委会副主任丁萍、副市长李珩、市政协副主席柯昌军出席。

荆门市科技馆科学展教中心

9~12 月　荆门市科技馆投入 140 余万元，新购展品 18 件套，对常设展厅进行了更新改造。

11 月 3 日　协办荆门市第四届小小爱飞客航空模型竞赛。

▨ 四、2017 年工作概述

2017 年以来，荆门市科技馆在上级主管部门市科协的正确领导下，在全馆职工的共同努力下，以"弘扬科学精神，普及科学知识，传播科学思想，倡导科学方法"为宗旨，以提高广大市民的科学素养为目的，围绕中心、服务大局，开展了丰富多彩的科普展教活动，为服务荆门经济、文化建设做出了应有的贡献，取得了显著的社会效益。荆门市科技馆在由中国科学技术馆、中国自然科学博物馆协会科技馆专业委员会联合主办的"2017 年参观科技展览有奖征文暨科技夏令营"活动中荣获"优秀组织奖"；金克军同志被评为"中国自然科学博物馆协会 2017 年度优秀工作者"。

（一）开展的科普活动

1. 免费开放工作

荆门市科技馆响应中央号召，于 2013 年 9 月起免费向公众开放，每年按要求上报免费开放相关材料，中央财政按工作开展情况核拨免费开放专项补贴资金，2017 年争取到免费开放专项补贴资金 280 万元。

2. 常设展厅常年开放

荆门市科技馆有常设展厅两处，是开展科普活动的主要场所，坚持节假日照常开放，全年开馆 268 天。2017 年，共接待浏河小学、白石坡中学、钟祥志强高中、超前幼儿园、钟祥市大柴湖全坑村留守儿童、十里牌社区、名泉社区等 16 支参观团队，团队参观人数达 4479 人次，全年接待观众数合计 24.2 万余人次。

2017年荆门市参观科技展览有奖征文暨科技夏令营启动仪式

3. 做好巡展工作，保证数量和质量

科普巡展一直是荆门市科技馆科普活动"走出去"的主要方式之一，其具有机动灵活、题材广泛、直观生动、图文并茂的特点，是进行科普宣传的有效形式。2017年，荆门市科技馆根据工作计划、结合社会热点，坚持开展"科普五进"活动（进社区、进机关、进学校、进厂矿、进农村），共举办巡展活动12次，参观人数约36000人次，主题包括"航天放飞中国梦"、"万众创新 拥抱智慧生活"、"和谐计生"、"发展低碳经济提倡低碳生活"、"社会主义核心价值观"、"节约能源资源"、"砥砺奋进 文明的力量"和"学习贯彻十九大精神图片展"等，促进了广大市民和青少年思想、科学、文化素质的提高。

4. 完成"中国流动科技馆县（市、区）巡展"工作

中国科协巡展项目"流动科技馆——体验科学"在荆门地区巡展最后一站——京山站，于四月下旬圆满结束，实现了在荆门所辖县（市、区）的全覆盖，极大地弥补了县（市、区）科普资源的不足，活动深受当地观众欢迎与好评，流动科技馆巡展共接待观众14.7万余人次。经争取，省科协同意将价值260余万元、包含52件套展品的"流动科技馆——体验科学"永久落户荆门，提升了荆门市科技馆科普展教能力。

5. "科技馆活动进校园"与"科普大篷车"工作

"科技馆活动进校园"是荆门市科技馆科普活动"走出去"的又一种主要形式，自举办以来，就被打造成品牌科普活动。2017年，荆门市科技馆将"科技馆活动进校园"与"科普大篷车"展出相结合，充分发挥科普大篷车机动灵活的优势，丰富了"科技馆活动进校园"的内涵，主要面向农村地区，共开展活动13次。

荆门市科技馆还创新科普活动形式，将科普活动与精准扶贫相结合，走进贫困村开展科普活动，参与"扶智"工程。2017年，开展了四次"科普助力精准扶贫工作"活动，分别走进掇刀区白庙街道荆东村、钟祥市大柴湖马南村、沙洋县后港镇殷集村、京山县永兴镇杨河村，在进行科普宣传的同时邀请农技专家提供种植、养殖技术指导，为种、养殖户传经送宝，助村民们脱贫致富一臂之力。

6. 举办"2017年荆门市参观科技展览有奖征文暨科技夏令营"活动

经过积极争取，荆门市科技馆成为全国"参观科技展览有奖征文暨科技夏令营"活动14个试点科技馆之一，是湖北省唯一承办此活动的科技馆，活动取得圆满成功。本次活动共收到征文1501篇，其中，100篇推荐到中国数字科技馆网站刊登，获一、二、三等奖的30篇在《荆门日报》《荆门晚报》选登，获二、三等奖的学生及其指导老师获邀参加地方营的活动；获一等奖的学生及其指导老师获邀参加在北京举行的"全国科技夏令营活动"，荆门市科技馆荣获"优秀组织奖"。活动及奖项向农村特别是贫困山区倾斜，突出公益性。活动开展后，《荆门日报》、《荆门晚报》、荆门电视台教育频道、荆楚网等本地主流媒体都进行了持续报道，有力提升了科技馆的形象和社会影响力。

7. 青少年科学工作室

（1）项目建设。一是解放思想，完善陶艺工作室的运行，丰富陶艺工作室的内容。二是继续发挥乐高活动中心的作用，开展系列馆外科普活动，有力配合了科普活动的开展。

（2）活动组织。充分利用工作室资源，不定期组织开展各类活动，引导青少年在动手动脑参加活动的过程中，形成学科学、用科学的思维习惯。如体验陶艺之美的"陶艺艺术活动"、利用无线电测向的"猎狐"活动、

展示 3D 打印的"小小创客科技节"活动、认识植物的"科普赶集会"、了解氢气球的"探空气球　放飞梦想"活动等。因为形式新颖、内容丰富，每次活动气氛热烈，队员情绪高涨，纷纷表示希望能多参加这样的科普盛会，既增长了知识，又锻炼了身体，还增进了情谊。

（3）组织参加各类大赛。①参加湖北省青少年科技创新大赛（机器人竞赛），该馆牵头组织了 41 名选手参加，有 34 人获奖，其中一等奖 5 名，二等奖 11 名，三等奖 18 名。②参加湖北省青少年科技创新大赛（七巧科技），共 18 人获奖，分别是一等奖 9 名，二等奖 3 名，三等奖 6 名。③参加第 32 届湖北省科技创新大赛（青少年科技创新成果），龙泉中学邓致豪同学获得一等奖。

（4）联合市教育局培训科技骨干教师。科技骨干教师培训是荆门市科技馆一项长期工作，2017 年青少年工作室和教育局合作，共举办了两期科技教师培训，共 125 名科技教师参加了培训，内容均为航模知识培训。

科技夏令营活动——体验风洞

（二）持续增加投入，加强科技馆内容建设，不断增强科技馆对公众的吸引力

为提升科技馆形象，提高展厅吸引力，增强科普服务能力，2017 年，荆门市科技馆投入巨资对展厅展品和环境进行了更新改造。

科普助力精准扶贫工作——走进白庙街道荆东村，高级农艺师邓士元（左一）指导大棚生产

1. 更新展品，增强吸引力

2017 年，对科普展教中心展厅的展品进行了更新，投入 140 万余元，新购展品 18 件套。本次新购展品科技含量高、观赏性、趣味性、互动性强，如蛇形摆、共振秋千、惯性等，受到广大观众朋友的欢迎。

2. 改造环境，提升形象

一是对办公楼外墙进行了装修。办公楼因使用时间长，外墙面早已破败不堪，非常影响形象，且走廊没有安装窗户，每逢雨雪天气，地面非常湿滑，存在安全隐患。本次装修后，办公楼面貌焕然一新，且张贴了各类标语，改善了办公环境，提升了形象。二是完成了科普展教中心室外火箭除锈刷漆工作，既保护火箭不被腐蚀，又美化了环境。三是完成了科普展教中心室内粉刷，使展厅颜色更趋协调、和谐。

（三）增加宣传投入，提升科技馆的知名度

宣传一直都是荆门市科技馆很重视的工作，它不仅可以提高知名度，还能通过媒体向公众传递学科学、爱科学的理念。2017 年，荆门市科技馆加大了在宣传报道上的经费投入，效果非常明显。2017 年，荆门市主流媒体宣传报道荆门市科技馆 69 次，其中，荆门电视台 16 次，《荆门日报》16 次，《荆门晚报》34 次，荆楚网 3 次。

湖南省科学技术馆

英　文　全　称：Hunan Science and Technology Museum
法　定　代　表　人：周尚文
联　系　电　话：0731-89808552
传　　　　　真：0731-89808516
官　方　网　站：www.hnstm.org.cn
行　政　主　管　单　位：湖南省科学技术协会
成立（开放）日期：2011 年 6 月 25 日
通　信　地　址：长沙市天心区杉木冲西路 9 号
已加入专业委员会：中国自然博物馆协会科技馆专业委员会

▨ 一、科普活动与展览

1. 临时展览

单位：平方米，人次

展览名称	起止日期	展出地点	面积	观众数量	性质
双创促升级、壮大新动能	9 月 15~22 日	A 馆短期展厅	1200	20572	联合

2. 教育活动

单位：人次

序号	活动名称	活动时间	主要内容	活动形式	主要对象	参与人数
1	"棕情欢乐"端午节特别活动	5 月 29 日	机器人舞蹈秀、空气大炮	科学表演	来馆参观的公众	—
2	"童心大作战"科学嘉年华"六一"国际儿童节活动	6 月 1 日	机器人舞蹈秀、空气大炮、液氮秀	科学表演	来馆参观的公众	—
3	"奇思妙想、创意无限"湖南省科技馆 6 周年庆	6 月 24~25 日	机器人舞蹈秀、空气大炮、液氮秀	科学表演	来馆参观的公众	—
4	湖南省科技馆"第二届小小辅导员活动"	8 月 9~12 日	从语音基础、科学发声、外在形体、讲解礼仪、科普知识等方面进行辅导培训	科学培训	8~12 岁的小学生	20
5	长沙高铁站磁悬浮科技体验营	8~10 月	奇幻泡泡秀、莫比乌斯带	科学表演	现场观众	—

序号	活动名称	活动时间	主要内容	活动形式	主要对象	参与人数
6	"科技梦 未来星"国庆节主题活动	10月1~4日	科普表演秀、机器人互动体验、VR虚拟现实体验	科学表演	来馆参观的公众	—
7	周末科学营	全年周六、周日	STEAM科学课程,针对学龄儿童进行科学将结合学习,内容涵盖数学、物理、生命科学、天文宇宙等领域	科学课堂	6~12岁小学生	5000
8	科学探梦课堂	暑期7月20日至8月10日	开展系统性的系列课程,课程共分声学、光学、电磁学等五个知识板块,有针对性地培养独立的知识体系	科学课堂	8~14岁中小学生	150
9	机器人科学课堂	7月10~20日 8月10~20日	利用乐高机器人器材,带领学生从搭建到编程进行阶段性学习和体验	科学课堂	7~13岁中小学生	120

3. 流动科普设施

序号	名称	年度巡展次数	类型	经费来源	运行方式
1	省科技馆"科普进校园进社区"活动	"科普大篷车"分别到攸县、炎陵县、江华县、桃江县、安化县、湘潭县、耒阳市、湘阴县、古丈县、龙山县、辰溪县、隆回县等地的51所学校和12个社区 截至12月底,共发放了科普读本5万余本,受众人数达66270人	大篷车	专项科普经费	—
2	中国流动科技馆湖南巡展	10套流动科技馆分别在怀化、湘西、娄底等12个市州的35个县、市、区进行了巡展 截至12月底共计有1659654人次参观	流动馆	专项科普经费	—

二、科研与学术

1. 研究成果

序号	题目	作者	刊名	卷(期)号	期刊级别
1	《浅议如何创新科学教育领域的馆校结合机制与模式——以湖南科学技术馆馆校结合活动为例》	周辉军	《面向新时代馆校结合·科学教育——第十届馆校结合论坛论文集》	2018年	—
2	《浅议如何结合STEAM教育理论让科技馆展品"活"起来》	周辉军	《湖南省博物馆年会论文集》	—	—
3	《浅析如何结合〈全民科学素质行动计划纲要〉对STEAM教育进行评估》	周辉军	《中国科普理论与实践探索:新时代公众科学素质评估评价专题论坛暨第二十五届全国科普理论研讨会论文集》	2018年	—

2. 专著

名称	作者	出版社	出版日期
《科技馆科学教育概论》	吕东主编	天津科学技术出版社	2018年

3．编辑刊物

刊物名称	刊号	发行周期	发行数量	发行范围
《生活中的科学》	—	—	6万余册	内部发行

三、信息化建设

1．官方网站浏览情况

2017年湖南省科学技术馆官方网站的累计访问量为10万余人次，日均访问量为30人次。其中访问最多的栏目为资讯动态，最高月访问量为1800余人次。

2．新媒体运用

（1）微信公众号。2017年7月对"湖南省科学技术馆"微信公众号重新认证。通过微信公众号发布该馆资讯和各类活动共72条。运营近5个月以来，微信粉丝数量从认证前的500余人上升至5700余人。

（2）头条号。2017年该馆积极参与中国科普矩阵联盟建设工作，"湖南省科学技术馆"官方头条号于2017年7月正式上线。截至2017年12月31日共发布各类信息58条，单次推荐量最高达2.4万余条。

四、志愿者队伍建设

单位：人次

分类	服务岗位	人数	来源	服务时间
全日志愿者	服务咨询、观众引导、展品看护等	588	大学生	周末及节假日
社会实践志愿者	观众引导、展品看护等	166	中小学生	开馆期间都可

五、运营情况

1．票务情况

是否免费开放	未免费开放场馆票种	未免费开放票价	观众人数
部分免费	影院、B馆	4D影院：学生20元/场、成人25元/场；球幕影院：学生20元/场、成人30元/场；B馆：15元/人	54.8万人次/年

六、2017年度大事记

1月15日　由湖南省科技馆和"动起来"乐高机器人培训公司共同举办的第五届"动起来"机器人比赛在湖南省科技馆共享大厅举行。本次比赛共有170多名学生选手参赛。

1月23日　按照省科协党组的要求和机关党委的部署，湖南省科技馆党总支书记、馆长喻泽红组织并主持2016年度组织生活会。省科协党组书记、副主席刘小明，党组成员、副主席刘晓河出席并指导。会上，喻泽红代表湖南省科技馆班子作了对照检查发言，班子成员邹艳华、吕东、蒋电波、罗巨进逐一进行了对照检查并开展了批评和自我批评。

3月14日　湖南省科普主题公园推进小组第一次全体会议在湖南省科技馆A馆召开。会议对湖南省科普主题公园建设工作进行安排部署，成立科普主题公园建设实施小组和专家指导组；审议《湖南省科普主题公园建设工作方案》，对科普主题公园概念设计要点进行讨论，形成大量可行性建议和意见。会议由省科协党组成员、副主席刘晓河会议室主持。

5月24日　湖南省科技馆召开副科级以上干部大会。省科协人事部副部长郭利红宣读周尚文同志任湖南省科技馆馆长的任职决定。省科协党组副书记、副主席王玉立出席并讲话，省科协党组成员、副主席刘晓河主持会议。

5月26日　湖南省科技馆党支部书记、馆长周尚文组织科技馆党支部全体党员和部门负责人在B馆二楼会议室开展政治理论集中学习会议。

5月27日　儿童科学乐园布展及展品初步设计专家论证会在湖南省科技馆A馆二楼会议室召开。

5月28日　湖南省科技馆与长沙联通在A馆共享大厅举办主题为"科学探秘之旅"的体验式亲子活动。120余人参加了本次活动。

湖南省科技馆A馆全景

湖南省科技馆B馆全景

5月30日　湖南省科技馆馆长周尚文在B馆二楼会议室主持召开科普主题公园建设专题会议。落实省科协党组关于抓紧推进科普主题公园建设立项工作的有关指示精神，研究部署下一步实施方案。

6月4日　中国流动科技馆湖南巡展项目评审会在湖南省科技馆召开。

6月9日　省科协党组副书记、副主席王玉立代表省科协党组在湖南省科技馆广场举行简短的仪式：欢迎省纪委离退办组织省纪委老领导、老干部一行50余人到湖南省科技馆开展科普学习活动。

6月9日　党总支书记、馆长周尚文在B馆二楼会议室组织科技馆全体党员及副科级以上干部召开推进"两学一做"学习教育常态化、制度化学习会议。

6月13日　湖南省科技馆工会组织的员工拓展训练活动在石燕湖生态公园开展。

6月27日　由副馆长蒋电波主持的A馆"Wi-Fi覆盖信息化建设项目"初步验收会在湖南省科技馆二楼会议室召开。

7月4日　全体干部职工大会在B馆报告厅召开。湖南省科技馆党总支书记、馆长周尚文做《讲政治、转作风、谋发展，团结一致向前看》专题讲话。副馆长邹艳华主持会议，干部职工共75人参加。

7月9日　湖南省科普主题公园建设实施小组第三次会议在A馆会议室召开。

7月13日　湖南省科技馆科学秀《Cindy畅游童话世界》作品在第五届全国科学表演大赛中获得一等奖。

移动球幕影院前的科普剧表演

8月4日　结合学习习近平总书记"7·26"重要讲话精神，党总支书记、馆长周尚文为全体中层干部举办了一期上任前的廉政专题党课。

9月6日　中国流动科技馆第二轮全国巡展湖南省启动仪式在衡阳县实验中学隆重举行。省科协党组副书记、副主席王玉立，衡阳市委副书记邓群策，市政协副主席张亮出席启动仪式，有关单位干部职工、广大中小学生和当地群众共2000余人参加启动式。

10月17日　湖南省科技馆党总支在B馆召开全体党员大会，完成了党总支、党支部的换届选举工作。

11月16日　组织召开《湖南省科普主题公园概念设计方案》评选会。邀请中国自然科学博物馆协会名誉理事长徐善衍、湖南省科协会党组成员副主席刘晓河、山西省科技馆馆长路建宏、合肥市科技馆馆长柏劲松和湖南师范大学教授科学教育学院刘德华5位专家担任评委。评选会严格按照评选方案及流程有序开展。经小组会研究讨论，根据各单位专业所长，拟选取北京清尚建筑设计研究院就室外及公共空间进行深化，广美科展工程有限公司就高科技馆、励志馆、童趣馆进行深化，最后由该馆对整体方案进行整合。整合后的方案报省科协党组确认。

12月10日　"探知未来"2017年全国青年科普大赛（长沙赛区）在湖南省科技馆举行。来自湘、鄂两省市123名学生和43名指导教师组成的48支队伍参加角逐。最后评出5个一等奖、10个二等奖、15个三等奖及18个优胜奖。

七、2017年工作概述

2017年，在省科协党组织的正确指导下，在中国自然科学博物馆协会大力支持和关怀下，湖南省科技馆深入学习贯彻党的十九大精神、认真贯彻落实全国科技三会会议精神，积极落实创新引领开放崛起战略，各项工作取得新进展，业务工作亮点突出。

（一）"四位一体"现代科技馆体系建设成效显著

一是实体科技馆硬件升级。截至11月底，湖南省科技馆共接待观众481557人次，接待团队64986人次。完善前台配套设施，为公众提供更人性化的服务。完成科普主题公园概念设计方案评选工作；B馆儿童科学乐园升级改造工作全面启动，预计2018年改造后成为国内首家以积木为主题的科普专题场所。二是流动科技馆巡展覆盖面扩大。10套流动科技馆顺利完成怀化、湘西、娄底等12个市州的34个县市区站点巡展工作，截至11月底共计接待观众1459703人次，为基层公众提供了参与科普的机会。三是科普大篷车进校园进社区活动继续开展。增加了精品科普剧、科学实验课堂、移动球幕影院影片、航模飞机表演、VR虚拟现实体验、科普展板等活动内容，深入到50余所学校，免费发放5万多份科普资料，受众人数达55654人次。四是推进信息化建设。成立网络信息部，加强与中国科技馆的项目合作，促进全景漫游科技馆、虚拟现实科技馆、中国数字科技馆湖南二级子站实施落地。加强微信公众号、今日头条号的内容建设，提高公共科普服务能力。

（二）科普教育活动精彩纷呈

展教部成功举办"新年心希望——我们从这里出发"开学典礼、"科学探秘之旅"的六一亲子活动、"棕情欢乐"科学小制作活动、"童心大作战"科学嘉年华、"第二届小小辅导员"等形式多样的科教活动，深受学生和家长的

国庆科普剧表演

欢迎。同时，重视对展教员的培养，在第四届全国科技辅导员大赛中，夏小寒、王宇均获得南部赛区个人讲解赛三等奖。全年共发表科普理论研究论文4篇，周辉军等人被第二十四届全国科普理论研讨会邀请参会并作个人发言。第五届全国科学表演大赛科学秀比赛中，原创科学秀《Cindy畅游童话世界》荣获大赛一等奖，这是该馆自2011年建成开馆以来，首次获得全国性比赛一等奖。同时，科普剧《科技新播报之疯狂动物城》荣获2017年全国科普剧表演大赛三等奖。实验教育部开展创新STEAM课程，开拓业务范围。全年开设80节STEAM课程，共接待学生2000多人。除了STEAM暑期科学营、STEAM周末科学营，还带领STEAM课程走进校园，接待湘府英才、邵阳隆回等学校学生500余人。为了能让更多的学生及时了解并参与科普教育活动，自主设计研发了网上报名系统，扩大了科普活动特别是STEAM课程的受众群体。为配合国家科技场馆科普教育项目"绽放的笑脸——向日葵研究"课题，湖南省科技馆成功主办"向日葵ONE DAY夏令营"暑期活动，共吸引40余名外来务工人员子弟参加。"探知未来"2017年全国青年科普创新实验暨作品大赛（长沙赛区）在该馆举行。来自湘、鄂两省市123名学生和43名指导教师组成的48支队伍参加角逐。最后评出5个一等奖、10个二等奖、15个三等奖及18个优胜奖，评出湖南科技大学等21家"优秀组织单位"和陈芳等23位"优秀指导老师"。

（三）社会影响继续扩大

据不完全统计，《湖南日报》、红网、卫视、经视等省级主流媒体共报道该馆活动50余次，该馆组织开展的"科普进校园进社区"活动、流动科技馆巡展工作、举办的"探知未来"2017年全国青年科普创新实验暨作品大赛（长沙赛区）等，在各地得到了广泛报道。通过宣传报道，湖南省科技馆的社会影响继续扩大。

贵州科技馆

英　文　全　称：Guizhou Science and Technology Museum
法　定　代　表　人：杨泳滨
联　系　电　话：0851-85835091
传　　　真：0851-85835091
官　方　网　站：www.gzstm.cn
行　政　主　管　单　位：贵州省科学技术协会
成立（开放）日期：2006 年 8 月 18 日
通　信　地　址：贵州省贵阳市南明区瑞金南路 40 号
已加入专业委员会：中国自然科学博物馆协会科技馆专业委员会

一、科普活动与展览

1. 临时展览

单位：平方米，万人次

展览名称	起止日期	展出地点	面积	观众数量	性质
2017 "香港回归祖国二十周年——同心创前路掌握新机遇" 巡回展（贵州站）	8 月 4~13 日	贵州科技馆	600	1	联合

2. 教育活动

单位：人次

序号	活动名称	活动时间	主要内容	活动形式	主要对象	参与人数
1	潜望镜的秘密		潜望镜	科技探索系列活动	青少年	400
2	多彩纸王国		彩纸	科技探索系列活动	青少年	400
3	又见风车		风车	科技探索系列活动	青少年	400
4	小小考古学家之恐龙大发现	2017 年 1~12 月，不定期，节假日开展	恐龙	科技探索系列活动	青少年	400
5	纸的艺术		折纸	科技探索系列活动	青少年	400
6	思维挑战赛		思维挑战	科技探索系列活动	青少年	400
7	苗家姑娘讲科普		基于展品原理开发的活动	展区启迪智慧活动	青少年	500
8	神奇烟圈&五彩万花筒		基于展品原理开发的活动	展区启迪智慧活动	青少年	500

续表

序号	活动名称	活动时间	主要内容	活动形式	主要对象	参与人数
9	疯狂表演秀	同上	借助伯努利原理、压强原理、液氮物理性质、双氧水加入催化剂氧气、液体蒸发吸热等科学现象和实验的现场表演	实验表演	青少年	30000
10	天文漫谈	2月2日	天文学	科普讲座	青少年	300
11	科学一起嗨	2月7日	加油向未来	科普讲座	青少年	300
12	妇女生殖保健	3月17日	生殖保健	科普讲座	青少年	300
13	虫虫特工队	4月8日	昆虫	科普讲座	青少年	300
14	地震灾害的防御	5月20日	地震	科普讲座	青少年	300
15	父母和孩子都应该知道的宇宙十大真相	6月17日	宇宙十大真相	科普讲座	青少年	300
16	创新思维与创新方法	8月8日	创新思维与创新方法	科普讲座	青少年	300
17	恐龙博物学	8月12日	恐龙	科普讲座	青少年	300
18	世界航天发展历程	9月2日		科普讲座	青少年	300
19	生物多样性嘉年华	10月14日	生物多样性	科普讲座	青少年	300
20	什么是化学反应	10月1日	化学反应	科普讲座	青少年	300
21	什么是化学反应	10月2日	化学反应	科普讲座	青少年	300
22	生态环保科普讲座——亲水之旅特别活动	11月12日	生态环保	科普讲座	青少年	300

3. 流动科普设施

单位：次

序号	名称	年度巡展次数	类型	经费来源	运行方式
1	流动科技馆	20	流动馆	省财政	巡展
2	科普大篷车	17	大篷车	中科馆、省财政	巡展

二、科研与学术

编辑刊物

单位：册

刊物名称	刊号	发行周期	发行数量	发行范围
《贵州科技馆》	无	季刊	300	兄弟馆，科协系统

🔲 三、信息化建设

新媒体运用：贵州科技馆微信公众号（服务号）每月推送 4 次，一次 2~8 篇文章。

🔲 四、志愿者队伍建设

单位：人

分类	服务岗位	人数	来源	服务时间
社会志愿者	展厅管理员	152	高校	7~10 月

🔲 五、运营情况

票务情况

是否免费开放	未免费开放场馆票种	未免费开放票价	观众人数
是	无	无	—

🔲 六、2017 年度大事记

1. 贵州科技馆入选《当代贵州》"喜迎十九大"特刊

贵州科技馆作为一个公益性事业单位，是贵州唯一的综合性科普场馆，是服务贵州全省公众的窗口和阵地。为对贵州科技馆开馆 10 年做一个总结和回顾，以崭新风貌迎接十九大胜利召开，进一步培育和打造贵州科技馆的文化品牌效应，以不断提升服务能力，来提高科技馆的公共文化服务吸引力，以科普场馆的影响力、辐射力和凝聚力带动和促进群众参与科普文化活动。特应邀入选中共贵州省委《当代贵州》"喜迎十九大"特刊。

2. 2017"香港回归祖国二十周年——同心创前路掌握新机遇"巡回展（贵州站）临展

此次巡回展展览内容主要分为 10 个部分进行展出，约 260 多组图片，并配以文字介绍，旨在展示香港回归祖国 20 年以来各方面主要成就和发展，以及与内地的交流情况，并前瞻未来，让大家感受香港作为亚洲国际都会的活力与魅力。此次展览的重点，是香港和祖国"同心"在"一起"，共同推进香港的繁荣稳定和国家的改革开放与现代化建设，一起创造更美好的明天。

3. 攻坚克难，中国流动科技馆贵州巡展第一轮实现全覆盖第二轮启动

"中国流动科技馆"贵州巡展项目除了贵阳市以外，走遍了全省 80 多个县市区，实现了第一轮基本覆盖，受益人数达 300 余万人次，县市区覆盖率达 100%，其中中小学生参观比例占 90% 以上。行程 10 万公里，展品的使用率位于全国第六。以"公平·普惠·创新·提升"为主题的"中国流动科技馆"第二轮全国巡展启动仪式 9 月在铜仁市（万山区）第八中学举行，标志着"中国流动科技馆"贵州巡展第二轮正式启动。

4. 馆校结合生动力，科技助推真扶贫

2017 年，贵州科技馆紧紧围绕精准扶贫这个大战略谋划工作，在省科协"四服务一加强"的指导思想下，对贞丰县、台江县、剑河县、德江县、紫云县、平塘县等 6 个精准扶贫点所辖学校开展"送科学进校园"系列活动，带领贫困地区学校实现了科普教育从无到有，从 0 到 1 的转变，进一步解决科普"最后一公里"问题，拉近了贫困地区与发达地区的科普资源差距，为完善中国特色科技馆体系"普惠化"不断注入新的活力。

5．紧扣时代脉搏，重点发展贵州科技馆信息数字化系统平台建设

2017 年贵州科技馆紧跟现代科技发展步伐，加快了更新建设实体场馆的节奏。投入 550 万元重点引入了 VR、AR 等新技术在展品上的应用，针对性强化建设了 FAST– 大射电、喀斯特溶洞探险等项目，集中体现了贵州省科普大发展、生态大旅游的地方特点。紧接着又投入 610 万元启动贵州科技馆数字信息化系统平台建设。采用 RFID 及大数据、智能化应用技术，规划了 13 个系统模块对场馆运营进行动态化、数字化管理。其中，对内能够完成业务流程追溯，固定资产的有效管理，为决策指导提供可靠的数据支撑。对外服务中，能够凸显数字优势，通过手机或智能终端等拓展手段，为公众提供更快更便捷的公共文化服务渠道，构建更"智慧"的科技馆。该系统平台招投标已经完成，预计明年 8 月建成，该系统将使该馆成为国内第一家基于芯片技术对观众及展品全面信息化管理的科技馆，走在了全国科技馆的前列。

贵州科技馆大楼

▨ 七、2017 年工作概述

2017 年，贵州科技馆以实体场馆及聚集的科普资源为依托，深入贯彻中国特色现代科技馆体系发展新理念，拓展其内涵与外延，从建立健全体系化机制、全面提升科技馆科普能力、重点推动信息化建设、大力加强标准化工作四个方面增强体系融合；继续利用自身平台优势，整合各项资源，拓展展览教育活动模式。亮点是不断适应公众需求和科技发展，实现展教资源开发"一支队伍、多方服务"，"一次开发、多重利用"和"一个项目、多层拓展"，产生社会效益，不断促进贵州省公民尤其是青少年群体科学素质提高计划。

（一）准确把握中国特色现代科技馆体系建设在提升公众科学素质中的重要作用

统筹流动科技馆、科普大篷车、农村中学科技馆、科技馆进校园的建设与发展。坚持实体馆与"流动的"科技馆齐头并进，发挥其在科技馆体系建设中提升公众科学素质的重要作用。

1．中国流动科技馆贵州巡展实现全覆盖

流动科技馆项目自 2011 年试点运行以来，将县城里的老百姓带入了生动活泼的科学"课堂"。截至 2017 年 10 月底，"中国流动科技馆"省内共展出了 20 个站点。据不完全统计，参观人数达 30 余万人次，日均参观人数达 500 人。至此"中国流动科技馆"贵州巡展项目除了贵阳市以外，走遍了全省 80 多个县市区，实现了第一轮基本覆盖，受益人数达 300 余万人次，县市区覆盖率达 100%。其中中小学生参观比例占 90% 以上。行程 10 万公里，展品的使用率位于全国第六。

流动科技馆所到之处受到了各地师生、群众的极大喜爱。有的学生参观后带家长来参观，有的学生家长又联合其他市民群众前来参观，扩大了受众面，增添了互动性。为了丰富流动科技馆的活动内容，各地方发挥主观能动性，根据实际情况创新活动方式，有的邀请县科技局、卫计局等多家部门开展科普一条街宣传活动；有的借机发放大量科普宣传资料；有的开展征文比赛和航模比赛等活动，社会反响良好。

以"公平·普惠·创新·提升"为主题的"中国流动科技馆"第二轮全国巡展启动仪式 9 月在铜仁市（万山区）第八中学举行。本次展出标志着"中国流动科技馆"贵州巡展第二轮正式启动。将再次为贵州省青少

流动科技馆启动仪式

年和广大社会公众零距离接触科学、体验科技、开阔眼界、增长知识搭建平台，有效改善科普薄弱地区青少年感受科学的魅力，启发科技创新意识、提高全民科学素质起到十分积极的推动作用。

2. 全省科普大篷车运行良好

2017年，该馆积极谋划科普大篷车管理工作并结合自身优势，充分利用场地、人员、设施等资源积极安排大篷车开展相关配套科普活动。同时，承担完成了全省科普大篷车运行数据及相关工作的报送。

截至2017年10月底，全省大篷车开展活动347次，行程5.3万公里，活动累计时数1304小时，媒体关注报道139次，不完全统计，受益人数达50万余人次。

贵州科技馆大篷车开展活动17次，行驶里程9000公里，受益人数达2.2万余人次。分别走进铜仁、余庆、施秉、习水、赤水、剑河、德江、石阡、镇宁、三穗、台江等11个市县（区）及周边中小学。

3. 大力打造农村中学科技馆

2017年，在中国科技馆发展基金会的大力支持下，农村中学科技馆项目建设扎实稳妥。贵州科技馆主要从两个方面打造推进农村中学科技馆建设。

一方面，加快建设步伐。7月、10月，中国科技馆发展基金会确定了贵州省援建项目两批共计19所学校，第一批已于2017年9月中旬全部安装到位。另一方面，加强人才队伍培养。为进一步落实"科技三会"精神，推动农村中学科技馆项目健康、可持续发展，5月，贵州科技馆组织全省已建农村中学科技馆的学校及拥有大篷车的市（州）、县（区）科协召开了全省科技辅导员工作交流培训会。来自全省各地州市、县区的120名科普工作者及教师参加了此次交流培训会。11月，将组织2017年中科馆第一批援建的学校教师及已建成农村中学科技馆项目实施效果良好的8所学校负责人参加中科馆召开的全国农村中学科技馆培训会。

同时，借助农村中学科技馆这个有利平台，获得多项表彰。2017年，已建的45所农村中学科技馆中有8所实施效果良好，获得中科馆表彰并奖励每所学校1个创客工作室。贵州科技馆组织参加了由中科馆举办的"2017年参观科技展览有奖征文暨科技夏令营"活动，选送30余个作品参赛，凤冈新建中学、余庆白泥中学的作品获得"优秀作文奖"。

4. 馆校结合进校园，真情服务惠民生

贵州科技馆紧紧围绕精准扶贫这个主题谋划工作，在省科协的6个精准扶贫点所辖学校开展贵州科技馆"送科学进校园"系列活动，在贫困地区实现了科普教育从无到有，从0到1的转变，进一步解决科普"最后一公里"问题，不断完善中国特色科技馆体系"普惠化"建设。

贵州科技馆开展的"送科学进校园"活动，不仅将流动科技馆、科普大篷车、农村中学科技馆以及"玩转科学"实验课、"机器人俱乐部"等科普资源进行了打包整合，还开创了馆、校、企联合行动，共同为科普事业谋发展的合作模式。在部分学校开展了科普展品捐赠活动，有力地支持了当地科技教育和科普公益事业，为1000余名渴望科学的农村青少年撑起了实现梦想的双翼。与多家单位联合开展"关爱农民工子弟"活动，已有近2000人次的青少年受益。

活动目前服务校园近30所，签订10个馆校合作协议，开展活动近50次，服务学生人数10000余人。其中贫困地区学校20所，贫困学生7000余人。

5. 实施贵州科技馆信息数字化系统平台建设

贵州科技馆数字信息化系统平台建设是该馆2017年的重点工作。根据对信息化、智能化管理决策和大数据服务的需求，结合科技馆的实际情况，规划了13个系统和功能模块。

通过该系统平台的应用，运用移动互联网、大数据等新型信息技术手段，贵州科技馆实现全馆的数字化管理、精确化管理、实时动态化管理和网络化管理。其中，对内在运营管理中，能够完成业务

科普剧

流程追溯，固定资产的有效管理，收集平台交互数据，以及根据现有数据进行分析比较，为各种行为提供可靠的数据依据，为日常工作和决策指导提供数据支持。实现管理转型和统一管控等目的。对外在公众服务中，能够突出数字优势，拓展观众互动和陈列展示手段，通过手机或智能终端等新载体为公众提供更快的公共文化服务，扩大服务范围和服务对象，拓展服务渠道。

系统的实施将提升观众参观的整体效果，提升服务体验；实现对观众参观轨迹的记录，展品知识原理及扩展知识的推送，甚至实现观众的定位和搜寻，提升综合管理的效率等目的。建立放在口袋里的科技馆导览系统，实现对公共文化服务平台的真正随时、随地、随身访问，建设更"智慧"的科技馆。

该系统平台建成后将成为国内第一家观众及展品全面信息化管理的科技馆，走在了全国科技馆的前列。

目前，"贵州科技馆信息数字化系统平台建设方案"的招投标程序已经进行完毕，正在加紧进入合同签订及施工阶段。

（二）升级融合提升展教活动组织能力，面向公众推出科学表演、科学实验、科学讲堂、科普剧、夏令营等一大批精品科普活动

截至10月底，据不完全统计，贵州科技馆常设场馆共接待观众48万余人次，其中团队58个，各类主题科普活动接待服务观众5万余人次。4D影院放映场次约532场，观影人数约11169人次。为满足展厅服务需求，招募志愿者达162人，服务次数165次。

1. 展教主题活动活力迸发

2017年，科技馆着力展教活动的升级融合，特别是基于展品开发，设计出了"苗家姑娘讲科普""神奇烟圈&五彩万花筒"等启迪智慧项目，同时，以"科技探索"为主的系列活动继续开展，"潜望镜的秘密""多彩纸王国""又见风车""小小考古学家之恐龙大发现""纸的艺术""思维挑战赛"等活动在节假日陆续与公众见面，共计开展11次，吸引了大批公众。

一年一度的"科普日"，是广大科技工作者为公众提供服务的重要平台。"2017年全国科普日，贵州科普嘉年华"，科技馆的展教主题活动精彩纷呈。科普剧《我们的春天》绽放筑城广场。科学实验《疯狂表演秀》携伯努利原理、压强原理、液氮物理性质、双氧水加入催化剂氧气、液体蒸发吸热等科学现象现场表演，全面展示了学科学、用科学、玩科学的科学魅力。

以观众参与、体验方式揭开前沿高科技产品的神秘面纱，"3D笔绘画艺术""小型3D四维伪全息投影展示""VR演示"等7项主题活动的开展达到了科普亲民、近民，科学理念深入人心的目的和效果。

2. 科普大讲堂多维度开讲

2017年，科普大讲堂延续"公益·惠民·科普"的定位，以普及性、群众性、社会化为宗旨，邀请专家学者广泛开展大数据、生态环境、科技教育、航空航天等科普讲座活动，惠及听众600余人。同时，结合新媒体

科普表演秀

建立了科普大讲堂官方微信群，培养了大批的热心观众并鼓励观众在参与讲座后写出感想积极向科普大讲堂投稿，让孩子们学有所获。

值得一提的是，2017年科普大讲堂摒弃了传统科普讲座形同学术报告的形式，在内容上更加丰富多彩，引人入胜。例如第二期邀请了央视《加油向未来》节目中的未来博士邓楚涵，不但分享了自己的求学经历，还将各种趣味小实验带到讲座现场与孩子们互动；第六期邀请了科学声音组织成员、科普作家、科普演讲家汪洁老师用"讲故事"的方式向孩子们揭秘了"不可不知的宇宙10大真相"；第八期将科技前沿VR技术带到了讲座中，让孩子们亲身经历了一场与"恐龙"的邂逅；第十期在国庆期间邀请了北京化工大学教授、英国皇家化学会北京分会主席David G.Evans给孩子们带来精彩的化学实验；11月，为积极响应党中央、国务院关于生态文明建设和生态文明体制改革的总体部署，根据《国家生态文明试验区（贵州）实施方案》的新要求，贵州科技馆科普大讲堂拟开展生态环保科普讲座——亲水之旅特别活动，首次将讲座搬进了大自然。

3. 科普助推大扶贫，科普夏令营送智扶志

2017年，科技馆紧扣大扶贫战略，本着"服务贫困学生、制定最佳路线、选取最优服务"的原则，让山区的孩子有机会走出大山，感受现代科技。8月，组织剑河县、台江县、紫云县、平塘县、贞丰县、德江县、天柱县、石阡县等贫困地区120名学生参加（参加此次夏令营活动的学生年龄最小的10岁，年龄最大的16岁）。"小小科学家创客研学夏令营"、"上海科普夏令营"和"北京科普夏令营"活动。

此次夏令营活动丰富了孩子们的感性认识，健全人格发展，让他们得到了挑战自我、锻炼自己的好机会，既提高了独立自主、自我发展、自我超越的能力，还在体验科技活动、感受科技魅力的同时在孩子们的心里播下科学的种子、思考的种子、探索的种子，激发了孩子们对科学的向往、对知识的追求。

（三）紧跟时代需求，强化队伍建设

1. 围绕党建促业务，凝聚发展正能量

2017年以来，在党建工作中，该馆始终将推进"两学一做"学习教育常态化、制度化作为主基调，将落实"三会一课"作为党员干部政治思想教育的重要手段，将提高工作效能，提升队伍整体素质，作为不断体现"四个意识"的重要保证。

一是先后围绕"学习贯彻习近平总书记'7.26'重要讲话精神，学习研讨党的十八届六中全会、省第十二次党代会及《报告》关键词"解读。组织开展"喜迎党的十九大当好党内政治生态护林员"党员谈心谈话活动；组织开展以十九大为主题的党团学习活动，如：开展省直机关"喜迎十九大"党的知识在线竞答活动，开展十九大专题学习讨论，组织党员干部下载订阅"政前方""今贵州"等；组织支部党员干部职工开展2017年"扶贫日"捐赠活动。二是加强党员管理，完善党员基本信息采集录入，按期、足额收缴党费。同时，统筹管理党员活动经费开支。三是持续开展对贞丰县"科技助力 脱贫攻坚"对口帮扶工作。

2. 智能化驱动管理，灵活化交流学习

在经过2个多月的调试后，3月起该馆率先于全国启用了智能化管理系统——"钉钉"，从考勤到日常事务审批，全面实现了流程化、无纸化办公，工作交流及协同事务更加便捷和规范化，极大提高了管理和办事效率，强化了团队的凝聚力。

积极开展馆际交流活动，组织员工分赴全国7所科普场馆进行交流学习。不仅让员工汲取了很多宝贵的工作经验及场馆建设、运营方法，找出了自身的差距，而且为不断强化自身建设，培养干部队伍奠定了良好的实践基础。

毕节市科学技术馆

法 定 代 表 人：陈岚
联 系 电 话：0857-8254230
传　　　　真：0857-8254710
官 方 网 站：www.gzbjkx.cn
行 政 主 管 单 位：毕节市科学技术协会
成立（开放）日期：2014 年 1 月
通 信 地 址：贵州省毕节市七星关区碧阳大道 518 号毕节市科技文化中心
已加入专业委员会：中国自然科学博物馆协会科技馆专业委员会

一、科普活动与展览

1. 临时展览

单位：平方米，人次

序号	展览名称	起止日期	展出地点	面积	观众数量	性质
1	"崇尚科学、远离邪教"临展	2 月 15 日至 5 月 30 日	毕节市科技馆广场	400	3000	原创
2	社会主义核心价值观展览	全年	毕节市科技馆广场	400	6000	原创
3	"大众创业、万众创新双创人物"科普展览	9 月 1 日至 10 月 20 日	毕节科技馆广场、人民公园	400	4000	原创
4	毕节市第五届青少年科技馆创新大赛作品展	11 月 10~12 日	毕节科技馆临时展厅	280	6000	原创

2. 教育活动

单位：人

序号	活动名称	活动时间	主要内容	主要对象	参与人数	活动成果
1	送科技三下乡活动	2 月 8~12 日	开展十九大精神宣讲，生活科普知识、反邪教等宣传	农村群众、青少年	12000	提升农村群众的科学素质
2	第 32 届贵州省青少年科技创新大赛	4 月 14~16 日	科技创新作品	青少年、科技辅导员	3000	培养创新、创造精神
3	青少年走进科技馆　体验科学魅力	4~11 月	参观科技馆、科技夏令营、科普讲座、征文活动	青少年	12000	增加科学知识，培养科学思维

序号	活动名称	活动时间	主要内容	主要对象	参与人数	活动成果
4	2017年青少年科学调查体验活动	5~10月	围绕活动主题"我爱绿色生活"开展调查体验活动太空种子种植	中小学生	5000	让学生进一步了解太空种子种出的农作物与普通种子种出的农作物的区别
5	科技辅导员培训	5~12月	机器人教练员、科技辅导员	中小学科技教师	87	提高科技辅导员的科技辅导能力
6	中国流动科技馆巡展（黔西金沙、大方站）	5~12月	展出流动科技馆展品	青少年、社会公众	60000	落实中国科协科普资源均等化布局，提升西部地区公众科学素质
7	暑期青少年科技夏令营	7月19~28日	体验科技展品，制作小小科技展品	青少年	641	提升青少年科学素质
8	全国科普日系列科普活动	9月19~24日	开展科普讲座、科普大篷车进校园	大、中、小学生	3000	普及科普知识，提升师生科学素质
9	2017年全国青年科普创新实验暨作品大赛（贵阳赛区毕节赛点）选拔赛	11月4日	"火星探索"和"风能利用"项目比赛	中学生	405	培养创新精神和科技人才
10	第五届毕节市青少年科技创新大赛	11月11~13日	科技创新作品	中小学生、科技教师	2150	培养创新精神和科技人才

3. 流动科普设施

单位：次

名称	年度巡展次数	类型	经费来源	运行方式
科普大篷车进农村、进校园	40	科普大篷车车载展品展出	免费开放经费	免费展出

▓ 二、科研与学术

编辑刊物

单位：册

刊物名称	刊号	发行周期	发行数量	发行范围
《毕节科普》	贵州省连续性内资准字第 BJDQK13 号	季刊	4000	毕节市

▓ 三、信息化建设

1. 官方网站浏览情况

2017年毕节科协网、毕节科技馆网点击人数为5万人次。

2. 展品信息化工作

在毕节科协网、毕节市科技馆网站上刊出展品图片，进行展品介绍。

四、志愿者队伍建设

单位：人

分类	服务岗位	人数	来源	服务时间
临时	展厅、4D影院	130	在校大中专学生、机关事业单位干部	周末、节假日、特殊节日

五、运营情况

票务情况

是否免费开放	未免费开放场馆票种	未免费开放票价	观众人数
免费开放	无	无	3.2万人次/年

六、2017年度大事记

1月28日至2月3日　毕节市科技馆组织开展2017年"迎新春"文化惠民系列活动，免费对公众开放了6个常设展厅和4D影院，举办反邪教科普知识宣传，共接待5000余人次参观。

2月23日　市科协副主席周云祥，毕节市科技馆馆长陈岚陪同黔南州贵定县科协主席刘远丽，副主席韦明芳，县科技局副局长李万玲等考察毕节科技馆。

3月22~24日　派员参加在杭州举行的中国自然科学博物馆协会2017年联络员工作会议。

毕节市科技馆主体建筑全景

3月29日　2017年毕节市青少年"走进科技馆 体验科学魅力"系列科普活动启动，七星关区第一实验学校200名学生参加。

5月9日　毕节市科协党组书记、主席谢平贵，市科协党组成员、市科技馆馆长陈岚一行参加"中国流动科技馆贵州巡展黔西站"启动仪式，并指导黔西县科技馆的建设工作。

5月10~12日 举办"毕节科技馆干部职工综合能力提升培训班"一期，全馆干部职工32人参加普通话、讲解技能、公共服务礼仪等培训。

5月27日 毕节市科技馆与"益缘志愿者协会"联合开展了"青年之声，毕节益缘大手牵小手关爱山区儿童庆六一活动"。金海湖新区梨树镇红光小学的80名留守儿童及60名志愿者参加活动。

8月21日 "中国流动科技馆全国巡展活动贵州金沙站"启动仪式在金沙中学举行，贵州省科技馆总工程师佘开华、毕节市科协主席谢平贵、副主席周云祥、毕节市科技馆馆长陈岚及金沙中学2000余名师生参加。

8月21~23日 毕节市科技馆馆长陈岚、副馆长祖晓萍、王瑜参加市科协工作督查组，对下辖7县3区科协开展2017年度全民科学素质工作和科协业务工作的督查。

8月30~31日 毕节市科协主席谢平贵、毕节市科技馆馆长陈岚、副馆长祖晓萍参加在青海省海西蒙古族藏族自治州德令哈市召开的中国自然科学博物馆协会2017年年会。

毕节市科技馆展教工程项目审计工作于2017年6月启动，9月7日下午，展厅工程部分通过了毕节市乌蒙文化发展有限公司、四川蜀通工程造价咨询招标代理有限公司组成的审计工作小组实地验收。

9月19日至10月8日 毕节市科技馆围绕全国科普日的主题——"创新驱动发展，科学破除愚昧"，开展了丰富多彩、形式多样的系列活动。

10月16~20日 毕节市科技馆馆长陈岚、副馆长祖晓萍、王瑜参加市科协工作督查组，第二次对毕节市下辖的七县三区科协2017年度重点工作进行督查。

10月31日 毕节市科技馆两名党员参加"毕节市科协党的十九大精神宣讲队"，深入到扶贫联系点威宁县大街乡嘎基村宣讲党的十九大精神。

10月31日 中国流动科技馆全国巡展大方站启动仪式在大方县第四中学举行，贵州省科技馆总工程师佘开华、毕节市科技馆馆长陈岚和大方县委、县政府领导出席。

11月4日 由中国科协科普部、共青团中央学校部主办，中国科技馆、中国科协青少年科技活动中心、贵州科技馆承办，毕节市科协、毕节市教育局、毕节市科技馆、毕节一中协办的"探知未来"2017年全国青年科普创新实验暨作品大赛（贵阳赛区毕节赛点）选拔赛在毕节市第一中学体育馆举行，毕节市共有256支参赛队、405人参加比赛。

11月10~12日 由毕节市科协、市教育局、市科技局等七家单位联合举办的毕节市第五届青少年科技创新大赛在毕节市科技馆举行。

11月11日 毕节市科技馆承办了"十九大精神宣讲报告会——走进科技馆"宣讲报告会，市科协主席谢平贵主讲，176名青少年参加。

12月10日 由贵州省文明办二处副处长杜常春、省整治办主任张雷、省文明办干部梅菁组成的贵州省开展全国文明城市提名城市资格考评组到毕节市科技馆检查工作。

12月29日 贵州省委宣传部、省文明办、省教育厅、省文化厅、省文物局、省科协联合发文，以黔文明办〔2017〕45号文件命名毕节科技馆为"贵州省公共文化设施开展学雷锋志愿服务首批示范单位"。

七、2017年工作概述

2017年，毕节市科技馆围绕毕节市经济社会发展新常态的需求，充分利用各类科普资源，大力开展科普宣传、科普信息化等工作，使科技馆成为政府的重要民生项目和科普文化服务品牌。

（一）做好免费开放工作

坚持全年免费开放，共接待社会公众和青少年团体参观达37000人次，放映4D电影105场，科普讲解160场（次），展出科普展板260块（次），开展教育活动22次，举办短期展览4次，短期展览观众总量29000人，媒体报道数量12条。

（二）推进品牌工作

加强馆校合作，与七星关区教育局共同制定了《2017年七星关区城区中小学参观毕节科技馆时间表》，4~12月开展"青少年走进科技馆，体验科学魅力"系列科普活动，举办青少年科普夏令营活动一期，撰写"我与毕节科技馆"征文805篇，提交调查问卷796份，针对学生举办"崇尚科学、远离邪教"主题科普讲座2场。与市妇联、共青团毕节市委、七星关区幼儿园、七星关区众爱公益联合协会、毕节市儿童福利院、共青团七星关区委、南方电网共同组织了1000余名留守儿童参观科技馆，开展活动17次。此举推动了学校与科普场馆教育活动的有效衔接，进一步完善了校内外优质科学教育资源整合，促进了毕节市全民科学素质纲要工作的开展。

（三）组织"中国流动科技馆"巡展

"中国流动科技馆"是中国科协与地方科协共同协作、服务西部地区的一次联合行动，毕节科技馆组织"中国流动科技馆"在黔西县、金沙县、大方县巡展并做好相关服务工作，参观体验人数达到了6万余人次。

（四）加强对农村中学科技馆的指导

对中国科技馆发展基金会援建的毕节市7所农村中学科技馆管理运行情况进行督查，向贵州省科技馆上报运行情况报告；对贵州省科协、贵州省科技馆援建的大方县六龙农村中学科技馆、金沙县沙土农村中学科技馆开展了业务指导，帮助项目落地应用。

（五）组织开展各类科技竞赛

1. 组织青少年参加全国、贵州省青少年科技创新大赛，获全国第32届青少年科技创新大赛一等奖1项、二等奖1项、三等奖2项、优秀创意奖2项、优秀组织奖2项；获贵州省第32届青少年创新大赛一等奖23项、二等奖68项、三等奖139项、优秀组织奖2项。

2. 组织青少年参加"第三届贵州省青少年机器人竞赛"暨"第十七届全国青少年机器人竞赛（贵州区）选拔赛"，获二等奖3个、三等奖4个；参加2017年全国青少年信息学奥林匹克CCFNOI2017选拔赛，毕节市1名学生入选贵州省队。

3. 毕节市选手参加"贵州省第二届青少年3D打印创意设计大赛"，获一等奖6项、二等奖34项、三等奖41项、优秀指导教师16名、优秀学校3所、优秀组织奖2个。

4. 承办毕节市第五届青少年科技创新大赛，征集到作品735项，经组织专家评审，共评选出一等奖48项、二等奖87项、三等奖139项、优秀科技辅导员15名、优秀组织奖6项，对获奖选手及单位进行了表彰奖励。同时对上年度获全国一、二等奖，全省一等奖的选手进行奖励，共发放奖励经费14.3万元。

5. 组织毕节市405名中学生组成220支队伍，参加在毕节一中举行的2017年全国青少年科普创新实验暨作品大赛（贵阳赛区的毕节分赛场）"火星探索"和"风能利用"两个项目的比赛。

（六）奖励

1. 2017年4月毕节市科协党组成员、毕节市科技馆馆长陈岚荣获人力资源社会保障部、中国科协授予的"全国科协系统先进工作者"荣誉称号。

2. 2017年度市直绩效目标考核中，毕节市科技馆获一等奖。2017年开展的新任务、新工作，发生的新情况、新内容，重在凸显创新性工作及其效果。

2017年，毕节市科技馆深入贯彻习近平总书记在"全国科技三会"上重要讲话精神，以推动《全民科学素质行动计划纲要》实施为主线，积极参与了毕节市国家级文明城市、国家公共文化服务体系示范区、贵州省学雷锋志愿服务示范单位创建工作。

（七）毕节市国家级文明城市创建工作

以《毕节市创建全国文明城市工作实施方案》为指导，认真对照创建全国文明城市测评体系责任分解任务，发挥科技馆平台作用，大力弘扬科学精神，破除愚昧言行，提升民生福祉，开展了社会主义核心价值观教育实践活动相关工作。

1. 完善服务内容，丰富免费开放活动。每周三至周五接待团体参观，周六、周日对社会公众免费开放。

2. 组织开展以父母和未成年人为主体的参观活动，积极构建科普教育、文明礼仪为一体的良好育人平台，使科普教育和家庭教育、社会教育高度融和，将社会主义核心价值观植入公众的意识中，营造文明、和谐的氛围，提升公众的幸福感。

3. 将社会主义核心价值观教育实践活动贯穿在2017年"全国科普日"宣传、"科普中国"落地应用、科普信息化建设和"青少年走进科技馆 体验科学魅力"等工作中。一是2017年7月19~28日，毕节市科协、市教育局联合举办，毕节市科技馆（毕节市青少中心）承办了2017年毕节市青少年科技夏令营活动，活动历时6天，城区15所小学600多名营员参加了活动。活动中举办了包括"社会主义核心价值观""科学健康生活""五城同创"等内容的6场科普讲座。二是11月11~12日毕节科技馆承办"十九大精神宣讲报告会——走进科技馆""科学道德和学风建设"宣讲报告会。

4. 做好宣传工作，在市科协、市科技馆网站首页显要位置、市科技馆电子显示屏大力宣传科学技术在推动人类社会发展中的作用，并向观众发放宣传资料5000份。

（八）国家公共文化服务体系示范区创建工作

毕节市科技馆 4D 影院

毕节市科技馆 4D 影院

积极贯彻落实贵州省、毕节市委、市政府"关于毕节市创建国家公共文化服务体系示范区的实施意见"文件精神，立足于激发本地文化发展的内生动力，在大力促进科普服务均等化上下功夫，全力打造公众科普教育服务平台，构建彰显毕节民族特色和地域特色、体现时代发展趋势的现代公共文化服务体系，为毕节市决战贫困提速赶超同步小康提供强大的精神动力和文化支撑。

一是夯实创建工作基础。加强组织保障，制定了《毕节市科技馆免费开放工作实施意见》《毕节市科技馆免费开放专项经费管理办法》《毕节市科技馆免费开放工作绩效考核办法》，有序推进免费开放工作，确保创建工作顺利实施。2017年，毕节科技馆共接待37000人次的免费参观。

二是制定近期发展规划。以"毕节市科学技术协会事业发展'十三五'规划"为依据，结合实际，制定了《毕节科技馆近期发展规划》。扎实开展未成年人、农民、城镇劳动者、领导干部和公务员、社区居民等重点人群科学素质行动，带动全市公民科学素质水平整体提高。同时积极推进科学教育、科普资源、科技传播能力、科普基础设施和科普人才队伍等基础条件建设，努力推动科技馆事业发展，为公民科学素质建设的公共服务能力得到较大提升提供强有力的保障。

毕节市科技馆积极筹备、认真落实，做好中宣部、原国家新闻出版广电总局组织的2018年中期迎检工作。

（九）贵州省学雷锋志愿服务示范单位创建工作

以培育和弘扬社会主义核心价值观、传播社会主义先进文化为目标，以《全民科学素质行动计划纲要》为抓手，结合毕节市全国文明城市创建任务，积极开展学雷锋志愿服务工作。一是设立了学雷锋服务站点，及时补充完善服务设施，提供便民服务。二是加强队伍建设，与贵州工程技术应用学院、毕节一中、毕节市实验学校、七星关区"益缘"公益组织等成立了毕节市科技馆学雷锋志愿者队伍；共同组建起一支130人的志愿者队伍，成员为市科协系统和市级学会的科技工作者，市级机关事业单位工作人员，高校及在校高中、初中、小学学生，均根据其专业和服务能力进行了建档管理。三是对志愿者通过集中培训、自学的方式提升服务意识和能力，组织他们参与到科技馆免费开放、全国科普日、全国科技活动周、"青少年走进科技馆 体验科学魅力"、毕节市青少年科技馆创新大赛等重要活动中，承担"五城同创"宣传、参观导览、发放资料、咨询等服务，配合开展科普展教、展品维修等工作。

2017年12月，毕节市科技馆被贵州省委宣传部命名为"贵州省公共文化设施开展学雷锋志愿服务首批示范单位"。下一步，该馆将继续发挥科技馆作用，将科普文化建设融入扶贫攻坚总体布局，大力弘扬"奉献、友爱、互助、进步"的志愿精神，进一步深化免费开放工作，为实现毕节市公共文化建设跨越式发展，为满足群众日益增长的文化需求，实现精神和物质的全面小康而努力奋斗！

云南省科学技术馆

英文全称：Yunnan Science and Technology Museum
法定代表人：肖云轩
联系电话：0871-65328051
传真：0871-65328051
行政主管单位：云南省科学技术协会
成立（开放）日期：1983 年 12 月
通信地址：云南省昆明市五华区翠湖西路 1 号
已加入专业委员会 中国自然科学博物馆协会科技馆专业委员会

一、科普活动与展览

1. 临时展览

单位：平方米，万人次

序号	展览名称	起止日期	展出地点	面积	观众数量	性质
1	海鸥节	1 月 1 日	云南省科技馆广场	3000	6	联合
2	创新创造改变生活知识 产权竞争未来	5 月 1 日至 8 月 31 日	科普画廊橱窗	90.5	10	原创
3	"砥砺奋进的五年"中国梦云南篇章成就展	9 月 28 日至 10 月 31 日	云南省科技馆一楼展厅	3800	5	联合
4	昆明信息化科普产品博览会	11 月 24~27 日	云南省科技馆一楼展厅	3800	3	联合

2. 教育活动

单位：人次

序号	活动名称	活动时间	主要内容	活动形式	主要对象	参与人数
1	展厅团队接待	1 月 12 日	走进科技馆	学校组织学生到云南省科技馆参观，省科技馆提供科普服务	五华区第一幼儿园	30
		2 月 18 日	科学探索		五华区爱乐顺城幼儿园	23
		5 月 26 日	科学探索		肯琦儿第五幼儿园	199
		6 月 29 日	参观科技馆		五华区第一幼儿园	90

续表

序号	活动名称	活动时间	主要内容	活动形式	主要对象	参与人数
1	展厅团队接待	8月19日	文化科技之旅	学校组织学生到省科技馆参观，省科技馆提供科普服务	社会团体	34
		9月20日	"手拉手"科技之旅		彝良县海子镇中小学校	35
		9月29日	参观科技馆		书林一小	70
		10月27日	参观科技馆		澳门学生交流团	36
		10月27日	学科技研学活动		海青外国语实验学校	400
		10月31日	科技在我身边		省委机关幼儿园	480
		11月2日	参观科技馆		龙泉路小学六年级	350
		11月2日	参观科技馆		师大商学院学前六班	43
		11月10日	中国梦、科技梦、创新梦、七彩梦		师大附属七彩云南小学	1087
		11月30日	参观科技馆		晋宁区昆阳九年一贯制学校	41
		12月1日	探索科学		五华快乐泉幼儿园	20
		12月7日	参观科技馆		云南林业职业技术学院	24
2	科普进校园	1月1日	走进科学、体验科学	馆校结合，馆内提供活动所需的所有器材并安排专人开展活动，校方组织学生有序观看、体验	师大附小金安校区	300
		6月18日	昆明市第二幼儿园2017科技节		昆明市第二幼儿园全体师生	200
		10月13日	云师大实验中学第十四届读书节、科技节		云师大实验中学全校师生	5000
		10月31日	科普进校园活动		中共云南省委机关幼儿园	500
3	科普进社区	8月13日	"2017'我要上全运'全国百城千村健身气功交流展示系列活动大赛云南预赛暨云南省第四届视频大奖赛昆明赛区"启动仪式（大观公园）	在昆明市区人流量较大的广场搭建临时帐篷，面向公众免费提供展品讲解和展品体验服务	全体市民	6000
		9月16日	原创科普剧在科普日主会场演出（西山碧鸡广场）		全体市民	8000
		11月3日	云南省全民终身学习活动周开幕（昆明市工人文化宫）		全体市民	5000

续表

序号	活动名称	活动时间	主要内容	活动形式	主要对象	参与人数
4	馆、校、企联合开展科普教育活动	9月30日	与昆明市第二幼儿园、量子猫科学馆共同开展"科学与我同行"系列活动；活动内容有：幼儿园手鼓队演出、科普剧联播、科学实验秀	由云南省科技馆主办、联合校、企共同开展科普活动，达到资源共享、三方共赢的目的	全校师生、部分家长	300
5	党建带科普 科普促党建	9月17日	云南省科技馆党总支于科普日在盘龙区"871文化创意产业园"以及云南省科技馆常设展厅开展了以"党建带科普 科普促党建"为主题的党员主题日活动	全体在职党员围绕"创新驱动发展，科学破除愚昧"这一科普日主题，纷纷投入到展厅展品讲解、科普知识讲座辅导、科普影视展播及介绍、前沿科技体验辅导、科普动手实作辅导等一系列科普服务活动中	全体市民	12000
6	馆内科普活动	1月1日	科普剧、科普影视联播	在国家法定节假日，该馆均正常免费开放，并开展的配套科普活动，包括：科普剧（影视作品）联播、科学实验课程、科技制作小竞赛等活动。根据不同区域、不同活动内容，观众可采取微信公众号和现场报名的形式参与活动	全体市民	1500
		5月1日	科普剧、科普影视联播、动手小制作		全体市民	1600
		6月1~3日	"六一"系列活动：科普剧、科普影视联播		全体市民	4900
		10月1日	科普剧、科普影视联播、科学秀		全体市民	1700
7	科学实验课	6月18日	制作小小潜水艇	在云南省科技馆官方微信公众号网络预约报名参与；由该馆辅导员带领预约成功的小朋友在常设展厅内开展活动	6~12岁	60
		8月5日	会走路的杯子		6~12岁	60
		11月18日	梦想实验室（小机床）		7~12岁	40
		11月25日	梦想实验室（民族蜡染）		7~12岁	40
		12月2日	梦想实验室（再生纸）		7~12岁	40
		12月9日	梦想实验室（小机床）		7~12岁	40
		12月16日	梦想实验室（空气车、万花筒）		7~12岁	40
		12月23日	梦想实验室（再生纸）		7~12岁	30
		12月30日	梦想实验室（叶脉书签）		7~12岁	30
		12月31日	梦想实验室（叶脉书签）		7~12岁	30
8	菠萝科学奖"百城联动"直播活动	4月16日	网易云南与该馆联合开展的菠萝科学奖"百城联动"直播活动如期举行，直播活动为期一小时，直播展品讲解、科学秀、现场知识问答等活动	全国百城联动，同时在线直播常设展厅科普活动	全体网民	人数众多

续表

序号	活动名称	活动时间	主要内容	活动形式	主要对象	参与人数
9	科技周——科普进校园	5月5日	科学实验秀	开展现场实验	小学师生	500
10	数字科技智慧生活	5月20日	3D打印机，跳舞机器人，乐高机器人，科技展品，科学实验，科学剧	现场展示	市民	20000
11	参观科技展览有奖征文暨科技夏令营	8~9月	参观科技展览有奖征文活动、科技夏令营	通过参观科技馆、流动科技馆巡展、科普大篷车、农村中学科技馆等，该馆完成科技展览征文活动，优秀作文获奖者参加了科技夏令营活动	参观科技展览中小学生	7000
12	全国科普日	9月16日	主题展示活动，发放科普挂图，科普宣传读物	开展现场活动，主场重点活动	广大市民	30000
13	中国流动科技馆云南巡展第五期业务培训班	11月13~16日	内容涉及流动科技馆、农村中学科技馆和科普大篷车展品理论知识、基本维护和讲解培训	展品原理讲座、流动科技馆巡展展品现场教学	15个州市科协、各县区科协和委派教师	190

2. 流动科普设施

单位：次

序号	名称	年度巡展次数	类型	经费来源	运行方式
1	中国流动科技馆云南巡展	54	巡展	省级财政补助资金	在13个州市的54个县区完成了巡展工作，参观体验人数达110.5万人次，其中70%以上为中小学生，观众好评率达90%以上
2	科普大篷车	72	大篷车	省级财政补助资金	配合流动科技馆巡展站点开展展教活动54次，科普大篷车展品开展科普进校园活动18次

二、科研与学术

1. 研究成果

序号	题目	作者	刊名	卷（期）号	期刊级别
1	《中国传统工艺美术在现代工业设计中的运用》	沈莉婷	《艺术品鉴》	2017年第9期	省级
2	《产品创意设计的方法和技巧》	沈莉婷	《明日风尚》	2017年第12期	省级
3	《水果电池实验探究》	张小敏	《山东工业技术》	2017年第4期	省级
4	《科普画廊节能示范推广浅尝》	张小敏	《科技展望》	2017年第6期	省级
5	《对文物博物馆管理体制的新探索》	赵润忠	《科技与创新》	2017年第18期	国家级
6	《传统工艺美术于现代设计中的传承价值探究》	向纹谊	《青年时代》	2017年第19期	省级
7	《工艺美术在现代科技馆展教活动中的结合运用探究》	向纹谊	《青年时代》	2017年第19期	省级
8	《关于大学生科普志愿者队伍建设和能力提升研究》	郭长健	《科技展望》	2017年第10期	省级

序号	题目	作者	刊名	卷（期）号	期刊级别
9	《浅谈科普剧的表演与创作》	郭长健	《科技尚品》	2017 年第 3 期	省级
10	《完善志愿者管理机制，助力科技馆事业发展——以云南省科技馆为例》	刘昱均	《科技展望》	2017 年第 2 期	省级
11	《从"创新与教育"理念谈科技馆的发展方向》	夏松彦	《社会科学》	2016 年 12 月第 01 卷	国家级
12	《浅析"互联网＋科技馆"发展方向的思考》	夏松彦	《大科技》	2017 年第 3 期	省级
13	《科技馆和学校在校外科学教育中的结合》	刘亚频	《教育科学》	2017 年第 1 期	省级
14	《中国流动科技馆云南巡展的现状及问题探讨》	陈蓉	《时代报告》	2017 年第 12 期	省级
15	《浅析科技馆展品的维修与养护策略》	陈蓉	《大观》	2017 年第 4 期	省级
16	《让科技馆走向未来的新媒体技术：实践与探索》	严云	《教育现代化》	2017 年第 23 期	国家级
17	《依托"分子生物学实验室"进行探究式教育活动的实践与思考》	严云	《云南科技管理》	2017 年第 5 期	省级
18	《浅谈科技馆教育方法——讲解和辅导的区别》	吴霞	《科技展望》	2017 年第 18 期	省级
19	《浅谈加强科技馆辅导员培养的必要性——以云南省科技馆为例》	吴霞	《科学家》	2017 年第 7 期	国家级
20	《扩音器在场馆广播系统中的应用》	邹金霞	《工程技术》	2017 年 4 月第 20 卷	国家级
21	《文物修复方法在科技馆展品修复中的借鉴及应用》	邹金霞	《中国科技博览》	2017 年第 20 期	国家级

2. 编辑刊物

序号	刊物名称	刊号	发行周期	发行数量（册）	发行范围
1	《云南省科学技术馆老年健康简讯》	内部发行	季度	90	科技馆内部
2	《垃圾分类共创美好生活》科普挂图	内部发行	一年	2640（一册 10 张）	全省

三、信息化建设

1. 新媒体运用

云南省科技馆目前拥有政务新媒体 1 个，即云南省科技馆微信公众号——"云南省科技馆"。公众号自 2016 年 5 月设立以来，运行情况良好。2017 年度，共有订阅用户 1383 名，共推送信息 38 组 129 条，月均推送信息超过 3 组 12 条，推送内容累计点击量超过 13500 余次，观众互动留言 500 余条。成为展示该馆工作情况、推广科普活动、促进科技馆与观众双向沟通的有效平台，在观众中形成了云南省科技馆线上线下丰富立体的良好科普形象，在新媒体平台中树立了云南省科技馆的科普旗帜。

四、志愿者队伍建设

单位：人

分类	服务岗位	人数	来源	服务时间
大学生志愿者团队	云南省科技馆常设科普展览及重大科普活动科普志愿者岗位	2189	云南农业大学（1219 人）；西南林业大学（970 人）	1~12 月

云南省科技馆新馆全景图

五、运营情况

票务情况

是否免费开放	未免费开放场馆票种	未免费开放票价	观众人数
是	无	无	32.17 万人次／年

六、2017 年度大事记

1. 主要制度的颁布和修订

2 月 16 日　云南省科学技术馆关于印发《云南省科学技术馆关于严肃职工大会会议纪律的若干暂行规定》的通知。

5 月 15 日　颁布《云南省科学技术馆关于进一步完善和规范办文工作的通知》。

8 月 23 日　颁布《云南省科学技术馆关于加强工作人员因私出国（境）管理的通知》。

2. 重要业务活动、外事活动、来访接待、重要会议、学术交流等

1 月 1 日　协助昆明市委宣传部、昆明市文产办、昆明市五华区委和五华区人民政府等多家单位在云南省科技馆广场举办海鸥节，省科协宣传部部长、省科技馆馆长肖云轩同志出席开幕式。

3 月 9 日　石林县科技馆举办科普剧培训，云南省科技馆科技辅导员郭长健对参加培训的 50 多位科技教师进行了现场教学。

5 月 5 日　在云南师范大学附属小学（文林校区）举办"科技周——科普进校园"系列活动，组织科技辅导员开展科学实验秀。

5 月 20 日　协助省青科中心在玉溪市鲨鱼公园举办"数字科技 智慧生活"为主题的一系列科普活动，省科协副主席刘强同志出席。

5~8 月　协助省科技厅在云南科普画廊举办"创新创造改变生活 知识产权竞争未来"为主题的科普展，围绕知识产权的概念、类型、特点及保护等内容展开。

7 月 24 日　协助安宁市科技馆完成临时展馆改造布展工作，云南省科技馆设计研发部部长黄应红同志、科普部部长严云同志参加了开馆仪式。

7 月 26 日　承办"2017 年参观科技展览有奖征文暨科技夏令营"云南营活动，省科协宣传部部长、省科技馆馆长肖云轩同志出席开营仪式。

9月16日　协助省科协联合省教育厅、省科技厅、省环保厅、省农业厅、中科院昆明分院五家单位举办"创新驱动发展，科学破除愚昧"为主题的2017年云南省暨昆明市"全国科普日"活动，省科协党组成员、副主席刘强同志出席。

9月28日至10月31日　协助省委宣传部在云南省科技馆广场举办"砥砺奋进的五年"中国梦云南篇章成就展，省科协宣传部部长、云南省科技馆馆长肖云轩同志出席。

9月30日　在全省上下喜迎党的十九大胜利召开之际，省委书记、省人大常委会主任陈豪，省委副书记、省长阮成发，省政协主席罗正富等云南省党政军领导来到云南省科技馆观看"砥砺奋进的五年"中国梦云南篇章成就展。

11月13日　中国流动科技馆云南巡展第五期科技辅导员业务培训班开班仪式在安宁市举行，省科协宣传部部长、云南省科技馆馆长肖云轩同志出席。

1~12月　中国流动科技馆云南巡展在云南省13个州市54个县区完成了巡展工作，参观体验人数达1104593人次，观众好评率达90%以上。

1~12月　"科学的探索"常设展厅，全年开放312天，参观人数至年底达321657人次。

1~12月　在云南省共建成27所农村中学科技馆，至2017年底，所建农村中学科技馆覆盖云南省15个州市41个县（市），累计参观人数达到57613人次。

3．信息化建设情况

2016年5月，开通云南省科技馆微信公众号——"云南省科技馆"。该公众号设立以来，运行情况良好，成为展示该馆工作情况、推广科普活动、促进科技馆与观众双向沟通的有效平台，在新媒体平台中树立了省科技馆的科普旗帜。

七、2017年工作概述

2017年，云南省科技馆在省科协党组的正确领导下，深入学习贯彻党的十九大精神、习近平总书记系列重要讲话和考察云南重要讲话精神，大力弘扬"跨越发展、争创一流、比学赶超、奋勇争先"精神，为全面推进科技馆各项工作提供了坚强的政治思想保证。在中央财政及省级科普项目资金的支持下，云南省科技馆坚定不移地以举好"科普旗"为己任，不断强化阵地建设、扩宽科普活动内容和合作形式，竭尽全力地为公众提供优质的科普服务。一年来，该馆在科普宣传、服务、展教等方面均取得良好的社会效益，得到社会各界的广泛好评。

（一）加强核心业务管理，举好举牢科普旗帜

1．围绕中心、高举旗帜，倾心保障"科学的探索"常设科普展览正常运行

在"科学的探索"常设展厅工作中，全年开放312天，参观人数至年底达321657人次，自2012年开放以来，累计参观人次有望突破1252510人次。通过坚持馆校馆企"大联合、大协作"的工作思路，该馆加强与社会科学教育机构、学校和教育主管部门的联合运行机制，开展了"量子猫科学馆""乐学乐动"机器人科普活动。创新展厅志愿者合作方式，保障了志愿者工作向规范化、专业化迈进。常设展馆正成为社会非正规化教育的重要阵地。

2．全面实施"中国流动科技馆"云南第二轮巡展工作，科普惠疆成效显著

在"中国流动科技馆"云南巡展工作中，全年15套展品同时运行，已在13个州市54个县区完成巡展，受众达857665人次，截至2017年末，"中国流动科技馆"云南巡展累计参观人次可突破520万人次，观众好评率达90%以上。根据省科协科技助力精准扶贫任务分解要求，2017年该馆已对36个省级贫困县完成了1次巡展，完成了88个贫困县的41%，科普惠疆成效显著。

为了提高巡展队伍展教水平，2017年11月13~16日，举办了第五期科普辅导员培训班，对15个州市的

190 名参训人员进行业务培训，人员为历次最多，15 个州市科协各县区科协和委派老师参加培训，内容涉及流动科技馆、农村中学科技馆和科普大篷车展品理论知识、基本维护和讲解培训，为第二轮巡展工作打下坚实基础。

由中国自然科学博物馆协会和中国科技馆主办的"2017 年参观科技展览有奖征文暨科技夏令营"活动是以流动科技馆巡展为载体的一项科普活动。经过积极争取，云南省科学技术馆成为全国 10 个承办单位之一，该项活动在云南省

2017 年云南省科技周启动仪式（云南省科协副主席刘强同志致开幕词）

取得了非常好的效果。巡展所到之处的学校组织师生踊跃参与，征文活动共收到投稿 7000 余篇，共有 10 个州市参加了本次活动，占全省州市的 62.5%，覆盖面较广。该馆将此次征文的优秀作品结集成册同时将巡展各个站点有特色的活动概况整合其中，待印制完成后在各个巡展站点免费赠阅，以进一步提高流动科技馆的影响力和师生参与的积极性，两个活动起到了相互促进、相互补充的良好效果。

2017 年，依托"中国流动科技馆"云南巡展活动的平台，我们积极探索、大力开展丰富多彩的特色活动，丰富展教形式、增强展教效果。通过征文、球幕影院、3D 裸眼电视、3D 打印、VR 虚拟眼镜、虚拟登月、仿人机器人表演等科普展教活动，云南省科技馆把科普活动送进乡镇学校，送到边远地区群众身边，使少数民族地区的广大师生与群众了解科学的世界，拓宽科学的视野。流动科技馆的到来对当地科协开展科普工作给予了巨大的支持和帮助。

3．主题科普教育活动独具特色、形式多样

在主题科普教育活动中，该馆充分发挥科普资源优势、积极参与了全国科技活动周、省科协知识产权周以及全国科普日等主题活动的策划、筹备、协调。

5 月 5 日，与云南师范大学附属小学文林校区开展馆校合作，共同开展"科技周——科普进校园"系列活动。组织科技辅导员开展科学实验秀。此次开展的实验秀，受到了二年级 500 多名老师和同学的热烈欢迎。

全国科技周期间，协助云南省科协联合省青科中心在玉溪市鲨鱼公园举办以"数字科技 智慧生活"为主题的一系列科普活动。内容形式多样，展示了 3D 打印机、跳舞机器人、乐高机器人、科技展品、科学实验及科学剧表演活动。在云南科普画廊举办了"创新创造改变生活 知识产权竞争未来"主题科普展，展览围绕知识产权的概念、类型、特点及产权保护等内容展开，受众人数达 2000 人次。

协助云南省科协联合省教育厅、省科技厅、省环保厅、省农业厅、中科院昆明分院 5 家单位一起举办了以"创新驱动发展，科学破除愚昧"为主题的 2017 年云南省暨昆明市"全国科普日"活动。活动期间该馆负责与省教育厅、省科技厅及省环保厅等多家省级单位联系、协调、收集反馈意见、撰写活动文件等。此次活动共向全省发放活动指南 100 本，科普专刊 4 万余张；负责设计、制作、印刷《垃圾分类，共创美好生活》系列科普挂图共 10 张，向全省发放挂图共计 26400 张；科普日主会场（昆明市碧鸡广场）启动仪式上，组织演出科普剧《玩具店奇妙夜》；分会场科普活动丰富多彩，联合 871 文化创意园组织科普剧联播、生肖鸡制作（小机床动手制作体验）、鸡毛毽动手制作、鸡毛信制作、科教展品体验；联合中科院昆明动物博物馆开展科学讲座；与昆明臻海科技联合推出"虚拟登月"（捕捉技术）体验。

此外，该馆还充分利用《蜜蜂报》、《云南日报》、《春城晚报》、网络平台、省科协网站、网易波萝科学奖百城联动、微信公众号等多家媒体或宣传平台，共同推送图文消息 141 组、500 余篇文章，总阅读量突破35000 余次。

安宁市科协一行人来馆学习交流

4．继续支持指导基层科普场馆建设

在农村中学科技馆项目实施中，仅2017年签订协议并建成的农村中学科技馆就达27所，占已建成42所的64.2%，到目前为止，农村中学科技馆已覆盖全省15个州（市）。为保证农村中学科技馆的顺利运行，组织了8个州（市）共10所学校的老师参加中国科技馆发展基金会组织的科技辅导员培训。对大理洱源县振戎民族中学、丽江市古城区民族中学、迪庆州藏文中学科技馆的活动开展、展品安装和运行维护等情况进行实地走访，并现场讲解展品原理、演示展品操作方法、解答展品维修技能技巧。为楚雄、红河、曲靖、普洱等州市级科技馆以及石林、禄丰2个县级科技馆提供展品维修、展品更新、展品推荐及展厅开放管理等服务。同时还为文山、大理、昭通、临沧等州市级科协申报科普场馆建设提供各种相关材料和支撑依据。

5．众志成城、勇创佳绩，用优异成绩向党的十九大献礼

2017年该馆组织全体干部职工积极参加全国科技辅导员大赛、科学表演大赛以及云南省赛、市赛、区赛。在比赛中均取得跨越式具有里程碑意义的成绩和荣誉。3月参加的"云南省第三届科普讲解大赛"区赛、市赛及省赛中，吴霞、赵倩、刘昱均三位同志分别荣获市二等奖、三等奖、省三等奖及"昆明市科普传播使者""云南省科普传播使者"称号；4月参加的第五届全国科技馆辅导员大赛西部赛区预赛中，吴霞获个人赛三等奖，原创科普剧《玩具店奇妙夜》获团体赛一等奖；6月参加的第五届全国科技馆辅导员大赛全国总决赛中，吴霞获个人赛优秀奖；原创科普剧《玩具店奇妙夜》获团体赛三等奖。7月参加的"第5届全国科学表演大赛"中，云南省科技馆又荣获一等奖的佳绩。

（二）持续推进新馆基建和展教工程建设，实现建设工作新进展

云南省科技馆新馆建设项目属省级重大文化设施建设项目，建设业主是云南省科协。项目定位是云南省科普工作的重要基地，是展示该省经济、社会、科技发展成就的重要窗口，是广大科技工作者交流的重要平台，是面向南亚、东南亚开展国际科技交流的重要桥梁，是昆明城市建设的地标性建筑。项目选址呈贡新区吴家营片区，规划用地面积约250亩。其中：一期建设用地150亩；预留二期建设用地100亩。建设内容为展览教育、公共服务、业务研究、管理保障用房，总建筑面积为58995平方米。

新馆建设项目于2012年12月28日正式开工建设，桩基础工程、主体结构工程、钢结构工程目前已经竣工。2017年2月份新馆建设启动了屋盖屋面及幕墙工程施工，现已进入幕墙主檩、次檩条安装及办公区玻璃和玻璃幕墙立柱安装，目前幕墙施工进度已完成30.17%。2017年新馆建设共完成投资3479.64万元，累计完成投资37283.02万元。全年在组织完成新馆建设项目跟踪审计，解决资金缺口及概算批复甩复项等方面进行了不懈努力。在完成驻点审计工作后，2017年10月按照云南省审计厅要求，完成了新馆建设项目跟踪审计及《整改报告》。同时，按照基本建设程序的要求，展开了项目超概算和初设批复中不包含的室外工程和局部二次精装修工程报审批的准备工作。新馆展教工程对项目经费也进行了相应的调整。

新馆展教工作方面，新馆展教工程组为了工作的需要调整工作成员，成立新的小组。应云南省发改委的

要求新馆基建和展教合并做了工作汇报，根据省科协领导的要求新馆展教对项目经费进行调整。

（三）会展特色凸现、公益展览成效显著

本着"提升展馆形象、营造科普氛围、打造会展品牌、美化科普环境、彰显科普特色"的目的，于9月28日至10月31日云南省科技馆协助省委宣传部举办了"砥砺奋进的五年"成果展，于11月24日至11月27日与省科协、奥秘杂志社联合举办了第三届"科博会"。举办的两次大

科技周和观众互动活动（机器人表演）

型公益展览均获得了社会民众的高度评价，同时也提升了该馆形象。

（四）确保展厅正常运行，及时做好展厅展品管理、维修、升级改造

认真按照展厅管理制度完成展厅日常巡查，发现展品故障及时进行警示隔离或者现场维修，同时做好相应记录。全年共完成近300件次展品展项的维修工作，大大提高了展品运行完好率，保障展厅各常设展览及临时展览的顺利运行。其中对"手指推大厦""烟机""化石挖掘""水果大战"等多件展品在原有基础上进行升级改造，加装限时限位，支撑防护装置，升级多媒体软件版本，实现展品更高效、更可靠、更安全运行。充分利用科普剧闲置资源，将道具"调光玻璃"改装为一件完整的体验展项并完成安装调试。积极配合展品公司，完成展品的升级改造。与昆明臻海科技有限公司完成展品"虚拟登月"和"火箭拼装"的安装调试及后续使用交接工作。

对维修工具、材料的日常使用进行规范化管理，完善仓储设施，设置专门的维修工具材料间。对日常600余种维修材料、100余项维修工具进行分类存储，极大改善了以往工具材料乱堆乱放、用时无处找的局面，同时避免了重复采购的浪费，从而大大提高了维修效率。对本年度内报废展品进行回收，充分利用其有效部件用于展品维修，尽量做到节约高效。

延安市科学技术馆

英 文 全 称：Yan'an Science & Technology Museum
法 定 代 表 人：郭齐顺
联 系 电 话：0911-3385160
传 真：0911-3385180
官 方 网 站：www.ystm.org.cn
成立（开放）日期：2015 年 10 月 28 日
通 信 地 址：陕西省延安市宝塔区枣园路中段 9 号院 716000
行 政 主 管 单 位：延安市科学技术协会
已加入专业委员会：科技馆专业委员会

一、科普活动与展览

1. 临时展览

单位：平方米、万人次

展览名称	起止日期	展出地点	面积	观众数量	性质
"爱我祖国 爱我河山 中国脊梁 大美秦岭"	5 月 17~19 日	延安新城为人民服务广场	300	0.6	联合

2. 教育活动

单位：人次

序号	活动名称	活动时间	主要内容	活动形式	主要对象	参与人数
1	雕刻蚂蚁巢穴	7 月 22 日	了解蚂蚁生活习性，雕刻蚂蚁巢	课堂实践	小学生	20
2	废纸再造	8 月 13 日	了解垃圾分类，利用废纸再造纸	课堂实践	小学生	18

3. 流动科普设施

单位：次

序号	名称	年度巡展次数	类型	经费来源	运行方式
1	流动科技馆	1	—	财政拨款	—
2	科普大篷车	8	—	财政拨款	—

■ 二、信息化建设

延安市科技馆微信公众号名称为延安市科技馆，目前运行良好。2017 年积极完善了其宣传功能，开辟了"小小辅导员"、《智慧窗》小小主持人、科普活动参与网上报名等新功能。通过官方微信公众号，观众可了解延安市科技馆最新动态，2017 年共发布信息 140 余篇，粉丝数为 1931 人。

■ 三、2017 年度大事记

2月10日　延安市科技馆召开了领导班子专题民主生活会，市科技馆领导班子全体成员参加了会议，市科协副主席张彦强出席指导会议，市科技馆馆长、党支部书记郭齐顺主持会议。

2月18日　特邀请西安美术博物馆主任张娴与西安半坡博物馆副馆长张希玲，对该馆员工进行了为期两天的系统专业培训。

2月22日　以"体验科学"为主题的中国流动科技馆洛川县巡展启动仪式在洛川县会展中心举行。

2月23日　延安市科技馆召开了 2017 年工作会。

3月4~6日　再次邀请西安半坡博物馆副馆长张希玲与西安美术博物馆主任张娴，对该馆参加"第五届全国科技馆辅导员大赛"和"陕西省科普讲解大赛"的 12 名辅导员们进行了为期三天的赛前培训指导。

3月12日　为期两天的"第五届全国科技馆辅导员大赛西部赛区陕西小组赛"落下帷幕，延安市科技馆辅导员在大赛中全力比拼，荣获佳绩。

3月16~17日　陕西省青少年机器人竞赛教师培训班在西安举办。延安市科技馆青少部部长张晓芸带队，与来自延安职院附小、枣园小学、吴起中学等学校的 6 名科技辅导老师一起参加了本次培训。

3月20日　延安市科技馆应邀前往桥沟镇中心小学开展"科普大篷车"进校园活动，为宝塔区第二十五届"科技之春"宣传月活动助兴。

3月21日　延安市暨吴起县第二十五届"科技之春"宣传综合示范活动在吴起县胜利广场隆重举行，延安市科技馆精心准备了 VR 体验、机器人表演、球幕影院、科普表演秀以及科学小实验等系列科普活动，助力综合示范活动顺利进行。

3月22~24日　延安市科技馆派员参加中国自然科学博物馆协会 2017 年联络员工作会议。

3月27日　该馆党员代表吕伟伟、吴婧羽在参加由市直机关工委组织的"学习讲话精神，助推追赶超越"主题演讲比赛初赛中，首战告捷。

3月27日　延安大学生命科学学院院长王延峰，党委书记白亚军等一行 4 人来馆，针对在延安市科技馆建设延安大学教学科研基地进行前期考察。

3月31日　延安市科技馆与安塞县第二小学共同开展了"雷锋精神走进延安市科技馆"主题放映活动。

4月6日　子午岭国家级自然保护区管理局局长、桥北林业局局长贾生平一行 5 人到馆，为该馆捐赠植物标本和图书，并举行了简短的捐赠仪式。

4月9日　延安市第一届青少年机器人竞赛暨第十七届陕西省青少年机器人竞赛延安选拔赛在延安市科技馆成功举办。此次大赛由延安市科技局、市教育局、团市委、市科协共同主办，延安市科技馆具体承办。

4月9日　江西省科技馆副馆长高鹏一行 9 人来馆考察学习。

4月12日　延安市科技馆应邀前往姚店中学开展科普进校园活动，助力宝塔区第二十五届"科技之春"宣传月活动。

4月18日　中国流动科技馆延安新区巡展活动启动仪式在北京市第二实验小学延安分校举行。

4月18日　延长油田公司第二十五届"科技之春"宣传月活动在志丹县隆重举行，此次活动主题为"科技引领，美好生活"，由延长油田股份有限公司科协主办，延长油田股份有限公司志丹采油厂承办，延安市科技馆、志丹县科协、志丹县科技局共同协办。

4月19日　东莞市与延安市科技馆举行了馆际交流座谈会暨合作框架协议签字仪式。

4月13~19日　延安市科技馆与广东省东莞市科学技术博物馆联合开展了为期7天的以"科技引领 助推创新"为主题的馆际业务交流活动。

4月18~19日　延安市科技馆代表队参加"陕西省第三届科普讲解大赛暨全国第四届科普讲解大赛陕西赛区选拔赛",本次比赛由陕西省科学技术厅、陕西省科学技术协会主办,陕西省科技资源统筹中心承办。

4月22~28日　延安市科协组织延安市科技馆,志丹、吴起等4个县区科协负责人一行10人先后赴榆林、巴彦淖尔等科技馆进行考察学习,并观摩了第五届全国科技馆辅导员大赛预赛(西部赛区),馆长郭齐顺等四名同志参加了此次考察。

5月13日　由延安市委宣传部、延安市科技局、延安市科协主办,以"科技强国 创新圆梦"为主题的延安市2017年科技活动周在延安文化艺术中心广场拉开帷幕,延安市科技馆应邀参加了此次活动。

5月13日　延安市科技馆组织延安市代表队参加第十七届陕西省青少年机器人竞赛。

5月17日　"爱我祖国 爱我河山 中国脊梁 大美秦岭"大型科普图片展在延安市新城为人民服务前广场拉开帷幕。此次活动由陕西省科协、林业厅、水利厅、国土资源厅、科学院、气象局共同主办,陕西科技馆、延安市科协、延安市科技馆、秦岭终南山世界地质公园管理办公室联合承办。

5月15日　延安市委副书记、市长薛占海,延安市委常委、宝塔区委书记刘景堂调研创建全国文明城市工作。

5月23日　延安市科技馆受邀参加延职附小首届校园科技文化艺术节,为此次活动锦上添花。

5月24日　延安市科技馆特邀市亿安消防科教中心的韩向东教官为全体员工举办了一场夏季消防安全知识讲座。

6月1日下午　由索尼探梦科技馆和延安市科技馆共同主办的公益科普活动正式登陆历史文化名城——延安,在延安市科技馆内热烈开幕。

6月9日　无锡市党组书记、副主席陈晓华,科协副主席陆伟中,科技局副局长徐重远一行来该馆进行考察学习。

6月6~10日　由中国科协科普部主办,中国自然科学博物馆协会承办,上海科技馆协办的"自然科学类博物馆的发展策略与管理运营暨科普展览策划"培训班在上海科技馆举办。延安市科协党组书记、主席拓改琴,副主席张彦强,延安市科技馆馆长郭齐顺参加本次培训。

6月19日　延安市科协党支部、市科技馆党支部、市环境保护协会党支部、市科普创作协会党支部、市老年科协党支部全体党员走进学习书院,联合开展"党日活动进书院"主题教育活动。

6月21日　陕西省科协党组成员、陕西科技馆馆长王晓东、副馆长陈军一行,在市科协党组书记、主席拓改琴,市科技馆馆长郭齐顺陪同下就黄龙县科技馆建设情况进行了实地调研。

6月26日　延安市科技馆召开了文明城市创建工作推进会,全体员工参加了此次会议,会议由副馆长马明主持。

废纸再造

6月28日　市直机关工委召开了"市直机关庆祝建党96周年大会",该馆刁磊同志被授予"优秀共产党员"称号,并作为优秀共产党员代表发言。

6月30日　西藏自然科学博物馆馆长党卫东来该馆考察交流,并开展馆际交流座谈会。

6月29日　延安市科协、市科技馆党支部组织市医学会医护工作者和子长县养猪能手刘忠平赴延川县永坪镇后张家沟村开展"庆七一·健康扶贫进乡村""科技助力精准扶贫技术讲座"等科技服务活动。

7月4日 延安市科技馆应邀参加了子长县齐家湾中学第一届校园科技文化艺术节,为该校近2500名师生上演了有趣的科学实验、机器人展示和航模展演,为该校科技文化艺术节锦上添花。

7月6~7日 延安市科技馆首次举办了展品维修培训班,该馆及各县区科协共30名展品维修员参加了培训。

7月10日 铜川市科协组织100余名学生来延开展暑期夏令营活动,期间孩子们在延安市科技馆体验科学、探索科学奥秘,学习科普知识。

7月16日 该馆派员在宝塔山景区开展志愿服务活动,为景区游客热情介绍了延安市情、延安美食、延安旅游等,为有需求的游客提供力所能及的帮助。

7月17日 延安市文明办、延安北京知青博物馆与延安市科技馆联合举办了以"岁月回音壁 传承延安精神 做圣地文明人"为主题的演讲比赛。

7月17日 "延安大学教学科研基地"合作协议签约暨揭牌仪式在延安市科技馆举行。

7月20日 陕西省第一届全民健身运动会航模比赛暨2017年陕西省青少年航空航天模型竞标赛在渭南市生态新区、航空新城——卤阳湖内府机场举行。延安市科技馆带队参加。

7月28日 该馆员工吴婧羽参加市直机关工委读书分享会,分享会由市直机关工委与木兰书院联合举办。

7月25日 延安市科协、延安市科技馆在宝塔区西沟、市场沟、慧泽等6个社区开展"党员固定活动日"科普进社区志愿服务活动。

8月8日 "全民健身日"来临之际,该馆举行了第九套广播体操比赛。

8月10日 咸阳市科技资源统筹中心主任成恒国一行来该馆参观,并就科技馆建设和运营管理进行了座谈交流。

8月24日 召开《将改革进行到底》电视专题片观后交流研讨会,就专题片的学习感受进行了研讨交流。

8月24~27日 延安市科技馆副馆长马明带领青少部一行6人参加了在西安举办的第五届中国国际通用航空大会。

9月24日 中秋节来临之际,延安星星家园自闭症康复训练中心、木兰书院、蓝话筒少儿主持人培训中心、延安东太嘉乐食品有限公司等爱心社会团体、民营企业与延安市科技馆自发组织起来,相约在一起,共同举办了关爱自闭症儿童"星月相逢,爱满人间"大型公益活动。

9月26日 延安市科技馆姜娟娟、宗荣荣等6名青年党员集聚延安火车站,为出行的旅客提供一份热情的服务,秉承"奉献、友爱、互助、进步"的志愿精神,为圣地延安在创建全国文明城市的征程中增添了一抹亮丽的色彩!

10月23日 延安市科技馆2名辅导员参加了在天津自然博物馆举行的,由中国自然科学博物馆协会主办、协会技术工作委员会、天津自然博物馆承办的"第十二届全国动物标本制作与养护"培训班。

10月28日 2017届全国中小学生网络虚拟机器人设计竞赛(NSVRC)正式开赛。延安市科技馆首次作为其中一个分赛场,共组织了来自延安创新实验小学和延安职业技术学院附属小学的12名机器人战队成员参加了初赛。

10月30日至11月5日 延安市科技馆展教、青少等4个部室一行6名员工赴东莞科技馆进行了为期7天的业务学习与交流。

10月31日 由中国科协科普部主办的"第七期科普活动组织策划"培训班在中国科技馆举行。延安市科技馆选派薛敬雷、鲁丽媛2名辅导员参加了此次培训。

11月6~9日 由中国科学技术馆、浙江大学爱丁堡学院联合学院、浙江大学基础医学院和《环球科学》杂志社有限公司协同部分地方科技馆和初高级中学,在浙江杭州共同举办"生物医学未来人才培养计划"签约启动仪式及研讨会。延安市科技馆作为协办单位与两所合作学校延安实验中学、延安中学共同参加了此次仪式。

11月12日 由延安市科协、共青团延安市委、延安市教育局、延安市科技局联合主办,延安市科技馆承办的延安市小学生百科知识电视大奖赛在延安市科技馆成功举办。

10~11月 延安市科协、延安市科技馆组织全体干部职工向贫困村村民张振宝进行了献爱心捐款活动,累计捐款19050元。并于11月22日,由延安市科协秘书长、驻黄家疙瘩村队长樊雪梅,延安市科技馆馆长郭齐顺代表全体职工将捐款交到了贫困户手中。

11月29日　延安市科技馆与延安北京知青博物馆联合举办了"学习十九大精神，争做合格党员"主题朗诵会。

11月25日　全国中小学网络虚拟机器人设计竞赛决赛如期举行，延安市科技馆在决赛中勇创佳绩，取得优异成绩，荣获全国一等奖3名、二等奖4名，创下了延安市科技馆目前参加全国、省级青少年科技类竞赛的最好成绩。

12月10日　由延安市科协、共青团延安市委、延安市教育局、延安市科技局联合主办，延安市科技馆、延安电视台承办的延安市首届小小辅导员电视大奖赛在延安市科技馆成功举办。

12月9~10日　由延安市科协、延安市教育局共同主办，延安市科技馆具体承办的延安市第十四届青少年科技创新大赛评审会在延安市科技馆举行。

12月12日　延安市政协主席薛海涛、副主席蔺广东携市政协委员一行13人调研市科技馆，并走访看望科技界政协委员。

12月19日　延安市委常委、宣传部部长柯昌万到延安市科协调研。

12月22日　民进延安市委"不忘初心，风雨同舟共向前"第二期专家送课活动走进延安市科技馆。民进延安市委讲师团专家、延安职业技术学院教务处副处长刘月梅为科技馆及相邻单位的员工们讲授了"多媒体课件的制作技术及视频的后期处理"。

12月25~26日　第二届陕西省科技馆辅导员大赛在榆林科技馆举行。延安市科技馆由馆长郭齐顺、副馆长马明带队，一行共34人参加了比赛。延安市科协党组书记、主席拓改琴受邀出席本次大赛。

延安市第一届青少年机器人竞赛

广东科学中心

英　文　全　称：Guangdong Science Center
法　定　代　表　人：卢金贵
联　系　电　话：020-39348080
传　　　　　真：020-39348000
官　方　网　站：www.gdsc.cn
成立（开放）日期：2008 年 9 月 26 日
通　信　地　址：广州市大学城科普路 168 号
行政主管单位：广东省科技厅
已加入专业委员会：中国自然科学博物馆协会科技馆专业委员会

▦ 一、科普活动与展览

1. 临时展览

单位：平方米，万人次

序号	展览名称	起止日期	展出地点	面积	观众数量	性质
1	阿基米德的科学	1 月 13 日至 5 月 13 日	广东科学中心主场馆负一层绿化中庭	1000	9.59	引进
2	全国低碳科普展	6 月 13~20 日	广东科学中心主楼三楼	150	4	联合
3	海洋精灵	6 月 1 日至 10 月 8 日	广东科学中心二楼南临展厅	1200	100	联合
4	创想空间	7 月 22 日至 11 月 12 日	广东科学中心主场馆负一层绿化中庭	1000	15.77	引进

2. 教育活动

单位：人次

序号	活动名称	活动时间	主要内容	活动形式	主要对象	参与人数
1	缤纷春游　欢乐三八活动	3 月 4 日	科普秀、无人机、航模、AR/3D、飞行棋多面体等	互动体验	中小学生及普通游客	3000
2	广州地区"讲科学、秀科普"大赛暨 2017 年全国科普讲解大赛选拔赛	4 月 25~28 日	广州全市有 10 个区和 3 个市有关单位举办预赛	科普讲解比赛	全市市民	300（参赛选手）

序号	活动名称	活动时间	主要内容	活动形式	主要对象	参与人数
3	2017年广州科技活动周开幕式	5月20日	开幕式结合了科学表演秀、科学脱口秀、科普剧、科普相声、科技舞蹈、科学魔术、科学演奏、品牌发布等形式，同时搭配绚丽的灯光效果，为市民奉上精彩的科学盛宴	科普文艺汇演	全市市民	约20000
4	"漫游外太空"科学之夜	5月20日	打破活动时间的界限，精彩不断电，在科技活动周开幕式当天举行科学之夜活动，打破了科普场馆基本只在白天开放的时间界限	科普沙龙、科普电影欣赏、科普展览体验	全市市民	约41000
5	两岸及港澳地区科普论坛	5月21日	来自香港、澳门、台湾、北京和广州的5位科普专家做主旨报告，共同探寻"科普教育的创新之路"	科普讲座	科普同行、热心科普工作的市民观众	约500
6	两岸及港澳地区科学表演秀展演	5月20~21日	来自台湾科学工艺博物馆、台湾自然科学博物馆、澳门科学馆等机构科普表演团体联合广州本土科普表演团队为观众带来一场别开生面的科普派对	科学表演	全市市民	约2000
7	2017年全国科普讲解大赛	6月8~10日	全国共有20多个省市、地区和国家有关部门举办了300多场预赛；共有56个代表队共计183名选手参加决赛，500多名观众齐聚广州观摩决赛	科普讲解比赛	热心科普讲解的人员	183（参赛选手）
8	第十五届广东省少年儿童发明奖优秀作品展	6月10~11日	作品评选	比赛	18周岁以下的少年儿童	3000
9	广东省科技馆研究会欢乐科普行（佛山站）活动	9月8日	广东省科技馆研究会科普山区行	科普进学校	佛山东平小学师生	1000
10	2017年全国科学实验展演汇演广州地区选拔赛	11月11日	以"科技强国 创新圆梦"为主题。主要目的是通过科技人员演示科学实验方法在全社会广泛普及科学知识，弘扬科学精神，传播科学思想，倡导科学方法	科学实验展演赛事	选手需18周岁以上，可以是从事科研工作或科普工作的相关人员（在校大学生除外）；欢迎市民观摩	现场观众约200人
11	"探知未来"2017年全国青年科普创新实验暨作品大赛进校园（初赛）	11月2~23日	科普创新实验暨作品大赛初赛	科普进学校	广州市部分中学生	2183
12	"探知未来"2017年全国青年科普创新实验暨作品大赛广州复赛	12月9日	科普创新实验暨作品大赛复赛	科普竞赛	大学生、中学生	350
13	党校培训	2017年全年	各类现代科技知识与产业知识培训活动	培训	党校学员	98
14	第四届广东省大学生科学影像大赛	2017年全年	影像制作培训、大赛作品征集	培训、大赛作品征集、线上线下互动	广东省各高校师生	10000
15	小谷围科学讲坛（第162期至170期）	2017年全年	紧扣社会热点和科技前沿话题，邀请国内外知名专家来演讲	科普讲座	公众、南都读者、大学生	1680

序号	活动名称	活动时间	主要内容	活动形式	主要对象	参与人数
16	科学探究营地、冬（夏）令营	2017 年全年	主题科学活动	探究营地	预约的学生团体	7367
17	创意机器人系列活动	2017 年全年	创意机器人试点活动、赛前培训、区赛、省赛、教师培训、进校园、特训营等系列活动	赛前教师培训、竞赛、进校园、学生集训等	在校师生	23000

二、科研与学术

1. 承担项目

单位：万元

序号	项目名称	项目起止时间	项目来源	项目级别	经费	负责人
1	广东省青少年科技创新能力培养计划实施推广——以创意机器人为载体	2015 年 4 月至 2017 年 4 月	省科技计划	省部级	50	侯的平
2	小谷围科学讲坛项目开发及实施推广	2015 年 3 月至 2017 年 12 月	省科技计划	省部级	30	黄亚萍 李 益 侯的平
3	创意机器人大赛区级赛模式研究应用	2015 年 3 月至 2017 年 4 月	省科技计划	省部级	20	韩 俊 傅泽禄 许玉球
4	广东科学中心科学探究营地教学资源的开发及教学视频的拍制	2015 年 4 月至 2017 年 6 月	省科技计划	省部级	10	管 昕 羊荣兵 黄嘉健
5	广东科学中心科技体育基地提升建设	2016 年 4 月至 2017 年 12 月	省科技计划	省部级	20	王建强 吴志庆 傅泽禄
6	创意机器人套件研发及在线课程推广	2017 年 1 月至 2018 年 11 月	省科技计划	省部级	10	黎晓娟 方美玉 吴志庆
7	广东科学中心幼儿主题科普教案研究开发及推广应用	2017 年 1 月至 2018 年 12 月	省科技计划	省部级	10	黄亚萍 侯瑜琼 黎晓娟
8	基于药园植物的青少年科普教案开发——以"小小中药师"为例	2017 年 6 月至 2018 年 9 月	中国科协科普场馆科学教育培育项目	省部级	2	侯瑜琼
9	中小学生研学实践教育（基地）	2017 年 12 月至 2018 年 12 月	中央公益彩票基金项目（教育部）	省部级	50	侯的平 黎晓娟 管 昕
10	承办第六届广东省创意机器人大赛	2017 年 1 月至 2017 年 12 月	广州市青少年科技教育项目	市局级	33.3	韩 俊
11	2017 年第四届广东省大学生科学影像大赛	2017 年 1 月至 2017 年 12 月	广州市青少年科技教育项目	市局级	7	李 益
12	2017 年度科技馆活动进校园	2017 年 1 月至 2017 年 12 月	广州市青少年科技教育项目	市局级	12.5	羊荣兵

序号	项目名称	项目起止时间	项目来源	项目级别	经费	负责人
13	2017年创意机器人特训营	2017年1月至2017年12月	广州市青少年科技教育项目	市局级	8	吴志庆
14	2017年广州科技活动周开幕启动仪式及主题系列活动	—	广州市科技创新委员会	其他	60	钟志云
15	珠江科学大讲堂组织策划宣传活动	—	广州市科技创新委员会	其他	100	周 静
16	"讲科学、秀科普"——2017年广州市"科普达人秀"大赛策划与实施	—	广州市科技创新委员会	其他	30	林群夫
17	"广州科普"微信互动平台建设	—	广州市科技创新委员会	其他	10	吴晶平
18	2017年科普交流与合作系列活动策划与实施	—	广州市科技创新委员会	其他	50	吴晶平
19	广州科普联盟四进系列活动	—	广州市科技创新委员会	其他	40	朱才毅

2. 研究成果

序号	题目	作者	刊名	卷（期）号	期刊级别
1	《创意机器人教师培训》	管 昕 韩 俊	《中国科技教育》	2017年第4期	国家级
2	《以创意机器人为载体的青少年科技创新能力培养模式研究及应用推广》	侯的平 韩 俊 朱金辉	《广东科技》	2017年第6期	省级
3	《全媒体时代科普宣传的探索与实践——以广州科普联盟为例》	朱才毅 周 静	《中国新通信》	2016年第3期	国家级
4	《台湾科普场馆建设管理的调研与思考》	朱才毅 吴晶平 钟志云	《科技风》	2016年第22期	国家级
5	《构建区域内科普共同体的研究》	朱才毅 周 静	《科技传播》	2016年第5期	国家级
6	《新常态下科普讲解队伍建设问题——以广州科普基地联盟为例》	朱才毅 周 静	《科技传播》	2016年第6期	国家级
7	Practice of Online-offline Interactive Science Education at Science and Technology Education Venues	侯的平 许玉球 韩 俊	《第十六届亚太科技中心协会年会论文集》	2016年	国家级
8	Teacher Training in Science and Technology Museum during the Activities with Combination of Museum and School	侯的平 管 昕	《第十六届亚太科技中心协会年会论文集》	2016年	国家级
9	Happy Learning and Unfettered Growing-up Developing Parent-Child Programs for Science Museums	侯瑜琼	《第十六届亚太科技中心协会年会论文集》	2016年	国家级
10	《馆校结合中的科技馆教师培训探索》	侯的平 管 昕 韩 俊	《广东科技》	2016年第13期	省级
11	《我的机器人——广东科学中心数码世界机器人展区的DIY活动》	韩 俊 侯的平 许玉球	《2015全国科技馆发展论坛论文集》	2016年	国家级

3. 专利及专著

序号	名称	作者	类型
1	声控四足机器人（实用新型专利）	傅泽禄、张　梅、李　益等	实用新型专利
2	无人驾驶车（实用新型专利）	韩　俊、朱金辉、黄亚萍等	实用新型专利
3	触碰机器人（叽咪）（外观设计专利）	侯的平、黎晓娟、方美玉等	外观设计专利
4	触碰机器人（实用新型专利）	吴志庆、管　昕、许玉球等	实用新型专利
5	城市科普新理念与探索实践	朱才毅等	图书

三、信息化建设

1. 展品信息化工作

展项维修组本年度负责室内 10 个常设展区及"广东馆"、"走近诺贝尔展"、"创想空间"及"户外科普乐园"等展馆的维保工作。根据 2017 年的统计数据，完成维修工作任务 2535 项，展项设备保养工作 316 项，对 7 件展项进行大修，更换投影机灯泡 96 个，维修投影机 13 台，维修大屏幕电视机 3 台（更换 13 台），维修显示器 11 台，维修音响设备 2 台，维修电脑 512 台/次，重新配置多媒体软件数据 65 次。继续进行展馆照明系统节能改造工程，全年共完成 LED 灯具维修改造、更换灯具 135 盏。

2. 新媒体运用

目前开通有"广东科学中心"微信服务号、"粤科普"微信订阅号、"广东科学中心科普吧"微信订阅号、"广州科普"微信订阅号四个微信公众号，每周发布科普信息超过 10 条，拥有用户近 10 万人。除了微信，广东科学中心还开通了广东科学中心官方微博和广东科学中心 IMAX 官方微博，用户超过 2 万人，定期发布科普相关信息。

广东科学中心主体建筑主入口

▦ 四、志愿者队伍建设

单位：人

服务岗位	人数	来源	服务时间
展馆一线讲解、维持秩序	6300	广州大学城10所高校	周末及寒暑假

▦ 五、运营情况

票务情况

是否免费开放	未免费开放场馆票种	未免费开放票价	观众人数
否	展馆门票	全票60元 半价票30元 1. 适用于全日制大学本科及以下学历的学生，凭本人学生证购票入馆（含港、澳、台地区学生）； 2. 适用于身高1.2米（不含1.2米）~1.5米（含1.5米）儿童； 3. 适用于6周岁（不含6周岁）至18周岁（含18周岁）的未成年人，凭本人有效身份证明（或证件）购票入馆； 4. 适用于60周岁（含60周岁）至64周岁（含64周岁）老人，凭本人有效身份证或老年人优待证购票入馆。 同时免费群体免票（凭本人有效证件从检票口的专设通道进入展馆）	约180万人次/年

▦ 六、2017年度大事记

1月6日　广东省科技厅党组书记、厅长黄宁生和省食品药品监管局党组书记、局长骆文智一行在省科技厅会议室，就在广东科学中心建设广东食品药品（科普）体验馆一事进行座谈交流。

1月10~12日　广东科学中心"三标一体化"管理体系建设工作迎来了国际认证公司的外审。来自上海凯瑞克质量体系认证有限公司的数位专家对该中心的三标体系进行了全面审核。

1月11日　广州科普联盟第二届理事会第五次会议在科学中心顺利召开。

1月13日　由广东科学中心主办，意大利尼可拉莱 – 德克诺尔特公司［NICCOLAI–TEKNOART S.N.C.，（Museum of Leonardo Da Vinci）］制作的"阿基米德的科学"展览在广东科学中心展出。

1月13日　科学中心工会组织举办了"迎新春佳节庆地铁开工"为主题的第三届职工趣味运动会，中心130多名干部职工参加了活动。

1月21日　一年一度的广东科学中心科学探究营地冬令营活动在参营师生和家长满意的笑容中慢慢落下帷幕。

2月22日　广州科普联盟在花都区邝维煜纪念中学成功举办了"四进"系列活动和珠江科学大讲堂第34期专题讲座。

2月25日　广东省创意机器人推广活动暨广州市区赛联合教师培训在广东科学中心成功举办。

3月18日　广州科普联盟"四进"系列活动在花都区气象天文科普馆顺利举行。

3月18日　第四届广东省大学生科学影像大赛赛前培训分别在广东科学中心（主会场）和中山大学南方学院（分会场）成功举办。

4月7日　法国科学天地展览部国际事业主管萨拉·达曼拖女士一行3人来访广东科学中心。

4月12日　广州科普联盟"四进"系列活动在番禺新世纪小学顺利举行。

4月22日至5月6日 2017年广东省创意机器人大赛（以下简称"省赛"）区赛和地市预选赛成功举办。

4月26日 由广州市科技创新委员会、广东科学中心、羊城晚报社联合主办的第36期珠江科学大讲堂在广东实验中学举行。中国科学院院士姚开泰是本期主讲嘉宾。

4月28日 广州地区"讲科学、秀科普"大赛暨2017年全国科普讲解大赛选拔赛在广东科学中心圆满落下帷幕。

5月1日 由广东科学中心研发制作的"用眼看世界"主题展览在青海省科技馆成功展出。这是该展览首次在西部地区展出。

5月10日 广州科普联盟"四进"系列活动在广东实验中学顺利举行。

5月17日 广州科普联盟"四进"活动同时走进两所学校，助力他们的科技节。

5月20日 广州科普联盟应花都区科技工业和信息化局的邀请，组织6家成员单位携10多个精彩项目参加花都区科技活动周开幕式，开展科普"四进"活动。

5月20日晚 一场别开生面的星空主题派对在广东科学中心科技影院举办。

5月20日 科技之光闪耀羊城。2017年广州科技活动周在广东科学中心多功能厅隆重启动。

5月20日 由广州市科技创新委员会、广东科学中心、《羊城晚报》社主办的第38期珠江科学大讲堂在广东科学中心举行。主讲嘉宾是中国科学院院士侯凡凡。

5月21日 2017年全国科技活动周重点活动——两岸及港澳地区科普论坛在广东科学中心成功举办。

5月21日 首届"气象科技活动周"在全国拉开帷幕。此次活动周以"科技强国 气象万千"为主题。

5月21日 中国科学技术交流中心副主任、国际欧亚科学院士、中国科普服务标准技术委员会副主任赵新力到访广东科学中心。

5月22日 广州科普联盟"四进"系列活动如期在花都区秀全外国语学校举行。

5月23日 第39期珠江科学大讲堂在广东交通职业技术学院成功举行。本期讲堂主讲嘉宾是中国科学院院士计亮年。

5月24日 由广州市科技创新委员会、广东科学中心、《羊城晚报》社主办的第40期珠江科学大讲堂在番禺会议中心举行。本期讲堂主讲嘉宾是德国工程院院士Volker Altstädt、香港科技大学教授吴景深。

5月27日 2017年广东省食品安全宣传周活动暨食品药品安全科普展启动仪式在广东科学中心顺利举行。

6月1日 "海洋精灵"——水母主题展览在广东科学中心华丽展出。

6月1~3日 第六届广东省创意机器人大赛赛前教师培训如期在广东科学中心举行。

6月2日 广州科普联盟应番禺区科学技术协会的邀请，组织5家成员单位携多个精彩项目到番禺执信中学开放日开展科普"四进"活动。

6月9日 2017年全国科普讲解大赛决赛在广东科学中心拉开帷幕，全国56个代表队183位选手齐聚广州，现场PK科普讲解技能。

6月10日 2017年全国科普讲解大赛总决赛在广东科学中心成功落下帷幕。

6月13日 "2017年全国低碳日广东应对气候变化主题展——低碳发展，广东先行"公益宣传活动启动仪式在广东科学中心举行。

8月6日 由广东科学中心和中山大学轻子光子会议主办、广州新闻电台协办的第165期小谷围科学讲坛在广东科学中心球幕影院开展。

8月6~10日 "广州科普联盟科普基地能力建设培训班"在成都成功举行，这是继在重庆、贵州后第三次联合兄弟省市一起举办科普基地能力建设培训班。

8月25日 英国驻广州总领事馆气候变化与能源处处长（首席领事）邱岩居一行到访广东科学中心。同行的剑桥大学能源政策研究所副所长迈克尔·波利特教授、华南理工大学电力学院季天瑶副教授和柯美利节能科技有限公司总裁三位电力大咖及雅典奥运男子10米跳台冠军胡佳做客小谷围科学讲坛（总第166期）暨知能科技"电力沙龙"演讲。

8月26日 世界记忆运动理事会（WMSC）拉丁美洲区域主席乔治·卡斯塔尼达博士、世界记忆运动理事会中国区委员会秘书长郭传威先生、最强大脑选手杨冠新先生和陈泽麒同学做客第167期小谷围科学讲坛，

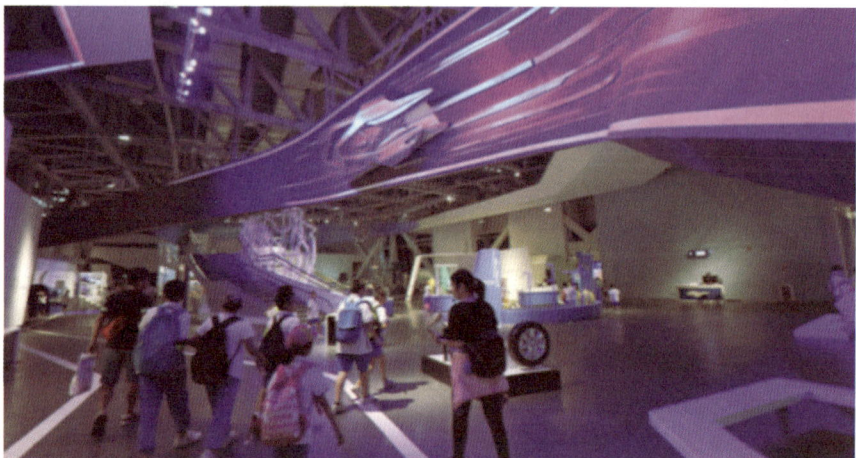

广东科学中心

在广东科学中心掀起了一场比"天鸽"还强的"脑力风暴"。

8月30日　广州科普联盟到花都区雅宝社区开展"四进"系列活动。

9月3日　由广州市慈善会、广东科学中心、广州市公益慈善联合会、广州市海珠区公益游学服务中心联合主办的拜耳·福彩杯第四届乐善骑广州市自行车慈善行活动暨公益嘉年华在广东科学中心顺利举行。

9月7日　广东省科技馆研究会第二届会员大会暨换届大会在佛山科学馆顺利召开。来自研究会31家会员单位的代表出席了本次大会。

9月8日　广东省科技馆研究会来到了佛山市东平小学开展"欢乐科普行"活动。

9月15日　省科技厅与省食药监局签署战略合作协议，决定采取厅局合作、多方共建的方式，汇聚多方之力，在广东科学中心创建广东省食品药品科普体验馆。

9月15日　广州科普联盟联合番禺区科协，围绕2017年全国科普日主题"创新驱动发展，科学破除愚昧"开展了"四进"系列活动。

9月24日　广州市"开学防诈　你我同行"金融知识进校园暨防诈突击队成立仪式在广东科学中心顺利举办。

9月28日　广东科学中心备受公众期待的交通世界、材料园地、数字乐园、创新空间四大主题展馆揭开神秘面纱，以崭新的面貌向公众开放。

10月18日　中组部公务员管理办公室副主任潘海峰一行莅临广东科学中心调研，省委组织部部务委员陈文明、省科技厅副巡视员何棣华等领导陪同调研。

10月18日　江西省科协党组书记、常务副主席罗莹在广东省科协党组副书记、副主席唐毅的陪同下前来广东科学中心调研。

10月27日　韩中科技合作中心首席代表尹大相偕韩国国立大邱科学馆、751中韩文化创意交流中心、5 STAR娱乐文化传播公司相关代表来访广东科学中心。

10月31日　广东科学中心党委在学术交流中心1号会议室召开党委（扩大）暨中心组学习会议，传达学习宣传贯彻党的十九大精神。

11月28~30日　由中国科学院科学传播局和科技部政策法规与监督司联合主办的"2017年全国科学实验展演汇演"在京举行。

12月4日　广东科学中心与广东省食品药品监督管理局、广州市食品药品监督管理局签署三方合作共建协议，正式启动广东省食品药品科普体验馆的建设项目。

12月9日 2017年全国青年科普创新实验暨作品大赛广州赛区复赛在广东科学中心顺利举行。

12月17日 由广东省发展和改革委员会指导,广东省低碳发展促进会、广东科学中心、中国科学院广州能源研究所、南方新闻网主办的广东第二届大学生"碳索杯"低碳视频插画大赛决赛及颁奖典礼在广东科学中心举行。

12月23日 2017年全国青年科普创新实验暨作品大赛决赛在中国科技馆举行,广州赛区参赛代表队伍表现出色,一举斩获本届大赛"火星探测"和"未来教育"的一等奖,占据5个组别冠军中的2个。同时还获得"未来出行(中学)"三等奖、"风能利用"和"未来出行(大学)"的优秀奖。广东科学中心作为广州赛区承办单位,由于大赛组织工作和比赛成绩出色,在15个赛区中脱颖而出,荣获优秀组织奖。这是广州赛区继去年大赛夺得两个冠军之后,再次以双冠佳绩领跑全国,也是全国唯一一个获得两个组别冠军的赛区。

七、2017年工作概述

2017年,广东科学中心在省科技厅的正确领导下,在厅机关和厅属各单位的大力支持下,深入贯彻落实党的十九大精神,以习近平新时代中国特色社会主义思想为指导,按照习近平总书记对广东作出的"三个定位、两个率先"和"四个坚持、三个支撑、两个走在前面"重要指示批示要求,更好满足人民群众日益增长的科普需求,扎实推进科普供给侧结构性改革,在传播科学知识、提高全民科学素养上下功夫,在提升科普服务质量上花力气,大胆实践,不断探索,圆满完成了全年工作任务,推动广东省科技事业取得新的进展。

(一)固本培元,党建工作迈出新步伐

1. 学习宣传贯彻十九大精神

制订《广东科学中心学习宣传贯彻党的十九大精神工作方案》,持续深入开展党的十九大精神学习贯彻工作;组织党员干部积极参加省科技厅组织的全省科技系统学习党的十九大精神主题联学活动,派员参加省委组织部举办的广东省省管干部学习贯彻党的十九大精神专题研讨班;组织全体党员参加系统考学活动2次,考学率100%,满分率达99.66%;发放《党的十九大报告辅导读本》《习近平的知青岁月》《习近平谈治国理政》等书籍;同时抓好退休党员的学习,确保全覆盖。

2. 着力做好巡视整改回头看

把巡视整改作为最严肃的政治任务抓紧抓好,按要求对照《广东科学中心关于2016年巡视整改工作方案》和整改台账,检查思想政治建设、党风廉政建设、作风建设和能力建设四个方面的整改情况。重温《中国共产党党组工作条例》《中国共产党廉洁自律准则》《中国共产党纪律处分条例》等党内有关规定。

3. 扎实开展"两学一做"工作

结合实际,明确专题学习目标,研究制订工作计划,扎实开展"两学一做"常态化、制度化工作。做到一级抓一级,层层有落实。开展"讲政治、强党性、严纪律、守规矩"纪律教育月主题活动,组织广大党员赴省反腐倡廉基地参观,赴中共三大会址纪念馆开展"七一"主题活动,邀请省人民检察院冉广东检察官做反腐倡廉专题辅导报告,激励党员进一步坚定理想信念,立足本职岗位,坚持忠诚爱党。

4. 持续推进党风廉政建设

深入学习贯彻习近平总书记系列重要讲话精神,强化"四个意识",认真落实全面从严治党要求,吸取历史惨痛教训,把党风廉政建设和反腐败工作放到更加突出的位置来抓,着力构建不敢腐、不能腐、不想腐的体制机制。明确"一岗双责",梳理岗位廉政风险点,签订《2017年广东科学中心党风廉政建设责任书》,做到廉政建设工作和业务工作同部署同要求,完善惩防体系建设,贯彻落实"八项规定"精神,开展严肃财经纪律、私设"小金库"以及"三公"经费等专项检查,扎实推进党风廉政建设。

5. 切实抓好基层党建工作

要求全体党员加强思想政治理论学习,每年累计学习时间不少于12天,及时认真为党员干部提供有关书

籍、学习参考资料等，并加大力度做好党的政治理论政策的宣传工作，不断充实"思想政治理论"书柜内容；严把入党关，有组织、有计划地做好党员发展和管理工作。截至2017年12月，广东科学中心接收预备党员2人，预备党员转正4人；认真完成党内统计、党组织党员基本信息采集等工作，基层党组织建设全面加强。

（二）开放联合，重点工作取得新进展

1. 场馆安全形势持续向好

以安全系统信息化建设为抓手，持续做好安全生产管理工作，加大安全检查力度，建立应急工作机制，提高应急处理能力，建成广东科学中心应急预案体系（共分三级，其中总体预案1个，专项预案10个，部门预案11个）。2017年，中心接待公众约180.4万人次，较去年持续增长，全年无一次重大安全事故，荣获广州市2017年度创建"平安景区"达标单位称号，公共服务质量显著提高。

2. 轨道交通建设稳步推进

广佛环线是广东省重点建设项目，对促进珠三角地区城市建设和区域经济社会发展具有重要意义。城轨科学中心站两端是盾构始发井，是全线的控制性工程。据了解，目前科学中心站建设已投入近3亿元。为确保工程早日建成惠及社会、造福市民，科学中心通力合作，全力配合，全年共召开轨道交通建设协调会议51次，处理工作联系单45份，开展安全巡查78次，处理施工意外事件23次，确保了项目顺利实施。科学中心的交通问题取得重大进展。轨道交通科学中心站的建设将具有里程碑式的意义。

3. 融合建馆模式基本形成

以《关于共建广东省食品药品科普体验馆的战略合作协议书》正式签订为标志，广东科学中心长期探索实践形成的社会化建馆路径，有力促进了社会资源与公益事业的融合，馆政、馆企合作共建科普馆取得重大进展，2017年签订合作金额达1.069亿元，得到了省科技厅的充分肯定。通过项目申报和合作共建协议签订，广东科学中心从广东省食品药品监督管理局引入建设资金6300万元，从广东省发展改革委员会引入应对气候变化和低碳发展科普项目专项资金900万元，争取广州汽车集团乘用车有限公司投入资金3090万元用于科普体验馆建设；通过与东风日产合作共建交通世界体验馆获得价值400万元的展项资助。

4. 场馆更新改造全面铺开

2017年，中心共投入资金2500余万元，完成"交通世界"、"数码世界"和"绿色家园"3个专题的展品展项更新改造。崭新开放的"交通世界"、"数字乐园"、"材料园地"、"创新空间"及"绿色家园"展馆，全新推出101个展项，显著提升了中心客流量和门票收入。截至目前，中心先后完成"儿童天地"、"交通世界"、"数码世界"和"绿色家园"等6个常设展馆更新改造和70%以上展项更新。完成了主楼和交流中心补漏、主楼C馆天面防雷网改造、北广场防洪排水系统和架空层天花改造等建筑工程更新改造；完成了空调机房改造、场馆北一门、北二门、北三门、新东门，以及学术交流中心门口等设施升级改造；完成了四维科技影院升级改造等工程，科学中心综合实力大幅跃升。

5. 展项工程结算加快推进

以敢于"啃硬骨头"的精神继续推动展项工程结算工作，解决历史遗留问题。截至2017年底，展项工程结算所有17个待审项目中，已完成16个项目的结算审核。目前，科学中心建设项目仅剩三个展项工程项目正在办理财政结算审核，预计2018年第一季度将完成全部展项工程结算，为今后展品展项更新改造打下基础和提供条件。

6. 完成省审计厅专项审计

顺利完成省审计厅对科学中心2016年预算执行情况的审计工作。审计结论表明广东科学中心财务管理规范，只是由于历史原因在建工程未及时结转固定资产；同时，审计报告对该中心近年来尽最大努力加快结算工作进度、展项工程项目结算率从2014年底的22%提高到目前的73%给予了充分肯定。

（三）树立品牌，运营水平获得新提升

2017年，广东科学中心聚集人民群众日益增长的科普需求，扎实推进科普供给侧结构性改革，用实际行动赢得了良好社会声誉。

重要学术会议或行业活动

1. 赛事活动精彩纷呈

成功举办全国科技活动周两个重大示范活动——2017年全国科普讲解大赛和2017年两岸及港澳地区科普交流系列活动，其中2017年全国科普讲解大赛有56个代表队183名选手齐聚广东科学中心，同台竞技，规模空前，得到国家、省、市各级科技主管部门的高度认可，两岸及港澳地区科普交流系列活动推出了5场高端科普论坛、6个科学表演秀和1个优秀科普展览，备受社会各界关注，各类报道共200多篇次；成功举办2017年广州地区"讲科学、秀科普"大赛和2017年全国科学实验展演汇演活动广州地区选拔赛，得到社会各界一致好评；承办2017年全国青年科普创新实验暨作品大赛广州赛区、第4届广东省大学生科学影像大赛等10多项大型主题赛事活动；举办创意机器人系列活动，7个地市试点推广、2万多名师生参加，其中，第六届广东省创意机器人大赛有来自全省171个学校和单位、274支队伍、1300多名师生参赛，受到省市有关部门的高度评价，品牌效应凸显。

2. 业务能力大幅提升

2017年，广东科学中心在多个大型赛事活动中获佳绩，其中1名选手荣获2017年全国科普讲解大赛"十佳科普使者"称号，获得大赛一等奖；1名选手荣获2017年第五届全国科技辅导员大赛全国总决赛"展品辅导赛"三等奖，1名选手荣获南部赛区"展品辅导赛"一等奖，1名选手荣获南部赛区"展品辅导赛"二等奖；"我和科学有个约会"项目在2017年全国科学实验展演汇演活动中以总分第一的好成绩荣获一等奖；继上年夺得全国青年科普创新实验暨作品大赛双冠之后，2017年再创双冠佳绩，连续两年获得大赛5个组别中的2个冠军，再破该项大赛的全国纪录，广东科学中心由于组织工作和比赛成绩出色，还荣获优秀组织奖。

3. 科普宣传成效显著

2017年，广东科学中心进一步加强媒体宣传力度，主动征询媒体专家意见，制订系列宣传工作方案，推动科普宣传工作取得良好成效：围绕科学中心新展推出、赛事举办和活动组织开展"全方位、多渠道、多角度"的宣传推广，全年累计在电视、报刊、网络等传播媒介上发布新闻信息576篇次，制作发布H5网页9个，视频直播活动21个；持续推进与《羊城晚报》《南方都市报》、南方网开展深度合作，推出宣传专题页面，与广东广播电视现代教育频道开展宣传合作，策划多个专题宣传，取得良好效果；不断创新宣传手段，以信息化建设为切入点，创新开展科普宣传信息化工作，应用现代信息技术，提升科普宣传实效。

4. 展教资源推陈出新

从意大利引进"阿基米德的科学"展，从加拿大引进"创想空间"展，成功举办"海洋精灵"——水母主题展，吸引了近50万公众参与体验，成效显著。结合临展同期配套开发了2款学生工作纸、1个"神奇的多面体"探究课程、1套"截角多面体"教育套件以及"创新大挑战"闯关和"纸飞机制作"2个教育活动。此外，全年共开展96批次"科学探究营地"，5站"流动科技馆巡展"活动，举办了13期"珠江科学大讲堂"和9期"小谷围科学讲坛"，邀请了中国科学院院士姚开泰、彭平安、侯凡凡、计亮年、郭柏灵，德国工程院院士Volker Altstädt，香港科技大学教授吴景深等主讲，取得良好传播效益。

5. 国际交流巩固深化

继续与各国际组织及亚太地区科技馆保持良好的交流合作，派团赴日韩进行考察交流，并参加在日本东京科学未来馆召开的世界科学中心峰会SCWS2017，与韩国大邱科技馆签订合作备忘录；创意机器人项目受邀参加土耳其布尔萨科学节，受到土耳其观众和组织方热烈好评，成为科技节上最受欢迎项目之一，为开展国际科普合作探索了经验；派团赴台湾开展工作考察和业务交流，学习先进的科普理念；继续保持与各国驻穗领馆良好的交流与合作关系。

（四）苦练内功，综合实力实现新突破

1. 全面加强内部制度建设

制定《广东科学中心安全生产责任制度》，修订2017年度广东科学中心消防安全责任架构体系；编写《固定资产管理实施细则》《存货管理实施细则》《无形资产管理实施细则》及《资产处置实施细则》；修订《广东科学中心科技计划项目管理暂行办法》；制定《广东科学中心公务出行保障办法》；顺利通过ISO9001等"三标一体化"评审。

2. 高度重视人才队伍建设

加大员工教育培训力度，采取专题讲座、党委书记讲党课、党员培训班等形式，加强对员工政策理论、法律法规、专业技术知识的培训，提升队伍综合素质。组织开展职称认定、评审工作，根据上级有关文件精神，及时开展绩效工资改革、养老保险数据摸查、工资调整等工作。

3. 扎实推进科研能力建设

全年申报省、市科研项目28个，立项13项，完成验收9项；出版《城市科普新理念及实践研究》《科学家讲给孩子的科学课》《科学家讲给家长的科学课》等3本、2套专著，公开发表论文数十篇，受邀参加多个行业高端学术论坛；推进筹建办遗留科研项目验收工作，完成4项，另外2项已启动结题审计工作，预计2018年初全部完成。

4. 依法依规做好财务管理

建立健全财务规范化、制度化建设的长效机制，全面推进财务科学化管理；积极筹措资金，全年落实经费1.52亿元。完善预算管理机制，圆满完成2017年运行经费预算执行任务。2017年实现门票收入1925万元，在2015年1708万元的基础上，保持稳步增长，有效补充运行经费不足。

5. 切实抓好党的群团工作

积极开展工青妇活动，组织三八妇女节、五四青年节、六一儿童节、七一建党节、八一建军节活动；认真开展"青春喜迎十九大，不忘初心跟党走"的青年活动；组织中心羽毛球队参加"小谷围友邻杯"，获得第4名；参加小谷围的"同心协力"运动会，获得第2名；开展省直青年文明号复评工作，再次获得省直青年文明号的荣誉。进一步完善志愿服务机制，全年招募科普志愿者5990名，提供基础讲解、秩序维持等服务，有力缓解了场馆运行压力，提升了服务质量。

深圳市科学馆

英 文 全 称：Shenzhen Science Museum
法 定 代 表 人：伍振武
联 系 电 话：0755-83360054
传　　　　真：0755-83208184
官 方 网 站：www.szstm.com
行 政 主 管 单 位：深圳市科学技术协会
成立（开放）日期：1987 年
通 信 地 址：深圳市福田区上步中路 1003 号
已加入专业委员会：中国自然科学博物馆协会科技馆专业委员会

一、科普活动与展览

1. 教育活动

单位：人次

序号	活动名称	活动时间	主要内容	活动形式	主要对象	参与人数
1	"全国科技工作者日"科普活动	5 月 30 日	迎接深圳市第一个"全国科技工作者日"，举办科普活动近 30 次	"疯狂科学魔法秀"等科普活动	来馆观众	3000
2	"小小讲解员"活动	7~8 月	为期 40 天，经过"礼仪培训 - 展品试讲 - 现场讲解"等一系列环节，23 个小小讲解员累计进行讲解 370 余次，服务观众近 4000 人次	展品讲解	全市小学生、来馆观众	4000
3	"创新驱动发展，科学破除愚昧"主题活动	9 月 16 日	全国科普日当天，举办丰富多彩的科普活动，并在深圳广电集团《艺术范》和《城市发现》栏目报道	科普活动	来馆观众	3000

2. 流动科普设施

单位：次

名称	年度巡展次数	类型	经费来源	运行方式
流动科普	10	进校园、社区进行科普巡展	财政拨款	巡展

二、信息化建设

1. 官方网站浏览情况

深圳市科学馆官方网站网址：www.szstm.com，年度点击量约为 10 万人次。

2. 展品信息化工作

2017年10月，完成水展区约20件展品数字化拍摄任务。

3. 新媒体运用

7月，深圳市科学馆在中国数字科技馆"今日头条"平台上注册和初步运营。

12月，微信平台上深圳市科学馆官方微信公众号关注人数突破14000人，小小讲解员活动单次信息阅读量达到30000次。

三、志愿者队伍建设

单位：人

分类	服务岗位	人数	来源	服务时间
科普志愿者	展厅讲解与服务	300	福田中学	周末及寒暑假

四、运营情况

票务情况

是否免费开放	未免费开放场馆票种	未免费开放票价	观众人数
是	无	无	30万人次/年

五、2017年度大事记

4月24~26日　前往东莞科学技术博物馆参加了第五届全国科技辅导员大赛南部赛区比赛，孙逊、李采月两位同志获得展品辅导个人赛的优秀奖；自编、自导、自演的科普剧《光影奇案》获得科学表演赛——其他科学表演三等奖。

5月30日　为迎接深圳市第一个"全国科技工作者日"，举办科普活动近30次，并特别组织"疯狂科学魔法秀"大型活动，受到观众朋友们的热烈欢迎。

6月19日　时任常务副市长张虎同志主持召开深圳科技馆（新馆）项目研究协调会议，会议要求建立张虎同志牵头的项目建设协调小组，市科协、发展改革委、财政委、规划国土委、建筑工务署等领导参加，对深圳科技馆新馆建筑方案、展教概念方案、建设工期、投资规模等重大事项进行决策与协调。

6月26日至7月3日　为庆祝香港回归祖国，按照《香港航天科普展览设计方案》的要求，深圳市科学馆委派6名同志前往香港执行航天科普主题展览讲解任务，李宇高和赵方同志被评为优秀个人。

7~8月　面向全市小学生开展为期40天的"小小讲解员"活动，经过"礼仪培训-展品试讲-现场讲解"等一系列环节，23个小小讲解员累计进行讲解370余次，服务观众近4000人次。

8月　深圳市科学馆联手深圳广电集团，与《艺术范》和《城市发现》栏目进行宣传报道的合作。"小小讲解员"活动和"全国科普日"期间，深圳移动频道和DV频道广泛宣传报道，取得了很好的社会反响。

8月11日　时任深圳市副市长、代理市长陈如桂同志主持召开深圳科技馆（新馆）项目选址协调会，要求深圳市规土委牵头作总体规划，按照"一中多专"思路明确选址。

9月8日　深圳市科学馆派员前往佛山东平小学开展欢乐科普行佛山站活动。

9月16日　"全国科普日"当天，组织开展以"创新驱动发展，科学破除愚昧"为主题的科普活动，仅科普秀表演服务人次就达近千人。

11 月 17 日　深圳市规土委正式核发深圳科技馆（新馆）项目选址意见书，项目位于宝安区沙井街道，建设用地面积约 12 万平方米。

12 月　微信平台上深圳市科学馆官方微信公众号关注人数突破 14000 人，小小讲解员活动单次信息阅读量达到 30000 次。

六、2017 年工作概述

2017 年，深圳市科学馆累计接待人数近 30 万人，开放天数 260 天，累计接待团队 40 余次（周末及节假日不接受团队预约），科普展教与科普活动继续优化升级，科普宣传工作推陈出新，新馆建设工作持续推进。

深圳市科学馆全景图

（一）科普展教

1. 展品展项维护升级，提高科普资源质量

2017 年继续推进展品维护升级工作，保障展品完好率保持在 95% 以上，思维展厅"比试脑电波"和"意念大比拼"、水展区"永动梦幻"和"流体演示"共 4 件展品得到优化升级。

在展品展项创意设计征集的基础上，深圳市科学馆新增 8 项展品，包括大厅互动投影、引领展区和思维展区科学与艺术展品展项以及设计与布展项目，水展区"钢琴喷泉""水弦琴""手摇旋涡""海洋内波""惊天魔雨"等展品，进一步丰富了展示内容。

2. 科普进校园，增进馆校合作

2017 年深圳市科学馆流动科普累计完成科普进校园（社区）工作 10 次，包括龙岗区区属小学、深圳高级中学东校区、龙岗区南湾沙塘布学校、龙岗区庆林小学、龙岗区平安里学校、坪山高级中学等，充分利用馆内科普资源，丰富了市中小学的科学教育形式，增加了馆校合作的有益经验。

3. 完成 2018 年度新增展品展项方案创意设计征集工作

2017 年下半年，深圳市科学馆开始启动 2018 年新增展品展项方案创意设计征集，在现有展品展项的基础上，继续丰富和完善科学馆的科普展品，不断满足观众的科普需求，不断提高科学馆科普质量。

4. 科普志愿者工作顺利开展

2017 年，深圳市科学馆与福田中学深入合作，福田中学学生社团为深圳市科学馆提供科普志愿服务共计 300 余人次。科普志愿者活动既为中学生提供了合理有效的社会实践岗位，也为科学馆增添了新的活力。

（二）科普活动

1. 积极开展教研活动，继续扩大科普项目优势

深圳市科学馆积极开展教研活动，2017 年自主开发"超导磁悬浮""液氮冰激凌""不死鸟""酸碱检测""非牛顿流体"等科学表演秀和亲子实验课堂。在开发新课程的基础上，推进教案建档工作，2017 年已建档 8 个教案，积累共 15 个资源包，课程开发经验不断丰富。

2. 增加活动场次，服务能力大幅提升

为满足观众的参观需求，科技活动部调整优化服务时段，挖掘潜力，服务能力大幅提升。

周末，科学表演台的服务场次增加到每天 6 场；亲子实验室活动场次由每天 2 场增加到每天 6 场，亲子实

更新后的水展厅

科学表演秀

验、创客空间、乐高项目合用场地，活动时间上下午错开排列，使场地资源得到最大限度的利用。

深圳市科学馆还新增了科普场地，将原104教室改造成科普场地，用于开展创客类活动，使得市科学馆的课程类活动场次最高达到每天11场，缓解了科普活动报名极度紧张的状况，提升了科普服务质量，提高了观众满意度。

3. 开展大型科普活动，"将观众领进来"

国务院批准自2017年起将每年5月30日设立为"全国科技工作者日"，为迎接深圳市第一个"全国科技工作者日"，在市科协的指导下，科学馆高度重视，协调资源，举办了丰富多彩的科普活动近30次，并特别组织"疯狂科学魔法秀"大型活动，受到观众朋友们的热烈欢迎。

2017年暑期，深圳市科学馆面向全市小学生开展为期40天的"小小讲解员"活动，经过现场面试选出23个小小讲解员，经过"礼仪培训－展品试讲－现场讲解"等一系列环节，个个都成了科普小专家。小讲解员们累计进行讲解370余次，服务观众近4000人次。

9月16日，"全国科普日"当天，深圳市科学馆认真组织开展了以"创新驱动发展，科学破除愚昧"为主题，形式新颖、内容丰富的科普活动，其中，开展科普表演6场，创客空间和亲子实验活动3场，3D电影5场，电磁舞台表演2场，地震小屋8场和弧幕剧场4场，仅科普秀表演服务人次就达近千人。

4. 积极开展交流活动，"让科普走出去"

深圳市科学馆于2017年4月24~26日前往东莞科学技术博物馆参加了第五届全国科技辅导员大赛南部赛区比赛，孙逊、李采月两位同志获得展品辅导个人赛的优秀奖；由深圳市科学馆自编、自导、自演的科普剧《光影奇案》获得科学表演赛——其他科学表演三等奖。

2017年6月26日至7月3日，为庆祝香港回归祖国，积极响应中国科协的号召，按照《香港航天科普展览设计方案》的要求，深圳市科学馆委派6名同志前往香港执行航天科普主题展览讲解任务，李宇高和赵方同志被评为优秀个人。

9月8日，深圳市科学馆派员前往佛山东平小学开展欢乐科普行佛山站活动，为推动全社会普及科学知识、弘扬科学精神，提高该省公民科学素养贡献力量。

（三）宣传工作

2017年，深圳市科学馆联手深圳广电集团，在科学馆科普工作和活动宣传上广开渠道，《艺术范》栏目和《城市发现》栏目先后与深圳市科学馆合作进行宣传报道。"小小讲解员"活动和"全国科普日"期间，广电集团员工深入馆内科普一线，采集了丰富精彩的素材，在深圳移动频道和DV频道上宣传报道，取得了很好的社会反响。

在网站内容更新上，深圳市科学馆专门确定了信息专管员，采集馆内动态新闻，着重科学馆宣传报道，在深圳市科学技术协会和深圳市科学馆官方网站上及时信息更新，这就为公众了解科学馆、喜爱科学馆打开了新的窗口。

7月，深圳市科学馆在中国数字科技馆"今日头条"平台上注册和初步运营，截至10月，深圳市科学馆在今日头条客户端累计推送文章和视频23条，阅读总量达20000次，随着推送数量和质量的提升，阅读量日趋上涨，"深圳市科学馆"头条号影响力逐渐增大。

2017年暑期"小小讲解员"活动

微信平台上深圳市科学馆官方微信公众号关注人数突破14000人，且人数每天不断增加，2017年通过微信平台推送科普动态新闻60余条，小小讲解员活动单次信息阅读量达到30000次。受众不断增加，科普手段不断丰富，使科学馆的影响力得到提升，科学馆的科普水平和社会效益与日俱增。

（四）运营保障

1. 整改安全设施设备

针对部分安全设施可能存在安全隐患的问题，科学馆结合实际情况及时进行整改：通过对一至三楼展厅的扶手栏杆进行加高加固，并把三楼的玻璃围挡做了相应的加高保护，解决了儿童攀爬的安全问题；同时，对馆内三台电梯的监控进行更新，添加了消防应急设备，同时更换三个教室的已经老化的投影仪，科学馆安全保障力度得到进一步提升。

2. 完善安全检查制度

为及时发现和排查各类安全隐患，深圳市科学馆进一步完善了安全检查制度，包括日常检查、月度检查、专项检查、年度综合检查，以及节假日和极端天气来临前的各项安全检查。

（五）深圳科技馆（新馆）建设项目

1. 成立筹建委员会

2017年1月，成立以市人大副主任、科协主席蒋宇扬为名誉主任，党组书记、副主席张莉为主任的深圳科技馆（新馆）筹建委员会，下设筹建办公室，内设四个部门对接市发改委、财政委、规土委、建筑工务署等相关处室工作，保证项目建设有序进行，并通过了筹建委员会机构设置和人员配置方案。

2. 编制完成多项重要文件及工作方案

（1）可研报告等修编。2月，完成新馆可研报告的修编并报送市发改委；同月，新馆环评报告通过宝安区人居委评审。

（2）制订了两个工作方案。3月，初步完成新馆项目建筑方案国际竞赛的工作方案及展教方案国际竞赛的工作方案。

3. 三次市政府会议研究新馆事项

（1）6月19日，时任常务副市长张虎同志主持召开了深圳科技馆（新馆）项目研究协调会议，会议要求建立由张虎同志牵头的项目建设协调小组，市科协、发改委、财政委、规土委、建筑工务署等领导参加，对深圳科技馆（新馆）重大事项进行决策协调。

（2）6月27日，张虎同志再次主持召开新馆项目选址运营方案讨论会议，要求市规土委对大空港、深圳湾、广深创新走廊沿线或东部选址进行比较，提出推荐选址方案。

（3）由于市政府主要领导履新上任，8月11日，时任副市长、代理市长陈如桂同志主持召开新馆选址协调会，要求规土委牵头作总体规划，按照"一中多专"思路明确选址。10月9日市领导批示，原则同意市规土委提出的选址方案和工作建议。

东莞科学馆

英 文 全 称：Dongguan Science Museum
法 定 代 表 人：黄立强
联 系 电 话：0769-22211875
传　　　真：0769-22119606
官 方 网 站：www.dgkxg.com.cn
行 政 主 管 单 位：东莞市科学技术协会
成立（开放）日期：1994 年 1 月
通 信 地 址：东莞市莞城区新芬路 38 号
已加入专业委员会：中国自然科学博物馆协会科技馆专业委员会、天文馆专业委员会

一、科普活动与展览

1. 临时展览

单位：平方米，万人次

序号	展览名称	起止日期	展出地点	面积	观众数量	性质
1	"天空之翼"无人机科普展览	1 月 10 日至 4 月 10 日	东莞科学馆一楼临时展厅	600	5	引进
2	我爱这蓝色的国土——国防教育暨海洋知识科普展	4 月 20 日至 6 月 20 日	东莞科学馆一楼临时展厅	500	3	引进
3	多彩的昆虫世界科普展	7 月 4 日至 9 月 10 日	东莞科学馆一楼临时展厅	1000	15	引进

2. 教育活动

单位：人次

序号	活动名称	活动时间	主要内容	活动形式	主要对象	参与人数
1	科普讲座进校园	3~12 月	走入全市各个镇街 12 所中小学校，邀请知名专家到东莞讲座，产生良好的社会效益	科普讲座、互动、地震应急避险演练	中小学生	累计近万人次
2	国际天文馆日活动	3 月 12 日	天文讲座、太阳光谱观测、流动天象厅开放、天文影片播放	讲座、观测、参观天象厅、观看天文科普影片	东莞市民	1000
3	健康新生活	4~11 月	走进全市各个镇街的机关、村、社区、学校、企业等单位，举办 22 场健康科普讲座、义诊活动，受到市民广泛欢迎	健康科普讲座、互动、现场义诊	东莞市各镇街市民	累计近万人次

序号	活动名称	活动时间	主要内容	活动形式	主要对象	参与人数
4	2017 年东莞市青少年机器人竞赛	4 月	竞赛有 7 个项目，每个项目分小学、初中、高中三个组别进行比赛	竞赛	东莞市各中小学	700
5	自然科学体验夏令营	7 月 11~22 日	与台商子弟学校的营地合办，让青少年学生体验台湾的课外教育模式	户外拓展体验、夜观星象活动、求生技能讲授	东莞市各镇街小学生	100（两期）
6	天文课堂	10~12 月	教授天文知识	授课	东莞市中学师生	482
7	天文器材操作培训	10~12 月	培训师生操作天文器材	授课	东莞市中学师生	90
8	2017 年东莞市中小学生天文知识竞赛	11 月 4-5 日	分小学、初中、高中三组，每组分别进行预赛、半决赛、决赛	竞赛	东莞市各中小学	204
9	2017 年东莞市青少年（生物学）实验技能大赛	11 月 26 日	培养青少年的动手操作能力和实验创新能力	竞赛	东莞市各中小学	570
10	公益性天文培训班	2017 年全年	天文培训班、航天培训班、天文教师培训、奥赛培训班	授课、观测	东莞市中小学生、教师	471
11	天文观测活动	2017 年全年	组织学生、市民到户外进行天文观测	观测	市民及中小学生	2000
12	天文知识讲座	2017 年全年	到市内各中学开展讲座	科普讲座	东莞市各镇街中小学生	1550

3. 流动科普设施

名称	年度巡展次数	类型	经费来源	运行方式
流动科学馆	25	流动展品、展览、"流动实验室"、流动影院、科学表演、天文课等	市财政	统一安排，面向基层，侧重学校，跟踪问效

二、科研与学术

1. 研究成果

序号	题目	作者	刊名	卷（期）号	期刊级别
1	《室内场馆无线定位智能管理系统的设计》	何沃林	《物联网技术》	2017 年第 12 期	省级
2	《基于 RSSI 测距定位算法的研究和改进》	何沃林	《数字技术与应用》	2017 年第 9 期	省级

2. 专利

名称	作者	专利号	专利申请日期
展教用的显微镜载物台及自动演示系统	发明人：何沃林、陈庆其、李培睿	发明专利授权公告号 ZL201410129929.4	2017 年 1 月 4 日

3. 编辑刊物

刊物名称	刊号	发行周期	发行数量（册）	发行范围
《东莞科学馆工作简报》	无	每季度一期	每期 900 册	各省科技馆、该市各镇街、协会、委员等

三、信息化建设

1. 官方网站浏览情况

栏目设置	科学馆概况	最新动态	常设展厅	科普活动	科普培训	参观服务	资讯中心
管理状态	正常	正常	正常	正常	正常	正常	正常
更新频率（次）	10	151	12	62	34	20	12
浏览情况	1105	11110	1480	3542	3133	6521	478

2. 展品信息化工作

展品信息化约占全部展品的 10%，主要是依据力学、光学、电磁学、数学等多个展品，开发制作集科学性和趣味性的科普动画展品，包括动画、勾股定理、无弦琴、人体导电、潜水艇、节能灯 PK 等 15 个展品，参与者通过游戏，体验和学习重力和浮力、导电、电磁效应、光学控制等方面的科学知识。

3. 新媒体运用

序号	名称	管理状态	更新频率	转发	评论 / 收藏	粉丝数量
1	微信	正常	128	448	251	16454
2	微博	暂停更新	0	0	0	—

四、志愿者队伍建设

分类	服务岗位	人数	来源	服务时间
东莞科学馆科普志愿者	科普展厅、科普活动	15	东莞理工学院	2017 年 1~12 月
东莞科学馆天文科普志愿者	天文科普活动	17	东莞理工学院、东莞市民	2017 年 3~9 月

🔲 五、运营情况

票务情况

是否免费开放	未免费开放场馆票种	未免费开放票价	观众人数
是	无	无	26.5 万人次 / 年

🔲 六、2017 年度大事记

1 月 10 日　由东莞市科学技术协会主办，东莞科学馆承办，东莞市异能无人机科技有限公司协办的"天空之翼"无人机科普展览在东莞科学馆开展。

3 月 26 日　东莞科学馆在一楼报告厅举办了"科普讲座进校园"启动仪式暨首场讲座。本次讲座由东莞市科学技术协会主办，东莞科学馆承办，市中学生物教学研究会协办。市科协、市地震局、气象局、环保局、海洋与渔业局等

东莞科学馆外观

主办单位领导出席了启动仪式。首场讲座由大连医科大学主任、生命奥秘博物馆创始人隋鸿锦教授主讲，主题为"寻找达尔文的证据"，350 余名东莞市民、学生参与了讲座，气氛热烈。

4 月 14 日　2017 年"健康新生活"科普系列讲座启动仪式暨首场"科学健身指导"讲座在莞城街道办事处举行，讲座由东莞市科学技术协会、东莞市人民医院、东莞市中医院、广东医科大学主办，东莞科学馆、莞城科学技术协会、万江科学技术协会承办。奥运科研专家、国家体育总局体育科学研究所研究员洪平博士为现场 300 多名观众讲解如何科学健身，倡导健康生活方式。

4 月 23 日　"2017 年东莞市青少年机器人竞赛"在松山湖实验小学顺利举行。竞赛由东莞市科学技术协会主办，由东莞科学馆、东莞市科普教育协会、东莞松山湖科技创新局、东莞松山湖管委会教育局承办，由东莞松山湖实验小学协办。本次竞赛共有 62 所学校，约 180 支队伍，700 名师生参加。广东省青少年科技中心叶新鹏主任、广东科学馆何少强馆长莅临竞赛现场指导，出席颁奖仪式。

7 月 10 日　"多彩的昆虫世界"科普展在科学馆正式开展，展览时长 2 个月，由市科协主办，东莞科学馆、中科院上海昆虫博物馆承办，除了展出来自世界各地的昆虫标本及昆虫化石外，还配合展览开展一系列科学教育互动体验活动，如昆虫养殖、显微观测昆虫结构及制作昆虫标本等。

8 月 30~31 日　该馆卢懿健、谢咏殷、黄汉豪 3 名同志到青海省德令哈市参加中国自然科学博物馆协会 2017 年年会及全国科技馆发展论坛，其中，由该馆刘晶、谢咏殷同志撰写的《如何在天文科普活动中开展光谱知识科普》入围中国自然科学博物馆协会年会论文评选活动，并受邀在年会分会场"全国天文馆高峰论坛"上作专题汇报。

11 月 4~5 日　2017 年"东莞市中小学天文知识竞赛"在科学馆一楼报告厅举行，本次竞赛由市科协主办，科学馆和市中学地理教学研究会承办。竞赛分为预赛和半决赛、决赛 3 个环节，共有 62 所学校共 204 名师生报名参加，其中小学组 24 所、初中组 23 所、高中组 15 所。

2017年"东莞市青少年（生物学）实验技能大赛"决赛于11月26日在常平中学初中部举行，大赛由市科协和市教育局联合主办，至今已连续举办了4届。本次大赛共有52所学校170支队伍570多名师生参加。

七、2017年工作概述

2017年，东莞科学馆在东莞市科协的领导下，围绕市委、市政府中心工作，深入践行普及科学知识，提高公众科学素质的服务宗旨，广泛深入地开展形式多样的科普教育活动，同时，积极推进馆内改造项目，加强自身建设，进一步打造为公众提供科普服务的重要平台。全年共接待市民28万人次，其中馆内接待观众约26.5万人次。

（一）注重观众体验，创造性开展馆内临展及科学活动

策划举办临时科普展览，提升市民参与度。2017年该馆举办了3场主题展览"'天空之翼'无人机科普展览"、"我爱这蓝色的国土——国防教育暨海洋知识科普展"及"多彩的昆虫世界科普展"。2017年的展览比以往更注重增强与观众的互动性，提升市民的参与度，除了在展览中加入互动性强的展品外，还开设了大量与展览内容相关的体验活动，例如，在无人机展览期间开设互动展区，让观众体验模拟飞行、手工制作等。在昆虫展期间开展征集东莞本土昆虫标本、制作蝴蝶书签、组织昆虫养殖观察等一系列活动，极大地引起了市民对活动及展览的关注，调动观众的积极性，鼓励观众由传统的参观展览转变为参与展览，主动地关注科学、学习科学。全年共接待观众及参观团体约20万人次，通过官网、微信平台等与观众互动、组织活动报名，该馆微信公众号关注人数增加至14300人。

做好场馆的开放与接待，在馆内开展各类科学活动，深化馆校合作。2017年，该馆继续做好场馆的对外开放和游客的服务接待工作，探索深化开展科普志愿者服务工作，加强学生志愿者的作用；在周六、日根据展品开展形式多样的讲解工作，包括互动科学实验、科学实践、科学小竞赛等活动。我们还在影视报告厅播放公益科普电影，全年共完成公益影视放映240场次，入场观众超过28000人次。另外，该馆开发的电磁科学史教育项目再次被选为"第四届中国科普场馆科学教育培育项目"之一，进一步深化了馆校合作。

（二）注重品牌打造，组织形式多样的馆外科普教育活动

为充分发挥科普展教功能，更好地为经济社会发展服务、为提高全民科学素质服务、为科技工作者服务，该馆整合社会资源，举办了一系列形式多样的科普活动，并与多个政府部门、各机关、企事业单位、社会社团开展了全方位多层次的合作项目。这些活动为广大群众搭建了一个学习交流的平台，得到了广大群众的普遍喜爱和社会各界的广泛好评。

1. 科普进学校社区活动蓬勃开展

一是流动科学馆进校园倍受欢迎。2017年，该馆"流动科学馆"共到25所中小学、社区进行公益巡展，参与人数约3万人次。"流动科技馆"走出东莞，分别到广东省饶平县、佛山华英学校及市科协对口扶贫点揭西县五云镇进行巡展，除了带去"体验科学"主题展览、流动展品之外，还在当地举办了一系列的科普活动，包括"流动实验室"、流动影院、科学表演、天文课等，让学生们能够亲身操作，动手实验，学习科学知识，培养科学思维方式。下半年，该馆成功研发了"多彩的昆虫世界""电与磁探索"两套流动展览，充实"流动科学馆"的展览内容，并投入试验性巡展。

二是"健康新生活"和"科普讲座进校园"两大品牌科普系列活动有声有色。"健康新生活"科普系列讲座全年到莞城街道办事处、黄江中学、樟木头裕丰社区等成功举办21场不同主题的讲座。讲座主题涉及科学健身、心血管疾病的防治、四季膳食养生、青少年牙齿和骨骼知识等，服务公众逾5000人次。2017年该馆首次联合广东医科大学、东莞市疾控中心以及热衷于公益和科普的企业开展活动，整合国内权威的健康科普专家资源，邀请的专家包括中共中央组织部国家"万人计划"科技创新领军人才、广东省名中医、国内医学院校教授等，积极响应"全国科普日""省科技进步月"等要求，紧扣医学热点，结合季节特点开展健康讲座，

取得了良好的效果。

"科普讲座进校园"方面，东莞科学馆联合市气象局、市环境保护局、市地震局、市海洋与渔业局，在市内各中小学共开展13场活动，惠及师生近万人次。活动紧扣当今科技热点开展，本年度的首场讲座特邀大连医科大学解剖教研室主任、生命奥秘博物馆创始人、博士生导师隋鸿锦教授到东莞，开展"寻找达尔文的证据"专题讲座，畅谈生物进化的奥妙与神奇。"5·12全国防灾减灾日"期间，在东莞市岭南学校开展防灾减灾及应急避险专题讲座，并组织全校师生开展应急演练。2017年的活动还得到了"九三学社"上海市委科普委员会的大力支持，派出专家组到东莞开展了多场专题讲座，受到参与学校的热烈欢迎。

2017年"科普讲座进校园"系列讲座

三是天文系列科普活动初现成效。为培养学生对天文的兴趣和对科学探索的热情，普及天文知识，该馆在2017年开展了天文培训、天文观测、天文科普讲座、天文教师培训、国际天文馆日活动等一系列天文特色科普活动共50场，受益人数达6000人次。2017年的天文科普项目进一步加强"馆校合作"，该馆开发了"天文课堂"和"望远镜操作培训"两个项

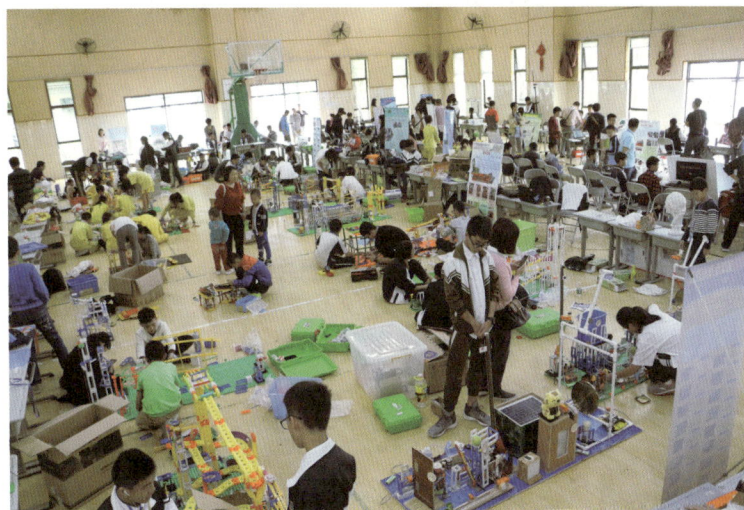
2017年东莞市青少年机器人竞赛

目，定期到学校开展"校本课程"；还帮助学校成立天文社团，培训望远镜操作；并精心组织发动市内青少年学生参加"广东省天文奥赛"和"全国天文奥赛"。经过对参赛学生的系统培训，该市青少年学生在省赛和国赛的表现都有了显著提升。另外，该馆提交的《如何在天文科普活动中开展光谱知识科普》入围中国自然科学博物馆协会年会论文评选，并受邀在"全国天文馆高峰论坛"上作专题汇报，向在场的国内知名天文场馆的领导、专家推广了以该馆自主研发的棱镜摄谱仪为依托开展天文光谱观测的经验，得到了业界的肯定。

2．特色科普活动创新开展

（1）第五届"自然科学体验夏令营"

2017年夏令营依然设在中堂台商子弟学校生命力营地举行，于7月份内举办两期，共招生100人。夏令营期间，营员在户外拓展、急救培训、星空观测、定向越野、划船、攀树、高空挑战等活动中学到丰富的知识，度过一个非常有意义的暑假。此外，2017年该馆充分利用网络资源，夏令营期间每天及时更新活动微信推送，建立微信家长群，让家长们在第一时间了解孩子们的情况。活动受到家长和学生的一致好评。

（2）科学主题亲子创作活动及各类主题夏令营

2017年暑假，该馆联合广东创客行教育科技有限公司在馆内组织科学主题亲子创作活动，通过10场围绕神奇科学DIY和3D神笔造物两类元素来开展，共组织20个家庭，约250人参与。另外，我们还和东莞光明眼科医院合作举办"爱眼小天使"暑期夏令营活动，让孩子们学习正确的爱眼护眼知识，体验标准眼科检查过程，通过扮演医生树立自身责任感，并向周围的同学宣传爱眼护眼知识。该馆与东莞市科普教育协会联合举办"科技体验·快乐成长"青少年无人机夏令营活动，青少年学生在专业老师的指导下，通过实际操作无人机和天文观测仪器，学习无人机的专业知识及航拍技能，了解无人机在测绘、电力巡线、农业植保、电影、航拍及

2017 年天文教师培训

星空探索方面的应用。

（3）青少年科普竞赛活动成效显著

一是 2017 年东莞市青少年机器人竞赛。该馆于 2017 年 4 月成功举办了"2017 年东莞市青少年机器人竞赛"，通过精心组织宣传发动，2017 年参与活动的人数达 700 人，共 62 所学校近 180 支队伍参与竞赛。东莞市青少年机器人竞赛已经成功举办了 10 届，2017 年该馆首次通过网络投票，评选机器人最佳作品奖。另外在比赛现场还设置了机器人展示区，极大地提高了师生的互动性与参与性。在本次竞赛中获胜的优秀队伍代表东莞市参加 5 月在汕头市举办的第 17 届广东省青少年机器人竞赛，并取得了优异的成绩。二是 2017 年东莞市中小学生天文知识竞赛。本次竞赛于 11 月 4~5 日在该馆举行，共有 62 所学校报名参加，对于在本次竞赛中获得特等奖和一等奖的 9 支队伍，该馆还组织他们前往韶关市新丰县进行户外天文观测，现场指导师生进行观测。三是 2017 年东莞市青少年（生物学）实验技能大赛。大赛于 11 月 26 日在常平中学初中部举行，由市科协和市教育局联合主办，至今已连续举办了 4 届。本次大赛共有 52 所学校 170 支队伍 570 多名师生参加。

（三）注重环境提升，加强硬件设施建设管理

2017 年，除了举办的各类科普活动及竞赛得到社会各界的广泛认可和好评外，该馆还着力对馆内常设展厅进行进一步改造。该馆完成了对二楼展厅的展示环境、内容和展品进行统一的更新和改造，提高展品分布的科学性。改造后的二楼常设展厅分为数学、声光、力学、电磁四个主题展区，展厅主要采用鲜艳明快的色调，整体面貌焕然一新，各主题展区均围绕分主题、沿展示脉络进行展项设置，他们为各主题展区购置经典成熟的中小型互动展项，其中包括 20 件力学展区展品，15 件电磁展区展品等，以充实展示内容，实现常展常新。

（四）加强宣传与联络，促进交流同发展

1. 拓宽宣传渠道，扩大科普活动影响力

该馆利用各类宣传渠道对各项科普活动进行宣传，进一步扩大科普活动的影响力。在活动报道方面，争取有效拓展宣传渠道，结合报纸、电视台、电台、官网、微信、微博平台等手段对日常活动及大型活动做及时的报道和互动，全年媒体报道超过 40 篇次。在开展科普活动的期间，该馆派发自编的《健康知识小册子》《急救知识小册子》《青少年健康成长手册》《中国居民膳食指南》等科普宣传资料，全年共计约 4000 份，扩大了科普宣传力度。

2. 加强对外联络，谋求共同发展

该馆积极与东莞市各镇街科协、各中小学、科普资源单位、科普教育基地、广东省科技馆研究会、中国自然科学博物馆协会等保持密切联系，与学校领导及学科负责人进行交流，了解学校科普活动方面的资源和需求等信息，并建立科学馆与镇街科协联络群，同时扩大科学馆与科普学校联络群，强化联络效率。2017年分别与山东淄博科技馆、阳江市科协、广州南沙区科协、韩国国立大邱科技馆及佛山科技馆同行进行了交流，学习对方开展科普工作的先进经验。

（五）注重服务质量，进一步完善科学馆大楼物业管理工作

一是做好科学馆大楼的物业管理工作。2017年每月组织与物业管理公司召开会议，加强沟通，完善管理，切实保障大楼的物业管理工作，及时协调物业公司做好消防、设备维护、保安保洁等工作。同时，完成了一至九楼厕所通风系统改造、监控系统更换、九楼天花更换等大楼内部的各项装修、维护工作，确保该馆各项工作正常运作。

二是加强饭堂管理。为提升员工的就餐环境和就餐质量，该馆除了要求每位饭堂工作人员进行岗前的体检，不定期对工作人员进行思想教育，贯彻落实《食品卫生法》的要求外，还对食品进货严格把关，对供货商配送的食品严格检验，加强卫生管理，对明火设备管理规范，保证安全。同时，改善菜品，注意饮食搭配，营养均衡，为员工提供健康的餐食。

（六）健全机制，强化管理，提升素质

为了加强管理，使工作向规范、有序、健康方向发展，该馆坚持做到：一是加强组织领导，做好党支部建设。按照科协党总支的安排部署，做好"两学一做"教育工作，严格落实"三会一课"制度，定期组织党员集中学习十九大精神，参加网上知识考学，召开专题组织生活会；在馆内创建党员先锋岗，结合馆中心工作实际，组织全馆党员积极参与；同时加强党员队伍建设，做好党务系统信息完善、收缴党费等日常工作。二是加强人才队伍建设。2017年，按照市里新的普聘管理办法，该馆完成了普通聘员的分档入轨工作，制订工资方案，调整了馆内普聘、展教人员的工资标准，完成了相关的社保、公积金基数调整及补发补扣工作，并完善了馆内工作人员的考核、评优等管理制度；做好在编人员公开招聘、入编上岗的相关工作，并完成了财务助理、司机、饭堂副厨和部分展教人员岗位的招聘；完成馆内岗位设置方案的调整，办理相关人员的职称聘用手续，令单位的人才结构更加科学，充实人才队伍。三是加强培训，提升素质。该馆组织员工参加了中国科协2017年科普工作人员培训、市人力资源局组织的新任人员培训、事业单位负责人在岗培训等，提升业务能力。

一年来，该馆加强管理，严格制度，创新思路，打造品牌，深入基层，注重长效，着力加强自身建设，提升科普能力。虽然取得了一定的成绩，但与众多兄弟馆相比，仍存在一些不足之处：比如科普形式、内容有待进一步创新、缺乏品牌活动、管理制度有待进一步加强等。对此，东莞科学馆将高度重视，采取有力措施，积极推动这些问题得到解决和改进。

汕头科技馆

英 文 全 称：Shantou Science and Technology Museum
法 定 代 表 人：郭耀光
联 系 电 话：0754-88437353
传　　　　真：0754-88987178
官 方 网 站：www.ststm.cn
行 政 主 管 单 位：汕头市科学技术局
成 立（开 放）日 期：1997 年
通 信 地 址：广东省汕头市海滨路 12 号
已加入专业委员会：中国自然科学博物馆协会科技馆专业委员会

一、科普活动与展览

1. 教育活动

单位：人次

序号	活动名称	活动时间	主要内容	活动形式	主要对象	参与人数
1	科普讲解	2017 年全年	参观展馆	科普活动	公众	180000
2	科普表演秀	每周 1 场	科普小实验互动表演	科普活动	公众	5300
3	3D 打印	每周 1 场	3D 打印演示	科普活动	公众	3600
4	"全国教育科学'十三五'规划（2016 年度）课题宣讲活动"	1 月 6 日	围绕"在积木建构游戏中为儿童创造性思维发展奠定基石"作了学术报告	学术讲座	学前教育教研员、专干、幼儿园园长和骨干教师	300
5	"中、高考成绩提升专题讲座"在汕头科技馆举办	1 月 7~8 日	针对中考、高考的考试大纲，明确备考方向让考生根据自身条件制订提升计划，让考生在现有的基础上提高成绩	科普讲座	初中三年级和高中二年级的学生	2000
6	汕头市科技大讲堂活动"生物医药科技创新与产业发展"讲座	1 月 9 日	以"生物医药科技创新与产业发展"为主题，阐述生物医药前沿技术和产业最新发展趋势	学术讲座	相关部门负责人、汕头市生物医药企业、健康产业的技术骨干和技术研发人员	60
7	全市高新技术企业申报认定培训会	3 月 3 日	围绕高企申报认定过程中的总体要求及常见问题进行了专题性的辅导、讲解	学术讲座	相关部门及高新技术企业代表	300

序号	活动名称	活动时间	主要内容	活动形式	主要对象	参与人数
8	2017 年汕头市高新技术企业申报认定培训会	3 月 21 日	宣讲高企认定政策，对高企认定申报技巧、得分要点进行详细的剖析及解读高企财务申报的注意事项	学术讲座	高新技术企业代表、相关科技服务机构负责人	200
9	研发费用税前加计扣除政策讲座	3 月 25 日	剖析和解读研发费用税前加计扣除税收优惠政策，申报研发费用税前加计扣除过程中需要注意的事项	学术讲座	高新技术企业财务人员	300
10	数字经济时代的知识产权保护论坛	4 月 22 日	围绕知识产权保护，作了三个不同主题演讲	学术讲座	有关领导、各行业协会会员企业代表	100
11	"全省科技进步活动月"暨"邦宝创客进校园"系列科普活动	6 月 3 日	开展创客科普活动	科普活动	公众	200
12	"2017 汕头惠民之旅"活动	6 月 8~11 日（市"科技进步活动月"期间）	组织公众走进科技馆，开展科学体验活动	科普活动	公众	150
13	"铸就美好心灵，助力文明建设"讲座	6 月 10 日	认识和理解心理学方面的知识	科普讲座	相关领导和嘉宾	300
14	"健康大讲堂"	6 月 17 日	以"提升科学健康素养，共创文明幸福生活"为主题的健康讲座	科普讲座	公众	200
15	广东省第八届留守儿童汕头市福彩夏令营	7 月 26 日	百名小营员参观汕头科技馆	科普活动	中小学生	100
16	"2017 汕头惠民之旅"活动	7 月 27 日至 8 月 26 日	参观科技馆，开展科学体验活动	科普活动	公众	700
17	2017 年汕头市"全国科普日"暨创客教育体验活动启动仪式	9 月 19~25 日	2017 年汕头市"全国科普日"暨创客教育体验活动启动仪式，安排了多场科普系列活动	科普活动	青少年学生和家长	2000
18	"以创意机器人为载体"教学活动	2 月 25 日至 10 月 29 日	开展"以创意机器人为载体"科普教育活动进校园活动	科普活动	中小学生	1200
19	首届汕头市商品可追溯高峰论坛	11 月 14 日	围绕汕头市商品可追溯产业发展现状及未来前景，并启动汕头市可追溯联盟筹委会	科学课堂	各行业代表	200
20	检验检测机构内审员培训班	12 月 11~13 日	对相关人员进行专业知识培训，并进行统一考试	学术讲座	相关技术人员	80
21	广东省疾病预防控制系统检验员、采抽样员培训班	12 月 28~29 日	对相关人员进行专业知识培训，并进行统一考试	科学课堂	相关技术人员	300
22	开展青少年机器人教育活动	每周 2 场	机器人结构班、机器人程序班、智能机器人综合技能项目和虚拟机器人项目培训	科学课堂	小学三年级~初中二年级学生	50

2. 流动科普设施

单位：次

名称	年度巡展次数	类型	经费来源	运行方式
"节约保护水资源科普图展"走进校园	5	巡展	自筹	2017 年 5 月 23 日至 9 月 22 日，先后将"节约保护水资源"科普图展送进汕头市聿怀初级中学、汕头市芙蓉小学、汕头市私立广厦学校、汕头市第二中学、汕头市长安小学 5 所学校，约 7000 人参与

二、信息化建设

1. 官方网站浏览情况

2017 年汕头科技馆网站平均日访问量约 50 人次，全年累计访问量 18250 人次。

2. 新媒体运用

2017 年汕头科技馆微信公众号关注人数增加至 4611 人，信息阅读量 19524 次，发布信息 60 余条，回复咨询信息 2041 条，预约参加活动 2850 条。

三、志愿者队伍建设

单位：人

分类	服务岗位	人数	来源	服务时间
在校学生	常设展厅	50	初中、高中、职校学生	周末、国家法定节假日、寒暑假

四、运营情况

票务情况

是否免费开放	未免费开放场馆票种	未免费开放票价	观众人数
是	无	无	18 万人次/年

五、2017 年度大事记

1 月 12 日　由汕头市教育局主办、汕头市幼儿园李岱玲教师工作室协办、广东邦宝益智玩具股份有限公司承办的"全国教育科学'十三五'规划（2016 年度）课题宣讲活动"在汕头科技馆举行。

3 月 21 日　汕头科技馆举办"第五届全国科技馆辅导员大赛南部赛区汕头科技馆选拔赛"。

4 月 15~16 日　中国（宁波）特色文化产业博览会组委会、宁波国家高新区管委会主办，中国自然科学博物馆协会、中国图像图形学学会协办，宁波新文三维股份有限公司承办的"中国 VR/AR 产品产业化高峰论坛"在浙江省宁波市召开。汕头科技馆馆长郭耀光、展教部部长江冰锋应邀参加了此次会议。

4 月 22 日　由中国（汕头）知识产权维权援助中心、汕头市律师协会、汕头市信息服务和软件行业协会、汕头市高新技术企业协会举办的"数字经济时代的知识产权保护论坛"在汕头科技馆举行。市知识产权局有关领导以及汕头市各行业协会会员企业代表共 100 多人参加本次讲座。

4月25~26日 "第五届全国科技馆辅导员大赛南部赛区"比赛在东莞举行。汕头科技馆4名科普辅导员分别参加了展品辅导赛、其他科学表演赛两项赛事，分别荣获个人展品辅导赛的"优秀奖"，科普剧《生鸡勃勃》荣获其他科学表演赛的二等奖。

5月23日至9月22日 由汕头市科技局主办，汕头科技馆承办的"节约保护水资源"科普图展，分别走进汕头市聿怀初级中学、汕头市芙蓉小学、汕头市私立广厦学校、汕头市第二中学、汕头市长安小学等5所学校。

6月8~11日 汕头市"科技进步活动月"期间，由市旅游局、市科技局、市文广新局、市科协等单位组织开展的"2017汕头惠民之旅"走进汕头科技馆活动，约有150名公众到馆体验。

汕头科技馆外观

6月10日 由共青团汕头市委员会、四川大学粤东校友会主办，汕头经济管理干部学校、汕头科技馆联合承办的"铸就美好心灵，助力文明建设"格桑教授谈健康心理修炼讲座在汕头科技馆举办。汕头市人大常委会常务副主任郑通声、四川大学成人继续教育学院冉蜀阳院长、市人大副秘书长王贵元、汕头市科技局局长邱长奕、共青团汕头市委书记陈玩雪、汕头技师学院程拱胜校长、汕头经济管理干部学校原校长郑则彬等领导出席，市人大、团市委、川大校友会等领导和嘉宾约300人参加了本次讲座。

6月17日 由汕头市科学技术局、汕头市科学技术协会指导，汕头大学医学院、汕头市健康产业技术创新联合会主办，汕头科技馆、广东汇群中药饮片股份有限公司承办的"健康大讲堂"公益活动在汕头科技馆开讲。

6月18~26日 由汕头市金平区政府主办，汕头市金平区科学技术局承办的《中以（汕头）科技创新合作区发展战略规划》竞赛方案在汕头市科技馆展厅进行展示，公开征询广大市民及社会各界意见和建议。

7月19日 由汕头市食品安全委员会办公室、汕头市食品药品监督管理局指导，汕头市科协、汕头检验检测学会、汕头市食品安全专家委员会主办，汕头科技馆协办的"食品快速检测科普推广体验馆"在汕头科技馆建成并举行了开馆仪式。

7月27日至8月26日 由市旅游局牵头市科技局、市文广新局、市科协等单位共同组织的"2017汕头惠民之旅"第二期活动，共组织15个批次600多名公众走进汕头科技馆，开展科学体验活动。

9月7日 广东省科技馆研究会第二届会员大会暨换届选举大会在佛山科学馆召开。汕头科技馆馆长郭耀光、副馆长刘婕好等4位同志参加了本次会议。

9月15日 由广东省科学院主办的"科技服务地方行（汕头站）"活动在汕头科技馆举行。

9月19~25日 由市科协、市科技局、市教育局联合主办，市全民科学素质工作领导小组办公室协办，汕头科技馆、广东邦宝益智玩具股份有限公司承办的2017年汕头市"全国科普日"暨创客教育体验活动启动仪式在汕头科技馆举行。汕头科技馆举办了以"创新驱动发展，科学破除愚昧"为主题的"2017年全国科普日"系列活动。

10月28~29日 汕头科技馆组织汕头市2所学校4支队伍共14名学生参加由广东科学中心和广州市教育局联合主办，广州市青少年科技教育协会、广东省科技馆研究会、广东发明协会、华南理工大学、广东省计算机学会智能软件与机器人分会、广东省计算机学会软件工程分会、广州市计算机学会承办的第六届广东省创意机器人大赛，并荣获嘉奖。

11月6日，由汕头市医学会主办的"全市民营口腔科诊所放射工作人员放射防护和有关法律知识培训班"在汕头科技馆举行。

11月14日 由汕头市食品药品监管局、汕头市检验检测学会共同主办的"首届汕头市商品可追溯高峰论

"铸就美好心灵，助力文明建设"讲座

以"提升科学健康素养·共创文明幸福生活"为主题的健康讲座

坛"在汕头科技馆举行。

11月27~28日 "广东省科普教育基地创建与科普能力提升培训班"在广州市举行。全省各有关地市、县（区）科协分管领导和广东省科普教育基地相关人员共90余人参加培训，汕头科技馆派员参加了本次科普培训班。

12月11~13日 由广东省认证认可协会主办、汕头市检验检测学会协办的"检验检测机构内审员培训班"在汕头科技馆举行。来自粤东各检验检测机构管理、技术人员共70多人参加了本次培训。

12月28~29日 由广东省疾控中心主办，汕头市检验检测学会承办的"广东省疾病预防控制系统检验员、采抽样员培训班"在汕头科技馆举办。

■ 六、2017 年工作概述

2017年，汕头科技馆在汕头市科技局党组领导下，深入学习贯彻党的十九大和习近平总书记重要讲话精神，认真落实全面从严治党要求，扎实推进"两学一做"学习教育活动。牢固树立科学发展观，认真履行科学普及的社会职能，紧紧围绕科技馆本年度工作计划，充分发挥科普场馆的作用，坚持管理与服务并举，不断提升管理水平，促进科技馆事业的全面发展。

圆满完成全年各项工作任务。

（一）发挥科普主阵地作用，组织开展各项科普教育活动

1. 依托科普常设展厅开展丰富多彩的科普活动

汕头科技馆在做好常设展厅日常开放的展教服务工作基础上，不断扩展展教范围，创新科普讲解模式。经常性地在寒暑假、双休日及重要节假日，开展互动科学实验表演、科普表演秀、VR 体验等各类科学活动。积极编写和排演科普表演秀剧目，编剧本、做道具，排演了《跑不出的水》《水分子拔河》《神奇的气球》《牙齿成长记》《食物旅行记》《说谎的眼睛》《神秘的耳朵》等 7 部科学互动小实验、科普表演秀，全年共计演出 40 多场。这些新的模式很受少年儿童和家长的欢迎，取得了较好的效果。2017 年，汕头科技馆接受"广东省第八届留守儿童汕头市福彩夏令营"、驻汕某海警部队官兵、揭阳知鸟游学团、揭阳市青年旅行社、汕头市渔洲中学、汕头市聿怀实验学校、汕头市丹霞小学、汕头市外经贸幼儿园等学校、团体的 64 批次约 1 万人次到科技馆参观和开展科普教育实践活动，取得良好成效。全年累计接待公众约 18 万人次。

2. 以"科技进步活动月""全国科普日"为契机开展多层面的科普活动

紧紧围绕 2017 年科技进步活动月、全国科普日活动主题，组织和开展"邦宝创客进校园"系列科普活动、"2017 汕头惠民之旅"、"铸就美好心灵，助力文明建设"科普讲座、"健康大讲堂"等丰富多彩的科普活动。

据不完全统计，2017年科技进步活动月、全国科普日参与人数约2万人次，免费发放《公民应急救灾——逃生指南》《创新放飞梦想——科技引领未来》等科普资料8000多份，获得了良好的社会反响，取得了很好的科普宣传效果。

3. 开展创意机器人进校园，深化馆校合作

"创意机器人进校园"活动已连续开展3年，切实为汕头科技馆进一步拓展科普教育覆盖面，加强青少年科技教育，发挥了更深层次的科普教育作用。2017年2月25日、6月1日至3日，科技馆组织汕头市蓬鸥中学、广东第二师范学院龙湖附属中学等2所学校骨干教师赴广东科学中心参加培训。10月28、29日，在汕头市蓬鸥中学、广东第二师范学院龙湖附属中学推选出4支队伍共14名学生参加在广州举办的"第六届广东省创意机器人大赛"。汕头市蓬鸥中学获得基础型二等奖及三等奖各1个，优秀园丁奖2个，优秀组织奖1个；广东第二师范学院龙湖附属中学获得2个基础型三等奖，1个优秀园丁奖。

4. 科普展览进校园，扩大科普活动覆盖面

2017年5月23日至9月22日，汕头科技馆举办"节约保护水资源科普图展"进校园活动，先后走进汕头市聿怀初级中学、市芙蓉小学、市私立广厦学校、市第二中学、市长安小学等5所学校，约7000名师生参观了展览。汕头科技馆还赠送科普图册给学校，受到了学校老师特别是青少年学生的热烈欢迎，扩大了科技馆科普展教活动的覆盖面和影响力。

5. 开展青少年机器人教育活动，提升青少年科技素质

2017年，汕头科技馆与博森信息科技有限公司合作开展智能机器人教育，组织青少年学生开展智能机器人培训、竞赛等活动。培训班学员代表汕头科技馆参加"2017年汕头市中小学校智能机器人竞赛"，郑树林、许锐瀚、梁逸铭同学荣获"高铁技能"现场拼装赛项目小学组一等奖、李杭之同学荣获"超级轨迹赛"项目小学组一等奖；参加"第二届中鸣杯青少年机器人创客大赛"，林煜荣获"超级轨迹赛"一等奖，赵时沣、杨泽楷荣获"超级轨迹赛"二等奖，许锐瀚、王子胤分别获"机器人能源收集赛"一、二等奖。

6. 以科技讲座培训为载体，普及宣传科学知识

2017年，汕头科技馆承接了"生物医药科技创新与产业发展"讲座、"全国教育科学'十三五'规划课题宣讲活动""数字经济时代的知识产权保护论坛""首届汕头市商品可追溯高峰论坛""全市民营口腔科诊所放射工作人员放射防护和有关法律知识培训班""检验检测机构内审员培训班"等科普论坛、讲座、培训230场（次），约9000人次参会，发挥了科普场馆开展学术交流及宣传科学知识的作用。

7. 圆满完成参观接待任务

2017年，接待参观汕头科技馆城乡规划展示厅的领导和嘉宾有："国务院发展研究中心等有关专家一行""哈尔滨工业大学高新技术开发总公司董事长张大成一行""同济大学专家一行""省统计局党组书记、副局长陈向新同志一行""住建部及广东省政府派驻汕头规划督察员""北京理工大学珠海学院领导一行""瑞士驻华大使戴尚贤和瑞士驻广州总领事博智东一行"等11批次，得到了领导和宾客的高度赞扬和一致好评。

（二）加大宣传力度，不断扩大科技馆社会影响

围绕工作重点及主题科普活动，汕头科技馆利用各类宣传渠道做好各项科普活动的宣传，有效提升了科技馆的影响力。一是充分发挥报刊、电视等传统媒体宣传作用，营造良好的科普氛围；二是做好科技馆官方网站的日常宣传工作，充实网站内容，提高网页浏览量，2017年官网新增科普新闻66条；三是通过微信公众号宣传科技馆各种活动内容，关注人数增至4611人，信息阅读量19524次，发布信息60余条，回复咨询信息2041条，预约参加活动2850条；四是定期向上级主管部门、市科协、全国科普教育基地官网及相关科普网站报送工作动态和活动信息30余条，做好科普宣传联络工作，促进了科普信息宣传的常态化。科普宣传效果逐步增强，社会效益显著，科技馆知名度提高。

（三）加强自身建设，不断增强科技馆凝聚力和战斗力

新时代面对新形势、新任务，提升自身素质、增强科技馆的凝聚力和干部职工的战斗力是推进汕头科技馆事业持续快速发展的重要保证。

2017 年 4 月 13 日 龙湖区希望小学

1. 加强培训，提升素质

积极开展科普辅导员业务知识培训，进行辅导员技能技巧培训，提升讲解服务水平；组织开展消防安全与防灾救灾、应急救援等知识培训，提高防灾减灾能力。2017 年派出林峰同志参加"2017 年广东省科普教育基地创建与科普能力提升培训班"。培训学习提高了本馆员工专业技能，对塑造良好的科技馆形象，更好地为公众提供科学、规范、优质的服务奠定了基础。

2. 学习交流，提高能力

为学习和借鉴其他科技馆好的管理和运行模式，该馆派员参观考察新建成的佛山科技馆、东莞科技馆、广东科学中心、厦门科技馆等新建馆及先进馆，学习它们的先进管理经验及开展科普活动的做法。东莞科学馆馆长助理、高级工程师王日昌一行 6 人到馆交流，相互借鉴各方面的成功经验，对标学习，补齐短板，提高科普工作的能力及水平，促进科技馆事业的共同发展。汕头科技馆应邀派员参加在宁波举办的"中国 VR/AR 产品产业化高峰论坛"，并考察体验 VR/AR 产品在宁波市科技馆的应用。

3. 参加大赛，获得佳绩

2017 年汕头科技馆选派 4 名科普辅导员参加"第五届全国科技馆辅导员大赛南部赛区比赛"。林燕敏、林玉婷、赵芸 3 位同志自编自演的科普剧《生鸡勃勃》荣获大赛其他科学表演赛二等奖，林燕敏、吴斯莉、林玉婷荣获大赛展品辅导赛"优秀奖"。这次比赛取得的优异成绩，增加了科普辅导员的工作信心，提高了科普辅导员的业务水平。

（四）强化内部管理，保障全馆工作高效运行

1. 健全机制，强化管理

将原来制定的各项规定、规章、制度进行梳理，重新修订补充，汇编成《汕头科技馆内部管理制度汇编》，共二十五项规章制度印发给全体工作人员，并要求组织学习，认真遵照执行。进一步的优化完善，大大提高管理科学化水平和管理效能。

2. 维护到位，确保运行

一是加大对展品展项的维护维修力度，展教人员每天巡查，及时掌握展品展项状态，并做好展品维护和记录，实行展教人员统一申报、维修人员随报随修的工作模式，全年维修展品 168 件次，确保展品完好率达标。二是加大对馆内各类基础设备设施维护保养力度，要求技术部门做到有检查、有处理、有跟踪，保障大型设备的运行、使用安全，排除各类安全隐患。三是争取 2017 年专项补助资金，完成电梯应急平层装置安装调试。确保科技馆设备设施全年无安全事故，为全体公众创造一个安全的科普场所。

3. 安全消防，两手都抓

科技馆作为人流量大的公共场所，安全管理是重中之重，要时刻绷紧安全这根弦，保持高度重视。一是以安全规章制度为前提、为约束，确保全年不发生安全事故。在日常安全工作上，做到"定时巡查"与"随时巡查"相结合，安全防范层层抓落实、层层抓监督。加强对工程建设、日常出入等重点环节，双休日、节假日等重点时段，参观公众、青少年等重点人群进行安全管控。二是成立消防安全检查组，全年开展"消防安全大检查""安全生产应急演练""消防演练""驻楼单位灭火器配置专项检查"等系列监督检查，对科技馆大楼的消防设备设施、各设备机房、消防通道、各驻楼单位进行"地毯式""拉网式"全面排查，整治消防隐患。三是开展消防安全的宣传教育，在科技馆大堂的 LED 显示屏滚动播放消防安全口号，向驻楼单位宣传消防安全知识，提高全馆员工和驻楼单位人员的消防安全意识。

4. 文明创建，落在实处

汕头科技馆作为重要文明服务窗口，自从汕头市开展创建文明城市以来，紧紧围绕创建文明城市的标准要求，加强领导，夯实责任，完善设施，加大宣传，将文明城市创建工作落到实处。一是在科技馆醒目位置增加设立了"汕头十大感人故事道德模范墙""社会主义核心价值观""中华传统美德""汕头市民公约""汕头精神"等公益宣传牌。二是在展厅电子屏幕上巡回展示公益广告内容，设置学雷锋志愿服务点，无偿提供纯净水供应等。三是及时修缮了卫生间、电梯间通道、展厅等公共区域，张贴《科技馆科普展厅参观须知》，设置展厅导览指示牌，指导公众安全、有序、文明参观。

阳江市科技馆

英　文　全　称：Yangjiang Science and Technology Museum
法　定　代　表　人：陈达理
联　系　电　话：0662-3377358
传　　　　真：0662-3377358
官　方　网　站：www.yjkjg.com
行 政 主 管 单 位：阳江市科学技术协会
成立（开放）日期：2010 年 12 月 23 日
通　信　地　址：广东省阳江市江城区市区新江北路文化艺术中大楼 B 区
已加入专业委员会：中国自然科学博物馆协会

▨ 一、科普活动与展览

1. 临时展览

单位：平方米，万人次

序号	展览名称	起止日期	展出地点	面积	观众数量	性质
1	第二届阳江市创意机器人大赛一等奖作品展	5 月 12 日至 10 月 27 日	阳江市科技馆序厅	400	4	原创
2	青少年安全健康教育科普图展	7 月 19 日至 8 月 31 日	文化艺术中心科普长廊	800	3	引进
3	传承优良传统图片站	7 月 19 日至 8 月 31 日	文化艺术中心科普长廊	800	3	引进
4	首届科普艺术大赛作品展	9 月 16 日至 10 月 15 日	文化艺术中心科普长廊	800	3	引进

2. 教育活动

单位：人次

序号	活动名称	活动时间	主要内容	活动形式	主要对象	参与人数
1	广东省科技七巧板创意制作师资培训	1 月 4 日	七巧板教师培训 七巧板比赛规则解读	科普讲座	中小学教师	100
2	阳江市第二届创意机器人大赛	5 月 4 日	拼装赛、竞速赛、创意赛	科技竞赛	中小学校学生	1000
3	六一儿童节科技游园活动	5 月 28 日	mbot 机器人足球 PK 赛、气球大战、编程初体验	科普活动	全市青少年	3000
4	Makeblock 机器人培训	6 月 1 日至 7 月 31 日	机器人组装及编程	科学课堂	青少年	200
5	核电安全知识研学体验营	9 月 16 日	实地探访核电站	科普活动	青少年及家长	50

序号	活动名称	活动时间	主要内容	活动形式	主要对象	参与人数
6	3D打印体验和无人机课程	暑假、国庆节	设计外观建模	科学课堂	青少年	500
7	第六届广东省机器人大赛	10月28~30日	组织参加第六届广东省机器人大赛，仓储机器人比赛	科技竞赛	中小学校师生	100
8	第四届广东省青少年科技七巧板创意制作竞赛	11月2日	组织参加该赛事的个人赛、团体赛	科技竞赛	中小学校学生	50
9	2017年阳江市科技七巧板创意制作赛	11月17日	承办赛事，组织团体赛	科技竞赛	中小学校学生	520
10	科学创意实验课	全年（40期）	造纸、手工扎染、玩转原子结构图、陶艺、科普绘本等	科学课堂	青少年及家长	2500

3. 流动科普设施

单位：次

名称	年度巡展次数	类型	经费来源	运行方式
科普进校园	16	大篷车、益智游戏	运行经费	—

二、科研与学术

承担项目

单位：万元

项目名称	项目来源	项目级别	经费	负责人
阳江市综合性科普场馆改造与流动科技馆建设	广东省科技厅	省级	50	陈达理

三、信息化建设

1. 官方网站浏览情况

加强网站宣传。充分利用网络宣传传播广、速度快、容量大、互动强、受众面广等优势，及时更新场馆新闻、科普活动、科普资讯等信息，丰富网站内容，全年发布信息200多条，关注阅读量达5万多次。

2. 展品信息化工作

阳江市科技馆经过申报及考评被核准为中国虚拟现实科技馆集群成员单位，成为首批纳入虚拟现实科技馆项目落地工作的试点之一，并于2017年12月完成落地工作。此次落地的VR体验区共配备1台

阳江市科技馆外观

设备，位于该馆一楼序厅，承载项目包括：高铁 VR 体验之旅、宇宙宇航技术之黑洞、化学小实验虚拟仿真和免疫保卫战等 4 个虚拟体验项目。

3．新媒体运用

开设科技馆订阅号，做到实时推送馆内最新活动预告、活动情况报道、热点科普知识等，及时解答公众疑问，拓宽互动渠道。同时，结合新媒体开展科普活动，通过微信公众号在线报名，招集学生参加特色科普培训班，全年发布科普培训班报名信息 50 多条，积累了一批经常关注科技馆活动的群众。

四、志愿者队伍建设

单位：人

分类	服务岗位	人数	来源	服务时间
展厅辅助管理	辅导员	19	学校及社团志愿者服务队	全年
科普活动、临展协助	辅导员	70	学校及社团志愿者服务队	全年

五、运营情况

票务情况

是否免费开放	未免费开放场馆票种	未免费开放票价	观众人数
是	无	无	17 万人次 / 年

六、2017 年度大事记

2017 年实施阳江市综合性科普场馆改造与流动科技馆建设，并通过广东科技厅的验收。

5 月 4 日　承办第二届创意机器人大赛暨阳江市预选赛，从中推选 20 支代表队参加省赛。

9 月 20 日　召开阳江市科技馆升级改造设计方案专家论证会，江洪波、侯的平、李国斌等广东省内科技馆行业专家出席。

11 月 7 日　承办 2017 年阳江市青少年科技七巧板创意制作竞赛活动。

12 月　阳江市科技馆成为首批纳入虚拟现实科技馆项目落地工作的试点之一。

七、2017 年工作概述

2017 年，在市委、市政府的正确领导下，在省青科协会和市科协的指导和大力支持下，阳江市科技馆根据《中华人民共和国科学技术普及法》，贯彻落实《全民科学素质行动计划纲要（2016–2020 年）》，围绕"准定位、强基础、办特色、建品牌"的总体思路，持续开展特色科普专题教育活动，进一步开放优质科普资源，充分发挥科普教育功能，面向公众提供更多更好的科普公共服务。

（一）场馆、展厅改造基本情况

1．完成一楼基础科学展厅的更新改造

完成一楼基础科学展厅的更新改造。改造过程中，淘汰了容易损坏、维修成本高的展品，保留了性能稳定、受到观众普遍喜爱的展品，增设"保持平衡""万丈深渊""铿锵锣鼓""体感游戏""VR（虚拟现实）"等

互动性强、展示功能稳定的展品，优化展厅展品的存量，向参观者演示数学、物理、化学、声学、光学等基础学科的典型现象，揭示其基本规律、基本原理，培养参观者的动手能力。

改造成立青少年科技活动室。将每楼层的休息室改造成专门的青少年科技活动室，购置一批桌椅和电脑、安装空调，每个活动室可容纳20名青少年开展机器人编程、3D打印体验、科学创意设计等科普活动，为开展馆内科普活动营造舒适的环境。

2．完成二楼信息科学展厅的部分升级改造

重新规划展厅的布局，划分了3D打印、体感互动、健康生活、机械天地、安全生活、电磁现象等主题不同的展区，增设了小球旅行记、交通安全员、材料科学、记忆测试、反应测试等30多件集互动性、趣味性和知识性于一体的科普展品。致力于为市民打造"体验科学魅力的平台、启迪创新思想的殿堂、展示科技成就的窗口、开展科普教育的阵地"。

增设创客教育区域。在二楼增设创客教育区域，配备了桌椅、3D打印机、阿尔法机器人等基本设备，为青少年进馆学习提供创作空间。

（二）依托展品开发的科学研究活动

一是坚持问题导向，科学划分展品。基于馆内互动性展品不多，图文资料较多的现状，全面对展品的知识点和科学原理进行分析，针对不同年龄层次、不同受众群体进行细分。

二是坚持需求导向，提升活动质量。对照中小学生课标，结合青少年教育协会平台资源，发挥创客示范工作室作用，充分利用在校老师专业教学优势，通过引入"探究式"学习方法，提高活动可学性、可操作性和可推广性。

三是多种方式开发，增加活动数量。该馆通过自主开发、借鉴成熟案例和联合学校、校外机构有关单位开发等形式，探索深度看展品、探究式学习、展项延拓等多种活动形式，满足不同受众的需要。

（三）举办主题临时展览和科学活动等教育活动20场次

1．组织青少年参加市级、省级青少年科技竞赛活动，调动青少年的积极性，以比赛促进科普工作的开展

2017年承办第二届创意机器人大赛暨阳江市预选赛，参赛队伍从首届的10所学校91支代表队扩大到第二届的22所学校220支代表队440人参赛。此次预选赛中推选13所中小学校19支参赛队伍参加广东省第六届创意机器人大赛，省赛中共有7支队伍获得一等奖，3支队伍获得二等奖，5支队伍获得三等奖。大赛设立5个创意发明专项奖，阳江市江城第一小学、阳江市岗列中学、阳春市中等职业技术学校的代表队获得其中3个创意发明专项奖。

2017年11月，承办2017年阳江市青少年科技七巧板创意制作竞赛活动，活动在阳江市江城星鹏中英文学校室内体育馆举行。本次竞赛采取现场团体赛形式，全市各县（市、区）有36所中小学校、幼儿园共156支参赛队伍520多名参赛选手参赛。竞赛活动分为亲子组、小学高年级组和中学组3个组别，其中亲子组有43支代表队、小学高年级组有62支代表队、中学组有51支代表队。阳江市科技馆从市级竞赛获得一等奖的队伍中推选5所学校共7支队伍参加同年12月份举办的第四届广东省青少年科技七巧板创意制作竞赛（深圳赛区）活动，获得多项大奖。其中，6支队伍获得一等奖，1支队伍获得二等奖，阳江市科技馆、阳江市江城第十三小学获得"优秀组织单位"；阳江职业技术学院附属实验学校、阳江职业技术学院附属阳东学校获得"科普示范学校"；大赛还设立10个"火柴最佳创意奖"，该市获得其中5个奖项。

2．围绕政府中心工作，结合时政热点、科技进步活动月、科技周、重大纪念日和公众科普需求，开展临时主题展览

（1）举办新春科技游园活动

2017年春节期间，推出"科幻年"系列科普活动，为广大市民献上节日的科普大餐，活动项目包括VR（虚拟现实）体验、"新笔马良"、制作新年礼品，共接待游客达2000人次。

（2）举办"六一儿童节科技游园活动"

2017年5月28日，举办2017年科技进步活动月科普系列活动之"六一儿童节科技游园活动"，包括mbot

序厅（磁悬浮地球）

清洁能源展厅

机器人足球 PK 赛、mbot 机器人气球大战、工业机器人采矿挑战赛、mbot 机器人编程初体验等展区以及造纸活动，吸引了3000 人次公众前来体验。

（3）承办科普主题展览

2017 年 9 月，举办首届广东省科普艺术大赛优秀作品展，活动主要展出青少年科普艺术大赛优秀作品，作品包括获得省赛一、二等奖的优秀折剪纸、三行诗歌和四格漫画作品 124 幅，观展人数达到2000 人次。

（4）全国科普日主题科普活动

2017 年 9 月全国科普日活动期间，开展核电安全知识研学体验营，组织 15 组亲子家庭参观阳江核电站。本次活动包含以下几个环节："核电站里有辐射吗""探索核电的奥秘""我眼中的核电站""小小工程师""核电点亮我的家"。整个过程让每个学习者通过观察、调查、实验制作、角色扮演、交流等活动不再谈核色变，认识到核电是清洁、稳定、安全的能源，使他们从小树立科学精神，养成良好的科学习惯，破除科学愚昧。

（5）结合中小学校课程改革的需求，开展流动科技馆进校园活动

①创意机器人进校园活动。2016 年11 月至 2017 年 4 月，开展声控四足机器人进校园活动，足迹遍布全市各县（市、区）的 21 所中、小学校，活动的目的是推动该市机器人科学技术普及，鼓励更多的青少年在电子、信息、自动控制等高新科技领域学习、探索、研究和实践，激发其科学兴趣。

②科普大篷车进校园。阳江市科技馆联合市科协等有关单位开展科普大篷车进校园活动，足迹遍布全市各县（市、区）16 所中小学校，共有 2.5 万名师生参加活动。

3. 馆内开展青少年动手实践的科普公益活动

为满足游客参观的需求，阳江市科技馆每逢周末、寒暑假、国家法定节假日期间正常开放，每年保持开放天数达 265 天以上，接待日常散客参观和团队参观；遇到重大活动，延长开放时间，例如，在 2017 年"阳江市书香节"期间，每天开放 12 个小时，一个星期接待人数可达 3 万人次。此外，在常设展厅保持开放的基础上，平均每月开展 4 期以上青少年科普公益活动，激发青少年爱科学、学科学的兴趣，培养创新能力和动手实践能力，活动具体情况如下。

（1）机器人夏令营活动

2017 年开展 10 期创意机器人活动，学员学习鼹鼠、声控四足机器人的科学原理、拼装以及电路搭建；开展 10 期以 Makeblock 机器人为主题的科学实践活动，学生学习 mbot 智能机器人及其编程软件，共 500 人次参与。

（2）科学创意实验课活动

2017年共开展40期科学创意活动课，内容包括手工扎染、玩转原子结构图、陶艺、科普绘本、造纸、折纸飞机、吹泡泡、科学记忆课、玩转魔方、绘娟扇等，以亲子活动形式开展，吸引2500人次青少年参加。

（3）3D打印体验和无人机课程

2017年4月开展6期3D打印设计外观建模活动，学员学习建立简易模型的方法；2017年暑假、国庆期间开展3D打印笔体验活动。共500人次参加了以上活动。

（四）场馆信息化建设情况

2017年，阳江市科技馆不断加强科普信息化建设，全面提升科技馆的展示手段，力求线上线下相结合开展科普工作，促进全民科学素质和创新能力的提高。

（1）2013年建成阳江市科技馆官方网站并正式对外公布，2015年开通微信服务号，2017年增开微信订阅号，用于发布科普活动新闻、微信在线报名、选取科普资讯推送等，拓宽科普宣传渠道，方便游客随时随地学习科普知识，打通科学传播的"最后一公里"。

（2）阳江市科技馆经过申报及考评被

2017年9月21日，科普大篷车走进阳江职业技术学院附属学校 ————

2017年5月4日，第二届阳江市创意机器人大赛 ————

核准为中国虚拟现实科技馆集群成员单位，成为首批纳入虚拟现实科技馆项目落地工作的试点之一，并于2017年12月完成落地工作。此次落地的VR体验区配备1台设备，位于该馆一楼序厅，承载项目包括：高铁VR体验之旅、宇宙宇航技术之黑洞、化学小实验虚拟仿真和免疫保卫战等4个虚拟体验项目。

（五）存在问题及努力的方向

一年来在全体人员共同努力下，运行正常，服务到位，基本顺利完成2017年初确定的工作任务和上级交办的各项任务。2017年阳江市科技馆已接待游客达17万余人次，虽然各项工作取得一定的成果，但从总体的情况来看，有些方面仍与上级的要求和社会各界的期望有一定差距，还存在一些亟待解决的问题，主要表现在：一是经费紧张，将继续寻求财政的支持和争取国家、省市级的科普项目，以弥补经费不足；二是科普基础设施的建设能力、科普资源开发能力有待提高；三要进一步加强业务知识培训，提高服务水平；四要加大宣传力度，增加网站和微信公众号的影响力。

广西壮族自治区科学技术馆

英 文 全 称：Guangxi Science & Technology Museum
法 定 代 表 人：江洪
联 系 电 话：0771-2809428
传　　　　真：0771-2808489
官 方 网 站：www.gxkjg.com
行 政 主 管 单 位：广西壮族自治区科学技术协会
成立（开放）日期：2008 年 12 月（新馆）
通 信 地 址：广西南宁市民族大道 20 号
已加入专业委员会：中国自然科学博物馆协会科技馆专业委员会、天文馆专业委员会

一、科普活动与展览

1. 临时展览

单位：平方米，人次

序号	展览名称	起止日期	展出地点	面积	观众数量	性质
1	科技馆培训部元旦活动	1 月 1~3 日	展览中心	1000	600	原创
2	南海之美——海洋生态与保护主题展	1 月 16 日至 2 月 19 日	展览中心	1400	54441	引进
3	广西青少年创新大赛	3 月 17~20 日	展览中心	2400	30464	原创
4	八桂英才广场活动	5 月 30 日	展览中心外广场	1000	1565	原创
5	广西青少年科学节	9 月 16~18 日	展览中心	2400	10273	原创
6	广西环江毛南族自治县书画摄影展	10 月 1~8 日	展览中心	1200	24330	联合
7	航天放飞中国梦——广西巡展	11 月 1~30 日	展览中心	2400	104690	引进
8	乡村少年宫技能竞赛	12 月 9~12 日	展览中心	1400	3500	原创
9	科普惠农交流活动	12 月 15~17 日	展览中心	2400	88537	联合

2. 教育活动

单位：人次

序号	活动名称	活动时间	主要内容	活动形式	主要对象	参与人数
1	"科技馆里庆元旦　陶艺品内有学问" 元旦亲子科普活动	1 月 1 日	陶瓷制作与相关知识介绍	科普互动活动	亲子家庭	60
2	"科学玩家"寒假系列科普体验活动	寒假	"科学玩家"系列活动；新展厅里新乐游；科普表演连连看；高科技大片来袭	科普活动	所有观众	—

序号	活动名称	活动时间	主要内容	活动形式	主要对象	参与人数
3	DIY天文星座手工皂	1月29日	学习关于星座的天文知识并亲手制作星座手工皂	宣讲与动手相结合	青少年	60
4	DIY纸工天球仪	1月30日	学习天体的知识并动手制作纸工天球仪	宣讲与动手相结合	青少年	60
5	"红红火火闹元宵 开开心心学天文"2017年元宵节亲子科普活动	2月11日	普及月亮不同的形状及形成原因；用饼干做月亮形状；做花灯，猜字谜	科普互动活动	亲子家庭	60
6	公共自行车守护侠志愿者活动	3月6日	爱护公共租赁自行车倡议及系绿丝带活动	公益活动	所有公众	—
7	广西科技馆走进南阳镇植树活动	3月7日	广西科技馆走进南阳镇植树活动	植树和科普展示	老师学生	600
8	"健康女性 魅力一生"广西科技馆三八节主题活动	3月8日	茶艺表演、茶文化科普、茶保健及中国花道美学插花表演	科普讲座	女性观众	50
9	庆祝国际天文馆日联动活动	3月12日	摆放科普展板、观看科普短片LOSING THE DARK《失去的暗夜》、制作十二星座手工皂等	宣讲与动手相结合	广大市民	5000
10	"点亮星星——寻找纸上的光"蜡彩实验绘画活动	3月12日	观看科普教育宣传短片《失去的暗夜》，由太空画优秀指导老师现场讲解壮族蜡染及天文题材绘画创作的相关知识	宣讲与动手相结合	青少年	80
11	广西科技馆走进天桃实验学校、逸夫小学、北大南宁附属实验学校、滨湖路小学活动	3月15~19日	广西科技馆走进天桃实验学校、逸夫小学、北大南宁附属实验学校、滨湖路小学活动	科普课堂	老师学生	1700
12	孙维新教授"趣味物理·游戏科学"亲子科普讲座	3月18日	用多个简单易懂的科学小实验讲解许多深奥的物理知识	科普讲座	亲子家庭	300
13	孙维新教授"太空科技大进展"科普讲座	3月19日	介绍许多世界先进的太空技术和前沿知识。如太空电梯、移居火星、火箭的回收等	科普讲座	参加广西青少年科技创新大赛的选手及指导老师们	300
14	广西科技馆走进桂宁小学	3月24日	开展区直机关共青团"携手前行 快乐成长"学雷锋志愿服务活动，科普表演秀《皮皮的假期》和实验课程《自制洗手液》	科普秀与科普实验	老师学生	780
15	弘扬优秀民族文化、欢度壮族三月三	3月30~31日	现场制作民族娃娃、环保民族服装	科普互动活动	亲子家庭	120
16	广西科技馆走进合山市实验小学	4月18日	广西科技馆走进合山市实验小学	科普活动	老师学生	500
17	广西科技馆走进大联小学活动	4月21日	广西科技馆走进大联小学活动	科普活动	老师学生	600
18	2017年广西科普专家助力精准扶贫暨知识产权教育培训班	4月19~21日	提高科普演讲团组织能力与演讲水平，把握科技助力精准扶贫工程的要求，科学知识及知识产权的教育普及工作	讲座、互动体验活动	全区广西科普演讲团及广西未成年人科普演讲团的科普专家	100
19	"书香八桂·阅读圆梦"系列活动	4月20日	2017年全民阅读进校园活动，赠送2个贫困乡村小学学校图书架及图书	科普扶贫活动	贫困乡村小学学校	600
20	"读书推荐连连看"读书日活动	4月23日	以有奖问答、趣味连线、读书寄语等生动活泼的互动形式，为当天来馆参观的观众推荐优秀科普书籍	科普活动	所有观众	5000

序号	活动名称	活动时间	主要内容	活动形式	主要对象	参与人数
21	秦大河"科学人生和南极生涯"科普讲座活动——科普工作者专场	4月28日	内容侧重于在南极科考的经验分享和学术探究	科普讲座	科普工作者	300
22	秦大河"科学人生和南极生涯"科普讲座活动	4月29日	分享在南极工作期间拍摄的精彩美图和科考活动。介绍了南极洲形成的原因、气候、冰川以及极光等科学知识	科普讲座	亲子家庭	300
23	"科普中国·百城千校万村行动"暨科普大篷车"书香八桂行"合山市科普进校园活动	4月30日	意大利面搭建活动，认识结构与稳定性	授课、互动	小学生	60
24	五一劳动节——我是小小劳动者——用双手搭建我们的未来	5月1日	乐高创意搭建活动	科普互动活动	青少年	10000
25	广西科技馆走进平果县果化镇巴龙村活动	5月4日	广西科技馆走进平果县果化镇巴龙村活动	科普活动	老师、学生	100
26	母亲节——我为妈妈绘绢扇	5月14日	用彩色的画笔在白色的绢扇上，绘上美丽的图案	科普互动活动	亲子家庭	60
27	2017年广西青少年机器人竞赛	5月19~21日	科技竞赛	竞赛、展览	全区各市青少年机器人爱好者	1403
28	2017年全国暨广西科技活动周"科学之夜"活动	5月21日	"广西气象业务与灾害防御"主题科普讲座；科普秀；科普影片	科普活动	青少年	150
29	广西科技馆走进柳州鸡喇小学活动	5月24日	广西科技馆走进柳州鸡喇小学活动	科普活动	老师、学生	600
30	龙舟DIY，创意端午节	5月28日	用彩色的画笔和装饰材料在龙舟模型上绘出自己的创意龙舟	科普互动活动	亲子家庭	60
31	教师志愿者团STEM主题交流培训	6~8月	STEM课程学习、交流	授课、交流	南宁市教师志愿者团	100（三期总人数）
32	"玩转科普 快乐暑期"科普联展活动	7月9日	整合广西自然科学博物馆协会会员单位优势科普资源，推出暑期科普活动	科普活动	所有公众	—
33	2017年"圆梦蒲公英"暑期主题活动暨广西科技馆天文科普活动"玩转科普 快乐暑期"的科普一日游活动	7月20日	科普天文知识；手工制作"天文"手工香皂；画海报	科普互动活动	山区贫困学生	50
34	"共享单车 共享文明"公益骑行志愿服务活动	7月30日	公共自行车守护宣传活动，并参与整理擦洗共享单车志愿者服务工作	公益活动	所有公众	—
35	五象新区第二实验小学科学节	8月31日	3D打印笔、无人机、机器人展示	动手实验探究	学生、教师	180
36	广西科技馆走进孙维新星湖小学活动	9月15日	广西科技馆走进孙维新星湖小学活动	科普活动	老师、学生	100
37	孙维新教授"趣味物理·游戏科学"科普讲座	9月16日	用多个有趣科学小实验展示了科学知识	科普讲座	亲子家庭	300
38	李家维教授"植物猎人的省思——全球植物拯救行动"科普讲座	9月16日	分享植物方面科研行动经验	科普讲座	青少年	300

续表

序号	活动名称	活动时间	主要内容	活动形式	主要对象	参与人数
39	第五届广西青少年科学节主场活动	9月16~17日	科技体验、科学家公开讲座、科教设备互动	参观、互动、讲座	广大青少年及群众	20000
40	李家维教授"我愿无穷——博物馆人的自许"专题讲座	9月18日	分享了化石相关研究的成果、经历及感触	科普讲座	科普工作者	160
41	李家维教授"人类传奇——始源与未来"科普讲座	9月18日	从人类的起源讲起,带领师生们开启了一个关于生命演化探秘之旅	科普讲座	高中学生	300
42	广西科技馆走进李家维三十六中学活动	9月18日	广西科技馆走进李家维三十六中学活动	科普活动	老师、学生	300
43	广西科技馆应《小博士报》邀请走进万秀小学活动	9月22日	广西科技馆应《小博士报》邀请走进万秀小学	科普活动	老师、学生	600
44	2017年广西中小学生发明创造示范单位暨青少年科技创新大赛骨干教师培训班	9月22~27日	青少年科技活动与科技辅导员技能提升	讲座、互动体验活动	全区14个市科协领导、项目主管、示范单位的领导、骨干教师、北海市部分教师代表	182
45	2017年全区乡村学校少年宫科技辅导员培训班	9月22~24日	讲座、培训	讲座、实践课程	全区各市乡村学校少年宫科技辅导员	300
46	第二届广西青少年科技运动会	10月21~22日	科技竞赛	竞赛	全区各市青少年学生	1500
47	广西科技馆走进南宁市逸夫小学活动	10月23日	广西科技馆走进南宁市逸夫小学活动	科普活动	老师、学生	1000
48	广西科技馆走进南宁市人民路东段小学活动	10月26日	走进南宁市人民路东段小学活动	科普活动	老师、学生	800
49	中国航天科技集团公司神舟飞船系统副总设计师马晓兵"载人太空飞行之旅"主题科普报告	11月3日	讲解神舟飞船从发射升空到返回地球的全过程	科普讲座	中学生	300
50	黄春平总指挥"航天放飞中国梦"科普报告会	11月3日	做航天放飞中国梦科普报告	科普讲座	中学生	300
51	广西科技馆走进南宁一中活动	11月3日	广西科技馆走进南宁一中活动	科普活动	老师、学生	1500
52	平果县塘莲村科学工作室后期培训	11月8日	培训、开展活动	授课、交流、互动	培训(科技辅导员)活动(学生)	培训(科技辅导员)4,学生50
53	第三届"科普动车快乐行"活动	11月10日	科普秀,科普实验,科普参观	科普活动	中小学生	200
54	2017年崇左市乡村学校少年宫科技辅导员培训班	11月10~12日	讲座、培训	讲座、实践课程	崇左市各县区乡村学校少年宫科技辅导员	120
55	广西科技馆走进民主路小学开展进学校活动	11月13日	广西科技馆走进民主路小学开展进学校活动	科普活动	老师、学生	1200
56	广西科技馆走进百色市塘莲村小学开展科普活动	11月15日	百色市塘莲村小学	科普活动	老师、学生	300

序号	活动名称	活动时间	主要内容	活动形式	主要对象	参与人数
57	2017年钦州市气象地震天文知识科普教育基地行活动	11月18日	动手制作八大行星模型、天文手工皂，开展望远镜的操作与使用讲座，实践观测等	宣讲与动手相结合	青少年	500
58	2017年玉林市乡村学校少年宫科技辅导员培训班	11月21~24日	讲座、培训	讲座、实践课程	玉林市各县区乡村学校少年宫科技辅导员	120
59	2017年全区乡村学校少年宫科技体验日活动	12月9~10日	科技体验、科技竞赛	展览、互动体验、竞赛	全区各市乡村学校少年宫学生代表	230
60	雅培科教项目	12月9~10日	科学教育活动	实践活动	青少年学生	150
61	2017年广西青少年机器人竞赛组织工作者会议暨教练员培训班	12月12~21日	讲座、规则讲解、竞赛器材体验	讲座、课程、实践	全区青少年机器人教练员及组织工作者	300
62	广西中小学知识产权科技教师巡回培训班（贺州市）	12月18~21日	知识产权科技师资队伍建设和广西中小学生发明创造示范单位建设工作	讲座、互动体验活动	贺州市各中小学校以及广西发明创造示范单位的领导、骨干教师代表	120
63	平果县五小科学工作室援建	12月26日	建设、培训	授课	科技辅导员	8
64	2017年"大手拉小手——科普报告希望"行	3~12月	广西未成年人科普演讲团专家到全区多地中小学校给青少年开展科普讲座活动	讲座、互动体验活动	南宁、钦州、贺州、河池、崇左、防城港6市63所中小学校师生	19000
65	广西青少年科学工作室"科学玩家"系列活动	全年	科学实践课程	讲座、实验、探究	广大青少年学生	50000

3. 流动科普设施

单位：次

名称	年度巡展次数	类型	经费来源	运行方式
中国流动科技馆巡展	33	巡展	财政拨款	—

▨ 二、科研与学术

1. 研究成果

序号	题目	作者	刊名	卷（期）号	期刊级别
1	《如何将本土特色文化资源融入科技馆科学教育活动——以广西科技馆为例》	韦丹婷	《青年时代》	2017年第14期	省级
2	《浅析如何因地制宜提升流动科普的辐射能力——以中国流动科技馆广西巡展为例》	韦丹婷	《魅力中国》	2017年第9期	省级

2．编辑刊物

刊物名称	刊号	发行周期	发行数量（册）	发行范围
广西科技馆通讯	内部刊物	季度	1600	广西科技馆、全国各科技馆

三、信息化建设

1．官方网站浏览情况

广西科技馆官网 2017 年浏览量 104031 人次。

广西青少年科技教育和科普活动云服务平台 2017 年浏览量 11672 人次。

2．展品信息化工作

广西科技馆智能导览 App 正式上线服务，常设展厅所有区域实现了移动智能设备与展品的互动，公众通过客户端可以轻松获取与展品相关的文字、语音、视频动画等多种形式的科普信息，还能与广西科技馆场馆门票上的 AR 卡片进行趣味科普互动。

3．新媒体运用

2017 年 6 月，广西科技馆在今日头条政务平台上开通了"广西科技馆"今日头条号，主推科技馆和青少中心的大型科普活动宣传和即时科普，截至 2017 年 12 月 31 日在科普类账号中综合影响力排名为前 4%。

"广西科技馆"微信公众号以图文、视频、科普漫画、在线报名、H5 页面、长图等多种形式及时推广科普资源和科普活动，并将大型科普活动通过微信朋友圈广告进行精准推广。注重与知名媒体、优势平台合作，如人民网、新华网、广西电视台、腾讯、百度等多家媒体平台。

四、志愿者队伍建设

单位：人

分类	服务岗位	人数	来源	服务时间
广西科技馆南宁市教师志愿者团	青少年科学工作室	200	南宁市中小学校	周末、节假日、寒暑假及志愿者空余时间
广西未成年人科普演讲团专家团队	学校和科普场馆	36	科研院所、高校专家	不定期
大学生志愿者	展厅、培训部等	387	各大高校	周末、节假日、寒暑假

五、运营情况

票务情况

是否免费开放	未免费开放场馆票种	未免费开放票价	观众人数
是	高科技影院	20 元	121 万人次／年

六、2017 年度大事记

1 月 1 日　广西科技馆组织举办"2017 年庆元旦科普汇演暨玩转科学大型体验活动"，汇集了展览、表演及科普互动等丰富多彩的活动，300 多名青少年及家长参与其中。

"推箱子"机器人基本技能比赛

1月1日　广西科技馆组织开展"科技馆里庆元旦陶艺品内有学问"亲子传统文化科普活动，20多组家庭参与活动并体验到了"陶"的乐趣与意义。

1月4日　中国流动科技馆广西巡展武宣站启动仪式在武宣县文化体育中心举行。来宾市科协主席潘毅华、广西科技馆副馆长黄星华、武宣县委副书记覃燕由以及机关代表、科普志愿者和学生代表共计200余人参加了启动仪式。

1月12日　该馆组织举办全国科技馆辅导员大赛广西科技馆选拔赛。广西科技馆馆长江洪、副馆长黄星华出席了此次选拔赛。

1月13日　中国流动科技馆广西巡展忻城站启动仪式在忻城县武装部举行。广西科技馆副馆长刘波、来宾市科协副主席蓝海云、忻城县委副书记莫增纯等领导，以及科普志愿者和学生代表共计200余人参加了启动仪式。

1月17日至2月17日　寒假期间，广西科技馆组织推出公益科普展览"南海之美——海洋生态与保护主题展"。本次展览生动地展出了30余种珊瑚礁生物，并配有多套互动展品和图文展板，全面介绍南海海洋生态环境，让参观者仿佛置身于神奇的海底世界。

1月21日　广西科技馆组织举办"迎新春送对联科普惠民"活动。此次活动一是为了传承民俗，向社区居民及广大公众免费送春联，让大家切实感受到喜庆而浓厚的传统佳节氛围；二是为了做好科普宣传教育，组织科普公益活动，让更多的公众感受到科技的魅力。

2017年春节期间，广西科技馆在新春的第一缕阳光中迎来了新年第一个参观黄金周，组织开展了"科学玩家"、新展厅里新乐游、科普表演连连看、"南海之美——海洋生态与保护主题展"、高科技电影等精彩纷呈的系列活动。从大年初一至初七，广西科技馆共接待公众6.7万余人次。

2月11日　元宵节当天，广西科技馆开展了"红红火火闹元宵　开开心心学天文"亲子科普活动，从传统的习俗赏灯、观月、猜灯谜入手，向广大青少年普及科技知识，锻炼他们的动手能力，让他们度过一个有特殊意义的元宵节。

2月22日　广西科技馆召开2017年馆运营工作会议、党风廉政建设工作会议。广西壮族自治区科协党组成员、副主席何求出席会议。馆（中心）领导班子及中层以上干部参加了会议。

九州春意浓，三八宏图展。3月8日，为庆祝2017年三八国际妇女节，广西科技馆为广大女性同胞组织开展了一场集茶艺表演、茶文化科普、茶保健及中国花道美学插花表演为一体的"健康女性　魅力一生"三八妇女节主题公益科普讲座，挖掘茶的作用、分享茶的魅力，用科学的知识教育妇女，用文明的风尚引导妇女，用健康的活动凝聚妇女，共同度过一个美丽、健康而有意义的节日。

2017年寒假期间　广西科技馆青少年科学工作室组织开展了为期一个月的"科学玩家"科普体验活动。活动以"动手、探究、协作"为主题，设有手工艺、创客、烘焙、航模、机器人等9个系列，共32场科普体验活动，丰富的活动让孩子们度过了一个充实而有意义的寒假。

3月10日　中国流动科技馆广西巡展靖西站启动仪式在靖西市实验小学举行，百色市科协主席丁丽华、广西科协科普部副部长翁修平、靖西市人民政府副市长覃燕等领导以及机关代表、科普教师和实验小学学生代表500余人参加了启动仪式。此次流动科技馆巡展配合国际天文馆日活动，给当地群众搭建了体验科学的平台，为公众参与科普、学习科技、提升科学素质提供了良好的机会，对靖西市科普事业起到了积极的推动作用。

3月12日　第22个国际天文馆日，广西科技馆组织开展了以"点亮星星"为主题的系列天文科普活动。除了举办丰富多彩、极具壮乡特色的主场活动，广西科技馆还将国际天文馆日系列天文科普活动与中国流动科技馆广西巡展进行联动，通过摆放科普展板、观看科普短片 LOSING THE DARK（《失去的暗夜》）、制作十二星座手工皂等活动向公众传递天文、天文馆的相关知识，让更多的人感受到对星星和太空的探索以及了解天文学知识是一个令人愉悦的过程。

3月14日　第五批广西中小学生发明创造示范（试点）单位遴选评审会议在广西科技馆召开。评审会最终审核评定出 30 所单位为第五批广西中小学生发明创造示范（试点）单位。试点工作自正式启动之日起开始，为期两年。

3月15日　中国流动科技馆广西巡展鹿寨站启动仪式在鹿寨县初级实验中学举行，柳州市科协副主席韦华、鹿寨县县政府副县长程钊、广西科技馆馆长助理谢明明，以及科普志愿者和学生代表共计 150 余人参加了启动仪式。

3月16~19日　由自治区科协、自治区教育厅共同主办，广西青少年科技中心、广西科技馆承办的第 32 届广西青少年科技创新大赛在广西科技馆隆重举行。来自全区各市的 14 支代表队、421 名学生和 127 名科技辅导员参加大赛。

本届大赛收到来自全区 14 个市的各类参赛作品 1141 项，共评出各类奖项一等奖 201 项，二等奖 224 项，三等奖 398 项，优秀奖 39 项。大赛期间，成功举办第六届广西青少年科普剧竞赛，全区共有 45 个剧目参赛，评出一等奖 4 个，二等奖 6 个，三等奖 9 个。

3月15~19日　广西科技馆联合台湾自然科学博物馆馆长、台湾大学天文物理所教授孙维新到南宁市逸夫小学、滨湖路小学、北大南宁附属实验学校、天桃实验学校连续开展四场主题为"趣味物理　游戏科学"的科普讲座，现场气氛非常火爆，受到各学校师生热烈欢迎。

3月16日　应广西科技馆的邀请，台湾自然科学博物馆馆长、台湾大学天文物理所教授孙维新到广西科技馆对馆内科技辅导员进行培训与指导。

3月18日　广西青少年科技创新大赛期间，台湾自然科学博物馆馆长、台湾大学天文物理所教授孙维新应邀来到广西科技馆，面向公众和参加广西青少年科技创新大赛的选手及指导老师开展了"趣味物理　游戏科学"和"太空科技大进展"两场趣味科普讲座。

3月23日　中国流动科技馆广西巡展蒙山站在蒙山县青少年活动中心举行启动仪式。

3月24日　广西科技馆等 6 家单位前往南宁市桂宁小学，开展区直机关共青团"携手前行快乐成长"学雷锋志愿服务活动。

3月28日　中国流动科技馆广西巡展西林站启动仪式在西林县政府办公大楼举行。

4月5日　中国流动科技馆广西巡展宜州站启动仪式在宜州区博物馆举行。

4月上旬　共青团中央、最高人民法院等 22 个部委联合通报表彰了 2015~2016 年度"全国青年文明号"先进集体。广西科技馆青年集体经过层层筛选和严格审核成功获评，同时也标志着广西科技馆青年工作迈上了新台阶。

4月11日　中国流动科技馆广西巡展田林站启动仪式在田林县初级中学举行。

4月18日　在世界读书日来临之际，"科普中国·百城千校万村行动"暨科普大篷车"书香八桂行"合山市活动启动仪式在合山市实验小学举行。广西科技馆科技辅导员为同学们带来了科普实验秀《探秘激光与色彩》《神奇的液氮》及科普互动实验《简易意大利面手工搭建》等丰富多彩的科普实验活动。广西科技馆还组织邀请广西未成年人科普演讲团专家甘海鸥老师为合山市科技辅导员做"2017 年合山市青少年科技创新大赛知识"专题培训讲座。

4月19~21日　由广西青少年科技中心、广西老科学技术工作者协会共同主办的 2017 年广西科普专家助力精准扶贫暨知识产权教育培训班在广西科技馆举办。

4月20日　第 32 届全国青少年科技创新大赛广西赛区赛前培训会在广西科技馆举行，会议由广西科技馆副馆长、广西青少年科技中心副主任刘慧英主持。获得推荐参加全国赛的 13 个项目的 35 名学生及主要辅导老师参加了培训。

4月20日　广西科技馆作为广西科协定点帮扶贫困村第一书记派出的后盾单位，深入百色市平果县果化镇巴龙村巴周屯贫困户，开展"一帮一联""一户一册一卡"的"一对一"结对帮扶活动。与贫困户促膝交谈，了解他们致贫原因、子女上学、劳动力就业和帮扶需求等情况，全面完成了"认门认亲"走访工作，并签订"双承诺"书。同时，广西科技馆将"书香八桂·阅读圆梦"活动走进巴周屯、龙笃屯两个小学教学点，为乡村的孩子们送去精神食粮，帮扶教学点设立读书角，为每位孩子赠送科普书籍。

4月21日　由广西科协主办的"书香八桂·阅读圆梦——趣味科普读物进校园"活动在南宁市大联小学开展，自治区科协副主席何求及广西科技馆馆长江洪等出席了活动并为同学们送上科普书籍。

4月23日　"世界读书日"当天，广西科技馆在大堂举行"读书推荐连连看"活动，以有奖问答、趣味连线、读书寄语等生动活泼的互动形式，为当天来馆参观的观众推荐优秀科普书籍。

4月25~26日　由中国科协科普部、中国科技馆发展基金会、中国自然科学博物馆协会科技馆专业委员会联合主办的第五届全国科技馆辅导员大赛南部赛区预赛在东莞隆重举行。广西科技馆斩获科学实验赛1个一等奖、1个二等奖，展品辅导赛1个二等奖、2个优秀奖。其中，广西科技馆科技辅导员苏超、李力、罗梦妃表演的《声生不息》以总分第一获得一等奖；广西科技馆科技辅导员赵寒寒辅导展品"转动惯量"获得二等奖，最终晋级全国总决赛。

4月28~29日　广西科技馆联合商务印书馆南宁分馆，邀请中国首位徒步横穿南极大陆、世界著名的冰川学家、中国科学院院士秦大河到广西科技馆，为广西自然科学博物馆协会科普工作者和广大科学爱好者举办了两场主题为"科学人生和南极生涯"的科普讲座。

5月2日　广西科技馆团支部被评为2016年度"全国五四红旗团委（团支部）"，这是该馆团支部首次获此殊荣。

5月4日　广西科技馆团支部组织馆内共青团员前往巴龙村两个教学点，扎实开展"共青团助力脱贫攻坚"活动，积极关爱帮扶农村留守儿童，为孩子们带去了精彩的科普秀、互动游戏以及现场拍照打印，并赠送了文体用品，受到了教学点师生们的热烈欢迎。

5月9日　由自治区科技厅主办的2017年全国科普讲解大赛广西选拔赛在广西科学活动中心拉开帷幕，来自全区各地的52名优秀讲解员参赛。广西科技馆科技辅导员杨珊、林孜成功进入前十，晋级选拔赛，并在选拔赛中荣获三等奖的好成绩。

5月14日　母亲节当天，广西科技馆开展"我为妈妈绘绢扇"公益科普主题活动，邀请青少年朋友们和妈妈一起，用彩色的画笔在白色的绢扇上，绘上美丽的图案，在夏日里给妈妈们送上一份清凉与甜蜜。

5月15日　广西科技馆与防城港核电公司签署共建"核电科普展区"合作协议。广西科协副主席何求，防城港核电公司副总经理宫广臣出席签约仪式。

5月21日晚　2017年全国暨广西科技活动周"科学之夜"活动在广西科技馆举办。本次活动由自治区科技厅、自治区科协主办，广西科技馆、广西科学活动中心、南宁市天桃实验学校承办。

5月23日　中国流动科技馆广西巡展凌云站启动仪式在凌云县民族小学举行。

5月24日　2017年全国暨广西科技活动周期间，为丰富学生的科学文化生活，广西科技馆携带科普秀《神秘的小精灵》《揭秘牛大力》和"身边被误解的科学"科普图画展走进柳州市"城中村"小学——鸡喇小学开展"科普活动进校园"活动，学校共500多名师生参与了活动。

5月28日　在端午节到来之际，广西科技馆开展"龙舟DIY，创意端午节"公益科普主题活动，邀请小朋友们和家长一起，用彩色的画笔和装饰材料在龙舟模型上绘出自己的创意龙舟。

5月27日　由自治区科协、教育厅、科技厅、文明办联合主办，广西青少年科技中心、广西科技馆、南宁市科协共同承办的2017年广西"快乐科普校园行"、青少年科学调查体验活动启动仪式，在青少年科学调查体验活动全国推广示范学校南宁市北湖路小学举行。

5月27~28日　由自治区科协、自治区教育厅、柳州市人民政府主办，广西青少年科技中心、广西科技馆、柳州市科协、柳州市鱼峰区人民政府承办的2017年广西青少年机器人竞赛于柳州市第八中学成功举办，来自全区14个市549支青少年代表队的1403名选手和257名教练员参加了比赛。本届竞赛共设8大项目，角逐产生冠军23项、一等奖110名、二等奖167名、三等奖267名。此次竞赛是自2003年举办该项赛事以来规模最大、参赛人数最多、竞赛水平较高的一次竞赛。

5月27~31日　在首个"全国科技工作者日"即将到来之际，由自治区科协、自治区科技厅主办，广西科技馆、南方科技报社承办的 2017 年广西"全国科技工作者日"暨"八桂情·科技梦"——八桂科技英才风采展在广西科技馆广场开展。展览以图片形式向公众展示了一百多名来自自治区各学科领域科技工作者中的优秀代表的风采。

6月1日 广西科技馆组织开展了关爱边远山区儿童"感恩扬帆·感恩在我心"六一主题活动。凌云县贫困村的 30 多名留守儿童及横县陶圩镇六秀村小学的优秀学生、少先队干部及留守儿童一起参加了本次活动，欢度六一国际儿童节。

周建中教授做"青少年科技创新大赛的项目指导与参赛策略"专题培训

6月11~12日 备受关注的第五届全国科技馆辅导员大赛全国总决赛在上海科技馆隆重举行。经过激烈角逐，广西科技馆自主研发的科普实验剧《声生不息》获科学实验赛二等奖第一名，广西科技馆辅导员赵寒寒荣获展品辅导赛优秀奖。中国科协党组成员、副主席、书记处书记徐延豪等领导出席大赛并为获奖选手颁奖。

6月12日 中国流动科技馆广西巡展阳朔站启动仪式在阳朔县凤鸣小学举行。

6月18日 广西科技馆组织举办 STEM 主题教育培训活动。广西科技馆南宁市教师志愿者团的 20 多名教师参加了活动。

6月22~23日 广西科技馆联合靖西市科协组织举办 2017"中国科协——联合国儿童基金会农村青少年校外教育项目"培训班，参加培训的人员除了靖西市职业技术学校的学生外，还有来自越南的留学生。

7月7日 由自治区科协、教育厅主办，广西青少年科技中心、广西科技馆承办的 2017 年青少年高校科学营广西营营前动员会在广西科技馆举行。参加此次营前动员会的是广西首批出发前往外地高校参加活动的学生及带队老师，他们分别来自南宁、柳州、北海、桂林、贵港等地，共 60 多人，都是当地科协与教育局推荐的品学兼优、学有余力、爱好科学、有科技特长的高中生和有着丰富执教经验的优秀教师。

7月9日 广西自然科学博物馆协会联合其会员单位，整合优势科普资源，组织举办了主题为"玩转科普 快乐暑期"科普联展活动。

7月11日 中国流动科技馆广西巡展恭城站启动仪式在恭城瑶族自治县民族职业教育中心举行。

7月11~14日 在第五届全国科学表演大赛全国决赛中，广西科技馆科学秀作品《神秘的小精灵》获得成人组科学秀二等奖。

7月13~21日 由广西科协和广西教育厅共同主办，广西科技馆、广西青少年科技中心、广西青少年学生校外教育培训基地和广西化学化工学会承办的 2017 年广西青少年校外活动中心科普教师科学营活动在北京成功开展。

7月20日 广西科技馆组织开展 2017 年"圆梦蒲公英"暑期主题活动暨广西科技馆天文科普活动"玩转科普 快乐暑期"科普一日游活动。百色那坡县苗族、瑶族、壮族、彝族等少数民族贫困学生、留守儿童 50 名师生，从山区坐 5 个多小时汽车专程来广西科技馆参加活动。

7月21~25日 青海、广西、黑龙江、宁夏、郑州、厦门、合肥七地科技馆中最优质、最受欢迎的科学实验表演资源集结在青海省科技馆，为社会公众献上一场精彩绝伦的大型科学趣味表演。广西科技馆选派《声生不息》和《神秘的小精灵》两个科学实验秀参加本次展演活动。

7月27日 由共青团南宁市委员会、南宁市文化新闻出版广电局、南宁市教育局、南宁市文学艺术界联合会、少年先锋队南宁市工作委员会联合举办的 2017"希望的声音"大型公益夏令营活动，组织边远山区的留守儿童走进广西科技馆，体验科技的发展、感受科学的魅力。

7月29日 广西自然科学博物馆协会联合广西渔政指挥中心、南宁海底世界、广西水产科学研究院，在广西科技馆组织举办广西水生野生动物保护科普宣传活动。本次活动将多种展示形式相结合，现场展示海龟、中华鲟、珍稀龟鳖类生物标本，宣传普及广西水生野生动物保护的相关知识，提高社会公众保护水生野生动物的意识。

7月30日　广西科技馆联合广西爱心蚂蚁公益协会"小蜜蜂"游学计划组织河池市都安县的山区中学生，走进广西科技馆参观学习。

7月30日　广西科技馆联合广西爱心之家助学志愿者协会，组织都安瑶族自治县第二高级中学30多位贫困学生走进广西科技馆参观体验。广西爱心之家助学志愿者协会为广西科技馆赠送了"爱心助学　鼎力相助"的牌匾。

8月2日　"八一"建军节到来之际，广西科技馆联合广西科协少数民族科普工作队、广西地质博物馆、广西自然博物馆、崇左市科协组织开展科普进军营活动，走进大新县硕龙镇边防驻军部队营区。

8月13日　广西科技馆联合共青团隆安县古潭乡委员会组织来自隆安县古潭乡贫困家庭的40多名贫困学生代表，走进广西科技馆参观学习，感受科学的魅力。

2017年上半年　广西科技馆完成了对4D动感影院的更新改造。这次4D动感影院改造主要对影院环境、特效设备和放映系统进行了改造，大大提升了4D动感影院的特效影视效果，同时还增加了重大天文现象及社会活动直播以及科普电视教育等功能。

8月14~19日　广西青少年科技中心组织12名学生选手和9名科技辅导员选手组成广西代表队，赴杭州参加第32届全国青少年科技创新大赛。广西代表队共斩获青少年科技创新成果竞赛项目二等奖6项、三等奖2项、专项奖1项（《知识就是力量》杂志专项奖）；青少年科技创意作品优秀创意奖6项；科技辅导员科技创新成果竞赛项目二等奖3项、三等奖6项、专项奖1项（《中国科技教育》杂志专项奖）；少年儿童科学幻想绘画一等奖3项、二等奖18项、三等奖9项；青少年科技实践活动一等奖2项、二等奖3项、三等奖5项。

8月19日　广西科技馆联合广西良知公益机构，组织来自忻城县七个乡镇30多名留守儿童走进广西科技馆，开展"暴走毛毛虫"留守儿童公益夏令营活动。

7月10日至8月18日　广西科技馆组织主办的"科学玩家"科普免费体验系列活动持续开展了两个月，以STEM为主题，分为物质科学、地球与宇宙、生命科学、技术与工程四大主题活动，设有稳固的结构、奇妙的声音、炫酷的化学、神奇的力、光影探秘、舌尖上的科学、无处不在的空气、生命之源、人体奥秘、探索天文、机器人玩家和航模乐园等12系列共60多节妙趣横生的体验活动。

8月29日　广西科技馆召开创建全国文明单位工作推进会暨2017年复查迎检工作会议。

9月6日　中国流动科技馆第二轮全国巡展广西启动仪式在钟山县职业技术学校礼堂隆重举行。

9月8日　由广西科技馆主办，南宁市公安消防支队、南宁市急救中心、新城派出所、新竹街道办事处、纬武社区居委会等单位联合组织的"2017年安全·消防·救护培训及消防演习"活动在广西科技馆举行。

9月8日　中国流动科技馆广西巡展藤县站启动仪式在藤县体育馆篮球训练馆举行。

9月15日　广西科技馆联合广西防城港核电公司，组织广西科技馆辅导员，针对常设科普展厅核电新展区已经安装好的展品进行初次培训。

9月15日　中国流动科技馆广西巡展隆安站启动仪式在隆安县老年活动中心隆重举行。南宁市科协副调研员王国华、隆安县政协副主席杨梅莉、广西科技馆馆长助理李兵等领导，以及隆安县机关单位代表、科普志愿者、学校师生代表共计200余人参加了启动仪式。

9月15日　广西科技馆组织邀请台湾自然科学博物馆馆长、台湾大学天文物理所教授孙维新再次来到南宁，走进南宁市星湖小学开展了主题为"趣味物理·游戏科学"的科普讲座，孙教授以亲切幽默的语言和生动有趣的科学实验打动了现场的老师和同学们，受到了大家的热烈欢迎。

9月16日　第五届广西青少年科学节与2017年全国科普日活动暨广西"十月科普大行动"在广西科技馆同时启动。第五届广西青少年科学节由自治区科协、文明办、教育厅、科技厅、共青团广西区委五家单位联合主办，广西科技馆、广西青少年科技中心、广西青少年学生校外教育培训基地承办，时间从9月中旬持续到10月底。

9月16~17日　本届科学节以广西科技馆为主场阵地，开展高新科技展演、科学互动体验、科学讲座和表演等精彩活动，作为一年一度的全区青少年科技盛宴，主场活动第一天就吸引了 2000 多名青少年蜂拥而至。

9 月 16 日　由广西科技馆和防城港核电公司共同建设，位于广西科技馆常设科普展厅的我国西部首个省级大型核电展厅正式对公众开放。

9 月 18 日　广西自然科学博物馆协会暨广西科技馆 2017 年专题培训在广西科技馆举行。世界知名的多领域科学家李家维教授为与会的科普工作者们做"我愿无穷——博物馆人的自许"专题讲座。

9 月 18 日　广西科技馆组织邀请台湾清华大学生命科学系教授李家维走进南宁市第三十六中学，为同学们做了主题为"人类传奇——始源与未来"的科普讲座，学校师生 300 余人聆听了本次讲座。

9 月 18 日　由自治区科协、教育厅、知识产权局主办，广西青少年科技中心、北海市科协承办的 2017 年广西中小学生发明创造示范单位暨青少年科技创新大赛骨干教师培训班在北海市举办。

9 月 22 日　在全国科普日暨广西十月科普大行动、广西青少年科学节深入开展期间，广西科技馆受邀参加由自治区新闻出版广电局主办，《小博士报》社等六家少儿报刊单位承办的 2017 年广西"少儿报刊阅读季"启动仪式。在活动现场南宁市万秀小学、广西科技馆为同学们带去了科普大篷车、积木搭建机器人、液氮科普实验秀等丰富多彩的科普活动。

9 月 26 日　中国流动科技馆广西巡展全州站启动仪式在全州高中新校区图书馆举行。

9 月 27 日　中国流动科技馆广西巡展德保站启动仪式在德保三中隆重举行。

9 月 27~28 日　由自治区文明办主办，广西科技馆、广西青少年科技中心承办的 2017 年全区乡村学校少年宫科技辅导员培训班于广西科技馆举办。

9 月 28 日　广西科技馆召开 2017 年度展厅改造专家评审会。中国自然科学博物馆协会执行副理事长赵有利，青海省科协副主席徐东向，黑龙江科技馆馆长张贵成，宁夏科技馆馆长刘玉杰，江西科技馆馆长张青松，深圳科学馆馆长伍振武，郑州市科协副主席、郑州科技馆馆长崔光伟，合肥市科协副主席、合肥科技馆馆长柏劲松，广西防城港核电有限公司蔡萌，深圳中广核工程设计有限公司经理徐建军等专家参加会议。评审会由广西科技馆馆长江洪主持。整个评审过程包括听取报告、现场检验、分组会审、专家评议四个环节。专家组成员一致认为，新展厅设计新颖，展品互动形式多样，给人耳目一新的感觉，适应新时期科普工作发展的需要，各展品探索性强，符合采购要求，整体通过验收。

9 月 28 日　中国流动科技馆广西巡展乐业站启动仪式在乐业县高中举行。百色市科协主席丁丽华，广西科协科普部副部长翁修平，乐业县委常委、宣传部部长、县人民政府副县长黄维新等领导，以及学校师生代表共计 200 余人参加了启动仪式。

国庆节长假期间，广西科技馆正常对外开放，精心组织策划了"科学玩家"科普体验活动、趣味科普秀、核电新区站体验等丰富多彩的活动。8 天长假，广西科技馆常设科普展厅每天接待观众量都达到日最大承载量 5000 人次，人气爆棚，充分发挥广西科技馆科普教育重要阵地的功能和作用。

10 月 11 日　在全国第四个扶贫日来临之际，按照自治区扶贫办的统一部署和安排，由广西科协全体班子成员带队，机关、事业单位干部职工 120 余人深入扶贫联系点平果县马头镇塘莲村、古念村，平果县果化镇巴龙村开展"一对一"结对帮扶走访慰问活动，指导协调解决帮扶对象在生产生活中遇到的困难和问题。广西科技馆在职在编党员、干部职工 50 人参加活动。

10 月 16~18 日　广西科协召开 2017 年广西科协系统办公室主任会议暨信息员培训班。会上，广西科协对 2016 年度科协系统信息工作进行总结表彰，广西科技馆荣获"2016 年广西科协系统信息工作先进单位"称号，同时获评优秀信息员 1 名，优秀稿件 2 篇。

10 月 19 日　中国科学技术馆虚拟现实工作组奔赴广西科技馆，就虚拟现实科技馆项目落地开展工作。广西科技馆是首批纳入中国科技馆虚拟现实科技馆项目落地工作的试点单位，也是经过各项考评被核准为中国虚拟现实科技馆集群成员单位。此次落地的项目包括玉兔探月、神秘石墨烯等 20 个项目，其中标准版 Vive 4 个、Oculus 4 个，移动端 12 个，丰富了广西科技馆科普教育资源。中国科技馆虚拟现实工作组向广西科技馆颁发了中国虚拟现实科技馆集群成员单位核准证书，广西科技馆馆长江洪手写寄语"VR 体验，创新科普"。VR，即虚拟现实英文 Virtual Reality 的缩写。

10 月 19 日上午　中国流动科技馆广西巡展永福站启动仪式在永福高级中学举行。桂林市科协主席俸文英、永福县委副书记钟涛、广西科技馆馆长助理谭红红等领导，以及永福县机关单位代表、科普志愿者、永福高级中学师生代表共200余人参加了启动仪式。

10月20日　中国流动科技馆广西巡展容县站启动仪式在容县商贸城举行，玉林市科协主席蒋祖全、副主席李庭国、广西科协科普部副部长潘兆康、容县副县长王六一等领导及各机关单位代表、科普志愿者、容县高中师生代表共计300余人参加了启动仪式。

10月21~22日　由自治区教育厅、自治区科协主办，广西青少年学生校外教育培训基地（广西科技馆）、广西师范大学科学教育研究所、桂林兴华科学教育研究院承办，南宁二中协办的第二届广西青少年科技运动会在南宁二中成功举办，来自全区14个市一百多所学校，900多名选手参加比赛。自治区教育厅副厅长孙国友、自治区科协党组成员、副主席何求等领导出席了闭幕式并为获奖选手颁奖。本次竞赛各项目组的前45%获奖选手，将获得参加2017年11月18~19日在广西师范大学举行的"第二届兴华国际青少年科技运动会"决赛资格。

10月23日　由中国科协科普部、共青团中央学校部主办，广西科技馆、梧州市科协、梧州市万秀区政府承办的2017年全国青年科普创新实验暨作品大赛"未来出行"广西桥址考察暨科普进校园活动启动仪式在梧州市西环小学隆重举行。中国科技馆、黑龙江科技馆、山东科技馆、山西科技馆、广东科学中心、广西科技馆的科技辅导员，各省区参赛选手代表以及西环小学的全体师生参加了启动仪式。活动期间，各场馆科技辅导员们还走进梧州市河口小学和高旺小学，把科学的种子带给贫困地区的孩子们，让他们享受到优质的科普教育资源，让科学的种子在孩子们心中生根发芽。

10月22~23日　全国青年科普创新实验暨作品大赛"未来出行"广西桥址考察活动在梧州举行。中国科技馆、黑龙江科技馆、山东科技馆、山西科技馆、广东科学中心、广西科技馆的科技辅导员，以及来自五个省区的参赛选手代表参加了本次活动。考察团队一行奔赴梧州市万秀区夏郢镇镇安村对拟建桥址进行实地考察。在桥址考察活动交流会中，山东建筑大学土木工程学院曹三鹏教授为在场的选手及辅导员们上了一堂生动有趣的桥梁设计课"道路桥梁工程科学漫谈"。

10月23日　在广西十月科普大行动、第五届广西青少年科学节活动期间，广西科技馆科技辅导员带着科普剧《揭秘牛大力》走进南宁逸夫小学。活动受到学校师生的广泛好评，共2500多名师生参与了活动。

10月25日　中国流动科技馆广西巡展灌阳县启动仪式在灌阳县体育场举行。广西科协科普部副部长潘兆康、桂林市科协副主席莫绍芬、灌阳县委副书记陈礼兵等领导，以及县机关代表、科普志愿者、灌阳县民族小学师生代表共计500余人参加了启动仪式。

10月27~30日　由自治区人民政府主办，玉林市人民政府、自治区科技厅、自治区知识产权局承办的第七届广西发明创造成果展览交易会在玉林市国际会展中心隆重举行。广西中小学生发明创造成果展览展区由自治区科协承办，广西科技馆、广西青少年科技中心具体承接实施，是自治区中小学生开展发明创造活动成果的展示窗口，是本次展览的特色展区之一。本届中小学生发明创造成果展吸引来自全区14个市的75所中小学校和青少年活动中心参展。自治区副主席黄日波对中小学生发明创造成果展区给予了高度评价，认为应该继续做好青少年科技教育工作，营造良好的创新氛围和环境。

10月27日　由自治区科技厅、知识产权局、教育厅、科协主办，广西青少年科技中心、广西科技馆、玉林市科协承办的2017年广西中小学生发明创造示范单位建设研讨会在玉林市召开。本次研讨会是广西中小学生发明创造示范单位建设5周年的一次成果总结会，也是项目工作的推进会。自治区科协党组成员、副主席何求，自治区知识产权局副局长林卫江，广西民族教育发展中心、课程教材发展中心主任、自治区教育厅基础教育处副处长谢建平，广西科技馆馆长、广西青少年科技中心主任江洪，玉林市科协副主席李庭国，自治区知识产权局综合处副处长唐铖等领导出席会议。来自全区14个市科协分管青少年科技教育工作的领导、项目主管，112个广西中小学生发明创造示范单位的领导、骨干教师，共160人参加会议。

10月26~30日　广西代表队赴呼和浩特市参加第八届全国青少年科学影像节展映展评活动。广西代表队共斩获二等奖3项，三等奖69项。北海市第八中学黄蓉老师荣获"全国优秀指导教师荣誉"，广西青少年科技中心获"全国优秀组织单位"（连续八届荣获"全国优秀组织单位"）称号。

11月3日　由中国科协、中国航天科技集团公司支持，广西科协与中国宇航学会联合主办，广西科技馆承办，国家国防科技工业局新闻中心、广西青少年科技中心协办的"航天放飞中国梦——广西巡展"在广西科技馆启动。自治区人民政府副秘书长唐宁，我国著名火箭专家、长征 2F 火箭前任总指挥黄春平，中国航天科技国际交流中心党委书记、中国宇航学会副理事长兼秘书长王一然，广西科协党组书记、副主席纳翔，广西科协党组成员、副主席何求，中国航天科技集团五院神舟飞船副总设计师马晓兵等出席了"航天放飞中国梦——广西巡展"开幕式。本次航天科普展览于 2017 年 11 月 3 日至 12 月 3 日持续一个月在广西科技馆展览中心展出，精彩讲述中国航天科技发展载入史册的圆梦故事。展览期间，广西科技馆组织邀请航天专家分别在广西科技馆、南宁市二中、南宁市一中等学校开展航天主题科普报告等活动，与广西青少年进行更深入的科普交流。

11 月 3 日　广西科技馆科普活动走进南宁市第一中学，活动特邀中国航天科技集团公司神舟飞船系统副总设计师马晓兵为学校师生们做以"航天放飞中国梦"主题的科普报告"载人太空飞行之旅"。

11 月 7 日　中国流动科技馆广西巡展那坡站启动仪式在那坡县老年活动中心隆重举行。百色市科协副主席黄彦、中共那坡县常委宣传部部长马万方、广西科技馆馆长助理谢明明等领导及 100 多名学生、老师代表参加次活动，在活动现场也聚集着许多慕名而来的当地群众。

11 月 8 日　广西科技馆赴南宁市青秀区南阳镇开展科普大篷车"月月行"活动，为当地乡镇群众送去优秀科普资源，当地群众约 500 人参与了活动。

11 月 9~10 日　2017 年全区校外活动场所管理人员培训班在广西科技馆举行。培训由自治区教育厅主办，广西青少年科技中心（广西青少年校外教育培训基地）承办。来自全区 14 个地市教育局校外教育工作负责人、各级教育行政部门直接管理的未成年人校外活动场所负责人共计 100 多人参加了培训。北京市丰台区少年宫主任孙茜与学员分享了"高位均衡　品牌引领——助推校外教育内涵发展"的讲座；湖北省十堰市青少年校外活动中心主任戴楠做了题为"基地式校外活动的构建与实施"的讲座。

11 月 10 日　广西科技馆联合北海市教育局、北海市科协组织开展北海市第三届青少年"科普动车快乐行"活动，北海市一县三区 19 个中小学校的 200 多名青少年儿童搭乘动车来到广西科技馆参加了此次活动。

11 月 14 日　"中国流动科技馆"广西巡展灵山站活动在灵山县青少年校外活动中心举行。在灵山县科协的主持下，钦州市科协党组书记黄岳联、灵山县政府副县长黄春柳、广西科技馆馆长助理谭红红，以及灵山县各部门领导以及学校师生代表共计 300 余人参加了本次启动仪式。

11 月 16 日　全国人大宪法和法律委员会委员，中国科协原党组副书记、副主席、书记处书记，中国女科技工作者协会常务副会长，中国自然科学博物馆协会理事长程东红一行到广西科技馆进行调研。广西科协党组成员、副主席何求等一同参加调研活动。程东红对广西科技馆展区展品更新改造、科普信息化建设以及人才队伍建设、精神文明建设等工作给予了充分肯定和高度评价。

11 月 16~17 日　2017年崇左市乡村学校少年宫科技辅导员培训班在广西科技馆举办，此次培训班由崇左市文明办、崇左市教育局主办，广西科技馆、广西青少年科技中心承办。崇左市2011~2017 年中央专项彩票公益金支持的乡村学校少年宫项目学校的科技辅导员近 90人参加了培训。培训班采取

少年宫体验日活动——素质教育技能竞赛

专家讲座、科学体验观摩、科技器材互动实践、少年宫优秀项目学校参观等四大形式进行。

11月18日 广西科技馆联合钦州市科协、气象局、地震局、环保局和灵山县青少年学生校外活动中心等9家单位在钦州市灵山县烟墩镇长麓村烟霞山科普基地开展以"体验科学、防震防灾减灾、天文科普知识"为主题的"2017年钦州市气象地震天文知识科普教育基地行活动"大型科普活动。

11月21~24日 由玉林市文明办、玉林市教育局主办,广西科技馆、广西青少年科技中心承办的2017年玉林市乡村学校少年宫科技辅导员培训班于广西科技馆举办。玉林市文明办、教育局、财政局相关业务科室负责人,玉林市各县(市、区)文明办、教育局、财政局,玉东新区工委党群工作部、科教文体局、财政局相关业务科室负责人,2011~2017年度玉林市中央专项彩票公益金支持乡村学校少年宫项目科技辅导员共约80人参加培训。

11月22日 中国科技馆发展基金会第四届科技馆发展奖颁奖典礼暨2017年度农村中学科技馆交流培训会在中国科学技术馆举办。广西科技馆科技辅导员苏超同志在此次表彰大会荣获"辅导奖"。广西贵港市港北区大圩镇第一初级中学、防城港市东兴市京族学校、南宁市邕宁区朝阳中学、贺州市平桂管理区沙田镇芳林学校四所项目学校在会上得到中国科技馆发展基金会的表彰,并获奖励价值7.5万元的"赛课工作坊"相关创客设备。

11月23日 中国流动科技馆广西巡展平果站启动仪式在平果体育场北门隆重举行。广西科协科普部副部长翁修平、百色市科协副主席黄彦、平果县政协副主席农好良等领导,以及平果县机关单位代表、科普志愿者、学校师生代表共计200余人参加了启动仪式。

11月24日 中共广西科技馆委员会在馆学术报告厅召开第三次党员大会。来自各党支部的党员、预备党员参加大会,入党积极分子、团员青年代表列席会议。广西科协党组书记、副主席纳翔,党组成员、副主席何求,机关党委专职副书记罗殿星出席会议。大会听取并审议通过由馆党委书记、馆长江洪同志所作的中共广西科技馆第二届委员会工作报告;选举产生了9名中共广西科技馆第三届委员会委员。纳翔书记在会上讲话,对上一届馆党委的工作成绩给予了充分肯定,并就深入学习贯彻党的十九大精神对新一届科技馆党委提出希望和要求。

11月27日 中国流动科技馆广西巡展平南站启动仪式在平南县总工会隆重举行。广西科协党组成员、副主席何求,贵港市人大常委会副主任罗冠荣,贵港市科协党组书记、主席蒙雪风,贵港市人大常委会副秘书长李胜,平南县县长蓝胜,广西科技馆副馆长、广西青少年科技中心副主任刘慧英等领导及各机关单位代表、学校师生代表共300多人参加了启动仪式。广西科技馆在启动仪式上向平南县学生代表赠送了一批科普资源包。

11月28日 中国流动科技馆广西巡展宾阳站启动仪式在宾阳县体育馆举行。广西科协科普部副部长潘兆康、南宁市科协党组副书记樊启、宾阳县委副书记张世辉等领导及宾阳高中、宾阳县第一中学的300多名学生代表、科普志愿者参加了启动仪式。

12月3日 "航天放飞中国梦——广西巡展"在广西科技馆圆满结束。展览展示了我国航天事业自力更生和自主创新的奋斗历程,展现了中华民族仰望星空的美丽梦想和摘星揽月的豪情壮志,为广西广大群众、青少年学生、领导干部和科技工作者带来一场精彩纷呈的航天科普展览"盛宴"。据统计,本次展览在27天的展期中,接待了观众约11万人次,其中近半数为未成年人。

12月8~10日 由自治区文明办、自治区科协共同主办,广西科技馆、广西青少科技中心承办的2017年全区乡村学校少年宫科技体验日活动在广西科技馆隆重举行。来自全区14个市、从各级基层赛事激烈角逐中脱颖而出的30支青少年代表队180名学生和30名科技教师及14位各市文明办相关负责人集结广西科技馆参加本次活动。本次活动首次采用"科技体验日"的形式进行,分为科技体验"九个一"活动、素质教育技能竞赛与乡村学校少年宫风采展三个板块。体验日活动期间同时对公众全面开放,时尚前沿的高新科技,种类繁多的体验项目,让公众和选手大开眼界,赞叹不已。

12月10~13日 广西青少年科技中心项目督查组一行赴靖西市、宁明县对2017年"农村青少年校外教育"广西项目县实施情况进行实地督查。崇左市科协副主席麻中奇、靖西市科协副主席黄秀群分别参加了在两县开展的督查活动。督查组实地察看了项目实施的培训地点及设施、了解项目开展情况、查阅以往培训资料,并与县科协、教育局、项目骨干教师和参与培训学员进行座谈。

12月13日 中国流动科技馆广西巡展东兴站启动,广西科协党组成员、副主席何求等领导,以及各机关单位代表、学校师生代表共 300 多人参加了启动仪式。东兴站为中国流动科技馆广西巡展首轮的最后一站，标志着中国流动科技馆广西巡展完成首轮全覆盖，同时也拉开第二轮巡展活动的序幕。中国流动科技馆广西巡展于 2013 年 6 月正式启动，巡展的 11 套展品走过全区 83 个县（市、区），接待学校团体 1750 个，开展了 1360 多场特色科普活动，受益观众超过 450 万人次，巡展总里程超过 2 万公里。全区的老少边穷县全部覆盖，是"科技助力扶贫"和"科普在行动"的重要体现。

12 月 15 日　中国流动科技馆广西巡展工作座谈会在广西科技馆召开。广西科协党组书记、副主席纳翔出席会议并讲话。广西各地级市科协、广西科协科普部、广西科技馆、广西青少年科技中心主任负责人等参加座谈会并畅谈意见建议。会议审议通过了《中国流动科技馆广西巡展项目管理试行办法（草案）》。

12 月 18~21 日　由自治区科协、教育厅、知识产权局主办，广西青少年科技中心、贺州市科协、贺州市教育局共同承办的广西中小学知识产权科技教师巡回培训班（贺州市）于贺州市举办。此次培训班是广西中小学知识产权科技教师巡回培训班的第一站，对于推动项目工作的开展，以及广西中小学知识产权科技师资队伍建设和广西中小学生发明创造示范单位建设具有积极的推动作用。

12 月 19~21 日　由广西青少年科技中心，广西科技馆举办的"2017 年广西青少年机器人竞赛组织工作者会议暨教练员培训班"在广西科技馆举行。广西科技馆馆长、广西青少年科技中心主任江洪，中科院上海光机所研究员、博士生导师向世清，广西科技馆副馆长、广西青少年科技中心副主任刘慧英出席了开班仪式。参加此次培训活动的有全区各市在校教师、各市青少年机器人竞赛业务骨干代表、教育机构代表、机器人展品公司技术人员约 230 人。

12 月 22 日　"广西科普大篷车月月行暨乡村校园行"活动启动仪式在钦州市钦南区那思镇牛寮水村小学举行。广西科协及广西科技馆、广西自然博物馆、钦州市科协、那思镇政府等单位领导和代表出席启动仪式并向学校赠送科普书籍、资源包等科普物资。

12 月 22~23 日　由中国科协科普部、共青团中央学校部主办，中国科学技术馆、中国科协青少年科技中心承办的"探知未来"2017 年全国青年科普创新实验暨作品大赛决赛在北京举行。在广西科技馆的精心组织和策划下，广西代表队 5 个团队获得了二等奖 2 项、三等奖 1 项、优秀奖 2 项的好成绩。

日前，"我爱绿色生活——2017 年青少年科学调查体验活动"评审结果公布，广西取得近年来参与人数最多、调查表提交数量最多、获奖学校最多的优异成绩：2017 年青少年科学调查体验广西活动实现 14 个地市全覆盖，参与学校达 190 所；提交调查报告约 44660 份，远超 2016 年近 18000 份；7 项学生作品、8 项教师作品获奖；南宁市北湖路小学等 9 所学校获"全国优秀活动示范学校"称号，广西青少年科技中心荣获"全国优秀活动组织单位"称号。

截至 2017 年 12 月底，"大手拉小手——科普报告希望行"活动已在广西多地举办了近 60 场科普报告，惠及 2 万余名师生。活动覆盖面广、参与人数多、成效显著，受到全区广大师生的一致好评。

▨ 七、2017 年工作概述

2017 年，广西科技馆、广西青少年科技中心［以下简称"馆（中心）"］深入学习贯彻党的十八大、十九大精神及习近平新时代中国特色社会主义思想，贯彻落实《中华人民共和国科学技术普及法》和《全民科学素质行动计划纲要》，以服务公众、提高全民科学素质为宗旨，进一步加强科普场馆安全有序运营，持续做好常设科普展厅面向全体社会公众免费开放，实体科技馆年参观人数达 121 万人次；中国流动科技馆广西巡展实现全区市县全覆盖，惠及群众达 120 万人次；第五届广西青少年科学节联动全区，参与人数超过 100 万人次；全年组织开展青少年科技创新活动参加人数超过 100 万人次。各项工作稳步推进，成效显著。

（一）强化管理完善服务，大力推进公共科普服务功能建设，确保场馆运营工作安全有序

1. 实体科技馆科普功能建设和服务水平不断提高

持续做好常设科普展免费开放及节假日的接待工作，常设科普展厅全年接待观众超过 80 万人次。临时展览始终坚持公益性、科普性的办展原则，重点策划了"航天放飞中国梦——广西巡展""南海之美——海洋生态与保护"等主题展，全年共举办展览及活动17场次，参观人数达33万人次。科技影院推出《熊猫滚滚》《从梦想到实现》等5部新影片，全年共接待人数约5万人次。举办或承接了大小学术交流活动250多场次，接待参会人数达1.5万人次。全年举办350个科技类培训班，参与人员达1.4万人次。青少年科学工作室全年开展活动400场次，免费接待学生约2.5万人次。

2. 场馆科普信息化建设再上新台阶

一是完成"智能导览系统开发项目"验收，常设科普展厅展品实现100%信息化，观众下载App后可扫描AR画获取丰富的科普资源，如展品的图片、中英文讲解词、语音讲解、趣味科普动画、视频、广西科技民俗等内容，大大增强展品科普信息化的科学性和互动性。二是继续开展中国数字科技馆"移动资源建设"项目实施，将广西数字科技馆网站进行全面的改版升级，使网站界面同时适用于PC端和移动端。三是中国科技馆虚拟现实科技馆20个VR项目顺利落地广西科技馆，广西科技馆成为首批纳入中国科技馆虚拟现实科技馆项目落地工作的试点单位和集群成员单位。四是加入中国数字科技馆共建共享工程"数字科技馆矩阵"，开通运营"广西科技馆《今日头条》号"。五是"广西科技馆"微信公众号运营良好，影响力日益扩大。

3. 依托场馆资源开展丰富多彩的科普活动

依托场馆优质科普资源，挖掘推动专题讲解、科普实验剧等展教模式得到进一步提高与升华，持续加强与台湾自然科学博物馆等国内专家团队的合作，积极组织开展"科学小天才"活动，整合优质资源，促成一批科普实验剧、科普品牌活动等优质科普资源的研发与落户。其中科学实验剧《声生不息》参加第五届全国科技馆辅导员大赛，荣获科学表演赛科学实验赛二等奖第一名，创下广西科技馆参加该项赛事以来的历史最好成绩。

坚持"请进来"和"走出去"活动模式，联合教育、科技等部门，组织社会公众走进科技馆开展科普展览、科技影视、青少年科技创新实践等活动超过150场次；组织趣味科学实验及科普剧，积极配合流动科技馆巡展、进校园等活动，深入全区各地、市、县、乡、村开展科普表演活动超过60场次。

4. 加大展品维修维护力度，持续推进展厅更新改造工作，确保科普展厅常展常新

一方面，该馆持续加大展品维修维护力度，完成常设科普展厅一年两次的展品翻新工作，完成了"虚拟游漓江""东盟漫游"等展品的技术改造，成功研制了"彩色的影子"等展品，确保展品完好率保持在96%以上。另一方面，该馆大力推进展厅更新改造，组织专家论证会，完成常设展厅10多个标段改造项目的验收收尾工作，其中，由该馆与防城港核电公司共同建设的中国西部首个省级大型核电展厅已通过验收并正式对公众开放；核电站区、气象展区和三层东侧新展区对外开放后，游人如织，受到了广大公众的热烈欢迎。

5. 坚持"安全第一、常备不懈，以防为主、全力排险"，确保场馆安全零事故

针对全馆展厅及办公区域进行全面的常态化安全隐患排查，针对重要机房设备和消防设施进行每月例检和重大节日大检查，全年开展各类消防安全检查达30多次；联合消防支队、社区、派出所等单位，组织全馆定期开展消防安全理论学习、消防器材实操、救援灭火消防安全防恐应急等培训和演练6次，切实提高全馆职工开展生产自救和处置各种突发事件的综合能力。全年场馆

VR 虚拟现实体验

无事故发生。

（二）流动科技馆巡展实现全区首轮全覆盖，承接科普大篷车助力科普服务均等化

持续推动 11 套流动科技馆展品在西林、宜州等 33 个县（市、区）进行巡展，全年覆盖县市人群达 120 万人次，至此，中国流动科技馆广西巡展首轮工作已实现全区所有县（市）全覆盖。自 2013 年 6 月启动，截至 2017 年底，中国流动科技馆广西巡展 11 套展品走过全区 83 个县（市、区），接待学校团体 1750 个，开展了 1360 多场特色科普活动，受益观众超过 450 万人次，巡展总里程超过 2 万公里，推动了全区科普事业的发展。

自 2017 年 10 月起，该馆正式承接管理科普大篷车，结合中国流动科技馆广西巡展深入全区各市、县开展系列科普活动，受到了当地群众的普遍欢迎。

（三）组织打造系列青少年科普品牌活动，协同中国科协项目活动，引领推动青少年科技教育工作创新发展

1. 推动青少年科技创新活动稳健发展

（1）青少年科技创新大赛。全区赛方面：一年来，全区各级青少年科技创新大赛蓬勃开展，超过 80 万人次参与其中。第 32 届广西青少年科技创新大赛共收到各类作品 1141 项（比上年增加 73 个项目），评出各类奖项：一等奖 201 项，二等奖 224 项，三等奖 398 项，优秀奖 39 项。全国赛方面：8 月 14~19 日，组织广西代表队参加第 32 届全国青少年科技创新大赛，荣获一等奖 6 项，二等奖 30 项，三等奖 23 项，专项奖 2 项，优秀奖 6 项。

（2）青少年机器人竞赛。全区赛方面：2017 年广西青少年机器人竞赛移师柳州，吸引来自全区 1660 名选手及教练员报名参加（参与人数同比上年增加 632 人），角逐产生冠军 23 项、一等奖 110 名、二等奖 167 名、三等奖 267 名。全国赛方面：7 月 17~22 日，组织广西代表团 18 支队伍共 60 名青少年选手及教练员参加第十六届中国青少年机器人竞赛，斩获 3 金 9 银 6 铜。广西青少年科技中心获本届中国青少年机器人竞赛优秀组织单位荣誉。

（3）青少年科学影像节活动。围绕"探究科学·放飞梦想"活动主题，在全区组织开展丰富多彩的多媒体科普实践活动。10 月 26~30 日，组织广西代表队携 82 部作品参加第八届全国青少年科学影像节展映展评活动，荣获二等奖 3 项、三等奖 69 项、优秀奖 1 项，广西青少年科技中心连续八届荣获"全国优秀组织单位"称号。

（4）广西青少年科技运动会。10 月 21~22 日，联合自治区教育厅、广西师范大学科学教育研究所、桂林兴华科学教育研究院及南宁二中共同举办第二届广西青少年科技运动会，来自全区 14 个市 100 多所学校共 900 多名选手参加活动。

（5）全区乡村学校少年宫科技体验日。12 月 8~10 日，由自治区文明办、自治区科协共同主办，馆（中心）承办的 2017 年全区乡村学校少年宫科技体验日活动在广西科技馆举行。来自全区 14 个市 30 支青少年代表队 180 名学生和 30 名科技教师及各市文明办相关负责人参加活动。

2. 引领示范，组织承办第五届广西青少年科学节

9 月 16 日至 10 月底，由自治区科协、文明办、教育厅、科技厅和共青团广西区委共同主办，馆（中心）承办的第五届广西青少年科学节在全区开展。组织评审、颁发第五届广西青少年科技创新奖 5 项。本届科学节主场活动组织邀请了来自高校、科研机构及企业的数十家展商，设计策划了丰富多彩的科学节主场活动。科学节全区联动活动持续至 10 月底，全区中小学校、青少年学生校外活动中心、乡村学校少年宫、中小学生发明创造示范单位联动开展丰富多彩的科技活动 200 多场次，100 多万青少年参与其中。

3. 组织实施广西中小学生发明创造示范单位建设

审核评定出 30 所单位为第五批广西中小学生发明创造示范（试点）单位。自 2013 年启动创建工作以来，截至 2017 年底，在全区创建 5 批次共计 112 所示范单位，实施了 336 个发明创造项目，其中申报专利 245 项。承接自治区科技厅下达的广西科技计划项目"广西知识产权培训（中小学教育）基地培育试点"，不断完善自治区中小学知识产权科技教育工作体系和评价体系。

10 月 27~30 日，成功组织第七届广西发明创造成果展览交易会中小学生发明创造成果展，全区 14 个市 75

家单位（其中 66 所示范单位）89 项中小学生发明创造优秀作品（其中 80 项为示范单位创建成果，占总数的90%）参展。

4. "快乐科普校园行"系列活动辐射全区

一是组织广西未成年人科普演讲团在全区各地开展共计 60 多场科普报告，惠及近 1 万名青少年。二是青少年科学调查体验活动覆盖 14 个地市 190 多个单位（学校）7 万多名在校师生，在线提交调查报告 36440 份，纸质版本约 5000 份，优秀作品 530 份，较上年调查表提交数量增长近 1 万份，教师、学生优秀作品数量翻近 2倍，获奖项数排全国前列。广西青少年科技中心荣获"全国优秀活动组织单位"称号。三是大力组织开展科技馆活动走进学校、社区、少管所、贫困山区及部队，达 50 多场次，惠及 5 万人。

5. 推动中国科协项目活动持续发展

（1）青少年高校科学营活动。组织从全区老少边穷地区选拔出来的 290 名学生和 29 名带队老师分赴北京、上海、天津、江苏、浙江、安徽、陕西、湖南、湖北、云南（西部）等地参加知名高校承办的科学营活动。

（2）督导"中国科协——联合国儿童基金会农村青少年与非正规教育项目"2016~2020 年周期广西县级项目管理单位靖西市、宁明县落实项目相关工作，全年完成 10 期培训工作，培训青少年约 480 名。

（3）组织承办"探知未来"全国青年科普创新实验暨作品大赛（南宁赛区），全区 3808 支队伍 7000 多名选手参赛。经过 60 多天的比赛，广西 5 支队伍晋级全国决赛，获得二等奖 2 项、三等奖 1 项、优秀奖 2 项的好成绩。

（4）指导、支持全区 18 所农村中学科技馆项目学校示范点开放运营、科普活动组织实施等工作，推动自治区农村地区尤其是少数民族地区科普服务均等化。广西 4 所项目学校获得中国科技馆发展基金会的表彰，并获奖励"赛课工作坊"相关创客设备。

精心组织广西相关单位和学生开展第 17 届"明天小小科学家"奖励活动相关工作，选派广西 1 名学生选手赴北京大学参加终评活动，荣获三等。

（5）在全区组织广西选手参加中国青少年科学素质大会，防城港市实验高级中学李名洋同学进入全国决赛。广西青少年科技中心被评为省级优秀组织单位。

（6）组织推动"中国空间站青少年科学实验计划"航天科普系列活动、第七届太空画创作大赛暨首届全国太空画展览活动，使活动在广西蓬勃开展。

（四）创新打造科技教育培训品牌，大力推动全区青少年校外科技辅导员队伍建设

1. 打造广西中学教师科学营活动品牌

7 月 13~21 日，由自治区科协、自治区教育厅共同主办，馆（中心）承办的广西青少年校外活动中心科普教师培训（科学营活动）在北京成功开展。通过此次培训活动，来自全区 14 个地市基层县乡中学的 100 名化学老师和物理老师，亲身体验感受中科院、北京大学、清华大学等高精尖科研院所的科技教育资源，与中国科学院、中国工程院的院士面对面探讨科技研究的新发展，为优化提升基层科技教师的知识结构，让基层尤其是老少边穷地区的科技教师有机会近距离了解和体验学科前沿新领域、新发展，接触和学习教育改革新思路、新动向。同时此次活动也积极探索了学校基础教育与校外素质教育的有机衔接，促进青少年科技教育人才队伍建设的新模式，创新打造中学教师科学营培训品牌，缩小老少边穷地区与大城市基层学校教育资源差距，为全区青少年科技教育工作播撒下燎原的火种。

2. 全方位、多层次举办青少年校外教育辅导员培训

一是组织举办自治区级校外教育师资培训。一年来，先后组织举办广西青少年科技创新大赛科技辅导员"STEM 创新教育课程"交流研讨会（120 余人）、广西青少年机器人竞赛组织工作者及教练员培训班（100 余人）、广西中小学生发明创造示范单位暨青少年科技创新大赛骨干教师培训班（200 余人）、广西中小学生发明创造示范单位建设研讨会（200 人），全区未成年人校外活动场所管理人员培训（100 余人）、全区乡村学校少年宫科技辅导员培训班（150 余人）、广西科普专家助力精准扶贫暨知识产权教育培训班（100 余人）、广西中小学知识产权科技教师巡回培训班（100 余人）等。全年开展自治区级培训活动 7 场次，培训校外教育辅导员超过 1200 人次。

二是指导并支持玉林、崇左、贺州等基层市县开展乡村学校少年宫及校外活动场所科技辅导员培训活动，积极组织科技专家、科技辅导员骨干教师深入全区多市县举办科技辅导员培训班，有效地提升基层科技辅导员的业务水平和活动组织能力。全年开展基层市县培训活动近10场次，培训基层科技教育辅导员超过1000人次。

（五）拓宽工作渠道，搭建交流平台，不断增强科技馆的业务水平和影响力

1. 研讨全区青少年科技教育工作

4月24~25日，组织召开2017年度广西科协青少年科技教育工作会议，研讨部署全区青少年科技教育工作。来自全区各市科协分管青少年科技教育工作的领导和具体负责人参加会议。

2. 推动广西自然科学博物馆协会建设发展

协会会员单位增至44家，不断健全完善协会各项规章制度，充分发挥其职能作用。

3. 统筹部署下，开展收集桂籍科学家和科技专家信息工作

设计开发"广西科技人才信息管理系统"，已收集、整理、录入相关数据超过30000条，经筛选录入核对后，符合条件的桂籍科学家条目9000多条。

4. 大力加强宣传平台建设力度

馆（中心）"三网一刊"对信息宣传和文化建设发挥了积极作用，同时加强与区内外各媒体平台的交流合作。据不完全统计，2017年相关媒体登载馆（中心）信息约1000条（篇），其中报纸宣传约200条，电视宣传180条（包括走字宣传），微信公众平台宣传60多次，网络宣传600多次。

一年来，馆（中心）顺利通过复检，继续保留"全国文明单位"称号；先后荣获由国家人力资源和社会保障部与中国科协联合颁发的全国科协系统先进集体、中国自然科学博物馆协会优秀集体、全国科普日活动优秀组织单位、全国五四红旗团委（团支部）、"全国青年文明号"、第十七届中国青少年机器人竞赛优秀组织单位、第八届全国青少年科学影像节省级优秀组织单位、青少年科学调查体验活动全国优秀活动组织单位、全国青少年创意编程展评活动优秀组织单位、中国青少年科学素质大会省级优秀组织单位、广西"十月科普大行动"先进单位、广西科协先进单位及信息工作先进单位、区直机关先进基层党组织、全区学雷锋活动示范点等荣誉。

南宁市科技馆

英　文　全　称：Nanning Science and Technology Museum
法 定 代 表 人：蔡文铭
联　系　电　话：0771-5593051
传　　　　　真：0771-5593851
官　方　网　站：www.nnskjg.com
行 政 主 管 单 位：南宁市科学技术协会
成立（开放）日期：2017 年 9 月 30 日
通　信　地　址：广西壮族自治区南宁市青秀区铜鼓岭路 10 号
已加入专业委员会：中国自然科学博物馆协会科技馆专业委员会

▨ 一、科普活动与展览

1. 临时展览

单位：平方米，人次

序号	展览名称	起止日期	展出地点	面积	观众数量	性质
1	第五届广西青少年科学节南宁市活动	9 月 30 日至 10 月 31 日	南宁市科技馆	939	8630	联合。承办广西青少年科学节南宁市活动启动仪式。邀请人工智能企业、教育机构共同参与，举办人工智能产品、创课课程展示。举办航天世界、智能世界等展厅主题讲解，3D 技能比赛等活动
2	2017 年南宁市青少年科技创新大赛	11 月 14~19 日	南宁市科技馆	939	9028	联合。与南宁市科学技术协会、南宁市教育局等单位共同承办，对参赛的科技作品进行层层选拔，并展出优秀科技作品

2. 教育活动

单位：人次

序号	活动名称	活动时间	主要内容	活动形式	主要对象	参与人数
1	"情暖金秋·爱在重阳"壮医药科普互动	10 月 27~28 日	展示科普壮医经筋疗法、火针疗法、药线点灸疗法、针灸等壮医特色疗法，以及康复手法、针灸康复治疗等康复技法等，向公众普及具有千年历史的民族医药瑰宝	邀请广西壮医医院专家义诊，现场讲解、演示、体验，摆放宣传展板、发放宣传资料	中老年人、青少年儿童	1000

续表

序号	活动名称	活动时间	主要内容	活动形式	主要对象	参与人数
2	南宁市科技馆科普知识问答活动	12月	结合南宁市科技馆重点展品涵盖的科学知识,设计科普知识答卷	以知识问卷的形式引导游客参观展厅、探秘科技馆	中小学团队师生	600
3	"生物医学未来人才培养计划"主题教育活动	2017年12月2日至2018年1月	以生物技术实践为主题,面向中小学生普及生物技术知识,立足兴趣引导,开展集趣味性、参与性和探究性为一体的科普教育培训	现场授课,开设的教学实践活动包括水果电池实验、昆虫标本、人工琥珀、一脉书香、精油提纯、精油手工皂等	中小学生	500
4	"小积木,搭梦想"搭积木比赛	12月28日	利用各种积木比赛搭建房屋、桥梁,看谁又快又好,锻炼孩子们的动手动脑能力	小组比赛和家庭互动的形式	青少年儿童	80
5	"与心灵相约,与健康同行"心理测试活动	12月30日	依托心理沙盘,了解青少年的内心状况,并利用宣泄室、全息音响、放松荷花等展品进行情绪调整,让青少年学会调整自己的心理状态,学会缓解压力	摆放沙盘、填写埃克森问卷、心理咨询等形式	青少年	100
6	"岩壁上的舞者"攀岩体验活动	12月30日	以攀岩为运动项目,激发观众勇往直前的勇气和锻炼身体的决心	讲解和现场体验的形式	青少年儿童	60
7	"放飞梦想 科技起航"航天科普教育活动	12月31日	以"航天航空"为主题开展讲解,让观众动手制作火箭模型	专题讲解、模型制作等形式	青少年	600

3. 流动科普设施

单位:次

名称	年度巡展次数	类型	经费来源	运行方式
大篷车进校园活动	40	科普大篷车进校园展品巡展、科技制作	市科协	免费

二、科研与学术

1. 承担项目

单位:万元

项目名称	项目来源	项目级别	经费	负责人
科技馆特色科普教育活动开展及良庆区青少年科普教育基地建设	南宁市科技局	市级	10	黄良慧

2. 研究成果

序号	题目	作者	刊名	卷(期)号	期刊级别
1	《现代科技馆高效客流管理与票务系统设计》	蒲瑞锦	《科技传播》	2017年第2期	国家级
2	《科技馆展品报修系统研究与分析》	蒲瑞锦	《科技尚品》	2017年第2期	国家级

南宁市科技馆全景

三、信息化建设

1. 官方网站浏览情况

2017年10月，南宁市科技馆完成官方网站主体框架7个模块32个栏目的版面制作，并正式上线运营使用，为观众提供全方位场馆资讯、共享科普资源。在线预约、三维全景虚拟导览与展品展示功能也进入设计和开发阶段。

2. 展品信息化工作

（1）展品管理系统。综合控制系统可利用iPad实现对展品服务器、查询机、多媒体设备等的一键开启、关闭。展品报修系统可以实现对展品故障的报修、维修过程追踪、展品维修情况统计等。

（2）展品综合展示。利用多媒体技术、虚拟现实、增强现实、全息显示等技术，以较高的信息化水平，将难以观察的宏观、微观科学现象以及最新、最前沿的科技创新成果，以生动直观、易看易懂的形式展现出来，增强展品的互动性和趣味性。

（3）服务保障系统。语音导览系统提供优美的解说和背景音乐，将展品声情并茂地表现出来，观众携语音导览机进入发射器区域时，可一边观察展品，一边聆听生动和规范的解说，更轻松地汲取知识、了解展品内涵；VR漫游，南宁市科技馆微信设置了VR漫游模块，观众使用手机可以了解到科技馆和代表性展品的概况，可足不出户、身临其境地漫游科技馆；展厅智能管理系统实现对展厅人数的实时统计，了解展厅的实时人流量分布，有针对性地引导观众、改善服务。

3. 新媒体运用

2017年11月"南宁市科技馆"微信公众号开始运营，用于发布场馆资讯、活动预告、工作动态，并用于传播科普资源知识、实现科普资源共享，并在微信上开发活动预约功能，为观众提供便利。

四、志愿者队伍建设

单位：人，小时

分类	服务岗位	人数	来源	服务时间
临时	科技辅导员	160	南宁志愿者网	1500

五、运营情况

票务情况

是否免费开放	未免费开放场馆票种	未免费开放票价	观众人数
是	无	无	78610人次（10~12月）

六、2017年度大事记

3月20日　南宁市科技馆召开项目建设动员会。

4月7日　四川省达州市科协副主席罗波、达州市科技馆馆长冷娟到南宁市科技馆考察调研。

5月31日　南宁市科协党组书记、主席王洲主持召开南宁市科技馆建设工作协调会并视察科技馆建设工地。

8月14日　南宁市委常委、副市长张卫视察南宁市科技馆建设工作。

9月29日　邀请青秀消防大队为南宁市科技馆开展消防培训。

9月30日　南宁市科技馆开馆试运营。广西青少年科学节南宁市活动启动仪式在南宁市科技馆举行。

11月7日　南宁市科技馆联合浙江、福建、沈阳、厦门等全国10家省、市科技馆共同签署"生物医学未来人才培养计划"。

2017年12月30日至2018年1月1日　倾情推出"元旦科普嗨翻天"系列主题科普活动，共接待游客6629人次。

七、2017年工作概述

2017年以来，南宁市科技馆深入贯彻落实党的十八届三中、四中、五中、六中全会以及十九大会议精神，全力推进场馆建设，狠抓展品调试工作，扎实开展科普活动，拓展科普内涵，并不断加强队伍建设、提升服务品质，以高质量运行服务切实推进全民科学素质工作。自2017年9月30日开馆试运营到2017年底，南宁市科技馆共接待普通观众78610人次，其中未成年观众38284人次，各类团体51个。受到参观群众的高度评价，得到央视、自治区和南宁市多家媒体连续、集中报道。

（一）场馆建设全力推进取得新进展

一是顺利完成南宁市科技馆主体工程并交付使用。科技馆总建筑面积35241.3平方米，由主馆和科学会堂两大馆构成，常设科普展厅面积约为12199平方米，建设项目设计复杂、工程量大。2016年以来，在各级领导的关怀与支持下，南宁市科技馆坚持高标准、严要求，扎实推进项目建设。2017年9月底主体场馆竣工交付，也实现了空调系统、电梯、消防维保的同步跟进，为场馆安全运营奠定基础。二是按计划完成布展施工和展项展品安装调试，实现开馆试运营的目标。南宁市科技馆面临着"一市两馆"的现实情况，为了避免"众馆一面"，南宁市科技馆从展览选题到展品，以突出适用技术展示为侧重，如依托民族医药主题，让观众亲身体验壮医疗法，展示科学之"功"；依托运动健康主题，设置运动竞技展区，展示科学之"趣"；依托自然乐园主题，营造各种动物和植物和谐共生的自然环境，展示科学之"美"。2016年完成全馆展品共305件（套）的设计和监造，展品突出航空航天技术、机器人应用、信息网络等前沿科技成就，同时也涵盖了核泄漏、民族医药健康、安全避险、竞技运动等贴近百姓现实需求的知识。2016年10月全面铺开布展施工工作。在施工过程中，南宁市科技馆狠抓现场管理、有序推进，特别是针对楼面加固、影院放映间建设、用电增容和长征二号火箭、返回舱、离心机等大型重型展品的安装调试等重难点工作，采取定期开政府协调会、监理会、现场会、论证会等措施，有效解决施工困难，确保项目的顺利推进。2017年7月完成了展项展品24个标段的预验收，进入试运营阶段。2017年完成82次故障整改维修，为2018年1月展品竣工验收做好准备，也为展厅科普活动的顺利开展提供良好的硬件环境。

（二）科普教育扎实推进取得新成效

"小积木·搭梦想"比赛现场热闹非凡

2017年第五届广西青少年科学节3D技能比赛现场

1. 立足场馆，常设科普展览活动深入民心

9月30日开馆试运营，近3万人到馆参观。开展"情暖金秋·爱在重阳"壮医药健康文化科普活动，让更多人了解壮医传统特色文化知识及保健养生知识；实施馆校合作，利用科技馆展项展品，为城区小学举办"垃圾分类""生活中的物理"等大讲堂课程；接待中小学、单位团队20多个、逾万人；承办第五届广西青少年科学节南宁市活动、南宁市青少年科技创新大赛作品展等一系列活动，社会效益显著。

2. 延伸服务，校园科普活动丰富多彩

延伸科技服务，充分利用科技馆科普资源，积极主动开展校园科普活动。2017年承办"科普大篷车"进校园活动40次，足迹遍及横县、马山、邕宁区、西乡塘区等多个县区，近3万人次师生到现场接受科普教育，努力实现基本公共服务均衡化；邀请市内外知名专家，到学校开展学生喜闻乐见、当前科技热点的科普讲座；配合校园科技节等活动，组织科普志愿者到学校开展航模表演等科技活动。

3. 积极创新，科研立项成绩喜人

一是争创南宁市青少年教育基地。南宁市科技馆在2017年3月通过青少年教育基地验收，为开展科普活动、普及科技知识、发扬科学精神和传播现代科技信息提供阵地。二是签约实施"生物医学未来人才培养计划"。与中国科技馆、浙江大学爱丁堡大学联合学院、浙江大学基础医学院和《环球科学》杂志社有限公司实现科技资源共享，优化资源配置，培养生物医学未来人才。三是牵头实施"广西中小学生发明创造示范单位"项目。利用展馆内现有资源，为项目实施提供场地、设备以及技术等帮助。培育南宁市第二中学、南宁市第三十一中学等7所中小学校开展发明创造活动，提升科技教育能力，增强学生发明创造能力。

（三）自身建设全面加强

1. 加强科普人才队伍建设

一是加强科技辅导员队伍建设。目前科技馆专职科技辅导员共34人，为了提升科技辅导员的专业技能，科技馆开展多次专题业务培训，培训内容包括礼仪培训、语言培训、科技知识培训、展品展项知识培训，并将讲解服务培训常态化。通过向外输出的办法，该馆组织部分员工到区内外科技馆交流学习和专业培训，进一步提高干部职工业务素质，提升服务品质。二是组建科普志愿者团队。通过志愿者网站、与学校和社区联系等方式，向社会招募志愿者。制定了志愿者组织管理制度，结合场馆实际对志愿者进行培训，组织志愿者开展公众服务活动。2017年志愿者团队已有160人，提供服务约206人次，服务内容包括短时讲解、展品体验操作引导、

咨询服务、公共安全引导、秩序疏导等，有效缓解了展厅的压力，确保了公众的参观体验效果。三是组建专家科普团队。通过与广西中医治未病中心、ALSIM公司、南宁市心理咨询师协会、广西大学、广西七色岩舞等单位合作，该馆邀请专家开展科普讲座、报告以及培训，提升科普工作水平。

2. 健全机构机制，完善服务设施，规范制度管理

一是完成领导班子搭建，明确各部门职责，形成单位一把手抓科普，展教部门牵头实施，各部门配合执行的团结协作局面，进一步增强凝聚力、向心力，提升战斗力。二是强化制度管理。在新班子的领导下，制定修订了团队接待流程、讲解规范、志愿者服务流程等37项规章制度；完善了咨询台、存包处、休息室等服务设施，并制定《参观团队接待服务流程与规范》《讲解员培训与考核制度》以及《志愿者服务规范》等，为确保服务质量提供制度保障。

3. 加强信息化建设

2017年9月底，安检票务系统竣工验收。系统可实现纸质票及身份证电子票两种方式进入场馆，规范场馆人流数据统计和人流管理。2017年10月，南宁市科技馆完成官方网站主体框架7个模块32个栏目的版面制作，并已正式上线运营使用。网站的在线预约、三维全景虚拟导览与展品展示功能也进入设计和开发阶段。2017年11月完成了南宁市科技馆官方微信的建设，实现了数字化发布优质科普信息，传播科普知识、科技成就的功能，让广大群众能随时随地及时掌握科技新成果、新动态和科技馆实时活动内容。

南宁市科技馆作为一个新的场馆，2017年在场馆建设、完善制度、提升管理和服务水平等方面取得了一些进展，在下一步工作中，南宁市科技馆将强化工作措施，完善场馆的配套服务，不断提升科普队伍素质，创新活动内容和形式，增强与学校、科研院所之间的合作，以时不我待、只争朝夕的精神，努力把科技馆建设成人民满意的一流场馆，奋勇攀登科普新高峰。

世界火箭群组

机器人小管家与智能家居

重庆科技馆

英 文 全 称: Chongqing Science and Technology Museum
法 定 代 表 人: 高军
联 系 电 话: 023-61863000
传 真: 023-61863111
官 方 网 站: www.cqkjg.cn
行 政 主 管 单 位: 重庆市科学技术协会
成 立(开放)日 期: 2009 年 9 月 9 日
通 信 地 址: 重庆市江北区江北城文星门街 7 号
已 加 入 专 业 委 员 会: 中国自然科学博物馆协会科技馆专业委员会

一、科普活动与展览

1. 临时展览

单位: 平方米、万人次

序号	展览名称	起止日期	展出地点	面积	观众数量	性质
1	海洋权益与军事展	1 月 1 日至 6 月 9 日	重庆科技馆一楼临时展厅	1500	34	联合
2	50+ 工业展	5 月 12 日至 7 月 12 日	重庆科技馆一楼临时展厅	600	1.6	联合

2. 教育活动

单位: 人次

序号	活动名称	活动时间	主要内容	活动形式	主要对象	参与人数
1	逗趣科学课: 玩转离心力	1 月 2 日	深度看展品、互动游戏、科学实验探究、科学小制作等	展厅主题科普活动	青少年	80
2	第 58 期科技·人文大讲坛——从生活走进科学	1 月 21 日	介绍生活中的趣味科学	讲坛	市民	300
3	春节嘉年华	1 月 31 日至 2 月 2 日	分为小鸡快跑、金鸡唱晓、闻鸡起舞三个子主题活动。学习单、互动游戏、科学实验探究、科学小制作等	展厅主题科普活动	青少年	706
4	防灾训练营——我是小小消防员	2 月 7 日	深度看展品、互动游戏、科学实验探究、科学小制作等	展厅主题科普活动	青少年	23
5	第 59 期科技·人文大讲坛——星空之旅	2 月 20 日	分享全球各地拍摄到的大自然壮美景观	讲坛	市民	600

续表

序号	活动名称	活动时间	主要内容	活动形式	主要对象	参与人数
6	2017年春季学期馆校结合综合实践活动	2月22日至6月7日	展厅主题参观、展厅主题活动、趣味科学实验、快乐科普剧	科学课堂/校外第二课堂	青少年	26656
7	逗趣科学课——你好！伯努利	2月26日5月21日11月19日	互动游戏、科学实验探究、科学小制作等	展厅主题科普活动	青少年	200
8	逗趣科学课——复制爱迪生	3月12日	互动游戏、科学实验探究、科学小制作等	展厅主题科普活动	青少年	120
9	小小特种兵——钢铁路面	3月18日	深度看展品、互动游戏、科学实验探究、科学小制作等	展厅主题科普活动	青少年	50
10	防灾训练营——2017气象专场活动"云和天气的那些事儿"	3月25日	专家面对面、深度看展品、互动游戏、科学实验探究、科学小制作等	展厅主题科普活动	青少年	40
11	奇思妙想生活坊——舞动的秘密	3月25日	互动游戏、科学实验探究、科学小制作等	展厅主题科普活动	青少年	80
12	第60期科技·人文大讲坛——高富帅or白富美，你输在起跑线上了吗？	3月26日	介绍孩子生长发育需要注意的那些事	讲坛	市民	200
13	生活小讲堂——脑洞大开	4月8日、4月15日、5月13日、5月30日、6月10日、6月17日、6月24日、7月9日、7月22日、8月13日、8月26日、9月10日、9月23日	深度看展品、互动游戏等	展厅主题科普活动	青少年	660
14	防灾训练营——会下雨的棉花糖	4月16日	互动游戏、科学实验探究、科学小制作等	展厅主题科普活动	青少年	40
15	第61期科技·人文大讲坛——21世纪青少年创新创业思维培养从何做起	4月22	介绍21世纪人才的成功要素	讲坛	市民	200
16	逗趣科学课——离弦的闪电	4月23日、11月18日	互动游戏、科学实验探究、科学小制作等	展厅主题科普活动	青少年	120
17	逗趣科学课——电池上的芭蕾	4月30日	深度看展品、互动游戏、科学实验探究、科学小制作等	展厅主题科普活动	青少年	80
18	寻找汽车人——交通文明我有责	5月1日	深度看展品、互动游戏、科学小制作等	展厅主题科普活动	青少年	40
19	防灾训练营——颤抖的地球	5月13日	深度看展品、互动游戏、科学实验探究	展厅主题科普活动	青少年	100
20	小小特种兵——钢铁"路面"	5月19日	深度看展品、互动游戏、科学实验探究、科学小制作	展厅主题科普活动	青少年	50

序号	活动名称	活动时间	主要内容	活动形式	主要对象	参与人数
21	防灾训练营——灾害自救百宝箱	5月19日	深度看展品、互动游戏、科学实验探究	展厅主题科普活动	青少年	50
22	逗趣科学课——勇往直前 or not?	5月19日	互动游戏、科学实验探究	展厅主题科普活动	青少年	50
23	逗趣科学课——光的奥秘	5月19日、12月30日	深度看展品、互动游戏、科学实验探究	展厅主题科普活动	青少年	109
24	逗趣科学课——爱躲猫猫的光	5月20日	互动游戏、科学实验探究	展厅主题科普活动	青少年	80
25	防灾训练营——地球护卫队	6月11日	深度看展品、互动游戏、科学实验探究	展厅主题科普活动	青少年	80
26	逗趣科学课——虹吸先生的魔法趴来了	6月25日	互动游戏、科学实验探究、科学小制作	展厅主题科普活动	青少年	80
27	第62期科技·人文大讲坛——宇宙的真相、太阳系的已解和未解之谜	6月25日	介绍宇宙与星空的奥秘	讲坛	市民	250
28	小小特种兵——我的中国心	7月1日	深度看展品、互动游戏、科学实验探究	展厅主题科普活动	青少年	80
29	生活小讲堂——五官单双对决	7月15日、8月12日、8月29日、10月14~15日、10月28~28日、11月4日、11月11日、11月18日、11月25日、12月9日、12月16日、12月23日、12月30日	深度看展品、互动游戏	展厅主题科普活动	青少年	978
30	逗趣科学课——神秘的内功高手	7月29日	深度看展品、互动游戏、科学实验探究	展厅主题科普活动	青少年	40
31	奇思妙想生活坊——破解菌落隐身术	7月29日、8月19日	互动游戏、科学实验探究	展厅主题科普活动	青少年	90
32	小小特种兵——坦克的新装	8月1日	深度看展品、互动游戏、科学实验探究	展厅主题科普活动	青少年	40
33	巴斯夫小小化学家	8月5~20日	实验站、网络实验室体验区	互动实验	青少年	1258
34	防灾训练营——"地震来了，怎么办？"	8月11~13日、9月24日、10月6日、10月14~15日、10月21~22日、11月4~5日、12月9~10日、12月16~17日	深度看展品、互动游戏	展厅主题科普活动	青少年	695

续表

序号	活动名称	活动时间	主要内容	活动形式	主要对象	参与人数
35	防灾训练营——"暴风来了，怎么办"	9月2~3日、9月9~10日	深度看展品、互动游戏、科学小制作	展厅主题科普活动	青少年	160
36	全国科普日	9月16~22日	展厅展览、主题科普活动、科普电影、科普讲座等	科普活动	青少年	42449
37	第63期科技·人文大讲坛——杂志的诞生奥秘	9月16日	探索杂志诞生的奥秘	讲坛	市民	86
38	2017年秋季学期馆校结合综合实践活动	9月19日至12月22日	展厅主题参观、展厅主题活动、趣味科学实验、快乐科普剧、研究型课程	科学课堂/校外第二课堂	青少年	38398
39	逗趣科学课——翻滚吧，魔方君！	9月23日、10月10日、10月21~22日	互动游戏、科学小课堂	展厅主题科普活动	青少年	420
40	防灾训练营——旋转的世界	10月28日	深度看展品、互动游戏、科学实验探究	展厅主题科普活动	青少年	81
41	防灾训练营——火"隐"行动	11月11日	职业体验、深度看展品、科学实验探究	展厅主题科普活动	青少年	200
42	宇航之梦——"冲上云霄"	11月18日、11月25~26日、12月9~10日	深度看展品、科学小制作	展厅主题科普活动	青少年	263
43	寻找汽车人——全国交通安全日专题活动"未来·科技·车生活"	12月2日	深度看展品、互动游戏、科学小课堂、科技小制作	展厅主题科普活动	青少年	40
44	第64~65期科技·人文大讲坛主题活动——你不知道的野生动物保护	12月9日、12月10日	第64期"'与狮同行'分享星巴在非洲的野保故事"如何在非洲保护野生动物；第65期"'环抱野生动物'吴敏兰英文绘本分享会"用绘本让孩子们理解保护野生动物的重要性	讲坛	市民	2665
45	宇航之梦——星语心愿	12月23~24日	互动游戏、科技小制作	展厅主题科普活动	青少年	167
46	趣味科学实验	每周末14：30、15：30	物理、化学、生物等各类小实验串烧	趣味科学实验	青少年	13572
47	快乐科普剧	每周末11：00	迷雾森林历险记；公主的魔术；电池出逃记；唐僧师徒遭霾记；机器人好朋友等	科普剧	青少年	5829

3.流动科普设施

序号	名称	年度巡展次数	类型	经费来源	运行方式
1	流动科技馆	2	流动科普设施	科协拨款	区县巡展
2	科普大篷车	39	流动科普设施	单位自筹	自主安排和受邀

二、科研与学术

1. 承担项目

单位：万元

序号	项目名称	项目来源	项目级别	经费	负责人
1	探秘电磁	中国科协青少中心全国科技场馆优秀教育培育项目	省部级	2	赖灿辉
2	青少年梦工场科学教育平台搭建	重庆市科委	其他	20	高军
3	中国科协九大代表"科技类博物馆在科学教育体系中的发展策略调研"（子课题，西南地区）	中国科协	省部级	6	黄迪
4	桥梁科普系列视频创作项目	重庆市科学技术协会	其他	5	黄迪

2. 研究成果

序号	题目	作者	刊名	卷（期）号	期刊级别
1	《做好"五字功夫"，助力全民科学素质提升》	吴昱锦、刘成睿	《科协服务纵横谈》	2017 年	—
2	《重庆科技馆开馆八周年 不忘初心砥砺前行》	傅黎	《科协服务纵横谈》	2017 年	—
3	《"发明，怎么一回事展"给我们带来的启示》	陈涛	《科技展望》	2017 年第 17 期	—
4	《浅谈科技馆临时展览的展示设计》	江灵爽	《明日风尚》	2017 年 4 月	—
5	《对接课标，强化探究，提升能力——科学课程标准给科技博物馆带来的启示》	王雪颖，高军	《自然科学博物馆研究》	2017 年 9 月	国家级

3. 专著

名称	作者	出版社	出版日期
《博物馆展陈艺术研究》	陈涛	东北师范大学出版社	2018 年 9 月

4. 编辑刊物

单位：册

刊物名称	刊号	发行周期	发行数量	发行范围
《重庆科技馆简报》	—	月刊	145	内部发行

三、信息化建设

1. 官方网站建设

2017年，重庆科技馆官网及时更新网站的图文、视频、活动等信息共212处；发布馆内动态、活动、影讯、党建等相关信息540条；根据业务需求，在首页、专题页新增XD影院模块；结合重庆科技馆组织结构变化，责任落实，具体栏目对应负责人；保证网站内容更新的及时性，为市民了解重庆科技馆信息提供了便捷、精准、高效的服务，全年浏览量超过21万次，日均PV为578次、访客数158人、IP数143个、平均访问时长约4分钟。

重庆数字科技馆网站的日均PV为1129次、访客数约223人、IP数228个、平均访问时长约4分钟。

2. 新媒体运用

重庆科技馆充分利用新浪官方微博、微信公众号等新媒体，及时推送相关活动信息，转发热点科普小知识。

2017年，重庆科技馆新浪官方微博共推送各类信息394条，并通过微博与市民互动，既提高了活动信息的及时性，也提高了市民对科技馆各项活动的关注度及参与性，微博粉丝新增20192人，关注度持续增强。

2017年重庆科技馆微信公众平台共推送各类信息725条，订阅人数17545人，成为重庆科技馆重要推广途径。重庆数字科技馆微信订阅号每星期更新一条信息，内容区别于科技馆微信，2017年共推送各类信息78条。完成重庆科技馆及重庆数字科技馆微信平台认证工作，使公众号功能更加完善。

完成中国科技馆"数字科技馆矩阵"项目申报，7月正式上线以来，在数字科技馆矩阵"今日头条"发布信息39条。

3. 网络系统建设

结合重庆科技馆各信息系统的实际运营情况，梳理重庆数字科技馆、官网、办公系统等平台相关业务模块，在数字科技馆平台增加馆校结合管理模块，在官网首页、专题页增加XD影院管理模块，如：梳理"馆校结合"业务流程，并将该业务数字化，建立相应模块，共计开发23个HTML页面，根据选课需求，将自动过滤不符合需求的课程，方便管理人员操作，提升工作效率。

办公系统新增基建固定资产管理模板和序厅场地申请流程，各信息系统共计优化平台功能45处，修复系统BUG85处，美化App、Web、公众号页面60余次。

4. 数字科技馆建设

1月，结合重庆数字科技馆中的主要功能，举办"科技互动 由你掌控"主题活动，加入VR、AR体验，寻宝游戏等多个项目开展互动体验，引导观众深入体验重庆数字科技馆。

3月，重庆数字科技馆二期Web页面全新改版上线。8月，首次引入第三方，与重庆天极网络有限公司正

7月26~29日重庆科技馆举办"参观科技展览有奖征文暨科技夏令营"重庆营

8月22日，世界优秀企业巴斯夫带着全新的实验项目"吹气球竞赛"亮相重庆科技馆

式合作实施《数字科技馆网站运营项目》，通过学习、引入对方先进经验及专业技术，提升重庆数字科技馆运营效果。截至 12 月 31 日，用户数达 34 万人，浏览量超过 87 万次。

稳步推进实体馆的数字化工作，完成展厅 440 件展品的二维码设计制作，更新常设展厅二楼、四楼 265 个说明牌二维码，将二维码的维护管理纳入常规工作，明确相关责任人及处理流程；完成 80 件展品的微视频拍摄；提升了展品的可视化，让用户的参观更加便捷。.

加强科普资源聚合，结合重庆科技馆馆内科普活动及主题展览，完成海洋卫士、那些对意大利有深远影响的物件儿、桥都、VR 探秘等 4 个专题内容的素材搜集、上线发布等工作，以图文表现形式向公众推荐了 98 篇科普类文章，观众可以了解更多与活动或展览相关的科普知识，开拓视野；整理、编辑、发布科技类资讯 563 篇；完成 10 期《慢先生》、5 期《MSQ》的视频拍摄制作，丰富了科普知识的表现形式，为大众查阅相关科普知识提供了方便。

新增 3 个社区圈子，全年共计发帖 2200 篇，为科普爱好者提供了开放性的分类专题讨论区服务。

配合中国科技馆完成虚拟现实科技馆项目落地调研，VR 配套硬件采购等相关工作，保证整个项目建设的进度。

四、志愿者队伍建设

单位：人次

服务岗位	人数	来源	服务时间
展览教育	3133	大学生	2017 年 1~12 月
观众服务	323	大学生	2017 年 1~12 月
临时展览	625	大学生	2017 年 1~12 月
科普活动	420	大学生	2017 年 1~12 月

五、运营情况

票务情况

是否免费开放	未免费开放场馆票种	未免费开放票价	观众人数
是	—	—	256 万人次 / 年

六、2017 年度大事记

1. 场馆重大人事变动和组织机构变动

谋划实施部门及职能调整，优化了内设组织机构架构，涉及部门负责人和其他岗位的人员调整 26 人次；成立创新发展中心，将创新发展提升至战略层面，适应新时代创新发展需要。

2. 主要制度的颁布和修订

修订完善了重庆科技馆《财务管理办法》《政府采购内控管理办法》《合同管理办法》《差旅费报销办法》制度。

开展 ISO9001 国际质量管理体系认证工作，处理好"创新发展与继承优良传统、推动认证工作与推进业务工作、国标体系与本馆实际"三大关系，推动完善内控制度、调整内设机构、改革法人治理结构、优化绩效考评机制、建设组织文化工作协调机制，建立完善国际标准化的内部管控体系。

3.重要业务活动、外事活动、来访接待、重要会议、学术交流等

业务活动。全年依托展厅展品资源、结合时事热点，精心策划各项科普活动900余场次，开展公益讲解2300余场次，新研发趣味科学实验2个、快乐科普剧1个，举办主题展览6期，开展公益讲座8期。参与"青少年社会教育协会志愿者服务公益活动""重庆图书馆暑期游园会""重庆师范大学科普游园会"及部分中小学科技节活动，促进和推动了科普资源的共建共享，拓展了科普资源的辐射范围和综合效能。全国科普日期间开展活动10项、78场次，直接受众4万余人次；科技活动周期间，承担"科学之夜""科普嘉年华"等重点示范项目，开展活动20余项，直接受众近6万人次；深入参与"环球自然日""中国城际家庭机器人挑战赛"等重要科普教育项目，合作开展4项比赛；用科普大篷车和流动图书车将科普、文化资源同时进学校、进社区、进乡村，将融合科技文化知识的"科学梦想课堂"等8项活动送到民众身边。

来访接待。全年完成中国科技馆、上海科技馆等公务接待任务89次、853人次，为来访单位提供了有效的信息支持和帮助。

重要会议、学术交流。组织参加首届"一带一路"科普场馆发展国际研讨会、"共话成就20年·'一带一路'谱新篇"渝港青少年社会教育交流会、2017年全国科技馆发展论坛、第24届全国科普理论研讨会、虚拟现实科技馆项目落地调研座谈会、科普信息化建设工作调研座谈会等学术会议。

4.基础设施建设和改造项目

全年完成A区屋面打胶防水维护、残疾人通道栏杆维护翻新、梦工场办公室装饰改造、光彩照明维修更换等12项工程改造项目，累计耗资61万余元。

2月应公安系统要求投入405万元对视频监控系统进行升级改造，实现监控质量由模拟信号升级为高清数字信号，拓展了行为识别等人工智能辅助功能，信号即将接入公安部门的"天网系统"。

5月引入人机交互科技元素推动影院设备升级，建成并开放西南首个XD影院，进一步增强科普影院吸引力。

11月完成展览教育提升项目的实施工作，历时4年"重庆科技馆展览教育提升项目"全面完成。

七、2017年工作概述

2017年，重庆科技馆深入学习贯彻党的十八届三中、四中、五中、六中全会及十九大精神，以习近平

重庆科技馆

12月9日，重庆科技馆"科技·人文大讲坛"邀请最早深入非洲荒野做野生动物保护工作的中国人星巴做题为"你不知道的野生动物保护"的讲座

展品云团

新时代中国特色社会主义思想为行动指南，在市科协党组的坚强领导和中国科技馆的悉心指导下，以科协系统深化改革为契机，以改革创新促发展为工作基调，以全面加强党的建设和管理效能建设为总抓手，紧紧围绕建设"人民满意的科技馆"的总体要求，以"整合资源—创新拓展—内涵发展"为工作宗旨，以发挥"四位一体"现代科技馆体系功能为工作主线，以创新文化建设为引领，积极推进"创新争先"和"提质增效"行动，全面推进"平台型、开放型、研发型"科技馆创新发展，着力科普资源整合，扩大科普内容供给，服务提高全民科学素质的综合能力和总体水平进一步提升，服务对象获得感、幸福感进一步增强。

2017年，重庆科技馆共计开馆312天，接待观众256万余人次；组织开展各类主题科普活动900余场次，开展馆校结合综合实践活动近1500场次和免费区域导览2300余场次，主题展览接待受众37万人次；常设展厅450余件（套）展品的日均运行率和完好率均在99%以上；数字科技馆注册用户超过35万人，浏览量超过87万人次；流动科技馆巡展实现首轮全覆盖目标并启动第二轮巡展；科普大篷车全年出行39次（含校、区），运行112天，行程超过7000公里，直接受众10万人次。年内获得全国青年文明号、全国科协系统先进集体、全国优秀科普教育基地、全国科普日活动优秀组织单位、全国中小学生研学实践教育基地、中国自然科学博物馆协会优秀集体、重庆市卫生单位、全市最美志愿服务岗、江北区巾帼文明岗等称号。重庆科技馆对外影响力和美誉度进一步提升。

（一）教育活动

一是开展馆校结合综合实践活动2期，新增签约学校41所，共开展主题课程1480次，惠及694个班级6万余名中小学生，满意率100%。

二是依托展厅展品资源，结合时事热点，精心策划各项科普活动900余场次，免费区域导览2300余场次。

三是举办以展示现代军事发展趋势、前沿技术的海洋权益与军事展等为主题的展览6期，围绕青少年教育、健康生活等主题开展"科技·人文大讲坛"8期，联合自然野生动物保护发展研究中心、重庆图书馆等单位创新开展立体沉浸式科普讲座"你不知道的野生动物保护"。

四是与意大利总领馆合作举办"伟大的工业游戏"，推动跨国界、跨文明交流互鉴；与台湾高雄科工馆、台湾大学联合举办"森林与我"展览，受众37万人次。

五是参与全国科普日活动，策划开展了科学实验秀、小小科技辅导员公益讲解、科普讲座和网络科普活动等系列活动10项78场次，直接受众4万余人次；科技活动周期间，承担"科学之夜""科普嘉年华"等重点示范项目，开展活动20余项，直接受众近6万人次。

六是流动科技馆巡展实现首轮全覆盖目标并启动第二轮巡展。完成城口、云阳2个站点巡展工作，累计培训志愿者130人次，直接观众5万余人次；科普大篷车全年出行39次（含校、区），运行112天，行程超过7000公里，直接受众10万人次。

（二）社会服务与合作

一是与重庆图书馆签订战略合作协议，分别在场馆服务、流动服务、数字服务、活动服务和运营管理等"五大领域"开展战略合作，携手开通的"科技人文直通车"到九龙坡、巫溪、巴南开展活动4场，深入2所山村小学和1个乡镇开展科普宣传。

二是与渝北区、九龙坡区图书馆合作共建完成"重庆科技馆九龙坡区/渝北区科技体验空间"并投入运行，该"共享科技馆"发展模式得到中国科协的肯定和推广，目前，其可持续运营机制正在继续探索中。

三是基于《公民科学素质行动计划纲要》明确的"四大科普重点人群"之一的公务员和领导干部群体的科学普及，立足重庆科技馆与市委党校共同的科技创新教育和科学普及宣传对象，聚焦党政领导干部创新文化、科学精神宣传教育，正积极研发现场教学项目，申报现场教学基地。

四是与馆外机构合作，多渠道引进短期展览或科普教育活动，增加科普内容供给。

五是与重庆大学、重庆师大、重庆科技学院等高校共建研究生实践基地，共同开展科学教育与传播课题研究。

六是按照馆馆、馆校、馆企、馆院、馆所等5大合作模式梳理了超过50家社会资源，与国家电网、重庆市环保局、重庆电力公司等单位建立合作关系，组织举办"百度人工智能展""电磁辐射展"等具有行业特色的短期展览，尽力扩大科普内容产出能力，不断拓展共建共享发展空间和效能。

七是与新华网、《光明日报》、人民网重庆视窗、重庆电视台、重庆之声、新浪重庆、《重庆科技报》、《都市热报》等多家媒体形成合作关系，与江北嘴管委会、重庆图书馆和江北嘴财信广场共建平台，将数字资源互换共享，实现线上信息化合作，并进一步宣传推广重庆数字科技馆平台，提高社会影响力。

（三）展览（基本陈列）和设施改造

2017年完成了展览教育提升项目三层展厅提升项目的实施工作，淘汰展品25件（套），新增展品26件（套），精细化展品16件（套），更换展品说明牌76块，布展改造29项。提升后的三层展厅（交通科技展厅、防灾科技展厅、国防科技展厅）展览线索更连贯，展示设备数量增多、展示内容更丰富、参与形式更多样、趣味性和知识性衔接更恰当，提高了观众的参观质量。

成功申请配发2套新型流动科技馆，融入VR、3D打印等新技术及"机械+电控"等展示方式，展品更新率超过80%，展品数量增加32%。

（四）藏品（展品）管理、保护和维修

2017年全年共接到展品维修报单14546单次，全馆451件（套）展品日均运行率99.62%，日均完好率99.55%；对巨幕影院、4D、XD影院及会务设施进行维护保养56次；完成电梯、消防系统56项、465次维修、改造及更换。

青海省科学技术馆

英 文 全 称: QingHai Science and Technology Museum
法 定 代 表 人: 才让南杰
联 系 电 话: 0971-6283503
传   真: 0971-6369073
官 方 网 站: www.qhkjg.com
行 政 主 管 单 位: 青海省科学技术协会
成立（开放）日期: 2011 年 10 月 24 日
通 信 地 址: 青海省西宁市城西区五四西路 74 号
已加入专业委员会: 中国自然科学博物馆协会科技馆专业委员会、
科普场馆特效影院专业委员会

一、科普活动与展览

1. 临时展览

单位：平方米，万人次

展览名称	起止日期	展出地点	面积	观众数量	性质
"用眼看世界"——科学观察工具展	5 月 1 日至 8 月 1 日	青海省科技馆序厅廊道	1200	19.48	引进

2. 教育活动

单位：人次

序号	活动名称	活动时间	主要内容	活动形式	主要对象	参与人数
1	"科学伴你过新年　合家欢乐喜开颜"元旦主题科普活动	1 月 1~3 日	科学表演：魔法小课堂、告白气球；舞蹈：欢腾的草原；互动体验：VR 穿越火线、翻滚的猴子、多样迷宫、全息影像的奥秘、电动飞鱼机器人、疯狂拼豆团、新年福袋、旋转的摩天轮等	科学表演、科学实验、科学制作、互动体验	社会公众	9000
2	"金鸡报喜闹新春　欢度科普中国年"春节主题科普活动	1 月 20 日至 2 月 2 日	"光学小课堂"、"彩虹魔法药水"、"疯狂拼豆团"、"多彩中国结"、"小鸡快跑"、"最炫民族风"、DIY 新年零钱包、VR 体验、特效电影、涂鸦乐园等	舞台表演、DIY 动手做、科学实验、互动体验、科普游戏	社会公众	16400
3	"遨游科技海洋　放飞科技梦想"寒假特别活动	1 月 10 日至 2 月 28 日	"VR 大战"、儿童科学表演特训营、"职业体验"	互动体验	青少年	400

续表

序号	活动名称	活动时间	主要内容	活动形式	主要对象	参与人数
4	2017年中国流动科技馆青海省巡展活动——德令哈	3月18日至4月25日	以"体验科学、放飞未来"为主题，进行展品展示、科学表演、特效电影播放、流动工作室教学等	科学演示、互动体验、科学动手做	社会公众	4700
5	2017年中国流动科技馆青海省巡展活动——民和县	4月21日至5月30日	以"体验科学、放飞未来"为主题，进行展品展示、科学表演、VR体验、特效电影播放、流动工作室教学等	科普展览、科学演示、互动体验	社会公众	23700
6	2017年中国流动科技馆青海省巡展活动——循化县	4月21日至5月30日	以"体验科学、放飞未来"为主题，进行展品展示、科学表演、VR体验、特效电影播放、流动工作室教学等	科普展览、科学演示、互动体验、科学动手做	社会公众	10400
7	"激情绽放五月天 科学无限伴我行"五一主题科普活动	4月29日至5月1日	"劳动小能手""劳动最光荣""皇宫里的新鲜事""漫游气之界""反转的奥秘"等20余项内容	科学表演、DIY动手做、科学实验、互动体验、特效电影展播	社会公众	28500
8	首届特效电影展映活动	5月1日至6月1日	特效电影展映	互动体验	社会公众	63000
9	母亲节主题科普活动	5月14日	"皇宫里的新鲜事""漫游气之界""机器人表演""3D打印机""酸奶的制作""负离子小盆栽"等	科学表演、DIY动手做、科学实验、互动体验	青少年	400
10	2017年青海省科技活动周活动（黄南州、海东市）	5月20日5月24日	"气球也坚强""畅想水之韵""最强大脑""奇妙热缩片"等20余项科学表演和科学实验，科学展板展示及特效电影展播	展示展览、科学表演、科学实验、互动体验	社会公众	4000
11	"科普活动进校园"走进桃李小学	5月27日	"最强大脑"、"自制排箫"、"我爱绿色生活"、"发卡变变变"、"百变三角折纸"、"冰与火的对决"、机器人表演、3D展板展示等	展示展览、科学表演、科学实验、互动体验	青少年	1500
12	"科普活动进校园"走进康南小学	5月31日	"巧做不倒翁"、"谁是大力士"、"苹果砰砰砰"、"不可能的钉子"、"自制七彩蛋袋"、"探索围观"、机器人表演等10余项科学实验和科学动手做，车载展品展示以及特效电影播放	展示展览、科学表演、科学实验、科学制作、互动体验	青少年	1000
13	"科普活动进校园"走进西关街小学	5月31日	"空气礼花炮"、"不可能的钉子"、机器人表演等科学表演和科学实验，VR体验等	科学表演、科学实验、科学制作、互动体验	青少年	1600
14	"粽叶飘香话端午 科普缤纷庆六一"主题科普活动	5月28日~30日6月1日	鬼步舞快闪、"皇宫里的新鲜事"、"好奇害死猫"、"反转的奥秘"、"畅想水之韵"、"纸张的力量"、"幻彩湿拓画"、"趣味光栅画"、"奇妙热缩片"、"创意小礼帽"、机器人表演、VR大战等	舞台表演、科学实验、科学动手做、互动体验、特效电影播放	社会公众	20000
15	2017年青海省青少年科学调查体验活动启动仪式	5月28日	以"我爱绿色生活"为主题，风力发电、污水净化实验装置、太阳能小车、吸尘器等	科学实验、科学制作	青少年	3500
16	行走的课堂校本教研拓展活动	6月2日	"磁力魔学"、"显微镜看世界"、"风之物语"、"百变三角折纸"、机器人表演等	科学实验、科普小制作	青少年	—

续表

序号	活动名称	活动时间	主要内容	活动形式	主要对象	参与人数
17	"大手拉小手——科普报告希望行"科普讲座活动	6月11~17日	内容涉及生物技术、南北极地、地球空间、化学奥秘、防震减灾等不同领域的科学知识	科普讲座	青少年	13000
18	2017年中国流动科技馆青海省巡展活动——甘德县	6月16日至7月23日	以"体验科学、放飞未来"为主题，进行展品展示、科学表演、VR体验、特效电影播放、流动工作室教学等	科普展览、科学演示、互动体验、科学动手做	社会公众	4000
19	2017年食品安全宣传周科普活动	6月29日	"如何鉴别优劣蜂蜜""优劣质红酒的鉴别""快速检测优劣质黑米""水质检测"等优劣食品检测小实验，"食品安全"知识展板	科学实验、展板展示	社会公众	2000
20	果洛州2017年"科普联动"活动	7月3日	"小卓玛的故事""冰与火的对决""畅想水之韵""花儿朵朵""趣味光栅画""永恒不变的爱——永恒花"等科学表演和科学实验，机器人表演，科普图书发放	科学实验、科学制作、互动体验	社会公众	2000
21	2017年中国流动科技馆青海省巡展活动——达日县	7月5日至8月16日	以"体验科学、放飞未来"为主题，进行展品展示、科学表演、VR体验、特效电影播放、流动工作室教学等	科普展览、科学演示、互动体验、科学动手做	社会公众	3400
22	"小小科技辅导员"志愿服务活动	7~8月	开展辅导讲解、秩序维持、劝导引领等科普志愿服务	志愿服务	青少年	23
23	青少年高校科学营活动	7月7~22日	与高校名师对话交流、参观高校实验室和创新实践基地、体验高校生活，感受高校科学文化精神；参观当地的科技项目、科普场馆、著名历史文化景点以及参与校际交流活动等	讲座、参观考察、讨论学习等	教师、青少年	110
24	"科技助力精准扶贫——'五老'送科技下乡"活动	7月13日	以"学科技 奔小康 增添正能量"为主题，开展了"青少年科学调查体验资源包"、机器人表演、拓扑小游戏、VR体验、裸眼3D电视等10余项科学体验活动，展出展板20余块	调查体验、科技展览、科普实验、互动游戏	社会公众	1000
25	"挑战自然 科学同行"青少年户外生存技能训练营第一期	7月18~22日	户外生存挑战、科普探究实验、民族文化学习等内容	科学制作、观察探究、技能训练、户外实践	青少年	33
26	第三届"让科学炫起来"——科技馆馆际交流暨科学展演活动	7月22日	科学表演："神秘的小精灵""看脸""空气的力量""魔术小子的人生""疯狂的鸡蛋"等14项科普剧和科学实验	科学表演、观摩学习	青少年	500
27	"参观科技馆展览有奖征文暨科技夏令营"青海站活动	7月18~22日	以"用手触摸自然 用心感受科学"为主题，策划了"两弹一星"——梦回西海、"自然传奇"——天境祁连、"东方瑞士"——悠悠鹿鸣三项活动。	参观学习、课程体验、亲子互动	青少年	30
28	"挑战自然 科学同行"青少年户外生存技能训练营第二期	7月31日至8月2日	体验野外生活，参与"荧光瓶""湿拓画""火山喷发""电池生火"等科学实验，"山鹰救援""荒野求生"等户外生存技能训练	户外拓展、科学体验、体能训练、互动游戏	青少年	37

续表

序号	活动名称	活动时间	主要内容	活动形式	主要对象	参与人数
29	科学大玩家之"模力型动　有模有样"模型科技营活动	8月16~19日	模型基础知识学习、基础航空模型制作、机器人创新课程、创意乐高模型搭建、遥控四驱车竞赛、中级航海模型制作、FPV无人机体验、高级航空模型表演、固体燃料火箭制作及发射等	模型知识学习、模型制作技能训练	青少年	43
30	联合省图书馆举办主题式读书会	8月27日	以"阅读丰富人生　科技点亮未来"为主题，包括书籍搜索、"听书"、LED灯制作等内容	技巧训练、图书阅读、科学制作	青少年	40
31	2017年中国流动科技馆青海省巡展活动——班玛县	9月3日至10月18日	以"体验科学、放飞未来"为主题，进行展品展示、科学表演、VR体验、特效电影播放、流动工作室教学等	科普展览、科学演示、互动体验、科学动手做	社会公众	2800
32	2017年中国流动科技馆青海省巡展活动——贵德县	9月7日至10月15日	以"体验科学、放飞未来"为主题，进行展品展示、科学表演、VR体验、特效电影播放、流动工作室教学等	科普展览、科学演示、互动体验、科学动手做	社会公众	9100
33	2017年中国流动科技馆青海省巡展活动——久治县	9月14日至10月10日	以"体验科学、放飞未来"为主题，进行展品展示、科学表演、VR体验、特效电影播放、流动工作室教学等	科普展览、科学演示、互动体验、科学动手做	社会公众	3400
34	2017年"全国科普日"主题科普活动	9月17日	"气球也坚强"、"看不见的大力士"、"神秘图腾柱"、"百变吸管"、"科学小牛顿"、"最炫民族风"、VR互动体验、科学调查体验活动、科普有奖知识问答等内容，展出科普展板20余块，发放科普宣传资料700余册	科学表演、科学制作、科普展览、互动体验、资料发放	社会公众	3400
35	"十月金秋贺华诞　科技创新赢未来"国庆主题科普活动	10月1~8日	内容包括科学表演、科学实验、手工制作、探究课程、VR体验以及临时展览等20余项活动	科学表演、互动体验、科技展览	社会公众	36000
36	2017年中国流动科技馆青海省巡展活动——河南县	10月17日至11月28日	以"体验科学、放飞未来"为主题，进行展品展示、科学表演、VR体验、特效电影播放、流动工作室教学等	科普展览、科学演示、互动体验、科学动手做	社会公众	4500
37	"我与秋天有个约会"户外科学实践活动	10月21日	高原植物知识学习，邀请专业教授进行自然环境知识教学，制作植物纹理拓印T恤、落叶贴画，移植花卉等	参观学习、手工制作、亲子互动	青少年	30
38	2017年中国流动科技馆青海省巡展活动——泽库县	11月5日至12月10日	以"体验科学、放飞未来"为主题，进行展品展示、科学表演、VR体验、特效电影播放、流动工作室教学等	科普展览、科学演示、互动体验、科学动手做	社会公众	3600
39	"科技活动进校园"——走进康南小学	11月7日	"好奇害死猫""'食'验vs实验""饮水鸟""百变吸管""自制望远镜""巧做不倒翁"等10余项科学项目	科学实验、科学表演、手工制作、互动体验	青少年	2400
40	2017年中国流动科技馆青海省巡展活动——门源县	11月9日至12月20日	以"体验科学、放飞未来"为主题，进行展品展示、科学表演、VR体验、特效电影播放、流动工作室教学等	科普展览、科学演示、互动体验、科学动手做	社会公众	20500

续表

序号	活动名称	活动时间	主要内容	活动形式	主要对象	参与人数
41	文汇小学第四届科学节	11月14日	展厅参观,"DIY木制衣柜"、"雪花积木拼拼乐"、益智玩具大比拼、航模制作、巧绘团扇等科学互动项目以及特效电影体验	参观学习、科学制作、互动体验	青少年	1000
42	"科普大篷车"乡村行活动	11月15日	3D展板展示、海洋科技展品展示、科普礼品发放、主题科普大篷车体验以及4D电影播放	展览展示、互动体验	社会公众	1500
43	科技馆走进建新监狱	11月18日	"皇宫里的新鲜事儿""化学杂货铺""反转的奥秘"等科普表演,科技展品展示,科普展板展示,特效电影放映	科学表演、科普实验、展示展览、互动体验	青少年	200
44	2017年中国流动科技馆青海省巡展活动——海晏县	11月23日至12月28日	以"体验科学、放飞未来"为主题,进行展品展示、科学表演、VR体验、特效电影播放、流动工作室教学等	科普展览、科学演示、互动体验、科学动手做	社会公众	5000
45	2017年中国流动科技馆青海省巡展活动——互助县	2017年12月8日至2018年1月15日	以"体验科学、放飞未来"为主题,进行展品展示、科学表演、VR体验、特效电影播放、流动工作室教学等	科普展览、科学演示、互动体验、科学动手做	社会公众	12000
46	元旦主题科普活动和"科技馆跨年奇妙夜"活动	2017年12月30日至2018年1月1日	"来自农村的你""请收我为徒""压力山大"等科学表演,VR体验、深度看展品、科学动手做等互动项目	舞台表演、互动体验、手工制作	社会公众	6700
47	青少年科学工作室会员日活动	12月30日	科学表演:美妙生日会;科学制作:"热缩"钥匙链;科普游戏:组装车模、呼吸的力量等	科学表演、手工制作、科普游戏、亲子互动	青少年	200
48	2017年中国流动科技馆青海省巡展活动——玛沁县	长期	以"体验科学、放飞未来"为主题,进行展品展示、科学表演、VR体验、特效电影播放、流动工作室教学等	科普展览、科学演示、互动体验、科学动手做	社会公众	5600
49	2017年中国流动科技馆青海省巡展活动——天峻县	长期	以"体验科学、放飞未来"为主题,进行展品展示、科学表演、VR体验、特效电影播放、流动工作室教学等	科普展览、科学演示、互动体验、科学动手做	社会公众	5000

3. 流动科普设施

单位:次

序号	名称	年度巡展次数	类型	经费来源	运行方式
1	流动科技馆	15	流动科普活动	青海省财政厅 中国科技馆	中国科技馆主办,青海科技馆承办、各州县共同负责运行,走进各州县,主要向青少年普及科学知识,累计参观公众达11.8万余人次
2	科普大篷车(Ⅱ型)	40	流动科普活动	青海省财政厅 中国科技馆	联合流动科技馆、科普进校园、科普下基层等活动全省巡展
3	流动科学工作室	15	流动科普活动	青海省财政厅 中国科技馆	联合流动科技馆全省巡展,受益人群达11.8万余人次
4	流动影院	15	流动科普活动	青海省财政厅 中国科技馆	联合流动科技馆全省巡展,参观人数达11.8万余人次

二、科研与学术

1. 承担项目

单位：万元

序号	项目名称	项目来源	项目级别	经费	负责人
1	青少年科技创新大赛	中国科学技术协会	国家级	0	薛世秋
2	青少年机器人竞赛	中国科学技术协会	国家级	0	赵晓林
3	明天小小科学家	中国科学技术协会	国家级	0	潘雅婷
4	青少年科学调查体验	中国科学技术协会	国家级	0	陈玉婷
5	全国青少年科学影像节	中国科学技术协会	国家级	0	潘雅婷
6	青少年高校科学营	中国科学技术协会	国家级	8.5	薛世秋
7	大手拉小手——科普报告希望行	中国科学技术协会	国家级	9.8	薛世秋
8	农村青少年校外教育	中国科学技术协会	国家级	6	赵晓林
9	青少年探索计划项目魔抓创意编程	中国科学技术协会	国家级	0	刘旌
10	科学月旅行	中国科协青少年科技中心	其他	5	袁晨
11	参观科技展览有奖征文科技夏令营	中国科学技术馆	其他	15	文芳俊
12	工作室精品课程开发	青海省科学技术馆	其他	5	张若婷
13	馆校合作系列活动	青海省科学技术馆	其他	0.5	文芳俊

2. 编辑刊物

单位：册

刊物名称	刊号	发行周期	发行数量	发行范围
《青海省科技馆简报》	—	每季度	85	内部发行，各上级单位、全国各地科技馆、青海省科技报社、青海省各州、市科协

三、信息化建设

2017年，青海省科技馆继续稳步推进"互联网＋科普"的工作部署，充分利用网络科普手段，建立完善以官网、微信公众号、科普e站为一体的科普网络体系，不断加强在网络平台的科普宣传力度。

1. 官方网站浏览情况

为充分发挥科技馆官网的资讯窗口功能，2017年青海省科技馆进一步完善了后台建设，加强维护力度，提高工作效率，确保官网信息发布的时效性和传播广度。全年发布资讯102篇，通知公告17篇，历史浏览人次逾15万。

2. 展品信息化工作

为切实提高科普阅览屏的客户体验，根据青海省科协的工作部署，对全省范围内的科普阅览屏进行软件系统更新升级，将科普大屏系统平台更新为科普e站，同步升级科普阅览屏20台，进行后台更新59次，更新板块21个，更加符合基层群众的科普需求。

3. 新媒体运用

将微信公众平台作为开展网络科普宣传的主阵地，利用其与公众零距离、时效性强、覆盖面广的特点，向广大公众精准推送权威科普信息、活动预告、重大通知等，并与线下活动相结合开展微信报名，便于公众学习

青海省科技馆全景

科学知识、了解科技馆工作动态、参加科普活动等。据统计，全年共在微信公众平台发布各类资讯401篇，平台关注人数超过7000人，取得了良好的宣传效果。

四、志愿者队伍建设

单位：人

分类	服务岗位	人数	来源	服务时间
长期	科技辅导员	703	青海民族大学青年志愿者服务协会	3~12月
短期	科技辅导员	32	西宁第一职业技术学校	1月8~14日
短期	科技辅导员	15	西宁市西川中学	2月21~25日
短期	科技辅导员	38	暑期招募	7~8月

五、运营情况

票务情况

是否免费开放	未免费开放场馆票种	未免费开放票价	观众人数
是	无	无	66.5万人次／年

六、2017年度大事记

1月1~3日　开展了元旦主题科普活动，3天累计接待公众9000余人次。

1月6~7日　参加青海省科协2016~2017年度"科普之冬"系列科普活动。

1月10日　组织七一路小学留守儿童走进科技馆参观学习。

1月20日至2月2日开展春节主题科普活动，累计接待公众16300余人次。

2月23~24日　举办第三届青海省科技馆辅导员大赛，来自青海省博物馆、藏医药文化博物馆、青海大学、省广播电视台等单位的专家担任评委，共有61名选手、11个表演项目参赛。

寒假期间，青少年科学工作室推出"遨游科技海洋　放飞科技梦想"特别活动。

第三届"让科学炫起来"——科技馆馆际交流暨科学展演活动在青海省科技馆举办（经验交流座谈会）

4月13日　参加中央电视台少儿频道《看我72变》节目录制，西宁市西关街小学4名学生参演。

4月15~16日　举办第32届青海省青少年科技创新大赛和第16届青海省青少年机器人竞赛，共有17支代表队606名师生参加比赛。

4月24日　2017年中国流动科技馆青海省巡展活动在民和县顺利开展。

4月24~25日　参加第五届全国科技馆辅导员大赛西部赛，荣获科学实验赛二等奖一项，展品辅导赛二等奖两项。

4月29日至5月1日　开展五一主题科普活动，累计接待公众28500余人次。

5月1日　举办"用眼看世界"——科学观察工具展，展出时长三个月，累计接待公众19.4万余人。

5月1~31日　举办首届特效电影展映活动，活动时长一个月，累计6.3万余人次公众参与体验。

5月12日　开展消防应急疏散演练，全馆职工及参观公众参加。

5月14日　联合西宁市第二十一中学举办母亲节主题科普活动，400余名学生及家长参加。

5月18日　青海省委常委王宇燕到青海省科技馆视察指导工作，省科协党组书记尤伟利、副主席刘青、徐东向、马玉等科协主要领导同志陪同。

5月20日　赴黄南州参加2017年青海省科技周活动，2000余名当地群众参与。

5月24日　参加2017年海东市科技活动周主题活动。

5月27日　参加2017年"全国科技工作者日"活动。

5月27日　参加桃李小学六一活动。

5月28~30日　开展端午节主题科普活动，累计接待公众逾1.5万人次。

5月28日　开展2017年青海省青少年科学调查体验活动启动仪式，吸引了3500余名青少年参与活动。

5月31日　开展"科普活动进校园"走进康南小学活动，1000余名师生参与其中。

5月31日　联合西关街小学举办科技节主题活动，1600余名师生参与体验。

6月初　全新改造升级的"科技引领生活"展厅重新对外开放，吸引了大批公众前来参观。

6月1日　开展六一主题科普活动，累计接待公众近5000人次。

6月2日　参加青海师范大学附属小学"行走的课堂教研拓展活动"。

6月2日　2017年中国流动科技馆青海省巡展活动在循化县街子镇顺利开展。

6月11~17日　举办"大手拉小手——科普报告希望行"活动，邀请中国科协讲师团专家分别前往民和县、

国庆期间主题科普活动（科学表演）

互助县、共和县、贵德县、海晏县、门源县开展了30场专题科普讲座，听讲受众人数达13000余人。

6月29日　在西宁市中心广场举办2017年食品安全宣传周科普活动。

6月29日至7月19日　2017年中国流动科技馆青海省巡展活动分别在果洛州甘德县、达日县举办。

7月3日　参加果洛州2017年"科普联动"活动，受到了当地群众的热烈欢迎。

7月11~13日　参加第五届全国科学表演大赛。

7月起，组织青海省100名高中生，分别前往清华大学、北京大学、南京航空航天大学、武汉大学等9所高校参加2017年全国高校科学营活动。

7月13日　参加"科技助力精准扶贫——'五老'送科技下乡"活动，1000余名当地群众参与。

7月18~22日　举办"挑战自然　科学同行"青少年户外生存技能训练营活动（第一期），33名青少年参加。

7月22日　举办第三届"让科学炫起来"——科技馆馆际交流暨科学展演活动，青海省科技馆与来自黑龙江、宁夏、广西、郑州、合肥、厦门等六家科技馆的科技辅导员同台竞技。

7月31日至8月2日　举办"挑战自然　科学同行"青少年户外生存技能训练营活动（第二期），37名青少年参加。

7~8月　开展公益志愿服务活动，共招募"小小科技辅导员"23名、"大学生社会实践"志愿者11名。

8月16~19日　举办首届科学大玩家之"模力型动　有模有样"模型科技营活动，43名青少年参加。

8月27日　联合青海省图书馆举办主题式读书会活动，40名青少年参加。

9月7日　2017年中国流动科技馆青海省巡展活动在贵德县、班玛县顺利开展。

9月7日　中国科协党组书记、常务副主席怀进鹏到青海省科技馆视察指导工作，省科协党组书记、主席尤伟利，副主席徐东向，青海省科技馆馆长才让南杰等主要领导陪同。

9月16日　参加2017年"全国科普日"宣传活动。

9月17日　开展"全国科普日"主题科普活动，接待公众3400余人次。

9月21日　2017年中国流动科技馆青海省巡展活动在久治县顺利开展。

10月1~8日　开展国庆主题科普活动，累计接待公众3.6万余人次。

10月21日　开展"我与秋天有个约会"户外科学实践活动，30组家庭报名参加。

11月7日　在西宁市康南小学开展"科技馆活动进校园"，2400余名在校师生参与活动。

11月12日　2017年中国流动科技馆青海省巡展活动在泽库县顺利开展。

11月14日　举办文汇小学第四届科技节活动，1000余名学生参与。

11月15日　参加省科协"科普大篷车乡村行"活动。

11月29~30日　参加2017年全国科学实验展演汇演活动，参赛项目《漫游气之界》荣获一等奖，《读心术》荣获优秀奖。

11月至12月中旬　举办"探知未来"2017年全国青年科普创新实验暨作品大赛（西宁赛区）初复赛，组织1200余名选手参赛。

12月30日　举办青少年科学工作室会员日活动，200名学生会员及家长参加。

12月30日　举办科技馆"跨年奇妙夜"活动。

七、2017年工作概述

（一）党建工作开展情况

1. 抓思想促党建，充分发挥党组织的战斗堡垒作用

一是持续推动"两学一做"学习教育常态化。本着"基础在学、关键在做"的原则，制定省科技馆"两学一做"九条措施，不断促进"两学一做"学习教育深入、广泛、持久开展；督促各党支部制订详细的学习计划和工作安排，进一步增强"两学一做"学习教育的延续性，不断巩固教育效果；结合建党96周年开展了表彰先进、党员重温入党誓词、党章知识竞赛、党课辅导等系列活动，进一步激发党员干部谋事创业、争当表率的热情

"全国科普日"主题活动

和干劲。二是全面领会贯彻第十三次党代会精神。该馆通过召开专题学习会、参加专题培训班、参加精神宣讲会等多种形式的学习，帮助党员干部职工进一步统一思想、提高认识、理清思路，并组织党员完成学习心得体会42篇。三是着力加强精神文明建设。全力配合市文明办、区文明办及街道办事处开展"创建全国文明城市"相关工作，打造和维护科技馆"城市窗口"的良好形象；大力宣传"学习雷锋、奉献他人、提升自己"的志愿服务精神和理念，开展道德讲堂、义务劳动等学雷锋志愿服务；结合妇女节等节日，组织广大职工开展丰富多彩的文体活动，进一步丰富职工的精神文化生活。四是持续推进党风廉政建设。组织召开2017年党风廉政建设暨目标责任书签订会；认真贯彻落实《中国共产党纪律检查机关监督执纪工作规则（试行）》和省科协《关于党风廉政检查通知》的有关要求，积极开展作风纪律监督检查工作；严格落实谈话和约谈制度以及干部职工婚丧嫁娶报备制度，进一步强调廉洁自律等方面的纪律要求，不断对党员干部进行教育和警示，切实做到常抓不懈。

2. 早部署重落实，圆满完成各项党务工作

一是脚踏实地，认真完成基础工作。全年共计召开党委会20余次，严格执行"三重一大"等议事制度，确保科技馆各项重大决议顺利实施；成功发展一名新党员，两名预备党员按期转正，及时为党组织补充新鲜血液；做好党费收缴和党员基本信息采集工作，全年共收缴党费15000余元，对43名党员的基本信息进行重新采集、审核与录入。二是精益求精，着力完成重点工作。组织召开了省科技馆工、青、妇群众组织换届选举大会，选举产生了新一届工会、团支部和妇委会委员；组织党员、职工和入党积极分子分别于1月和5月前往循化县察汗都斯乡赞卜乎村开展精准扶贫工作，共计为贫困户家庭送去了价值5400余元的生活必需品，并捐赠帮扶慰问金3000元。三是创新求变，积极打造亮点工作。结合科技馆纪委工作实际，增补两名纪委委员，进一步完善了纪委组织机构设置，有效推动了纪委工作的开展和实施；根据省科协关于开展"严格纪律改进作风"的通知要求，省科技馆以打造学习型、服务型、效能型、创新型、廉洁型单位为目标，于年初成立作风纪律督查组，有效加强了对全馆干部职工组织纪律、工作作风的督导和检查。

（二）科普教育活动开展情况

2017年，青海省科学技术馆继续以实体馆为依托，以流动馆和科普大篷车为抓手，通过开展形式多样、内容丰富的科学普及活动，扩大全民科学素质普及覆盖面，实现科普资源最大限度惠及基层群众。

1. 拓展展教功能，丰富主题科普教育活动形式

2017年，青海省科技馆以公众需求为导向，依托展厅现有的展项资源，辅以科学表演、科学实验、手工制

作、竞技游戏、有奖问答、电影展播等多种形式的小活动，结合元旦、春节、儿童节、建党节、国庆节等法定节假日，策划实施主题科普活动10次，累计接待公众近20万人次，通过形式多样的教育活动丰富科技馆展教功能，不断增强对公众的吸引力，打造科技馆品牌活动。

同时，为满足青海省公众不断增长的科普文化需求，青海省科技馆积极引进外部资源举办临时展览，作为科技馆常设展项的扩充，于5~8月份举办了"用眼看世界"——科学观察工具展，吸引了19万余人次前来参观。临展活动拓宽了参观公众的视野，提升了参观公众的新鲜感，取得了良好的社会效益。

2. 扩大流动巡展覆盖，巩固科普服务成效

2017年3月起，中国流动科技馆青海省巡展活动陆续在海东市、海西州、果洛州等15个站点成功开展，累计行程10100多公里，接待公众11.7万余人次。值得一提的是，继上年海西州都兰县香日德镇之后成功覆盖海东市循化县街子镇，有效缓解了青海省乡镇地区科普资源匮乏的现状。

同时，充分发挥科普大篷车的灵活优势，结合流动科技馆巡展，以科学实验、科学表演、科普DIY、特效影院放映、车载展品体验等科普宣传活动为推手，深入农村牧区、学校社区等偏远地区，服务广大基层群众。年内，先后在循化县、共和县、尖扎县、久治县等地开展活动39次，累计行程8532公里，接待公众26900余人次。

3. 实施青少年科技项目，发挥校外科技教育优势

一是稳步推进馆校合作。继续探索实施"请进来　走出去"的合作模式，与西关街小学、古城台小学、昆仑路小学等13所学校建立了馆校合作关系，定期走进校园开展科普活动，促进校内外教育融合。同时，在馆内开设科学培训课程，吸引广大学生报名参加。截至2017年底，已有24200人次的学生参与工作室课程体验，共授课968节。二是其他项目广泛实施。成功举办青海省第32届青少年科技创新大赛、第16届青海省青少年机器人大赛；顺利开展"大手拉小手——科普报告希望行"、青少年科学调查体验、青少年高校营、农村青少年非正规教育等10余个科技教育项目，很好地培养了广大青少年的创新思维和科学精神。

自开馆以来，已累计接待公众462.8万余人次。2017年，共接待公众66.5万余人次，其中青少年39万余人次，占2017年接待总量的58.7%；接待团体1.3万余人次，占2017年接待总量的2%。

（三）2016~2017年青海省科技馆更新改造情况

为进一步优化展览教育功能，提升科普服务水平，青海省科技馆于2016年10月起，对一楼"能源与环境"展厅进行更新改造，本次改造工作历时8个月，将原展厅重新设计为"科技引领生活"展厅，改造面积1126平方米，更新展品46件套。2017年6月，新展厅改造完成重新对外开放，前来参观的公众络绎不绝，给他们提供了全新的学习体验。

（四）展品保护和维修情况

随着青海省科技馆在公众当中的影响力日益显著，越来越多公众选择节假日期间来科技馆参观，进一步加快了展品的损坏和老化。2017年，青海省科技馆通过完善规章制度、创新管理机制、开展培训学习等，加强对展品的维护维修工作，为公众参观体验提供了强有力的保障。年内，共计完成展厅内展品维修近1000次，馆内展品完好率始终保持在90%以上；对展厅恐龙兴衰、风力大炮、烟炮等8件展项进行改造设计，大大降低了展品的故障率；对维修人员开展业务培训5次，加强了维修队伍的技术储备；成立展品维修联动机制，展品研发部与展览部通力配合，开展展品安全性检查、故障报修、维修反馈等工作，大大提高了展品的维修效率。

今后，青海省科技馆将以党的十九大精神为指导，深入贯彻落实习近平新时代中国特色社会主义思想和十九届历次全会精神，围绕《青海省全民科学素质行动计划纲要实施方案（2016-2020年）》，充分发挥科技馆科普阵地作用，继续开展丰富多彩的科普宣传活动，为促进提升广大公众科学素质贡献力量，全面推进青海省科普事业蓬勃发展。

宁夏回族自治区科学技术馆

英　文　全　称：Ningxia Science and Technology Museum
法　定　代　表　人：刘玉杰
联　系　电　话：0951-5085168
传　　　　真：0951-5085168
官　方　网　站：www.nxkjg.com
行　政　主　管　单　位：宁夏回族自治区科学技术协会
成立（开放）日期：2008 年 10 月
通　信　地　址：宁夏银川市金凤区人民广场西街宁夏科技馆
已加入专业委员会：中国自然科学博物馆协会科技馆专业委员会

一、科普活动与展览

1. 临时展览

单位：平方米，万人次

序号	展览名称	起止日期	展出地点	面积	观众数量	性质
1	南海之美——海洋生态与保护主题展览	8 月 5 日至 9 月 20 日	临展厅	400	9	引进
2	强国海洋梦	1 月 15 日至 2 月 14 日	临展厅	400	8	引进
3	中国科学院科技创新年度巡展	4 月 15 日至 5 月 15 日	临展厅	400	5	引进

2. 教育活动

单位：人次

序号	活动名称	活动时间	主要内容	活动形式	主要对象	参与人数
1	博识科学实验	1 月 1~3 日	趣味科学实验	展厅活动	青少年	3200
2	沉浮大作战	1 月 8 日	"笛卡尔潜水艇"制作	展厅活动	青少年	100
3	超级月全食观测	1 月 31 日	天文讲座和观测	展厅活动	天文爱好者	780
4	寒假"小博士"科技培训活动	2 月 4 日	动手制作、科学探究	科学工作室活动	小学、初中学生	220
5	萌娃闹新春	2 月 15 日	剪纸、"趣味猜谜"、科普剧、趣味科学实验	展厅活动	公众	21000
6	科迷元宵会	3 月 12 日	逛灯会、赏烟花、猜灯谜、闹元宵	展厅活动	公众	2500
7	地球一小时，参与你我他	3 月 24 日	讲座、科学体验	展厅活动	公众	630

续表

序号	活动名称	活动时间	主要内容	活动形式	主要对象	参与人数
8	不"纸"如此	4月20日	馆校合作系列活动	校园活动	小学生	100
9	中国梦 航天梦	4月24日	动手制作、讲座	展厅活动	青少年	120
10	智趣Fun科学	5月1~3日	科学实验、动手制作	展厅活动	公众	25000
11	科普周	5月20~27日	科学展示、动手制作	校外活动	公众	7500
12	童趣六一	6月1日	主题科普活动创客活动	展厅活动	少年儿童	7100
13	中国流动科技馆宁夏吴忠市巡展红寺堡	6~8月	科普小讲堂活动、移动球幕影院活动	校园活动	中小学生	9160
14	"我爱绿色生活"2017年青少年科学调查体验活动启动仪式	6月6日	科学调查体验活动	校园活动	中学生	1500
15	"创客大篷车"走进石嘴山市惠农区	6月11日	展品展示、现场讲解、机器人才艺展示	校园活动	中学生	5300
16	"2017年参观科技展览有奖征文暨科技夏令营"宁夏营活动	7月26日	参观宁夏科技馆、黄河军事博览园、宁夏博物馆、贺兰园艺产业园、宁夏地质博物馆	校外活动	中小学生	3200
17	中国流动科技馆第二轮巡展全国联动宁夏站启动仪式	9月6日	展品展示、科普剧、VR虚拟现实体验、趣味科学课	校园活动	中小学生	2500
18	科普大篷车走进宁夏西吉	9月6~8日	科普展品、VR眼镜及科普体验活动	校园活动	中学生	3300
19	中国流动科技馆全国巡展宁夏站第二轮走进同心县下马关	9月14日	科普小实验、移动球幕影院、互动科普展品	校园活动	中小学生	1324
20	科普日	9月18日	科普展示、动手制作	校外活动	公众	3800
21	国庆科学热	10月1~3日	展品体验、动手制作	展厅活动	公众	16000
22	宁夏第二届青少年科学节	10月13~14日	展厅科普教育活动、机器人教育活动、前沿科技成果展示等	校外(园)活动	中小学生	210000
23	中国科协"大手拉小手——科普报告宁夏行"活动	10月15~21日	科普讲座	校园活动	中小学生	24000
24	"探知未来"2017年全国青年科普创新实验暨作品大赛(银川赛区)初、复赛	9~12月	科普创新实验暨作品大赛	校园/展厅活动	中小学生	6300
25	中国流动科技馆宁夏盐池县大水坑站巡展	11月23日	展品展示	校园活动	中学生	8400
26	科普大篷车走进银川市高级中学	12月27日	展品展示、动手制作	校园活动	中学生	1200

3. 流动科普设施

单位：次

序号	名称	年度巡展次数	类型	经费来源	运行方式
1	流动科技馆	14	流动科技馆展品展览和科普活动	中国科协专项资金	在没有科技馆的地区开展巡展
2	科普大篷车	35	科普大篷车展品展览、天文观测、VR体验	—	学校、社区邀请

二、科研与学术

1. 研究成果

序号	题目	作者	刊名
1	《来自星星的你——基于科技馆的天文教育活动设计与实践》	马海波	中国自然科学博物馆协会 2017 年年会入选论文
2	《科技馆排水工程存在的问题及解决措施》	王 钊	《建筑工程技术与设计》
3	《无线 Wi-Fi 系统在智慧场馆建设中的设计与应用》	王晓东	《中文信息》

2. 编辑刊物

单位：册

序号	刊物名称	刊号	发行周期	发行数量	发行范围
1	《宁夏科技馆》	—	月报	3000	全国
2	《宁夏科技馆优秀通讯集》	—	—	—	宁夏

三、信息化建设

1. 官方网站浏览情况

宁夏科技馆官网（www.nxkjg.com），日均浏览量 124 人次。

2. 展品信息化工作

拍摄完成李象益教授科普讲座等科普视频 3 部。

3. 新媒体运用

微信公众号 2017 年推送 156 篇文章，关注人数 5400 人。从用户手机号归属地区看，关注人数从高至低，依次为银川、石嘴山、吴忠、阿拉善左旗、中卫、榆林。

四、志愿者队伍建设

单位：人

分类	服务岗位	人数	来源	服务时间
科普志愿者	展厅服务讲解	100	宁夏医科大	10 月 14~15 日

五、运营情况

票务情况

是否免费开放	未免费开放场馆票种	未免费开放票价	观众人数
是	—	—	55 万人次 / 年

六、2017 年度大事记

1 月 15 日至 2 月 15 日　"强国海洋梦"——海洋权益与军事科普体验展在宁夏科技馆免费向公众开放。

宁夏回族自治区科学技术馆全景

1月30日　宁夏科协党组成员、副主席张晓玲春节期间深入展厅一线，慰问宁夏科技馆值班干部职工。

2月14日　宁夏科技馆举办2017年宁夏科技辅导员选拔赛，为第五届全国科技馆辅导员大赛西部赛区预选赛储备优秀辅导员。

1月30日至2月5日　宁夏科技馆隆重推出"闻鸡起舞闹新春"春节主题活动，7天长假共接待游客25000多人次。

3月8日　宁夏科技馆全体女职工参加了自治区科协系统组织的"时代女性，风采飞扬"主题活动。

3月11日　宁夏科技馆联合宁夏天文协会举办国际天文馆日活动。

3月23~24日　中国自然科学博物馆协会2017年联络员工作会议在杭州举行。宁夏科技馆在全国100多家参评单位中脱颖而出，获评为"中国自然科学博物馆协会2016年度优秀集体"，馆长刘玉杰荣获优秀工作者，马丽萍获得2016年度优秀联络员。

3月24~26日　由宁夏回族自治区科学技术协会、自治区教育厅、自治区科技厅（知识产权局）、自治区环保厅、自治区团委、固原市人民政府、宁夏师范学院共同主办，宁夏科技馆、宁夏青少年科技活动中心、固原市科协、国家专利技术（宁夏）展示交易中心承办，固原市教育局、固原市科技局、共青团固原市委、固原市环保局协办的第32届宁夏青少年科技创新大赛在固原市体育馆（宁夏师范学院体育馆）如期举行。

4月20日至5月15日　由宁夏科协主办，宁夏科技馆承办的"创新驱动发展，科技引领未来——中国科学院科技创新年度巡展2017宁夏站"在宁夏科技馆启动。

4月20日上午　著名化学家、中国科学院院士赵玉芬一行莅临宁夏科技馆，参观指导科技馆发展建设，自治区科协党组书记、主席李晓波，办公室主任强盛，宁夏科技馆馆长刘玉杰陪同。

4月24~25日　由中国科学技术协会科学技术普及部、中国科学技术馆、中国科技馆发展基金会、中国自然科学博物馆协会科技馆专业委员会联合举办，宁夏科技馆承办的第五届全国科技辅导员大赛西部赛区预赛在银川市国际交流中心举行。

5月8日　由中国科协、教育部、国家发展和改革委员会、中央文明办、共青团中央和宁夏科协主办，宁夏科技馆、宁夏青少年科技活动中心承办的以"我爱绿色生活"为主题的2017年青少年科学调查体验活动全国首发仪式在宁夏银川唐徕回民中学举办。来自全国31个省、自治区、直辖市和新疆生产建设兵团的科普工作者和一线骨干辅导教师代表，共计230余人参加了首发活动。

5月26日　宁夏科普讲解大赛在宁夏科技馆落下帷幕，来自全区各科技展馆、科普基地、科研院所、高校等13家单位的22名选手参加了比赛。

5月27日　宁夏科技馆喜获宁夏首届创新争先奖。

5月31日　中国"流动科技馆"宁夏吴忠市红寺堡站巡展活动启动仪式在宁夏吴忠市红寺堡第一小学举行。

6月1日　宁夏科技馆倾情推出"欢乐童年　科普六一"系列主题科普活动。

6月11~12日　第五届全国科技馆辅导员大赛决赛在上海科技馆举行，宁夏科技馆辅导员陈亮获得"展品辅导赛"一等奖，陈凌志获得优秀奖，这是宁夏代表队取得的历史最好成绩。

7月9~21日　由中国科协和教育部联合主办，2017年

纸飞机培训

宁夏青少年高校科学营宁夏分营开营。全区5市及区直学校严格选拔的140名优秀高中生，分赴北京、上海、江苏、陕西、浙江，在清华大学、北京大学和同济大学、浙江大学等11所重点高校，度过了一次难忘的科学之旅。

7月10~14日　由中国青少年科技辅导员协会、中国科普作家协会和新华网共同主办的2017年第五届全国科学表演大赛决赛在北京展览馆举行，宁夏科技馆的《穆如清风》在全国838件参赛作品中脱颖而出，最终荣获全国科学表演大赛科学秀成人组三等奖。

7月17~22日　由中国科协主办，中国科协青少年科技中心、广东省科协和中山市人民政府共同承办的第17届中国青少年机器人竞赛在广东省中山市圆满落幕。由宁夏科技馆（宁夏青少年科技活动中心）组织参赛的宁夏代表团共夺得4银12铜、3个专项奖和多项荣誉。

7月25日　由中国自然科学博物馆协会科技馆专业委员会、中国科学技术馆共同主办，宁夏回族自治区科学技术馆、宁夏回族自治区青少年科技活动中心承办的"2017年参观科技展览有奖征文暨科技夏令营"宁夏营正式开营。

8月4日　宁夏科技馆党总支组织召开扩大会议，学习省部级主要领导干部"学习习近平总书记重要讲话精神，迎接党的十九大"专题研讨班精神，结合推进"两学一做"学习教育常态化制度化，开展专题学习讨论。

8月14~18日　由中国科协、教育部、科技部、环境保护部、体育总局、自然科学基金会、共青团中央、全国妇联、知识产权局、浙江省人民政府共同主办的第32届全国青少年科技创新大赛在杭州市举办。宁夏参赛代表团荣获全国竞赛类项目一等奖1项，二等奖2项，三等奖7项。同时，在少年儿童科学幻想绘画项目、青少年科技实践活动项目、青少年科技创意项目评比展示类比赛获奖名单中，宁夏代表队共有42件作品获奖，其中一等奖2项、二等奖17项、三等奖17项、优秀创意奖6项。

8月15日　由中国科技馆网络科普部副部长张炯带队，一行5人，到宁夏科技馆考察调研宁夏科技馆虚拟现实项目、虚拟漫游项目的落地环境与设备情况。

8月28日　自治区暨银川市民族团结月活动在银川市民大厅广场正式启动。启动仪式上，宁夏科技馆等7个单位被命名为银川市第一批"民族团结进步教育基地"。

9月6日　中国流动科技馆第二轮巡展全国联动宁夏站同时在盐池县和西吉县启动。

9月13日　中国自然科学博物馆协会《科技类博物馆在科学教育体系中的发展策略》课题组中国科技馆李志忠、张华文一行到宁夏科技馆开展相关课题调研活动。

9月14日　宁夏科技馆党总支组织党员积极参加自治区科协党组联合银川市科协党支部开展的"科普进农

宁夏第二届青少年科学节

村，党员走在前"主题党日活动。

10月14~15日　由自治区科协联合自治区教育厅、自治区科技厅、自治区文明办主办的"点燃科学火花　激扬青春风采"2017宁夏第二届青少年科学节在塞上银川隆重拉开帷幕，全区数十万中小学生喜迎这一科普盛会，共享科普盛宴。

10月15~27日　由中国科协和中央电视台联合打造的《中国青少年科学总动员》在央视科教频道播出，宁夏青少年科技活动中心选派的银川一中学生尚振宇所在的核子裂变队获得全国总冠军。

10月23日　由宁夏地质局主办，宁夏科技馆承办的以"夜游博物馆　探秘侏罗纪"为主题的第三届"博物馆奇妙夜"科普活动在宁夏地质博物馆顺利举办。

10月23日　宁夏科技馆组织专家对"人与健康"展区升级改造项目进行竣工验收。

10月26~29日　由中国科协青少年科技中心、中国青少年科技辅导员协会、内蒙古自治区科学技术协会联合主办的第八届全国青少年科学影像节展映展评活动在呼和浩特市成功举办。由宁夏科技馆（宁夏青少年科技活动中心）组织参赛的宁夏代表团喜获金奖2项、银奖2项、组委会最高专项奖2项、企业专项奖3项、优秀教师1项及优秀组织奖1项，创造历届参赛最好成绩，综合实力进入全国前列。

12月26日　宁夏科技馆特邀请中国科协全国委员会委员、原中科馆馆长、联合国教科文组织"卡林加奖"获得者、全国知名科普专家李象益教授，为科技馆干部职工做题为"世界科普教育新走向与科技馆教育创新"的科普讲座。来自宁夏科技馆、石嘴山市科技馆等单位的160余名同志聆听讲座。

▨　七、2017年工作概述

2017年，在中国自然博物馆协会的指导和宁夏科协党组的正确领导下，宁夏科技馆深入贯彻落实党的十九大、"科技三会"以及自治区十二次党代会精神，紧紧围绕自治区科协总体部署，以创新驱动战略为导向，以重点工作突破带动整体工作推进，在普及科学知识、提高全民科学素质、服务全区实施创新驱动发展战略等方面发挥了积极的促进作用。2017年，共接待观众55万人次；举办科普专题展览3次，参观人数27万人次；策划科普主题活动 40 多项，演出 1500 余场次，举办各类竞赛、讲座、报告会、科技培训 50 余场，受众近 50 万人次。

年内，宁夏科技馆荣获中国科协"2016 年度全国优秀科普教育基地"；宁夏科技馆（宁夏青少年科技活动中心）荣获教育部"中央专项彩票公益金支持中小学生研学实践教育基地"；荣获第五届全国科技馆辅导员大赛"展品辅导赛"一等奖、"其他科学表演"二等奖及"优秀组织奖"；荣获"探知未来"2017 年全国青年科普创新实验暨作品大赛优秀组织奖；科学表演秀《Bubble 盛焰》在北京科学达人秀比赛中获得一等奖；荣获首届"宁夏创新争先奖"，荣膺银川市"民族团结进步教育基地"。宁夏青少年科技活动中心荣获全国青少年科学调查体验活动、第八届全国青少年科学影像节、第五届全国科学表演大赛和第 17 届中国青少年机器人竞赛"优秀组织单位奖"。宁夏青少年科技辅导员协会荣获"2017 年度全国青少年科技辅导员协会优秀理事单位会员"称号。

春节活动

（一）现代科技馆体系建设稳步推进，场馆综合能力有效提升，科技教育工作迈上新台阶

1. 科普基地建设继续加强，展区升级改造稳步推进

一是科普基础设施更加完善。依托中央财政科技馆免费开放专项资金，完成对常设展厅二楼展区的升级改造。围绕"人与健康"主题改造场馆面积 2600 平方米，采用 VR 等集科技、互动、趣味为一体的展品 121 件，参观量明显增加，场馆吸引力显著增强。完成 4D 影院升级改造。九月份开放以来，播放影片 109 场，接待观众 3000 人次。穹幕影院升级改造持续推进。二是加强展厅展品的日常保养维护工作，确保展品完好率达到 95% 以上。

2. 加强培训，提升管理和展教服务水平

一是完善考核评定机制，拓宽讲解员晋升通道，提升展教队伍整体素质。二是健全培训机制。通过项目及"请进来、走出去"的合作交流方式，举办科技教育培训讲座 30 余场次；全年共选派 150 余人次前往黑龙江等地进行业务培训。三是以活动促发展，提升各级干部大型活动组织协调能力。圆满承办第五届全国科技馆辅导员大赛西部赛区预赛、"探知未来"2017 年全国青年科普创新实验暨作品大赛（银川赛区）复赛。四是坚持不懈抓好日常安全教育与培训等工作，举办消防安全等应急培训，确保场馆安全运营。

3. 以临展促常展，丰富展览内涵

以临展促常展，转变展览理念，围绕强国梦等社会主义核心价值观和社会发展的科技热点，举办"海洋强国梦"等 3 项专题展览，接待观众总量 27 万人次，有效带动常设展厅参观人数的持续增长。

（二）展览教育推陈出新，科普资源开发、共享与服务能力逐步增强，覆盖面显著扩大

1. 创新活动形式，推出主题活动

围绕春节、防震减灾日、国庆节等节日和暑期，推出"闻鸡起舞闹新春"等主题活动、围绕国际天文馆日举办 16 个大型科普主题活动，深受公众喜爱。

2. 推进馆校合作

积极开展"中小学生第二课堂"，打造"爱上科学"等工作室活动品牌，促进校内外科技教育资源的深度融合。快闪、皮影戏、"小树叶　大世界叶脉书签"等一系列形式新颖的精品课程，受到青少年和家长的欢迎。"探知未来"2017 年全国青年科普创新实验暨作品大赛（银川赛区）复赛。通过系列品牌活动，有效促进青少年科学素质的提升。

3. 科普教育活动原创能力有所提升

新开发"科学互动表演秀"4项，在多种比赛中获奖，全年演出 800 多场次，受众近 20 万人次。

4. 创新思路，推进现代科技馆教育活动建设

面向贫困地区儿童、科普工作者、家庭亲子、特定爱好者、社区居民等多种人群开展实验室、培训等科技教育活动。

（三）整合社会资源，核心作用初步显现，辐射效应明显增强

1. 强协调，转思路，流动科技馆巡展、科普大篷车进校园工作取得新突破

一是流动科技馆全年全区巡展 14 站，覆盖人群 20 万人次，部分区县已实现第二轮覆盖。二是积极开展"科普七进"活动，将科普大篷车集合青少年科普活动带到中宁宽口井学校等 30 所学校、中宁安定社区等 10 个社区，累计行程约 1.5 万公里，惠及 10 余万人。三是精心组织"参观科技展览有奖征文暨科技夏令营"活动，共收到全区 49 所中小学校 2133 篇征文，表彰 100 篇优秀作品，荣获全国"优秀组织奖"。

2. "整合资源、搭建平台、创新活动、提升素质"，成功举办宁夏第二届青少年科学节

广泛动员，积极整合，通过科学节平台，积极构建科技馆、社会科技教育机构、科普示范学校"三位一体"的青少年科技教育新模式。一是优化整合中国科协和全区社会科技教育机构、各类科技教育活动等方面的资源，广泛调动全区 5 大市、6 个县（区）科协、教育局、科技局、文明办和 24 家科技企业以及近 100 所中小学积极参加各类活动。二是成功搭建"区市县校"四级联动平台，历时 47 天，覆盖全区五市 27 县（区），促成区市县校共同协作开展各类青少年科技教育活动。三是创新开展前沿科技成果展示、青少年科普创新实验、青少年科技创新活动及成果展示、全区青少年创客教育论坛、STEAM 等青少年科技教育活动、创客嘉年华等青少年科技教育活动 300 多项，惠及全区中小学生 20 多万人次。在首届青少年科学节的基础上，进一步提升全区青少年科学素质。实施精准科普、定向服务，使科学节拓展延伸至科普教育资源匮乏的贫困偏远地区，促进科普教育公平性与普惠性。活动社会影响力和公众关注度不断提高，活动品牌效应得到有效提升。

3. 发挥龙头作用，拓宽服务途径，服务科技馆体系建设

一是利用自身科普资源优势，充分发挥辐射带动作用，帮助市县科技馆培训科技辅导员，指导帮助市县科技馆建设和运营。二是在场馆建设和科普教育活动中，深度融合少数民族文化、区域特色，努力促进民族团结，提高少数民族地区公众科学素质。

（四）扎实推进科技教育工作，有效提升青少年科学素质

1. 聚焦赛事促发展，青少年科技竞赛质量提升

一是在固原成功举办"第 32 届宁夏青少年科技创新大赛"。全区 240 多所中小学 10 万余名中小学生参加了基层选拔赛，社会效益显著。二是成功举办"第 17 届中国青少年机器人（宁夏赛区）竞赛"。全区 700 余支代表队、2000 多人参与活动。三是圆满完成"第四届全区中小学校科普剧竞赛"，参赛学校达 100 所，参加活动总人数 1000 多人，影响人群逾万人。四是顺利承办"探知未来"2017 年全国青年科普创新实验暨作品大赛（银川赛区）。甘肃和宁夏 5 市 34 所中学、7 所高校，1600 多支参赛队伍，近 6000 名师生参与。

2. 科普教育活动蓬勃开展，促进青少年科学素质的提高

一是开眼界，"高校科学营"宁夏分营活动向老少边穷地区、农村地区倾斜，全区 140 名优秀高中生参与北京、上海等 11 所高校科学营活动。二是提能力，成功举办 2017 年全国青少年科学调查体验活动骨干教师培训班。全国 100 余名骨干教师和来自宁夏回族自治区 59 所活动试点学校的科技辅导教师参加培训。三是创佳绩，在"第八届全国青少年科学影像节"中，宁夏回族自治区成绩创历届最好，整体实力位全国前列。被授予"优秀组织单位"荣誉称号。通过积极参与系列活动，促进与国内先进科技教育平台的交流，提升参与深度。

3. 加强科技辅导员师生素质建设

一是举办 2017 年宁夏青少年科学调查体验活动骨干教师培训班，全区 800 余名骨干教师受益。二是寒暑

假"小博士"培训继续丰富内容，面向银川市青少年开展丰富多彩、寓教于乐的活动。联合社会科技教育力量，拓宽青少年科技教育服务渠道，进一步提升精准服务能力。

（五）数字科技馆建设有序推进，网络科普成效明显

1. 运用现代科技手段，实现"快捷科普"，有序推进科普信息化建设
2. 加强专业技术人才培养、科普展教资源研发和科技馆系列活动开发

日常科普活动及时公布；编辑制作科普微视频 13 部，照片、视频拍摄 120 余次。

3. 以大赛为契机，与宁夏科技馆官网连接，实现网易视频直播、微信平台线上线下实时互动

石嘴山市科技馆

英 文 全 称：Shizuishan Science and Technology Museum
法 定 代 表 人：徐长伟
联 系 电 话：0952-2688033
传　　　　真：0952-2688033
官 方 网 站：www.szsskjg.org.cn
行 政 主 管 单 位：石嘴山市科学技术协会
成 立（开 放）日 期：2013 年 10 月 10 日
通 信 地 址：宁夏石嘴山市大武口区世纪大道北路 700 号

▦ 一、科普活动与展览

1. 临时展览

单位：平方米，万人次

展览名称	起止日期	展出地点	面积	观众数量	性质
网络安全周科普展览	9 月 15 日至 12 月 15 日	一楼中厅	600	7.67	联合

2. 教育活动

单位：人次

序号	活动名称	活动时间	主要内容	活动形式	主要对象	参与人数
1	小小讲解员培训班	1 月 19 日至 2 月 10 日 7 月 21 日至 8 月 18 日	科普讲解方式与内容、形态仪表等	科学课堂	中小学生	25
2	科技小达人——青少年机器人培训班	1~3 月	设计机器人、编制、机器人运行程序、调试和操作机器人并完成规定的任务	科学课堂	中小学生	75
3	旧物置换活动	1 月 1~2 日	利用废旧书刊、玩具、等物品再利用的活动，体验置换的乐趣	科普活动	公众	70
4	智趣科学课堂	2~12 月	利用机械、电路的零件开展科学课程	科学课堂	中小学生	500
5	纸杯叠罗汉	2~6 月	提升青少年在生活中应用所学知识解决实际问题的能力，激发孩子们的创造性思维	科普活动	中小学生	120
6	喜乐元宵灯谜会	2 月 11~12 日	猜灯谜做花灯，手工 DIY 花灯，开展竞赛及表演类活动	科普活动	公众	3000

续表

序号	活动名称	活动时间	主要内容	活动形式	主要对象	参与人数
7	第三届石嘴山市青少年机器人竞赛	3月4日	开展机器人竞赛活动	科普活动	中小学师生	400
8	石嘴山市第二届青少年科学节活动	5月28~30日	科学表演秀，水火箭竞赛，科学环保DIY服装秀等形式多样互动项目	科普活动	公众	15000
9	水火箭比赛	5月30日	采用低碳环保的器材制作水火箭，倡导环保理念的同时提高青少年动手能力	科普活动	中小学生	92
10	暑期科学营活动，探秘科技馆系列活动	7月26~28日 8月3~6日	体验科技夏令营，学习国家科技军事力量和科技知识；调查六盘山昆虫植物多样性	科普活动	中小学生	86
11	泥哇呜培训班	4~8月	泥哇呜手工制作。泥哇呜吹奏，了解其中的科学原理	科学课堂	中小学生	240
12	小小表演家培训班	8月16~27日	培训声、台、形、表，了解科学表演	科学课堂	中小学生	20
13	品中秋，阅国庆	10月1~7日	亲手做月饼，中秋赏月，寻宝科技馆等活动	科普活动	公众	18800
14	石嘴山市科技辅导员天文知识与技能培训班	11月2日	天文百宝箱课程内容	科学课堂	中小学生	37
15	亲子消防演练	11月11日	消防演练，拓展培训消防知识及了解消防车的作用	科普活动	8~14岁儿童及家长	50
16	法律知识讲座	12月17日	法律知识普及	科普讲座	科技馆员工	30
17	暖冬行动，乐游科技馆	12月9日、16日	营造有利于留守儿童全面健康、快乐成长的良好社会氛围，激励留守儿童自强不息，做生活的强者	科普活动	留守儿童	30
18	多米诺连锁反应创意赛	1~12月	搭建多米诺骨牌，锻炼动手动脑能力	科普活动	中小学生	360

3. 流动科普设施

单位：次

序号	名称	年度巡展次数	类型	经费来源	运行方式
1	科技馆活动进校园+系列活动	40	馆校结合	中央转移专项+其他资金	巡展
2	公共场所开展科学教育项目	6	馆企结合	中央转移专项+其他资金	巡展

二、科研与学术

1. 承担项目

单位：万元

序号	项目名称	项目来源	项目级别	经费	负责人
1	"科技馆活动进校园"西部地区科普场馆科学教育项目质量提升试点工作	中国科协青少年科技中心	国家级	8	贾惠霞
2	科普场馆科学教育项目	中国科协青少年科技中心	国家级	2	徐长伟、贾惠霞李侦、李文婧张梓馨

2. 研究成果

序号	题目	作者	刊名	卷（期）号	期刊级别
1	《科技馆在基础教育中的知识构建作用》	徐长伟	《好家长》	2017 年第 58 期	地市级
2	《科技馆面临的机遇与挑战》	徐长伟	《经济视野》	2017 年第 24 期	国家级
3	《地市级科技馆科普形式多元化探究》	徐长伟	《科技与创新》	2017 年第 24 期	地市级

3. 编辑刊物

单位：册

序号	刊物名称	刊号	发行周期	发行数量	发行范围
1	石嘴山科技馆活动期刊	内部刊物	每月	46000	科技馆、中小学校
2	第二届青少年科学节暨校园科技月活动折页	内部资料	日	1000	科技馆、中小学校

三、信息化建设

1. 官方网站浏览情况

2017 年，石嘴山市科技馆网站日均点击量为 20 余次。

2. 新媒体运用

2017 年，石嘴山市科技馆的微信公众服务平台的关注人数达 2400 余人，共发布信息 438 条，做到了信息宣传工作的及时、准确、有效。

四、志愿者队伍建设

单位：人

分类	服务岗位	人数	来源	服务时间
小小讲解员志愿者	科技馆	94	中小学校	1~12 月
理工学院志愿者	科技馆	410	理工学院	1~12 月

五、运营情况

票务情况

是否免费开放	未免费开放场馆票种	未免费开放票价	观众人数
是	无	无	35.08 万人次

六、2017 年度大事记

1 月 15 日　石嘴山市科技馆举行"2016 年科技夏令营总结表彰会暨 2017 年冬令营"开营仪式，宁夏科技馆副馆长赵延安、宁夏大学教授贺立峰出席活动。

2 月 11 日　重新修订印发《石嘴山市科技馆差旅费管理办法（暂行）》条例。

2 月 18 日　石嘴山市科技馆被自治区认定为"2015~2016 年度宁夏青年文明号"。

石嘴山市科技馆外观

3月　被宁夏回族自治区科学技术协会、宁夏回族自治区教育厅评为第十七届中国青少年机器人（宁夏赛区）竞赛优秀组织单位。

3月　被中共石嘴山市委宣传部、石嘴山市文明办、共青团石嘴山市委员会，评为"石嘴山市优秀志愿服务组织"。

3月4日　第三届石嘴山市青少年机器人竞赛暨第十七届中国青少年机器人（宁夏赛区）竞赛选拔赛在石嘴山市科技馆举行。

3月8日　石嘴山市科技馆被宁夏文明办、自治区民政厅、自治区团委联合命名为"2017年自治区学雷锋志愿服务基地"。

4月　"石嘴山市科技馆活动进校园"及"学校走进科技馆活动"正式举行。

4月8日　石嘴山市科技馆邀请全国科技馆行业专家，针对2017年石嘴山市科技馆展区及展厅升级改造工程召开专家论证会议。

4月25日　石嘴山市科技馆科学表演《逗一斗》，荣获第五届全国科技馆辅导员大赛西部赛区二等奖。

5月　被宁夏回族自治区科技厅、自治区党委宣传部、自治区科协评为"宁夏回族自治区优秀科普基地"。

5月1日　石嘴山市科技馆新改造展区"炫彩光世界"正式对外运行。

5月28日　第二届石嘴山市青少年科学节暨"校园科技月"活动开幕。

6月17日　石嘴山市科技馆对宁夏理工学院12名优秀青年志愿者进行表彰。

7月14日　科学秀《逗一斗》荣获"第五届全国科学表演大赛"成人组科学秀二等奖。

7月26日至8月6日　石嘴山市科技馆举办"军事体验"及"六盘山昆虫植物多样性调查与研究"科普夏令营活动。

8月27日　石嘴山市科技馆完成2017展区及展品升级改造设计招标工作。

10月19日　《石嘴山市党政领导干部任职试用期制度规定》徐长伟任石嘴山市科技馆馆长，任职试用期一年。

10月26日　科学表演秀《小丑实验室》、科学脱口秀《科学OR魔术》，分获"首届宁夏科学大咖秀"一、二等奖。

第二届石嘴山市青少年科学节暨校园科技月活动

第二届石嘴山市青少年科学节暨校园科技月活动

11月2日 由石嘴山市科技馆与北京天文馆举办的"石嘴山市科技辅导员天文知识与技能培训"在石嘴山市科技馆开班。

11月11日 石嘴山市科技馆联合大武口区消防特勤中队、蓝天救援队开展"亲子消防演练"科普实践活动。

12月16日 由石嘴山市科学技术协会、共青团石嘴山市委员会主办,石嘴山市科技馆和石嘴山市青少年活动中心联合承办的"让爱伴成长,真情暖童心"——石嘴山市"微善之家"关爱农村留守儿童公益活动在石嘴山市科技馆如期举行。

12月17日 石嘴山市科技馆联合市司法局、市检察院举办"手拉手与法同行"法制宣传活动。

■ 七、2017年工作概述

2017年,石嘴山市科技馆在市委、市政府的正确领导下,在市科协的主持和指导下,紧紧围绕年初计划和目标,立足本职,创新思路,认真贯彻落实《全民科学素质行动计划纲要》,积极开展科普展览、科学教育活动,弘扬科学精神、普及科学知识、传播科学思想和科学方法、大力实施科普宣传工作,在提高人民群众的科学文化素质和技能方面,充分发挥了科普基地的作用。2017年全年共接待观众35.08万人次,接待包括企业、事业单位、机关、学校、社区等团体共计55次。2017年3月石嘴山市科技馆被评为自治区学雷锋志愿服务实践基地,2017年5月被宁夏科协、宁夏科技厅评为优秀科普基地。

(一)抓展区展览及管理工作,着力提高科技馆服务质量

1. 以赛促练提高团队自身建设

在展厅服务团队建设方面,规范展厅辅导员、志愿者服务管理,锻炼队伍,提高素质,通过参加全国性竞赛,提高自身素质。先后组织参加了第五届全国科技馆辅导员大赛、宁夏科普讲解大赛、第五届全国科学表演大赛等,其中石嘴山市科技馆编排的科学表演《逗一斗》获得全国科技馆辅导员大赛西部赛区二等奖,全国科学表演大赛二等奖。《小丑实验室》荣获宁夏首届科学大咖秀一等奖。《科学OR魔术》荣获宁夏首届科学大咖秀二等奖。2017年通过自治区"青年文明号"考核,被自治区认定为"2015~2016年度宁夏青年文明号",成为文明服务集体的典范和窗口,树立了石嘴山市科技馆良好的社会服务形象。

2. 悉心服务公众

从常设展厅入手,健全展品检查维护机制,强化展品运行完好率管理,全年维修、改进展品366件次,确保展品完好率在98%以上,保障了科技馆正常运行。从加强安全管理方面入手,全面检查科技馆内地沟暖气

管道、电路、水、门窗、空调等各项设施，每天安排一位带班领导，一名中层人员对馆内展区展品、电梯等各项设施等进行日常巡检，并及时登记巡查情况，贯彻落实岗位安全责任制，本着谁值班、谁巡查、谁负责的原则，杜绝安全事故发生。2017年全年无安全事故。

（二）抓未成年教育工作，着力提高青少年科学素质

1. 搭建馆校结合教育平台

一是积极开展"科技馆进校园"与"学校走进科技馆"活动。将"科学小讲堂""智趣科学课堂""科学秀""泥哇呜

第二届石嘴山市青少年科学节暨校园科技月活动

手工制作""泥哇呜演奏课程""机器人表演""科普剧表演"等科学教育活动项目带进全市各中小学校，加强与各学校的密切联系。全年科技馆共走进24所学校开展科教活动，同时，接待40所学校走进科技馆体验参与科技馆各项科普活动，受益学生3万余人。二是举办第二届石嘴山市青少年科学节活动暨石嘴山市"校园科技月"活动。4~5月举办了以"科学与生活同行 创造与科技并存"为主题的第二届石嘴山市青少年科学节暨石嘴山市"校园科技月"活动。活动分为科技馆主会场和校园分会场活动，历时两个月，内容包括科学环保DIY服装T台秀活动、水火箭竞赛活动、科学表演秀、魔术欢乐谷等多项有特色的主题活动，活动期间共接待观众近1.5万人次。

2. 积极组织举办全市青少年科技竞赛活动

一是组织举办第四届石嘴山市中小学校科普剧及微型科普剧本竞赛，并于9月组织举办了全市中小学校科普剧及科普剧本竞赛教师交流会，交流学习创作经验，为今后的科普剧创作打下基础。二是组织举办第三届石嘴山市青少年机器人竞赛。此次竞赛共有来自全市48所学校、166支参赛队、近400名师生积极报名参与，选拔出42支队伍参加自治区竞赛。在宁夏赛区竞赛中获得了6个冠军，4个一等奖，17个二等奖，14个三等奖。三是组织举办"鸡蛋撞地球"科学实践竞赛活动。为鼓励青少年积极动手动脑，敢于实践，6月组织广大中小学生举办2期"鸡蛋撞地球"竞赛活动。四是组织纸杯叠罗汉、多米诺连锁反应赛、水火箭亲子体验赛、无人机等科技体验竞赛月赛活动。全年共组织开展8期"纸杯叠罗汉"月赛系列活动，5期"多米诺"系列活动，2期无人机赛，1期水火箭体验赛，为全市中小学生提供同台竞技、互相交流的平台。

（三）积极开展形式多样不同主题的科普活动

1. 每月开展形式多样不同主题的科普活动

结合每月的传统节假日、全国科普日、消防安全宣传日等节假日、特殊活动日开展主题教育活动。如在元旦、春节、元宵节、中秋节等节假日，举办"新年笑语 辞旧迎新""科普元宵"、温暖三八妇女节、玩转开斋节、中秋节"亲手做月饼 人月两团圆"爱心月饼制作、天文台赏月等不同主题的活动，充分利用假期及周末时间，让参观游客在休假的同时，了解传统文化并深入学习科学知识。为普及防震减灾知识，提高公众防震减灾意识和应对地震灾害的能力，4月开展"防震减灾宣传教育主题月"活动。9月充分利用全国科普日时机，开展"创新驱动发展，科学破除愚昧"活动；11月9日为全国消防安全宣传日，为加强火灾预防、消除安全隐患，以家庭为单位提升全民消防减灾意识，11月开展了安全教育主题活动。

2. 开展公众进馆即可参与的科普活动

不定期在周末及节假日期间为观众表演科学剧、科学秀等，用生动有趣的方式激发游客学习科学知识的兴趣，公众进馆即可接受科普教育。

3. 拓展社会实践教育功能，创新专业教育培训活动

一是开设智趣科学课。针对中小学生，利用周末休息期间，开展智趣科学课，全年共开展了14期活动，

培训学生 420 人。二是针对全市 10~16 岁在校中小学生开展 4 期机器人培训班，近 75 名学生参加培训。三是开展寒暑假小小讲解员系列培训活动。在寒暑假期间，开设"小小讲解员"寒暑假期培训班，使更多的中小学生融入科技馆。四是开展泥哇呜培训，全年共开展 10 次泥哇呜培训班，参与学生 240 人。五是举办"2017 年暑期小小科学表演家"培训班，参与学生 20 人。六是举办 2017 年全市青年科普创新实验暨作品大赛培训班。

4. 打造具有特色的科学夏令营活动

为丰富学生的暑期生活，科技馆结合宁夏地方特色开展了军事夏令营和六盘山昆虫植物多样性调查与研究活动，全市共 86 名学生报名参加 2 期活动，通过体验军营生活、参观银川舰、学习无人机知识，引导学生从调查、样品采集、制作、项目研究报告等方面较深入系统地开展植物昆虫研究项目，进一步提升了科普教育活动的质量，引导青少年积极参与社会实践、生活实践、探究实践，同时培养学生团队合作意识。

（四）抓展区改造，提高展品更新率

1. 完成展区改造完成了 2016 年展区升级改造项目一楼"童心看世界"、二楼"炫彩光世界"，现对公众开放。

2. 制订《石嘴山市科技馆 2017 年展厅及展品升级改造方案》

就展厅升级改造区域及改造内容进行详细数据论证及考察调研，形成了适合自身发展需求的展区改造项目理念、展陈方案和设计方案，组织行业内专家对方案进行论证。和设计公司签订了设计合同，通过公共资源中心对展品及布展改造项目招标，全程从严控制，确保展品质量上、改造效果上摆脱从前，焕然一新。

3. 组织实施石嘴山市科技馆屋顶防水维修工程

因下雨时科技馆屋顶漏雨严重，严重影响了科技馆的正常运行。2017 年 9 月石嘴山市科技馆通过公共资源交易中心对屋顶防水维修工程进行了公开招标，确定了中标单位，并于 9 月 25 日签订了施工合同。目前已清理了石嘴山市科技馆原有屋顶材料，进行炉渣找坡、混凝土找平等工作。

（五）抓科普宣传，扩大科普覆盖面

加强宣传是推动科技馆科普工作顺利进行的保障，因此 2017 年石嘴山市科技馆不断加强石嘴山市科技馆微信平台、官方网站建设，借助新媒体宣传科普热点，在微信、官方网站向游客发布科技馆通知、各项活动开展通知等；利用网易直播宣传科技馆科学节活动；通过石嘴山网、石嘴山市日报社及石嘴山市电视台等媒体多次对科技馆开展的各项活动进行宣传报道。2017 年石嘴山市科技馆的微信公众服务平台的关注人数为 2400 余人，在微网站、官网、微信群发平台等媒体上发布信息，确保了信息宣传工作的及时性、准确性、有效性。

新疆维吾尔自治区科学技术馆

英　文　全　称：Xinjiang Science and Technology Museum
法　定　代　表　人：战强
联　系　电　话：0991-6386100
传　　　　　真：0991-6386066
官　方　网　站：www.xjstm.org.cn
行政主管单位：新疆维吾尔自治区科学技术协会
成立（开放）日期：1985 年 10 月
通　信　地　址：新疆乌鲁木齐市沙依巴克区新医路 686 号

一、科普活动与展览

1. 临时展览

单位：平方米，人次

展览名称	起止日期	展出地点	观众数量	性质
乌鲁木齐市"民族团结一家亲"主题教育展览	5 月 1~13 日	展厅一楼	6000	联合

2. 教育活动

单位：人次

序号	活动名称	活动时间	主要内容	活动形式	主要对象	参与人数
1	智多星科学体验迎新年	2016 年 12 月 31 日至 2017 年 1 月 1 日	活力庆新年、科普连连看、完美容器、巧搭纸牌、雪糕棒搭多米诺、科学动动手	科普活动、科学表演	少儿、青少年	657
2	寒假活动	1 月 12~21 日	快速成型技术体验营第一期、鼹鼠仿生机器人第一期、"安全小标兵"系列活动、魔力气流、面粉燃烧、再生纸	科普活动、科普报告、动手制作、科学表演	少儿、青少年、公众	500
3	畅享科学秀，欢乐迎新年	1 月 31 日至 2 月 3 日	科学表演秀	春节科普活动	公众	3338
4	庆元宵·科普灯谜会	2 月 11 日	猜灯谜	科普活动	公众	2500
5	我和小昆虫的亲密约会	2 月 18 日	手工坊科学工作室体验丝网花制作活动	科普活动、科学实验动手制作	少儿	50

续表

序号	活动名称	活动时间	主要内容	活动形式	主要对象	参与人数
6	"三八"丽人节，为妈妈送上亲手制作的特殊礼物	3月4~5日	制作丝网花郁金香，制作语音贺卡	科普活动、科学实验动手制作	少儿及家长	60
7	3.23世界气象日走进八钢新立社区	3月19日	科普宣讲、科学实验	科普宣讲、科普课堂、科普报告	社会群众	900
8	关爱地球——把自然抱回家	4月22日	专题参观、有奖知识问答	科普课堂 公开展示、问答、科技竞赛	青少年	22
9	科学承载梦想，劳动改变生活	4月29日至5月1日	我来劳动你来猜、环保小斗士、绿化先锋、劳动图景最美丽、科普剧胡杨情、分层大挑战、玩转大气压	趣味科学表演、科学研究活动	少儿、青少年、公众	404
10	地震知识在心中，防灾减灾靠大家	5月12日	防震减灾展区参观、防震减灾大闯关	科普参观、科普知识竞答	学生	240
11	浓情五月，感恩妈妈	5月14日	贺卡制作	亲子互动体验	少儿及家长	120
12	粽情飘香话端午，自包米粽忆屈原	5月27日	端午百科、游戏、亲手包粽	亲子互动体验、科普课堂	少儿及家长	200
13	欢庆六一·梦幻科学之夜	5月28日至6月1日	快闪演出、玩转超低温、端午百科、达人来战科技馆、科普剧胡杨情、齐心协力共闯趣味关、幸运大抽奖、玩转大气压、分层大挑战	精彩科普表演、科普秀、趣味闯关、科普活动	群众、青少年及家长	2640
14	暑期精彩活动	7月5日至8月13日	户外旅游急救小常识、食品安全、交通安全、防灾减灾、桌上足球、海军舰艇、乐高拼装体验班、自制鸟笼装饰品、卷纸花盆栽、冰棍棒小木屋、鼹鼠机器人、单片机、工程师孵化营、捕梦网、脸谱	精彩科普表演、科普秀、趣味闯关、亲子互动、科普课堂	青少年、公众、社会团体	849
15	创新驱动发展，科学破除愚昧	9月15日	科普剧食品添加剂的冤情、实验"玩转超低温"、"水珠大逃亡"、VR展项体验、机器人舞蹈串烧	全国科普日科普秀及科普报告学习	公众、专业工作人员	1500
16	科普活动进校园——68中学	9月21~22日	流动科技馆展览、科普知识竞赛、实验"玩转超低温""水珠大逃亡"	科普课堂、科普活动	教师及青少年	1000
17	情满中秋·感恩祖国	10月1~3日	实验"玩转超低温"、实验"水珠大逃亡"、飞机模型制作、月饼制作、展厅全程讲解	科普活动	青少年、公众	450

3. 流动科普设施

单位：场

名称	年度巡展次数	类型	经费来源	运行方式
自治区科协"五下乡"暨科普基层行	32	流动科普活动	专项资金	联合流动科技馆全疆巡展
"体验科学"——中国流动科技馆新疆巡展	13	流动科普活动	专项资金	三级联动
流动球幕影院	32	流动科普活动	新疆科协免费开放资金	联合流动科技馆全疆巡展
科普大篷车	32	流动科普活动	新疆科协免费开放资金	联合流动科技馆全疆巡展

二、科研与学术

研究成果

序号	题目	作者	刊名	卷（期）号	期刊级别
1	《我国科技辅导员的现状及其职业发展路径研究》	刘 鹤	《社会科学》	2017 第 5 期第 1 卷	国家级
2	《科技馆常设展厅运行管理研究》	刘 鹤	《教育》	2017 年第 5 期第 3 卷	国家级
3	《葡萄沟里的嘉年华》	付 蕾 王维博	《中国科技教育》	2017 年第 8 期	国家级
4	《关于科技馆创新科普教育活动的设计研究》	付 蕾	《科技中国》	2017 年第 5 期	国家级
5	《浅析科技辅导员综合素质对提升科技馆形象的影响》	聂思宇	《教育》	2017 年第 6 期第 1 卷	国家级
6	《浅析科技辅导员在科技馆教育中面临的挑战》	聂思宇	《教育科学》	2017 年第 7 期第 7 卷	国家级
7	《加强青少年科学普及教育的重要性研究》	盛 凯	《科技风》	2017 年第 5 期	省级
8	《浅谈提升科普剧的创新能力》	盛 凯	《科技展望》	2017 年第 16 期，总第 405 期	省级
9	《科技馆中的科普教育功能研究》	石 鑫	《青年时代》	2017 年第 26 期	省级
10	《浅析科技馆辅导员队伍培养和建设》	石 鑫	《商情》	2017 年第 23 期	省级

三、信息化建设

1. 官方网站浏览情况

年浏览量 20 万人次。

2. 展品信息化工作

深化新疆数字科技馆、二级子站项目探索，努力将科普信息服务与网络、媒体连接起来，实现线上线下的融合，逐渐形成科普信息化格局。不断推进"科技馆 + 媒体"科普品牌，继续与新疆教育电视台合作，成功录制四期电视科普节目《科技之窗》并播出。

3. 新媒体运用

不断完善新疆科技馆官网科普阵地建设的基础上拓展网上科普渠道，包括网上科普专栏、新疆数字科技

新疆科技馆外观

馆、手机 App、微信公众号、微博、头条号等多项移动科普渠道。

2017 年，新疆科技馆官方网站共发布信息 1717 条；新疆科技馆官方微博（新浪 + 腾讯）共发布信息 3556 条，总阅读共计 1217520 次；新疆科技馆官方微信公众号结合线下活动及馆内动态，开展提升工

作，共制作信息295条，图文页阅读总数220643次，分享转发次数51263次。共制作发布原创活动信息95条，图文页阅读次数为92057次，点击量占总阅读数的42%。截至目前，微信公众平台累计关注人数25035人。

四、志愿者队伍建设

单位：人

分类	服务岗位	人数	来源	服务时间
科技辅导员	展厅	80	在校大学生	寒暑假
长短期志愿者	展厅	5	社会招募	工作日，多以周末为主

五、运营情况

票务情况

是否免费开放	未免费开放场馆票种	未免费开放票价	观众人数
是	5D影院	10元	—

六、2017年度大事记

1月6日　举办"智多星科学体验迎新年"元旦主题教育活动，包括"听音辨物""完美容器"等科学系列活动广受好评，节日期间累计接待观众3000余人。

1月10日　召开安全工作会议，进一步明确责任，确保科技馆运行安全，实现"三不出"。

1月12~13日　新疆科技馆寒假首期快速成型体验营活动圆满结束。为期两天的实践活动以3D打印为主，辅以水晶内雕技术、激光打标技术，形成了内容丰富的快速成型体验营。

1月13日　科技馆召开安全保卫、维稳防恐工作汇报会议。自治区科协党组成员、副主席恰汗·合孜尔出席会议，会议由科技馆党支部书记余革胜同志主持。

1月18日　新疆科技馆开展"民族团结一家亲——最美的贺卡送给最亲的人"主题活动。

1月30日至2月2日　举办"畅享科学秀，欢乐迎新年"为主题的庆新春、迎新年活动，利用AR增强现实技术抢红包环节吸引观众热情参与，2000余人在互动中体会科技魅力。

2月11日　举办"庆元宵·科普灯谜会"元宵节主题活动。

2月18日　开展"我和小昆虫的亲密约会"青少年手工制作丝网花启蒙课程和"寻宝游戏"，乌鲁木齐人民广播电台FM100.7参与其中。

2月25日　新疆科技馆3辆科普大篷车和13名工作人员赴乌鲁木齐县托里乡参加自治区党委宣传部组织的2017年文化、科技、卫生、法律、爱国爱教宗教服务"五下乡"服务示范活动，自治区科协党组成员副主席阿布都艾尼·依干拜尔迪出席活动，600余名各族群众参与活动。

3月4~5日　新疆科技馆举办丝网花和语音贺卡制作活动。

3月14~16日　新疆自然博物馆协会第三届辅导员大赛在新疆科技馆举办，新疆科技馆辅导员陈君、刘培越获得展品辅导赛一等奖；周玮获得展品辅导赛二等奖；杨安琪、陈凤军表演的《分层大挑战》获得科学表演赛二等奖。

3月19日　新疆科技馆组织党员干部与自治区气象局在乌鲁木齐市头屯河区新立社区共同举办"纪念气象日——科普进社区"活动。新疆气象学会常务副理事长、秘书处秘书长肖开提·多莱特，新疆科技馆副馆长叶健及300余名社区群众参加活动。

3月23日　与新疆气象学会联合举办了以"观云识天"为主题的科普活动。

3月26日　自治区直属机关工委干部职工与他们的结亲对象来到新疆科技馆，开展"民族团结一家亲"科学体验活动。

"三八"丽人节，为妈妈送上亲手制作的特殊礼物

3月29日　自治区纪委驻科技厅纪检组对新疆科技馆"学讲话、转作风、促落实"专项活动开展情况进行了督导检查。

4月22日　新疆科技馆联合新疆人民广播电台FM100.7共同举办了以"关爱地球——把自然抱回家"为主题的绿色科普教育活动。

4月24日　新疆科技馆向吐鲁番市青少年科学体验馆捐赠展品仪式在吐鲁番市高昌区第二中学举行。

4月24日　新疆科技馆参赛代表团赴银川参加中国科协科普部、中国科技馆发展基金会、中国自然科学博物馆协会科技馆专业委员会主办的第五届全国科技馆辅导员大赛西部赛区预赛，陈君获得展品辅导赛三等奖，周玮、刘培越获得优秀奖；潘超、开迪丽亚·买买提的参赛作品《玩转大气压》获得科学表演赛二等奖，陈凤军和杨安琪的参赛作品《分层大挑战》获得三等奖。

5月1~3日　举办"科学承载梦想，劳动改变生活"五一主题科普活动，第二届自治区科学表演大赛一等奖作品《胡杨守护的爱》精彩亮相，节日期间累计接待观众5000余人次。

5月1~13日　新疆科技馆联合友好北路片区管委会承办乌鲁木齐市"民族团结一家亲"主题教育展览，累计接待团队30余次，参观群众达6000余人次。

5月9日　举行自治区科协2017年科普基层行启动仪式。

5月10~11日　新疆科技馆科普基层行工作队来到和田地区于田县开展科普基层行活动。

5月12日　开展"地震知识在心中，防震减灾靠大家"为主题的防震减灾主题活动，乌鲁木齐市19中的100余名同学参加活动。

5月12~13日　新疆科技馆科普基层行工作队在洛浦县开展科普基层行活动。

5月14日　新疆科技馆科普基层行工作队在田市古江巴格乡中学和拉斯奎镇库勒来克小学，开展科普基层行活动。

5月14日　新疆科技馆举办了以"浓情五月，感恩妈妈"为主题的科普教育活动。

5月16~17日　新疆科技馆科普基层行工作队在和田地区皮山县开展新疆流动科普基层行系列活动。

5月26日　经自治区科协党组研究决定，战强同志聘任为新疆科学技术馆馆长。

5月27日　举办2017年"欢庆六·一，梦幻科学之夜"主题活动。

5月28日　开展"粽情飘香话端午　自包米粽忆屈原"亲子活动。

5月28日至6日1日　"科技伴我行，欢度快乐'六·一'"主题科普活动在展览中心顺利举行，量身定制的趣味问答，大小不一的"完美容器"吸引近万名观众参与，活动得到了各大媒体的广泛关注和报道，网站点击量高达23万余次。

暑期活动之卷纸花盆栽

6月5日 经自治区科学技术协会党组研究决定,周鸿武同志聘任为新疆科学技术馆馆务长。

7月9日 来自喀什巴楚县的20余名维吾尔族爱国宗教人士参观新疆科技馆。

7月5~20日 开展暑期"安全小标兵""鼹鼠机器人培训班"等培训活动,累计开班10期,直接参与人数220余人。

7月13日 新疆科技馆科普工作队在塔城地区科协、沙湾县科协的积极配合下,走进沙湾县和乌兰乌苏镇,开展科普教育活动,1000余名各族群众受惠其中。

7月14~15日 新疆科技馆科普工作队前往沙湾县、乌苏市开展科普基层行活动。

7月17日 举行"体验科学"——中国流动科技馆新疆巡展塔城站启动仪式,自治区科协副巡视员李永晟,塔城地委副书记、辽宁援疆指挥部总指挥杨军生,地区科协党组书记、主席刘晓萍,新疆科技馆副馆长穆明江·买买提等相关领导,访惠聚工作队队员、宗教人士、中小学师生共计1000余人参加了启动仪式。

7月18日 开展"启航科学之旅,畅游科普殿堂"2017科技夏令营参观体验活动。

7月14日 由国务院侨办、自治区外办联合组织的海外新疆籍华裔青少年"中国寻根之旅"夏令营共计200余名华裔青少年参观新疆科技馆。

7月23~25日 新疆科技馆科普工作队前往白哈巴村,阿勒泰市切木尔切克乡开展科普基层行活动。

9月14日 新疆科技馆党支部召集科普活动中心、农技中心、科普杂志社联合召开党支部处级党员干部专题组织生活会。

9月15日 新疆科技馆开展以"创新驱动发展,科学破除愚昧"为主题的2017年"全国科普日"新疆系列科普活动。

9月27日 新疆科技馆走进乌鲁木齐市68中学,开展科技馆进校园活动。

9月30日 新疆科技馆党支部联合科普杂志社党支部开展了以"情满中秋·感恩祖国"为主题的庆国庆、迎中秋暨民族团结一家亲融情活动,各族干部职工一起做月饼、品月饼,其乐融融,情暖人心。

11月3日 新疆科技馆接待参加培训的200名新疆伊斯兰教经文学校爱国宗教人士来到新疆科技馆参观。

11月3~10日 新疆科技馆组织全体科技辅导员前往乌鲁木齐市科技馆、自治区博物馆、自治区地质矿产博物馆、中科院新疆生态与地理研究所标本馆、野马古生态园开展参观学习和业务交流活动。

11月7日 根据自治区科协《关于开展2017年度自治区文物博物系列(科技辅导专业)中、初级专业技术职务任职资格评审工作的通知》要求,协助组织人事部筹备自治区文物博物系列(科技辅导专业)中、初级职称评审的前期各项工作,按计划完成职称评审工作。新疆科技馆共有36人参与评审,共评审出中级职称19人,初级职称9人。

11月8日 开展消防科普讲堂,邀请乌鲁木齐市公安消防支队新医路中队金忠磊中队长作消防科普知识讲座,全体科协干部职工及福建大酒店工作人员共300余人参加。

11月29日 参加自治区科协系统学习贯彻党的十九大精神知识竞赛,新疆科技馆潘超、阿丽叶·哈力木拉提、丁琦获得团体一等奖,张清云获优秀奖,四名同志获优秀选手。

12月1日 新疆科技馆党支部联合科普杂志社党支部赴自治区博物馆参观学习,通过学习历史,进一步提高文化自信，践行十九大会议精神。

12月8日　自治区科协副巡视员李永晟一行前往巴音郭楞蒙古自治州且末县民汉中学开展农村科技馆展品捐赠仪式，且末县副县长魏新昌，新疆科技馆党支部书记、馆长战强，新疆科普杂志社党支部书记、社长地力夏提·买买提，且末县中学校长王琦出席捐赠仪式。

12月8日　区直机关团工委委员、自治区畜牧厅团委组成的检查组对新疆科技馆团支部创建"青年文明号"工作进行检查，自治区科协团委书记王强陪同。

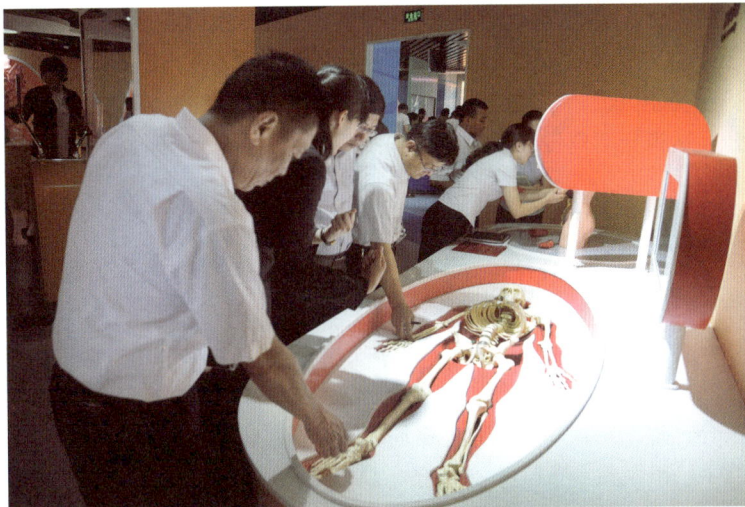

团体参观新展区"人与健康"

七、2017年工作概述

2017年，在自治区科协党组的正确领导下，新疆科技馆认真学习贯彻落实党的十八大、十九大精神，严格落实自治区党委和自治区科协的各项工作部署，紧紧围绕中心工作，充分发挥科普主阵地作用，大力加强自身建设，振奋精神求突破，务实开拓抓推进，圆满完成年初确定的工作目标。在保证参观公众稳定性的同时，保证场馆无任何安全事故发生，充分发挥了科技馆科普展教、科技培训的作用，为提高新疆公民科学素质发挥了积极作用。

（一）加强组织建设，夯实党建根基

为将"讲好科学故事，倡导文明理性，强化科普灌输，提高科学素质"的工作理念贯穿工作始终，建立"领导重视、上下齐抓共管"的工作长效机制。按自治区科协党组的工作要求，2017年5月，经自治区科学技术协会党组研究决定，战强同志聘任为新疆科学技术馆馆长。2017年6月，经自治区科学技术协会党组研究决定，周鸿武同志聘任为新疆科学技术馆馆务长。新班子成立以来，给予了新疆科技馆组织安排、工作机制、人才培养、硬件设施上充分保障。制定各类自查量化考核细则，完善奖励制度，日常工作与个人绩效、考评挂钩以此积极调动全馆干部职工的工作热情从而打造一流工作业绩。做到人人明确各自责任，人人规范自己行为，人人为科技馆各项工作做贡献。

科技馆、科普活动中心党支部是新疆科技馆的组织基础，担负着直接教育党员、管理党员、监督党员和组织广大干部职工、宣传群众、凝聚群众、服务群众等重要职责。2017年10月，经自治区科学技术协会机关委员会《关于同意新疆科学技术馆党支部换届的批复》（新科协机党字〔2017〕30号）同意，新疆科技馆党支部召开支部党员大会进行换届选举，新一届支委会由3名委员组成，战强同志任支部书记。为筑牢党组织建设，充分发挥馆内青年团员的作用，新疆科技馆加强了对共青团工作的领导，形成了党建带动团建共同发展的好局面。2017年6月，第二届团支部委员会换届选举大会顺利举行，产生了新一届团委委员7名，石鑫任团支部书记。新疆科技馆团员青年在积极辅助党建工作中充分发挥了政治优势、组织优势和工作优势。新疆科技馆、科普活动中心联合党支部为广大青年构建交流平台，拓宽青年的思路和视野，促进青年在思想交流的同时又促进了自身的发展。

（二）高度重视学习教育，政治理论水平不断增强

认真学习宣传贯彻党的十八大、十九大会议精神，采取多种方式，把思想和行动统一到习近平总书记系列重要讲话精神和新疆社会稳定和长治久安总目标上来。深入推进"两学一做"学习教育常态化制度化、"学转促"专项活动和"民族团结一家亲"工作。科技馆以提升全民科学素质为抓手，找准新时代定位，创新科普载体，拓展形式，通过在科技馆官网上开设"支部建设"专栏、建立微信群、布置"学、转、促"学习教育专题宣传栏，以电子大屏、信息简报等形式，打通交流通道，营造学习氛围。积极配合开展巡视整改工作，坚持以整改为抓手，立行立改转作风，使各项工作更加科学化、规范化、制度化。2017年科技馆党支部、团支部分别召开换届大会，切实加强领导班子建设。强化集体决策和内控管理机制，全面落实好党风廉政建设责任。积极开展精神文明建设和绩效考核，不断深化"快乐工作、健康生活、和谐向上"的文化理念。

（三）不断加强科普阵地建设，全面展示科普展教水平

一是利用现有科普资源不断推陈出新。坚持以实体馆为主阵地，结合主题日、节庆日等举办各类主题科普活动，新疆科技馆全年累计接待观众435849人；结合主题日、节假日等举办各类主题科普活动23次；开展科普表演、工作室培训、科学实践等活动100余场；5D、球幕、数码三个影院接待观众12607人次。二是深化新疆数字科技馆、二级子站项目探索，努力将科普信息服务与网络、媒体连接起来，实现线上线下的融合，逐渐形成科普信息化格局。2017年，新疆科技馆官方网站共发布信息1717条；新疆科技馆官方微博（新浪＋腾讯）共发布信息3556条，总阅读共计1217520次；新疆科技馆官方微信公众号结合线下活动及馆内动态，开展提升工作，共制作信息295条，图文页阅读总数220643次，分享转发次数51263次。三是进一步开展巡展工作，满足基层科普需求，扩大科技馆科普教育功能覆盖面。深入开展新疆科学普及基层行活动8次，共32场活动，总行程8850公里，惠及46200余名各族群众及青少年，社会效益显著。经过探索与实践，初步形成了以实体科技馆为主体，统筹流动科技馆、科普大篷车、数字科技馆的建设与发展的现代科技馆体系。

（四）以加强科普信息化建设为突破，在推进展区改造、更新展品展项上更加努力

加速现代信息技术和传播手段的广泛应用，用各种影视片和动漫来代替挂图，使表现形式更加生动。广泛应用3D技术、虚拟现实（VR）技术、增强现实（AR）技术，使虚拟现实在整个科技馆中发挥更重要的作用。促进线上线下相结合，把互联网上优质的科普内容、科普信息化的内容在科技馆展示出来。展区改造思路从载体创新、理念创新、创作创新等方面入手，探索实践繁荣科普创作的新思路、新方法。同时，借助外在优势科普资源，打造本土精品科普课程，推进科普漫画连载工作。新疆科技馆通过加强科学与艺术的融合，充分发挥展教资源效用和科普场馆的独特优势。

（五）科普"大联合、大协作、大联动"新局面稳步推进

为加强场馆之间的业务协作，开创科普文化工作的"大联合、大协作、大联动"新局面，推动科普文化场馆的可持续发展。一是为解决基层科普资源匮乏的实际困难，按照自治区科协党组的要求，向于田县科协、吐鲁番市科技馆等基层地区捐赠科普展品，为基层科普"去极端化"工作提供硬件支持。二是积极申报科技馆免费开放补助资金，全疆8家科技馆争取到3325万元项目经费。三是完成2017年度中、初级科技辅导专业继续教育和职称评审工作，严格执行评审标准，28人获得自治区文物博物系列（科技辅导专业）中、初级专业技术职务任职资格，进一步稳定人才队伍。

（六）搭建交流平台，积极开展新疆自然博物馆协会工作

由于协会的秘书处设在新疆科技馆，因此，该馆就立足科技馆的科普平台，着力发挥省级科技馆的业务示范作用、学术交流作用、指导带动作用。主要从以下四个方面开展：一是于2017年3月举办了新疆自然博物馆协会第三届辅导员大赛，9家科普场馆的60余名辅导员、讲解员现场展示了选手的风采及科学的魅力。二是配合自治区科协科普部完成全疆科技场馆普查基本情况调查工作，目前收到全疆14个地市州32家场馆的调查表和数据反馈情况。三是完成2017年自治区科协学会重点资助项目申报工作，其中"科学普及基层行"项目获5万元经费。四是积极筹备新疆自然博物馆协会换届工作。

（七）创新实践，提高科普服务的工作能力

1. 创新科普教育模式

2017年开发"单片机避障小车培训"等3项具有特色的科学工作室培训新课程；以项目管理模式运行项

目课题，推动科学教育项目、科普剧、科普秀等工作，《胡杨情》《"食品添加剂"的冤情》两部科普剧进行了项目管理运作模式的成功尝试；积极落实"十三五"时期的"科技馆活动进校园"工作，申报"奇妙的声音""小创客大梦想""寻'泉'记之博州温泉探秘"等3个项目参加2017年科普场馆科学教育项目培育工作，其中"寻'泉'记之博州温泉探秘"获得2万元项目资金。

2．发挥双语科技辅导员工作优势，结合"民族团结一家亲"深入开展科普活动

开展内部融情活动6次，以科普基层行为依托，前往吐鲁番市高昌区开展科技馆活动进校园，前往乌苏市助力第二届青少年科技节活动，为新疆各族青少年普及科学知识，以身作则发挥科学普及去极端化的作用。

3．以赛促学，以赛代练

2017年新疆科技馆通过"以赛促学，以赛代练"的形式，加强队伍建设，提高科普展教能力。其中，在第五届全国科技馆辅导员大赛西北赛区中，1人获得展品赛三等奖，2人获得展品辅导赛优秀奖，科普实验《玩转大气压》《分层大挑战》分别获科学表演赛二等奖和三等奖；在新疆自然博物馆协会第三届辅导员大赛中，2人获得展品赛一等奖，1人获得展品辅导赛二等奖，科普实验《分层大挑战》《玩转大气压》分别获科学表演赛二等奖和三等奖；在第二届新疆维吾尔自治区科学表演大赛中，科普剧《胡杨守护的爱》获得一等奖，科普实验《分层大挑战》《玩转大气压》分别获二等奖和三等奖。

（八）灵活运用志愿者服务模式，确保科技馆日常运行有序

由于观众持续增长的参观热情和科技辅导员结对认亲及其他工作分流的影响，展览中心日常展项维护及展品运行需及时补充志愿者力量，志愿者招募对象基本以乌鲁木齐市各大高校在校大学生为主，集中在大学生寒暑假及周末时间，采用中短期志愿者和长期志愿者相结合，交叉使用的具体做法，2017年，积极主动招募志愿者，累计志愿服务时长160天，一定程度上缓解了参观高峰期展厅运行人力资源压力，也为在校大学生提供了提前参与社会实践，体验不同职业角色的机会与挑战。

乌鲁木齐市科学技术馆

英　文　全　称：Urumqi Science and Technology Museum
法 定 代 表 人：刘燕
联　系　电　话：0991-5505791
传　　　　　真：0991-5505791
行 政 主 管 单 位：乌鲁木齐市科学技术协会
成立（开放）日期：2011 年 8 月 10 日
通　信　地　址：新疆乌鲁木齐市沙依巴克区黑龙江路 1 号
已加入专业委员会：中国自然科学博物馆协会科技馆专业委员会

一、科普活动与展览

1. 教育活动

单位：人次

序号	活动名称	活动时间	主要内容	活动形式	主要对象	参与人数
1	科普红包大拜年	1 月 12~20 日 2 月 1~9 日	科普红包转转转、科技馆邮局、AR 小画家等活动	特色科普活动	面向全市各族群众，特别是五大重点人群	33376
2	母亲节科普活动	5 月 14 日	巧手 DIY，做一张创意母亲节贺卡	特色科普活动	各族青少年	300
3	"相约端午·相约六一"科普活动	5 月 23 日至 6 月 1 日	爱心捐赠，动手做五彩纸粽、粽子球比赛、纸上电路、科技馆邮局、小小神射手等活动	特色科普活动	面向全市各族群众，特别是五大重点人群	2998
4	开展"七彩夏日"暑期系列活动	暑假期间	科技馆邮局、整点活动、恐龙说吧、爱心桥梁等活动	系列主题活动	面向全市各族群众，特别是五大重点人群	23539
5	整点活动	双休日和节假日期间，每个整点时段	科学实验，科普剧，动手 DIY，展厅讲解，4D 影院	特色科普活动	面向全市各族群众，特别是五大重点人群	50000 余

2. 流动科普设施

单位：次

名称	年度巡展次数	类型	经费来源	运行方式
科普大篷车	53	车载展品，3D 展板，科学实验，动手 DIY 等形式的主题科普活动	自筹	以"访惠聚"社区、学校为主开展活动

二、科研与学术

研究成果

题目	作者	刊名	卷（期）号	期刊级别
《浅谈科技馆教育活动设计与实践》	刘 燕	中国自然科学博物馆协会2017年年会摘要	2017年	—

三、志愿者队伍建设

单位：人

服务岗位	人数	来源	服务时间
讲解引导	70	各中小学校	节假日和双休日

四、运营情况

票务情况

是否免费开放	未免费开放场馆票种	未免费开放票价	观众人数
是	无	无	19.5万人次/年

五、2017年度大事记

1月12~20日，2月1~9日　乌鲁木齐市科技馆2017年"科普红包大拜年"活动如约而至，活动持续18天，持有科普红包的各族青少年，除了可以参加市科技馆爱心图书捐赠、科学实验、挑战自我、新年全家福等经典活动项目外，还可体验2017年"科普红包大拜年"活动的新增环节——科普红包转转转、科技馆邮局、AR小画家等，"科普红包大拜年"活动为各族市民的喜乐节日增添科普乐趣，营造科普融入新年的浓厚氛围。

3月14~16日　乌鲁木齐市科技馆科普辅导员参加了新疆自然博物馆协会举办的第三届辅导员大赛，其中王婷婷、杨一帆、李绍梁分别荣获展品辅导"二等奖"，张阳荣获展品辅导"三等奖"，科学实验

乌鲁木齐市科技馆正门

《无处不在的大气压》荣获科学表演一等奖，科普剧《梦游二维空间》荣获科学表演二等奖，市科技馆被评为新疆自然博物馆协会第三届辅导员大赛优秀组织单位。

4月　乌鲁木齐市科技馆科普辅导员参加了第二届新疆维吾尔自治区科学表演大赛，《无处不在的大气压》

"相约端午·相约六一"科普活动

荣获第二届新疆维吾尔自治区科学表演大赛"科学秀一等奖";《梦游二维空间》荣获第二届新疆维吾尔自治区科学表演大赛"科普剧一等奖";乌鲁木齐市科技馆荣获第二届新疆维吾尔自治区科学表演大赛"优秀组织单位"。

4月　乌鲁木齐市科技馆科普辅导员参加了第五届全国科技馆辅导员大赛西部赛区预赛，其中科普辅导员张阳荣获第五届全国科技馆辅导员大赛西部赛区预赛"展品辅导赛"三等奖;《无处不在的大气压》荣获第五届全国科技馆辅导员大赛西部赛区预赛"科学实验"三等奖;《梦游二维空间》荣获第五届全国科技馆辅导员大赛西部赛区预赛"其他科学表演"三等奖。

5月23日　乌鲁木齐市科技馆科普小分队走进乌鲁木齐县小渠子中学开展"相约端午·相约六一"科普行活动。小渠子中学学生主要是农牧民子女，在端午节、六·一儿童节来临之际，乌鲁木齐市科技馆"爱心桥梁"为乌鲁木齐县小渠子中学捐赠了2000余册图书及足球、篮球、羽毛球拍等体育用品。科普小分队为小渠子中学的全校学生带来了包括动手做五彩纸粽、粽子球比赛、纸上电路、科技馆邮局、小小神射手、是真的吗、有奖知识问答等活动，受到了农牧民子女的热烈欢迎，踊跃参与。

7~9月　乌鲁木齐市科技馆开展"七彩夏日"暑期活动。

2017年　乌鲁木齐市科技馆以科普大篷车为载体，开展"暑期科普大篷车基层行"活动，进社区、进农村、进牧区，把科学实验、亲子互动游戏、手工小制作等活动带到各族青少年的家门口，倡导低碳生活方式，弘扬绿色公益文化，在科普活动中树立健康生活方式，培养未成年人的科技意识。全年"科普大篷车"共走进53个社区、学校。

六、2017年工作概述

2017年以来在市科协党组班子和分管领导的正确领导下，市科技馆领导班子带领全体干部职工，认真履行工作职责，积极发挥阵地科普的作用，顺利完成年度各项工作任务。

（一）以"三项举措"为基点，推进学习夯实思想

1. "集体学习"+"微学习"提升干部素质

针对科技馆"80后"年轻干部占多数，思维开阔，政治理论功底相对薄弱的情况，采取以集体学习内容为基础，浓缩提取其精华部分，将十九大精神、两学一做、核心价值观、惠民政策、安保措施等内容以概念卡片或短句卡片的形式发放，巩固学习，温故知新。开展了从班子成员到一般干部阅读推荐书籍"人人争做学习型干部"的活动。全年集体学习24次，发送"微学习"卡片24张。"集体学习+微学习"模式多措并举夯实了馆员的政治思想基础，提升了科普辅导员的综合素质。同时注重用优秀传统文化影响带动干部队伍建设，努力做到"堂堂正正做人，干干净净做事"的良知底线，凝练一支具有自强不息，厚德载物秉性的干部队伍，营造人与人之间多一分微笑，就少一分冰霜;多一分真实，就少一分虚伪;多一分关心，就少一分冷漠的良好高效工作平台。

2. "人人发声个个亮剑"强化四个意识

全体干部职工积极参加发声亮剑宣誓活动。进一步坚定理想信念，强化"四个意识"，忠诚党的科技事业，

自觉在思想上政治上行动上始终与以习近平同志为核心的党中央保持高度一致，旗帜鲜明、立场坚定，反对"四风""四气"，不做"两面派""两面人"。大家纷纷表示要勇于担当、敢于亮剑，自觉站在反分裂斗争第一线，坚决维护祖国统一，与"三股势力"做坚决斗争。

3. 用制度促进廉政文化建设

严格履行"一岗双责"，认真执行《乌鲁木齐市科协党组财经领导小组议事规则》《党政例会制度》等各项规章制度。全年召开市科技馆财经领导小组会议12次，研究决定、审核上报各项开支。工作

科普红包大拜年

中严格履行政府采购程序，严格履行物品购买财务程序，严格履行验收把关审核程序。本着务实、节约、细化的原则，认真做好职工食堂管理工作。在馆内水、电改造等工作中，工程部牵头，各部门积极配合，场馆内硬件设施运行良好。借助党风廉政教育月的东风，强化廉政文化学习宣传，强化党的政治纪律、政治规矩的执行力度。形成了用制度管人、管事的良好机制。按照市人社局的总体安排部署，依法、依纪、依规完成了2名专业技术岗位的公开招聘工作。

（二）以"三个立足"为基点，推进展教创新模式

1. 立足民俗推进展教工作

继续推进"科普红包大拜年"活动，活动坚持"一年一变化，一年一创新"。2017年"科普红包大拜年"活动以科普红包转转转、科技馆邮局、AR小画家、纸上电路和新年全家福为主要环节，将"民族团结一家亲"内容融入其中。活动历时18天，有1000余个家庭、30余个团队参加。"端午文化科普周"活动，以"科技与文化融合，科普与生活同行"为主题，活动内容既有经典项目动手包粽子、粽子球接力赛，又有新增的镖王争霸赛、科学连连看等精彩环节，均受到了青少年的欢迎。"爱心桥梁"活动走进了以农牧民子女为主的乌鲁木齐县小渠子中学。该馆捐赠了2000余册图书及足球、篮球、羽毛球拍等体育用品，开展了《无处不在的大气压》科学实验秀。六·一节期间的"恐龙说吧"带青少年畅游侏罗纪时代。"地震消防应急实地演练"实地教孩子如何科学逃生，学会运用消防器具。双休日开展整点活动300余次。积极搭建平台，锻炼新人，加大对新人的业务培训，全年有10人（次）外出比赛交流学习。可以说"立足民俗讲科普"系列活动，让科技馆教育活动借助传统习俗走进了千家万户。2017年依托中央专项补助资金227万，主要用于更新展品。全年完成展品日常维修维护347项，更换照明灯具490只，重新铺设一楼厨房餐厅地下排水管道系统，完成科技馆正门前广场地面墙面破损瓷砖的更换，改造一楼小展厅，改建增设卫生间1个。

2. 立足"七彩夏日"推进展教工作

以"创城我出力，争做文明人"为主题，开展爱国主义教育基地暑期系列活动，搭建全市青少年志愿服务、公益活动服务平台，助力首府"创城"工作。一是开展"民族团结一家亲"团队专题科普辅导；二是开展未成年人专题科普辅导；三是"文明在口中"主题活动，绿色通道"一对一"爱心讲解活动；四是举办"恐龙说吧"科普沙龙；五是举办"科技馆邮局"寄存祈望活动；六是举办"爱心桥梁"活动。"七彩夏日"暑期系列活动期间，将创城知识普及、文明礼仪养成、科学实践活动等作为重点内容，全市百余所中小学生包括来自米东区、达坂城区、乌鲁木齐县等偏远地区的学生踊跃参与，参观者络绎不绝，平均日参观量达1500余人次。

3. 立足"科普大篷车基层行"推进展教活动

以提升市民和未成年人科学素质为目的，科普大篷车走街串巷，围绕科技创新和百姓生活，引导社区居民开展科普活动，树立健康生活方式，弘扬绿色公益文化。全年走进黑甲山、团结西路、十七户、小渠子等社区（学校）53个。《无处不在的大气压》、气球火箭等实验效果明显，互动性强，提升了社区居民和青少年感

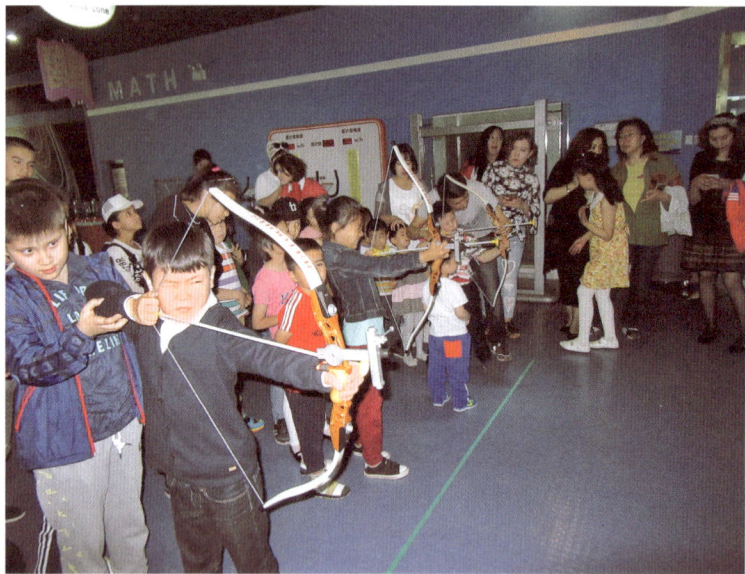

整点活动

知科学的兴趣，科普大篷车是行走的宣传车，让科学流动起来；科普大篷车是播种机，在社区居民和未成年人心中播下"爱科学"的种子。"科普大篷车基层行"活动得到了"访惠聚"工作组及社区的欢迎和肯定。

（三）以安保和创城工作为基点，推进干部作风建设

1. 高度重视维稳安保工作

始终树立"没有与维稳无关的人，没有与维稳无关的事"的思想。及时落实，时时执行各项维稳措施。不断加大人防、物防、技防的力度，新增门厅女保安，一键式报警装备，红外线报警器，加大监控硬盘的存储量，新购进防刺服、钢叉、报话机、盾牌等防护用具。强化安全防范工作领导，建立健全以馆长为组长，副馆长为副组长，各部室负责人为成员的市科技馆安全防范工作领导小组。全年应急演练、消防讲座达到 5 次。严格管理保安保洁队伍，采取了晨练、保安保洁例会制、责任区域化、24 小时值班制、巡察巡岗、绩效考核工资等制度。加强门厅检查力度，确保在开馆期间门厅有 3 名保安（其中一名为女保安）。针对展厅、安全通道等重点区域，做到即查即治，最大限度杜绝各类安全隐患。积极配合街道管委会"属地管理"工作，全年碾子沟公交站早 8:30~ 晚 10:30 的执勤工作达 182 天。

2. 高度重视"创城"工作并融入作风建设

市科技馆是乌鲁木齐市创建全国文明城市、国家卫生城市实地考察点位之一。在实际工作中做到了以"创城"工作促干部作风建设。坚持把创建工作融入科技馆各项工作当中，坚持"科普与文明同行，科技与文化融合"，以核心价值体系为根本，科普辅导讲解融入"创城"内容和惠民政策，增设"创城"宣传板块 15 处。深入开展了"科普大篷车基层行"、"七彩夏日"、党员及青少年科普志愿服务等一系列形式多样、特色鲜明的科技馆主题教育活动。不断提升专业化水平和服务质量，不断增强服务社会、服务公众、服务各族青少年的综合能力。2017年有 4 名干部下社区，1 名副馆长调离，2 名干部抽调到机关，部分馆员短期抽调在外工作。在人员少、任务重、工作量大的情况下，科技馆办公室、展教部、培训部、工程部交叉工作、协调工作，工程部兼顾科普辅导讲解工作，全体干部职工同心协力，顺利完成了 2017 年度平安建设、综合治理、安全生产及司法和文明示范窗口建设的检查验收工作。做好了法人年检、人事档案、工程审计、工资调整、数据报表等财务、人事工作。积极协助机关各部室、事业单位做好其他相关工作。认真协助市科协各部门做好在科技馆全年开展的各类活动和会议的后勤服务及会务工作。全体馆员参与冬季扫雪工作。

3. 民族团结一家亲工作

根据市科协党组总体安排，积极开展"民族团结一家亲"月活动，结对户亲戚全部一一入户走访、慰问、宣讲，深入"结亲周"活动。注重用深入浅出的语言宣讲身边发生的巨变、宣传党的惠民政策、宣讲法律法规，讲清宗教极端思想的危害，切实加强了各民族之间的交流交往交融。

2017 年进一步加强信息监管，结合实际做好网络媒体宣传工作，在报纸、电视广播、网络等新闻媒体上刊登工作信息 48 篇。全年发腾讯微博 400 条，发微信 100 条。

（四）存在的问题及 2018 年工作思路

一是牢固树立"没有与维稳无关的人和事"大局意识，要不断持续加强，坚持零懈怠。二是由于人手紧缺，在一定程度上制约了科技馆教育活动的进一步开展。三是作为窗口单位，作风建设的力度还需不断加强。

2018 年乌鲁木齐市科技馆工作的总体思路是：深入学习党的十九大精神和习近平总书记系列重要讲话精神，在市科协党组和分管领导的带领下，加强管理，突出重点，全面提升服务公众水平，深入推进市科技馆的建设和管理迈上新台阶。2018 年要侧重做好四个方面的工作。（1）持之以恒抓好维稳安保和"创建"工作；（2）进一步做好科技馆围绕中心服务大局工作，融入民族团结一家亲，以此为基点，推进科技馆教育活动；（3）持续加强各项基础性工作，加强作风建设力度；（4）以精细化管理为抓手，不断提升服务公众的能力和水平。

回顾 2017 年的工作，乌鲁木齐市科技馆获得自治区市级各类奖项 21 个。论文《浅谈科技馆教育活动设计与实践》入选中国自然科学博物馆协会 2017 年年会摘要。

十九大的召开为科普工作提出了新要求和新任务，科技馆事业的发展面临着新的机遇和挑战。今后的工作中，在市科协党组班子的正确领导下，在各部室及事业单位的积极支持下，科技馆领导班子将一如既往带领科技馆干部队伍，不断探索，同舟共济，把科技馆这项光荣的事业做好，为提高首府市民科学素质，为中国特色现代科技馆体系建设做出自己应有的贡献。

水族馆

青岛水族馆

英 文 全 称：Qingdao Aquarium
法 定 代 表 人：齐继光
联 系 电 话：0532-82890105
传 真：0532-82876687
官 方 网 站：www.qdaqua.com
行 政 主 管 单 位：青岛市科学技术协会
成立（开放）日期：1932 年 5 月 8 日
通 信 地 址：青岛市市南区金口一路 47 号
已加入专业委员会：中国自然科学博物馆协会水族馆专业委员会

▦ 一、科普活动与展览

1. 临时展览

单位：平方米，万人次

序号	展览名称	起止日期	展出地点	面积	观众数量	性质
1	走向深海大洋——"科学号"海洋考察成果展	1 月 1 日至 12 月 31 日	水族馆临时展厅	200	200	原创
2	首届"一带一路"科普场馆发展国际研讨会附设展览	11 月 27~28 日	中国科技馆	17	0.5	原创
3	海洋生物科教馆	3 月 20 日至 12 月 31 日	青岛 39 中	400	0.2	联合

2. 教育活动

单位：人次

序号	活动名称	活动时间	主要内容	活动形式	主要对象	参与人数
1	海洋知识灯谜活动	2 月 11 日	海洋知识灯谜竞猜	猜灯谜	公众	2000
2	太平路小学	2 月 18 日	海洋生物知识	科普课	小学生	200
3	太平路小学	3 月 15 日	海洋生物知识	科普课	小学生	50
4	海岛儿童圆梦	3 月 16 日	海洋生物知识	科普课	小学生	65
5	大学路小学	4 月 8 日	海洋生物知识	科普课	小学生	28
6	全国科技周	5 月 20 日	海洋科普	科普活动	公众	5000
7	水族馆 85 周年庆科普活动	5 月 8 日	海洋科普	科普活动	公众	800
8	世界海洋日	6 月 3 日	海洋科普	科普活动	公众	2000

序号	活动名称	活动时间	主要内容	活动形式	主要对象	参与人数
9	海之韵科普志愿团活动	6月10~11日	海洋科普	讲解	公众	500
10	太平路小学	6月21日	浮游生物观测	实验课	小学生	30
11	市实验小学	6月30日	浮游生物观测	实验课	小学生	30
12	文登路小学	7月2日	浮游生物观测	实验课	小学生	40
13	全国科普日	9月16日	海洋科普	科普活动	公众	2000
14	海洋公开课走进薛家岛小学	9月20日	海洋生物知识	科普课	小学生	80
15	海洋公开课走进39中学	9月22日	海洋生物知识	科普课	高中生	400
16	海洋公开课走进39中学	9月29日	海洋生物知识	科普课	高中生	400
17	海洋科普走进市南机关幼儿园	10月13日	海洋生物知识	科普课	学龄前儿童	40
18	青岛市南区海洋教育骨干教师专题培训	10月18日	海洋生物与环保	专题培训	教师	72
19	青少年海洋国防意识培育	10月20日	海洋国防意识教育	讲座	高中生	20
20	海洋科普走进同安路小学	10月25日	海洋生物知识	科普课	小学生	80
21	海洋科普走进山东路幼儿园	11月6日	海洋生物知识	科普课	学龄前儿童	40
22	海洋科普走进吉隆路小学	10月30日	海洋生物知识	科普课	小学生	200

3. 流动科普设施

单位：次

序号	名称	年度巡展次数	类型	经费来源	运行方式
1	科普大篷车	18	大篷车	自筹	—
2	大篷车山东行	1	大篷车	自筹	—

二、科研与学术

1. 承担项目

单位：万元

序号	项目名称	项目来源	项目级别	经费	负责人
1	色素添加对水母生长和体色的研究	青岛市南区科技局	其他	10	齐继光
2	水母消化酶组成及活性的相关研究	青岛市南区科技局	其他	10	王玮

2. 研究成果

序号	题目	作者	刊名	卷（期）号	期刊级别
1	《3种滤料的生物挂膜及硝化反硝化性能》	王威等	《应用与环境生物学报》	2017年第2期	核心期刊
2	《蔡元培与青岛水族馆》	齐继光	《自然科学博物馆研究》	2017年第2期	国家级
3	《水母凝胶标本染色方法初步研究》	王海铭	《水族馆专业委员会年会会议集》	2017辑	会议论文
4	《青岛近海岸水母的采集及其季节分布浅析》	王文章	《水族馆专业委员会年会会议集》	2017辑	会议论文

3. 编辑刊物

单位：万册

刊物名称	刊号	发行周期	发行数量	发行范围
《海洋探秘》	ISBN 978-7-5552-7629-6	月刊	20	全国

三、信息化建设

1. 官方网站浏览情况

青岛水族馆（青岛海产博物馆、青岛海洋科技馆）官方网站（www.qdaqua.com）主要承担面向公众执行机构服务功能、展示综合管理及最新科研信息、普及海洋科学知识、促进同业间科教场馆交流合作等文化、宣传及联络职能。自 2005 年建立开放以来，该网站总体架构不断优化，各版块功能逐渐完善，宣传尝试和广度日益强化，社会公众关注度持续上升，在社会科普事业发展进步、海洋文化和海洋意识宣教、公众科学文化素质提升等方面发挥了较大作用。2017 年，该网站日均 PV 超过 2600 人次，是社会各界了解海洋科普事业、获取海洋知识、强化海洋意识的重要窗口和展示青岛海洋文化建设的优势载体。

2. 展品信息化工作

2017 年，青岛水族馆智能化、信息化场馆建设再上台阶。场馆内部实现 Wi-Fi 全覆盖，观众可在现场免费获取 IP 直连后，通过智能手机直接点击，实现所见即所知；通过准确专业的在线语音讲解，零距离聆听海洋知识。参与型、交互型、智能全链型科普模式运用与建设走在国内同行业前列。

四、志愿者队伍建设

单位：人

分类	服务岗位	人数	来源	服务时间
海洋科普志愿者	展馆讲解、疏导、进学校讲课、进广场讲解	70	中国海洋大学、青岛科技大学大学生	节假日、重大科普活动日

五、运营情况

票务情况

是否免费开放	未免费开放场馆票种	未免费开放票价	观众人数
否	淡、旺季票	20 元、40 元	200 万人次／年

六、2017 年度大事记

2017 年　青岛水族馆体系小组按照国际质量管理体系标准 ISO9001：2015 版要求，完成《质量手册》《程序文件》文字改版，5 月份邀请来自上海质量审核中心的专家就 ISO9001：2015 版内容变化、差异分析、新增条款、调整注意事项等对内审员进行了培训。7 月 12 日，青岛水族馆下发了新版《质量手册》，质量体系正式换版。

3 月 20 日　在青岛第三十九中学城阳校区，青岛水族馆与青岛第三十九中学合作建成的"海洋生物科教馆"开馆。

青岛水族馆 ——

海洋日活动

科普活动

4月15~27日　青岛水族馆科普大篷车和宣传团队先后赴日照、菏泽、莱芜、烟台和威海五地市，深入学校、社区、公共文化广场进行了巡回展出，直接受益人群2万余人。

9月12日　青岛海洋科普联盟成立大会在八大关礼堂召开。大会现场，中国工程院院士、山东省科协主席、中国水产科学研究院黄海水产研究所研究员、名誉所长唐启升，中国科学院院士、中国科学院海洋研究所研究员胡敦欣，青岛市政协副市级领导方漪，中国水产科学研究院黄海水产研究所所长金显仕，青岛市科学技术协会党组书记、主席刘鹏照，青岛古镇口军民融合创新示范区管理委员会工委委员、管委副主任徐乐国等领导出席。

9月30日　中共山东省委常委、常务副省长李群在中共青岛市委常委、常务副市长王鲁明，市委常委、宣传部部长孙立杰，市委常委、市总工会主席、市教育局局长邓云锋等陪同下来青岛水族馆调研工作。市科协党组成员、副主席徐冰，青岛水族馆党总支书记王云忠参加活动并汇报相关工作。

12月22日　青岛市首届"移动传播政务品牌和最具传播影响力网络作品评选"颁奖礼在青岛广播电视台800平方米演播大厅举办，现场颁出2017年青岛"十大最具创新性政务移动传播品牌""十大最具影响力网络作品"等奖项。"青岛水族馆"微信公众号荣获"十大最具创新性政务移动传播品牌"。

七、2017年工作概述

青岛水族馆（青岛海产博物馆、青岛海洋科技馆），由著名思想家、教育家蔡元培等于1930年倡导成立，1932年5月8日建成开馆，是中国第一座水族馆和最早的海洋科普教育机构之一。该馆现为青岛市科学技术协会直属单位，拥有海洋生物馆、淡水生物馆、梦幻水母宫、海兽馆、青岛海底世界等主体展馆，融海洋科研、科普、动物保护、旅游功能于一体，是全国科普教育基地、全国海洋意识教育基地、全国青少年科技教育基地和4A级国家旅游景区，是青岛海洋文化窗口和标志性景区。2017年，青岛水族馆着眼服务海洋强国战略和公众科学素养提升，聚焦科研科普主业，党的建设、精神文明、科研科普、安全管理稳步推进，在国家海洋文化事业建设中具有重要地位。

（一）党建和精神文明建设扎实推进

青岛水族馆全体干部职工认真学习贯彻党的十九大精神，以习近平新时代中国特色社会主义思想为指导，牢固树立"四个意识",从思想上政治上行动上同以习近平同志为核心的党中央保持高度一致,保持了"青岛市文明单位标兵""军警民共建社会主义精神文明单位标兵"称号。"两学一做"学习逐渐形成制度化、常态化体系。精神文明建设稳步推进,连续第三年被确认为青岛市市级文明单位标兵,启动了省级精神文明单位创建工作,提出"创新活动形式、注重以点带面、规范支部生活"的工作思路,基层党组织的创造力、凝聚力、战斗力和党员先锋模范作用得到充分激发。狠抓党风廉政建设,加强了关键部门、关键岗位廉政风险防控,中央八项规定、"两个责任"等得到较好落实。群团工作扎实推进,"双拥"共建不断深化,与海军"石家庄舰"军民共建合作取得新成效。

(二)海洋科普职能得到较好发挥

1. 科普大篷车山东巡回展圆满完成,顺利实现三年覆盖全省目标

2015 年春季启动"认识海洋从这里开始……"科普大篷车山东巡回展,并提出三年覆盖全省工作目标。2017 年,按照创新作为、走出青岛、辐射齐鲁的工作思路,对原有生物标本、互动仪器等科普展品结构进行种类细分与优化,新增近海生物、绿海龟和水母等活体展示,智能科普互动设备达到 14 项,形成了集知识性、趣味性、流动性于一体的立体展教体系。4 月 15 日至 27 日,先后赴日照、菏泽、莱芜、烟台和威海五地市,深入学校、社区、公共文化广场开展巡回展出,直接受益人群 2 万余人,受到群众和当地媒体广泛关注。至此,科普大篷车三年覆盖山东全省 17 地市的工作目标圆满完成,活动社会效益明显。

2. 牵头成立青岛海洋科普联盟

根据青岛市科协安排,青岛水族馆负责联盟筹备工作。在时间紧、任务重、人手少的情况下,科学调配资源,统筹安排,在短时间内完成了相关工作,确定了 58 家来自科研院所、涉海高校、科普场馆、新闻媒体等涉海行业的首批成员单位,实现了联盟在海洋科普方面的较高代表性、权威性和普惠性。9 月 12 日,青岛海洋科普联盟成立大会召开,山东省科协主席唐启升院士出任名誉理事长,管华诗、郑守仪、胡敦欣、侯保荣、麦康森等国内知名海洋科学家担任首席传播专家,标志着青岛海洋科普教育资源共享再添新平台。

3. 群众性海洋科普特色突出,成果丰硕

全年开展科普大篷车进学校、社区、农村活动 18 次,积极参加青岛市重大文化主题活动,在全国科技周、世界博物馆日、全国文化遗产日、全国海洋日等节点,组织专门力量赴广场、学校、社区和街道组织开展主题宣传活动。以国际浮游生物观察站青岛水族馆分站为平台,组织全市大中小学开展生物采集、专题体验活动。开展海洋科普课堂,开展趣味海洋生物知识、海洋环保意识、海洋国防意识等多学科专题讲座 38 场,受众人数达 6000 余人。全年出版海洋少年科普读物《海洋探秘》12 辑,销售 20 余万册,面向游客和中小学生及农村贫困学生发放各类科普图书万余册。组织科普志愿者开展讲解疏导、服务"三下乡"、参加清洁海滩志愿服务、重大主题活动讲解宣传等活动 3000 余人次,取得良好社会效果,科普志愿者理论、业务素质得到明显提升。积极探索科普工作新方式、新方法,青岛水族馆官方网站、微信公众号等新媒体协同助力科普,形成了立体、高效的科学知识传播平台。

(三)海洋科学应用研究得到加强

1. 科研学术交流、理论研究广泛深入

先后派出 19 名科研人员参加了水族馆专业委员会饲养培训班、水族馆专业委员会年会暨第二届世界水母大会等交流活动。与成都海昌极地海洋世界、大连老虎滩海洋公园、青岛极地海洋世界开展了水母品种交换、物种饲养合作,科研论文《色素添加对水母体色影响的初步研究》《海月水母(Aurelia aurita)病原菌的鉴定与蛋白酶活性分析》《水母凝胶标本染色方法初步研究》等先后在国内外学术期刊发表。

2. 繁殖饲养工作水平提高

水母科研方面,该馆完善了《水母宫饵料投喂方案》,建立了《水母饲养档案》,改良了维生系统,开展了花笠水母、陈嘉庚水母、金黄水母的水螅体培养实验,加强了幼体到成体的饲养交接管控,加大了水母成长过程的全程标准化管理,稳定展示水母种类达到 20 种,创历年新高。全年繁殖斑海豹 2 只、南美海狮 1 头,饲养种群不断壮大。通过开展企鹅、海龟、海狮采血化验、复合碘溶液化验等措施,该馆实现了对海龟、海

2018 贵阳年会大会开幕式

狮、水母等生物疾病有效预防处理。

3. 重点科研项目获得突破

科研团队分工负责攻坚克难。海月水母转荧光基因实验、不同环境条件（温度、pH、金属离子等）下的海月水母胃丝中各消化酶活性检测、虾青素等微量营养元素对马来沙水母的生长影响试验等科研项目均有较大突破。在青岛第三十九中学建立了面积达 200 平方米、展出海洋生物标本约 170 余件的"海洋科教馆"，为更多中学生提供了了解海洋、学习海洋、研究海洋的机会。与青岛农业大学共建"青岛水族技术协同创新研究中心"项目取得较大进展，项目选址、基础实验设施框架基本确定，馆校优势互补、资源共享共建、高层次海洋人才培养平台正逐步建成。

（四）公共安全得到较好保证

认真贯彻执行"安全第一、预防为主、以人为本、综合治理"的安全生产工作方针，强力推进安全风险管控和隐患排查治理双重预防机制建设，安全工作势头良好，保持了长期稳定的发展态势。

1. 思想重视，责任落实

充分发挥馆安全工作领导小组的协调、指挥和监督作用，与海底世界等建立了安全工作联席会议制度和专题安全工作会议制度，与各部室签订《安全生产目标责任书》，安全生产责任得到层层落实。

2. 宣传再发力，排查更严格

在全馆开展了"安全生产月"主题宣传活动，组织干部职工开展了以"全面落实企业安全生产主体责任"为主题，以《中华人民共和国安全生产法》《中华人民共和国网络安全法》等法律法规和火灾防范、职业安全健康等为主要内容的"安全生产应知应会知识竞赛"，安全生产宣贯更加深入。

3. 瞄准实战应对，强化培训演练

组织安保员春、秋两季集中训练学习，有效提高了安保水平。3月，选派部分安保员到市消防局参加消防技能培训，并取得《消防安全重点岗位培训证书》。4月，联合市南公安分局、八大关街道办、八大关派出所、海底世界等共同开展了反恐演练。多次组织场馆突发停电疏散演练，11月，开展了全馆消防实操技能演练，邀请交警部门为全体职工开展文明交通主题教育讲座，进一步增强了大家交通安全意识、法制意识、文明意识。

4. 完善消防设施，打牢物防基础

对灭火器、灭火毯等消防器材全部进行全面登记造册、建立台账，对216件灭火器进行了充压更换，新增消防器材和装备300余件（套），在办公楼设立微型消防站2座，从物防上打下了安全生产的坚实基础。2017年，青岛水族馆在接待观众参观量超过200万人次的情况下，无重大责任事故、无重大游客投诉、无重大社会负面影响发生，安全工作目标全部完成，为事业长远发展创造了良好环境。

上海海洋水族馆有限公司

英 文 全 称：Shanghai Ocean Aquarium Co., Ltd
法 定 代 表 人：吴学光
联 系 电 话：021-58779988
传 真：021-58770088
官 方 网 站：www.sh-soa.com
成立（开放）日期：2002 年 2 月
通 信 地 址：上海浦东新区陆家嘴环路 1388 号
已加入专业委员会：中国自然科学博物馆协会水族馆专业委员会

▨ 一、科普活动与展览

1. 临时展览

序号	展览名称	起止日期	展出地点	性质
1	瑞兽贺岁首展——福星高照，龟仙驾临特展	2016 年 12 月 20 日至 2017 年 4 月 10 日	中国厅	原创
2	奇怪的生物在哪里——两栖爬行生物特展	4 月 21 日至 6 月 12 日	中国厅	原创
3	奇怪的生物在哪里——海洋怪鱼生物特展	7 月 3 日至 9 月 18 日	中国厅	原创
4	"鲀鲀圆圆"贺双节——国庆中秋鲀类鱼特展	9 月 25 日至 11 月 20 日	中国厅	原创
5	宝贝鱼儿迎新年	2017 年 12 月 18 日至 2018 年 1 月 28 日	中国厅	原创

2. 教育活动

单位：人次

序号	活动名称	活动时间	主要内容	活动形式	主要对象	参与人数
1	夜宿水族馆	全年	全馆讲解，鲨鱼主题讲座，触摸鲨鱼，手工，睡袋讲解	科普活动	学生	5861
2	水下情景学堂	全年	鹰鳐科普讲解，潜水手势教学与互动	科普表演	公众	36500
3	企鹅生日派对	全年	企鹅科普表演	科普表演	公众	36500
4	第三期 SOA 园丁俱乐部活动	1 月 20 日	喂食体验游	科普活动	园丁俱乐部会员	50
5	浦东新区育童小学鲨鱼保护主题校园行	3 月 15 日	鲨鱼主题讲座，活体水生物、标本展示与讲解	科普讲座	小学生	200

续表

序号	活动名称	活动时间	主要内容	活动形式	主要对象	参与人数
6	浦东新区周浦第二小学鲨鱼保护主题校园行	5月8日	鲨鱼主题讲座，活体水生物、标本展示与讲解	科普讲座	小学生	250
7	"共享我的绿色，关注可持续性食用海鲜"2017上海科技节主题活动	5月20~27日	线上答题，校内宣传，科普可持续性食用海鲜的理念	科普活动	公众号粉丝，10所高校学生	1600
8	浦东新区张江高科实验小学鲨鱼保护主题校园行	5月23日	鲨鱼主题讲座，活体水生物、标本展示与讲解	科普讲座	小学生	400
9	普陀凯瑞宝贝企鹅主题校园行	5月26日	企鹅主题讲座，活体水生物、标本展示与讲解	科普讲座	幼儿园学生	150
10	浦东新区张江高科实验小学（藿香校区）鲨鱼保护主题校园行	5月31日	鲨鱼主题讲座，活体水生物、标本展示与讲解	科普讲座	小学生	360
11	浦东新区崂山小学鲨鱼保护主题校园行	6月9日	鲨鱼主题讲座，活体水生物、标本展示与讲解	科普讲座	小学生	365
12	浦东新区尚德国际学校鲨鱼保护主题校园行	10月19日	鲨鱼主题讲座，活体水生物、标本展示与讲解	科普讲座	小学生	3000
13	教师生态文明教育培训班	10月26日	科普场馆生态设计交流会	科普活动	教师	60
14	浦东新区龚华路小学（东校区）鲨鱼保护主题校园行	10月31日	鲨鱼主题讲座，活体水生物、标本展示与讲解	科普讲座	小学生	600
15	浦东新区龚华路小学（西校区）鲨鱼保护主题校园行	11月1日	鲨鱼主题讲座，活体水生物、标本展示与讲解	科普讲座	小学生	600
16	浦东新区莱阳小学鲨鱼保护主题校园行	11月3日	鲨鱼主题讲座，活体水生物、标本展示与讲解	科普讲座	小学生	100
17	浦东新区周浦实验学校鲨鱼保护主题校园行	11月10日	鲨鱼主题讲座，活体水生物、标本展示与讲解	科普讲座	小学生	450
18	浦东新区浦东上南实验小学（三林校区）校园行	11月14日	鲨鱼主题讲座，活体水生物、标本展示与讲解	科普讲座	小学生	800
19	浦东新区上南实验小学（上钢校区）校园行	11月15日	鲨鱼主题讲座，活体水生物、标本展示与讲解	科普讲座	小学生	150
20	浦东新区浦东南路小学（龙阳校区）校园行	11月17日	鲨鱼主题讲座，活体水生物、标本展示与讲解	科普讲座	小学生	100
21	海富天地幼儿园校园行	12月1日	企鹅主题讲座，活体水生物、标本展示与讲解	科普讲座	幼儿园学生	80

3. 流动科普设施

单位：次

序号	名称	年度巡展次数	类型	经费来源
1	"共享我的绿色，关注可持续性食用海鲜"2017上海科技节主题活动（5月20~27日）	1	科普宣传，校园行	水族馆自筹
2	"My Green 我的绿色画卷"（6月5日世界环境日主题活动）	1	科普活动	水族馆自筹
3	"共享我的绿色，关注可持续性食用海鲜"2017全国科普日活动（9月16~22日）	1	校园行	水族馆自筹

🏵 二、科研与学术

1. 研究成果

序号	题目	作者	刊名	卷（期）号	期刊级别
1	《草海龙在水族馆中的饲养管理》	王子军　顾明花	《中国自然科学博物馆协会水族馆专业委员会2017年学术年会论文集》	第十九辑	协会内部发行
2	《卢戈氏碘液对海月水母水螅体》	邓维卿　陈　晨　柳漪薇	《中国自然科学博物馆协会水族馆专业委员会2017年学术年会论文集》	第十九辑	协会内部发行
3	《一例虫纹鳕鲈眼内增生物摘除手术》	柯　珺　杨舒婷	《中国自然科学博物馆协会水族馆专业委员会2017年学术年会论文集》	第十九辑	协会内部发行
4	《细吻海龙的人工繁育》	俞昌植　顾明花　陈　晨　胡慧杰　李羊亮　宋　超	第二届中国水族馆发展论坛入选论文	—	—

2. 专著

序号	名称	作者	出版社	出版日期
1	《野趣上海》	彭丽瑾（编写人员之一）	上海科技教育出版社	2017年8月

🏵 三、信息化建设

新媒体运用

2017年市场部策划大型节庆线下、线上活动及生物特展共计7次；小型节庆、特殊节日线上策划推广15次（主要以微信平台为载体，配合其他自媒体渠道宣传）；市场部策划各类大型节庆活动中，电视、平面、网络媒体曝光184次；自媒体自主宣传文案471次，其中微信117次、官网68次、微博286次（日常游客互动、游客问题解答、各类转发互动未计在内）。

此外，SOA与Oris沙虎鲨认养合作活动中，媒

上海海洋水族馆外观

体曝光量：活动共邀媒体 63 家（含本市、杭州及北京媒体）；天猫首页焦点直播及一直播平台直播时段 2H。SOA 官方微博同步转发直播内容。其中两家视屏媒体（优酷、上海星尚）、一家平面媒体（北京青年周刊）对 SOA 进行专访；天猫直播时段流量：峰值观看人数 31602 人；评论次数 6798 次；点赞数 668293 次。（此活动中媒体主要报道 ORIS 活动内容，SOA 有品牌露出及场馆露出）

四、志愿者队伍建设

分类	服务岗位	人数	来源	服务时间
辅助营运管理	岗位 1：检票口 岗位 2：三楼电梯口 岗位 3：二楼电梯口 岗位 4：草海龙缸 岗位 5：非洲半景缸	1326 人	上海市高院校大学生	8:30-16:30

五、运营情况

票务情况

是否免费开放	未免费开放场馆票种	未免费开放票价	观众人数
否	成人票、儿童票、老人票、现役军人票、离休干部票、残疾人票	成人票 160 元、儿童票 110 元、老人票 90 元、现役军人票 70 元、离休干部票 70 元、残疾人票 70 元	230 万人次 / 年
其他票务信息说明	海洋之友会员家庭年卡 888 元、海洋之友会员个人年卡 388 元		

六、2017 年度大事记

重要业务活动

2017 年 5 月 20~27 日 "共享我的绿色，关注可持续性食用海鲜" 2017 上海科技节主题活动。

2017 年 9 月 16~22 日 "共享我的绿色，关注可持续性食用海鲜" 2017 全国科普日活动。

外事活动

4 月 25 日 接待捷克共和国驻上海总领事及捷克外交部副部长一行来馆参观。

学术交流

9 月 公司管理人员及水族馆技术人员参加 2017 年水族年会即第二届国际水母大会和水族展示用品展示会，上海海洋水族馆提交的《一例虫纹鳕鲈眼内增生物摘除手术》获得大会优秀论文奖。

基础设施建设和改造项目

2017 年 3 月 完成 T2（扬子鳄）展缸的例行消毒工作。完成岩石上色、卵石消毒清洁、活性炭更换、干区砂子更换、假树清洁、生物球更换、亚克力打磨等工作。

2017 年 6 月 完成对 T11（澳大利亚的彩虹鱼）展缸的翻新工作。对岩石上色，重新制作背景画，消毒展缸，活性炭更换，生物球更换，亚克力打磨等。

2017年6月　对场馆的老海水管道，各展示缸用水情况进行摸查，开展了老海水综合利用项目，通过新增一路老海水供水系统，对馆内的T16（海豹缸）、T17（企鹅缸）、卤虫孵化的用水进行分级使用，从而较好地节约海水的使用成本。

2017年7月　利用场馆中央空调富余冷量，开始逐步对配水间FW1、FW3、BW3和Z6水池各增加1个钛泡，从而起到养殖池水温控制的良好辅助作用。

2017年9月　对T10（红树林）展缸封缸改造，完成假树修复、吊顶格栅更换、墙面壁画维修。

斑海豹

2017年10月　对南美亚马孙6.8米的水草缸进行了封缸改造，主要包括底部水草泥的更换、LSS的优化、底部铺设CO_2管路、水草造景的重新搭建，改造后水草缸呈现良好的亚马孙热带水草景观。

2017年11月　对T17（企鹅池）进行了封缸改造，主要包括地面、水底的表面处理，岩石的翻新上色，顶部格栅的更换，内部空气铺设，增加全热交换设备。通过对展缸的改造，改善企鹅的生活环境，提升场馆的空气质量，收到较好的效果。

为了更好地突出水母区梦幻效果，逐步更换了T24、T25、T26水母缸照明，更好地解决了因展示不同水母的需要而更换不同色彩的照明灯的困扰，且该LED灯对生物的还原色彩更加逼真，能充分展示水母的特色，让水母的色彩也更为艳丽，很好地提升了展示效果。

全年分批对南美区，东南亚风情墙展区的玻璃缸刮花玻璃进行了更换，以保持展示面良好的通透性，达到较好的展示效果。

2017年12月　完成南美洲触摸屏、声光电和企鹅展区触摸屏的改造提升。

■ 七、2017年工作概述

（一）荣誉

2017年，上海海洋水族馆继续荣获国家4A级旅游景点、"全国科普教育基地"、"上海名牌"企业、浦东"文明大厦"等称号，被中国自然科学博物馆协会评为2017年优秀集体。作为创新项目之一的"太平洋海荨麻水母的人工繁殖"项目荣获2017年浦东职工科技创新成果奖，"老海水再利用项目"荣获2017年浦东职工科技创新合理化建议三等奖。

（二）活动与展示

2017年新春推出了上海海洋水族馆"福禄寿喜财"贺岁系列特展；

2月，推出"元宵海洋交响之夜"主题活动；

4月，荣获"上海市五星诚信企业"称号；

5月，推出两栖爬行生物特展——"奇怪的生物在哪里"；

7月，推出"暑期乐翻天之玩转海洋"主题活动；

10月，推出国庆中秋鲀类鱼特展——"鲀鲀圆圆"贺双节；

12月，圣诞节推出"宝贝鱼儿迎新年"主题活动。

自2002年上海海洋水族馆（以下简称SOA）开馆之日起，接待了共计近2000万名游客。该馆通过馆内外的教育项目对本地公众和游客进行科普教育。以下是一些教育活动实例。

1. 各类主题特展

SOA不定期举办活体水生物主题展览，如新年"福禄寿喜财贺岁"主题展、"奇怪的生物在哪里"特色生物展、"鲀鲀圆圆"贺双节主题展览、"宝贝鱼儿迎新年"主题展览等，从水生物的不同角度向游客介绍特色水生物。

2. 学生团兴趣组游学

每年有许多学生团来SOA现场开展课外兴趣小组学习，学生游学团队按照本地学生教材《生命科学》大纲前来课外学习。

3. "我的绿色星球"——园丁俱乐部

校园行

SOA连续数年每年组织本俱乐部活动，活动旨在给教师会员提供一个切磋教学的平台，会员教师可以在俱乐部探索教学、探讨海洋动物方面的教学素材、交流和讨论探究性教学的话题，俱乐部为会员商讨各类活泼而有意义的教学活动和方案、策划动手体验式学习游提供支持。

4. 校园行活动

SOA每年派员带上活体展品免费送课上门，去本地学校进行校园行活动。在校学生以大班形式（校方安排尽可能多的学生）聆听SOA科教部员工的讲课，课间与随行的小型活体动物互动。校园行活动使更多学生了解水生动物及其生存环境，并学会如何从自身做起保护环境。

5. 科技周活动

SOA每年参与中国有关政府组织的"科技周活动"。其间在馆内展区、馆门口以及自媒体上组织丰富多彩的科普活动，活动互动性强受众面广，几乎每年都受到政府有关部门关于"科技周活动"的嘉奖。

6. 全国科普日活动

SOA每年参与有关政府牵头组织的科普日活动，SOA组织在线上线下的科普活动，宣传水生资源的保护意识，派员深入社

乐翻天之玩转海洋活动

区、学校等基层单位开展活动。活动期间（7天）SOA向所有游客半价开放。

7. 夜宿水族馆

SOA每年组织数千名学生来馆进行夜宿活动，学生夜宿在155米的海底隧道中，体验与海洋动物同眠的感受，并参与夜间科普活动，学习夜间鱼类的生活习性。

8. 每日科普表演

SOA每天在固定时间固定展区配合鱼类喂食开展科普表演活动，如"水下情景学堂"和"企鹅生日派对表演"，表演融音效、科普老师、喂食的潜水员、水下动物以及游客为一体，多方互动，向游客介绍水生物的自然习性，SOA杜绝一切强行虐待性的动物表演。

9. 公益性免费门票发放

SOA每年配合政府以《科普护照》和《科普一卡通》的形式，通过有关政府渠道向公众免费发放15000~35000张门票，作为公司向社会开展的公益性举措。

10. "可持续性食用海鲜"科普活动

利用大型科普活动的社会宣传平台，SOA通过线下和线上、馆内和馆外渠道向游客和公众特别是青少年宣传"可持续性食用海鲜"的理念，希望人人参与、从我做起，杜绝食用不适当的海鲜。

（三）志愿者平台

自2002年起SOA每年向社会提供志愿者服务岗位，组织1000多位社会志愿者来馆服务。2017年来馆志愿者人数共计1326人，服务时长累计达10608小时。

（四）技术创新

（1）太平洋海荨麻水母人工繁殖技术获得2017年度浦东职工科技创新五项评比创新成果入围奖。

（2）老海水再利用项目荣获2017年度浦东职工科技创新五项评比合理化建议三等奖。

徐州市水族展览馆

英　文　全　称：Xuzhou Aquarium Exhibition Hall
法　定　代表人：周永
联　系　电　话：0516-85720520
传　　　　　真：0516-85720520
官　方　网　站：www.xzsssj.com
行 政 主 管 单 位：徐州市云龙湖风景名胜区管理委员会
成立（开放）日期：1994 年 8 月 18 日
通　信　地　址：江苏省徐州市云龙湖湖中路 1 号
已加入专业委员会：中国自然科学博物馆协会水族馆专业委员会
　　　　　　　　　江苏省科普场馆协会水族馆专业委员会

一、科普活动与展览

1. 临时展览

单位：平方米，人次

序号	展览名称	起止日期	展出地点	面积	观众数量	性质
1	迎春观赏科普展	3 月 23 日	云龙湖放鹤亭	40	850	原创
2	筑强国海洋梦，扬创新科普帆	5 月 20~27 日	云龙湖湖心岛	55	700	原创
3	"鱼"你一起，快乐成长	9 月 16~22 日	云龙湖湖心岛	60	750	原创

2. 教育活动

单位：人次

序号	活动名称	活动时间	主要内容	活动形式	主要对象	参与人数
1	不一样的春天，不一样水族馆	4 月 16 日	少儿美术基地的小画家们相聚云龙湖，畅游水族馆，用画笔记录下自然之美	科普参观水族馆，用画笔绘海洋自然之美	少儿美术基地学生	90
2	世界地球日活动	4 月 22~23 日	以世界地球日为主题，引导孩子们用实际行动保护动物、珍惜资源、用心呵护地球，争做"守护地球"的小主人	科普讲解参观水族馆，科普课堂认识各种水生动物的有趣特性，课堂实验观察海月水母追逐食物的样子，还亲手触摸了海月水母	小学中低年级学生	80
3	亲密接触小水母	4 月 23 日至 5 月 21 日	以观察水母，触摸水母，喂食水母活动，让学生充分近距离接触水母，了解水母	水母知识讲座，科普小实验	学龄前亲子以及小学低年级学生	120

续表

序号	活动名称	活动时间	主要内容	活动形式	主要对象	参与人数
4	把大海"搬"进校园	5月26日	科普进校园，将海洋知识带进校园	科普课堂、实验与观察。引导参与者通过看、听、摸参与到活动中来	徐州市云兴小学中低年级学习	50
5	走进科普，共创梦想	6月4日	2017年科技宣传周活动。活动期间，水族展览馆发挥自身优势，以"认识海洋、探索海洋、保护海洋"为主线，活动效果良好，获得社会各界的一致好评	知识讲座、趣味科普展览、科普实验课堂、水生动物科普讲座、亲子互动科普行等多种活动形式	小学低年级	60
6	微观世界探索游	7月23日	以微观世界的探索为主，为学生们介绍了显微镜的历史，包括发明人列文虎克的故事，显微镜的类型介绍等	科普参观讲解，科普课堂以及显微镜科普实验	小学中、高年级学生	50
7	贫困儿童游水族馆	8月4日	水族馆海洋动物讲解	科普参观讲解水族馆	大凉山贫困儿童	40
8	把大海"搬"进校园	9月21~27日	科普进校园，将海洋知识带进校园	主要围绕海洋知识展开，通过PPT中的图片、文字、视频，详细介绍了海洋中的奇特生物及它们的生活习性，再配合小故事、互动问答等方式来加深学生们对知识的理解	徐州市四所小学中、低年级学生	300
9	"鱼"你一起快乐成长	9月24日	科普讲解认识神奇有趣的水生生物们，了解显微镜的历史和使用，观察水里面的小生物们	科普参观讲解，科普课堂以及显微镜科普实验	小学中、低年级学生	30

3. 流动科普设施

单位：次

序号	名称	年度巡展次数	类型	经费来源	运行方式
1	LED科普知识视窗	12	展示	自费	流动LED滚动
2	科普进校园	5	展示	自费	标本科普展
3	科普进社区	1	展示	自费	标本、展板

▦ 二、科研与学术

编辑刊物

单位：册

序号	刊物名称	刊号	发行周期	发行数量	发行范围
1	水族馆科普月刊	—	每月一期	80	水族馆内部发行
2	水族馆科普纪念本	—	每年一本	5000	市民和游客
3	水族馆科普宣传册	—	每年一册	10000	市民和游客

■ 三、信息化建设

1. 官方网站浏览情况

官方网站（www.xzsssj.com）是徐州市水族展览馆对外新闻宣传、科普海洋知识、建设精神文明等的重要窗口，该网站已连续被江苏省科普场馆协会评为年度优秀网站。

日均独立 IP 访问 289 人次，浏览量逾 998 人次，页面访问量根据 IP 地址属性对应分析，每天阅读和使用徐州市水族展览馆的读者来自全国各省市。

2. 展品信息化工作

徐州市水族展览馆的官方网站也是科普网站，科普人员定期在网站上发布海洋相关小知识，文明旅游等相关信息。在徐州市水族展览馆官网"认识海洋"专栏下推送了《海洋中一直绽放的花——海葵》等多篇海洋知识科普文章，让广大网友了解海洋生物的奇特，增进对海洋认识的趣味性。

3. 新媒体运用

徐州市水族展览馆科普部，紧紧抓住当今互联网移动终端发展趋势，在移动终端上开展科普教育宣传工作。特别是在徐州市水族展览馆的官方微博和微信，因其通过官方认证，发布信息具有权威性，浏览人数多，宣传效果好，突破了线下实体科普活动场地、时间的限制。2017 年在微博上推出"科普小课堂""古诗中的那些鱼儿"，每周各一期，引导网友近距离接触海洋、学习知识；在官网推送海洋科普文章，加大宣传推广力度，向公众传播权威、及时、实用的科普知识。同时将科普日活动信息及时通过微博平台进行发送，微博阅读量均在 3000 次以上。

■ 四、志愿者队伍建设

单位：人

分类	服务岗位	人数	来源	服务时间
爱心志愿队	科普宣传、文明旅游服务	36	在职职工	人均 25 小时 / 年
志愿招募	科普宣传、文明旅游服务	4	大学往届毕业生	人均 48 小时 / 年

■ 五、运营情况

票务情况

是否免费开放	未免费开放场馆票种	未免费开放票价	观众人数
否	成人票	60 元	50 万人次 / 年
其他票务信息说明	徐州市水族展览馆积极发挥其社会职能和全国科普教育基地模范带头作用，对 1.4 米以下儿童、70 周岁以上老人、残疾人、军人、持军人残疾证以及持江苏省无偿献血荣誉证人员均实行免费入园		

■ 六、2017 年度大事记

1 月 22 日　数十名环卫工人到徐州市水族展览馆参观，水族馆工作人员热情接待。

1 月 28 日　徐州水族展览馆历时三个月倾力打造的水母宫项目揭开神秘面纱，在普天同庆的春节假期迎来首批游客。

2 月 7 日上午　徐州水族馆根据全市机关作风建设暨深入推进"放管服"改革会议精神，结合单位实际，召开了作风建设工作会议。

3月5日是第54个雷锋日。徐州水族馆以此为契机，牢牢把握雷锋精神，发扬雷锋精神，以"人人学雷锋，时时有雷锋"为宗旨，以"志愿服务，让旅游更文明更美好"为主题，开展了文明旅游志愿活动。

4月13日下午　江苏省科普场馆协会水族馆、自然保护区与湿地公园专委会会议在徐州市云泉山庄召开。本次会议由徐州水族馆主办，盐城市科协副主席、大丰麋鹿国家级自然保护区管理处主任孙大明主持，江苏省科普场馆协会理事长吴国彬出席并做了重要讲话，大丰港海洋世界、连云港海洋湾海洋乐园、南京海底世界、大丰麋鹿国家级自然保护区、溱湖国家湿地公园、昆山市城市生态森林公园有限公司各单位主要负责人参会。

徐州市水族展览馆主体建筑俯瞰外景图

5月20日以来　徐州水族馆举办了以"走进科普，共创梦想"为主题的2017年科技宣传周活动。活动期间，徐州水族馆发挥自身优势，以"认识海洋、探索海洋、保护海洋"为主线，通过知识讲座、趣味科普展览、科普实验课堂、水生动物科普讲座、亲子互动科普行等多种活动形式吸引社会公众的参与，活动效果良好，获得社会各界的一致好评。

6月3~10日　以世界海洋日宣传为主，向游客普及海洋知识，宣传海洋保护。

6月6日　徐州水族馆开展了消防安全知识培训，全体干部职工通过办公会议和微信平台参加了此次培训，6月23日又在全体干部职工中进行了安全知识测试。

7月　组织了"微观世界探索游"特色暑期活动，了解到显微镜的相关知识、观察到了微小的微生物，认识到大自然中不同的生命形态，构建了人与自然和谐相处的意识，激发起孩子对海洋的浓厚兴趣，赢得了家长和游客的好评和认可。

8月4日　大凉山贫困儿童来到徐州水族馆，在水族展览馆讲解员的带领下走进了海洋世界，开始了参观探索之旅。

8月12日　江苏省第二届宝贝大咖秀活动的颁奖仪式在徐州水族馆落下帷幕。本次活动由江苏省邮政集团公司主办、徐州水族馆协办，让孩子们通过参观水族展览馆，真实地去接触来自世界各地的200多种珍稀鱼类，了解海洋世界神秘莫测、扑朔迷离的自然景象，从而认识它们，关心它们，爱护它们，并发出"保护我们的地球，带着爱心去阅读"的倡议宣言，以"动物是人类的好朋友，不能让它们只留在百科全书中"为宗旨，让孩子们为保护濒危动物付出实际行动。

9月11日　徐州水族馆组织全体职工在繁忙的工作之余参加了文明交通引导志愿服务活动。

9月20~21日　为进一步做好新学期"开学季"校园活动，将更多社会资源引进校园，徐州邮政分公司与徐州水族馆联合开展系列科普讲座，将丰富的海洋科普知识送到学校，送到学生身边，实现了资源共享，合作共赢。

9月　徐州水族馆领导班子偕养殖部技术人员赴天津，参加第二届世界水母大会暨中国自然科学博物馆协会水族馆专业委员会2017年学术年会。

10月27日下午　20多名一线环卫工人来到水族展览馆，徐州水族馆工作人员热情接待了他们，并为他们提供免费的海洋科普讲解，让他们详细了解到馆内各种鱼类的形态特征、生活习性、相关典故等。

10月下旬起　徐州水族馆对神秘文化区、珍稀鱼类区、海底隧道区进行升级改造，包括展示缸的更换、地面的升级改造等，打造出全新的参观环境。

画出我心中的海洋

11月21日上午　徐州水族馆邀请市消防安全员李老师，为全体职工讲授了消防安全基本知识。

12月26日　徐州市云龙湖风景名胜区管理委员会（以下简称"云管委"）管委齐主任主持召开徐州水族馆党支部全体党员大会，围绕"以实际行动学习宣传贯彻党的十九大精神"发表了重要讲话。

七、2017年工作概述

2017年，徐州水族馆在市云管委的坚强领导下，认真学习贯彻党的十八届三中、四中、五中、六中全会精神，全面落实科学发展观，按照"三严三实""两学一做"精神，紧紧围绕创建和维护国家5A级旅游景区的战略部署，以完成全年工作目标任务为抓手，统筹经济创收、党支部的建设、管理机制创新和科普事业全面协调发展，求真务实、开拓进取、争先创优，徐州水族馆全面建设迈上了新的台阶。

（一）明确方向，稳步开展工作

徐州水族馆以维护国家5A级旅游景区形象、创建"幸福景区"和全国文明城市为契机，立足本职，齐心协力，紧紧围绕"求生存、求稳定、求发展"的目标方向，迎难而上，不畏困难，一方面想方设法结合自身人力、物力、技术和资源等优势，不等不靠，深挖潜能，广开渠道，不断拓展新的经济市场。徐州水族馆按时办结数字化城管和"12345"政府服务热线以及游客投诉案卷转办事项，办结率100%，满意率100%。全年上报政务信息24篇，在市级以上新闻媒体发表通讯稿件2篇。

（二）统一思想，推进党建工作

1. 加强政治理论学习，巩固团结奋进的思想基础

以"三会一课"为载体，组织党员定期学习。把学习教育的具体任务、工作措施、方法载体融入"三会一课"，发挥好党支部在从严教育管理党员中的应有作用。建立了党员微信群，开通共产党员微信公众号，通过微信平台定期发布学习计划、学习资料和工作要求，组织党员在线学习交流，积极引导党员自主学习。

2. 加强党风廉政建设，进一步全面从严治党

坚持推进作风建设，严格执行上级和党工委作风建设规定要求，着力加强党风廉政教育，牢固树立公仆意识和廉政意识，认真组织全体党员学习《中国共产党廉洁自律准则》《中国共产党纪律处分条例》等文件精神，始终持之以恒落实中央八项规定，着力纠正"四风"，针对个别干部纪律观念淡薄、作风涣散的实际，相继规范了请销假、重大事项报告、上下班考勤、检查督查、责任追究和倒查等制度。领导班子成员与管委会党工委分别签订了党风廉政建设责任书，制定了责任目标，分解了责任任务，全面落实"一岗双责"制度。

（三）多管齐下，全方位做好安全工作

2017年徐州水族馆紧紧围绕"安全生产"建设，认真开展各项安全管理工作。徐州水族馆结合自身实际情况，重新修订了各种安全工作制度和预案。为将安全工作责任分解，根据单位具体情况，制订了2017年度徐州水族馆安全生产工作计划，目标明确。按云管委安全生产考核目标要求，结合单位工作情况进行分解，与各部门签订了2017年度部门安全生产目标责任书，使安全生产工作责任明确，任务落实，做到了一级对一级负责。明岗明责，检查评比，是强化管理力求实效的重要举措。"安全生产月"活动期间，加大全岛巡查力度，

每天定时检查用水管网和用电线路，重点部位是技术部养殖用水、用电是否安全，钢平台是否存在安全隐患，对发现的问题责令责任部门及时整改。为确保用电安全，提前对大水体的电器运行设备、大水体防漏水报警系统进行了检查和维修，对海底隧道区的电梯进行了改造，确保了运行安全，消除可能存在的安全隐患。

（四）完善工会组织职能，切实有效服务全馆职工

徐州水族馆工会以生产经营为中心，广泛深入开展经营创收研讨会，反复商讨刺激旅游消费、开拓市场的宣传促销方案。徐州水族馆以维护国家 5A 级风景区、创建"幸福景区"和文明单位为契机，以徐州各类电视、报纸、广播、官方网站为平台，并开通了官方微博、微信，创新宣传形式，丰富宣传内容，同时，充分利用景点宣传促销，扩大宣传，取得了较好的效果。徐州水族馆工会积极响应总工会号召，贯彻执行基层工会经费收支管理的规定，为职工群众服务，多为职工办实事、做好事、解难事。发放了职工生日卡，为客服及外出宣传的职工购买遮阳帽，为养殖部、设备部购置专用工作服，为职工发放劳保用品；加强职工食堂管理，由每日值班经理核查购入食材的重量和新鲜度，定期抽查食堂卫生，着重改善伙食质量，注重营养搭配，保证职工的饮食安全，充分做好后勤保障工作。

科普进校园

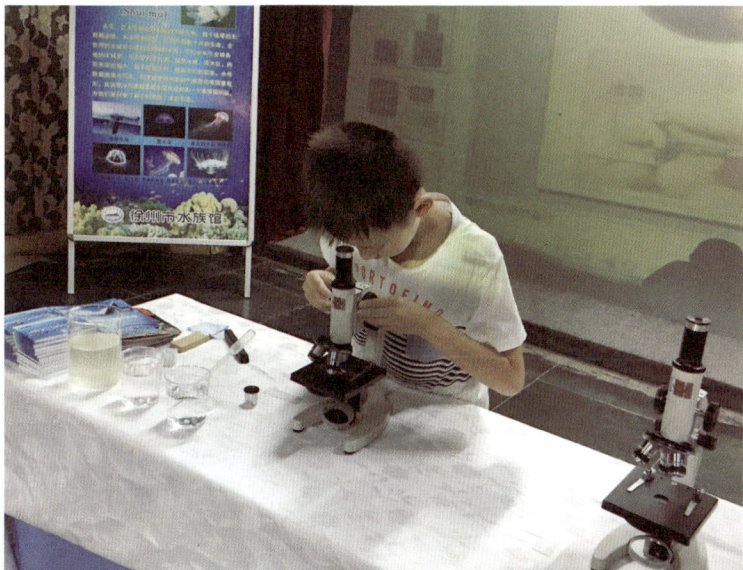
微观世界探索游，看看水里面有什么

（五）助力科普创新，共享发展成果

徐州水族馆作为中国自然科学博物馆水族馆专业委员会副主任单位、江苏省科普教育基地、徐州市科普教育活动基地、徐州市德育教育基地，在省、市科协的指导下，为促进全民科学素质跨越提升，实现创新驱动发展战略，配合文明城市创建，徐州水族馆充分发挥先锋示范作用，结合本单位实际，积极组织和开展各项科普工作，把普及科学知识、弘扬科学精神、传播科学思想及科学方法作为一项重点工作来抓，大力实施科学素质工程，积极推进科普工作群众化、社会化、经常化，开创了徐州水族馆科普工作的新局面，各项科普工作取得了显著成效。

全年在展厅开展科普讲解 200 余次，开展主题科普活动 10 余次，趣味科普实验 6 次，受众达万人；在2017 年科普工作中积极联合社会科普资源，协同市邮政公司举办江苏省第二届宝贝大咖秀活动颁奖仪式和科普进校园系列活动，宣传海洋知识，深受广大师生的欢迎。馆内、校内活动的持续开展，有力地提升了水族展览馆的社会形象，形成了科普场馆与市民游客、中小学生互动的良好局面。

（六）优化升级，实施改造，提高水族展览馆整体服务质量

徐州水族馆1994年8月18日建成至今，已运行23年之久，内部大量设施设备早已锈迹斑斑。作为国家5A级景区，为提升景区整体服务水平，为游客提供更加舒适的观赏环境，2017年11月1日起，对馆内的神秘文化区、珍稀鱼类区、海底隧道区进行维修改造，包括中华鲟鱼池、三元池、水晶宫及科普影院等进行升级。改造后的主题馆，将以更加灵活生动的展示形式、美轮美奂的灯光效果，给游客们带来如梦如幻般的视觉感受。

（七）荣誉表彰

徐州水族馆锐意进取，2017年度获得表彰7次，分别是省科协、省科技厅、省教育厅颁发的"2016~2020年度江苏省科普教育基地"，市科协、市科技厅、市教育局颁发的"2016~2020年度徐州市科普教育基地"，江苏省科普场馆协会授予的"单位网站为2017年度优秀网站"称号和"2017年科普日活动先进集体"称号，中国自然科学博物馆协会授予的"2017年度优秀集体"，中国科协评选徐州水族馆"'鱼'你一起，快乐成长"系列科普活动为"全国科普日优秀活动"，徐州市云龙湖风景名胜区管理委员会颁发的"先进单位"等荣誉。

宁波神凤海洋世界有限公司

英 文 全 称：Ningbo Shenfeng Ocean World Company Ltd.
法 定 代 表 人：朱红萍
联 系 电 话：0574-56863816
传　　　　真：0574-56861555
官 方 网 站：www.nbhysj.com
行 政 主 管 单 位：鄞州区东柳街道
成立（开放）日期：2006 年 11 月 16 日
通 信 地 址：宁波市鄞州区桑田路 936 号
已加入专业委员会：中国自然科学博物协会水族馆专业委员会

▨ 一、科普活动与展览

1. 临时展览

单位：平方米，人次

序号	展览名称	起止日期	展出地点	面积	观众数量	性质
1	世界野生动植物日	3 月 3 日	海洋世界广场	3000	500	引进
2	全国防灾减灾日	5 月 12 日	海洋世界广场	3000	500	引进
3	水产科技周	5 月 14~20 日	海洋世界广场	3000	2000	联合中国水产学会、宁波市海洋与水产学会
4	全国科技周	5 月 20~27 日	海洋世界广场	3000	3000	联合宁波市科学技术协会、宁波市海洋与水产学会
5	世界海洋日暨全国海洋宣传日	6 月 8 日	海洋世界广场	3000	500	联合宁波市海洋与渔业局、宁波市海洋与水产学会
6	全国水生野生动物保护宣传月	7 月 18 日至 8 月 17 日	海洋世界广场	3000	20000	联合宁波市海洋与渔业局、宁波市海洋与水产学会
7	全国科普宣传日	9 月 16~22 日	海洋世界广场	3000	3000	联合宁波市科学技术协会
8	海洋文化节	10 月 15~21 日	海洋世界广场	3000	3000	原创

2. 教育活动

单位：人次

序号	活动名称	活动时间	主要内容	活动形式	主要对象	参与人数
1	水产科技周	5 月 14~20 日	发放科普宣传册，参观学习科普教育基地	参观、学习	中小学生	500

续表

序号	活动名称	活动时间	主要内容	活动形式	主要对象	参与人数
2	全国科技周启动	5月20日	发放科普宣传册，参观学习科普教育基地	参观、学习	市民、科普爱好者	500
3	全国科技周——科普进社区	5月26日	海洋科普走进划船社区	讲座、互动	社区居民	200
4	全国科技周——科普进校园	5月26日	海洋科普走进黄鹂小学	讲座、互动	小学生	200
5	全国科技周——科普进校园	5月27日	海洋科普走进华师大艺术实验学校	讲座、互动	中小学生	400
6	世界海洋日暨全国海洋宣传日	6月8日	发放科普宣传册，参观学习科普教育基地	参观、学习	中小学生	500
7	世界海洋日——科普进校园	6月8日	海洋科普走进宁波市第一幼儿园	讲座、互动	幼儿园学生	200
8	科普夏令营	7~8月	海洋知识普及	讲座、互动	游客	20000
9	全国水生野生动物保护科普宣传月启动	7月18日	宣读水生动物保护宣言、放生海龟、参观科普教育基地	启动仪式、出海放生、参观学习	市民、渔业执法部门	1200
10	科普宣传月——科普进社区	7月21日	海洋科普走进划船社区	讲座、互动	社区居民、中小学生	200
11	科普宣传月——科普进社区	7月25日	海洋科普走进园丁社区	讲座、互动	社区居民、中小学生	300
12	全国科普宣传日启动	9月16日	发放科普宣传册，参观学习科普教育基地	启动仪式、参观、学习	市民、科普爱好者	500
13	全国科普宣传日——科普进社区	9月19日	海洋科普走进陈婆渡社区	讲座、互动	社区居民	200
14	全国科普宣传日——科普进社区	9月20日	海洋科普走进史家社区	讲座、互动	社区居民	200
15	海洋文化节启动	10月15日	征文征画活动、科普志愿者挂绶带、科普主题表演、科普讲座	启动仪式、讲座	市民、青少年科普爱好者	500
16	海洋文化节——海洋文化进社区	10月17日	海洋科普走进月季社区	讲座、互动	社区居民	300

▦ 二、科研与学术

1. 研究成果

序号	题目	作者	刊名	卷（期）号	期刊级别
1	《救护绿海龟腹部烂甲的治疗报告及相关思考》	柴进 王亮亮	《中国自然科学博物馆协会水族馆专业委员会学术会议论文集》	第十九辑	协会内部发行
2	《宁波海洋世界圈养北极狼的人工育幼》	魏博崛	《中国自然科学博物馆协会水族馆专业委员会学术会议论文集》	第十九辑	协会内部发行

2. 编辑刊物

单位：册

序号	刊物名称	刊号	发行周期	发行数量	发行范围
1	海洋科普学习单	—	—	25000	中小学生
2	宁波海洋世界科普教育基地科普活动掠影	2017	年度	5500	科普爱好者

▨ 三、信息化建设

1. 官方网站浏览情况

2017 年宁波海洋世界继续对官方网站（www.nbhysj.com）各个版块进行优化，提升页面的美观度，完善功能的实用性，实时更新场馆的科普信息，与线下活动相得益彰。网站年度浏览次数（PV）达 75141 次，日均约 206 次；年度访客人数约 21467 人，人均浏览页数约为 3.5 页。

2. 展品信息化工作

宁波海洋世界利用网站、新媒体和馆内的电子屏实时更新新闻、活动、表演时间以及科普信息；所有的生物信息由动态电子屏展示，更换十分便捷；另外，还利用新建的 LED 大屏幕和馆内的数台电视机，轮动播放关于展品和科普信息的视频资料。

3. 新媒体运用

从 2017 年 1 月至 2017 年 12 月，宁波海洋世界通过官方微信公众号举办活动 5 次，总参与人数 42326 人。共发送图文信息 171 篇，总阅读量 202383 次，平均阅读量 1184 次。2017 年 1 月关注量为 38758 人，2017 年 12 月关注量为 70501 人，年度净增关注量 31743 人。

▨ 四、志愿者队伍建设

单位：人

分类	服务岗位	人数	来源	服务时间
志愿服务	文明旅游引导员	200	中学生、大学生	周末、黄金周、寒暑假

▨ 五、运营情况

票务情况

是否免费开放	未免费开放场馆票种	未免费开放票价	观众人数
否	成人票	160 元	42 万人次 / 年
否	儿童票	110 元	21 万人次 / 年
否	年卡	成人年卡：458 元 / 年 儿童年卡：258 元 / 年 家庭年卡（两大一小）：880 元 / 年 家庭年卡（两大两小）：1080 元 / 年	
其他票务信息说明	70 岁以上老年人凭有效证件实行半价优惠； 现役军人凭有效证件实行半价优惠； 残疾人凭有效证件实行半价优惠； 在全国科技周、全国科普日、全国海洋宣传日、全国水生野生动物保护宣传月等节日，邀请社会各界人士代表免费参观宁波海洋世界科普教育基地		

▨ 六、2017 年度大事记

2 月 1 日　宁波海洋世界科普教育基地养殖的北极狼顺利产下雌雄双胞胎一对，基地工作人员通过人工培育使其健康成长，乃华东地区首例成功繁育北极狼的案例。

3 月 3 日　开展"世界野生动植物日"主题宣传活动。

宁波海洋世界外景

3月9日　荣获"2016年度优秀全国科普教育基地"称号。

4月23日　宁波海洋世界工会连续第五年在基地广场组织开展无偿献血活动，游客和员工们都积极参加。

4月26日　宁波海洋世界兽医魏博崛荣获"十佳鄞城工匠"荣誉称号。

5月14~20日开展以"科技创新，科学普及"为主题的"水产科技周"活动。

5月20~27日　开展以"科技强国，创新圆梦"为主题的"全国科技周"活动。

6月6日　与宁波市海洋与渔业局联合在象山港海域举行增殖放流活动，将30万余尾大黄鱼鱼苗投放大海，宣扬保护海洋资源的意识。

6月8日　开展以"扬波大海，走向深蓝"为主题的"世界海洋日暨全国海洋宣传日"活动。

7月18日至8月17日　开展以"关爱水生动物，共建和谐家园"为主题的"全国水生野生动物保护科普宣传月"活动。

8月17日　鄞州区陈国军区长一行莅临宁波海洋世界检查指导安全工作，对宁波海洋世界的安全管理工作作出了充分的肯定，并对宁波海洋世界提出了更高的要求和期望。

9月17日　开展以"创新驱动发展，科学破除愚昧"为主题的"全国科普宣传日"活动。

9月25日　中科协、省科协、市科协、区科协等一行调研团队莅临宁波海洋世界，视察基地科普工作，高度肯定并对宁波海洋世界的科普工作情况给出了诸多建设性意见。

10月15~21日　开展以"弘扬海洋文化，共建和谐家园"为主题的"海洋文化节"活动。

▨ 七、2017年工作概述

宁波海洋世界作为全国科普教育基地、全国海洋科普教育基地、全国海洋意识教育基地、全国水产学会科普教育基地、浙江省科普教育基地、宁波市科普教育基地、宁波市中小学生社会实践大课堂示范性资源基地，在2017年将海洋科普宣传工作列为常态化工作重点，积极承担各种社会责任，不断更新、丰富科普宣教资源，组织开展各类行之有效的科普宣教活动，履行海洋科普教育宣传的义务。

（一）场馆硬件的改造更新

3月，全面改造扩建水族馆商场和中餐厅，为游客创造了温馨舒适的购物和就餐环境。

4月，新建海洋科普长廊游步道，连接水族馆和海洋剧场，长度约100延米，用于连续性地大面积展示科普内容，并持续更新。

5月，精品鱼缸展示区全面改造完成，使景观更加精美，与周围环境相融合，并丰富了饲养、展示的生物品种，有角箱鲀、黑斑狗头鱼、霓虹燕子、玻璃猫、TK-1夜明珠、黄肚蓝魔、公子小丑、玫瑰鱼、海马等珍稀品种。

6月，在海洋剧场安装总面积为124平方米演出舞台，其中主舞台面积为64平方米，可升降，两侧固定舞台面积共计60平方米。将传统动物表演与科技结合起来，令游客耳目一新，极大地提升了游客观赏体验。

7月，在海洋剧场新增大型LED多媒体电子屏，总建设面积超500平方米。其中主屏面积为102平方米，数码管辅助屏面积为400平方米左右。大屏幕能够支持上千人同时进行科普讲座和互动，并能持续播放关于科普宣传的动画、视频、图片等信息。

8月，新建椰子蟹展示区，完美融入馆内的热带展示区域，其独特性和稀有性非常吸引眼球。

10月，内瀑布区域全面改造完成，将景观进行翻新。将原有小木桥改为透明的玻璃桥，从而可以直接观察到桥下生物，主要用于饲养、展示国家二级保护动物娃娃鱼。

11月，将原科普大讲堂改造扩建成为全息科普大课堂、鱼人知识库，同时扩建了海洋生物科普馆，丰富了科普资源。

（二）积极开展各种主题科普活动

宁波海洋世界积极承担和履行各种社会责任，组织开展各类内容丰富、形式多样的公益性科普宣传活动。一年来，先后开展了"全国水产科技周""世界海洋日暨全国海洋宣传日""全国水生野生动物保护宣传月""全国科普宣传日""海洋文化节"以及"感恩自然、保护海洋"增殖放流等大型主题科普宣传活动。同时还创新发展特色海洋科普宣传活动，如科普冬、夏令营，科普进社区，科普进校园等。

全息科普大课堂

在各种活动期间，基地邀请广大市民和青少年中小学生前来游学参观，向他们发放科普宣传册、学习单，展示科普展板，在海洋剧场和海洋科普馆开展科普讲座等；基地的科普团队还会走进社区、学校，将科普宣传资料和课程带给更多的市民和中小学生。

其中，在2017年7月18日"全国水生野生

海洋剧场升降舞台

宁波海洋世界科普进校园

动物保护科普宣传月"启动仪式当天，宁波海洋世界工作人员在宁波市海洋与渔业局和海监支队的支持下，将救护暂养在馆内的国家二级保护动物绿海龟，放生至象山港海域。这次放生活动在当晚的宁波电视台一套《看看看》栏目里报道，更是在2017年7月19日的《中国日报》上登载，从而拓展了科普的受众面，宣传效果大大增强，使此次"水生野生动物保护宣传月"活动深入人心。

（三）创新发展科普课程

宁波海洋世界通过不断地摸索和实践，积极与各所中小学校方对接，研究结合了中小学生的学校教学课本，学习先进的教育理念，建立起专业的科普服务团队和特色的服务模式。以寓教于乐、边游边学的方式，激发学生们对于学习海洋知识的热情，实现深入人心的科普目标，从而形成了一套特色鲜明、行之有效的科普活动方案和课程体系，将其运用到各种科普活动中，打造了中小学生校外的"第二课堂"。

2017年研发的课程有：《大海，我们共同的家》《海洋里的"大块头"家族》《海中"智多星"——海豚》《神秘的海底"花园"》《无奇不有的海底世界》《鸟中"绅士"——企鹅》《水母"遇上"海龟》《你好，"美人鱼"》等。基地的科普课程也连续入选宁波市中小学生社会实践大课堂优秀课程。

（四）科学繁育和学术成果

2017年2月，基地成功繁育北极狼2只，并以人工培育的方式使其健康成长；5月，基地成功实现安朵仙水母的繁育；9月，基地成功实现三湖慈鲷的繁育，为未来口孵型鱼类的繁育工作打下良好基础。

在由中国自然科学博物馆协会水族馆专业委员会主办的2017年全国水族年会中，宁波海洋世界有2篇论文被选入"学术会议论文集"，分别是：《救护绿海龟腹部烂甲的治疗报告及相关思考》和《宁波海洋世界圈养北极狼的人工育幼》。

2017年3月，宁波海洋世界被中国科协授予"优秀全国科普教育基地"称号。

2017年7月，被水生野生动物保护分会授予"优秀会员单位"称号。

宁波海洋世界的"科普走进宁波市特殊教育学校活动"被中国科协选入2017年12月出版的《全国科普教育基地优秀科普活动案例汇编》。

厦门海底世界有限公司

英 文 全 称：Underwater World Xiamen Co. ,Ltd.
法 定 代 表 人：WU HSIOH KWANG
联 系 电 话：0592-2571860
传 真：0592-2067909
官 方 网 站：www.xm-hdsj.com
行 政 主 管 单 位：厦门市鼓浪屿 – 万石山风景名胜区管理委员会
成立（开放）日期：1998 年 1 月 1 日
通 信 地 址：福建省厦门市鼓浪屿鼓浪公园

一、科普活动与展览

1. 临时展览

单位：平方米，人次

序号	展览名称	起止日期	展出地点	面积	观众数量	性质
1	"微观福建名景　体验各地年味"之水草造景主题特展	1 月 20 日至 3 月 20 日	海洋馆特 3 展区	60	约 20 万	原创
2	"金鸡贺岁　龙凤呈祥"之龙凤锦鲤科普主题展	1 月 20 日至 3 月 20 日	淡水鱼馆	100	约 20 万	原创
3	"远古访客"探秘水生史前活化石科普主题特展	3 月 1 日至 12 月 31 日	全馆	7500	约 89 万	原创
4	"海底精灵园"趣味科普主题展	5 月 1 日至 12 月 31 日	海洋馆特 1 和特 2 展区	80	约 72 万	原创
5	海底幼儿园开园啦！——首届水生物幼体主题特展	6 月 1~30 日	海洋馆特 3 展区	60	约 8 万	原创
6	"金砖鱼宝宝入驻海底幼儿园"生物科普主题展	7 月 1 日至 9 月 30 日	海洋馆特 3 展区	60	约 34 万	原创
7	"奇鱼妙论——怪鱼大咖聚海底"趣味生物科普主题特展	10 月 1 日至 12 月 31 日	全馆	7500	约 21 万	原创
8	"鱼您相遇　狂欢双旦——寻找海底'圣诞袜'"趣味主题特展	12 月 1~31 日	海洋馆特 3 展区	60	约 5 万	原创

2．教育活动

单位：人次

序号	活动名称	活动时间	主要内容	活动形式	主要对象	参与人数
1	"关爱水生动物共建和谐家园——第一届'我与水生野生动物共享一片蓝天'"主题绘画比赛和颁奖活动	1月14日	1.2016年10~12月举办"关爱水生动物　共建和谐家园"活动，并向全厦门市小学征集"我与水生野生动物共享一片蓝天"绘画作品 2. 共参赛120幅作品，入围30幅，于2017年1月14日在厦门火烧屿海豚救护基地进行颁奖 3. 颁奖当天由专业科普讲解员带领学生参观了海豚喂食活动、鲸豚科普馆，并开展现场互动问答活动	微信线上绘画投票、现场颁奖、科普讲解、实体展示等	小学生	80
2	公共文化服务校园——厦门海底世界走进人民小学（一）	3月20日	以科普讲座（主题：哺乳动物）、互动问答及赠送小礼品等多种形式，向小朋友们宣传认识海洋、保护环境等科普知识	科普授课、主题特展和现场互动	小学生	50
3	公共文化服务校园——厦门海底世界走进人民小学（二）	3月27日	以科普讲座（主题：海洋仿生学）、互动问答及赠送小礼品等多种形式，向小朋友们宣传认识海洋、保护环境等科普知识	科普授课、主题特展和现场互动	小学生	50
4	公共文化服务校园——厦门海底世界走进人民小学（三）	4月10日	以科普讲座（主题：探秘神奇的海洋世界）、互动问答及赠送小礼品等多种形式，向小朋友们宣传认识海洋、保护环境等科普知识	科普授课、主题特展和现场互动	小学生	50
5	公共文化服务校园——厦门海底世界走进人民小学（四）	4月17日	以科普讲座（主题：鱼病小常识）、互动问答及赠送小礼品等多种形式，向小朋友们宣传认识海洋、保护环境等科普知识	科普授课、主题特展和现场互动	小学生	50
6	厦门海底世界携手市科协走进前埔北社区开展科普进社区系列化活动	7月11日至8月3日	以系列海洋科普讲座、互动问答、手工课堂等多种形式，向小朋友们宣传认识海洋、保护环境等科普知识，共开展四期海洋课程	科普讲座、现场互动	小学生	120
7	金砖科普进社区——厦门海底世界走进马垅社区开展海洋科普活动	7月20日	以金砖鱼宝宝科普讲座、互动问答、手工课堂等多种形式，向小朋友们宣传认识海洋、保护环境等科普知识	科普讲座、现场互动	小学生	40
8	金砖科普进社区——厦门海底世界走进双莲池社区开展海洋科普活动	8月17日	由厦门海底世界和厦门中华白海豚文昌鱼自然保护管理处共同开展海洋保护活动，以互动课堂、现场问答、手工课堂等多种形式，向小朋友们宣传认识海洋、保护环境等科普知识	科普讲座、现场互动	小学生	50
9	"厦门市科技教育合作协议签字仪式"暨科普教育基地进校园科技嘉年华活动	9月20日	厦门市科协、厦门市教育局主办，各学校及科普教育基地一起参与，以科普讲座（主题：非凡的冒险家——海龟）、互动问答、手工课堂等多种形式，向小朋友们宣传认识海洋、保护环境等科普知识	科普讲座、现场互动	小学生	100
10	厦门海底世界携手校企合作学校——集美乐海小学开展海洋秋游社会实践活动	11月1日	在厦门海底世界专业的科普讲解员带领下参观海底世界四大特色展馆，并现场开展互动问答、做小游戏、送小礼品等活动	科普讲解、实体展示和互动游戏	小学生	1000
11	厦门海底世界联合湖里区科协组织"石尚海洋科普　争当科学卫士"的科普志愿学习者参观活动	11月7日	在专业的科普讲解员带领下参观海底世界四大特色展馆	科普讲解、现场互动	公众	45
12	厦门海底世界走进厦门市演武第二小学开展科技节活动	12月20日	以科普讲座（主题：非凡的冒险家——海龟）、互动问答送小礼品等多种形式，向小朋友们宣传认识海洋、保护环境等科普知识	科普讲座、现场互动	小学生	100

续表

序号	活动名称	活动时间	主要内容	活动形式	主要对象	参与人数
13	厦门海底世界走进校企合作学校——集美乐海小学开展科技节活动	12月22日	以科普讲座（主题：非凡的冒险家——海龟）、互动问答送小礼品等多种形式，向小朋友们宣传认识海洋、保护环境等科普知识	科普讲座、现场互动	小学生	250
14	厦门海底世界走进双塔小学开展科技节活动	12月25日	以科普讲座（主题：海洋仿生学）、互动问答送小礼品等多种形式，向小朋友们宣传认识海洋、保护环境等科普知识	科普讲座、现场互动	小学生	150

二、信息化建设

1. 官方网站浏览情况

单位：次，人次

日均PV	点击数	观众数
250	2302	2179

2. 展品信息化工作

2017年，厦门海底世界共策划举办了8个大型科普主题特展，每次主题特展期间都邀请了厦门本地多家报纸媒体、电视电台等到馆内采访宣传报道（全年累计报道36次），同时通过公司官网、自媒体（微信、微博全年累计共发送197条）编辑各种科普信息进行宣传，并多次请厦门市旅发委官方微信及微博、厦门海洋与渔业局官网、厦门市科协科普网、厦门旅游网、海西旅游网、凤凰网、人民网、新浪闽南等多家媒体网络协助发布主题特展信息。另外，厦门海底世界还通过在展馆外围搭建充气拱门、空中氢气球、架设宣传展板、LED屏、印制活动宣传单页、海报、宣传折页等方式进行宣传，目的是让更多的游客提前知道在不同时期举办的各种科教展示活动，并通过举办上述不同形式科普主题特展和活动，从生物学、社会学等不同角度向游客综合展示海洋生物物种的多样性、趣味性、互动性，让游客体验自然科学的奇妙，让入馆游客深入了解海洋生物的习性、特点及有关趣闻趣事，做到了寓教于乐。

3. 新媒体运用

平台	发布条数（条）	粉丝人数（人）	阅读次数（次）	分享转发（次）
微信公众号	111	10922	259771	10497
官方微博	86	1682	345159	2324

4. 基础设施建设和改造项目

分别在2017年3月学生春游活动和9月学生秋游活动来临前，更新了全展馆内科普知识长廊展板内容，以图文并茂的形式介绍各种有关海洋的科普知识。

5. 信息化建设情况

（1）2017年开始，厦门海底世界在官方微信平台上定期开展赠送贵宾票活动，在运用微信宣传科普的同时让粉丝参与进行分享互动，通过调动微信粉丝的参与度，增强微信传播属性，提高粉丝忠诚度。

（2）2017年开始，公司官网内容与公司其他自媒体（如微信、微博）同步更新，不断更新与填充内容。在推广活动的同时，也在不断更新科普知识，使公司官网维护常态化。

▨ 三、志愿者队伍建设

单位：人

分类	服务岗位	人数	来源	服务时间
志愿外联服务	鼓浪屿社区	5	公司员工	2013年服务至今
接待科普讲解	学生团体春秋游、夏（冬）令营接待讲解服务	40	公司员工	开业至今
微型消防站志愿消防队	全公司消防安全	14	公司保安部员工	2015年至今
单行线参观引导	节假日、暑期大客流时馆内引导	40	公司员工	2012年至今

▨ 四、运营情况

票务情况

是否免费开放	未免费开放场馆票种	未免费开放票价	观众人数
否	成人票儿童票军人票老人票	1. 成人票：90元/张； 2. 儿童：身高1米以下免费； 儿童票：50元/张（身高1~1.4米） 3. 军人票：50元/张（凭军官/士兵证或残疾军人证）； 4. 老人票：50元/张（65周岁以上，凭身份证）	108万人次/年
其他票务信息说明	个人年卡：225元/张（全年不限次数参观）； 家庭年卡（2名成人+1名儿童）：450元/张（全年不限次数参观）		

▨ 五、2017年度大事记

1月7日　由厦门市海洋与渔业局组织的厦门市民到厦门海底世界参加海洋科普活动。

2月24日　举办春季科普讲解员培训，3~6月份为学生春游接待周期。

3月6日　参与厦门市海洋与渔业局海豚救助工作。

3月15日　参加中国海洋学会在广州举办的2017工作会议暨全国海洋科普工作会，厦门海底世界作为全国海洋科普教育基地新成员之一，派代表参与了本次工作会议。

6月14日　受邀参加《厦门新机场运输航道工程中华白海豚知识讲座》并做关于保护中华白海豚的演讲。

7月12日　作为协办单位参加由厦门市海洋与渔业局主办的2017全国水生野生动物保护科普宣传月（厦门站）启动仪式。

7月17日　受邀参加2017鼓浪屿音乐节——《舞动鼓浪屿的文史——让想法

厦门海底世界建筑外观

歌咏成真》专题讲座。

8月25日　参加厦门市科协主办的"厦门市科普志愿者金砖服务培训"。

9月12日　举办秋季科普讲解员培训，9~12月份为学生秋游接待周期。

9月20日　受邀参加由厦门市科协、厦门市教育局主办的厦门市科技教育合作协议签字仪式暨科普教育基地进校园科技嘉年华活动，并与厦门集美小学成为"校企科普合作单位"。

9月　参加在天津举办的第二届世界水母大会暨中国自然科学博物馆协会水族馆专业委员会2017年学术年会。

9月27日　到厦门大学生物博物馆参加"海洋科学与文化（厦门）中心筹备委员会第一次会议"。

厦门海底世界标志性建筑 - 八爪鱼铜雕

12月5日　参加由厦门市海洋与渔业局举办的中华白海豚保护行动计划（2017~2026年）启动仪式暨中华白海豚保护联盟成立大会。

六、2017年工作概述

时光荏苒，岁月如梭。回顾2017年科教工作，厦门海底世界在各级主管部门的关怀和指导下，继续实施"走出去、引进来"科教发展之路，充分利用自身资源优势，精心策划形式多样具有海洋特色的科普展教活动，积极向民众传播海洋科普知识，认真履行科普教育基地的职责和义务。

（一）科普条件

厦门海底世界位于风景秀丽的5A级景区、世界文化遗产地鼓浪屿岛上，隶属于新加坡星雅集团，是厦门市著名景点，占地1.75公顷，总建筑面积约1万平方米，于1998年元旦正式对外开放，是集旅游、娱乐、科普教育于一体的大型海洋水族馆，1999年至今一直荣获并保持市、省、全国"科普教育基地"光荣称号，并连续五届获选"厦门市十大优秀科普教育基地"。2017年，厦门海底世界再次获评为"全国海洋科普教育基地"，还利用自身的技术及设施优势，积极投身于水生野生动植物的保护，是"全国海洋珍稀濒危野生动物救护网络成员单位"以及"中华白海豚救助协作单位"。

2017年厦门海底世界共计接待中外游客108万人次，其中接待青少年儿童约16万人次（不含1米以下免费接待儿童群体），分别为：接待自由行青少年儿童群体13.4万人次，接待春秋游、夏令营学生团体2.4万人次，免费接待特殊（困）学生团2000多人次。

厦门海底世界每年组织两次全体员工科普讲解技能培训，并将讲解服务纳入季度绩效考评中，通过培训考核来提升科普讲解员的综合素质，在学生团春秋游、夏令营接待中，实现了全司人人能讲解，团团必讲解的科教模式，透过专业讲解向青少年学生灌输"认识海洋、亲近海洋、保护海洋"的理念。

厦门海底世界还将科普教育经费纳入每年年度预算，在财政上给予大力支持，做到科普活动经费保障有力。2017年该馆先后投入资金约150万元，用于配置科普教育宣传器材、开发科教文创产品（豹帅毛绒礼品、海洋生物折纸等），新增1块彩色科普宣传LED屏，更新馆内各展缸的超薄科普宣传灯箱及科普宣传长廊内容；开发、制作10余种具有丰富海洋科普知识的海洋宣传手册、宣传折页、科普小礼品、纪念徽章等，并免费赠送给青少年学生。

（二）科普活动

2017年全年，厦门海底世界共策划举办了8个大型科普主题特展，分别为：春节举办的"微观福建名景体验各地年味"之水草造景主题特展和"金鸡贺岁　龙凤呈祥"之龙凤锦鲤科普主题展、三八妇女节期间举办的"远古访客"探秘水生史前活化石科普主题特展、五一劳动节举办的"海底精灵园"趣味科普主题展、六一儿童节举办的"海底幼儿园开园啦！——首届水生物幼体主题特展"，暑期举办的"金砖鱼宝宝入驻海底幼儿园"生物科普主题特展、国庆节及学生秋游期间举办的"奇鱼妙论——怪鱼大咖聚海底"趣味生物科普主题特展、圣诞节举办的"鱼您相遇　狂欢双旦——寻找海底'圣诞袜'"主题特展等主题科普活动。

2017年1月份，由厦门市海洋与渔业局主办，厦门海底世界承办的"我与水生野生动物共享一片蓝天"儿童主题绘画比赛及颁奖活动取得圆满成功。厦门海底世界作为市、省、国家三级的海洋科普教育基地和水生野生动物救护网络成员单位之一，一直致力于海洋科普宣传。在未来，厦门海底世界将继续秉持着"保护水生动物，共建和谐家园"的理念，积极投身于海洋科普宣传，希望与大家一起携手，为保护水生动物出一份力，在阳光下与水生动物共享的一片蓝天。

经上海海洋水族馆推荐，厦门海底世界积极向中国海洋学会申请成为全国海洋科普教育基地。2016年10月，中国海洋学会科普工作委员会的代表对厦门海底世界进行了实地考察，2017年2月16日厦门海底世界通过中国海洋学会第八届二次常务理事会审议，成为全国海洋科普教育基地。

2017年3月15日，中国海洋学会2017工作会议暨全国海洋科普工作会在广州召开，来自全国各地海洋学会分支机构、地方海洋学会，工作委员会，期刊编辑部，海洋科普基地，涉海高校社团等相关单位负责人、特邀专家、团体会员单位代表等齐聚广州。厦门海底世界作为全国海洋科普教育基地新成员之一，派代表参与了本次工作会议。这次会议肯定了厦门海底世界在海洋科普上所做努力，在未来的工作上，厦门海底世界将再接再厉，贯彻八届二次常务理事会议精神，为海洋科普做出更多的贡献！

2017年3月，厦门海底世界科教部研发了海洋生物系列科普课件，在3~12月间走进鼓浪屿人民小学、厦门市外国语附属小学、集美区乐海小学、演武第二小学、双塔小学等5家学校开展多次讲座。从不同的角度给学生带来生动趣味的科普知识，在传授科普知识的同时，通过跟学生进行互动问答，增加学生对科普知识的兴趣。

2017年7月12日，全国水生野生动物保护科普宣传月（厦门站）启动仪式在厦门文昌鱼国家级自然保护区进行，本次的启动仪式由厦门市海洋与渔业局主办，厦门中华白海豚文昌鱼自然保护区管理处承办，厦门海底世界作为协办单位之一，参与了本次活动。厦门市海洋与渔业局、保护区管理处、厦门大学海地学院师生及关爱海洋志愿者、厦门海洋综合行政执法支队、厦门海底世界、黄厝社区等各级代表及媒体记者出席了本次仪式，2017年宣传月的主题是"关爱水生动物　共建和谐家园"。

2017年7~8月期间，为迎接9月世界瞩目的金砖会议，厦门海底世界通过科协搭建的科普教育基地与社区的供需平台，积极响应厦门市科协倡导的"厦门十大优秀科普教育基地走进社区、走进学校开展科普活动"的号召，坚持贯彻"走出去，引进来"的科普导向，为厦门各社区提供精准化的海洋科普知识宣传服务。活动期间，厦门海底世界首次携手厦门市科协及易泰科教育咨询中心，多次走进厦门社区开展"金砖鱼宝宝生物科普大荟萃"讲座，分别走进厦门前埔北社区、马垅社区、双莲池社区等开展多次生动有趣的科普课堂活动，让社区居民对金砖多一分了解，对海洋生物多一分热爱，对海洋保护多一分认识。

2017年9月20日，厦门海底世界参加了由厦门市科协、厦门市教育局在厦门外国语附属小学举办的"厦门市科技教育合作协议签字仪式"暨科普教育基地进校园科技嘉年华活动。校企合作是2017年全国科普日市级重点活动，得到各区教育局、科协和各科普教育基地高度重视，各单位重要领导都出席了本次活动，现场有5所学校、7个科普教育基地应邀参加了校企签约。厦门海底世界也当场与同为全国海洋科普教育基地的厦门市集美区乐海小学签订了《厦门市科技教育供需合作协议书》。今后厦门海底世界将利用自身的科普教育基地资源，进一步推进科普教育基地与学校的对接与合作，积极为学校量身定制了海洋科普系列课程，让海洋科普文化走进课堂。

（三）科普资源

厦门海底世界内设有"企鹅＆淡水鱼馆""鲸豚标本馆""海洋馆""海底隧道""海洋表演馆"五大特色展

区，展示了我国近海、印度洋、澳洲海域及亚马孙河等世界流域内的 350 多种超万尾知名珍奇水生动物。

厦门海底世界的"镇馆之宝"——鲸豚标本馆内展示了抹香鲸表皮和骨骼两副标本，该标本是 2000 年 3 月 11 日在厦门附近海域发现的一头死亡的抹香鲸，乃迄今国内发现最大的抹香鲸个体，全长 18.6 米，重 48 吨。此外，厦门海底世界还展示了斑海豹、洪氏环企鹅、锯鳐、中华鲟、鹦鹉螺、玳瑁、蠵龟、绿龟、娃娃鱼等多种保护动物，在引导游客认识水生动物的同时，更强调宣传保护濒危野生水生动物的重要性。

（四）科普宣传

2017 年以来，厦门海底世界定期更新游客参观通道内的科普长廊和各展缸科普展板，以图文并茂的形式介绍各种有关海洋的科普知识，结合馆内展示的生物，动静结合，寓教于乐，吸引众多的游客驻足观看。厦门海底世界 2017 年继续投资 85 万元用于策划举办各种科普主题特展和特色活动等，做到了充分利用自然资源优势，创办富有海底世界特色的展览。另外，该馆还在学生春游、夏（冬）令营、秋游期间开展一些海洋专题讲座，让学生们在参观海底世界时获得更多乐趣和科普知识。

每次主题特展期间厦门海底世界都邀请厦门本地不同的报纸媒体、电视电台等到馆内采访宣传报道（全年累计报道 36 次）。同时通过公司官网、自媒体（微信、微博全年累计共发送 197 条）编辑各种科普信息进行宣传，并多次请厦门市旅发委官方微信、微博、厦门海洋与渔业局官网、厦门市科协科普网、厦门旅游网、海西旅游网、酒店触摸屏、凤凰网、人民网、新浪闽南等多家媒体网络协助发布主题特展信息进行宣传，另外，厦门海底世界还通过在展馆外围搭建充气拱门、空中氢气球、架设宣传展板、LED 屏、印制活动宣传单页、海报、宣传折页等方式进行宣传，目的是让更多的游客提前知道我们在不同时期举办的各种科教展示活动，来厦门海底世界参观学习。

厦门海底世界每年印制大量的科普宣传资料进行免费发放，包括单页、三折页、生物趣味问答卷、科普手册等，2017 年累计在景区、活动现场、合作单位办公区等地发放 15 万份。

（五）科普信息化

2017 年厦门海底世界在官方微信平台上不仅延续 2016 年的宣传模式，深入优化"每周豹（爆）料"的栏目，打造了"豹帅讲科普、豹帅说趣闻"的科普专栏，用原创卡通豹帅形象和拟人化的手法进行宣传推广，深受粉丝的喜爱。同时在 2017 年，厦门海底世界科教部还在官方微信平台上定期开展"科普互动赠送贵宾票"活动，运用微信进行科普宣传的同时，让粉丝参与进行分享互动，通过调动微信粉丝的参与度，增强微信传播属性，提高粉丝忠诚度。

2017 年厦门海底世界还对官网进行了升级改版，以全新风格展示，不仅在旧版的基础上增加了新模块，如：认识海洋、科普天地、环保活动等，还与官方微信、微博同步更新活动内容，做到定期发布活动推介、主题特展、科普知识等，使官网的功能和作用不断提升。

（六）科教工作不足之处及未来发展思路

2017 年厦门海底世界的科教工作较往年又有了进一步的提高，科普主题特展的形式力求创新多样，在培训科普人员、科普接待工作中积累了越来越多的经验，也在不断探索新颖有创意的科普方式，但也存在一些不足之处。如何完善我们科普活动中的不足之处、如何开发更多的更吸引游客的科普活动、如何更好地把海洋科普环保理念运用到实际生活中、如何更好地调动青少年儿童学习海洋科普知识的积极性、如何建好用好的科普教育基地等问题，是厦门海底世界今后要提升和努力的方向。

台州鼎泰海洋世界开发有限公司

英 文 全 称：Taizhou Dingtai Oceanworld Development Co.,Ltd.
法 定 代 表 人：王群燕
联 系 电 话：0576-88312313
传 真：0576-88312313
官 方 网 站：www.tzsea.com
行 政 主 管 单 位：台州市高新区旅游事务管理办公室
成立（开放）日期：2005 年 5 月 1 日
通 信 地 址：浙江省台州市广场中路 38 号台州海洋世界内
已加入专业委员会：中国自然科学博物馆协会水族馆专业委员会

▦ 一、科普活动与展览

1. 临时展览

单位：平方米，人次

序号	展览名称	起止日期	展出地点	面积	观众数量	性质
1	夜场社区活动	7 月 10 日	椒江开元广场	10	300	原创
2	夜场舞台活动	7 月 21 日	三门蟠龙公园	50	1500	原创

2. 教育活动

单位：人次

序号	活动名称	活动时间	主要内容	活动形式	主要对象	参与人数
2	椒江沿海小学科普周	3 月 13~17 日	海洋生物科普知识	讲座、标本展、活体生物展示	6~12 岁小学生	1500
3	临海回浦小学科普周	4 月 10~14 日	海洋生物科普知识	讲座、标本展、活体生物展示	6~12 岁小学生	2500
1	路南中心幼儿园科普活动	5 月 16 日	海洋动物知识科普，做游戏、送礼物	讲座	3~5 岁幼儿	250

3. 流动科普设施

单位：次

序号	名称	年度巡展次数	类型	经费来源	运行方式
1	黄岩东城中心校	1	流动少年宫大型科普活动	台州市青少年宫与台州海洋世界合办	科普展示
2	黄岩头陀中心校	1	流动少年宫大型科普活动	台州市青少年宫与台州海洋世界合办	科普展示

▨ 二、科研与学术

编辑刊物

单位：册

序号	刊物名称	刊号	发行周期	发行数量	发行范围
1	《台州海洋世界》	—	半年刊	500	内部发行
2	《动物学习单》	—	季度	3000	内部发行

▨ 三、信息化建设

　　台州海洋世界原官方网站由于和原先集团下几个海洋世界统一一个入口，链接不太容易被游客发现和查阅，点击数较少，故于2017年启动网站重新建站，目前已基本结束，并投入使用。网站展示了场馆的特色生物以及亮点建筑，游客可以在网站上得到场馆的大致信息以及特色生物、主要表演等内容介绍。另外，在场馆外围的大屏幕上、游客中心的电视机里，都循环播放着场馆的生物和特色介绍视频，能够给前来的游客一个大致的印象。

　　台州海洋世界的官方微博作为与游客沟通交流的平台，日常主要用于定期回复粉丝问题，为游客解答疑问。台州海洋世界重点侧重自媒体微信公众号的推广。2017年微信平台全年发帖数约96条，平均每月发帖8条。目前微信公众号粉丝量达22590人，2017年粉丝增长人数为6677人；每条发帖的平均浏览量约为867人次。微信公众号不仅及时发布馆内活动信息，而且定期推送生物科普知识，用简单风趣的语言，让微信粉丝学习并增长海洋生物知识，微粉的反响较好，受到了广大好评。2017年，台州海洋世界还尝试与台州网、今日头条合作，投放活动链接，便于大众及时了解台州海洋世界活动信息。同时，台州海洋世界还对朋友圈广告进行了投放，促进活动的宣传。

▨ 四、志愿者队伍建设

单位：人

分类	服务岗位	人数	来源	服务时间
节假日	现场维护	30	学生招募	春节、五一、十一
周末	现场维护	10	社会招募	暑期
小小志愿者	馆内播音、主持	5	学生招募	春秋游

▨ 五、运营情况

票务情况

是否免费开放	未免费开放场馆票种	未免费开放票价	观众人数
否	成人票	160元	—
否	儿童票	100元	—
是	70周岁以上老人（持证）	—	—
其他票务信息说明	台州海洋世界年卡 海星卡，288元，1名1.2-1.5米的儿童，不限次数／年； 海马卡，420元，1名成人或1名身高1.5米以上的儿童，不限次数／年； 企鹅卡，620元，1名成人+1名1.2-1.5米的儿童，不限次数／年； 美人鱼卡，720元，2名成人，不限次数／年； 鲨鱼卡，900元，2名成人+1名身高1.2-1.5米的儿童，不限次数／年；		

六、2017 年度大事记

1 月 19 日　沃甫教育咨询（台州）有限公司成立；

4 月 22 日　获评"国门生物安全教育基地"称号，并举行了授牌仪式；

8 月 14 日　台州海洋世界官网重新建站；

9 月 18 日　参加中国自然科学博物馆协会水族馆专业委员会 2017 年年会；

9 月 22 日　成功引进 3 头日本宽吻海豚；

11 月　三期项目——童趣馆和海龟湾改造项目启动。

七、2017 年工作概述

台州海洋世界全景

2017 年 10 月 23 日海豚隔离检疫圆满结束

台州鼎泰海洋世界开发有限公司旗下经营台州海洋世界、台州海洋旅行社、沃甫教育咨询（台州）有限公司等，是一家以开发海洋文化和教育为主的旅游开发公司，目前主要运营的科普场馆为台州海洋世界。台州海洋世界位于台州市市民广场西北角，是国家 4A 级旅游景点，同时也是浙江省科普教育基地和台州市科普教育基地。2005 年开业以来一直受到广大游客的欢迎与喜爱，平均年接待游客人数达到 40 万人次。作为一个展示海洋生物的公共服务场所，台州海洋世界立足企业责任感与使命感，一直致力于向全体市民及其他地区游客宣传海洋文化，科普海洋知识与保护海洋的理念。

台州海洋世界始终坚持做科普教育场馆的理念，积极开展各类科普活动，内容形式包括馆内科普生物展示和介绍、科普进校园，科普进社区等形式。台州海洋世界每年投入专项资金和人员，用于科普宣传相关工作，在市科协等单位的大力支持下，也取得了一些成绩。

（一）场馆简述

台州海洋世界共分 6 个楼层：五楼欢乐岛、四楼探秘亚马孙馆、三楼超级动漫王国、二楼鲨鱼隧道馆、一楼海洋剧场 & 海龟湾 & 童趣馆、负一楼极地馆，根据不同的生物特色的地域特征对场馆进行规划展示。台州海洋世界充分借鉴了国内外大型海洋馆的建设经验，并创造性地应用了许多全新理念，集聚各种形色的海洋生物，超大型展示，逼真再现水世界的精彩，并推出海豚表演、喂食秀、美人鱼表演、人鲨共舞、海狮表演等项目。

台州海洋世界高度重视科普宣传工作，建立专职科普队伍，由讲解员负责科普解说，营销员负责建立学校和场地间的科普联系，确保科普活动能够积极、有质量地开展。目前拥有 8 名讲解人员，3 名营销人员负责科普宣传活动。每年还在寒暑假等假期各招募约 10 名志愿者，参与科普进校园和科普进社区等活动。

台州海洋世界充分利用场馆环境，在各处可利用的地方布置科普知识宣传板，向游客们介绍海洋生物的知识，宣传保护海洋的理念，并在春秋游等活动中向小朋友们开放科普教室、生物繁殖区、暂养池等后台区域，介绍生物养殖等方面的注意事项和技巧，趣味性的普及海洋知识。场馆的参观开放时间为每天 9:00~16:30，全年无休。2017 年台州海洋世界共计接待游客约 40 万人次，其中春秋游面向中小学生团体的科普接待共计约 7 万人次。

（二）场馆建设和展览更新

1. 自主引进 3 只日本宽吻海豚

为了更好地迎接广大游客，为大家带去全面的海洋生物科普展示，经过公司研究决定，在原先海豚租赁到期后，台州海洋世界自主引进 3 只日本宽吻海豚，更新展品生物。该三只海豚已于 2017 年 9 月 22 日顺利到达台州，目前适应良好。拥有 3 只自主的海豚后，台州海洋世界可以在海豚饲养、训练和繁殖等诸多方面开展研究，也可以向游客展示更多的研究成果，普及海洋哺乳动物的保护理念以及生物知识。

2. 三期项目——生态海龟湾及童趣馆建设

为了进一步开展对国家二级保护动物海龟的饲养研究，在周边商铺空出的契机下，台州海洋世界进一步拓宽参观面积，开展三期项目——生态海龟湾及童趣馆的建设。台州海洋世界回租原海洋酒店大厅及餐厅等区域，用于新建原生态的海龟湾和童趣乐园等，共计新增场馆参观面积约 700 平方米，极大地丰富了游客的参观体验和感受，为保护海龟科普教育提供专门场所。此区域已于 2018 年春节假期正式投入使用，生态海龟湾项目的打造更得到了广大游客的一致好评。

2017 年 4 月 14 日国门生物

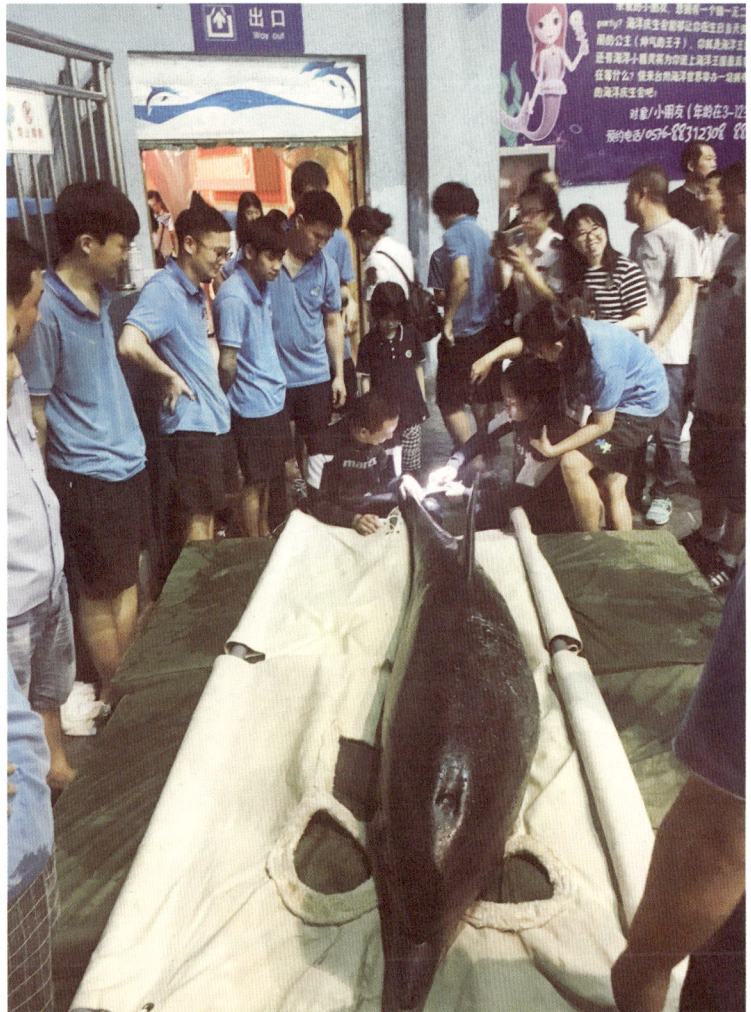
2017 年 9 月 22 日引进海豚

（三）2017 年工作亮点和创新

场馆的空间是有限的，但是外面的世界是广大的。台州海洋世界不仅在馆内日常展示科普知识，在当地科协的大力支持下，还努力开展科普进校园、科普进社区、科普周等各类专题科普活动，为没有时间来场馆的广大市民带去科普知识的宣传和解说，丰富他们的业余生活。全年，台州海洋世界共计开展科普活动 100 余场，影响人数超过 5 万人次。

1. 与台州市青少年宫合作，开展"流动少年宫"活动

为了进一步丰富科普形式，台州海洋世界与台州市青少年宫合作，开展"流动少年宫"活动，和其他活动一起，包括未来科技展示、墨染拓印技术展示、剪纸技术等，一起走进校园，走进社区，为全市中小学生带去丰富的科普知识介绍，以及海洋文化的理念普及。

2. 关爱中老年人群，走进"乡村大礼堂"

除了面向中小学生人群，台州海洋世界也积极关注留守家中的中老年人群和学龄前儿童。他们因为交通不便和其他因素，很难接触到除了日常食材之外的海洋生物知识，也缺少一个渠道去了解。为此，台州海洋世界的科普队伍及时和各地的乡村大礼堂联系，并在九大县市区的各乡村礼堂内面向中老年人群以及留守家中的儿童们开展海洋生物科普展，丰富了他们的业余生活。

3. 走进社区，与物业公司一起"科普海洋"

以前，台州海洋世界开展大型公益科普展主要集中在各大公园等人群密集场所。为了进一步科普到社区，科普进千家万户，台州海洋世界积极联系各小区的物业公司。在周末的夜晚，将海洋生物的展牌、标本及宣传资料等向小区居民进行介绍。市民们可以在家门口就了解到丰富的海洋知识和保护海洋的理念，更加方便和便捷。

台州海洋世界会继续努力，一如既往地做好科普参观的建设，向全体市民和广大游客宣传科普知识，介绍海洋生物，普及保护海洋的理念。

南京海底世界有限公司

英 文 全 称：Nanjing Underwater World Co., Ltd.
法 定 代 表 人：李晓青
联 系 电 话：025-84441119
传　　　　真：025-84445462
官 方 网 站：www.nuww.com.cn
行 政 主 管 单 位：南京市投促局
成立（开放）日期：1996 年 12 月 1 日
通 信 地 址：南京市玄武区中山陵园四方城 8 号
已加入专业委员会　中国自然科学博物馆协会水族馆专业委员会

▦ 一、科普活动与展览

1. 临时展览

单位：平方米，万人次

展览名称	起止日期	展出地点	面积	观众数量	性质
海洋武士——刺尾鱼特展	4 月 20 日至 6 月 30 日	南京海底世界	100 余	4	引进

2. 教育活动

单位：万人次

序号	活动名称	活动时间	主要内容	活动形式	主要对象	参与人数
1	海底进课堂	3 月 3 日至 11 月 2 日	科普活动	科学课堂	中小学生	5
2	"孩子王"婴童博览会	10 月 28~29 日	科普活动	科学讲座	幼儿及成人	10

3. 流动科普设施

单位：次

名称	年度巡展次数	类型	经费来源	运行方式
海底进课堂	24	巡展	自筹	自负盈亏

▦ 二、2017 年工作概述

　　南京海底世界是江苏省最大的青少年海洋科普教育基地，也是省内最大的科技教育基地，较省内其他一

南京海底世界外观

海底进课堂——南京南师附中江宁分校

般科技教育基地无论在展示内容还是展示手段上都有其自身的创新与特点：其极其丰富的展示内容围绕海洋主题展开，共拥有300余种10000多尾活体海洋生物与大量海洋珍稀生物标本；此外，海底世界还拥有先进的展示设施，运用从日本进口的亚克力玻璃制成的拱形隧道长达74米，高2.4米，宽3米，并设有自动步道，隧道左、中、右三面环水，皆可欣赏到五彩缤纷的海底奇观，一改过去只能通过平面玻璃窗观赏海洋生物的惯例。南京海底世界通过利用精品水族展缸与现代化玻璃隧道有机结合、传统的海洋生物馆与高科技养殖技术相结合，向人们展示了一种高雅、先进、高品位的现代化大型海洋馆。1997年南京海底世界被南京市教委评为"南京市校外科普教育基地"；1998年又被江苏省教委、科协评为"江苏省青少年科技教育示范基地"；2003年被国家海洋局极地考察办公室授予"极地科普教育基地"称号；2010年被农业部评为全国海洋珍稀濒危野生动物保护网络成员单位；2012年被南京市环保局、教育局和市委宣传部联合授予"环境教育基地"称号。

南京海底世界从不同角度让学生了解海洋、认识海洋、热爱海洋。其宗旨是通过展示海底世界，接触海洋生物，唤起人们珍惜海洋资源，保护海洋生态环境的意识，向众人传播海洋科普教育知识，树立大众的环保意识，并极力地向青少年们展示那些在书本上和课堂上学不到的有关海洋的知识。

2017年是科普信息化的一年，南京海底世界坚持自身特色，按照新时期科普工作的定位，开展了大量的工作。

（一）精心部署，全员参与

科普工作的顺利推进是南京海底世界总体发展战略中一个相当重要的环节。南京海底世界有限公司下设九个部门，其中游客服务部专门负责南京海底世界的科普工作。在公司每周的部门例会上，游客服务部要汇报科普工作的开展情况并接受公司领导的工作建议和任务。部门有十余名工作成员专职进行讲解、展示设计和授课等科普教育工作。此外，还吸收了一批在校大学生作为科普志愿者和后备科普力量。自1996年南京海底世界开业以来游客服务部就一直存在并负责海洋科普工作，伴随着南京海底世界的成长而不断完善、壮大。为不断推进科普工作，游客服务部按照年度和季度为自身定制工作计划并且按照计划逐步开展各种各样的科普教育活动。每次科普活动做到事先有计划，事后有总结。公司对于游客服务部的工作极其重视，不仅业务上专门配备了新加坡的海洋生物博士进行技术上的指导，公司每年在财政上还有专门的科普经费预算。整个部门的工作由一名经理全权管理，负责领导一批专职和兼职讲解、接待、辅导人员开展海洋科普工作，并且定期召开部门例会进行工作总结和任务分配。

（二）加大投入，营造氛围，开展丰富多样的科普活动

活动时间	活动名称	活动地点	活动摘要
国际海豹日 （每年 3 月 1 日）	滚滚的大聚会	南京海底世界	09：30—10：00 跟着讲解员老师迅速参观海底世界 10：00—10：30 在极地馆，小朋友们与海豹亲密互动、喂食 10：30—11：00 参加海豹日的相关活动，集体合影，签名 11：00—12：00 参加知识有奖问答，每组家庭在海底世界场馆内自行找答案答题 12：00 在海豚馆上交答题试卷，并观看海豚表演，表演结束后宣布中奖名单
世界自闭症日 4 月 2 日	一路童行，为爱义卖＃呼吁关注星星的孩子＃	南京海底世界入口处	2017 年 4 月 2 日是第 10 个世界自闭症（孤独症）日，在这个特殊的日子里，南京海底世界携手南京明心儿童益智教育培训中心、育儿网旗下育见爱公益组织、亲子周末以及统一饮业，共同组织了一场公益义卖活动
世界自闭症日 4 月 2 日	关爱孤独症儿童 潜入海底、倾听你的声音	南京海底世界主池	潜水部工作人员潜入海底共同献上自己的祝福与寄语
5 月 9 日	爱的迁徙、用海底守护最美的心灵	南京海底世界	江苏城市频道与南京福利院共同为福利院的孩子组织了搬家前来南京海底世界参观并与北极熊公仔互动的活动
6 月 16~18 日	南京海底世界联合孩子王童乐园举办"童心同行，乐聚众爱"慈善义卖活动	孩子王童乐园	2002 年 6 月 22 日，中国儿童少年基金会创造性地推出了"中国儿童慈善活动日"大型社会公益活动。在第 15 个"中国儿童慈善活动日"来临之际，孩子王童乐园（南京区域）联合南京市慈善总会于 6 月 16~18 日，在童乐园举行"童心同行，乐聚众爱"的慈善义卖活动，义卖所得由孩子王童乐园统一捐献给南京市慈善总会，用于救助孤儿群体
世界海洋日 6 月 8 日	音乐种子，爱在世界海洋日！	南京海底世界海豚馆	2017 年 6 月 8 日世界海洋日，江苏省少年儿童福利基金会邀请秦淮区实验小学的优秀学生代表来南京海底世界参加世界海洋日的活动。同时南京海底世界对"音乐种子"春蕾行动进行了捐赠活动，后期也会带上海底生物进入山区学校为贫困山区孩子们上海底课程，让更多孩子了解海洋，为保护海洋贡献一份力量。FM89.7 16:00~18:00《摩登派》节目主持人航程作为南京海底世界形象大使主持了此次捐赠活动，并为现场观众普及了"音乐种子"春蕾行动
6 月 8 日	海洋快闪	德基广场	江苏城市频道、河海大学管弦乐团、海洋与渔业局、琅琊路小学等举行海洋日快闪活动，引起阵阵围观
10 月 15 日	仔仔见面会	紫金大剧院	联合儿童机构举办仔仔公仔见面会，呼吁保护海洋生物，关注海洋、了解海洋等
12 月 26 日	南京海底世界正式开启"摸头杀"！你不确定来一波？	南京海底世界儿童海洋乐园	活动流程： 1. 海龟知识学习 2. 零距离接触海龟，观察海龟特征等 3. 小海龟黏土造型 DIY
全年	科普进校园	南京及周边幼儿园、小学等	海洋触摸池 & 海洋课堂等

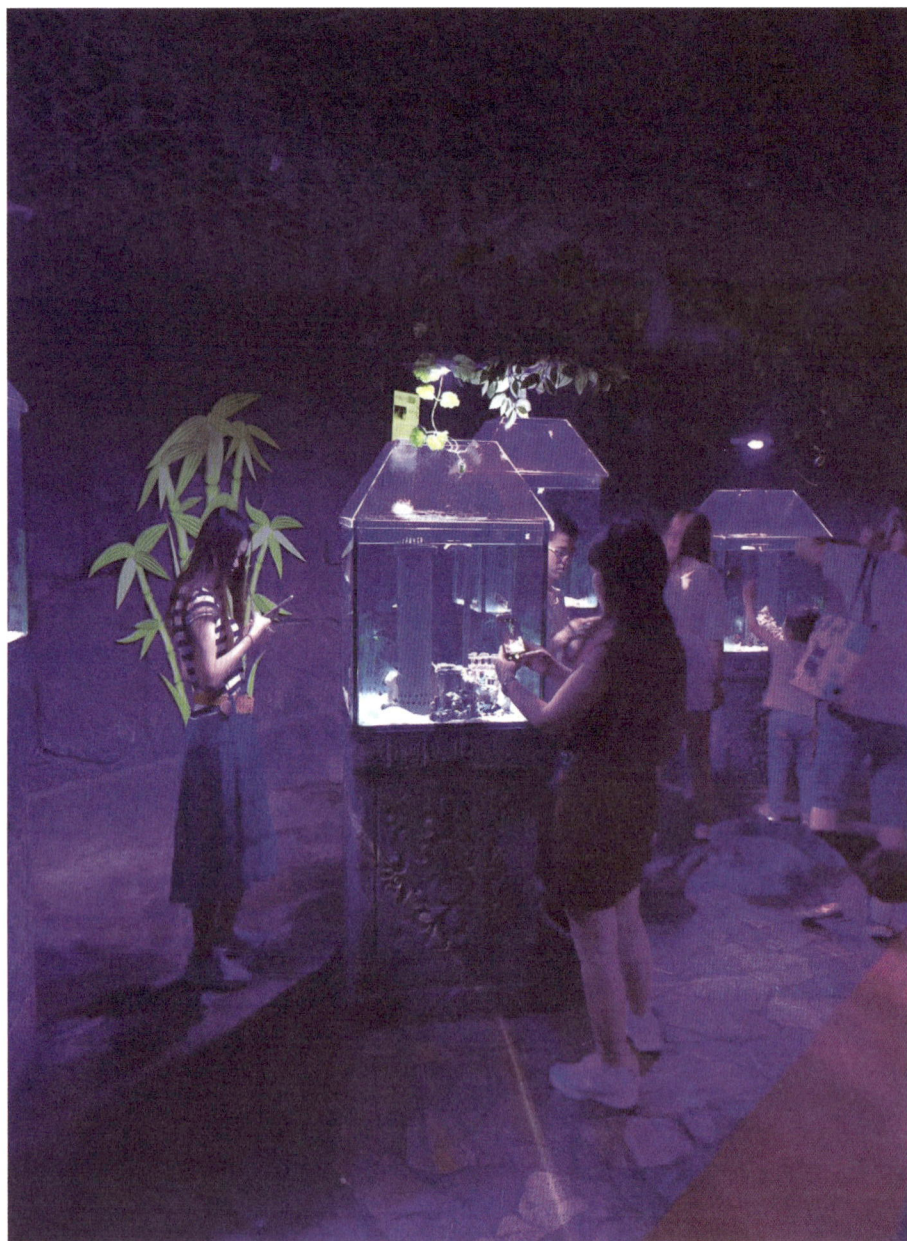

海洋武士展

云南冰海投资有限公司
（中国石林冰雪海洋世界）

英 文 全 称：Yunnan Ice Sea Investment Co., Ltd.
法 定 代 表 人：魏小林
联 系 电 话：0871-67711696
传 真：0871-67711696
官 方 网 站：www.bxhysj.com
行 政 主 管 单 位：昆明市渔业执法局
成立（开放）日期：2016 年 8 月 18 日
通 信 地 址：云南省昆明市石林彝族自治县石林街道办事处石林大道 988 号
冰雪海洋世界
已加入专业委员会：中国自然科学博物馆协会水族馆专业委员会

▨ 一、科普活动与展览

1. 临时展览

单位：平方米，万人次

序号	展览名称	起止日期	展出地点	面积	观众数量	性质
1	保护蓝色海洋，建设美丽家园	2016 年 8 月 18 日至今	海洋馆 LED 显示屏	20000	0.7	原创
2	耳濡目染、深入人心	2016 年 8 月 18 日至今	海洋科普教育馆	630	1	原创
3	关注濒危动物，小小记者日	4 月 6 日	海洋馆内	20000	0.03	联合云南省濒管办举办"关注濒危动物，呵护美好家园"活动
4	"家喻户晓"海洋科普教育宣传活动	2016 年 6 月 18 日至今	海洋世界正门前广场	30000	1	原创

2. 教育活动

单位：人次

序号	活动名称	活动时间	主要内容	活动形式	主要对象	参与人数
1	海洋零距离·科普小讲堂	6 月 20 日	多次组织员工走进课堂，让更多的青少年团体开阔视野，更加深入地感受、了解海洋	专题知识讲座、采取互动交流等生动形式	文山一市七县 28 所学校	1000
2	邻里畅游，倍儿爽	11 月 4 日	为深入推进科普教育知识宣传，该海洋世界推出邻县畅游优惠政策，吸引了大批居民举家出游	优惠参观	邻区县	10000

序号	活动名称	活动时间	主要内容	活动形式	主要对象	参与人数
3	春天在哪里，春游到海底	4月10日	多次组织学生进行春游活动，达到向青少年学生普及科技知识、弘扬科学精神、传播科学思想目的	科普活动、科普讲座	青少年学生	5000
4	走进校园，海洋科普	5月6日	携手石林县科协倡导2000余名青少年保护海洋，建设美丽家园	走进校园，开展科普讲座	青少年	2000
5	携手未来、圆梦海洋	3月23日	携手石林县科普关爱贫困儿童公益活动，免费给孩子们送上爱心文具，并带领贫困儿童免费走进海洋世界参观，倡导热爱科学、崇尚自然、爱国敬业等理念	公益活动	贫困儿童	50
6	共筑海洋梦，让爱更圆满	6月3日	走进社区关爱残疾儿童，扶助他们回归主流，走进社会，让他们在充满爱的环境中，健康快乐地成长	社区宣讲	残疾儿童	50

3. 流动科普设施

单位：次

名称	年度巡展次数	类型	经费来源	运行方式
海洋科普校园行	5	海洋科普宣传	自筹	巡展

二、信息化建设

新媒体运用

官方微博粉丝710人、公众号粉丝79921人。

三、志愿者队伍建设

单位：人

分类	服务岗位	人数	来源	服务时间
大学生	海洋世界讲解员	30	社会资源	2017年1月1日至2017年9月1日

四、运营情况

票务情况

是否免费开放	未免费开放场馆票种	未免费开放票价	观众人数
否	冰雪世界、海洋世界	230元	80万人次／年

五、2017年工作概述

中国石林冰雪海洋世界（以下简称"石林冰雪海洋世界"）是昆明市科协2016年12月命名的昆明市青少

冰雪海洋世界全景

年科普教育基地。在市科协的具体指导下，海洋世界以"宣传、教育、服务"为核心，以加强科普创新为重点，除了做好石林冰雪海洋世界内外设施与环境建设外，狠抓科普阵地建设。2017年主要工作情况如下。

（一）基本情况

1. 利用现有资源，发挥宣传优势

2017年元旦，白鲸首次登场表演时，吸引了大量期待已久的游客到来。石林冰雪海洋世界内的海洋科普教育馆正式开放后，接待游客日益增多，至今已过万人次。在每场表演前LED显示屏会滚动播放科普教育宣传短片，起到了良好的宣传教育作用。

每逢节假日及重要活动，在石林冰雪海洋世界正门前小广场都会开展海洋科普教育宣传活动，向前来参观游玩的群众免费发放宣传材料，从而普及海洋科普教育知识。

2. 热心公益事业，多形式科普宣传

2017年3月，石林冰雪海洋世界组织开展了"携手未来、圆梦海洋"关爱贫困儿童公益活动，免费给孩子们送上爱心文具，并带领贫困儿童走进海洋世界，参观了海豚馆、海洋馆、白鲸馆（科普教室），观看了马戏表演，拉近海洋与孩子之间的距离，感受海底奇幻世界的神秘，向他们倡导热爱科学、崇尚自然、爱国敬业等理念。

在石林县60周年县庆之际，开展"邻里畅游，倍儿爽"活动，凡石林居民持本人身份证购买海洋世界门票可享6折优惠，石林邻县及昆明行政区域居民购票可享8折优惠，贺"彝族年"楚雄州居民购票享8折优惠，吸引了大批居民举家出游，走进石林冰雪海洋世界怡情益智，在享受国家高速发展所带来的出行便利之时又同享国家精神文明建设成果。

3. 走进学校社区，深入开展宣传

开展"海洋零距离·科普小讲堂"活动。石林冰雪海洋世界组织员工到文山一市七县28所学校，与同学们亲密互动，大力宣传社会主义核心价值观与科普教育知识，确保科普宣传活动不走过场，不走形式，让科普活动深入人心。

开展"关注濒危动物，小小记者日"活动。石林冰雪海洋世界携手云南省濒管办举办"关注濒危动物，呵护美好家园"活动，不但拉近父母与孩子之间的距离，而且让他们耳濡目染，了解海洋科普文化，更进一步呵护人类生存的美好家园。

开展"春天在哪里，春游到海底"活动。开馆至今石林冰雪海洋世界多次组织学生进行春游活动，通过组

中国自然科学博物馆协会水族馆专业委员会 2017 年全委会在石林盛大召开

织学生观看宣传短片，帮助学生直观地认识到海洋灾害对人类家园造成的可怕后果，借此倡导学生保护海洋，减少灾害风险，建设美丽家园。活动拉近了海洋与孩子之间的距离，向青少年学生普及科技知识、弘扬科学精神、传播科学思想。

（二）重要学术会议或行业活动

2017 年 2 月 28 日中国自然科学博物馆协会水族馆专业委员会 2017 年全委会在石林盛大召开。会上介绍了石林冰雪海洋世界的稳步快速发展经验。

（三）存在不足

我国是陆海兼备的国家，由于西南片区没有海洋，因此大多数人对海洋基本知识了解程度较低，缺乏对海洋科学知识的基本认知，因此，石林冰雪海洋世界在海洋科普宣传上也存在一定的地域性、局限性，这也是今后需要努力完善的地方。

（四）2018 年工作计划

在 2018 年，石林冰雪海洋世界将充分结合自身科普资源的实际，利用海洋馆展教功能，不断创新载体，强化管理，完善科普条件，进一步发挥科普教育基地的示范带头作用，加大科普活动组织力度，为普及海洋科学知识，增强社会各界保护生物多样性意识，全民科学素质建设再立新功；不断创新科普形式和内容，积极开展形式多样、内容丰富、贴近群众、贴近生活、满足公众科普需求的社会化科普教育活动，做出符合西南特色的科普品牌，努力把科普工作提高到一个新的水平，倡导西南片区人民具有一种开放、包容的海洋文化观念，为促进石林经济社会发展做出新的更大的贡献。

天文馆

北京天文馆

英　文　全　称：Bejing Planetarium

法　定　代　表　人：朱进

联　系　电　话：010-51583311

传　　　　　真：010-51583312

官　方　网　站：www.bjp.org.cn

行　政　主　管　单　位：北京市科学技术研究院

已加入专业委员会：中国自然科学博物馆协会天文馆专业委员会、科技馆
专业委员会、科普场馆特效影院专业委员会

一、展览与科普活动

1. 常设展览

北京天文馆"宇宙畅游"展览（三期）在 2017 年寒假期间对广大观众开放了。"宇宙畅游"展览（三期）位于北京天文馆 B 馆一层，包括四个主题展区，分别为宇宙灯塔、星星相伴、多彩宇宙和巨眼观天。

本期展览的主题是"宇宙探秘"，以四个不同的切入点为观众揭开了隐秘的宇宙的面纱。"宇宙灯塔"展区以高大的动态可交互模型展示了宇宙中的一种典型的致密天体——脉冲星，将这种神秘的天体变得可见、可听、可感。"星星相伴"展区侧重寓教于乐，两颗亮丽的星球以"物质流"滑梯连接，生动形象，又极具乐趣。"多彩宇宙"展区则带领观众迈进了隐秘的多波段宇宙世界。观众推动滑屏就可欣赏各波段下的壮美天体，仿佛置身于多姿多彩的宇宙中。"巨眼观天"展区则采用多种形式展示了用来探索宇宙深处无穷奥秘的工具——望远镜。

本期新展览主要有四大特点。

一是在内容上，不拘泥于传统的基础天文知识，考虑到观众不同的观展需求，通过趣味化、交互化的观展方式，有选择地展示天文知识和最新的前沿动态。

二是在形式上，设计团队以展厅的空间特点为基础，配合北京天文馆建筑中"虫洞"的天文概念和玻璃幕墙的建筑结构进行设计。总体设计既有丰富的室内外景观视觉效果，又兼具了互动体验的科普功能性和天文知识的科学性。

三是充分利用国内外新颖的展示技术，例如 AR 增强现实技术等，目的是让观众在快乐观展的过程中，学习到丰富的天文知识。

四是每一个展项都是原创设计，根据具体的天文知识点有针对性地进行展览展示。

"宇宙畅游"展览（三期），结合展厅自身的空间特征进行设计，极具观赏性。四个展区的展示内容紧扣主题，造型壮观，创意新颖，互动方式丰富多样。

2. 临时展览

单位：平方米，万人次

序号	展览名称	起止日期	展出地点	面积	观众数量	性质
1	"一带一路"国际星空摄影展	5月10日至7月19日	A馆东展厅	400	10	引进
2	首届中国航天员飞天摄影作品展	7月26日至9月1日	A馆东展厅	400	20	引进
3	北京天文馆建馆60周年回顾展	9月20日至12月20日	A馆东展厅	400	15	原创
4	魅力北科——智能制造科普展览	11月28日至12月4日	A馆环廊	200	2	引进
5	中国科学院科技创新年度巡展2017	2017年12月26日至2018年3月2日	A馆东展厅	400	20	引进

3. 教育活动

单位：人次

序号	活动名称	活动时间	主要内容	活动形式	主要对象	参与人数
1	探秘苍穹 圆梦星空	1月22~24日	天文科普	冬令营	中小学生	30
2	金鸡报晓 春牛送福	2月3日	立春文化节	鞭打春牛	公众	100
3	国际天文馆日	3月12日	宣传天文馆	免费门票	公众	1000
4	全国中学生天文奥赛预赛	3月25日	天文知识竞赛	笔试	中小学生	2909
5	全国中学生天文奥赛决赛	5月4~8日	天文知识竞赛	笔试和实测	中学生	161
6	科技强国 创新圆梦	5月20日	东城区科技活动周主场活动	雕版天文图印刷体验活动	公众	300
7	科学之夜	5月21日	2017年全国科技活动周重大示范活动暨北京天文馆建馆六十周年系列活动在北京天文馆举行	启动仪式、免费放映节目和讲座等	领导与公众	900
8	"谁是小状元"及"星星点亮夜空"	6月1日	"星星点亮夜空"是请观众和小朋友们填写星星寄语，然后粘贴到星空背板上的一个活动	请小朋友们填写星星寄语，然后粘贴到星空背板上	少年儿童	2000
9	科技创新 科普惠民	6月9日	北京天文馆参与2017年丰宁满族自治县"科技创新 科普惠民"系列活动，为3000余名群众科普天文知识，并获得丰宁满族自治县人民政府颁发的特别贡献奖	讲座和展览	丰宁公众	3000
10	科技列车行	6月20~29日	北京天文馆参加了全国科技活动周重大品牌示范活动"科技列车行"在西藏举行的"拉萨科学之夜"等活动	讲座和展览	公众	1200
11	第十届绘画中国古星图比赛	7月8日至8月23日	北京古观象台举办了第十届绘画中国古星图比赛活动，共364名中小学生参加比赛，评选出一等奖35名，二等奖72名，三等奖106名	绘画中国古星图比赛	中小学生	364
12	探秘苍穹 圆梦星空	7月24~27日	北京天文馆与北京天文学会在延庆华海田园天文农庄举办2017年"探秘苍穹 圆梦星空"天文科普夏令营	夏令营	中小学生	40
13	全国科普日北京主场活动暨第七届北京科学嘉年华	9月14~28日	北京天文馆参加在奥林匹克公园举办的2017全国科普日北京主场活动暨第七届北京科学嘉年华，共4000余人参与天文科普活动	天文节目和展览	公众	4000

序号	活动名称	活动时间	主要内容	活动形式	主要对象	参与人数
14	全国科普日东城区主场活动	9月16日	北京古观象台参加了在北京自然博物馆举办的2017全国科普日东城区主场活动——雕版天文图印刷活动	雕版天文图印刷	公众	1000
15	创科博览2017	9月21日	北京古观象台10余件复制展品赴香港参加"创科博览2017"展览	雕版天文图印刷及天文拓片	香港公众	6000
16	京津携手共促科技发展	9月27~28日	北京古观象台参加"京津携手共促科技发展"主题科普活动,将雕版天文图印刷活动带到了天津市武清区雍阳中学等学校	雕版天文图印刷	天津中学生	1300
17	中秋赏月	10月4~5日	北京古观象台举办中秋赏月观星活动	中秋赏月观星	公众	259
18	全国科技教师天文知识与技能培训活动暨第九届天文科普教育论坛	10月16~20日	北京天文馆、中国天文学会普及工作委员会和中国自然科学博物馆协会天文馆专委会等单位主办的全国科技教师天文知识与技能培训活动暨第九届天文科普教育论坛在贵州省黔南州中国天眼平塘天文小镇举行	培训和论坛	教师	67
19	第十二届北京阳光少年——文化、科普进校园活动走进延庆	10月23~24日	北京天文馆参加在延庆区举办的"第十二届北京阳光少年——文化、科普进校园活动走进延庆"活动	天文科普活动	教师、学生	1250

4. 公众科普讲座

单位:人次

讲座日期	主讲人	讲座题目	参与人数
1月21日	北京天文馆寇文老师	2017年天象预告	100
3月12日上午	北京天文馆郭霞老师	天文馆的故事	90
3月12日下午	美国加州理工学院(Caltech)叶泉志博士	巡天遥看一千河:从POSS到LSST	120
3月18日	北京师范大学天文系卢利根博士	天文学家的量天尺——天文学家是如何测量距离的	100
4月15日	中国运载火箭技术研究院总体设计部钱航博士	2017年中国航天的发射任务	120
4月22日	北京大学地球与空间科学学院焦维新教授	火星大揭秘	120
5月20日	中国科学院国家天文台黎耕博士	陶寺圭尺与中国古代的圭表侧影	120
5月21日	南京大学天文系彭秋和教授	银河系中心是黑洞吗?	120
6月17日	中国科学院地质与地球物理研究所万卫星院士	太阳系空间环境	120
6月24日	南京大学天文系彭秋和教授	磁单极和超新星	120
7月15日	中国科学院青藏高原研究所刘小汉研究员	中国科学家在南极	100
7月22日	中国科学院国家天文台苟利军研究员	穿越平行宇宙	120
8月19日	中国科学院地质与地球物理研究所副研究员胡森	陨石里的太阳系	120
9月16日	(University of California at Los Angeles)加州大学洛杉矶分校Dr. R. Michael Rich	Clash of the Titans: The Coming Collision of the Milky Way and the Andromeda Galaxy 即将到来的大事件:银河系与仙女座大星系的碰撞	120
9月17日A	国家天文台助理研究员杨志涛	近地小行星——威胁与机遇	100
9月17日B	国家天文台助理研究员连秀梅	"太空垃圾"的前世今生	120

讲座日期	主讲人	讲座题目	参与人数
9月17日C	北京天文馆邵珍珍老师	TRAPPIST-1 知多少	100
9月17日D	北京师范大学天文系教授夏俊卿	来自宇宙深处的第一束光	120
9月17日E	北京师范大学天文系副教授曹硕	引力透镜：爱因斯坦的望远镜	100
9月23日	清华大学曹军威研究员	时空涟漪——引力波	120
10月21日	北京大学天文系刘富坤教授	黑洞、双黑洞和引力波	120
11月18日	国家天文台李婷博士	绚丽多彩的太阳	100
12月9日	北京天文馆陈冬妮博士	宇宙——地外文明	120
12月16日	北京天文馆王燕平老师 国家天文台张超老师	雪花的微观世界	100
12月30日	北大科维理天文与天体物理所 Richard de Grijs 教授	Listening to the Universe 聆听宇宙	120

5. 流动科普设施

单位：次

名称	年度巡展次数	类型	经费来源	运行方式
天文科普大篷车	15	科普巡展	北京天文馆	由充气式移动天象厅、天文互动展品、天文知识展板、天文科普讲座、天文观测等内容组成的"流动天文馆"科普活动，在科普宣传车的运送下，走进学校、社区、公园等地，为公众提供天文科普服务

6. 天象厅（球幕剧场）

设备厂商	天象仪	数字投影	球幕电影（部）	直径（米）	水平/倾斜	安装日期	座椅数量（个）
蔡司	宇宙9型	索尼	9	23	水平	2008年7月	400
Sky-Skan	—	索尼	10	18	15度	2013年12月	200

7. 天象厅（球幕剧场）节目

单位：次，人次

序号	名称	放映场次数	主要内容	主要对象	观众人数	性质
1	奇妙的星空	620	四季星空	青少年	175244	原创
2	UFO与外星人	561	探索地外文明	青少年	114390	引进
3	星空音乐会	135	四季星空	青少年	27741	原创
4	银河铁道之夜	27	银河星座	青少年	5247	引进
5	宇宙少年侦探团	7	日月食	青少年	1424	原创
6	狂暴的宇宙	7	宇宙大爆炸	青少年	2781	引进
7	北极光	7	北极光	青少年	1871	引进
8	地心引力的秘密	3	地心引力	青少年	164	引进
9	亲历北极光	7	北极光	青少年	1871	引进

8. 数字宇宙剧场（球幕剧场）节目

单位：次，人次

序号	名称	放映场次数	主要内容	主要对象	观众人数	性质
1	天上的宫殿	441	中国古代星宿	青少年	47587	原创
2	行星：太阳系之旅	136	太阳系行星	青少年	24300	引进
3	玛雅古天文	2	古玛雅时期天文	青少年	98	引进
4	系外行星（立体）	1	系外行星高科技	青少年	26	引进
5	迷离的星际	715	恒星演化	青少年	91565	原创
6	大鸟探险记	19	太阳、月亮、恒星	3~8岁儿童	3111	联合
7	穿越太空	1	探索太空	青少年	100	引进
8	黄昏中的恐龙	7	恐龙	青少年	1074	引进
9	飞蛾的秘密世界（英语）	3	飞蛾	青少年	12	引进
10	我们是星星（英语）	7	宇宙中的原子	青少年	569	引进

9. 4D剧场（环幕剧场）节目

单位：次，人次

序号	名称	放映场次数	主要内容	主要对象	观众人数	性质
1	撞击与生命	658	恐龙灭绝	青少年	82855	原创
2	穿越寒武纪	417	古生物演化	青少年	53180	原创
3	海龟之旅	302	海龟繁衍	青少年	30952	引进
4	变形记	7	动物伪装	青少年	913	引进
5	小强的故事	34	蟑螂百科	青少年	2960	原创
6	海洋中的精灵	7	海洋动物	青少年	930	引进

10. 3D剧场（巨幕剧场）节目

单位：次，人次

序号	名称	放映场次数	主要内容	主要对象	观众人数	性质
1	奔向月球	648	探索月球	青少年	49280	原创
2	最后的珊瑚礁	694	珊瑚礁	青少年	30826	引进
3	生灵飞行之谜	3	飞行动物	青少年	11	引进

11. 天文台/望远镜

序号	圆顶直径（米）	望远镜口径（毫米）	型号	数量（台）	年度开放次数（次）
1	6	130	蔡司130型	1	5
2	8	400	米德400型	1	—
3	7	300	太阳望远镜	1	全年

二、科研与学术

1. 承担项目

单位：万元

序号	项目名称	项目来源	项目级别	经费	负责人
1	2017 天文奥林匹克竞赛国家集训队培训	中国科协青少年科技中心	国家级	20.00	张子平
2	2017 "仰望星空·快乐成长" 天文科普活动	北京市科学技术委员会	省部级	20.00	寇 文
3	"弘扬传统天文 感受科学魅力" 古观象台天文科普活动	北京市科学技术委员会	省部级	16.00	陈 晓
4	小天文学家的魔盒科普产品研发	北京市科学技术委员会	省部级	21.90	陈冬妮
5	2017 年北京天文馆藏品征集	北京市财政项目	省部级	849.98	寇 文
6	北京古观象台藏品信息化采集加工	北京市财政项目	省部级	199.90	肖 军

2. 研究成果

序号	题目	作者	刊名	卷（期）号	期刊级别
1	《TRIZ 理论在展项设计中的应用》	赵开羿；景海荣 苗 军；马 劲 王 菁；杨 冰	《科学教育与博物馆》	2017 年 第 6 期	其他
2	《数据可视化在天文展览视觉传达中的应用》	马 劲；赵开羿 苗 军；王 菁	《自然科学博物馆研究》	2018 第 S2 期	国家级
3	《建立多渠道综合性的观众参观体验感受》	赵开羿；景海荣 苗 军；马 劲 王 菁	《自然科学博物馆研究》	2017 年增刊	国家级
4	《全新公众科学讲座组织形式的探究》	李 昕 张子平	《自然科学博物馆研究》	2018	国家级
5	《基于义务教育阶段学情的天文科普活动策略研究与实践》	杨 斌	《自然科学博物馆研究》	2017	国家级

3. 专著

序号	名称	作者	出版社	出版时间
1	《尊贵的雪花》	王燕平 张 超	重庆大学出版社	2017 年 10 月
2	《读懂一粒沙》	王燕平译	电子工业出版社	2017 年 9 月
3	《雪花的答案》	王燕平 张 超译	电子工业出版社	2017 年 9 月
4	《通往宇宙的窗口：走进世界著名天文馆和天文台》	李 元；陈 丹 郭 霞；赵复垣	人民邮电出版社	2017 年 2 月
5	《宇宙》	陈冬妮译	广西科学技术出版社	2017 年 8 月

4. 编辑刊物

单位：万册

序号	刊物名称	刊号	发行周期	发行数量	发行范围
1	《天文爱好者》	CN11-1390/P	月刊	21	全球
2	《天文爱好者》增刊	京新出报刊增准字第（563）号	年刊	1	全球

三、信息化建设

1. 官方网站浏览情况

经网站统计，截至 2017 年 12 月底，北京天文馆新网站累计网页浏览量约 180 万人次。

2. 新媒体运用

2017 年共发布原创微博 679 篇。微信微博全年发布 2619 条推送新闻。

四、志愿者队伍建设

单位：人，小时

分类	服务岗位	人数	来源	服务时间
文化教育	志愿讲解	17	社会招聘	546
文化教育	场馆服务	150	大学、中学	1200

五、运营情况

票务情况

是否免费开放	未免费开放场馆票种	未免费开放票价	观众人数
否	A 馆天象厅 /B 馆宇宙剧场 B 馆 4D 剧场 /B 馆 3D 剧场 A、B 馆展厅	普通票 45 元；优惠票 35 元 普通票 30 元；优惠票 20 元 普通票 10 元；优惠票 5 元	天象厅：309590 人次 / 年 宇宙剧场：168509 人次 / 年 4D 剧场：162688 人次 / 年 3D 剧场：77461 人次 / 年 展厅：281254 人次 / 年 合计：999502 人次 / 年
其他票务信息说明	免费及优惠办法 （一）特定人群免费及优惠制度 1.展厅免费：1.2 米（含）以下儿童或 6 周岁（含）以下儿童、60 周岁（含）以上老年人、现役军人、残疾人、宗教人士、中国博物馆协会会员、中国自然科学博物馆协会会员及北京市 A 级旅游景区服务质量监督员，可凭有效证件免费参观展厅；购买剧场票者，可凭当日有效剧场票免费参观展厅；由学校组织的大中小学生团体，凭单位介绍信可免费参观展厅（30 人以上，须提前 3 日预约）。 2.展厅半票：6 岁至 18 周岁（含）未成年人、全日制大学本科及以下学历学生（含职高、技校、中专等在校学生），可凭有效证件享受展厅半票。 3.剧场优惠：1.2 米（含）以下儿童或 6 周岁（含）以下儿童、6~18 周岁（含）未成年人、全日制大学本科及以下学历学生（含职高、技校、中专等在校学生）、60 周岁（含）以上老年人、现役军人及残疾人，可凭有效证件享受剧场优惠票价。 （二）场馆开放日优惠制度 每周四（除国家法定节假日、寒暑假及儿童节外），由学校组织的全日制大学本科及以下学历学生（含职高、技校、中专等在校学生）团体，凭单位介绍信以 15 元 / 人的优惠价格观看天象厅节目一部（30 人以上，须提前 3 日预约）。 （三）特定节日免费及优惠制度（如遇闭馆日则该优惠活动取消） 1.3 月 8 日妇女节，女士享受展厅展览及各剧场节目优惠票价。 2.6 月 1 日儿童节，针对儿童免费及优惠活动见当年活动信息。 3.下列特殊节日针对有组织的特殊团体，凭单位有效证明以 25 元 / 人的优惠价格观看天象厅节目一部（须提前 3 日预约）。 （1）7 月 1 日党的生日，单位工会、党支部组织的团体。 （2）8 月 1 日建军节，单位组织的现役军人团体。		

其他票务信息说明	4. 下列特殊节日针对特定人群凭有效证件免费观看天象厅节目一部（须到售票处领票）。 （1）9月10日教师节，高等院校、中小学校、职业学校在校教师。 （2）农历九月初九重阳节，60周岁以上老年人。 5. 下列特殊节日针对特定人群凭有效证件免费观看各剧场节目（需到售票处领票）。 （1）五一国际劳动节假日，省部级以上劳动模范。 （2）5月18日国际博物馆日，中国博物馆协会会员、中国自然科学博物馆协会会员。

六、2017年度大事记

1月17日　北京天文馆球幕科普节目《UFO与外星人》获得北京市科学技术研究院颁发的"优秀科技成果奖"。

1月21日　北京天文馆"宇宙畅游"展览第三期正式对公众开放。

1月22~24日　北京天文馆在馆内及古观象台举办2017年"探秘苍穹 圆梦星空"天文科普冬令营，共有近30名中小学生参与活动。

2月3日　北京古观象台与北京非物质文化遗产保护中心等单位举办的"金鸡报晓 春牛送福"2017立春文化节——鞭打春牛活动在古观象台举行，共100余人参加活动。

3月2日　北京市科学技术研究院任命杨祥奎同志为北京天文馆副馆长。

3月10日　北京天文馆2017年党风廉政建设工作会召开。北京天文馆馆长朱进、书记李丽分别与副职馆领导、部门主任签订了《党风廉政建设责任书》或《廉政建设责任书》。

3月12日　北京天文馆首次举行庆祝国际天文馆日活动，免费发放门票1000张，举办公众讲座"天文馆的故事"。

3月20日　北京天文馆馆领导分管部门进行调整，具体决定如下：朱进同志分管办公室、古观象台、杂志社；李丽同志分管党办、人力资源部、展览教育部、观众服务部、天象厅、宇宙剧场、4D剧场、3D剧场；景海荣同志分管展览设计部、数字工作室、北京天文学会；张学奎同志分管信息中心、经营开发部、校外协会部；陈冬妮同志分管财务部、业务办公室、科普部、宣传车；杨祥奎同志分管行政管理部、安全保卫部。

3月25日　北京天文馆在北京、广州等22个城市同时举办了2017年全国中学生天文奥赛预赛，全国共2909名中小学生参加了预赛。

4月15日　全国政协委员、澳门立法会议员崔世昌等人到访参观北京天文馆。

5月4~8日　北京天文馆在新疆伊宁举办了2017年全国中学生天文奥赛决赛，北京天文馆馆长朱进、副馆长陈冬妮出席活动，全国共161名师生参加，其中59名学生分获金银铜牌。

5月10日至7月18日　北京天文馆等单位主办的"丝路星空——'一带一路'国际星空摄影展"在A馆东展厅展出，展览以"同一个世界，同一片星空"为主题，共展出36名中外摄影师的56幅星空作品。

5月20日　北京古观象台参加在北京龙潭公园举办的"科技强国 创新圆梦"2017东城区科技活动周主场活动，共300余人参加雕版天文图印刷体验活动。

5月20~28日　北京天文馆参与了全国科技活动周重大示范活动"流动科技馆进赣西"，在江西宜春、井冈山等地的10余所学校开展科普活动，赠送天文活动课材料近300套，1万余名师生参与活动。

5月21日　科技部主办、北京天文馆承办的2017年全国科技活动周重大示范活动暨北京天文馆建馆六十周年系列活动——"科学之夜"在北京天文馆举办，北京天文馆馆长朱进主持，科技部副部长李萌、中国科学院副院长张涛院士、北京市政府副秘书长刘印春、北京市科学技术委员会主任许强、中国科学院古脊椎动物与古人类研究所所长周忠和院士、北京市科学技术研究院院长郭广生、北京天文馆书记李丽及副馆长景海荣、张学奎、杨祥奎等领导、专家出席启动式，共900余人参加活动。

6月1日　北京天文馆在馆内组织了"谁是小状元"及"星星点亮夜空"活动，近2000名观众参与。

6月9日　北京天文馆参与2017年丰宁满族自治县"科技创新 科普惠民"系列活动，为3000余名群众科普天文知识，并获得丰宁满族自治县人民政府颁发的特别贡献奖。

6月20~29日　北京天文馆参加了全国科技活动周重大品牌示范活动"科技列车行"在西藏举行的"拉萨科学之夜"等活动，共科普约1200人。

6月28日　北京天文馆自制的我国首部3D探月科普影片《奔向月球》首映式在北京天文馆3D剧场举办，副馆长景海荣对影片进行了介绍。中国科学院院士、中国探月工程首席科学家欧阳自远，中国空间技术研究院研究员、《国际太空》杂志执行主编庞之浩出席首映式。

6月　北京天文馆在2017年全国科技活动周"流动科技馆进赣西"活动中，获得中国科学技术交流中心颁发的"优秀组织奖"。

7月5日　北京天文馆组织全体党员在203会议室召开"两学一做"常态化制度化工作会，正式发布《北京天文馆党总支关于推进"两学一做"学习教育常态化制度化实施方案》。会后，北京天文馆书记李丽作《学习〈中国共产党北京市第十二次代表大会报告〉精神》党课。

7月8日至8月23日　北京古观象台举办了第十届绘画中国古星图比赛活动，共364名中小学生参加比赛，评选出一等奖35名，二等奖72名，三等奖106名。

7月19日　墨西哥天文球幕影片点映会暨墨西哥科苏梅尔岛天文馆与北京天文馆双边合作交流活动在北京天文馆举办，墨西哥驻华公使恩里克·埃斯科萨、墨西哥科苏梅尔岛天文馆馆长米拉格罗斯·巴尔克斯、北京市科学技术研究院副院长王玲、北京天文馆馆长朱进及副馆长景海荣出席活动。

7月24~27日　北京天文馆与北京天文学会在延庆华海田园天文农庄举办2017年"探秘苍穹 圆梦星空"天文科普夏令营，全国近40名中小学生参加活动。

7月26日至9月3日　新华通讯社、中国载人航天工程办公室主办，北京天文馆等单位承办的"中国梦·航天梦——首届中国航天员飞天摄影作品展"在A馆东展厅展出，中国载人航天工程副总指挥、军委装备发展部副部长张育林，新华社副社长兼秘书长刘正荣，北京市科学技术研究院院长郭广生，北京天文馆馆长朱进及副馆长景海荣、杨祥奎出席开幕式，展览展出了中国航天员在太空拍摄的近百幅作品，大部分作品属首次公开。

8月　北京天文馆获得由北京市西城区科学技术协会颁发的西城区2017年科普活动周暨科技工作者日活动"优秀组织奖"。

9月10日　北京天文馆举办"天文馆之夜"主题活动，并启动9月"天文科普月"等系列科普惠民活动，"北京天文馆建馆六十周年回顾展"也于活动当天正式揭幕，中国自然科学博物馆协会理事长程东红，中国科学院国家天文台台长严俊，北京市科学技术研究院院长郭广生，北京天文馆馆长朱进、书记李丽及副馆长景海荣、张学奎、陈冬妮、杨祥奎等领导出席开幕式。

9月10日至12月24日　"北京天文馆建馆六十周年回顾展"在北京天文馆展出，用260余幅照片、120延米的展线，描绘了北京天文馆60年来的发展历程。

9月14~19日　北京天文馆张子平、马劲受邀携浑仪、简仪、象限仪和黄道经纬仪铜制古仪模型赴马来西亚参加国油科学馆科学节主题科学展览。

9月14~28日　北京天文馆参加在奥林匹克公园举办的2017全国科普日北京主场活动暨第七届北京科学嘉年华，共4000余人参与天文科普活动。

9月16日　北京古观象台参加了在北京自然博物馆举办的2017全国科普日东城区主场活动，雕版天文图印刷活动吸引了近千名观众参加。

9月21日　北京古观象台王玉民、陈晓、马燕携浑仪、简仪、候风地动仪、敦煌星图等10余件复制展品赴香港执行"创科博览2017"参展任务。展会上，近6000名观众参与了雕版天文图印刷及天文拓片体验活动。

9月22日　北京天文馆下属公司太微图影（北京）数码科技有限公司的"一种虚拟球幕的创建方法和装置"获得中华人民共和国国家知识产权局发明专利。

9月27~28日　北京古观象台参加"京津携手共促科技发展"主题科普活动，将雕版天文图印刷活动带到了天津市武清区雍阳中学等学校，共1300余名学生参与活动。

10月4~5日　北京古观象台举办中秋赏月观星活动，接待观众259人。

10月6日　北京天文馆馆长朱进应邀出席在美国圣·路易斯市举行的国际天文馆学会（IPS）理事会，作为理事会成员听取了IPS理事会工作报告及2018年IPS法国会议筹备情况，参与选举出2020年国际天文馆学会会议举办地。

10月16~20日　北京天文馆、中国天文学会普及工作委员会和中国自然科学博物馆协会天文馆专业委员会等单位主办的全国科技教师天文知识与技能培训活动暨第九届天文科普教育论坛在贵州省黔南州中国天眼平塘天文小镇举行，北京天文馆副馆长陈冬妮出席活动，共67名教师参加培训。

10月20日　北京天文馆获得北京市科学技术协会及北京市教育委员会颁发的"2017年青少年高校科学营北京营突出贡献奖"。

10月23~24日　北京天文馆参加在延庆区举办的"第十二届北京阳光少年——文化、科普进校园活动走进延庆"活动，共1250余名师生参与天文科普活动。

10月27日至11月4日　北京天文馆张子平、冯翀带领来自全国3个省市的5名中学生，赴威海参加第二十二届国际天文奥林匹克竞赛（IAO），获得一等奖2人、二等奖1人和参与奖2人。

11月2日，德国柏林勃兰登堡科学院院士、北京科学与工程计算研究院创始院长杜甫哈特（Peter Deuflhard）等人到访北京古观象台，北京科学技术研究院院长郭广生、北京天文馆副馆长景海荣陪同参观。

11月8日　北京天文馆获得北京市西城区学习型城区建设领导小组办公室颁发的西城区市民终身学习示范基地称号。

11月11日　北京天文馆获得国际科学与和平周中国组织委员会颁发的第二十九届国际科学与和平周"优秀活动奖"。

11月12~21日　北京天文馆李昕、戴岩带领来自全国3个省市的5名中学生赴泰国普吉参加第11届国际天文与天体物理奥林匹克竞赛（IOAA 2017），获得两银、两铜、最佳实测、最佳团队等奖项。

11月14日　北京天文馆副馆长陈冬妮受邀赴日本东京参加"连通世界，实现可持续的未来"2017世界科学中心峰会（SCWS），并同日本科学未来馆（Miraikan）就展品设计制作、活动组织等问题进行交流。

11月22日　北京天文馆获得北京市建设学习型城市工作领导小组办公室颁发的北京市民终身学习示范基地称号。

11月22~29日　北京天文馆詹想、曹军带领来自全国4个省区市的8名中学生赴俄罗斯新西伯利亚参加第13届亚太天文奥林匹克竞赛（APAO 2017），获得一等奖3人、二等奖5人、高、低年龄组总成绩均第一名等奖项。

11月27~28日　中国自然科学博物馆协会主办、北京天文馆等单位协办的首届"一带一路"科普场馆发展国际研讨会在中国科技馆召开，北京天文馆与墨西哥科苏梅尔岛天文馆签订合作谅解备忘录，中国自然科学博物馆协会理事长程东红、中国科学技术协会书记怀进鹏、国际博物馆协会副主席安来顺、北京市科学技术研究院院长郭广生出席开幕式。28日，北京天文馆分会场以"科技场馆的教育活动策划和节目创作"为主题，北京天文馆馆长朱进、书记李丽、副馆长景海荣及陈冬妮陪同中外来宾参观北京天文馆。

12月5日　北京天文馆在2017年西城区志愿服务评优表彰中，被北京市西城区志愿服务联合会评为"2017年度西城区优秀志愿服务项目"。

12月25日　北京天文馆自助售取票一体机投入使用，观众可在馆内游客中心、服务台自助购取票。

12月28日　中国科学院主办、北京天文馆等单位协办的"创新驱动发展　科技引领未来——中国科学院科技创新年度巡展2017"在北京天文馆A馆东展厅开幕。

12月29日　北京天文馆被中国自然科学博物馆协会评选为2017年度优秀集体，北京天文馆业务办公室为优秀部门，陈晓等3人为优秀工作者。

七、2017 年工作概述

（一）2017 年度基本情况

2017 年，北京天文馆总收入 9935 万元，其中财政拨款 7024 万元、票款收入 2534 万元、科研和其他收入 377 万元。截至 2017 年 12 月，该馆共有在职职工 166 人，年增长率 5%；管理岗位 7 人，占总人数的 4%；专业技术岗位 156 人，超过总人数的 93%；科普宣讲岗位 116 人，占总人数的近 70%。全馆共有天文专业博士 6 人，天文专业硕士 8 人，本科及以上学历 82 人；具有中高级职称人员 58 人，占总人数的近 35%；35 岁以下青年人员仍是科普工作的主力，占总人数的 68%。

（二）2017 年度重点工作

2017 年，该馆对外开放 284 天，古观象台对外开放 304 天，播放科普节目 5400 余场，接待观众 100 余万人次。票款收入 2500 余万元，比 2016 年增长 11%。接待人次和票款收入持续增长，双双创下近十年的新高。获得"北京市民终身学习示范基地"称号、第二十九届国际科学与和平周优秀活动奖。

1. 着眼创新，科普惠民，国内外影响力显著提升

以建馆六十周年为发展契机，创新科普形式，策划系列惠民活动。北京天文馆举办 2017 年全国科技活动周重大示范活动——"科学之夜"，900 余人以家庭为单位免费参加，开创全新科普活动品牌，拉开馆庆系列惠民活动大幕。参与国际天文馆日庆祝活动，实施票价优惠，惠及民众 1000 人。举办了庆祝建馆六十周年主题活动"天文馆之夜"，800 余人免费参加。开展"天文科普月"系列惠民活动，包含"北京国际科技电影展"优秀影片展映、免费公众讲座、望远镜观测天象等丰富内容，其间执行优惠票价，活动惠及近 5 万人次。

以优质科普产品为媒介，深化对外交流，"一带一路"合作成果不断涌现。北京天文馆主办"丝路星空——'一带一路'国际星空摄影展"，展出了"一带一路"沿线 38 个国家和地区的 56 幅绝美星空摄影作品。成功承办首届"一带一路"科普场馆发展国际研讨会平行会议，接待 50 余名科普场馆代表参加。举办墨西哥科苏梅尔岛天文馆与北京天文馆双边合作交流活动，在首届"一带一路"科普场馆发展国际研讨会开幕式上与对方签订了合作谅解备忘录。免费引进墨西哥球幕科普节目《玛雅古天文：宇宙的观测者》。派团赴马来西亚参加国油科学馆科学节，赴香港参加"创科博览 2017"展览。同时，接待德国柏林勃兰登堡科学院院士、北京科学与工程计算研究院创始院长杜甫哈特教授等重要外宾访问北京天文馆和古观象台。

以主流媒体资源为依托，加强自媒体建设，多方位宣传，持续提升社会影响力。同央视合作，在"天文馆之夜""科学之夜"等活动中开展在线直播报道，通过主流媒体定期向公众权威解读重大天文天象。全年共有来自人民日报、北京日报、中央电视台、北京电视台、中国人民广播电台等 20 余家媒体的报道 200 余次。同时，北京天文馆网站发布各类天象活动、馆内动态、每日一图等内外网新闻共计 442 篇，访问量超过 180 万人次；官方微博、官方微信发布信息共 2619 条。

2. 立足核心，强化举措，科普服务水平再上台阶

自主创作和择优引进相辅相成，全新节目轮番上映，剧场银屏丰富多彩。自主制作的以嫦娥探月计划为主题的 3D 节目《奔向月球》和讲述地球生命演化历程和恐龙灭绝的 4D 节目《撞击与生命》正式上映。同时引进了《玛雅古天文：宇宙的观测者》《宇宙魅影：搜寻暗物质》《系外行星：发现新世界》3 部球幕节目。在第五届北京国际科技电影展期间，展映了《黄昏中的恐龙：飞行的起源》《地心引力的秘密》等 6 个国家的 10 余部科普影片，极大丰富剧场科普银屏。

以科技热点为指导，特色临展推陈出新，主题丰富广受好评。历经三年打磨，北京天文馆"宇宙畅游"展览全面完工，于年初正式对公众开放。同时，结合热点推出五大特色临展：展示丝绸之路沿途自然历史遗址和壮丽星空的"丝路星空——'一带一路'国际星空摄影展"，展示中国航天员太空拍摄作品的"中国梦·航天梦——首届中国航天员飞天摄影作品展"，讲述北京天文馆发展历程的"北京天文馆建馆六十周年回顾展"，展示北科院近年来优秀成果的"魅力北科——智能制造科普展览"，展示我国科技发展成果的"中国科学院科技创新年度巡展 2017"。

以观众体验为出发，场馆运行稳中求进，精准服务优化提升。新增自助售票机，全面实现"互联网+"时代下的网络购票、微信及支付宝等电子支付方式。更新编制场馆展览及节目介绍，制作印刷全新宣传折页。完善馆内标识，升级改造服务台及游客服务中心，提升观众参观体验。组建讲解员队伍，面向公众提供定时定点免费讲解服务，同时提供团体预约讲解服务。将满意度调查常态化，积极改进观众反馈的问题。

以观众需求为导向，改进文创产品研发，提升配套服务品质。自主研发天文馆特色文创产品，关注产品的科学性、可玩性、趣味性，推出全天 88 星座拼图、新版 DIY 天文望远镜等特色产品，丰富文创产品种类，市场反应良好，全年销售额近 500 万元。同时，按照 4A 级景区标准，合理设计规划柜台布局，增加游客休息区，加强销售人员培训和管理，提高服务水平，全方位提升配套服务品质。

3. 点面结合，深化拓展，优质科普品牌更富活力

流动天文馆深入基层，京津冀科普联动发展。科普宣传车坚持"立足北京，辐射全国"的工作方针，在北京市 8 个区开展常规进校园、进社区活动 24 次，参与"第七届北京科学嘉年华""第三十五届北京学生科技节夏令营""阳光少年文化、科普进校园活动"等北京市重大示范性科普活动 6 次，完成跨省市重大科普活动"流动天文馆科普活动京津冀行"、全国科技周"流动科技馆走进赣西"，全年科普服务近 4.2 万人。

天文奥林匹克竞赛影响力逐年提升，国内外赛事屡创佳绩。全国中学生天文奥赛预赛在全国 22 个城市同时进行，共有约 2900 名中小学生报名参加，同比增长 36%，影响力持续扩大。在新疆伊宁举办的奥赛决赛中，共 59 名选手分获金银铜牌。决赛选拔出的优秀选手由北京天文馆工作人员带队参加了第 11 届国际天文与天体物理奥林匹克竞赛（IOAA）、第 13 届亚太天文奥林匹克竞赛（APAO）和第 22 届国际天文奥赛（IAO），共获得五金八银两铜的优异成绩。

《天文爱好者》开设全新专栏，星空大会圆满收官。《天文爱好者》杂志完成了全年 12 期杂志和 2 本增刊的编辑任务。积极开发优质稿源。对"硬 X 射线调制望远镜""FAST 的电磁波宁静区""再见卡西尼"等重大天文热点事件进行深度报道。新增指导天文爱好者进行都市天文观测的"月球观测与高倍摄影"专栏、介绍古星图的"神州星境——中国古星图常识简介"专栏。成功举办 2017 年星空大会。

优势品牌活动有序开展，天文科普教育持续推广。以场馆资源为依托，开展国际博物馆日、六一儿童节、特色亲子体验、中秋赏月、雕版天文图印刷、天文图拓片、冬夏令营、全国科技教师天文知识与技能培训与科普论坛、"立春文化节——鞭打春牛"等各类品牌活动。

大力支持学术团体，引领全国天文科普发展。中国自然科学博物馆协会天文馆专业委员会承办中国自然科学博物馆协会 2017 年年会。中国天文学会普及工作委员会组织普委会 2017 年工作会议，组织首届全国大学生天文创新作品竞赛决赛。北京天文学会组织举办 2017 年学术年会、开展青年学术演讲和青年优秀科技论文评选、"首都科技工作者摄影展"等学术和科普活动。校外教育协会广泛整合校外教育活动资源，组织开展"第十二届（2017）北京阳光少年活动"、北京市中小学生环保演讲比赛、北京市中小学生自然科学挑战赛等多项青少年主题竞赛活动。

4. 聚力扶持，搭建平台，科研与科普协同发展

各类科研项目稳步实施，出版多套天文科普著作。全年承担国家级研究课题 1 个，中国科协、市科委竞争性项目 4 个，中科院项目 1 个，市财政项目 3 个，启明星项目 6 个。馆内业务人员编译、撰写、修订《宇宙》《尊贵的雪花》等 5 套出版读物，其中《星空帝国——中国古代星宿揭秘》一书参评第十二届文津图书奖并获奖。发表学术论文、报告 8 篇。启动申请多项发明专利及著作专利，其中"一种虚拟球幕的创建方法和装置"已获国家专利权授予。

加强藏品信息化管理，修缮珍贵历史文物。新增珍贵陨石藏品 4 块，包括蒙德拉比拉铁陨石、NWA6594 等，总价值 750 万元。实施北京古观象台藏品信息化采集加工项目，完成对 40 件藏品的信息采集，形成二维精品照片 750 张、三维模型展示数据 40 个、金石传拓 404 张。对汤若望办公室等古天文历史资料和珍贵文物进行保护性修缮、复制和开发。征集四川麻浩崖墓石刻拓片 2 张、古观象台老照片 17 张。

结合 VR 技术研发，创新节目制作手段。研究新技术在天文科普中的应用，重点开展天文可视化 VR 技术与球幕 VR 多相机实拍技术研发。

5. 内外兼修，建章立制，科学管理廉政建设稳步加强

完善规章制度，规范工作流程。修订了《北京天文馆签章管理办法》《北京天文馆工服管理办法》《北京天文馆引进非北京生源毕业生工作管理办法》《北京天文馆专业技术职务聘任规定》《北京天文馆会议费管理办法》《北京天文馆关于规范专家咨询费讲课费标准的规定》《北京天文馆互联网门户网站刊登信息的规定》《北京天文馆国内差旅费管理办法》《北京天文馆公务车辆及公务出行管理办法》9条制度。

坚持科学管理，完善人才梯队。本年度，通过公开招聘引进人才9人，其中干部调入1人，硕士2人，涉及天体物理、文物与博物馆等专业，及时补充了岗位空缺。

严格财务管理，加强流程管控。推行预算支出责任制，促进票务管理信息系统建设，完善搭建预算管理信息系统及内部控制系统，强化对整体预算、日常收支的管控。

加强精细化管理，落实安全后勤保障。建设北京天文馆客流车流监控系统，建立健全安全管理制度和应急预案，科学布局安全器材，完善消防安防设施，加强全体员工的安全防范意识教育和技能培训。落实第三方进场施工文档及项目例会制度。

加强思想政治建设，提升廉政风险防控能力。深入开展学习教育，确保全馆党员群众切实把思想和行动统一到党的十九大精神上来。推进"两学一做"常态化制度化，组织党员学习、活动42次，建立"掌上微课堂"，全馆学习教育取得了良好成效。完成廉政风险自查工作及民主测评，组织党政领导正职与全馆中层干部签订《北京天文馆党风廉政建设责任书》，进一步落实党风廉政建设责任制。

中科院紫金山天文台青岛观象台

英 文 全 称：Tsingtao Observatory Nanjing Purple Mountain Observatory of CAS
法 定 代 表 人：孙立南
联 系 电 话：0532-82828405
传 真：0532-82828405
官 方 网 站：qdgxt.kepu.net.cn
行 政 主 管 单 位：中国科学院紫金山天文台
成 立（开放）日 期：1898 年 1 月
通 信 地 址：青岛市南区观象二路 21 号
已 加 入 专 业 委 员 会：中国自然科学博物馆协会天文馆专业委员会

一、展览与科普活动

1. 常设展览

中科院紫金山天文台青岛观象台位于黄海之滨胶州湾畔，隶属中科院紫金山天文台，拥有 1930 年我国自主建造的第一座天文圆顶观测室，直径 7.8 米，内设中国人引进的第一架口径 320 毫米天图式赤道仪，天文圆顶观测室常年不定期开放，配备天文展牌及多媒体设备，馆藏文物供市民参观。青岛观象台除天文圆顶观测室外，另有青岛观象台历史陈列室不定期供市民参观，介绍青岛观象台的历史沿革、发展现状以及科研科普成果。开展微课堂、天文培训、专家讲座等多形式科普活动，配备多架科普型天文望远镜以满足多样化的科普需求，做到天文展牌信息及时更新。为了提升青岛观象台科普能力，建设更新改造天文望远镜，增加日珥镜，能够观测太阳的色球层，能清晰地观看太阳的日珥、暗条等，极大提升了科普能力和自动化水平。

2. 临时展览

单位：平方米，人次

序号	展览名称	起止日期	展出地点	面积	观众数量	性质
1	嫦娥探月（即时）	3 月 12 日	青岛观象台门前	50	100	引进
2	嫦娥探月（短期）	5 月 3~5 日	青岛观象台会议室	70	120（2 批）	引进
3	陨石鉴赏	9 月 24 日	青岛观象台会议室	70	80	联合

3. 教育活动

单位：人次

序号	活动名称	活动时间	主要内容	活动形式	主要对象	参与人数
1	天文创课堂	1 月 14 日	春季星空	天文课堂	学生	38
2	天文馆日公益活动	3 月 12 日	太阳相关知识、观测	公益活动	公众	180
3	地球一小时	3 月 25 日	讲解、观测	公益活动	公众	600

序号	活动名称	活动时间	主要内容	活动形式	主要对象	参与人数
4	教师培训	4 月 11 日	讲解、观测、交流	学术活动	老师	22
5	天文实践研究	4 月 12 日	交流、研讨	学术活动	老师	30
6	调研视察	4 月 20 日	交流、视察、研讨	学术活动	市南政协委员	10
7	天文科普讲座	4 月 26 日	讲座	公益讲座	公众	130
8	天文微学期	5 月 3 日	讲座、参观、观测	科普活动	学生	900
9	公众科学日	5 月 21 日	讲解、展板、观测	公益活动	公众	300
10	网易直播	5 月 30 日	网易直播	在线直播	手机用户	50000
11	网络电视台小记者	6 月 2 日	讲解、观测	观测活动	学生及家长	40
12	青岛 44 中学社会实践	6 月 27 日	讲解、观测、实践	科普活动	学生及老师	40
13	走进 FAST 醉美贵州行	7 月 6 日	观星、观测、旅游	天文旅游	公众	30
14	青大附中社会实践	7 月 16 日	讲解、观测、实践	科普活动	学生及老师	41
15	天津夏令营	7 月 20 日	讲解、观测、实践	科普活动	学生及老师	20
16	赤峰草原	8 月 3 日	观星、观测、旅游	天文旅游	公众	70
17	艾山观星	8 月 12~13 日	讲座、观测	天文旅游	公众	120
18	山水幼儿园	9 月 12 日	参观、观测	科普活动	幼儿园学生	120
19	全国科普日	9 月 16 日	讲解、观测、展览	公益活动	公众	360
20	走进龙江路社区天文科普活动	9 月 12 日	讲解、观测、展览	社区活动	公众	200
21	天文论坛	9 月 25 日	讲座	公益活动	公众	140
22	重阳节、国际观月夜	10 月 28 日	参观、讲解	公益活动	公众	300
23	星空奇遇记	12 月 23 日	讲座、互动	科学课堂	公众	40
24	上清路小学	12 月 31 日	参观	科普活动	公众	40
25	穹台窥象	1 月至 12 月	参观、观测	科普活动	公众	3800
26	天文课程	1 月至 12 月	课程（90 课时）	科学课堂	学生	2600

4. 流动科普设施

单位：次

序号	名称	年度巡展次数	类型	经费来源	运行方式
1	天文下乡	6	讲座、互动、巡展	自筹	公益
2	天文进校园	7	讲座、互动	自筹	公益

5. 天文台／望远镜

序号	圆顶直径（米）	望远镜口径（毫米）	型号	数量（台）	年度开放次数（次）
1	7.8	320	天图式赤道仪	1	48

续表

序号	圆顶直径（米）	望远镜口径（毫米）	型号	数量（台）	年度开放次数（次）
2	6	160	盖式赤道仪	1	6
3	—	152	LS152THa/B3400	1	30
4	—	106	高桥 fsq106 天文望远镜	1	2
5	—	150	信达 150 牛顿天文望远镜	1	10
6	—	127	星特朗 127slt 地平赤道仪	1	36
7	—	150	AVX6 折反式天文望远镜	1	36

二、科研与学术

承担项目

单位：万元

序号	项目名称	项目来源	项目级别	经费	负责人
1	青岛观象台公共天文台	上级拨款	国家级	6	孙立南
2	我国太阳物理历史观测资料整编	上级拨款	国家级	10	季海生
3	太阳色球观测资料合作研究	上级拨款	国家级	8.6	孙立南
4	流动天文馆	上级拨款	国家级	5	孙立南

三、信息化建设

1. 官方网站浏览情况

中科院紫金山天文台青岛观象台于 2013 年初开始使用中科院的服务器，保证了后台的管理，得到强大的技术支撑。青岛观象台官网为 qdgxt.kepu.net.cn，开设首页、青台简介（青台概况、台长致辞、台内活动、百年沧桑、守望苍穹）、太阳黑子（黑子分析、精细结构、手绘黑子）、天象预报（每月天象、特殊天象、日月出没）、科普活动（媒体报道、活动掠影、协会专区、会员见闻）、天文知识（天文知识、宇宙信息、天文历法）、图片阅览（天体摄影、酷图欣赏、天文桌面、同好作品）、网络视频（天体视频、视频直播）、天文产品（天文图书、天文仪器、软件下载）共计 9 大项 27 小项的栏目。目前做到每周更新 5 次，及时发布青岛观象台台内见闻及各种科普活动，文章采集和编辑、文章审核和文章发布等一系列网站信息发布与维护工作一直由青岛观象台自行负责。据统计，2017 年 1~12 月官方页面浏览量全年总数为 38 万人次，平均每天访问人数为 1000余人次。目前已成为山东省天文科普宣传的重要网上发布平台。

2. 展品信息化工作

青岛观象台配有多媒体电视两台，馆内文物数百件。第一次全国可移动文物普查中青岛观象台入选 33 件文物。馆内科普展板 60 余块，根据最新的天文动态和天象预报做到及时更新天象信息。

3. 新媒体运用

青岛观象台拥有官方微博 weibo.com/2002448901 和微信公众平台 qd_gxt。年更新微博文章 835 篇、微信 82篇、青岛观象台官网信息 208 条，为青岛市民提供多种渠道的重要天文科普网络信息，且得到了爱好者们的一致好评。现已成为山东省天文网络平台的重要宣传工具之一。

▨ 四、志愿者队伍建设

单位：人

分类	服务岗位	人数	来源	服务时间
接待志愿者	接待	15	公众	全年
讲解志愿者	讲解	11	公众	全年

▨ 五、运营情况

票务情况

单位：人次／年

是否免费开放	未免费开放场馆票种	未免费开放票价	观众人数
特定日期免费开放	成人、学生	成人 20 元、学生 10 元	3000
其他票务信息说明	设有青岛市天文爱好者协会，会员每年两次免费参观（可以携带一人），持青岛市市南区社区终身学习卡免费积学分		

▨ 六、2017 年度大事记

1月至12月　中科院紫金山天文台青岛观象台共取得手绘太阳黑子资料240张，全年共观测黑子240张，黑子群81群，其中无黑子天数77天。从黑子相对数分析，2017年全年太阳活动较平静，共出现3次高潮——3月底、7月中旬、8月底，并于9月7、8日达到巅峰。本年度最大黑子群出现在9月7日全群1259面积单位，单个814面积单位。

1月至12月　中科院紫金山天文台青岛观象台共接待各级各类参观者60余场次，经常不定期地向公众开放青岛观象台天文圆顶观测室，年接待普通公众及团体约6000人次，如青岛39中、青岛六中、青岛超银中学、青大附中、福州路小学学生，青岛网络电视台小记者团、天津科普夏令营、幼儿园中大班小朋友等。

3月　青岛观象台组织地球一小时青岛地区活动，在五四广场为路人讲解冬季星空，用天文望远镜观看木星，青岛电视台《今日》栏目、《青岛早报》、《青岛晚报》的记者们也亲临现场，对此次活动给予了深度报道，活动吸引了600余名学生与市民参与。10月组织第九届国际观月夜青岛地区活动，协会会员、大中小学生志愿者在五四广场讲解天文常识，观看月球，300余名市民参与活动。

3月22日　青岛市科协徐冰副主席和科普部郑永祺部长到中科院紫金山天文台青岛观象台视察指导工作。青岛市科协领导参观了台史展馆、天文圆顶观测室、万国经度纪念碑等，并听取了孙立南台长关于青岛观象台的工作汇报，对青岛观象台从事的天文科普传播工作给予了充分肯定，并提出要继续发挥学科优势，多形式、多渠道地开展社会服务活动，大力推进科技进步和创新，努力提升全民科学素养，将天文科研与天文科普传播工作提高到一个新的层次。

4月12日　青岛观象台参加青岛市教育科学"十三五"一般规划课题"以天文、气候和环境为载体培养小学生世界公民意识的实践与研究"开题谈论会，会上孙立南台长精心点评子课题的实施计划，以高瞻远瞩的大视野引领大家放眼世界，从培养世界公民着眼，让学生们在实践探究中提升创新意识、责任与环保意识，做个新时代合格世界小公民。

6月25日　中科院紫金山天文台专家倪厚坤、章海鹰、季海生研究员来到青岛观象台安装调试检测 LS152THa/B3400 日珥镜。

7月21日　国际自然科学基金杨卫主任、中国科学院丁仲礼副院长、国家自然基金委数理学部董国轩主任、中科院条件保障和财务局聂常虹副局长、中科院前沿科学与教育局黄敏副局长及数理化处毛羽丰副处长一行十余人视察青岛观象台，中科院紫金山天文台杨戟台长、中科院国家天文台科技处盘军处长、中科院紫金山天文台科技处宁宗军处长陪同。

9月14日　青岛市市南区人大江苏路组一行20余人调研青岛观象台。

9月25~26日　青岛观象台举办青岛市天文科普教育发展论坛活动，报告会、专题沙龙等多项活动同步启动，营造出浓厚的学术氛围。活动期间特邀紫金山天文台科学家走进校园，为青岛市的中小学生带来六场科普报告，近四千学生在此次活动中受益。同时开展陨石鉴赏天文沙龙活动，特邀陨石猎人为爱好者讲解陨石鉴赏知识，让大家认识到了陨石与其他普通石头的区别，受益匪浅。

11月3日　青岛观象台孙立南台长参与上海天文馆举办的天文底片数字化学术会议。

青岛观象台举办精准扶贫天文助力——天文科普进校园活动，分别于3月走进平度旧店镇石桥小学、平度奥瑞金小学，9月走进平度实验中学、平度朝阳中学、平度杭州路中学、平度西关中学、黄岛第二实验小学，10月走进青岛白珊学校，为7000多名学生带来了精彩的天文盛宴。

为进一步促进天文与日常生活的结合，积极向公众推广天文知识，让天文学真正与公众接触、与社会接触，破除迷信崇尚科学，青岛观象台面向不同层次群体分别于三八妇女节、六一儿童节、六月父亲节、十月重阳节开展多场次深受公众喜欢的天文科普活动。参与公众500余人。

青岛观象台围绕协会换届、全国科普日、科技周、公众科学日、博物馆日、科技工作者日等重大节日，组织科技工作者12名、志愿者26名开展公益科普讲座9场次，特邀太阳专家开展讲座一次，科普受众约1500人次。

跟着天象去旅游，成为部分人细化旅游的动机，定制与天文相关的产品，让旅游与天文完美合二为一，在游览祖国大好河山的同时，欣赏星空，近距离接触国家大科学项目，感受天文与人文的结合。青岛观象台组织了7月暑假醉美贵州行，观天眼走近FAST，聆听来自宇宙深处的声音；8月走进美丽神奇的赤峰草原，陪你去看流星雨，在草原上认星座，在沙漠欣赏璀璨的银河。栖霞艾山英仙座流星雨观测活动，以"四象星宿"组队、以流星雨为知识基础，并结合艾山温泉"水"的特性，开展了一系列趣味竞技活动，参与人数约220人次。

开展"天文创课堂"系列课程，使枯燥的天文变得有趣好玩，鼓励学生们积极参与，锻炼自己动手、动脑的能力，采用多种优化组合方法，创造灵动的智慧课堂。2017年根据四季星空设计了四种不同类型的星空课堂，通过讲解、趣味问答、美食拼图、彩砂银河、手工粘贴等形式开展天文教学，尤其是圣诞节期间开展"冬季星空奇遇记"Starparty创意星空活动，融知识性和趣味性为一体，以青岛观象台自编自导自演的星空剧完美呈现，为大家奉献了一场精彩的星空奇幻之旅，让孩子们在演出和观看演出的过程中不知不觉地获取了冬季星空的各种知识。特色的天文创课堂与天文课程，得到了学生和家长们的热烈欢迎。另外，每周在青岛宁安路小学和青岛大名路小学开设天文课程，受益学生2600余人。与青岛大名路小学联合开展为期一周的微学期课程，运用STEAM技巧激发学生们的思维和潜能，受益学生900余人。

在广大学生中普及天文科普知识，营造讲科学、学科学、用科学的良好氛围。对天文知识的推广宣传，让学生们深入了解天象常识，拓宽科学的视野，培养求知、探索、创新精神。青岛观象台进学校走社区，走进青岛顺兴路小学、青岛德县路小学、青岛嘉峪关学校、青岛崂山第二实验小学、青岛超银小学、青岛市南区第二实验小学、青岛江苏街道龙江路社区、青岛中心血站等单位，受益居民与学生达600余人。

▨ 七、2017年工作概述

青岛观象台，位于黄海之滨，胶州湾畔，风景秀丽的青岛市区观象山之巅，东经120°19'，北纬36°04'，海拔75米。现隶属于中国科学院紫金山天文台。1898年由德人创建，1914~1924年和1937~1945年曾两度被日本人占领。1924年起由我国接管。1949年解放时先由军管会接管，后交海军。1957年天文、地磁、地震部分移隶中国科学院。从此，青岛观象台一分为二：气象部分归海军，定名为"中国人民解放军北海舰队司令部气象区台"；天文、地磁、地震部分划归紫金山天文台，定名为"中国科学院紫金山天文台青岛观象台"。该台 1978 年撤销建制，划归中国科学院海洋研究所。经原台长孙寿甡先生 15 年的奔走呼吁，于 1993 年原名原隶恢复建制。2007 年中国科学院紫金山天文台任命孙立南为中国科学院紫金山天文台青岛观象台台长。

青岛观象台是我国第一个从外国人手中接管的近代观象台，其学科范围包括气象、天文、地磁、地震、海洋等，是我国近代天文、地磁、地震、海洋诸学科的发源地。特别值得指出的是，它虽始创于德人，两度日领，但其天文工作却主要是我国接管后由中国人自己发展起来的，并为我国近代天文事业的奠基和开拓做出重要贡献：1924 年开创我国自己的时间服务系统；1925 年创建现代太阳黑子观测和研究；1926 年作为我国唯一代表应邀参加第一届万国经度测量工作，成绩优异，得到万国经度测量委员会的专函嘉许，开我国天文界步入国际合作之先河；1931 年我国自己建造的第一座直径 7.8 米圆顶天文观测室落成；1932 年我国引进的第一架口径 320 毫米天体照相仪安装竣工并投入使用，它标志着我国天文事业从此步入现代之行列。新中国成立前，青岛观象台曾以"穹台窥象"之名列青岛市旅游十大景观之一。新中国成立后，除继续从事太阳黑子手工描绘和太阳活动区白光精细结构观测研究之外还进行特殊天象的观测研究，诸如：人造卫星观测，小行星、彗星等天体的照相定位工作，日全食、彗木相撞观测等。

青岛观象台除科研工作外，还非常重视天文科普教育工作，是观星赏月，学习天文知识的旅游胜地，每年接待国内外的参观者上万人。青岛观象台配备丰富的场馆资源，场馆面积为 1163 平方米，仪器设备有：口径 320 毫米天图式赤道仪参与太阳黑子联合发布及手绘太阳黑子的科研任务；口径 160 毫米盖式赤道仪用于科研科普接待工作；口径 106 毫米高桥天文望远镜和数架小型天文望远镜用于科普宣传工作。另有天文历史陈列室，使用面积 60 平方米，陈列着青岛观象台各个阶段的历史展品百余件；天文展板共计 60 余块，根据重大天象（如探月、天象、日月食等）和公众的天文科普的需要，有计划、分步骤地进行展板更新，使得青岛观象台室内展板的内容与时俱进、常展常新、贴近公众，从而满足公众日益增长的科普需求。备有专职讲解队伍，采用人工讲解，以中文为主要语种，专职的讲解员为青岛观象台在职人员，常年从事天文科普的讲解工作，有着扎实的理论基础和丰富的实践经验；兼职的讲解员为青岛市天文爱好者协会的会员，常年参与天文科普的推广，经过天文志愿者培训，不但扩大了兼职讲解员的天文知识面，而且提高了讲解水平和技巧；在讲解内容方面力求科学，尊重历史。针对不同的人群采用不同的讲解方式，语言得体、诙谐幽默、稳健沉着，突出了讲解队伍的水平，使得公众在获得知识的同时还有美的享受。青岛观象台与青岛市南区市民终身学习网合作，为社区居民提供天文科普教育场所，提升居民个人综合素养。青岛观象台常年从事天文科研、科普工作，已被全国、省、市科协分别命名为"全国科普教育基地"、"山东省四星级科普教育基地"和"青岛市科普教育基地"；被授予山东省优秀社区科普团队、外地驻青机构先进单位、青岛市文物保护单位、青岛文物局科普场馆、青岛市优秀科普场馆、青岛未成年人社会课堂、市南区优秀科普基地、市南区益民场馆和优秀社区等诸多称号。

2017 年开展的新任务、新工作，发生的新情况、新内容，重在凸显创新性工作及其效果。

青岛观象台将深入学习"十九大精神"，贯彻落实科学发展观，坚持一切从实际出发，破除迷信，尊重群众天文爱好，大胆探索、实践和创新。立足继承，注重发展各种新式的天文科普活动，继续开展科学家进校园、路边天文、天文修学游、天文下乡、天文创课堂、天文教材编写及天文产品推广等丰富多彩的活动。

德令哈天文科普馆

（海西州文化体育场馆管理有限公司）

英 文 全 称：Delingha Planetarium（Cultural and Sports Venues Management Co., Ltd.）
法 定 代 表 人：景小明
联 系 电 话：18935560666
传 真：0977-8299118
官 方 网 站：www.hxwhty.com
行 政 主 管 单 位：海西州科学技术局
成立（开放）日期：2015 年 8 月 19 日
通 信 地 址：青海省海西蒙古族藏族自治州德令哈市长江路 36 号
已加入专业委员会：中国自然科学博物馆协会天文馆专业委员会

▨ 一、展览与科普活动

1. 教育活动

单位：人次

序号	活动名称	活动时间	主要内容	活动形式	主要对象	参与人数
1	天文课	每学期	太阳系天体、四季星空、望远镜	授课	六、七年级学生	6050
2	科普下乡系列活动	3 月 23 日至 5 月 10 日	月相手工制作、太阳系天体、望远镜	授课、手工及户外活动	边远乡村的儿童	1100
3	中国自然科学博物馆协会 2017 年年会暨 2017 年全国天文馆发展论坛	8 月 28 日至 9 月 6 日	学术会议	会议	自然科学博物馆协会会员单位	600
4	2017 年全国青少年高原天文夏令营	7 月 26~30 日	青少年科普活动	夏令营	青少年天文爱好者	200

2. 天象厅（球幕剧场）

设备厂商	天象仪	数字投影	球幕电影	直径（米）	水平/倾斜	安装日期	座椅数量（个）
西安顺影电子科技有限公司		4K 放映机		内球 15.4M	20~25º	2014 年 6 月	94

3. 天象厅（球幕剧场）节目

单位：场次，人次

序号	名称	放映场次	主要内容	主要对象	观众人数	性质
1	迷离的星际	3000	星际介质	所有公众	4000	引进

序号	名称	放映场次	主要内容	主要对象	观众人数	性质
2	大鸟探险记	3000	观星、月球	青少年群体	4000	引进
3	四季星空	3000	星座	所有公众	4000	引进
4	人与宇宙	3000	宇宙	所有公众	4000	引进
5	UFO 与外星人	3000	UFO	所有公众	4000	引进
6	宇宙少年侦探团	3000	日、月全食	青少年群体	4000	引进

4. 天文台 / 望远镜

圆顶直径（米）	望远镜口径（毫米）	型号	数量（台）	年度开放次数（次）
8	500	美国 MEAME 50MAX	1	100

二、信息化建设

1. 官方网站浏览情况

官方网站日均浏览量 100 人次左右。

2. 新媒体运用

2017 年设立了微信公众号，粉丝 3000 余人。

三、志愿者队伍建设

单位：人

分类	服务岗位	人数	来源	服务时间
志愿者	讲解员	5	在校大学生	2 月
志愿者	布展维护员	5	在校大学生	2 月

四、运营情况

票务情况

是否免费开放	未免费开放场馆票种	未免费开放票价（元）	观众人数
是	无	0	1.8 万人次 / 年

五、2017 年度大事记

2017 年 7 月　场馆承办全国青少年高原天文夏令营活动，招募全国各地营员 200 余名。

2017 年 9 月　承办中国自然科学博物馆协会 2017 年年会暨 2017 年全国天文馆发展论坛。

六、2017 年工作概述

（一）德令哈天文科普馆简介

德令哈天文科普馆坐落于德令哈市长江路，总建筑面积 3974 平方米，共分三层。作为仅次于北京天文馆的全国第二座以天文为主题的独立科普教育展示馆，该场馆从设计到配置均处于国内领先水平，以天文、航天和地震三个主题展示，共 28 个互动展项。该馆通过展品展示、科普教育、人机互动等功能，借助声、光、电等高科技现代化手段向人们宣传天文、航天及地震有关知识，集科学性、知识性、参与性于一体，为青海省乃至周边西部城市的学生和社会公众提供了一个普及科学知识、感受科学魅力、探索天地自然之谜的科普活动场所。不仅填补了青海省在天文、天象等自然科学领域科教展馆的空白，还将进一步打造成西部地区科普教学示范基地和学生综合素质活动特色基地，为西部的文化建设提供助力。

2017 年度场馆共接待游客 18000 余人次，场馆各展厅及剧场均实行免费开放。

（二）重点工作

1. 学生天文课程

2014 年 9 月，在青海省海西州州委、州政府及教育主管部门的支持下，德令哈各中学七年级天文课正式开课。2017 年度天文课共完成德令哈市各中、小学教学 6000 人次。课程安排为：第一节太阳、八大行星；第二节望远镜；第三节四季星空；第四节场馆参观及考评。课程通过 PPT、视频、手工活动等形式对天文知识进行讲授，教学效果良好，得到了学校、家长及学生的好评。

2. "遨游天空 放飞梦想"科普下乡活动

2017 年 3 月场馆组织开展"遨游天空 放飞梦想"科普下乡活动，针对德令哈市周边乡镇中小学生进行天文科普教育，涵盖德令哈市周边平原村小学、时间希望小学、怀头他拉小学、柯鲁柯镇小学、春蕾小学、甘南村小学等德令哈及周边乡镇村小学，覆盖人群 1100 余人，内容涵盖天文兴趣课、"星空"主题画作比赛、月相图手工制作、"星空"主题作文比赛等。活动进一步拓展了西部高原少数民族地区天文科普教育的受众群体，取得了良好的社会效益。

（三）活动及行业学术会议

1. 探秘柴达木——2017 年全国青少年高原天文夏令营

2017 年 7 月，探秘柴达木——2017 年全国青少年高原天文夏令营在德令哈天文科普馆成功举办。本次夏令营活动共有来自北京、沈阳、西安等地及本地的近 200 名营员参加。活动行程包括爱国主义教育、户外拓展训练、观星及露营等多项内容。此次夏令营活动的成功举办有效促进了当地各族青少年与内地青少年的交流、沟通，搭建起了全国青少年天文爱好者相互学习的平台，积极拓展了青少年科普教育的新思路，得到了营员和家长的认可。

2. 中国自然科学博物馆协会 2017 年年会

此次会议于 8 月 30 日召开，9 月 2 日胜利闭幕。会议在中国自然科学博物馆协会、青海省科学技术协会、海西州人民政府正确领导和关怀协助下取得圆满成功，达到了大会既定目标。

中国自然科学博物馆协会、中国科学技术协会、青海省政协、青海省科学技术协会、海西州委、海西州政府有关领导出席大会开幕式。中国科协有关部门、直属事业单位、各级科协负责同志以及全国自然科学博物馆领域的馆长、专家、学者等共 530 余人参加了大会。本届年会赢得了中国自然科学博物馆协会、海西州委、海西州政府及各级领导的高度认可，会议的成功举办不仅充分检验了场馆大型会议活动的组织、筹办能力，使场馆在大型会议服务保障、接待等方面积累了丰富的经验，更向全国展示了"富饶柴达木、魅力海西"的独特风光和民族风情，通过媒体的广泛报道和参会代表、嘉宾的口耳相传，海西的地域品牌影响力得到了进一步扩大。

合肥市科学技术馆

英　文　全　称：Hefei Science and Tecnology Museum
法　定　代　表　人：柏劲松
联　系　电　话：0551-65197292
传　　　　　真：0551-65171375
官　方　网　站：www.hfstm.com
行 政 主 管 单 位：合肥市科学技术协会
成立（开放）日期：2002 年 5 月
通　信　地　址：安徽省合肥市蜀山区黄山路 446 号
已加入专业委员会：中国自然科学博物馆协会科技馆专业委员会、天文馆专业委员会

▦ 一、展览与科普活动

1. 教育活动

单位：人次

序号	活动名称	活动时间	主要内容	活动形式	主要对象	参与人数
1	球幕影院玩天文	全年 6 场	利用球幕影院的数字天象厅功能，模拟星空，并在每期活动中设定不同的主题，让观众对天文有了不一样的体验	讲解与互动结合	公众	720
2	国际天文馆日活动	3 月 12 日	促进公众了解天文知识。向尽可能多的人告知球幕影院的存在，使公众认识到对星星、太空探索和天文学的了解是一个令人愉悦终生的活动	讲解互动和免费观影	公众	600
3	"月满中秋"观测活动	10 月 4~5 日	对月球进行观测，并向公众普及中秋节的相关知识	观测与讲解	公众	300
4	"星座和 Ta 背后的故事"天文讲座	11 月 25 日	以星座为主题，从中国古代到西方星座的故事，不同于以往在书上看到的内容，带领观众领略不一样的星空	讲座	公众	200

2. 天象厅（球幕剧场）

设备厂商	天象仪	数字投影	球幕电影	直径（米）	水平/倾斜	安装日期	座椅数量（个）
华益盛世	—	益世 Digistar 5	—	18	水平	2015 年	150

3. 天象厅（球幕剧场）节目

单位：场次，人次

序号	名称	放映场次	主要内容	主要对象	观众人数	性质
1	树的一生	168	一个叫德洛丽丝的瓢虫和一个叫马克的萤火虫，将介绍他们的班级课题，用趣味方式解释树是如何进行水输送、繁殖和光合作用的，并解释一片健康的森林是何等的重要	公众	4092	引进
2	狂野非洲	142	在穿越非洲各个地域的旅程中，我们将一一探索这片大陆上野生动物和地貌奇观背后的惊人秘密。这场冒险旅程将会让人们真正地相信：真实世界要远比任何故事都更加神奇、更令人惊叹	公众	5341	引进
3	未来狂想曲	123	一个由不同国家的科学家组成的国际科学研究小组一直在研究在今后 500 万年到 2 亿年之间，地球上的动物和植物会发生什么变化、如何演化，100 多位艺术家和学者组成的小组通过电影的形式将科学家们的思考表现了出来	公众	4667	引进
4	宇宙大冒险	61	我们将把观众带上月球的过山车，穿越太阳系、银河系乃至宇宙，了解八大行星。这场高速冒险将带你到宇宙中最惊奇的地方	公众	2357	引进
5	七大奇迹	16	影片带领我们回到古代，观看几千年前人类建造的被后人称为"古代七大奇迹"的宏伟建筑	公众	362	引进

4. 望远镜

序号	望远镜口径（毫米）	型号	数量（台）	年度开放次数（次）
1	280	星特朗 CPC1100	1	5
2	107	锐星 107PH	1	5

二、信息化建设

新媒体运用

合肥市科技馆运用微信公众服务号、新浪微博、腾讯微博、官方网站等新媒体宣传场馆信息，并安排馆内专人负责管理维护，经常更新和发布与科技馆相关的科普活动和活动预告，深受观众欢迎。

三、志愿者队伍建设

单位：人

服务岗位	人数	来源	服务时间
培训指导	5	高校及社会	不定期

四、运营情况

票务情况

是否免费开放	未免费开放场馆票种	未免费开放票价	观众人数
否	A 卷（4D 动感影片） B 卷（球幕影片）	4D 动感电影票价：5 元 球幕影片票价：15 元	4D 动感电影人数：1.73 万人次／年 球幕影片人数：1.66 万人次／年
其他票务信息说明	合肥科技馆主展厅对社会公众免费开放		

五、2017 年度大事记

全年开展 6 次"球幕影院玩天文"活动。

3 月 12 日　积极响应天文馆专业委员会的号召，开展国际天文馆日活动。

8 月底　参加由中国自然科学博物协会天文馆专业委员会和德令哈天文科普馆共同承办的中国自然科学博物馆协会 2017 年年会。

10 月 4~5 日　合肥科技馆开展"月满中秋"观测活动。

11 月 25 日　合肥科技馆开展"星座和 Ta 背后的故事"天文讲座。

六、2017 年工作概述

2017 年，合肥市科技馆在市委、市政府和上级有关部门的关心支持下，在市科协的直接领导下，以改革的思维推动天文科普事业发展，不断创新活动形式，不断拓展合作渠道，不断扩大活动覆盖面。合肥市科技馆天文室工作成绩显著、亮点突出，圆满完成了各项目标任务。

（一）与时俱进、革故鼎新，保证高质量的展示内容

合肥市科技馆球幕影院于 2002 年 10 月 1 日对外开放，是安徽省科普教育场馆中唯一的球幕影院。它是集天象及球幕电影于一体的多功能电影厅，球幕直径 18 米，共设有 180 个座位（现改为 150 座）。十五年来累计放映 26 部球幕影片、8 部天象影片，放映场次 7810 场，观影人数达 66 万多人次。

为提升球幕影院软硬件水平，淘汰落后放映设备，提高观影效果，更好地发挥影院传播科学知识的作用，合肥市科技馆于 2015 年 6 月对球幕影院进行数字化改造。改造期间，合肥市科技馆成立球幕影院项目建设小组，坚持"立足实际、放眼全国、注重实效、优化资金"的改造方针，全面落实改造方案论证、申报审批、招标采购、安装调试及验收总结等工作。历时三个月，2015 年 10 月球幕影院对外开放。改造后的球幕影院，使用美国益世公司 Digistar 5 放映系统，配有索尼数字放映机 T-615 两台。同时，高达 18000 流明的亮度和 4K 高清分辨率可以让观众仰靠在阶梯式座椅上观赏壮丽的自然科学景观影片和天象奇观。六声道立体声的音响效果环绕于整个球幕影院之中。

（二）丰富天文活动，树立品牌形象

1. 树立品牌活动——"球幕影院玩天文"

2017 年合肥市科技馆继续挖掘现有球幕影院设备及系统自带资源，让"球幕影院玩天文"系列活动逐渐成长为天文品牌活动。该馆利用球幕影院的数字天象功能，模拟星空，并在每期活动中设定不同的主题，2017 年分别设定了春季星空、夏季星空、太阳系这三个主题，开展了六次活动。在活动中不仅介绍当期主题，更增加了许多其他的行星等内容，让观众对天文有了不一样的体验。与户外天文观测活动相比，球幕影院利用数字天象功能模拟星空，有着不受天气影响的优势，将原有的天文科普活动与全新数字化球幕影院软硬件设备相结合。"球幕影院玩天文"活动自开展以来，深受广大观众的喜爱，活动通知一经发出，微信阅读量平均在 1000~2000 次。

活动开展得如火如荼，我们也不断总结自身的优势及有待改进的方面，汇总后撰写出论文《"授人以鱼不如授人以渔"——初探球幕影院天文科普创新之路》，该论文入围中国自然科学博物馆协会 2017 年年会论文名单，论文作者任方舟也受邀参加分会场活动，做口头报告。

2. 紧抓常规天文活动

围绕品牌天文活动，该馆同时加强常规天文活动的开展，并采取卓有成效的努力与尝试，主动走进观众之中。2016 年尝试开展以月亮为主题的系列中秋节活动，2017 年将该活动列入常规活动，并使其更加系统化，通过在中秋节当天开展月球相关知识的科普活动以及晚间的赏月活动，召集周边居民走进科技馆，免费提供并

指导大家借助望远镜进行观测，不断提升天文活动的规格。

除了观测活动，天文讲座也是该馆坚持紧抓的常规天文活动。2017年邀请了天津市青少年科技中心张恺副主任为广大天文爱好者，特别是对天文充满浓厚兴趣的小朋友们做了一场主题为"星座和Ta背后的故事"的天文学基础知识讲座。讲座内容生动有趣且贴近生活，观众们积极报名参加，并在现场与专家进行讨论，现场气氛热烈。一系列天文活动的开展锻炼了队伍，聚集了人气，也使天文活动的连续性效果得以强化。

3. 其他天文科普活动

国际天文馆协会(IPS)将每年三月的第2个星期日定为国际天文馆日，该馆响应天文馆专业委员会的号召，精心准备了国际天文馆日系列活动，让观众在下雨天，一样可以"仰望星空"。该活动也是合肥市科技馆参与的首场国际天文馆日活动。借此也向尽可能多的人告知天文馆的存在，让他们知道在他们身边，合肥市科技馆球幕影院也是一个可以了解天文知识的场所。

影片放映前的映前宣传，对于特效影院同样重要。2017年该馆尝试改变映前宣传，在现有播放录音的基础上，采取与观众互动交流的形式，在1~2分钟的时间内，为观众科普北极星、十二星座等星体背后的小故事，让他们在观影的同时也可以收获天文小知识。

一系列天文活动的开展聚集了人气，更加密切与天文爱好者、志愿者群体的联系交流，在天文活动中积极利用好外部资源和智力支持，提升天文活动质量，也实现了资源的互联互通与共建共享。

2016年，为了能最大限度地宣传特效影院，影视中心的员工充分发挥主观能动性，自主拍摄了特效影院宣传片。2017年该馆聚焦天文活动，并在开拍之前就召开选题会并做好分镜头脚本的设计，充分调用各类资源，历时三个月，完成了宣传片的拍摄与后期制作工作，重点介绍了该馆这一年在天文方面所做的活动，在2018年投入播放。

深圳市少年宫
（深圳市少儿科技馆）

英 文 全 称：Shenzhen Children's Palace（Shenzhen Children's Museum of Science and Technology）

法 定 代 表 人：王斌

联 系 电 话：0755-83513099

传　　　　真：0755-83513001

官 方 网 站：www.szcp.com

行 政 主 管 单 位：共青团深圳市委员会

成 立（开放）日 期：2005 年 6 月 1 日

通 信 地 址：深圳市福田区福中一路 2002 号

已加入专业委员会：中国自然科学博物馆协会天文馆专业委员会、科技馆专业委员会

一、展览与科普活动

1. 常设展览

12 月，对"能源天地"等 8 个展区，3 辆小火车，1 个总控室及周边配套设施进行全面的软件、硬件、外观特效等的维修翻新。维修后"能源天地"展厅故事线得以贯通，展厅的主题思想得到更完美的展现，特别在小火车运作安全方面增加了多项防患措施，确保运营安全。

2. 临时展览

单位：平方米，万人次

序号	展览名称	起止日期	展出地点	面积	观众数量	性质
1	钢琴发展史及音乐史公益展	4 月 8~30 日	少年宫一楼大厅	150	5	联合
2	"行走新丝路，喜迎十九大"2017 广东省集邮巡回展览（深圳站）	7 月 1~2 日	少年宫四楼展厅	400	1	引进
3	中华传统文化数字互动亲子展——"山海奇遇"	2017 年 9 月 28 日至 2018 年 1 月 4 日	少年宫后花园	120	1	引进

3. 教育活动

单位：人次

序号	活动名称	活动时间	主要内容	活动形式	主要对象	参与人数
1	"少儿成长讲堂"："孩子的成长烦恼"怎么办	3 月 25 日	邀请国内知名幼儿心理学、教育学专家帮助家长解决孩子成长道路上遇到的困难，助力孩子幸福成长	讲座	家长	400

续表

序号	活动名称	活动时间	主要内容	活动形式	主要对象	参与人数
2	2017深圳青少年环保节	3月25日	以"践行绿色生活"为主题,以绿色生活、绿色消费、绿色出行、绿色食品为导向,展现深圳市青少年热爱环保、参与环保的良好形象	活动	少年儿童	2000
3	"少儿成长讲堂":如何让孩子爱上学习	5月13日	邀请儿童心理学、教育学专家帮助家长解决孩子的厌学问题。激发孩子的学习动力,让孩子自主地学习,从而提高学习成绩,达到事半功倍的效果,并解决孩子成长过程中各种困扰	讲座	家长	400
4	"流动少年宫"启动	5月31日	"流动少年宫"进校园活动由共青团深圳市委员会、少先队深圳市工作委员会主办,深圳市少年宫、南山团区委等单位承办,开启了"宫校共建、携手育人"的校外教育新模式	科普活动	少年儿童、家长及老师	3000
5	"少儿成长讲堂"第56期:最好的家庭教育是夫妻和谐	6月10日	和谐的夫妻关系对孩子的一生每个阶段都有影响,这些影响是其他人不能替代的,好的夫妻关系是给孩子最好的礼物	讲座	家长	400
6	"少儿成长讲堂"第57期:影响孩子学习的心理因素	6月10日	当今社会需要的是具有创造力、充满好奇心并能自我引导的终身学习者。每个成长阶段孩子在学习上的关注点都不一样,家长们要知己知彼,方能百战不殆	讲座	家长	400
7	2017年全国节能宣传周主题活动——节能有我,绿色共享	6月11日	活动通过一系列节能项目、技术和产品以及节能理念的宣传、展示与推广,进一步营造节能减碳的浓厚氛围,推动绿色低碳发展	科普活动	少年儿童及家长	2000
8	"少儿成长讲堂"第58期:不忘初心·强军铸梦	7月30日	中国人民解放军自成立以来,历经血与火的考验,锻造了一支铁血强军。活动通过讲解军队九十年经历的战争与变化,培养广大少年儿童的爱国主义情怀	讲座	少年儿童及家长	500
9	"鹏鹏科学秀"	8月开始,每周六、周日及节假日	将一系列在实验室里的科学实验或是生活中的科学问题、科学现象,搬到开阔的舞台或场地上,增强观众对科学的兴趣,提升科学普及的效果	表演	少年儿童	20000
10	STEM世博会启动	9月22日	2017年深圳STEM世博会启动暨首份《中国STEM教育与可持续发展白皮书》项目正式启动	科普活动	少年儿童及家长	500
11	"让梦飞翔"——第四届深圳青少年科学与艺术节	2017年9月28日至2018年1月	深圳市少年宫主办的品牌公益项目,旨在依托市少年宫科学与艺术的资源优势,为孩子们送上丰富多彩的公益活动,激发少年儿童探索科学与艺术的浓厚兴趣,提升个人素质与综合能力,促进少年儿童快乐成长	主题活动	少年儿童	370000+
12	"索尼探梦科普万里行"科学实验表演秀	12月9日	神奇的科学实验加上"索尼探梦"实验人员热力十足的表演,让深圳的青少年感受到趣味科普的超强震撼,激发他们对科学的好奇及热情	表演	少年儿童	1000
13	"少儿成长讲堂":儿童户外安全教育公益讲座	12月17日	讲解户外安全理念与户外安全常识	讲座	少年儿童	400

4. 流动科普设施

单位：次

名称	年度巡展次数	类型	经费来源	运行方式
流动科技馆	6	展出	财政拨款	巡展

5. 天象厅（球幕剧场）

设备厂商	天象仪	数字投影	球幕电影	直径（米）	水平/倾斜	安装日期	座椅数量（个）
IWERKS	Digistar 3	否	870 胶片电影	18.5	倾斜	2002 年 12 月	172

6. 天象厅（球幕剧场）节目

单位：场次，人次

序号	名称	放映场次	主要内容	主要对象	观众人数	性质
1	《冰原怪兽》	114	根据考古学家发现猛犸象骨骼化石展开的对猛犸象生活时代情景的推演	少年儿童及家长	1416	引进
2	《别有洞天》	255	讲述两位酷爱洞穴的探险家，在不同环境的洞穴中惊险刺激之旅	少年儿童及家长	7252	引进
3	《维京传奇》	210	讲述来自北欧的维京人的故事	少年儿童及家长	2488	引进

二、科研与学术

研究成果

序号	题目	作者	刊名	卷（期）号	备注
1	《公共文化场馆应如何发挥志愿者资源多样性的作用》	徐士斌 蒋 胜	《中国校外教育》	2017 年 7 月	RCCSE 中国核心学术期刊、中国核心期刊（遴选）数据库、全国综合教育核心期刊
2	《探讨公共文化服务保障法为青少年宫带来的机遇和挑战》	王春枝			
3	《关于青少年宫少儿艺术团队办学模式的讨论》	徐士斌 周文锋			
4	《如何优化青少年剧场的运营管理——以深圳市少年宫剧场为例》	王志民			
5	《如何优化少儿艺术团队的出访交流活动》	徐士斌 吴汉彬			

三、信息化建设

1. 官方网站浏览情况

深圳市少年宫官方网址为：www.szcp.com，是市民游客了解深圳市少年宫各类信息资讯的门户，其 2017 年日均浏览量（页面）为 2000 人次左右。

2. 展品信息化工作

深圳市少年宫已将所有展馆、影院的简介、概况和部分展品的原理介绍及相应的科普文章上传于深圳市少年宫官方网站及微信公众平台，市民游客可以随时上网浏览，提升自己的自然科学素养。

3. 新媒体运用

深圳市少年宫官方微博开通于 2011 年，微信公众号（微信号：szssng）开通于 2014 年，以发布各类信息为主，方便市民随时随地了解深圳市少年宫的各类信息，为市民提供服务咨询、活动资讯、公益活动项目信息，是深圳市少年宫与市民互动的重要平台。截至 2017 年底，官方微博粉丝及微信公众号关注用户接近 3 万人，累计发布信息 2000 余条。

四、志愿者队伍建设

单位：人

分类	服务岗位	人数	来源	服务时间
科技类	科技展馆	800	深圳市义工联	周末及节假日

五、运营情况

票务情况

是否免费开放	未免费开放场馆票种	未免费开放票价	观众人数
各科技展厅免费开放	球幕影院及 4D 影院门票	球幕影院 40 元，1.1 米以上学生 20 元；4D 影院 30 元，1.1 米以上学生 15 元	展厅免费接待 136 万人次 影院观众 2.63 万人次
其他票务信息说明	1. 1.1 米以下儿童可免费观看（每位儿童必须由一名监护人购票陪同）； 2. 老年人（男 70 岁以上，女 65 岁以上）可凭身份证享受成人票价五折优惠； 3. 残疾人、现役军人可凭相关证件享受成人票价五折优惠。		

六、2017 年度大事记

1 月　荣获"中国自然科学博物馆协会 2016 年度优秀集体"称号。

1 月 1 日　举办深圳市少年宫培训（美术类）2016 年秋季学生作品汇报展。

2 月 7 日　深圳团市委副书记方琳一行来深圳市少年宫看望慰问全体员工。

3 月 5 日　"2017 深圳首届志愿文化峰会"在深圳市少年宫举行，深圳市政协副主席王璞、深圳市委副秘书长刘平生、共青团深圳市委书记刘广阳、深圳市民政局局长廖远飞等出席会议。

3 月 30 日　青少年普法工程暨社会组织"参与防治校园欺凌专项行动"在市少年宫正式启动，深圳市委副书记、政法委书记李华楠出席了活动。

4 月 22 日　市少年宫举办世界钢琴发展历程及音乐史展览。

4 月 23 日　读书日举行庆典活动，推出"拥抱未来睡前一刻陪读计划"。

5 月 28~29 日　举办亲子嘉年华活动。

5 月 31 日　承办"流动少年宫"进校园活动，深圳市团市委书记刘广阳、副书记方琳，深圳市教育局、南山区相关部门同志参加了活动。

6 月 18 日　"同心耀中华"——庆祝香港回归祖国 20 周年深港青年文化交流艺术季闭幕式于在深圳少年宫剧场举行。

8 月 17 日　由中央电视台主办、央视少儿频道承办的"哎哟，没想到！——2017 全国中小学生创意大赛"之"创造力户外测试挑战赛"环节在深圳市少年宫水晶石大厅举行。

9 月 28 日　举办"让梦飞翔"——第四届深圳青少年科学与艺术节开幕式。

10 月 1 日　举办"喜迎十九大，唱响新辉煌"——庆祝新中国成立 68 周年主题活动。

11月4日　"重读红色经典·青少年红色阅读活动"启动仪式在深圳市少年宫水晶石大厅举行。本次活动由共青团深圳市委员会指导，深圳报业集团、深圳出版发行集团、深圳读书月组委会办公室主办，深圳市地铁集团有限公司、深圳都市报承办，深圳移动、深圳图书馆、深圳市少年宫、打铁文艺社、福田区华原幼儿园协办。

11月18日　上海校外教育机构主任书记高级研修班来深圳市少年宫参观访问。

11月23日　"八·七〇穹幕影院协作组"第十三年度工作会议在深圳市少年宫召开。协作组成员单位深圳市少年宫（深圳市少儿科技馆）、天津科学技术馆、江西省科技馆、沈阳科学宫、合肥市科技馆以及特邀嘉宾单位黑龙江省科技馆、广西科技馆的主要领导和特效影院负责人参加了会议。

12月3日　"你我同行，共筑梦想"——首届特殊儿童美术作品展在深圳市少年宫举行。该活动由深圳市特殊需要儿童早期干预中心与福田区公共文化体育发展中心联合举办。

12月20日　上海市校外教育机构主任书记高级研修班来到深圳市少年宫参观访问。

七、2017 年工作概述

2017年，深圳市少年宫坚持"公益至上、服务为先、安全第一、创新发展"的宗旨，坚守"教育、服务、公益、成长"的初心和情怀，以"公益提升""机制提升""管理提升"行动为主线和着力点，紧紧围绕团市委中心工作，不断加大公共服务供给，加强工作体系探索，强化内部规范控制，扎实推进少年儿童社会教育工作。

（一）强服务，塑形象，唱响公益强音

2017年，科技馆接待约139万人次，影院上映新影片5部；剧场完成演出197场次，其中各种公益活动79场次；公共空间举办活动326天次，其中公益活动316天次；培训全年开班1695个，招生23273人次；少儿艺术团队进行了内部优化整合，参加交流演出及比赛8场次，参与演出比赛团员达569人次。

全年举办"鹏鹏科学秀""春节公益活动周""少儿成长讲堂""喜迎十九大，唱响新辉煌"等公益主题系列活动8大项，共240场次活动，累计参与22万人次。同时也更积极地联合有关社会力量，协办、联办活动，如协办"深港同心·艺术同行"——同心耀中华深港青年文化交流艺术季、协助中央电视台少儿频道在深圳拍摄"哎哟，没想到——2017全国中小学创意大赛"等，无论在活动的质量上还是数量上，无论在社会资源的获取与利用上，还是媒体的关注度与影响力上，相较于2016年均有不小的提升，切实加大了公共服务内容供给。

积极推进信息系统新平台建设工作，公益门票抢票、电子售票、科技展厅预约取号、手机语音图文导览讲解等功能将会陆续推出。同时，后台大数据分析，提升了少年宫的公共服务水平，让市民感受到少年宫的用心。

此外，增设少儿阅览室，于2017年国庆节正式开放；2017年底，幻影小剧场华丽转身为VR体验室，为孩子和家长提供增量服务，尽力满足公众对公共服务的更高要求。

（二）搭平台，建机制，打造工作体系

深圳少年宫通过"流动少年宫"、鹏鹏科普志愿服务队等项目的推进，进一步深化与市少工委的合作，推动宫校联动，并借此牵引整合社会资源，探索"项目化""+众筹"的运作模式，不断完善和创新少儿社会教育工作的体系化建设。

"流动少年宫"项目于5月底正式启动，半年时间共到深圳四个区八所小学巡展，分别为天健小学、黄埔学校、丽中学校、荔香学校、龙华行知学校、如意小学、盛平小学、天成学校，将丰富多彩的文化、科技、艺术资源送进校园，让广大少年儿童可以更加便捷地汲取享用。校外教育与校内教育相互联系、相互补充、相辅相成，开启了"宫校共建、携手育人"的校外教育新模式，逐步探索"流动少年宫"的生态系统和工作体系。

加大力度吸纳整合社会资源，探索打造"+众筹"工作模式。联合政府相关部门、社会组织、专业机构等，在广阔的社会市场环境中寻找合作资源。联合相关学校加快推进鹏鹏科普志愿服务队的构建和运营，已完成网络账户注册，相关工作在进一步推进中；深化与市少工委的合作，推动少年宫成为学校少先队工作和风采的展示平台，也借助学校资源进一步优化少年宫艺术团队，积极引入更优秀的专业力量，开启少儿艺术团队培养新模式。

（三）立规矩，严管理，建设服务强军

以加强内控为着力点，结合管理中的薄弱环节，有针对性地修订《采购办法》《场地运营收费标准》《财务管理制度》等一系列规章制度，改造 OA 系统，进一步规范办事、审批等流程，推动管理依规有序，逐步形成全面覆盖、流程科学、严格规范、责权清晰、执行有力、奖惩分明的制度体系，努力实现以制度管人管事。

同时，探索人力资源激活培养新模式，结合工作项目开发和个人所长，科学调整岗位，完成派遣员工薪酬调整，倡导岗位学习和岗位成长的理念，树立正确的用工导向，努力激发队伍状态，建设敢干、会干、能干的人才队伍，营造脚踏实地、干事创业的局面，为少儿社会教育提供有力的人力保障。

2017 年，深圳市少年宫在各项日常工作顺利运行的基础上，着力开展"公益提升""机制提升""管理提升"三项行动，取得显著成效。同时，完成了 11 号和 12 号电梯改造、石材幕墙检测、大厅消防涂层维护等安全工程；并在书记室的坚强领导下，全力推进少年宫整体更新改造项目书编制工作，开展项目调研，召开专家研讨会，完成改造项目定位、主题内容选择、展教方式、运营模式论证，聘请咨询机构完成升级改造项目建议书的编制。

教育、服务、公益、成长，不忘初心，行稳致远。有了这份坚守和情怀，有了这个愿景和目标，少年宫定会脚踏实地，迈开铿锵脚步，在少儿社会教育大路上越走越远！

专业科技博物馆

中国农业博物馆

英 文 全 称：China Agricultural Museum
法 定 代 表 人：王秀忠
联 系 电 话：010-65096072
传 真：010-65021727
官 方 网 站：www.ciae.com.cn
行 政 主 管 单 位：中华人民共和国农业农村部
成 立（开放）日 期：1986 年 9 月 13 日
通 信 地 址：北京市朝阳区东三环北路 16 号
已 加 入 专 业 委 员 会：中国自然科学博物馆协会专业科技博物馆专业委员会

一、科普活动与展览

1. 临时展览

单位：平方米，万人次

序号	展览名称	起止日期	展出地点	面积	观众数量	性质
1	珠宝玉石艺术收藏博览会	1 月 13~16 日	1 号馆	3000	1.5	引进
2	中国国际薯业博览会	3 月 30~31 日	1 号馆	3000	0.8	引进
3	首届（北京）大豆食品产业博览会	4 月 15~17 日	11 号馆	13000	0.5	引进
4	中国国际茶业及茶艺博览会	4 月 21~24 日	11 号馆	13000	3.5	引进
5	第十五届北京国际红木古典家具博览会	4 月 21~24 日	3 号馆	3410	0.8	引进
6	艺术北京博览会	4 月 30 日至 5 月 2 日	1、3、11 号馆	20000	8	引进
7	"写意乡俗——馆藏高密年画精品展"数字展厅	5 月 18 日	网上展厅	—	—	原创
8	中国（北京）国际玩具教育文化博览会	7 月 13~16 日	11 号馆	13000	6.5	引进
9	第六届动漫北京	7 月 20~23 日	11 号馆	13000	4.5	引进
10	人与自然相处的智慧——二十四节气专题展	8 月 7~26 日	5 号馆	1800	1.4	联合
11	第五届北京文学艺术品展示会	8 月 9~15 日	11 号馆	13000	3	引进
12	彩韵陶魂——田士利捐赠彩陶展	9 月 13 日	10 号馆	700	13	原创

2. 教育活动

单位：人次

序号	活动名称	活动时间	主要内容	活动形式	主要对象	参与人数
1	第八届"红红火火闹元宵"活动	2月20~21日	通过知识讲座的方式向中小学生介绍元宵节相关知识、进行互动猜灯谜、动手制作传统花灯	科普讲座	北京市中小学生	150
2	第八届"种子达人"活动	4~7月	采取线下种植栽培，线上交流评比方式，通过科普讲座、种植农作物，普及植物生长知识，培养动手能力	科普活动	北京市中小学生	90
3	"衣服的奥秘"	全年	向中小学生介绍中国纺织技术的起源，重点介绍传统棉纺织轧棉、弹棉、加捻、纺纱、整经、织布等一系列工艺流程	科普讲座	北京市中小学生	1000
4	"二十四节气"巡展讲座	全年	在"二十四节气"申遗成功后，组织"二十四节气"流动展览去学校巡展，向青少年宣传弘扬中国非物质文化遗产"二十四节气"的历史起源、历法归属、节日习俗、以及对中国农业生产和日常生活的作用	科普讲座	社区、中小学校	1200
5	"粮食加工厂"	全年	普及粮食加工工具的发展历程，以及粮食如何成为人们的美味佳肴	科普讲座	中小学生、社区	330
6	"走进趣味昆虫世界"	全年	介绍昆虫的定义，昆虫如何看、吃、听、呼吸及发声，辨别发声	科普讲座	北京市中小学生	500
7	"彩陶与生活"	全年	欣赏彩陶丰富的纹饰、质朴的造型和古老的工艺，了解新石器时期先民们的生产方式和生活环境	科普讲座	北京市中小学生	80
8	"五谷"画世界	全年	认识什么是五谷，了解五谷的栽培历史、生长习性、营养价值，以及五谷文化的丰富内涵	科普讲座	北京市中小学生	300
9	"候鸟的彩色世界"	春秋季节	候鸟的定义、分类，认识我国常见候鸟、世界著名的候鸟等	科普讲座	北京市中小学生	240
10	"谈古说今话清明"	4月	清明的由来、清明节日的演变历史和传统习俗	科普讲座	中小学生、学校	570
11	"圆圆姐姐话端午"	5月	端午节的来源、习俗、端午食粽的注意事项以及动手做香囊	科普讲座	6~12岁青少年儿童	150
12	"日久天长说夏至"	6月	夏至的测定方法、物候、农事、习俗、养生及相关文化知识	科普讲座	中小学生	50
13	"稻花香里识立秋"	9月	立秋节气的历史由来、民间习俗、农事活动等	科普讲座	中小学生	50
14	"交子之时讲冬至"	12月	冬至的定义、由来、相关农事活动以及民间习俗等	科普讲座	中小学生	60
15	"候鸟的彩色世界"——农博一日科普夏令营	暑假	围绕什么是候鸟、候鸟的定义及分类及认识我国常见候鸟、世界著名的候鸟等一系列科普知识，以及动手绘画彩蛋	科普活动	中小学生	200
16	"立秋农博行"科普活动	暑假	参观"二十四节气"专题展览、参观陈列、科普讲座（立秋来了）、动手DIY手绘彩蛋等	科普活动	中小学生	450

序号	活动名称	活动时间	主要内容	活动形式	主要对象	参与人数
17	"识节气 贴秋膘 包饺子"暑期亲子活动	暑假	参观"二十四节气"专题展览，学习"二十四节气"的起源演变、春夏秋冬具体内涵以及保护、传承的重要意义，开展以家庭为单位的包饺子、吃饺子体验活动	科普活动	小学生	30
18	"漫话五谷"	暑假、寒假	了解五谷的栽培历史、生长习性、营养价值及文化内涵，动手制作五谷画	科普讲座	中小学生	320
19	小小志愿讲解员	暑假	通过开设礼仪培训、知识培训、实操训练等课程，培养"小小讲解员"	培训	小学生	60
20	"故宫博物院文创产品研发情况介绍"农博讲堂	3月16日	邀请故宫博物院杨晓波处长从故宫博物院近几年来研发的富含故宫元素的文创产品，故宫文创产品的研发理念和设计团队，以及故宫文创产品参展情况等方面做报告	学术讲座	北京市民、全馆职工	120
21	"二十四节气与养生"讲座	3月20日	二十四节气的源流、二十四节气划分及与农业关系以及保健常识等	学术讲座	北京市民	70
22	朝阳区品德与生活教师综合实践活动	4月	以"农博里的发现"为题，分别介绍了利用中国农业博物馆的资源平台开展课前、课中、课后基地教学的实践	培训	朝阳区20多所学校	80
23	志愿者培训——"农业博物馆陈列讲解的基本要求"	5月	农博基本陈列概况及形体、讲解训练	培训	志愿者	160
24	"分享节气的故事"农博讲堂	5月18日	尝试运用所学的现代摄影手段，以《逸周书·时训解》月令七十二候集为基础脚本，再现两千多年前"二十四节气"的物候特征	学术讲座	北京市民、全馆职工	75
25	"讲解的魅力"	8月1日	讲解的艺术、技巧、方法	学术讲座	博物馆志愿者	40
26	走进博物馆	8月20日	参观农业博物馆和中国国家博物馆	科普活动	博物馆之友	140
27	"博物馆里的二十四节气"讲座	8月26日	为配合"二十四节气展览"的宣传推广，以孩子的视角带领孩子从不同的角度理解二十四节气文化，带领小朋友去观察、发现和思考	科普讲座	北京市民	400
28	"过快乐中秋 绘七彩月饼"科普活动	9月16日	增加对中秋文化的理解，绘制七彩月饼	科普活动	亲子家庭	70

3. 流动科普设施

单位：次

序号	名称	年度巡展次数	类型	经费来源	运行方式
1	"二十四节气"巡展	7	展板＋讲座	自筹	由农业博物馆制作提供相关展板，赴外省或到学校、社区进行展览，并有专人进行宣传讲解，免费赠送中华农耕文化宣传资料
2	中华农耕文化巡展	1	展板展示	企业出资	由农业博物馆提供相关展板电子版，企业出资制作并进行展示

二、科研与学术

1. 承担项目

单位：万元

序号	项目名称	项目来源	项目级别	经费	负责人
1	《中国农业通史》编撰	原农业部项目	省部级	18	刘新录
2	中国重要农业文化遗产保护扶持政策研究	原农业部项目	省部级	6	胡泽学
3	中国传统农耕文明经验的现实借鉴意义基础研究	原农业部项目	省部级	16	胡泽学
4	中国古代农业科技知识	北京市科委项目	省部级	7	唐志强
5	二十四节气综合研究	中国农业博物馆项目	自立	30	苑荣

2. 研究成果

序号	题目	作者	刊名	卷（期）号
1	《明崇祯十二年马贵良买地券石碑释读》	曹建强	《古今农业》	2017 年第 4 期
2	《玻璃类和珐琅类古玩的保管》	贾文忠	《文物天地》	2017 年第 4 期
3	《石质、石膏和宝石类文物保管》	贾文忠	《文物天地》	2017 年第 10 期
4	《汉代农业生产画像砖石所见儿童形象解读》	付娟	《农业考古》	2017 年第 1 期
5	《"二十四节气"在中国产生的原因及现实意义》	徐旺生	《中原文化研究》	2017 年第 4 期，5卷总第 28 期
6	《甘肃岷县当归种植系统保护现状》	张萌 范荣静	《古今农业》	2017 年第 4 期
7	《黄帝一统观的农耕渊源》	徐旺生	《农业考古》	2017 年第 6 期
8	《不违天时　顺道而行　二十四节气的产生、传承和保护》	王应德 王晓鸣	《世界遗产》	2017 年第 1 期
9	《中国二十四节气传承保护现状概述》	王晓鸣	《古今农业》	2017 年第 2 期，总第 112 期
10	《边疆少数民族农业文化遗产与一带一路文化交流》	张苏	《中国农史》	2017 年 1 期
11	《弘扬农耕文化打造农博品牌》	闫捷	《中国文物报》	2017 年 4 月 18 日
12	《一台揉茶机背后的历史》	闫捷	《农村·农业·农民》	2017 年第 2 期
13	《鸡趣杂谈——中国鸡文化》	李建萍	《农村·农业·农民》	2017 年第 6 期
14	《金石学与全形拓》	贾文忠	《中国文物科学研究》	2017 年第 3 期
15	《立春节气农谚试析》	付娟	《农业考古》	2018 年第 3 期
16	《"伟大的革命运动"：20 世纪 60-70 年代的中国知青与农村科学实验》	张苏 西格丽德·施迈茨	《古今农业》	2017 年第 2 期，总第 112 期
17	《浅谈如何做好博物馆安全保卫队伍建设工作》	褚艳广	《中国博物馆协会安全专业委员会论文集》	2017 年 10 月出版

序号	题目	作者	刊名	卷（期）号
18	《博物馆出版物网络展示与传播》	李双江	《科学艺术 传承创新——科学与艺术融合之路》	2017年5月会议论文
19	《社会主义新农村建设视域中大学生村官的作用研究》	梁庆鹏	《北京农业》	2016年第3期
20	《数字博物馆视频技术的开发应用》	梁庆鹏	《才智》	2016年第4期
21	《都江堰水利工程：流淌千年，膏润万顷》	王明远	《农村·农业·农民》	2016年第8期，总第441期
22	《河姆渡：稻香飘过七千年》	吕珊雁	《农村·农业·农民》	2016年第1期，总第427期
23	《古代农业生态系统的典范-桑基鱼塘》	韵晓雁	《农村·农业·农民》	2016年第10期，总第445期
24	《茶树的人工栽培与繁殖技术》	于湛瑶	《农村·农业·农民》	2016年第11期，总第447期
25	《中国科普场馆年鉴2015年卷》（中国农业博物馆部分）	于湛瑶	中国科学技术出版社	2016年5月出版

3. 专著

序号	名称	作者	出版社	出版日期
1	《彩韵陶魂——田士利捐赠彩陶选粹》	中国农业博物馆	中国农业出版社	2017年8月
2	《漫步农博学成语》	中国农业博物馆	中国农业出版社	2017年11月
3	《漫步农博习古诗》	中国农业博物馆	中国农业出版社	2017年12月

4. 编辑刊物

单位：册

刊物名称	刊号	发行周期	发行数量	发行范围
《古今农业》	ISSN 1672-2787，CN11-4997/S	季刊	900	公开发行

三、信息化建设

1. 官方网站浏览情况

中国农业博物馆官网日均访问浏览量1497人次，日均IP 109人次，日均独立访客（UV）106人次。

2. 展品信息化工作

中国农业博物馆网站上馆藏精品栏目展示藏品1523件；五个固定陈列以及多个临时展览可在网上浏览三维全景；此外，中国农业博物馆还推出了一系列虚拟展厅，展示农具（200余件）、彩陶（200余件）、农民画（127幅）、农业宣传画（363幅）、高密年画（126幅）共计1000余件（幅）。目前，共完成71部本馆著作的

中国农业博物馆外景

中国农业博物馆八、九、十号馆

数字化，可实现网上浏览，其中包括《中国农业博物馆藏品精粹》《馆藏中国传统农具》《彩陶中的远古农业》《汉代农业画像砖石》《中国农民艺术》等著作，涉及藏品 2000 余件。

3. 新媒体运用

2017 年，中国农业博物馆官方微信公众号发布科普文章、活动消息、专业视频片共计 573 篇（件）。截至 2017 年底，中国农业博物馆微信公众号粉丝数量达 5271 人，有效提升了宣传效果和博物馆影响力。

四、志愿者队伍建设

单位：人

分类	服务岗位	人数	来源	服务时间
展厅服务	讲解接待与展厅管理	197	在校学生、在职人员、退休人员	每名志愿者年服务时间达到 36 小时以上

▨ 五、运营情况

票务情况

是否免费开放	未免费开放场馆票种	未免费开放票价	观众人数
是	—	—	142 万人次 / 年

▨ 六、2017 年度大事记

1月 由中国农业博物馆（以下简称"农博"）编撰的《二十四节气农谚大全》出版发行，农业部韩长赋部长作序，屈冬玉副部长任编委会主任。

1月4日 文化部恭王府管理中心彭伟副主任率领全中心近百名员工到农博参观学习和专题调研。

1月19日 召开中国农业博物馆改扩建项目验收工作协调会。

2月3日 苑荣副馆长率队参加浙江省衢州市柯城区人民政府举办的以"赏九华立春文化·品三衢节气文明"为主题的系列活动及学术研讨会。

2月11日 在农博四号馆报告厅举办第八届"红红火火闹元宵"活动。

彩韵陶魂——田士利捐赠彩陶展

3月8日 为庆祝"三·八"国际劳动妇女节，农博组织女职工赴中国国家博物馆参观学习。

3月16日 故宫博物院经营管理处处长杨晓波女士应邀来"农博讲堂"做关于"故宫博物院文创产品研发情况介绍"的专题报告。

3月18日 中央民族大学附属中学五百多名师生来到农博参观游览。

3月20日 北京中医药大学张聪博士、中医药大学博物馆中药部马泽新主任，应邀来"农博讲堂"做题为"二十四节气与养生""常见中药材的使用常识"科普讲座。

3月24日 中国农业博物馆"农博课堂"走进日坛小学东恒校区，举办了科普知识讲座"衣服的奥秘"。

3月19~22日 2017英国国际食品及饮料展在英国伦敦ExCeL展览中心举办，本次由农博代表农业部参展。

3月22~24日 农博参加中国自然科学博物馆协会2017年联络员工作会议。

3月28~30日 中国农业博物馆、安徽省文化厅、安徽省淮南市人民政府联合主办的"'二十四节气'保护传承学术研讨会"在安徽省淮南市举行。

3月31日 农博人员赴江西省赣州市寻乌县，参加"总理脐橙款"捐赠仪式，现场接受长利果业发展有限公司董事长陈忠欧先生捐赠的李克强总理的百元脐橙款，并向其颁发了《中国农业博物馆收藏证书》。

3月27日 举办"谈古说今话清明"讲座。

4月16~17日 农博牵头推选认定的200个"全国百个合作社百个农产品品牌"亮相"全国农业品牌推进大会"。

5月10日 中国农业博物馆团委组织部分团员青年开展了以"增绿减霾·体悟绿色发展"为主题的植树

园园姐姐话端午活动

活动。

5月16日　中国农业博物馆讲解员陈秀玲参加了由中国博物馆协会主办的"中国故事——全国博物馆优秀讲解案例展示推介活动"并获得全国"专业组优秀讲解员"荣誉称号。

5月18日　"农博讲堂"专题讲座——"分享节气的故事"在四号馆学术报告厅举行。

5月22日　中国农业博物馆举办了"园园姐姐话端午"活动。

5月31日至6月4日　农博参加了由泰国商务部国际贸易促进局、泰国商会、德国科隆国际展览有限公司共同主办的"2017亚洲世界食品博览会"。

6月24日　中国农业历史学会理事会2017年第一次会议在中国农业博物馆召开。

6月21日　由文化部非遗司指导,中国农业博物馆、郑州市委宣传部主办,郑州市文化广电新闻出版局和登封市委市政府承办的"二十四节气"登封夏至"测日影"系列文化活动,在河南省登封市告成镇成功举办。

7月2日　由中国农业博物馆和文化部恭王府博物馆联合主办的"金石永年——贾文忠全形拓展"在文化部恭王府博物馆嘉乐堂开幕。

7月4日　中国非物质文化遗产保护中心、中国农业博物馆、吉利汽车集团在北京今日美术馆联合举办"二十四节气"文化推广活动。

7月14日　中国农业博物馆举办了2017"农博一日"科普夏令营暨"科学小记者＋种子达人"颁奖活动。

8月7日　中国农业博物馆和中国非物质文化遗产保护中心牵头协同有关社区举办的"人与自然相处的智慧——二十四节气专题展"在全国农业展览馆举办。

8月7日　农博策划组织了"农博一日"暑期系列活动之"立秋农博行"。

8月7日　副馆长李晓钢率队参加湖南省花垣县举办的"二十四节气"人类非物质文化遗产传统民俗"赶秋节"暨"世界的赶秋·赶秋的世界——2017年花垣苗族赶秋活动"。

8月10日　中国农业博物馆举办了"农博一日"暑期系列活动之"识节气 贴秋膘 包饺子"亲子活动。

8月13~15日　李晓钢副馆长率队参加内蒙古绿色农畜产品（巴彦淖尔）国际博览会和内蒙古自治区电子商务进农村牧区工作会暨全国农商互联（内蒙古）产销对接大会。

8月11日　曹举副书记应邀参加第十六届中国长春国际农业·食品博览（交易）会。

8月26日　"农博讲堂""博物馆里的二十四节气"文化科普讲座及"二十四节气"展览志愿服务证书颁发仪式在全国农业展览馆52号楼多功能厅举行。

中国农业史青年论坛暨中国农业历史学会年会（2017）

8月30~31日　苑荣副馆长率队参加中国自然科学博物馆协会2017年年会，并主持了由专业科技博物馆委员会负责承办的主题为"行业博物馆的运行管理"的分会场学术研讨活动。

9月13日　"彩韵陶魂——田士利捐赠彩陶展"暨捐赠活动在中国农业博物馆十号馆隆重举办。

9月16日　"过快乐中秋 绘七彩月饼"科普活动在农博举办。

9月23日　中国国际农产品交易会网上平台——"农展优选"启动仪式，在农博举行。

9月26~29日　王秀忠馆长率"中国古代农业文明陈列基础研究"课题组相关人员，赴四川省成都市，考察调研博物馆相关业务。

10月26~27日　中国文物学会文物修复专业委员会第六次会员代表会议暨第十五届全国文物修复技术研讨会在福州顺利召开。

10月23日　苑荣副馆长率队参加了广西壮族自治区崇左市天等县"霜降欢歌起，壮乡亲朋聚"主题系列活动，参加了霜降节保护工作座谈会，农博的"二十四节气"巡展也于同期展出。

10月　农博室外卫生间改造、园林绿化升级工程顺利完成。

10月31日　曹举副书记带队赴涞源县向5个扶贫示范村捐赠了党建学习教育设备，并开展了扶贫调研。

11月9~12日　王秀忠馆长出席了由农业部与江苏省人民政府共同主办的首届全国新农民新技术创业创新博览会。

11月11日　第29届国际科学与和平周开幕仪式在政协礼堂隆重举行，农博被授予第29届国际科学与和平周"优秀活动奖"。

11月29日至12月2日　刘新录书记带队赴杭州和南京，对中国丝绸博物馆和南京博物院进行了考察调研。

12月22日　苑荣副馆长率有关人员赴浙江省三门市参加了"三门祭冬"、中国冬至文化成立大会暨2017冬至文化论坛、"二十四节气"巡回展览等系列活动。

12月21日　农博讲解员李文丹获得"北京市科普讲解大赛优秀奖"和"优秀科普使者"荣誉称号。

12月24日　由北京市科委、北京市教委、北京市科协共同主办，北京自然博物馆、北京青少年科技活动中心承办，中国农业博物馆、中国地质博物馆等7家博物馆共同协办的第二十二届北京市中小学生自然科学知识竞赛在国家图书馆古籍馆进行了团体决赛。

▨ 七、2017年工作概述

2017年，在农业农村部党组的坚强领导下，中国农业博物馆领导班子带领全体干部职工，坚持围绕中心、服务大局，认真贯彻落实部党组决策部署，扎实推进学习教育常态化制度化，深入学习贯彻党的十九大精神，严格履行"一岗双责"，加强作风建设，强化"四个意识"，贯彻新发展理念，坚持稳中求进，不断改革创新，党的建设和博物馆事业发展取得了较好的成绩。

（一）加强理论学习和培训，增强"四个意识"

坚持不懈地抓好思想建设，深入学习领会习近平新时代中国特色社会主义思想，提高政治站位，增强党性修养，雷厉风行地贯彻落实中央和部党组各项决策部署。

一是强化理论武装，推进学习教育常态化制度化。把思想政治建设摆在首位，把理念信念教育作为战略任务，扎实推进"两学一做"学习教育常态化制度化，牢固树立"四个意识"。馆党委牵头制定推进学习教育常态化制度化工作方案，指导各支部和全体在职党员制订学习计划。发挥理论中心组的示范作用，引导党员干部深入实际学、不断跟进学，坚持问题导向，开展深入研讨，以学习成果指导实践、推动工作。教育引导干部职工深刻领会习近平新时代中国特色社会主义思想，严守党的纪律和规矩，始终同以习近平同志为核心的党中央保持高度一致。

二是深入开展调研，弘扬理论联系实际的学风。围绕贯彻十九大关于增强文化自信、实施乡村振兴战略等重要决策部署和部领导在研究农博发展定位时的讲话精神，班子成员先后带队赴浙江、江苏、四川等地调研，就博物馆体制机制创新、展览策划与运作模式、科普教育与对外交流等，进行全面考察和交流，同时就博物馆建设规划、环境美化、会展管理与服务、文化遗产保护和农业产业扶贫等进行专题调研，形成了有关调研报告或理论文章，为谋划未来工作提供了决策依据。

三是加强职工培训，提高履职能力。围绕打造农博"三支队伍"，强化学习型单位建设。研究制订年度培训计划，精心打造"农博讲堂"，开展形势政策教育、能力培训、知识更新等学习。班子成员参加了十九大精神学习传达会、辅导报告会、两委书记培训班和司局级干部专题学习班等，并通过讲党课和专题讲座，教育引导干部职工牢固树立"四个意识"，增强"四个自信"，不断拓宽视野，提升工作能力和水平。全年共开展各项培训34项，培训干部职工700多人次。

四是建立督办制度，保证重要决策部署落实。领导班子成员进一步强化政治意识，既抓决策部署又抓督促检查，推动决策部署落地生根。2016年建立了督查督办工作机制，把贯彻落实中央和部党组决策部署、部领导指示批示和馆党委会议、常务会议决策作为督办重点，党政主要负责人带头抓督促检查，相关部门负责日常跟踪检查，对检查项目建档立账，完成一项销号一项，保证了政令畅通和中央、部党组有关决策部署的贯彻落实，把与党中央保持高度一致的要求落到了实处。

（二）创新推进事业发展，博物馆公益职能充分发挥

一是深入开展"二十四节气"保护传承工作。制定全国"二十四节气"传承与保护工作计划并召开学术研讨会，启动系列课题研究，编辑出版《"二十四节气"农谚大全》和"二十四节气"丛书，在全国部分地区开展"二十四节气"巡展活动，组织指导全国10个代表性社区开展保护传承活动。举办的"二十四节气"专题展览暨诗书画展共接待部系统参观团体29个、原文化部非遗司等其他社会团体34个、外宾团2个，得到社会各界高度评价。

二是深入推进学术研究及转化应用。开展《中华古代农业文明陈列》基础研究并形成改陈思路，为提升基本陈列展示水平打好基础。《古今农业》学术质量进一步提升并被评为首批国家A类学术期刊。《中国农业通史》后续编纂工作也正在加快推进。组织中国文物学会文物修复专业委员会换届改选暨第15届全国文物修复技术研讨会。完成《中国重要农业文化遗产保护项目评估报告》和《中国传统农耕文明的现实借鉴意义基础研究报告》，为部有关司局开展农业文化遗产保护和农业可持续发展相关政策创设提供支持。组织全国农村实用人才带头人及大学生村官《传承农耕文明培育农民素养》课程28次，激发了大学生村官"懂农业爱农村爱农

民"的热情。

三是推出多种形式的专题展览。举办"人与自然相处的智慧——二十四节气专题展""彩韵陶魂——田士利捐赠彩陶展",通过互联网推出"写意乡俗——馆藏高密年画精品展""馆藏彩陶"两个数字展,赴甘肃庆城举办"留住乡愁——中国美丽乡村文化篇"巡展,以多种形式展现传统农业文化之美。

四是主动强化社会服务功能。强化讲解员能力建设,打造高素质讲解队伍。围绕文化创意产品开发、二十四节气与养生、节气故事等主题,组织五次农博讲堂活动。研发校外科普读物和实践活动课程,策划组织编写《漫步农博学成语》《漫步农博习古诗》等农博系列科普图书。"红红火火闹元宵""种子达人""小小农艺师"等成为品牌教育活动,新开发的"谈古说今话清明""圆圆姐姐话端午""识节气 贴秋膘 包饺子"等主题活动,深受小朋友和家长喜爱,很好发挥了博物馆教育在传承优秀传统文化方面的作用,观众数量明显增加。

五是着力提升藏品征管水平。围绕"二十四节气"专题展和今后展陈需要,有序开展年度藏品征集工作。全年共征集藏品384套555件,其中一级文物3件。新征集的北魏买地券、汉代画像砖填补了农博在这方面的藏品空缺。制定《文物捐赠暂行管理办法》,进一步规范和强化了捐赠文物的收集和管理。

六是积极探索文创产品开发。成立文创产品开发中心;起草试点工作方案、文创产品合作开发办法等相关制度方案;赴美国参加国际品牌授权博览会,学习国外文物价值挖掘及品牌开发经验,探索文创产品开发经营模式。

中国煤炭博物馆

英 文 全 称：The Coal Museum of China
法 定 代 表 人：张继宏
联 系 电 话：0351-4117888
传　　　 真：0351-6041802
官 方 网 站：www.coalmus.org.cn
行 政 主 管 单 位：山西省能源局
成立（开放）日期：1989 年 9 月
通 信 地 址：山西省太原市迎泽西大街 2 号
已加入专业委员会：中国自然科学博物馆协会专业科技博物馆专业委员会、国土资源博物馆专业委员会

▨ 一、科普活动与展览

1. 临时展览

单位：平方米，人次

序号	展览名称	起止日期	展出地点	面积	观众数量	性质
1	海下采煤专题展	5 月 1 日至 10 月 31 日	三层展厅	120	6000	原创
2	于铭钦、于泉城捐赠书画摄影作品展	4 月 1 日至 6 月 30 日	三层展厅	50	2000	原创

2. 教育活动

单位：人次

序号	活动名称	活动时间	主要内容	活动形式	主要对象	参与人数
1	优质课程开放展示	12 月 2 日	一吨煤的作用	实地讲解 课程展示 座谈交流	太原市中小学生	200
2	中国旅游日主题活动	5 月 19 日	基本陈列 煤海探秘	免费参观	社会公众	4500
3	新疆生产建设兵团美德少年游学交流活动	7 月 4 日	基本陈列 煤海探秘	学习参观	美德少年随行辅导员	44
4	山西·内蒙古夏令营	8 月 1 日	开营 基本陈列 煤海探秘	学习参观	学生	30

续表

序号	活动名称	活动时间	主要内容	活动形式	主要对象	参与人数
5	全国科普日主题活动	9月16日	煤炭知识 煤炭文化	展览宣传 现场咨询	社会公众、科技工作者	6000
6	山西省中国自然科学博物馆协会教育人员培训	10月23~26日	展教知识 展教技能	现场授课 学习参观	科普、辅导员	30

二、科研与学术

1. 承担项目

单位：万元

项目名称	项目来源	项目级别	经费	负责人
煤矿井下环境与矿工安全健康研究	省科技厅	省部级	5	胡高伟

2. 专著

序号	名称	作者	出版社	出版日期
1	《煤矿井下环境与矿工安全健康》	胡高伟主编	煤炭工业出版社	2018年6月
2	《中国煤炭要事录》	胡高伟主编	煤炭工业出版社	2019年1月

3. 编辑刊物

单位：册

刊物名称	刊号	发行周期	发行数量	发行范围
《煤炭博览》	K347	季刊	6000	全国博物馆系统、省市党政机关、全国各大煤炭企事业单位

三、信息化建设

1. 官方网站浏览情况

中国煤炭博物馆网站2017年浏览次数为：47050次，日平均（PV）点击数为125次，观众数21437人。

2. 展品信息化工作

中国煤炭博物馆运用"博物馆藏品综合管理信息系统"。严格按照藏品管理信息分为基础特征与保管信息两部分的要求，其基础特征以文物名称、类别、级别、年代、质地等10项，保管信息以来源、入藏时间、藏品编号、收藏单位4项填写的方式，逐一填制。此外以影像采集，运用photoshop图像处理软件系统录入文字资料介绍，自动生成总登记账进行藏品检索和统计，同时生成各种卡片、文字、照片、档案及各种报表。

2017年，中国煤炭博物馆在文物摄影采集、信息管理、藏品管理、文献管理等方面做了大量工作。累计拍摄藏品1500多件，照片6000余张，进一步完善了博物馆藏品综合信息管理系统。目前，中国煤炭博物馆基本可以实现登记藏品账簿的自动检索和统计功能。完成了全国第一次可移动文物普查任务，以及全国博物馆藏品综合信息管理系统中有关数据的更新调整。整理了从国家煤炭档案馆征集的煤矿战备档案2000余袋，全部重新编号归档。

3. 新媒体运用

中国煤炭博物馆微信公众号及时更新场馆动态、展教活动公告、煤炭科普知识、参观服务指南等。

▨ 四、志愿者队伍建设

单位：人，小时

分类	服务岗位	人数	来源	服务时间
不定期	讲解、引导、安全员	853	中小学校	1800

▨ 五、运营情况

票务情况

是否免费开放	未免费开放场馆票种	未免费开放票价	观众人数
否	成人票 学生票	60元	8.5万人次/年
其他票务信息说明	① 持以下有效证件的游客予以免首道门票：导游证、文博系统工作证、军人证（现役、伤残）、残疾证、老年证（60岁以上）、驻地记者证等。 ② 学生凭有效的学生证享受首道门票半价优惠。 ③ 1.2米以下儿童免首道门票。为确保安全，儿童参观必须有大人陪同，一个大人限带两名儿童。 ④ 免收门票的游客不免讲解费。		

▨ 六、2017年度大事记

中国煤炭博物馆全景

4月6日　中国煤炭博物馆被中国科协授予"2016年度全国优秀科普教育基地"光荣称号。

4月6日　中国煤炭博物馆从山西省煤炭工业协会征集到《中国煤炭工业志·山西煤炭工业志》《山西省志·煤炭志》《山西煤炭工业志》三套图书的电子版光盘资料。

4月11日　山东淄博赵汝峰同志将个人珍藏多年的两件矿灯捐赠给中国煤炭博物馆。

5月17日　中国煤炭博物馆召开干部大会。山西省委组织部常务副部长孙大军宣布了省委、省政府关于中国煤炭博物馆主要领导同志职务调整的决定，张继宏同志任中国煤炭博物馆党委书记、馆长。省煤炭厅党组书记、厅长向二牛主持会议并讲话。中国煤炭博物馆（总公司）班子成员，中层干部和职工共100余人参加了会议。

5月22日　楼阳生省长接见参加央企助力山西转型综改会议的中国保利集团张振高总经理一行，中国煤炭博物馆党委书记、馆长张继宏参加会见。

6月12日　山东龙口矿业集团职工于泉城同志将个人创作的书画及摄影艺术作品无偿捐赠中国煤炭博

物馆。

6月11~14日　中国煤炭博物馆在山东龙口矿业集团北皂煤矿征集到一批即将关闭的我国唯一海下采煤矿井藏品。

6月15日　中国煤炭建设协会安和人副理事长在中国煤炭博物馆考察，山西省政协经济委员会朱晓明主任、中国煤炭博物馆党委书记、馆长张继宏陪同考察。副馆长胡高伟、马召源参加座谈。

6月　中国煤炭博物馆被太原市教育局评为社会实践育人共同体联盟A类单位。

7月4日　来自新疆生产建设兵团第六师的31名品学兼优的美德少年和随行的13名辅导员到中国煤炭博物馆游学交流。

7月11日　中国煤炭博物馆党委书记、馆长张继宏，科技处处长、山西省自然科学博物馆协会副理事长张华英参加了山西省自然科学博物馆协会2017年上半年理事长工作会议。

7月13日　中国煤炭博物馆召开基本陈列局部改陈专题会议。将对序厅、煤炭与人类厅和模拟矿井的部分内容进行更新提升。

7月25日　我国唯一实施海下采煤的矿井——北皂煤矿"海下采煤专题展"在中国煤炭博物馆陈列大厅三层开展。

教育人员参加培训

研学活动

8月1日　山西·内蒙古夏令营在中国煤炭博物馆"煤海探秘"景区开营。

8月4日　山西省煤炭安全执法总队一行26人到中国煤炭博物馆进行专题培训。

8月10日，中国地质大学（武汉）逸夫博物馆原馆长、中国地质大学图书馆馆长徐世球教授、著名自然教育专家王辰凤等一行到中国煤炭博物馆进行学术交流与地质科普考察。

8月11日　中国煤炭博物馆参加在北京·中国农业博物馆召开的中国自然科学博物馆协会专业科技博物馆委员会2017年主任扩大会议。

8月17~18日　中国煤炭博物馆参加在晋煤集团赵庄煤业召开的中国煤炭学会科普工作委员会七届二次会议。

8月29~31日　中国自然科学博物馆协会在青海海西州德令哈召开六届六次理事会暨2017年年会，中国煤炭博物馆党委书记、馆长张继宏当选协会常务理事。党委委员、副馆长胡高伟，征集陈列处处长孟庆学应邀参加了会议。

9月25日　中国煤炭博物馆与中国人寿保险股份有限公司山西省分公司签署全面合作框架协议。至此，中国人寿太原分公司正式入驻中国煤炭博物馆。

9月29日　山西经济管理干部学院党委书记丁怀民、山西日报传媒（集团）有限责任公司副总经理侯百管、山西工程职业技术学院纪委书记徐旭宁、山西金融职业学院党委副书记康同生、山西职业技术学院副院长李芳、省委党校机关党委书记孙维虹一行莅临中国煤炭博物馆进行工作交流。

10月19日　中国煤炭工业协会档案分会三届三次理事会在武汉召开，中国煤炭博物馆党委委员、副馆长胡高伟参加了会议。

10月23日　中国自然科学博物馆协会教育人员（第二期）培训班在山西省科学技术馆举办，中国煤炭博物馆党委书记、馆长张继宏主持开班仪式和当天的培训，馆党委委员、副馆长胡高伟主持了培训班的有关课程。科普及展教人员共计20余人参加了本次培训。

11月20日　中国煤炭博物馆成功入选教育部公示的第一批"全国中小学生研学实践教育基地"。

12月9日　中国煤炭博物馆作为太原市社会实践育人共同体联盟成员单位之一，进行优质课程开放展示。

12月12日　《光明日报》社融媒体中心策划的大型系列直播节目《光明大直播·博物馆体验之旅》走进中国煤炭博物馆。

12月　中国煤炭博物馆选送的煤精工艺品《千禧祥龙盘》在"2017山西旅游商品创客大赛"中荣获银奖。

12月　中国煤炭博物馆报送的"煤炭与雾霾科普活动案例"入选《全国科普教育基地优秀科普活动案例汇编》。

▨ 七、2017年工作概述

2017年是党的十九大召开的重要之年，也是中国煤炭博物馆（以下简称"中煤博"）改革发展和稳定工作面临极大考验的一年。2017年5月17日，山西省委组织部对中国煤炭博物馆主要领导职务进行了调整，任命张继宏同志为中国煤炭博物馆党委书记、馆长。新班子、新气象。一年来，中国煤炭博物馆新一届领导班子在有关部门的大力支持和帮助下，在中国科协、中国自然科学博物馆协会的指导下，深入学习贯彻落实党的十九大和习近平总书记系列重要讲话精神，结合中煤博实际，研究制定了"131"战略目标，紧紧围绕年初确定的工作目标，开拓创新，真抓实干，积极开展工作，在文物征集、基础设施改造、藏品管理、科学研究、教育活动、社会服务、对外合作等方面都取得了长足的进步。先后被中国科协授予"全国优秀科普教育基地"光荣称号、被国家旅游局命名为"全国研学旅游示范基地"、被教育部评为第一批"全国中小学生研学实践教育基地"、被太原市教育局指定为首批"太原市实践育人共同体"联盟单位成员。

文物征集与陈列改造。中国煤炭博物馆在资金十分紧张的情况下，克服种种困难，以传承煤炭文化为己任，以最小的投入征集回有价值的文物。从阳泉煤业集团、山东龙口矿业集团、大同万人坑纪念馆以及老矿工手中征集回设备、标本、图书文献资料等具有历史和收藏价值的文物、标本及图书资料等共计324件。对基本陈列进行了改造提升，对序厅、煤炭与人类厅和模拟矿井的部分内容进行了更新。

藏品管理。2017年，中国煤炭博物馆在文物摄影采集、信息管理、藏品、文献管理等方面做了大量工作。累计拍摄藏品1500余件，照片6000余张，进一步完善了博物馆藏品综合信息管理系统。

学术研究。完成了山西省基础科学研究项目，课题负责人在完成课题的基础上，形成了20万字的研究成果和学术著作《煤矿井下环境与矿工安全健康》，于2017年5月正式由煤炭工业出版社出版发行。完成《中国煤炭要事录》编写工作，该著作共20万字，已于2019年2月由煤炭工业出版社出版发行。完成《煤炭博览》杂志编写工作。《煤炭博览》是中国煤炭博物馆主办的内部科技型季刊。2017年，调整了部分主创人员，更新了栏目，增加了学术研究的比重，从选稿、组稿、编辑、校对、印刷、发行等方面层层筛选，严格把关，使其更好地立足于煤炭行业，聚焦文博主业，弘扬煤炭文化，全年发行4期，《煤炭博览》已成为中国煤炭博物馆对外交流的一个窗口和一张名片。

科普工作和教育活动。中国煤炭博物馆在"世界博物馆日""全国科普日""中国旅游日""世界旅游日"等重大科普主题日期间，开展形式多样、丰富多彩的煤炭科普与展教活动。"全国科普日"期间与山西省科协开展了系列科普活动，组织参加了山西省"创新驱动发展，科学破除愚昧"为主题的科普活动，以"走进中国煤炭博物馆"为切入点，向公众发放科普教育基地畅通卡15000份。与山西省科技馆、山西地质博物馆等单位联合承办了教育人员培训班。举办了"海下采煤专题展""于铭钦、于泉城捐赠书画摄影作品展"临时展览。研学课程"煤炭与雾霾"被评为全国优秀科普活动优秀案例。中国煤炭博物馆还非常重视博物馆教育功能的实

中国煤炭博物馆优质课程开放展示

现，坚持开放式办馆，走馆校结合的路子，与多所幼儿园、中小学校、大中专院校合作，陆续走进太原理工大学、太原师范学院、公园路小学、山西中医学院、山西建筑职业学院等学校，通过举办专题讲座、煤炭科普知识进讲堂、资助新生篮球赛，运用学校微信、微博平台发布活动资讯，采用集赞、转发、抽奖、赞助等多种形式与学生互动，传播煤炭知识。吸引学生走进中国煤炭博物馆，了解煤炭文化，使学生们把科普与生活、科普与学习有机结合，起到教学相长的作用。

社会服务与对外合作。2017年，中国煤炭博物馆不断加强与社会各界、文博系统、煤炭行业及相关单位的交流与合作。向来自俄罗斯、北京、天津、贵州、新疆等多个国内外代表团介绍煤炭发展历程，煤炭开采历史。积极参加中国自然科学博物馆协会、中国煤炭学会、博物馆创新发展论坛等学术研讨会，与兄弟单位开展学习交流，把握博物馆、煤炭行业最新动态，普及煤炭知识，传播煤炭文化。

2018年，中国煤炭博物馆将在有关部门的支持下，在中国科协、中国自然科学博物馆协会的指导下，在馆新一届班子的带领下，努力打造国内一流博物馆，力争为煤炭文博事业做出新的更大的贡献！

中国水利博物馆

英 文 全 称：National Water Museum of China
法 定 代 表 人：张志荣
联 系 电 话：0571-83537255
传　　　真：0571-86660668
官 方 网 站：www.nwmc.cn
行 政 主 管 单 位：水利部
成立（开放）日期：2010 年 3 月 22 日
通 信 地 址：浙江省杭州市萧山区水博大道 1 号
已加入专业委员会：中国自然科学博物馆协会专业科技博物馆专业委员会

一、科普活动与展览

1. 临时展览

单位：平方米，万人次

展览名称	起止日期	展出地点	面积	观众数量	性质
百水颂	3 月 15 日至 4 月 30 日	馆内	200	—	原创

2. 教育活动

单位：人次

序号	活动名称	活动时间	主要内容	活动形式	主要对象	参与人数
1	雷锋志愿服务活动	3 月 5 日	引导、咨询、讲解	志愿服务	观众	200
2	世界水日活动	3 月 22 日	音乐赏析、知识问卷调查、志愿者招募等	主题活动	观众	300
3	"水美城市"主题游学	3 月 23 日	参观展厅、观看水资源科教片、学习河长制	研学	小学生	240
4	"我是杭州小伢儿"知行课程	4 月 7 日	参观展厅、互动体验、知识问答	研学	小学生	60
5	"红领巾助力中国梦"六一主题实践活动	6 月 1 日	游水文化湿地、唱大禹纪念歌、观水文明浮雕艺术、学中华治水史、传民族治水精神	主题活动	小学生	300
6	"探寻海上丝绸之路"志愿者体验活动	6 月 11 日	科普海丝之路历史知识、参观港口专题博物馆、亲近海洋和游览运河古镇	主题活动	志愿者	50

续表

序号	活动名称	活动时间	主要内容	活动形式	主要对象	参与人数
7	"让水成为我们的朋友"馆长公益导师课	6月18日	专家科普课堂、博物馆参观学习	讲座	媒体小记者	50
8	"五水共治"暑期教育实践活动	7月至8月	参观实践、科普展板、水质监测、甲鱼治水、学习资料	主题活动	小学生	1000
9	"我是护水小卫士"小记者活动	8月26日	水知识课堂、展厅学习、净水实验、采访实践	主题活动	媒体小记者	50
10	《百水赋》朗诵作品征集活动	4月至10月	朗诵视频作品征集、评比、展示	主题活动	中小学生	500
11	重阳节活动	10月19日至11月2日	参观展厅、游览园区	主题活动	退休老人	4500
12	"水润童心"护水行动	12月5日	学校公益课程、志愿队宣传	主题活动	小学生	1000
13	"科学色拉酱"科普活动	12月24日	参观学习、闯关游戏、登塔辨方位和手工制作	主题活动	媒体小记者	40
14	青少年校外教育活动	全年	不同主题系列课程	第二课堂	小学生	6000
15	水文化巡讲	全年	水科普、水文化讲座	讲座	社会公众	2000

3. 流动科普设施

单位：次

序号	名称	年度巡展次数	类型	经费来源
1	水与中华文明	12	巡展	财政拨款
2	水与衣食住行	8	巡展	财政拨款
3	水与风俗礼仪	10	巡展	财政拨款
4	水与战争	7	巡展	财政拨款

二、科研与学术

1. 承担项目

单位：万元

序号	项目名称	项目来源	项目级别	经费
1	水利遗产保护与传承	水利部	省部级	200
2	研学实践教育基地建设	教育部	省部级	50
3	浙江治水馆水利遗产资源采集与整理	浙江省政府	省部级	142
4	水文化科普教育与宣传	浙江省政府	省部级	40

2. 研究成果

序号	题目	作者	刊名	卷（期）号
1	《从良渚大坝谈中国古代堰坝的发展》	涂师平	《浙江水利水电学院学报》	2017年第2期
2	《从"防"到"治"——国民政府时期钱塘江防治理念的发展》	李海静　石云里	《上海交通大学学报》	2017年第5期
3	《我的钱塘江河口科研生涯　韩曾萃访谈录》	李海静　王淼	《科学文化评论》	2017年第4期
4	《云计算在水利信息化建设中的应用》	丁韬等	《电子技术与软件工程》	2017年第18期

三、志愿者队伍建设

单位：人

服务岗位	人数	来源	服务时间
志愿讲解	50	高校学生	周末、节假日
现场咨询	50	社会公众	周末、节假日
社教活动	100	高校学生	举办活动时
户外活动	200	社会公众	按活动需要

四、运营情况

票务情况

是否免费开放	未免费开放场馆票种	未免费开放票价
是	成人票	20 元
	团体票	15 元
	优惠票	10 元
其他票务信息说明	博物馆展厅免费开放，登塔及参观"龙施雨沛"展项收取以上门票。优惠票范围：1.5 米以下儿童；70 周岁以上老人、30 年以上教龄教师、现役军人、离休干部、省部级劳模及英模凭有效证件；全日制在校学生凭学生证。	

五、2017 年度大事记

1 月 19 日　中国水利博物馆（以下简称"水博"）"水润童心"护水行动入选浙江省 2017 年未成年人思想道德建设十件实事。

2 月 15 日　经全面展示提升后，水博重新对外开放。

3 月 16 日　水博联合杭州江干区九堡街道开展水文化巡展进社区活动，拉开 2017 年巡展大幕。

3 月 22 日　经中华人民共和国水利部党组决定，张志荣同志任中共中国水利博物馆委员会书记。

3 月 24 日　浙江省文明办一行赴水博考察"水润童心"护水行动项目实施情况。

3 月 29 日　浙江省委书记夏宝龙，浙江省委常委、秘书长陈金彪，浙江省副省长孙景淼听取浙江治水馆展示方案汇报。

3 月 31 日　浙江省发改委副主任徐幸一行调研浙江治水馆布展工程进展情况。

5 月 1~3 日　馆长张志荣应邀出席联合国教科文组织在意大利威尼斯举办的全球水博物馆座谈会，会上作专题报告。

5 月 15 日　水利部党组第四巡视组进驻水博，展开为期 1 个月的政治巡视。

5 月 19 日　浙江省副省长孙景淼检查指导水博工作，浙江省政府办公厅副主任蒋珍贵和浙江省水利厅党组书记、厅长陈龙，浙江省水利厅党组副书记、副厅长徐国平等陪同。

5 月 25 日　水博列入第七批杭州市青少年学生第二课堂活动基地名录。

8 月 8 日　宁夏回族自治区水利厅党委书记、厅长白耀华一行考察水博，浙江省水利厅党组书记、厅长陈龙等陪同。

9 月 1 日　"馆中馆"——浙江治水馆完成布展施工，以团队预约形式对外开放；新版官网正式面向公众开放。

中国水利博物馆正门 ——————————

9月7日 水利部水情教育中心（中国水利报社）党委书记涂曙明一行就水情教育工作与党委书记、馆长张志荣座谈。

10月13日 水博联合九三学社浙江省委员会，共同举办"喜迎十九大"水文化创作笔会。

10月19日至11月2日 浙江省和杭州市近5000名离退休老干部来到水博，参观五千年水利文明与水利建设成就，感受杭州发展新面貌。

10月18日 由商务部主办、农业部对外经济合作中心承办的"2017年发展中国家水资源与管理研修班"一行35人前来参观，成员主要来自亚非"一带一路"国家的农村发展和水利管理部门。

10月20日 水博与浙江省钱江书法研究会联合举办"绿水青山美浙江，翰墨丹青迎盛会"书画笔会。

11月9日 水博举办全国水利博物馆责任与创新座谈会，发起成立全国水利博物馆联盟，发表《杭州宣言》。

11月29日 党委书记、馆长张志荣一行前往南京博物院、南京水利展示馆参观交流，并与南京博物院院长龚良举行座谈交流。

12月5日 "关爱山川河流·保护城市水体"志愿服务暨公益宣传活动在浙江绍兴正式启动，水博"水润童心"护水行动走进绍兴市稽山小学，水利部党组成员、副部长田学斌出席活动并发表讲话。

12月6日 教育部正式公示"第一批全国中小学生研学实践教育项目评议结果"，水博作为水利部推荐的实践教育基地成功入选。

12月16日 "2017年中东欧国家小水电开发与管理官员研修班"学员参加中国水利博物馆举办的中国水利文化遗产现场参观学习课。

12月22日 水博"水之旅"青少年教育课程与《公众防汛防台抗旱知识读本》入围国家水情教育基地优秀案例，分别荣获活动类优秀案例二等奖和产品类优秀案例三等奖。

六、2017年工作概述

2017年，中国水利博物馆深入贯彻落实党的十九大精神和习近平总书记关于建设社会主义文化强国的战略

全国水利博物馆联盟成立大会

浙江治水馆

思想，积极践行新时期水利工作方针，圆满完成全年目标任务，在各项工作中取得了新的成绩。

（一）凸显智慧互联，完善展陈平台

在省部主要领导的关心支持和水利厅领导的高度重视下，"馆中馆"——浙江治水馆完成4000平方米建筑面积、3000平方米展示面积的建筑、管路改造和布展施工，应用了大量新技术、新手段，种好了智慧互联"试验田"。"浙江治水简史"展区的大幅面三层玻璃叠透工艺属于全国首创，穿幕视听体验展区萃集了全省各市治水微电影50余部，治水成果展区引入了断面水质检测、实时雨情水情、引调水工程规划等实时信息查询功能；"大禹为证"展区应用远程互联技术，打破展示空间限制，观众身处展厅，可随手点选1400余个点位的监测数据和实时监控、航拍画面，将治水成果变为直观的展示内容。"百水颂"专题展厅以古往今来歌颂治水功绩的诗词歌赋为主题，萃集书画名家作品实物和少年儿童诵读治水诗篇的多媒体资源，观众还可以现场录制诵读视频存入数据库，供观众欣赏，构建了弘扬传统文化，传承治水精神的沉浸式、可成长展项。

（二）串起江河湖海，创新社教平台

随着顺利完成基本陈列展示提升，2017年观众接待量一路走高，且增量主要来自华东以外地区，国家级行业博物馆的宣传辐射作用进一步凸显，社会反响强烈。为抓住机遇，迎接挑战，该馆不断提升服务品质，创新组织形式，策划开展文化巡讲、书画笔会、辞赋诵读、校外课程、暑期游学等各类社教活动，丰富了"菜单式"服务格局。全年组织开展23项主题活动，活动场次156场，逾5600人次参与活动。其中"江河湖海"水文化游学逐渐打响品牌，被教育部列入重点支持项目。十九大前后，中国水利博物馆作为反映新时期水利建设重要成果的宣传窗口，迎来了浙江省和杭州市5000名离退老干部的集中参观考察，得到高度评价。

（三）整合社会资源，搭建全国平台

为学习领会党的十九大对治水兴水和文化发展的新部署、新要求，拓展馆际合作，探讨资源整合，推动协同发展，该馆组织召开了全国水利博物馆责任与创新座谈会，发起成立了全国水利博物馆联盟，发布了《杭州宣言》，一致同意不忘初心、勇于担当，整合资源、强化交流，促进学术共建和项目合作、人员互访和技能培训、联合办展和互派巡展，增强保障力、扩大覆盖面，共同推动文化产品的兴盛繁荣、文化服务的效能提升，满足人民群众对美好生活的期待。陈雷部长作出重要批示，高度肯定了水利文博工作取得的成效，并作出了新部署、新要求，为水博发展指明了方向。

（四）坚定文化自信，参与世界平台

2017 年 5 月，由联合国教科文组织主办的全球水博物馆网络国际研讨会在威尼斯召开，会议旨在构建世界水博物馆交流协作网络，交流先进经验和理念，共同推进水资源可持续利用和水文化遗产保护事业发展。作为目前全球规模最大的水博物馆，中国水利博物馆应邀参会，并作了中国自古以来"治国必先治水"的历史传统和新中国成立以来取得的伟大治水成就的专题报告，获得了与会代表的高度评价和广泛赞誉。目前已在引进文化遗产保护先进经验和推动中国水利文化"走出去"等方面达成多个合作意向，在自觉融入国家文化战略和文明交流、文明互鉴、文明共存的行动纲领，做大做强水利文化中国样板上迈出了坚实一步。

国际合作

中国园林博物馆

英 文 全 称：The Museum of Chinese Gardens and Landscape Architecture
法 定 代 表 人：刘耀忠
联 系 电 话：010-63915086
传　　　　真：010-83733157
官 方 网 站：www.gardensmuseum.cn
行 政 主 管 单 位：北京市公园管理中心
已加入专业委员会：中国自然科学博物馆协会专业科技博物馆专业委员会

一、科普活动与展览

1. 临时展览

单位：平方米，万人次

序号	展览名称	起止日期	展出地点	面积	观众数量	性质
1	惟妙彩塑 悠久传承——天津泥人张传人逯彤彩塑艺术展	1月12日至4月30日	临展四号厅	600	3.67	联合
2	晋之韵——山西剪纸精品展	1月20日至4月23日	临展三号厅	600	3.59	联合
3	2019世园会大众参与创意展园方案征集大赛获奖作品展	1月26日至4月20日	公区	600	1.26	联合
4	微言终日阅——纪晓岚与阅微草堂	3月16日至6月18日	临展一号厅	600	3.63	联合
5	瓷之尚——费玉樑先生藏瓷器展	5月18日至8月13日	临展四号厅	600	2.77	联合
6	春色如许——中国园林书画情境展	5月18日至7月30日	临展三号厅	600	3.43	联合
7	"'看见'——圆明园"数字体验展	5月18日至8月13日	临展二号厅	600	4.19	联合
8	中国世界遗产成就展	6月10日至9月10日	临三临四	600	4.59	联合
9	一袭衣衫 岁月流年——吉林省博物院藏清代满族服饰展	6月28日至9月17日	临展一号厅	600	3.84	联合
10	居园画境——常熟博物馆藏古代园林绘画展	8月25日至11月12日	临展二号厅	600	5.08	联合
11	世纪英杰写豪情——李苦禅书画艺术展	9月24日至11月26日	临展一号厅	600	5.84	联合

续表

序号	展览名称	起止日期	展出地点	面积	观众数量	性质
12	神工意匠——徽州古建筑雕刻艺术展	9月25日至12月31日	临展四号厅	600	3.84	联合
13	戏曲文化展——丰台区戏曲文化节分会场	10月15日至12月10日	公区	300	1.86	联合
14	墨舞人生——第三届中国园林书画展	2017年11月18日至2018年1月31日	临展二号厅	600	2.19	联合
15	第4届中国园林摄影大展	12月20日至12月31日	临展三号厅	600	1.54	联合
16	当水彩遇见园林展	12月16日	公区	300	1.26	联合

2. 教育活动

单位：人次

序号	活动名称	活动时间	主要内容	活动形式	主要对象	参与人数
1	"诗话园林 畅想新年"元旦迎新朗诵会	1月1日	通过朗诵十余首不同时期的经典诗篇的形式向观众进行展示，歌颂出对新年的美好祈盼和对祖国园林的赞美	文化活动	亲子家庭	40
2	创意手工 喜迎新年——制作创意园林	1月1日	1. 开展"创意手工 喜迎新年"12场次系列活动，包括绘画多彩园林、制作节日礼物； 2. 利用超轻黏土制作栩栩如生的园林植物、观察建筑结构畅想"未来建筑"、尽情绘画脑海中的最美园林，和小伙伴一起制作老北京古式门环建筑装饰，感受着美丽园林的乐趣； 3. 结合鸡年生肖文化，亲子家庭在现场跟随专业老师动手体验面塑、剪纸、木版画、香文化等传统非遗技艺	文化活动	亲子家庭	100
3	"手串是人生的录像带"园林文化大讲堂	1月2日	讲座中，于鸿雁老师以通俗的语言和有趣的故事，讲述了手串的历史起源、制作工艺、制作材料、佩戴方式、把玩和保养技巧等方面内容，为观众介绍了常见的黄花梨、菩提、水晶等手串知识	公益讲座	不限	150
4	"书香墨韵沁园林"冬令营	1月21~25日	发现园林中的要素山石、水、植物对中国传统书画思想的启发与影响。系统学习书画知识，同时增加游学环节，由专业讲解员带领，领略存放乾隆皇帝视若珍宝的三希堂法帖碑拓的北海阅古楼。多元化学习，使少年儿童认知中国传统园林文化的多元内涵	冬令营	中小学生	40
5	紫燕衔春 金鸡报晓——丁酉生肖科普活动	1月24日至2月28日	以生肖主题展览为重点，以饲养展示雉鸡类动物为主体，以骨骼、标本、羽毛、卵等为道具，以主题场景设计、环境造景为烘托，营造生肖愉快、活跃的氛围。并结合展览增加蛋壳绘画环节，提升观众的参与感（与北京动物园共同主办）	科普展览、互动活动	不限	20000
6	创意植物科学探索实验室植物显微观察	1月24日	细胞是生命活动的基本结构和功能单位。植物、动物和人体都是由许多细胞构成的。通过对洋葱表皮细胞观察，学生们观察细胞的组织结构，学习各组织功能，并运用超轻黏土制作出细胞壁、液泡等细胞组织。采用动手的方式，学以致用，制作出细胞模型	植物实验	中小学生	40
7	"园林皇肆 御乐同春——皇家园林农商文化体验活动"	1月28日至2月2日	"园林皇肆 御乐同春——皇家园林农商文化体验活动"，邀观众一起置身360°复原的买卖街实景当中，走进清代皇家园林，近距离感受其中古玩店、估衣店、糕点铺等商铺中的有趣故事。身临其境地品味皇家园林中世俗文化的独特魅力，了解其背后丰富的历史、文化、趣味	非遗文化体验活动	不限	24000

序号	活动名称	活动时间	主要内容	活动形式	主要对象	参与人数
8	"园林历史文化寻根之旅"冬令营	2月7~11日	活动依托园博馆特色展陈体系及室内外实景园林,通过文化与科技相结合的方式组织小学员共同探秘中国园林艺术与文化的内涵,以此培养孩子自主探索、学习的能力。全部课程共计5天,小学员在园博馆体验皇家园林中新年的习俗,用历史故事串起3000余年园林的发展史,在深刻感受古人高超的造园技法的同时自由畅想未来的园林城市	冬令营	中小学生	40
9	猜灯谜 闹元宵	2月11~12日(元宵节)	正月十五元宵节,吃汤圆、赏花灯、猜灯谜可是这个节日里必不可少的节目。甜蜜圆满的汤圆想必您在家已经吃过了,但是猜灯谜,您有没有错过呢?这个元宵节已经有不少观众来到园博馆玩起了猜灯谜。这些灯谜涉及园林植物、园林建筑、园林文化等内容,让您一边猜谜一边长知识	文化活动	中小学生	100
10	"园林小讲师"园林文化教育	2月14~18日	"园林小讲师"是园博馆的一项品牌教育活动,于2015年正式启动,两年来,一批又一批的园林小讲师团队经过培训合格,已经为游客提供了近五百场次的义务讲解。小学员们在不断学习深厚园林文化、体验职业讲解乐趣、游学皇家园林的同时,也逐渐加强了对园林文化的认知与理解,化身园林文化的小使者,使园林之花开遍更多的角落	科普培训	中小学生	20
11	2016年度"园林小讲师"服务明星评选暨2017年"园林小讲师课程平日班"	3月4日	180余名"园林小讲师"经过一年的志愿服务,积累了丰富的经验,获得了观众们持续不断的好评。在"园林小讲师"教育课程中服务明星评选为课程重要环节,经过讲解数量、讲解质量及观众反馈等综合评定,选出"十佳服务明星"10名,"优秀服务明星"9名,"志愿服务明星"18名。5名"十佳服务明星"为"园林小讲师"日常班学员进行讲解风采展示	科普培训	中小学生	25
12	"闻香识美人"香文化雅集活动	3月8日	3月8日美丽女人节,园博馆举办"闻香识美人"香文化雅集活动,邀请著名香文化学者潘奕辰老师,带领女性观众在大美园林间追溯香事历史脉络、话香事礼仪、依古法打拓香篆、品赏香之韵味,在香席雅集中感悟千百年来文人雅士对园林与香的不懈探究,共同度过一个生动多彩的优雅女人节	文化活动	成年女性观众	40
13	"春之种 萌之动"活动	3月12日	3月12日植树节当天,园博馆邀请亲子家庭参与"春之种 萌之动"活动,一同揭开植物种子萌动的秘密,亲自动手播种,体验春种的快乐	科普实践	中小学生	20
14	"秘密花园"的志愿之旅	3月19日	活动邀请10组亲子家庭参与"秘密花园"自然实践教育基地升级改造工程,活动中亲子家庭中的父亲成为志愿活动的"主力军",他们跟随科普老师完成了配置营养土、改造生态池塘及螺旋花园种植区等改造工程,这些工程适用于家庭小型园林的设计建造,为亲子家庭提供了园林修建的实践基础,并使亲子家庭感受志愿精神与园艺劳动的乐趣	科普实践	亲子家庭	30
15	"园艺创想课堂——押花寻园趣"	3月29日	运用大自然中的植物,经过整理、加工、脱水,保持植物的原有色彩和形态,并经同学们的巧妙构思和艺术设计,粘贴制作而成属于自己的艺术品,造型可以是人物、动物、风景,也可以是植物或原花的再现,以达到留住、凝固自然艺术的效果,为学生们带来美的享受	送课进校	小学生	40

续表

序号	活动名称	活动时间	主要内容	活动形式	主要对象	参与人数
16	"中国故事·全国博物馆优秀讲解案例展示"	3月29日	由北京市文物局、北京博物馆学会主办的"中国故事·全国博物馆优秀讲解案例展示"北京地区选拔赛在北京汽车博物馆举办。园博馆两位讲解员参赛并分别荣获大赛一等奖和三等奖的好成绩。两位讲解员分别以"一块奇石的自白"和"巧手再现万园之园"为题，用生动形象的语言，表现珍贵文化遗产的魅力，传播中国传统园林文化，让文物"活"起来	讲解案例展示	不限	30000
17	"春和景明话民俗"共度我们的节日	4月2~4日	清明节是我国传统节日，园博馆结合清明节日习俗与自然科普知识举办清明"食"节制青团、"百蝶闹春绘风筝"、"纸上蚕花艺术"、"古陶艺术之旅"及"山居雅集"多项特色活动	非遗文化体验	不限	300
18	"与鸟儿一起飞翔"爱鸟周主题讲座	4月8日	园博馆科普老师带领亲子家庭熟悉鸟类家族的种类与常见成员，认识鸟儿体貌特征与生活习性的关系，了解人类与鸟儿们在地球大家庭中的关系。科普老师带领亲子家庭观鸟，在塔影别苑的绿水边，学习"爱鸟操"，收获护鸟常识，争当鸟儿们的小卫士，培养青少年爱鸟、护鸟意识	科普讲座、观鸟	亲子家庭	40
19	"西遇花朝——中法文化汇流"活动	4月8日	园博馆与法国"艺术8"、北京汽车博物馆、中国插花艺术博物馆共同主办的"西遇花朝——中法文化汇流"活动，园博馆近年来不断对历代茶文化进行研究，邀观众在实景园林间共聚"山居雅集"话传统茶礼。本次园博馆茶文化讲师将"唐代煎茶"之法带到现场，展示古法煎茶魅力，带领中法嘉宾感受跨越千年的唐茶礼仪及古人园居生活的无限情趣	文化交流	不限	1000
20	"园艺创想课堂——押花寻园趣"	4月12日	运用大自然中的植物，经过整理、加工、脱水，保持植物的原有色彩和形态，并经同学们的巧妙构思和艺术设计，粘贴制作而成属于自己的艺术品，造型可以是人物、动物、风景，也可以是植物或原花的再现，以达到留住、凝固自然艺术的效果，为学生们带来美的享受	送课进校	小学生	40
21	园林创想课堂——邂逅中法园林 创意刺绣花坛	4月13日	园博馆开启"穿越中法"的园林创想课堂，长辛店中心小学的学生来到园博馆打破时间与空间的局限，通过精美的沙盘了解以凡尔赛宫为代表的规整式园林，感受模纹花坛在世界园林中的应用与它的独特魅力。以超轻黏土为材料，发挥想象力，塑造自己心中最美的"大地上刺绣"，把规则式园林精美雅致的刺绣花坛微缩在小小的桌上模型中	科普将科普参观、创意手工	中小学生	20
22	园林创想课堂——圆明园中的迷宫 趣味万花阵	4月14日	在园博馆大厅圆明园全景立雕前，丰台一小长辛店分校的学生们感受圆明园的盛时辉煌；圆明园全景立雕中西洋楼景区局部"万花阵"迷宫。"DIY桌上迷宫"，在参观了圆明园西洋楼景区后，老师通过生动的图片，为大家进一步介绍了迷宫这种充满趣味的园林景观。小朋友们开动脑筋，分工协作，用超轻黏土和彩色瓦楞纸代作为"建筑材料"，打造了多姿多彩的桌上迷宫	园林创想课堂	中小学生	20
23	"秘密花园"——春之芳植物栽植课程	4月15日	园博馆"秘密花园"科普教育基地开展"春之芳"活动。亲子家庭聆听讲座，学习了植物栽培的技巧，相互协作，了解植物的结构与形态特征，认识不同植物的主要习性及在园林中的应用	科普讲座、栽植实践	亲子家庭	32
24	"美丽的少女——波斯菊纸艺手工"活动 绚烂波斯菊带你"巧手生花"	4月15日	从植物学的角度，了解波斯菊植株的结构与形态特点；了解波斯菊远渡重洋、在世界各地留下俏丽身影的故事；学习种植养护波斯菊需要的小知识。根据波斯菊生物结构，老师带领亲子家庭亲自动手，学习有趣的波斯菊折纸工艺	科普讲座、互动手工	亲子家庭	30

续表

序号	活动名称	活动时间	主要内容	活动形式	主要对象	参与人数
25	北京市科普基地联盟到园博馆进行公众教育课程观摩体验	4月19日	北京市科普基地联盟组织北京自然博物馆、西周燕都博物馆、北京麋鹿生态实验中心等13家科普开放单位20位科普工作者到园博馆进行公众教育课程观摩体验。在讲解员的带领下，来宾先后参观了中国古代园林厅及多座室内外展园，考察公众教育中心、创意植物科学探索实验室及"秘密花园"青少年自然教育实践基地等多处科普教育活动场地，并于苏州畅园中体验了唐代煎茶、古琴及传统插花等园博馆品牌"山居雅集"活动	科普参观、实践体验	北京市科普基地联盟	30
26	世界地球日及生物多样性保护宣传月系列活动	4月22日	当天活动分为两部分，一为植物科普探索及亲子栽植活动，由园林专家带领亲子家庭于园博馆塔影别苑进行植物探索并于"秘密花园"中进行种植。二是由四位生态学专家开展有关鸟类、昆虫、生态循环及老龄树木保护四场科普讲座。三是走进秘密花园，在老师的指导下，学习植物的栽植技巧，以及如何搭配、布局不同种类的花草，营造创想园林	科普讲座、科普参观、实践体验	中小学生	300
27	"书香园林 诗赋中华"青少年诗歌朗诵汇	4月23日	4月23日世界读书日，园博馆开展园林中共品书香、朗诵经典的活动。同时为大家设立图书"漂流岛"，为自己闲置的书籍找到新的分享者，交换知识，共享快乐。北京电台主持人、文化公益组织"生活好课堂"的发起人李向显老师，再次来到园博馆，与现场的小朋友们一起在大美园林间朗读学习叶圣陶先生的《苏州园林》，并与大家分享美文、解析美文	文化活动	不限	80
28	"不可一日无此君——竹的探秘之旅"科普讲座	4月23日	园博馆举办"不可一日无此君——竹的探秘之旅"科普讲座，紫竹院公园的高级工程师冯小虎老师带领小朋友们一起揭开竹子的奥秘，了解竹与园林之间的渊源，学习竹子的种类、分布范围以及生长特点等植物学知识	科普讲座	中小学生	30
29	园林创想课堂——小小园艺师北京中小学校外研学活动（丰台七小）	4月25日	学习多肉类和苔藓类微景观盆栽制作方法的操作步骤，了解所用植物特性，及压花的操作方法，并制作出属于自己的"迷你小园景"和压花作品	实践体验	小学生	20
30	园林探索之旅——带您走进植物生态墙北京中小学校外研学活动（北京建筑大学附属小学）	4月25日	运用现代科技打造而成的"植物生态墙"逐步被各类公共场所和家庭应用。在材料上它采用新型材料"保浮科乐"，在具体运作上一改传统的灌溉方式，采用环保的循环灌溉系统。本次活动以中国园林博物展厅内的巨型植物生态墙为引入点，用富有针对性的活动，使青少年加强对中国园林传统文化与园林现代科技的认知和理解，满足求知、求解、求乐需求，同时激发其民族自豪感和历史使命感	科普参观、科普课程	小学生	120
31	"用古陶玩转园林建筑"陶艺活动之旅	4月29日至5月1日（五一劳动节）	课程一：建筑与陶艺，活动中了解陶与园林建筑的发展历史，学习拉坯成型法的基本技巧，并根据章华台的"细腰"造型，亲手制作一只造型别致的"细腰碗"。课程二：瓦当与陶艺，老师带领小朋友们学习园林中瓦当的知识，并利用软陶，亲手制作一块瓦当，为其塑造出美好寓意的图案	科普实践	中小学生	30
32	袅晴丝吹来闲庭院 共赏昆曲《牡丹亭》	4月29日至5月1日	五一劳动节期间，在园博馆室内展园苏州畅园上演昆曲《牡丹亭》经典选段，深入解析园林与戏曲的渊源，以水木清华之园林美景为舞台，湖光山色与演员曼妙动人的表演融为一体，在诗意园林间，欣赏昆曲表演，感受古人传统园居生活惬意之美，体会戏曲宛转悠扬的魅力，赏昆曲和园林形、声、意的完美融合	文化活动	不限	800

续表

序号	活动名称	活动时间	主要内容	活动形式	主要对象	参与人数
33	清新"草木染"手工劳动趣实践	4月29日	结合生物多样性宣传保护月及传统节日习俗，园博馆策划了"清新草木染"教育实践课程，课程中青少年跟随科普老师学习使用显微镜、观察植物细胞结构、学习植物色素的作用，并了解国家非物质文化遗产"扎染"工艺，运用植物中提取的靛蓝染料亲手制作了"扎染"手帕，了解"青出于蓝，而胜于蓝"的内在科学含义及蕴含的传统文化	科普实践	中小学生	20
34	园林创想课堂"从凡尔赛到圆明园"活动	4月30日	五一期间，园博馆举办园林创想课堂"从凡尔赛到圆明园"活动，由老师带小朋友跨越百年时光与地域限制，畅游中法两国园林，领略两国园林的独特风情，感受历史上它们之间的交流、发展。和我们一起探寻两国古典园林特点，发现它们之间的丝缕联系，还有机会亲手制作可爱的桌上园林沙盘	科普参观、创意手工	中小学生	20
35	园中有药香	5月1日	学习熟悉园林中常见药用植物的生长习性、形态特征，以及它们的药用价值。亲子家庭在老师的指导下，亲手在秘密花园种下一片药圃。这些园林中常见的药用植物不仅实用，更可为园林增添独特的气韵。活动中，青少年亲身参与到造园的劳动中，了解中国园林传统文化的博大精深，感受其中独特的文化魅力	科普实践	中小学生	20
36	"四季牡丹"科普讲座	5月7日	园博馆邀请景山公园绿化技术组高岚老师为亲子家庭们带来了"四季牡丹"科普讲座，此次讲座是园博馆围绕生物多样性保护科普宣传月开展系列讲座之一。讲座结合中国传统文化从牡丹传说、牡丹品种、四季牡丹及牡丹与芍药对比四方面，为亲子家庭全面介绍了中国的"花王"，并现场带来了牡丹与芍药进行对比，为亲子家庭解析牡丹与芍药的区别	科普讲座	亲子家庭	40
37	"园林小讲师"园林文化教育	5月7日	2017年园博馆第二批"园林小讲师"经培训并通过考核后，纳入园博馆"知·园"小学生志愿服务队并化身园林文化的小使者，在园博馆中利用节假日提供免费义务讲解服务，向观众传播园林知识、传承园林文化	科普培训	中小学生	40
38	"园艺创想课堂——押花寻园趣"	5月10日	运用大自然中的植物，经过整理、加工、脱水，保持植物的原有色彩和形态，并经同学们的巧妙构思和艺术设计，粘贴制作而成属于自己的艺术品，造型可以是人物、动物、风景，也可以是植物或原花的再现，以达到留住、凝固自然艺术的效果，为学生们带来美的享受	送课进校	小学生	40
39	"爱意永生 不落的康乃馨"陶艺活动之旅活动	5月13~14日（母亲节）	活动为亲子家庭带来关于康乃馨的小知识，并介绍中国的"母亲花"。亲子家庭还可以体验精巧的饰品DIY设计独具匠心的母亲花图案与花色，用色彩艳丽彩陶为妈妈打造精美饰品，让自己亲手制作的礼物陪在母亲身旁。了解古陶的艺术魅力亲手为母亲制作一件充满爱意的礼物	科普实践	亲子家庭	60
40	夏季花卉栽植	5月14日	结合生物多样性保护宣传月，开展植物科普活动，活动中园博馆科普老师带领亲子家庭学习适宜夏季观赏、种植的花卉种类、讲解家庭花卉夏季养护要点并亲手学习栽植	科普讲座、栽植实践	中小学生	30
41	"关爱野生动物 共享自然北京"科普讲座"生物多样性科普宣传月"系列主题活动	5月14日	园博馆继续开展生物多样性科普保护月系列讲座，邀请北京市野生动物救护中心奥丹老师以"关爱野生动物 共享自然北京"为题开展科普讲座，带领观众走近北京地区的野生动物，并从应急救助、安置护理、科学放归三个方面介绍了怎样救助野生动物。讲座最后，老师带领亲子家庭走进园博馆室外展区塔影别苑，进行观鸟实践	科普讲座、科普观察	中小学生	40

序号	活动名称	活动时间	主要内容	活动形式	主要对象	参与人数
42	园林创想课堂——从凡尔赛到圆明园	5月14日	5月14日是母亲节，园博馆以此为契机开展了"园林创想课堂——从凡尔赛到圆明园"母亲节专场活动。活动中，科普老师带领亲子家庭以中国圆明园及法国凡尔赛宫为例学习中国与法国园林的特点、思考中西方园林交流途径及相互影响，并认识了独特的园林绿化形式——迷宫。园博馆还为每位参与活动的母亲准备了康乃馨，带领小朋友为母亲送上最美好的祝福	科普讲座、创意手工	中小学生	40
43	"武陵春色"木版画拓印	5月17日	5月18日是世界博物馆日。2017年博物馆日的主题为"博物馆讲述难以言说的历史"，园博馆以此为契机推出"武陵春色文化体验空间"，重现圆明园曾经的辉煌和诉说难以言说的历史。园博馆邀请"科普牵手工程"学校，长辛店中心小学及丰台一小长辛店分校的40余名师生参观并体验"武陵春色"木版画拓印，使同学们全方面了解圆明园及数字复原圆明园的科学技术及其蕴含的文化内涵	科普参观、创意手工	中小学生	40
44	"古典园林与古典绘画的相互影响及其伟大成就——以中国山水园林题材绘画的黄金期（南宋）为坐标"园林文化大讲堂	5月18日	5月18日是国际博物馆日，一直以来，园博馆致力于践行科普教育和学术研究的双重使命，自2014年起面向社会开办"园林文化大讲堂"，邀请园林和文博等领域的多位专家学者走进讲堂，与观众分享自己的研究成果	园林文化大讲堂	不限	300
45	武陵春色文化空间体验活动	5月18日至8月31日	5月18日国际博物馆日即将到来之际，园博馆推出"武陵春色文化空间体验活动"。在对圆明园四十景图、样式房图档等材料深入研究的基础上，园博馆打造的"武陵春色文化体验空间"，采用三维建模等手段对景区进行数字化复原，为观众进一步展现了皇家园林对陶渊明《桃花源记》艺术意境的表达。在体验空间内，还有6处二维码，通过扫描即可深入了解圆明园武陵春色景区内"小隐栖迟""桃花洞"等景观的历史文化。全方位展示皇家园林圆明园武陵春色景观的前世今生，带您走进古人对世外桃源及理想家园的想象，感悟中国古典园林中的"隐逸"造园思想	互动体验	不限	8000
46	"小小园艺师——神秘的植物世界"微景观制作体验	5月20日	此项活动是园博馆生物多样性宣传月的系列活动之一，活动邀请亲子家庭学习植物分类、苔藓植物特性及微景观设计要点，园博馆科普老师带领亲子家庭动手设计一座神秘的植物世界	科普讲座、栽植实践	中小学生	40
47	"京西御稻"园林主题农耕文化体验 第三届"京西御稻"园林主题农耕文化体验活动	5月20日	农耕文化是园林文化的组成部分之一，"京西御稻"园林主题农耕文化体验活动是结合中国传统农耕文化、物候节气知识、园林农耕景观及自然生态环境并结合实践体验，使青少年在学习中达到知识与情感教育的目标，在实践中理解"粒粒皆辛苦"，培养与自然的亲切之感	科普讲座、栽植实践	中小学生	50

序号	活动名称	活动时间	主要内容	活动形式	主要对象	参与人数
48	北京市公园管理中心"科普游园会"	5月20~21日	作为北京科技周的重要项目之一,一年一度的北京市公园管理中心"科普游园会"在北京植物园拉开帷幕。本届活动主题为"绿意满园·幸福生活"。在公园管理中心的大力支持下,园博馆与颐和园、天坛、北海等市属公园及北京市相关科普基地共计32家单位近百项科普互动活动集体亮相,集中展示了园林生态、文化遗产、园林建筑、公园绿化等多方面科技成果	科普宣传、科普展示	不限	6000
49	"基于VR技术的中国古典皇家园林互动展示系统"与"古今园林中的水分对话"全国科技活动周暨北京科技周主场活动	5月20~27日	全国科技活动周暨北京科技周主场活动在民族文化宫开幕。本届科技周以"科技强国、创新圆梦"为主题,园博馆"基于VR技术的中国古典皇家园林互动展示系统"与"古今园林中的水分对话"两个科普版块在展览中亮相。"基于VR技术的中国古典皇家园林互动展示系统"板块以北海静心斋、颐和园谐趣园为代表,通过VR虚拟游览展示的形式,使观众能身临其境地体验中国园林的艺术魅力。"古今园林中的水分对话"板块,通过"生态立体种植模型"为观众展现现代科技"智能灌溉系统"带来的新鲜绿色生活理念。并利用"北海团城沙盘"向观众展示古人"雨洪利用"集水工程的智慧	科普宣传、科普展示	不限	2000
50	园林创想课堂——流动科技馆进赣西	5月17日至6月1日	2017年全国科技活动周示范活动"流动科技馆进赣西"在江西省上饶市正式启动。园博馆与中国消防博物馆、北京自然博物馆、北京天文馆等8家单位组成流动科技馆进赣西科普服务队,9辆科普宣传车队奔赴江西省4个市(区),为市民和当地的中小学生送去科普活动。在众多活动中,园博馆"园林创想课堂"受到了当地中小学生的欢迎。课堂上园博馆的科普老师通过大量世界园林图片资料为学生展示园林魅力,通过尝试制作创意园林沙盘,引导学生认知中西方园林的异同。为当地的广大群众举办专题展览、协助当地的学校培训科技教师,并努力用喜闻乐见的活动形式,为当地师生群众带来更多园林科普体验	科普宣传、科普展示	中小学生	6400
51	园林科技风采——丰台科技周	5月23日	园博馆丰富的科普活动走进北京汽车博物馆,园林建筑、生态种植、智能灌溉等系列活动为丰台区市民和中小学生展现园林行业的科技成果	科普宣传、科普展示	不限	2000
52	"模纹花坛"进驻园博馆自然科普教育基地"秘密花园"	5月25日	为进一步发挥园博馆展示历史文化景观、传播园林文化的重要使命,实现搭建世界园林合作、文化交流的平台。这个夏天,一座独具法国特色的法式花园"模纹花坛"落户园博馆。园博馆周边10余位中小学生在法国肖蒙城堡园艺工作者的指导下,一同了解植物种植技巧,参与花园的营建,在园博馆完成了一堂与众不同的校外实践课 早在2015年园博馆首届"名园与古堡论坛"上,园博馆便与法国肖蒙城堡达成合作意向。2016年,园博馆更是远赴法国,在"2016年肖蒙城堡国际花园艺术节"上与颐和园共同完成了具有中国特色的花园"和园"的展示亮相	科普宣传、科普展示	中小学生	15
53	"仲夏园苑 溯源端午"非遗民俗体验活动	5月28~30日	园博馆"仲夏园苑 溯源端午"活动,带你一起看看北京的"老物件儿",在非遗项目传承人指导下亲自动手体验辟五毒雄鸡、端午五色虎、宫廷蜡果、五福捧寿风筝、钟馗版画拓印等六项非物质文化遗产,通过制作一件件精致小物件,重现原汁原味儿的端午	文化活动	中小学生	20

序号	活动名称	活动时间	主要内容	活动形式	主要对象	参与人数
54	"端午寻香"香文化体验之旅	5月28~30日	体验传统香囊制作的过程，了解中国香文化传统的历史沿袭，学习端午佩戴香囊的传统习俗，体验古代文人雅士的园居生活	文化活动	成年观众	30
55	"老物件儿"看端午节俗园林艺术展	5月28日至6月1日	园博馆"老物件儿"看端午节俗园林艺术展，活动现场展出的"端午民俗图"囊括赛龙舟、斗百草、缠缯子、舞龙等25项端午节俗，还有罕见的园林花卉主题民国时期"十二月花神"石印版画孤品，一件件造型精美的"老物件儿"营造最浓郁的端午氛围	文化展览	不限	10000
56	园林科普津冀行	6月2~6日	在2017年"园林科普津冀行"活动——张家口之行为期四天的活动中，园博馆首先走进张家口市市民广场及宣化区万柳公园，开展了以"一棵古树的自白"园林科普主题讲解、传统园林古建拼装及古典园林"三山五园"拼图等多项参观体验活动，在科普进校园活动中，馆内多位科普讲师为300余名学生带去了"园林创想课堂——中法园林交流"互动体验和"植物立体画卷——走进植物生态墙"自动吸水盆栽景品制作两项体验课程。据统计，本次"园林科普津冀行"——张家口之行活动共服务观众12000余人次，发放宣传折页、科普书籍及科普宣传品10000余份	科普体验、科普课程	中小学生	12000
57	"文化和自然遗产日"系列园林主题文化活动	6月10日	一是邀请园林文化名家、北京市园林局原副总工程师耿刘同以"园林中的书法艺术——以北海为例"为题持续开展中心系统园林文化科普系列讲座；二是与北海公园进行文化活动合作，开展"文化和自然遗产日"科普宣传和园林书法碑刻拓印活动；三是延续开展"翰墨书香"书法课程；四是在馆内四季庭陶艺教室开展"古陶艺术之旅"创意体验活动	科普讲座科普展示科普体验	不限	630
58	园林小讲师"百日学堂春季班结业"	6月10日	2017年"园林小讲师"日常班的25名小学员们利用周末时间来到园博馆，在园博馆优秀讲解老师的带领和辅导下，不断探寻园林历史，学习园林文化，磨炼讲解技能。6月10日，他们终于迎来结业考核，正式成为"园林小讲师"队伍中的一员。今后，园林小讲师们将通过园博馆搭建的志愿讲解服务平台，为更多喜爱园林的观众提供讲解服务	科普培训	中小学生	25
59	园林创想课堂——从凡尔赛到圆明园	6月14日	活动以中法园林及文化交流为主要探索内容，以中国圆明园及法国凡尔赛宫为例，结合园博馆特色展陈"圆明园全景巨型立雕模型"及"世界名园博览厅"带领学生探索中法园林造园理念、艺术特色、文化内涵，思考中法园林文化交流的方式，并主要认知两种西方园林元素"迷宫""模纹花坛"，以这两种主要元素运用纸黏土创想设计并制作一座属于自己的园林	送课进校	小学生	40
60	"重见致远斋"讲座	6月17日	香山公园副园长、北京历史名园协会副秘书长袁长平来到园博馆，以"重见致远斋"为题为观众带来一场精彩讲座。带领大家走近香山致远斋，了解这座皇家园林建筑从被毁到重建的前世今生。本次讲座，主讲人讲述这座清代皇家园林建筑的历史变迁，解读其建筑装饰、楹联匾额中蕴含的匠心智慧。与您共同欣赏香山致远斋所彰显的皇家气派	园林文化大讲堂	不限	300
61	"国际乐器演奏日"开幕活动	6月17~18日	由全国"6·21国际乐器演奏日"组委会、中国乐器协会、北京乐器学会共同主办的"国际乐器演奏日"开幕活动，在园博馆开展。观众不仅能在园博馆遇见古典园林的美景，还在繁荫与古建间，欣赏民族乐器丝竹山水间，感受西方交响乐与传统民族乐之间碰撞的火花。寻远古器音，赴园林风雅之约	文化活动	不限	200

序号	活动名称	活动时间	主要内容	活动形式	主要对象	参与人数
62	"中法城市公园规划设计、建设管理及文化交流讲座"	6月22日	"中法城市公园规划设计、建设管理及文化交流讲座"在园博馆举行，讲座重点讲述了园博馆在法国建造的中式花园——和园，并对正在该馆展示的法式花园在建造设计与施工情况方面做了详细介绍。最后围绕即将赴法进行展出的"瓷上园林"外销瓷特展，解读了瓷器上的园林文化及外销瓷对西方园林的影响	文化交流讲座	专业及成年观众	300
63	古陶艺术之旅夏日荷花DIY	6月24~25日	动手制作陶器，学习陶器塑型的基本技法，在将陶坯制成精美陶器的过程中，锻炼大脑与手指的协调性。了解古陶历史，从陶器的形态和纹样中，照见园林产生与发展的碎影	科普实践	中小学生	30
64	读《苏州园林》悟畅园之美	6月25日	园博馆将携手北京市园林学校开展讲座，带领小朋友们一同品读叶圣陶先生的名篇《苏州园林》，并走进园博馆室内展园苏州畅园，探寻其中的造园奥秘	文化活动	中小学生	25
65	古陶艺术之旅打造泥塑瓶花	7月1~2日	堆砌房屋的砖石，保护屋檐的瓦当……这些常饰有美丽纹样的陶制品，为花草掩映间的园林增添着舒适便捷、安稳宜居的气息，古陶艺术之旅带领观众以陶泥为原材料，制作泥塑瓶花，为案头添一处清新的摆件	科普实践	中小学生	15
66	山居雅集——唐代煎茶	7月4日	园博馆自开馆以来特别注重传统文化的研究与相关课程的研发，根据陆羽的《茶经》及其他茶文化古籍进行考究，还原了唐代煎茶的完整流程。园博馆以研究成果为基础研发"山居雅集"唐代煎茶文化体验活动。通过对茶与园林、历史、诗词、礼仪方面的探究，学生们了解了茶文化发展与内涵，以茶为载体感受惬意园居生活	文化体验	中小学生	50
67	"小小园艺师"	7月5~6日	本次活动参与者为长辛店中心小学的六年级学生，通过讲述、演示与动手制作结合的方式，为同学们介绍了插花的概念、中国传统插花的发展、花材以及传统插花的基本造型，并以倾斜式篮花为例为大家演示中国传统插花基本插制过程，最后让同学们自己动手插制篮花作品	送课进校	中小学生	100
68	"2017年暑假台湾青年学生中华文化研习营"	7月7日	由海峡两岸关系协会主办、中华文化学院（中央社会主义学院）承办的"2017年暑假台湾青年学生中华文化研习营"来到园博馆，160余位学生体验了原汁原味的传统艺术，感受其中艺术美与文化美的结合	科普参观、科普体验	台湾青年学生	160
69	中小学学校专项体验活动	7月7日	园博馆作为北京市中小学社会大课堂资源单位，迎来了石景山苹果园第二小学的师生来馆参观与学习体验，学生们首先进行了"园林探索之旅"园林启迪教育科普参观，并进行"毛猴"的非遗文化讲座，亲手跟随老师制作了姿态万千的毛猴作品；"走近植物生态墙"科普课程，则带领同学们探索现代造园科技，弘扬园林生态文化内涵	科普参观、科普体验	中小学生	83
70	古陶艺术之旅手工制作小小竹筏	7月8~9日	古朴原始的小竹筏，是江南水乡的优美景致。竹筏用竹材捆扎而成，又称竹排，作为便捷的水上交通工具，有着悠久的历史。古陶艺术之旅带领观众学习陶艺的基本技法，了解小小竹筏的基本结构，一起亲手制作陶艺竹筏，感受烟雨江南的水乡氛围	科普实践	中小学生	15
71	北京市中小学社会大课堂环首都游学圈推广活动	7月8~9日	2016年、2017年园博馆两年连续入选北京市中小学社会大课堂"环首都游学圈"资源单位，活动现场，园博馆为现场观众展示了园博馆自主开发的科普教育手册及课程教材、品牌文化活动及"感悟匠心营造——凹凸中的启示"榫卯拼插体验，受到现场观众的喜爱	科普展示、科普体验	中小学生	600

续表

序号	活动名称	活动时间	主要内容	活动形式	主要对象	参与人数
72	园博馆开放式库房小课堂——丝绸之路与中国外销瓷	7月11日	邀请长辛店中心小学、丰台一小长辛店分校共50名学生开展"园博馆开放式库房小课堂——丝绸之路与中国外销瓷"活动,这是园博馆首次开放藏品库房,让同学们深度了解博物馆,并结合丝绸之路与中国外销瓷,学习中西方园林文化交流内涵,赏析中国外销瓷的种类及发展,及瓷器上的山水纹饰对于西方园林的影响,并在专业老师的带领及讲解下,探索现代博物馆库房科学管理方法、藏品知识	科普讲座、科普体验	小学生	50
73	"上林春暖 泮水风高——从一枚古钱币探秘古代皇家园林"讲座	7月15日	园博馆邀请文化学者、中国钱币学会理事刘春声教授以"上林春暖 泮水风高——从一枚古钱币探秘古代皇家园林"为题做讲座。刘教授凭借多次考察所积累的大量经验,深入浅出地将大量历史文献转换为通俗易懂的历史故事,从上林苑历史与规模、丰富齐备的功能以及其对后世皇家园林的影响等几方面,为观众描绘出汉代上林苑这座空前绝后的皇家园林	文化讲座	不限	300
74	助力河北园博会 园林之花绽放衡水	7月15日	由河北省住建厅和衡水市政府共同主办的"湿地园林·休闲湖城"河北省首届园林博览会在衡水湖畔盛妆启帷。为保障本次大会的讲解工作顺利开展,受北京市博物馆协会委托,园博馆参与支援本次大会开幕期间的重要讲解接待工作。园博馆委派优秀讲解工作人员,依托2013年中国北京园林博览会的成功接待经验,为15日抵达开幕式现场的各界来宾留下深刻印象	交流实践	不限	1000
75	第二届"北大情,雾灵行"北大环境校友子女夏令营	7月23日	第二届"北大情,雾灵行"北大环境校友子女夏令营的第二天来到园博馆,营员在专业讲解员的带领下畅游园博馆学习园林历史文化;"画脸谱"活动,带领学生学习中国戏曲文化,解说"脸谱"中国戏曲表演中的重要意义,并体验脸谱绘画;"园林创想课堂"课程以中国"万园之园"为同学们解析中法园林不同的造园理念,并运用纸黏土结合学习内容营建、创想一座梦想园林	科普参观、科普体验	中小学生	60
76	"仲夏夜之梦 最美园博馆"夜宿活动	7月21~22日、25~26日、28~29日	2017年暑期,园博馆"仲夏夜之梦——遇见最美博物馆"夜宿活动正式拉开帷幕。通过微信报名的90位小营员手提小宫灯,走进静谧的园林中,共同体验不同寻常的园林博物馆,发现夜色园林别样之美。游赏园林,不仅可以看亭台殿阁的画彩雕梁,花草山石的清新俊逸,获得美的享受,同时也在讲述园林背后的故事,感受历史文化的厚重	科普活动	中小学生	90
77	共赏诗画园景,版画雕琢最美园林时光	7月30日	园博馆邀小观众们走进实景展园苏州畅园,在共同感受苏州园林美景的同时用画笔描绘园林之美。以写生作品为基础,小观众们还亲手雕刻凸版并上墨印制,用古老的东方版画工艺记录自己眼中的美丽园林	科普活动	中小学生	20
78	"世界遗产保护和丝绸之路"讲座	8月5日	园博馆"园林文化大讲堂"邀请联合国教科文组织世界遗产中心亚太部主任景峰,以"世界遗产保护和丝绸之路"为题做讲座,讲述保护世界文化遗产的重要性,以及"丝绸之路"10年申遗道路的前世今生	园林文化大讲堂	不限	300
79	"颐和园 屋顶上的艺术"讲座	8月6日	颐和园宣教中心的科普老师来到园博馆,带领小朋友们认识古建筑中的瓦当,了解瓦当的功能作用,欣赏各式瓦当并亲手绘制瓦当纹饰,领略园林文化的艺术魅力	科普讲座	中小学生	20
80	《庄惠辩鱼》园林故事剧	8月9日	园博馆联合中央电视台少儿频道共同录制了一场《庄惠辩鱼》园林故事剧,将"庄惠辩鱼"的小故事搬上舞台,让小朋友们穿越到一千年以前,看看两位夫子的辩论故事	文化活动	中小学生	100000

续表

序号	活动名称	活动时间	主要内容	活动形式	主要对象	参与人数
81	"园林文化寻根之旅"夏令营	第一期：8月1~5日共5个白天 第二期：8月8~12日共5个白天	在2017年"园林文化寻根之旅夏令营"活动中，小营员们走进实景园林，发现园林文化之美；品读文学作品中的园林，感受文学与园林间相辅相成的关系，通过老师的讲解和自己的细心观察加深对中国园林文化的了解，感受园林所独具的艺术魅力	科普夏令营	中小学生	80
82	"许你一颗'永生'多肉"讲座	8月13日	园博馆"许你一颗'永生'多肉"讲座带小观众们走近丰富多彩的多肉王国，传授"饲养"秘籍，并亲手用面塑传统技艺制作一株可爱的"多肉君"	科普活动	中小学生	20
83	"慈宁宫与慈宁花园"讲座	8月19日	中国国家博物馆研究员、北京市档案学会副理事长姜舜源将来到园博馆，为观众带来以"慈宁宫与慈宁花园"为题的讲座，带观众了解这处位于紫禁城内廷外西路的园林，从建筑规格、湮没的史事、现状撷英等方面，为听众介绍慈宁宫与慈宁花园的历史渊源，以及发生在这里的历史故事	园林文化大讲堂	不限	300
84	"双语探索秘密花园get植物生长小秘密"园林科普双语活动	8月26日	园博馆为小朋友们带来一场有趣的双语科普体验，开启"英文模式"，了解时下最热门的自然拼读法，走进"secret garden"（秘密花园），探寻植物生长的秘密，感受园林的"西式"风情	科普活动	中小学生	15
85	"中国园林与书法文化"专题讲座	8月27日	园博馆"园林文化大讲堂"邀请著名书法家欧阳中石弟子、首都师范大学副教授邹方程开展"中国园林与书法文化"专题讲座，围绕中国园林中的书法文化与艺术展开，带领观众徜徉于皇家、私家园林中，在楹联匾额、丛刻碑林中寻找古典园林书法墨宝的痕迹；认识园林中的字体书体，探寻书法艺术演变的脉络，剖析古典园林与书法艺术间密不可分的相通性	园林文化大讲堂	不限	300
86	"园林小讲师"中、高级结业仪式	8月30日	2017年暑期，园博馆"园林小讲师"的20名中级班和12名高级班小学员正式结业，经过5天课程的学习，在讲解素养课堂、园林历史课堂、园林游学课堂中，两个学习阶段的小学员们分层次，更有针对性和系统性地去探求园林文化，进一步成长为可以独当一面的园林小讲师	科普培训	中小学生	32
87	中国梦·陶瓷魂 一带一路瓷伴行——2017"同一世界"国际青少年陶瓷艺术大赛	9月8日	中国梦·陶瓷魂 一带一路瓷伴行——2017"同一世界"国际青少年陶瓷艺术大赛在园博馆正式拉开帷幕，并举行启动仪式。为持续加强园林文化与陶瓷艺术的深入合作中国陶瓷工业协会在园博馆正式建立"陶瓷艺术教育实践基地"。随后，来自韩国、印度尼西亚、泰国、美国、土耳其、英国、刚果等7个国家的青少年与国内10余所中小学校近600名师生齐聚园林，开启一段园林与陶瓷的探索之旅	科普活动	中小学生	600
88	"陶瓷——人类文明的史书，传统文化的载体"	9月8日	园博馆"园林文化大讲堂"邀请景德镇陶瓷职业技术学院党委书记王力农以"陶瓷——人类文明的史书，传统文化的载体"为题做讲座。讲座中，王力农先生为观众讲述了中国陶瓷的悠久历史与多种应用形式，并通过欣赏陶瓷作品讲述陶瓷与人类文明的密切关系，带领观众感受中国陶瓷的博大精深与艺术魅力	园林文化大讲堂		300

序号	活动名称	活动时间	主要内容	活动形式	主要对象	参与人数
89	"大力推广和规范使用国家通用语言文字，自觉传承弘扬中华优秀传统文化"普通话推广活动	9月11~17日	2017年9月11~17日是第二十届全国普通话推广宣传周，园博馆围绕"大力推广和规范使用国家通用语言文字，自觉传承弘扬中华优秀传统文化"主题面向观众开展普通话推广活动。活动期间，园博馆在总服务台，大厅等区域通过宣传品发放、展板陈列、电子屏展示和微信公众平台推送等多种渠道向观众进行宣传，受到众多来访者的关注	宣传活动	不限	20000
90	北京林业大学园林学院2017届新生在园博馆开展"专业第一课"	9月15日	北京林业大学园林学院2017届新生在园博馆开展"专业第一课"，畅游在中国园林的悠久历史中。随后，园博馆园林艺术研究中心主任陈进勇博士、宣传教育部部长杨秀娟博士为北京林业大学园林学院的新生们进行了一场生动的"专业第一课"，使学生们从系统上初识园林并了解园林，为今后的学习与工作奠定良好的基础	文化交流	专业大学生	300
91	"园林科普双语课"科普活动	9月16日至12月9日每周六	园博馆首次将英语与园林科普结合，针对不同年龄段的小朋友打造科普双语课程。和外教老师一起置身在实景园林中，以可观、可游、可感的方式学习英语才够趣味！告别沉闷的课堂，将传统园林文化与双语结合，通过创意手工、园居生活体验等形式带领学生了解园林各要素，引导学生发现园林美，感受传统文化内涵	科普互动	中小学生	36
92	园林版画系列课程	第一期：9月17日 第二期：9月24日 第三期：10月15日 第四期：10月22日	2017年秋季，园博馆首次开展园林版画系列课程，带领小朋友尽赏皇家、私家、寺观及公共园林的不同景观、了解园林中的造景手法与布局特点。从或恢宏大气或小巧精致的园林中感悟园林美学，从构图巧妙、色彩丰富的绘画作品中学习色彩、线条等手法的使用。绘制并雕刻园林美景，在动手体验中切实感悟园林和绘画之美	科普活动	中小学生	60
93	"西洋版画中的北京园林"	9月16日	北京市文史研究馆馆员韩朴来到园博馆，为观众带来以"西洋版画中的北京园林"为题的讲座，带领观众欣赏西方版画的优秀作品，探索西洋版画背后的历史文化内涵，了解清代时期北京园林在西洋版画中由虚而实的发展历程	文化讲座	不限	100
94	"多彩园林·艺术生活"科普系列活动	9月16日	9月16日全国科普日，园博馆以"多彩园林·艺术生活"为主题开展科普系列活动，领取园博馆科普游园任务单进行"走近斗栱·感悟匠心营造""植物立体画卷·走近植物生态墙""利用现代科技·漫游古代园林"等多项科普展示及互动体验活动	科普互动	中小学生	5000
95	探秘现代造园科技——走近植物生态墙；园林创想课堂——中法园林文化交流系列课程	9月20日	前往丰台一小长辛店分校开展送课进校活动。在课程中，邀请园博馆"园林小讲师"结合植物生态墙微缩模型，讲解植物生态墙的科技奥秘。科普讲师通过植物习性、立体种植、栽培基质及循环灌溉等知识为青少年科普园林植物知识与现代造园科技，满足青少年求知、求解、求乐需求的同时激发他们对于传统园林与现代科技融合的创想	送课进校	中小学生	54

序号	活动名称	活动时间	主要内容	活动形式	主要对象	参与人数
96	北京科普基地科普活动京津行——通州站	9月19~21日	园博馆科普团队前往北京实验二小通州分校、马驹桥中心小学开展园林教育课程。 探秘现代造园科技——走近植物生态墙：本活动以园博馆内大型植物立体生态墙为依托，以墙面立体无土栽培为切入点，为到馆体验活动的青少年学生普及现代造园科技。 园林创想课堂——中法园林文化交流系列课程：活动带领学生探索中法园林造园理念、艺术特色、文化内涵，主要认知两种西方园林元素"迷宫""模纹花坛"，以这两种主要元素运用纸黏土创想设计并制作一座属于你的园林	科普讲座、科普手工	中小学生	400
97	"簪花佩草 赏心悦目"花艺制作体验活动	9月23日	活动中，老师带领小朋友们一同探寻传统插花艺术的历史源流，了解礼仪插花的特点，聆听历史上关于插花的著名典故。以花为材，发挥心中巧思，动手将美丽鲜花制作成精致腕花，学习礼仪佩戴制作技巧，定格手腕上的优雅自然。在花艺制作中发现自然之美，感受簪花佩草等传统文化的独特魅力	科普讲座、科普手工、科普体验	中小学生	15
98	国庆系列科普活动	10月1~8日	园博馆邀请非物质文化遗产传承人白大成老师为观众朋友带来"老话儿中秋景与情"民俗文化讲座，讲述老北京传统中秋习俗；用中国民间传统的手工技艺"面塑"，制作充满新意的节日礼物；以版画的形式，展现园林层林尽染的景色，通过亲手制作丰富多样的版画，雕琢出这美丽的园林时光	科普体验	亲子家庭	300
99	"京西御稻"秋收农耕文化体验活动	10月8日	园博馆以"金秋十月科普游·园博馆里稻香飘"为主题，组织20余组亲子家庭到馆参与第三届"京西御稻"园林主题农耕文化体验科普活动。在活动中，首先由自然科普老师为参与观众讲述了京西稻的发展历史及园林与农耕的关系；在水稻秋收体验环节，参与观众在农事老师的示范下学习水稻收割的技巧要领，在秋收的劳作中共同感受了收获的喜悦	科普讲座、科普手工	中小学生	40
100	"传统兔爷伴你过中秋"——系列兔爷体验活动	10月1~8日	"十一"双节期间园博馆开展"传统兔爷伴你过中秋"——系列兔爷体验活动。老师为观众们科普老北京传统中秋习俗，讲述兔爷艺术背后的文化、艺术特点，并带来以"飞翔兔爷""舞动兔爷""五彩兔爷""功夫兔爷"为主题的体验活动，使观众感受传统节日习俗	体验活动	中小学生	460
101	"山居雅集之满庭芳秋"——系列雅集体验活动	10月1~7日	国庆期间，园博馆开展"山居雅集"系列活动，带领观众走进传统园林，体验古人的文化雅集，感受传统园居生活的惬意。活动主要包括体验宋代点茶、吟诵中秋名诗佳句、聆听古琴名曲等环节，使观众们了解古人的园居生活	科普讲座、科普体验	不限	224
102	科普双语课程	10月14日	创新园博馆科普教育课程，采用中英双语教学，课程分为三个部分：英语自然拼读、科普讲座及创想手工，每节课选取园林中的自然、文化主题进行学习。课程面向学龄儿童及学龄前儿童开设不同课程	科普互动	中小学生	37
103	"园林小讲师"园林文化教育秋季日常班	10月14日	园博馆品牌课程"园林小讲师"园林文化教育秋季日常班持续开展。学员在专业老师的指导下学习成为一名讲解员标准的发音方式与优雅的礼仪规范。在博物馆展厅与实景园林间，学习深厚园林历史的同时，加强对园林文化的认知与理解，了解园林故事，探究造园乐趣，体会古人雅致的园居生活，探寻传统文化的内涵	科普培训	中小学生	25

续表

序号	活动名称	活动时间	主要内容	活动形式	主要对象	参与人数
104	"园林版画"系列体验课程	10月15日	"园林版画"系列体验课程持续开展。活动第三课以"造园的技法"为主题，通过对实景园林——畅园参观和图版雕刻体验相结合的方式，使参与学员体验制作版画的趣味	科普讲座、创想手工	中小学生	20
105	"探秘现代造园科技——走近植物生态墙"科普牵手工程送课进校活动	10月18日	前往丰台一小长辛店分校开展园林专题课程。本课程以园博馆内大型植物立体生态墙为依托，以墙面立体无土栽培为切入点，为到馆体验活动的青少年学生普及现代造园科技	园林历史课堂、讲解素养课堂	小学生	54
106	"园林小讲师"园林文化教育	10月27日	园博馆与景山学校远洋分校基于园博馆品牌教育活动"园林小讲师"进行馆校合作，在历经半年的前期研发与筹备后进入实施阶段。一是开展园林科普讲堂活动，园博馆园林专家走进教室为学生科普园林文化；二是组织学生来馆进行"园林小讲师"园林文化教育培训。活动旨在通过馆校合作的形式，促进学生全面发展，激发学生们的兴趣，弘扬博大精深的园林文化	科普培训	中小学生	50
107	北京地区野生动物科普讲座	10月27日	园博馆科普老师前往窦店中心小学参加"爱上博物馆"系列主题讲座活动，科普老师为学生们进行了以"北京地区野生动物"为主题的科普讲座，普及了北京鸟类数量、特征、栖息地及北京地区常见的野生动物，在讲座过程中，科普老师生动地通过城市发展及野生动物数字对比，来展示生态环境保护对于野生动物的重要意义	科普讲座、科普手工	中小学生	60
108	北京科普基地科普活动京津冀行—河北河间行	10月29日至11月1日	中国园林博物馆作为北京市科普基地参加"科普基地科普活动京津冀行——河北河间行"活动。活动中，园博馆跟随科普团队走进河间市第二中学、新华小学与河间特教学校，为学生们带来"园林创想课堂"和"探秘现代造园科技"两项课程，让孩子们了解了我国古代巧夺天工的园林艺术和奇特的现代高科技培植景观	科普观察、科普手工	中小学生	618
109	"留住秋季之美"押花艺术体验活动	11月4日	园博馆"留住秋季之美"押花艺术体验活动在青少年科普教育基地"秘密花园"与创意植物科学探索实验室开展。通过识别秋季景观植物及收集植物材料的方式感受秋天的季相美；在实验室中，参与儿童用采集的花卉、叶片做素材，在科普老师的指导下学习利用电热烘箱快速烘干植物的押花手法及体验制作创意押花书签及贺卡的乐趣	科普讲座、科普体验	中小学生	16
110	"神奇的自然，多彩的秋天"科普讲座	11月5日	园林科普系列讲座第七讲"神奇的自然，多彩的秋天"在园博馆创意植物科学探索实验室举办。由北京市园林科学研究院高级工程师王永格老师为参与学生讲解秋天叶片变色的原因；随后前往染霞山房进行秋色叶树种观察及识别，在最后的实验中探索了植物变色原因之一的花青素的特性。	科普讲座、科普体验	中小学生	16
111	北京科普基地科普活动京津冀行——邯郸行	11月8~11日	园博馆持续推进京冀地区科普交流送课进校活动，与北京市科普基地联盟成员共同走进河北邯郸开展自然科普教育。园博馆为邯郸市丛台区连城小学、丛阳小学、汉光中学的300余名师生送去"园艺创想课堂——押花寻园趣"自然教育课程	科普讲座、科普体验	中小学生	320

序号	活动名称	活动时间	主要内容	活动形式	主要对象	参与人数
112	"北京本土植物"科普讲座	11月11日	园林科普系列讲座第八讲"北京本土植物"在园博馆创意植物科学探索实验室举办。本次讲座邀请香山公园工程师刘莹担任主讲。在讲座中,科普老师带领青少年学生从植物习性和生长特点等角度认知了萝藦、银杏、国槐等北京本土植物,并从文化角度延展讲述了涉及植物的诗词及北京本土植物的文化演化	科普讲座、科普体验	中小学生	16
113	园博馆爱心科普进延庆	11月12日	园博馆第二党支部组织党员、团员代表赴延庆开展帮扶困难群众爱心科普支教活动。本次活动共分为两部分:一是以"园林创想课堂——从凡尔赛到圆明园"为主题,以科普讲座及动手体验相结合的方式,为20余组贫困家庭传播园林文化并制作园林迷宫微景观;二是实地走访慰问延庆当地两户困难家庭并赠送园博馆科普书籍及品牌课程活动材料等物资	科普讲座、科普体验	中小学生	40
114	园林创想课堂——从凡尔赛到圆明园	11月15日	活动以中法园林及文化交流为主要探索内容,以中国圆明园及法国凡尔赛宫为例,结合园博馆特色展陈"圆明园全景巨型立雕模型"及"世界名园博览厅"带领学生探索中法园林造园理念、艺术特色、文化内涵,思考中法园林文化交流的方式,并主要认知两种西方园林元素"迷宫""模纹花坛",以这两种主要元素运用纸黏土创想设计并制作一座属于自己的园林	科普讲座、科普体验	中小学生	40
115	园博馆举办"共赏唐韵万花"中国传统插花艺术交流活动	2017年11月18日至2018年2月	活动以近年来园博馆对中国传统插花文化的研究和科普为依托,围绕唐代传统插花历史文化,开展传统插花专题艺术交流。活动一是以隋唐五代时期的反映插花文化技艺的画作、著作为创作背景,结合园博馆展陈参观路线,在馆内公共区域制作十余组大型插花艺术作品。二是开展唐代传统插花主题学术交流讲座,邀请北京林业大学教授、国家级非物质文化遗产项目——传统插花代表性传承人王莲英等三位插花艺术家开展主题讲座,并到现场对插花作品进行专业解读。三是开展科普教育活动,制作10余块科普展板,全方位阐释唐代花艺历史和中国传统插花的艺术形式,组织科普牵手单位长辛店中心小学的小学生与花艺老师共同完成大型花艺作品《藤萝繁英》的制作。采取科普讲解、植物观察、制作体验等方式开展现场互动教学	科普培训	不限	90000
116	2018年度大学生志愿者培训	11月19日	按照本年度志愿者培训工作计划安排,宣教部于近期完成了针对讲解服务、自然科普及新媒体宣传三个岗位共计167名志愿者的岗前培训工作。本次系列培训,为今后利用高校志愿者专业技能优势拓展志愿工作领域及加强志愿服务效果夯实了基础,下一阶段宣教部计划开展各岗位志愿者考核,预计于2018年初正式开展各项服务工作	科普培训	志愿者	167
117	首都师范大学第二附属中学校外实践教育活动	12月5日	本次活动分为游学参观和课程体验两项环节。在参观环节,讲解员带领师生以"园林探索之旅"为主题,通过参观了解中国园林的历史沿革、发展历程及不同地域流派园林的造园特点及手法。参观结束后,开展了"走近植物生态墙——探秘现代造园科技"及"园林创想课堂——从凡尔赛到圆明园"两项该馆的校外教育品牌课程	科普参观、创意手工	中学生	340
118	"园林创想课堂——押花寻园趣"科普教育活动	12月6日	押花是运用大自然中的鲜花,经过整理、加工、脱水,保持植物的原有色彩和形态,并经巧妙构思和艺术设计,粘贴制作而成的一种艺术品,造型可以是人物、动物、风景,也可以是植物或原花的再现,以达到留住、凝固自然艺术的效果,为学生们带来美的享受	面试、培训	中小学生	40

序号	活动名称	活动时间	主要内容	活动形式	主要对象	参与人数
119	园博馆启动2018年度社会志愿者招募工作	12月10日	园博馆完成社会志愿者首轮报名和面试工作。本次招募岗位包括志愿讲解、文案宣传和自荐专长3个方向,对志愿者思想政治、口语表达、志愿服务经历等方面进行了考察和比较,着重确认其对园博馆志愿工作的积极态度与时长保证。经过初轮面试共有14人符合招募要求,年龄从18岁至53岁不等。后期完成了首轮培训和笔试考核,最终择优选择符合园博馆需求的志愿者,并于2018年年初开展社会志愿者的服务工作	科普讲座	行业高校	80
120	"野生动植物摄影与自然观察"科普讲座	12月23日	由北京园林学会主办,园博馆、北京植物园协办的专题讲座在园博馆多功能厅举办。本次讲座主题为"野生动植物摄影与自然观察",邀请"野性中国"工作室创始人奚志农结合精美的照片和生动的事例为观众朋友们讲述滇金丝猴、藏羚羊等野生动植物资源的珍贵,并结合自身长期在大自然中拍摄、观察野生动植物的经验,与观众朋友分享如何观察大自然,保护大自然等理念	科普讲座	不限	150
121	"当水彩遇见园林"园林写生体验	12月23日	园博馆邀请河北环境工程学院教授赵燕老师来到园博馆,邀请小朋友们走进实景园林,初探水彩的艺术世界,从水彩的基本知识开始,学习水彩画历史、运笔技巧,以水彩去描绘自己眼中最美的园林	科普写生	中小学生	20

3. 流动科普设施

单位:次

序号	名称	年度巡展次数	类型	经费来源	运行方式
1	"园林创想课堂"流动博物馆	16	流动馆	—	以园博馆品牌课程"刺绣花坛""谁修建了圆明园的迷宫""叶画觅园趣"等园博馆主题创想课程为载体,研发便于携带的材料包,通过科普展览、讲座、创想手工等多种形式开展流动博物馆,将园林文化内涵科普知识传播到学生的身边
2	"今古辉映·传承创新"流动博物馆	4	流动馆	—	"今古辉映·传承创新"流动博物馆以"基于VR技术的中国古典皇家园林互动展示系统"与"古今园林中的水分对话"、植物生态墙及"一棵古树的自白"等多个科技、科普版块为主,为公众展示园林设计、绿化新科技,并通过互动体验,增强趣味性,传播绿色生态新生活
3	山水宜居——中国园林风光展	1	交流展	市财政	联合办展
4	法国肖蒙城堡图片展	1	交流展	市财政	联合办展
5	白云之乡——新西兰国家公园的故事展	1	交流展	市财政	联合办展
6	从瓷器看中国园林的欧洲影响展	1	交流展	市财政	联合办展

二、科研与学术

1. 承担项目

单位：万元

序号	项目名称	项目来源	项目级别	经费	负责人
1	基于游戏化体验的园林科普展示交互设计研究	北京市公园管理中心	其他	16	张宝鑫
2	中国近现代园林建设成果数据库课题	北京市公园管理中心课题	其他	12	陈进勇
3	中山公园的历史文化与艺术研究	北京市公园管理中心课题	其他	15	陈进勇
4	京津冀地区园林艺术与历史文化资源研究	中国园林博物馆	其他	35	陈进勇

2. 研究成果

序号	题目	作者	刊名	卷（期）号	期刊级别
1	《中国园林博物馆内空间环境研究》	陈进勇	《中国园林博物馆学刊》	2017 年第 3 期	—
2	《景观地被植物的栽培与应用》	陈进勇	《北京公园生态与文化研究》	2017 年第 4 期	—
3	《北京地区园林植物引种栽植》	张宝鑫 杨洪杰 成仿云	《农学学报》	2017 年第 11 期	中国科技核心期刊
4	《古典皇家园林造园艺术特征辩证评价——以谐趣园为例》	庞李颖强 张宝鑫 周 曦	《风景园林》	2017 年第 2 期	—
5	《MOOC 带来的自然科学类博物馆教育模式的创新与变革》	张 满	《自然科学博物馆研究》	2017 年第 S1 期	国家级
6	《中国园林博物馆馆藏文字瓦当研究》	张 满	《文物鉴定与鉴赏》	2017 年第 4 期	—
7	《从文人藏瓦看瓦当的社会性》	张 满	《文物鉴定与鉴赏》	2017 年第 7 期	—
8	《探索非物质文化遗产的博物馆保护模式》	张 满	《文物鉴定与鉴赏》	2017 年第 8 期	—
9	《园林博物馆特色社会教育功能探究》	吕 洁	《中国风景园林学会会议论文集》	2017 年 9 月	—
10	《科普游戏研究及其实践应用进展》	吕 洁	《中国园林博物馆学刊》	2016 年第 2 期	—
11	《明清外销瓷温室鉴赏》	邢 兰	《中国园林博物馆学刊》	2016 年第 2 期	—

3. 专著及专利

序号	名称	作者 / 专利号	出版社	出版日期
1	《园林艺术研究 1》《园林艺术研究 2》	中国园林博物馆	中国建筑工业出版社	2018 年
2	智能穿戴系统、智能头盔及智能眼镜	专利号：CN201620670607.5	—	—

4．编辑刊物

单位：册

刊物名称	刊号	发行周期	发行数量	发行范围
《中国园林博物馆学刊》	2017年第2期、第3期	每年两期	1200	正式出版

▨ 三、信息化建设

1．官方网站浏览情况

中国园林博物馆中文官方网站网址：www.gardensmuseum.cn

中国园林博物馆英文官方网站网址：www.gardensmuseum.cn/en

据统计，2017年官方网站中英文双版总访问量达12.7万人次。

2．展品信息化工作

2017年，藏品保管部持续推进藏品数字化管理工作。先后开展馆藏照片类藏品及铜版画类藏品的数字化工作，聘请专业人员参与700余件套馆藏照片类藏品及500余张馆藏铜版画类藏品的图像采集、后期处理和编目整理等相关工作。

VR数字展览展示，通过VR全景技术，将实景与虚拟空间组合成能够让人360度观看的全新展示形式，让观众仿佛置身于展馆当中，不用来到博物馆也能看展览。2017年，中国园林博物馆完成VR数字展览项目14项，基本涵盖馆内举办所有临展。VR技术的应用，让展馆展厅更加智能和生动，并且克服物理空间及地域的束缚，为观众提供沉浸式体验，足不出户就能遍览各地展览。

3．新媒体运用

2017年，园博馆充分结合新媒体传播特性，发挥自媒体新闻宣传优势。微信微博双号共计发布图文信息417条，推送文字35万字，累计关注人数22578人，全年净增长6680人，关注人数月平均增长43%，阅读次数累计25.4万次，同比增长118.4%，分享转发2万次；结合园博馆各项文化活动、公众教育、展览展陈等内容，发布微博图文信息658篇条，阅读量162万次，累计关注粉丝5005人，月平均增长4.2%，评论转发等互动3560余次；官方网站中英文双版总访问量达12.7万人次。

园博馆正面视图

四、志愿者队伍建设

单位：人

分类	服务岗位	人数	来源	服务时间
自然科普组	科普活动助教	76	北京林业大学、中外园林建设有限公司	1月至8月，11月至12月
讲解服务组	展厅讲解、咨询导览	43	北京林业大学	1月至8月，11月至12月
新媒体宣传组	文案编辑、活动摄影	48	北京林业大学	1月至8月，11月至12月
园林小讲师	展厅讲解	130	中小学生	1月至12月

五、运营情况

票务情况

是否免费开放	未免费开放场馆票种	未免费开放票价	观众人数
是	无	无	49.04万人次
其他票务信息说明	观众凭身份证、老年证、军官证、警官证、士兵证、学生证、残疾证、护照等有效证件，换领中国园林博物馆门票磁卡，刷卡入馆		

六、2017年度大事记

（一）服务管理

1. 服务保障

元旦（12月31日至1月2日）期间　园博馆举办系列新年活动总计14场次，共600余人参与。北京电视台、新华社、《北京日报》、《北京晚报》、《北京晨报》等17家媒体对活动进行报道，发布图文微博、微信20余条。

1月3日　市公园管理中心副主任张亚红带队到园博馆调研藏品管理、文创产品开发及文化活动教育。

1月23日　市公园管理中心副主任张亚红带队到园博馆进行节前综合检查，重点对馆内安全、临时展览及文化活动场地等方面进行了查看。园博馆相关领导随行汇报节前馆内整体环境布置及活动筹备和预期展览情况。

1月28日至2月2日　园博馆举办多项活动喜迎春节。共组织活动66场次，北京电视台、《北京晨报》等7家媒体现场采访报道。

4月2~4日　园博馆举办多项清明节民俗活动，邀市民共度"我们的节日"。北京电视台等十余家媒体现场采访报道。

5月23日　市公园管理中心总会计师赖和慧到园博馆检查指导工作，专题调研园博馆企事分开和全额财政拨款相关问题。园博馆筹备办党委书记、市公园管理中心主任助理阚跃就园博馆现有的组织构架、人员编制、运行现状进行汇报。

7月9~20日　受北京博物馆学会委托，园博馆委派庞森尔等5名科普讲解工作人员前往河北衡水开展讲解培训，并承担开幕期间主场馆衡水历史文化博览馆的重要讲解接待工作。

7月13日　市公园管理中心副主任张亚红带队到园博馆就信息服务管理与文创礼物开发工作进行调研指导。会议听取了园博馆四年来信息化建设成果及文创工作下半年落地实施设想等相关内容。

9月13日　市公园管理中心副主任张亚红带队检查第十二届中国北京国际文创创意产业博览会——园博馆

文创产品展示台。

2．服务接待

1月10日　世界月季联合会前主席杰拉德·梅兰及海尔格·布莱彻参观园博馆。

3月7日　中国林业科学研究院一行30人到中国园林博物馆进行参观交流。

4月19日　北京科普基地联盟组织北京自然博物馆、西周燕都博物馆、北京麋鹿生态实验中心等13家科普开放单位共计20位科普工作者到馆进行公众教育课程的观摩体验。

4月25日　北京建筑大学附属小学120余名师生到中国园林博物馆进行参观体验。

6月30日　百余台湾高校生在园博馆进行为期一天的暑期研习体验。

8月25日　中国保护大熊猫研究中心一行到园博馆参观交流并洽谈展览事宜。

8月29日　中国农业博物馆一行20人到园博馆座谈交流。

9月14日　河北博物院到园博馆参观并就2018年临时展览项目进行交流。

11月18日　英国爱丁堡皇家植物园花卉专家约翰·米歇尔到园博馆进行交流访问。

12月20日　中国美术家协会分党组书记、常务副主任、秘书长徐里到园博馆参观。

3．服务管理

1月25日　园博馆召开2016年度表彰大会。市公园管理中心总工程师、园博馆馆长出席会议并听取工作报告。会议对2016年中心级先进集体、先进个人，园博馆先进集体、先进个人进行了表彰。

3月16日　园博馆荣获市公园管理中心"2016年度科普先进单位"称号。

5月17日　园博馆正式注册成为北京市自然科学基金依托单位。

5月19日　园博馆启动网络安全事件应急预案，积极落实中心精神，应对"勒索病毒"爆发事件，组织本单位信息化工作人员及网络安全运维公司连夜进行应急处置。

8月7日　为进一步完善经营场所的服务职能，给游客带来更加便捷的消费体验，提高游客消费满意度，园博馆纪念品商店开设微信支付功能。

8月29日　园博馆"畅游公园"项目网络票务预约系统上线试运行。

10月15日　来自北京林业大学园林学院风景园林学、园林植物与观赏园艺、城市规划与设计、旅游管理、建筑学等专业近400名学生参与现场面试。

11月9日　2018年重点临展项目专家论证会及中国古代园林厅展陈提升项目专家论证会在中国园林博物馆召开。

12月4日　园博馆科普资源库和藏品库区管理系统在中国版权保护中心完成著作权登记。目前，两套软件系统著作权信息可登录版权保护中心网站进行查询。

（三）规划建设

1．基础建设

3月29日　园博馆在北京市建设工程发包承包交易中心完成CA数字证书办理。

6月13日　园博馆完成第三卫生间项目建设。

7月18日　园博馆召开项目验收会对信息化项目"教育活动互动系统开发"进行验收。

2．文物保护

4月10日　园博馆邀原颐和园书画文物保护专家王敏英针对书画类藏品的展陈、装裱、保管进行专题授课。

4月22日　陈俊愉夫人杨乃琴参观园博馆并再次捐赠百余件园林藏品。

5月21日　园博馆在北京海王村拍卖有限公司拍得藏品《实测圆明园长春园万春园遗址形势图》。

6月5日　园博馆在北京保利拍卖有限公司拍得《清西陵图》《万佛阁三圣殿安置图样》《厂船一只图样》三件重要藏品。

6月16日　园博馆从国家图书馆出版社购得《国家图书馆藏样式雷图档·圆明园卷初编》一套全十函，其中收录圆明园全图、正大光明、勤政亲贤、茹今涵古、山高水长等500余张图档。

7月4日　园博馆组织召开明代吴亮止园复原研究项目验收会。园博馆顾问耿刘同、原市园林局总工张济和、故宫博物院原古建部主任周苏琴、清华大学贾珺教授、北京林业大学薛晓飞教授5位专家参会。

7月10日 园博馆完成杨乃琴女士捐赠品整理工作。陈俊愉夫人杨乃琴在2017年分四批次将陈俊愉生前所用园林资料无偿捐赠园博馆。所捐园林藏品数量在2500件以上，分成书籍、手稿、油印稿、照片明信片、期刊、论文、资料、日记、信件、报纸、图纸、邮票、旗帜、证件等10余种园林藏品类别。

创意植物科学探索实验室 - 清新草木染活动

9月21日 继止园复原研究项目后，园博馆与北京林业大学再次共同开展有关南京随园复原研究项目，征得《清同治随园图》数字藏品一件。

9月25日 为期近300天的"厉色捐赠"来源藏品账目登记工作取得阶段性进展，完成包括书籍、资料、报纸、照片、胶片、光盘、简介、门票等20余种6000余件藏品的登记工作。其中1400余件套5000余件资料藏品列为馆藏。2017年园博馆馆藏藏品数量也将突破1.6万件（套）。

11月6日 藏品保管部接收并整理完成园博馆筹备办主任、市公园管理中心总工程师李炜民捐赠藏品。该批藏品包括北京植物园、动物园、颐和园等园林单位设计规划图纸、资料、书籍、手稿、园林局时期公园绿地、树木、草坪调查资料、天安门花坛布展资料以及部分公园门券等园林藏品140余件。

12月7日 园博馆委托上海工艺美术大师阚三喜先生制作的"北海九龙壁立雕模型"完成并落户园博馆。

12月22日 园博馆藏品保管部拜访清华大学建筑学院朱育帆教授，就北宋艮岳研究中的相关问题接受指导。

3. 生态景观

12月4日 园博馆获得中心2017年度绿化养护专项检查二等奖。

（四）安全保障

3月28日 园博馆微型消防站积极响应属地行动，协助北岗洼消防中队灭火工作。

4月10日 园博馆联合长辛店消防中队开展消防演练。消防中队出动3辆消防专用车辆及10余名消防武警官兵进行配合。

5月9日 安保部牵头，办公室、基建部、物业部、藏品部等各防火区域主责部门及四家物业公司参与召开火灾防控工作再部署会议。

5月11日下午4时 园博馆周边东河沿村待建荒地起火，园博馆安保部接到长辛店消防中队要求，配合中队共同灭火。

6月19日下午3点 园博馆在染霞山房石牌坊处进行防汛应急演练。演习共计出动人员14人，装载车2台、水泵2台、防汛沙袋40袋、大绳2套。

（五）文化活动

1. 文化研究

1月18日 意格国际总裁、外销瓷收藏家马小伟先生到园博馆调研，就"2017年瓷上园林法国展"提出宝贵意见建议。

4月8日　园博馆与北京汽车博物馆等多馆合作举办"西遇花朝——中法文化汇流"活动。著名园林插花艺术专家侯芳梅对中国传统写景式插花艺术进行展示与解说，来自政府部门、博物馆、企业、媒体等各行各业的嘉宾100余人出席活动。

4月8日　园博馆参加在北京林业大学召开的《中国大百科全书》（第三版）风景园林卷第六次分支编委会会议。园博馆筹备办主任、市公园管理中心总工程师李炜民就公园和古树名木词条提出了意见和看法，园博馆筹备办园林艺术研究中心主任陈进勇参加。

4月12日　国际风景园林师联合会官方网站资讯栏目中刊文专门介绍中国园林博物馆，并可对园博馆的英文网站进行链接，为世界同行了解园博馆提供了良好契机。

4月26日　园博馆就"明代吴亮止园复原研究"召开专家研讨会。会议邀请原颐和园副总工程师、园博馆顾问耿刘同，原市园林局总工程师张济和，故宫博物院原古建部主任周苏琴3位专家参与讨论。

5月13日　北京市文物局、北京市丰台区人民政府主办，北京汽车博物馆、中国园林博物馆及弘博网共同承办的2017年科教文化旅游服务标准化研讨会在园博馆召开。37家全国各省市地区博物馆约70位代表参会，北京市博物馆学会秘书长崔学谙、北京市文物局科研处处长韩更等近10位文博界专家出席。中国博物馆协会市场推广与公共关系专业委员会副主任、弘博网总编康文伟先生主持会议。

5月18日　园博馆"园林文化大讲堂"邀中国社会科学院哲学所研究员、哈佛大学景观研究中心高级研究员王毅以"古典园林与古典绘画的相互影响及其伟大艺术成就——以中国山水园林题材绘画的黄金期（南宋）为坐标"为题做讲座。

5月25日　园博馆受中国文物交流中心的邀请参加俄罗斯第19届国际博物馆节推广展。

5月26日　新西兰林肯大学就"新西兰国家公园展"事宜到园博馆考察并举行会谈。园博馆筹备办主任、市公园管理中心总工程师李炜民向来宾介绍了园博馆的展陈特色及办馆理念，对展览的定位、合作模式及展出形式等提出了具体要求。

6月4日　园博馆《园林名家访谈》完成对原济南市园林管理局副局长贾祥云的专访拍摄。

6月23日　由中国建筑文化中心主办，中国园林博物馆协办的中法城市公园规划设计、建设管理与文化交流座谈会在园博馆召开。中国建筑文化中心副主任李吉祥，中国城市规划设计研究院风景园林规划研究院贾建中，法国诺曼底综合中心创始人Anne Lettree，LLND艺术中心创始人法国景观设计师Laurent L，北京林业大学副校长李雄，北京市公园管理中心总工程师、中国园林博物馆馆长李炜民出席会议。

8月2日　园博馆代表团应邀赴新西兰林肯大学做学术交流。园林艺术研究中心主任陈进勇做了题为Traditional Chinese Gardens and Cultural Significance of Garden Plants的英文讲座。

8月5日　由教材编委会中国管理科学研究院主办的《香事》少儿版丛书首发仪式在园博馆举行。教育部原基础教育司司长王文湛，中国关心下一代工作委员会副主任李卫平等教育界专家学者参与活动。

8月5日　联合国教科文组织世界遗产中心亚太部主任景峰应邀到园博馆"园林文化大讲堂"举办"世界遗产保护和丝绸之路"专题讲座。

9月1日　《中国园林博物馆学刊》第二期正式出版发行。

9月17日　由北京林业大学、中国园林博物馆、新西兰林肯大学、清华大学主办新西兰国家公园建设研讨会在北京林业大学召开。18位专家和青年学者从国家公园建设的理论及政策、实践操作、案例剖析、发展启示等多个角度探讨了中国及新西兰两国的国家公园建设思路及保护的体制机制，为我国国家公园的建设发展提供了有益借鉴。园博馆筹备办主任李炜民致辞，园林艺术研究中心主任陈进勇作报告。国家发展改革委员会社会发展司副司长彭福伟、北京林业大学副校长李雄、清华大学景观学系主任杨锐、新西兰林肯大学教授迈克尔·阿尔伯特、新西兰保育部北岛南区执行主任雷金纳德·坎伯等致辞并做报告。北京林业大学师生等近两百人参加会议。

9月20日　"京津冀古典园林艺术及历史文化资源研究"课题阶段性汇报会在园博馆召开。会议邀请中国农业大学副教授刘青林、香山公园副园长袁长平及北京林业大学副教授薛晓飞作为评审专家。

11月13日　由《博物院》杂志社、北京博物馆学会、广东省博物馆、南京博物院主办，中国园林博物馆承办的京津冀、长三角、珠三角博物馆高峰论坛在园博馆召开。20多个全国博物馆行业代表进行主题讨论发言，

90 多个单位 200 余名博物馆行业同人参加。

11 月 24 日 园博馆承担的市公园管理中心课题"基于游戏化体验的园林科普展示交互设计研究"通过结题验收。

11 月 29 日 园博馆召开"中国近现代园林建设成果数据库的建设与应用"课题专家验收会。

12 月 12 日 园博馆召开数字图书馆更新维护项目专家验收会。会议邀请到国家开放大学、中国科学院北京植物研究所、北京市园林学校的三位专家进行评审验收。

仲夏夜之梦——夜宿最美博物馆

12 月 20 日 园博馆召开"天津水西庄历史文化与园林研究"项目专家验收会。来自北京市园林局、北京园林学会、北京林业大学等单位的五位专家对项目进行评审验收。

2. 特色活动

1 月 25 日 园博馆第一期寒假冬令营"书香墨韵沁园林"圆满结业。40 名学员参加活动。

3 月 12 日 园博馆在全国第 39 个植树节举办"春之种 萌之动"植树节主题活动，活动吸引了 10 组家庭共 20 余人到馆参加。

4 月 23 日 中心系统园林科普系列讲座"不可一日无此君——竹的探秘之旅"在园博馆举办。

五一劳动节期间 园博馆创新策划了 3 场园林昆曲《牡丹亭》导赏文化活动，在室内展园苏州畅园呈现近距离园林实景昆曲表演。新浪政务微博等 3 家网络平台直播，观看人数 1.5 万余人次。

5 月 17 日 园博馆启动 5·18 国际博物馆日活动，本届活动主题为"博物馆与有争议的历史"，旨在引导公众从多元化视角促进历史伤痛愈合，发挥博物馆积极作用。中央电视台等三十余家媒体对活动进行报道。

5 月 20 日 园博馆举办第三届"京西御稻"园林农耕文化活动。招募亲子家庭 60 余人参与，北京电视台、旅游卫视、《北京日报》、《法制晚报》等多家媒体对活动进行报道。

6 月 10 日 园博馆以我国首个"自然和文化遗产日"为契机，开展了多项以园林为主题的文化活动。活动共吸引 600 余名观众参与，发放宣传页近千份。

6 月 17 日 "重见致远斋"文化公益讲座在园博馆举办。讲座由园博馆与北京市社科联之颐和园学会联合举办，邀请香山公园副园长、北京历史名园协会副秘书长袁长平主讲。

6 月 17~18 日 由中国乐器学会等单位主办的夏至国际乐器演奏日开幕文化活动在园博馆举行。近 4000 名观众亲临现场感受园林音乐文化氛围。中国国际教育电视台、北京电视台等 20 余家媒体到场采访报道。

6 月 25 日 园林科普系列讲座"读《苏州园林》，悟畅园之美"在园博馆举办。讲座邀请北京市园林学校高级讲师张培艳及乔程担任主讲。

7 月 28 日 由园博馆与大众摄影杂志社共同主办的第四届中国园林摄影大展采风活动在颐和园举行。活动邀请丰台区摄协副主席、著名摄影家郑庆祥老师现场指导，组织 20 余名摄影爱好者进行拍摄。

7 月 29 日 园博馆第二届暑期夜宿科普夏令营圆满结束。20 余位来自河北、天津乃至山西、江苏等地学龄儿童参加活动。9 万人次在线网络观看，北京电视台等十余家媒体现场采访报道。

8 月 27 日 园博馆"园林文化大讲堂"开展"中国园林与书法文化"专题讲座。书法家欧阳中石弟子、首都师范大学副教授邹方程受邀走上讲坛。

9月8日　由园博馆与中国陶瓷工业协会、北京市联合国教科文组织协会、北京市民间组织国际交流协会、联合国教科文组织"陶瓷文化：保护与创新"教席、丰台区教育委员会等多家单位共同主办的2017"同一世界"国际青少年陶瓷艺术大赛在园博馆启动并举行。中国关心下一代工作委员会常务副会长兼秘书长、中国陶瓷工业协会名誉理事长杨志海，联合国教科文组织协会世界联合会荣誉主席陶西平等8位专家应邀发言。十余所中小学校学生以及来自韩国、印度尼西亚、泰国、美国、土耳其、英国、刚果等七个国家的青少年代表近600名学生参加活动。

9月16日　园博馆举办"西洋版画中的北京园林"文化公益讲座。讲座由园博馆与北京市社科联之颐和园学会联合举办，北京市文史研究馆馆员、北京史研究会副会长、首都图书馆研究馆员韩朴主讲。

10月13日、10月26日　李苦禅之子清华大学美术学院教授、画家李燕到园博馆现场作画，创作出《荷塘鹭鸶》等多件一丈六巨幅画作。

11月15日　李苦禅之子——画家李燕现场作画活动在园博馆秋水前举办，北京工业大学艺术设计学院30余名学生参加活动。

11月18日　园博馆举办两大活动及一项临展庆祝独立开馆四周年。同日，由中国园林博物馆、安徽博物院主办的"神工意匠——徽州古建筑雕刻艺术展"在二号临展厅开幕。展览展期为三个月。

11月25日　园博馆举办"历史建筑摄影的认知与表达"文化公益讲座。讲座由园博馆与北京市社科联之颐和园学会联合举办，邀请北京市文物局信息中心、图书资料中心主任祁庆国主讲。

11月26日　园博馆举办中心系统园林科普系列讲座"美丽多彩的球根花卉"。讲座邀请北京市中山公园柴思宇、张黎霞两位老师担任科普讲师。

12月9日　李苦禅之子画家李燕在园博馆进行展示大写意花鸟画的多种技法，为观众展示中国书画的丰富内涵。来自西班牙、保加利亚、苏丹、马来西亚等8个国家的书画爱好者现场作画，感受了中国传统文化的魅力。

12月16日　园博馆开展"当水彩遇见园林"文化公益讲座。讲座邀请河北环境工程学院教授赵燕主讲。

12月23日　园博馆举办"冬至一阳始生"冬至香文化雅集。《北京日报》、《北京晚报》、丰台电视台等十余家媒体现场采访报道。

12月23日　园博馆举办"野生动植物摄影与自然观察——奚志农的野生生物摄影"专题讲座。"野性中国"工作室创始人、国际著名摄影师、著名环保人士奚志农主讲。

3. 展览展陈

1月21日　"晋之韵——山西剪纸精品展""惟妙彩塑 悠久传承——天津泥人张传人逯彤彩塑艺术展"两项展览在园博馆开幕。文化部办公厅副主任、机关服务局局长都海江、中国艺术研究院研究员孙建君、泥人张第四代传人张锠、中国文化促进会公共艺术委员会常务副主任、天津美协副主席景育民、北京博物馆学会秘书长、原首都博物馆馆长崔学谙、中国传统工艺美术大师、中国剪纸艺术家学会副会长郭梅花、天津市工艺美术大师逯彤、中华文化促进会韩英等参加开幕式。中国园林博物馆副馆长黄亦工主持开幕式，张锠、景育民、逯彤、郭梅花、阚跃分别致开幕辞。两项展览将开放至四月下旬。

1月25日　由北京世界园艺博览会事务协调局、中国风景园林学会主办，北京园林学会、中国园林博物馆承办的"2019世园会大众参与创意展园方案征集大赛获奖作品展"在园博馆开幕。国务院参事、北京园林学会副理事长刘秀晨主持。展览为期2个月。

3月18日　由中国园林博物馆、北京纪晓岚故居纪念馆共同主办的"微言终日阅——纪晓岚与阅微草堂"展览在园博馆开幕。公安部文联主席安铁军，国家信访局机关服务中心副主任唐富彬，北京市办公厅书记王长江，北京纪晓岚故居纪念馆馆长李新永，纪晓岚第六世孙、著名书画家纪清远，书画家卢平夫妇，著名京胡演奏家李门，琵琶演奏家宁小平夫妇，中国商业联合会副会长、中国商业联合会商业创新分会会长、畅读无线新媒体总裁韩颖，体育博览杂志社社长、北京体育休闲产业协会主席王春雨，宣武商务酒店总经理付民，经济日报出版社副社长梁曦等参加开幕式。李新永，黄亦工分别致开幕辞。

4月16日　由中国园林博物馆主办，北京圆明畅和文化发展有限公司协办，中国国家画院书法篆刻院、中国公园协会园林文化与艺术专委会提供学术支持的"春色如许——中国园林书画情境展"在园博馆开幕。中国国家画院副院长、中国国家画院书法篆刻院院长曾来德，北京圆明畅和文化发展有限公司创始人兆学军先生、总经理朱俪颖女士以及参加展览的11位画家出席展览开幕活动。央视网、《中国文化报》、中国新闻社、《法制晚报》、《北京青年报》、北京电台、《劳动午报》等10家媒体进行现场报道。

4月27日 "瓷之尚——费玉樑先生藏瓷器展"在园博馆开幕。展览展出费玉樑先生收藏的130余件精品瓷器。中国侨联副主席康晓萍，原文化部外联局局长董俊新，国家体育总局健身气功管理中心主任常建平，无锡市委统战部副部长、无锡市侨联主席吕勤彬，首都博物馆研究馆员、古陶瓷鉴定专家王春城，首都博物馆副研究馆员裴雅静，徐悲鸿艺术委员会秘书长廖鸿华，馆长傅建龙等100余位领导参加开幕式。《劳动午报》、《信报》、《北京晨报》、北京新闻广播等四家媒体进行现场报道。

4月27日 由中国驻瑞典使馆主办、中外文化交流中心、斯德哥尔摩中国文化中心、中国园林博物馆承办的"山水宜居——中国园林风光展"在瑞典斯德哥尔摩中国文化中心隆重开幕。中国驻瑞典使馆文化参赞、斯德哥尔摩中国文化中心主任浦正东致辞，瑞典文化部国际合作司长托马斯，中国银行斯德哥尔摩分行行长郝连才，瑞典著名华人摄影大师李亚男等40多位嘉宾出席开幕式并饶有兴致地参观了展览。

5月6日 园博馆"园林遗珠 时代印记——中国四大名园门票联展"北方站巡展工作完满结束，并完成相关点交工作。

5月17日 "看见圆明园"展览在园博馆开幕并举行数字圆明园展示推广及旅游应用示范项目启动仪式。文化部原副部长、故宫博物院原院长、中国紫禁城学会名誉会长、故宫研究院院长郑欣淼，北京市海淀区委常委、宣传部部长陈名杰，清华大学建筑学院教授、北京圆明园研究会会长、著名古建筑专家郭黛姮等嘉宾参加开幕式。文化部原副部长、故宫博物院原院长、中国紫禁城学会名誉会长、故宫研究院院长郑欣淼，北京市公园管理中心主任张勇，北京市海淀区委常委、区委宣传部部长陈名杰，清华控股人居集团副总裁北京数字圆明科技文化有限公司董事长袁昕先生共同为展览揭幕。展览展期为三个月。

5月18日 由中国园林博物馆、中央文史研究馆书画院、中国美术家协会蒋兆和艺术研究会、北京皇家园林书画研究会主办的"墨舞人生——第三届中国园林书画展"在园博馆开幕。园博馆邀请全国政协常委孙安民、中国美术家协会副主席杨晓阳、中国美术家协会蒋兆和艺术研究会副会长刘曦林、清华大学美术学院教授李燕、中央民族大学教授傅以新、中国国家画院副院长纪连彬等嘉宾参加开幕式。展览展期为一个月。

6月6日 住房和城乡建设部主办，住房和城乡建设部世界自然遗产保护研究中心、中国园林博物馆承办的中国世界遗产成就展在园博馆开幕。住房和城乡建设部副部长倪虹、世界自然保护联盟主席章新胜、北京市人民政府副秘书长张维等百余人参加开幕式。

6月20日 由中国园林博物馆、卢瓦尔河肖蒙领地主办，北京圆明畅和文化发展有限公司协办的"法式花园落成"及"肖蒙城堡图片展"开幕仪式在园博馆广场开幕。肖蒙城堡堡主尚塔尔·科勒·杜蒙、法国旅游发展署外宣与国际关系负责人卡米尔·齐等50余人参加开幕式。

7月5日 由中国园林博物馆、吉林省博物院共同主办的"一袭衣衫 岁月流年——吉林省博物院藏清代满族服饰展"在园博馆开幕。吉林省博物院副党委书记，副院长唐音等参加开幕式。

8月25日 由中国园林博物馆与常熟博物馆共同主办的"居园画境——常熟博物馆藏古代园林绘画展"在园博馆开幕。北京市公园管理中心副主任张亚红，常熟市副市长赵红，中国建筑工业出版社总编辑咸大庆等参加开幕式并致辞。

9月16日 由中国园林博物馆、新西兰林肯大学、北京林业大学主办，北京自然博物馆、中国科学院植物研究所标本馆、清华大学、北京朴信文化传播有限公司协办的"白云之乡——新西兰国家公园的故事展"在园博馆开幕。新西兰驻华大使麦康年，新西兰使馆教育参赞白若兰，新西兰保育部小北岛区执行主任雷金纳德·坎伯，新西兰毛利纳塔湖部落代表邱迪，住房和城乡建设部城建司副司长章林伟，国务院参事、中国风景园林学会副理事长刘秀晨等参加开幕式。

9月23日 园博馆"从瓷器看中国园林的欧洲影响展"在法国肖蒙城堡开幕。肖蒙城堡总经理杜蒙女士、湖南省政府副秘书长罗建军等参加开幕式并致辞。中国驻法国大使馆公参李少平、北京圆明畅和文化发展有限公司总经理朱俪颖、中华人民共和国驻欧盟使团官员及法方嘉宾出席展览。

9月23日 由中央文史研究馆、中国美术家协会、中国国家画院、北京画院美术馆、中国国际广播电台、

白云之乡——新西兰国家公园的故事展

白云之乡——新西兰国家公园的故事展之观众参观

李燕工作室、中国园林博物馆共同主办，北京皇家园林书画研究会与北京泉林艺苑文化艺术有限公司协办的"世纪英杰写豪情——李苦禅书画艺术展"在园博馆隆重开幕。原北京市副市长、全国政协常委孙安民，中国国际广播电台东北亚中心主任张晖等200余人参加开幕式。李燕先生捐赠画作《三英图》，北京市公园管理中心副主任王忠海代表中国园林博物馆接受捐赠。

11月6日　园博馆与北京市文物局宣教中心共同举办"镜头下的历史文化遗产"创意摄影系列活动。北京市文物局图书资料中心主任祁庆国及对外经济贸易大学、北京师范大学、中国青年政治学院、首都师范大学、北京工商大学等院校师生代表出席开幕活动。

12月20日　"当水彩遇见园林"展览在园博馆开幕。展览展期为一个月。

（六）人才教育

1. 人才管理

3月29日　园博馆选派的讲解员尹胜男、马佳俐在由北京市文物局、北京博物馆学会主办的"中国故事·全国博物馆优秀讲解案例展示"大赛北京地区选拔赛中分获大赛一等奖和三等奖。

5月16日　在由国家文物局、北京市人民政府主办，中国博物馆协会、北京市文物局承办的"中国故事·全国博物馆优秀讲解案例展示"全国赛中，园博馆讲解员尹胜男作为北京代表团成员之一与29个省市以及 8 个中央直属博物馆单位共同竞技，终获专业组"优秀讲解员"称号。

9 月 20 日　由北京市公园管理中心主办，北京市园林学校协办的"北京市公园管理中心首届园林科普讲解大赛"决赛在北京市园林学校举办，该馆讲解员王营营、杜怡、沈忱作为专职组代表在大众评委评分、讲解词评分和现场讲解三个环节竞技下，最终获得两个二等奖、一个三等奖的好成绩。

2. 教育培训

5 月 12 日　由中国博物馆协会和国家文物局组织开展的"中国故事·全国博物馆优秀讲解案例展示"北京参赛队赛前培训在该馆举办。中国历史博物馆群工部主任齐吉祥，原中国人民抗日战争纪念馆副馆长、文博研究员于延俊，原北京古代建筑博物馆馆长张蓉华及北京鲁迅博物馆副研究员郑智等多位专家到馆指导。

（七）科技宣传

1. 科技科普

1 月 6 日　园博馆走进丰台第七小学，送上"园艺创想课堂——押花寻园趣"押花活动第八次课程，本次活动由秘密花园科普老师提供压花材料，由秘密花园科普老师——刘爽进行授课，共有 40 名学生参与活动。

1 月 10 日　园博馆参加由北京市科普基地联盟主办，北京市自然博物馆承办的"第三届北京市科普基地优秀活动展评复赛"评选活动，凭借"秘密花园"青少年造园体验自然教育项目荣获 2016~2017 年度展评一等奖。

3 月 4 日　园博馆在多功能厅举办了 2016 年度"园林小讲师"服务明星评选暨 2017 年"园林小讲师"课程平日班开班启动仪式。

3 月 7 日　市科委专家组到园博馆进行"建设创意植物科学探索实验室"科技专项工作结题验收。

4 月 14~15 日　园博馆与丰台区学校联合开展"园林创想课堂——从凡尔赛到圆明园"主题活动。

4 月 15 日　园博馆正式启动中心系统园林科普系列讲座第一讲"美丽的少女——波斯菊纸艺手工"。25 组家庭参与活动。

4 月 19 日　"京津冀地区园林艺术与历史文化资源研究"合作项目汇报会在园博馆召开。天津城建大学杨传贵教授团队，就承担的天津水西庄部分进行了汇报，介绍了水西庄的历史及前期资料搜集和研究情况，并提出了合作研究方向和内容。

4 月 22 日　园博馆以第 48 个"世界地球日"及生物多样性保护科普宣传月为契机，与北京生态学学会共同围绕"节约集约利用资源，倡导绿色简约生活——讲好我们的地球故事"为主题开展科普活动。

5 月 1 日　园博馆以国际劳动节为契机，围绕生物多样性保护科普宣传月开展系列活动，12 组亲子家庭到馆参加"秘密花园"种植体验活动。

5 月 7 日　园博馆邀请景山公园绿化技术组高岚老师作"四季牡丹"科普讲座，40 余个家庭参与。

5 月 20~27 日　园博馆参加 2017 年全国科技周并参展。

5 月 31 日至 6 月 1 日　园博馆开展多项儿童节园林科普文化活动，服务广大少年儿童。

6 月 2~7 日　园博馆圆满完成由北京市公园管理中心主办，张家口市住房和城乡建设局、张家口市园林绿化管理局、张家口市园林行业协会协办，北京动物园、颐和园、天坛公园、中山公园、中国园林博物馆、香山公园、北京植物园及张家口市经开区城市管理行政执法局、张家口市宣化区住房和城乡建设局、张家口市桥东区教育局、张家口市经开区教育局、张家口市崇礼区教育局承办的 2017 年北京市公园管理中心"园林科普津冀行"活动任务。服务观众 12000 余人次，发放宣传折页、科普书籍及科普宣传品 10000 余份。

7 月 11 日　为贯彻国家"让文物活起来"重要精神，园博馆首推"开放式文物库房"，首批参与观众 53 名，参加人员平均年龄 12 岁左右，为丰台区长辛店中心小学高年级学生。

7 月 14 日　园博馆受邀赴通州区第五季生态露营农场参加第二届"环首都游学圈"新闻发布会及现场展示活动。共有 41 家市级资源单位参与。

7 月 14 日　2017 年全国科技活动周示范活动"流动科技馆——江西行"在江西省上饶市正式启动。园博馆受邀与中国消防博物馆、北京自然博物馆、北京天文馆等 8 家单位组成流动科技馆进江西科普服务队。

8 月 2 日　园林艺术研究中心主任陈进勇参与研究的"一种碎木片染色方法及其应用"获国家发明专利证书。该技术提取黄连、姜黄、地黄等植物材料的天然色素，对绿化修剪物进行切削成块后染色，具有环保、可持续利用等特色，适用于园林绿地装饰、广场树池覆盖等用途。

8月6日　北京市公园管理中心园林科普系列讲座"颐和园屋顶上的艺术——瓦当纹样"在园博馆举办。讲座邀请颐和园管理处宣教中心副主任颜素担任主讲。

8月7~11日　园博馆"锦鸡儿属植物的收集和展示研究"课题组成员赴新疆奎屯、柴窝堡进行野外采集。

9月16、17日　宣传教育部联合团委、园林艺术研究中心、基建工程部、物业管理部及展陈开放部等多个部门在全国科普日期间以"多彩园林·艺术生活"为主题的系列科普教育活动。

9月28日　园博馆申报的2018年中心课题项目"丁香新品种选育、快繁及栽培应用的研究"和"中国盆景的历史源流及其盆景史专题展览研究"通过中心技术委员会评审，获得立项。该两项课题均为该馆与北京市植物园联合开展的相关研究。

10月8日　园博馆举办第三届"京西御稻"园林主题农耕文化体验科普活动。活动以"金秋十月科普游·园博馆里稻香飘"为主题，组织20余组亲子家庭到馆参与。

11月5日　中心系统园林科普系列讲座第七讲"神奇的自然，多彩的秋天"在园博馆举办。讲座邀请北京市园林科学研究院高级工程师王永格担任主讲。

11月6日　由园博馆和北京工业大学、伟景行科技股份有限公司联合承担的北京市科委课题"中国古典皇家园林艺术特征可视化系统研发"获得中国风景园林学会2017优秀科技成果二类奖。

11月11日　中心系统园林科普系列讲座"北京本土植物"在园博馆举办。讲座邀请香山公园工程师刘莹担任主讲。

12月5日　首都师范大学附属第二中学师生到馆体验"园林探索之旅"主题活动。

12月25日　园博馆"园林小讲师"培训课程走进景山学校远洋分校初高中贯通班。

12月25日　园博馆获"2017年度北京市中小学生社会大课堂优质资源单位"称号。

2. 动、植物保护

5月12日　园博馆邀请自然保护区建设与管理专业博士李晓京以"北京地区鸟类及鸟类调查法"为主题开展科普讲座。

3. 宣传舆情

5月8日　中国教育电视台《师说》节目组到园博馆录制专题节目，园博馆宣传教育部部长杨秀娟接受采访。

5月19日　中央电视台新闻频道新媒体围绕国际博物馆日系列活动及展览进行网络直播。观看人数24万余人次、阅读量达到136万次。

8月23日　中国教育电视台"国学小学堂"系列专题电视栏目在园博馆开机。

11月20日　为期二十天的北京电视台"爱上博物馆"节目录制在园博馆拍摄完成。

（八）调查研究

3月22日　园博馆筹备办副主任黄亦工、展陈开放部部长谷媛带队，与国家博物馆副馆长谢小铨进行交流座谈。

5月3~4日　园博馆"京津冀地区园林艺术与历史文化资源研究"项目组赴石家庄调研，对中山公园、隆兴寺、天宁寺、石家庄植物园、河北省博物院等地进行了实地考察，针对近现代公园、植物园、古代寺庙园林等历史文化资源进行调研并搜集了相关资料。

5月4日　园博馆展陈开放部部长谷媛带队赴北京自然博物馆就即将开幕的"白云之乡——新西兰国家公园的故事"展览相关事宜，与孟庆金馆长和张玉光主任进行交流，双方就展览的借展事宜达成了共识。

5月24日　园博馆与吉林省博物院座谈。双方就"旗装雅韵——清代服饰展"展出形式、设计等相关内容进行详细深入探讨。

6月12~15日　"京津冀地区园林艺术与历史文化资源研究"课题组成员赴河北保定及天津进行调研。

7月19日　园博馆赴北京联合大学三山五园数字馆进行参观交流。

7月25日　园博馆赴国家图书馆典籍博物馆就2018年临时展览项目进行交流座谈。

8月10日　园博馆赴河南郑州开展学术交流活动，就第十一届国际园林博览会河南园林发展历史的展览大纲进行研讨。

9月1日 园博馆赴河北博物院就2018年临时展览项目进行调研交流。

9月12日 为更好地推进"植物生态墙中植物需水规律及分区灌溉研究"的顺利开展，园博馆赴北京市园林学校就科研项目的合作研究洽谈相关事宜。

9月29日 园博馆赴定州博物馆就2018年临时展览项目进行调研交流。

11月9日 园博馆赴首都博物馆进行业务学习。

（九）附录

2017年荣誉记载情况

获奖时间	获奖名称	授予单位或个人	颁奖部门
1月10日	第三届北京市科普基地优秀活动展评一等奖	园博馆"秘密花园"项目	北京市科普基地联盟
3月29日	"中国故事·全国博物馆优秀讲解案例展示"北京地区一等奖	园博馆讲解员： 尹胜男 马佳俐	北京市文物局
9月20日	全国科普讲解大赛北京赛区一等奖	园博馆讲解员： 王营营 杜 怡 沈 忱	北京市科委
11月6日	2017优秀科技成果二类奖	园博馆	中国风景园林学会

七、2017年工作概述

中国园林博物馆（以下简称"园博馆"）建于2013年5月，该建设项目是第九届中国（北京）国际园林博览会的重点建设项目。园博馆作为公益性文化机构，以"中国园林——我们的理想家园"为建馆理念，旨在展示和传承博大精深的中国园林艺术，弘扬优秀的传统文化，筹办一场融科普展陈、体验互动于一体的弘扬中华文明、展现园林优秀文化的盛会，并集中展示生态文明建设、人居环境改善和城市可持续发展的成果，填补园林行业国家级博物馆的空白，建成一座展示中国园林悠久历史、灿烂文化、辉煌成就和多元功能的博物馆。

园博馆位于丰台园博会园区内，批准规划用地65281.338平方米，批准规划总建筑面积49060.87平方米。其中博物馆主体建筑面积43950平方米，地上2层、地下1层。建筑结构为钢筋混凝土结构，室外展区批准建筑面积5110.87平方米，由塔影别苑、半亩一章、四季厅院、染霞山房四个景区和管理用房区域组成。工程于2011年8月20日奠基，2013年5月14日通过工程竣工验收。

园博馆总体筹建工作始于2010年7月28日，十届市委常委会第154次会议确定，由北京市公园管理中心作为园博馆建设主体，负责其建设和运行。2013年2月7日，经北京市编制委员会办公室同意更名为中国园林博物馆筹备办公室，2014年1月14日再次更名为中国园林博物馆北京筹备办公室。（以下简称"园博馆筹备办"），其职责为：受市公园管理中心委托，具体负责中国园林博物馆的筹建、运营和管理工作。李炜民任园博馆筹备办主任，阚跃任园博馆筹备办党委书记。园博馆筹备办下设党政办公室、财务部、人力资源部、基建工程部、宣传教育部、展陈开放部、藏品保管部、园林艺术研究中心、安全保卫部、信息资料中心和物业管理部等十一个机构。2017年12月20日，经党委研究决定，撤销基建工程部和物业管理部，原有两部门合并为运行保障部，同时成立党委办公室，原党政办公室改称行政办公室。调整后，部门总数不变。截至2017年12月，园博馆筹备办编制内人员共54人，其中管理人员26人，专业技术人员23人，工勤人员6人。专业技术人员中，初级职称14人，中级职称5人，副高级职称2人，正高级职称2人。同时，园博馆采用向社会购买服务的方式引入四家物业公司，从事基建、安保、物业管理等专业服务工作，目前，园博馆在岗社会化人员共431人。

一年来，园博馆在市公园管理中心的正确领导下，认真学习宣传贯彻党的十九大精神，以习近平新时代中国特色社会主义思想为指引，紧紧围绕市第十二次党代会和中心党委一届八次全会部署，主动适应新常态，牢固树立新理念，全面落实中心公园精品建设"四优一满意"的工作目标，着力打造为精品博物馆。

园博馆大力提升展览展陈水平，全年成功举办6大类19项临时展览，出版了"世纪英杰写豪情——李苦禅书画艺术展""墨舞人生——第三届中国园林书画展"等5部展览图录；推进园林特色文化活动品牌建设，共举办40余项园林特色文化活动、684场次园林公众教育活动、259场次公益讲座，近6万人直接参与现场活动。依托创意植物实验室和"秘密花园"创编系列课程20余项，并将课程送进河北、山东、江西等地方的中小学校。邀请20余位知名学者、专家在"园林文化大讲堂"作主题讲座；持续完善藏品体系，全年共征集4000余件（套）藏品，完成馆藏700余件照片类藏品及500余张铜版画藏品的图像采集、后期处理和编目整理等工作，为后期展览展示、藏品研究等相关工作奠定基础；积极搭建园林科研服务平台，圆满完成了3项市公园管理中心科研课题，研发了5款科普游戏，搭建了近现代园林数据平台，收集了18880条信息。新立项2018年市公园管理中心课题2项。发表文章12篇，获得国家专利授权1项。1项课题获得市公园管理中心科技进步一等奖，并获中国风景园林学会优秀科技成果二等奖；1项课题获市公园管理中心科技进步三等奖。

园博馆全年服务游客近50万人次，同比增长32%，游客满意度保持在98%以上；完成中央及驻京部队、新西兰驻华大使等接待任务61次，组织大型会议7次；完成中心重点工作任务2项，配合中心完成市级绩效任务2项，馆级重点任务27项。先后荣获2016~2017年北京市科委全国科普讲解大赛北京赛区一等奖，2017年北京市文物局"中国故事·全国博物馆优秀讲解案例展示"北京地区一等奖，中心首届"园林科普讲解大赛"二等奖（两名）、三等奖（一名）。

中国化工博物馆

英 文 全 称: Chemical Industry Museum of China
法 定 代 表 人: 李彩萍
联 系 电 话: 010-82032673
传　　　真: 010-82677448
官 方 网 站: www.chemmuseum.com
行 政 主 管 单 位: 中国化工集团公司
成立（开放）日期: 2008 年 5 月 9 日
通 信 地 址: 北京市海淀区北四环西路 62 号
已加入专业委员会: 中国博物馆协会、北京市博物馆学会、
　　　　　　　　　中国自然科学博物馆协会、国际博物馆协会

一、科普活动与展览

1. 临时展览

单位：平方米，人次

序号	展览名称	起止日期	展出地点	面积	观众数量	性质
1	德国主题文化展	9 月 22 日至 11 月 22 日	中国化工博物馆	200	3565	与中国化工集团公司联合举办
2	情系橡胶 见证传承——祁治平先生个人收藏捐赠展	5 月 18 日至 9 月 30 日	中国化工博物馆	500	8363	原创

2. 教育活动

单位：人次

序号	活动名称	活动时间	主要内容	活动形式	主要对象	参与人数
1	初中开放性科学实践活动	9 月 20 日至 12 月 30 日	探究暖宝宝的秘密、电池 DIY，共 9 场	参观互动、动手实验	初中学生	252
2	奇妙化学之旅	9 月 23 日	化学演示人造雪、铜币变银	参观互动、动手实验	小学生	22
3	蓝星国际夏令营	7 月 9 日	带领化工子弟参观化工史展览	参观互动	来自 11 个国家的青少年	100

▨ 二、科研与学术

1. 承担项目

单位：万元

项目名称	项目来源	项目级别	经费	负责人
"化工与生活"科普展厅改造	北京市科委	市级	66.71	李彩萍

2. 研究成果

序号	题目	作者	刊名	卷（期）号	期刊级别
1	《从邮票认识化工：火的利用（一）》	黎戈宁	《化工专刊》	634	内部刊物
2	《从邮票认识化工：陶器（二）》	黎戈宁	《化工专刊》	648	内部刊物
3	《范旭东打败英商卜内门公司的故事（上）》	叶建华	《化工专刊》	648	内部刊物
4	《范旭东打败英商卜内门公司的故事（下）》	叶建华	《化工专刊》	649	内部刊物
5	《从邮票了解化工：冶炼技术（三）》	黎戈宁	《化工专刊》	649	内部刊物
6	《收藏大中华橡胶厂历史的工人收藏家祁治平》	周传荣	《化工管理》	2017年第13期	正式刊物
7	《从邮票了解化工：瓷器（四）》	黎戈宁	《化工专刊》	651	内部刊物
8	《从邮票了解化工：造纸（五）》	黎戈宁	《化工专刊》	652	内部刊物
9	《从邮票了解化工：黑火药（六）》	黎戈宁	《化工专刊》	654	内部刊物
10	《从邮票了解化工：日用化工（七）》	黎戈宁	《化工专刊》	659	内部刊物
11	《从邮票了解化工：食用化工（八）》	黎戈宁	《化工专刊》	660	内部刊物
12	《从邮票了解化工：中草药（九）》	黎戈宁	《化工专刊》	662	内部刊物
13	《从邮票了解化工：盐业（十）》	黎戈宁	《化工专刊》	663	内部刊物
14	《黄海轮胎向化工博物馆捐赠重要文物》	王海珠	《化工专刊》	664	内部刊物
15	《黄海轮胎向博物馆捐赠哪些实物和史料》	王海珠	《化工专刊》	665	内部刊物
16	《从邮票了解化工：近代化学的起源（十一）》	黎戈宁	《化工专刊》	667	内部刊物

▨ 三、信息化建设

官方网站浏览情况

网站浏览：日均点击数 263 次，日均观众数 92 人。

▨ 四、志愿者队伍建设

单位：人

分类	服务岗位	人数	来源	服务时间
志愿者	讲解 展区观众疏导 重要活动现场助理	56	高校学生	周末

五、运营情况

票务情况

是否免费开放	未免费开放场馆票种	未免费开放票价	观众人数
是	—	—	20089 人次 / 年

六、2017 年度大事记

3月21日　以色列企业团与中国化工集团公司交流并到化工博物馆参观。

4月27日　北京市西城区人民政府发文（《北京市西城区人民政府关于中国化工博物馆改扩建项目人口和产业评估意见的函》西政函〔2017〕30号），从项目的人口和产业影响角度分析，原则同意该项目的建设。

4月28日　在仪征化纤股份有限公司，对聚酯纤维国产化开拓者蒋士成院士进行口述史专访。重点讲述了聚酯纤维国产化和中国化纤工业的发展。

5月8日　化工博物馆新改版网站正式

博物馆新馆

上线运行。网站栏目设置合理，内容简洁直观，注重用户体验。发挥了博物馆网站对外宣传和沟通交流的作用。

5月11日　北京市水务局发文（《北京市关于中国化工博物馆改扩建项目控规调整规划水资源论证报告的批复》京水行许字〔2017〕第118号），在落实各项水务要求的前提下，基本同意规划地块实施控规调整。

5月18日　化工博物馆在国际博物馆日组织"情系橡胶 见证传承"展览。"工人收藏家"祁治平先生几十年收藏的我国早期轮胎工业发展中的老物件以及搜集的年代跨越十九世纪初至今的一系列与橡胶有关的邮票展示，让观众了解我国民族橡胶工业的历史，感知收藏者的艺术品位与文化情怀，倡导人人参与的民间收藏理念。这是化工博物馆自成立以来利用馆藏进行的首次自主策展，对锻炼藏品、展陈策划团队起到积极作用。

6月　获得由中国自然博物馆协会授予的"2016年度先进集体"荣誉称号。扩大在博物馆行业的知名度，加强了与博物馆各协会、学会的业务交流。

6月30日　化工博物馆"化工与生活"科普厅改造项目顺利通过北京市科委专家组结题验收。改造后的展厅面积为225平方米，新增3组互动展项，包括化工万花筒、漫画化工、化工伴你每一天。

7月28日　北京市交通委员会发文（《北京市交通委员会关于中国化工博物馆改扩建项目交通影响评价审查意见的函》京交函〔2017〕718号），在解决好项目内外部交通组织的基础上，原则同意项目控规调整。

7月28日　北京市住房和城乡建设委员会发文（《北京市住房和城乡建设委员会中央在京重点建设项目确认函》京建计函〔2017〕048号），同意将中国化工博物馆改扩建工程纳入中央和国家机关在京重点建设项目，缩短了项目建设周期，对控规调整及规划意见书的批复起到决定性作用。

10月　化工博物馆通过了北京市教委审核，成为秋季学期开放性实践课程的资源单位。该馆春季学期开展的活动，得到了学生、家长的一致好评，北京市教委督导人员对这个项目也给予了高度评价。

12月12日　到清华大学化学工程系，拜访了化学工程专家金涌院士，就科普、教育、展陈中涉及的诸多问题进行了交流。

12月19日　在南开大学伯苓楼，对农药化学家、元素有机化学家李正名院士进行了口述史专访。李院士重点讲述了求学治学经历、杨石先和元素有机化学所的创办、我国农药化学的发展、祖父李维格先生在维新运动中翻译传播西方自然科学的贡献。李正名院士向博物馆捐赠了部分珍贵史料。

截至2017年底，完成化工重点行业分析报告，梳理出部分行业具有里程碑意义的大事线索，并对化肥、农药、纯碱、教育、国防化工五个关键行业进行完善，提出征集方案，列出征集目标和重点，共征集各类藏品资料1670件/套。

七、2017年工作概述

2017年，中国化工博物馆重点围绕新馆建设，有序开展规划报批、开工前准备、藏品征集、展陈策划等工作，夯实基础管理，提升管理水平。

北京博物馆学会行业博物馆专委会成立

（一）全面开展博物馆业务　为新馆建设奠定基础

1. 加强藏品征集工作

（1）深入藏品研究工作

藏品研究体现了化工博物馆对化工特色的深刻理解，是对化工历史与文化的整合与凝练。根据《中国化工通史》线索，整理出22个化工重点行业，进行行业的分析研究。梳理化肥、农药、纯碱、教育、国防化工5个关键行业具有里程碑意义的大事线索，提出征集方案，列出征集重点和目标，开展藏品征集工作。行业报告研究成果对博物馆展览大纲编写等其他业务工作的开展也起到有力支撑作用。

2017年，征集各类藏品资料1047件套，接受捐赠564件套，先后对在化工、化工科研领域有影响的11位专家、院士进行口述历史专访，总计新增各类藏品资料约1670件套。

（2）加强藏品基础管理

加强藏品的科学化管理，建立藏品管理系统，进行藏品信息化数据采集与著录工作。截至2017年12月底，录入藏品4422件套。建立征集档案，完成藏品整理，规范藏品著录，完善总账与分类账。加强库房管理及藏品保管，规范捐赠、移交、出入库手续。充实总账保管员和库管员，进行藏品档案整理和藏品数据采集与登录。

2. 推动展陈策划工作

（1）推进展陈大纲的编写

稳步推进博物馆展陈大纲编写工作，按照编写进度计划，梳理化工行业资料，调研馆藏藏品，提出展览目标及主题，落实大纲编写各阶段的展览内容。同时，邀请相关化工行业专家、化工科普专家、博物馆行业专家就展览规划内容给予指导。截至12月底，完成了"古代化工""近代化工史"大纲二稿，"当代化工史"一稿正在完善，"化工科普"二稿基本完成。

（2）策划5·18临展

5·18国际博物馆日，精心策划推出自成立以来首次利用馆藏进行的自主策展，主题为"情系橡胶 见证传承——祁治平先生个人收藏捐赠展"。"工人收藏家"祁治平捐赠该馆的254件反映我国早期轮胎工业发展中的老物件以及一系列与橡胶有关的邮票，让观众了解民族橡胶工业的历史，倡导人人参与的民间收藏理念，推动文博捐赠的公益善举。

3. 开展信息化规划工作

积极推进化工博物馆IT规划，针对博物馆行业信息化建设的特殊性，关注行业信息化的前沿技术，学习了解智慧博物馆建设的方针和路径。派员工到信息化管理水平较高的上海自然博物馆、南京博物院等地参观学习，提出可行的业务智能化系统需求。向博物馆行业IT专家及专业咨询公司请教，不断完善博物馆信息化规划。

情系化工 见证传承——祁治平先生个人收藏捐赠展

4. 西北分馆有序推进

修改完善西北分馆概念设计方案并形成最终稿，具备报规条件，和西北公司共同推进规划报批工作。落实西北分馆大纲编写前的准备工作，对征集的藏品资料进行整理并编制目录清单，与4家编写单位沟通展览定位及思路，完善博物馆功能布局。

5. 提升一期馆的管理

2017年，接待上级领导、社会团体、各类学校学生、社会公众等来馆参观19392人次，参观人数较上年有所上升。

完成科普展厅改造，将原有的"化工与国计民生"展厅改造为"化工与生活"展厅，改造后的科普厅更加生动直观，有利于开展针对中、小学生的化工科普教育工作。

完成当代厅、集团厅50个板块的数据更新，对部分展览区域进行展陈改造。针对团体参观次数增加、管理者人手不足的现状，与北京大学、北京师范大学等高校沟通志愿者招募工作。截至12月底，新增志愿者26名，志愿者为博物馆提供服务65人次。

6. 开展丰富的科普活动

2017年开展了丰富多彩的科普教育活动，得到北京市教委、学生、家长及老师的一致好评。截至12月底，开展各类科普活动45场，参与人员3678名。

作为2017年秋季学期北京市教委"开放性科学实践活动"的资源单位，不断丰富活动内容，优化活动流程，改善活动环境，已经成功开展实践活动9次。科学实验课程广受同学们好评，中国文物网、今日头条、中国网、《科普时报》等多家媒体进行了报道。

化工博物馆组织、策划了与集团公司、北京化工大学共同举办的"爱生活、爱化工"科普竞赛总结表彰大会，总结在高校开展竞赛活动的经验，为今后组织此类活动总结了经验。

该馆还组织了"奇妙化学之旅"活动，针对5~8岁儿童心理特点，在参观过程中设置趣味知识问答及互动，增强了儿童对化学的兴趣。

初中开放实践课程活动

（二）加强对内管理和对外协作 不断提升管理水平

1. 不断加强档案管理

加强档案管理工作，尤其是建设项目档案的管理，明确存档范围、提交形式等，确保博物馆建设项目档案完整、规范。

2. 加强培训与绩效管理

规范内部培训管理，明确每月例会后为固定内部培训时间，由参加行业培训的馆内人员分享学习内容。派员工到相关的博物馆、科技馆实地考察学习，开拓员工视野，提高业务水平。参加博物馆行业的各类讲座、培训。截至2017年12月底，共进行内部培训8人次，派员工考察调研14人次，参加各类培训11人次。

3. 夯实制度体系建设

为规范工作流程，加强基础管理工作，按照年初制定的制度体系建设目标，下发了《中国化工博物馆2017年制度体系建设计划》通知，安排各部门制定相关制度。陆续修订出台14条规章制度，不断完善制度体系建设。

4. 加强行业交流

加强与博物馆各协会、学会的联系以及行业内的业务交流与沟通，建立和完善博物馆专家团队，为人力资源库储备提供相关信息。2016年度被自然博物馆协会评为"先进集体"。

（三）加强党建和企业文化建设 提高凝聚力

2017年，化工博物馆加强党的建设，成立临时党委，建立健全党组织工作机构，发挥自身积极作用，促进博物馆的科学发展。加强基层党组织建设，参加集团公司党委举办的基层党支部书记培训班，提高博物馆党支部书记党务工作能力。开展党建活动，组织博物馆老同志参加集团公司"畅谈十八大变化，建言十九大"专题座谈会，为十九大建言献策。积极学习、贯彻党的十九大会议精神，组织党员干部收听收看十九大盛况；向全体党员发放党徽，通过"佩戴党徽亮身份"，增强党员意识，树立党员表率形象，加强党员教育管理，形成"比工作、比奉献、争先进、促发展"的良好氛围。

加强监事工作，推进博物馆党风廉政建设，加大力度落实八项规定。组织观看《褪色的人生》反腐倡廉视频，警示广大党员干部始终坚定理想信念，牢固树立"四个意识"，自觉尊崇党章党规党纪；组织党员干部学习集团公司《"三重一大"事项决策制度的实施办法》，明确决策事项范围，提高防范决策风险，落实党风廉政建设。

加强对外宣传，新版网站5月8日上线运行，成为博物馆对外宣传的重要平台。加强与中国化工报、中国化工学会等的联系，传播化工文化，普及化工知识，增进社会各界对化工的了解，提高博物馆知名度。截至12月底，在《中国化工报》等媒体刊登文章71篇，其中刊登藏宝鉴史文章16篇。2017年，博物馆获得"全国石油与化工行业新闻宣传先进单位"荣誉称号。

中国铁道博物馆

英 文 全 称：China Railway Museum
法 定 代 表 人：李春冀
联 系 电 话：010-51939024
传 真：010-51936879
官 方 网 站：www.china-rail.org
行 政 主 管 单 位：中国铁路总公司
成立（开放）日期：1978 年 8 月
通 信 地 址：北京市西城区马连道南街 2 号院 1 号楼
已加入专业委员会：中国自然科学博物馆协会专业科技博物馆专业委员会

一、科普活动与展览

1. 临时展览

单位：平方米，万人次

序号	展览名称	起止日期	展出地点	面积	观众数量	性质
1	跨越百年——京张铁路影像展	3 月至 11 月	詹天佑纪念馆、广州、东郊展馆	2850	2	原创
2	镌刻世纪——中华文化先贤影像展	4 月	中华世纪坛、詹天佑纪念馆	3000 平方米	0.5	联合
3	方寸之间见证伟大复兴——铁路纪念站台票专题展	5 月	正阳门展馆	9485	0.6	联合
4	强基达标 提质增效 科技强路 创新圆梦	5 月至 9 月	东郊展馆	16500	1	引进
5	轨迹——华侨与铁路专题展	7 月	正阳门展馆	9485	0.6	引进
6	电影《芳华》的外景地——碧色寨车站	12 月	詹天佑纪念馆	2850	0.8	原创

2. 教育活动

单位：人次

序号	活动名称	活动时间	主要内容	活动形式	主要对象	参与人数
1	"发现之旅——趣味答题卡"活动	7 月至 8 月	铁路知识科普	科普活动	中小学生	400
2	"小火车的春装"活动	3 月至 5 月	铁路知识科普	手工制作	中小学生	340
3	"火车风铃"活动	3 月至 5 月	铁路知识科普	手工制作	中小学生	350

序号	活动名称	活动时间	主要内容	活动形式	主要对象	参与人数
4	"庆国庆 迎复兴"活动	10月	铁路知识科普	火车相关专业常识	中小学生	200
5	"探索火车的奥秘"活动	全年	铁路发展史和高铁科普知识	参观、体验、动手制作	中小学生	2000
6	"阳光少年詹天佑"活动	3月至11月	詹天佑人物事迹	参观、动手制作	中小学生	1800
7	"詹天佑的留学之路"活动	7月至8月	詹天佑人物事迹	参观	中小学生	600
8	"百年京张路"活动	9月	铁路史和高铁知识	参观、讲座	中小学生	200
9	"真人版大富翁"游戏——"阳光少年GOGOGO"活动	全年	铁路发展史	互动游戏	中小学生	500
10	"铁博开讲啦"科普系列讲座活动	全年	铁路历史和铁路科普知识	互动讲座	中小学生	3000
11	"五彩绘出高铁梦"活动	7月至8月	高铁科普知识	手工绘画	中小学生	1000

3. 流动科普设施

单位：次

序号	名称	年度巡展次数	类型	经费来源	运行方式
1	"京津冀科普行"活动	3	铁路知识讲座、立体车模拼插	自筹	合作办展
2	科普大篷车活动	8	铁路知识科普、立体车模拼插	自筹	合作办展
3	东城区青少年学院2017"学院制"课程建设展示活动	1	铁路知识科普、立体车模拼插	自筹	合作办展

二、科研与学术

1. 承担项目

单位：万元

序号	项目名称	项目来源	项目级别	经费	负责人
1	"中国高速铁路科普展示内容及展示技术提升"课题项目	北京市科委	市级	50	黄 虎
2	"铁路科技类行业博物馆在科学教育体系中的发展策略研究"课题项目	中国科协	省部级	6	马福海
3	"中国铁道博物馆青少年教育课程及教具开发"课题项目	北京市朝阳区科委	其他	20	姜冬青
4	"全国铁路科技活动周启动仪式"项目	全国铁道学会	省部级	—	李春冀

2. 研究成果

序号	题目	作者	刊名	卷（期）号	期刊级别
1	《电气牵引之父——斯普拉克》	杨 溪	《今日科苑》	2017年第5期	省部级
2	《博物馆课程中的手工制作活动——以中国铁道博物馆为例》	杨 溪	《科学教育与博物馆》	2017年第3期	省部级
3	《詹天佑与晚清海防建设》	纪丽君	《中国国家博物馆馆刊》	2017年第1期	市级
4	《早期铁路建筑保护与合理利用》	杨 玲	《中国工业遗产调查、研究和保护——2017年中国第八届工业遗产学术研讨会论文集》	2019年1月	市级
5	《浅议博物馆文化创意产品开发的探索与实践》	黄 虎	《中国铁道学会铁路文化与博物馆工作委员会2016年工作年会暨学术研讨会论文集》	2016年11月	市级
6	《揭秘瞬间凝固的历史》	黄 虎	《人民铁道》报社《报林》期刊	2017年6月	省部级
7	《论抗战时期铁路建设对中国铁路发展之影响》	黄 虎	《中国近现代史史料学学会第二十七届学术论文集》	2017年8月	省部级
8	《博物馆展览设计对受众认知心理及情感的研究》	刘 宁	《中国铁道学会铁路文化与博物馆工作委员会2016年工作年会暨学术研讨会论文集》	2016年11月	市级
9	蒸汽机车司机的《线路示意图》	于思颖	《人民铁道》报	2017年4月6日 B4版	省部级
10	《清末英国修筑滇缅铁路初探》	谭瑞杰	《知识文库》	2017年第11期	省部级
11	《传承礼仪文化，弘扬文博精神》	于思颖	《中国铁道学会铁路文化与博物馆工作委员会2016年工作年会暨学术研讨会论文集》	2016年11月	市级
12	《科普教育在数字博物馆中的应用——以中国铁道博物馆为例》	谭瑞杰	《中国铁道学会铁路文化与博物馆工作委员会2016年工作年会暨学术研讨会论文集》	2016年11月	市级
13	《探索火车的发展轨迹》	于思颖	《中国铁道学会铁路文化与博物馆工作委员会2016年工作年会暨学术研讨会论文集》	2016年11月	市级
14	"铁博开讲啦！"科普系列讲座	杜 媛 周 伟	《中国科技教育》	2017年第2期	市级
15	《浅析校外教育与博物馆》	闫晓白	《中国铁道学会铁路文化与博物馆工作委员会2016年工作年会暨学术研讨会论文集》	2016年11月	市级
16	《京张铁路修筑权争端始末》	崔 禾	《人民铁道》报	2017年9月7日 B4版	省部级

3. 专著

名称	作者	出版社	出版日期
《铁路科学》	中国铁道博物馆	首都师范大学出版社	2017年1月

4. 编辑刊物

单位：册

刊物名称	刊号	发行周期	发行数量	发行范围
《中国铁道博物馆通讯》	内部资料	每月发行	828	中国铁路总公司、北京铁路集团公司、中国铁道博物馆、北京规划馆

三、信息化建设

1. 展品信息化工作

为真实展现近两年来中国铁路建设的步伐和成就，适时对展览中的部分内容进行了更新和调整，使展陈手段数字化，内容更加全面和丰富。

2. 新媒体运用

中国铁道博物馆微信公众号实时发布关于铁博陈列展览、学术研究、社会教育、参观指南、志愿服务等信息，年浏览量约 60000 人次。

四、志愿者队伍建设

单位：人，天

分类	服务岗位	人数	来源	服务时间
志愿服务	讲解、社教活动、秩序维护	40	学校	320

五、运营情况

票务情况

单位：元，万人次/年

是否免费开放	未免费开放场馆票种	未免费开放票价	观众人数
否	门票、3D影院、模拟驾驶舱	20	46
其他票务信息说明	铁路职工持工作证半价，老年人、残疾人等特殊社会群体凭有效证件免费参观		

六、2017年度大事记

1月6日　中国铁道博物馆东郊展馆申报的"中国高速铁路科普展示内容及展示技术提升"课题项目正式获得北京市科委立项，得到了中国铁道博物馆领导的高度重视及相关部门的大力支持。

1月11日　中国铁道博物馆正阳门展馆选送的"铁博开讲啦"科普系列讲座活动在由北京市科委科普基地联盟主办、北京自然博物馆承办的"第三届科普基地优秀活动展评"中荣获一等奖。

1月13日　中国铁道博物馆社教部主任姜冬青一行参加了北京校外教育协会2016年工作总结表彰会。会上表彰了2016年度工作先进集体和个人。中国铁道博物馆获得"第十一届（2016）北京阳光少年优秀活动组织奖"。于思颖、杨溪分别获得"2016北京阳光少年文化科普进校园活动先进工作者""2016北京阳光少年优秀活动组织工作者"光荣称号。

1月20日　中国铁道博物馆召开"2017年中国铁道博物馆工作会议"及"中国铁道博物馆党委书记述职评议会"。

1月24日　中国铁道博物馆东郊展馆配合中央电视台科教频道共同录制了"未来科技"青少年科教节目。

2月初　中国铁道博物馆入选《中国大百科全书·博物馆卷》词条，对于向社会准确普及中国铁道博物馆领域的相关知识具有重要意义。

2月24~26日　哈尔滨铁路博物馆一行到中国铁道博物馆进行考察交流。

2月28日　中国铁道博物馆召开迎接"中国铁道博物馆建馆40周年、詹天佑纪念馆建馆30周年老职工座谈会"。

全路一线先进职工休养团参观詹天佑纪念馆

3月8日　中国铁道博物馆工会组织女职工开展"书香三八、书香铁路"读书分享会活动。

3月10日　中国铁道博物馆召开全馆干部会议，围绕开展"强基达标、提质增效"主题教育活动进行动员部署。

3月16日　中国铁道博物馆人员参加了第三届科普基地优秀教育活动展评交流大会，领取"铁博开讲啦"科普系列讲座活动一等奖奖项，并向与会领导和嘉宾介绍科普系列讲座经验。

3月22~24日　中国铁道博物馆人员参加了中国自然博物馆协会在中国湿地博物馆召开的2017年联络员工作会议。张贝贝获得中国自然博物馆协会"2016年度优秀联络员"荣誉称号。

3月底　为配合中国铁道博物馆在中华世纪坛举办的"跨越百年——京张铁路摄影展"，该馆制作出两款以詹天佑卡通形象为基础元素的文创产品——詹天佑卡通手机扣和詹天佑卡通中性笔。

4月3~9日　由詹天佑科学技术发展基金会、中国铁道博物馆共同主办，詹天佑纪念馆承办的"跨越百年——京张铁路摄影展"在中华世纪坛艺术馆中心展厅展出。

4月8日　中国铁道博物馆詹天佑纪念馆加入北京市"8+名人故居纪念馆联盟"。

4月20日　由中央电视台财经频道重磅策划的"为中国实业代言"系列活动第四站在中国铁道博物馆东郊展馆隆重开启。

4月20日　《詹天佑历史文献汇编》编纂工作启动会议在北京铁道大厦召开。

4月22日　中国铁道博物馆与天津文博艺术品有限公司在东郊展馆联合举办了"中铁博诠释互联网+文创"活动。

5月11日　第十三届中国国际文化产业博览会在深圳国际会议展览中心隆重举行。中国铁道博物馆馆长李春冀、副馆长黄虎、市场部全体人员及各展馆相关人员出席会展。

5月16日　中国铁道博物馆小志愿讲解员魏蓝天在"中国故事——全国博物馆优秀讲解案例展示推介活动"比赛中荣获"全国优秀讲解员"称号。

5月17日至6月1日　赵又霖、赵瑶参加了2017流动科技馆进赣西活动。流动科技馆先后在上饶、宜春、井冈山等地进行科普宣传活动，中国铁道博物馆举行的高铁科普知识宣传及相关科普教育活动得到了学生们的热捧，产生了积极的社会反响。

5月18日　即"国际博物馆日"当天，中国铁道博物馆在东郊展馆举行了"新征集机车入馆收藏仪式"；

正阳门展馆与江门市政府联合举办了"轨迹——华侨与铁路专题展";詹天佑纪念馆作为承办单位参加了"为了中华文明的发展——名人·名作·名物"巡展,同时在长城博物馆举办了"跨越百年——京张铁路影像展"巡展以及科普进校园等活动。

5月21日 "2017年全国铁路科技活动周"启动仪式在中国铁道博物馆东郊展馆隆重举行。中国铁路总公司原副总经理、中国铁道学会理事长卢春房,中国铁道学会副理事长兼秘书长马福海参加。

6月28日 全国铁道团委组织的"不忘初心、紧跟党走,青春建功团员先行"争创"共青团员先锋岗(队)"示范活动启动仪式在中国铁道博物馆东郊展馆举行。

6月30日 第十二届全国人大教育科学文化卫生委员会副主任委员、黑龙江省委原书记、黑龙江省人大常委会原主任、原铁道部政治部主任王宪魁到东郊展馆参观。

7月2日 "百年京张,见证辉煌"主题影像拍摄活动新闻发布会暨启动仪式在中国铁道博物馆詹天佑纪念馆隆重举行。

7月8~9日 中国铁道博物馆社教部及正阳门展馆、詹天佑纪念馆的同志一起参加由北京教育研究会和社会大课堂管理办公室主办的北京市中小学生社会大课堂环首都游学圈资源单位活动推广展示。

8月1日 中国铁路总公司宣传部副部长王滨、北京市延庆区委书记李志军、京张城际铁路有限公司董事长余泽西等莅临詹天佑纪念馆进行参观考察。

8月9~10日 由中国铁道学会铁路文化与博物馆工作委员会组织的"铁道科技行业类博物馆在科学教育体系中的发展策略研究"研讨会在哈尔滨举行。

8月10日 中国铁道博物馆于湘副馆长当选中国旅游协会旅游委员会中心妇女旅游委员会委员。

8月15日 中央电视台科教频道《解码科技史》节目在中国铁道博物馆东郊展馆拍摄。

8月23日 中国铁道博物馆与天津铁道职业技术学院战略合作"实践基地"揭牌仪式在正阳门展馆隆重举行。

8月27日 李春冀馆长、于湘副馆长等一行5人参加了中国自然科学博物馆学会在青海省德令哈市举行的2017年中国自然科学博物馆协会年会。

8月31日 延庆一中2017级"詹天佑班"开班暨与北京交通大学班级共建仪式在詹天佑纪念馆隆重举行。

9月7日 北京市文物局副局长向德春、市场处处长哈骏一行来到中国铁道博物馆调研文化创意产品开发工作。中国铁路总公司宣传部副部长王滨、企业文化处处长郝文杰、中国铁道博物馆馆长李春冀及副馆长黄虎等陪同。

9月7日 中国铁道博物馆参加由北京市教育学会社会大课题教育研究会、北京市中小学生社会大课堂管理办公室主办的"民族团结教育与一带一路"社会公益活动启动仪式及北京市中小学生社会大课堂实践教育经验交流会活动。

9月11~13日 中国铁道博物馆参加第十二届北京国际文化创意产业博览会暨北京文博会。

9月14~18日 中国铁道博物馆参加以"创新驱动发展,科学破除愚昧"为主题的2017年全国科普日北京主场活动暨第七届北京科学嘉年华活动。

9月19日 在全国科普日活动期间,中国铁道博物馆联合中国铁道出版社举行了"2017年全国科普日赠书活动"。

9月25日 交通运输部、国家铁路局、中国民用航空局和国家邮政局直属机关党委在中国铁道博物馆东郊展馆以"喜迎党的十九大、做好先行保障"为主题开展了"两学一做"学习教育联学活动。

9月底 中国铁道学会铁路文化与博物馆工作委员会主编的《铁路文化与博物馆工作研究——2016年学术论文集》由中国铁道出版社正式出版发行。

10月10~12日 中国铁道博物馆正阳门展馆积极响应"北京市科普基地科普活动京津冀行"活动的号召,来到北京市密云区的多所小学开展科普活动。

10月25日 "百年记忆——京张铁路老照片展"在中国铁道博物馆东郊展馆展出。

10月27日 "中国铁道博物馆青少年教育课程及教具开发"项目顺利通过验收。

10月26~28日 中国铁道博物馆组织全体员工赴上海参加第十四届中国国际现代化铁路技术装备展览会。

11 月 11 日　中国铁道博物馆及詹天佑纪念馆均获得第二十九届国际科学与和平周"优秀活动奖"。

11 月 21 日　由中国铁路总公司发行的《复兴号》铁路纪念站台票"A000001 号票"捐赠仪式在中国铁道博物馆正阳门展馆举行。

11 月 21 日　中国铁道博物馆召开消防安全工作会议，专题研究、紧急部署安全隐患大排查、大清理、大整治专项行动工作。11 月 22 日，馆长李春冀、党委副书记李福增、副馆长于湘、副馆长黄虎带队对机关办公区、各展馆进行了消防安全隐患集中排查。

11 月 23 日　中国铁道博物馆詹天佑纪念馆参加了"与新时代同行——8+ 文化名人展"主题活动。

11 月 23 日　国际博物馆协会副主席、中国博物馆协会副理事长兼秘书长安来顺博士在中国铁道博物馆正阳门展馆做了题为"新形势下行业博物馆的可持续发展"专题讲座。

11 月 29 日　中国铁道学会铁路文化与博物馆工作委员会（简称"中国铁道文博委员会"）2017 年工作年会暨学术研讨会在中国铁路上海局集团有限公司钱江疗养院召开。

11 月 30 日　北京市社会大课堂专家组来到中国铁道博物馆东郊展馆，进行北京市级优质资源单位项目验收工作。

12 月 6~7 日　"中国铁道博物馆 2018 年工作思路及今后三年规划研讨会暨中国铁道博物馆消防安全承诺书签订仪式"在詹天佑纪念馆举行。

12 月 7 日　中国铁道博物馆新入职员工左什、冯晓缘参加 2017 年北京市科普讲解大赛。两人均获此次大赛三等奖，并双双获得"北京市十佳科普使者"称号。

12 月 13~14 日　中国铁道博物馆组织全馆职工分两批前往中国消防博物馆参观学习。

12 月 16 日　中国铁道博物馆副馆长黄虎应邀参加了 2017"北京礼物旅游商品大赛"的颁奖典礼活动。

12 月 20 日　中国铁道博物馆组织部分员工赴北京汽车博物馆参观培训。

▒ 七、2017 年工作概述

2017 年，中国铁道博物馆在中国铁路总公司、中国铁路北京局集团有限公司的正确领导和大力支持下，深入学习贯彻习近平新时代中国特色社会主义思想和党的十八大、十九大精神，认真落实全路工作会议精神，坚持以保护、传承和弘扬中国铁路特色文化为己任，致力于讲好中国故事的铁路篇，持续提升博物馆专业化品质和社会服务能力，当好中国铁路历史的文化大使，各项工作稳步推进，努力开创中国铁道博物馆工作新局面。

2017 年，据不完全统计，参观人数达到 46 万人次，较 2016 年的 36 万人次增长了 28%。一年来，中铁博不仅圆满完成了包括国务院侨务办公室、中国铁路总公司、周边铁路合作专题公共外交活动记者团等在内的大量国内外重要团体的接待任务，还积极利用 5·18 国际博物馆日、科普日、科技周等重要节点，充分发挥展馆优势，举办了丰富多彩的科普教育活动。通过活动，拉近了公众与博物馆的距离，透过博物馆，公众更直观、更全面、更深入地认识了中国铁路，爱上了中国铁路，现代化铁路建设拥有了更广泛、更深厚的群众基础。此外，"中国铁道博物馆"作为新增词条，第一次入选《中国大百科全书·博物馆卷》，这对于进一步推动我国铁路行业博物馆事业的发展，具有重要意义。

2017 年，中国铁道博物馆着力提升博物馆专业素质，促进博物馆事业进一步发展，持续推进展览展示、文物征集、学术研究、社会教育、对外合作与交流等工作。

优秀展览层出不穷。三个展馆利用自身优势举办了多个展览。正阳门展馆 2017 年完成基本陈列改造任务，调整展览结构，更新高铁建设与发展部分，让广大观众感受到中国高速铁路建设的飞快步伐、巨大成就、先进水平和宏伟前景。在不断调整完善基本陈列的同时，该馆还积极与中国铁道学会、詹天佑科学技术发展基金会、江门市人民政府、中铁纪念票证有限公司等相关部门合作策划展出"跨越百年——京张铁路影像展""轨迹——华侨与铁路专题展""强基达标 提质增效 科技强路 创新圆梦""方寸之间见证伟大复兴——铁路纪念站台票专题展"等，受到广大观众的一致好评。

此外，东郊展馆"中国高速铁路科普展示内容及展示技术提升"课题项目获得北京市科委立项，并召开多

中国铁道博物馆东郊展馆内景

次项目研讨会。该课题旨在打造全路首家专门展示中国高速铁路发展全貌的科普互动展厅，对于完善该馆科普展览，丰富展陈手段具有极其重要的意义。就在 2017 年收官阶段，又推出一个堪称该馆展览史上最文艺的展览"电影《芳华》的外景地——碧色寨车站"。

文物保护突破瓶颈。积极贯彻落实习近平总书记在全国文物工作会议上对文物工作做出的重要指示，切实加大文物保护力度，推进文物合理适度利用。在总公司运输局指导协调和部分路局的配合下，共完成韶山 1 型 0681 号电力机车、韶山 4 型（改）0168 号电力机车、韶山 4 型（改）6001 号电力机车及东风 7c 型 5006 号内燃机车的征集工作，并在 5·18 国际博物馆日举办了"新征机车入馆收藏仪式"。对新开通的铁路线路的首次车票进行收藏，收藏中国铁路总公司发行的《复兴号》A000001 号纪念站台票等。

为认真贯彻中国铁路总公司运输局对中国早期铁路动车组进行调研的指示，从 2017 年 6 月到 9 月，历时三个月的时间，中国铁道博物馆组织相关人员先后前往武汉铁路局实地调研"神州号"动车组现状，前往昆明铁路局实地调研"春城号""石林号"动车组，前往南宁铁路局实地调研沿海公司动车组，前往沈阳铁路局调研"长白山"号动车组实况，并现场向技术人员了解车况等。9 月起草完成《中国早期铁路动车组调研报告》等材料上报中国铁路总公司。中国早期动车组既区别于传统的电力机车，也不同于后来的"和谐"号动车组。它们是中国铁路发展史上的重要一页，收藏这些动车组具有重要的历史意义和科学价值。对现存中国早期动车组进行抢救性调研及征集工作，是该馆文物保护工作主动作为、突破瓶颈的重要体现。

此外，按照总公司的要求，在北京局集团公司等相关部门的大力支持下，中国铁道博物馆加大了对京张铁路沿线文物征集和保护工作的力度，组织力量推进京张沿线影像采集与文物征集工作的开展。同时，加强文物保护安全保障工作的力度，在财政部的大力支持下，为场馆配备目前最高端的低氧恒温恒湿柜，积极在全馆范围内开展文物安全自查工作，增设安全设备，规范使用管理，清除安全隐患，确保文物安全。

社教活动精彩纷呈。参加第七届北京科学嘉年华活动。展会现场布置了火车模拟运转互动展示、蒸汽机车动态演示、手工拼装课堂、铁路科普动画放映、"复兴号"模型等铁路科普展示项目，吸引了多批国内外观众驻足，或参观或体验。其间，还与詹天佑科学技术发展基金会及中国铁道出版社联合举办了向现场观众赠送科普图书及文化用品等活动，受到了观众们的欢迎和赞誉。

东郊展馆针对"阳光少年"寒假社会实践活动推出了"发现之旅——趣味答题卡"活动，针对亲子家庭推出了"开往春天的列车"主题系列之"小火车的春装""火车风铃"活动，以及"庆国庆 迎复兴""全国铁路科技活动周启动仪式"等形式多样、内容丰富、趣味横生的特色科普活动。

正阳门展馆不仅开展馆内社教活动，而且实施"走出去"模式，深入学校等机构开展科普活动。例如，借助"京津冀科普行"活动，分别为北京市密云区、河北省河间市的中小学校学生带去了铁路知识讲座、立体车模拼插等系列活动，受到了学校师生的欢迎。另外，还受邀到中国电影博物馆、北京市第十二中学等开展铁路知识讲座，以及参加北京自然博物馆组织的科普大篷车活动、东城区青少年学院2017"学院制"课程建设展示活动等。

詹天佑纪念馆开发了"探索火车的奥秘""阳光少年詹天佑""詹天佑的留学之路""百年京张路"等课件，将更为丰富的科普知识送入课堂。开发出适合中小学生参与的具有京张铁路特色的"真人版大富翁"游戏——"阳光少年GOGOGO"。该游戏寓教于乐，体现了科普活动的参与性与互动性。通过系列活动，大力宣传了铁路科普知识，弘扬了铁路特色文化，该馆社会效益得到显著提升。

中国铁道博物馆选送的"'铁博开讲啦'科普系列讲座活动"在第三届科普基地优秀活动展评中以第一名的成绩荣获一等奖的殊荣。说明该馆已初步打造出系列有影响力的科普套餐品牌，中铁博作为全国科普教育基地开展科普活动的能力得到了社会的充分认可和肯定。

此外，中国铁道博物馆与天津铁道职业技术学院签署战略合作协议，成为其实践教育基地，为铁路事业培养专业人才贡献力量。

学术研究成果丰硕。由中国铁道博物馆承办的中国铁路总公司《铁路文物保护管理工作研究》课题基本完成。这个课题实现四大成果：一是提出了全路对加强文物保护管理具有指导意义的调研报告；二是编辑出版了《铁路文物保护管理工作手册》；三是建立中国铁路不可移动文物和具有保存价值铁路建筑、设施图册，中国铁路可移动文物和具有保存价值铁路实物图册；四是建立了三个数据库：中国铁路总公司所属单位博物馆、纪念馆及主要铁路站段展室基础信息数据库，中国铁路沿线管辖范围内由国家或地方挂牌的不可移动文物和具有保存价值铁路建筑、设施基础数据库，以及中国铁路文物和具有保存价值铁路实物基础信息库。

2017年全国铁路科技活动周启动仪式在东郊展馆举行

中国科协下达的"铁路科技类行业博物馆在科学教育体系中的发展策略研究"课题完成。课题组先后对17家博物馆、纪念馆、小火车体验基地和28所中小学校开展了调查问卷，深入部分场馆进行实地调研，通过案例调查分析、实地走访，摸清底数，掌握铁路科技类博物馆在开展科学教育方面的情况，从而分析总结铁路科技类博物馆在开展科学教育体系中的模式、机制和规律，研判铁路科技类博物馆在国家科学体系中的深层定位及发展策略，并提出了具体建议。

"中国铁道博物馆青少年教育课程及教具开发"课题完成。经过两年的研发，一是完成了《铁路科学——小学版》的研发编写出版工作，由首都师范大学出版社出版；二是以中国火车发展系列为主线，精心挑选馆藏有代表性的机车类型，并以此为原形研发出科普教具模型，让学生们在动手体验的过程中，将枯燥的知识通过轻松的方式理解和掌握，同时激发他们的爱国、爱路情感。

作为总公司京张铁路文化组成员，中铁博深入挖掘京张铁路历史文化和京张高铁时代文化内涵，积极参与《詹天佑历史文献汇编》编纂工作。与人民铁道报社合作，为"百年京张 文化传承"专栏提供多篇文章，讲好京张故事，弘扬詹天佑精神，让世界更好地了解京张铁路文化。

文创产品开发渐成体系。中铁博继2016年被国家文物局选为全国92家博物馆文创产品开发试点单位后，2017年又被北京市文物局、中国铁路总公司列为文创产品开发重点扶持和试点单位，并得到了文化部文创产品开发的资金支持。在此基础上，馆里加大了设计生产的投入力度和产学研合作的步伐，推出了一系列独具特色的铁路文创产品。截至目前，共推出了馆藏文物、京张铁路文化、铁路老建筑以及其他系列共9个品类约40款产品。博物馆拥有了自己的视觉识别系统（VI）并广泛应用于产品设计和对外宣传过程中。初步打通了从文化元素梳理、创意形成、设计生产、展示传播、销售等各个环节，有了一批较为固定的设计制作供应商，较为稳定的经营场所。

2017年，为了加强文化创意产品的知识产权保护力度，树立自主品牌意识，中铁博为"京张铁路四季书签"等30款文化创意产品申请了国家外观设计专利，创新产品的形状、图案、色彩等设计将受到法律保护，产品价值将得到大幅度提升。

此外，与中国铁道出版社、"北京礼物"授权公司等单位建立了长期合作关系，实现优势资源共享。初步探索了冠名监制等授权方式，尝试文化元素加值应用。在博物会（博物馆及相关产品与技术博览会）、深圳文博会、北京文博会、北京科学嘉年华等大型展会中亮相，拓宽展示传播渠道。

对外交流深化提升。中铁博受邀参加中国自然科学博物馆协会在青海省德令哈市举行的2017年中国自然科学博物馆协会年会。在分会场学术交流会上，李春冀同志主持了"教育活动的设计与实践专题研讨"。在行业博物馆的"运营管理学术研讨会"上，龚建玲、张建新分别做了题为"行业博物馆专业技术职务评聘相关问题及对策探讨——以中国铁道博物馆为例"和"携手安全，共赢共荣——博物馆与企业合作发展的实践探索"的发言。在中国自然科学博物馆协会主办的首届"一带一路"科普场馆发展国际研讨会中，中铁博承担了部分会务工作。邀请中国农业博物馆、北京市校外教育协会、北京众创国际展览有限公司等30多家单位进行馆际交流，其间邀请国际博物馆协会副主席安来顺博士做客"铁博讲堂"，举办题为"新形势下行业博物馆的可持续发展"专题讲座。切实发挥中铁博作为中国行业博物馆重要一员的作用，提升中国铁道博物馆在博物馆行业内的影响力。

2017年4月20日，中央电视台财经频道重磅策划的"为中国实业代言"系列活动第4站在东郊展馆隆重开启。中国中车集团董事长刘化龙等20位实业企业家代表、专家学者、来自一线的实业代表，在曾见证中国铁路从落后到现代

东郊展馆的明星课程"3D机车模型拼装"

化、中国铁路牵引动力发展变化缩影的中国铁道博物馆，录制了一场情怀与思考并重的对话。该馆的社会影响力也由此得到了广泛的提升。另外，全国铁道团委组织的争创"共青团员先锋岗（队）"示范活动启动仪式、2017年北京国际青年旅游季开幕式也先后在该馆举行。

另外，中国铁道博物馆先后帮助上海站史馆、哈尔滨铁路局《铁路大事记》、广州铁路陈列馆、乌鲁木齐铁路局陈列馆、太原铁路局陈列馆、物资总公司陈列馆等进行大纲的审定和咨询工作。受云南省临沧市政府的邀请，参加了滇缅铁路遗址重建项目的研讨。

文博委凝心聚力展作为。2017年，中国铁道文博委员会吸纳了北京交通大学校史馆、中国铁道科学研究院院史馆、铁煤蒸汽机车博物馆、中铁大桥局桥文化博物馆、连云港陇海铁路历史博物馆、北京众创国际展览有限公司、武汉数文科技有限公司等7家单位加入，进一步创新了铁路文化发展的新领域，拓展了铁路史研究的视野，为铁路文化的传承和各单位的合作搭建了更大的平台。目前，中国铁道文博委员会已发展到30家委员单位。

年内分别在武汉与哈尔滨组织开展了以"保护工业遗产 传承历史文化""铁路科技类行业博物馆在科学教育体系中的发展策略研究"为主题的学术交流与研讨活动。会上，各会员单位充分交换各自见解，取得了丰硕的学术成果，有力促进了铁路文博单位更加注重学术研究能力建设，推动铁路文博单位科研整体水平稳步提升。

2017年获得奖项

集体获得的荣誉称号

1. 中国铁道博物馆获得第十二届（2017）北京阳光少年活动优秀组织奖。
2. 中国铁道博物馆获得2017年中国自然科学博物馆协会优秀集体。
3. 中国铁道博物馆、詹天佑纪念馆分别荣获第二十九届国际科学与和平周"优秀活动奖"。
4. 中国铁道博物馆获得第十四届"北京礼物"旅游商品大赛优秀奖。
5. 中国铁道博物馆获得"2017年北京市中小学生社会大课堂优质资源单位"称号。
6. 中国铁道博物馆获得"教育部全国第一批中小学生研学实践教育基地单位"称号。
7. 詹天佑纪念馆荣获第十二届（2017）北京阳光少年文化科普进校园活动先进集体。
8. 正阳门展馆《铁博开讲啦》科普系列讲座在第三届北京市科普基地优秀项目评比活动中荣获一等奖第一名。

铁道兵纪念馆暨中国铁建展览馆

英 文 全 称：Memorial Hall of the Railway Corps Exhibition Hall of China Railway Construction Co. Ltd.

法 定 代 表 人：赵其红

联 系 电 话：010-52688418

传　　　　真：010-52688420

官 方 网 站：www.crcc.cn

行 政 主 管 单 位：中国铁建股份有限公司

成立（开放）日期：2014 年 1 月 16 日

通 信 地 址：北京市海淀区复兴路 40 号中国铁建大厦 B 座

已加入专业委员会：北京博物馆学会行业博物馆委员会

一、科普活动与展览

1. 临时展览

单位：平方米，人次

序号	展览名称	起止日期	展出地点	面积	观众数量	性质
1	樊鸿锡左右手书法作品展	7 月 1 日至 9 月 1 日	中国铁建展览馆	200	3400	联合
2	铁道兵原创版画展	3 月 1 日至 12 月 31 日	铁道兵纪念馆	300	8200	联合
3	中国铁建在海外业绩展	6 月 20 日至 8 月 20 日	铁道兵纪念馆	80	640	原创

2. 教育活动

单位：人次

序号	活动名称	活动时间	主要内容	活动形式	主要对象	参与人数
1	北京交通大学经济管理学院留学生	1 月 9 日	文化交流	参观、座谈	留学生	60
2	首都师范大学附属中学学生	1 月 20 日	文化交流	参观、模型操作	中学生	56
3	格林纳达驻联合国大使刘迟一行	1 月 25 日	文化交流	参观、座谈	大使	26
4	商务部钱克明副部长一行	2 月 23 日	文化交流	参观、座谈	商务部客人	30
5	中央宣传部副部长王世明一行	3 月 2 日	文化交流	参观、座谈	中宣部客人	24
6	电视连续剧《铁道兵》编剧铁道兵联谊文化公益基金	3 月 17 日	文化交流	参观、座谈	剧组人员	34
7	2017 年中国与泰国商业文化融合研修班（第一期）学员	5 月 18 日	文化交流	参观、座谈	泰国客人	100

序号	活动名称	活动时间	主要内容	活动形式	主要对象	参与人数
8	中央党校第 68 期厅局级干部进修班"民主与社会建设"研究专题支部	6 月 6 日	文化交流	参观、座谈	中央党校学员	80
9	外交部翻译司学习习主席高峰论坛讲话推进"一带一路"建设主题学习活动	7 月 4 日	文化交流	参观、座谈	外交部客人	75
10	五一小学、北太平路小学生参观	9 月 26 日	文化交流	参观	小学生	150
11	全国总工会党日活动	10 月 13 日	文化交流	参观、座谈	全国总工会全体人员	80
12	对外经贸大学希腊留学生	12 月 20 日	文化交流	参观、座谈	留学生	30

二、2017 年度大事记

1 月 9 日　接待北京交通大学经济管理学院留学生参观交流。

1 月 20 日　举办中学生研学活动，首都师范大学附属中学学生参观此次活动。

1 月 20 日　纳米比亚公共企业部部长利昂·尤斯特一行参观及商务交流。

2 月 7 日　举办"上将吕正操"专题研讨活动，上海交通大学吕正操研究组参加。

2 月 9 日　举办寒假夏令营活动，复兴路 40 号院居委会组织附近居民子女参观交流。

2 月 23 日　中国铁建董事长、党委书记孟凤朝在铁道兵纪念馆会见商务部副部长钱克明一行。双方就中国铁建海外项目推进，以及"一带一路"建设的有关情况进行了深入交流，并达成共识。

3 月 2 日　中宣部原副部长王世明参观交流。

3 月 16 日　举办和沈阳铁路陈列馆的馆际交流活动，两馆人员参加交流座谈。

4 月 5 日　举办商务交流，墨西哥 Eriovi Holdings 集团总裁一行参加。

4 月 11 日　举办央企财务信息交流活动，中交集团财务公司信息技术部总经理孙新东、航天科工财务有限责任公司信息技术部总经理孙耀敏、兵器装备集团财务有限责任公司信息技术部总经理李玉伟等参加交流。

4 月 13 日　承接墨西哥孔子学院代表团学生参观交流。

4 月 13 日　承接中国铁建国际集团贸易公司新员工 55 人参观交流。

4 月 17 日　承接上海铁道兵老兵合唱团七彩夕阳全国中老年合唱之星老兵团参观交流。

4 月 17 日　接待阿根廷共和国交通部副部长佩德罗·胡安·索洛普一行 25 人参观交流。

4 月 19 日　接待尼日利亚记者团 46 人参观。

4 月 26 日　接待米兰理工大学商学院 EMBA 班学员（意大利人）65 人参观。

4 月 27 日　接待孟加拉国 Dp rail 货运铁路公司 CEOyusef ali 一行 26 人参观。

4 月 28 日　接待中国企业文化促进会会长吕德文一行 30 人参观。

5 月 4 日　接待中国铁建电气化局京燕饭店公司和中铁建商务公司长阳分公司五四青年节团员参观活动。

5 月 9 日　接待中央电视台 CCTV4《国家记忆》栏目组记者 10 人参观。中央电视 4 台《国家记忆》栏目组 15 人参观并在场馆内取景，赵其红馆长接待会谈之后接受了他们的采访。

5 月 16 日　接待特立尼达和多巴哥共和国总理府部长兼司法部部长斯图尔特·杨等参观交流。

5 月 17 日　接待 2017 年亚洲国家国企企业改革与治理研修班 60 人参观。

5 月 18 日　接待 2017 年中国与泰国第一期商业文化融合研修班学员 50 人参观。

5 月 18 日　接待中央社会主义学院党组书记第一副院长潘岳参观交流。

6 月 9 日　中国工程院钱清泉院士、西南交通大学校长张文桂等人参观交流前沿科技设计。

6 月 13 日　举办金融行业杂志交流会，《金融时报》、《中国经营报》、《中国金融》杂志、《中国金融家》

铁道兵纪念馆序厅全景图

杂志等多家媒体记者参与交流。

6月17日　接待新华社、中央电视台、《经济日报》等媒体记者团参观。

6月19日　接待北京交通大学非洲铁路建设管理研修班参观。

6月24日　举办中小学生研学活动——中国高铁走向世界，中组部幼儿园学生参加。

6月30日　举办"两学一做联学共建"活动，交通运输部水运局全体人员参加。

6月30日　中国铁建所属二级单位300多人参加庆"七一"活动。

7月4日　外交部翻译司120位同志参加学习习主席高峰论坛讲话、开展"一带一路"建设主题学习参观活动。

7月18日　巴西坎皮纳斯孔子学院夏令营代表团49人参观。

8月1日　举办庆"八一"活动，中铁建物资集团新员工、原12师铁道兵、中铁16局通讯中心外地特务连老兵、中铁十八局老铁道兵党员、中铁建设老铁道兵及新员工共500多人参加活动。

8月2日　举办庆"八一"活动，中铁12局国际公司新员工、14局房山桥梁厂员工、16局地铁公司员工等共200多人参观活动。

12月1日　接待阿尔及利亚民族解放阵线领导人穆罕默德·穆萨乌贾、国民议会副议长阿明·森努西、助手巴希尔·卡拉和哈菲达·拉姆达尼一行参观交流。

12月3日　接待摩洛哥吉尔省省长奥马里、摩洛哥外经贸部部长代表那思博士一行参观交流。

12月22日　接待冈比亚驻华大使、交通部部长一行参观交流。

三、2017年工作概述

2017年，铁道兵纪念馆紧密围绕传播铁道兵精神、传播中国铁建主要成就，成为中国铁建企业文化的重要载体、宣扬中国铁建成就的重要窗口，社会教育、正能量传播的热点平台。铁道兵纪念馆是中国铁道文化建设

一道独特的风景线和亮丽的"名片"，在中央企业系统具有较强的影响力和较大的知名度。

2017年，铁道兵纪念馆以更加成熟稳定的管理模式迎来运营管理的第四年，参观流稳步增长，企业宣传效果得到各方认可，外部展览丰富多彩，馆媒联合更趋融洽，藏品管理专业有序，基地建设扎实推进，为推动各项工作持续健康发展打下更加坚实的基础。

（一）加强场馆管理，推动各项工作规范化

一是紧抓爱国主义教育基地申请工作。以丰富的历史内涵、严谨的场馆管理、良好的参观反响为基础，铁道兵纪念馆积极与上级单位沟通，向中宣部递交了"全国爱国主义教育基地"申报材料，受到中宣部领导的肯定，目前各项材料正在审核中。

二是不断提高员工管理水平。由于工作人员少，铁道兵纪念馆对馆内工作人员的综合业务水平和工作责任心提出了更高要求。同时，注重临时讲解员的梯队培养，全年培养临时讲解员10名，为铁道兵纪念馆的讲解员队伍积累了后备力量，也为所属单位培养了熟悉总公司系统业务、综合素质强的人才。

三是持续加强藏品标准化管理。过去的两年，铁道兵纪念馆按照国家文物局"第一次全国可移动文物普查"工作要求，初步建立了藏品管理体系。2017年，铁道兵纪念馆严格按照分类、拍照、测量、登记等标准化流程开展藏品的收集和管理工作，强化了账目清晰、管理规范、调用便捷的藏品管理体系建设，为藏品保护和利用打下了坚实的基础。

四是及时做好设备维护维修。为了保证日常参观的有序进行，铁道兵纪念馆将设备的故障检修作为日常工作来抓，定期对设备进行维护，及时排除设备故障，并于9~10月份开展了设备故障集中排查，保证了设备始终处于健康运行状态。

五是强化参观团队管理。由于工作人员少，团体接待能力受限，为了保证各类参观团体的参观效果，铁道兵纪念馆根据参观团体性质进行分级预约管理。在保证商务经营类参观的同时，将内部参观、社会参观分散在不同时间段，既营造了有条不紊的参观秩序，也基本保证了各参观团体的需求，从观众反馈意见看，参观效果良好。

3月13日，中国铁道博物馆全体人员参观铁道兵纪念馆 ——

北京太平路小活动学小学生参观教育 ——

亚非青年联欢节代表参观 ——

六是更新海外展板内容。近年来随着中国铁建参与"一带一路"建设的不断深入，海外市场拓展速度加快，取得了一系列骄人业绩。为更好地、系统地展示企业海外经营建设成就，10月份开始对所属单位海外经营建设业绩进行收集、整理，着手筹备、设计、更新"中国铁建在海外"展厅内容，预计元旦前后完成该展厅的布展工作。

（二）立足主业，热情接待各类参观

截至10月份，铁道兵纪念馆2017年接待团体参观373次（其中商务团体149个，内部团体98个，社会团体84个，老兵团体42个）和大量散客参观，参观总人数达38000人次，同比增长50%，取得了良好的社会效应，参观活动特点鲜明。

一是回头率高。首都师范大学、对外经贸大学、北京交通大学、北京外国语大学、西南交通大学等院校均多次组织学生参观。其中对外经贸大学最为活跃，2017年先后组织了7批学生、教师参观；国资委办公厅组织了7批公务人员参观；国家开发银行组织3批职工参观；另外解放军后勤学院、国家安全局、国务院、国家知识产权局、对外交流协会等单位将铁道兵纪念馆作为学习交流的基地，多次在铁道兵纪念馆开展活动；股份公司及各二级单位将铁道兵纪念馆作为经营联络的平台，多次乃至数十次邀请客人参观。

二是商务参观量大。股份公司领导、机关各部门和国际集团、投资集团、房地产集团、诚合保险等单位，充分发挥铁道兵纪念馆的经营平台作用，组织了149次商务性参观，并呈现出高层化趋势。如商务部副部长、乌干达议长、尼泊尔共产党（联合马列）副主席、安哥拉财政部部长、沙特阿拉伯驻华大使、格林纳达驻联合国大使、纳米比亚公共企业部部长、阿根廷共和国交通部副部长、波兰华沙世贸中心主席以及一些省市主要领导、大中院校领导和国内外企业高管等均受邀参观铁道兵纪念馆。这种高层次的交流，为企业扎实

有效地开展经营业务创造了机会。

三是承接活动丰富多彩。由于铁道兵的历史和中国铁建辉煌业绩突出展示了铁道兵、铁建人的爱国主义情操和百折不回的创业精神，特别是中国改革开放以来社会主义事业的巨大进步，系统内外很多单位把铁道兵纪念馆作为党团活动、群众教育和新员工入职学习的最佳培训基地，在铁道兵纪念馆开展了丰富多彩的活动。全国总工会在铁道兵纪念馆开展党员日活动，交通运输部水运局举办"两学一做"学习党章党规活动；外交部翻译司组织人员学习习主席高峰论坛讲话精神、开展"一带一路"建设主题学习；人民网第五党支部组织党员日活动；十九局轨道公司北京地铁项目部员工"责任心"教育；中铁大桥局、十五局、二十二局、二十五局，中铁城建集团北京地铁项目部等单位组织员工开展革命传统教育、庆祝党的生日、重温入党誓词、庆祝建军等活动。各单位纷纷选择在铁道兵纪念馆开展活动。值得一提的是国家部委、大使馆、各民间组织团体在铁道兵纪念馆组织的各类活动，充分发挥了馆内铁道兵历史和中国铁建发展史展览特有的宣传作用。铁道兵纪念馆的影响和中国铁建的形象，得到了各方的赞誉。

（三）做好外展，拓展企业展示平台

铁道兵纪念馆是企业品牌形象展示的重要平台，在两年的运维管理中铁道兵纪念馆的展示水平和针对性策划展览的能力得到各部门的认可。2017年配合有关部门组织参加了4次大型外展，包括渝洽会、中阿博览会、国际产能博览会、轨道交通成就展。铁道兵纪念馆根据不同展览的特点，精心策划具有极强针对性的展览方案，积极协调参展单位，认真组织布展、参观接待、新闻报道，在专业展览的竞技场上充分展示了中国铁建的品牌形象和铁道兵精神。

（四）传授指导，成为企业办博物馆的成功典范

铁道兵纪念馆内收纳了独具代表性和权威性的大量珍贵藏品，展陈内容真实而生动，受到企业和社会的认可，多个单位到铁道兵纪念馆取经。一是为企业检索历史信息、搜集资料、设立荣誉室等提供了第一手资料，如国家铁路局在铁道兵纪念馆找到了高速铁路的最早文字记载。二是成为企业内外、社会相关领域和新建立的博物馆等争相借鉴的榜样。2017年，铁道兵纪念馆接待十余家单位和团体，为其介绍建馆经验。单位包括沈阳铁路陈列馆、平津战役铁道兵纪念馆、中国中铁档案馆、中铁一局档案馆、新华人寿保险有限公司等。

（五）联合媒体，铁兵文化走进千家万户

在企业近年来生产经营中，铁道兵纪念馆受到了社会各界的广泛关注。2017年，参观铁道兵纪念馆的媒体包括中央电视台、中央人民广播电台、人民网、新华社、《中国日报》、目光传媒、《金融时报》、《中国经营报》、《中国金融》等。通过各媒体的宣传，铁道兵纪念馆把握时机，积极推介铁道兵文化，引起中央电视台《国家记忆》栏目组的重视。尘封的历史焕发了勃勃生机。经过数月的紧张筹备，五集大型纪录片《难忘铁道兵》已于2017年9月在中央电视台四套播出。节目播出后，获得社会各界强烈反响和一致好评，多批老兵、普通百姓纷纷来到铁道兵纪念馆参观、纪念这支不朽的队伍。

2017年，是铁道兵纪念馆整合前三年工作的成功经验，继往开来，不断刷新各项业绩的一年，也是更加受到社会认可，逐步迈向专业化展馆的一年。不忘初心，牢记使命，铁道兵纪念馆将在不断强化场馆管理、立足企业品牌宣传的主业，砥砺奋进，为建设优秀革命传统传播基地、中国央企力量的宣传平台而不懈努力。

北京汽车博物馆（丰台区规划展览馆）

英　文　全　称：Beijing Auto Museum
法　定　代　表　人：杨蕊
联　系　电　话：010-83627777
传　　　真：010-83627899
官　方　网　站：www.automuseum.org.cn
行政主管单位：北京市丰台区人民政府
成立（开放）日期：2011 年 9 月 23 日
通　信　地　址：北京市丰台区南四环西路 126 号
已加入专业委员会：中国自然科学博物馆协会专业科技博物馆专业委员会

▨ 一、科普活动与展览

1. 临时展览

单位：平方米，万人次

序号	展览名称	起止日期	展出地点	面积	观众数量	性质
1	车 @ 城 @ 人系列展览之车动京城	1 月至 12 月	二层临展	1000	74	原创
2	金戈铁马话军车专题展览	9 月至 10 月	广场、二层展区	800	8	原创
3	"房车 @ 城 @ 人"专题展览	6 月 1 日至今	西广场草坪	6000	30	联合、引进

2. 教育活动

单位：人次

序号	活动名称	活动时间	主要内容	活动形式	主要对象	参与人数
1	3510 绿色出行主题教育活动	1 月至 3 月	DIY 智慧城市等互动教育活动	课程、动手制作、实操	亲子家庭	360
2	"我们的节日"主题活动	1 月至 12 月	传统文化与科技相结合主题教育活动	动手制作、自主学习等	亲子家庭	300
3	"平安在路上·欢乐在汽博"寒假体验营	1 月 20 日至 2 月 26 日	包括"欢乐游""趣味学"和"寒假营"三大版块，涵盖博物馆奇妙夜、与风共舞——科学实验秀、无动力小车公开课、春节特别活动系列等主题活动	参观、课程、游戏、探秘、动手制作	中小学生、亲子家庭	18000

续表

序号	活动名称	活动时间	主要内容	活动形式	主要对象	参与人数
4	第四、五期小小讲解员培训班	2月4~14日；7月22日至8月1日	由博物馆的优秀讲解员辅导，在形体礼仪、发声训练、汽车文化传播、科普教育、讲解服务等实践中，体验博物馆讲解与科普工作的魅力，感受汽车文化与现代科技交融的独特"生命力"。从中不仅可以学到丰富的汽车知识，与汽车展品们来一个面对面的"深度交流"，了解它们背后的故事，还能学到如何生动有趣地讲述汽车历史与文化	科学课堂	定向报名	60
5	雷锋——一个汽车兵的故事	3月4日至6月3日	包含雷锋志愿岗讲解、爱国主义教育课程、《雷锋》情景剧、"雷锋故事"小小讲解员大赛等6项活动	参观、讲座、主题宣讲、情景剧	中小学生	19500
6	"安全小达人"中小学生安全教育日主题活动	3月25~26日	以游戏的方式带领孩子们认识交通标志，讲解交通盲区、转弯半径等背后的科学原理，同时引导大家了解交通安全和交通文明常识，提高安全意识	交通标识、互动游戏、科普图册发放	亲子家庭、中小学生	500
7	Greenpower创新教育项目主题活动	4月8日至12月2日	活动通过设计、组装、比赛三个环节，充分发挥青少年自主创新与实践研究能力	课程、动手制作、实操、竞赛	中小学生	745
8	"绿色生活 从我做起"世界地球日主题教育活动	4月22日	基于展陈资源，面向来馆观众在展区内开展"畅想未来交通"科普课程，向社会公众传递环保理念	课程、体验	街道市民	1000
9	"未来汽车工程师"科普大讲堂	4月22日	棉花糖挑战赛科普课程	科普课程	上海市中学生	200
10	"穿越百年时光，品鉴德国经典汽车"汽车品鉴活动	4月29日至5月1日	中德建交45周年之际，携手宝沃汽车，策划系列中德汽车文化交流活动，由专业汽车讲师进行讲解，品鉴经典车型，为观众带来一场丰富多彩的文化盛宴。活动不仅展示了这个德国汽车品牌的辉煌历史，勾勒了世界汽车工业与技术的百年发展与变迁，更让观众更好地了解德国汽车工业，感受德国经典车型的魅力	汽车品鉴，汽车文化交流	到馆观众	5000
11	"未来赛车手"创新教育项目	4月至12月	包含四驱车等课程，引导学生了解汽车构造和原理，培养思考和动手能力	课程、动手制作、实操	中小学生	1100
12	2017全国科技活动周暨北京科技周环保分会场	5月20~28日	智能汽车展示体验、绿色能源创新教育展示等	展示、互动体验	市民	6000
13	"绿色出行 畅通北京"主题宣讲活动	5月23日	新能源环保课堂等	科普课程	中小学生	250
14	凯翼众包车型入驻北京汽车博物馆	5月23日	芜湖凯翼汽车有限公司将一款通过众包形式设计，利用网络票选出的最高人气车型造车模型捐赠给汽博馆，北京汽车博物馆副馆长刘井权代表汽博馆接受捐赠	捐赠活动	汽车行业，媒体	60

续表

序号	活动名称	活动时间	主要内容	活动形式	主要对象	参与人数
15	"大手牵小手 汽车好朋友" 六一儿童汽车嘉年华主题活动	5月30日	包括绿地寻宝、滚滚回家、汽车医生、汽车跳蚤市场、儿童汽车音乐节等	参观、互动体验、动手制作	亲子家庭	200
16	环保爱车	5月至9月	结合博物馆车辆类藏品美容护理、技术保养两项业务，召集现场观众品鉴、分享博物馆展车维护保养工作、以互动形式讲解日常养车爱车常识，达到传播博物馆爱车文化及养车科普教育的目的	科普课程	学生群体、日常观众	3000
17	"科普走基层 科技进万家"科普资源牵手工程	5~8月	包括"未来设计师"创意工作室、车@城@人系列展览主题参观、"安全小达人"科普课堂、新能源汽车试乘试驾等活动	绘画、科普课堂、展览、参观、试乘试驾、科普进社区	社区居民	1260
18	第一届雷锋故事"小小讲解员大赛"	6月3日	大赛以讲述"雷锋故事"，弘扬"雷锋精神"为主题，以小学生讲解、朗诵"雷锋故事"为比赛形式，旨在积极引导青少年学习雷锋先进事迹，弘扬志愿服务精神，培育和践行社会主义核心价值观，让雷锋精神在青少年心中落地生根	科学课堂	定向报名	44
19	"践行绿色生活 共建美丽中国"2017年环境日主题系列活动	6月3~17日	包括"变废为宝"瓦楞纸汽车创作、"太阳能动力实验课"等活动及课程	科普课程、动手活动	亲子家庭、来馆观众、社区街道、摄影爱好者	410
20	"汽车文明伴我成长"暑期体验营	7月5日至8月26日	包括"汽车科学梦工坊""汽车科学咖啡馆""ICAR爱车课堂"等丰富活动	参观、科普课堂、探秘、有奖竞答、实践课、实验课、试乘试驾	中小学生、亲子家庭	1800
21	2017年"环首都游学圈"展示活动	7月8日	博物馆青少年教育活动展示	展示、课程	中小学师生	500
22	第35届北京学生科技节汽博主题活动	7月12日	博物馆互动科普活动	课程、体验等	中小学生	500
23	中国青少年汽车模型科技创意大赛	7月28~29日	包括创意汽车绘画、创意车壳彩绘、室内遥控汽车竞速、障碍越野竞赛、悬浮赛车、创意汽车制作等	绘画、制作、实操竞赛	中小学生	1200
24	"石墨烯光致电推动"科普展示	7月	"石墨烯光致电推动"科普展示	互动展示	香港市民	1000
25	开学第一课	9月7日	军车展览参观、展区参观、学习单展区探索	参观、探索	小学生	200
26	2017全国科普日主场活动——"创客汽车城"活动	9月14~18日	绿色能源汽车设计、组装、演说、比赛等	创新科普活动	市民	6000
27	博物馆之旅	全年	汽车科技与文化之旅	参观	市民	1130

续表

序号	活动名称	活动时间	主要内容	活动形式	主要对象	参与人数
28	博物馆课程	全年	包含未来工程师、未来设计师、小汽车大世界、我是小司机、汽车的模样、动力的变革等多门涵盖汽车科技、历史文化、安全、环保等内容的课程	博物馆课堂自主学习	亲子家庭、中小学生、幼儿园学生	3800
29	馆校共建	全年	馆校合作课程与活动	博物馆课堂	中小学生	2500
30	展区微课堂	每周六、日10:30、14:30	面向观众开展解密汽车系列、发动机之旅、百年老字号、发动机之旅等展区课堂，传播汽车文化知识，提高公众的汽车文化修养	现场课堂、互动	亲子家庭、成人、中小学生	10220

二、科研与学术

1. 研究成果

序号	题目	作者	刊名	卷（期）号
1	《以主题文化活动涵养社会主义核心价值观》	吴 婧 高 艳等	《基层立项课题优秀成果选编》	北京出版社（2017 年）
2	《数控机床可靠性技术数据库应用》	谈治国	《制造技术与机床》	2017 年第 1 期
3	《汽车广告——百年汽车史的"别样画卷"》	高 艳	《中国之翼》	2017 年第 4 期
4	《在博物馆科学教育中加强人文精神的培育》	冯巧娟	《首都博物馆论丛》	2018 年第 12 期
5	《多元文化活动让博物馆有温度》	杨 蕊	《北京文化创意》	2017 年第 4 期
6	《对博物馆内部控制审计的思考》	王京民	《自然博物（4 卷）》	浙江科学技术出版社（2017 年）
7	《〈战狼 2〉这么燃，离不开这些霸气的中国制造》	高 艳 王蓓蓓	《光明日报》	2017 年 8 月 15 日
8	《仿真驾驶嗨起来，北京汽车博物馆 17 部全新仿真汽车模拟器开放体验》	曹 楠	《北京汽车报》	2017 年 1 月 12 日
9	《他，为汽车装上"心脏"》	高 艳	《北京汽车报》	2017 年 11 月 2 日
10	《永不褪色的国防绿——北京牌 BJ20 越野车》	王蓓蓓	《北京汽车报》	2017 年 2 月 16 日
11	《雷锋，一个汽车兵的故事》	曾红娟	《北京汽车报》	2017 年 3 月 9 日
12	《会行走的面包——大众小巴》	曾红娟	《北京汽车报》	2017 年 3 月 9 日
13	《古代战车，驰骋沙场 3000 年》	曾红娟	《北京汽车报》	2017 年 4 月 13 日
14	《智能新能源汽车亮相北京汽车博物馆分会场》	王晓琳	《北京汽车报》	2017 年 5 月 25 日
15	《"房车@城@人"展览带您重温房车史》	许文彦 王蓓蓓	《北京汽车报》	2017 年 5 月 25 日
16	《听老电话讲述汽车的故事》	程京京	《北京汽车报》	2017 年 7 月 13 日

序号	题目	作者	刊名	卷（期）号
17	《扬威沙场 守卫和平——必知的中国军车发展历程》	高 艳 王蓓蓓	《北京汽车报》	2017 年 8 月 22 日
18	《感伤的"法拉利迪诺"》	张 涛	《北京汽车报》	2017 年 12 月 14 日
19	《冬季如何保护这块电池》	北京汽车博物馆	《北京汽车报》	2017 年 1 月 12 日
20	《德国汽车工业先驱者：戈布里特 戴姆勒》	北京汽车博物馆	《北京汽车报》	2017 年 4 月 13 日
21	《让博物馆志愿服务生根开花》	戴 玉	《中国志愿》	2017 年第 3 期
22	《奔驰一号——世界上第一辆汽油汽车》	北京汽车博物馆	《赛车总动员汽车文化》	2017 年第 4 期
23	《车标中的"疯狂动物城"》	北京汽车博物馆	《赛车总动员汽车学堂》	2017 年第 5 期
24	《凯迪拉克·奥多拉多——豪华古董车的典范》	北京汽车博物馆	《赛车总动员汽车文化》	2017 年第 6 期
25	《交通信号我会认》	北京汽车博物馆	《赛车总动员汽车学堂》	2017 年第 7 期
26	《劳斯莱斯·银魅——静如鬼魅的超级豪华汽车》	北京汽车博物馆	《赛车总动员汽车文化》	2017 年第 8 期
27	《车牌嘉年华》	北京汽车博物馆	《赛车总动员汽车学堂》	2017 年第 9 期
28	《大众面包车——厢式多功能汽车的始祖》	北京汽车博物馆	《赛车总动员汽车文化》	2017 年第 10 期
29	《绿色先锋——电动汽车》	北京汽车博物馆	《赛车总动员汽车学堂》	2017 年第 11 期
30	《威利斯 MB 型越野汽车——现代越野车的鼻祖》	北京汽车博物馆	《赛车总动员汽车文化》	2017 年第 12 期
31	《北京第一家合资品牌——切诺基》	北京汽车博物馆	《产品安全与召回》	2017 年第 1 期
32	《会行走的面包——大众小面》	北京汽车博物馆	《产品安全与召回》	2017 年第 2 期
33	《为世界装上轮子的人——亨利·福特》	北京汽车博物馆	《产品安全与召回》	2017 年第 3 期
34	《北京汽车制造厂第一辆轿车"井冈山"诞生的故事》	北京汽车博物馆	《产品安全与召回》	2017 年第 4 期
35	《中国军车 那些你不知道的历史》	北京汽车博物馆	《产品安全与召回》	2017 年第 5 期
36	《博物馆中的"世界遗产"守护卫士——丰田陆地巡洋舰》	北京汽车博物馆	《产品安全与召回》	2017 年第 6 期

2. 专著

序号	名称	作者	出版社	出版日期
1	《博物馆服务标准化实践指南——以北京汽车博物馆为例》	北京汽车博物馆、弘博网著	天津大学出版社	2017 年 10 月
2	《服务提供标准体系》	北京汽车博物馆编著	天津大学出版社	2017 年 10 月
3	《藏品管理标准》	北京汽车博物馆编著	天津大学出版社	2017 年 10 月
4	《财务管理标准及采购管理标准》	北京汽车博物馆编著	天津大学出版社	2017 年 10 月
5	《综合管理及人力资源管理标准》	北京汽车博物馆编著	天津大学出版社	2017 年 10 月

续表

序号	名称	作者	出版社	出版日期
6	《安全管理标准》	北京汽车博物馆编著	天津大学出版社	2017 年 10 月
7	《通用基础标准体系》	北京汽车博物馆编著	天津大学出版社	2017 年 10 月
8	《环境能源交通管理标准》	北京汽车博物馆编著	天津大学出版社	2017 年 10 月
9	《设备及工程管理标准》	北京汽车博物馆编著	天津大学出版社	2017 年 10 月
10	《汽车博物馆奇妙之旅》	北京汽车博物馆编著	首都师范大学出版社	2017 年 12 月

三、信息化建设

1. 官方网站浏览情况

2017 年北京汽车博物馆（以下简称"汽博馆"）官方网站 www.automuseum.org.cn，主要展示汽博馆展览介绍、参观导览、科普教育、汽博新闻等内容。2017 年 1~10 月统计月均浏览量 3948 人次；日均访问量 132 人次。

2. 展品信息化工作

展品正筹划全馆建模工作，统一进行展品信息化工作。

3. 新媒体运用

汽博馆积极探索构建全媒体传播体系，高密度、广覆盖地报道馆内重点工作、重大展览及活动，取得了良好效果。牢牢把握党对意识形态工作的领导，构建传播体系中，围绕党建、汽车文化、科普教育等版块，运用各种媒体手段、载体、渠道，使受众获得更加及时、更多角度、更多听觉和视觉满足的媒介体验，实现基于不同传播介质（电视、报刊、网站、电台、微信、微博、电子屏、宣传栏），基于不同传播内容（图片、文字、视频等），基于不同传播形式（专题、专栏、直播、消息等）的系统传播。在确保汽博馆重点活动的宣传基础上，根据不同节假日、纪念日和社会热点话题，策划汽博文化主题宣传。同时，依托"互联网＋"将党建工作、汽车文化、科普教育和藏品研究与宣传传播渠道无缝对接，形成横向联合、纵向联动的"大传播"格局。微信、微博保持每周不少于三次的发布增加粉丝黏合度，内容包括馆内举办或开展的各项与汽车科技、文化传播相关的活动信息以及汽博馆党建活动等信息。同时开通内宣微信号，宣传党建群团工作。此外，汽博馆新媒体立足官网、微博和微信，与政府和行业自媒体形成宣传矩阵。与丰台区政府、北京市交通委、今日头条（头条旅游）等自媒体多方联动，合力传播。在微信增设微官网、在线参观、线上展览等线上传播。2017 年汽博馆的微博、微信粉丝量 4 万余人。

四、志愿者队伍建设

单位：人，小时

分类	服务岗位	人数	来源	服务时间
中学生志愿服务	雷锋宣讲岗	80	本市中学校	609.5
社会志愿者讲解服务	讲解服务岗	94	社会志愿者	350.5
职工志愿讲解服务	党员示范岗 / 团员先锋岗	86	职工党团员	616
大学生志愿服务	互动展项辅助 / 秩序维护岗	534	本市高等院校	4215

五、运营情况

票务情况

是否免费开放	未免费开放场馆票种	未免费开放票价	观众人数
否	成人票、学生票、残疾人票、现役军人票、老年票、优惠票、团体票、微信票	成人票：30 元 学生票：20 元 残疾人票：0 元 现役军人票：0 元 老年票：0 元	74 万人次 / 年
其他票务信息说明		爱车之友（双成人套票）：200 元 / 张 / 年 爱车之友（亲子 1+1）：175 元 / 张 / 年	

六、2017 年度大事记

1 月 14 日　上海科技馆党委书记与副馆长来馆进行馆际交流。

1 月 16 日　汽博馆宣传片《播一颗种子给未来》首映。

1 月 19 日　2017 年度"平安在路上 欢乐在汽博"寒假体验营活动启动。

1 月 26 日　车 @ 城 @ 人系列展览活动之车动京城开展。

2 月 4~14 日　举办第四期小小讲解员培训班。

2 月 9 日　ICN 国际卫视台长李丰来馆调研，并商谈中美汽车文化交流策划方向。

2 月 20 日　汽博馆 1 号直燃机顺利通过丰台区环保局烟气排放验收，取得检测报告。

2 月 28 日　"新动能 新传播 新生活——电动出行·守护蓝天 2016–2017 年度峰会"在北京新华社举行。

2 月　后勤保卫及服务部引进手机移动充电便民设备，并投入展区使用。

3 月 4 日　作为首都学雷锋志愿服务示范站及中国志愿服务项目大赛金奖项目单位，受邀参展由市委宣传部、首都文明办、市志愿服务联合会等单位举办的"爱满京城"——北京市 2017 年学雷锋志愿服务主题推动日活动。

3 月 4 日　启动 2017 年度"雷锋——一个汽车兵的故事"活动季。本年度雷锋活动自 3 月 4 日起至 6 月 3 日止，持续 3 个月。

北京汽车博物馆建筑

3 月 9 日　北京市文明办滕盛萍主任一行来馆举行党日活动。

3 月 15 日　丰台区工商联"疏解整治促提升"及创建首都文明示范区动员大会在汽博馆举办。

4 月 4 日　开展了"春暖花开'筝筝'日上——我们一起做风筝"清明节特别活动。

4 月 8 日　开展"西遇花朝——中法文化汇流"活动，为第二届中法文化论坛"一带一路：中法文化汇流"预热。

4 月 8 日　启动 Greenpower 创新教育项目，怡海小学、西中街小学的师生参加了课堂实践活动。

4 月 19 日　2017 年丰台区学习型城区建设成果展示活动在汽博馆举行，市教委、区教委有关领导以及各区县学习型城区建设专家 100 余人参加了此次活动。

4 月 19 日　汽车科学画展示及展项提升项目通过区科委项目评审。

4 月 20 日　举办了"学习总书记讲话 做合格共青团员"启动大会，团市委社区部部长郑雄，北京青少年发展基金会副秘书长亚纪英、团区委副书记王嘉等领导出席。

4 月 22 日　世界地球日之际，举办了"绿色出行 守护蓝天——2017 北京市新能源汽车展示体验基地系列活动启动仪式暨京津冀新能源汽车科普及体验基地揭牌仪式"。

4 月 22 日　汽博馆"未来汽车工程师"科普大讲堂活动亮相 2017 上海国际车展国际汽车关键技术论坛，成为论坛的亮点之一，中国汽车工程学会闫建来副秘书长出席本次活动并致辞。

4 月 25 日　襄阳市科学技术协会来馆参观并调研科技馆筹建工作。

4 月　举办"穿越百年时光，品鉴德国经典汽车"专题活动。

5 月 2 日　1968 年产红旗 CA770 轿车和 1986 年产上海加长轿车同步开展修复工作。

5 月 3 日　接待雷锋的老战友乔安山来馆参观，并做相关访谈记录。

5 月 6 日　2017 年北京市新能源汽车展示体验基地系列活动全面开启。

5 月 13 日　为迎接 5·18 国际博物馆日，汽博馆举办"车 @ 城 @ 人——聆听博物馆之音"主题诗歌朗诵会。

5 月 16 日　2 号直燃机顺利通过区环保局烟气排放验收，并取得检测报告。

5 月 20 日　2017 年全国科技活动周暨北京科技周正式开幕。汽博馆作为科技周分会场，也是全市唯一的专题性分会场，5 月 20 日至 28 日期间同步开展智能汽车展示体验、绿色能源创新教育课程等丰富多彩的科普体验活动，让现场观众近距离感受到"绿色出行"生活方式的智能和便利。

5 月 23 日　由丰台区科委、区委宣传部、区科协共同主办，由汽博馆等有关单位协办的丰台区科技周在汽博馆举行，航天一院、航天三院、北方车辆研究所、园林博物馆等 40 余家代表丰台区特色的科技科普单位参展。

5 月 28 日　举办"'粽'情在汽博"端午节主题科普活动。

5 月 30 日　举办"儿童汽车嘉年华"六一儿童节主题科普活动。

5 月　举办凯翼汽车众包车型入驻博物馆揭幕仪式专题活动。

6 月 1 日　汽博馆城市文化广场——"房车 @ 城 @ 人"专题展览开幕。

2017 年 5 月 13 日聆听博物馆之音主题诗歌朗诵会在北京汽车博物馆举行

6月3日　举办第一届雷锋故事"小小讲解员大赛"。

6月3日　开展了"践行绿色生活 共建美丽中国"2017年环境日主题系列活动，活动从6月3日持续到6月17日。

6月9日　北京市财政局王婴副局长陪同财政部经济建设司宋秋玲副司长一行100余人来馆参观，了解汽博馆概况、党建工作和新能源基地情况。

6月下旬　"自助售票管理系统"实现二维码扫码入馆、微信在线售票也已经完成内部测试；同时，调整了电子票渠道商接口，缓解现场购票压力的同时，满足更多观众的购票需求。

6月22日　新能源汽车试乘试驾系列活动迎来财政部、北京市财政局全体人员，丰台区财政局领导出席活动，参观汽博馆后，到达博物馆南广场参与新能源汽车试乘试驾活动。

6月28日　为庆祝香港回归20周年，由香港各界庆典委员会举办，中国科协、中国航天科技集团公司等单位联合举办的"创科驱动 成就梦想"的科技展在香港维多利亚公园开幕。北京汽车博物馆、北京碳世纪科技有限公司合作的"石墨烯光致电推动演示装置柜"展项参加了本次展览。

7月8日　2017年度"与科学面对面 同汽博共成长"主题暑期体验营开营，活动于8月31日结束。

7月12日　汽博馆携Greenpower创新教育项目参加了北京学生科技文化夏令营科学游园会暨第35届北京学生科技节。

7月20日　自助售票管理系统正式上线使用。

7月22日　暑期新能源汽车科普知识讲座开讲，以现场互动、试乘试驾、亲子体验等形式，吸引广大市民参与其中。

7月22日至8月1日　举办第五期小小讲解员培训班。

7月26日　团中央基层组织建设部副部长尹虓、北京市团市委书记熊卓来汽博馆参加北京共青团员先锋岗（队）创建示范活动。

7月28~29日　第五届全国青少年汽车模型科技创意大赛全国总决赛在汽博馆举行，从全国23个省市区选拔出来的近500名优秀小选手在小学组、中学组、高中组三个组别以及"创意汽车绘画"、"创意车壳彩绘"、"室内遥控汽车竞速"、"障碍越野竞赛"、"创意汽车制作"和"未来方程式"悬浮赛车六个竞赛单元展开激烈角逐。

8月11日　韩国首尔市江东区青少年友好代表团一行17人来汽博馆参观学习。

8月19日　"与科学面对面 同汽博共成长"汽博馆暑期体验营媒体家庭日活动开场。这是由丰台区委宣传部组织的"魅力丰台"宣传协作体的十余家国家级、市级主流新闻单位媒体人及家人应邀亲身体验汽博馆暑期体验营活动。

9月6日　首届北京市新能源汽车推广月"守护蓝天 迎接冬奥"活动在汽博馆正式启动，由中国国际贸易促进委员会、中国电工技术学会、北京新能源汽车发展促进中心、汽车知识杂志社、寰球汽车集团、北京汽车博物馆联合发起。新能源汽车企业、行业专家、市民和媒体代表出席启动仪式。同时举行新能源汽车协同发展座谈会。

9月7日　组织开展"开学第一课"活动，丰台一小长辛店校区的小学生们在汽博馆唱响少先队队歌、参观"金戈铁马话军车"专题展览。

9月12日　"一带一路"沿线国家孵化器规划建设与管理国际培训班学员来汽博馆参观学习。

9月14~18日　2017年全国科普日活动在鸟巢前广场举行。汽博馆开展"创客汽车城"活动，丰台一小、史家小学分校等22所学校参与，获得了良好的社会效益。

9月20日　对英国国家物理实验室进行考察及合作交流，并签订合作备忘录。

9月21日　对英国诺丁汉大学汽车工程系进行考察及合作交流，并签订合作备忘录。

9月22日　与西班牙graphenea公司进行合作交流并签订合作备忘录。

9月24~26日　馆领导出席第二届中法文化论坛"'一带一路'：中法文化汇流"。

9月26日　杨蕊馆长在第二届中法文化论坛"'一带一路'：中法文化汇流"中发言。

9月26日　与法国里昂市市长会面并进行友好交流。

9月27日　与法国里昂市签订友好交流备忘录。

9月29日　完成场馆二层、新闻厅、报告厅节能灯具更换改造，共计更换320盏LED节能灯，每年可节电约9.3万度，占全馆全年用电量的2%。

9月　完成博物馆展区艺术地面打蜡工作，为游客参观提供一个整洁、优美的参观环境。

10月18日　汽博馆携北京市新能源汽车展示体验基地参与节能与新能源汽车成果展及新能源汽车金秋购车节活动。

10月　完成停车系统升级改造，地面停车场增加手机支付功能，提升游客缴费效率；地下停车场安装车牌识别道闸机，增强内部停车管理。

11月1日　全国友协、北京市友协、德中友协、德中老爷车协会共同举办的"中德新丝路老爷车拉力赛"收车仪式在汽博馆举办。

11月9~11日　汽博馆举办"首届博物馆服务标准化培训班"，故宫博物院单霁翔院长为培训班学员演讲。

11月15日　北京市文物局副局长向德春带队，偕同市场处、科研处、研究室三个部门人员来汽博馆参观调研。

11月17日　"2017中国汽车工程学会大学生方程式系列赛事"在湖北襄阳梦想方程式赛车场落下帷幕。由汽博馆支持的河北工程大学凌云车队在128支车队激烈角逐中获得FSC总成绩第十名、高速避障第三名的好成绩。

11月22日　北京广播电视台副台长、总编辑、北京人民广播电台台长赵卫东来汽博馆调研基层党建工作，丰台区委副书记钟百利陪同调研。

11月23日　吉林省博物院院长李刚来汽博馆调研参观服务标准化建设事宜。

11月27日　汽博馆参加由中国自然科学博物馆协会主办，中国科学技术馆、上海科技馆承办的"首届'一带一路'科普场馆发展国际研讨会"，杨蕊馆长应邀做了"以车为媒，促进国与国文化交流"主题演讲。

11月下旬　场馆设备设施大中修改造项目完成13大项（15小项）。完成甲方、监理方和施工方的三方验收。

11月　完成场馆室内空气质量治理一期工程，达到馆内空气PM$_{2.5}$平均值小于$75\,\mu g/m^3$的治理目标。

12月21日　侵华日军南京大屠杀遇难同胞纪念馆馆长张建军来汽博馆调研参观。

七、2017年工作概述

2017年是汽博馆全面开放的第六年。在丰台区委、区政府的正确领导下，汽博馆坚持以习近平新时代中国特色社会主义思想为指导，深入学习贯彻党的十八届六中全会精神和十九大精神，全面落实北京市第十二次党代会精神及丰台区委十二届四次全会部署，牢固树立"四个意识"，强化党建核心引领，紧跟新时代文博行业发展的步伐，以服务标准化为抓手，以办好人民满意的博物馆为目标，不断夯实业务基础，提升文化软实力，以车为媒，加强国际文化交流，为建设和谐宜居的首都中心城区提供了坚实的文化支撑。

（一）社会影响力和社会效益不断提升

2017年全年开放运行316天，举办专题展览3项，开展各类主题科普活动32项722场次，组织承接文化交流活动30场。共计接待观众54.72万人次，服务各类人群74万人次。

成绩斐然，获得国家级荣誉3项，市级荣誉19项，行业荣誉、区级荣誉各8项。

国家级：刘井权、窦立敏被中国自然科学博物馆协会评为优秀科普工作者；曾红娟荣获全国科普讲解员大赛二等奖。

市级：北京汽车博物馆获得了"第十三届北京市思想政治工作先进单位"、"北京市安全生产标准化二级企业（旅游企业）"、"北京市区机关档案工作测评市级优秀单位"、"北京市民终身学习示范基地"、"2016年度北京市青年文明号"、"北京市共青团员先锋岗示范集体"、"中国故事——全国博物馆优秀讲解案例展示"活动专

2017年7月8日"与科学面对面 同汽博共成长"2017暑期体验营在北京汽车博物馆开营,现场观众观摩机器人表演

业讲解员组二等奖、"第十一届(2016)北京阳光少年活动"优秀组织奖、"第十一届(2016)北京阳光少年文化科普进校园活动"先进集体、"首都学雷锋志愿服务金牌"、"幸福劳动者"职工原创曲艺小品比赛三等奖、"第三届北京科普基地优秀教育活动优秀奖、二等奖"、"2016年北京科技微视频大赛入围奖"等荣誉或奖项;刘月英主席被北京市总工会评为"北京市优秀工会工作者"称号;胡子雨荣获北京市总工会"我有我精彩"职工演讲比赛三等奖;张德智、张涛分别获得北京市科普讲解大赛二等奖、三等奖;孙雪冰家庭被北京市委宣传部、北京市妇女联合会评为2017年"首都最美家庭"。

(二)夯实三大职能体系,树立文化品牌

1. 构建国别汽车文化研究体系,形成特色研究吸引力

梳理藏品家底,让藏品说话。构建了国别汽车文化体系的研究方向和框架,在不断深化汽车文化研究内容的基础上,开展9个国别11个专题的汽车文化内容研究,应用于专题展览内容和讲解词等基础业务中。完成了《中国汽车产业文化简史》课题项目教材编写、出版,已进入学校实践教学阶段。完成《一路同行中法梦》中法图册编写,从过去、现在、未来的维度梳理了文化文明之路、合作交流之路、未来梦想之路三个篇章,讲述了汽车与中法友谊的不解之缘,以车为媒,助力中法文化交流,充分展示了汽博馆文化研究成果。

2. 搭建汽车教育体系,促进科学普及驱动力

自主开发了1套博物馆学习教材、24种卡通学习单,60余门博物馆课程,形成了博物馆课程、探究活动、学习单等线上线下相结合的教育服务产品,面向不同受众提供教育服务,形成了"雷锋——一个汽车兵的故事""开学第一课"等教育项目品牌。汽博馆成为2017年度全国科技活动周暨北京科技周全市唯一的专题性分会场,"石墨烯光致电推动演示装置柜"展项参加了庆祝香港回归20周年科技展、"未来工程师"教育项目亮相2017上海国际车展国际汽车关键技术论坛。汇聚社会资源联合开展的Greenpower创新教育项目、河北工程大学-北京汽车博物馆方程式车队、中国青少年汽车模型科技创意大赛等教育项目为京津冀乃至全国的青少年搭建了创新实践平台,在激发创新创造活力、培养未来创新人才、促进京津冀地区科普教育协同发展等方面发挥着积极推动作用。

3. 健全信息传播体系,提升文化传播影响力

与社会媒体建立了紧密型、立体式的宣传运行机制。与新媒体"一点资讯"、"今日头条"以及热搜公众号建立合作,宣传面覆盖了汽车、旅游、科普等行业,扩大了宣传范围。将汽博馆纳入《中国大百科全书》搜索条码,进一步提升社会影响力。注重新闻策划,积极围绕重大项目核心业务及重要活动策划新闻。雷锋活动成为丰台区学雷锋志愿服务活动的一个重要组成部分,并在中央电视台等多家媒体播出。现场直播时实时关注受众达19万人次;乐视视频网站首页推广,传播受众达140万人,获得了良好的社会反响。全年通过官网发布信息229篇,微信发布356条,微博发布576条,摄影摄像240次,拍摄制作了时长为10分钟的"汽博馆路演"宣传片。突出"直播"概念,强化"视频"效果,实现了腾讯、爱奇艺、一直播等网络直播宣传。

(三)推进重点任务,提升多元文化发展

1. 对外交流取得新突破,在国际舞台发出中国声音

2017年9月24~27日,汽博馆代表团一行赴法国里昂参加第二届中法文化论坛。中法博物馆界嘉宾就"博

物馆在地区吸引力中的角色"的主题进行了广泛而深入的研讨，汽博馆馆长杨蕊做了题为"以车为媒，提升博物馆地区吸引力"的发言，以车为载体，从博物馆承载的多元文化融合的角度，讲述了中法两国的创造与友谊，城与城的对话与合作，人与人的沟通与交流；从博物馆服务标准化的角度，讲述了如何为观众提供"家一样的温暖"，让博物馆的服务更有温度。杨蕊馆长以车为媒，讲好中国故事，将博物馆的思想理念、管理方法与法国的博物馆进行分享，在世界舞台传播了中国声音。

2. 主动作为，发挥示范作用，引领行业依标准治馆

汽博馆"科教文化旅游服务标准化"成为国家级标准化示范项目，是全国博物馆、科技馆行业唯一一家示范单位，2017年开展"首届博物馆服务标准化培训班"，积极向行业宣传推广"依标准治馆"理念，得到行业广泛认可及社会媒体的极大关注。为让业界同行更好地了解"标准化与博物馆管理"，编写出版了《北京汽车博物馆标准》系列丛书（8本）和《博物馆服务标准化实践指南》等标准化图书，为博物馆从业人员提供第一手的参考资料和执行模板。围绕标准化创新研究基地和实践验证基地建设，汽博馆承担北京市文物局委托项目——地方标准《博物馆开放服务规范》的编写。地方标准的发布将有效提升北京地区博物馆的整体服务水平。

3. 聚焦科技文化前沿，提升展览展示水平

从增强观众体验感受出发，实施展项更新改造，丰富展示内容。升级改造"广告中的汽车""发动机之旅""汽车音乐""会跳舞的汽车"等展项，新增"基于zSpace的新能源汽车虚拟展示"展项，丰富了科普展示内容，提升展示效果。

以车为载体，研究"车"与"城"与"人"和谐发展的关系，举办系列活动。举办"车@城@人"专题展览。讲述北京建城、建都、城与车的故事，传递汽车之于城市、汽车之于人的精神，让观众重温老北京的车、城、人的有关故事。展览被纳入第十七届"相约北京"艺术节项目。举办"房车@城@人"专题展。以房车文化为主题，让公众近距离地了解房车文化的演变和发展，展现人与车、人与自然和谐相处的画面。同时，配套策划汇集小小赛车手、音乐汇、科普课程、文化沙龙及餐饮服务等多个专区的城市文化广场项目，打造全新的汽车文化体验。举办"金戈铁马话军车"专题展览。在中国人民解放军建军90周年之际，通过藏品实车、图文展板、军车模型再现了中国军车诞生与发展的历史，展现了中国汽车工业发展与壮大的伟大征程。同时，展览以"开学第一课"的形式，开展爱国主义教育活动，受到中小学校的高度评价以及社会媒体的关注。成功策划"车@城@人——聆听博物馆之音"诗歌朗诵会。在"国际博物馆日"到来之际，以北京历史文化为依托，通过跨界组合的方式，邀请陈铎等著名艺术家，联合博物馆界、文艺界、科技界、教育界等各领域人士，在汽博馆用诗歌朗诵会的形式弘扬中华优秀传统文化，倡导车、城、人的和谐发展。

夯实京津冀新能源汽车科普及体验基地。2017年汽博馆新能源汽车展示体验项目升级为京津冀新能源汽车科普及体验基地，开展了"绿色出行 守护蓝天"新能源汽车展示体验系列活动，全年共举行试乘试驾和科普课堂活动30场，1541组家庭参与活动，把节能环保理念和绿色出行的理念带入千家万户；5月全国科技周汽博馆分会场开展智能汽车展示体验、绿色能源创新教育课程等丰富多彩的科普体验活动，近5000名观众参与科普活动；首届北京市新能源汽车推广月在汽博馆启动，近万市民参与推广活动。

4. 加强文物保护利用和文化遗产保护传承

2017年新征集藏品697件，其中模型类5件，票牌类8件，其他类23件，文献类661件（含影音资料），涵盖了中国汽车发展历程中的重要见证物，展现了中国汽车工业的时代变迁。启动了1966年产红旗CA770轿车和1986年产上海加长轿车的修复工作。通过修复车辆类藏品，汽博馆不断完善修复工艺、技术及验收标准，挖掘了藏品故事，践行了工匠精神。在中国汽车工业诞生64周年之际，汽博馆以H5形式制作了《传承中国红旗精神——保护汽车文化遗产》宣传片，展现了汽博馆对中国汽车人、对中国汽车工业发展历程的敬意，得到了行业的认可。强化文化遗产保护理念，对74辆车辆类藏品进行美容护理与技术保养。

5. 积极探索文创产品开发规律，实现文创产品创新

汽博馆文创产品开发以馆内文化资源和科普资源为载体，深入挖掘藏品背后的历史故事，按照实现商店特许商品销售、与社会资源合作开发专属商品、与相关品牌合作开发商品的三步走策略，稳定"1+1+N"的开发模式，

2017年7月14日"牵手工程"马家堡街道玉安园社区居民到北京汽车博物馆参观车@城@人专题展览

实现了文创产品开发新突破。制作汽博馆LOGO防伪标识，逐步对商店销售商品进行审核备案并授权销售。根据北京汽车博物馆VI视觉识别系统进行文创产品包装的开发和制作，开发了包装盒、包装袋及印章、纸胶带、环保布袋等5款包装类产品，应用于交流和日常售卖当中。开发了"古代车马文化""车型演变"等10个系列共84种文创产品，涉及服饰类、办公用品类、文具类、生活用品类、车载用品类、纪念品类及食品类共七大类商品。所设计开发的衍生产品于9月起陆续在第二届中法文化论坛、第六届北京国际旅游商品及旅游装备博览会、京津冀中小博物馆文化创意展、首届"一带一路"科普场馆发展国际研讨会上登台亮相，并获得社会各界好评。

（四）各项保障工作稳步推进，筑牢汽博馆开放运行基础

1.多元服务提升观众参观感受

完成自助票务系统建设、信息化机房建设及公文流转电子化，其中自助票务系统实现了微信个人票、微信学生票、微信会员票等多个票种在线销售，以及二维码验证入馆等功能，简化了观众入馆的购票和检票流程，以信息化手段提升博物馆服务品质。

2.保障设备设施平稳运行，为全年开放打下坚实基础

通过安装监控摄像、改造燃气排风系统、加装扶梯附加制动器、更换防火门及消防系统配件、加固一层环廊吊顶等项目，汽博馆对13项场馆设备设施大中修改造施工，排除了场馆安全隐患；对游客服务中心墙面进行装修、广场地面进行维修，改善了场馆展示效果及参观环境。此外，实践场馆节能环保新措施。对场馆二层、新闻厅、报告厅节能灯具进行改造，节能效果明显，每年可节电约9.3万度。对两台直燃机低氮改造，实现了燃气锅炉设备安全运行和达标排放，汽博馆成为直燃机类低氮改造第一家完成单位。改造新风空调设备和一层吊顶空调设备，降低了进入馆内的细颗粒物浓度，完成场馆室内空气质量治理一期施工，达到馆内空气$PM_{2.5}$平均值小于$75\,\mu g/m^3$的治理目标。

黄河水利委员会黄河博物馆

英 文 全 称：Yellow River Museum
法 定 代 表 人：王建平
联 系 电 话：0371-69556701
传　　　　真：0371-69556703
官 方 网 站：www.yellowrivermuseum.com
行 政 主 管 单 位：黄河水利委员会
成立（开放）日期：1955 年 4 月
通 信 地 址：河南省郑州市迎宾路 402 号
已加入专业委员会：中国自然科学博物馆协会专业科技博物馆专业委员会

▦ 一、科普活动与展览

1. 临时展览

单位：平方米，人次

序号	展览名称	起止日期	展出地点	面积	观众数量	性质
1	红色记忆	2017 年 12 月起	临时展厅	600	1500	引进
2	国家级非物质文化遗产——黄河号子	2017 年 7 月起	互动厅	150	15000	联合

2. 教育活动

单位：人次

序号	活动名称	活动时间	主要内容	活动形式	主要对象	参与人数
1	同根同源，同行万里	不定期	同根同源，同行万里，香港中学生内地研学，了解祖国历史文化	参观、座谈	香港中学生	600
2	守家报国，守好母亲河	不定期	河南省武警部队与黄河博物馆军民共建活动	参观、讲解	驻郑武警部队	700
3	校园小记者，走近母亲河	周六、周日	郑州市中小学生社会实践研学活动	参观、问答	在校 4-6 年级小学生	1500
4	"黄河民族之魂与焦裕禄精神"培训	不定期	黄河民族之魂与焦裕禄精神的深入了解与学习，讲授黄河精神	授课	焦裕禄干部学校学员	350
5	黄委新入职员工黄河知识培训	不定期	干一行、爱一行、专一行，全面了解母亲河	参观、学习	黄委新入职大学生	200

▨ 二、信息化建设

1. 官方网站浏览情况

根据网站全年浏览人次数据统计，月平均浏览量为7500次。

2. 展品信息化工作

展品信息化比例：75%。

开展情况：展品信息化在不断建设完善中。

利用效果：服务市民，方便用户，实现公众效益最大化，向观众提供能教育、启发和引起深思的博物馆资讯服务，确保博物馆文物及展览信息的完整、准确和及时发布，同时安排符合表达主题的元素和场景，让观众在学习知识的同时感受文化氛围。

3. 新媒体运用

微信公众号现已上线，馆内重要参观接待及重要事项均及时上传发布。

▨ 三、运营情况

票务情况

是否免费开放	未免费开放场馆票种	未免费开放票价	观众人数
是	无	无	8.9万人次/年

▨ 四、2017年度大事记

5月15日　青海省政府副秘书长一行到馆参观。

7月7日　接待了国务院台办重点交流项目、由中国法学会主办的"第二届两岸青年法律交流研修班"的30多位台湾法学界中青年学者。

7月11日　孟加拉国大使一行到馆参观。

黄河博物馆外景

8月9日　在郑州召开了"黄河文明与中华民族伟大复兴"专家座谈会，会议邀请了刘庆柱、李伯谦、赵德润、朱士光、张希清等数十位国内著名人文学者、考古专家和有关学科带头人，共话黄河文明理论构建。

8月17日　南京水利科学院院长、中国工程院院士、英国皇家工程院外籍院士张建云一行到馆参观。

8月29日　全国环资委副主任委员（原浙江省委书记）夏宝龙及省委组织部部长一行到馆参观。

8月29日　河南省党代宗亲联谊会会长党中送一行到馆参观。

风车节一景

10月　在黄河博物馆园区举办了"七彩风车嘉年华"和"大型恐龙展"等展览活动。

11月　黄河博物馆参加了在杭州召开的全国水利博物馆责任与创新座谈会，会议成立了"全国水利博物馆联盟"，确定黄河博物馆为副主任单位。

12月2日　河南商报小记者"黄河行"志愿讲解培训在黄河博物馆举行。

黄河博物馆被水利部和郑州市教育局先后确定为"国家水情教育基地"以及"郑州市中小学校外教育实践基地"。

五、2017年工作概述

（一）业务工作完成情况

1. 加强宣传，提升品牌影响，黄河博物馆圆满完成黄委及社会各界人士来馆参观的重要接待任务

2017年，博物馆不断开拓宣传形式，加强黄河文化宣传力度，提升品牌影响力，全年参观人数超过8.9万人次。

本年度的主要工作有：一是黄河博物馆被水利部和郑州市教育局先后确定为"国家水情教育基地"以及"郑州市中小学校外教育实践基地"；二是通过与社会专业展览公司合作，在黄河博物馆园区举办了"七彩风车嘉年华"和"大型恐龙展"等展览活动，积极引导观众在参观园区展览的同时，免费参观博物馆陈列，宣传效果突出，观众人数骤增；三是与河南红色文化教育基地（宣传）股份有限公司合作，在博物馆临时展厅进行"红色文化宣传"系列长期展览活动，展览通过大量的图片、实物和珍贵文献资料，建成河南省"红色文化宣教基地"；四是2017年11月博物馆参加了在杭州召开的全国水利博物馆责任与创新座谈会，会议成立了"全国水利博物馆联盟"，确定黄河博物馆为副主任单位；五是黄河博物馆已成为黄河水利委员会（简称"黄委"）职工入职培训、大中小学生参观学习、课外实践以及对社会公众进行水情河情教育、生态环保教育、爱国主义教育的示范基地；六是黄河博物馆作为黄委宣传黄河的重要"窗口"，已成为社会了解黄河自然概况、黄河文化、治水历史和人民治黄成就的重要信息平台。2017年的重要接待有：全国环资委副主任委员（原浙江省委书记）夏宝龙，中国航天科技集团总工程师庄国京，中国工程院院士、南京水利科学院院长张建云，中国摄影家协会副主席王悦，中国文联文艺研修院常务副院长傅亦轩，青海省政府副秘书长巴之玉，青海省玉树州委常委、宣传部长王海梅，酒泉卫星发射中心后勤部石部长，山东省水利厅党组书记刘中会，宁夏水利厅纪检书记王振升等领导；另有文博系统的浙江省博物馆馆长陈浩、浙江省自然博物馆馆长严洪明、中国丝绸博物馆书记蔡琴、中国煤炭博物馆副馆长胡高伟、山西省博物院副院长张慧国、宁夏水利博

保护黄河万里行

会议

物馆馆长陆超等领导来馆参观交流，还接待了国台办重点交流项目、由中国法学会主办的"第二届两岸青年法律交流研修班"的30多位台湾法学界中青年学者。博物馆还多次承担黄委荣誉室、黄河大堤记事广场水情教育长廊的讲解任务，接待了多位黄委重要客人，讲解工作多次受到委内外领导和参观者的赞扬。

2. 做好黄河文物的征集、保护、研究及展览工作

主要开展工作有：一是根据与河南省非物质文化遗产保护中心签署的协议，在博物馆第五展区进行国家级非物质文化遗产"黄河号子"展览，对传承黄河防汛抢险、黄河文化起到积极的促进作用；二是为了更好地保护文物原件，黄河博物馆复制了其收藏的清代黄河图、奏折等文物；三是在滑县、延津两县开展黄河故道大堤夯窝标本征集工作；四是在武陟第一河务局征集到河道行船铁犁标本；五是根据实际展示需要，对部分版面内容进行了修改更新；六是积极做好文物库房藏品安全工作，严格执行文物库房管理制度，在高温潮湿天气，及时启动文物库房恒温恒湿设备，杜绝藏品丢失、霉变、损坏等情况的发生，同时要求安防公司按时巡查馆内安防系统，保证整个安防系统正常运转，有效保证了馆藏文物的安全。

3. 进一步推动《黄河文化研究与交流发展规划》修改完善及相关工作

按要求完成《黄河文化研究与交流发展规划》修改完善工作，并报上级单位分管领导审定，上级单位正在行文上报黄委，力争年内通过审批。

4. 利用"黄河文化研究与交流中心"平台开展文化活动

2017年4月，为加强黄河文化研究与交流工作，黄河博物馆增设了文化研究部。黄河文化研究与交流中心积极探索内外资源整合，开展文化研究。按照黄委和中心要求，积极筹备"黄河文明与中华民族伟大复兴"专家座谈会各项工作。8月9日，在郑州召开了"黄河文明与中华民族伟大复兴"专家座谈会，会议邀请了刘庆柱、李伯谦、赵德润、朱士光、张希清等数十位国内著名人文学者、考古专家和有关学科带头人，共话黄河文明理论构建，深入挖掘黄河文明的丰富内涵，探讨传承发展黄河文化，巩固黄河文明在中华文明中的核心地位，进一步发挥黄河文明在提升中华民族凝聚力、向心力中的作用，促进黄河流域生态保护和经济社会可持续发展，助力中华民族伟大复兴。专家们还倡议建设一座存储黄河文明丰富信息、展示黄河文明灿烂成果、揭示黄河文明发展基因、体验黄河文明辉煌历程、瞩望黄河文明美好愿景的国家级"黄河文明博物馆"。会议成果已被河南省和郑州市列入当地文化发展规划中，目前正在进行"黄河文化博物馆"的前期规划和调研等准备工作。

5. 做好博物馆图片资料的入库工作，加强新媒体传播力度

按中心要求，黄河博物馆全年重要活动和接待的图片资料已按时上传中心图片资料库；截至2017年11月底，在博物馆微信平台共上传各类信息50条。

6. 结合单位实际，提交2个储备项目

黄河博物馆根据业务发展需求，完成"黄河水文化遗产抢救性调查、保护、研究与展览提升"项目和"博物馆运行费"项目编报及修改，相关工作成果已上报中心，初步通过黄委审查。

7. 确保全年不发生安全责任事故，保障博物馆安全运行

黄河博物馆按照中心安全生产工作的统一部署，签订了单位《安全生产责任状》，严格按照中心网格化管理相关要求积极开展工作，对全馆高危安全区域进行日常专项检查，每季度进行一次全馆范围内安全生产检查活动，责任人签字记录备案。对中心安委会下达的安全生产整改通知相关内容进行及时整改，及时回复。黄河博物馆作为中心安全生产重点管理单位、惠济区消防安全重点单位，始终把安全生产管理工作放在首位，坚持履行值夜班制度，努力把安全工作做实做好。另外，在安全制度、措施方面也正在不断完善，杜绝一切安全漏洞发生。

黄河号子展厅

红色教育

8. 做好博物馆安全设施、基础设施的改建工作

2017年9月，按照黄委财务局审核批复的"黄河博物馆安全设施改造项目"经费，中心组织了政府采购招投标，10月15日至11月15日进行了施工改造，目前已完成所有改造项目。

（二）管理工作

1. 加强后勤管理，做好设施设备维护，保证博物馆正常运行

博物馆后勤管理工作繁重。尽管园区绿化、环境卫生、安全保卫、消防设施、电力设备（包括：高压配电、安全监控防盗、中央空调、电梯）等维护保养工作由社会上的专业公司具体实施，但博物馆仍然积极与各公司管理人员沟通交流，加强各个环节的管理、监督、协调等工作，总结经验，杜绝漏洞，保证博物馆正常运行。

2. 完善本单位内部的各类规章制度，使各项管理工作制度化、规范化

博物馆2017年制订了《博物馆经济创收办法》《电工工作职责及管理规章制度》《博物馆讲解员守则》《监控室安全、消防管理规定》，修订完善《奖金分配管理办法》等制度，按中心要求报中心办公室备案，并以发文的形式颁布实施。

鹰潭世界眼镜博物馆

英 文 全 称：Yingtan World Glasses Museum
法 定 代 表 人：祝笑玲
联 系 电 话：18970160916
传 真：区号 -0701-5865666
官 方 网 站：www.ytgmuseum.com
行 政 主 管 单 位：鹰潭（余江）眼镜产业园区管委会
成立（开放）日期：2015 年 3 月
通 信 地 址：江西省鹰潭市鹰西大道中段国际眼镜城 4 号楼
已加入专业委员会：中国自然科学博物馆协会专业科技博物馆专业委员会

一、科普活动与展览

1. 临时展览

单位：平方米，万人次

展览名称	展览日期	展出地点	面积	观众数量	性质
鹰潭市眼视光科普体验中心	2017 年 4 月	鹰潭市国际眼镜城	1200	10	原创

2. 教育活动

单位：人次

序号	活动名称	活动时间	主要内容	活动形式	主要对象	参与人数
1	以动物的视角看世界	2017 年 6 月	猫眼互动装置体验、9DVR 体验等	互动体验	幼儿和小学生	5000
2	"珍爱眼睛"眼视光科普	2017 年 10 月	珍爱视力眼睛知识普及、眼保健操、变脸漩涡等	互动体验	中小学生	10000

二、信息化建设

新媒体运用
开通微信公众号：鹰潭眼镜园景区

三、志愿者队伍建设

分类	服务岗位	人数	来源	服务时间
讲解	讲解员	5 人	江西师范高等专科学校	1 年

四、运营情况

票务情况

是否免费开放	未免费开放场馆票种	未免费开放票价	观众人数
是	—	—	7 万人次 / 年
其他票务信息说明	鹰潭青少年视光学科普体验基地需要收费，票价 60 元 / 人		

五、2017 年度大事记

1. 主要制度的颁布和修订

2017 年，鹰潭世界眼镜博物馆（以下简称"鹰潭眼镜园"）制定了景区的管理制度、安全预案和应急措施。

2. 业务活动

（1）研学旅行。

（2）2017 年 4 月 4~5 日，举办了第三届鹰潭眼镜旅行文化节。

（3）2017 年 4 月 5 日，举行了鹰潭市青少年眼视光科普体验基地的揭牌仪式。

（4）2017 年 5 月 23 日，承办了东南九省市研学旅行课程研讨会。

外事活动：华夏寻根之旅（中小学生）

重要会议：2017 年 5 月东南九省市研学旅行课程研讨会暨鹰潭市研学旅行授牌仪式。

3. 基础设施建设和改造项目

（1）完善了博物馆周边游客休闲设施。

（2）改造了博物馆三楼眼视光科普体验中心。

4. 信息化建设情况

（1）2017 年 4 月 5 日开馆，举行了盛大的开馆仪式，江西省科协副主席和鹰潭市委宣传部部长，市教育局和各县市区主管领导及部分中小学生代表出席了开馆

2017 年 4 月举办了第三届鹰潭眼镜旅行文化节

镜乡镜景——眼镜格局与鹰潭眼镜

仪式。

（2）2017年5月初承办了东南九省市研学旅行课程研讨会，九省市近百个研学旅行业内人士、专家及部分中小学校校长出席会议。

六、2017年工作概述

2017年鹰潭眼镜园为了丰富眼镜文化的内涵，充分发挥博物馆的综合教育功能，余江眼镜产业园管委会投入1000多万元，在博物馆三楼打造了一座集眼睛知识科普、眼视光体验、教育为一体的青少年眼视光科普体验基地，并通过了鹰潭市教育局的审核，将其认定为鹰潭市研学旅行教育基地。体验基地于2017年4月5日开馆，举行了盛大的开馆仪式，省科协副主席和市委宣传部部长，市教育局和各县市区主管领导及部分中小学生代表出席了开馆仪式。体验基地丰富了中小学生眼视光科普的内容，并于5月初承办了东南九省市研学旅行课程研讨会，来自上海、江苏、浙江、广东、福建、山西、湖南、湖北、江西等省市近百个研学旅行业内人士、专家及部分中小学校校长出席会议，会期两天，取得圆满成功。

2017年鹰潭眼镜园充分发挥开放教育功能，运营团队积极营销，组织了丰富多彩的中小学生研学旅行活动和境外青少年寻根之旅交流活动及幼儿园"动物眼里的世界"亲子主题活动，真正起到了教育他们要珍爱视力、健康成长的作用，同时进行了眼视光科普体验教育，通过探究式的教育，培养了中小学生的科学创新意识。

为了丰富鹰潭眼镜园的参观内容和教育内涵，让游客有一个舒适轻松的休闲环境，该馆在博物馆周围放置了很多不同的绿色植物，并添置了休闲座椅，投资几十万元，扩建了青少年乐高创玩世界和眼镜DIY活动区，同时招商引资200万元兴建了儿童水上乐园。将眼镜园两小时的参观游览提升为一日的参观游览和科普体验活动。通过政府采购服务的方式，进行运营公司管理，博物馆的日常管理更加规范，制度体制更加健全，服务品质不断提高，活动更加丰富，游客不断增多，2017年参观游览的团队就达几十万人次。2017年鹰潭眼镜园完善了安保设施，实现了景区与全国旅游监管平台的对接，实行了24小时实时监控，确保了游客的安全。建立了自己的微信公众号：鹰潭眼镜园景区，关注后可了解景区的介绍、景区活动优惠政策、景区交通及地理位置等。

纵观2017年，鹰潭眼镜园在不断努力完善自己，丰富馆藏内容和教育功能，精准定位，提升服务功能和管理水平，为更好地服务于游客而继续奋斗！

附：场馆介绍

本馆综合展示面积约为3400平方米，由6个展示区构成。

1. 序厅

选用信江之水、文明之光、道都太极、浩瀚星空、黄帝夜观天象等具有地域典型性意义的设计元素打造远

VIP 商务中心／高端眼镜个性化定制

古生活意向空间，讲述眼镜的起源。

2. 眼镜的起源与发展展区

4000 多年前，眼镜于中国起源；200 多年前，鹰潭眼镜产业发轫；如今，鹰潭眼镜人足迹踏遍世界各地。该区域通过珍贵的眼镜文物、历史图片、文字资料、景观场景等，生动翔实地展示了世界眼镜的传承与发展，并展现了鹰潭眼镜两百年的文化史。

3. 眼镜格局与现代化的鹰潭眼镜产业展区

"传承、发展、未来"，三个关键词将历史、文化、精神与世界眼镜发展的大趋势链接在一起。该区域重点展现世界、中国以及鹰潭的眼镜产业格局与未来发展方向，同时融入了现代化眼镜生产材料与生产工艺的展示。

4. 世界眼镜展区

眼镜不仅仅是功能器具，更是美轮美奂的艺术品。该区域按造型、工艺、材质、色彩，分类收集了世界上众多极具创意感的眼镜产品，呈现出一个缤纷炫目的眼镜世界。

5. 眼镜与生活展区

历经千百年发展变迁，眼镜不再只是单纯的功能性产品，而成为表达情感、体现身份的时尚配饰，现代眼镜文化强调眼镜能够改变个人形象，其作用不亚于服饰，并超过珠宝饰品。该区域通过情景体验式展示形式，强调现代眼镜文化内涵，并指导人们选择一副适合自己的眼镜。

6. 眼镜个性化定制中心

眼镜成就个人品位，更代表了一种精致的生活方式。眼镜个性化定制中心将眼镜文化与红酒文化创意融合，在此可以品味美酒、品鉴美镜，并有专业的形象设计团队提供个性化眼镜定制服务。

成都理工大学博物馆

英　文　全　称：The Museum of Chengdu University of Technology
法　定　代　表　人：龚灏
联　系　电　话：028-84078991
传　　　　真：028-84077163
官　方　网　站：www.museum.cdut.edu.cn
行　政　主　管　单　位：成都理工大学
成立（开放）日期：1960 年
通　信　地　址：四川省成都市成华区二仙桥东三路 1 号
已加入专业委员会：中国自然科学博物馆协会专业科技博物馆专业委员会

▨ 一、科普活动与展览

1. 临时展览

单位：平方米，万人次

序号	展览名称	起止日期	展出地点	面积	观众数量	性质
1	大象的前世今生	5 月 23 日至 8 月 31 日	成都理工大学博物馆	100	2	原创
2	哺乳动物展	1 月 1 日至 3 月 31 日	成都大熊猫基地	—	1	联合
3	恐龙科普展	4 月 28 日至 6 月 18 日	崇州艺术文化中心	—	3	联合

2. 教育活动

单位：人次

序号	活动名称	活动时间	主要内容	活动形式	主要对象	参与人数
1	科普进校园活动	3 月 13~28 日	地学系列科普讲座	讲座 + 展览	小学生	1100
2	亲子科普活动	4 月 16 日	亲子科普活动	展览 + 讲座 + 互动活动	小学生及其家长	60
3	地球日系列科普教育活动	4 月 20~22 日	环保科普剧表演、宝玉石展览及宝玉石免费咨询鉴定	科普表演 + 展览 + 咨询鉴定	成人公众	1000
4	"双梦双百"科普教育活动	4 月 27 日	科普展览和三叶虫制作等活动	展览 + 互动活动	中学生	200
5	成都市科技活动周	5 月 20~27 日	"梦回寒武纪"三叶虫特展、科普剧表演	展览 + 互动活动	中小学生 + 成人公众	3000
6	矿产资源科普知识进社区	5 月 17~18 日	矿产资源科普展	展览 + 咨询鉴定	成人公众	2000

续表

序号	活动名称	活动时间	主要内容	活动形式	主要对象	参与人数
7	送科普进山区	5月25~26日	"富饶蜀地、大美四川"主题科普讲座和巡展	讲座+展览	中小学生	5000
8	"社区雏鹰"公益活动	7~8月	恐龙等七个主题的科普讲座	讲座	小学生	150
9	全国科普日系列活动	9月16~22日	亲子互动活动、科普进社区活动之宝玉石鉴赏活动、校园矿石展览活动	展览+讲座+互动活动	大中小学生+成人公众	2000
10	"科普教育进中学"系列活动	10月16~17日	恐龙及岩矿展览、现场咨询	展览+互动活动	中小学生	600
11	带盲童识科普活动	11月14、30日	送科普进特殊教育学校校园、盲童走进博物馆	展览+讲座+互动活动	盲童	200

二、科研与学术

1. 承担项目

单位：万元

序号	项目名称	项目来源	项目级别	经费	负责人
1	国家岩矿化石标本资源共享平台	国家科技部	省部级	10	刘建
2	"我是你的眼"——带盲童识科普	中国科协青少年科技中心	其他	2	张华英 刘 建
3	学生心理素质拓展与生命质量研究	教育部中国智慧教育督导"十三五"规划重点课题项目	省部级	0	杜春华
4	四川矿产资源科普知识宣传及成都理工大学博物馆建设	四川省科技计划项目	省部级	30	杜春华
5	科普基地科普活动资助	成都市2017年第一批市级应用技术研究于开发资金专项项目	其他	5	杜春华
6	地学文化社科普及基地资助	成都市成华区社科联项目	其他	2	杜春华
7	成都理工大学博物馆古生物标本的科普研究	成都理工大学青年研究基金项目	其他	0	杨春燕

2. 研究成果

序号	题目	作者	刊名	卷（期）号	期刊级别
1	《四川省内博物馆与文化产业协调发展的现状与建议》	陈 蓉	《产业与科技论坛》	2017年第3期	普通
2	《博物馆发展文化产业的生产要素分析》	陈 蓉	《改革与开放》	2017年第1期	普通
3	《成都市科普基地科普信息化对市民融入度及相关对策研究》	胡 芳	《经营管理者》	2017年第11期	普通
4	《流动博物馆在基层科普教育中的应用》	张华英	《海峡科技与产业》	2016年第12期	普通
5	《小学生参观自然博物馆的恐惧心理及对策——以成都理工大学博物馆为例》	杨春燕等	《自然科学博物馆研究》	2017年第4期	国家级
6	《积极心理教育的高校育人文化研究》	杜春华	《经济研究导刊》	2017年第3期	中国科技核心期刊、经济类核心期刊
7	《试论"一带一路"战略的八重融合》	杜春华	《经济研究导刊》	2017年第30期	中国科技核心期刊、经济类核心期刊
8	《简论地学类博物馆对地质文化的传播》	胡 芳	《回溯百年沧桑史，共叙地调人文情：地球科学与文化研讨会文集（2016）》	2017年1月	图书

3. 专著

名称	作者	出版社	出版日期
《恐龙奇遇记》	杨春燕	科学出版社	2017 年 12 月

三、信息化建设

1. 官方网站浏览情况

官方网站 2017 年全年浏览量 23060 人次，访客 5976 人次；同时根据需要，建立了网站主页信息发布的审核、技术安全保障机制。

2. 展品信息化工作

通过标本清理鉴定核查、数据库及原始资料核实、标本维护修复等工作，成都理工大学博物馆完成筛查标本 1 万余件（其中 350 余件重新完成数字化），鉴定核查标本 1522 件（其中 210 件标本被重新命名并完成数据采集），补充标本资料 500 件。

通过国家岩矿化石标本资源平台，该馆完成 10000 件矿物、岩石、古生物标本数据规范化工作。

同时，全面开展以合川马门溪龙骨骼数字化为主线的各项工作，旨在对博物馆馆藏核心标本进行全方位保护。

3. 新媒体运用

2017 年成都理工大学博物馆微信公众号发布信息 27 条，其中图片 230 余张、文字 2500 字；同时利用微信搭建起博物馆自助讲解系统。

四、志愿者队伍建设

单位：人

分类	服务岗位	人数	来源	服务时间
讲解员	展厅讲解	58	高校大学生	节假日 9:30-16:30

五、运营情况

票务情况

是否免费开放	未免费开放场馆票种	未免费开放票价	观众人数
否	成人票 学生票	成人票 10 元 学生票 5 元	5.66 万人次 / 年
其他票务信息说明	本校师生及持军人证、残疾证、老年证及 6 岁以下儿童免票； 每年在 4·22 世界地球日、5·18 世界博物馆日、6·1 儿童节、6·5 世界环境日、全国科普日、全国科技活动周等科普节日免费对外开放		

六、2017 年度大事记

1 月 7~8 日　刘建、张华英前往北京参加"国家科技基础条件平台工作子项目——国家岩矿化石标本资源共享"汇报会。

2月22~24日 杜春华馆长参加"第一届国家标本资源共享平台建设研讨会"。

2月27日 成都市文广新局师江局长一行来馆商谈市校共建成都自然博物馆的推进工作。

3月3~5日 拟定《成都自然博物馆建设项目展陈规划初步构想（征求意见稿）》。

3月6日、14日 参加学校组织的成都自然博物馆展陈方案商讨会。

3月6日 与中国陶行知教育研究会尹部长进一步对接科普活动。

3月15日 到成都市文广新局汇报市校共建成都自然博物馆展陈大纲方案。

电子科大附小"大象的前世今生"科普讲座

3月15日 以浙江省国土资源厅储量处处长吕晓澜带队的调研组一行四人莅临成都理工大学博物馆，调研有关地质类博物馆的筹备、运行等工作经验。

3月22~26日 向冬前往杭州参加中国自然科学博物馆协会2017年联络员工作会议。

3月7~28日 前往成都市圣西小学、成都二仙桥学校、电子科技大学附属小学、龙舟路小学、成华小学，为1766名小学生带去了地学类系列科普讲座共计13场次，涵盖了小学1~6年级各个年龄段的学生。

3月17~26日 撰写完成《成都自然博物馆建设项目初步构想及可行性分析（征求意见稿）》《成都自然博物馆建设项目展陈规划大纲初步构想（征求意见稿）》《成都自然博物馆建设定位（征求意见稿）》《成都自然博物馆项目定位、展陈、营运、经费估算（征求意见稿）》等建议文件。

3月24~26日 与市文广新局、市规划局协同完成《成都市文化广电新闻出版局关于市校共建成都自然博物馆相关事宜的报告》。

4月12日 接待西南交通大学校史馆馆长吴建乐一行三人来馆调研。

4月17~21日 张华英、陈志刚、陆远前往上海自然博物馆、复旦大学博物馆、震旦博物馆进行新馆建设调研工作。

4月22日 开展第48个世界地球日科普教育活动。开展了科普剧《黄金王国小公主选宝石礼物》和《侏罗纪最大恐龙评比大会》创作、200余名小学生科学课程实践活动，组织公益项目"城市课堂计划"以及"相'玉'成理"现场鉴宝活动。

4月23日 开展"节约集约利用资源，倡导绿色简约生活"科普活动，组织《今日少年报》小记者采访团进行科普一日游。

4月27日 圆满完成了为来自黑水县和高县初中的200名优秀学生和贫困学生举行的科普教育体验活动。

5月9~10日 罗德燕前往四川巴中参加四川省国土资源科普工作研讨会。

5月17~18日 为向市民传播和普及四川矿产资源相关知识，提高市民科学素养，激发他们爱国爱家乡的热情，博物馆先后在成都市双桥子街道新鸿社区和白莲池街道白莲社区举办了科普宣传活动。

5月20~21日 参加由成都市科学技术局、中共成都市委宣传部、成都市精神文明建设办公室、成都市教育局、成都市科学技术协会共同主办的"2017年成都市科技活动周"科普主题展示体验活动。

5月25~26日 成都理工大学博物馆奔赴四川宜宾高县硕勋中学、泡桐小学和高县硕勋公园，开展了以"富饶蜀地、大美四川"为主题的科普教育活动。5月25日为高县庆符镇泡桐小学和高县硕勋中学开展科普讲座，5月26日在硕勋公园开展科普进社区活动，受众达6000余人。

7月8日至8月19日 前往圣灯社区开展科普讲座进社区（社区雏鹰）系列活动。

7月9日 接待四川宣汉贫困地区学子来馆参观。

8月31日至9月5日 杨春燕、张华英前往黑龙江嘉荫参加"中国恐龙发现115周年纪念学术"研讨会。

"恐龙奥秘"科普讲座走进成都 IFS 国际金融中心言几又书店 ————

9 月 15 日　参加成都市科普基地联合会第一次会员代表大会。

9 月 16~22 日　全国科普日活动期间，博物馆围绕"创新驱动发展，科学破除愚昧"主题，开展了系列丰富多彩的科普活动："神奇寒武纪之旅"亲子活动、科普进社区活动之宝玉石鉴赏、校园展览"矿石的真真假假"。

9 月 21 日　参加成都市文物信息中心落实《博物馆条例》座谈会。

9 月 22 日　参加四川省博物馆学会第二届会员代表大会。

9 月 25 日　成都市副市长张正红率市发改委、市财政局、市国土局、市文广新局、成华区委区政府、市规划管理局成华分局、成都城投管理集团有限责任公司等单位负责人一行到该馆，就市校共建成都自然博物馆进行调研座谈。

10 月 15~17 日　开展"科普教育进中学"系列活动，在绵阳中学、龙泉中学校园内进行科普展览，受众达 600 人。

10 月 15 日　为来馆参观的 100 余名市民开展了"史前生命演化历程及恐龙的奥秘"主题科普讲座。

10 月 25 日　参加市文广新局组织展开的学校及市城投等有关部门参加的成都自然博物馆转向推进会，讨论成都自然博物馆概念性方案设计要求。

10 月 26~28 日　与省内外有关自然博物馆的专业单位针对撰写成都自然博物馆概念性设计要求共同开展专题调研。

10 月 29~31 日　撰写完成《成都自然博物馆概念性设计要求（征求意见稿）》，并向学校及市文广新局提交《成都自然博物馆概念性设计要求（征求意见稿）》，征求意见。

10 月至 11 月　开展 2017 年成都理工大学博物馆志愿讲解员招新及培训活动。

11 月 1~5 日　参加由中国地质学会组织的首届中国（黄石）地矿科普大会。

11 月 14 日　为更好地发挥博物馆作为社会文化机构的公益作用，增强博物馆对社会弱势群体的关注和扶持力度，该馆前往成都市特殊教育学校开展了一场别开生面的科普活动。

11 月 16 日　在市文广新局召开成都自然博物馆方案征集工作会，审议《成都自然博物馆全球征集概念性设计方案资格预审文件》并研究相关事项。

11 月 18 日　由成都理工大学博物馆组织，义务讲解员服务的"小记者"活动在该馆顺利举行。

11 月 19 日　为普及地学类知识，增进兄弟学校的友谊，成都理工大学博物馆接待了成都大学交际与口才协会同学参观该馆。

11 月 19 日　该馆科普老师携恐龙化石标本走进成都 IFS 国际金融中心的言几又书店举办"恐龙奥秘"科普讲座。

11 月 21 日　举办成都市科研院所、高校类科普基地工作会。

11 月 22 日　成功举办第二届博物馆志愿服务讲解比赛。

11 月 30 日　与温江庆丰街小学科学老师携手举办现实版"神奇校车"科普课堂。

12 月 6 日　参加成都自然博物馆概念性方案全球征集文件审定相关事宜会议。

12 月 8 日　到成都城建投资管理集团参加成都自然博物馆概念性方案全球征集预审资格评审。

12 月 12~15 日　张华英、杨春燕前往山西太原参加中国科协青少年活动中心项目中期评估汇报会。

12 月 15 日　参加成都自然博物馆概念性方案全球征集现场及答疑会议。

12 月 18 日　陪同清华大学建筑设计院、英国萨泽兰－弗塞规划建筑事务所进行成都自然博物馆概念性方案现场踏勘。

12 月 28~31 日　张华英、陆远、陈志刚前往北京参加国家岩矿平台 2017 年年终汇报。

走进双林社区

▨ 七、2017 年工作概述

【市校共建成都自然博物馆】

撰写完成《成都自然博物馆建设项目初步构想及可行性分析》《成都自然博物馆建设定位》《成都自然博物馆建设项目展陈规划大纲》《成都自然博物馆项目定位、展陈、营运、经费估算》等建议文件，并在此基础上完成《成都自然博物馆全球征集概念性设计要求》，修改通过《成都自然博物馆全球征集概念性设计方案资格预审文件》，并向全球公开招标，确保了市校共建成都自然博物馆项目稳步推进。同时，2017 年度接受社会及校友捐赠标本共计 32 件。

【强化制度建设】

贯彻学校精神，立足实际工作特点，围绕博物馆发展，修订完善相关管理制度，新立《博物馆安全应急预案》等制度，继续推进制度建设。

【标本管理维护方面】

通过标本清理鉴定核查、数据库及原始资料核实、标本维护修复等工作，完成筛查标本 1 万余件（其中 350 余件重新完成数字化），鉴定核查标本 1522 件（其中 210 件标本被重新命名并完成数据采集），补充标本资料 500 件，修复黑龙江东北龙、鸿鹤盐都龙、猛犸象等 10 件化石及模型，全面开展以合川马门溪龙骨骼数字化为主线，旨在对博物馆馆藏核心标本进行全方位保护的各项工作，进一步提高了标本管理维护能力。

【科普教育社会公益方面】

本年度校内接待共计 5.66 万人次，同时校外各类科普展览及讲座参观人数近 3 万人次，校外大型科普展览参观人数近 4 万人次。积极参与全国、省、市、区组织的各项大型科普活动共计 7 场，校外大型科普活动 2 场；组织 27 场科普进校园、科普进社区活动；为社会各界人士免费鉴定共计 28 批次标本；对外发布科普活动视频 1 个，新闻 82 条。

1. 开展科普走进中小学校园活动

成都理工大学博物馆常年在成都市各大中小学学校开展了宣传地学知识的"科普讲座进学校"系列活动。

成华小学"大美四川"讲座

2017 年 3~9 月在成都二仙桥学校、电子科技大学附属小学、成都市成华实验小学等 6 所学校开设各类科普讲座共计 13 场，受众达 1766 人，涵盖了小学 1~6 年级各个年龄段的学生。10 月，开展"科普教育进中学"系列活动，在绵阳中学、龙泉中学校园内进行科普展览，受众达 600 人。

2. 开展科技活动周、地球日、科普日、博物馆日等科普主题宣传活动

2017 年世界地球日，该博物馆创作了《黄金王国小公主选宝石礼物》和《侏罗纪最大恐龙评比大会》科普剧，参加了 4 月 20 日在成都金沙剧场举办的"2017 年成都市科技活动周科普表演项目初选工作"；在 4·22 国际地球日举办"相'玉'成理"特别宝玉石鉴定活动，邀请宝玉石专家进行现场免费鉴宝活动；5 月 20~21 日，成都市科技活动周"创新蓉城"体验互动板块中，该馆在自然保护体验区进行了"梦回寒武纪"三叶虫特展；5 月 23 日至 8 月 31 日在该馆展厅举办"大象的前世今生"特展；9 月 6~22 日为全国科普日活动集中开展期，该馆组织了"神奇寒武纪之旅"科普活动，以及"矿石的真真假假"展览活动。总体受众超过 3000 人。

3. 开展科普知识进社区活动

5 月 17 日和 18 日，成都理工大学博物馆先后在成都市双桥子街道新鸿社区和白莲池街道白莲社区举办了科普宣传活动。9 月 20 日上午，博物馆在成都市双林社区开展科普进社区活动。7~8 月参与成华区圣灯街道举办的"社区雏鹰"公益活动，进行了 7 场讲座。11 月，开展科普走进书店活动。社区总受益人数超 5000 人。

4. 开展"小小博物家"培训活动

该馆开展了"小小博物家"培训活动，开设有"神奇寒武纪""探秘侏罗纪""形形色色的石头"等主题活动。活动包括会晤侏罗纪恐龙、恐龙填图、讲座、拼装恐龙、演示化石形成过程、制作地层盒子、制作矿物盒子等环节。参与学生超过 300 人。

5. 为特殊儿童量身定做科普活动

为更好地发挥博物馆作为社会文化机构的公益作用，增强博物馆对社会弱势群体的关注和扶持力度，成都理工大学博物馆与成都市特殊教育学校共同开展了别开生面的科普活动。特殊教育学校学生参与度高，社会反响强烈。

成都理工大学博物馆透过给特殊儿童量身定做的科普活动，了解到特殊学生对于科普知识的求知欲，也让科普教育者探索了针对特殊学生开展科普教育的途径和方法，以实际行动助力特殊学生的健康成长。

6. 开展大型科普展览活动

2017 年，该馆对外开展了 2 场次大型科普展览，包括熊猫基地与大熊猫同时代哺乳动物化石科普展览以及四川天演博物馆以恐龙为主题的科普展览。参观人数近 3 万人次。

7. 成功申报成华区地学文化社科普及基地

【教学科研方面】

指导 5 名硕士研究生，承担了 4 门本专科生的必修课和选修课共计 262 课表学时。2017 年博物馆成功申报科研项目 7 项，其中省部级 4 项（含国家科技部财政专项）、市级 1 项、区级 1 项、校级 1 项、科普项目 2 项；项目经费共计 61 万元。2017 年积极参加全国性学术会议 4 次，省级学术会议 3 次，参与新馆建设调研活动 7 次，培训工作 2 次；2017 年共计发表学术论文 9 篇，其中中文核心期刊 1 篇，中国科技核心期刊、经济类核心期刊 2 篇；撰写专著 1 本。

【科普扶贫工作方面】

博物馆立足自身实际与优势，以"扶贫扶智并举，立足长远发展"为帮扶指导思想，努力推进特色科普扶贫工作。

1. 科普走近贫困学子

为扎实推进中央、省委省政府关于精准扶贫的工作部署，充分发挥学校科技、人才、智力等优势，探索教育扶贫与社会实践相结合的育人新机制，推动对口帮扶地区教育文化发展，根据学校制定的《成都理工大学"双百双梦活动"方案》，2017年4月27日，博物馆圆满完成了为来自黑水县和高县初中的200名优秀学生和贫困学生举行的科普教育体验活动。不仅让这些优秀学子、贫困学生通过亲身参观博物馆，领略了地球演化、自然历史和人类变迁的历程，开阔了知识视野、启迪科学思维，而且帮助学生们去体验、发现、欣赏自然，深化了他们对自然和文化的理解，激发了学生们对自然科学的探索兴趣，锻炼了他们知行结合、自主动手等综合能力。

2. 科普走进贫困地区

2017年5月25~26日，成都理工大学博物馆奔赴四川宜宾高县硕勋中学、泡桐小学和高县硕勋公园，开展了以"富饶蜀地、大美四川"为主题的科普教育活动。博物馆2位老师在5月25日为高县庆符镇泡桐小学和高县硕勋中学开展科普讲座，5月26日在硕勋公园开展科普进社区活动。此次活动受众6000余人。

依托博物馆现有标本，推动贫困地区青少年科普教育。有针对性地开发科教资源，大力提升了当地中小学生和居民的科学素质。同时，针对贫困地区科学素质实际需求，充分借助博物馆现有各类信息传播渠道，将科普信息资源精准送达公众，共享科普资源，也发挥了科普提速倍增效应。

自贡市盐业历史博物馆

英 文 全 称：Zigong Salt Making Industry History Museum
法 定 代 表 人：程龙刚
联 系 电 话：0813-2205577
传 真：0813-2205577
官 方 网 站：www.zgshm.cn
行 政 主 管 单 位：四川省自贡市文化广电新闻出版局
成立（开放）日期：1959 年
通 信 地 址：四川省自贡市自流井区解放路 173 号
已加入专业委员会：中国自然科学博物馆协会专业科技博物馆专业委员会

一、科普活动与展览

1. 临时展览

单位：平方米，万人次

序号	展览名称	起止日期	展出地点	面积	观众数量	性质
1	盛世华彩——宋瓷博物馆馆藏文物精品展	1月23日至2月28日	自贡市盐业历史博物馆	300	2.5	引进
2	春风化雨——10名家迎春书画展	1月23日至2月6日	自贡市盐业历史博物馆	250	0.4	联合
3	第八届"翰墨缘·自贡情"中国国画名家作品邀请展	2月15~28日	自贡市盐业历史博物馆	250	3.5	联合
4	馆藏字画瓷器精品展	3月8~15日	自贡市盐业历史博物馆	200	4.2	原创
5	土木中华——中国古代建筑展	4月18日至6月20日	自贡市盐业历史博物馆	300	1.2	引进
6	盐都珍藏—自贡市第一次全国可移动文物普查成果展	5月18~24日	自贡市盐业历史博物馆	200	0.45	联合
7	抗战时期川盐票据展	9月7~26日	自贡市盐业历史博物馆	250	0.52	原创
8	赵熙书画精品展	9月28日至10月30日	自贡市盐业历史博物馆	300	0.8	联合
9	赵熙书画精品荣县巡展	2017年12月5日至2018年2月15日	荣县大佛书画馆	280	0.6	联合
10	但听松风——纪念刘克刚诞辰一百周年精品书画展	2017年12月28日至2018年3月4日	自贡市盐业历史博物馆	300	1.1	原创

2. 教育活动

单位：人次

序号	活动名称	活动时间	主要内容	活动形式	主要对象	参与人数
1	"情暖盐都"文化科技卫生三下乡活动启动仪式	1月18日	盐博馆宣教团队向当地居民宣传科学知识，并免费发放宣传资料和慰问品	宣传咨询、参观展览、发放宣传资料	荣县长山镇居民	1200
2	"中国之美——榫卯技艺大比拼"科普活动	1月19日	在讲解员的带领下参观西秦会馆古建筑，了解榫卯结构。同时，开展"中国之美—榫卯技艺大比拼"科普活动	参观学习、科普活动	成都青少年学生	20
3	"感知千年盐都，学习家乡文化"学生参观学习活动	1月19日	在讲解员的带领下参观盐博馆，学习家乡历史，了解盐业文化	参观学习	自贡青少年宫学生	30
4	"感知千年盐都，学习家乡文化"贫困学生参观学习活动	1月20日	在讲解员的带领下参观盐博馆，学习家乡历史，了解盐业文化	参观学习	贡井区贫困学生	100
5	盐博课堂第七期"探秘古盐井，童心绘天车——走进吉成井天车群遗址"科普活动	1月22日	在讲解员的带领下走进吉成井盐作坊遗址，了解天车的构造。在现场让大家开展寻宝和绘天车活动	参观学习、科普活动	海艺绘画工作室学生	40
6	"绿色发展脱贫奔康"2017自贡市送科技下乡科普月活动	3月3日	盐博馆宣教团队向当地居民宣传科学知识，并免费发放宣传资料和慰问品	宣传咨询、参观展览、发放宣传资料	贡井龙潭镇居民	1500
7	"感知千年盐都，学习家乡文化"郭街社区妇女代表参观学习活动	3月3~6日	在讲解员的带领下参观盐博馆，学习家乡历史，了解盐业文化，体会古代盐工的卓越智慧	参观学习	郭姐社区妇女同志	300
8	"感知千年盐都，学习家乡文化"学生参观学习活动	3月10日	在讲解员的带领下参观盐博馆，学习科学知识，了解家乡文化	参观学习	凤凰小学学生	100
9	2017自贡市送科技下乡科普月惠民活动	3月14日	盐博馆宣教团队向当地居民宣传科学知识，并免费发放宣传资料和慰问品	宣传咨询、参观展览、发放宣传资料	仲权镇居民	1500
10	2017送文化下乡"盐的故事"科普巡展	3月14日	盐博馆宣教团队向学生宣传科学知识，并免费发放宣传资料和学习用品	宣传咨询、参观展览、发放宣传资料与学习用品	荣县高山镇学生	1500
11	"神奇的盐都，可爱的家乡"盐博馆走进校园主题活动	3月17日	盐博馆走进偏远农村校园开展科普座、举办科普展览、发送科普读物，向师生们普及盐业知识，最后与学生进行互动游戏，免费发放学习用品	科普讲座、互动问答、参观展览	荣县双石镇李子学校师生	600
12	"中国灯文化与自贡灯会"宋良曦专家讲座	3月20日	自贡灯文化专家宋良曦深入浅出给大家讲述彩灯文化，大会纷纷表示受益匪浅	专家讲座	四川理工学院美术学院师生	300
13	2017送文化下乡"自贡文化摄影展"科普巡展	3月28日	盐博馆宣教团队向当地居民宣传科学知识，并免费发放宣传资料和慰问品	宣传咨询、参观展览、发放宣传资料	荣县复兴乡大树村居民	1000
14	荣县第六届职工技能大赛（采茶比赛）暨荣县来牟第九届茶文化节	3月29日	盐博馆宣教团队向当地居民宣传科学知识，并免费发放宣传资料和慰问品	宣传咨询、参观展览、发放宣传资料	荣县来牟镇居民	1000
15	"感知千年盐都，学习家乡文化"贡井青少年校外活动中心走进博物馆参观学习活动	3月30日	在讲解员的带领下参观盐博馆，学习家乡历史，了解盐业文化，体会古代盐工的卓越智慧	参观学习	贡井青少年校外活动中心学生	100

序号	活动名称	活动时间	主要内容	活动形式	主要对象	参与人数
16	"感知千年盐都,学习家乡文化"沿滩联络镇中心小学校走进博物馆参观学习活动	3月31日	在讲解员的带领下参观盐博馆,学习家乡历史,了解盐业文化,体会古代盐工的卓越智慧	参观学习	联络中心校学生	200
17	"感知千年盐都,学习家乡文化"凤凰小学走进博物馆参观学习活动	3月31日	在讲解员的带领下参观盐博馆,学习家乡历史,了解盐业文化,体会古代盐工的卓越智慧	参观学习	凤凰小学学生	60
18	"感知千年盐都,学习家乡文化"23中学生走进博物馆参观学习活动	4月6日	在讲解员的带领下参观盐博馆,学习家乡历史,了解盐业文化,体会古代盐工的卓越智慧	参观学习	自贡二十三中学生	200
19	"关爱留守儿童,播撒爱心阳光"科普活动	4月11日	盐博馆宣教团队向学生宣传科学知识,并免费发放宣传资料和学习用品	宣传咨询、参观展览、发放宣传资料与学习用品	沿滩区兴隆镇中心校学生	800
20	"感知千年盐都,学习家乡文化"贡井青少年校外活动中心走进博物馆参观学习活动	4月14日	在讲解员的带领下参观盐博馆,学习家乡历史,了解盐业文化,体会古代盐工的卓越智慧	参观学习	贡井青少年校外活动中心学生	80
21	4·22世界地球日"节约集约利用资源,倡导绿色简约生活——讲好我们的地球故事"	4月21日	盐博馆宣教团队向同学们宣传科学知识,普及环保知识,并免费发放宣传资料与学习用品	宣传咨询、参观展览、发放宣传资料与学习用品	自贡中小学生	700
22	童心绘会馆科普活动	4月22日	在工作人员的带领下走进盐博馆开展"童心绘会馆"科普活动	绘画科普活动	海艺工作室学生	180
23	4·22世界地球日科普活动走进荣县复兴乡朱家庙村	5月4日	盐博馆宣教团队向当地居民宣传科学知识,并免费发放宣传资料和慰问品	专家讲座、宣传咨询、参观展览、发放宣传资料	荣县复兴乡朱家庙村居民	200
24	"中国古代建筑常识"黄健专家讲座	5月5日	盐博馆专家黄健深入浅出给大家介绍中国古代建筑基本常识,大家纷纷表示受益匪浅	专家讲座	盐博馆职工	40
25	2017送文化下乡"盐的故事"科普巡展	5月9日	盐博馆宣教团队向当地居民宣传科学知识,并免费发放宣传资料和慰问品	宣传咨询、参观展览、发放宣传资料	富顺石道乡谭家村居民	1000
26	"留住乡愁,解读盐都"宋良曦专家讲座	5月16日	盐史专家宋良曦深入浅出向师生们介绍自贡文化历史知识和井盐文化	专家讲座	自贡六中师生	300
27	5·18国际博物馆日——博物馆与有争议的历史:"博物馆讲述难以言说的历史"庆祝活动	5月18日	盐博馆讲解员带领大家走进博物馆,参观中国井盐科技史基本陈列等,向大家普及盐业知识,发放宣传资料与学习用品	参观学习、宣传咨询、参观展览、发放宣传资料与学习用品	自贡市中小学生	1500
28	蜀光中学文保协会学生走进博物馆参观学习活动	5月18日	在讲解员的带领下参观盐博馆,学习家乡历史,了解盐业文化,体会古代盐工的卓越智慧	参观学习	蜀光中学文保协会学生	100
29	"感知千年盐都,学习家乡文化"香港kitty妈咪幼儿园参观博物馆	5月18日	在讲解员的带领下参观盐博馆,学习家乡历史,了解盐业文化,体会古代盐工的卓越智慧	参观学习	幼儿园小朋友	120

序号	活动名称	活动时间	主要内容	活动形式	主要对象	参与人数
30	科普下乡走进荣县旭阳镇大井村	5月20日	盐博馆宣教团队向当地居民宣传科学知识，并免费发放宣传资料和慰问品	宣传咨询、参观展览、发放宣传资料	荣县旭阳镇大井村居民	500
31	"自贡井盐历史文化概览"程龙刚专家讲座	5月22~24日	盐博馆专家程龙刚深入浅出给大家介绍自贡井盐文化知识，普及传统文化知识	专家讲座	四川师范大学师生	260
32	"感知千年盐都"川师大师生参观博物馆	5月22~24日	在讲解员的带领下参观盐博馆，学习自贡文化历史，了解盐业文化，体会古代盐工的卓越智慧	参观学习	四川师范大学师生	260
33	弘扬盐文化，解读盐之都——自贡城市爱国主义精神宋良曦专家讲座	5月26日	盐博馆专家宋良曦深入浅出给大家介绍自贡井盐文化知识，全面解析自贡本土文化	专家讲座	全市纪检干部、监察干部、博物馆工作人员	100
34	"五彩缤纷绘童年·盐博欢乐庆六一"主题活动	6月1日	盐博馆职工子女在家长的陪伴下进行各类亲子活动，让大家在盐博馆内度过一个快乐的儿童节	亲子活动	盐博馆职工子女	60
35	自贡联合国教科文组织世界地质公园与四川理工学院外语学院签署合作协议暨大学生研学生活	6月7日	在讲解员的带领下参观盐博馆，学习传统文化历史，了解盐业文化，体会古代盐工的卓越智慧	参观学习	四川理工学院外语学院师生	210
36	乐山关心下一代工作委员会组织未成年人参观博物馆，开展"感知千年盐都"参观学习活动	7月5日	在讲解员的带领下参观盐博馆，学习井盐历史，了解盐业文化，体会古代盐工的卓越智慧	参观学习	未成年儿童	80
37	第八期盐博课堂"童心说盐"小小讲解员培训及暑期社会实践活动	7月14日至8月31日	面向全市中小学招募20名小小讲解员对他们进行专业培训，最终通过考核的小小讲解员在暑期和黄金周期间对游客进行免费讲解等服务	公益课堂、社会实践	自贡中小学生	20
38	台湾南投县青年学生研学活动	8月14日	在讲解员的带领下参观盐博馆，了解盐业文化，体会古代盐工的卓越智慧	参观学习	台湾青年学生	70
39	2017年暑期"关爱留守雏鹰，携手展翅高飞"双石镇黄家村留守儿童参观日活动	8月15日	在讲解员的带领下参观盐博馆，学习家乡历史，了解盐业文化，体会古代盐工的卓越智慧	参观学习	留守儿童	70
40	第九期盐博课堂"指尖上开出的花朵"自贡小三绝之"扎染"体验班	8月22~23日	盐博馆邀请专业扎染老师在现场对同学们进行培训指导，让大家学习传统文化，在课堂上完成一幅完整的扎染作品	公益课堂	自贡中小学生	50
41	"感知千年盐都"富台山社区留守儿童参观学习活动	8月28日	在讲解员的带领下参观盐博馆，了解盐业文化，体会古代盐工的卓越智慧	参观学习	留守儿童	25
42	"关爱残疾儿童，共享一片蓝天"盲聋哑学校残疾儿童参观日活动	9月13日	在讲解员的带领下参观盐博馆，了解盐业文化，体会古代盐工的卓越智慧	参观学习	盲聋哑残疾儿童	30
43	"中国古代建筑常识"黄健专家讲座	9月15日	盐博馆专家黄建对大家进行中国古代建筑基本常识培训，提升盐博馆职工自我修养与素质	专家讲座	盐博馆职工	40

序号	活动名称	活动时间	主要内容	活动形式	主要对象	参与人数
44	"感知千年盐都,学习家乡文化"四川理工学院外语学院学生参观学习活动	9月20日	在讲解员的带领下参观盐博馆,了解盐业文化,体会古代盐工的卓越智慧	参观学习	四川理工学院学生	30
45	"感知千年盐都,学习家乡文化"四川理工学院学生参观学习活动	9月20日	在讲解员的带领下参观盐博馆,了解盐业文化,体会古代盐工的卓越智慧	参观学习	四川理工学院学生	20
46	"感知千年盐都,学习家乡文化"自贡旅游职高学生参观学习活动	9月20日	在讲解员的带领下参观盐博馆,了解盐业文化,体会古代盐工的卓越智慧	参观学习	自贡旅游职高学生	60
47	"感知千年盐都,学习家乡文化"新加坡幼儿园师生参观学习活动	9月21日	在讲解员的带领下参观盐博馆,了解盐业文化,体会古代盐工的卓越智慧	参观学习	幼儿园师生	120
48	"感知千年盐都,学习家乡文化"袋鼠妈妈幼儿园师生参观学习活动	9月22日	在讲解员的带领下参观盐博馆,了解盐业文化,体会古代盐工的卓越智慧	参观学习	幼儿园师生	120
49	"感知千年盐都,学习家乡文化"佐伊幼儿园师生参观学习活动	9月22日	在讲解员的带领下参观盐博馆,了解盐业文化,体会古代盐工的卓越智慧	参观学习	幼儿园师生	100
50	"感知千年盐都,学习家乡文化"机关幼儿园小朋友参观学习活动	9月30日	在讲解员的带领下参观盐博馆,了解盐业文化,体会古代盐工的卓越智慧	参观学习	幼儿园师生	15
51	"感知千年盐都,学习家乡文化"东方外国语学校师生参观学习活动	9月30日	在讲解员的带领下参观盐博馆,了解盐业文化,体会古代盐工的卓越智慧	参观学习	东方外国语学校学生	50
52	中国传统技艺——自贡市盐业历史博物馆"书画装裱技艺培训班"	10月10~13日	盐博馆特邀书画装裱人员对大家进行装裱知识培训,并现场指导书画装裱技艺	公益课堂	装裱爱好者	200
53	"感知千年盐都"贡井青少年校外活动中心学生参观学习活动	11月23日	在讲解员的带领下参观盐博馆,了解盐业文化,体会古代盐工的卓越智慧	参观学习	贡井青少年校外活动中心学生	50
54	"感知千年盐都"贡井青少年校外活动中心学生参观学习活动	11月24日	在讲解员的带领下参观盐博馆,了解盐业文化,体会古代盐工的卓越智慧	参观学习	贡井青少年校外活动中心学生	120
55	2017年自贡世界地质公园边界行	11月25日	在讲解员的带领下参观盐博馆,了解盐业文化,体会古代盐工的卓越智慧	参观学习	绿盛实验学校学生	180
56	2017年"自贡文化旅游投资暨美食节"科普宣传咨询活动	11月30日	向自贡市民宣传井盐文化,发放宣传资料与小礼品	宣传咨询、发放宣传资料与礼品	自贡市民	70
57	自贡市盐业历史博物馆志愿者培训活动	12月6日	盐博馆讲解老师对四川理工学院志愿者进行礼仪、盐业知识等方面的培训,提升他们的自身素养,在黄金周期间在展厅进行劝导、咨询等服务	科普培训	四川理工学院志愿者	1000
58	自贡世界地质公园边界行研学活动	12月7日	在讲解员的带领下参观盐博馆,了解盐业文化,体会古代盐工的卓越智慧	参观学习	桥头镇中小学生	40
59	自贡世界地质公园边界行研学活动	12月8日	在讲解员的带领下参观盐博馆,了解盐业文化,体会古代盐工的卓越智慧	参观学习	成佳镇中小学生	300

3. 流动科普设施

单位：次

序号	名称	年度巡展次数	类型	经费来源	运行方式
1	盐的故事	8	原创性临展	财政拨款	巡展
2	自贡文化遗产摄影展	8	原创性临展	财政拨款	巡展

二、科研与学术

1. 承担项目

单位：万元

序号	项目名称	项目来源	项目级别	经费	负责人
1	自贡盐文化景观的史蕴与传承保护研究	四川理工学院中国盐文化研究中心	省级	1	程龙刚
2	自贡盐道与区域社会文化研究	四川理工学院中国盐文化研究中心	省级	1	邓军
3	自贡盐运文化遗产现状与保护研究	自贡市社会科学界联合会	市级	0.1	邓军

2. 研究成果

序号	题目	作者	刊名	卷（期）号	期刊级别
1	《川盐古道自贡段的遗产构成及其保护利用》	邓军	《中华文化论坛》	2017 年第 7 期	全国中文核心期刊
2	《人类学视野下传统盐业研究的新范式》	邓军	《盐业史研究》	2017 年第 2 期	CSSCI 扩展版来源期刊
3	《自贡井盐文化与历史性文物建筑》	侯虹	《盐业史研究》	2017 年第 2 期	CSSCI 扩展版来源期刊
4	《盐业历史专有名词英译中归化和异化翻译策略的应用》	王放兰	《盐业史研究》	2017 年第 4 期	CSSCI 扩展版来源期刊
5	《〈中国盐业百科全书〉编纂研讨会在自贡市盐业历史博物馆召开》	王放兰 李虹	《盐业史研究》	2017 年第 3 期	CSSCI 扩展版来源期刊
6	《盐业体制改革激发盐业企业活力》	邹丽莎 邓军	《盐业史研究》	2017 年第 2 期	CSSCI 扩展版来源期刊
7	《古代西南盐文化向中原传播的路径考察》	程龙刚	《中华文化与传播研究》	2017 年第 1 辑	省级辑刊
8	《唐代私盐的形态及产生的原因》	周劲	《中国盐文化》	2017 年第 9 辑	省级辑刊
9	《文化线路视野下的自贡井盐运输遗产研究》	邓军	《中国盐文化》	2017 年第 9 辑	省级辑刊

3. 专著

序号	名称	作者	出版社	出版日期
1	《赵熙题刻辑》	陈述琪、程龙刚编著	四川人民出版社	2017 年 9 月
2	《井盐诗魂》	程龙刚主编、罗永德著	四川人民出版社	2017 年 9 月
3	《盐都》	程龙刚主编、李华著	四川人民出版社	2017 年 6 月

4．编辑刊物

单位：册

刊物名称	刊号	发行周期	发行数量	发行范围
《盐业史研究》	ISSN 1003-9864	季刊	4000	国内外公开发行

三、信息化建设

自贡市盐业历史博物馆武圣宫大门

1．官方网站浏览情况

自贡市盐业历史博物馆（以下简称"盐博馆"）网站自 2011 年建立以来，历经数次改版。其内容丰富，全面介绍自贡市盐业历史博物馆的相关信息、旅游资讯和盐史动态。网站设计简洁大方，总体设计风格与博物馆展陈风格统一，重点突出盐业历史文化特色，网站页面内容丰富、生动，互动性强。

盐博馆官方网站网址为：www.zgshm.cn，支持中、英文两种语言。点击数为 46689 次，日均点击率为 127 次。

2．展品信息化工作

（1）网上虚拟游览等服务

2015 年 9 月，盐博馆三维全景展示系统正式上线。该系统让游客在电脑上就可观赏到景区（点）三维模拟空间，并提供各种操纵图像的功能，可放大缩小，从各个方向移动观看场景，达到模拟和再现场景的效果。在任何一台连接到互联网的电脑上均可使用，再配合专业讲解的背景语音，能带给游客身临其境的视觉和听觉体验。

（2）提供多语种智能化服务

自贡市盐业历史博物馆网站中英文版，及时提供有关自贡市盐业历史博物馆工作动态和旅游资讯及相关展览的最新信息。

（3）区域内无线网络 Wi-Fi 馆内全覆盖（zg_yanBo）

2016 年 7 月，自贡市盐业历史博物馆实现馆内无死角 Wi-Fi 覆盖，无须扫码、无须密码，游客在连接的引导过程中关注"盐业历史博物馆"公众号即可上网。同时融合了"鱼说"的语音导览，边走边听了解博物馆更多语音故事，走进盐博馆，随时随地畅享高速网络。

（4）多媒体自助终端机等服务

博物馆内共有 4 台电子触摸屏，分别摆放在武圣宫大门厅、游客中心、盐税展厅。触摸屏为观众提供了比较专业的多媒体内容。

（5）通过二维码关注官方微信

官方微信为游客提供了最新旅游新闻动态、馆内活动、盐业史研究考察成果、相关科普信息等。

3．新媒体运用

微信：盐业历史博物馆官方微信公众平台（ID：yylsbwg），创建于 2014 年 6 月，自开通以来每周定期发布图文信息。内容包含最新旅游新闻动态、馆内活动、盐业史研究考察成果、相关科普信息等。其中固定栏目有：以盐业史为主题的"盐博讲堂"、以中小学生教育培训为主的"盐博课堂"、以科学小知识科普为主题的"盐文科普"、以古建筑木雕艺术解析为主的"西秦古事"等。

微信自定义菜单栏目有：西秦遗迹、文化遗产、馆藏文物、盐井古镇、盐博讲堂、盐商世家、盐业古道、数字博物馆、语音导游、展览厅等自选菜单。

微博：自贡市盐业历史博物馆官方微博（ID：盐业历史博物馆）创建于2014年9月，不定期发布博物馆内新鲜事件动态，记录馆内工作人员活动场景、游客访问等。

四、志愿者队伍建设

单位：人，小时

分类	服务岗位	人数	来源	服务时间
盐工志愿者	志愿讲解	5	盐业企业	210
小小讲解员	志愿讲解	30	自贡市各中小学	2000
社会志愿者	展厅服务、科普活动	20	自贡市各单位	400
学生志愿者	展厅服务	28	四川理工学院	560

五、运营情况

票务情况

是否免费开放	未免费开放场馆票种	未免费开放票价	观众人数
否	半价票、网购票及全票三种	10元、18元、20元	21.6万人次/年

六、2017年度大事记

1月15日　《盐业史研究》再次入围"中文社会科学引文索引（CSSCI）扩展版来源期刊"。

1月15日　完成吉成井井盐作坊遗址维修保护工程、西秦会馆保护修缮工程立项报告申报。

1月19日　中国博物馆协会第六届七次理事长会议审议通过，自贡市盐业历史博物馆晋升为"国家一级博物馆"。

1月19日　举办第六期盐博课堂"中国之美——榫卯技艺大比拼"科普活动。

1月22日　举办第七期盐博课堂"探秘古盐井，童心绘天车——走进吉成井天车群遗址"科普活动。

1月23日　与宋瓷博物馆联合举办的"盛世华彩——宋瓷博物馆馆藏文物精品展"在该馆开幕。同日主办"春风化雨——10名家迎春书画展"。

2月26日　法国盖亚克市政府代表团阿兰·儒弗莱先生，贝特朗·德维维埃先生，多米尼克·洛基先生等来馆考察。

3月9日　法国国家自然历史博物馆Yves Girault教授一行5人来馆考察交流。

3月10日　自贡市凤凰小学贫困学生来馆参加"感知千年盐都，学习家乡文化"科普活动月参观学习活动。

3月14日　参加由自贡市科技局组织的"2017自贡市送科技下乡科普月惠民活动"，馆宣教人员为群众提供免费咨询服务及科普读物、宣传图册等。

3月14日　参加自贡市文广新局组织的"2017送文化下基层"活动，在荣县高山镇学校展出"盐的故事"科普展览。

3月25日　该馆讲解员邹丽莎和小小讲解员冯子洛参加2017年"中国故事——全国博物馆优秀讲解案例

2016年8月1日盐博课堂：东方的埃菲尔铁塔——天车

展示"推介活动（四川赛区）复赛，荣获专业组"十佳讲解员"与学生组"优秀讲解员"称号。

3月29日 举办"自贡市盐业历史博物馆馆藏文物精品展"。

4月12日 民建中央副主席宋海一行来馆考察调研。

4月18日 举办"土木中华——中国古代建筑展"。

5月4日 在荣县复兴乡朱家庙村开展第48个世界地球日"节约集约利用资源 倡导绿色简约生活——讲好我们的地球故事"宣传活动，并带去科普展览"自贡文化摄影展"。

5月5日 举办"中国古代建筑常识"专家讲座，由该馆副研究馆员黄健主讲。

5月6日 "盐都故实""川盐古道文化遗产现状与保护研究"两项科研成果荣获自贡市人民政府优秀成果奖。

5月16日 举办"留住乡愁，解读盐都"专家讲座，讲座在自贡市第六中学举行，由自贡著名盐史专家宋良曦主讲。

5月18日 应邀参加"2017年'5·18国际博物馆日'中国主会场活动——让文物活起来"活动。馆长宋青山参加开幕式，并接受"国家一级博物馆"授牌。同日，该馆正式加入中国博物馆协会，成为团体会员单位。

5月18日 举办"盐都珍藏——自贡市第一次全国可移动文物普查成果展"展览及系列活动。

6月6日 程龙刚任自贡市盐业历史博物馆馆长。

6月12日 组织文物（藏品）鉴定小组召开鉴定会，对近年征集的57件（套）文物（藏品）集中进行鉴定评估。

6月12日 主办"非物质文化遗产——一笔不可多得的艺术创新资源"专家讲座，由中国艺术研究院研究员苑利教授主讲。

6月27日 制定并印发《自贡市盐业历史博物馆法人治理结构改革试点工作方案》。

6月29日 制定并印发《自贡市盐业历史博物馆安全防范应急预案》。

7月4日 顺利通过中共四川省委宣传部、四川省社会科学界联合会对认定满三年的省级社科普及基地的评估。

7月14日 该馆基本陈列"自贡盐税史"被命名为"全国税收普法教育示范基地"，成为全国第一批，西部唯一全国税收普法教育示范基地。

7月14日 制定并印发了新修订的《自贡市盐业历史博物馆奖励性绩效工资实施方案》。

7月14日 制定并印发了新修订的《自贡市盐业历史博物馆科部室绩效考评办法》。

7月19日 组织开展"提升职业素养 树立公务形象——博物馆服务礼仪"专题讲座，由四川理工学院马克思主义学院王红副教授主讲。

7月24日 泰国拉加曼拉科技大学讲师坎塔户·吉拉拉特、玛诺桑·布萨巴来馆进行学术考察，并进行学术座谈，馆长程龙刚、研究部研究人员参加此次学术座谈。

7月27日 召开《中国盐业百科全书》编纂研讨会。

7月29日 全国政协副主席、农工党中央常务副主席刘晓峰率调研组来馆开展调研工作。

8月15日 组织荣县双石镇黄家村留守儿童走进博物馆，开展"感知千年盐都，学习家乡文化"科普参观学习活动。

8月22日　举办第九期盐博课堂"指尖上开出的花朵"——自贡小三绝"扎染"体验班。

8月30日　参加在青海省德令哈市举办的中国自然科学博物馆协会2017年年会，宋青山、王芳、李谷参会。

8月31日　自贡市政协副主席王孝谦率队来馆开展"国际文化旅游目的地"建设情况专题调研。

9月6日　四川省古遗迹保护协会秘书长王小灵率队对该馆馆址西秦会馆及吉成井盐作坊遗址维修保护情况进行考察调研，程龙刚、周翠微参与调研。

9月13日　全国政协副主席、九三学社中央主席韩启德率调研组来馆开展自贡市文博产业发展情况专题调研，周翠微参加调研。

9月26日　制定并印发《自贡市盐业历史博物馆"三重一大"事项决策制度》。

9月28日　举办"纪念赵熙诞辰150周年研讨会"。

9月29日　制定并印发《自贡市盐业历史博物馆风险评估制度》。

10月10日　开办公益培训——书画装裱技艺培训班。

10月12日　召开自贡市盐业历史博物馆理事会、监事会成立大会暨首届理事会、监事会第一次会议。

10月12日　举行第一批全国税收普法教育基地揭牌仪式，周翠微参加。

10月12日　《自贡市盐业历史博物馆章程》经自贡市盐业历史博物馆第一届理事会第一次会议表决通过，11月7日经市文广新局审核同意，11月9日正式呈报市事业单位登记管理局备案。

10月27日　讲解员晏冰聪代表四川省国土资源厅参加了"第二届全国国土资源科普讲解大赛总决赛"，并荣获全国总决赛二等奖。

10月30日　承办"中国博物馆协会博物馆数字化专业委员会2017年年会暨中国博物馆'互联网+博物馆'案例分析会与信息化应用实践培训"。

11月8日　由该馆主办的学术期刊《盐业史研究》荣获2016年度自贡市科协系统优秀学术期刊一类奖，主办的"多维视野下的中国盐业史研究学术研讨会"荣获优秀学术活动二类奖（优秀学术活动一类奖空缺）。

11月10日　"中国盐业史辞典""川盐文化圈图录"两项科研成果荣获国家级专业学会优秀成果奖。

11月15日　"2017外国媒体自贡行"活动中，美国合众社、今日俄罗斯电视台、《东洋经济周刊》等来自10个国家的媒体和《环球时报》、Global Times、环球网、《北京周报》等4家国内媒体共30多名中外记者来馆参观采风，馆长程龙刚出席活动。

11月17日　"中国首届井盐文化节"在该馆举办。

12月12日　印发新修订的《自贡市盐业历史博物馆竞聘上岗实施办法》。

12月21日　吉成井盐作坊遗址屋面排危抢险工程顺利通过竣工验收。

12月18日　自贡市盐业历史博物馆馆藏珍贵文物预防性保护项目通过专家组验收。

12月21日　该馆被四川省科学技术厅评为"四川省优秀科普基地"。

12月30日　馆刊《盐业史研究》荣获"第三届四川省社会科学特色学术期刊奖"。

七、2017年工作概述

2017年，自贡市盐业历史博物馆严格遵照国家一级博物馆的标准和要求，紧紧围绕博物馆的陈列展览、文物保护、科学研究、社会教育等积极开展工作，充分发挥了科普教育基地的职能。

（一）成功晋级国家一级博物馆，跻身中国最优秀博物馆行列

1月，盐博馆成功晋级国家一级博物馆。5·18国际博物馆日盐博馆在首都博物馆接受授牌，标志着该馆跻身中国具有卓越影响力和强烈震撼力的最优秀博物馆行列，对推动该馆在新时代的创新发展具有里程碑意义。

（二）精心办好陈列展览，丰富人民群众精神文化生活

2018 年 3 月 21 日 "盐的故事" 走进大安区牛佛镇双河村

一是维护好基本陈列展览。对基本陈列展览——"中国井盐科技史""自贡盐业地质陈列""自贡盐税史陈列"进行定期维护和适时更新。6 月，"自贡盐税史陈列"被国家税务总局、司法部授予"全国税收普法教育示范基地"称号，成为全国第一批、西部唯一的"全国税收普法教育示范基地"。

二是推出精品展览。2017 年，该馆创新办展模式，通过内引外联方式，先后举办"盛世华彩——宋瓷博物馆馆藏文物精品展""土木中华——中国古代建筑展""赵熙精品书画展"等 11 个精品展览。6 月，该馆制作的"自贡古代盐场景观模型"在河南平煤神马集团中国岩盐博物馆成功展出。

三是开展送文化下乡活动。该馆全年开展送文化下乡活动 15 场次，将"盐的故事""自贡市文化遗产摄影展""西秦会馆建筑艺术"等科普展览送进自贡四区两县。该馆开展的送文化下乡活动，丰富了公众的文化知识，成功地搭建起了博物馆与公众沟通和互动的平台。

（三）不断加强藏品管理，真正让馆藏文物"活"起来

一是拓宽藏品征集渠道。该馆投入 19 万余元，通过购买、考古发掘、接收捐赠等渠道征集藏品 61 套（98 件）。其中，购买盐商字画 12 套 14 件、古籍善本 1 册；在东兴寺大桥滩涂考古调查发掘中，出土釉陶壶、铜钱等 13 套（30 件）；接收捐赠作品 2 批次。

二是加大藏品保护力度。根据文物质地、尺寸、形状，该馆为馆藏字画、钱币、瓷器、玉器等量身制作了摇盖式、折页式、天地盖式等不同形制的无酸纸囊匣 950 个，对文物的防潮、防尘、防震起到了重要作用；聘请文物保护微生物专家对文物随机抽样，检查文物的霉菌、虫蛀情况，并对 820 件纸质文物采用除氧法防治害虫，馆藏纸质文物得到了有效地保护。

三是提高藏品利用率。2017 年，该馆将馆藏 205 件（套）书法作品进行了系统梳理，对蕴含盐文化的 97 件书法作品进行了全面解析；该馆撰写的关于钱币藏品研究的文章从文创产品开发的角度对馆藏的 8 枚压胜钱进行了论证；馆藏的 10 件书画作品被《但听松风——纪念刘克刚诞辰 100 周年精品书画集》收录；利用藏品举办原创性临时展览 5 个，使用藏品 193 件（套）。这些工作有效提高了该馆藏品的利用率，真正让馆藏文物"活"了起来。

（四）大力开展学术交流研究，扩大博物馆学术影响力

一是举办学术研讨会议。7 月 26~28 日，该馆主办、承办了"中国博物馆协会博物馆数字化专业委员会 2017 年年会暨中国博物馆'互联网＋博物馆'案例分析与信息化应用实践培训""纪念赵熙诞辰 150 周年研讨会"等 5 场学术会议。该馆 2016 年举办的"多维视野下的中国盐业史研究学术研讨会"荣获"2017 年度自贡市科协系统优秀学术活动二类奖"。

二是开展科研课题研究。2017 年，该馆专业技术人员完成科研项目 3 个：完成省级科研课题"盐都漫步——自贡盐文化景观的史蕴与传承保护研究"，参与完成中国法学会部级科研课题"自贡盐井份额权研究"，自贡市哲学社会科学研究规划项目"自贡盐运文化遗产现状与保护研究"顺利结项。此外，该馆专业技术人员

2018 年 5 月 9 日西秦讲堂：吕舟教授"中国文物保护原则的演变与发展"讲座

完成国家艺术基金项目"传统价值与现代传播：盐商会馆的木雕石刻艺术——以西秦会馆为例"的申报工作，成功申报自贡市哲学社会科学研究 2017 年度规划项目"盐业博物馆在展陈过程中的互动设计研究"，并完成《自贡市井盐历史文化遗迹保护管理条例》等研究性报告或方案 13 个。

三是发布学术研究成果。程龙刚馆长主编的"自贡盐文化丛书"——《赵熙题刻辑》《井盐诗魂》《盐都》由四川人民出版社出版发行；该馆专业技术人员参与编著的"中国商贸经典文化"教材——《中国商路》由高等教育出版社出版发行。该馆专业技术人员在全国中文核心期刊《中华文化论坛》、中文社会科学引文索引（CSSCI）扩展版来源期刊《盐业史研究》及省级期刊公开发表《川盐古道自贡段的遗产构成及其保护利用》《自贡井盐文化与历史性文物建筑》等学术论文 10 篇，并在全国性学术会议上交流学术论文 3 篇。"盐都故实""川盐古道文化遗产现状与保护研究""中国盐业史辞典""川盐文化圈图录"4 项科研成果荣获自贡市人民政府和国家级专业学会优秀成果奖。

四是办好馆刊《盐业史研究》。高质量完成《盐业史研究》2017 年度组稿、统稿、编辑、校对和出版发行工作，全年共刊载学术论文 47 篇，56 万字，其中，国家社科基金项目资助论文 10 篇。据中国知网（CNKI）2017 年度统计，《盐业史研究》被国务院发展研究中心、中国科学院等 4078 家机构用户使用，这表明《盐业史研究》的学术服务在国防军事、参政议政、国计民生等关键领域均有极强的参考价值。1 月，《盐业史研究》再次入围中文社会科学引文索引（CSSCI）扩展版来源期刊；10 月，《盐业史研究》荣获"自贡市科协系统优秀学术期刊一类奖"；12 月，馆刊《盐业史研究》荣获"第三届四川省社会科学特色学术期刊奖"，周聪荣获"第三届四川省社会科学学术期刊优秀编辑"。

（五）积极开展社教活动，提高博物馆公共服务水平

一是科普活动丰富多彩。2017 年，该馆开展社会教育活动 59 场次，参与人数近 2 万人次。全年开办包括"童心说盐——小小讲解员培训班""指尖上开出的花朵"——自贡小三绝之"扎染"培训班等盐博课堂 3 期。"盐博课堂"现已成为极具盐博特色，并有一定社会影响力的品牌教育项目，是该馆社教活动的一张闪亮名片。

二是基地建设成效显著。圆满完成四川省哲学社会科学普及基地——盐文化普及基地、四川省科普教育基地、四川省爱国主义教育基地等的复核验收工作。2017 年，该馆因"科普主题明确，科普活动开展丰富多彩"，12 月被四川省科学技术厅评为"四川省优秀科普基地"。

三是志愿服务活动规范有序。2017 年，该馆新增志愿者和博物馆之友 35 名，开展志愿服务活动 400 余场

次，同时完善了《自贡市盐业历史博物馆志愿者管理办法》《自贡市盐业历史博物馆博物馆之友章程》，并组织志愿者开展讲解技巧、形体礼仪、盐业知识等业务培训12次，邀请博物馆之友参加校园主题活动、盐博课堂、精品展览开幕式等活动6次。

四是接待讲解屡获好评。2017年，该馆接待观众21.6万人，实现门票和讲解收入212.09万元，全年讲解3134场，确保了优质服务和零投诉。在接待全国政协副主席刘晓峰、全国政协副主席韩启德、原国家工商总局局长张茅、中央国家机关工委副书记陈存根等领导时，因讲解出色，屡获好评。3月，讲解员邹丽莎在"中国故事——全国博物馆优秀讲解案例展示推介活动"（四川赛区·专业组）中荣获四川省"十佳讲解员"称号，小小讲解员冯子洛荣获学生组"优秀讲解员"称号；10月，讲解员晏冰聪荣获"第二届全国国土资源科普讲解大赛二等奖"。

五是成功举办首届自贡井盐文化节。11月17日，自贡首届井盐文化节在该馆成功举办，吸引了百万网友观看、互动。中国盐业协会副理事长兼秘书长宋占京、自贡市政协、市委宣传部、市文广新局等部门和单位的领导，以及来自全国各地的100余名专家学者和10个国家的15家外国媒体记者等300余位嘉宾出席此次。自贡首届井盐文化节荣登《华西都市报》主办的"新经济·新征程——2017四川十大经济影响力事件投票排行榜"榜首。

（六）全力推进项目申报建设，确保文物保护利用率

一是完成馆藏文物预防性保护项目。该项目于2016年12月正式启动，2017年12月通过四川省文物局组织的结项验收。该项目通过搭建馆藏文物保存环境监测平台，采取微环境调控措施，实现了对文物保存环境的及时感知和有效调控，大大提升了该馆馆藏文物预防性保护能力。馆藏文物预防性保护项目在该市属首次实施，对加强自贡市文物预防性保护项目的顺利实施具有重要的示范和促进作用。

二是完成吉成井井盐矿山遗迹保护和环境治理工程项目。该项目于2017年3月正式开工，10月竣工验收。该项目通过对吉成井盐作坊遗址进行基础设施建设、科考步道铺装和园林绿化等内容的实施，使吉成井盐作坊遗址得到了有效而科学的保护，为吉成井盐作坊遗址今后作为该馆新的科普场馆对外开放奠定了坚实的基础。

三是顺利推进西秦公所修缮和风貌整治工程项目。该项目于2017年3月开工建设，12月主体竣工。通过对西秦公所主体建筑的修缮、后期加建不当建筑物的拆除和环境风貌的整治等内容的实施，较好地保护了西秦公所的建筑主体和风貌，成为"中华路—解放路历史文化街区"改造的样板工程，为该馆增加陈列展览区域、完善游客接待功能、提高公共服务能力提供了理想的场所。

（七）着力提升组织管理水平，助力博物馆工作新发展

一是主要领导及法定代表人更换。根据自委任〔2017〕94号文件和自人府发〔2017〕9号文件，2017年4月，免去宋青山中共自贡市盐业历史博物馆支部委员会书记、委员和自贡市盐业历史博物馆馆长职务；自人府发〔2017〕15号文件，任命程龙刚为自贡市盐业历史博物馆馆长。8月，该馆法定代表人正式变更为程龙刚。

二是建立健全法人治理结构，促进该馆决策的科学化。2017年该馆积极推动事业单位法人治理结构改革工作，制订了《自贡市盐业历史博物馆章程》《自贡市盐业历史博物馆理事会章程》《自贡市盐业历史博物馆监事会议事规则》等制度性文件，建立起了"理事会＋管理层＋监事会"的法人治理结构形式，形成了符合该馆实际的、新的管理体制和运行机制。10月，该馆召开"自贡市盐业历史博物馆理事会、监事会成立大会""自贡市盐业历史博物馆2017年度理事会"和"自贡市盐业历史博物馆2017年度监事会"。

国土资源博物馆

中国地质博物馆

英 文 全 称：The Geological Museum Of China
法 定 代 表 人：贾跃明
联 系 电 话：010-66557476
传　　　　真：010-66557477
官 方 网 站：www.gmc.org.cn
行 政 主 管 单 位：中华人民共和国自然资源部
成 立（开放）日 期：1916 年 7 月 14 日
通 信 地 址：北京市西城区西四羊肉胡同 15 号
已加入专业委员会：中国自然科学博物馆协会国土资源博物馆专业委员会

▨ 一、科普活动与展览

1. 临时展览

单位：平方米，万人次

序号	展览名称	起止日期	展出地点	面积	观众数量	性质
1	守护远古的生命——海外追索及国际交流化石展	4 月 11~30 日	三层展厅	500	1.65	原创、联合
2	北京 2017 中华玉雕精品展	5 月 10 日至 6 月 4 日	三层展厅	400	1.15	原创、联合
3	世界矿物精品（2017）展览	6 月 16 日至 8 月 30 日	三层展厅	400	6.67	原创、联合
4	"一带一路"国家矿物·宝石与邮票专题展	2017 年 11 月 29 日至 2018 年 1 月 10 日	三层展厅	400	1.37	原创、联合

2. 教育活动

单位：人次

序号	活动名称	活动时间	主要内容	活动形式	主要对象	参与人数
1	第二届世界地球日儿童画公益大赛	3 月 1 日至 4 月 8 日	征集画作、评比	科普活动	青少年	504
2	志愿服务主题活动	3 月 2 日	宝玉石鉴定、讲座	科普活动、社区宣讲	全年龄	100
3	2017 年北京市地学知识竞赛	3 月至 4 月	地学竞赛	科普活动	中学生	3000
4	节约集约利用资源系列科普活动	4 月 17~23 日	科普讲座、有奖问答、猜谜、折纸等	科普活动、科普讲座	全年龄	500
5	铭刻地球上的远古生命	4 月 22 日	古生物拓片	科普活动	青少年	20
6	生活中的化石	5 月 14 日	手工	科普活动	小学生	20
7	讲述地球的故事	5 月 18 日	地学讲座	科普讲座	全年龄	20

序号	活动名称	活动时间	主要内容	活动形式	主要对象	参与人数
8	探寻海洋之心	5月20日	海洋讲座	科普讲座	青少年	20
9	传统文化与自然瑰宝的美丽邂逅	6月10日	曲艺与地学科普活动	科普活动	青少年	30
10	科技列车西藏行	6月20~27日	讲座、标本展示、巡展、宝玉石鉴定等	科普活动、科普讲座	全年龄	5000
11	美丽的矿物	6月30日	岩石矿物讲座	科普讲座	小学生	200
12	古生物化石拓片	7月7日	古生物拓片	科普活动	青少年	50
13	点石成画	7月12、14日	矿物颜料绘画	科普活动	青少年	48
14	地学夏令营	7月16~17日	地质考察、实践	科普活动	青少年	40
15	小小志愿者	7月20~30日	志愿者培训、讲解活动	科普活动	青少年	40
16	我在地博修化石	8月10日	修复化石	科普活动	青少年	20
17	化石"模"法师	8月24日	制作化石模型	科普活动	青少年	20
18	一笔生辉	9月17日	保护地球主题绘画	科普活动	青少年	20
19	地学科普进校园	9月18~21日	讲座、标本讲解、巡展	科普讲座、科普活动	青少年	4000
20	科普创客大赛集训营	9月22日	地学知识培训	科普讲座、科普活动	青少年	20
21	听，胡同的声音	10月7日	历史文化和地学知识讲解	科普讲座、科普活动	青少年	20
22	石上Patty	10月29日	科普绘画活动	科普活动	青少年	20
23	地博进校园	10月29日至11月1日	讲座、标本讲解、巡展	科普讲座、科普活动	青少年	4000
24	科技与文化在燕园的秋天遇见你	11月10日	参观、讲座	科普活动	全年龄	20
25	矿产资源与绿色矿山知识普及与传播	11月22日	讲座、巡展	科普讲座、科普活动	中学生	100
26	火山大爆发	11月30日、12月16日	科学实验	科普活动	幼儿园	50
27	史前生物大比"拼"	12月2日	拼图、讲座	科普讲座、科普活动	小学生	20
28	会动的地球	12月22日	地学讲座	科普讲座	小学生	30
29	地博讲堂——美丽的矿物与我们的生活	11月19日	地学讲座	科普讲座	全年龄	100
30	地博讲堂——宝石的鉴赏与收藏	11月26日	地学讲座	科普讲座	全年龄	100
31	地博讲堂——动画片中的古生物知识	12月3日	地学讲座	科普讲座	全年龄	100
32	地博讲堂——海洋	12月10日	地学讲座	科普讲座	全年龄	100
33	地博讲堂——鱼会觉得口渴吗？	12月17日	地学讲座	科普讲座	全年龄	100
34	地博讲堂——神秘天外客——陨石	12月24日	地学讲座	科普讲座	全年龄	100
35	地博讲堂——欣赏精美标本感悟地质科学	12月31日	地学讲座	科普讲座	全年龄	100

3. 流动科普设施

序号	名称	年度巡展次数	类型	经费来源	运行方式
1	科普巡展	每年十次左右	地学科普讲座、地学科普巡展等	项目	主办或参与联合行动
2	流动地学博物	每年十次左右	科普讲座、地学标本展示	项目	主办或参与联合行动

▓ 二、科研与学术

1. 承担项目

单位：万元

序号	项目名称	项目来源	项目级别	经费	负责人
1	中国地质博物馆运行与维护费	自然资源部	省部级	350	王玲
2	国土资源史志、科普、化石管理工作支撑与服务	自然资源部	省部级	159	刘树臣
3	国土资源科学普及、展陈与社会服务	自然资源部	省部级	145	张亚钧
4	地质遗迹标本采集、购置与综合研究	自然资源部	省部级	2657.29	贾跃明

2. 研究成果

序号	题目	作者	刊名	卷（期）号	期刊级别
1	A new tree fern stem, *Heilongjiangcauliskeshanensis* gen. et sp. nov., from the Cretaceous of the Songliao Basin, Northeast China: a representative of early Cyatheaceae	Cheng Ye-Ming, Yang Xiao-Nan	*Historical Biology*	2018 年 5 月	SCI、EI、ISTP 收录
2	A new tree fern stem, Tempskya zhangii sp. nov. (Tempskyaceae) from the Cretaceous of Northeast China	XiaonanYang, Fengxiang Liu, Yeming Cheng	*Cretaceous Research*	2018 年 4 月	SCI、EI、ISTP 收录
3	《中国首次发现白垩纪杪椤科茎干化石》	程业明　刘风香	《地球学报》	2017 年第 2 期	核心期刊
4	《辽宁八家子铅锌矿区环斑花岗岩成因研究》	杨小男　郭　昱	《矿物学报》	2017 年第 37 卷增刊	核心期刊
5	《铜陵大团山铜（钼）矿床辉钼矿赋存状态及成因意义》	杨小男　徐兆文　王云健	《地球学报》	2017 年第 2 期	核心期刊
6	《吉林红旗岭富家矿床矿石矿物化学和硫同位素特征——对铜镍硫化物矿床成因及成矿过程的约束》	吕林素　李宏博　周振华　徐立国　杨小男　毛　冰	《地球学报》	2017 年第 2 期	核心期刊
7	《雄黄与光反应的研究进展》	章西焕	《地球学报》	2017 年第 2 期	核心期刊
8	《国内岩石类展教系统现状分析及关键技术研究》	李宏博　杨良锋　吕林素　等	《地球学报》	2017 年第 2 期	核心期刊
9	《宝石识别展教系统公众展示载体应用创新研究——基于非接触检测与步进电机控制技术的集成系统》	高芯蕊　杨良锋　李　强　吕林素	《地球学报》	2017 年第 2 期	核心期刊
10	《地貌形成与演变机理展教系统公众展示关键技术示范研究》	黄静宁　刘欢欢　杨良锋	《地球学报》	2017 年第 2 期	核心期刊
11	《哀牢山金矿带冬瓜林金矿床流体包裹体及硫同位素研究》	周向科　王建国　刘荫椿　李光景　雷恒永　毛　冰	《岩矿测试》	2017 年第 4 期	核心期刊

序号	题目	作者	刊名	卷（期）号	期刊级别
12	《多米尼加共和国拉利玛的鉴别与评价》	周向科　章西焕　毛冰　高芯蕊　邱枫　孙桂鞠	《中国矿业》	2017年第S1期	核心期刊
13	《贵州独山泥盆纪胴甲鱼类——新属》	卢立伍　谭锴　王曦	《地球学报》	2017年第2期	核心期刊
14	《记宁夏石炭纪古鳕类——新属》	谭锴	《地球学报》	2017年第2期	核心期刊
15	《华南奥斯坦（Orsten）型保存化石的研究进展及展望》	刘政	《地球学报》	2017年第2期	核心期刊
16	《华南寒武纪奥斯坦型化石研究进展》	刘政　张华侨	《微体古生物学报》	2017年第2期	核心期刊
17	《内蒙古鄂尔多斯地区早白垩世原角龙类化石的发现及其意义》	陈晓云	《地球学报》	2017年第2期	核心期刊
18	《内蒙古鄂尔多斯地区早白垩世恐龙动物群研究新进展》	姬书安　卢立伍　张笠夫　袁崇喜　蒋珊　陈晓云　侯彦东	《中国地质》	2017年第1期	核心期刊
19	《中国首次发现白垩纪杪椤科茎干化石》	程业明　刘风香	《地球学报》	2017年第2期	核心期刊
20	《长白山小天池和长白瀑布水体典型样本的细菌多样性比较》	张修源　苗雨雁　顾政权　刘风香	《世界地质》	2017年第2期	核心期刊
21	《兖州煤田奥陶系灰岩地下水水化学特征及其形成机理》	卞跃跃　赵丹　韩永	《地球学报》	2017年第2期	核心期刊
22	《地学博物馆展陈设计研究——以中国地质博物馆为例》	乐圆	《地球学报》	2017年第2期	核心期刊
23	《国土部门在绿色GDP构建中的核心作用分析》	韩杰　王永生　钟晓勇	《当代经济》	2016年第13期	核心期刊
24	《日本国家油气与金属公司管理机制对我国地勘基金改革的启示》	韩杰　王树　王峰	《国土资源情报》	2016年第4期	核心期刊
25	《未利用地开发为新能源产业拓展新空间》	韩杰	《中国土地》	2016年第5期	核心期刊
26	《陨石太少去哪里找？》	黄静宁　吕林素　徐立国	《地球》	2017年第9期	国家级期刊
27	《十二生辰石变奏曲》	吕林素　乐圆	《消费指南》	2017年第1期	国家级期刊
28	《色泽娇嫩的芙蓉石（粉晶）》	吕林素　Joanne Yeung	《消费指南》	2017年第1期	国家级期刊
29	《梦幻般的紫锂辉石》	吕林素　张燕　陈秋丽	《消费指南》	2017年第2期	国家级期刊
30	《千娇百媚的珊瑚》	吕林素　李迎春　张燕	《消费指南》	2017年第3期	国家级期刊
31	《温润坚韧的软玉——和田玉》	吕林素　张燕　李迎春	《消费指南》	2017年第4期	国家级期刊
32	《千姿百态的翡翠》	吕林素　Joanne Yeung	《消费指南》	2017年第5期	国家级期刊
33	《变石的姐妹宝石——猫眼》	吕林素　乐圆	《消费指南》	2017年第6期	国家级期刊
34	《红尊黄贵的红玛瑙》	吕林素　徐立国	《消费指南》	2017年第7期	国家级期刊
35	《红山古韵的岫玉》	吕林素　徐立国	《消费指南》	2017年第8期	国家级期刊

序号	题目	作者	刊名	卷（期）号	期刊级别
36	《谱写传奇的尖晶石》	吕林素 Joanne Yeung	《消费指南》	2017 年第 8 期	国家级期刊
37	《色相如天的青金石》	吕林素 Joanne Yeung	《消费指南》	2017 年第 9 期	国家级期刊
38	《五彩斑斓的独山玉》	吕林素　许敏	《消费指南》	2017 年第 10 期	国家级期刊
39	《轻柔馨香的琥珀》	吕林素　吴晓兵	《消费指南》	2017 年第 11 期	国家级期刊
40	《清新湛蓝的坦桑石》	李迎春　李冬梅 Joanne Yeung 吕林素	《消费指南》	2017 年第 12 期	国家级期刊
41	《南京六合国家地质公园"鬼斧神工"瓜埠山》	谭锴　卞跃跃	《地球》	2017 年第 9 期	国家级期刊
42	《雄安新区有一座"无烟城"》	卞跃跃　罗璐	《地球》	2017 年第 9 期	国家级期刊
43	《碳酸盐＋碳酸岩＝碳酸盐岩？》	毛冰　卞跃跃	《地球》	2017 年第 10 期	国家级期刊
44	《可可托海：全球最大矿坑与世界地震博物馆》	詹瑜　赵洪山 胡光晓	《地球》	2017 年第 12 期	国家级期刊
45	《中国地质博物馆宝石精品鉴赏》	彭艳菊　吕林素	《中国国际珠宝首饰学术交流会论文集（2017）》	2017 年 11 月 8 日	会议论文（国内）
46	《浅谈博物馆展览插图在地质科普中的作用》	乐圆	《中国地质学会 2017 学术年会论文摘要汇编（下册）》	2017	会议论文（国内）
47	《地学类博物馆创意产品开发对全民知识普及促进的意义》	李彦婷	《中国地质学会 2017 学术年会论文摘要汇编（下册）》	2017	会议论文（国内）
48	The First Discovery of a Cretaceous Bennettitales Cone and Trunk from Heilongjiang Province of China	Liu Fengxiang, Yang Xiaonan, Cheng Yeming.	The 2nd Joint Conference of the Palaeontological Society of China and the Palaontologische Gesellschaft	2017	会议论文（国际）
49	Discussion on Leaf Cuticular Characters of Ginkgo Obrutschewii Seward from Middle Jurassic of Junggar Basin, Xinjiang, China.	Yuyan Miao, Ge Sun, Fengxiang Liu	The 2nd Joint Conference of the Palaeontological Society of China and the Palaontologische Gesellschaft	2017	会议论文（国际）

3. 专著

序号	名称	作者	出版社	出版日期
1	《中国矿物精品（2016）》	刘树臣　杨良锋　叶青培　章西焕 杨小男　周向科　崔硕　赵洪山	地质出版社	2017 年
2	《世界矿物精品（2017）》	刘树臣　杨良锋主编	地质出版社	2017 年
3	《中国化石保护》	王丽霞	地质出版社	2016 年 12 月
4	《中国国土资源年鉴 2016》	中华人民共和国国土资源部编 张泓　韩杰参与编写	地质出版社	2017 年

4. 编辑刊物

单位：册

刊物名称	刊号	发行周期	发行数量	发行范围
《地球》	CN 11-146/P	月刊	40000	国内外发行

▨ 三、信息化建设

　　中国地质博物馆拥有极为珍贵的国土资源调查实物资源宝库和精美的典藏标本，能便利地向专业人士和社会公众提供专业化的和大众化的国土资源调查知识。数字化建设有助于更好地发挥收藏管理功能，同时数字化工作是标本资源保护的一种有效手段；信息资源共享，有助于更好地发挥博物馆资源的科研功能、解决博物馆收藏的珍稀国宝向公众展示与藏品保护之间存在的不可调和矛盾、解决博物馆间资源不能共享的问题，为政府进行资源保护和资源配置提供决策依据。目前，官方网站每日进行信息更新，开通了数字化地质博物馆，基本实现了展品信息化工作，搭建了虚拟展厅、藏品数据库、学科数据库、多媒体鉴定系统等平台，并开通了微博和微信，定期推送活动预告，发布科普文章。

▨ 四、志愿者队伍建设

单位：人

分类	服务岗位	人数	来源	服务时间
展厅志愿者	讲解、咨询	160	馆内领导、职工、学校与社会	周末、节假日

▨ 五、运营情况

票务情况

是否免费开放	未免费开放场馆票种	未免费开放票价	观众人数
否	一	15 元	30.67 万人次 / 年

▨ 六、2017 年度大事记

　　1 月 12~13 日　中国地质博物馆参加"第二届中国博物馆运营技术创新发展论坛"。来自国内外博物馆、政府机关和行业协会等单位的 150 多位代表出席。

　　3 月 28 日至 4 月 1 日　中国地质博物馆联合香港联合国教科文组织世界地质公园举办了"2017 年地学科普能力建设研讨班"。来自内地国土资源科普基地、香港地质公园以及国土资源科技管理部门、越南同文喀斯特高原地质公园（dong van karsk plateau geopark）等单位的 20 余名代表参加研讨。

　　4 月 11 日　中国地质博物馆和中国海关博物馆联合主办，中国地质科学院、北京自然博物馆等单位协办的"守护远古的生命——海外追索及国际交流化石展"开展。国土资源部环境司司长、国家古生物化石专家委员会副主任关凤峻，中国科学院院士刘嘉麒，中国地质博物馆馆长、国家古生物化石专家委员会副主任贾跃明，中国地质博物馆副馆长王玲，中国海关博物馆副馆长赵萍，北京自然博物馆馆长孟庆金等，以及来自海内外共 100 多位嘉宾参加了开幕式。

4月13日 中国地质博物馆、中国地质图书馆和泰兴市人民政府联合在丁文江故乡——泰兴隆重举办纪念大会。国土资源部原副部长、中国观赏石协会会长寿嘉华，中国工程院院士裴荣富，中国科学院院士周忠和，中国地质博物馆馆长贾跃明，丁文江先生的亲属、家乡父老，以及来自地矿界的近300名专家、代表出席会议，共同缅怀这位伟大的中国地质事业奠基人——丁文江先生。

4月17日 中国地质博物馆承办国土资源部第48个"世界地球日"主题宣传活动周启动仪式。国土资源部李永杰总规划师，中国地质科学院李廷栋院士，中国科学院地球化学研究所欧阳自远院士，

中国地质博物馆外景

国土资源部科技与国际合作司姜建军司长、高平副司长，国土资源部办公厅夏俊副主任，中国地质博物馆贾跃明馆长、刘树臣副馆长出席了本次活动。

5月20日 中国地质博物馆联合湖南地质博物馆举办第五届中国（湖南）国际矿物宝石博览会博物馆论坛暨2017年度国土资源博物馆专业委员会年会，来自中国科协、中国自然科学博物馆协会、郴州市人民政府、郴州市国土资源局以及各会员单位的80余名嘉宾、代表参加了本次会议。

5月23日 亚美尼亚驻华大使馆武官阿米克·萨亚江纳（Mr.HamikSayadyan,Defence Attaché）先生向中国地质博物馆捐赠黑耀岩标本。

6月27日 中央党校厅局级进修班（第68期）100名学员参观了中国地质博物馆。中国地质博物馆刘树臣副馆长、李元恒副馆长陪同参观。

6月20~27日 中国地质博物馆参加由科技部、国土资源部、西藏自治区人民政府等11家单位共同主办的2017"科技列车西藏行"活动。

7月15日 黄冈大别山地质公园博物馆地质科普展暨新馆开馆仪式在黄冈大别山地质公园博物馆举行，同时正式成为中国地质博物馆黄冈分馆。

8月16日 中国地质博物馆与中国科学院古脊椎动物与古人类研究所、中国科学院南京地质古生物研究所、中国地质科学院地质研究所等单位，联合举办"恭贺胡承志先生百岁华诞座谈会暨古生物学术研讨会"。国土资源部、中国科学院古脊椎与古人类研究所、中国科学院南京地质古生物研究所、中国地质科学院地质研究所的专家代表及胡承志先生的家属、中国地质博物馆的职工代表共70余人出席了会议。

8月29日至9月1日 中国地质博物馆参加中国自然科学博物馆协会2017年年会并承办地学类博物馆创新与发展分会场会议，中国自然科学博物馆协会理事长程东红，青海省政协副主席鲍义志，中国自然科学博物馆协会名誉理事长徐善衍、李象益等出席开幕式，来自全国各地500余名代表参加了会议。

10月10~12日 中国地质博物馆承办地质科普未来发展方向研讨会暨2017年地质科普工作委员会年会，来自全国各省级地质科普工作委员会、地质博物馆和其他相关单位的30余名代表参加了本次研讨会。

10月26~27日 中国地质博物馆和安徽省国土资源厅主办2017年国土资源科普基地工作研讨会和第二届全国国土资源科普讲解大赛。国土资源部、科技部、中国地质博物馆、安徽省国土资源厅等单位领导、专家以及全国各省（市、自治区）国土资源主管部门和各国土资源科普基地的科普工作负责人等共180余人出席会议。

"一带一路"国家矿物·宝石与邮票专题展开幕式

11月28日 中国地质博物馆承办首届"一带一路"科普场馆发展国际研讨会"新时代自然科学博物馆的使命与责任"平行会议,"一带一路"国家科普场馆参会外宾、中国自然科学博物馆协会代表、其他会议代表50余人参加。

12月19日 加拿大皇家安大略博物馆马克(Mark Engstrom)副馆长与沈辰副馆长访问中国地质博物馆,并与中国地质博物馆在地质学、古生物学,以及陨石等领域展开深入合作。

七、2017年工作概述

2017年,中国地质博物馆在国土资源部、中国自然科学博物馆协会的领导、指导和帮助下,以建馆百年为新起点,不忘初心,与时俱进,博物馆发展迎来一个崭新的局面。

(一)认真学习深刻领会切实贯彻贺信精神,不断强化政治责任担当

一是发挥在全系统博物馆的龙头作用,开展形式多样的学习贯彻活动,把习总书记贺信精神作为加强理论武装推动事业发展的行动纲领和灵魂动力。特别是抓住山东省地质博物馆、河北省地质博物馆、湖北黄冈大别山地质博物馆等新馆开馆之机宣讲贺信精神,进一步明确要求,牢记教海,不负期望,全力推动地学类博物馆朝着习总书记指示的方向和目标砥砺前行。同时,依托学会、协会等平台,广泛开展学习宣传贯彻贺信精神的活动,先后在湖南郴州、安徽合肥、青海德令哈、浙江杭州、湖北黄石、北京等地举办地学科普高峰论坛、地矿科普大会、国土资源科普基地工作研讨会、地质科普未来发展方向研讨会等活动,不仅交流了学习体会和经验做法,而且深化了认识、强化了意识、凝聚了共识。此外,参与组织首届"一带一路"科普场馆发展国际研讨会并主办平行会议,与中外代表共商"新时代自然科学博物馆的使命与责任";召开国土资源文化建设研讨会,与文化大家和一线"国土人"一起,共谱新时代国土资源文化建设新篇章,努力做好国土资源文化建设的推动者、建设者、传扬者。

二是馆领导班子以上率下,真正把贺信精神落实、做深。坚持"一把手"亲自挂帅,班子成员分兵把口、各负其责,将中国地质博物馆百年馆庆创造形成的工作新范式建立为长效机制,并不断拓展提升。每个处室(部)、每个人关键时刻都主动开展志愿服务、搭台补位;构建义务讲解服务体系,馆领导带头,处室(部)负责人和高级研究人员主动请缨,成立了义务讲解服务队,并带动家属积极参与,全年为观众义务讲解1000余次。全馆职工立足真诚服务人民群众,展现出新时代博物馆人的崭新精神风貌。

三是积极拓展公众服务的新思路、新理念和新形式,高标准、严要求做好展区各项工作。努力把"真诚服务"落实到展区工作全部过程与各个方面,不断加强各种基础功能建设,想方设法提高"硬件"水平,继续坚持对学生和老人免费开放、团体票价优惠等政策措施,努力完善展厅基础设施。建设完成了无线网络,全馆共设61个AP点,做到了Wi-Fi全面覆盖,提升了观众参观学习的体验感。丰富了公众号内容,对馆内举办的活动在网上及时推送,千方百计满足广大观众的更高需求与期待。

四是充分履职尽责，当好国土资源知识传播、成果宣传和文化建设的"主阵地、大窗口"。认真做好"世界地球日""全国土地日""国际博物馆日""全国科技周"等重要节点的科普宣传；圆满完成了"砥砺奋进的五年"国家大型成就展国土资源展览图片收集整理、模型设计、版面排版、标本陈列等各项工作。

"科技列车西藏行"张亚钧副馆长在给观众讲解地质标本

五是立足长远发展，统筹谋划并制定《2018~2025年博物馆发展规划》，描绘发展蓝图，进一步理清工作思路，明确任务、目标和重点，落实推进措施。这项工作既是贯彻落实习总书记贺信要求、切实加强科技创新与科学普及工作的具体体现，又是建设"国内领先、国际一流"发展目标的重要举措，也是引导2018~2025年博物馆建设发展与改革创新的行动指南。

（二）不忘初心不辱使命不负期望，全心全意服务人民群众

一是为更好发挥科普殿堂的作用，传播地学知识，弘扬科学精神，面向广大公众特别是青少年，免费开设"地博讲堂"。馆领导带头开讲，各处室专家踊跃参与，先后推出"美丽的矿物与我们的生活""欣赏精美标本 感悟地质科学""宝石的鉴赏与收藏""动画片中的古生物学知识"等精彩讲座，受到了广大观众的热烈追捧和赞赏，也让越来越多社会公众争相走进博物馆收获知识，感受科学，有效激发了广大青少年的学习兴趣，启迪了科学探索的热忱。

与此同时，还推出了很多新亮点、新创意的精品科普活动，如"史前生物大比拼""古生物标本拓片""生活中的化石""小小珠宝设计师""我在地博修化石""'点石成画'矿物颜料绘扇""传统文化与自然瑰宝的美丽邂逅"等，受到了不同年龄层青少年的喜爱，每次活动都报名踊跃，气氛热烈，效果极佳。此外，邀请了不同领域的知名专家作为志愿者，结合观众感兴趣的知识点开展讲座，举办了"地球""美丽的矿物""寻宝之旅""板块构造""讲述地球故事""寻找海洋之心""野外探险模拟体验"等科普讲座13场。既有效发挥了知名志愿者的专业特长，又显著充实了博物馆科普活动的内容。

二是继承发扬百年优良传统和科学精神，以提升社会教育功能建设为出发点，以提高优质服务为目标，开展了一系列品牌活动。地质博物馆专家团队作为最受欢迎的科普小分队，连续参加由科技部、国土资源部等11个部门联合举办的"科技列车行"活动。2017年，前往西藏拉萨市、日喀则市、那曲市开展地学科普宣传。活动期间除展示了40余件精美矿晶标本外，还举办了"四大名玉""天然宝石"科普展览和讲解活动，并在西藏职业技术学院、西藏自然博物馆"拉萨科学之夜"和日喀则上海实验学校做了"欣赏精美标本，感悟地质科学""我们美丽的地球家园"等数场内容丰富生动的科普讲座，在向当地学生与市民传授地学知识开展资源国情教育的同时，捐赠了科普标本、展板、科普图书和宣传资料，受众达上万人次。

三是亮化"窗口"，真情服务，千方百计做好展区正常开放和对外接待。2017年全年对外开放共计308天，内部临时开放10余次，开展咨询解答服务5万余次，观众流量达20余万人次，专场接待服务近200场，专题科普讲座及活动50余次。接待了"一带一路"会议部分国家代表参观；完成加拿大皇家安大略博物馆、中央党校学习班、国家行政学院、中央国家机关各文明单位及国管局机关干部、部分省区市及部委领导等专场接待讲解任务。讲解员们凭借优异的职业风度、自信气质和专业素养，受到了高度肯定和好评。

（三）强化国家层次立足国际视野体现创新特色，扎实推进新馆建设立项工作

坚决贯彻习近平总书记"努力把中国地质博物馆办得更好、更有特色"的指示要求，从单位实际出发，分析制约地质博物馆创新发展的深层次问题，把新馆谋划建设置于引领今后发展、履行历史使命的关键部位。

一是雷厉风行，及时建立新馆筹建机构和工作机制。建立由馆主要负责同志统筹，全体班子成员参加的领导机构。抽调精兵强将组成专门工作机构，并形成既分兵把口又协调配合的工作机制。不断熟悉情况、研讨问题，及时总结经验、深化认识，并为研究、解决新馆立项遇到的具体问题召开各项会议近50次。

二是请进来、走出去，主动建立良好的沟通联络机制。一方面邀请博物馆建设专家进行专题讲座，另一方面加强与国土资源部规划司、科技与国际合作司和北京市规划国土委、中咨公司等的协作和配合，并建立了良好的沟通联络机制。

三是脚踏实地，奔赴多地实地调研考察积累经验。重点学习和交流新馆立项和后续工作的相关流程。在充分做好国内外自然科学博物馆发展相关情况收集等案头研究工作的基础上，先后赴中国科技馆、上海自然博物馆、南京博物院等20余家单位进行实地考察调研，现场学习建设理念、工程选址、功能定位、方案编研等方面内容。

四是孜孜以求，认真完成新馆项目建议书的编写工作。根据项目建议书的编写内容和规范要求，博物馆筹建小组主要针对项目概况、项目背景、项目建设的必要性和项目建设的可行性等内容作了明确分工，反复就新馆建设的功能和内容进行集中学习、讨论和互动交流，在反复修改完善和研讨论证基础上，形成了《中国地质博物馆新馆项目建议书》，已初步通过国土资源部新馆建设领导小组审核。

▩ 八、统筹兼顾突出重点全面推进，全馆业务建设取得长足发展

以基础工作求规范、重点工作求突破为抓手，在对全年工作认真分解梳理的基础上，通过拓展、强化责任体系，确定相关责任人，逐层落实，逐步推进。把解决实际工作中的难点、热点问题作为切入点，各处室（部）围绕岗位职责，不断研究新情况、解决新问题、总结新经验，使工作更有特色，亮点更加突出，成效更加明显。

（一）围绕中心，服务大局，更好发挥支撑保障作用

一是扎实推进国土资源科普基地建设，搭建国土资源科普平台。开展国土资源科普基地业务培训，联合香港世界地质公园共同举办地学科普能力建设研讨班，拓展了科普工作的思路，搭建了一个中外交流、香港与内地交流、内地科普基地之间交流学习的多功能平台；编印《国土资源科普基地通讯》和《国土资源科普基地工作动态》，举办国土资源科普基地工作研讨会和第二届国土资源科普讲解大赛，有效促进各地科普工作经验交流，切实加强了科普基地人才培养。

二是积极推动地方化石保护机构建设，做好古生物化石研究与保护。召开全国化石保护工作会议暨国家古生物化石专家委员会换届工作会议，在回顾、总结以往工作进展与成效的基础上，进一步明确了今后工作的思路、目标、任务、重点和措施。按自然资源部下达的评审鉴定任务，开展化石发掘评审工作及出境化石申报单位实地鉴定工作，并形成专家意见报自然资源部；拟定《全国古生物化石保护规划（初稿）》，经组织专家讨论后印发；成立编委会进行文字编辑、配图，编发《化石保护研究通讯》2期；组织专家完成出境化石鉴定8次，并结合"一带一路"倡议发展进行地学科普和化石保护，更好地推动了化石和化石产地等地质遗迹和自然遗迹的保护。

三是积极发挥史志年鉴的存史、资政、育人的重要作用。深入贯彻落实国家"十三五"规划关于"加强修史修志"的要求和中办、国办《关于实施中华优秀传统文化传承发展工程的意见》精神，扎实做好国土资源年鉴编撰及组织工作，举办全国国土资源史志年鉴编撰培训班，切实加强了人才队伍与能力建设；启动谋划《中国国土资源志》的编修，加强国土资源党史文献的研究，并通过推进信息化建设，年鉴编撰出版质量明显提

首届"一带一路"科普场馆发展国际研讨会中国地质博物馆平行会议合影

高。由中国地质博物馆主办的综合性科普杂志《地球》，作为地学科普重要阵地，围绕社会热点和公众关注焦点，创作刊发了一批重磅科普稿件，受到社会各界欢迎和好评，成为公众了解国土资源工作，学习地学知识的重要园地。

（二）恪尽职守脚踏实地，科技创新与科学普及两翼齐飞

一是大力加强研究工作，科研学术成果显著。该馆通过调整项目结构与管理工作，确保工作系统、高效、可持续，取得丰硕成果。在 2016 年新获批准国家专利 15 项（4 项外观新型、11 项实用新型）基础上，2017 年度又有 6 项申请发明专利获得审批。发表学术论文 60 篇，科学专著 3 部，科普文章百余篇。经过为期 3 年的国土资源部创新人才计划的培养，程业明同志荣获"国土资源部杰出青年科技人才"称号。强化地学基础研究体系建设，谋划开放学术研究空间，积极加强与国内外科学研究机构、大学相关专业研究领域的横向合作，吸引更多的社会人士参与科学研究。

二是藏品管理水平不断提高，藏品种类愈加丰富。2017 年新增典藏标本 636 件（套），其中矿物晶体标本 69 件，宝石标本 31 件，矿床标本 401 件，古生物化石标本 135 件（套）。完成了 216 件精品标本的购置工作；接收 11 个单位或个人捐赠的标本（文物）27 件；清理库房标本及完善信息共 2600 多件（条），极大地丰富了馆藏，为国家积累了科学研究与知识普及的资源。此外，该馆通过调研掌握了国内藏品管理系统的研发使用现状，结合地质博物馆具体情况，正在研究并开发地学博物馆藏品管理系统。同时坚持藏品科学化管理机制，完善两个"三分离"（调研、谈判、决策相分离，询价、议价、定价相分离）原则和三个"机制"（纪律监察制约、专家咨询评价、集体参与民主决策），为全国地学类博物馆的标本征集与购置工作提供了良好的示范和借鉴，促进全国地学类博物馆藏品管理更加规范高效。

三是有效整合科普资源，探索开展创新性活动。该馆通过加强展陈设计研究，创新展陈内容与形式，增强展陈吸引力、感染力，实现展陈资源作用最大化。立足展厅和地质科普广场展陈空间，精心策划"第二届世界矿物精品展""2017 中华玉雕精品展""守护远古的生命——海外追索及国际交流化石展""'一带一路'国家矿物宝石与邮票展"等专题展览，题材新颖、富有特色、契合了社会热点焦点，吸引了党政机关、社会团体以及全国各界数十万观众参观，反响热烈、好评如潮。利用地质广场科普宣传栏配合主题日宣传，实时制作和更新主题展览，有效拓展了科普辐射力，展示了国土资源工作的良好形象与风采。

四是充分履行科普工作职能，不断丰富对外服务的形式与内容。全面推行服务质量管理，重点规划社会教育形式和活动项目，不断寻求地学科普方式、方法和理念的突破，创新谋划了主题科普活动，把科普带进校园、社区。举办了"美丽的矿物""火山大爆发"等科学实验进校园活动。践行集公益性与群众性为一体的科普文化服务宗旨。依托"党员到社区报到"工作，不断探索找准服务契合点，拓展试点范围，开展了"小小流动博物馆"走进房山、走进砖塔社区活动，活动包括矿物知识讲座、宝玉石现场鉴定、戏剧文艺演出、关爱老人等，让那些行动不便的老人也能近距离感受地学之美。在原有科普工作进校园进社区的基础上，通过组织专家走进藏区、走进京津冀为不同地区中小学乃至幼儿园举办科普讲座、主题展览，有效扩大了科普辐射力。

（三）广泛开展馆际交流，积极拓展国际合作空间

一是充分发挥行业业务指导和技术协调的龙头作用，不断提高自身业务水平，广泛开展馆际交流，加强分馆建设，在博物馆行业尤其是地学类博物馆之间的形象和影响力日益提升。2017年新增了中国地质博物馆黄冈分馆，并联合举办馆藏精品展览。同时为响应进一步做好国土资源部定点扶贫工作，加快赣南老区振兴发展的号召，把建设赣州地质矿产博物馆作为精准扶贫和科技文化扶贫的重要工作，正筹划谋建中国地质博物馆赣州分馆。

二是集结地质事业的传承发展与创新实践的动力和激情，为我国自然科学类博物馆行业之间跨界交流、事业发展和业务建设提供了平台。在湖南郴州举办了以全面贯彻落实习近平总书记致中国地质博物馆建馆100周年贺信精神为内容的"打造科普殿堂、提升全民素质"主题论坛；在湖北黄石举办了地矿科普高峰论坛、化石保护研讨会等；组织举办矿物与博物馆专题研讨会、矿物晶体收藏与品鉴沙龙；与江苏泰州市人民政府联合举办"丁文江先生诞辰130周年"座谈会；与兄弟单位联合举办第二届中国博物馆运营技术创新发展论坛等。通过学术、行业交流研讨，中国地质博物馆的话语权、影响力和号召力显著提升。

三是加大对外合作力度，提升国际影响力。围绕"一带一路"主题发挥平台作用，参与组织科普场馆发展国际研讨会，分别与乌兹别克斯坦共和国国家地质博物馆、加拿大皇家安大略博物馆和澳大利亚国家恐龙博物馆签署了《关于地学博物馆领域合作谅解备忘录》，逐步开展基础地质研究、标本交换、修复和专题展览等方面的合作。积极搭建国际与港澳台地区交流与合作的广阔平台，接待美国、吉尔吉斯斯坦、亚美尼亚等国的专家学者来访；走访调研英国大英博物馆和自然历史博物馆、法国卢浮宫和自然历史博物馆等；对英国开展的"中国龙——从震撼巨人到飞羽精灵"展览予以政策指导，共同探讨馆际长效合作机制，有效扩大了博物馆的国际影响力，促进在国家战略实施中的担当作为。

南京地质博物馆

英 文 全 称：Nanjing Geological Museum
法 定 代 表 人：章其华
联 系 电 话：025-84808895
传 真：025-84813754
官 方 网 站：www.njgeologicalmuseum.com
行政主管单位：江苏省地质调查研究院
成立（开放）日期：1916 年
通 信 地 址：南京市珠江路 700 号
已加入专业委员会：中国自然科学博物馆协会国土资源博物馆专业委员会

一、科普活动与展览

1. 临时展览

单位：平方米，人次

序号	展览名称	起止日期	展出地点	面积	观众数量	性质
1	世界地球日专题展览	4 月 17~23 日	新馆	40	1000	联合
2	"美丽的地球风光"摄影大赛作品展	4 月 17~23 日	新馆	40	1000	联合
3	"远古的生命"专题展	4 月 17 日至 12 月 31 日	新馆	40	20000	原创
4	"当进化遇到艺术"少儿科普绘画作品展	9 月 17~24 日	新馆	40	1000	联合

2. 教育活动

单位：人次

序号	活动名称	活动时间	主要内容	活动形式	主要对象	参与人数
1	世界地球日纪念活动	4 月 17~23 日	节约集约利用资源 倡导绿色简约生活——讲好我们的地球故事	广场咨询、主题报告会、摄影比赛、科普讲座、野外考察、青少年互动、"书香国土"读书沙龙	市民	4000
2	科技活动周科普活动	5 月 20~27 日	科技强国 创新圆梦	防灾减灾专家咨询、地学科普讲座进校园、宝玉石鉴赏便民服务进社区、地学小课堂	市民、大中小学生	6000
3	全国科普日系列活动	9 月 16~24 日	创新放飞梦想，科技引领未来	科普咨询、科普下乡、"南京科普报告进校园"活动、便民鉴定服务进社区、手绘科普地图	市民、大中小学生	5000
4	科普进校园	不定期	矿物、恐龙等地学科普讲座	科普讲座	大中小学生	每次 30~200 人不等

3. 流动科普设施

名称	年度巡展次数	类型	经费来源	运行方式
"远古的生命"科普巡展进常州	1	科普巡展（展板、标本）	行业协会	行业协会承担费用，馆方提供展板和标本以及技术支持，在常州18所学校巡展

二、科研与学术

专著

名称	作者	出版社	出版日期
《科学博物馆·矿物》	南京地质博物馆周晓丹等	江苏凤凰科学技术出版社	2017年12月

三、信息化建设

1. 官方网站浏览情况

南京地质博物馆网站地址 www.njgeologicalmuseum.com。网站访问量19886人次、年更新文稿59篇、图片446幅。

2. 新媒体运用

南京地质博物馆官方网站和微博由专人管理，及时更新维护，并根据市民的意见和建议不断增加新专题、新内容，馆长和专家也经常通过微博与粉丝互动，答疑解惑。微博发布信息248条，参与线上线下互动的公众66734人。

10月南京地质博物馆"智慧博物馆"信息化建设项目正式进入招标程序，官方网站升级、场馆智慧导览系统、基于微信公众号实现的社会服务等，将开启博物馆科普信息化建设新篇章。

四、志愿者队伍建设

单位：人次

分类	服务岗位	人数	来源	服务时间
大学生志愿者	义务讲解、信息咨询	400	南京各大高校	周末、暑假
中小学生志愿者	秩序维护、信息咨询	100	南京各中小学校	周末

五、运营情况

票务情况

是否免费开放	未免费开放场馆票种	未免费开放票价	观众人数
是	—	—	12万人次/年

▦ 六、2017 年度大事记

4 月 7 日 原国土资源部第 48 个世界地球日主题宣传周示范活动中,《科学博物馆——雨花石》等 3 本科普读物入选"国土资源部 2017 年国土资源优秀科普图书"。

4 月 21 日 作为纪念第 48 个世界地球日活动的重头戏之一,常州市化石校园巡展暨科普征文活动启动仪式在常州西新桥小学拉开帷幕,本次巡展由常州市科协、常州国土局和常州教育局联合主办,南京地质博物馆提供专业和技术指导,制作了"远古的生命"化石科普展主题展板,精选了一批古生物标本配套展出。

5 月 31 日 南京地质博物馆一名科普工作人员获得梅园新村街道 2016~2017 年度"优秀志愿辅导员"称号。

南京地质博物馆新馆

8 月 16 日 南京地质博物馆被共青团江苏省省级机关工作委员会授予"2015~2016 年度省级青年文明号"称号。

9 月 4 日 南京地质博物馆被国土资源部、科技部联合命名为"国家国土资源科普基地"(首批 32 家之一)。

10 月 南京地质博物馆"智慧博物馆"信息化建设项目正式进入招标程序。

12 月 南京地质博物馆两名职工分别被中国自然科学博物馆协会评为"2017 年优秀工作者"和"优秀联络员"。

▦ 七、2017 年工作概述

2017 年南京地质博物馆围绕"节约能源资源、保护生态环境"等主题,在世界地球日、全国科普日等重大活动宣传期间,组织开展了一系列丰富多彩的科普宣传活动。全年共组织或参与广场科普咨询活动 6 次,科普讲座 9 场,野外考察教学 2 次,少儿科普绘画展 1 次,还配合南京市国土局和南京电视台录制"土地日"科普宣传微视频 1 篇,支持丁文江诞辰 130 周年纪念活动和丁文江纪念馆建设,提供史料、标本和技术支持,协助拍摄纪录片 1 部。本年度开展的科普活动被省级、国家级媒体报道 5 篇以上。充分发挥了公益性科普场馆、国家国土资源科普基地、全国科普教育基地的社会职能。

南京地质博物馆主创的《科学博物馆——雨花石》、《南京雨花石》和《绚丽多彩的宝石世界:天然珠宝玉石科普知识百问》入选"国土资源部 2017 年国土资源优秀科普图书"。

2017 年南京地质博物馆被国土资源部、科技部联合命名为"国家国土资源科普基地"(首批 32 家之一)。

(一)科普队伍建设

1. 加强科普人才培养和继续教育。特邀"江苏省地质学科技传播专家服务团"专家加入科普队伍,为市民提供科普咨询、公益讲座等服务。4 月、6 月分别报送 2 名同志参加人社部组织的"国家专业技术人才知识更新工程"古生物化石发掘、修复和科普展览策划等专题培训,共 90 学时,考核合格获得证书。报送 1 名主要负责人参加"自然科学类博物馆的发展策略与管理运营暨科普展览策划专题班",考核合格获得证书。

2. 大力发展科普志愿者队伍。与东南大学、南京师范大学等多家高校的学生志愿者团队签订合作协议,由

南京地质博物馆专家在地学科普讲座中与某小学师生现场交流互动

科普进校园活动中零距离接触古生物标本的学生们

相关专业学生定期到馆开展志愿服务，年均志愿服务 500 人次左右。5 月与东南大学计软学院共建志愿者服务基地，更好地为观众提供服务。

（二）科普作品创作

2017 年 4 月 17 日下午，原国土资源部第 48 个世界地球日主题宣传周示范活动在北京地质礼堂举行，南京地质博物馆主创的《科学博物馆——雨花石》、《南京雨花石》和《绚丽多彩的宝石世界：天然珠宝玉石科普知识百问》入选"国土资源部 2017 年国土资源优秀科普图书"，主创人周晓丹研究员作为优秀图书作者代表参加活动并上台领取了获奖证书。

9 月全国科普日期间，南京地质博物馆协助南京市科协编制的《2017 版手绘科普地图》出版，为市民绿色出行参观地铁沿线的科普场馆提供便利。玄武区科协还将南京地质博物馆等多家全国科普教育基地的宣传标识登上了南京地铁"科普专列"。

12 月出版的《科学博物馆——矿物》一经面世也获得了行业专家和读者的好评。

南京地质博物馆还结合重大科普活动和场馆特色，开发了"节约集约利用资源，倡导绿色简约生活""远古的生命"等主题展，制作了相关资料册用于科普宣传；科普团队中的青年职工在专家的指导下，也独立开发了《变成石头的鹦鹉螺》宣传页、菊石手绘卡片和模型手工折纸卡片等科普资源。

（三）科普活动开展

1. 创新形式，打造品牌

将全国防灾减灾日、国际博物馆日等活动纳入地球日、科普周、全国科普日等重大科普活动中，在开展主题报告会、广场咨询等传统科普活动之外，还策划了"健步环湖走，绿色低碳行""书香国土"与地学科普讲座、摄影比赛、联合野外教学、"菊石手绘"青少年互动项目等丰富多彩的活动。世界地球日期间将"远古的生命"化石巡展送到常州 18 所学校展示，当地电视台、《中国国土资源报》、《南京日报》等多家媒体报道。

2. 整合资源，强强联合

响应省科协"百名首席科技传播专家进百校"、"百名科普志愿者服务团进社区"和南京市科协"南京科普报告进校园"等活动要求，南京地质博物馆与江苏省地质学会科普委联合创建并不断充实了地学科普专家库，邀请行业内科普专家加入公益科普讲座团队，将科普知识送进学校和社区。组织了公益科普讲座共 9 场。

6 月，专家携标本和设备进校园承办了南师附中科技节"珠宝鉴赏"分会场活动。7 月积极配合市委宣传部、团市委、《南京日报》社、励志阳光助学基金等组织的"2017 书香飘满长征路·跟着名作游南京"活动，邀请长征路上 20 多所希望小学 17 名获得征文大赛一等奖的孩子来宁参加"跟着名作游南京"公益夏令营，向孩子们赠送优秀科普图书和馆藏标本明信片。9 月联合江苏省地质学会和江苏省地震学会的专家团队主动联系并走进扬州江都区永安小学举办科普讲座，向学校师生赠送科普图书和光盘，以实际行动关心留守儿童。

9 月 17~24 日，南京地质博物馆联合《生物进化》杂志和溢墨香少儿美术工作室联合推出了"当进化遇到艺术"绘画作品展，以少儿的视角描绘美丽的地球，探索生命演化的奥秘，辅以专题科普展板，引领观众走进生命历史的长河，进入古生物的奇妙世界，呼吁大众关注生态环境和生物多样性保护。

野外考察活动中南京地质博物馆专家实地讲解地学知识，开展专业技能培训 ——

3. 科普惠民，服务社区

广泛开展社区科技教育、传播与普及活动。除了邀请社区居民参加科普专家广场咨询活动，5 月还联合江苏省质量技术监督珠宝首饰产品质量检验站的专家，携带专业珠宝检测仪器走进明故宫社区，通过生动有趣的科普讲座和现场鉴定服务，向市民普及珠宝玉石鉴赏知识，同时发放地学科普宣传品。

（四）科普信息化建设

南京地质博物馆一向重视科普宣传，通过简介折页、官方网站、微博等多种形式向社会公众介绍场馆情况和活动信息。同时，通过电视、报刊、网络等新闻媒体宣传科普工作，主动、及时向社会公众反映基地工作动态。与南京教育频道等多个栏目联合开展科普宣传，《中国国土资源报》《南京日报》《新华日报》等多家媒体就馆内各类主题活动进行了相关报道，《南京日报》的《成长周刊》还专题报道了"防灾减灾"、少儿绘画展和地学小课堂等特色活动。

此外，南京地质博物馆通过活动照片和活动视频等多媒体形式记录和展示科普工作，并及时向省市科协、行业内学会协会汇报工作动态和活动信息，在全国科普教育基地工作网站、原国土资源部科普基地网站、中国自然科学博物馆协会网站、江苏省国土资源厅网站、江苏省地质学会网站、江苏省科普场馆协会网站等发布信息，提高宣传的时效性，扩大影响力。

每年向中国自然科学博物馆协会提供素材，编写《中国科普场馆年鉴》，提升场馆的知名度，扩大社会影响力。

南京地质博物馆官方网站和微博由专人管理，及时更新维护，并根据市民的意见和建议不断增加新专题、新内容，馆长和专家也经常通过微博与粉丝互动，答疑解惑。

山东省地质博物馆

英 文 全 称：Shandong Geological Museum
法 定 代 表 人：张鲁府
联 系 电 话：0531-86403522
传　　　　真：0531-86403522
行 政 主 管 单 位：山东省国土资源厅
成立（开放）日期：1981 年 10 月 5 日
通 信 地 址：山东省济南市历下区经十东路 114 号
已加入专业委员会：中国自然科学博物馆协会国土资源博物馆专业委员会

一、科普活动与展览

教育活动

单位：人次

序号	活动名称	活动时间	主要内容	活动形式	主要对象	参与人数
1	地球日活动	4 月 22 日	"节约集约利用资源，倡导绿色简约生活——讲好我们的地球故事"科普宣传	室外展览宣传、专家讲座	社会公众	300
2	土地日活动	6 月 25 日	"土地与生态文明建设"科普宣传	室外展览宣传、科普讲座	社会公众	500
3	暑假活动	7 月 7 日至 8 月 31 日	暑假科普活动	科普讲座	社会公众	3000
4	山东暑期地学科普夏令营	8 月 6~8 日	前往云台山世界地质公园野外考察	夏令营	青少年	20
5	科普扶贫	11 月 10 日	"探索地球奥秘，普及地学知识"——科普扶贫进校园活动	科普展览、科普讲座、捐赠科普丛书、矿物标本、教学和体育用具	滨州市惠民县姜楼镇中学学生	300
6	科普进校园	11 月 27 日	矿物科普进校园	科普讲座、矿物展览	山东大学第二附属小学学生	200

二、科研与学术

1. 承担项目

单位：万元

序号	项目名称	项目来源	项目级别	经费	负责人
1	山东省地质遗迹资源调查评价	省财政	省级	87	张鲁府
2	山东省矿物资源调查与综合研究	省财政	省级	90	张鲁府

2. 研究成果

题目	作者	刊名	卷（期）号	期刊级别
《石膏的性质与用途》	张　震	《科技展望》	2017 年第 14 期	省级期刊

▨ 三、信息化建设

新媒体运用

设有微信公众号"山东省地质博物馆"，用于发布通知公告、新闻动态及科普文章。

▨ 四、志愿者队伍建设

单位：人

分类	服务岗位	人数	来源	服务时间
高校志愿者	展厅服务	100	高校招募	—

▨ 五、运营情况

票务情况

是否免费开放	未免费开放场馆票种	未免费开放票价	观众人数
是	—	—	2万人次/年

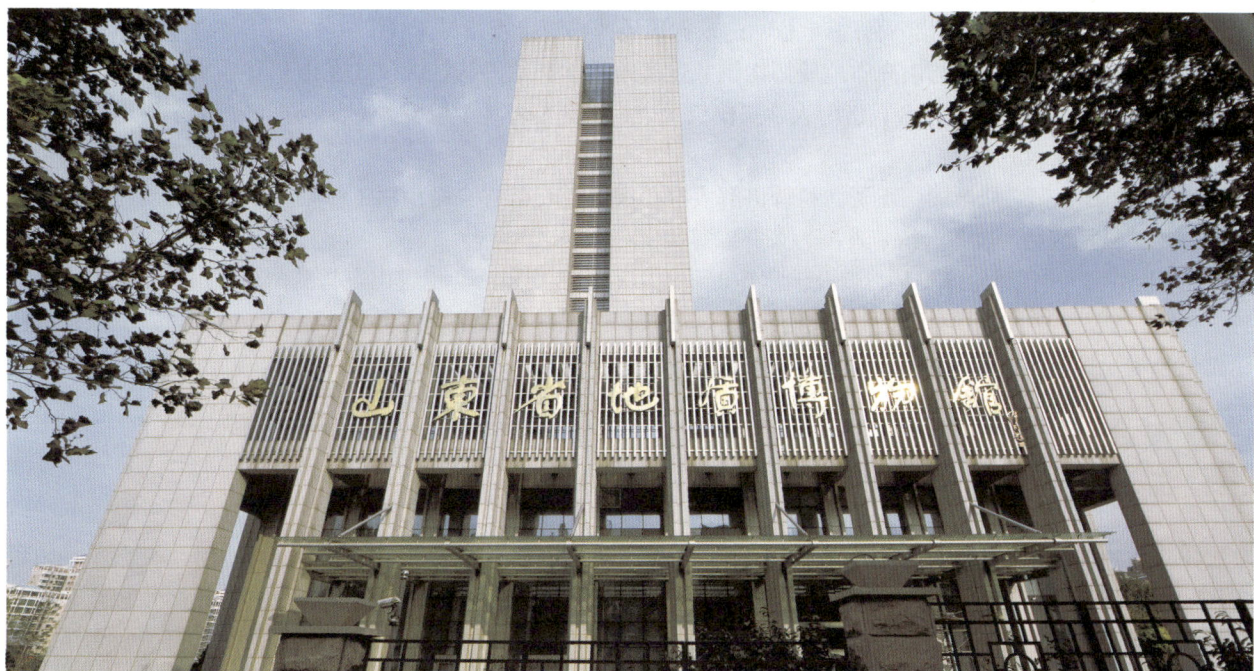

山东省地质博物馆主体建筑全景

🔲 六、2017 年度大事记

山东暑期地学科普夏令营前往河南云台山 ————

4月22日　举办山东省地质博物馆新馆开馆仪式，中国地质博物馆馆长贾跃明、山东省国土资源厅厅长李琥、山东省科学技术协会副主席朱明等出席。

5月31日　莫桑比克职业教育教师培训班30余人到馆参观，他们是山东省地质博物馆新馆开馆后接待的首批外宾。

6月21日　齐鲁工业大学与山东省地质博物馆共建实践教学基地签约挂牌仪式在山东省地质博物馆举行，山东省国土资源厅总工程师方宝明、科技与国际合作处处长高峰、齐鲁工业大学材料科学与工程学院党委书记刘永德、山东省地质博物馆馆长张鲁府等馆校领导出席了仪式。

6月25日　山东省人大常委会副主任张新起，山东省人大城环委主任刘长允、副主任刘俭朴，济南市副市长张海波等莅临山东省地质博物馆检查指导工作。

8月1日　《生活日报》与山东省地质博物馆共建小记者活动实践基地签约挂牌仪式在山东省地质博物馆举行，《生活日报》副主编郑义风、山东省地质博物馆馆长张鲁府出席了仪式。

8月6~8日　山东省地质博物馆和山东省地质学会联合举办了山东暑期地学科普夏令营活动，前往河南云台山世界地质公园开展地学科普活动。

9月5日　国土资源部副部长曹卫星莅临山东省地质博物馆检查指导工作。

10月24日　济南大学与山东省地质博物馆共建实践教学基地签约挂牌仪式在山东省地质博物馆举行。山东省测绘地理信息局局长赵培金，济南大学副校长王志、资源与环境学院党委书记马振民，山东省地质博物馆馆长张鲁府等出席仪式。

10月27日　第二届全国国土资源科普讲解大赛总决赛在安徽省合肥市落下帷幕，山东省地质博物馆首次参赛，讲解员杨靓精心准备、沉着发挥，荣获二等奖。

11月10日　"探索地球奥秘，普及地学知识"地学科普进校园活动走进山东省滨州市惠民县姜楼中学。

11月28日　中国自然科学博物馆协会名誉理事长、中国科协原党组副书记、副主席徐善衍，山东省科技馆副馆长杨冠楠，山东省科技场馆协会副秘书长翟树刚等到山东省地质博物馆参观指导。

🔲 七、2017 年工作概述

山东省地质博物馆位于风景秀丽的泉城济南，是山东省唯一的省级自然科学类专业博物馆。2017年是山东省地质博物馆脚踏实地、开拓进取的一年，经过前期紧锣密鼓的布展建设，山东省地质博物馆新馆正式面向社会开放，各项工作也如火如荼地展开，在科学研究、教育活动、社会服务与合作等方面开展了许多新工作，取得了一定的成绩。

（一）新馆建设情况

2017 年 3 月，山东省地质博物馆新馆二期布展建设完成，4 月 22 日，新馆正式面向社会开放。山东省地质博物馆新馆建筑面积约 4300 平方米，新馆以"立足山东、胸怀全国、放眼世界"为原则进行布展设计，由序厅和地球家园厅、生命演化厅、物华天宝厅、辉煌成就厅、大地风貌厅、石海奇珍厅六大主题展厅组成，还设置有临时展厅、4D 动感影院、标本保护修复实验室、馆外特色岩石景观区等功能分区，是一座以国土资源科普教育为核心，

地球日专家讲座"地球的故事"

集地学科普教育、学术交流、科技服务等功能为一体的现代化大型科普教育活动场馆。山东省地质博物馆藏标本 2 万余件，涵盖地学各个领域，精品众多。如：山东省现存最大的自然金标本，重 812.5 克，含金量逾 90%；含金刚石的金伯利岩标本，金刚石品形较好，重量约 10.5 克拉；产于玄武岩上，重达 2400 克拉的蓝刚玉晶体。此外还拥有大量古生物化石标本，如体态完整的三叶虫化石，巨型山东龙骨骼化石，连体恐龙蛋化石，新生代山旺化石等，除标本外，还收藏有大量珍贵的地学名人物品、图片资料和名家字画等。

新馆开馆后山东省地质博物馆不断完善自身管理，制定了相应的规章制度和管理细则，包括《山东省地质博物馆参观接待服务流程》、《山东省地质博物馆展厅工作人员细则》及各岗位工作人员岗位职责等，在藏品管理方面制定有《山东省地质博物馆馆藏品管理办法》、《山东省地质博物馆馆藏品出入库管理办法》、《山东省地质博物馆馆藏标本购置管理办法》、《山东省地质博物馆馆藏标本展品交流管理办法》和《山东省地质博物馆馆藏标本展品捐赠管理办法》，完善库房和标本管理。

（二）科学研究

新馆建设期间，山东省地质博物馆的科研工作一直在开展，2017 年由山东省地质博物馆承担的山东省地质遗迹资源调查评价、山东省矿物资源调查与综合研究项目完成了资料收集、野外考察、实验测试及报告编写工作，初步结题。

（三）教育活动

依托建成的新馆，2017 年共接待参观观众近 2 万人，大中小学生等社会团体百余次，许多新的科普活动也不断展开。

1. 主题活动

积极承办或参加相关单位组织的面向社会的科普宣传活动，如地球日、土地日、科普日、儿童节、建军节、重阳节等活动。活动开展主要通过制作宣传版面、编印宣传材料、开展咨询及公益讲解等形式进行。

2. 地学夏令营

地学夏令营一直是山东省地质博物馆的特色科普项目，已成功举办过数十次。2017 年山东省地质博物馆组织了"山东暑期地学科普夏令营"，招募中小学生前往河南云台山世界地质公园，由地质专业人员带领学生们在野外课堂中学习地球科学和国土资源知识，弘扬地质"三光荣"精神，夏令营开阔青少年视野，使其充分认识祖国幅员辽阔、山河壮丽以及自然资源的丰富；培养青少年保护地球环境、珍惜自然资源的意识；提高青少

巨型山东龙化石骨架（长15米，高8.4米）

年独立生活的能力，增强互助友爱的集体主义精神。

一年一度的主题日活动和地学夏令营活动已成为山东省地质博物馆科普宣传教育工作的传统项目，具有广泛的社会影响和群众基础，社会效益显著。

3. 科普讲座

山东省地质博物馆邀请退休老专家或由馆内专业人员及讲解员结合地学热点话题开展科普讲座，传播最新地学知识。目前已开设科普讲堂"地球的故事""探秘山东恐龙""土地知多少""可以燃烧的冰块——可燃冰""走进矿物世界"等专题科普讲座，吸引了许多社会观众参与。

4. 科普进校园

青少年是科普的重要对象，山东省地质博物馆积极协调与周边学校建立联系，开展科普进校园活动，将展览、展品及科普讲座带到学校，丰富学生的校园生活，参与到学校的校本课程中去，开设特色教学课程。2017年山东省地质博物馆与山东大学第二附属小学合作，在学校开展矿物展览和讲座，取得了良好的反响。另外山东省地质博物馆还将科普工作和扶贫相结合，将科普知识及展览带到贫困乡镇的学校，丰富乡镇学校的教学内容，开阔乡镇孩子的视野。2017年11月该馆前往滨州市惠民县姜楼镇中学进行科普宣传，开展科普展览，开设科普讲座，并捐赠科普丛书、矿物及古生物化石标本，教学及体育用具，让科普走出去，到更需要的地方。

山东省地质博物馆扎实有效地开展了一系列科普教育活动，取得了一定的成效，在今后的工作中，山东省地质博物馆将在现有工作的基础上不断深化工作内涵，使科普工作与时俱进，深入人心，更出实效。

（四）社会服务与合作

新馆开馆后，山东省地质博物馆积极与社会平台合作，利用优势资源，发挥社会教育职能，扩大自身影响，提升科普活动品质。2017年山东省地质博物馆先后与齐鲁工业大学、济南大学展开合作，共建教学实践基地，利用馆内教育资源优势与高校相关专业学院在实践教学、科普教育、人才培养、科技交流等方面展开合作，积极开展高校志愿者活动，利用高校人才优势服务科普工作，同时为学生提供平台锻炼自我。另外山东省地质博物馆还积极和社会媒体展开合作，先后与山东省电视台、山东省少儿电视台等媒体共同举办科普活动，扩大了科普影响力，与《生活日报》共建小记者活动基地，借助媒体资源丰富活动形式，实现共赢。

2017年是山东省地质博物馆新工作的开局之年，虽然工作取得了一定的成绩，但通过一年工作的开展以及与相关单位的学习和交流，许多工作还有待开展，同时展开的工作中还需不断丰富内涵，山东省地质博物馆会继往开来，不断努力，不断完善，更好地为社会教育服务做贡献。

安徽省地质博物馆

英　文　全　称：Anhui Geological Museum
法　定　代　表　人：胡雪松
联　系　电　话：0551-63548055
传　　　真：0551-63548026
官　方　网　站：安徽省地质博物馆
行　政　主　管　单　位：安徽省国土资源厅
成立（开放）日期：2004 年 2 月 26 日
通　信　地　址：安徽省合肥市仙龙湖路 999 号
已加入专业委员会：中国自然科学博物馆协会国土资源博物馆专业委员会

一、科普活动与展览

1. 临时展览

单位：平方米，万人次

展览名称	起止日期	展出地点	面积	观众数量	性质
安徽省首届测绘地理信息成果展示	8 月 28 日至 11 月 30 日	安徽省地质博物馆临时展厅	1500	13.26	联合

2. 教育活动

单位：人次

序号	活动名称	活动时间	主要内容	活动形式	主要对象	参与人数
1	走进地博，探秘远古植物	1 月 7 日	讲述古植物的奥秘	互动	少年	30
2	第四期"小小讲解员"培训班	2 月 18~19 日	讲解发声、礼仪、态势等	培训	少儿	25
3	惊蛰伊始学知识，描绘春天见筝情	3 月 5 日	了解飞行的知识，学习风筝的制作	互动	少年	20
4	博物讲堂	3 月 25 日	改变世界的绿色	讲座、互动	广大观众	200
5	科普小课堂——昆虫家族的演化发展	4 月 4 日	讲述昆虫演化	互动	少年	30
6	安徽省首届国土资源科普讲解大赛决赛及颁奖	4 月 17~22 日	以国土资源为主题，在全省范围内开展国土资源科普讲解大赛	大赛	全省国土资源相关从业人员及全省电视观众	—
7	第 48 个世界地球日广场活动	4 月 22 日	广场宣传	综合活动	广大观众	6000
8	博物讲堂	4 月 22 日	从宇宙到地球	讲座、互动	广大观众	400

序号	活动名称	活动时间	主要内容	活动形式	主要对象	参与人数
9	科普进校园	4月27日	走进课堂，对照实物标本做现场主题讲解	互动	幼儿	50
10	科普进社区（安居苑社区）	4月28日	横幅展板宣传、科普大篷车展示、发放资料、宝石鉴定	互动	广大观众	600
11	科技周系列活动	5月14~15日	讲解、小课堂、互动活动	综合活动	广大观众	11000
12	科普进社区	5月16日	博物馆与有争议的历史	互动	广大观众	500
13	博物馆日系列活动	5月18日	小课堂、科普活动	综合活动	广大观众	3000
14	化石——达尔文——进化论	5月21日	有关化石知识	讲座、互动	广大观众	200
15	博物馆奇妙夜	5月27日	夜宿恐龙厅	综合活动	亲子	45
16	父亲节活动	6月17日	知识竞答亲子活动	互动	亲子	18
17	第五期小小讲解员培训班	7月11~15日	讲解发声、态势、礼仪等	培训	少儿	25
18	博物馆奇妙夜	7月22日	夜宿恐龙厅	综合活动	亲子	40
19	地质研学游	7月29日	小课堂、现场实践	研学	少年	20
20	寻找恐龙的故事	7月31日	小课堂	互动	少儿	20
21	第六期小小讲解员培训班	8月19日	讲解发声、态势、礼仪等	培训	少儿	25
22	地质研学游	8月24日	小课堂、化石挖掘	研学	少年	25
23	科普日系列活动	9月15日	小课堂、科普互动	综合活动	广大观众	4000
24	特色沙龙交流活动	9月20日	观看纪录片《地球脉动》，讨论地球形成过程	互动	广大观众	30
25	最早下海的龙	9月23日	巢湖等地区发现的鱼龙	讲座、互动	广大观众	260
26	第一期搞事研究所"悬浮的恐龙蛋"	10月1日	利用小实验科普恐龙知识	互动	亲子	15
27	未来新能源——可燃冰	10月28日	有关天然气水合物的知识	讲座、互动	广大观众	280
28	地质研学活动	12月2日	小课堂、化石挖掘	研学	少年	25

3. 流动科普设施

单位：次

名称	年度巡展次数	类型	经费来源	运行方式
科普大篷车	3	进校园、进社区	馆经费	—

二、科研与学术

1. 承担项目

单位：万元

序号	项目名称	项目来源	项目级别	经费	负责人
1	安徽早三叠世原始鱼龙类巢湖龙的系统研究	国土资源部科研行业专项	国家级	157	黄建东
2	安徽省地质遗迹信息集成与展示	省级地质遗迹保护专项	省部级	240	胡远超
3	安徽早三叠世巢湖龙动物群的古环境研究	省级公益性地质项目	省部级	50.07	黄建东

2. 研究成果

序号	题目	作者	刊名	卷（期）号	期刊级别
1	Peltaspermalean Seed Ferns with Preserved Cuticle from the Upper Triassic Karamay Formation in the Junggar Basin, northwestern China	Xuezhi He, Tianming Shi, Mingli Wan, Shijun Wang, Jason Hilton, Peng Tang, Jun Wang	*Review of Palaeobotany and Palynology*	247	SCI
2	《皖南晚白垩世恐龙蛋新类型》	黄建东　王　强　胡远超　任鑫鑫　汪筱林	《科学通报》	2017年第23期	中文核心
3	《安徽黄山地区侏罗纪、白垩纪地层序列研究新进展》	任鑫鑫　黄建东　洪天求　毕治国	《地层学杂志》	2017年第2期	中文核心
4	《巢湖鱼龙化石修复浅谈》	齐　飞	《文物鉴定与鉴赏·安徽文博》	12期	省级核心

3. 编辑刊物

单位：册

序号	刊物名称	刊号	发行周期	发行数量	发行范围
1	《安徽省首届国土资源科普讲解大赛决赛讲解词汇编》	—	每两年	200	内部发行，参赛选手、全省国土资源科普工作者
2	《地博志愿者（2017年刊）》	—	每年	200	内部发行，国土资源科普工作者、观众
3	《地博纪事（2017）》	—	每年	200	内部发行，国土资源科普工作者、观众

▦ 三、信息化建设

1. 官方网站浏览情况

2017年，安徽省地质博物馆官方网站及时发布国土信息、科普资讯、科研成果、参观资讯等信息，年点击数近10万次，观众数近80万人次。

2017年，大力推进"智慧博物馆"建设，完成门户网站和微信系统升级，扎实推进观众数字化管理平台建设。

2. 展品信息化工作

2017年，安徽省地质博物馆有计划有重点地开展藏品二维、三维信息采集工作，丰富官网馆藏精品的展示；开展藏品二维信息数据库录入工作。

3. 新媒体运用

2017年，安徽省地质博物馆充分利用微信公众号、官方微博等平台，及时发布国土信息、科普资讯、科研成果、参观资讯等信息近280篇。微信受到7000多名用户的关注，微博内容也同样受到大V互动转发及评论。同时，加强对新生媒介的拓展。利用VR技术为网友提供本馆展厅虚拟游览，利用线上终端提供文创产品的相关信息及购买渠道。配合不同科普活动，在微信、微博等平台采取留言点赞、视频拍摄、线上直播等形式，调动青少年及其家长参与活动的积极性，增加黏合度。

积极发挥多媒体线上互动优势，与粉丝进行互动交流。结合不同主题，利用H5、微信端投票、留言点赞等多途径配合开展活动。近年来相继推出与主题相关的合影发朋友圈集赞、线上问题抢答等线上活动，票选手绘作品等线上与线下互动结合活动，让观众从更多途径参与进来。

四、志愿者队伍建设

单位：人，天

分类	服务岗位	人数	来源	服务时间
成人志愿者	讲解、引导	26	社会招募	156

分类	服务岗位	人数	来源	服务时间
大学生志愿者	讲解、引导	60	馆校共建	45
高中生志愿者	讲解、引导	16	馆校共建	78
小志愿者	讲解、引导	38	小讲解员培养	120

五、运营情况

票务情况

是否免费开放	未免费开放场馆票种	未免费开放票价	观众人数
是	4D 电影	20 元	80 万人次 / 年

六、2017 年度大事记

1 月 6 日　国土资源部原副部长蒋承菘一行来馆参观调研。

1 月 7 日　国土资源部张德霖副部长、省政府张曙光副省长来馆参观调研。

2 月 26 日　国土资源部地质调查局领导一行来馆参观调研。

2 月 28 日　国土资源部地环司领导来馆。

安徽省地质博物馆全景

3月16日　举行"安徽省首届国土资源科普讲解大赛决赛"动员会。

4月17~20日　举办"安徽省首届国土资源科普讲解大赛决赛"。

4月17~22日　举办以"节约集约利用资源，倡导绿色简约生活——讲好我们的地球故事"为主题的第48个世界地球日系列活动。

4月24日　德国下萨克森州地理信息和测绘局彼得·克鲁泽局长一行来馆参观交流。

5月18日　国土资源部地环司及中国地调局等一行人来馆参观。

6月23日　英国皇家学会院士、英国布里斯托尔大学Mike Benton教授、合肥工业大学刘俊副教授一行考察馆藏标本，并洽谈开展馆藏化石合作研究工作。

6月27日　成功召开第二届安徽省古生物化石专家委员会会议，完成换届工作。

7月14日　《安徽省地质博物馆"十三五"发展规划》通过省国土资源厅审查，同意该规划并批准实施。

7月29日至8月31日　开展暑期展映月活动，引进两部4D科普新片《黑羽精灵》《羽龙传奇》。展映月期间，公共放映150场，接待观众5000余人次。

7月　举办安徽省首届测绘地理信息成果展。

参加第三届广州国际文物博物馆版权博览会

安徽省首届国土资源科普讲解大赛决赛第二阶段现场

7月　国家自然科学基金青年基金项目及现代古生物学和地层学国家重点实验室开放课题基金项目获得批准。

8月20~29日　胡远超、黄建东同志参加在加拿大卡尔加里召开的国际古脊椎动物学会第77次年会，展示并交流巢湖鱼龙动物群的最新研究成果。

9月20日　中国地质博物馆馆长来馆参观调研。

9月22日　组织专家在合肥召开"安徽早三叠世原始鱼龙类巢湖龙的系统研究"项目年度评估会议，并顺利通过年度评估。

10月10~14日　组织人员参加在湖北宜昌举办的第二届中德古生物学国际会议。

10月27日　承办"第二届全国国土资源科普讲解大赛"。

10月28日　国土资源部总工程师、国务院参事张洪涛研究员来馆做了有关未来新能源——可燃冰的科普讲座。

10月　黄建东同志获得"第十七届安徽省青年科技奖"，并被选为"第十四届中国青年科技奖"候选人。

11月14~16日　召开安徽省国土资源科普工作座谈会，并特别邀请香港联合国教科文组织世界地质公园主管杨家明博士到馆参观交流并做主题报告。

11月20日　邀请合肥市消防支队天鹅湖中队举行2017年度消防演习，并邀请清华大学合肥公共安全研究院关劲夫博士讲授消防安全知识。

11月27~28日　胡雪松馆长率相关工作人员前往北京参加首届"一带一路"科普场馆发展国际研讨会。

12月4日　该馆党支部特邀安徽省古生物学会理事长、省国土资源厅原巡视员俞凤翔为全体党员和职工做了"培养和树立正确的人生理念是走向成功的重要路径"的讲座。

12月12~17日　参加"2017年第三届广州国际文物博物馆版权博览会",获得"文创产品传承奖"和"最佳人气奖"两项殊荣。

12月27日　完成"安徽古生物化石博物馆数字档案管理系统"和"安徽古生物化石博物馆门户网站系统建设"项目验收,系统顺利上线运行。

七、2017年工作概述

（一）进一步提高藏品管理水平

建立馆藏标本著录规范标准和馆藏标本科学分类体系;编制《安徽省地质博物馆馆藏标本鉴定定名工作规划》;制定《安徽省地质博物馆藏品分类保护方案》,提高藏品保护水平;积极探索藏品数字信息采集和智慧管理之路。

（二）强化科学研究工作

2017年国土资源部公益性行业科研专项"安徽早三叠世原始鱼龙类巢湖龙的系统研究"通过中期评估,项目组成员应邀参加了在加拿大卡尔加里召开的国际古脊椎学术年会,并以展板报告的形式在会上交流项目最新研究成果。新项目申报获得较大突破,首次获得国家自然科学青年基金项目1项、国家重点实验室开放式基金项目1项。黄建东博士获"第十七届安徽青年科技奖"(全省共20名),并被推荐作为"第十五届中国青年科技奖"候选人。《科学通报》以封面形式报道了黄建东研究团队和中科院古脊椎与古人类研究所王强博士在休宁齐云山发现的恐龙蛋新类型。

（三）全面做好科普教育工作

认真落实国土资源科普工作,充分发挥省国土资源科普工作办公室职能,积极推进全省国土资源"十三五"科普规划的贯彻实施。4月,组织开展了"安徽省首届国土资源科普讲解大赛",大赛从报名到动员会再到总决赛,共历时三个多月,全国各市国土资源局、厅属事业单位、各地质公园等单位共23名选手进入决赛。10月,承办了"2017年国土资源科普基地工作研讨会暨第二届全国国土资源科普讲解大赛"。11月参加了首届"一带一路"科普场馆发展国际研讨会,同来自国内外多家科普场馆的代表就展陈合作、科普活动、人才培养等内容展开了深入交流。在第二届全国国土资源科普讲解大赛中,安徽省地质博物馆选手朱文杰以总分第一的成绩获得一等奖,王倩茜获二等奖。科普教育工作向系统化、品牌化迈进,全年共组织开展了近40场专题活动,包括世界地球日系列活动6场、博物馆日主题活动2场、科普日系列活动3场、品牌科普活动共14场(博物讲堂6场、博物馆奇妙夜2场、地质研学游3场、小小讲解员培训活动3场)、公益活动4场、节假日活动10场。其中,"岩石蕴藏大学问"研学活动荣获第32届科技创新大赛全国一等奖、安徽省科技创新一等奖。完成《地质灾害避险训练营》、《神奇的地下宝藏》和《关于地震那些事》等6个科普微视频主题制作,生动展现了独具安徽特色的国土资源知识文化。

（四）大力推进智慧博物馆建设

认真实施《安徽省地质博物馆智慧博物馆建设规划（2016~2020）》,完成门户网站和微信系统升级、数字档案管理系统建设,扎实推进综合管理平台项目建设和观众数字化管理平台建设。

博物馆奇妙夜活动现场

（五）精心组织文创产品开发

认真贯彻创新发展理念，充分发掘馆藏资源的内涵和价值，积极探索博物馆 IP 形象开发，全年共计开发 5 大类共 39 种新的文化衍生产品，参加 2017 年第三届广州国际文物博物馆及版权博览会，并荣获"最佳人气奖"和"优秀文创产品传承奖"。

（六）着力提升参观接待和公共服务水平

2017 年，共接待观众近 80 万人次。大力推进后续公共服务设施项目建设，启动影院改造、安防系统提升改造等工作。在加强硬件建设基础上，制定了针对不同对象和时长的差异化讲解内容、服务标准和管理流程，完善志愿者招募工作，建立健全制度，做好服务保障。积极发挥公共宣传平台作用。截至目前，在中国博物馆协会网站、中国自然博物馆协会网站发布信息近 10 条，省厅发布信息近 10 条，官网共计发布信息 107 条，微信公众号发布信息 252 篇，关注人数超 7000 人。全年在报社、电视台、广播电台、论坛等媒体渠道发布科普资讯 68 条。

（七）加强安全运行与保障

定期组织应急演练，提高对突发事件的处置能力，开展防爆演习 2 次、电梯困人营救演习 2 次、停电处置演习 2 次、防汛演练 2 次、组织全馆范围的消防演习和公共安全知识讲座 1 次；重视各类设备的维护保养，降低故障率；制定了《安徽省地质博物馆施工安全管理办法》，加强对施工现场的安全管理，全年未发生安全事故。

湖南省地质博物馆

英 文 全 称：Hunan Museum of Geology
法 定 代 表 人：胡能勇
联 系 电 话：0731-89991351
传　　　　真：0731-89991362
官 方 网 站：www.hndzbwg.com
行 政 主 管 单 位：湖南省国土资源厅
成立（开放）日期：2012 年 4 月 22 日
通 信 地 址：长沙市天心区杉木冲西路 49 号
已加入专业委员会：中国自然科学博物馆协会国土资源博物馆专业委员会

▨ 一、科普活动与展览

1. 临时展览

单位：平方米，万人次

展览名称	起止日期	展出地点	面积	观众数量	性质
"多彩萤石"主题展	2017 年 6 月 23 日	深圳	50	20	送展

2. 教育活动

单位：人次

序号	活动名称	时间	主要内容	活动形式	参与人次
1	海洋里的活化石——鹦鹉螺	1 月 1 日至 12 月 31 日	通过课程学习，小朋友了解了鹦鹉螺，学到如何与地球和谐共存	主题讲座＋展厅参观＋鹦鹉螺手工制作	1359
2	走近恐龙世界	1 月 1 日至 12 月 31 日	课程以寓教于乐的形式向小朋友介绍古生物学的基础知识，以及曾经生活在湖南地层中的恐龙化石	主题讲座＋展厅主题式参观＋互动活动：绘画比赛	1296
3	泥石流历险记	1 月 8 日至 12 月 31 日	课程帮助小朋友认识泥石流等地质灾害及怎样应对	主题讲座＋展厅 3D 泥石流现场体验＋绿色环保手工制作	1803
4	小小宝石鉴定师	1 月 20 日至 12 月 31 日	通过学习课程，小朋友了解了究竟什么是宝石以及成为宝石的条件与特质，地球上漂亮的宝石又有哪些	主题讲座＋展厅参观＋宝石手工制作	1164
5	岩石的奥秘	2 月 5 日至 12 月 31 日	通过学习课程，小朋友了解了千奇百怪的岩石有哪些秘密，地球上漂亮的地貌景观，又是怎样形成的	主题讲座＋展厅参观＋岩石标本学习	486

序号	活动名称	时间	主要内容	活动形式	参与人次
6	地心游记	3月18日至12月31日	通过学习课程，小朋友们了解了美丽的地球内部藏着什么，了解地球内部圈层构造	主题讲座+展厅参观+地球手工制作	1263
7	神秘的植物世界	4月2日至12月31日	围绕植物主题进行科普活动、植物化石及植物标本观察	主题讲座+展厅参观+户外植物标本采集	822
8	如何成为一名化石猎人	4月3日至12月31日	学习该课程让小朋友读懂化石，了解化石来源	主题讲座+展厅参观+修复"皮劳克"	924
9	《拯救芙蓉龙》公演	4月23日	以科普人偶剧的形式向小朋友介绍古生物学的基础知识，以及湖南特有的无牙芙蓉龙	科普人偶剧表演	200
10	科技活动周"2017湖南省科普讲解大赛"	5月11日	本次大赛为全省创新创业人员、科技人员、科普传播、讲解和科普志愿人员搭建起学习交流的平台	讲解比赛	120
11	微路客地学科普研学游（郴州站）	5月29~31日	研学游主要是将"旅游"与"教育"相结合，也就是在"走出去"的基础上，深度挖掘"本土科普教育"体验	微路客地质探秘之旅	43
12	星际旅行A	6月3日	为小朋友讲述四季星空知识	主题讲座+展厅主题式参观+四季星空盘手工制作+户外观测（太阳及太阳黑子）	122
13	来自星星的你	7月5~30日	天文科普知识精讲	主题讲座+陨石观测	750
14	小天文学家养成记	7月16日至11月25日	天文科普知识精讲	系列课程+望远镜制作+观测	24
15	科普小学员	7月29日至8月27日	采用完成学习单的形式让小朋友学习到展厅知识	科普学习单	12654
16	科普大讲堂	7月29日至8月26日	请知名专家给公众开展地学科普讲座	主题讲座	1642
17	月球大冒险	8月4日	天文科普知识精讲	主题讲座+月球观测	81
18	第八届雅培家庭科教公益活动	12月10日	以易懂好玩的科学小游戏带动科学知识普及	亲子科学小游戏	248

3. 流动科普设施

序号	名称	年度巡展次数	类型	经费来源	运行方式
1	"多彩萤石"主题展	1	巡展	科普专项经费	送展
2	第八届雅培家庭科教公益活动	1	流动馆	科普专项经费	流动馆

二、科研与学术

1. 研究成果

序号	题目	作者	刊名	卷（期）号
1	《用青少年的需求推动地质博物馆科普发展》	吴卫红	《文物鉴定与鉴赏》	2017年第11期
2	《地质博物馆6~12岁儿童科普教育活动的设计探讨》	龚淼 钟琦	《中国博物馆》	2017年第3期

三、信息化建设

1. 官方网站浏览情况

湖南省地质博物馆官方网站页面日均浏览量 92 人次。

2. 展品信息化工作

在官方网站及微信公众号上线了湖南省数字三维虚拟展馆，制作了多个多媒体视频内容三维动画特效，可在网络上进行三维展馆虚拟漫游，虚拟操控，虚拟解说等。

3. 新媒体运用

湖南省地质博物馆公众微信号 2017 年共推送科普文章 265 篇，总阅读量为 264412 次。

四、志愿者队伍建设

单位：人次

服务岗位	人数	来源	服务时间
科普宣讲、教育帮扶、活动咨询、爱心扶助等公益项目	557	在校大学生	免费开放及科普活动时间

五、运营情况

票务情况

是否免费开放	未免费开放场馆票种	未免费开放票价	观众人数
是	—	—	16 万人次／年
其他票务信息说明	为配合博物馆科普系列教育活动互动的需要，该馆为青少年儿童专门成立了地小博俱乐部，为博物馆系列科普活动的开展及时提供了一个舒适的互动场所。同时为了给公众提供更优质服务，博物馆员工还建立了地小博俱乐部会员 QQ 群，及时发布活动讯息，开展线上活动预约，听取家长反馈意见等。目前地小博俱乐部的会员已经有 5000 余人，博物馆活动预约、回访、问题解答等线上工作都有效地促进了活动的有序开展		

六、2017 年度大事记

1. 主要制度的颁布和修订

修订《湖南省地质博物馆劳动纪律管理办法》。

2. 重要业务活动、外事活动、来访接待、重要会议、学术交流等

（1）1 月 23 日　湖南省委副书记、省长许达哲视察湖南省地质博物馆。

（2）作为技术支撑单位全程组织和参与了"中国（湖南）国际矿物宝石博览会"。

（3）8 月 23~28 日　湖南省地质博物馆胡能勇、童光辉与湖南省国土资源厅、郴州市国土资源局相关考察人员一同前往美国达拉斯参加 2017 达拉斯矿物收藏研讨会并考察佩罗特自然历史博物馆，学习了达拉斯矿物收藏研讨会先进的组织形式与佩罗特自然历史博物馆在矿物收藏展示等方面的宝贵经验。

（4）10 月 26 日至 11 月 1 日　湖南省地质博物馆胡能勇、童光辉与湖南省国土资源厅、郴州市国土资源局相关考察人员一同前往德国慕尼黑参加 2017 慕尼黑矿物宝石展，学习慕尼黑展在展会组织等方面的宝贵经验并宣传推介了中国（湖南）国际矿物宝石博览会。

3. 基础设施建设和改造项目

经湖南省发改委批复同意进行湖南省地质博物馆提质升级工程，投资约 4000 万元。

4. 信息化建设情况

5月15日　湖南省科普讲解大赛在省地质博物馆举行，大赛由湖南省科技活动周组委会主办，湖南省地质博物馆协办。

七、2017 年工作概述

（一）党建工作

制定《开展"学党章党规、学系列讲话，做合格党员"学习教育方案》，积极开展主题党日活动，按年度作出学习计划。把学党章党规、学系列讲话作为支部理论学习的主要内容，组织先进评选、爱国主义教育等主题活动。将党风廉政建设作为工作重心，把反腐倡廉工作与各项工作同部署、同落实、同检查、同考核，支部书记与各分管领导、各部门负责人签订了《党风廉政建设责任状》，组织例行廉政谈话 12 人次，按照"一岗双责"要求，切实抓好全馆的党风廉政建设工作。

（二）文明建设

文明创建是内优管理、外树形象的综合工程，是提升各项工作的着力点。切实把文明创建作为事关单位发展的重要组成部分，按照湖南省直工委文明创建工作有关要求，及时向厅机关党委递交创建文明标兵单位申请报告，并按时在"湘直宣传"平台上传完成本年度文明创建资料。按要求完成"模范职工之家"的基础建设，并通过省直工委的现场查验。

中国（湖南）国际矿物宝石博览会科普丛书之一

湖南省地质博物馆
馆藏矿物晶体鉴赏

APPRECIATION OF MINERAL CRYSTALS
IN HUNAN GEOLOGICAL MUSEUM

■ 方先知　胡能勇　等编著

湖南地图出版社

《湖南省地质博物馆馆藏矿物晶体鉴赏》荣获 2017 年国土资源优秀科普图书称号

（三）资产管理

建立健全资产内部管理制度，对资产实行分类管理。规范资产配置、登记、使用、清查盘点和处置等环节的程序，建立资产台账、资产信息管理系统和国有资产动态管理机制，进一步提高国有资产使用效能。为进一步完善馆藏标本的管理和宣传，对馆内所有标本进行了标本二维码信息的编撰，目前已建立了初步的标本资料库。

（四）群团活动

完成了工会、团支部换届选举工作，并开展了一系列有益身心的文体活动。支持工会活动，保障职工的正当福利，开展职工秋游、组织职工生日慰问和年底家属慰问等活动。以创建"学习型""服务型""和谐型""实干型""创新型"团组织为主要目标，多措并举，加强团支部建设，在省直"五型"团组织标准化建设工作中，被评为"五星级"团组织。

（五）人才培养

2017 年湖南省地质博物馆在编人员 28 人，其中教授级高工 2 人，副高职称 2 人，中级职称 15 人；博士 2 人，硕士 9 人。为了提高职工的综合素质。组织馆内参加过外出培训、调研的同志开展成果汇报交流会，提高学习效率，优化资源配置。馆长胡能勇同志获湖南省政府特殊津贴。

7月22日，湖南省地质博物馆馆长胡能勇为青少年带来《认知地球》科普大讲堂 ———

4月23日，湖南省地质博物馆大型科普剧《拯救芙蓉龙》演出 ———

（六）安全工作

安全工作是博物馆对外开放的生命线，切实做好安全管理，是职责所系，也是社会所需。一是做好安全规范指引。编制了《湖南省地质博物馆安全手册》，全面规范各项安全工作；二是做好安全管理协调，做好物业日常监管、督促整改工作及与外单位、治安（派出所）、消防（安全）、社区（综治）、绿化（卫生）等各方面联系沟通等综治工作，力争博物馆安全、有序、平稳运行；三是做好安全宣传。为进一步加强全馆职工的消防安全意识，营造"消防安全，人人有责"的氛围，邀请湘安消防公益服务中心教官为全馆职工带来一年一度的消防安全知识讲座并开展了消防演练。

（七）学术研究

结合馆藏矿物晶体特色，自主开展了《郴州地区矿物晶体宝玉石资源调查研究》项目。在地质公园建设方面，为澧县城头山地质公园陈列馆迁址和内容调整提供了技术指导，为湘西岩溶申报世界地质公园编撰了科普书籍大纲，为万佛山国家地质公园博物馆提供了标本与展陈内容方面的技术指导。

（八）技术支撑

作为"中国（湖南）国际矿物宝石博览会"的技术支撑单位，在省厅指导下，该馆协助组织了矿博会高峰论坛和博物馆论坛，并在展会期间举办了萤石特展，全程参与了嘉宾的联络、组织和接待工作。前往美国参加达拉斯矿物收藏研讨会、前往德国参加慕尼黑矿物宝石展。全程宣传推介了矿博会，邀请了包括慕尼黑矿物宝石展负责人在内的几位嘉宾参加2018年矿博会高峰论坛并通过听取情况介绍、研讨交流、实地察看等形式，了解了达拉斯矿物收藏研讨会以及慕尼黑矿物宝石展在展会组织等方面的宝贵经验。

（九）对外交流

为努力提升"提质升级"展陈工作内涵，打造国内一流地质博物馆，湖南省地质博物馆主动加强外联，努力学习借鉴国内其他先进博物馆的相关建设经验和展陈特色，积极寻求多方位合作。2017年该馆携部分精品标本赴中国地质博物馆参加了"世界矿物精品展"，并先后组织人员赴重庆自然博物馆、山西地质博物馆、桂林理工大学博物馆、常州中华恐龙园、成都天演博物馆等考察与调研，开展了多形式、多层次、多方位的合作与学习交流。

（十）提质升级

提质升级是2017年工作的重中之重，提质升级工程可行性研究报告获得发改委批复，已经进入全面实施阶段。组织编写了各展厅展陈纲要和文本，并组织和聘请专家参与展陈内容的评审与编撰等工作；完成相关招标代理机构、代建公司、设计施工单位和监理单位的招投标工作；与设计公司沟通展陈理念、内容布局、展现形式等相关问题，与天心区政府、长沙市交通、园林、交警、消防等部门开展了大量的衔接工作，提质升级工作进展顺利。

2017 年 6 月 1 日湖南省地质博物馆微录客地质探索研学游（郴州站）

（十一）科普服务

2017 年度接待参观游客总人数约为 16 万人，其中团队共 220 批、人数 15540 人；开展系列科普活动共 346 场，参与人数 24663 人。在首届中国（黄石）地矿科普大会"孔雀石杯"地矿科普奖中，科普创新品牌活动荣获地矿科普优秀成果奖三等奖；尹伊婷、欧丹分别获得第四届全省科普讲解大赛二等奖、三等奖，尹伊婷参加了第二届全国国土资源科普讲解大赛总决赛并荣获二等奖。组织编著的《湖南省地质博物馆馆藏矿物晶体鉴赏》一书荣获 2017 年度国土资源优秀科普作品。

1. 常规科普活动

配合 4·22 世界地球日，组织了一次科普人偶剧《拯救芙蓉龙》公演活动；继续开展科普大讲堂，特别设计了以未成年人的地学普及为主要目标的"科普大讲堂"，在全国范围内邀请地质领域专家，共开展 8 期大讲堂，1500 多名青少年参与讲座；考虑到 5~6 月湖南等地暴雨灾害严重，特别设计了以地质灾害防治宣传为主题的《我为地灾献良策》学习单；与长沙市教育局联合推出的"小小'馆'理员"社会实践活动接待中小学生及家长共计 1 万余人到馆参加社会实践活动；每周五、六、日向科普小学员开放，共接受约 2000 个家庭、5000 人来馆进行自助讨论式参观学习。

2. 精品科普课程

2017 年设计了"地心游记""如何成为一名化石猎人""神秘的植物世界""来自星星的你"等新的科普活动。开展微路客地学科普研学游（郴州站）精品本土研学活动，形成一套本土地质科普体系。设计主题式深度研修课程，分为两个主题：一是青少年天文学研修班"小天文学家养成记"，每期由 8 节循序渐进的天文科普课程组成，带领青少年领略太阳系乃至浩瀚宇宙的无穷奥秘；二是在上年推出的人偶剧《拯救芙蓉龙》的基础上设计了"'小小讲解员'＆'科普人偶剧小演员'培训班"。此外作为中国科协青少年科技中心的重点合作单位，承办了雅培家庭科教公益活动，给全市中小学生带来了包括"伯努利原理"等 20 个科学体验项目，共接待了 90 组家庭，超过 200 人到现场体验。新的科普活动更加注重实践与教育相结合，让青少年在学习的同时，能够结合实际加深自己的理解，巩固所学的知识。

3. 科普交流合作

与深圳博物馆联合，在深圳博物馆举办了"2017 年暑假'多彩萤石'矿物科普展"。展览期间共接待观众近 20 万人次，并开展了丰富多彩的科普活动，吸引了大量中小学生和家庭的广泛参与，40 多家新闻媒体和网站进行广泛的宣传报道；与《放学后》杂志进行全年栏目合作，针对《放学后》设计了小学生和中学生两个板块，根据群体不同有针对性地设计板块课程内容；利用科普报纸、杂志、新闻广播等纸媒对科普工作进行深化宣传；5·18 博物馆日《科普，就该这样玩！》宣传登上《中国国土资源报》；与 893 音乐电台和 90.1 经广频道多次开展线上与线下结合的科普活动；接待由香港教育局组织的"同行万里——香港高中学生内地交流计划系列团"，为期 5 天的"湖南张家界、长沙地质与湖南保育之旅"共组织了 10 批，人数共计 638 人。

山西地质博物馆

英 文 全 称：Shanxi Museum of Geology
法 定 代 表 人：史建儒
联 系 电 话：0351-4041562
传 真：0351-2026676
官 方 网 站：www.sxgm.org
行 政 主 管 单 位：山西省自然资源厅
成立（开放）日期：2017 年 5 月 1 日
通 信 地 址：山西省太原市万柏林区望景路山西地质博物馆
已加入专业委员会：中国自然科学博物馆协会单位会员

▨ 一、科普活动与展览

1. 临时展览

单位：平方米，万人次

序号	展览名称	起止日期	展出地点	面积	观众数量	性质
1	山西省国土资源成果展	2016 年 11 月 1 日至 2017 年 12 月 1 日	博物馆四层	1200	1	联合
2	三基建设展	2017 年 12 月 1~30 日	博物馆四层	1200	0.5	联合

2. 教育活动

单位：人次

序号	活动名称	活动时间	主要内容	活动形式	主要对象	参与人数
1	第 48 个世界地球日主题活动	4 月 17~23 日	地球古生物发展演化史	科普展览及科普讲座	小学生	300
2	国土讲堂	4 月 21 日	山西地质发展历程	科普讲座	地质行业人员	200
3	防震减灾知识讲座	10 月 1 日	防震减灾知识	科普讲座	中小学生	300
4	侏罗纪探索之旅	10 月 21 日	恐龙化石手工画	互动科普	小学生	200
5	恐龙大讲堂	10 月 25 日	恐龙科普知识	科普讲座	小学生	54

二、科研与学术

1. 承担项目

单位：万元

序号	项目名称	项目来源	项目级别	经费	负责人
1	山西晚古生代锯齿龙类脊椎动物化石及地层系统调查	山西省国土资源厅	省级	198	伊 剑
2	山西地质成果科普研究	山西省国土资源厅	省级	126.75	续世朝
3	山西地质博物馆标本征集、采集、购买及修复项目	山西省国土资源厅	省级	260	史建儒
4	山西省矿产资源报告	山西省国土资源厅	省级	58.09	郝 雨
5	山西省煤层气矿业权审批监管机制研究	国土资源部油气资源战略研究中心	部级	30	史建儒
6	高岭土、叶蜡石、耐火粘土矿产地质勘查规范	国家矿产资源储量中心	部级	40	续世朝
7	铁、锰、铬矿地质勘查规范修订研究	国家矿产资源储量中心	部级	35	郝 雨
8	山西成果地质资料保护性修复	国土资源实物地质资料中心	部级	115	邓梦龙
9	山西省重要地质钻孔属性数据库建设	国土资源实物地质资料中心	部级	290	薛 勇

2. 研究成果

序号	题目	作者	刊名	卷（期）号	期刊级别
1	《山西省首次发现侏罗纪恐龙足迹》	续世朝 许 欢 王锁柱等	《中国地质》	2017 年第 1 期	核心期刊
2	《山西省地质矿产资源概况》	史建儒	《华北国土资源》	2017 年第 4 期	省级期刊
3	《铝土矿地质勘查规范存在的问题探讨及修改建议》	史建儒	《华北国土资源》	2017 年第 5 期	省级期刊
4	《山西新荣地区发现——巨型蜥脚类股骨化石》	董黎阳	《中国地质》	2017 年第 5 期	核心期刊
5	《霍城煤矿侏罗系八道湾组含煤地层沉积环境分析》	李亚先	《华北国土资源》	2017 年第 4 期	省级期刊
6	《自然科学博物馆探究式教育活动思考——以山西地质博物馆为例》	李 瑜	中国自然科学博物馆协会 2017 年年会入选论文	2017 年	—
7	《数字影院零地电压监测预警及保护系统设计》	吴玉龙	《现代电影技术》	2019 年第 9 期	核心期刊

三、信息化建设

加强博物馆信息化建设，技术支撑得力。2017 年，山西地质博物馆建成展厅无线网络和语音导览点对点服务系统，新增约 120 个展品的语音介绍；新增"官网访问量统计"、"志愿者之家"和"最新资料"等模块功能，从 2017 年 2 月起到 2017 年 12 月止，官网累计浏览量为 167869 人次；在官网、微信、微博等平台发布馆内新闻动态、临展等相关信息共计 150 条。

四、志愿者队伍建设

单位：人

分类	服务岗位	人数	来源	服务时间
成人志愿者	讲解、服务	17	社会招募	4530 小时
团队志愿者	讲解、服务	50	校园招募	
小小地学家	讲解	33	社会招募	990 小时

2017年6月1日，"心相连·爱相守"大型公益活动留影

五、运营情况

票务情况

是否免费开放	未免费开放场馆票种	未免费开放票价	观众人数
是	—	—	50万人次/年

六、2017年度大事记

2月20日　制定《山西地质博物馆对公众开放实施方案》、《信息化及数据库建设实施方案》和《人才队伍建设实施方案》，健全博物馆运行机制和组织机构，积极推进博物馆信息化建设，为全面开放提供工作纲领。

4月20日　完成博物馆官网优化升级、推出山西地质博物馆App、实现展厅Wi-Fi全覆盖。

5月1日　山西地质博物馆正式面向公众开放。

6月1日　科学设置19个科室和职责任务，选拔任用21名同志充实中层干部队伍，聘任19名同志的专业技术职称。

8月10日　解决临聘人员遗留问题，与58名临聘人员签订《劳动合同书》。

12月15日　制定《山西地质博物馆2017~2020年发展规划编制提纲（讨论稿）》，配套建立十六项制度。

七、2017年工作概述

（一）博物馆开放准备工作圆满完成

围绕山西省政府"五一"开馆要求，稳步推进布展陈列、标识标牌、安全管理、信息化建设、设施配套、人员培训等 49 项基础性工作，保证了 5 月 1 日博物馆正式面向公众开放。

（二）建立博物馆长效运行机制

制定《山西地质博物馆 2017~2020 年发展规划编制提纲（讨论稿）》，配套建立 16 项制度，保障长效运行机制。

（三）推进公众服务和科普工作

接待省、部级领导莅临指导 6 批次，同行业考察 10 次，累计接待参观公众 50 余万人；圆满完成第十九届矿业大会陈列布展；《煤炭传奇》一书被国土资源部评为优秀科普图书；一名讲解员在"第二届全国国土资源科普讲解大赛"上荣获二等奖，一名讲解员获得"2017 年全国科普讲解大赛优秀奖"。与山西省社会科学联合会共同主办社科志愿者宣誓大会暨防震减灾大讲堂，与山西新闻网、米罗岛艺术中心等多家机构联合举办各类趣味科普活动。

（四）开展地学研究工作

开展"山西晚古生代锯齿龙类脊椎动物化石及地层系统调查项目"工作，发现重要化石点 2 处；实施省级"标本征集、采集、购买及修复项目"，先后采集、购买矿物标本 621 件、修复各类化石标本 531 件（锯齿龙化石 483 件，恐龙化石 48 件）；争取到"山西中上三叠统古生物化石调查"等 5 个项目；被国家古生物化石专家委员会列为第一批二十家甲级古生物化石收藏单位；承担国家标准体系建设项目铁、锰、铬矿、铝土矿、高岭土、叶蜡石、耐火粘土七个矿种三个项目地质勘查规范修订研究。

（五）提升博物馆信息化建设水平

博物馆网站运行稳定；开通山西地质博物馆官方微博和公众微信平台，馆内实现 Wi-Fi 全覆盖、展厅语音导览点对点服务，完成安全保卫监控系统、门票系统等智能化建设项目。

2017 年 5 月 1 日，山西地质博物馆举行开馆仪式

2017 年 7 月 25 日，社科志愿者宣誓大会暨防震减灾主题大讲堂活动现场

远古物种展厅

宁夏回族自治区地质博物馆

英 文 全 称：Ningxia Geological Museum
法 定 代 表 人：王金敏
联 系 电 话：0951-5698415
传 真：0951-5690378
行 政 主 管 单 位：宁夏回族自治区地质局
成立（开放）日期：2011 年 12 月 31 日
通 信 地 址：宁夏银川市金凤区人民广场东街 301 号
已加入专业委员会：中国自然科学博物馆协会国土资源博物馆专业委员会

▦ 一、科普活动与展览

教育活动

单位：人次

序号	活动名称	活动时间	主要内容	活动形式	主要对象	参与人数
1	"地球我想对你说"主题班会	4 月 17~23 日	通过讲解员介绍"地球日"的由来、意义、目的和播放自然环境被人类破坏前后的对比照片等相关内容，请同学们展开热烈讨论，引发同学们的触动和思考，培养同学们的环保意识，同时讲解员还会指导同学们亲手创作出送给地球母亲的礼物	主题班会、现场授课、讨论	银川第 21 小湖畔分校	300
2	流动地质博物馆	全年开展	现场介绍矿物、岩石、古生物标本，为同学们普及地学科普知识	展板介绍、资料宣传、义务讲解、岩矿标本展示、科普专题讲座	固原市原州区实验小学、固原职业技术学院、固原市原州区彭堡镇曹洼小学等 7 所学校	15000
3	第七届中国·宁夏宝玉石、奇石观赏节	5 月 13~21 日	以开放式普及宝玉石知识为根本目的，汇集 2017 年中国宝玉石行业的流行品种和全国各地玉石名品，翡翠、琥珀、蜜蜡、根雕、各种奇石等二十个大类、三百个品种、两万多款展品，为市民提供一次宝玉石的饕餮盛宴	展览、鉴定	社会公众	26000

序号	活动名称	活动时间	主要内容	活动形式	主要对象	参与人数
4	首届宁夏青少年地学科普夏令营	7月31日至8月5日	参观考察宁夏地质博物馆、苏峪口国家森林公园、水洞沟遗址旅游区、火石寨丹霞地貌国家地质公园、灵武恐龙遗址、沙坡头自然保护区、黄河大峡谷等地，结合考察内容开展挖掘化石、制作麦草方格等科普实践活动，并由地质专家结合参观考察地学知识讲座，辅导撰写小论文	实习考察、参观学习	青少年	60
5	"小小讲解员"特色公益科普活动	8月8~20日	由专业讲解员结合宁夏和全国各地质时期具有代表性的标本、化石对展厅进行详细讲解，根据营员兴趣挑选展厅分组培训，并由地质博物馆选派优秀讲解员为营员进行讲解基本功训练、讲解员礼仪、讲解沟通、语言技巧等方面的专业培训，锻炼其与人沟通的能力、提高语言表达等综合素质能力	专题讲座、展厅学习、实地讲解、野外考察	青少年	70
6	"博物馆奇妙夜"主题科普活动	9月23日	整个活动分为场外和馆内两个部分，场外通过大型酷炫灯光秀、行走恐龙、恐龙舞等渲染活动气氛；馆内以博物馆现有展项、馆藏标本为依托，以地学科普知识为贯穿，针对不同年龄段的观众在馆各楼层安排有机器人表演、恐龙化石复刻、恐龙萌宠制作、神秘宝藏、魅力科技秀等八大全民可参与、体验的主题项目	参与互动，现场体验、机器人表演、恐龙化石复刻	青少年	4000

二、科研与学术

1. 承担项目

单位：万元

序号	项目名称	项目来源	项目级别	经费	负责人
1	宁夏古生物化石资源调查	宁夏地勘基金	其他	140.27	宗立一
2	宁夏中生代古生物化石资源调查与研究	自治区自然科学基金	其他	3	杨　卿
3	生命的轨迹——宁夏生物演化史	宁夏科普专项	其他	3	王金敏
4	宁夏地质演化数字化工程	自治区人民政府	其他	400	王金敏

2. 研究成果

序号	题目	作者	刊名	卷（期）号	期刊级别
1	《宁夏贺兰山大风沟三叠纪古生物化石资源的开发利用》	杨　卿　王金敏　杨克成	《中国科技信息》	2017年第24期	国家级期刊

序号	题目	作者	刊名	卷（期）号	期刊级别
2	《宁夏中卫古生物化石资源研究》	万　杨	《科技资讯》	2017 年第 26 期	国家级期刊
3	《宁夏同心丁家二沟哺乳动物化石种类与分布研究》	赵　明	《科学技术创新》	2017 年第 35 期	省级期刊

3. 专著

名称	作者	出版社	出版日期
《生命的轨迹——宁夏生物演化简史》	宁夏地质博物馆	黄河出版传媒集团宁夏人民出版社	2018 年 1 月

4. 编辑刊物

单位：册

序号	刊物名称	刊号	发行周期	发行数量	发行范围
1	《宁夏地质博物馆》	—	每季度	2000	内部发行
2	2017 年首届宁夏青少年地学科普夏令营活动纪实	—	每年	100	内部发行

三、信息化建设

1. 官方网站浏览情况

宁夏地质博物馆官方网站根据上级单位宁夏地质局要求，进行信息的迁移和整合，已于 2018 年 5 月 10 日正式停止访问。

2. 新媒体运用

宁夏地质博物馆有独立的官方微博及微信公众号，除每周发布一条地学科普知识外，还定期发布馆内各类科普活动预告信息等内容。

四、志愿者队伍建设

单位：人

服务岗位	人数	来源
志愿讲解员	98	学校招募、小小讲解员培训活动

五、运营情况

票务情况

是否免费开放	未免费开放场馆票种	未免费开放票价	观众人数
是	—	—	6 万人次 / 年

宁夏地质博物馆外景

六、2017 年度大事记

1月17日　宁夏回族自治区发改委会同自治区财政厅、审计厅、环保厅等厅局单位对宁夏地质局综合科研基地地学数据中心建设项目进行竣工综合验收，通过勘验现场和查阅项目档案及竣工财务决算等资料，验收组认为该项目符合国家验收质量标准及相关财务规定，可以投入使用。

1月18日　根据党政领导干部任职相关规定，宗立一等同志聘期已满。因部门机构调整，根据工作需要，经馆党委会议研究决定，聘任中层干部 17 人：办公室：田红（主任）、闫小亮（副主任）、刘晓莉（副主任）；财务部：李英虹（主任）、黄显文（副主任）；科研部：宗立一（副总工程师、主任）、杨卿（副主任）；社教部：韩加银（主任）、唐媛（副主任）、苏艳玲（副主任）；展陈部：生红莉（主任）、潘睿（副主任）；安保部：罗瑚卿（主任）、周爽（副主任）；地学数据中心：卢怀平（主任）；装备管理部：黎晓蓉（副主任），蔡赵焱（副主任）。（宁地博党发〔2017〕2 号）。

1月19日　宁夏地质博物馆被中国自然科学博物馆协会评为 2016 年度中国自然科学博物馆协会优秀集体，同时万杨、苏艳玲同志因 2016 年科普工作突出，被中国自然科学博物馆协会评为年度先进工作者。

1月19日　宁夏地质博物馆凭借"博物馆奇妙夜第二季之'智慧少年探险记'"大型公益科普活动，被中国科协办公厅评为"2016 年全国科普日特色活动优秀单位"。

1月22日　宁夏地质博物馆社教部被自治区团委、自治区交通运输厅等 13 家单位联合命名为"2015—2016 年度宁夏青年文明号"。

1月23日　宁夏地质博物馆召开 2017 年工作会议，回顾总结 2016 年工作，表彰奖励先进，安排部署 2017 年各项工作。馆党委副书记、馆长王金敏做了题为"创新发展　统筹管理　努力打造一流地质博物馆"的工作报告。

2月14日　宁夏地质博物馆召开 2017 年馆党风廉政建设工作会议，深入学习贯彻地质局 2017 年党风廉政建设工作会精神，回顾总结 2016 年党风廉政建设和反腐败工作，研究部署 2017 年工作任务，签订 2017 年党风廉政建设责任书。

2月21日　宁夏地质博物馆召开 2017 年度安全生产工作暨综合治理工作会议。对 2016 年全馆安全生产和综合治理工作进行了总结，对 2017 年工作进行安排部署。馆党委副书记、馆长王金敏与馆属各部门主要负责

2017年小小讲解员野外合影

人签订了《2017年安全生产目标管理责任书》。

3月5日　宁夏地质博物馆学雷锋志愿服务队组织参加了由宁夏文明办、民政厅、团委在银川光明广场举行的"弘扬雷锋精神、建设美丽宁夏"学雷锋志愿服务月活动，并获得"自治区学雷锋志愿服务实践基地"奖牌。

3月10日　因馆领导班子成员变动，经党委会议研究决定，博物馆领导班子成员调整为：李玉武（党委书记）；王金敏（党委副书记、馆长）；魏和平（党委委员、副馆长、工会主席）；杨克成（党委委员、副馆长），同时重新确定班子成员分工。（宁地博党发〔2017〕6号）。

3月10日　由于人员调整，根据工作需要，经馆党委会议研究决定，聘任李治宁同志为地学数据中心负责人，免去装备管理部负责人职务；聘任史渊同志为地学数据中心副负责人；聘任蔡赵焱同志为装备管理部负责人；免去卢怀平地学数据中心主任职务。（宁地博党发〔2017〕8号）

4月12日　宁夏地质博物馆联合宁夏地质局科技处、宁夏地质学会为银川第二十一小学湖畔分校三年级6个班的同学们开展了第48个世界地球日——"地球我想对你说"主题班会。

4月12日　根据《中国共产党章程》和《中国共产党基层党组织选举工作暂行条例》精神，馆属各支部进行换届选举。经第7次党委会议研究，同意各党支部报来的换届选举结果，确定生红莉、李英虹、李治宁分别为馆第一党支部、第二党支部、第三党支部的支部书记；同意党员内部调动计划。

4月17~26日　宁夏地质博物馆联合自治区地质局科技处、宁夏地质学会共同举办了以"节约集约利用资源，倡导绿色简约生活——讲好我们的地球故事"为主题的地球日系列科普活动，受众人数达到4000人次，活动效果显著。

4月22~28日　宁夏地质博物馆团支部开展"e网青声·拉近你我"新媒体推介周和青年文明号窗口展示活动。

4月28日　宁夏地质博物馆由中国博物馆协会第六届八次理事长会议批准，正式成为中国博物馆协会会员单位。

4月28日　宁夏地质博物馆召开一届七次职工大会，回顾总结了2016年度地质博物馆工会工作，安排部署了2017年的工会工作。馆党委委员、副馆长魏和平在会上做了题为"凝心聚力保稳定　克难奋进促和谐"的报告。

5月4日　为纪念"五四运动"98周年和中国共产主义青年团建团95周年，传递积极乐观的青年精神，倡导科学健康的生活方式，宁夏地质博物馆团支部举办了"我运动，我健康，我快乐"青春健步行活动，馆40余名职工，尤其是青年职工，积极响应，踊跃报名。

5月4日　由宁夏地质博物馆团支部承办，自治区地质局及其下属单位"微心愿"爱心捐赠代表、青年志愿者及共青团员代表等前往闽宁中学开展"点亮校园微心愿　争做地质圆梦人"活动，活动所收集的学生心愿卡全部被认领，累计捐赠金额1.3万元。

5月12日　宁夏地质博物馆讲解员黄蓉被自治区文明办、自治区团委、宁夏志愿者协会评为第四届"自治区优秀志愿者个人"。

5月13~21日　由自治区地质局、宁夏地质学会主办，宁夏地质博物馆承办的第七届中国·宁夏宝玉石、奇石观赏节圆满落幕，吸引了来自区内外的游客 2.6 万余人，充分展现了该博物馆在行业内的专业影响力。

5 月 15 日　苏艳玲被自治区科技厅、中共自治区委员会宣传部、自治区科学技术协会评为"自治区科普工作先进个人"。

5 月 26 日　宁夏地质博物馆讲解员苏艳玲、唐媛在宁夏科协、宁夏科技厅主办的 2017 年全国科普讲解竞赛宁夏赛区的比赛中分别荣获一等奖和二等奖，并被授予"宁夏科普十佳使者"称号。

6 月 2 日　宁夏地质博物馆派遣专业科普人员前往银川二十一小湖畔分校，开展了"2017 年科技活动周"流动博物馆宣传活动。

6 月 13 日　宁夏地质博物馆团支部组织开展职工综合能力提升学习班，围绕自治区第十二次党代会精神开展政治理论学习，并联合馆办公室和财务部开展基础业务知识培训。

6 月 21 日　经自治区地质局第五次局务会研究同意，对韩加银、苏艳玲、黄蓉、宁甜等 12 位同志给予地质矿产勘查开发创新团队奖励。

7 月 1 日　根据《中国共产党章程》和党支部大会决议，经馆党委会议研究决定，同意史渊、程梦媛、牟瑢 3 名同志为中国共产党发展对象；同意魏丽馨、宁甜 2 名同志按期转为中国共产党正式党员。

7 月 14 日　为贯彻全面从严治党要求，深入推动"两学一做"学习教育常态化制度化，着力打造政治合格的党员队伍，馆党委组织党员 30 人前往"革命的摇篮"——延安，开展以"瞻仰革命圣地，学习延安精神"为主题的党员培训。

7 月 31 日至 8 月 5 日　宁夏地质博物馆成功举办"首届宁夏青少年地学科普夏令营"活动。

8 月 3 日　宁夏地质博物馆在第三批国土资源科普基地评估工作中被评为优秀。

8 月 11 日　自治区地质局党委书记、局长马世军，局党委委员、总工程师程建华以及局相关部门负责人深入地质博物馆调研指导工作。

8 月 17 日　由中国实物资料中心主办，自治区地质局信息处与自治区地质博物馆配合承办的全国实物地质资料管理技术培训会在宁夏顺利召开。中国地质调查局国土资源实物地质资料中心、自治区国土厅、自治区地质局领导及相关省（区、市）级地质资料馆藏机构实物地质资料管理人员参加了培训会。

8 月 20 日　为期 16 天的"小小讲解员暨地质科普夏令营"公益活动完美谢幕，70 名小讲解员获得了由地质博物馆颁发的荣誉证书。

8 月 23 日　宁夏地质博物馆人员变动，为确保各项工作顺利开展，经会议研究决定，重新调整博物馆议事协调机构。（宁地博党发〔2017〕26 号）

9 月 4 日　宁夏地质博物馆被国土资源部、科技部命名为"国家国土资源科普基地"。

9 月 14 日　宁夏地质博物馆联合自治区科技馆科普大篷车开展助力精准扶贫活动，走进宁夏——中宁县徐套乡专题科普活动圆满结束。

9 月 23 日　以"夜游博物馆　探秘侏罗纪"为主题的博物馆奇妙夜第三季主题科普活动圆满落幕，接待游客多达 4000 人次。

9 月 26 日　完成"自治区爱国主义教育基地"复检工作。

10 月 9 日　宁夏地质博物馆地学数据中心与国土资源实物地质资料中心签订国家Ⅰ类实物地质资料分散保管协议。有力推进了全区实物地质资料管理工作，为今后更好地实现分级管理、分类筛选与分散保管实物地质资料打下了坚实基础。

10 月 16~20 日　宁夏地质博物馆专业科普队伍深入固原实验小学、原州区彭堡镇曹洼小学等五所学校，开展了为期 5 天的"暖心固原行，公益助扶贫"的专题科普活动。

10 月 30 日　宁夏地质博物馆在局党委的统一安排部署下，以各党支部为重点，全馆范围内要掀起党的十九大精神"大学习"热潮，让十九大精神深入人心，用十九大精神武装头脑、统一思想、提高认识、指导实践、引领发展。

11 月 21 日　宁夏地质博物馆"七彩童年　伴你左右"关爱农民工子女流动博物馆项目被自治区文明办、自治区民政厅、自治区团委等 6 家单位联合评为第四届宁夏志愿服务项目大赛铜奖。

12 月 1 日　宁夏地质博物馆顺利完成国家 3A 级旅游景区的复查工作。

12月6日　因工作需要，博物馆党委会议研究决定，调整领导班子成员分工。（宁地博党发〔2017〕34号）

12月19日　黄蓉、宁甜被国土资源科普基地管理办公室评为"第二届全国国土资源科普讲解大赛"优秀奖。

12月　宁夏地质博物馆荣获自治区地质局"不忘初心　点亮青春"党的十九大精神知识竞赛二等奖。

12月14日　为保持和增强"政治性、学习性、群众性"三性引领，宁夏地质博物馆团支部开展职工能力提升大赛。

12月22日　宁夏地质博物馆召开2017年中层干部年度考核测评大会，全体工作人员参加，中层干部进行述职，并进行民主测评。

七、2017年工作概述

宁夏地质博物馆是一座反映宁夏地质历史和自然风貌的专题性博物馆，主要采用馆、园结合的方式为游客展示了地质、古生物、矿物、岩石等内容。宁夏地质博物馆设有包括序厅、地球科学厅、生命演化厅、地质环境厅、矿产资源厅、地质工作厅及宝玉石、观赏石展区在内的"六厅一区"，馆藏标本16000件，展陈面积3608平方米。

宁夏地质博物馆自筹建以来一直致力于地质科学研究及青少年科普宣传工作，并结合实际开展了一系列丰富多彩、形式多样的科普活动，尤其是在针对中小学生进行地学科普教育方面成绩显著。2017年，博物馆共开放320天以上，总接待参观游客6万人次，其中接待团队165个。丰富的陈展内容、精湛的业务、优质的服务受到了社会各界的一致好评，现将一年来的科普工作情况总结如下。

（一）科普规划计划编制落实情况

宁夏地质博物馆高度重视科普宣传及教育工作，将科普工作纳入效能目标管理，并针对博物馆实际制定了科普工作制度及科普工作规划，做到年初有计划，年底有总结，重大科普活动成立科普活动领导小组，确保了全年科普计划的顺利完成。

2017年，宁夏地质博物馆按照年度科普工作计划完善了科普设施建设，丰富了展览内容，健全了网络宣传系统，加强了科普人才培养；多次举办了"科普下乡""科普进校园""科普进社区"等活动；在"世界地球日""科技活动周""全国科普日"等专题活动期间组织各类特色宣传；举办了"第七届中国·宁夏宝玉石、奇石观赏节""地质科普知识讲座"等专题活动。

（二）科普基础设施建设与完善情况

宁夏地质博物馆按照科普工作计划要求，将基础设施建设作为一项重点工作，进一步加大了地质博物馆的科普投入力度，加强了基础设施建设，完善了陈展内容，创新了科普展示方式。除了派专人在日常对标本及展品、展项进行整饰和维护外，还不断通过更新展示内容、升级软件、举办特色展览来扩大科普宣传效果。全年博物馆共组织举办了各类展览13次，专题展览6次；改造展厅展项2处，修理维护各类设备8处，更新标本及展板50余处，更新灯光亮化主展厅3个，并新增了VR虚拟体验区，保证了馆内各类标本的正常展示及各类展项的正常运行。

（三）科普人员及培训情况

宁夏地质博物馆目前配备有专职工作人员69人，专职讲解员6人，志愿讲解员98人。工作人员全部面向社会统一招聘，讲解员均具有大学本科学历，并经中国地质大学（武汉）、宁夏博物馆及本馆内部的专业人员等进行为期半年的培训。馆内聚集了宝玉石鉴定、生物科学、资源勘查工程、经济管理等方面的专业人才。

2017年，宁夏地质博物馆共组织馆内人员参加区内外各项培训学习20余次；参加各类科普工作交流学习10次，参加人数100余人次。培训内容包括普通地质学、宝玉石鉴定学、地勘工作概况及各项业务学习等。新进科普人员均由馆内地质专家及专职讲解员进行为期1个月的专业技术培训，确保馆内所有工作人员能够全优上岗。

（四）科普活动开展情况

1. 深入校园开展"地球我想对你说"主题班会

在第48个世界地球日期间，宁夏地质博物馆联合二十一小学湖畔分校开展"地球我想对你说"主题班会6场，参与人数300余人。主题班会是地质博物馆科普工作一次全新的尝试，意在通过讲解

2017 奇妙夜馆外表演

员介绍"地球日"的由来、意义、目的和播放自然环境被人类破坏前后的对比照片等相关内容，让同学们展开热烈讨论，引发同学们的触动和思考，培养同学们的环保意识，同时讲解员还会指导同学们亲手创作出送给地球母亲的礼物。此次主题班会，博物馆共收集创意礼物98份，评选出74个获奖作品，并为获奖同学送上了奖品。

2. 举办"第七届中国·宁夏宝玉石、奇石观赏节"

宁夏地质博物馆自开馆以来，始终秉承发挥专业技术优势，履行教育服务职责的立馆理念，积极打造宝玉石品牌，为广大观众搭建了一个品鉴玉石、宝石、珍珠、珊瑚、水晶、琥珀等的交流平台，提供了一个观赏奇石、文玩、书画、雕塑及相关工艺品的艺术平台。目前，博物馆已成功举办宝玉石、奇石观赏节七届，吸引了来自全国各地的众多赏石爱好者。本届观赏节自5月13日开始至5月21日结束，为期9天，共接待区内外游客达2.6万余人。

3. 打造"流动地质博物馆"科普品牌

宁夏地质博物馆精心策划、继续开展"流动地质博物馆"专题科普系列活动，由专业科普人员携博物馆、装备馆代表性的标本和地质装备，前往学校、郊区和周边乡镇开设科普知识小课堂。除了在世界地球日、科技周、全国科普日期间开展外，还于2017年10月深入固原长达一周的时间，先后前往固原市原州区实验小学、固原职业技术学院、固原市原州区彭堡镇曹洼小学等7所学校，全年活动累计受众达1.5万人次。

4. 举办"首届宁夏青少年地学科普夏令营"活动

"首届宁夏青少年地学科普夏令营"活动为期6天，共招募了来自全区各市县的50名青少年营员，参观考察了苏峪口地质公园、灵武地质公园、火石寨丹霞地貌国家地质公园、沙坡头自然保护区、黄河大峡谷等宁夏典型的地质地貌共十余处，并在地质专家的指导下，学习化石采集、制作治沙麦草方格、听取地学知识讲座、撰写小论文等，在寓教于乐的氛围中提高青少年科学素质，宣扬地质人精神。此次活动是宁夏地质博物馆科普活动又一次大胆的尝试和创新，得到了家长和营员们的一致好评和认可，社会反响热烈，为今后地质博物馆更好地践行公益职能，创新科普工作形式奠定了坚实的基础。

5. 开展"小小讲解员"特色公益科普活动

宁夏地质博物馆自2012年开始举办"小小讲解员"科普活动以来，已受到社会各界的广泛认可，2017年共招收8~12岁小小讲解员70余名，针对各学生的具体情况，博物馆制定了个性化的培训方案，并采取一对一的辅导方式，开展讲解、礼仪形体和现场实训等培训，培养他们的自信心，提升他们的语言表达、举止礼仪、地学知识等能力。经培训，70名学生均取得了博物馆"小小讲解员"的荣誉证书。

6. 举办"博物馆奇妙夜"主题科普活动

策划举办了大型主题科普活动——博物馆奇妙夜第三季"夜游博物馆　探秘侏罗纪"。本次活动在汲取前两季活动经验的基础上推陈出新，更加注重活动的知识性、参与性及趣味性。整个活动分为场外和馆内两个部分，场外通过大型酷炫灯光秀、行走恐龙、恐龙舞等渲染活动气氛；馆内以博物馆现有展项、馆藏标本为依托，以地学科普知识为贯穿，针对不同年龄段的观众，在馆各楼层安排机器人表演、恐龙化石复刻、恐龙萌宠制作、神秘宝藏、魅力科技秀等八大全民可参与、体验的主题项目。内容涵盖了古生物、地层、力学等科普知识，让观众在寓教于乐的氛围中，将生硬的专业科普知识进行有效的转化和解读。该活动的成功举办，极大推进了博物馆大型科普活动常态化要求进程。

（五）科普研究情况

2017 奇妙夜 科普秀

1. "宁夏古生物化石资源调查"项目

宁夏地质博物馆先后派遣多名地质专家，对宁夏重要的古生物产地、层位进行野外实地调查，并进行室内资料整理、完善、补充等工作。通过了野外资料验收；完成实物地质资料汇交；制作古生物化石资源调查实际材料图；制作古生物化石点分布图；制作古生物化石保护规划图以及古生物化石标本相册；完成报告编写；对论文进行了两次修改，并通过专家审核，完成了定稿工作。

2. 编写科普书籍《生命的轨迹——宁夏生物演化简史》

《生命的轨迹——宁夏生物演化简史》作为宁夏地质博物馆编著的知识科普系列丛书第二部，将延续第一部科普图书《时光切片——宁夏地壳演化简史》的编写质量，力争创作一部科学含量、创作水平、编校出版质量和社会影响较高的科普书籍，为前来参观博物馆的公众提供了解生命演化及宁夏地区重要古生物的窗口，更好地推动宁夏地区地学知识的普及，扩大科技场馆作为非专业教育场所的公益职能，为非地质专业人员、社会公众和青少年提供课外读物，提高读者热爱家园、合理利用资源、保护环境的意识。

3. "宁夏地质演化数字化工程"项目

本项目利用四维可视化技术，将宁夏各个地质历史时期地质事件的宏伟景观以前卫的方式展现在游客面前，为游客宣传、介绍宁夏，普及地学科普知识，增强人们建设美好家园的意识和信心。利用这种新颖的形式来展示宁夏地质演化的宏伟场景，也将填补宁夏地质资料数字化的空白。目前已完成影片小样。2018 年正式公映。

4. 项目储备与申请

从古生物、宝玉石及地质遗迹等方面，储备选题 28 个，为后续项目申报打好基础。选题"宁夏重要古生物化石保护"，编写立项申请书，申请宁夏回族自治区第九批地勘基金项目；选题"中卫石炭纪昆虫化石研究""宁夏同心丁家二沟哺乳动物化石研究"，申报宁夏回族自治区重点研发计划项目与自然科学基金项目。

（六）其他科普工作及成效

1. 加强培训教育，提升服务水平

为提高讲解员讲解水平，选派 4 名讲解员分别参加了"2017 年全国科普讲解大赛"及"国土资源科普讲解大赛"均取得了优异的成绩。通过不断强化讲解员业务素养，提高讲解水平，讲解服务成为宁夏地质博物馆一

张亮丽的名片。

2．增强互动体验，优化陈展效果

作为宁夏重要的科普基地和休闲旅游基地，宁夏地质博物馆始终坚持以丰富多彩的展示内容及形式带给游客更好的参观体验。2017年博物馆除完成常规标本更换、展项维护等内容外，还新增了VR体验区，让游客亲身感受科技的力量，从而更优质地为游客提供全方位的科普服务。

3．拓宽宣传渠道，扩大社会影响

在科普教育过程中，宁夏地质博物馆一直注重对外宣传，发挥新闻媒体的作用，扩大在社会影响力。银川电视台、宁夏交通广播、《新消息报》、《宁夏日报》、《银川晚报》等多家新闻媒体，都对该馆的科普工作进行过报道或制作过专题节目。除此之外，宁夏地质博物馆还通过多种网络平台对科普活动、科普知识进行宣传，包括建立专门的微信公众账号、新浪微博账号以及不断完善官方网站的科普宣传板块等。据统计，截至2017年11月初，该馆共进行各类媒体宣传140余次。

4．完善基地建设，打造科普品牌

自开馆以来，宁夏地质博物馆积极参与各大科普基地的申报工作，先后被评为"宁夏回族自治区科普教育基地""全国科普教育基地""国土资源科普基地""银川市爱国主义教育基地""宁夏回族自治区爱国主义教育基地""国家国土资源科普基地"。该馆组织开展的"流动博物馆"关爱留守儿童项目荣获第四届宁夏志愿服务项目大赛铜奖。

回首过去，该馆开展的一系列科普宣传活动，在广大游客和宁夏地质博物馆之间架起了一座坚实的桥梁，使宁夏地质博物馆成为一座广受游客好评的科普场所。展望未来，信心百倍，在总结过去科普工作成功经验的同时，宁夏地质博物馆将更加努力，弥补不足，把2018年作为新的起点，努力开拓科普工作新局面，为科教兴国和提高全民科学文化素质作出新的更大的贡献。

甘肃地质博物馆

法 定 代 表 人：毛翔南
联 系 电 话：0931-8178665
传　　　真：0931-8178665
官 方 网 站：ztzy.gansu.gov.cn/zt_gsdzbwg.htm
成 立 日 期：2010 年 3 月
通 信 地 址：甘肃省兰州市城关区团结路 6 号
业 务 指 导 单 位：甘肃省国土资源厅

一、2017 年度大事记

甘肃地质博物馆外景

3月1日　甘肃省古生物化石专家委员会成立。甘肃地质博物馆馆长毛翔南任专委会副主任。甘肃省古生物化石专家委员会办公室设在甘肃地质博物馆。办公室主任由毛翔南同志兼任。

3月5日　甘肃地质博物馆馆长毛翔南带队，与综合研究部主作彭措、展览策划部主任仲新一行3人到金徽矿业进行调研，与金徽矿业科技中心商定合作开展地学科普活动。

3月27日　综合研究部主任彭措等一行4人同甘肃省地质调查院赴肃北公婆泉，对已发现的恐龙化石产地进行实地调查，初步确定了共同立项合作开展恐龙化石调查研究。

3月31日　甘肃地质博物馆承担"甘肃省典型矿床岩矿石标本抢救性采集2016年度"项目，实物标本已开始入库整理。

4月17日　纪念第48个世界地球日主题宣传活动在甘肃地质博物馆举行。2017年世界地球日活动主题是"节约集约利用资源—倡导绿色简约生活——讲好我们的地球故事"。甘肃省国土资源厅党组成员、副厅长钟义出席启动仪式并讲话。地球日主题宣传活动期间，博物馆举办了全省大学生知识竞赛、参观甘肃刘家峡恐龙国家地质公园、"大手拉小手"等系列科普活动，向社会公众宣传爱护地球家园，珍惜地球资源；普及地球科学知识，宣传发展新理念，促进绿色发展。

第 48 个"世界地球日"活动签名

4 月 15 日　甘肃地质博物馆讲解员刘莎、孟薇、王佳瑞参加了由省委宣传部、省科技厅与省科协在省科技厅举办的"甘肃省第二届科普讲解大赛暨 2017 年全国科普讲解大赛选拔赛"。

5 月 5 日　赵浩同志任甘肃省沙漠科技馆馆长，兼任甘肃地质博物馆副馆长。

5 月 18 日　甘肃地质博物馆围绕"博物馆与有争议的历史：博物馆讲述难以言说的历史"主题，举办了科普宣传活动，对参观的社会公众进行了免费讲解，并参加了"兰州市博物馆（纪念馆）工作交流座谈会"。

5 月 22 日　甘肃省国土资源厅厅长蒲志强带队，副厅长陈汉、总工程师王永超、省地矿局副局长薛炳义、馆长毛翔南等一行 8 人到甘肃刘家峡恐龙国家地质公园，就林铎书记批复的、由省地矿局原局长孙矿生给省委书记的信件中提出的建设刘家峡恐龙博览园设想，进行考察调研。

6 月 21 日　综合研究部主任彭措、张晓琴参加了在和政县举行的"甘肃和政古生物化石保护与利用研讨会"。彭措做题为"甘肃省古生物化石保护存在的问题及对策建议"的报告。

6 月 23 日　甘肃地质博物馆协办的第 27 个全国土地日宣传暨甘肃东部百万亩土地整治重大工程暨高标准农田建设摄影展览活动开展。甘肃省国土资源厅副厅长陈汉出席活动并讲话，副巡视员成文辉主持活动仪式，省摄影家协会副主席杜芳宣布摄影大赛获奖名单。

6 月 26 日　综合研究部主任彭措同甘肃省国土资源厅环境处陈春良赴贵州，对贵州省完成的全国重点保护古生物化石登记及数据库建设项目进行考察调研。

7 月 21 日　甘肃地质博物馆委托甘肃省地矿局第三地勘院完成的"甘肃省典型矿床岩矿石标本抢救性采集 2016 年度"项目进行验收。

8 月 23 日　《甘肃地质博物馆临时工作人员管理办法》出台，对临时工作人员从聘用、考勤、劳动报酬、考核、管理等方面做了详细的规定，保障了临时工作人员的权利及义务。

9 月 4 日　甘肃地质博物馆在国土资源部、科技部科普基地评估中被评为优秀，荣获全国首批"国家国土资源科普基地"称号。

9 月 13 日　中国地质博物馆副馆长刘树臣一行 10 人到甘肃地质博物馆调研，在副馆长赵浩的陪同下参观了甘肃地质博物馆。

9 月 14 日　中国科技馆高级工程师李志忠、张华文到甘肃地质博物馆调研，在副馆长赵浩的陪同下，参观了甘肃地质博物馆。

9 月 28 日　中国科协调研组黄晓春等一行 11 人到甘肃地质博物馆调研，在副馆长赵浩的陪同下参观了甘肃地质博物馆。

10 月 26~27 日　2017 年国土资源科普基地工作研讨会在安徽省合肥市举行。甘肃地质博物馆荣获"国家国土资源科普基地"称号。在 27 日举办的第二届全国国土资源科普讲解大赛总决赛中，刘莎荣获二等奖。

10月26日　甘肃地质博物馆编制的"甘肃省古生物化石调查研究及数据库建设项目"实施方案通过评审。

12月7日　国土资源部党组成员、中纪委驻国土资源部纪检组组长冯志礼一行5人在甘肃省国土资源厅党组书记、厅长王忠民、甘肃地质博物馆馆长毛翔南的陪同下参观了甘肃地质博物馆。

12月11日　在教育部组织开展的全国中小学生研学实践教育基地评选活动中，甘肃地质博物馆成功入选"第一批全国中小学生研学实践教育基地"名单。此后教育部将每年拨付50万元专项资金，用于开展研学活动。

12月27日　经2017年12月18日甘肃省国土资源厅党组会议研究决定：李文章同志任甘肃地质博物馆副馆长。

12月29日　甘肃地质博物馆二楼休闲书吧以召开"地学科普论坛"的形式正式开始活动。

二、2017年工作概述

2017年甘肃地质博物馆继续秉承"启迪科学思想、激发科学兴趣"的服务理念，大力普及地学知识，宣传自然资源管理领域取得的最新成果。按照中国自然科学博物馆协会的要求，现将甘肃地质博物馆科普教育、科研专项、学术研讨活动、社会服务与合作、取得成绩等工作情况汇报如下。

（一）科普教育

1. 扎实推进科普宣传工作

2017年甘肃地质博物馆全年累计开馆303天，接待社会公众近7万人次，其中包括企事业单位、中小学幼儿园学生、个人参观群体以及夏令营团体。在第48个世界地球日、第41个国际博物馆日、第27个全国土地日活动期间，博物馆结合自身的科普资源，积极筹备、精心策划，与甘肃地质学会共同组织开展了"大手拉小手"、科普学术讲座、地学知识竞赛等一系列丰富多彩的社会教育宣传和科普活动，向社会公众宣传爱护地球家园，珍惜地球资源；普及地球科学知识，宣传发展新理念，促进绿色发展。

2. 大力拓展科普基地与志愿者队伍建设

甘肃地质博物馆自建馆初始就高度重视科普教育基地与志愿者队伍共建工作。2017年，科普基地建设更是取得长足发展。全年累计与兰州市城关区小灵通幼儿园、兰州佳音英语学校、兰州中学、城关区雁南街道滩尖子村社区、酒泉路小学、城关区教师进修附小等6所学校签订了科普教育基地和爱国主义教育基地共建协议，并顺利挂牌。截至2017年底，甘肃地质博物馆已成为甘肃省39家大中专院校及小学的教学实习基地及爱国主义教育基地。同时为兰州大学大气科学学院15名大学生志愿者开展了为期15天的讲解培训。通过培训，志愿者可以独立完成团队接待讲解，志愿者累计接待团队48批236人。

（二）科研专项

1. 科研专项成绩斐然

甘肃地质博物馆自2014年起实施了为期三年的"甘肃省典型矿床岩矿石标本抢救性采集"项目，对甘肃省18个有代表性的、已经闭坑或濒临闭坑矿山的岩矿石陈列标本、大体量标本和观赏性标本进行了抢救性采集、鉴定和分析，同时对标本的地质特征和科学内涵进行了归纳总结。截至2017年，项目工作全部完成，共采集标本2056件，其中大体量标本34件，陈列标本1416件。这些标本的采集填补了甘肃省典型矿床不同成矿体系、不同成矿部位、不同成因类型岩矿石实物地质资料典藏和研究的空白，为后人研究提供了实物标本资料。项目实施过程中，制作完成了科普宣传视频，以视频这种直观的形式再现地质工作的过程，进一步激发了社会公众对地质工作的兴趣，提高了认知程度。

2. 古专办工作有序开展

为认真贯彻落实《古生物化石保护条例》和国土资源部《关于进一步贯彻落实〈古生物化石保护条例〉及实施办法的通知》精神，2017年甘肃省国土资源厅成立了甘肃省古生物专家委员会（以下简称"古专委"）及其办公室，办公室设在甘肃地质博物馆。甘肃地质博物馆认真履行古专办职责，努力推进各项工作稳步开展。一是编制了甘肃省古生物化石专家委员会章程；制定了古专委及古专办工作任务和工作职责；整理了与古生物化石保护管理相关的法律法规和技术规范标准；建立了甘肃省古生物化石专家委员会专家信息库。二是开始实施甘肃省国土资源厅下达的"甘肃省古生物化石调查研究与数据库建设"项目。该项目下设两个子项目，"甘肃省古生物化石调查研究"和"甘肃省重点保

甘肃省"十二五"地质勘查成果展

护古生物化石集中登记与数据库建设"，2017年底已经开展《甘肃省国家重点保护古生物化石名录》编制工作。

3. 科研图书编著成果初显

一是甘肃地质博物馆科研人员周伶琦与国内古生物专家尤海鲁等人合作出版了《甘肃早白垩世恐龙》一书。该书系统总结了过去二十年来甘肃在恐龙研究方面所取得的成果，是甘肃省第一本介绍甘肃恐龙的专著，具有重要学术价值和科普价值。二是甘肃地质博物馆科研人员彭措为《甘肃地质》撰写了以介绍甘肃省化石资源为主题的和政地区古哺乳动物群的代表化石系列科普文章《陇原化石珍品》。

4. 科普作品创作开启新模式

2017年甘肃地质博物馆开始实施甘肃省国土资源 – 地学科普系列作品创作工作。第一辑《点石成金——陇原宝藏》之《中国金娃娃——金川铜镍矿》已开始实施，通过拍摄与科普作品相配套的科普视频；采集、制作、购买中小学校科普教学系列标本和部分科普基地陈展标本；总结国土资源 – 地学科普创作的经验，提出繁荣甘肃全省国土资源 – 地学科普与创新文化建设具体措施。以可听、可看、可触摸为主要科普手段，全面开启了甘肃省国土资源 – 地学科普创作的新模式。该地学科普系列项目以《中国公民科学素质基准》为标准，旨在补齐甘肃省社会公众国土资源 – 地学科学素养低和发展不平衡的短板。项目总体部署4年（2017~2021年），遵循分步实施、积累经验、逐年开展、梯次推进的原则。

（三）学术研讨活动

为认真贯彻落实习近平总书记关于科普工作的重要指示精神，2017年甘肃地质博物馆积极参加行业各项重大学术研讨活动。一是参加在甘肃省临夏回族自治州和政县举办的"甘肃和政古生物化石保护利用研讨会"；二是参加在呼和浩特举办的"第十届海峡两岸科普论坛"；三是参加在广州举办的中国地质学会2017年学术年会；四是参加在中国科技馆举办的首届"一带一路"科普场馆发展国际研讨会；五是参加在湖北黄石举办的"首届中国地矿科普大会"；六是中国自然科学博物馆协会、中国地质博物馆、甘肃省科协等一行人员赴甘肃地质博物馆开展调研活动。通过参加业内各项重大学术研讨并在主题会议上做报告、与业内专家交流工作经验及成果，甘肃地质博物馆科普科研工作人员开阔了眼界，活跃了思维，激发了创意。

（四）社会服务与合作

1. 开放休闲书吧，提升博物馆服务水平

2017年，为完善展馆功能设施，加强展厅资源整合，响应"全民阅读·书香中国"的号召，甘肃地质博物馆将展厅二楼休闲区改建为休闲书吧。一是为书吧配备各类地质图书千余册，供公众阅读；二是拟以书吧为平

台举办各类科普活动；三是为团队开展交流活动提供场所。书吧的设立标志着以展览、收藏、陈列、科研为主的博物馆功能得到进一步完善。

2. 跨地域办展，聚合地方优势资源

2016年甘肃地质博物馆与张掖国土资源局合作，在张掖地质博物馆举办"龙腾丹霞"恐龙主题展，展览时间为2016年6月至2017年12月。截至2017年底，展览参观总人数达50多万人次，其中学生超过3万人次。本次恐龙展是甘肃地质博物馆支持地质公园建设，服务地方经济发展的重要举措。展览期间，甘肃地质博物馆工作人员定期赴张掖，对在展标本保护情况和展览效果进行检查调研。

3. 积极参加行业热点活动，增强科普宣传能力

2017年6月甘肃地质博物馆参加由甘肃省文物局主办"2017年文化和自然遗产日甘肃主场活动——文化遗产与'一带一路'"主题活动。围绕这一主题，甘肃地质博物馆结合自身实际，开展展览、讲座、咨询、培训等丰富多彩的活动，让广大公众更好地了解、关注、支持地质遗产工作。

（五）取得的成绩

（1）甘肃地质博物馆在国土资源部科普基地评估中被评为优秀，荣获全国首批"国家国土资源科普基地"称号。

（2）在教育部组织开展的全国中小学生研学实践教育基地评选活动中，甘肃地质博物馆成功入选"第一批全国中小学生研学实践教育基地名单。"从2017年开始，教育部将每年拨付50万元专项资金，用于开展研学活动。

（3）甘肃地质博物馆荣获"中国自然科学博物馆协会优秀集体"称号，成为全国获此殊荣的三家地质博物馆之一。

（4）甘肃地质博物馆讲解员参加全国国土资源第二届科普讲解比赛，荣获总决赛二等奖。

新疆地质矿产博物馆

英 文 全 称：Xinjiang Geology and Mineral Resources Museum
法 定 代 表 人：王晓刚
联 系 电 话：0991-4812319
传 真：0991-4850932
官 方 网 站：www.xjdkbwg.com
行 政 主 管 单 位：新疆地矿局
成 立（开放）日 期：1984 年 10 月 1 日
通 信 地 址：乌鲁木齐市友好北路 430 号
已 加 入 专 业 委 员 会：中国自然科学博物馆协会国土资源博物馆专业委员会

一、科普活动与展览

1. 教育活动

单位：人次

序号	活动名称	活动时间	主要内容	活动形式	主要对象	参与人数
1	"寻找彩虹宝石"寒假科普活动	1 月 11~13 日	"神奇的石头"科普讲座、"认识矿物"趣味答题活动、参观展厅	讲座、趣味答题、参观	青少年学生、社会公众	100+（学生及家长）
2	第 48 个世界地球日综合科普活动	4 月 13 日，4 月 17~22 日	"神奇的石头"科普讲座、"以'虫'命名的石头"科普讲座、"地球科普故事汇"科普讲座、"低碳生活在我身边"专题展览、"动手识标本"互动实践活动	讲座、展览、实践活动	青少年学生、乌市第 13 小学、乌市地质中学、新疆教育电视台《小记者看世界》栏目的小记者和晚报小记者、多所学校学生及家长等	1500
3	"让矿石活起来"全国科技活动周科普活动	5 月 20~27 日	"多面贵金属银之我是小小洗银匠"科普讲座、"神奇的石头"科普讲座、维语"石头世界里的趣味故事"科普讲座、"鸳鸯矿物—雌黄雄黄"科普讲座、"动手识标本"互动实践活动、"发展可再生能源"专题展览等	讲座、实践活动、展览	青少年学生、社会公众、晨报小记者及家长、乌市第 5 小学学生、第 41 中学学生	2000
4	国际博物馆日活动	5 月 18 日				
5	乌市第十五个科普活动月	5 月 1~31 日				
6	6·1 特别科普活动	6 月 1 日	"神奇的石头"科普讲座	讲座	学龄儿童	100
7	全国科普日活动	9 月 16~22 日	"神奇的石头"科普讲座、"动手识标本"互动实践活动、"漫步浩瀚星空 探索宇宙奥秘"专题展览	讲座、实践活动、展览	青少年学生、社会公众	500

▨ 二、志愿者队伍建设

单位：人

分类	服务岗位	人数	来源	服务时间
自主招募	地学科普	35	地矿局所属地质专业人员	科普活动义务服务

▨ 三、运营情况

票务情况

是否免费开放	未免费开放场馆票种	未免费开放票价	观众人数
是	无	无	4万人次/年

▨ 四、2017 年度大事记

新疆地质矿产博物馆正门

1月13日　新疆地矿博物馆组织讲解员考核。

1月11~13日　全馆开展了"寻找彩虹宝石"寒假科普活动。

1月22~23日　"新疆地矿局2017年工作会议"在博物馆五楼召开。

2月16日　贵州省地调院总工罗永明给新疆地矿博物馆赠送贵州龙化石。

2月21日　新疆地矿局纪检工作会议和"学、转、促"动员大会在新疆地矿博物馆召开。

3月16日　消防大队突击检查博物馆消防工作，与该馆消防人员进行一次消防演练。

3月17日　新疆地矿研究所和新疆地矿博物馆十一届一次职代会暨十二次工代会在该馆召开。

3月21日　全体职工参加新疆地矿研究所和新疆地矿博物馆2017年党风廉政建设工作会议和"学、转、促"专项活动动员大会。

3月31日　新疆地矿博物馆主办"民族团结一家亲"道德讲堂。

4月13日、4月17~22日　开展了第48个世界地球日科普活动周活动。主题为节约集约利用资源，倡导绿色简约生活。

4月22日　世界地球日系列活动开幕。

5月10日　开展消防讲座；新疆地矿博物馆馆长做民族团结宣讲。

5月18日　召开动员大会，布置纪念5·18国际博物馆日、2017年自治区科技活动周、乌鲁木齐市第15个科普活动日系列活动。

5月20~27日　开展了"让矿石活起来"全国科技活动周科普活动。

5月31日　新疆地矿局推进"两学一做"学习教育常态化制度化工作暨开展"抓全面从严治党 创平安和

谐机关单位"活动电视电话会议在新疆地矿博物馆召开。

5月1~31日　开展了乌鲁木齐市第15个科普活动日系列科普活动。

6月1日　开展了"拥抱科学，放飞梦想"六一特别科普活动。

6月2日　全体党员召开支部大会，汉族学员进行"发声亮剑"发言。

6月7日　新疆地矿研究所、新疆地矿博物馆"发声亮剑"宣誓承诺主题党日活动在博物馆召开。

4月22日，学生和家长参加第48个世界地球日《地学科普故事汇》讲座 —————

6月14日　新疆地矿研究所和新疆地矿博物馆全体职工参加地矿研究所党委推进"两学一做"学习教育常态化制度化工作暨开展"抓全面从严治党　创平安和谐单位"活动会议。

6月16日　全体职工参加友好北路文明出行志愿者活动，轮流在友好十字路口文明值勤。

6月20日　新疆地矿博物馆、新疆地矿研究所、新疆地矿局培训中心、真珍珠宝商城四家单位职工在新疆地矿博物馆门口进行升国旗仪式。

6月28日　新疆地矿研究所和新疆地矿博物馆全体职工在新疆地矿博物馆进行实地消防逃生演练。

6月30日　新疆地矿局第十九个党风廉政教育月廉政党课暨"发声亮剑"宣誓承诺大会在博物馆召开。

6月30日　新疆地矿研究所和新疆地矿博物馆"纪念建党96周年庆祝大会暨第十九个党风廉政教育月活动动员大会"在博物馆召开。

7月27日　原地矿部部长宋瑞祥参观新疆地矿博物馆。参观后为新疆地矿博物馆题字"宝藏"。

7月28日　在"八一"建军节来临之际，新疆地矿博物馆馆长王晓刚和中层干部刘海龙、杨霞代表博物馆前往军民共建单位消防特警一中队慰问消防官兵，给消防官兵送去节日礼品。

8月2日　乌鲁木齐市创建全国文明城市督导组对新疆地矿博物馆创城工作进行检查并提出整改意见。

8月4日　组织全体职工参加文明出行志愿活动。

8月18日　新疆地矿研究所党委第十次全体党员大会在博物馆召开。选举产生新疆地矿研究所党委新一届党委班子，由巨金才、王晓刚、赵瑞、杨在峰、克尤木组成。研究所纪委班子成员为赵瑞、马泉、王辉。

9月15日　新疆地矿研究所和新疆地矿博物馆干部专项考核动员大会在研究所召开。

9月16~22日　开展了全国科普日系列科普活动。

9月21日　全国创建文明城市检查组在乌鲁木齐检查，全体职工参加文明岗执勤活动。

10月22日　新疆地矿研究所和新疆地矿博物馆全体职工及家属在博物馆召开"职工家属深入发声持续亮剑，向三股势力和两面人宣战大会"。

10月27日　新疆地矿局传达学习党的十九大精神会议在博物馆召开。

11月10日　新疆地矿博物馆、新疆地矿研究所、宝地建设公司等三家单位在博物馆举办119消防和应急知识培训。

11月13日　新疆地矿局党的十九大精神宣讲大会在博物馆召开。

11月21日　开展讲解员考核比赛。

五、2017年工作概述

2017年，新疆地质矿产博物馆（以下简称"新疆地矿博物馆"）学习贯彻党的十八届六中全会和十九大精神、习近平总书记系列讲话精神、自治区第九次党代会精神和新疆地矿局工作会议精神，按照中国自然科学博

1月11日，学生在"寻找彩虹宝石"寒假科普活动中带着答题卡参观展厅

物馆协会、新疆自然博物馆协会工作部署和要求，充分利用专业场馆优势，积极发挥宣传新疆矿产资源的窗口作用和科普、科技教育基地作用。稳步推进加强队伍建设、提升地学知识普及效果、改善基础设施等工作。

做好接待服务和科普宣传工作

（一）充分发挥宣传窗口作用

新疆地矿博物馆充分发挥窗口作用，圆满完成重要接待任务，全年共接待各级领导及观众4万余人次。全馆职工以饱满的工作热情，认真做好接待服务工作，讲解工作得到了各级领导和各族观众一致好评，博物馆知名度不断提升。

（二）加强科普基地建设，提高地学科普效果

新疆地矿博物馆充分发挥场馆优势，紧跟形势，大力开展地学科普宣传教育活动。为青少年及大中专院校地质、地理、环境、旅游等相关专业师生以及社会团体提供教育教学的第二课堂、实习基地和兴趣课堂。

1. 加强科普基地建设，提高地学科普效果

新疆地矿博物馆发挥场馆优势，资源共享，在学生寒假、4·22第48个世界地球日、自治区科技活动周、5·18国际博物馆日、乌市科普活动月、六一儿童节、全国科普日等，开展了内容丰富、具有地矿特色的综合科普活动。活动形式不断创新，除常规讲解外，举办了"寻找彩虹宝石"寒假科普活动、"让矿石活起来"、"拥抱科学，放飞梦想"六一特别活动、青少年研学活动等。开展"动手识标本"互动实践活动3场；举办科普讲座"神奇的石头""以'虫'命名的石头""多面贵金属银之我是小小洗银匠""地球科普故事汇"等地学科普讲座18场；专题展览"低碳生活在我身边""发展可再生能源""漫步浩瀚星空　探索宇宙奥秘"专题展览共3场。大力开展地学科普进校园活动，走进13小举办2场次科普报告会；在自治区科技活动周期间，走

进41中，开展了"科学使者进校园"活动，举办了"鸳鸯矿物——雌黄雄黄"科普讲座，学生反应热烈，取得了良好的科普效果。按照自治区党委和自治区科协要求，大力开展科普"去极端化"宣讲活动，组织开发的"石头世界里的趣味故事"维语地学科普讲座，受到民语师生好评。

新疆地矿博物馆通过开展科普宣传活动，向观众普及了地学知识，宣传了新疆矿产资源和国土资源国情国策，提高了公众节约利用资源意识，充分发挥了新疆地矿博物馆科普基地的作用。该馆开展的科普工作特色鲜明，成果显著，2017年该馆获自治区科普工作经费专项奖励并获评乌市优秀科普教育基地。

9月16日，孩子们参加全国科普日活动——"动手识标本"互动实践活动

2. 扩大宣传报道范围、提升社会知晓率

加强网站建设，做好科普宣传报道工作。新疆地矿博物馆网站按照自治区网信办和新疆地矿局要求备案并接受监控。开展的科普活动信息及最新动态都会通过馆网站平台及时发布。新增科普园地专栏，并积极与相关媒体对接，及时将科普活动信息报送至新疆地矿局办公室、新疆地矿局新闻中心、《新疆地矿》杂志、新疆科普网、《新疆科技报》等相关媒体，并报送新疆科技厅、中国自然科学博物馆协会、国土资源部等。与新疆电视台、新疆教育电视台、新疆维语频道、哈语频道以及乌鲁木齐晨报、晚报社等建立长期合作关系，有效地扩大了新疆地矿博物馆影响力。

（三）加大对讲解员培训力度

为提高干部职工的综合素质，新疆地矿博物馆十分重视讲解员培训与业务学习，全年进行集中培训8次，馆际交流4次，业务考核2次，不断提高讲解员的整体素质。讲解员团队不仅圆满完成讲解接待任务，在各项比赛中也屡创佳绩。3月，选派讲解员参加了由自治区科协主办的新疆自然博物馆协会第三届辅导员大赛，5名选手分获三等奖和优秀奖，新疆地矿博物馆获优秀组织单位和特殊贡献奖。5月，选派2名讲解员参加了由自治区科普工作联席会议办公室主办的第一届新疆科普讲解大赛及2017年全国科普讲解大赛选拔赛，以第一名和第二名的优异成绩双双获得一等奖，在三个一等奖中占了两席。6月，代表新疆参加2017年全国科普讲解大赛总决赛，获得优秀奖。6月，选派维吾尔族讲解员参加自治区文明办组织的"大美新疆 大爱故事"民族团结演讲比赛，获街道办及沙区赛区一等奖。10月，通过自治区国土资源厅选拔赛和初赛，新疆地矿博物馆两名讲解员代表新疆参加第二届全国国土资源科普讲解大赛，分获一、二等奖。通过大赛锤炼，讲解员迅速成长，讲解队伍整体水平稳步提升。

科普场馆特效影院

中国科学技术馆特效影院

法 定 代 表 人：殷皓
联 系 电 话：010-59041153
传　　　　　真：010-59041169
官 方 网 站：www.cstm.org.cn
行 政 主 管 单 位：中国科学技术协会
成立（开放）日期：1988 年 9 月
通 信 地 址：北京市朝阳区北辰东路 5 号
已加入专业委员会：中国自然科学博物馆协会科普场馆特效影院专业委员会、
　　　　　　　　　科技馆专业委员会

■ 一、影院概述

2017 年影院改建情况

2017 年 4 月，中国科技馆球幕影院完成数字天象系统临时升级改造，其真 8K 数字球幕放映系统是世界第一个 30 米直径的真 8K 数字球幕影院。这套系统采用了 10 台 4K 分辨率、30000 流明的科视工程投影机进行视频输出，采用益世 Digistar 6 数字球幕系统进行视频回放与实时画面生成，并完成了与光学天象仪联动演示。为正式升级改造方案做了可行性验证，积累了工程经验。

年度总结

2017 年度，中国科技馆特效影院共放映电影 8032 场，接待观众 69.4 万人次，票房总收入 1303 万元。其中白天科普电影放映 5980 场，接待观众 472069 人次，相比上年同期增长 2%，票房收入 1042 万元；晚间商业院线放映 2052 场，接待观众 221678 人次。

除播放科普影片外，特效影院努力发挥影视教育的优势，定期举办电影展映、看片会等各项活动，受到广大观众和业界好评。

中国科技馆特效电影展映成功举办。活动共展映影片 37 部，接待观众 47264 人次，会议参会代表 163 人。在往届基础上，本届展映活动加大创新力度，形成三个亮点：一是活动板块更清晰，服务对象更明确。对活动内容重新策划和归类，划分为电影展映、影迷沙龙、佳作评选、展示交流、专委会年会五个板块。二是科普活动更丰富，科普受众面更广。除了在影院内进行基础展映之外，还增加了科学影迷沙龙和科普电影进校园活动。三是展示技术更前沿，引领作用更明显。用 13 天的时间完成系统搭建，成功举办国内首次 8K 球幕数字放映系统演示会和 R.S.A. 数字天象系统演示，为代表展示球幕影院最前沿电影技术，打造了高水平的行业交流平台。

全面加强影院专委会自身建设，提升服务会员能力。一是以高水平和高效率为原则组织影院专委会年

电影展映颁奖仪式

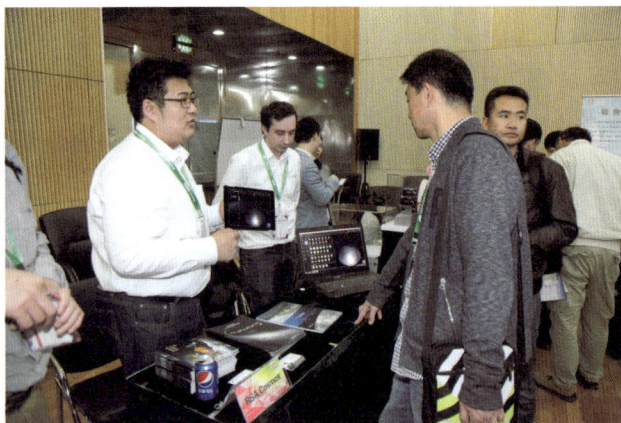
电影节洽谈会

会，举办主任工作会、会员大会、学术年会、影片采购研讨会等不同主题会议，来自全国60余家场馆的会员和来自我国台湾、澳门及欧美国家和地区的企业代表共计163名代表参会，参会人数较往年有明显提高。二是积极搭建业务交流平台，提升行业技术水平。组织论文征集和评奖活动，调动场馆学术研究积极性；举办2017年度放映技术培训班，共有来自26家科技馆的42名放映员进行放映理论和实操培训，通过举办技术培训，帮助科普场馆改善特效电影放映效果。此次培训首次采取联合办班模式，将培训地点设在内蒙古科技馆，发挥了资源优势，使学员了解全国科技馆特效影院情况。三是充分发挥平台优势，提升服务会员能力。畅通信息渠道，通过建立微信群、专业技术群、专委会网站等渠道，及时发布信息和分享经验，为同行搭建了高效便捷的交流平台；建立影片信息交流共享机制，及时获取国内外最新特效影片信息，定期向会员单位发布影片和片商资源信息；为会员单位提供技术咨询，2017年累计接待科普场馆影院技术咨询和考察10余次。四是继续借助专委会平台推广该馆自主开发的《熊猫传奇》系列4D影片，尤其是通过宣讲、洽谈会等活动大力推广2017年新影片《熊猫传奇之秦岭熊锋》，丰富会员单位片源。截至2017年底，共有7家科技馆采购10部次。

二、影院设备与资源

1. 特效影院

项目名称	球幕影院	4D影院	巨幕影院	动感影院
座位数	438个	198个	632个	60个
银幕尺寸	直径30米	14米×7米	30米×22米	19米×8.6米
银幕弧度	—	平面幕	平面幕	平面幕
银幕倾角	30°	—	—	—
胶片／数字	胶片、数字	数字	胶片、数字	胶片
数字放映机品牌型号	NEC PH3501QL+	科视 CP-2000S	NEC NP-NC3541L+	—
设备供应商	IMAX, GOTO, E&S	YAOX	IMAX	SIMEx-Iwerks

2. 特效影院影片

单位：场次，万人次

名称	放映场次（2017 年）	观众人数（2017 年）	性质
《太阳系：奇妙之旅》	123		引进
《国际空间站》	299		引进
《极光》	289		引进
《罗塞塔》	179		引进
《深海猎奇》	222		引进
《宇宙魅影：搜寻暗物质》	114		引进
《狂野非洲》	230		引进
《与龙同行》	400	47.21	引进
《机器人》	288		引进
《动物大逃亡》	344		引进
《大堡礁历险记》	482		引进
《熊猫传奇：谁是真英雄》	405		原创
《瑜伽熊》	459		引进
《火星之旅》	1017		引进
《疯狂的猴子》	977		引进

▨ 三、科普活动

1. 教育活动

单位：人次

序号	活动名称	活动时间	主要内容	活动形式	主要对象	参与人数
1	第一期科学影迷亲子沙龙	4 月 8 日	观众观看球幕电影《蓝色星球》，嘉宾分享宜居星球相关知识	科学影迷亲子沙龙	家庭观众	400
2	球幕影片《宇宙魅影：搜寻暗物质》首映式	6 月 30 日	国家天文台研究员做题为"暗物质与暗能量"的科普报告	科学影迷亲子沙龙	家庭观众	400
3	国际"暗物质日"北京站活动	11 月 5 日	观众观看球幕电影《宇宙魅影》，为全国的科学爱好者带来了四场暗物质相关的科普报告	科学影迷亲子沙龙	家庭观众	400

2. 特效科普影片开发情况

影片名称	影片类型	主要内容	出品时间
《熊猫传奇之秦岭熊锋》	4D 影片	在广袤的秦岭深处，食物短缺令熊猫族群遭遇到前所未有的生存危机。一只备受排挤的大个子熊猫，一个从天而降的蓝田萌宝宝，一场奇妙的历险已经开始啦！小动物变身小英雄，大块头终有大智慧	2017 年

科普场馆特效影院专业委员会会员大会合影

3. 学术活动

（1）2017 年 4 月，召开 2017 年中国自然科学博物馆协会科普场馆特效影院专业委员会会员大会及学术年会。

（2）2017 年 11 月，面向全国科普场馆放映技术人员，组织举办 2017 年度放映技术培训班。

培训班会场

▨ 四、人才队伍状况

1. 特效影院从业人员情况

影院员工总数			36	
劳动或事业关系分类	事业编制数 / 实有人数		派遣公司签订劳动合同用人数	其他方式用人数
	13		23	—
人员分布		岗位名称		工作人员数
		部门领导		2
		放映员		13
		场务人员		14
		场务管理		2
		院线管理		1
		影片引进		1
		活动组织		3

2. 人才培养

项目名称	主办单位	起止时间	活动地点 / 主要内容	培训对象 / 人数
科普场馆特效影院专业委员会2017 年度放映技术培训班	科普场馆特效影院专业委员会	11 月 8~10 日	内蒙古科技馆 / 影院放映技术及影院运行管理	来自全国科技馆、博物馆、天文馆的影院技术人员 /41 人

北京索明科普乐园有限公司特效影院

（"索尼探梦"科技馆）

英 文 全 称：Sony ExploraScience
法 定 代 表 人：张维
联 系 电 话：010-65108800
官 方 网 站：www.sony.com.cn/ses/
成立（开放）日期：2000 年 10 月 28 日
通 信 地 址：朝阳区朝阳公园南路 1 号朝阳公园内 1 号楼
已加入专业委员会：中国自然科学博物馆协会科普场馆特效影院专业委员会

▓ 一、科普活动与展览

1. 教育活动

单位：万人次

序号	活动名称	活动时间	主要内容	活动形式	主要对象	参与人数
1	探梦实验室	每周六、日	声光力电基础科学	科普活动	4~12 岁	1.1
2	科学课堂	每周六、日	声光力电基础科学	科普课堂	小学生	0.24

2. 流动科普设施

单位：次

名称	年度巡展次数	类型	经费来源	运行方式
科普万里行	12	巡展	自费	

▓ 二、运营情况

票务情况

是否免费开放	未免费开放场馆票种	未免费开放票价	观众人数
否	成人票、学生票	成人：30 元　学生：20 元	10.25 万人次 / 年
其他票务信息说明		亲子年票、全国一卡通、蓝天工程	

▨ 三、2017 年度大事记

序号	时间	活动地点（名称）	参与活动人数（人）
1	4 月 15 日	北京市昌平区第二中学	700
2	4 月 16 日	四川省成都市索尼直营店活动支持	85
3	4 月 23 日	北京市索尼直营店支持（东方广场 /KOOV）	30
4	5 月 18 日	北京市什锦花园小学（馆内）	110
5	5 月 18 日	江苏省苏州市中国青少年宫协会	80
6	5 月 21 日	北京市索尼直营店支持（东方广场 /KOOV）	62
7	5 月 21 日	北京市科技节	150
8	5 月 22 日	河北省围场县克勒沟学区中心校	100
9	5 月 23 日	河北省围场县燕柏格乡中心小学	204
10	5 月 23 日	河北省围场县大头山学区西龙头小学	291
11	5 月 25 日	北京市科技周	310
12	5 月 21~27 日	北京市科技周（科普影片播放）	4730
13	6 月 1 日	科普万里行——延安站，延安科技馆	538
14	6 月 2 日	科普万里行——延安站，延长延安精神红军小学	1082
15	6 月 3 日	科普万里行——西安站，索尼直营店（万达广场）	85
16	6 月 4 日	科普万里行——西安站，陕西科技馆	535
17	6 月 14 日	科普万里行——厦门站 五缘第二实验小学	700
18	6 月 15 日	科普万里行——厦门站 松柏小学	300
19	6 月 17 日	科普万里行——福州站 福建省科技馆	770
20	7 月 12 日	第 35 届北京学生科技节开幕式	600
21	7 月 16 日	城市科学节（实验影片播放）	8000
22	7 月 27 日	宣武科技馆	110
23	8 月 1 日	河北省学生夏令营开营仪式活动	60
24	8 月 10 日	宋庆龄国际交流中心	715
25	8 月 31 日	BTV 卡酷大玩家暑期狂欢节	6634
26	9 月 7 日	科普万里行——锦州站 锦州市洛阳小学	1600
27	9 月 7 日	科普万里行——锦州站 锦州市国和小学	300
28	9 月 8 日	科普万里行——葫芦岛站 葫芦岛第二实验小学	600

序号	时间	活动地点（名称）	参与活动人数（人）
29	9月8日	科普万里行——葫芦岛站 葫芦岛实验小学	400
30	9月16日	福州市全国科普日	1800
31	9月16日	天津电视台（直播）	350
32	9月21日	科普万里行——洛阳站 洛阳市科技馆	715
33	9月23日	科普万里行——郑州站 郑州市科学技术馆	745
34	9月29日	超空间参观（馆内）	50
35	10月22日	商演——天津未来广场	556
36	10月23日	下校——海淀第三实验小学	—
37	10月26日	下校——景山学校大兴实验学校	550
38	10月30日	下校——美术馆后街小学	500
39	11月9日	科普进社区——大屯街道科技助残公益科普活动	1056
40	11月13日	下校——西什库小学	800
41	11月15日	政府支持——天津武清杨村第十六小学	200
42	11月27日	下校——首都师范大学附属房山小学	962
43	12月1日	下校——北京市和平里第四小学	2600
44	11月29日至12月1日	延安科技馆科普剧培训	10
45	12月9日	科普万里行——深圳站 深圳少年宫	2400
46	12月10日	科普万里行——惠州站 索尼精密仪器有限公司	500
47	12月19日	下校——东城区回民小学	850
48	12月20日	下校——中国农业大学西校区附属小学	1200
49	12月22日	下校——海淀区民族小学	150
50	12月24日	科普万里行——成都站 索尼直营店	54
51	12月26日	科普万里行——成都站 四川科技馆	500
52	12月27日	科普万里行——广元站 大东英才学校	2000
	合计		48429

▨ 四、2017 年工作概述

"索尼探梦"科技馆由索尼公司出资并提供全面支持，是一家以"光和声音"为主题的科技展馆，于 2000 年在北京建立。"索尼探梦"是索尼公司在其全球"为了下一代"的公益理念下最具特色的公益项目之一。索尼公司给予了长期关注、持续投入，坚持不懈地在中国以此独具创新的方式履行着企业社会责任。开馆 17 年间，索尼公司在"索尼探梦"项目上已经累计投入人民币超过 5.6 亿元。截至 2018 年，"索尼探梦"已累计接待超过 220 万名参观者。

票价：30 元。

营业时间：10：00~17：00。

营业日：周末及节假日对公众开放。

特定人群待遇：免门票不限次游览（不含朝阳公园门票）。

地址：北京市朝阳区朝阳公园内 1 号楼。

联系电话：010-65018800。

"索尼探梦"科技馆被列为全国科普工作先进集体、全国科普教育基地、北京市青少年科普活动基地，并且被很多学校作为固定的课外教育基地。中国科委、科协及北京市科委、科协对"索尼探梦"的创新科普活动给予了高度评价并提供长期支持。

独特创新的科学实验一直是"索尼探梦"的特色之一。自 2000 年开馆以来，"索尼探梦"多次聘请日本趣味科学实验表演的资深专家，传授科普表演经验。目前，"索尼探梦"已开发了二百余个以声、光、电、热、力等科学原理为基础的趣味实验，引导孩子们与科学亲密接触，感受科学的魅力。

"索尼探梦"科技馆外景

科学剧

经过常年实践的积累，"索尼探梦"已多次为全国各地的学校、科技馆等的科普教师培训了趣味实验内容。

"索尼探梦"科技馆融会开馆 17 年积累的丰富经验与趣味实验内容，积极开发探梦科学实验课程，并将科普教育事业持续进行下去。

"索尼探梦"科学实验课研发项目，精心筛选了"索尼探梦"趣味实验内容，并先期与小学科学课课程相结合。该实验课以学生动手玩科学为主要形式，是辅助完成相关教学任务的一种课程实施方式。简单易得的实验材料，拉近了学生科学体验与实践的距离。了解身边的科学，激发学生学习科学知识的兴趣，使之形成主动思考，善于发问，热衷研究的学习习惯。

主要目标：动手玩科学，使同学了解科学就在我们身边，激发学生学习科学知识的兴趣。

开发 15 节科学实验课，共包含 23 个实验。（即：一个学期，每周 1 节课，共 15 节课）

实验表演

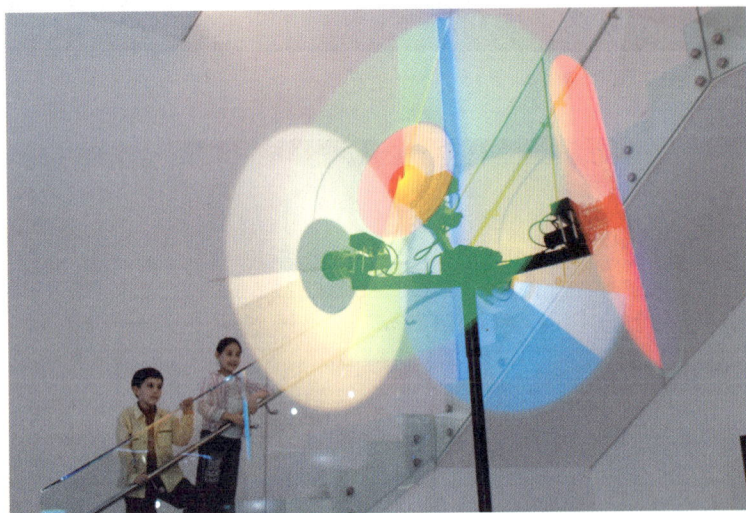
展品

声学实验：

1. 声音的产生：通过说话时触摸喉咙了解声音是由振动产生的，再利用气球和吸管制作两个小实验，体会声音的产生。

2. 声音的高低：了解伯努利定律，再利用七根吸管制作排箫，认识到物体的体积不同，声音的高低也不同。

3/4. 共鸣箱（一／二）：通过认识不同的乐器了解到共鸣箱有放大声音音量的作用，再利用纸杯和纸筒亲自制作两个共鸣箱的小实验。

5. 声音的传播：从身边的实例了解到声音的传播是需要靠介质的，包括气体、液体、固体，再利用塑料盆、塑料膜制作小实验，体验声音的传递。

光学实验：

1. 万花筒：利用平面镜和偏振片制作镜片万花筒和偏振万花筒，并认识它们之间的不同之处。

2. 照相机：通过凸透镜了解照相机的成像原理，并利用凸透镜和硬卡纸制作一个照相机。

力学实验：

1. 开口气球：气球不封口还不漏气，通过制作开口气球的实验了解伯努利定律。

2. 人造水黾：通过日常生活中的现象认识表面张力，利用细铜丝和吸管制作水黾，体验水的表面张力。

3. 火箭：利用长条气球制作气球火箭，并施加外力让它飞出去，体验牛顿定律。

4. 飞去来器：了解飞去来器的起源、形状及其飞行原理，并亲自制作一个飞去来器。

5. 小飞机：认识飞机翅膀的形状，了解伯努利定律，并亲自制作小飞机，体验它的飞行。

电学实验：

1. 灯：了解电灯的发明者及灯丝的材质，将铅笔的铅芯当作灯丝，当电流通过，铅芯中的碳会燃烧发出光芒。

2. 电能的转换：不同形式的能量之间可以相互转化，利用铜丝、电池及磁铁制作线圈转子，这个过程使电能转化为机械能。

3. 静电的产生：通过气球与头发摩擦体验静电的产生，利用静电同种电荷相排斥、异种电荷相吸引的特性制作静电水母及静电泡泡，将水母和泡泡控制在你手中。

未来，"探梦科学实验课"将运用到展馆外出活动中，辅助各学校科学课教学。同时还将在"索尼探梦"实验梦工房定时进行免费科普活动。

1. 合同方面，对于服务方的项目变更及时申报，尽可能增加服务项目。例如对于材料、人工、设计等要字斟句酌，明确权利和义务，充分规避风险。

2. 技术方面，根据开发实际情况，科学规划实验课程设计及材料包设计，减少浪费，为节约开支创造条件，利用自身的优势，充分调动管理人员的积极性，开展合理化工作。

3．质量和安全方面，严格按照国家标准和安全性筛选实验材料，减少因材料质量影响实验效果或发生安全事故。

4．行政管理方面，精简管理机构，减少不必要的工资支出。

5．项目过程成本控制，落实项目计划成本责任体制，加强成本计划执行情况的检查与协调，项目经理根据计划成本制订工作计划。

项目的有效性分析：

1．使来馆的同学了解科学就在我们身边，免费为来馆学生提供动手玩科学的机会，激发学生学习科学知识的兴趣。提高市科委社会公益度。

2．"索尼探梦"科学实验课，精心筛选了"索尼探梦"趣味实验内容，与小学科学课课程相结合。以学生动手玩科学为主要形式，是辅助完成相关教学任务的一种课程实施方式。简单易得的实验材料，拉近了学生科学体验与实践的距离。了解身边的科学，激发学生学习科学知识的兴趣，使之形成主动思考、善于发问、热衷研究的学习习惯。

课程全年涉及 1.3 万余名学生，包含昌平第二中学、河北周边学校，学校及师生反馈良好。

项目的可持续性分析：

"索尼探梦"科技馆开馆 17 年来，积累了 200 余个科学实验，本次开发的实验包设计了 20 余个实验，本单位也会继续推出"探梦科学实验课 2"，增加科学实验领域涉及面，增加化学等实验。此项目课程也可以在学校、教育机构、科技馆等场所推广，让更多的学生受益。

天津科学技术馆特效影院

法 定 代 表 人：姚剑波
联 系 电 话：022-28322425
传　　　　　真：022-28322425
官 方 网 站：www.tjstm.org
行 政 主 管 单 位：天津市科学技术协会
成立（开放）日期：1995 年 1 月 1 日
通 信 地 址：天津市河西区隆昌路 94 号
已加入专业委员会：中国自然科学博物馆协会科普场馆特效影院专业委员会

■ 一、影院概述

天津科学技术馆外景

（一）影院简要介绍

1. 宇宙剧场：天津科学技术馆宇宙剧场采用自立式半球形银幕，直径达 23 米，与地面呈 23 度倾斜设置。全天域穹幕电影系统采用了气动送片系统及 12kW 氙灯，使画面清晰稳定、色彩丰富，其多路扬声器将声音通过银幕上密布的小孔送到剧场内部，加之高度原音的数字式六声道还音系统，为观众营造了极强的临场感，观众犹如融入画面之中。

2. 天象厅：小型天象厅采用 8 米直径半球形金属银幕，与地面呈 20 度倾斜角度，由 6 台投影机采用拼接融合技术实现完整画面，在这里观众可以观赏到浩瀚的宇宙星空，沉浸在深邃的宇宙星系中学习天文知识，探索宇宙奥秘。

（二）2017 年影院新建：小型天象厅

（三）年度总结

2017 年剧场部按照目标责任要求，圆满完成了年度各项工作任务。

1. 强化放映人员的责任意识，严格遵守各岗位责任要求，严格遵守放映操作规范，定期对放映设备进行维护和检修，制订突发故障应急预案，保证设备正常工作。

2. 加强放映人员的技能培训，提高故障应急处理和维修等综合能力，定期对设备原理、设备维护保养、故障维修等问题进行交流与学习。

3. 合理安排放映场次，做好散客与团体接待服务，全年安全放映穹幕电影共计457场、天文节目300场。

4. 认真履行"870穹幕影院协作组"秘书长单位的各项工作职责，制订协作组成员间影片轮换计划，梳理各单位自购影片留存情况，对暂存在外的影片拷贝制定计划，使各单位资产物归其主。

5. 积极参加特效影院专委会的各项活动：参加了科普场馆特效影院专业委员会年会和科普场馆特效影院放映技术培训班，与同行进行交流与学习。

天津科技馆特效影院

二、影院设备与资源

1. 特效影院

项目名称	球幕影院	4D 影院	巨幕影院	其他影院
座位数	225 个	—	—	28 个
银幕尺寸	直径 23 米	—	—	直径 8 米
银幕弧度	180°	—	—	160°
银幕倾角	23°	—	—	20°
胶片 / 数字	胶片	—	—	数字
数字放映机品牌型号	IWERKS 870	—	—	明基 ML8649 明基 RH30C8
设备供应商	IWERKS	—	—	四川华控图形科技有限公司

2. 特效影院影片

单位：场次，人次

影片名称	放映场次（2017 年）	观众人数（2017 年）	性质
《珊瑚礁传奇》	108	5568	引进
《太空之旅》	204	12929	引进
《维京传奇》	101	9284	引进
《别有洞天》	42	5210	引进

▓ 三、科普活动

教育活动

单位：人次

活动名称	活动时间	参与人数
天津市天文学会第四届第二次会员代表大会	12月9日	46

▓ 四、人才队伍状况

1. 特效影院从业人员情况

单位：人

影院员工总数		8	
劳动或事业关系分类	事业编制数/实有人数	派遣公司签订劳动合同用人数	其他方式用人数
	5		3
人员分布	岗位名称		工作人员数
	放映员		5
	场务人员		3

2. 人才培养

项目名称	主办单位	起止时间	活动地点/主要内容	培训对象/人数
2017年度放映技术培训班	科普场馆特效影院专业委员会	11月8~10日	内蒙古自治区科学技术馆/数字放映技术	放映员/1人

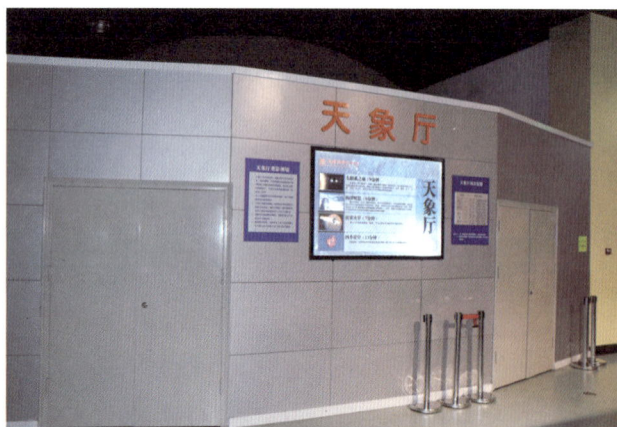

天象厅

天象厅

上海科学技术馆特效影院

法 定 代 表 人：王小明
联 系 电 话：021-68542055
传　　　　真：021-68542018
官 方 网 站：www.sstm.org.cn
行 政 主 管 单 位：上海市科学技术委员会
成立（开放）日期：2001 年 12 月 18 日
通 信 地 址：上海市浦东新区世纪大道 2000 号

▨ 一、影院概述

上海科技馆拥有四个风格迥异的特效影院：IMAX 立体巨幕影院、IWERKS 四维影院、IMAX 球幕影院、太空影院。这四座影院分布在科技馆的展区内外，共有 846 个座位。2017 年四座影院放映电影共计 8041 场次，接待观众 62.7 万人次。

▨ 二、影院设备与资源

1. 特效影院

项目名称	球幕影院	4D 影院	巨幕影院	太空影院
座位数	280 个	56 个	441 个	69 个
银幕尺寸	23 米	8.82 米 ×4 米	24.3 米 ×18.3 米	13 米
银幕弧度	—	平面幕	平面幕	—
银幕倾角	30°	—	—	23°
胶片 / 数字	胶片	数字	胶片	数字
数字放映机品牌型号	—	科视 HD8K	—	JVC-SH7NL
设备供应商	IMAX	SimEx	IMAX	益世

2. 特效影院影片

单位：场次，万人次

名称	放映场次（2017年）	观众人数（2017年）	性质
巨幕电影	1455	20.35	引进
球幕电影	1511	18.71	引进
四维电影	2847	11.81	原创
太空电影	2228	11.86	原创、引进

三、科普活动

1. 教育活动

单位：万人次

序号	活动名称	活动时间	主要内容	活动形式	主要对象	参与人数
1	4D电影《蛟龙入海》首映式	3月16日	首映式上通过媒体与影片制作团队的交流，吸引公众关注4D新片	公益	专家、媒体、科迷	0.01
2	科普电影进社区	10月21~27日	为了使纪录片更贴近公众，在上海市各大型社区广场等文化场所，该馆面向公众免费播放国内外优秀纪录片	公益活动	社区群众	14
3	科普特种电影展映	10月21~27日	通过高质量、大规模的巨幕、球幕、4D等科普大片的展映，吸引公众观影	展映	场馆观众	1

2. 特效科普影片开发情况

序号	影片名称	影片类型	主要内容	出品时间
1	《雉鸡秘境》	四维	影片主要介绍各种雉鸡生活的自然环境和生活习性	2017年1月
2	《蛟龙入海》	四维	影片将带您搭乘载人潜水器——"蛟龙号"，潜入大洋洋底，揭开深海的神秘面纱	2017年3月
3	《海洋传奇》	四维	本片讲述了明代航海故事及中国古代航海技术	2017年5月
4	《熊猫滚滚——寻找新家园》	四维	影片讲述了大熊猫滚滚经历竹子开花的灾难后开启一段惊心动魄的成长历程	2017年9月
5	《太阳的奥秘》	球幕	让我们一同穿越时空，经历太阳的生命历程，揭开隐藏在它背后的奥秘	2017年12月

3. 学术活动

2017年4月18~20日李伟、杨波参加在中国科学技术馆举行的"第七届中国科技馆特效电影展映暨2017年度科普场馆特效影院专业委员会年会"。李伟主持了美国FULLDOME公司和法国RSA公司的球幕放映系统展示活动，在影片联合采购研讨会上做重要发言，并向获奖影片的发行商颁奖。杨波在特效电影发展论坛上作为主讲嘉宾做题为"从传播效果谈科普特效影院建设"的演讲。

李伟担任科普场馆特效影院专业委员会秘书长。

四、人才队伍状况

1. 特效影院从业人员情况

单位：人

影院员工总数		33	
劳动或事业关系分类	事业编制数 / 实有人数	派遣公司签订劳动合同用人数	其他方式用人数
	21	—	12
人员分布	岗位名称		工作人员数
	电影放映工程人员（含科长、工程管理人员）		10
	剧场服务人员（含主管、领班）		12
	影视教育（含影片引进、发行、宣传）		3
	影视制作（含编辑、导演、摄像、后期制作等）		7
	部门领导		1

2. 人才培养

项目名称	主办单位	起止时间	活动地点 / 主要内容	培训对象 / 人数
2017 年度放映技术培训班	科普场馆特效影院专业委员会	11 月 14~16 日	内蒙古科技馆 / 数字放映技术	放映员 /1 人

蛟龙入海

巨幕影院

球幕影院

中国杭州低碳科技馆特效影院

法 定 代 表 人：陈仲达
联 系 电 话：0571-87119500
传　　　　真：0571-87119527
官 方 网 站：www.dtkjg.org.cn
行 政 主 管 单 位：杭州市科学技术协会
成立（开放）日期：2012 年 7 月 18 日
通 信 地 址：杭州市滨江区江汉路 1888 号
已加入专业委员会：中国自然科学博物馆协会科普场馆特效影院专业委员会、
　　　　　　　　　科技馆专业委员会

一、影院概述

中国杭州低碳科技馆拥有两座科普特效影院：数字立体巨幕影院和数字球幕影院。

数字立体巨幕影院，银幕高 12.5 米，宽 21.7 米，是杭州为数不多的巨幕影院之一。影院内可同时容纳 252 人观影，其中 246 个豪华型影院座椅，6 个残疾人专用坐席。巨幕影院拥有两台 30000 流明的数字投影仪，同时播放，可呈现共 60000 流明的 2D 和 3D 放映高亮度画面，展现无与伦比的高清晰度及高保真效果。8 声道 7.1 高级剧场环绕音响系统，最好的墙壁和天花板吸音处理，给观众顶级的听觉享受。

数字球幕影院观众厅为圆顶式结构，银幕呈半球形，整个影院引进益世公司先进设备，采用数字天象演示系统 Digistar5，以虚拟幻灯机技术替换传统的幻灯机和内置投影仪，可播放实时互联网视频和天文望远镜视频。两个 110° 广角镜头，可将完整无缝的图像投在整个球幕上，有效像素达到 1250 万，61 个躺椅式的座椅，让你更舒适地去仰望苍穹，探索科学的奥秘。

2017 年中国杭州低碳科技馆影院总体运行良好，在全体人员的共同努力下，注重设备保养，提前预测、排除潜在隐患，高质量地完成各种团队及普通观众观影的放映任务，实现全年无放映事故的优良记录。

截至 2017 年 12 月底，共放映超千场，接待观众约 2.4 万人次。

二、影院设备与资源

1. 特效影院

影院名称	球幕影院	4D 影院	巨幕影院	其他影院
座位数	61 个	—	246 个	—
银幕尺寸	直径：12m	—	21.7m×12.5m	—

影院名称	球幕影院	4D 影院	巨幕影院	其他影院
银幕弧度	—	—	—	—
银幕倾角	23 度	—	—	—
胶片 / 数字	数字	—	数字	—
数字放映机品牌型号	Sony SRX-T420	—	DP4K-32B	—
设备供应商	北京益世	—	江苏尚阳	—

2. 特效影院影片（部分影片）

名称	放映场次数（2017 年）	观众人数（2017 年）	性质
《地球万物的栖息地》	103	2047	引进
《飞行之梦》	190	3560	引进
《海洋游客》	81	3674	引进
《生灵之翼》	122	4267	引进
《太阳的奥秘》	79	1104	引进
《下一站太空》	112	3382	引进
《小动物大英雄》	84	2252	引进

第六届中国杭州科普特种电影节

巨幕影院全景图

三、科普活动

教育活动

单位：人次

活动名称	活动时间	主要内容	活动形式	主要对象	参与人数
2017 中国杭州科普特种电影展映	9 月 15 日至 10 月 3 日	科普宣传、推进科普影视行业交流与发展	观影、评选	所有观众	4584

四、人才队伍状况

1. 特效影院从业人员情况

单位：人

影院员工总数		9	
劳动或事业关系分类	事业编制数 / 实有人数	派遣公司签订劳动合同用人数	其它方式用人数
	5	2	2
人员情况	岗位名称		工作人员数
	放映维护员		4
	场务人员		2
	售票人员		2
	影院负责人		1

2. 人才培养（培训）

项目名称	主办单位	起止时间	活动地点／主要内容	培训对象／人数
数字球幕影院研讨会	中国杭州低碳科技馆	9月15~18日	中国杭州低碳科技馆／主要围绕数字球幕影院最新的Digistar 5放映系统的操作方法、新增模块功能介绍、天文视频制作和故障处理等方面开展学习研讨。	全国十几家科技馆影院负责人/40人

培训

山东省科学技术宣传馆特效影院

法 定 代 表 人：李伟
联 系 电 话：0531-86064816
传　　　　真：0531-86064816
官 方 网 站：www.sdstm.cn
行 政 主 管 单 位：山东省科学技术协会
成立（开放）日期：1956 年
通 信 地 址：山东省济南市历下区南门大街 1 号
已加入专业委员会：中国自然科学博物馆协会科普场馆特效影院专业委员会、科技馆专业委员会

▨ 一、影院概述

山东省科技馆 4D 影院配有 40 个座椅、六声道立体音响、120 度环幕，通过投影机进行无缝拼接放映组成全景式画面，加上同步控制器实时控制的各种水、风、震动特技效果与影片内容的完美结合，从而让观众产生强烈的真实感和临场感。2017 年 7 月 4D 影院进行改造扩建，因办理建筑改造手续，2018 年初进入施工阶段。主要对原有 4D 影院设备设施拆除和重新采购、安装、调试影院控制系统、数字放映系统、银幕系统、音效系统、特效座椅系统、环境特效系统等，对相关技术服务和必要的影院布展装修。影院及周边附属设施面积约为279 平方米，座位数量为 30 个。

2013 年底，济南市第一座球幕影院在山东省科技馆正式落成。该影院是由山东省科技馆引进乌克兰的球幕影院技术，自主完成整体建设。影院投资 300 万元，采用直径 12 米的半球形银幕，可同时容纳 56 位观众观看，影院座椅整体倾斜 10 度，为观众营造了仰望苍穹的环境。球幕电影放映设备是由 12 台超高清数字投影设备、多声道立体声音响等先进设备组成，有效分辨率达到 5K，以超人视域的画面和逼真的环绕音响效果，带给观众强烈的视听震撼和无与伦比的艺术享受。

为配合球幕影院落成开放，山东省科技馆引进《树的一生》、《天文学，仰望苍穹 3000 年》、《十步横跨星空》、《ibex 搜寻太阳系的边缘》和《两片小玻璃，一个大世界》等 5 部球幕影片，让观众尽享精美绝伦的视听盛宴。这也是山东省科技馆继 4D 流动科普影院等之后向观众开放的又一个特效影院。

▓ 二、影院设备与资源

1. 特效影院

项目名称	球幕影院	4D 影院	巨幕影院	其他影院
座位数	56 个	40 个	—	—
银幕尺寸	直径 12 米	2.7 米 ×9 米	—	—
银幕弧度	半球形	120 度	—	—
银幕倾角	10°		—	—
胶片 / 数字	数字	数字	—	—
数字放映机品牌型号	爱普生 CB-4950WU	未用放映机，用 6 台投影机	—	—
设备供应商	深圳互动波（fulldome）数字科技有限公司	深圳华强科技有限公司	—	—

2. 特效影院影片

单位：场次，人次

名称	放映场次（2017 年）	观众人数（2017 年）	性质
4D	1450	14102	联合、引进
球幕	1230	8000	联合、引进

▓ 三、科普活动

特效科普影片开发情况

影片名称	影片类型	主要内容	出品时间
《海洋传奇》	4D	通过卡通人物在航海旅行中的故事，了解海洋相关知识	2017 年 10 月

▓ 四、人才队伍状况

特效影院从业人员情况

单位：人

影院员工总数		5	
劳动或事业关系分类	事业编制数 / 实有人数	派遣公司签订劳动合同用人数	其他方式用人数
	0	1	4
人员分布	岗位名称		工作人员数
	放映员		4
	场务人员		1

临沂市科学技术馆特效影院

法 定 代 表 人：杨倩
联 系 电 话：0539-8605667
传　　　　真：0539-8605667
官 方 网 站：www.lystm.org.cn
行 政 主 管 单 位：临沂市科学技术协会
成立（开放）日期：2010 年 6 月 1 日
通 信 地 址：临沂市北城新区府右路 8 号
已加入专业委员会：中国自然科学博物馆协会

▨ 一、影院概述

动感环幕影院室外

（一）影院简要介绍

临沂市科技馆设有 4D 影院、球幕影院、动感环幕影院、梦幻剧场等 7 个特效科普影院剧场。

1. 4D 影院

临沂市科技馆的影院面积是 128 平方米，银幕幕高 4.5 米，宽 7.5 米，可供 56 人同时观看。影院采用 2K 数字电影放映系统、杜比数字影院声频处理器。

2. 球幕影院

临沂市科技馆球幕影院脱胎于早期天象厅。该影院由英国专业公司设计，整体空间挑高 10 米，长 16.8 米，宽 12.5 米，球幕直径 11 米，可容纳 46 人同时观看，采用世界一流的"双鱼眼镜头拼接融合"技术、金属透声幕塑形及拼缝式安装技术，给观众以沉浸式的体验。

3. 动感环幕影院

环幕影院面积约为 165 平方米。设有 30 个 6 自由度动感座椅，银幕为 120 度的环幕，幕高约 3.2 米，宽 17 米，配合动感平台模拟现实中的坠落、爬升、倾斜、俯仰、晃动等动作，堪称身临其境、动感十足的特效影院。

4. 互动立体影院

临沂市科技馆的互动立体影院面积约为 100 平方米。使用的是高 3 米、宽 10 米的法高金属透声幕。在放映立体交互电影的同时，激光枪、三自由度特效动感座椅和各类特效发生器配合影片内容，使观众在视觉、听觉、触觉、交互等方面有身临其境的感觉。

5. 动感立体影院

临沂市科技馆动感立体影院面积为88平方米，使用芜湖影星的高2.9米、宽5米金属软幕，通过三维立体的视觉效果，三自由度的动感座椅系统加环境特效，营造出影片中的场景。

6. 3D影院

3D院线影院配有科视品牌双4K级放映机，是临沂市首家采用杜比全景声技术的影院，35.1声道立体发声搭配9.5米×4米的宽大增益高亮银幕。整个影厅可容纳97位观众同时观影，逼真的3D效果与全景声音效给您带来身临其境的感受。

7. 梦幻剧场

本剧场是一个集真人表演和高科技虚拟现实相结合的剧场类体验项目，将深奥的科学知识通过生动的有情节的故事演绎，舞台画面亦真亦幻、精彩纷呈，给观众带来视觉的享受。

（二）2017年新建、改扩建情况，年度总结

1. 全面做好影院放映接待观众工作

全年放映共约1800场，接待观众约46000人次。每周影院剧场运行情况（放映场次、观众数量、设备安全检查、卫生打扫等）有专人汇总记录，并及时上报分管领导。春节、国庆节、暑期等重要节假日提前做好工作准备、应急方案，全力保障影院剧场正常放映。4D影院推出定制影片《智圣诸葛亮》，梦幻剧场新剧目《梁祝化蝶》隆重上映，成为2017年春节期间的宣传亮点。

2. 不断加强部室人员业务培训

每年安排影院管理人员、技术人员外出参加全国特效影院管理和技术人员培训学习2~3次；馆内加强影院剧场放映操作培训考核，确保每位工作人员能够承担多个岗位上的工作。1月31日、2月1日集中两天时间对影院剧场工作人员进行了放映操作考核，每天考核6个影院，所有考核人员全部能够按放映流程规范放映。考核培训极大地促进了所有工作人员放映操作的学习实践和总结交流。

研学活动启动仪式

球幕影院

4D电影体验

3. 开展科普研学活动，让学生走近科学

10~12月，开展了"兰山区中小学生科普研学活动"，提前拟定《兰山区中小学生科普研学活动科技馆展教部工作方案》，每周三至周五接待兰山区小学六年级学生参观，每天接待 8~12 个班级 600~900 名学生，整个研学活动放映影院剧场影片 571 场，学生观众 14100 人次。

4. 2017 年影院整体运行情况良好，设备无安全事故发生

几类影院发生频率比较高的故障，比如 4D 影院座椅漏气、放映服务器播放冲突、智能检查提醒、投影机灯泡更换等问题，影院技术人员第一时间予以解决，与厂家签订 3D、4D、球幕等影院维保协议。2017 年，申请 50 万元财政资金，引进了 2 部环幕影院影片、2 部 3D 影片。

二、影院设备与资源

1. 特效影院

项目名称	球幕影院	4D 影院	环幕影院	3D 全景声影院
座位数	44 个	56 个	30 个	97 个
银幕尺寸	直径 11 米	高 4.5 米、宽 7.5 米	高 3.2 米、宽 17 米	高 4 米、宽 9.5 米
银幕弧度	180°	无	120°	无
银幕倾角	30°	无	无	无
胶片 / 数字	数字	数字	数字	数字
数字放映机品牌型号	索尼 SRX-T420	巴可 DP2K-10S	松下 FDZ87CK	科视 CP4220
设备供应商	北京莫高丝路	上海恒润	深圳南天门	上海电影技术厂

2. 特效影院影片

单位：场次，人次

名称	放映场次（2017 年）	观众人数（2017 年）	性质
《树的一生》	104	2120	引进
《勇闯太空》	228	5795	引进
《海龟奇趣游记》	214	4170	引进
《史前历险》	189	6508	引进
《孙子兵法》	200	6700	原创
《智圣诸葛亮》	260	8400	原创
《梁祝化蝶》	157	5280	原创

三、科普活动

教育活动

单位：万人次

活动名称	活动时间	主要内容	活动形式	主要对象	参与人数
兰山区中小学生科普研学活动	10 月 1 日至 12 月 31 日	讲解影院设计原理并观看影片	讲解、观看、发放影院资料	城区小学六年级师生	2

▦ 四、人才队伍状况

1. 特效影院从业人员情况

单位：人

影院员工总数		7	
劳动或事业关系分类	事业编制数 / 实有人数	派遣公司签订劳动合同用人数	其他方式用人数
	4	—	3
人员分布	岗位名称		工作人员数
	放映员		3
	场务人员		4

2. 人才培养

项目名称	主办单位	起止时间	活动地点 / 主要内容	培训对象 / 人数
特效影院管理人员培训	中国自然科学博物馆协会	11 月 7~11 日	内蒙古科技馆 / 学习影院管理及投影机相关的基本理论知识及操作、维护	影院技术人员 /1 人

内蒙古自治区科学技术馆特效影院

联 系 电 话：0471-3941310
传　　　真：0471-3941310
官 方 网 站：www.nmgkjg.cn
行 政 主 管 单 位：内蒙古自治区科学技术协会
成立（开放）日期：2016 年 9 月 20 日
通 信 地 址：内蒙古自治区呼和浩特市新城区北垣东街甲 18 号
已加入专业委员会：中国自然科学博物馆协会科普场馆特效影院专业委员会

一、影院概述

内蒙古科技馆数字球幕影院主体建筑全景

2017 年，内蒙古科技馆举办首届特效电影展映活动，选取国内外优秀特效科普影片 15 部进行集中展映。10 月 28 日至 11 月 10 日展映期间共安排放映 72 场，接待观众达一万余人次，得到本地电视台、电台及网络十余家媒体的跟踪报道。同时，创新主题放映活动形式，开发出长期合作的系列主题放映活动，联合内蒙古自治区地震局开展的防震减灾主题系列活动，以放映我国首部反映"5·12"地震灾难文化的 4D 电影《青川之爱》为主，围绕地震相关知识及避震方法等，同期开展系列科普讲座、有奖问答、展板宣传和折页宣传活动，向公众普及防震减灾科普知识，活动持续一年时间，放映影片 43 场，各类科普活动受众总计 5000 余人次。同时，还开展了"关爱生命·无偿献血"等常规主题放映活动。

2017 年全年，内蒙古科技馆特效影院通过周末和节假日免费试映、专场接待等放映方式，共放映影片 264 场，接待观众 37000 余人次。在开展放映工作的同时推进正式运营相关证件办理工作，完成了卫生许可证和电影放映许可证的办理。

内蒙古科技馆作为中国自然科学博物馆协会科普场馆特效影院专业委员会副主任单位，积极参与专委会工作，承办了科普场馆特效影院专业委员会 2017 年度主任工作会、科普场馆特效影院专业委员会 2017 年度放映技术培训班，促进了特效影院事业创新发展，为全国特效影院行业人员提供了交流的平台。

同时，为确保影院放映工作正常开展，丰富影院放映内容，内蒙古科技馆2017年度引进新影片4部，分别是首届内蒙古科技馆特效电影展映活动中评选出的最佳巨幕影片、最佳球幕影片、最佳4D影片和一部通过特效影院专委会影片联合采购平台采购的4D影片。

以培养员工全面业务能力、提升技术水平为目的，组织员工参加相关技术培训，全年共分3次，安排7名员工参加不同的技术培训。

▦ 二、影院设备与资源

1. 特效影院

项目名称	球幕影院	4D 影院	巨幕影院	其他影院
座位数	183 个	70 个	292 个	—
银幕尺寸	直径 20 米	12 米 ×6.8 米	23 米 ×16 米	—
银幕弧度	—	—	—	—
银幕倾角	20°	—	—	—
胶片 / 数字	数字	数字	数字	—
数字放映机品牌型号	Sony-T420	Barco DP4K-32B	Barco DP4K-32B	—
设备供应商	北京赛四达	上海恒润	上海恒润	—

2. 特效影院影片

单位：场次，人次

影片名称	放映场次（2017 年）	观众人数（2017 年）	性质
《亚特兰蒂斯》	10	1433	引进
《恒星的奥秘一生》	19	3217	引进
《国家公园探险》	15	2315	引进
《祖拉历险记》	15	2506	引进
《七大奇观》	8	1280	引进
《宇宙奇想》	8	1280	引进
《万有引力之谜》	8	1280	引进
《青川之爱》	43	3400	引进
《愤怒的小鸟》	4	240	引进
《地心游记》	30	1800	引进
《摩登部落》	16	860	引进
《让·米歇尔·库斯托的神秘海洋》	65	8000	引进
《博物馆奇妙复活夜》	8	2200	引进
《我心飞翔》	3	800	引进
《不可思议的捕食者》	3	800	引进
《各显神通的小昆虫》	3	800	引进
《恐龙巨兽》	3	800	引进
《座头鲸》	3	800	引进

巨幕影院影厅

首届特效电影展映活动

三、科普活动

1. 教育活动

单位：人次

序号	活动名称	活动时间	主要内容	活动形式	主要对象	参与人数
1	"关爱生命·无偿献血"主题放映活动	3月25日	开展献血知识讲座，组织职工、观众自愿献血，观看特效影片	主题活动	科技馆职工、普通观众	300
2	防震减灾系列主题放映活动	2017年5月12日至2018年5月12日	观看地震灾难文化4D电影《青川之爱》，围绕地震相关知识及避震方法等开展系列科普讲座、有奖问答、展板宣传和折页宣传活动	主题活动	社区居民、中小学生、地震局宣传教育工作人员	5000

防震减灾系列主题放映活动

2. 学术活动

作为中国自然科学博物馆协会科普场馆特效影院专业委员会副主任单位，积极参与专委会工作，承办科普场馆特效影院专业委员会2017年度主任工作会、科普场馆特效影院专业委员会2017年度放映技术培训班。

科普场馆特效影院专业委员会2017年度主任工作会于11月8日召开，会议由中国科技馆副馆长、影院专委会主任庞晓东主持。内蒙古科技馆馆长、影院专委会副主任陈岗，北京天文馆副馆长、影院专委会副主任景海荣，天津科技馆副馆长、影院专委会副主任许献岐，黑龙江省科技馆副馆长、影院专委会副主任许黎辉，上海科技馆科学影视中心主任、影院专委会秘书长李伟，中国科技馆影院管理部副主任、影院专委会秘书长王迎杰出席会议。会议就提高服务会员能力、促进特效影院事业创新发展等核心问题进行研讨，共同商议影院专委会工作未来发展方向。

科普场馆特效影院专业委员会 2017 年度放映技术培训班于 11 月 8 日至 11 月 10 日举办。来自全国科技馆、博物馆、天文馆等 26 家科普场馆的 41 名放映技术人员参加了本次培训。本次培训课程设置力求贴近会员单位需求，更具针对性和实用性，课程内容除数字电影放映技术知识外，还包含电影标准体系、电影放映质量提升、影院运营管理等科普场馆普遍关注的专题。在培训过程中，全国特效影院同人齐聚一堂、专心聆听，形成了良好的学习氛围，培训效果显著。

▦ 四、人才队伍状况

1. 特效影院从业人员情况

单位：人

影院员工总数		8	
劳动或事业关系分类	事业编制数 / 实有人数	派遣公司签订劳动合同用人数	其他方式用人数
	2	6	—
人员分布	岗位名称		工作人员数
	放映员		6
	管理人员		1
	日常馆务、办公人员		1

2. 人才培养

序号	项目名称	主办单位	起止时间	活动地点 / 主要内容	培训对象 / 人数
1	2017 年全国电影院技术培训班（第 19 期）	国家新闻出版广电总局电影局	5 月 23~27 日	苏州 / 影院及放映技术	放映员 /3 人
2	球幕影院 D5 系统专业培训班	中国杭州低碳科技馆	9 月 15~19 日	杭州 /Digistar 5 系统应用	放映员 /2 人
3	2017 年度放映技术培训班	科普场馆特效影院专业委员会	11 月 8~10 日	内蒙古科技馆 / 放映技术、特效影院专业知识	放映员 /2 人

沈阳科学宫特效影院

法 定 代 表 人：丁连福
联 系 电 话：024-23978029
传 真：024-23978070
官 方 网 站：www.sykxg.org
行 政 主 管 单 位：沈阳市公共文化服务中心（沈阳市文化演艺中心）
成立（开放）日期：2000 年 6 月 18 日
通 信 地 址：辽宁省沈阳市沈河区青年大街 201 号
已加入专业委员会：中国自然科学博物馆协会科技馆专业委员会、科普场馆特效影院专业委员会

▦ 一、影院概述

1. 球幕影院

随着科学技术的进步，电影技术和电影种类也在不断地发展和创新。球幕电影是近 20 年发展起来的一种新形式电影。顾名思义，它的银幕如一个大半球，斜扣在观众厅之上，把观众包围在其中。高清晰度超大穹形画面，超出观众的视野，观众犹如置身场景之中，加上全方位的六声道立体音响配音，有着极为真实的临场效果。

球型银幕的直径大小，直接影响着厅内观众的容量。建在沈阳科学宫的球幕影院，外部球型表面铺设铝单板，整个形体好似一个星球，在阳光的照射下熠熠发光，给人以探索宇宙奥秘的遐想。屏幕直径达 23 米，整个屏幕面积近 1000 平方米，电影画面可达 800 多平方米，可容纳观众 260 人，是国内最先进的影院之一。球幕电影以超人眼视角的画面和逼真的立体音响效果，成为当代电影技术的一支奇葩。目前，只有北美、西欧和亚洲少数国家建造了球幕影院。采用鱼眼镜头放映，水平放映角可达 180°，垂直放映角可达128°，每场可容纳观众 260 人，使用鱼眼镜头放映球幕电影，是目前观众视野最大的、最具表现力和感染力的电影。

球幕电影是当代世界最新的电影技术之一。采用 70 毫米大型胶片和鱼眼镜头放映，超大的天穹形银幕和六路立体环音系统，以超人眼视角的画面和逼真的环绕音响效果，让观众置身自然景观之中。

2. 4D 影院

4D 影院是从传统的立体影院基础上发展而来，相比于其他类型影院，具有主题突出、科技含量高、效果逼真、画面冲击性强等特点和优势。

4D 影院已经成为现代科普场馆不可缺少的一部分，采用新科技多媒体手法去完成科普教育的功能，对青少年有寓教于乐的作用，引导孩子们探寻大自然的奥秘。

近几年 4D 影院的发展非常迅速，在全国范围内已经陆续建成上百家 4D 影院，大有普及之势，主要分布在科技馆、纪念馆、博物馆、城市规划馆、展览馆、游乐、主题乐园、教育文化等各类场馆。

4D影院一般由三个要素构成：立体放映系统、4D特效座椅与特效设备、计算机控制系统。这三者协同作用，构成一个系统，共同刺激观众的视觉、听觉、触觉、感觉等各个感官，再现影片主题所涉及的环境、环境内的各种细节，以及观众在特定环境内的感觉等，营造出使人身临其境的整体效果，为观众带来前所未有的刺激体验。

3. 天象影院

为了提升科学宫科普服务能力，让广大市民欣赏到美丽多姿的天文星象，沈阳科学宫球幕影院新增天象功能，建成了东北地区最大的天象馆。

天象馆通过数字天象仪在球幕影院放映科普天象影片，通过影片演示出金星凌日、日全食、四季星空、星座位置变化、太阳系运行、流星雨、行星碰撞、超新星爆发等多种浩瀚宇宙中的神秘天象景观。

在这里，广大市民不仅可以学习天文知识，还可以观看天象影片《教你认星星》《哈勃望远镜望星空》《大堡礁》《斐济》《玻利尼西亚风光》等多部影片。天象馆作为辽沈地区天文爱好者的科普教育基地，为青少年学生打开了一扇了解浩瀚宇宙自然天体景象的窗口。

因2017年全年闭馆改造，所以无场次、无观众。

■ 二、影院设备与资源

特效影院

项目名称	球幕影院	4D影院	巨幕影院	其他影院
座位数	258个	40个	—	258个
银幕尺寸	球幕（内直径23米）	—	—	球形幕内径23米
银幕弧度	—	—	—	—
银幕倾角	—	—	—	—
胶片/数字	胶片	数字	—	数字
数字放映机品牌型号	—	—	—	—
设备供应商	美国爱吾士（IWERKS）	恒润	—	天津天之文

注：因场馆升级改造，2017年全年闭馆施工改造。

■ 三、科普活动

教育活动

单位：人次

序号	活动名称	活动时间	主要内容	活动形式	主要对象	参与人数
1	流动4D影院下乡公益巡演	2017年5月	在市周边农村中小学校开展公益巡演活动	科普活动	青少年	1000
2	流动4D影院下乡公益巡演	2017年5月	在市周边农村中小学校开展公益巡演活动	科普活动	青少年	1000
3	流动4D影院下乡公益巡演	2017年6月	在市周边农村中小学校开展公益巡演活动	科普活动	青少年	800
4	流动4D影院下乡公益巡演	2017年6月	在市周边农村中小学校开展公益巡演活动	科普活动	青少年	900
5	流动4D影院下乡公益巡演	2017年7月	在市周边农村中小学校开展公益巡演活动	科普活动	青少年	1200
6	流动4D影院下乡公益巡演	2017年7月	在市周边农村中小学校开展公益巡演活动	科普活动	青少年	1100

序号	活动名称	活动时间	主要内容	活动形式	主要对象	参与人数
7	流动 4D 影院下乡公益巡演	2017 年 9 月	在市周边农村中小学校开展公益巡演活动	科普活动	青少年	750
8	流动 4D 影院下乡公益巡演	2017 年 9 月	在市周边农村中小学校开展公益巡演活动	科普活动	青少年	800
9	流动 4D 影院下乡公益巡演	2017 年 10 月	在市周边农村中小学校开展公益巡演活动	科普活动	青少年	900
10	流动 4D 影院下乡公益巡演	2017 年 10 月	在市周边农村中小学校开展公益巡演活动	科普活动	青少年	900

四、人才队伍状况

1. 特效影院从业人员情况

单位：人

影院员工总数		13	
劳动或事业关系分类	事业编制数 / 实有人数	派遣公司签订劳动合同用人数	其他方式用人数
	—	—	13
人员分布	岗位名称		工作人员数
	部长		1
	行政职员		2
	穹幕影院主管		1
	穹幕影院放映员（收票员）		3
	4D 影院主管		1
	4D 影院放映员（收票员）		3
	特效影院票务主管		1
	特效影院售票员		1

2. 人才培养

项目名称	主办单位	起止时间	活动地点 / 主要内容	培训对象
特效影院管理人员培训班	科普场馆特效影院专业委员会	全年	中国科技馆 / 关于影院技术、管理等方面培训	影院管理人员

吉林省科学技术馆特效影院

法 定 代 表 人：扈先勤
联 系 电 话：0431-81959601
传　　　　真：0431-81959696
官 方 网 站：jlstm.cn
行 政 主 管 单 位：吉林省科学技术协会
成立（开放）日期：2016 年 5 月 4 日
通 信 地 址：吉林省长春市净月经济开发区永顺路 1666 号
已加入专业委员会：中国自然博物馆协会科技馆专业委员会

一、影院概述

1. 球幕影院

吉林省科技馆球幕影院，总投资超过 1200 万人民币，为外径 16 米的单层网架结构，内径 12 米，共设有 63 个座位，半球形屏幕面积约 226 平方米，放映系统包括蔡司球幕电影播放系统、蔡司数字天象系统和芬兰真力数字环绕音响系统加之美国 SPITZ 金属高清荧幕。其中蔡司系统不仅代表着吉林省科技馆最尖端的科技设备，也是世界上最先进的数字天象系统，具有高度沉浸感。如动态漫游、三维空间旅行、虚拟幻灯机等，它实现 3D 太阳系、星空运动、天文坐标系统等功能，加配数字环绕音响给观看者视觉和听觉的震撼。

其巨型球幕的放映，高精密数码图像可以准确地再现宇宙空间的景观，画面清晰稳定，观众仰卧观看，感觉为画面所包容，恍如投身其中。结合影院内 5+1 声道的多重音响系统，令太空景象更加生动，使人仿佛置身浩瀚的茫茫宇宙中，气势恢宏，场面壮观，极具震撼力，深受观众欢迎。球幕影院通过寓教于乐的方式让少年儿童及成人更深刻、更明朗地认识宇宙、生物、地理……是少年儿童及成人学习科学知识的理想场所。

该馆现有五部科普类影片：《迷离的星际》《天上的宫殿》《神奇的捕虫植物》《消失的土星光环》《宇宙魅影》，其中《迷离的星际》是国家自然科学基金支持项目。

2. 4D 影院

吉林省科技馆 4D 影院总面积 85 平方米，它由银幕、主动立体眼镜、4D 座椅、音响系统、计控系统等组成。其内部现安放四排共 30 个座椅，现有影片《灾难》《海龟之旅》《冰锋行动》《小辛历险记四部》，每部电影时长约 14 分钟。

▨ 二、影院设备与资源

1. 特效影院

项目名称	球幕影院	4D 影院	巨幕影院	其他影院
座位数	63 个	30 个	—	—
银幕尺寸	12 米	长 7.2 米 高 4.05	—	—
银幕弧度	半球	平面幕	—	—
银幕倾角	23°	90°	—	—
胶片 / 数字	数字	数字		
数字放映机品牌型号	POWERDOME Ⅲ	Panasonic PT-SDZ21KC		
设备供应商	德国蔡司	上海恒润数码影像科技有限公司	—	—

2. 特效影院影片

单位：场次，人次

名称	放映场次（2017 年）	观众人数（2017 年）	性质
球幕影院	33	2079	引进

▨ 三、科普活动

教育活动

单位：人次

活动名称	活动时间	主要内容	活动形式	主要对象	参与人数
吉林省科技馆"暗物质日"特别活动	11 月 5 日	吉林省科技馆作为分会场与北京同步开展"暗物质日"活动	讲座形式播放球幕影院	社会公众和学生	360

▨ 四、人才队伍状况

特效影院从业人员情况

单位：人

影院员工总数		6（兼职）	
劳动或事业关系分类	事业编制数 / 实有人数	派遣公司签订劳动合同用人数	其他方式用人数
	1	5	—
人员分布	岗位名称		工作人员数
	放映员		5
	场务人员		1

球幕影院——暗物质日活动宣传海报

球幕影院外貌

球幕影院——暗物质日活动

大庆市科学技术馆特效影院

法 定 代 表 人：谢海川
联 系 电 话：0459-6676161
官 方 网 站：kjg.dqedu.net
行 政 主 管 单 位：大庆市科学技术协会
成立（开放）日期：2008 年 1 月 1 日
通 信 地 址：黑龙江省大庆市萨尔图区中宝路 66 号
已加入专业委员会：中国自然科学博物馆协会科普场馆特效影院专业委员会

▦ 一、影院设备与资源

1. 特效影院

项目名称	球幕影院	4D 影院	巨幕影院	其他影院
座位数	150 个	36 个	—	—
银幕尺寸	18 米	4 米 ×8 米	—	—
银幕弧度	半球	—	—	—
银幕倾角	30°	—	—	—
胶片 / 数字	胶片数字	数字	—	—
数字放映机品牌型号	Sony DATA PROJECTOR SRX-S110	三洋 PLC-EF600CA	—	—
设备供应商	加拿大 IMAX 美国益世	北京恒润	—	—

2. 特效影院影片

单位：场次，人次

影片名称	放映场次（2017 年）	观众人数（2017 年）	性质
《疯狂囧鱼》	110	3630	引进
《海龟之旅》	113	3955	引进
《狂野大雪地》	122	4148	引进
《摩登部落之决斗吧！恐龙！》	112	3920	引进
《未来世界的奥秘》	257	33410	引进

续表

影片名称	放映场次（2017 年）	观众人数（2017 年）	性质
《大白鲨》	291	30555	引进
《美丽星球》	271	32520	引进

▨ 二、科普活动

教育活动

单位：人次

序号	活动名称	活动形式	主要对象	参与人数
1	天文知识教育讲座	讲座	青少年	140
2	海洋知识讲座	讲座	青少年	150

▨ 三、人才队伍状况

特效影院从业人员情况

单位：人

影院员工总数		6	
劳动或事业关系分类	事业编制数 / 实有人数	派遣公司签订劳动合同用人数	其他方式用人数
	9/0	—	6
人员分布	岗位名称		工作人员数
	放映员		2
	场务人员		4

江西省科学技术馆特效影院

法 定 代 表 人：张青松
联 系 电 话：0791-86593330
传　　　　真：0791-86593330
官 方 网 站：jxstm.com
行 政 主 管 单 位：江西省科学技术协会
成立（开放）日期：2002 年 9 月 20 日
通 信 地 址：南昌市新洲路 18 号
已加入专业委员会：中国自然科学博物馆协会科普场馆特效影院专业委员会

▨ 一、影院设备与资源

1. 特效影院

项目名称	球幕影院	4D 影院	巨幕影院	其他影院
座位数	280 个	48 个	—	—
银幕尺寸	23 米	12 米 ×4 米	—	—
银幕弧度	—	—	—	—
银幕倾角	20°	2°	—	—
胶片 / 数字	胶片	数字	—	—
数字放映机品牌型号	—	松下 PT-FD560	—	—
设备供应商	IWERKS	恒润	—	—

2. 特效影院影片

单位：场次，人次

名称	放映场次（2017 年）	观众人数（2017 年）	性质
4D	350	4998	引进
穹幕	205	7396	引进

▨ 二、人才队伍状况

1. 特效影院从业人员情况

影院员工总数		7	
劳动或事业关系分类	事业编制数 / 实有人数	派遣公司签订劳动合同用人数	其他方式用人数
	7	—	—
人员分布	岗位名称		工作人员数
	放映员		7
	场务人员		放映员轮岗

2. 人才培养

项目名称	主办单位	起止时间	活动地点 / 主要内容	培训对象 / 人数
科普场馆特效影院专业委员会2017 年度放映技术培训班	科普场馆特效影院专业委员会	11 月 8~10 日	内蒙古科技馆 / 影院放映技术及影院运行管理	放映员 /1 人

焦作市科学技术馆特效影院

法 定 代 表 人：孟纪周
联 系 电 话：0391-3385761
传　　　　真：0391-3385761
官 方 网 站：www.jzskjg.org.cn
行 政 主 管 单 位：焦作市科协
成 立（开放）日 期：2012 年 9 月 29 日
通 信 地 址：焦作市丰收路与长恩路交叉口
已加入专业委员会：中国自然科学博物馆协会、中国青少年科技辅导协会

▨ 一、影院概述

（一）4D 影厅简介

2016 年 12 月 27 日焦作市科技馆发布招标公告，多家公司竞标，最终河南省哲浩电子技术有限公司以148 万元中标。施工方在一楼原建筑工地、迎宾机器人展品处建造，占地面积为 99 平方米，可同时容纳 30名观众，包括一个放映大厅、一个放映间和设备室。2017 年 9 月，焦作市科技馆 4D 影厅建造成功，10 月 1日投入使用。

焦作市科技馆 4D 影厅具有主题突出、科技含量高、效果逼真、画面冲击性强等特点；4D 影厅根据影片的情景精心设计出烟雾、雨、光电、气泡、气味等效果。观众在观看影片时能够体验到震动、坠落、吹风、喷水、挠痒、扫腿等特技，获得视觉、听觉、触觉、嗅觉等全方位感受，受到观众的热烈欢迎。

（二）4D 影厅工作进展情况

2017 年国庆节期间，4D 影厅免费开放，助力焦作市科技馆五周年庆活动。观众场场爆满，8 天累计接待观众 1440 人次。在免费开放期间，工作人员以调查问卷的形式，将观众意见与建议记录下来，并结合开放过程中存在的问题汇总梳理。针对这些问题，2017 年 10 月 19 日、20 日主管副馆长带队，分别到济源市科学技术馆、郑州市科技馆学习 4D 影厅管理经验，并结合该馆 4D 影厅原有的《焦作市科技馆 4D 影厅注意事项》《焦作市科技馆 4D 影厅票务信息》《讲解服务规范及流程》等制度进行修订，形成《焦作市科技馆 4D 影厅管理办法》。10 月份完成影厅电影票设计与印刷工作，并于 11 月 25 日正式投入运营。

（三）取得的成效

截至 2017 年 12 月 31 日，焦作市科技馆 4D 影厅累计播放 348 场，观影人数达 9744 人次。

二、影院设备与资源

1. 特效影院

单位：个，米

项目名称	球幕影院	4D 影院	巨幕影院	其他影院
座位数	—	30	—	—
银幕尺寸	—	7.2×3.8	—	—
银幕弧度	—	平面幕	—	—
银幕倾角	—	无	—	—
胶片/数字	—	数字	—	—
数字放映机品牌型号	—	巴可 DP2K-20C	—	—
设备供应商	—	河南省哲浩电子技术有限公司	—	—

2. 特效影院影片

单位：场次，人次

影片名称	放映场次（2017年）	观众人数（2017年）	性质
《小海龟》	116	1100	引进
《地震启示录》	116	805	引进
《海洋》	116	125	引进

三、科普活动

教育活动

单位：人次

序号	活动名称	活动时间	主要内容	活动形式	主要对象	参与人数
1	"畅玩科技馆"寒假特别活动	1月15~26日	航模课程；物理、化学课程；科乐思课程；"探索小达人"寻宝活动；科学实验秀	表演、课程培训、互动、动手实践	以青少年为主	3000
2	"科学加油站"春节特别活动	1月31日至2月5日	春节主题活动，互动游戏	互动参与	以青少年为主	2000
3	"浓情元宵，科普相伴"	2月11日	元宵节猜灯谜活动	互动参与	全体观众	500
4	五一特别活动	4月29日至5月1日	科乐思、化学课程；科学实验秀；科普剧；科普电影	表演、课程培训、互动、动手实践	以青少年为主	1500
5	六一特别节目：大型舞蹈科学秀《水调歌头》	6月1日	舞蹈表演、科普知识	表演	全体观众	500
6	"畅玩科技馆"暑假特别活动	6月27日至8月20日	物理；科乐思课程；"寻宝小达人"活动；科学实验秀；科普电影	表演、课程培训、互动参与	以青少年为主	5000
7	"迎国庆、开馆五周年"活动	10月1~7日	"智慧大闯关"活动；物理、化学实验课；科乐思课程；科普电影、4D电影、科学实验秀；"天涯共此时，千里共婵娟"中秋特别活动	观看表演、互动游戏、课程培训、动手实践	以青少年为主	2500
8	元旦特别活动	2017年12月30日至2018年1月1日	科学实验秀；科普剧；科普电影	观看表演、互动参与	全体观众	1000

▨ 四、人才队伍状况

特效影院从业人员情况

单位：人

影院员工总数	3		
劳动或事业关系分类	事业编制数/实有人数	派遣公司签订劳动合同用人数	其他方式用人数
	—	3	—
人员分布	岗位名称		工作人员数
	放映员		1
	场务人员		2

焦作市科技馆 4D 影院主体建筑全景 —————————

焦作市科技馆年度活动 —————————

电影相关教育活动 —————————

广东科学中心特效影院

法 定 代 表 人：卢金贵
联 系 电 话：020-39348112
传　　　　真：020-39348000
官 方 网 站：gdsc.southcn.com
行 政 主 管 单 位：广东省科学技术厅
成立（开放）日期：2008 年 9 月 26 日
通 信 地 址：广州市大学城科普路 168 号
已加入专业委员会：中国自然科学博物馆协会科普场馆特效影院专业委员会

▨ 一、影院概述

　　广东科学中心有四个特种科技影院，位于 G 区。分别是 3D 巨幕影院、数字球幕影院、4D 影院和虚拟航行动感影院，以下就各个影院具体情况做简要介绍。

　　虚拟航行动感影院由预演厅、故事厅和动感厅三个部分组成，观众可在预演厅和故事厅了解影片的背景和相关准备内容，然后进入动感厅体验惊险刺激的旅程。虚拟航行动感影院所使用的动感平台为 4 自由度，虽重达 8 吨，但跟随影片情节运动时可异常灵活，其对角线的运动幅度能达 1 米。虚拟航行动感影院能够同时容纳 45 名观众进行互动体验。

　　4D 影院是三维立体与环境特效结合运用的影院，除了让观众产生超现实的视觉听觉享受，还可以根据影片情节设计出烟、雾、雨、闪电、雪花，泡泡等特效，与影片真实同步表现。整个影院可以容纳 50 名观众同时观看。影院采用超宽大座椅，更加舒适。座椅特效新奇有趣。除振动、喷水之外增加了烟雾、雪花。增加重力压杆装置，独立特效，绿色、节能、环保。新影院播放技术兼容性强，播放多种格式电影，破除了以前外国设备厂家附加在硬件设备上的特效限制，

广东科学中心球幕影院

活动图片

既能给观众带来寓教于乐的科普电影，也能放映更多观众喜爱的国产影片。

球幕影院外观为球形，故此得名。该中心的数字球幕影院直径达18米，采用6台投影机拼接技术的球幕影院，可容纳观众192名。该影院不仅可以实现全球幕视频回放，还可以实现交互式内容的演示。

3D巨幕影院屏幕宽29米、高22米，是目前亚洲地区最大的巨幕影院，可容纳610名观众同时体验。目前3D巨幕影院有两套放映设备，一套为IMAX胶片3D放映系统，另一套为双机4K数字3D放映系统。其IMAX胶片放映设备采用当今世界上技术含量最高、画格最大的70毫米15齿孔IMAX立体放映系统，它使用的70毫米15齿孔胶片有效画幅是普通35毫米胶片的10倍，它独特的"波形环状"输片设计，把每一个画格牢牢地吸附在片门之上，使画面清晰稳定。而数字放映系统也是目前最清晰、亮度最高、画面效果最好的放映系统之一，投射画面可达到23米宽。

▨ 二、影院设备与资源

1. 特效影院

项目名称	球幕影院	4D影院	巨幕影院	虚拟航行动感影院
座位数	192个	50个	610个	45个
银幕尺寸	直径18米	10.4米×4.8米	29米×22米	13.4米×6.1米
银幕弧度	—			
银幕倾角	23.5			
胶片/数字	数字	数字	胶片/数字	数字
数字放映机品牌型号	科视DS+650	科视CP2215	巴可DP4K-32B	科视S+16K
设备供应商	美国益世公司	上海恒润科技有限公司	IMAX	SIMEX

2. 特效影院影片

单位：场次，人次

名称	放映场次（2017年）	观众人数（2017年）	性质
《小动物大英雄》	704	71535	引进
《搜寻暗物质》	1169	26916	引进
《地心引力》	549	4638	引进
《摩登部落》	251	265	引进
《蜜蜂的世界》	192	1197	引进
《神虾侠侣》	84	361	引进
《独角兽森林》	135	1807	引进
《海洋中的精灵》	174	1419	引进
《变形记》	151	1407	引进
《细菌大作战》	108	2337	引进
《川金丝猴》	164	1475	引进
《小辛历险记》	64	302	引进

三、科普活动

1. 教育活动

单位：人次

序号	活动名称	活动时间	主要内容	活动形式	主要对象	参与人数
1	科普影片教育活动	6月1日	海洋主题亲子活动	官方微信招募及现场活动	微信报名观众	60
2	科普影片教育活动	10月5日	海洋主题亲子活动	官方微信招募及现场活动	微信报名观众	100
3	科普影片教育活动	10月6日	电影主题3D打印活动	官方微信招募及现场活动	微信报名观众	90
4	科普影片教育活动	11月3日	电影主题3D打印活动	官方微信招募及现场活动	微信报名观众	50
5	科普影片教育活动	11月10日	我和自然做朋友主题活动	官方微信招募及现场活动	微信报名观众	40

2. 学术活动

2017年4月，参加由中国科学技术馆与中国自然科学博物馆协会科普场馆特效影院专业委员会共同举办的"第七届中国科技馆特效电影展映暨科普场馆特效影院专业委员会年会"。

四、人才队伍状况

1. 特效影院从业人员情况

单位：人

影院员工总数		10	
劳动或事业关系分类	事业编制数/实有人数	派遣公司签订劳动合同用人数	其他方式用人数
	5/5	5	—
人员分布	岗位名称		工作人员数
	放映员		7
	场务人员		3

2. 人才培养

项目名称	主办单位	起止时间	活动地点 / 主要内容	培训对象 / 人数
2017 年全国电影院经理培训班	国家新闻出版广电总局电影局	8 月 13~18 日	北京 / 影院宣传营销、放映质量要求	电影院主要负责人，经营管理人员 /1 人

东莞市科学技术博物馆特效影院

法 定 代 表 人：李永广
联 系 电 话：0769-22835276
传 真：0769-22835276
官 方 网 站：www.dgstm.org.cn
行 政 主 管 单 位：东莞市科技局
成立（开放）日期：2005 年 12 月 28 日
通 信 地 址：广东省东莞市南城区元美中路 2 号
已加入专业委员会：中国自然科学博物馆协会、Giant screen Cinema Association(GSCA) 国际超大银幕影院协会

一、影院概述

东莞市科学技术博物馆（以下简称"东莞市科技馆"）从 2005 年建成开放以来，开设三个影院，分别为 IMAX 球幕影院、4D 动感影院、普通 35mm 胶片影院（兼多功能报告厅），其中普通 35mm 胶片影院于 2013 年改造为 3D 数字影院，4D 动感影院于 2015 年升级改造成 4K 全数字化 4D 动感影院。4D 影院自升级改造后，门庭若市，观影时观众不仅可以了解科普知识，还可以体验扫腿、喷烟和捅背、震股等十种环境特效。

东莞市科技馆科普电影主题活动项目丰富，各影院运营开放十余年，共接待了一百多万名电影观众，吸引了大量游客前来参加科普展览活动。IMAX 球幕影院通常每年租赁 1 部新影片，4D 动感影院平均每年租赁 1.5 部新影片，影视部以引进新电影为契机，借助 IMAX、4D、动感、特效等先进的影视表现手段，历年来成功举办了十个国际性大型影视专题活动。如：2007 年东莞市首届特殊电影展映月活动；2008 年《刘易斯与克拉克的太平洋之路》等 IMAX 电影专题展览活动；2009 年 IMAX 球幕影片《阿尔卑斯：自然的巨人》中国巡演东莞演映活动；2011GSCA 电影（亚洲）博览会暨东莞市第二届特殊科普电影展映月活动；2012 年"飞向太空"主题展览系列活动；2012 年"庆祝五一，情系职工"产业工人公益电影活动；2012 年"暑期儿童电影季"活动；青少年励志电影《走路上学》东莞公益演映活动；2013 年安全生产主题 4D 电影公益放映和专题展览活动；2014 年科普新电影专题宣传展览暨 IMAX 电影《同一生命》首映式活动；2014 年第六届、2015 年第七届、2016 年第八届中国国际影视动漫版权保护和贸易博览会科技馆分会场动漫电影展播活动。其中 2011GSCA 电影（亚洲）博览会荣获 2011 年度 GSCA 成就奖 Big Idea 奖。

2017 年，东莞市科技馆租赁和放映了 IMAX 球幕电影《国家公园探险》和《野性非洲》、4D 动感电影《魔法古堡》和《元素大冒险》。在组织电影放映服务的同时，开展了一系列影视主题科普活动，主要有精彩贺岁电影档活动、科技馆三大影院夜间联动放映惠民推广活动、五一电影大放送活动、六一儿童免费日活动、暑期电影免费大放送活动、国庆及中秋"双节"观影有礼送等，充分发挥了科普场馆特效电影的教育功能和用寓教于乐的方式对青少年开展公益教育的作用。

在运营过程中注重设备维护、维修、保养工作和专业技术人员培训工作，为高质量运营影院保驾护航；做

好软硬件建设工作，为东莞市科技馆和科普影院的可持续运营打下良好基础，并为提高公众科学素质不断探索。

二、影院设备与资源

1.特效影院

影院名称	球幕影院	4D 动感影院	巨幕影院	3 D 数字影院
座位数	300 个	—	—	—
银幕尺寸	直径：23m	13m×5m	—	9.5m×4.0m
银幕弧度	—	横幕	—	平面幕
银幕倾角	30°	15°	—	—
胶片 / 数字	胶片	数字	—	数字
数字放映机品牌型号	IMAX GT	SRX-R320	—	BARC-DP2K-20C
设备供应商	IMAX	东莞华南设计创新院	—	珠江影视设备制造有限公司

东莞科技馆 IMAX 球幕影院

2. 特效影院影片

名称	放映场次数（2017年）	观众人数（2017年）	性质
《野性非洲》	423	23608	引进
《国家公园探险》			
《磨法古堡》	1753	25187	引进
《元素大冒险》			

▦ 三、科普活动

1. 教育活动

序号	活动名称	活动时间	主要内容	活动形式	主要对象	参与人数
1	4D动感影院首次推出国外进口影片《魔法古堡》	2017年6月1日	《魔法古堡》是东莞市科技馆在4D动感影院更新改造后所引进的第一部国外高品质科幻主题4D动感影片，也是开馆以来第一部从国外进口的4D动感影片。该影片的故事情节生动有趣，结合新4D动感影院的环境特效和座椅特效，必让你有一个全新的、不同以往的观赏体验感受	通过媒体和自媒体发布新闻，广而告之	对所有游客开放	3850
2	科技馆三大影院夜间联动放映惠民推广活动	2017年4月的周末19:00~22:00	为贯彻落实习近平总书记在文艺工作座谈会上的重要讲话精神，东莞市科技馆开展科技馆便民服务行动，进一步丰富广大市民业余文化生活，创新服务模式，充分挖掘影院潜能	活动期间，购买科技馆夜场电影票，实行"买一送一"政策。即购买科技馆3D数字影院或4D动感影院夜场电影票一张，除凭票进入相应影院观看电影之外，还可以凭此票（或票根）免费进入IMAX球幕影院观看电影一次	对所有游客开放	1860
3	庆"六一"，儿童免费日	6月1~4日	4D动感影院改造后迎来第二个六一儿童节，当天推出丰富的优惠活动，让小朋友们可以在家长的陪伴下，度过一个快乐的节日。让广大儿童在节日里享受4D动感电影带来的崭新视听效果	14周岁以下儿童（含14周岁）免费观看4D动感电影（须领取入场小票），除此之外的人群均须购票	对所有14周岁（含）以下的游客免费开放	1620
4	精彩贺岁电影档，快乐当真别错过！	1月30日至2月2日（正月初三至初六）	在新春期间为大小朋友们呈现诸多贺岁大片	放映贺岁大片	对所有游客开放	2000
5	国庆、中秋"双节"观影有礼送！	10月1~8日	在举国同庆建国68周年和传统的中秋佳节到来之际，为了给广大市民提供更多更好的娱乐增值服务，同时籍此培育东莞科技馆影院的口碑，东莞影院在双节期间成功举办了"国庆、中秋'双节'观影有礼送"活动	免费放映	对所有游客开放	2300

续表

序号	活动名称	活动时间	主要内容	活动形式	主要对象	参与人数
6	暑期电影免费大放送，总有一部适合你！	7月15日至8月27日期间的每个周日	本次活动主要播放积极向上并富有正能量的优秀动画电影，以观看电影的形式，在娱乐中培养孩子们树立正确的人生观与价值观，也丰富了孩子们的暑假生活。东莞市科技馆通过各宣传平台提前发布活动信息，吸引了众多观众及该馆微信粉丝的高度关注，积极参与活动	免费放映	对所有游客开放	2860
7	中国梦 劳动美，五一电影大放送！	4月29日至5月14日	为庆祝"五一"国际劳动节，慰问参与东莞经济建设的广大劳动者，丰富广大劳动者的节日文化生活，弘扬工人阶级的优良传统，展现劳动者团结拼搏、爱岗敬业、奋发向上的时代风貌；同时，为了贯彻落实推动社会主义文化大发展大繁荣的精神，提高市民整体素质，从而使人民群众真正从文化发展中得到实惠，东莞市科技馆特举办此次活动。该活动是最直接体现文化惠民的活动，具有十分突出的公益特色	免费放映	对所有游客开放	1570

四、人才队伍状况

特效影院从业人员情况

单位：人

影院员工总数		17	
劳动或事业关系分类	事业编制数/实有人数	派遣公司签订劳动合同用人数	其它方式用人数
	3	—	7
岗位名称	岗位名称		工作人员数
	放映员		9
	场务人员		8

动漫节电影海报展板

合肥市科学技术馆特效影院

法 定 代 表 人：柏劲松
联 系 电 话：0551-65197292
传　　　　真：0551-65171375
官 方 网 站：www.hfstm.com
行 政 主 管 单 位：合肥市科学技术协会
成立（开放）日期：2002 年 5 月 26 日
通 信 地 址：安徽省合肥市蜀山区黄山路 446 号
已加入专业委员会：中国自然科学博物馆协会科技馆专业委员会、天文馆专业委员会

一、影院概述

　　合肥市科技馆球幕影院于 2002 年 10 月 1 日对外开放，是安徽省科普教育场馆中唯一的球幕影院。它是集天象及球幕电影于一体的多功能电影厅，球幕直径 18 米，共设有 180 个座位（现改为 150 座）。为提升球幕影院软硬件水平，提高观影效果，更好地发挥影院传播科学知识的作用，合肥市科技馆于 2015 年 6 月对球幕影院进行数字化改造。历时三个月，2015 年 10 月球幕影院重新对外开放。改造后的球幕影院使用美国益世公司 Digistar 5 放映系统，配有索尼数字放映机 T-615 两台。同时，高达 18000 流明的亮度和 4K 高清分辨率可以让观众仰靠在阶梯式座椅上观赏壮丽的自然科学景观影片和天象奇观。六声道立体声的音响效果环绕于整个球幕影院之中。

　　2017 年，该馆丰富了影片库的内容，让观众可以看到更多不同风格种类的特效电影。特效影院也以其独特的视角和逼真的音效，给观众带来强烈的视听震撼，影片科学性与趣味性兼具，在观众中反响强烈。除了一些特效影院常规的放映之外，该馆对影院设备的维修及重要部件的操作进行资料记录和保存，所有记录资料均有影视中心员工确认签字。同时根据球幕新片和动感新片及时自制相关宣传海报，并充分利用

合肥市科技馆球幕影院

合肥市科技馆夜景

本馆资源，借助大屏幕、电视等多种媒介宣传介绍特效影院以及放映场次等相关内容。在2017年的国庆节期间，该馆对天文环廊进行了部分内容的更新，以"光影如歌——探寻特效电影之旅"为主题，从电影发展史、传统电影和现代电影、动感电影和球幕电影四个方面带领观众认识特效电影。在2017年的下半年，在馆领导的支持下，该馆人员参加了球幕影院系统的相关培训，与杭州低碳馆、上海科技馆等同行进行了深入交流，共同探索Digistar的运作原理和功能。作为科普场馆特效影院专业委员会的成员，该馆人员还参加了由科普场馆特效影院专业委员会主办、内蒙古科技馆承办的2017年度放映技术培训班。同时该馆积极响应特效影院专业委员会的号召，为科普场馆特效影院专业委员会举办的以"特效影院建设和发展"为主题的征文活动投稿：由冉清、任方舟撰写的论文《从"870"球幕影院协作组看特效影院的创新发展》获得三等奖，史川撰写的《对科技馆中球幕影院"尴尬"现状的一些思考》入选征文活动论文集。

2017年该馆继续组织开展形式新颖的"球幕影院玩天文"系列活动，全年共开展活动6次。该馆利用球幕影院的数字天象厅功能，模拟星空，并在每期活动中设定不同的主题，让观众对天文有了不一样的体验，也让特效影院在科技馆的科普活动中，发挥了更加重要的作用。活动经验汇总成的论文《"授人以鱼不如授人以渔"——初探球幕影院天文科普创新之路》入围中国自然科学博物馆协会2017年年会，论文作者任方舟也受邀参加分会场口头报告。

二、影院设备与资源

1. 特效影院

单位：个，米

项目名称	球幕影院	4D影院	巨幕影院	其他影院
座位数	150	24	—	—
银幕尺寸	直径18	3×5	—	—
银幕弧度	球幕	平面幕	—	—
银幕倾角	—	—	—	—
胶片／数字	数字	数字	—	—
数字放映机品牌型号	索尼T615	—	—	—
设备供应商	华益盛世	恒润	—	—

2. 特效影院影片

单位：场次，人次

影片名称	放映场次（2017年）	观众人数（2017年）
《七大奇迹》	16	362
《树的一生》	168	4092
《狂野非洲》	142	5341
《未来狂想曲》	123	4667
《宇宙大冒险》	61	2357
4D电影	1142	17288

▦ 三、科普活动

教育活动

单位：人次

序号	活动名称	活动时间	主要内容	活动形式	主要对象	参与人数
1	球幕影院玩天文	全年6场	利用球幕影院的数字天象厅功能，模拟星空，并在每期活动中设定不同的主题，让观众对天文有了不一样的体验	讲解与互动结合	市民公众	720
2	国际天文馆日活动	3月12日	促进公众了解天文馆知识。向尽可能多的人告知球幕影院的存在，使公众认识到对星星、太空探索和天文学的了解是一个令人愉悦终身的活动	讲解互动和免费观影	市民公众	600
3	"月满中秋"观测活动	10月4日、5日	对月球进行观测，并向公众普及中秋节的相关知识	观测与讲解	市民公众	300
4	"星座和Ta背后的故事"天文讲座	11月25日	以星座为主题，从中国古代到西方星座的故事，不同于以往在书上看到的内容，带领观众领略不一样的星空	讲座	市民公众	200

▦ 四、人才队伍状况

1. 特效影院从业人员情况

单位：人

影院员工总数		5	
劳动或事业关系分类	事业编制数/实有人数	派遣公司签订劳动合同用人数	其他方式用人数
	1	4	—
人员分布	岗位名称		工作人员数
	放映员		5

球幕影院玩天文 ———————— 八·七○会议 ————————

2. 人才培养

项目名称	主办单位	起止时间	活动地点/主要内容	培训对象/人数
2017年度放映技术培训班	科普场馆特效影院专业委员会	11月8~10日	内蒙古科技馆 培训活动围绕数字电影放映技术，着重讲解数字放映设备的原理、操作流程、设备维护及故障排除，让学员对数字放映系统有一个整体了解	放映员/2人

郑州科学技术馆特效影院

法 定 代 表 人：崔光伟
联 系 电 话：0371-67970900
传 　 　 真：0371-67970900
官 方 网 站：www.zzkjg.com
行 政 主 管 单 位：郑州市科学技术协会
成立（开放）日期：2000 年 4 月 29 日
通 信 地 址：河南省郑州市嵩山南路 32 号
已加入专业委员会：中国自然科学博物馆协会科技馆专业委员会

一、影院概述

郑州科学技术馆 4D 影院共有座位 36 个，2017 年放映影片为《地心历险记》《小辛历险记》《史前历险》《海龟之旅》《狂野复活夜》《变形记》等 6 部，观众共计 34869 人次。

二、影院设备与资源

1. 特效影院

项目名称	球幕影院	4D 影院	巨幕影院	其他影院
座位数	—	36 个	—	—
银幕弧度	—	120°	—	—

2. 特效影院影片

单位：场次，人次

名称	放映场次数（2017 年）	观众人数（2017 年）	性质
《地心历险记》	600	11622	引进
《史前历险》	500	9685	引进
《小辛历险记》	300	5811	引进
《海龟之旅》	200	3874	引进
《狂野复活夜》	100	1937	引进
《变形记》	100	1940	引进

山西省科学技术馆特效影院

法 定 代 表 人：路建宏
联 系 电 话：0351-6869829
传　　　　真：0351-6869816
官 方 网 站：www.sxstm.cn
行 政 主 管 单 位：山西省科学技术协会
成立（开放）日期：1988 年 2 月 2 日
通 信 地 址：山西省太原市长风商务区广经路 17 号
已加入专业委员会：中国自然科学博物馆协会科普场馆特效影院专业委员会

▨ 一、影院概述

山西省科技馆穹幕影院放映机采用鱼眼镜头，影厅为圆顶式结构，半球形银幕由观众的面前伸向身后，观众被包围其中，观看电影就好似在仰望苍穹。穹幕影院内径为 16 米，有 150 个座位、2 台数字投影机，综合光通量 20000 流明以上，采用国际知名品牌无缝拼接的金属银幕，7.1 声道立体声环绕系统，是目前配置领先的穹幕影院。

山西省科技馆 XD 动感影院是集 4D 和 XD 特效功能为一体的影院。影院有 44 个座位。观看 XD 影片使用互动手枪时，可以跟随影片的故事情节实时互动，自主控制影片中的画面内容，具有身临其境的感觉。影片结束后，每位观众可以在大屏幕中看到自己的成绩排名。

▨ 二、影院设备与资源

1. 特效影院

项目名称	穹幕影院	XD 动感影院	巨幕影院	其他影院
座位数	150 个	44 个	—	—
银幕尺寸	直径 16 米	9.3 米 × 5.1 米	—	—
银幕弧度	—	弧幕 17.7°	—	—
银幕倾角	25°	—	—	—
胶片 / 数字	数字	数字	—	—
数字放映机品牌型号	SRX__T110CH	DP4K__32B DQ	—	—
设备供应商	北京赛四达	宁波三维	—	—

2. 特效影院影片

单位：场次，人次

名称	放映场次（2017年）	观众人数（2017年）	性质
《UFO与外星人》（球幕）	255	17600	引进
《暗物质》（球幕）	304	19618	引进
《飞越探奇》（4D）	397	8900	引进
《诸葛亮》（4D）	401	5459	引进

■ 三、科普活动

特效科普影片开发情况

影片名称	影片类型	主要内容	出品时间
片头	穹幕	介绍穹幕影院及观影注意事项	2017年10月

■ 四、人才队伍状况

特效影院从业人员情况

单位：人

影院员工总数		6	
劳动或事业关系分类	事业编制数/实有人数	派遣公司签订劳动合同用人数	其他方式用人数
	7/6	—	—
人员分布	岗位名称		工作人员数
	放映员		5
	场务人员		1

穹幕影院

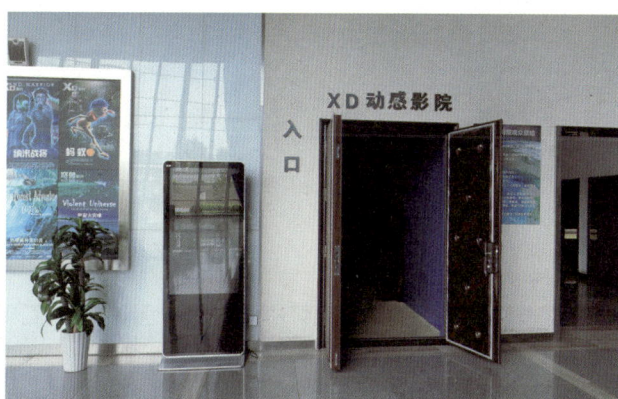

XD动感影院

陕西自然博物馆

英　文　全　称：Shaanxi Nature Museum
法　定　代　表　人：李占歧
联　系　电　话：029-85331256
传　　　　真：029-85320187
官　方　网　站：www.sxnm.net
行　政　主　管　单位：陕西投资集团有限公司
成立（开放）日期：2008 年 1 月 5 日
通　信　地　址：陕西省西安市雁塔区长安南路 88 号
已加入专业委员会：中国自然科学博物馆协会科普场馆特效影院专业委员会

▦ 一、科普活动与展览

1. 临时展览

单位：平方米，万人次

序号	展览名称	起止日期	展出地点	面积	观众数量	性质
1	"体验科学"临时展览	4 月 1 日至 6 月 30 日	陕西自然博物馆科技展馆	1000	4	引进
2	忆童年——昆虫临展	7 月 28 日至 8 月 31 日	曲江艺术博物馆	1000	1	联合
3	"世界国蝶、名蝶"临时展览	8 月 1~31 日	陕西自然博物馆自然展馆昆虫王国展厅	600	2.8	原创
4	陕西省首届青少年优秀原创科幻作品临展	8 月 15 日至 10 月 15 日	陕西自然博物馆自然展馆	400	6	联合
5	"鸟类标本"临时展览	10 月 1 日至 11 月 30 日	陕西自然博物馆自然展馆	600	4.5	原创

2. 教育活动

单位：人次

序号	活动名称	活动时间	主要内容	活动形式	主要对象	参与人数
1	迎新年读书会	1 月 1 日	迎新年读书会	现场报名免费参与	少年儿童	30

续表

序号	活动名称	活动时间	主要内容	活动形式	主要对象	参与人数
2	"鸡"会来了——当趣味科普遇上传统民俗主题活动	1月28日至2月2日	鸡年说鸡 酋长的盛宴 小小考古学家 吉祥如意心愿墙 公鸡折纸DIY 6. 小鸡大作战	现场报名 免费参与	少年儿童	300
3	我们的节日——欢乐元宵节	2月11日	1. 猜灯谜，巧手制作花灯 2. 动物的新装 3. 小小考古学家	现场报名 免费参与	少年儿童	30
4	植物的奥秘主题活动	3月12日	1. 植物知多少 2. 制作腊叶标本 3. 你朗读我来猜	现场报名 免费参与	少年儿童	10
5	地球一小时	3月25日	寻找光明使者主题活动	现场报名 免费参与	亲子家庭	60
6	年雁塔区第二十六届"科技之春"宣传月	3月25至4月25日	科技引领未来，创造美好生活	免费参与	市民学生	3000
7	清明节系列活动	4月4日	1. 五脏六腑大比拼 2. 我为动物"绘"新衣 3. 昆虫探秘	现场报名 免费参与	少年儿童	30
8	世界地球日	4月22日	"探秘地球"主题活动	现场报名 免费参与	少年儿童	15
9	世界读书日	4月23日	"牵手阅读，陪伴成长"亲子活动	现场报名 免费参与	少年儿童	80
10	劳动节系列活动	5月1日	劳动最光荣	现场报名 免费参与	少年儿童	10
11	全国科技周活动	5月15~21日	"我把恐龙带回家"活动，展演新编科普剧	现场报名 免费参与	少年儿童	30
12	国际博物馆日	5月18日	博物馆免费开放	发放免费券	社会公众	4000
13	端午节系列活动	5月30日	浓情端午	现场报名 免费参与	少年儿童	10
14	儿童节系列活动	6月1日	"童心飞扬，快乐成长"主题系列科普活动 1. 彩虹风车 2. 科普展项猜猜猜 3. 乐活family	现场报名 免费参与	少年儿童	50
15	国庆节系列活动	10月1~7日	编制中国结、剪纸等手工制作活动	现场报名 免费参与	少年儿童	150
16	中秋节系列活动	10月4日	"画花灯"传统民俗及系列活动	现场报名 免费参与	少年儿童	30

3. 流动科普设施

单位：次

序号	名称	年度巡展次数	类型	经费来源	运行方式
1	科普大篷车	27	科普讲座	自筹	主动联系、受邀开展
2	《地球回音》科普剧	8	科普剧	自筹	受邀开展

二、科研与学术

1. 承担项目

单位：万元

序号	项目名称	项目来源	项目级别	经费	负责人
1	秦岭东段晚白垩纪恐龙遗迹调查研究项目	陕西自然博物馆	其他	6	白 毅
2	青少年环保宣教项目	共青团陕西省委	省级	1	李银华

2. 研究成果

题目	作者	刊名	卷（期）号	期刊级别
《秦岭主峰太白山》	赵勇强	《大自然》	2017 年第 4 期	

3. 编辑刊物

单位：册

刊物名称	刊号	发行周期	发行数量	发行范围
《陕西自然博物馆论文集》	—	每年一期	100	内部发行

三、信息化建设

1. 官方网站浏览情况

日均浏览量 450 人次。

2. 展品信息化工作

陕西自然博物馆 2014 年根据自然类藏品的特点，开发了"陕西自然博物馆藏品信息管理系统"，该系统主要是以博物馆藏品标本信息的管理为核心，同时结合藏品的出入库、账务、科研、陈列展览等相关信息管理的一套简便、实用的综合管理信息系统。该系统不仅可以对本馆的藏品及相关信息进行有效的管理，促进馆内的信息共享，提高工作效率，而且可以使博物馆的日常业务管理进一步规范化。

针对博物馆藏品管理信息化的实际需求，以藏品为中心，以业务流程为主线，以业务资料采集、积累、整合、统计、查询为手段，满足标本保护、管理、科研、展览、宣传教育等业务的需要，提高博物馆的工作效率和管理水平。以藏品管理为中心，覆盖主要的业务部门和业务流程，可自定义藏品指标功能，能随时与政府部门颁布的新藏品指标规范保持同步更新；可调整藏品分类，解决博物馆不同分类的要求，多层次、多方向、立体交叉的藏品管理权限控制，对软件模块、藏品指标、藏品级别类别、藏品库房、审核范围均可授权；自动记录操作日志，确保可管理、可追溯的安全性。

目前该馆一直在正常使用"陕西自然博物馆藏品信息管理系统"，藏品信息采集比例、珍贵文物信息采集比例均达到 100%。

3. 新媒体运用

陕西自然博物馆现有微博 2 个，运行情况良好；微信公众号 1 个，于 2017 年 8 月投入运行，关注人数为 2396 人，2017 年全年共计发布 5 条图文信息。

四、志愿者队伍建设

单位：人

分类	服务岗位	人数	来源	服务时间
科普志愿者	展厅管理、公益讲解	222	西安市大中小学	双休日、节假日

▨ 五、运营情况

票务情况

单位：元，人次／年

是否免费开放	未免费开放场馆票种	未免费开放票价	观众人数
否	自然馆成人票	30	129820
否	自然馆半价票	15	30858
否	科技馆成人票	20	63043
否	科技馆半价票	10	22070
否	科技馆＋穹幕影院成人票	40	21470
否	科技馆＋穹幕影院半价票	35	6877
否	穹幕影院	30	11541
否	5D 影院	30	4643

▨ 六、2017 年度大事记

1 月中下旬　在陕西公务员大厦举办了"提素质、促团结、优作风、稳发展"全员中层干部培训班。

2 月 18 日　中国科协"体验科学——中国流动科技馆"全国巡展西安站在陕西自然博物馆科技展馆开展。

3 月 1 日　陕西投资集团公司（以下简称"集团公司"）副总经理倪正、纪委副书记杜功万带领第二考核组对陕西自然博物馆进行了2016 年度综合业绩现场考核。

3 月 4 日　在西安打工的蒲城桥陵镇人田万社先生，将自己收集的 145 件古生物化石无偿捐赠该博物馆。

陕西自然博物馆东门变形金刚

后宰门小学三年级学生黄婉莹向博物馆捐赠菊石化石标本 1 件。至此黄婉莹成为向陕西自然博物馆捐赠化石标本的年龄最小的自然保护使者。

3 月 22 日　北京自然博物馆科普部赵洪涛主任率领的中国科技馆、北京天文馆、中国园林博物馆、中国铁道博物馆等北京科普基地联盟 10 家单位的 12 名专家来陕西自然博物馆参观交流。

4 月 8 日　"天宫二号"空间实验室模型已在陕西自然博物馆科技展馆二层平台正式对外展出。

4 月 15 日上午 8 时 30 分　国内首家以美国慈善家肯尼斯·贝林先生命名的单体世界野生动物标本馆——肯尼斯·贝林馆在陕西自然博物馆奠基。陕西省委常委、常务副省长梁桂，省政府副秘书长张光进，环球健康与教育基金会全球执行副总裁沈安琪女士，陕西能源集团董事长袁小宁、总经理宋老虎等出席奠基仪式。省科技厅、省林业厅、省国资委、省文物局、省旅游局、省科协，市科技局、市文物局、市旅游局、雁塔区政府等省市区级有关部门的领导也应邀出席奠基仪式。

4 月 23 日　中国航天科技集团公司第四研究院捐赠逃逸塔仪式在陕西自然博物馆科技展馆举行。航天四院逃逸塔系统总指挥余海林，陕能集团副总经理张锋，省科技厅宣传教育与科普处调研员李戟等出席捐赠仪式。中国工程院院士侯晓也致信祝贺陕西自然博物馆新添"镇馆之宝"。

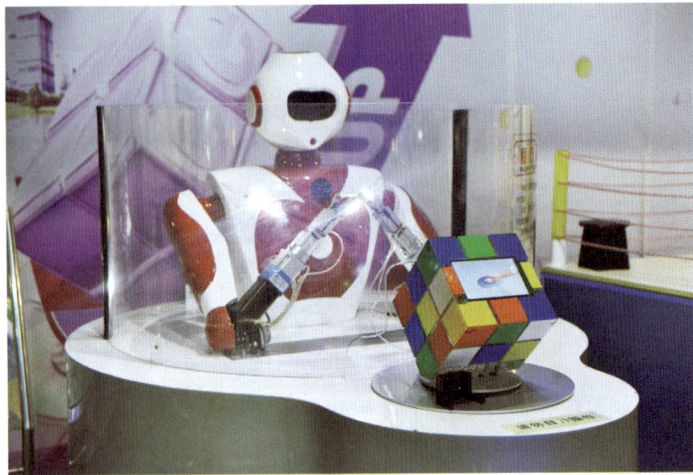
科技展馆魔方机器人

4月　商洛地区再次发现蜥臀目兽脚类恐龙足迹化石和恐龙骨骼化石。

4月　在第三届陕西科普讲解大赛暨第四届全国科普讲解大赛选拔赛中，该馆3名选手在2016年蔡殷荣获冠军之后再获殊荣：郭瑞、段淼被授予"陕西科普使者"称号，周媛荣获三等奖并被授予"2017年陕西十佳科普使者"。

5月18日　第41个国际博物馆日，陕西自然博物馆免费对外开放，游客持身份证免费领取入场券即可参观。

5月27日晚　2017年陕西省科技活动周闭幕式暨科学之夜活动成功在陕西自然博物馆举办。这也是陕西自然博物馆首次承办科学之夜活动。省科技厅、省教育厅、省科协、省科技交流中心等单位领导出席本次活动。

6月13日　李占岐馆长携寿礼"西将军"代表陕能集团党委书记、董事长袁小宁前往美国旧金山为世界著名慈善家肯尼斯·尤金·贝林先生庆祝89岁寿辰。此次美国之行，李占岐馆长还特意参观了贝林先生在加州的黑鹰社区、美国加州大学伯克利分校合作创建的科学文化艺术博物馆与旧金山亚洲艺术博物馆。旨在借鉴国外的先进经验，创建"国内一流，国际接轨"的自然博物馆。

7月2日　陕西省2017年"大手拉小手——弘扬科学精神"科技体育夏令营示范活动开营仪式暨雁塔区青少年科技模型比赛在陕西自然博物馆如期举行。省关工委副主任、省教育厅原副厅长吕明凯主持开营仪式，西北农林科技大学原党委书记张光强、省科协副主席党广录、省扶贫办原党组书记雷生辉、省委原副秘书长杨志刚、雁塔区委副书记曹宇、副区长张亚省等参加开营仪式。陕西自然博物馆杨鹏副书记致辞。雁塔区36所中小学的600余名师生一同参加了此次夏令营活动。

7月7日　陕西自然博物馆与曲江艺术博物馆联合推出"忆童年昆虫展"暑期特展，在西安威斯汀酒店正式对外拉开帷幕。本次展览以"萤火虫探索之旅"为主题，从7月7日到8月31日展出，共展出160件昆虫标本。

7月　陕西省科协公布了陕西省第二十五届"科技之春"宣传月活动先进单位评选结果，经专家认真评审，陕西自然博物馆被评选为先进单位。

7月20~25日　第六届"环球自然日"2017年度全球总决赛在重庆举行。经过预赛，陕西省从178支队伍、500多名师生中选派出11支队伍，共斩获一等奖5组、二等奖5组、三等奖1组，并荣获首次设立的单项奖——最佳选题奖和最佳行动实践奖各1组、优秀学校奖1组、优秀教师奖3名。陕西自然博物馆也连续四年获得"优秀组织奖"，在所有分赛区中获奖成绩最好。陕西自然博物馆馆长李占岐、副书记杨鹏、纪检组长封玉梅作为本次活动的特邀嘉宾亲临现场，并为全球总决赛的获奖选手颁奖。

8月初　西安市体彩中心向陕西自然博物馆捐赠室外乒乓球台、上肢牵引器、太极揉推器、仰卧起坐板等17件健身器材，目前已安装到位并投入使用。

8月30日下午5点　陕西自然博物馆精细化管理岗位描述竞赛在自然展馆报告厅顺利举办。共有6名中层选手和8名员工选手参加了本次竞赛。最终，研究部部长白毅和展教一部部长文传富获得中层组并列第一名，展教二部薛钰获得员工组第一名。

9月14日　集团公司成功举办首届岗位描述竞赛，陕西自然博物馆选拔的2名参赛选手，从集团公司21家二级单位和10家三级单位共49名选手中脱颖而出，展教二部展厅主管薛钰荣获员工组二等奖，研究部部长白毅荣获中层组优秀奖。陕西自然博物馆荣获"优秀组织奖"。

9月19日　由省科技厅、团省委共同主办的2017年首届陕西科普秀大赛在省科技资源统筹中心举行。大赛分为科学脱口秀和科学表演秀2个组别，在表演秀组别中，博物馆选手包揽前三名，其中党菁、周媛、陈玉娜表演的《森林密语》获一等奖；邹鹏、郭瑞、刘军鹏表演的《降渣记》以及王亚锋、段淼表演的《看得见的风》获二等奖；在脱口秀组别中，刘畅、周媛表演的《吃货的世界你不懂》获二等奖；以上9名选手全部被授予"陕西科普秀达人"荣誉称号；王亚锋荣获最具人气单项奖；陕西自然博物馆获"优秀组织奖"。

9月23~24日　环球自然日青少年科普绘画大赛陕西赛区决赛在陕西自然博物馆成功举办，来自省内各地市的近200组选手参赛。

为欢庆新中国68周年华诞、喜迎党的十九大顺利召开，进一步推进濒危鸟类保护工作，普及鸟类知识，9月底至11月底，"金秋鸟类标本展"在陕西自然博物馆自然展馆三层对外展出。

10月3日以来　陕西自然博物馆"双节"假期屡创新高，连续四天参观人数、门票收入创新高。10月5日，参观人数达1.25万人次，门票收入突破15万元。

国庆中秋期间　陕西自然博物馆生命之光展厅新增展出人体器官标本14件，神奇秦岭展厅还展出了非常珍贵的羚牛胚胎标本。

陕西自然博物馆科学表演秀《地球回音》在2016年全国科普大咖秀比赛中的出色表现，被团结香港基金会、中国科学交流中心特邀参加于9月24日至10月2日在香港会议展览中心举办的2017"创科博览会"。

10月4日　陕西自然博物馆"全员岗位描述常态化"工作正式开启。从国庆节至年底，每日班前会，将有1名中层或员工从自身岗位的职责和工作标准出发，严格按照集团公司精细化管理工作的规范要求进行描述。

10月9日　西安市野生动植物保护管理站捐赠陕西自然博物馆一批被查封的非法活体标本蝴蝶，其中国家二级保护蝶类有枯叶蝶、金裳凤蝶等，约80只；其他国家保护蝶类70余只。

10月17日　四川省科协党组成员、四川科技馆党委书记、馆长经戈，《科幻世界》杂志社副社长、四川科技馆巡展办副主任徐铮一行3人到该馆考察学习。

10月21日中午　环球健康与教育基金会主席肯尼斯·贝林先生一行六人再次来陕考察"肯尼斯·贝林馆"项目进度。集团公司张锋副总经理、陕西自然博物馆李占岐馆长等到机场迎接。当日下午，贝林先生一行抵达秦始皇帝陵博物院，与陕西省文物局原副局长李炳武和秦始皇帝陵博物院副院长田静进行深入交流沟通，随后参观了一号坑、二号坑和三号坑，还参观了珍贵出土文物铜车马。

10月21日下午　集团公司董事长袁小宁、副总经理张锋在皇冠假日酒店会见了环球健康与教育基金会主席肯尼斯·贝林先生一行，陕西自然博物馆馆长李占岐、集团公司办公室主任毛冬红陪同会见。

10月22日中午　环球健康与教育基金会主席肯尼斯·贝林先生一行在皇冠假日酒店会见肯尼斯·贝林馆项目建设的相关专家，并进行深入交流。陕西建工集团有限公司工程三部副总经理王易安、陕西工程监理有限公司副总经理魏英莉以及中国建筑西北设计院总结构师王洪臣代表肯尼斯·贝林馆总设计师赵元超分别将相关工作进行了专题汇报。当天下午，贝林先生来到陕西自然博物的肯尼斯·贝林馆项目工地现场视察指导。李占岐馆长对肯尼斯·贝林馆项目工程的进展和安排进行了全面汇报。

11月上旬　李占岐馆长受邀参加的中国（黄石）地矿科普大会在湖北省黄石市召开。大会由黄石市人民政府、中国地质学会、中国科协科普部、中国自然科学博物馆协会、湖北省科协主办；李占岐馆长一行走访调研黄石矿博园、黄石地质博物馆、铜绿山古铜矿遗址博物馆、黄石国家矿山公园、华新水泥厂旧址、小雷山地学科普路线等黄石代表性的展馆和地学科普线路。

陕西自然博物馆于2017年初启动员工"三定"专项工作，经过会议动员、摸底调研、征求意见、研究论证、方案公布、个人报名、竞聘演讲、员工推荐、领导小组审核、馆务会审定等环节，于2017年11月16日，圆满完成员工"三定"工作，实现了职能调整、编制核定及人员定岗"三到位"。

11月24日　陕西省文物局在西北大学举行"中华优秀传统文化传承基地"授牌仪式。省文物局赵荣局长等领导向全省遴选的首批25家博物馆（纪念馆）授牌，陕西自然博物馆荣誉入选。

11月29~30日　由中国科学院科学传播局、科技部政策法规与监督司主办，以"科技强国创新圆梦"为主题的2017年全国科学实验展演汇演活动在北京中科院物理研究所正式拉开帷幕。陕西自然博物馆作为陕西省科技厅选拔推荐的6组单位之一，该馆陈玉娜、周媛、党菁表演的《魔力彩虹》，与来自全国20多个省、市、自治区和澳门特别行政区的69组队伍同台竞技，喜获全国科学实验展演汇演活动"二等奖"，因计时器操作原因与"一等奖"失之交臂，组委会特意为陕西自然博物馆追加"特别奖"。

12月底　12棵俊秀挺拔的南方树种——香樟树安家陕西自然博物馆，成为自然保护使者。同时，在馆区东侧绿地还集中栽植秦岭红豆杉、珙桐、水杉、银杏等国家一级树木，并进行科普展示。

12月29日　陕西省野生动植物保护协会第六次会员代表大会暨第一次理事会在西安召开，陕西自然博物馆被授予2017年全省野生动植物保护、自然保护区建设和湿地保护"先进集体"荣誉称号，李占岐馆长当选第六届野生动植物保护协会副会长，李银华当选对外工作委员会副主任。

▨ 七、2017年工作概述

（一）经营指标完成情况

全年安全开放304天；接待游客74.43万人次，完成年计划的114.51%，同比增长17.3%；实现经营收入1125.38万元，完成年计划的104.2%，同比增长17.07%。展项完好率达95%以上，媒体报道235次，完成年计划的130%；无游客投诉和负面报道，接待秩序良好。

（二）主要工作开展情况

1. 科普教育

一是丰富展示内容。自然展馆古生物长廊陈列布展新增化石标本13件；王志成中将捐赠2件珍稀标本在秦岭厅中心区生态场景展示，得到游客的称赞；新制作大熊猫、朱鹮、金丝猴、金钱豹、羚牛、稀有羚牛胚胎标本在秦岭厅展示；生命厅新增14件人体器官标本及配套科普展板。科技展馆新增"镇馆之宝"——逃逸塔，中国工程院院士、航天四院侯晓副院长和集团公司张锋副总经理出席捐赠仪式，跳舞机器人赢得孩子的喜爱，3D打印机与小小设计师相结合，激发孩子的创造力；推出"天宫二号"、月球探测车、蛟龙号等尖端科技模型，5D动感影院"五一"对外开放。

二是举办科普教育活动。结合大型节假日和社会热点，立足常设展览，挖掘资源，联合相关单位共同开展近30项丰富多彩的科普主题活动，获团省委青少年环保宣传教育项目。2017年取得优异成绩，先后被省科技厅授予"2016年全省科普统计调查工作先进单位"；被省科协授予第二十五届"科技之春"宣传月活动先进单位；被陕西省联合国教科文组织协会授予2016年度"社会实践先进单位"荣誉称号；被省文物局授予全省首批"中华优秀传统文化传承基地"称号；被省野生动植物保护协会授予2017年全省野生动植物保护、自然保护区建设和湿地保护"先进集体"荣誉称号。

三是参加"2017年环球自然日"活动。积极组织参加国际"环球自然日"陕西赛区预选赛，又参加了重庆总决赛，3位馆领导带队，中层干部和业务骨干10多人，以"战斗员"的身份全方位参与重庆总决赛的全程工作，选派的参赛队伍60%获一等奖，该馆也连续四年获得"优秀组织奖"，同时积极组织陕西省青少年参加环球健康与基金会首度推出的"青少年科普绘画大赛"，选送作品数量在全国14个赛区中名列第二。

四是不断拓展临时展览。成功举办"中国科协流动科技馆展""首届青少年优秀原创科幻作品大赛获奖作品展""世界国蝶、名蝶展""恐龙蛋化石展览""金秋鸟类标本展"。在馆内组织临展的同时积极争取对外展览，首次与曲江艺术博物馆联合推出"忆童年昆虫展"暑期特展。

五是公益科普形式多样。科普小分队进社区、进校园43次，覆盖杨凌、兴平、白水等周边区县；继续与陕西省图书馆合作开展"学在陕图"公益课堂；累计完成1191次的讲解接待，其中公益讲解720场次；接待兄弟单位清水川、汇森煤业、煤田地质等员工和学生参观近千人，使该馆成为集团丰富员工文化活动，关爱职工，打造"幸福陕能"的重要科普场所。

六是研学旅行步入正轨。该馆积极参与研学推广活动，与友联、中旅、雅森等研学旅行社签订合作协议。全年接待团队486批次、近9万人次，被授予"西安市首批中小学生研学实践教育基地"。

七是科普荣誉硕果累累。中国科学院、科技部主办的2017年全国科学实验展演汇演活动中，该馆《魔力彩虹》科普剧，因主办方工作人员失误，与一等奖失之交臂，获二等奖并被追加特等奖；科技部特邀该馆《地球回音》科普剧赴港演出，受到董建华副主席、香港特别行政区行政长官以及学生和市民好评；在2017年首届陕西科普秀大赛中，该馆参赛的9名选手包揽全部奖项，并获"优秀组织奖"；在省科技厅、省科协主办的第三届陕西科普讲解大赛中，科普老师周媛荣获三等奖并被授予"2017年陕西十佳科普使者"称号，段淼、郭瑞被授予"陕西科普使者"称号。

2. 标本征集和学术研究

一是标本征集工作，全年共征集各类标本851件，完成全年计划的106%。二是研究人员在商洛地区采集到具有极高研究价值的晚白垩纪恐龙蛋化石、恐龙骨骼化石和恐龙脚印化石，其中恐龙蛋化石经中科院中国古脊椎与古人类研究所实验室切片分析鉴定，是一种新的蜂窝蛋科类型，属新种，填补了国内标本

陕西自然博物馆科学秀——神奇液氮

空白。三是研究工作取得新突破。"秦岭东段晚白垩纪恐龙遗迹调查研究项目"研究工作已基本完成，并申报2018年陕西省自然科学基金项目。

3. 安全管理

严格按照集团公司的考核指标和管理要求，狠抓落实，全年未发生A级一般以上人身伤亡事故，无A级一般以上同等的火灾事故、交通事故、环保事故和其他安全事故。健全安全管理机构和管理制度；调整安委会，成立消委会，组织全员安全培训4次，全员演练2次。按照年度安全生产责任书，完成安全、消防一般隐患整改29项。全年安全综合大检查16次，整改检查问题55项。通过日常安全管理和培训，全员安全意识大幅提高，李玮嘉同志获集团2017年安全生产主题演讲比赛特等奖。

（三）党建工作

一是坚持党的领导，加强党的建设，年初对党建工作进行了安排部署，明确了全年党建工作的目标和任务，对签订年度党建暨党风廉政建设责任书及时分解任务目标，分别与纪检组长、支部书记逐级签订责任书。

二是深入学习中央、省有关精神。重点学习习近平总书记系列重要讲话，学习党的十八届六中全会和党的十九大精神，学习全国、全省"两会"精神，学习省第十三次党代会精神，学习党章党规等。全年组织馆领导和中层专题学习近20次。特别是在党的十九大胜利召开之后，及时对学习宣传贯彻党的十九大精神部署安排，明确了学习重点及学习步骤，针对馆党总支理论学习中心组及各党支部、各部门的学习进行了全方位安排，教育引导全体员工自觉把思想和行动统一到党的十九大精神上来。

三是严格落实"三会一课"、民主生活会、组织生活会、民主评议党员、双重组织生活等基本制度。坚持馆领导、支部书记讲党课，馆长李占岐做"学习宣传贯彻党的十九大精神"专题党课，馆党总支副书记杨鹏做"党章学习与君子文化落地工程"专题党课，纪检组长封玉梅做"廉洁从业从我做起"廉政党课，中层以上领导干部和党员参加。党支部书记做"党员的味道"专题党课，支部全体党员参加。

四是夯实"两个责任"，加强党风廉政建设。加强党风廉政建设党委主体责任和纪委监督责任的落实，认真贯彻落实中央"八项规定"精神，严格执行集团纪委"十个禁止"要求，严肃督查问责，驰而不息纠正"四风"。完成反腐倡廉宣传教育月各项活动，每月按时向集团纪委报送该馆相关统计表等报表，配合完成集团党风廉政专项检查工作。

五是年初制定了《中共陕西自然博物馆总支部委员会2017年理论学习中心组学习计划》《2017年度党委理论学习中心组学习计划表》等文件，全年组织党总支理论中心组专题学习12次，组织相关人员参加集团公司视频学习6次，并及时将每月学习情况报集团公司党委工作部。

六是2017年来，陕西自然博物馆严格按照年初工作要求，以建设社会主义核心价值体系为根本，以创省级文明单位为目标，突出重点抓社会主义核心价值观学习宣传，精心部署抓"我们的节日"主题活动，深入开

"珍稀人类的朋友　维护生态平衡"研讨会

展提升职工职业素质的活动，潜心培育抓道德模范建设。

七是将意识形态工作纳入馆党总支学习的重要内容，及时传达学习党中央和上级党委关于意识形态工作的决策部署及指示精神，牢牢把握正确的政治方向，严守政治纪律和政治规矩，严守组织纪律和宣传纪律，坚决维护中央权威，在思想上行动上同党中央保持高度一致。

八是认真开展"爱企业、献良策、做贡献"主题实践活动，为博物馆发展建言献策。全年共征集建言献策并采纳7条。同时该馆还团结和倡导社会各界党外人士共同致力于博物馆建设，不少爱心之士为该馆捐赠大量标本，通过实际行动为博物馆贡献力量。

九是认真做好全年各阶段矛盾纠纷摸排化解工作，重点安排馆内矛盾纠纷排查工作和员工需要解决的重点、难点问题。各部门、各党支部对可能引发信访问题的不稳定因素进行全面深入的排查摸底，对排查出的问题，认真梳理、落实到人，切实做好"发现得早、化解得了、控制得住、处置得好"。经过认真排查，2017年无影响社会稳定的矛盾问题。

十是加强对工会、共青团工作的领导，支持工团组织紧密围绕博物馆中心工作，充分发挥工会、共青团的桥梁纽带作用。一是坚持工会每月组织一项主题活动，丰富员工业余生活。群团组织开展了三八节活动、女工知识答卷、观影、拍摄微电影等活动。二是在馆工会和办公室共同努力下，成立博物馆伙管会并制定《伙管会管理办法》，维护员工利益，最大限度地发挥食堂作用。三是为解决员工反映馆内无运动场所问题，在博物馆东广场开辟全民健身休闲场地，修建乒乓球场地、羽毛球场地、篮球场地及健身场地等近1000平方米的全民健身休闲场地。四是开馆十周年之际，工会组织全员拍摄"一路成长用心回馈"员工风采录视频，增强全员凝聚力和感召力。

十一是2017年该馆虽然无驻村脱贫攻坚任务，但一直心系脱贫攻坚工作。5月24日，馆党总支组织开展"关爱留守儿童助力科普扶贫"主题党日活动，赴白水县史官镇史官中心校，为该校师生送去自然科普知识、各类精美的标本、神奇的科普实验，积极踊跃地现场互动问答，让孩子们沉浸在知识的海洋里。同时，博物馆全体党员和中层干部还自发捐款，购买了科普书籍、体育器材和部分学习用品，送给该校以及87名留守儿童，以实际行动助力集团公司脱贫攻坚工作。

（四）重点工作完成情况

1. 肯尼斯·贝林馆项目建设

4月15日，陕西省委常委、常务副省长梁桂，省政府副秘书长张光进，环球健康与教育基金会全球执行副总裁沈安琪女士及近20多家相关部门负责人出席奠基仪式。目前项目建设规划手续正在办理中，设计方案已经基本确定，基坑开挖的渣土手续办理完成，集团公司拨付420万元资金已到位，管网改造工程也已完成，正在筹备设计图纸会审和办理相关手续，待此项工作完成后可全面开工。

2. 税收免征

积极争取政策支持，在省、市领导大力支持下，陕西省地方税务局于2017年11月批准同意免征该馆2013~2017年城镇土地使用税和房产税共约1351.72万元，为集团公司节约了资金，同时也减轻了该馆运营压力。

3. 优化中层和员工队伍结构

圆满完成中层轮岗竞聘及员工"三定"工作，完善激励机制，制订薪酬管理办法，促进分配的公平和科学。通过科学的方法、严密的程序和严格的标准选贤任能，坚持公平、公正、公开，实现了民主、竞争和党管干部的有机结合，促进本馆复合型人才的培养，为想干事、能干事、会干事、干成事的干部提供施展才华的舞台。

4.多次得到政府支持

主动与省、市、区文物部门和旅游部门对接，积极争取有利该馆发展的政策。一是获得市旅游局4A级景区奖励资金100万元；二是完成市文物局2017年度现场考核工作，获得奖励资金14万元；三是喜获省首批"中华优秀文化传承基地"称号，获得专项资金10万元；四是积极向省文物局申请临展并做好日常考核，为2018年资金奖励做好准备。

5.深化岗位描述工作

积极参与集团公司举办精细化管理岗位描述竞赛活动，认真开展精细化管理培训，选送的参赛选手白毅和薛钰分别获集团公司精细化管理岗位描述竞赛员工组二等奖和中层组优秀奖，该馆荣获优秀组织奖，二等奖获得者薛钰参加集团岗位描述优秀选手巡回展演。陕投集团精细化管理的岗位描述是提高全员综合素质的有效途径，该馆推行每天安排一人在晨会上进行岗位描述的活动。一人描述，全馆交流，岗位工作有条不紊。

6.推动"幸福陕能"工程

推行"多劳多得"工作方式，建立双通道晋升机制，提高员工工资待遇，提升员工公平度和满意度。工会月月组织文体活动，并陆续修建乒乓球、羽毛球、篮球等场地，积极争取到西安市体彩中心捐赠健身器械，精心打造职工健身休闲场地，提升员工凝聚力和归属感。

榆林市科学技术馆特效影院

法 定 代 表 人：周智
联 系 电 话：0912-8190050
传　　　　真：0912-8190301
官 方 网 站：www.ylstm.cn
行 政 主 管 单 位：榆林市科学技术协会
成立（开放）日期：2015 年 6 月
通 信 地 址：陕西省榆林市高新区建业大道 142 号
已加入专业委员会：中国自然科学博物馆协会科普场馆特效影院专业委员会

一、影院设备与资源

1. 特效影院

项目名称	球幕影院	4D 影院	巨幕影院	其他影院
座位数	101 个	54 个	—	—
银幕尺寸	15 米	8.7 米 ×4.9 米	—	—
银幕弧度	180°	—	—	—
银幕倾角	—	—	—	—
胶片 / 数字	数字	数字	—	—
数字放映机品牌型号	索尼 T110	巴可 DP2K-20C	—	—
设备供应商	电讯盈科	恒润	—	—

2. 特效影院影片

单位：场次，人次

名称	放映场次（2017 年）	观众人数（2017 年）	性质
4D 影院	540	2.4	引进
穹幕影院	245	1.65	引进

▦ 二、人才队伍状况

1. 特效影院从业人员情况

单位：人

影院员工总数		4	
劳动或事业关系分类	事业编制数 / 实有人数	派遣公司签订劳动合同用人数	其他方式用人数
	1	3	—
人员分布	岗位名称		工作人员数
	放映员		2
	场务人员		2

2. 人才培养

项目名称	主办单位	起止时间	活动地点 / 主要内容	培训对象 / 人数
科普场馆特效影院专业委员会2017年度放映技术培训班	科普场馆特效影院专业委员会	11 月 8~10 日	内蒙古科技馆 / 影院放映技术及影院运行管理	放映员 / 2 人

穹幕影院外观

4D 影院

甘肃科技馆特效影院

法定代表人：张晓春
联系电话：0931-6184279
传　　　真：0931-6184296
官方网站：www.gsstm.org
行政主管单位：甘肃省科学技术协会
成立（开放）日期：2017 年 12 月 28 日
通信地址：甘肃省兰州市安宁区银安路 568 号
已加入专业委员会：中国自然科学博物馆协会科普场馆特效影院专业委员会

一、影院概述

甘肃科技馆球幕影院外观

甘肃科技馆特效影院有球幕影院及巨幕、4D、动感三合一影院两座影院。其中球幕影院是西北最大的球形环幕影院，拥有最先进的数字 4K 放映系统，球幕直径 23 米，倾斜角度 23 度，观众座椅 293 个，音响系统为杜比环绕 7.1 声道，拥有 18 个环绕、4 个低音、3 个主音音响，放映系统采用两台科视数字 D4K3560 上下对打融和，总亮度达 7 万流明以上，采用 D5 系统播放，除放映超高清 4K 球幕影片外，还能播放美国天文数据库节目达 5 万余部。甘肃科技馆巨幕、4D、动感三合一影院屏幕宽 21 米，高 11.6 米，采用两台科视 CP4230 放映机对打，也是目前国内最先进的集合了巨幕、4D、动感三合一的 4K 数字影院。影院共 269 个座椅，269 个 4D 座椅，60 个动感座椅，可以体验环境特效、座椅特效、立体影像带来的及其逼真的感受。自开馆以来，甘肃科技馆得到广大观众的喜爱与支持，受到外界的一致好评，影院在今后的工作中，将不断给观众带来新型的科普体验，为推动科普教育事业的发展做出贡献。

▓ 二、影院设备与资源

1. 特效影院

影院名称	球幕影院	巨幕、4D、动感三合一影院
座位数	293 个	269 个
银幕尺寸	直径 23m	21m*11.6m
银幕弧度	23°	5°
银幕倾角	23°	—
胶片 / 数字	数字	数字
数字放映机品牌型号	科视 D4K3560	科视 CP4230
设备供应商	科视	科视

2. 特效影院影片

单位：场次、人次

名称	放映场次数（2017 年）	观众人数（2017 年）	性质
《冰雪世界》	6	1184	引进
《地球栖息地》	6	902	引进
《暗物质》	3	591	引进
《国家公园探险》	4	876	引进
《大闹天宫》	3	432	引进
《与恐龙同行》	4	821	引进
《惊悚探险》	6	360	引进

▓ 三、人才队伍状况

1. 特效影院从业人员情况

单位：人

影院员工总数	11		
劳动或事业关系分类	事业编制数 / 实有人数	派遣公司签订劳动合同用人数	其它方式用人数
	3	8	—
人员分布	岗位名称		工作人员数
	放映员		2
	场务人员		6
	管理人员		3

2. 人才培养（培训）

序号	项目名称	主办单位	起止时间	活动地点 / 主要内容	培训对象 / 人数
1	影院日常运行管理	中国科技馆	9 月 1~6 日	北京 / 影院场务及放映人员培训	影院全体工作人员 /10 人
2	影院日常运行管理	上海科技馆	9 月 12~15 日	上海 / 影院场务及放映人员培训	影院全体工作人员 /10 人
3	Digistar5 培训	杭州低碳科技馆	9 月 16~18 日	杭州 / 球幕 Digistar5 软件编程培训	影院总负责人、影院放映编辑 /4 人

毕节市科技馆特效影院

法 定 代 表 人：陈岚
联 系 电 话：08578254230
传　　　　真：0857-8254710
官 方 网 站：www.gzbjkx.cn
行 政 主 管 单 位：毕节市科学技术协会
成立（开放）日期：2014 年 1 月
通 信 地 址：贵州省毕节市七星关区碧阳大道 518 号市科技文化中心
已 加 入 专 业 委 员 会：中国自然科学博物馆协会科技馆专业委员会

毕节市科技馆于 2013 年 3 月建成，总投资约 5500 万元，建筑总面积 6470 平方米，展厅面积为 3849 平方米，4D 影院面积为 200 平方米。毕节市科技馆 4D 影院由上海恒润数字科技股份有限公司承建，投资为 245 万元，共有 52 个第五代座椅，配有 9 部高科技影片。2017 年未进行改、扩建工作。

为做好影院的免费开放工作，毕节市科技馆周密安排。一是安排了 2 名专职放映员，对影院的设施、设备进行专项管理和维护，安排 6 名流动工作人员配合开展工作；二是与原建设单位签订每年进行 4 次检查、维护的合同，确保影院正常运行；三是加强对相关技术人员的业务培训，提升其工作能力，更好地为公众服务；四是配合市委、市政府组织的"文化惠民新春活动""青少年走进科技馆体验科学魅力"系列科普活动、"全国科普日"等多项主题活动，放映科普影片。2017 年，4D 影院免费接待观众 5460 人次，放映电影 105 场。

1. 特效影院

项目	4D 影院
座位数	52 个
银幕尺寸	21.7m×5.5m
银幕弧度	170°
银幕倾角	28°
胶片 / 数字	数字
数字放映机品牌型号	Hirain-HD 3D 影院服务器
设备供应商	上海恒润

2. 特效影院影片

单位：场次，人

影片名称	放映场次数（2017 年）	观众人数（2017 年）	性质
《史前历险》	32	1662	引进
《气象万千》	20	1020	引进
《Fish》	28	1450	引进
《海龟之旅》	29	1504	引进
《雪地大狂野》	13	676	引进
《小辛历险记》	24	1241	引进
《青川之爱》	10	508	引进
《灾难警示录》	27	1400	引进
《鼠老三进城记》	34	1759	引进

3. 特效影院从业人员情况

单位：人

影院员工总数		10	
劳动或事业关系分类	事业编制数 / 实有人数	派遣公司签订劳动合同用人数	其他方式用人数
	4	6	—
人员分布	岗位名称		工作人员数
	放映员		5
	场务人员		5

新疆维吾尔自治区科学技术馆特效影院

法 定 代 表 人：战强
联 系 电 话：0991-6386099
行 政 主 管 单 位：新疆维吾尔自治区科学技术协会
通 信 地 址：新疆乌鲁木齐市沙依巴克区新医路 686 号

▒ 一、影院概述

5D 影院

5D 影院利用座椅特效和环境特效，模拟电闪雷鸣、风霜雨雪等多种特效效果，将视觉、听觉、嗅觉、触觉和动感完美地融为一体，以超现实的视觉感受配以特殊的、刺激性的效果同步表现，以仿真的场景与特别的机关设置来模仿实际发生的事件，从而使观众参与其中并全身心地融入剧情之中，体验虚幻仿真、惊心动魄的冒险旅行。

球幕影院

观众厅为圆顶式结构，屏幕呈半球形，由于屏幕影像大而清晰，自观众面前延至身后，且伴有环绕立体声，使观众如置身其间，临场效果十分强烈。

球幕影院全景

5D 影院内部

科技夏令营

和田地区于田县小学

2017 年度总结

　　2017 年 5D 电影共放映 1300 场次，接待观众 175251 人次，其中免费接待 1256 人次、散客 173995 人次；球幕影院共放映 30 场次，接待观众 215 人次；完成与展览中心一起开展的科普活动进校园、进社区移动球幕共放映 32 场次，观众达 46000 余人次；完成与科普工作队进行科技五下乡、流动科技馆巡展、科普基层行活动中移动球幕影院、科普影片的播放工作，受众人数达 13980 人次，取得了良好的科普宣传效果。为搭建与内地先进场馆的沟通与交流，该馆派人参加了在北京举办的 2017 年中国自然博物馆协会科普场馆特效影院专业委员会年会。通过座谈交流、观影等形式，馆员们开阔了视野，特别是了解了国内特效影院的发展趋势、AR/VR 技术发展等，为做好新疆科技馆特效影院工作打下坚实的基础。

二、影院设备与资源

1. 特效影院

项目名称	球幕影院	4D 影院	巨幕影院	其他影院
座位数	42 个	52 个	—	—
银幕尺寸	—	3 米 ×9 米	—	—
银幕弧度	球的弧度 150°，球的直径 13 米	无	—	—
银幕倾角	无	无	—	—
胶片 / 数字	数字	数字	—	—
数字放映机品牌型号	松下工控机	松下工控机	—	—
设备供应商	北京蓝科互动	北京蓝科互动	—	—

2. 特效影院影片

单位：场次，人次

影片名称	放映场次（2017 年）	观众人数（2017 年）	性质
《惊险过山车》	900	155200	引进
《疾速滑翔机》	300	18200	引进
《疯狂小飞艇》	100	1800	引进
《海底世界》	42	28000	引进
《恐龙灭绝记》	20	18000	引进

▨ 三、科普活动

教育活动

单位：人次

序号	活动名称	活动时间	主要内容	活动形式	主要对象	参与人数
1	2017年科技展览有奖征文暨科技夏令营活动	7月17日	以"体验科技快乐成长"为主题，以"我参观科技馆有感"为主线的科技有奖征文和科技夏令营	科普场馆参观学习，在参观期间还将组织开展一系列教育活动，并对辅导员老师进行培训	全疆中小学生	50
2	乌鲁木齐市头屯河区新立社区开展的"纪念气象日——科普进社区"活动	3月19日	组织社区居民观看移动球幕影院	观看影片《海底世界》《恐龙灭绝记》	社区居民	900
3	乌鲁木齐县托里乡开展的自治区暨乌鲁木齐市2017年度春季文化、科技、卫生、法律、爱国爱教宗教服务"五下乡"服务示范活动	2月25日	组织群众、中小学生观看移动球幕影院	观看影片《海底世界》《恐龙灭绝记》	中小学生	200
4	吐鲁番开展的新疆科技馆"科普融情基层行"走进吐鲁番系列活动	4月24日	组织群众、中小学生观看移动球幕影院	观看影片《海底世界》《恐龙灭绝记》	群众、中小学生	800
5	乌鲁木齐市第68中学开展科技馆活动及校园活动	9月21~22日	组织教师及中学生观看移动球幕影院	观看影片《海底世界》《恐龙灭绝记》	教师、中学生	1000
6	乌鲁木齐市沙依巴克区平川路社区开展自治区科协科学普及基层行"喜迎十九大"进社区活动	9月15日	组织社区居民观看移动球幕影院	观看影片《海底世界》《恐龙灭绝记》	社区居民	230
7	和田地区开展自治区"五下乡"暨自治区科协2017年科学普及基层行系列活动	5月9~17日	组织群众、中小学生观看移动球幕影院	观看影片《海底世界》《恐龙灭绝记》	群众、中小学生	5800
8	阿勒泰地区开展自治区"五下乡"暨自治区科协2017年科学普及基层行系列活动	7月23~25日	组织群众、中小学生观看移动球幕影院	观看影片《海底世界》《恐龙灭绝记》	群众、中小学生	700
9	塔城地区开展自治区"五下乡"暨自治区科协2017年科学普及基层行系列活动	7月13~17日	组织群众、中小学生观看移动球幕影院	观看影片《海底世界》《恐龙灭绝记》	群众、中小学生	4300

▨ 四、人才队伍状况

1. 特效影院从业人员情况

单位：人

影院员工总数		5	
劳动或事业关系分类	事业编制数/实有人数	派遣公司签订劳动合同用人数	其他方式用人数
	5	—	—
人员分布	岗位名称		工作人员数
	放映员		3
	场务人员		2

2. 人才培养

序号	项目名称	主办单位	起止时间	活动地点/主要内容	人数
1	自治区科技辅导员专业技术人员继续教育培训	自治区人社厅、自治区科协	6月12~16日	新疆科技馆/继续教育职称培训	52人
2	新疆自然博物馆协会第三届辅导员大赛前期辅导员培训	新疆科技馆、新疆自然博物馆协会	11月1~15日	新疆科技馆展览中心/展品讲解、展品原理培训；形体礼仪培训	30人
3	2017年中国自然博物馆协会科普场馆特效影院专业委员会年会	中国自然博物馆协会科普场馆特效影院专业委员会	4月10~13日	中国科技馆/座谈交流、观影	1人

乌鲁木齐市科学技术馆特效影院

法 定 代 表 人: 刘燕
联 系 电 话: 0991-5505791
传　　　　真: 0991-5505791
行 政 主 管 单 位: 乌鲁木齐市科学技术协会
成立（开放）日期: 2011 年 8 月 10 日
通 信 地 址: 新疆乌鲁木齐市沙依巴克区黑龙江路 1 号
已加入专业委员会: 中国自然科学博物馆协会科技馆专业委员会

一、影院概述

　　乌鲁木齐市科学技术馆原有特效影院仅为 9 座，观众在体验的过程中等待时间过长，为满足观众观看特效影片的需求，提升服务质量，2016 年乌鲁木齐市科学技术馆在原有汽现代工厂展厅的基础上改建了新的 4D 影院，新改建 4D 影院有座位 18 个。

　　经过改建后，乌鲁木齐市科学技术馆现有特效影院座位 27 个，基本满足参观人群的需求。2017 年全年，乌鲁木齐市科技馆特效影院共放映 958 场，全年累计接待观影者 11987 人，科技馆特效影院在无固定放映员的情况下，采取科普辅导员兼职放映的措施，努力保证观影效果。受到参观者的一致好评。

二、影院设备与资源

1. 特效影院

项目名称	球幕影院	4D 影院	巨幕影院	其他影院
座位数	—	27 个	—	—
银幕尺寸	—	13.2 平方米	—	—
银幕弧度	—	0	—	—
银幕倾角	—	0	—	—
胶片 / 数字	—	数字	—	—
数字放映机品牌型号	—	日立 HCP-842X	—	—
设备供应商	—	新疆百九达电气科技有限公司	—	—

2. 特效影院影片

单位：场次，人次

影片名称	放映场次（2017年）	观众人数（2017年）	性质
《恐龙时代》	380	5043	引进
《丛林探险》	395	5578	引进
《深海探秘》	183	1366	引进

三、科普活动

教育活动

单位：人次

序号	活动名称	活动时间	主要内容	活动形式	主要对象	参与人数
1	科普红包大拜年	1月12~20日；2月1~9日	科普红包转转转、科技馆邮局、AR小画家等活动	特色科普活动	面向全市各族群众，特别是五大重点人群	33400
2	母亲节科普活动	5月14日	巧手DIY，做一张创意母亲节贺卡	特色科普活动	各族青少年	300
3	"相约端午·相约六一"科普活动	5月23日至6月1日	爱心捐赠、动手做五彩纸粽、粽子球比赛、纸上电路、科技馆邮局、小小神射手等活动	特色科普活动	面向全市各族群众，特别是五大重点人群	3000
4	开展"七彩夏日"暑期系列活动	暑假期间	科技馆邮局、整点活动、恐龙说吧、爱心桥梁等活动	系列主题活动	面向全市各族群众，特别是五大重点人群	23500
5	整点活动	双休日和节假日期间，每个整点时段	科学实验、科普剧、动手DIY、展厅讲解、4D影院	特色科普活动	面向全市各族群众，特别是五大重点人群	50000

地方自然科学博物馆社团组织

山东省科技场馆协会

法 定 代 表 人：李伟
联 系 电 话：0531-86064822
传　　　　真：0531-86064822
官 方 网 站：www.sdstm.cn
发 起 单 位：山东省科学技术宣传馆
成 立 日 期：2006 年 2 月 18 日
通 信 地 址：山东省济南市南门大街 1 号
业 务 指 导 单 位：山东省科学技术协会

▨ 一、2017 年度大事记

6 月 11 日　山东省青少年校园学科创新大赛圆满结束。山东省青少年校园学科创新大赛暨海峡两岸数学邀请赛颁奖典礼于 6 月 11 日在山东省科技馆举行。本次活动由山东省科技场馆协会、山东省青少年辅导员协会联合主办。山东省科技场馆协会理事长许素海等出席会议并为获奖单位和个人颁奖。400 余名参赛学生获奖，会议还表彰了几十名优秀辅导员、6 个优秀组织学校。部分获奖学生现场进行了演唱、舞蹈、器乐等才艺展示和书法绘画作品展示。

6 月 19 日　山东省科技场馆协会李伟副理事长参加中国自然科学博物馆协会 2017 年工作会议。2017 年 6 月 19 日，中国自然科学博物馆协会 2017 年工作会议在云南省普洱市召开，山东省科技场馆协会副理事长、山东省科技馆馆长李伟参加会议并主持交流研讨会。

山东省青少年校园学科创新大赛颁奖会场

11 月 28~29 日　山东省科技场馆协会第三次会员代表大会在济南召开。大会审议通过了第二届理事会工作报告、《山东省科技场馆协会章程》修订说明，投票选举产生了新一届理事会，山东省科技馆馆长李伟当选第三届理事会理事长。

中国自然科学博物馆学会名誉理事长徐善衍，山东省科协二级巡视员陈爱国，山东省科技场馆协会第二届

山东省科技场馆协会第三次会员代表大会会场

理事会理事长许素海出席大会。全省各市、县、企业、大专院校科技场馆会员代表共计108人参加大会。

徐善衍代表中国自然科学博物馆协会向大会的召开表示热烈祝贺，对山东省科技场馆协会工作给予充分肯定，希望新一届理事会在党的十九大精神指引下，继续加强科技馆之间的合作与交流，引导和扶持科技馆健康有序发展，为发展我国新时代科普事业、提高社会公众的科技文化素质做出更大的贡献。

陈爱国代表山东省科协对新一届理事会工作提出要求，他希望协会深入学习宣传贯彻党的十九大精神，进一步提高政治站位、统筹谋划事业发展，不断推进协会党的建设，不断增强协会的组织动员力、战略支撑力、科普传播力、组织软实力和文化感召力；深入推进协会改革，努力建设现代科技社团，在治理结构、治理方式、运营理念、会员服务、办事机构实体化、职业化等方面开拓创新、探索路径，为科协系统改革创造有益经验；勇担科普使命，努力打造一流科普特色协会，紧紧围绕现代科技场馆体系建设，积极开展科技场馆交流活动，紧跟信息化时代发展步伐，创新性开展群众科学普及活动，积极开展调查研究，为党委、政府推动公众科学素质建设提供更好服务。

许素海代表第二届理事会，向大会做了《不忘初心、砥砺奋进，努力再创山东省科技场馆工作新局面》工作报告，从全面推进科技场馆建设事业，积极发挥平台优势，完善现代科技场馆体系建设，完善学会机制等四个方面回顾了五年来的工作情况，希望新一届理事会认真学习贯彻党的十九大精神，广泛团结和依靠社会各界的有生力量，继承和发扬科技场馆行业艰苦创业、埋头苦干的优良作风，紧紧围绕科学发展主题和加快转变经济发展方式主线，继续解放思想，狠抓工作落实，为完成全省"十三五"规划、促进经济建设和社会发展再立新功。

11月29日　举办全省现代科技场馆体系建设专题报告会，会员单位200余人参加。

▨ 二、2017年工作概述

山东省各级科协组织和各类科技场馆在科普活动、科普能力、人才队伍、科普资源、组织建设等方面都有了很大进步和长足发展，开创了科技场馆工作新局面，得到社会各界广泛赞誉。山东省场馆协会也被山东省科协评为"学会创新和服务能力提升工程"综合示范学会。

（一）以文化大发展大繁荣为契机，全面推进科技场馆建设事业

协会理事会和各会员单位认真贯彻落实省科协和省社会组织管理局的工作部署，积极建言献策，努力推进全省科技场馆建设与发展。山东省科技馆新馆2017年10月正式进入代建工期。山东省地质博物馆、滨州市科技馆，郯城、曹县、单县科技馆等相继建成开放。山东省防震减灾科普馆，莱芜、淄博、枣庄、烟台、日照、菏泽、聊城市科技馆和胜利石油科技展览中心，及一大批县级科技馆相继开工建设或已完成主题建设进入展品招标布展阶段。还有一大批市、县级科技馆也正在规划设计之中。

（二）发挥优势，科普活动精彩纷呈

山东省各级各类科技场馆充分发挥自身优势，不断创新服务形式，开展了各具特色的科普展教活动。省科

技馆每年开放 248 天，接待观众量每年都超过 100 万人次（含科普大篷车 40 万人次），东营、济宁、威海、青岛、临沂、潍坊、滨州、济南、泰安、烟台、日照、淄博、枣庄等市科技馆和莱芜、菏泽、聊城、德州等市科协在做好常规展览工作的同时，都结合自身特点举办了大量的科普展览和教育活动。青岛海洋科技馆、山东大学威海校区天文台、青岛市李沧区科技馆、菏泽科普馆、山东航天科技展馆、济南森林公园、青岛市妇女儿童活动中心、历城三职专、济南植物园、博兴县青少年社会实践活动中心、博瑞安达机器人培训学校、东营观鸟协会等单位紧跟时代步伐，均结合自身特点开展了大量丰富多彩的科普活动。

2017 年全省现代科技场馆体系建设专题报告会现场

（三）开拓创新，逐步完善现代科技场馆体系建设

流动科普和数字科普作为阵地科普的有益补充，是现代科技场馆体系不可分割的重要组成部分。

一是"县域流动科技馆项目"。仅用两年多时间就完成了全省 120 多个县市区巡展一遍的工作目标。专门组织召开《全省流动科技馆体系建设运行项目实施方案》评审会议，对县域流动科技馆项目的资源建设、运行管理等工作进行了统筹规划。

二是校园流动科技馆项目。从 2014 年开始至 2017 年已在全省累计完成"校园流动科技馆"展品 75 套。组织举办全省校园流动科技馆运行管理培训班 3 次，制定《山东省校园流动科技馆运行管理协议》，修订完善了参观制度、管理办法等。

三是科普大篷车及流动科普影院。以科普大篷车、流动科普影院为活动载体，走进校园和社区，不断拓展服务基层模式。共接待观众近 40 万人次，深受基层欢迎。

四是科普企业已成为推动科普资源创新和质量提升的生力军，淄博福远机电科技有限公司完成各类科技馆常设展项 300 多件，山东省柿意城信息科技公司主导或参与建设了国内十几家科技馆项目，青岛海璟科普文化有限公司组织展出近 30 场海洋科普讲座。

（四）完善学会机制，提升服务能力

一是组织技术力量，为全省市、县科技场馆建设提供技术咨询，先后为枣庄、滨州、潍坊、东营、临沂、日照、济宁、泰安、菏泽等市派遣技术方案论证评审专家 30 多次，为高密、郯城、曹县、单县、垦利、无棣等县级科技馆进行方案论证和专家技术指导 50 余次。

二是修复利用更新替换的科普展品展项，支持市县科技场馆建设，为泰安市、烟台市科技馆，菏泽市科普馆等提供资源支持。

三是加大科技场馆理论研究力度，提升学术与业务水平。针对全省科技场馆建设中理论研究相对薄弱的现状，积极营造学习氛围，搭建学术平台，开展理论研究。

（1）积极引进国际先进理念，邀请美国、加拿大安大略科学中心的知名专家，围绕世界科技馆最新发展趋势、运营及管理模式等作专题报告并做互动交流。

（2）积极开展课题调研。加强理论研究和经验总结，协会开展的"现代科技场馆体系建设"系列调研活动。到威海、烟台、潍坊、枣庄、泰安、济南等科技场馆和科普基地进行课题调研，对广泛利用社会资源、拓宽科普渠道，以大科普推动地方基础科普设施建设廓清了思路，为指导市、县和社会科技场馆体系建设明确了方向。

（3）组织会员代表赴美国、加拿大、德国、新加坡等国，香港、澳门、台湾以及北京、上海、广州、沈阳等地的科普场馆考察学习，广泛开展交流，开阔会员视野，不断提升干部队伍业务素质和认知水平。

（4）馆校合作，开展高层次科普专门人才培养试点工作。作为教育部、中国科协联合启动全国高层次科普专门人才培养试点工作的一部分，山东省科技馆与山东师范大学物理与电子学院合作，开展科学传播研究生培养，山东省场馆协会副理事长李伟等6人被山东师范大学聘为研究生合作导师。合作成果《国内外科技场馆建设对比研究》被收入山东省科协课题论文集。

四是坚持党的领导，加强自身建设。加强党建工作，按照《中共山东省科协党组关于加强所属省级学会党建工作的意见》要求，成立了中共山东省科技场馆协会支部委员会，由专人负责开展协会党务工作。组织工作委员会加强内部组织建设和建章立制工作，努力挖掘科普资源，综合服务能力不断加强，队伍建设不断壮大。目前单位会员发展到了100多家。

2017年11月28日，山东省科技场馆协会第三次会员代表大会在济南召开。中国自然科学博物馆协会名誉理事长徐善衍，山东省科协二级巡视员陈爱国，山东省科技场馆协会第二届理事会理事长许素海出席大会。全省各市、县、企业、大专院校科技场馆会员代表共计108人参加大会。大会审议通过了第二届理事会工作报告、《山东省科技场馆协会章程》修订说明、《山东省科技场馆协会财务工作报告》和《山东省科技场馆协会第三次会员代表大会选举办法》，投票选举产生了新一届理事会，山东省科技馆馆长李伟当选第三届理事会理事长。

广西自然科学博物馆协会

法 定 代 表 人：江洪
联 系 电 话：0771-2816589
传　　　　真：0771-2816589
官 方 网 站：gxkbxh.gxkjgzz.org.cn
发 起 单 位：广西壮族自治区科学技术馆
成 立 日 期：2015 年 4 月 8 日
通 信 地 址：广西南宁市民族大道 20 号
业 务 指 导 单 位：广西壮族自治区科学技术协会

一、2017 年度大事记

2 月 11 日　广西自然科学博物馆协会依托会员单位广西科技馆的科普资源，组织开展"红红火火闹元宵，开开心心学天文"元宵节亲子科普活动。

3 月 18 日　邀请台湾自然科学博物馆馆长、台湾大学天文物理所教授孙维新教授到广西科技馆开展"趣味物理·游戏科学"亲子科普讲座。

3 月 19 日　邀请孙维新教授到广西科技馆为参加广西青少年科技创新大赛的选手及指导老师们做"太空科技大进展"主题科普讲座。

组织召开理事会议学习贯彻十九大会议精神，研究讨论协会工作

4 月 28 日　举办 2017 年第一期专题培训，邀请中国科学院秦大河院士到广西科技馆开展"气候变化与南极探险"专题讲座。

4 月 29 日　邀请秦大河院士为公众主讲专题讲座"科学人生和南极生涯"。

5 月 24 日　由叶宗波理事长主持，常务理事会一致通过，成立广西自然科学博物馆协会党的工作小组，健全完善党建工作，增强协会政治性、先进性。

7 月至 8 月　整合会员单位科普资源开展主题为"玩转科普，快乐暑期"的 2017 年广西科普活动联展。

7 月 29 日　广西自然科学博物馆协会与广西渔政指挥中心、南宁海底世界、广西水产科学研究院共同携手，在广西科技馆举办广西水生野生动物保护科普宣传活动。

李家维教授在讲座中与青少年互动

9月15日　邀请孙维新教授到星湖小学作科普讲座。

9月16日　上午于广西科技馆展览中心，邀请孙维新教授主讲一场大型科普表演秀；下午邀请台湾清华大学生命科学系教授、世界知名的多领域科学家李家维教授主讲"植物猎人的省思——全球植物拯救行动"公众科普讲座。

9月18日　上午李家维教授主讲2017年第二期专题培训"我愿无穷——博物馆人的自许"；下午邀请李家维教授到南宁三十六中开展科普讲座。

9月19日　邀请李家维教授到广西自然科学博物馆协会会员单位（广西药用植物园）进行交流洽谈。

11月3日下午　邀请到我国著名的运载火箭技术专家、航天系统工程管理开拓者和资深首席火箭专家黄春平总指挥来到广西科技馆做"航天放飞中国梦"科普报告。

11月3日　组织科普活动走进南宁市第一中学，活动特邀中国航天科技集团公司神舟飞船系统副总设计师马晓兵为学校师生们做"航天放飞中国梦"主题科普报告。

11月7日　由叶宗波理事长主持，在广西科技馆召开广西自然科学博物馆协会理事会议，学习贯彻十九大会议精神，研究讨论协会工作；会议上通过烟霞山旅游资源开发有限公司加入协会申请。

11月23日　正式批复烟霞山旅游资源开发有限公司加入协会，协会会员单位增加到44家。

二、2017年工作概述

在中国自然科学博物馆协会、广西科协、广西民管局的指导下，广西自然科学博物馆协会于2017年持续开展协会活动，在协会会员及社会公众方面均取得良好反响。

（一）完善协会党建工作，紧跟党的步伐，认真学习贯彻党的十九大会议精神

2017年5月24日，广西自然科学博物馆协会紧跟党的步伐，经协会常务理事会一致通过，成立了以叶宗波理事长为组长的党的工作小组，进一步完善了协会内党建机制。并于2017年11月7日，由叶理事长组织主持召开了广西自然科学博物馆协会学习贯彻党的十九大精神专题会议，广西科协党组成员、副主席、协会常务副理事长梁春花及协会理事、会员单位代表出席会议并发言，相互交流学习心得。广西自然科学博物馆协会继续以党的十九大会议精神为指引，扎实做好科技教育工作。

（二）整合会员单位资源，开展大联合大协作，组织开展科普联展活动

为丰富公众特别是青少年朋友们的暑期生活，广西自然科学博物馆协会联合其会员单位，整合各单位的暑期活动内容及优势科普资源，举办了主题为"玩转科普·快乐暑期"科普联展活动，设计制作了《"玩转科普·快乐暑期"2017年暑期联展》宣传单页。本次科普联展活动，协会共整合了全区13家会员单位科普场馆、50多个主题、200多场暑期科普活动，活动内容丰富多彩，进一步加强科普文化场馆的交流、合作，促进科学普及和文化建设工作"大联合、大协作、大联动"的新局面，创建全区科普文化场馆发展共赢的大平台。

（三）组织开展公益科普活动。

广西自然科学博物馆协会整合会员单位资源，组织开展公益科普活动，邀请中国首位徒步横穿南极大陆、世界著名的冰川学家、中国科学院秦大河院士，台湾清华大学生命科学系教授、世界知名的多领域科学家李家维教授，台湾自然科学博物馆馆长、台湾大学天文物理所教授孙维新教授，中国著名的运载火箭技术专家、航天系统工程管理开拓者和资深首席火箭专家黄春平总指挥，中国航天科技集团公司神舟飞船系统副总设计师马晓兵等多位著名专家来到广西科技馆开展公众科普讲座，或走进学校为老师和同学们做专题科普讲座，讲座精彩纷呈，得到了在校师生及公众的积极参与和一致好评。

7月29日上午，广西自然科学博物馆协会与广西渔政指挥中心、南宁海底世界、广西水产科学研究院共同携手，在广西科技馆举办广西水生野生动物保护科普宣传活动，现场展示海龟、中华鲟、珍稀龟鳖类及生物标本，以及一些不宜放生的水生动物，并做现场讲解，让广大群众近距离观察水生生物，加强观众对水生生物相关科普知识的认知，提高保护水生野生动物的意识。

此外，协会还组织会员单位把科普大篷车、科普实验秀等科普教育资源带到合山市实验小学，柳州市鸡喇小学，百色市平果县果化镇巴周屯、龙笃屯两个小学教学点等十多所中小学校。

玩转科普，快乐暑期2017年广西科普活动联展启动仪式 ——

开展广西水生野生动物保护科普宣传活动 ——

（四）积极开展会员培训，邀请著名专家举办了两期专题培训

协会还在2017年工作中邀请不同科学领域的两位著名专家来到广西南宁开展两期会员专题培训。

4月28日，邀请中国首位徒步横穿南极大陆、世界著名的冰川学家、中国科学院秦大河院士为广西科技馆在内的广西自然科学博物馆协会会员单位近300名科普工作者开展讲座，内容侧重于在南极科考的经验分享和学术探究。

9月18日，邀请台湾清华大学生命科学系教授、世界知名的多领域科学家李家维教授为协会科普工作者们做"我愿无穷——博物馆人的自许"专题讲座。作为现任的辜严倬云植物保种中心执行长，李教授还向大家介绍了保种中心的工作。李教授对地球环境的关注和植物保护方面的执着，让在座的科技工作者们深深感动。

（五）积极沟通交流，发展吸收新会员

广西自然科学博物馆协会自成立以后，一直开展系列科普交流活动，并与广西众多科普基地保持交流与合作，2017年协会会员单位已增至44家。

（六）开展协会日常工作，做好交流纽带工作

广西自然科学博物馆协会积极与中国自然科学博物馆协会、广西科协学会部、广西民管局等相关单位进行沟通，保持良好联系，将相关科普工作信息积极传达给会员单位，同时做好会员组织、信息统计工作，将相关科普工作信息上传给相关单位，在保证协会日常工作开展的同时，进一步做好信息交流纽带工作。

回顾 2017 年，广西自然科学博物馆协会在会员服务、整合共享、科普活动等各方面均取得了较好的成绩，在会员活动、资源整合方面还需要进一步努力，在党的十九大会议精神的指导下，广西自然科学博物馆协会将更加努力，做好科普工作，助力社会发展。

山西省自然科学博物馆协会

法 定 代 表 人：路建宏
联 系 电 话：0351-6869869
传　　　　真：0351-6869816
官 方 网 站：www.sxansm.com
发 起 单 位：山西省科学技术馆、山西博物院、山西省图书馆、中国煤炭博物馆、山西地质博物馆
成 立 日 期：2016 年 6 月 6 日
通 信 地 址：太原市长风商务区广经路 17 号
业 务 指 导 单 位：山西省科学技术协会

一、2017 年度大事记

7 月 5 日　山西地质博物馆原馆长王润福因工作调动，无法继续担任协会副理事长一职，变更现任馆长史建儒为协会副理事长。

7 月 11 日　举办山西省自然科学博物馆协会 2017 年度上半年理事长工作会议，山西省自然科学博物馆协会理事长杨伟民、山西博物院副院长李勇、山西地质博物馆馆长史建儒、山西省图书馆馆长魏存庆、中国煤炭博物馆馆长张继宏、中国煤炭博物馆科技开发处处长张华英、山西省科技馆馆长路建宏及党委书记贾亚千出席会议。

8 月 30 日　山西地质博物馆王亚军和李瑜、山西省科技馆李燕和王子楠的论文入选"中国自然科学博物馆 2017 年年会暨全

山西省自然科学博物馆协会 2017 年上半年理事长工作会议 ————

国科技馆发展论坛"；其中，山西省地质博物馆李瑜、山西省科技馆李燕荣获"青年学者优秀论文奖"及年会学术论文二等奖。

9 月 12 日　举办山西省自然科学博物馆协会、山西省青少年科技教育协会第一届支部委员会，书记张玲、组织委员兼统战委员李燕、宣传委员兼纪律委员白彩琴及 8 名支部党员出席。

9 月 22 日　中共山西省科技类社会组织行业委员会批准成立了山西省自然科学博物馆协会、山西省青少年科技教育协会党支部。

10 月 23 日　承办科技博物馆类第二期教育人员初级培训班，中国自然科协博物馆协会名誉理事长徐善衍

山西省自然科学博物馆协会党支部成立大会

及副理事长赵有利、山西省自然科学博物馆协会理事长杨伟民、山西科学技术协会副主席张秀亲、中国煤炭博物馆馆长张继宏及副馆长胡高伟，山西省自然科学博物馆协会副理事长、山西博物院副院长李勇，山西省自然科学博物馆协会副理事长、山西地质博物馆馆长史建儒，山西省自然科学博物馆协会副理事长、中国煤炭博物馆科技开发处处长张华英，山西省自然科学博物馆协会执行副理事长、山西省科技馆馆长路建宏等领导出席。来自全国的 10 位专家及 200 余名从事教育活动的业务骨干参加了培训。

二、2017 年工作概述

（一）成立党支部，加强党建工作

为进一步加强基层党建工作，切实发挥党组织在协会建设中的战斗堡垒作用和党员干部的先锋模范带头作用，协会自成立之日起便高度重视党建工作，积极谋划筹建党组织。2017 年 9 月 7 日，协会向中共山西省科技类社会组织行业委员会请示后，获得同意协会成立党支部并召开党员大会的批复。9 月 12 日，协会召开党支部成立大会，并严格按照《中国共产党章程》及《中国共产党基层组织选举工作暂行条例》有关规定，选举出党支部委员。党支部成立以来，高度重视党员思想政治学习，按照上级党组织部署要求，认真开展"两学一做"教育实践活动，并结合岗位职责和协会特性，积极开展丰富多彩的主题党日活动。由于党建工作突出，2017 年 7 月，协会党支部被中共山西省科技类社会组织行业委员会评为"先进基层党组织"。

（二）组织会员撰写学术论文

为提高协会学术水平，加强协会间的学习交流，2017 年，中国自然科学博物馆协会在青海举办题为"人，自然和宇宙——自然科学博物馆面临的机遇与挑战"中国自然科学博物馆协会 2017 年年会，协会积极为大会征集论文，共收回论文 24 篇，分别为省科技馆 15 篇、中国煤炭博物馆 4 篇、省地质博物馆 3 篇、晋城市科协 1 篇、晋中市科协 1 篇。经初评 7 篇论文摘要入选，后经论文全文复评，共有四篇论文入围，其中省地质博物馆李瑜、省科技馆李燕的论文被评为"青年学者优秀论文奖"、年会学术论文二等奖，并受邀在会上做口头报告。

（三）举办全国科博场馆展教人员初级培训班

2017 年 10 月 23~26 日，协会与中国自然科学博物馆协会联合举办了中国自然科学博物馆协会第二期教育人员初级培训班。原中国科协副主席、现中国自然科学博物馆协会名誉理事长徐善衍、中国自然科学博物馆协会执行副理事长赵有利、山西省自然科学博物馆协会理事长杨伟民到会并分别做了重要讲话和科普报告，山西省科协副主席张秀亲在开班仪式上做了热情洋溢的致辞，来自全国各地的 33 家科普、文博场馆的 200 余名教育人员参加了本次培训。本次培训共有 16 家会员单位参加。中国自然科学博物馆协会执行副理事长赵有利在结业仪式上对本次培训给予了高度评价和充分肯定，他表示："本期培训主题突出、内容丰富、成效显著，通过培训，我们视野开阔了，能力提高了，方向也明确了。"学员们通过培训，加深了对教育活动的认识，开阔了视野，掌握了全新的教育理念，对提升开展科普教育活动水平与科普传播能力起到了积极的作用。

（四）指导山西省市级场馆建设工作

山西省的市、县级科博场馆发展很不平衡，欠账较多，为此协会积极推动基层科博场馆建设，杨伟民理事长多次带队进行指导。2017 年 3 月，杨伟民理事长赴北京参加了晋中市科技馆建设方案评审工作。6 月，杨伟民理事长赴大同与大同市领导会面，就大同市科技馆建设项目的确定进行了中肯的商讨。此外，协会还组织专家参与完成了晋中科技馆展品深化设计方案的制定、各展区的招标工作、岗位设置以及人员招聘工作。同时，协会还派员工赴晋中科技馆对新入职员工进行现场指导培训，并协助晋中科技馆对新入职员工在科技馆开展了为期 20 天的跟班业务培训。

（五）开展中国科协课题研究

协会积极参加全国课题研究，先后向中国科协申报题为"科技类博物馆在科学教育体系中的发展策略"和"公民科学素质与生态文明建设关系探析"的两项研究课题。其中课题"科技类博物馆在科学教育体系中的发展策略"采取调查和实地走访相结合的形式进行，2017 年 7 月，制定了课题调研问卷和访谈提纲。于 2017 年 9 月底开始对青

山西省自然科学博物馆协会第二期教育人员初级培训班

海、吉林、辽宁、浙江等地科普场馆进行调研和数据分析，形成调研报告。之后，对所有数据整合并撰写了结题报告，2017 年 12 月底已结题。课题"公民科学素质与生态文明建设关系探析"采取文献查阅、实地调查、问卷调研相结合的形式进行，先后对山西省朔州市平鲁区、山阴县，运城市夏县、临猗县，临汾市翼城县、洪洞县，忻州市宁武县，长治市壶关县、沁源县、屯留县，吕梁市临县，太原市十六中，科技夏令营营员以及协会的 5 家发起单位等共计 18 个县（市、区）及单位发放 1500 份问卷并回收，2018 年 4 月整理形成调研报告。

（六）开展国内科博场馆调研

为提高协会运行水平，更好地掌握全国科普场馆的现状和发展情况，2017 年 4 月，杨伟民理事长先后对上海科技馆、杭州低碳科技馆、浙江省科技馆、义乌市科技和劳动教育中心、温州科技馆 5 家科博场馆进行了调研，其间着重调研了科博场馆的创新做法和实践经验，这为山西省科博场馆的建设发展提供了借鉴，对科博场馆展教课程的研发提供了参照，为推进省内各地市科博场馆的建设工作积累了经验。2017 年 6 月，杨伟民理事长对云南省科技馆考察调研，并在云南普洱市举办的地方中国自然科学博物馆协会工作会议上，受邀做了题为《加强业务培训提升展教水平》的典型发言，受到全体与会代表的一致好评。协会秘书长贾亚千、协会常务副秘书长张玲于 2017 年 12 月赴宁波、合肥调研。对国内各大科博场馆的调研，对协会探索解决省内科博教育功能发挥不充分、管理体制不健全等问题具有借鉴意义，为山西省科博场馆今后的发展方向提供了决策依据。

宁夏自然科学博物馆协会

法　定　代　表　人：刘玉杰
联　系　电　话：0951-5085168
传　　　真：0951-5085168
发　起　单　位：宁夏回族自治区科学技术馆
成　立　日　期：2013 年 5 月
通　信　地　址：宁夏银川市金凤区人民广场西街宁夏科技馆 315 室
业务指导单位：宁夏回族自治区科学技术馆

▨　一、2017 年度大事记

3 月 23~24 日　中国自然科学博物馆协会 2017 年联络员工作会议在杭州举行。宁夏自然科学博物馆协会会员单位宁夏科技馆获评"中国自然科学博物馆协会 2016 年度优秀集体"。

4 月 20 日　著名化学家、中国科学院院士赵玉芬一行莅临宁夏自然科学博物馆协会会员单位宁夏科技馆，参观指导科技馆发展建设。

4 月 24~25 日　由中国科学技术协会科学技术普及部、中国科学技术馆、中国科技馆发展基金会、中国自然科学博物馆协会科技馆专业委员会联合举办，宁夏自然科学博物馆协会、宁夏科技馆承办的第五届全国科技辅导员大赛西部赛区预赛在银川市国际交流中心举行。

7 月 25 日　由中国自然科学博物馆协会科技馆专业委员会、中国科学技术馆共同主办，宁夏自然科学博物馆协会、宁夏科技馆、宁夏青少年科技活动中心承办的"2017 年参观科技展览有奖征文暨科技夏令营"宁夏营正式开营。

12 月 2 日　"探知未来"2017 年全国青年科普创新实验暨作品大赛（银川赛区）复赛在宁夏科技馆圆满落幕。来自甘肃、宁夏两省 67 支参赛队伍、134 名选手经过激烈角逐，科普试验单元与创意作品单元共 5 支队伍成功晋级，代表宁夏赛区参加全国总决赛。

12 月 26 日　宁夏自然科学博物馆协会、宁夏科技馆特邀请中国科协全国委员会委员、原中科馆馆长、联合国教科文组织"卡林加奖"获得者、全国知名科普专家李象益教授做题为"世界科普教育新走向与科技馆教育创新"的科普讲座。来自宁夏科技馆、石嘴山市科技馆等单位的 160 余名同志参与聆听讲座。

▨　二、2017 年工作概述

2017 年，在宁夏回族自治区科协党组的正确领导和中国自然科学博物馆协会的关心下，宁夏自然科学博物

"探知未来" 2017年全国青年科普创新实验暨作品大赛（银川赛区）

馆协会积极投身改革发展大局，坚持以改革创新为主线，以联系科技工作者为核心，开拓进取，求实创新，在全体会员单位和广大会员的共同努力下，协会圆满完成各项工作。

（一）基础工作

1.提升组织政治核心和保证监督作用

宁夏自然科学博物馆协会一贯重视党建工作，强调深刻学习领会党的十九大精神，是当前和今后一个时期全区自然科学工作者的重要政治任务，号召全区会员单位迅速掀起学习党的十九大精神热潮。

2.加强学会组织建设，完善学会管理制度

为了进一步推进学会管理制度化、规范化和科学化进程，形成有章可循、按章办事、规范高效的管理体制。凡大事、重要的事宜都通过会议集体研究决定，坚持民主办会的宗旨。

3.加强会员及分支机构管理，推进学会规范化建设

加强对会员的动态管理，建立会员档案数据库。

4.全力推动"互联网＋科普"工作

在第五届辅导员赛西部赛和2017年全国青年科普创新实验暨作品大赛银川赛区复赛等活动宣传中，联合网易进行现场直播，视频点击量达18万余人次。

5.完成自治区科协相关工作

积极报送年度工作计划、总结及日常工作信息；按要求参加自治区科协全委会、工作会、学术会等会议活动。

（二）重点工作

1.搭建人才成长创新平台，提升服务创新发展能力

一是加强培训，提升管理和服务水平。完善考核评定机制，拓宽讲解员晋升通道，提升队伍整体素质。健全培训机制，通过项目及"请进来、走出去"的合作交流方式，举办科技教育培训讲座30余场次；全年共选派150余人次，前往黑龙江等地进行业务培训。以活动促发展，提升各级干部大型活动组织协调能力。圆满承

第五届全国科技馆辅导员大赛西部赛 —

李象益教授做科普专题讲座 —

办第五届全国科技馆辅导员大赛西部赛区预赛、"探知未来"2017年全国青年科普创新实验暨作品大赛（银川赛区）复赛。

二是发挥龙头作用，拓宽服务途径，服务科技馆体系建设。利用自身科普资源优势，充分发挥辐射带动作用，指导帮助市、县科技馆建设和运营。在场馆建设和科普教育活动中，深度融合少数民族文化、区域特色，努力促进民族团结，提高少数民族地区公众科学素质。

三是加强科技辅导员师生素质建设。举办2017年宁夏青少年科学调查体验活动骨干教师培训班，全区800余名骨干教师受益。寒暑假"小博士"培训继续丰富内容，面向银川市青少年开展丰富多彩、寓教于乐的活动。联合社会科技教育力量，拓宽青少年科技教育服务渠道，进一步提升精准服务能力。

2. "整合资源、搭建平台、创新活动、提升素质"，成功举办第二届科学节

广泛动员，积极整合，通过科学节平台，积极构建科技馆、社会科技教育机构、科普示范校"三位一体"的青少年科技教育新模式。

一是优化整合中国科协和全区社会科技教育机构、各类科技教育活动等方面的资源，广泛发动全区5个市、6个县（区）科协、教育局、科技局、文明办和24家科技企业以及近100所中小学积极参加各类活动。

二是成功搭建"区市县校"四级联动平台，历时47天，覆盖全区五市27县（区），促成区市县校共同协作开展各类青少年科技教育活动。

三是创新开展前沿科技成果展示、青少年科普创新实验、青少年科技创新活动及成果展示、全区青少年创客教育论坛、STEAM等青少年科技教育活动、创客嘉年华等青少年科技教育活动300多项，惠及全区中小学生20多万人次。

四是有效提升全区青少年科学素质。实施精准科普、定向服务，使科学节拓展延伸至科普教育资源匮乏的贫困偏远地区青少年，促进科普教育公平性与普惠性。活动社会影响力和公众关注度提高，活动品牌效应得到提升。

3. 科普教育活动蓬勃开展，促进青少年科学素质的提高

一是聚焦赛事促发展，青少年科技竞赛质量提升。在固原成功举办"第32届宁夏青少年科技创新大赛"。全区240多所中小学近10万名中小学生参加了基层选拔赛。社会效益显著。成功举办"第17届中国青少年机器人（宁夏赛区）竞赛"。全区700余支代表队、2000多人参与活动。圆满完成"第四届全区中小学校科普剧竞赛"，参赛学校达100所，参加活动总人数1000多人，影响人群逾万人。顺利承办"探知未来"2017年全国青年科普创新实验暨作品大赛，甘肃和宁夏5市34所中学、7所高校，1600多支参赛队伍，近6000名师生参与。

二是"高校科学营"宁夏分营活动向老少边穷地区、农村地区倾斜，全区 140 名优秀高中生参与北京、上海等 11 所高校科学营活动。成功举办 2017 年全国青少年科学调查体验活动骨干教师培训班。全国 100 余名骨干教师和来自全区 59 所活动试点学校的科技辅导教师参加培训。在"第八届全国青少年科学影像节"中，全区成绩创历届最好，整体实力位于全国前列，被授予"优秀组织单位"荣誉称号。通过积极参与系列活动，促进与国内先进科技教育平台的交流，提升参与深度。

天文活动

4. 发挥专业优势作用，提升服务公众科学素质能力

一是推进馆校合作。积极开展"中小学生第二课堂"，打造"爱上科学"等工作室活动品牌，促进校内外科技教育资源的深度融合。快闪、皮影戏、"小树叶 大世界叶脉书签"等一系列形式新颖的精品课程，受到青少年和家长的欢迎。通过系列品牌活动，加强青少年社会主义核心价值观教育。

二是科普教育活动原创能力显著提升。开发"科学互动表演秀"4 项，在多种比赛中获奖，全年演出 800 多场次，受众近 20 万人次。

三是流动科技馆巡展、科普大篷车进校园工作取得新突破。流动科技馆全年全区巡展 14 站，覆盖人群 20 万人次，部分区县已实现第二轮覆盖。积极开展"科普七进"活动，将科普大篷车集合青少年科普活动带到中宁宽口井学校等 30 所学校、中宁安定社区等 10 个社区，累计行程约 1.5 万公里，普惠 10 余万人。精心组织"参观科技展览有奖征文暨科技夏令营"活动，共收到全区 49 所中小学校 2133 篇征文，表彰 100 篇优秀作品，荣获全国"优秀组织奖"。

（三）创新工作

一是创新活动形式，围绕春节、防震减灾日、国庆节等节日和暑期推出主题活动、围绕国际天文馆日举办大型科普主题活动，深受公众喜爱。

二是创新思路，推进现代科技馆教育活动体系建设，面向贫困地区儿童、科普工作者、家庭亲子、特定爱好者、社区居民等多种人群开展实验室、培训等科技教育活动。

三是以活动促发展，提升大型活动覆盖面。以各类大型赛事为依托，以场馆为阵地，提升赛事承办能力，促进活动科普惠泽面。

四是推进馆校合作。积极开展"中小学生第二课堂"，打造"爱上科学"等工作室活动品牌，促进校内外科技教育资源的深度融合。通过系列品牌活动，加强青少年社会主义核心价值观教育。

自然科学类博物馆相关企业

合肥安达创展科技股份有限公司

法 定 代 表 人：王正前
联 系 电 话：0551-63358982
传　　　　真：0551-63358982
官 方 网 站：www.hfand.com
主 营 业 务：科技馆、博物馆、主题科普馆等展览内容策划设计；高新科技、数字媒体、仿真互动、科普动漫类展品研制和软件开发；展览展示工程设计与施工；展馆展教运营管理与维护服务
成 立 日 期：1998 年 6 月 15 日
通 信 地 址：安徽省合肥市包河工业区经四路十八号

▦ 一、企业概况

合肥安达创展科技股份有限公司（以下简称"安达创展"）成立于 1992 年，注册资本 5120 万元，一直以现代展教理念和顶层设计为核心，以高科技数字展示技术为依托，以丰富的文化内容为灵魂，致力于科技文化创意产业，为全国科技馆、主题博物馆等展馆提供展览内容规划设计、展项研发制作、展览工程建设、后期运营维护全产业链的专业服务。已先后荣获国家高新技术企业、国家级动漫企业、国家级文化产业示范基地、安徽省民营文化百强企业、安徽省创新型企业等。

安达创展不懈追求的目标是通过先进的展教理念和思想、一流的展示技术和手段，引领展览内容建设领域发展趋势。公司坚持"文化＋科技＋艺术"三轮驱动，成功打造了全国 200 余家优秀且富有生命力的场馆！如

安达园区

安达主施工承建——黄河三角洲鸟类博物馆内部图

中国科技馆新馆、中国流动科技馆、辽宁省科技馆、福建省科技馆、四川省科技馆、长江文明馆、唐山科技馆、东江移民湖博物馆、衡水园博园主展馆、黄河三角洲鸟类博物馆等。

同时，公司还承担了一批科技馆展览内容策划、展项制作、布展施工一体化建设，如遵义市科技馆、武汉自然博物馆，六盘水科技馆、海门科技馆、扬州市科技馆，太仓科学活动中心等。2016 年 8 月，由公司设计总承建并通过政府购买服务承担运营管理的阿拉善盟科技馆盛大开放，开馆至今，展教运营效果突出，深受公众青睐，社会各方反响强烈。

安达创展作为全国科学博物馆内容建设的领军企业，现有专业技术人员 500 余名，设置三大展览设计工程中心，软件技术中心，数字媒体创作中心、展馆工程管理中心及展品研发制造中心。"安达科技产业园"占地 50 亩，拥有设计总部、数字创意大楼两座办公楼和展品研发制作、展品装配调试两个现代化车间；安达科学博物馆研究院、重点展项研究所、影视媒体和 VR 技术中心正在筹建中。

"一个有思想的企业做有灵魂的产品；一个有梦想的团队做有前景的产业！"安达创展在未来将继续专注于实施自主创新战略，发展数字创意产业：创新数字技术和装备，丰富数字文化内容和形式，提升创新设计水平，引领文化与科技融合。安达的目标愿景是：打造全国一流高科技文化创意企业，为科普中国、文化中国，贡献安达智慧。

1. 基本情况

单位：人，平方米

在册员工数量	企业占地面积	厂房和工作用房建筑面积
500	30000	22000

2. 资金情况

单位：万元

固定资产总额	注册资金总额	2017 年销售收入	2017 年利税额
2371.36	5120	20968.03	1618.23

▨ 二、获奖情况

专利情况

序号	奖励（专利）名称	人员	设奖机构
1	视觉暂留的摇动式图像静音演示装置	王正前　穆志昕 钱立强　高　新	中华人民共和国知识产权局
2	超高清全景视频实时生成与多通道同步播放系统	王正前　穆志昕 陈星球　汪　攀	中华人民共和国知识产权局
3	幻影剧场演示系统	王正前	中华人民共和国知识产权局
4	一种动感曲面上的新型转动面	王　治	中华人民共和国知识产权局
5	一种对弈机器人展示装置	涂国辉　龙平红 唐德军　乔兴云 谢正好	中华人民共和国知识产权局
6	一种反应杠杆原理自升降科普装置	莫洪伟　蒋厚君	中华人民共和国知识产权局
7	一种声波在通电线圈间传递的科普装置	蒋厚君　莫洪伟	中华人民共和国知识产权局

▨ 三、2017年工作概述

合肥安达创展科技股份有限公司在2017年开拓进取、砥砺奋进，努力为自然科学博物馆行业的发展贡献安达力量。

夯实硬件实力是安达公司发展的源泉，2017年，安达科技园企业平台建设得到提升改造，数字创意楼投入使用。公司现已拥有的设计总部、数字媒体楼两栋现代化办公区域，为公司数字媒体软件技术、创意内容和科技创新研发的核心软实力提供智能展示空间；展品研发制造中心投入一批新设备，为公司展项加工制造提供有力的支撑。今后，安达科技园仍将不断地向更优美、更舒适、更人性化、更有品位的方向不断优化。

安达设计施工一体化——遵义科技馆内部

在科技馆、博物馆建设领域，一批重要项目顺利实施、交付，质量、成效突出。2017年3月，芜湖科技馆儿童展厅开馆游客数量倍增；7月，分别迎来了中国科技馆华夏之光展区圆满交付、7月7日东江移民湖博物馆隆重开馆；8月，黄河三角洲鸟类博物馆历经艰辛，抓质量，抢进度，开馆迎宾；9月，第十一届中国（郑州）国际园林博览会正式开幕，由安达设计、承建的儿童馆同日盛大开馆，喜迎八方来客；10月，整馆设计、总承建的遵义市科技馆，国庆期间迎来了开馆试运行，12月28日隆重开馆，并成功举办全国科技馆论坛。至2017年8月该科技馆已累计接待访客50多万人次。

此外，目前整馆一体化展教内容设计、展项制作、承建的正在实施或已经交付的项目有武汉自然博物馆、唐山科技馆、六盘水科技馆、海门科技馆、海门城市应急综合教育馆、高台县科技馆、江苏防灾教育馆等，同时四川科技馆、福清科技馆、新疆科技馆、泰州科技馆、达州科技馆、晋中科技馆、福建省科技馆等一批项目

安达主施工承建的大河生命馆内部

也在建设交付之中。

安达创展在展馆建设的同时，也不忘加强自身在行业领域内的影响力和责任感。2017 年 5 月，公司参加深圳文博会；6 月，应邀出席国家发改委战略性新兴产业专家咨询委员会数字创意组座谈会；9 月，精彩亮相科技馆、博物馆第二届创新峰会；10 月，参加第十一届合肥国际文化博览会；11 月，公司赞助的首届"一带一路"科普场馆发展国际研讨会在北京召开；12 月，公司支持遵义科技馆盛大开馆和成功举办全国科技发展论坛。凡此种种，无不彰显着安达创展对自然科学博物馆行业的热情和责任心。

安达创展在发展中，时刻不忘反哺社会，履行社会责任。2017 年 8 月资助中国科技馆基金会农村中学科技馆展品一套，价值 20 万元；在安徽省无为县精准扶贫工作中贡献 10 万元；在安徽省六安市裕安区帮扶资助相关大学生、贫困户 1.4 万元；为安徽省宿州市埇桥区资助村支部建设；2012~2014 年为中国科学技术大学传播学院设立奖学金 10 万元 / 年。

宁波新文三维股份有限公司

法 定 代 表 人：李刚
联 系 电 话：0574-87902801
传　　　　真：0574-87902803
官 方 网 站：www.3dnc.com
主 营 业 务：科技馆、博物馆、展览馆、主题公园等的创意策划设计、
　　　　　　　产品开发制作及工程总承包
成 立 日 期：2006 年 4 月 25 日
通 信 地 址：宁波市鄞州区新明街道科达路 82 号

一、企业概况

企业规格

宁波新文三维股份有限公司位于宁波国家高新区，是国家级高新技术企业。

公司专注于为科技馆、博物馆、展示中心、主题公园等提供展示策划及相关产品，已服务于全国 100 多家场馆，并在特种影视领域始终保持技术领先地位。

新文三维企业建筑全景

企业主营业务

科技馆、博物馆、主题馆等创意策划设计、产品开发制作以及整体解决方案提供。
梦幻剧场、4D影院及VR影院等特种影视的研发、生产，以及影视节目内容开发制作。
集合软件、硬件、节目等综合性机电一体化展示项目的开发、制作、集成。

企业专长

技术创新研发——发展的核心动力。
内容创意策划——产品的持续生命力。

1. 基本情况

单位：人，平方米

在册员工数量	企业占地面积	厂房和工作用房建筑面积
40	28667	10000

2. 资金情况

单位：万元

固定资产总额	注册资金总额	2017年销售收入	2017年利税额
187.61	1000	3706.48	579.13

二、获奖情况

单位、项目、个人获奖或专利情况

序号	奖励（专利）名称	项目	人员	设奖机构
1	首批浙江省成长型文化企业	单位获奖	宁波新文三维股份有限公司	浙江省文化改革发展工作领导小组办公室
2	适合用于VR飞行影院的动感平台	实用新型专利证书	李　刚　柴挺川	中华人民共和国国家知识产权局
3	飞行影院座椅平台（基于VR）	外观设计专利证书	李　刚　柴挺川	中华人民共和国国家知识产权局
4	一种 ≥ 360°旋转的多自由度平台及其具有该平台的仿真式体验影院	发明专利	李　刚　刘　勇　李红红　柴挺川　潘小龙	中华人民共和国国家知识产权局

三、2017年工作概述

1月，浙江省文化改革发展工作领导小组办公室认定宁波新文三维股份有限公司为首批浙江省成长型文化企业。

4月15日，由宁波特色文化产业博览会组委会主办、中国自然科学博物馆协会协办、宁波新文三维股份有限公司承办的"VR/AR产品产业化高峰论坛"在宁波泛太平洋大酒店成功举办。此次会议就"如何走好大型VR/AR产品产业化道路，以改变VR/AR产品叫好不叫座的现状"问题进行深度探讨。会议期间，宁波新文三维公司向参会嘉宾展示了公司承担的国家科技支撑项目成果：3自由度VR飞行、7自由度VR骑乘和原文化部专项AR梦幻剧场，并得到了参会嘉宾的高度肯定。

6月10日，由宁波新文三维公司承建的"宁波市公共安全宣传教育基地"揭牌启用，宁波市副市长陈仲朝出席相关活动。宁波市公共安全宣传教育基地，是浙江省内首家以"关爱生命，关注安全"为主题的综合体验式教育场馆。基地位于宁波科学探索中心四层，总面积2250平方米，建有五大区域、十个展区，包括交通、消防、居家、公共、建筑、机械等多个安全板块。宁波新文三维公司充分发挥技术创新及内容创意专长，使公共安全宣传教育通过直观的参与和体验更加深入人心，让观众在寓教于乐中提高安全意识。

11月27日，由中国自然科学博物馆协会主办、中国科学技术馆和上海科技馆联合承办的首届"一带一路"科普场馆发展国际研讨会在北京隆重召开。宁波新文三维公司积极响应并助力首届"一带一路"科普场馆发展国际会议的筹办，获得主办方中国自然科学博物馆协会颁发的荣誉证书。会议期间，宁波新文三维公司总经理李红红作为国内五家发言代表之一，就《特种影视在科博场馆中的创新应用》进行了论坛报告，将创新技术和丰富经验分享给大家。会后，多家国内外场馆对该公司的新技术表示极大兴趣以及进一步合作意向。

2017年，宁波新文三维成功承接许昌科技馆梦幻剧场及人体剧场等大型重点展项、沈阳科学宫梦幻剧场、蓝色星球等3个标段、晋中市科技馆4D影院、慈溪市科技馆4D影院、台州市科技馆4D影院、临沂科技馆VR骑乘影院、山西科技馆球幕影片、佛山科学馆立体实验室等项目以及宁波动力小镇展示厅、宁波镇海区生命健康安全体验基地、宁波市政安全生产体验基地等一体化项目，全年营业额同比增长20%以上。

2017年，宁波新文三维公司完成自主投入600万元的大型VR骑乘／VR飞行的开发以及梦幻剧场节目《蚂蚁王国》《梁祝化蝶》的开发。

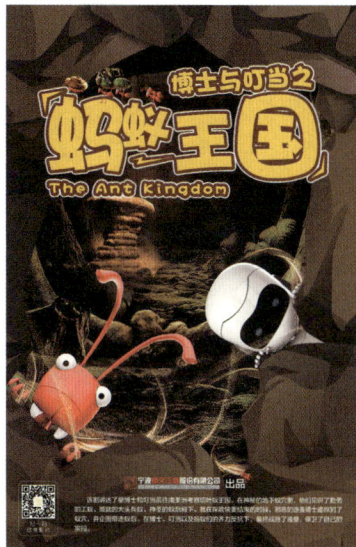

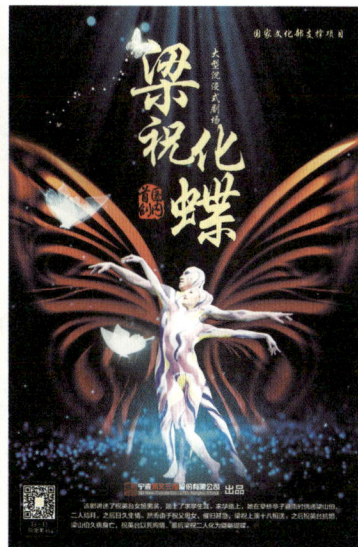

自主研发梦幻剧场节目：《蚂蚁王国》和《梁祝化蝶》剧照

高峰论坛活动VR骑乘体验

宁波新文三维企业建筑大厅

附　　录

协会大事记

中国自然科学博物馆协会 2017 年大事记

1 月 22 日　中国自然科学博物馆协会六届四次理事长办公（扩大）会议在中国科技会堂召开。会议对协会 2016 年全年工作进行了总结，并部署了 2017 年协会工作，重点就协会 2017 年学术年会以及首届"一带一路"科普场馆发展国际研讨会组织筹备情况做了报告。

2 月 28 日　中国自然科学博物馆协会水族馆专业委员会于 2017 年 2 月 28 日在昆明石林银瑞林国际大酒店举行全委会。水族馆专业委员会秘书处报告了专委会 2017 年工作计划，就落实完成协会交办的各项工作、加强业务培训工作、举办第二届国际水母大会等议题做了说明。全委会进行充分讨论后通过秘书处提报的 2017 年工作计划，并就 2017 年年会和培训工作提出多项建议。

3 月 11 日　中国自然科学博物馆协会展项研发及环境设计工作委员会工作会议在厦门召开。来自科普场馆及科普企业的与会代表主要围绕场馆展品研发、馆建设需求以及科普产业发展的相关问题展开讨论。协会执行副理事长赵有利向大家报告了协会今年的主要工作，并希望企业在品质、诚信、服务上下功夫，不断提升水平，靠水平打开市场，占领市场。

3 月 23 日　中国自然科学博物馆协会 2017 年联络员工作会议在杭州西溪湿地召开。会议对协会 2016 年度的工作进行了全面的总结，并对 2017 年的工作重点进行了安排和部署，提出 2017 年协会在加强国际交流、搭建学术交流平台和拓宽继续教育范围三方面所要实施的重点工作，鼓励与会人员再接再厉，以优异的成绩迎接党的十九大召开。会议还对 2016 年度的优秀联络员进行了表彰，与会人员对获奖优秀联络员表示了诚挚的祝贺。会议召开期间还围绕博物馆科普教育的理论和实践方法等议题开展了专题报告。

5 月 20 日　第五届中国（湖南）国际矿物宝石博览会博物馆论坛暨 2017 年度国土资源博物馆专业委员会年会在湖南省郴州市召开。论坛的主题为：打造科普殿堂　提升全民素质——全面贯彻落实习近平总书记致中国地质博物馆 100 周年贺信精神。来自中国科协、中国自然科学博物馆协会、郴州市人民政府、郴州市国土资源局以及各会员单位的 80 余名嘉宾、代表参加了本次会议。

5 月 27 日　庆祝全国科技工作者日暨创新争先奖励大会在京举行，中共中央政治局常委、中央书记处书记刘云山出席会议并讲话，代表党中央向广大科技工作者致以节日问候，向获奖先进集体和先进个人表示热烈祝贺。刘延东、李源潮、沈跃跃、陈竺、张阳出席会议，万钢主持会议。会上，大亚湾反应堆中微子实验团队等10个科研团队被授予创新争先奖牌，王过中等28人被授予创新争先奖章，丁列明等254人被授予创新争先奖状。此次表彰中，中国自然科学博物馆协会推荐的候选人、上海科技馆馆长王小明同志荣膺"全国创新争先奖"。

6月6~10日　自然科学类博物馆的发展策略与管理运营暨科普展览策划专题培训班在上海科技馆隆重召开。本次培训班由中国科协科普部主办，中国自然科学博物馆协会承办，上海科技馆协办。本次培训围绕"发展和管理"主题，邀请了来自中国科协、人社部、高校、研究机构以及国内科普行业的11位专家进行授课。来自全国各类自然科学博物馆的100余名馆长级别的高级管理人员参加，旨在进一步提升我国自然科学类博物馆高层管理人员的专业素养及综合能力。本次培训班获得了人力资源和社会保障部专业技术人才知识更新工程岗位培训项目备案，以及中国科协科普人员培训项目资助，是中国自然科学博物馆协会继续教育最高规格的培训，是协会继续教育工作具有里程碑意义的一期培训班。

6月19日　由中国自然科学博物馆协会主办、云南省普洱市科协承办的地方自然科学博物馆协会2017年工作会议在普洱召开。全国13个省、直辖市的自然科学博物馆协会领导、专家和普洱市全民素质纲要成员单位领导参加会议。程东红理事长代表中国自然科学博物馆协会总结了2016年的工作，对地方自然科学博物馆协会的工作给予了充分的肯定，号召中国自然科学博物馆协会和地方协会要按照中国科协的总体部署和要求，继续树立社会治理体系主角的定位，更全面地增强会员的荣誉感、存在感和获得感；在国家科普工作中发挥带头作用，更好地服务于全民科学素质提升，为社会建设发展和科普事业进步做出应有的贡献。

6月20日　中国自然科学博物馆协会湿地博物馆专业委员会2017工作年会暨学术研讨会在内蒙古额尔古纳湿地召开。来自全国10个省、市从事湿地保护、湿地博物馆管理工作的领导及专家，额尔古纳湿地保护部门的领导及基层湿地管理人员共计40余人参加了会议。与会代表围绕"博物馆教育与跨界融合"主题开展研讨交流。

6月28日至7月2日　为庆祝香港回归祖国20周年，受中央人民政府驻香港特别行政区联络办公室邀请，香港各界庆典委员会联合中国科协、中国航天科技集团公司，在香港维多利亚公园举办"创科驱动 成就梦想"主题科普展览活动。中国自然科学博物馆协会作为本次展览的协办单位，历时三个月，全程参与，利用协会平台面向会员单位征集参展内容。经过定向邀请及优选，广东科学中心、东莞科学技术博物馆、深圳市科学馆及北京汽车博物馆四家会员单位承接了部分展项讲解、科普剧表演及展品展示等工作。在港期间，各参展单位人员不惧酷暑，平均每天工作10个小时以上，热情服务观众，圆满完成展览任务，以实际行动献礼香港回归祖国20周年。

8月11日　中国自然科学博物馆协会专业科技博物馆委员会主任扩大会议在中国农业博物馆召开。会议研究落实了中国自然科学博物馆协会2017年年会"专业科技博物馆的运行管理"分会场的具体安排。程东红理事长指出，协会要为年轻人搭好学术平台，特别是要为在各馆工作的青年搭建成长的进阶，她鼓励各专委会利用协会平台开展好相关的学术活动，并希望专业科技馆专委会在未来加强学术功能建设，为专业科技博物馆的更好发展提供支撑。

8月29日　中国自然科学博物馆协会六届七次常务理事会，六届六次理事会在青海省海西蒙古族藏族自治州德令哈市召开。

8月30~31日　中国自然科学博物馆协会2017年年会在青海省海西蒙古族藏族自治州德令哈市成功举办。本届年会由中国自然科学博物馆协会天文馆专业委员会和德令哈天文科普馆共同承办，围绕"人、自然和宇宙——自然科学博物馆面临的机遇与挑战"的主题开展相关学术活动。中国科协有关部门、直属事业单位、青海省科协、海西州人民政府等有关方面领导，中国自然科学博物馆协会各位副理事长，各级科协负责同志以及全国自然科学博物馆领域的馆长、专家、学者等共500余人参加了大会。

9月18~20日　由中国自然科学博物馆协会水族馆专业委员会、海昌海洋公园控股有限公司共同主办、天津海昌极地海洋公园承办的第二届世界水母大会暨中国自然科学博物馆协会水族馆专业委员会2017年学术年会在天津市隆重召开。本届世界水母大会与中国自然科学博物馆协会水族馆专业委员会2017年学术年会联合举办，进一步提升了两大盛会的影响力，实现多角度、多主题、多会场的成果分享，承载了更加丰富的会议内容，更促进中外学术及经验交流、增加了行业、国内外企业间更多合作的可能性。

10 月 23 日　由中国自然科学博物馆协会主办、协会技术工作委员会、天津自然博物馆承办的"第十二届全国动物标本制作与养护"培训班在天津自然博物馆举行。来自全国 24 个省份的博物馆、自然保护区、研究所、动物园、院校、标本制作公司等 80 余位学员参加了此次培训。

10 月 23~26 日　由中国自然科学博物馆协会主办、山西省自然科学博物馆协会承办的中国自然科学博物馆协会第二期教育人员初级培训班在山西省科技馆成功举办，来自全国各地 33 家科普、文博场馆的 200 余名教育人员参加了本次培训班。本次培训围绕"科普场馆教育活动开发和科普传播"的主题，邀请专家分别从教育活动的发展趋势、功能定位、展教结合、展览教育内容和科普传播方式的创新发展等多层面、多角度地进行授课，以期进一步提升科普场馆教育人员开展科普教育活动水平与科普传播能力，充分发挥科普场馆的教育功能，提高场馆教育的影响力和覆盖面。

11 月 27~28 日　由中国自然科学博物馆协会主办、中国科技馆和上海科技馆联合承办的首届"一带一路"科普场馆发展国际研讨会在中国科技馆隆重召开。此次大会共有来自"一带一路"沿线 22 个国家、24 个科普场馆和机构的 44 位馆长及负责人，以及中国国内包括自然历史博物馆、科学技术馆、天文馆、国土资源博物馆等在内的 8 大类 74 家科普场馆和机构、15 家科普企业的 130 余位馆长和负责人参加，大家围绕"协同共享、场馆互惠、共建科学传播丝绸之路"大会主题，共话沿线国家科普场馆间长远合作愿景，共商构建沿线国家科普场馆命运共同体大计。

重要活动及文件

《科学教育与博物馆》被认定为 A 类学术期刊

近日，上海市新闻出版局根据国家新闻出版广电总局的最终认定，公布了第二批学术期刊认定结果，由上海科技馆主办、中国自然科学博物馆协会支持的《科学教育与博物馆》榜上有名。本次学术期刊认定共分为四种结果，分别是 A 类、B 类、C 类、D 类。《科学教育与博物馆》被认定为 A 类学术期刊。

创刊两年以来，《科学教育与博物馆》严格按照学术规范，通过设置新的栏目、策划组织学术专题、开展系列学术研讨活动，得到了科学教育界、科学传播界及博物馆界的专家、学者、专业技术人员和高校师生的广泛认同，2015 年获上海市新闻出版专项资金资助。在 2017 年 6 月 28~30 日举办的第六届全国科学传播学学术会议上，"《科学教育与博物馆》2015-2016 优秀论文评选"活动受到与会代表的广泛关注。

学术期刊认定及清理工作，是按照总局要求的学术期刊 8 项认定标准，从学术出版资质和专业背景、办刊条件、学术研究开展情况、学术创新成果发布情况、编委会成员专业素质调查、主编及编辑执业资格等方面逐一检查核实，充分体现了学术期刊认定及清理工作的政策性和权威性。

认定结果正式公布后，新闻出版广电总局将在其官方网站的期刊查询栏目中对学术期刊与非学术期刊予以区别，并要求各学术期刊网络收录机构、学术期刊评价机构建立健全学术期刊收录、审核制度，对不予认定的期刊予以剔除。今后，总局将对学术期刊实行动态管理，进一步完善学术期刊出版质量综合评估指标体系，组织有关机构对学术期刊出版质量、学术影响力进行评估，并进行分级管理，对精品期刊予以政策扶持和资金资助，对达不到标准的期刊予以强制清理，建立优胜劣汰长效发展机制，不断提升学术期刊整体质量。

中国自然科学博物馆协会
2017 年工作总结及 2018 年工作要点

■ 第一部分 2017 年工作总结

2017 年，中国自然科学博物馆协会认真学习贯彻落实党的十九大精神，按照中国科协对学会改革发展的总体要求，在理事会领导下，以紧跟国家"一带一路"倡议为主线，以创新精神和基础建设为核心，着力推动科普场馆科普资源创新与开发、场馆建设、人才建设和科普相关产业发展，广泛联系科普场馆领域的科技工作者和高校、科研机构、企业及社会力量，大力开展学术工作和科普工作，不断扩大影响力和凝聚力，圆满完成 2017 年理事会议定的各项任务。

一、加强党建工作，成立协会理事会党委

为进一步发挥中国自然科学博物馆协会理事会中党员的政治核心、思想引领及组织保障的作用，2017 年，协会认真组织学习《中国科协关于加强科技社团党建工作的若干意见》，贯彻落实《中国科协科技社团党委关于推进中国科协所属学会党建"两个全覆盖"专项工作方案》（科协社团党发〔2016〕2 号）中的要求。2017 年 2 月，根据理事会党员的实际情况，协会在中国科协科技社团党委的指导下，正式成立协会党委。在协会党委的领导下，全面落实协会第六届理事会工作，认真学习贯彻党中央精神和部署，围绕科技体制改革，通过开展学术活动、扩大品牌影响、夯实基础工作三项重点任务，增强行业凝聚力，为全国自然科学博物馆建设贡献力量。十九大召开期间，协会党委组织协会全体党员认真学习领会习近平总书记的报告，迅即展开学习大会文件及精神，掀起学习宣传贯彻十九大精神的热潮，把思想和行动迅速统一到党的十九大精神上来。

二、紧跟国家"一带一路"倡议，积极响应中国科协号召，打造我国首次自主举办的科普场馆国际交流研讨会

2017 年 11 月，协会成功举办首届"一带一路"科普场馆发展国际研讨会。根据中国科协提出的"配合国家'一带一路'倡议，深入开展科技外交和人文交流，推动'一带一路'国际科技组织的建立，设立双边科技合作项目和双边科技人文交流机制"的号召要求，协会将科学文化的传播与沿线各国科普场馆的任务举措相结合，积极筹备首届"一带一路"科普场馆发展国际研讨会。在协会领导带领下，在中国科协及相关部门和事业单位、中国科技馆发展基金会、上海科普教育发展基金会、上海科技发展基金会和相关企业的资金支持下，在大会组织委员会和程序委员会的通力协作下，在协会副理事长单位的全力配合下，大会顺利完成了既定目标，成果丰硕，达成了长远合作的共识。此次会议在协会历史上是首次自主举办的科普场馆国际交流研讨会，是协会尝试走向国际、走向世界舞台中心的关键一步，是一次里程碑式的大会。

（一）紧跟新时代中国特色社会主义发展趋势，把握科普事业发展方向

此次大会是我国自然科学博物馆迈向新高度、新平台的一次难得机遇。参加大会的有来自"一带一路"沿线22个国家24个科普场馆的馆长以及9个政府机构和组织的负责人等国外代表共计44人，还有我国的科技馆、自然馆、地质馆、天文馆、水族馆、湿地馆等科普场馆的负责人和从事科普展教品研制生产的企业代表140余人。中国科协主要领导和分管领导出席了大会开幕式，怀进鹏书记在欢迎辞中表达了中国科协党组深入贯彻落实十九大精神和国家"一带一路"倡议，积极支持所属全国学会参与"一带一路"倡议下的科技合作与交流，推动科普资源"走出去"，为构建"人类命运共同体"贡献科协方案的鲜明态度，受到参会中外代表的高度评价和热烈响应。

（二）会议内容设置丰富，会议成果显著丰硕

大会设置主旨报告、全体会议、签约仪式、圆桌会议、宣言发布、平行会议等多种形式的会议环节，每个环节均由各国代表共同参与，充分体现合作共赢、互惠共享的会议理念。在"科普资源互惠共享"签约仪式上，协会及中国科技馆、上海科技馆、中国地质博物馆、北京自然博物馆和北京天文馆分别与"一带一路"沿线国家的重要科普组织或场馆签署11个合作协议。会后，参会代表赴沪参访中，又补充签署了5个合作协议，进一步扩大了会议的成果。

（三）会议最大的亮点——正式发布《北京宣言》

《北京宣言》的发布为沿线场馆形成长效合作机制，在人文交流、教育合作、科技发展等多个方面互通有无，共商合作、共建平台、共享成果打下了纲领性基础，凝聚了广泛的共识。

在协会各副理事长的倾力支持下，首届"一带一路"科普场馆发展国际研讨会在"2017年度中国科协十大事件"入选的37项最有影响力事件公众投票环节进入前十。

三、提升年会学术水平，加强学会能力建设

2017年8月，协会2017年年会在青海省海西蒙古族藏族自治州德令哈市成功举办。本届年会由协会天文馆专业委员会和德令哈天文科普馆共同承办，围绕"人、自然和宇宙——自然科学博物馆面临的机遇与挑战"主题开展相关学术活动。中国科协有关部门、直属事业单位、青海省科协、海西州人民政府等有关方面领导同志，中国自然科学博物馆协会各位副理事长，全国自然科学博物馆领域的馆长、专家、学者以及协会会员代表等共500余人参加了大会。2017年年会从人、自然和宇宙的关系出发，聚焦科普场馆可持续发展与人类生存空间和宇宙间的相互影响。年会期间，协会支持单位中国科技馆向德令哈天文馆捐赠"简仪"展品一件，希望借由此次盛会，在东部地区场馆帮助下，推动东西场馆互助"牵手"，为实现科普公共服务公平普惠贡献力量。

四、发挥协会社团优势，服务创新型国家和社会建设

（一）提升从业人员能力，继续教育工作成效斐然

2017年，根据《科普场馆专门人才队伍建设"十三五"专项实施方案》，提升全国自然科学类博物馆行业人才队伍的专业素养及综合能力，建设高素质人才队伍，开展标准化、规范化和系统化继续教育，在前期工作基础上，协会开展了科普场馆中高层管理人员、科普辅导员以及标本艺术设计专业人员的继续教育培训工作。

（二）协调航天科普展赴港巡展，为香港回归庆典增光添彩

为庆祝香港回归祖国20周年，受中央人民政府驻香港特别行政区联络办公室邀请，香港各界庆典委员会联合中国科协、中国航天科技集团公司于2017年6月28日至7月2日在香港维多利亚公园举办"创科驱动 成就梦想"主题科普展览活动。中国自然科学博物馆协会作为本次展览的协办单位，历时三个月，全程参与，利用协会平台面向会员单位征集参展内容。经过定向邀请及优选，中国科技馆、广东科学中心、东莞科学技术博物馆、深圳市科学馆及北京汽车博物馆五家会员单位承接了部分展项讲解、科普剧表演及展品展示等工作。展览在港展出期间，中国自然科学博物馆协会办公室与各参展单位工作人员一道战高温冒酷暑，平均每天工作10个小时以上，热情服务观众，圆满完成展览任务，接待当地各界观众21.9万人次，以实际行动献礼香港回归祖国20周年，受到中央负责港澳工作领导同志的充分肯定。

五、各专委会成绩显著，服务会员落在实处

2017年，协会各专委会在各自领域开展了丰富多样的活动，取得了良好的效果，从整体上进一步提升了协会服务会员的能力与水平，扩大了协会在科普场馆领域的影响力。

科技馆专委会6月在上海科技馆成功举办第七届全国科技馆馆长培训班及相关专题会议，来自各类自然科学类博物馆的100余名馆长参加培训。该培训班以理论结合实践的形式，围绕"发展与管理"主题，邀请来自人力资源社会保障部、中国科协、高校、研究机构及科普领域的11位专家授课。与此同时，专委会还召开了科技馆馆长专题工作交流会和科技馆建设与发展专题会议，中国科协党组副书记、副主席、书记处书记徐延豪听取各地科技馆馆长代表围绕"场馆运行和展厅改造""免费开放政策的方向及实施""科技馆法人治理结构的探索"三个议题的交流汇报，并做总结讲话。全国各地科技馆的57名馆长参与了此次会议。

国土资源博物馆专业委员会以第一届中国（长沙）国际矿物宝石博览会为开端，与湖南省地质博物馆联合，已连续五年承办地学博物馆相关论坛，为国内外地质博物馆创建了便利的交流平台，以此促进我国国土资源博物馆事业健康和可持续发展。

水族馆专业委员会2017年不仅积极推动动物训练和繁育的培训工作，而且内部组织和外部宣传工作都取得长足进步。9月17~20日，第二届世界水母大会暨中国自然科学博物馆协会水族馆专业委员会2017年学术年会在天津市隆重召开，会议由中国自然科学博物馆协会水族馆专业委员会、世界水母大会指导委员会、海昌海洋公园控股有限公司共同主办，天津海昌极地海洋公园承办。中国自然科学博物馆协会程东红理事长、天津市水产局副局长马维林、世界水母大会创始人儒尔根先生、海昌海洋公园运营总监谭广元出席了开幕仪式并致辞。来自国内外120家海洋馆及70家相关企业、大学、研究所的近600名代表参加了本次大会，是历年来参会人数最多的一次盛会。5月22~25日，由中国自然科学博物馆协会水族馆专业委员会主办，海昌海洋公园控股有限公司、美国水生维生系统运作协会（AALSO）、香港海洋公园协办，烟台海昌鲸鲨馆承办的国际水族饲养繁育培训班在烟台举行。本次培训特别邀请了香港海洋公园动物及教育执行总监蒋素珊女士、环境实验室经理张颖博士、AALSO水族馆环境系统总监克里斯·华尔纳先生、日本新江之岛水族馆崎山直夫先生等国内外行业内知名专家进行授课。国内50家海洋馆的120余名代表参加了培训。

专业科技博物馆委员会不仅较好地完成了各项任务，8月，专委会召开了专业科技博物馆委员会主任扩大会议。中国自然科学博物馆协会程东红理事长、中国铁道博物馆李春冀馆长、于湘副馆长、北京汽车博物馆杨蕊馆长、中国消防博物馆呼延军副馆长、自贡市盐业历史博物馆周翠微副馆长、中国煤炭博物馆张华英处长、中国民航博物馆赵红军主任等20多位代表参加会议。

天文馆专业委员会全力协助支持召开协会2017年年会以及首届"一带一路"科普场馆发展国际研讨会。天文馆专委会派出工作组全程参与协助筹备2017年年会和国际研讨会，为协会年会和国际研讨会的成功举办做出了突出成绩。

湿地博物馆专业委员会2017工作年会暨学术研讨会于6月20日在内蒙古额尔古纳湿地召开。来自全国10个省、市从事湿地保护、湿地博物馆管理工作的领导及专家，额尔古纳湿地保护部门的领导及基层湿地管理人员，共计40余人参加了会议。会议期间，与会代表围绕"博物馆教育与跨界融合"主题开展研讨交流，共话

发展，圆满完成大会的所有议程。此次会议的圆满召开，为今后各省、市湿地保护管理部门搭建了相互学习、相互交流、共同提高的平台，必将有力地推动湿地生态文明及全国湿地博物馆建设的蓬勃发展。

科普场馆特效影院专委会 2017 年年会于 4 月 18 日在中国科技馆召开。中国自然科学博物馆协会理事长程东红，中国科学技术馆馆长殷皓，中国科学技术馆副馆长、中国自然科学博物馆协会秘书长欧建成，中国科学技术馆副馆长、影院专委会主任庞晓东出席大会。来自全国 50 余家场馆的会员代表和来自中国大陆、中国台湾、中国澳门以及欧美国家和地区的企业代表共计 160 余人参加了本次会议。本次大会为促进影院专委会的专业技术交流，提高学术水平，会员大会之后举办了特效电影发展论坛。来自电影技术质量检测所、北京航空航天大学、万达文化旅游规划院、故宫博物院、上海科技馆的五位嘉宾，围绕数字电影新技术、新媒体运营策略、科普特效电影传播效果研究等与会代表关注的主题做了主旨报告，为今后工作提供了新思路和新方法。

展项研发及环境设计工作委员会工作会议于 3 月 11 日在福建厦门顺利召开。工委会的会员均是为场馆提供展品研发、展项制作、布展安装、多媒体开发等服务的企业。为了更好地服务会员，本次会议的主要内容围绕场馆的展品研发及新馆建设需求展开。中国科协科普部领导提出科普企业要找准方向，落实纲要；要抓住机遇为线上线下融合发展服务；要为科技馆体系建设服务等具体工作路线和要求。

技术工作委员会和天津自然博物馆共同承办了第十二届全国动物标本制作与养护培训班。来自全国 24 个省的博物馆、自然保护区、研究所、动物园、院校、标本制作公司等 80 余位学员参加了培训。动物标本制作与养护培训班作为自然博物馆界的一套特有人才培养模式，是目前国内自然博物馆界质量较高、影响最为广泛的专业技术培训。本次培训班是历届培训班中参加人员最多、规模最大的一次。

由中国自然科学博物馆协会主办、云南省普洱市科协承办的地方自然科学博物馆协会工作会议 2017 年 6 月在普洱召开。中国自然科学博物馆协会、中国科协科普部、云南省科协、普洱市委及市政协领导同志出席会议，全国 13 个省、直辖市的自然科学博物馆协会领导、专家和普洱市全民素质纲要成员单位领导参加会议。会议总结了 2016 年的工作，对地方自然科学博物馆协会在开展会员服务、积极落实"纲要"工作，整合协会资源、发挥服务与带动作用，激活协会活力、积极承接政府转移职能方面予以肯定。

六、几组数据

（1）2017 年协会全年发展单位会员 28 家、个人会员 29 人，在册单位会员达 686 家，个人会员为 1303 人。

（2）根据《中国自然科学博物馆协会优秀集体及优秀工作者评选表彰办法》，由各专业委员会提名推荐优秀集体，各单位会员推荐优秀工作者，经过评选，并经协会理事长办公会议审批，12 月公布了协会 2017 年度优秀集体和优秀工作者表彰决定，共评选表彰优秀集体 71 家、优秀部门 7 个、优秀工作者 170 名。

（3）2017 年 5 月 27 日，庆祝全国科技工作者日暨创新争先奖励大会在京举行，会上，大亚湾反应堆中微子实验团队等 10 个科研团队被授予创新争先奖牌，王过中等 28 人被授予创新争先奖章，丁列明等 254 人被授予创新争先奖状。由协会推荐的候选人、上海科技馆馆长王小明同志荣膺"全国创新争先奖"。

（4）2017 年，协会除了继续支持出版发行国内知名科普杂志《大自然》外，协会主要学术期刊——《自然科学博物馆研究》杂志已出版 6 期（含 2 期增刊）；7 月，上海市新闻出版局根据国家新闻出版广电总局的最终认定，公布了第二批学术期刊认定结果，由上海科技馆主办、中国自然科学博物馆协会支持的《科学教育与博物馆》榜上有名。本次学术期刊认定共分为四种结果，分别是 A 类、B 类、C 类、D 类。《科学教育与博物馆》被认定为 A 类学术期刊；在总结《中国科普场馆年鉴》前几年编辑工作经验的基础上，中国自然科学博物馆协会办公室开展了《中国科普场馆年鉴 2017 卷》编辑工作，共计约 300 万字；协会审校、印制、发放《维度》中文版 3 期，并在联络员会议、年会和国际研讨会期间发放杂志，共计近 3000 册。

（5）自六届理事会以来，协会在开展国内外学术交流，活跃学术思想，促进行业发展，服务会员与科技工作者等诸多方面均取得了开创性成绩。2017 年 4 月，根据《人力资源社会保障部 中国科协 关于表彰全国科协系统先进集体先进工作者的决定》（人社部发〔2017〕27 号），中国自然科学博物馆协会荣获"全国科协系统先进集体"称号。2017 年协会从理论研究、科普类培训、科普期刊的出版、响应全国科普日号召举办科普活动等方面大力推进各项工作，根据《中国科协科普部关于公布 2017 年度全国学会科普工作考核结果的通知》（科协普函综字〔2018〕1 号），中国自然科学博物馆协会荣获"2017 年度全国学会科普工作优秀单位"称号。

▨ 第二部分 2018年工作要点

指导思想：认真学习贯彻习近平新时代中国特色社会主义思想、党的十九大精神，认真学习落实中国科协关于学会改革的指示精神，对标国际一流学会，不断提升服务水平、规范水平和国际化水平。

主要思路：按照中国科协总体部署和要求，在理事会领导下，召开协会换届大会，持续推进国际交流、学术建设、会员服务、继续教育等工作再上新台阶。

一、召开协会第七届会员代表大会暨协会换届大会，重塑协会工作格局

自2013年召开第六届协会全体会员代表大会以来，第六届理事会历时5年，即将届满。2018年，协会计划召开第七届协会全体会员代表大会，届时将对协会第六届理事会的工作、财务状况、协会章程、会费标准等问题进行汇报总结，并选举产生第七届理事会及领导机构。协会将会同各专委会从报批审核、会议筹备、文件准备、理事人选推荐、会务安排等多方面进行组织筹划，确保换届大会圆满成功召开。

二、启动"一带一路"沿线国家科普资源互惠共享工程

协会将乘首届"一带一路"科普场馆发展国际研讨会的东风，继续开展国际间交流活动，认真做好科普资源共建共享工作。

2018年，协会拟启动"'一带一路'沿线国家科普资源互惠共享工程"。工程拟以三年为一个周期滚动实施，着力推动我国科普资源的再创作和国际化，将我国优质的科普资源推向"一带一路"沿线国家，同时引进国外优质科普资源，实现双赢。同时，搭建永久网站、创建社交媒体账号、通过某些重点刊物搭建平台开展深度合作、开展展览联合研发等。

三、申办中国科协世界公众科学素质促进大会分论坛，扩大协会知名度和影响力

借助中国科协世界公众科学素质促进大会的平台，申报承办专题论坛，届时将尽力邀请重要国际组织代表、国内外科技界、学术界、产业界的知名专家学者参会，并邀请在科技创新和科学传播方面有深刻造诣和国际影响力的专家，围绕"一带一路与科学传播"做专题交流，探索通过"一带一路"倡议举办专题论坛，扩大协会在国际上的知名度和影响力，形成"一带一路"科普场馆国际间沟通的长效机制。

四、继续组织协会学术年会，促进学术建设再上台阶

整合优势学术资源，搭建会员学术交流平台，推进协会学术能力建设。筹备召开协会第四届学术年会，力争在前三届基础上，更加聚焦科普场馆创新发展，为与会代表提供更为广阔的学术氛围与交流平台。

五、加大会员服务力度

1. 开发会员管理系统

在中国科协学会部项目资金支持下，拟开发协会会员管理系统，提高协会信息化水平，争取在网络上实现入会、登记、变更、缴纳会费、发布消息、会议通知、参会、短信通知等功能。

2. 大力发展个人会员

在做好会员服务的前提下，加强个人会员发展力度，尝试通过提高会员权利来吸引更多自然科学类博物馆专业人才加入协会大家庭。

3. 加强信息化建设

加强官网管理和更新，推出《自然科学博物馆研究》《维度》电子版，减少纸质版的浪费，扩大宣传范围。

中国自然科学博物馆协会六届四次理事长办公（扩大）会议在京召开

　　1月22日，中国自然科学博物馆协会六届四次理事长办公（扩大）会议在中国科技会堂召开。中国自然科学博物馆协会理事长程东红、执行副理事长赵有利，中国科普研究所所长王康友，中国科协学会部副部长苏小军、科普部副部长周世文，以及中国自然科学博物馆协会副理事长、秘书长及中国科协机关相关人员出席会议。

　　程东红在主持中指出，中国自然科学博物馆协会在中国科协领导下，2016年工作取得了长足发展和重点突破，并部署了2017年协会工作。赵有利通报了在协会理事会层面成立功能型党组织事宜。协会副理事长、北京天文馆馆长朱进通报了2017年学术年会筹备情况，重点通报大会主题设置、论文征集和评审以及科普产品展示会等筹备环节。协会秘书长欧建成和协会副理事长、上海科技馆馆长王小明分别代表首届"一带一路"科普场馆发展国际研讨会组织委员会和程序委员会做了研讨会筹备情况报告，并对"一带一路"国家科普场馆"科普资源互惠共享框架合作协议"、《北京宣言》、主旨报告提纲等具体筹备环节进行了介绍。

　　与会同志围绕协会2017年工作计划、

中国自然科学博物馆协会六届四次理事长办公（扩大）会议在京召开

程东红理事长做总结发言

协会党建工作、协会学术年会和首届"一带一路"科普场馆发展国际研讨会等议题进行了热烈讨论，并为协会做好新一年的各项工作提出了建设性意见。

苏小军和周世文分别代表中国科协学会部、科普部讲话，肯定了协会在过去一年中取得的工作成绩，希望协会按照科协关于学会改革创新的整体部署和科普工作总体要求，做好2017年各项工作。

程东红理事长做了总结发言。她强调指出，在新的一年里，中国自然科学博物馆协会要按照中国科协所属学会深化改革相关要求，进一步加强自身学术能力、服务会员能力、改革创新能力建设和党的建设，不断推进协会人员培训、学术年会向着更高水平发展，全力做好首届"一带一路"科普场馆发展国际研讨会的各项筹备工作，为中国自然科学博物馆协会迈向国际化发展开辟道路，为广大会员搭建更广阔的交流与发展平台，努力推动中国自然科学博物馆事业迈向新台阶。

中国自然科学博物馆协会水族馆专业委员会 2017 年全委会在昆明召开

中国自然科学博物馆协会水族馆专业委员会于 2017 年 2 月 28 日在昆明石林银瑞林国际大酒店举行全委会。出席会议的委员或代表共计 16 人，中国自然科学博物馆协会执行副理事长赵有利出席了会议。石林冰雪海洋世界总经理史怀钦列席参加。

会议由齐继光主任委员主持。石林冰雪海洋世界史怀钦总经理介绍了石林海洋馆建设、运营情况，及本次会议的准备情况。

中国自然科学博物馆协会赵有利副理事长通报了中国自然科学博物馆协会 2017 年工作计划：协会 2017 年继续加强培训工作、在青海德令哈召开协会第三届学术年会、在北京举行"一带一路"博物馆论坛等。

水族馆专委会秘书处靳鹏提报了水族馆专业委员会 2017 年工作计划。

1. 继续落实完成中国自然科学博物馆协会交办的各项工作。积极参与协会的各项活动。不断完善专委会的建设，大力吸收团体会员。

2. 继续加强业务培训工作，有针对性地根据各馆发展中的实际问题开展培训工作。2017 年 5 月在烟台召开水族培训班，由水族馆专委会主办，海昌海洋公园控股有限公司和香港海洋公园协办，烟台海昌鲸鲨馆承办。聘请相关专家授课。

3. 组织召开 2017 年天津学术年会，本次年会将与第二届国际水母大会合办，并出版第十九辑论文集。

4. 继续加强专委会网站建设。

全委会进行充分讨论后通过秘书处提报的 2017 年工作计划，并就 2017 年年会和培训工作提出多项建议。2017 年年会与国际水母大会合办，提升了专委会年会水平和规格，各馆要积极参与，举专委会之力，办好本次大会。向国外学习的同时，各馆也要多撰写高水平论文，向国际展示中国水族馆的发展和取得的成绩。

会后委员们参观考察了石林冰雪海洋世界，并对水族馆的建设、运营、动物保育及可持续发展进行深入的探讨。

中国自然科学博物馆协会展项研发及环境设计工作委员会工作会议在厦门顺利召开

展项研发及环境设计工作委员会工作会议在厦门顺利召开

赵有利执行副理事长做总结发言

阳春三月，草长莺飞，中国自然科学博物馆协会展项研发及环境设计工作委员会（以下简称"工委会"）工作会议3月11日在有"海上花园"之称的美丽海滨城市厦门顺利召开。协会执行副理事长、工委会主任赵有利，工委会副主任、安徽省科技馆馆长姚穗，工委会副主任、厦门科技馆馆长郁红萍等领导出席会议；中国科协科普部副部长周世文，中国科协科普部传播处副处长黄晓春应邀出席会议；工委会的三十余家单位会员代表参加会议，会议由工委会秘书长杨文志主持。

郁红萍代表厦门科技馆对远道而来的新老朋友表示欢迎，并致以问候。周世文代表中国科协科普部发表了富有指导意义的重要讲话，他提出科普企业要找准方向，落实纲要；要抓住机遇为线上线下融合发展服务；要为科技馆体系建设服务。

工委会的会员均是为场馆提供展品研发、展项制作、布展安装、多媒体开发等服务的企业，为了更好地服务会员，本次会议的主要内容围绕场馆的展品研发及新馆建设需求展开。会上，中国科技馆资源管理部副主任龙金晶介绍了中国流动科技馆 2016 年工作进展及 2017 年工作计划；吉林市科协副主席商海慧、呼伦贝尔市科技馆馆长助理王垚、山东科技馆馆长李伟先后介绍了吉林市科技馆、呼伦贝尔市科技馆和山东省科技馆新馆建设情况以及展品需求。姚穗结合其之前实地调研情况发言，向与会企业提出了科技馆建设方面的看法和建议。上午议程最后，赵有利做总结发言，他对与会者表示感谢，向大家报告了协会 2017 年的主要工作，并对协会企业会员提出殷切希望，希望企业在品质、诚信、服务上下功夫，不断提升水平，靠水平打开市场，占领市场。

下午议程由周世文主持，他代表中国科协科普部与参会企业座谈科普产业发展的相关问题。各企业代表结合自身实际发言，提出遇到的问题，以及希望中国科协或更高层面解决的需求。

本次会议由协会展项研发及环境设计工作委员会主办，厦门科技馆承办。

中国自然科学博物馆协会 2017 年联络员工作会议在杭州召开

3月23日，中国自然科学博物馆协会 2017 年联络员工作会议在杭州西溪湿地召开。此次会议由中国自然科学博物馆协会主办，中国自然科学博物馆协会湿地博物馆专业委员会和中国湿地博物馆承办，参会联络员来自全国 30 多个省、自治区、直辖市，共计 170 余名。中国自然科学博物馆协会秘书长、中国科学技术馆副馆长欧建成，杭州市西湖区委常委、杭州西溪国家湿地公园管理委员会副主任陈玮，中国自然科学博物馆协会副理事长、中国湿地博物馆馆长陈博君，中国自然科学博物馆协会理事、浙江省科技馆馆长李瑞宏，杭州西溪国家湿地公园管委会办公室党委书记、主任何蕾等领导出席了会议，会议由协会办公室副主任杨力主持。

会上，陈玮首先致辞，代表西湖区委、区政府和西溪湿地管委会向与会人员表示热烈的欢迎，并向大家介绍了西溪湿地和中国湿地博物馆的总体情况，同时对协会近年来取得的工作成绩也给予了充分的肯定，并预祝会议能够取得圆满成功。陈博君副理事长代表协会也做了致辞，对联络员在 2016 年所做的工作表示了感谢，希望与会的联络员能够继续发挥桥梁和纽带作用，把协会的工作做得更好。之后，协会秘书长欧建成对中国自然科学博物馆协会 2016 年度的工作进行了全面的总结，并对 2017 年的工作重点进行了安排和部署，欧秘书长

中国自然科学博物馆协会 2017 年联络员工作会议在杭州召开 ———

表彰 2016 年度优秀联络员 ———

肯定了 2016 年协会在学术年会开展、学术期刊和场馆年鉴编辑以及学术水平和能力建设等各方面取得的进步，也提出了 2017 年要在加强国际交流、搭建学术交流平台和拓宽继续教育范围三方面所要实施的重点工作，鼓励与会人员再接再厉，以优异的成绩迎接党的十九大召开。会议还对 2016 年度的优秀联络员进行了表彰，与会人员对获奖优秀联络员表示了诚挚的祝贺。

会议报告阶段，分别由浙江省科技馆馆长李瑞宏和中国湿地博物馆办公室主任钱婕靓就各自场馆开设展览、开展教育活动的做法和体会与参会代表做了深入交流与互动，共同探讨博物馆科普教育的理论和实践方法。

会议现场

2017 年联络员工作会议合影

开拓创新　打造科普殿堂
——第五届中国（湖南）国际矿物宝石博览会博物馆论坛暨 2017 年度国土资源博物馆专业委员会年会圆满结束

- -

　　5 月 20 日，第五届中国（湖南）国际矿物宝石博览会博物馆论坛暨 2017 年度国土资源博物馆专业委员会年会在湖南省郴州市召开。论坛的主题为：打造科普殿堂　提升全民素质——全面贯彻落实习近平总书记致中国地质博物馆 100 周年贺信精神。来自中国科协、中国自然科学博物馆协会、郴州市人民政府、郴州市国土资源局以及各会员单位的 80 余名嘉宾、代表参加了本次会议。

　　会议由中国自然科学博物馆协会副理事长，国土资源博物馆专业委员会主任，中国地质博物馆馆长、党委书记贾跃明主持。郴州市人民政府副市长贺遵庆、中国自然科学博物馆协会执行副理事长赵有利先后致辞。赵有利副理事长对专委会在传播科学文化、推动国土资源博物馆事业发展、服务经济社会发展等方面取得的成绩予以充分肯定，对专委会在支持协会工作方面的积极作为给予高度赞扬。他指出，习近平总书记对中国地质博物馆百年华诞的殷殷嘱托，不仅是对中国地质博物馆的殷切希望，也是对自然科学博物馆的谆谆教诲。因此，他提出三点希望与大家共勉。一是牢记"三个面向"的总体战略，通过推动协会创新发展，进一步服务大局、服务科普场馆、服务科普工作者。二是专委会瞄准发展重点，组织会员精准服务，强化科普资源整合与共享力度。三是各会员单位挑战空白领域，推进专业化建设水平，同时加大组织协调力度，与社会各界融合发展，不断开拓自然科学博物馆发展的新平台。

　　围绕论坛主题，五位嘉宾做了精彩演讲。中国科协科普部王大鹏副处长做了题为"提高全民科学素质　为建设世界科技强国奠定坚实的社会基础"的演讲；中国地质博物馆刘树臣副馆长做了题为"开拓创新　打造地学科普殿堂"的演讲；新疆地质矿产博物馆王晓刚馆长做了题为"挖掘展品内涵　创新科普活动　讲好矿石故事"的演讲；湖南省地质博物馆廖珊副馆长做了题为"创新科普'活'出精彩"的演讲；吉林大学博物馆续颜副馆长作了题为创新驱动发挥科普示范引领作用的演讲。

　　论坛结束后，召开了 2017 年度专委会年会。会上，专委会会员单位进行了交流；增补湖南省地质博物馆胡能勇馆长为专委会副主任委员（专委会将提请协会审议）。最后，贾跃明主任做会议小结，介绍了专委会一年以来的工作情况，以及目前国土资源类博物馆面临的现状、机遇与挑战。他指出，一是国土资源类博物馆发展形势大好。博物馆建设方兴未艾，地方政府高度重视。国土资源类博物馆在全国整个博物馆体系中占有重要分量。习近平总书记的贺信将科普工作放在了国家战略的高度，更加促进了各地博物馆的内涵、能力、队伍和管理的建设。二是国土资源类博物馆越来越受到社会各界的关注、认可和欢迎。加之博物馆的主动作为，走进博物馆的人民群众越来越多，特别是得到了青少年的喜爱，馆校共建、"走出去 请进来"、巡展、专题展、列车行等都极受欢迎，极富成效。三是博物馆之间的交流、互动、学习和互鉴不断加强。专委会在中国自然科学博物馆协会的指导下发挥了桥梁、纽带、服务、平台的作用，成效显著。习总书记的贺信对博物馆的发展提出了十分明确的、更高的要求。国土资源类博物馆目前在基础设施建设、队伍建设、管理服务等各方面离习总书记的要求还有比较大的差距，还有很大的努力提升的空间。因此，我们要切切牢记总书记的教诲，要深刻领会和把握总书记要求的精髓、要义，真正地把科学普及、科学传播的工作做到人民群众中去，做到青少年的成长成才中去，真正发挥博物馆的主阵地作用。专委会今后要加大这方面的工作，想方设法为会员单位做好服务，把各方面好的做法、好的经验、好的模式、好的成效推广开来，让每一个博物馆都像总书记期待的那样，更好地发挥地学研究基地、科普殿堂的作用，努力地把每个博物馆办得更好、更有特色，为建设世界科技强国，实现中华民族伟大复兴的中国梦再立新功。

本次论坛及年会取得了圆满成功，是全面贯彻落实习近平总书记致中国地质博物馆建馆 100 周年贺信精神的实际行动和重要举措。

上海科学技术馆馆长王小明同志荣获首届全国创新争先奖状

在习近平总书记在全国科技创新大会、两院院士大会、中国科协九大上的重要讲话发表一周年之际，2017年5月27日上午，庆祝全国科技工作者日暨创新争先奖励大会在京举行。中共中央政治局常委、中央书记处书记刘云山出席会议并讲话，代表党中央向广大科技工作者致以节日问候，向获奖先进集体和先进个人表示热烈祝贺。刘延东、李源潮、沈跃跃、陈竺、张阳出席会议，万钢主持会议。会上，大亚湾反应堆中微子实验团队等10个科研团队被授予创新争先奖牌，王过中等28人被授予创新争先奖章，丁列明等254人被授予创新争先奖状。

刘云山在讲话中指出，党的十八大以来，以习近平同志为核心的党中央高度重视科技创新，作出一系列重大部署，推动我国科技事业取得新的重大成就，开启了向世界科技强国进军的新征程。要深入学习贯彻习近平总书记系列重要讲话精神，把握时代发展大势和科技进步潮流，坚持国家至上、民族至上、人民至上，奋力创新争先，勇攀科技高峰，在建设世界科技强国中建功立业，为实现中华民族伟大复兴的中国梦提供有力科技支撑。

刘云山希望广大科技工作者围绕树立和落实新发展理念、适应和引领经济发展新常态、推进供给侧结构性改革，聚焦国家重大战略和重大工程实施，谋划和确定科技创新的主攻方向和重点着力点，实现科技创新与经济社会发展深度融合。坚定创新自信，勇于挑战最前沿的科学问题，着力提出更多原创理论、做出更多原创发现，创造更多领跑世界的科技成果，努力抢占科技创新和科技竞争制高点。认真贯彻习近平总书记对黄大年同志先进事迹做出的重要指示，以先进典型为榜样，保持严谨求实、拼搏奉献的精神品格，自觉践行社会主义核心价值观，继承发扬优良学风，做科学精神的忠实践行者、科学真理的不懈追求者。

刘云山强调，各级党委和政府要把科技创新摆在突出位置，改革完善体制机制，抓好科技人才队伍建设，大兴识才、爱才、敬才、用才之风。科协组织要牢牢把握工作的正确方向，有力有序推进自身改革，加强对科技界思想政治引领，提高联系服务科技工作者的能力。要广泛宣传党和国家的科技政策和工作部署，宣传我国科技发展取得的辉煌成就，宣传科技战线涌现的先进典型，在全社会营造崇尚科学、尊重创新的良好环境。

在此前5月25日国务院新闻办举办的专题新闻发布会上，中国科协党组书记、常务副主席、书记处第一书记尚勇介绍了我国首个"全国科技工作者日"活动安排及"全国创新争先奖"评选表彰有关情况。他指出，在 2016 年的"科技三会"上，习近平总书记发出向世界科技强国进军的号召。为纪念这一有着重大历史意义的事件，国务院 2016 年 11 月批准同意将每年的 5 月 30 日定为"全国科技工作者日"，由中国科协、科技部商有关部门组织实施具体工作，科技工作者第一次拥有了属于自己的节日，这也体现了党中央、国务院对科技工作的重视、对科技工作者的关怀。

为了贯彻落实习近平总书记系列重要讲话精神，进一步团结引领广大科技工作者在建设世界科技强国进程中创新争先。2017 年 4 月，中国科协联合人力资源和社会保障部、科技部、国务院国资委，报请中央批准共同设立全国创新争先奖，主要表彰在科学研究、技术开发、重大装备和工程攻关，转化创业，科普及社会服务方面作出卓越贡献、在国内外具有影响力的优秀科技工作者和优秀科研团队。全国创新争先奖每三年评选表彰一次，每次表彰 10 个科研团队授予奖牌；表彰不超过 30 个科技工作者授予奖章，享受省部级劳模待遇；表彰不超过 300 名科技工作者授予奖状。

"全国创新争先奖"是继"国家自然科学奖""国家技术发明奖""国家科学技术进步奖"之后，国家批准设立的又一个重要的科技奖项，是国家科技奖励体系的重要组成部分和补充，是国家科技奖项与国家重大人才计划的有机衔接，是仅次于国家最高科技奖的一个科技人才大奖。

在"全国创新争先奖"的评选中，按照"德为先、术要精、能力强、基础厚、贡献大"五条标准进行选拔，设立了奖励委员会、评审委员会、监督委员会，研究制定了"全国创新争先奖"评审办法，邀请包括 157 名院士在内的 300 多位各学科领域杰出代表、科技管理专家和企业负责人担任评审专家。评审分网上预审、初评、复评、公示、审定等环节，按照科学研究、技术开发、重大装备和工程攻关、转化创业、科普及社会服务五个领域，下设 16 个评审组。经网上预审、初评、复评，从 217 个渠道推荐的 1343 名优秀科技工作者和 227 个科研团队中，共评选产生了 10 个奖牌获奖团队、28 名奖章获奖人选、254 名奖状获奖人选。

此次表彰中，中国自然科学博物馆协会推荐的候选人上海科技馆馆长王小明同志荣膺"全国创新争先奖状"。

自然科学类博物馆的发展策略与管理运营暨科普展览策划专题培训班成功举办

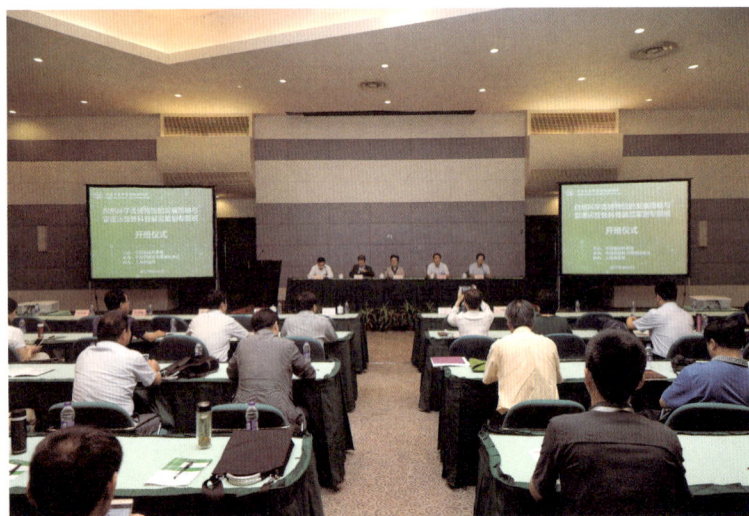

自然科学类博物馆的发展策略与管理运营暨科普展览策划专题培训班成功举办

"古人学问无遗力，少壮工夫老始成"。6月6日到10日，自然科学类博物馆的发展策略与管理运营暨科普展览策划专题培训班在上海科技馆隆重召开。本次培训班由中国科协科普部主办，中国自然科学博物馆协会承办、上海科技馆协办。中国自然科学博物馆协会理事长程东红，中国自然科学博物馆协会名誉理事长徐善衍，中国自然科学博物馆协会副理事长、上海科技馆馆长王小明，中国科技馆馆长殷皓，中国自然科学博物馆协会秘书长、中国科技馆副馆长欧建成出席开班仪式。

开班仪式上，程东红在致辞中谈到，习近平总书记在2016年"科技三会"上"为建设世界科技强国而奋斗"的重要讲话——科技创新、科学普及是实现创新发展的两翼，要把科学普及放在与科技创新同等重要的位置——把科普工作提升到了一个更高的层次和地位上，广大科普工作者应当以此为契机，做好科普工作，为全民科学素质的提升助力，而作为自然科学类博物馆的各位馆长，更是应当不断更新自身知识体系，紧跟时代，做好科普工作。本次培训班获得了人力资源和社会保障部专业技术人才知识更新工程岗位培训项目备案，以及中国科协科普人员培训项目资助，是中国自然科学博物馆协会继续教育最高规格的培训，是协会继续教育工作具有里程碑意义的一期培训班。

本次培训理论结合实践，围绕"发展和管理"这一中心主题，精心设置了课程，邀请了来自中国科协、人社部、高校、研究机构以及国内科普行业的专家进行授课。为期5天的培训班有11位专家进行授课，来自全国各类自然科学博物馆的100余名馆长级别的高级管理人员参加，旨在进一步提升我国自然科学类博物馆高层管理人员的专业素养及综合能力。

　　参与培训的 100 余名馆长学员来自协会科技馆专委会、自然历史博物馆专委会、专业科技博物馆专委会、国土资源博物馆专委会等各个专委会。学员们课堂上学习热情高涨、课外注重交流沟通。100 余名学员虽然来自不同的地区、不同的场馆，但在短短一周内已经融为一个学习与交流的团体，形成了良好的学习氛围、增进了同窗情谊。培训班的日程安排上，也是从严管理、注重实际，充分利用培训时间，在课程中安排了现场教学，分组讨论等环节，加强了学员的交流。本次培训的成绩不仅包括班上现场学习状况，还包括课后作业和学员对专家的评价，重点突出培训为实际工作带来的效果。

　　通过培训后的访谈，馆长们对协会举办这个培训班表示了赞赏和一致肯定。他们提到，这是一次及时、务实、翔实的培训；授课专家在各自领域有权威、水平高；参加本次培训班开阔了视野，收获了友谊，对自然科学博物馆的运营管理工作有了一次全局性的梳理和整合，对今后的工作帮助很大。希望协会作为一个全国自然科学类博物馆的业务指导平台，多举办类似的培训活动，引领全国自然科学类博物馆开创新的局面。

培训班合影

地方自然科学博物馆协会 2017 年工作会议在云南省普洱市召开

地方自然科学博物馆协会 2017 年工作会议在云南省普洱市召开 ————

　　六月的普洱，气候宜人，繁花似锦，茶叶飘香。6 月 19 日，由中国自然科学博物馆协会主办、云南省普洱市科协承办的地方自然科学博物馆协会 2017 年工作会议在普洱召开，中国自然科学博物馆协会执行副理事长赵有利主持会议。原中国科协党组副书记、副主席、中国自然科学博物馆协会理事长程东红，中国科协科普部副部长钱岩，云南省科协副主席刘强，普洱市委副书记陆平，市政协副主席胡剑荣同志出席会议，全国 13 个省、直辖市的自然科学博物馆协会领导、专家和普洱市全民素质纲要成员单位领导参加会议。

　　刘强副主席和陆平副书记分别代表云南省科协和普洱市致辞，对参会领导、专家的到来表示热烈欢迎，对会议的召开表示热烈祝贺，并详细介绍了云南和普洱的基本情况及风土人情。

　　程东红理事长代表中国自然科学博物馆协会总结了 2016 年的工作，对地方自然科学博物馆协会的工作给予了充分的肯定，特别是在开展会员服务、积极落实"纲要"工作，整合协会资源、发挥服务与带动作用，激活协会活力、积极承接转移职能方面做了大量富有成效的工作。程东红理事长指出 2017 年各级协会要围绕着加强国际交流、搭建学术交流平台，拓宽继续教育范围和做好项目承接四个方面来开展好工作。并号召中国自然科学博物馆协会和地方协会要按照中国科协的总体部署和要求，继续树立社会治理体系主角的定位，更全面地增强会员的荣誉感、存在感和获得感；在国家科普工作中发挥带头作用，更好地服务于全民科学素质提升，为社会建设发展和科普事业进步做出应有的贡献。

中国科协科普部副部长钱岩就贯彻落实全民科学素质纲要行动做了专题报告，山西省自然科学博物馆协会及上海市科普教育基地联合会负责人在会上做了典型经验交流发言，与会同志还围绕着协会服务会员、组织活动及存在的困难和问题进行了交流座谈。

会议期间，与会领导、专家参观了普洱市科技馆，对普洱市科技扶贫试点——那柯里进行实地调研。

中国自然科学博物馆协会湿地博物馆专业委员会 2017 工作年会暨学术研讨会胜利召开

2017 年 6 月 20 日，中国自然科学博物馆协会湿地博物馆专业委员会 2017 工作年会暨学术研讨会在内蒙古额尔古纳湿地召开。来自全国 10 个省区市从事湿地保护、湿地博物馆管理工作的领导及专家，额尔古纳湿地保护部门的领导及基层湿地管理人员，共计 40 余人参加了会议。

会议期间，与会代表围绕"博物馆教育与跨界融合"主题开展研讨交流。在友好、热烈的气氛中，各会员单位交流经验、共话发展，圆满完成大会的所有议程。此次会议的圆满召开为今后各省区市湿地保护管理部门搭建了相互学习、相互交流、共同提高的平台，必将有力地推动湿地生态文明及全国湿地博物馆建设的蓬勃发展。

湿地博物馆专业委员会 2017 工作年会暨学术研讨会在内蒙古额尔古纳湿地召开

"创科驱动 成就梦想"科技展在港圆满收官

　　为庆祝香港回归祖国 20 周年，受中央人民政府驻香港特别行政区联络办公室邀请，香港各界庆典委员会联合中国科协、中国航天科技集团公司于 2017 年 6 月 28 日至 7 月 2 日在香港维多利亚公园举办"创科驱动 成就梦想"主题科普展览活动。全国政协副主席梁振英，香港特别行政区行政长官林郑月娥，香港各界庆典委员会执行主席郑耀棠，中国科协党组副书记、副主席、书记处书记徐延豪，中国科协党组成员、书记处书记束为，中国航天科技集团公司副总经理张建恒，航天英雄杨利伟等参观了本次展览。香港民众对本次展览表现出极大热情，历时短短 4 天半，累计接待观众 21.9 万人次，内地与香港两地媒体竞相报道。

　　本次展览活动使命光荣、任务艰巨，具有重大现实意义与政治意义，是回归庆典活动中的亮点，也是香港市民关注的热点。中国科协领导对本次展览活动高度重视，束为书记始终靠前指挥，在科普部的统一领导和部署下，50 余家参展单位、200 多名工作人员稳步高效地推进各项工作，确保了整个项目顺

场场爆满的科普剧

专业、热情的讲解服务

利实施。

中国自然科学博物馆协会作为本次展览的协办单位，历时三个月，全程参与，利用协会平台面向会员单位征集参展内容。经过定向邀请及优选，广东科学中心、东莞科学技术博物馆、深圳市科学馆及北京汽车博物馆四家会员单位承接了部分展项讲解、科普剧表演及展品展示等工作。接到任务后，各场馆领导高度重视，从展品验收、讲解考核、剧本内容调整等方面层层把关，为赴港开展工作打下良好基础。在港期间，各参展单位人员不惧酷暑，平均每天工作 10 小时以上，热情服务观众，圆满完成展览任务，以实际行动献礼香港回归祖国 20 周年。

中国自然科学博物馆协会专业科技博物馆委员会主任扩大会议召开

2017年8月11日下午，苑荣副馆长主持召开了中国自然科学博物馆协会专业科技博物馆委员会主任扩大会议。中国自然科学博物馆协会程东红理事长，中国自然科学博物馆协会办公室陈静瑛、杨力副主任，专业科技博物馆委员会副主任委员、中国铁道博物馆李春冀馆长，中国铁道博物馆于湘副馆长，专业科技博物馆委员会副主任委员、北京汽车博物馆杨蕊馆长，中国消防博物馆呼延军副馆长，自贡市盐业历史博物馆周翠微副馆长，中国煤炭博物馆张华英处长，中国民航博物馆赵红军主任等20多位代表参加会议。

会议研究落实中国自然科学博物馆协

专业科技博物馆委员会主任扩大会议召开

会2017年年会"专业科技博物馆的运行管理"分会场的具体安排。会议根据各馆申报的情况，逐一落实了八位主讲人，报告主题内容包括社会教育功能发挥、管理经济分析、依标准治馆、专业技术职务评聘、博物馆安全防范、博物馆新媒体建设、博物馆评估等七个方面。要求各馆精心准备，提前做好PPT，每位主讲人的发言和提问交流控制在15分钟之内，确保学术报告的质量。此外，会议还围绕专委会工作重点和方向展开研究讨论。参会人员积极发言，提出了多条建设性意见，也达成了重要共识。

程东红理事长在会上做了重要讲话，她强调科技类社团改革的方向是要发挥科技社团作为第三方学术共同体的作用，动员广大科技工作者投身创新型国家建设。本届理事会经过反复研究后明确：中国自然科学博物馆协会是兼具学术性和科普性的科技社团，决定积极地投身到深化科技体制改革中去，正按照中央关于科技社团改革的要求，从服务创新、服务公民科学素质的提高、服务科技支撑产业发展的方向进行改革，设计中国自然科学博物馆协会的活动。所以本届理事会办了自己的学术刊物，举办了中国自然科学博物馆协会的学术会议，在学术会议上特别为35岁以下的青年设立了优秀青年论文奖，都是服务会员、服务科技工作者的积极举措。

程东红理事长指出，专业科技博物馆专委会决定主持专业科技博物馆的运行管理分会场，协会是非常支持的，而且非常感谢专业科技博物馆专委会能够认真地组织这次分会场为中国自然科学博物馆协会的年会添彩。中国自然科学博物馆协会特别想大家搭建一个高水平的、跨领域的交流平台，也鼓励各专委会利用中国自然科学博物馆协会的这个平台开展好相关的学术活动，也鼓励大家多参加其他分会场活动，交叉融合来扩大视野。

程东红理事长提出，协会要为年轻人搭好学术平台，特别是要为在各馆工作的青年搭建成长的进阶。年轻人大学毕业后的专业成长路径，每个阶段都应该能看到清晰的脚印。中国自然科学博物馆协会就应该为青年职工提供在一级协会高水平的学术会议上发表论文、在一级协会的学术期刊上发表文章、参加一级协会组织的正规培训的机会。鼓励各馆给中青年业务骨干压担子，提出更高要求，让年轻职工在完成各自业务工作的同时参加培训、撰写论文、发表文章。

程东红理事长对专业科技博物馆委员会的工作提出了明确要求，中国自然科学博物馆协会年会是由中国自然科学博物馆协会主办，各专委会轮流承办的学术会议。希望在不远的将来，专业科技博物馆委员会能承办一次中国自然科学博物馆协会的年会。中国自然科学博物馆协会愿意把更大的资源提供给承办的专委会和承担接待任务的博物馆，与其原计划的大型活动相得益彰，让更多的同行前来交流。承办年会的专委会主任担任这一届年会的学术委员会主任。她强调，做好专业科技博物馆委员会工作首先要抓共性，这个共性就是学术性。其次是为发展提供支撑，专业科技博物馆委员会如果成立一个关于建设发展的专家小组，发挥专业委员会智囊团的作用，从不同角度为新建馆、改扩建馆出谋划策。可以应邀召开小型的研讨会集思广益，研究解决上级主管或相关单位从不同角度提出的各方面问题。这就是围绕博物馆发展的供给侧改革。专业科技博物馆专委会每个馆都是大馆，专业水平和能力都很强，办好这个专委会将面临特别好的发展机遇。因此，希望专业科技博物馆专委会发挥更大的作用。

专业科技博物馆专委会主任苑荣同志表示，程东红理事长的讲话十分重要，进一步阐明了中国自然科学博物馆协会改革方向和工作重点，指明了专业科技博物馆委员会的努力方向。很有思想性、针对性和指导性，要求专委会各博物馆认真学习领会和深入贯彻落实。

第二届世界水母大会暨中国水族馆年会在津召开

中国自然科学博物馆协会水族馆专业委员会、海昌海洋公园控股有限公司共同主办、天津海昌极地海洋公园承办的第二届世界水母大会暨中国自然科学博物馆协会水族馆专业委员会2017年学术年会于9月18~20日在天津市隆重召开。

中国自然科学博物馆协会理事长程东红女士，天津市水产局领导、世界水母大会创始人Jurgen先生，中国水族馆专业委员会秘书长王士莉女士，海昌海洋公园高级运营总监谭广元先生参加开幕仪式并致辞。

世界级盛会强势携手，多元化专业交流

第二届世界水母大会暨中国水族馆年会在津召开

世界水母大会是水母领域的技术交流、专业分享的国际盛会，旨在将世界各地的水母领域专家聚集到一起，搭建专业性深度交流与合作的沟通平台。中国自然科学博物馆协会水族馆专业委员会年会，承担指导、协调和促进中国水族馆行业发展和进行国内外交流的责任，汇聚水族馆管理、科研、技术等专家进行沟通合作与共享，推进经济新常态下水族馆行业共同发展。

第二届世界水母大会与中国自然科学博物馆协会水族馆专业委员会2017年学术年会联合举办，进一步提升了两大盛会的影响力，实现多角度、多主题、多会场的成果分享，承载了更加丰富的会议内容，更促进中外学术及经验交流、增加了行业、国内外企业间更多合作的可能性。

此次大会为期三天，现场以主会场主题报告、分会场专题讨论、场馆后场参观现场答疑、水族产品展示等

世界水母大会创始人 Jurgen 先生致辞

开幕式现场

形式多元展开，来自美国、日本、韩国及澳大利亚等国家和地区的 70 多位海外水母饲养专家学者以及近 600 位国内行业专家、水族馆及水族用品参展商代表进行了参会交流。

海洋生物保育技术，刷新行业新高度

与会期间，国内外行业专家在水母饲养繁殖、海洋生物保育、科研成果、展示经验、进化遗传等技术领域进行学术分享，围绕"公共水族馆的建设发展""珍惜水母品种的科研及繁育""空气/水质/噪声等环境因素对于海洋生物的影响""海洋动物的救治"等多主题展开专项交流和研讨。其中，来自俄罗斯滨海水族馆、俄罗斯科学院东岸分院的 Khaidarov Marat（俄）发布的《滨海水族馆的水母展示和科学潜力》深入解读了水母课题研究，结合开展海域野捕资源的调查，围绕水母 DNA 序列、毒素、增值放游、稀有种类繁殖及有性繁殖等重要方向进行深入研讨，展示了水母研究的新成果。

伴随着国家"一带一路"倡议让中国走向世界、让世界了解中国的号召，本次盛会实现国内的水族馆年会首次与世界国际会议接轨。中国自然科学博物馆协会理事长程东红女士表示：通过本届世界水母大会及水族馆年会的平台，切实推进中国的水族学术研究和发展，进一步实现和世界各国互通有无、共同提升，并促成更多的国际合作的可能。

海昌海洋公园创新打造新一代轻量级水母馆

世界水母大会的发起单位、第二届世界水母大会主办方——海昌海洋公园，拥有行业领先的极地海洋动物养护、繁育及展示等专业核心优势，也是中国水族馆专业委员会副主任委员单位。中国水族馆专业委员会秘书长王士莉女士表示：海昌海洋公园作为中国海洋主题公园领军者、全球十大主题公园运营商，在海洋哺乳动物饲养管理、保育研究方面取得了丰硕的成果，动物管理技术优势显著。

据了解，海昌海洋公园打造的"新一代主题鲜明的创新性轻量级产品——水母主题馆系列"，已成功落户天津及成都，未来还将在武汉、成都、上海等地相继"绽放"，持续推进海洋生物精细化、专业化研究和展示。水母馆从生物实力、展现形式、延伸开发等角度切入，突破低等级动物难以互动、识别性弱的困境，有效实现了"单一品类低等级生物的多维、极致化、创意性立体呈现"，在认识、感知、参与等多个层面拉近了游客与生物之间的距离感，同时融会互动科技与科普探索，为游客提供更多游玩互动体验。

海昌海洋公园高级运营总监谭广元表示："未来，海昌还将和包括中国水族馆专业委员会、世界水母大会等在内的国内外学术团体一道，不断推进水族馆行业的国际交流，在学术、人才、资源、物种等各个领域，实现新的突破、创造更多的研究成果，为世界水族馆行业和动物保育领域做出贡献。"

中国自然科学博物馆协会第十二届全国动物标本制作与养护培训班在天津自然博物馆举行

10月23日，由中国自然科学博物馆协会主办，协会技术工作委员会、天津自然博物馆承办的"第十二届全国动物标本制作与养护培训班"在天津自然博物馆举行。中国自然科学博物馆协会理事长程东红和天津市文化广播影视局副局长游庆波出席开班仪式并讲话，天津自然博物馆馆长黄克力、天津市文物局博物馆处处长赵耀双以及来自全国24个省份的博物馆、自然保护区、研究所、动物园、院校、标本制作公司等80余位学员共同出席开班仪式。

游庆波在讲话中提到，近年来，在市委、市政府的领导和支持下，天津的博物馆事业得到了迅猛的发展，以天津自然博物馆为首的多家单位跻身首批国家一级博物馆行列，多个展览入选全国博物馆十大精品陈列，各博物馆、纪念馆年接待观众数量持续攀升，公共服务能力显著提高。同时，天津市政府和市文物局实施了多项人才培养计划，集中优势力量培养紧缺人才，为全市博物馆事业发展提供了有力支撑。天津市文物局将借助这次培训班带来的人才和技术优势，认真贯彻党的十九大精神，推动中国自

第十二届全国动物标本制作与养护培训班在天津自然博物馆举行

专家现场演示鸟类标本的制作与修复

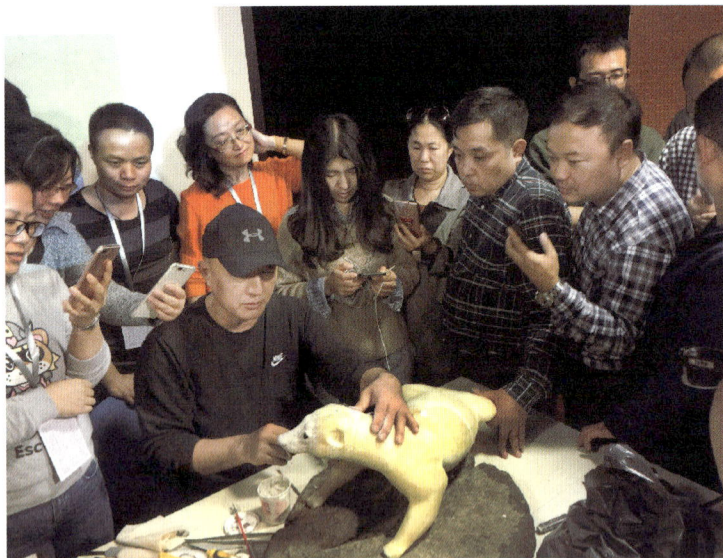

专家现场演示兽类标本的制作与修复

然博物馆工作迈上新高度。

程东红在讲话中指出，天津自然博物馆作为中国自然科学博物馆协会专业技术委员会秘书处，在科技工作者能力建设、专业技术的提高和交流，自然科学标本制作公益服务中发挥了举足轻重的作用。党的十九大报告深刻阐述了美丽中国、生态文明建设、小康社会、中国梦的内涵，为我们树立了政治定位和远大前景。她呼吁各位学员心中要有大目标，要把专业技术工作与党确定的未来二十年的发展目标结合，心怀美丽中国愿景，为生态中国建设贡献力量。

全国动物标本制作与养护培训班作为自然博物馆界的一套特有人才培养模式，是目前国内自然博物馆界质量较高、影响较为广泛的专业技术培训，已得到国家人力资源和社会保障部的认可。本次培训班是历届培训班中参加人员最多、规模最大的一次，来自不同领域的八位专家在多年的实践中积累了丰富的工作经验，具有很深的专业技术造诣，他们分别就鸟类、鸟骨骼、鱼类、兽类标本的制作与修复、动物皮毛的养护与修复、标本雕塑艺术等进行讲解和现场示范。

第十二届全国动物标本制作与养护培训班合影

中国自然科学博物馆协会第二期教育人员初级培训班在山西省科学技术馆成功举办

10月23~26日，由中国自然科学博物馆协会主办、山西省自然科学博物馆协会承办的中国自然科学博物馆协会第二期教育人员初级培训班在山西省科技馆成功举办。原中国科协副主席、现中国自然科学博物馆协会名誉理事长徐善衍、中国自然科学博物馆协会执行副理事长赵有利、山西省自然科学博物馆协会理事长杨伟民到会并分别做了重要讲话和科普报告，山西省科协副主席张秀亲做了热情洋溢的致辞，来自全国各地33家科普、文博场馆的200余名教育人员参加了本次培训班。

第二期教育人员初级培训班在山西省科技馆成功举办

本次培训为期四天，围绕"科普场馆教育活动开发和科普传播"这一主题，邀请专家分别从教育活动的发展趋势、功能定位、展教结合、展览教育内容和科普传播方式的创新发展等多层面、多角度地进行授课，并对中国科技馆、故宫博物院及北京自然博物馆三家科普场馆的优秀教育活动案例进行深入学习与交流，以期进一步提升科普场馆教育人员开展科普教育活动水平与科普传播能力，充分发挥科普场馆的教育功能，提高场馆教育的影响力和覆盖面。

本次培训邀请了全国各地10位优秀的专家学者，他们有的理论知识深厚，有的实践经验丰富，为学员们带来了"思想的碰撞和知识的盛宴"。开班首日，中国自然科学博物馆协会名誉理事长、清华大学社会科学学院徐善衍教授以"走向科技博物馆发展的新阶段"为题和学员们分享了他的实践经验和研究成果；中国科技馆研究员朱幼文老师讲授了"科技博物馆展品教育活动特征和开发策略"，对我们今后开发教育活动具有很强的指导意义；来自广西师范大学的罗星凯教授就"从科学探究到探究科技"和学员们进行了分享，并回顾了兴华创新实践的发展历程，提出"不忘初心"——回归教育的本质；东南大学学习科学研究中心的郝瑞辉老师围绕教育活动项目开发，给学员们带来STEM、创客等新鲜内容；来自南京师范大学的郝京华教授以"让科技馆成

徐善衍名誉理事长为学员做报告

为学校教育的有机组成部分"为题做了精彩讲授，使学员们对当前教育活动的开展有了更加明确的定位；来自中国科技馆的王珊珊老师就"中国科技馆STEM教育活动案例"进行了分享，给学员们带来了很大的启发；原浙江省科技馆馆长、现浙江省科协信息中心主任李瑞宏老师介绍了"幽默的形式科普——菠萝科学奖"，通过生动丰富的视频资料，学员们对科普活动创新有了全新认识；上海师范大学的鲍贤清教授围绕"科学与工程实践在博物馆教育活动中的实现"展开阐述，深入浅出、旁征博引，具有开拓视野、启迪思维的重要作用；故宫博物院的郭珽老师以"当故宫成为一种生活方式"为题，围绕"微故宫"两微一端的运营工作展开介绍，让学员们耳目一新；来自北京自然博物馆的王珊老师结合工作实践，为学员们带来了"北京自然博物馆体验、探究型教育活动案例分享"的内容。专家们的精彩讲授不仅就科普场馆开展科学教育活动、提升科普传播能力在理性层面上进行了深度引导，同时在实践层面上给予了零距离指导，让大家受益匪浅。

培训期间，我们还组织学员们前往晋商博物馆进行观摩学习，通过讲解员精彩的讲解，参训学员一同追溯晋商历史，感悟晋商精神，体味晋商文化。

10月26日下午，在结业仪式上，中国自然科学博物馆协会执行副理事长赵有利强调，本次培训主题突出、内容丰富、成效显著，通过培训让我们视野开阔了，能力提高了，方向也明确了。同时，赵副理事长还对学员们提出了三点希望：一是希望将学到的宝贵经验用到展教工作中；二是希望不断创新发展；三是希望通过教育活动、服务等不断提高场馆知名度和影响力。山西省自然科学博物馆协会理事长杨伟民对本次培训进行了全方位的总结，并对专家的悉心授课、学员的大力支持以及山西省科技馆的精心组织表示衷心的感谢！

山西省科协党组书记许富昌在培训期间还专程到山西省科技馆看望参训学员，并表示希望以此次培训为契机，切实提高学员们的专业技能和业务水平，为科普事业的发展贡献力量。

培训结束后，学员们纷纷表示，通过培训加深了对教育活动的认识，开阔了视野，掌握了全新的教育理念，对提升开展科普教育活动水平与科普传播能力起到了积极的作用。

图书在版编目（CIP）数据

中国科普场馆年鉴 . 2018卷 / 中国自然科学博物馆
协会编 . -- 北京：社会科学文献出版社，2020.7
　　ISBN 978-7-5201-6223-4

　　Ⅰ . ①中…　Ⅱ . ①中…　Ⅲ . ①科学技术 - 展览馆 - 中
国 -2018- 年鉴　Ⅳ . ①G245-54

　　中国版本图书馆CIP数据核字（2020）第028713号

中国科普场馆年鉴（2018卷）

编　　者 / 中国自然科学博物馆协会

出 版 人 / 谢寿光
组稿编辑 / 邓泳红
责任编辑 / 陈　雪

出　　版 / 社会科学文献出版社 · 皮书出版分社（010）59367127
　　　　　　地址：北京市北三环中路甲29号院华龙大厦　邮编：100029
　　　　　　网址：www.ssap.com.cn
发　　行 / 市场营销中心（010）59367081　59367083
印　　装 / 三河市东方印刷有限公司

规　　格 / 开　本：889mm×1194mm　1/16
　　　　　　印　张：55　插　页：1　字　数：1840千字
版　　次 / 2020年7月第1版　2020年7月第1次印刷
书　　号 / ISBN 978-7-5201-6223-4
定　　价 / 498.00元

本书如有印装质量问题，请与读者服务中心（010-59367028）联系